lonely planet

Indien Süden & Kerala

John Noble
Abigail Blasi, Paul Harding, Trent Holden, Isabella Noble, Iain Stewart

REISEPLANUNG

GRAHAM CROUCH / GETTY IMAGES ©

THALI S. 508

REISEZIELE IN INDIENS SÜDEN & KERALA

KEREN SU / GETTY IMAGES ©

DAULATABAD S. 99

RELIGIOUS IMAGES/UIG / GETTY IMAGES ©

DEKORATION FÜR PONGAL, TAMIL NADU S. 355

Inhalt

Willkommen in Indiens Süden & Kerala

Südindien, das schwül-feuchte Herz des Subkontinents, ragt wie ein großer Keil in den Indischen Ozean und kontrastiert mit den schneebedeckten Gipfeln und glühenden Ebenen des Nordens.

Unendliche Geschichte

Überall im Süden stößt man auf die Reliquien der Zivilisationen, die dieses Land über zwei Jahrtausende hinweg bewohnt haben – die erstaunlichen Schreine, die von Buddhisten, Hindus und Jainisten in den Höhlen von Ajanta und Ellora hinterlassen wurden; die Paläste, Gräber, Festungen und Moscheen der muslimischen Dynastien auf dem Dekkan-Plateau; die Pallava-Skulpturen und Chola-Tempel in Tamil Nadu; die Ruinen der einstigen Hauptstadt des Königreichs der Vijayanagar in Hampi … und jede Menge mehr. Südindien ist eine kulturelle Fundgrube ohnegleichen.

Landschaftspracht

Südindien hat Tausende Kilometer Küste. Sie säumt fruchtbare Ebenen und Hügel, die, vom Monsun mit Wasser versorgt, immer grün schimmern. Die tropische Pracht der Region ist einer der größten Touristenmagneten, die Kokoshaine, Wasserwege, und Gewürzgärten, die kühlen Hill Stations in den Western Ghats und die Teeplantagen. Das trockenere Dekkan-Plateau ist so platt nicht, mit dramatischen Felsen, auf denen oft malerische alte Festungen thronen. Und in der ganzen Region stehen Wälder als Parks und Heiligtümer unter Naturschutz und bieten eine vielfältige Tierwelt.

Rausch der Städte

In Südindiens Städten schlägt der Puls eines Landes, das durch das 21. Jh. rast, während es zugleich noch im Mittelalter zu stecken scheint. Vom aufregenden Mumbai (Bombay), dem weltgewandten Chennai (Madras), dem historischen Hyderabad, der IT-Hauptstadt Bengaluru (Bangalore) zu den kolonialen Wundern in Kochi (Cochin) und Puducherry (Pondicherry) … die Städte sind so vielfältig wie ihre Märkte. Natürlich darf das Sammelsurium der Küchen nicht vergessen werden, die Leibspeisen des Südens wie *idlis* (flache Reiskuchen) oder *dosas* (pikante Crêpes), die Westküsten-Currys mit Meeresfrüchten oder die Fusion-Kreationen in schicken Großstadtrestaurants.

Seele leben

Spiritualität zieht sich wie ein Faden durch das komplexe Gefüge Indiens. Die vielen heiligen Stätten, Feste und alten Rituale zeugen von der vielfältigen religiösen Geschichte des Landes. Man kann all das in sich aufsaugen, in den Tempeln und Schreinen der Hindus, man kann die jahrhundertealte Tradition in alten buddhistischen Höhlen oder in den Moscheen der Großstadt auf sich wirken lassen, und, wenn man will, kann man mit etwas Meditation oder Yoga ein Teil des Ganzen werden.

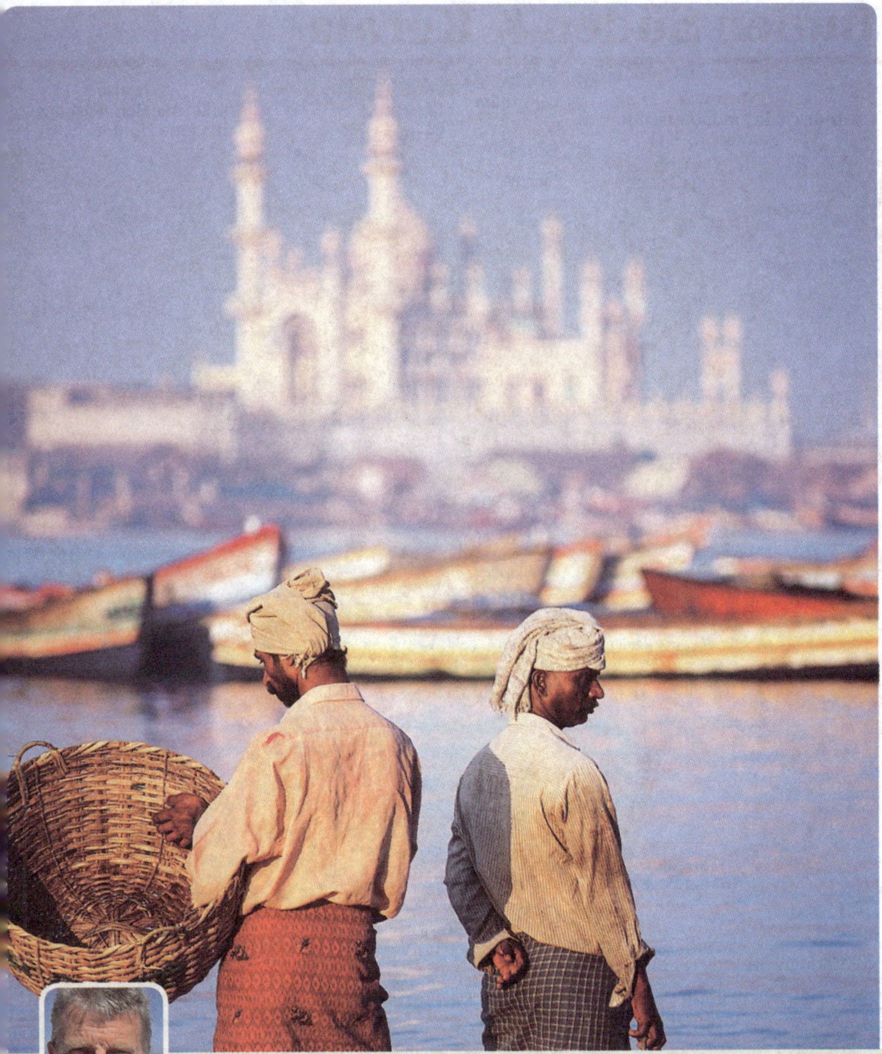

Warum ich Indiens Süden & Kerala liebe

von John Noble, Autor

Jeder Morgen in Südindien hält für mich eine Gewissheit über den bevorstehenden Tag bereit: er wird nie langweilig sein. Ich werde mit extremer Armut konfrontiert werden, mit ebensolchem Reichtum, mit dem Gedränge der Massen, mit Verkehr, der einen zur Verzweiflung bringen kann. Zwischendurch aber werde ich Menschen erleben, Landschaften, Farben, Gebäude, wie wohl nirgends sonst auf der Welt. Das größte Risiko, das man eingeht, wenn man sich durch Südindien treiben lässt, ist, dass einem anschließend der Rest der Welt etwas weniger lebendig und etwas eingefahrener erscheint.

Mehr Infos über unsere Autoren gibt's auf S. 599

Oben: Fischer, Kovalam (S. 292), Kerala

Indien Süden & Kerala

Mumbai
Indisch, kosmopolitisch und supercool (S. 44)
Ajanta
Antike, aus den Felsen geschlagene Höhlen (S. 103)
Goa
Warmes Wasser, goldfarbene Strände (S. 128)
Kerala
In den von Palmen gesäumten Backwaters Boot fahren (S. 284)
Indore
Madhya Pradesh
Narmada
Tapi
Khandwa
Seoni
Surat
Raipur
Golf von Khambhat
Jalgaon
Dhule
Akola
Amraoti
Nagpur
Ajanta
Manmad
Nasik
Ellora
Tadoba-Andhari Tiger Reserve
Wainganga
Chhattisgarh
20°N
Dahanu
Aurangabad
Godavari
Kalyan
Parbhani
Nanded
Indravati
Mumbai (Bombay)
Maharashtra
Pune
Nizamabad
Mahabaleshwar
Warangal
Konkan-Küste
Konkan
Bidar
Telangana
Sholapur
Godavari
Hyderabad
Ratnagiri
Bijapur (Vijapura)
Bhima
Kakinada
Krishna
Vijayawada
Karnataka
Goa
Belgaum
Badami
Tungabhadra
Eastern Ghats
Machilipatnam
Kurnool
Panaji (Panjim)
Gadag
Andhra Pradesh
Margao (Madgaon)
Hubli
Hampi
Ongole
Hospet (Hosapete)
15°N
Penner
Gokarna
Arabisches Meer
Western Ghats
Tungabhadra
Nellore
Nandi Hills
Tirumala
Chennai (Madras)
Chittoor
Mangaluru (Mangalore)
Hassan
Bengaluru (Bangalore)
Palar
Mamallapuram (Mahabalipuram)
Tamil Nadu
Mysore (Mysuru)
Vedanthangal Bird Sanctuary
Bandipur National Park
Mudumalai Tiger Reserve
Stanley Reservoir
Puducherry (Pondicherry)
Thalasseri (Tellicherry)
Kozhikode (Calicut)
Ooty (Udhagamandalam)
Chidambaram
Lakshadweep Islands
Coimbatore
Kolidam
Kumbakonam
Kerala
Cauvery
Trichy (Tiruchirappalli)
Anamalai Tiger Reserve
10°N
Kochi (Cochin)
Munnar
Madurai
Periyar Wildlife Sanctuary
Rameswaram
Kollam (Quilon)
Thiruvananthapuram (Trivandrum)
Kovalam
Sri Lanka
Golf von Mannar
Kanyakumari (Cape Comorin)
Indischer Ozean
Colombo
75°E
80°E

Tadoba-Andhari Tiger Reserve
Toll zum Tiger beobachten (S. 109)

Hyderabad
Paläste, Forts und verführerische Basare (S. 248)

Hampi
Ruinen inmitten einer unwirklichen Landschaft (S. 230)

Mysuru
Großer Palast, turbulente Basare und Yoga (S. 202)

Puducherry
Französisch geprägte tamilische Stadt (S. 390)

Ooty & Nilgiri-Berge
Kühle Berglandschaften, koloniale Gebäude (S. 435)

Madurai
Stätte des großartigen Minakshi-Amman-Tempels (S. 414)

Indien Süden & Kerala
Top 12

1

Keralas wunderschöne Backwaters

1 Man kommt nicht alle Tage durch so zauberhafte Flusslandschaften wie in Kerala (S. 280): Hier gibt es ein 900 km umfassendes Netz aus Flüssen, Seen und glasklaren Lagunen, gesäumt von üppiger tropischer Flora. Es gibt keine bessere Art, die Gegend zu erkunden, als ein paar Tage in trauter Idylle auf einem Teakholz-Hausboot mit Palmblattdach zu verbringen. Man treibt auf dem Wasser, während die Sonne hinter den wispernden Palmen verschwindet, genießt Fisch so frisch, dass er fast noch zappelt, und vergisst für eine Weile das hektische Leben an Land.

Goa

2 Weicher Sand, sanfte Wellen, dichte Kokoshaine, rosarote Sonnenuntergänge – wenn es einen Ort gibt, an dem wirklich jedes Traumstrand-Klischee erfüllt wird, dann ist es Goa (S. 128). Mit wenigen Ausnahmen, geht es an den Stränden hier ziemlich lebhaft zu: Auf dicht an dicht stehenden Sonnenliegen brutzeln eingeölte Körper, Sarongverkäufer schauen vorbei, und überall buhlen Imbisse um Kundschaft. Goa ist auch für seine Gewürzplantagen im Binnenland und die denkmalgeschützten Häuser bekannt, vor allem für die schönen, portugiesischen Kathedralen. Agonda (S. 169)

FELIX HUG / GETTY IMAGES ©

ALAN LAGADU / GETTY IMAGES ©

Maharashtras prachtvolle Höhlenschreine

3 Die buddhistischen Mönche, die im 2. Jh. v. Chr. die Höhlen von Ajanta (S. 104) anlegten, hatten Sinn für Dramatik. Die 30 Felsgrotten und Klöster im Wald erstrecken sich entlang einer hufeisenförmigen Schlucht. Jahrhunderte später schmückten Mönche die Höhlen mit prächtigen Reliefs und Wandmalereien. Kaum 150 km entfernt schlugen bei Ellora hinduistische, jainistische und buddhistische Mönche über fünf Jahrhunderte lang weitere 34 Höhlenschreine und Klöster aus den Felsen. Höhlen von Ajanta (S. 104)

Mysteriöses Hampi

4 Wie verzaubert wirken die Überreste Hampis (S. 230). Früher war dies die Hauptstadt des Königreichs Vijayanagar, und die Ruinen zeugen von der einstigen Pracht. Tempel, Paläste und Landschaft bilden eine mystische Einheit: Riesige Felsen balancieren auf feinen Sockeln neben einem alten Elefantenstall, zwischen Geröll schmiegen sich Tempel in Felsspalten, Boote treiben an Reisfeldern und an badenden Büffeln vorbei. Wenn der Sonnenuntergang die Landschaft rötet, könnte man glatt vergessen, auf welchem Planeten man ist. Lotus Mahal (S. 233)

3

4

Historisches Hyderabad

5 Als Geschichtsfan kommt man in Hyderabad (S. 248) auf seine Kosten. Die Stadt hat eine faszinierende Geschichte und viele historische Attraktionen, darunter das Golconda Fort, den Charminar und die Grabstätten und Paläste früherer Herrscher. Außerdem lockt die Stadt mit ihren Basaren und ist auch noch ein Fest für den Magen. Hyderabad ist für seine traditionelle Mogulküche mit würzigen Kebabs und Biryani (gedämpfter Reis mit Fleisch und/oder Gemüse) bekannt und erhält Extra-Applaus für die einfallsreiche Zubereitung der Speisen. Charminar (S. 249)

Savoir Vivre in Puducherry

6 Ein französisches Nest in Tamil Nadu? *Pourquoi pas?* In der früheren französischen Kolonie säumen senfgelbe Häuser Kopfsteinpflastergassen, die Kathedralen sind mit Schnörkeln geschmückt und die Croissants sind der Renner. Puducherry (Pondicherry; S. 390) ist aber auch eine typisch tamilische Stadt – mit langer Geschichte und all dem Trubel – und ein klassischer Urlaubsort mit dem Sri-Aurobindo-Ashram im Zentrum. Da zeigt sich, dass Yoga, Pain au chocolat, Hindu-Gottheiten und Kolonialarchitektur durchaus zusammenpassen.

Mumbais architektonische Schätze

7 In Mumbai (Bombay; S. 44) machte man sich schon immer Einflüsse aus aller Welt zu eigen, was zu einem architektonischen Stilmix führte. Art-déco-Bauten und Wolkenkratzer schenken der Stadt Flair, aber was Mumbai zur extravaganten Schönheit macht, sind die Stilmischungen aus viktorianischer Zeit – indisch-sarazenisch, venezianische Gotik und andere alte Schnörkel. Die Türme, Bögen und Zwiebelkuppeln, umgeben von Palmen und Feigenbäumen, sind das passende Beiwerk für diesen Filmstar unter den Städten. Taj Mahal Palace Hotel, Mumbai (S. 48)

SAFIQUE HAZARIKA PHOTOGRAPHY / GETTY IMAGES ©

Auf in die Wildnis

8 Die wilden Dschungel, Busch- und Hügellandschaften Südindiens sind ein aufregendes Erlebnis. Dutzende Parks und Schutzgebiete warten auf abenteuerlustige Besucher. Im Tadoba-Andhari Tiger Reserve (S. 109) hat man beste Chancen eine der Raubkatzen zu sichten, und der Nagarhole National Park und das Wayanad Wildlife Sanctuary sind Top-Adressen für wilde Elefanten. In nahezu allen Parks bekommt man eine große Auswahl an Hirschen, Antilopen und Primaten zu sehen, außerdem jede Menge Vögel. Schon die Landschaften für sich genommen sind spektakulär. Tiger, Maharashtra

Faszinierende Märkte

9 Nirgendwo sonst kann man den Lebensstil des Landes besser einfangen als auf den Basarstraßen Südindiens. Hier findet man alle sozialen Schichten: den Schuster, der am Straßenrand arbeitet, den Juwelier hinter seiner Theke mit glitzernden Edelsteinen, herausgeputzte Einkaufende. Der Duft von Weihrauch und Snacks vermischt sich mit dem Dröhnen der Musik und des Verkehrs. Basare gibt es in jeder Stadt, aber Mumbais brodelndes Basarviertel (S. 83) sollte man ebenso wenig verpassen wie die Märkte rund um Hyderabads Charminar. Granatäpfel, Crawford Market, (S. 83), Mumbai

Majestätisches Mysuru

10 Willkommen in Mysuru (Mysore; S. 202)! Die Stadt hat nicht nur eine interessante Geschichte und prächtige Paläste, sie lädt auch zu einem Bummel durch ihre Basare ein, die erfüllt sind mit dem Duft von Sandelholz und frischen Blumen. Mysore ist auch ein internationales Yogazentrum und bekannt für seine fröhlichen Feste. Das Dussehra, mit dem der Sieg des Guten über das Böse gefeiert wird, ist eines der spektakulärsten, mit ausgelassenen Umzügen und der eindrucksvollen Beleuchtung des riesigen Palastes des Maharadschas. Mysore Palace (S. 203)

Hill Stations in Tamil Nadu

11 Strände, Ebenen und Kulturstädte sind ja schön und gut, aber im Süden kann es ganz schön heiß werden! Indiens Prinzen und die britischen Kolonisten haben sich schon immer in Bergstädte wie Ooty (Udagamandalam; S. 435), Kodaikanal und Coonoor zurückgezogen, um der Hitze der Tiefebene zu entkommen. Auch heute bieten die Hill Stations noch frische Bergluft, schattige Wälder und ausgedehnte Teeplantagen. Man sitzt mit einer dampfenden Tasse Tee vor dem Kamin, lässt den Blick über die Hügel schweifen und lernt Indiens entspannte Seite kennen.

Ooty (S. 435)

Sri-Minakshi-Tempel in Madurai

12 Madurais prächtiger Sri-Minakshi-Tempel (S. 414) ist von zwölf großen *gopurams* (Tortürmen) umgeben, die gänzlich mit Stuckfiguren von Gottheiten, Dämonen und Helden bedeckt sind. Der Komplex ist Sundareshvara (Shiva) und seiner Gemahlin Minakshi geweiht und ein Augenschmaus aus kunstvoll verzierten Säulen, Skulpturen, Friesen und Wandbildern. Wenn möglich sollte man die abendliche Prozession nicht verpassen, wenn ein Bildnis von Sundareshvara in Minakshis Schrein getragen wird, um dort die Nacht mir ihr zu verbringen.

11

12

Gut zu wissen

Weitere Infos gibt's im Abschnitt „Praktische Informationen" (S. 535)

Währung
Indische Rupie (₹)

Sprachen
Hindi, Englisch und Regionalsprachen

Visa
EU-Bürger und Schweizer brauchen ein Touristenvisum. Es ist ab dem Ausstellungsdatum sechs Monate gültig.

Geld
Geldautomaten gibt's in den meisten größeren Städten; sicherheitshalber sollte man aber Bares und Schecks dabeihaben. MasterCard und Visa werden am häufigsten akzeptiert.

Handys
In städtischen Gebieten ist der Empfang sehr gut, auf dem Land schlecht. Prepaid-SIM-Karten sind überall erhältlich, aber die Überprüfungen, die dann noch fällig sind, dauern bis zu 24 Stunden.

Zeit
Indian Standard Time (MEZ +4½ Std.) Keine Sommerzeit.

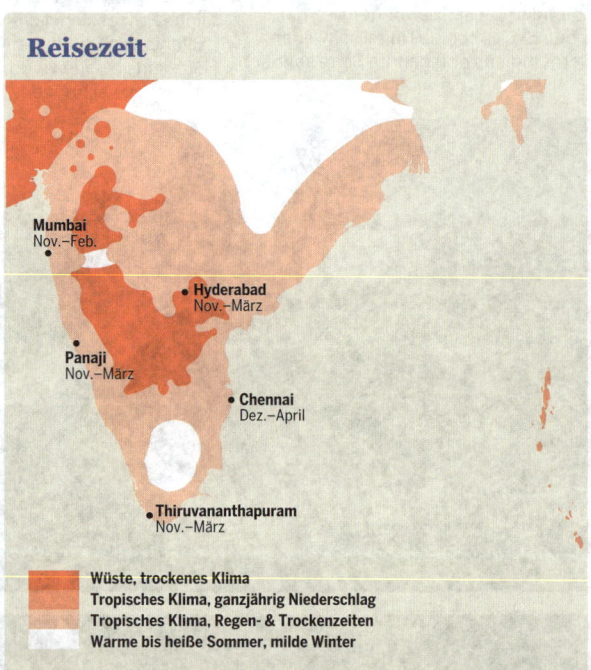

Reisezeit

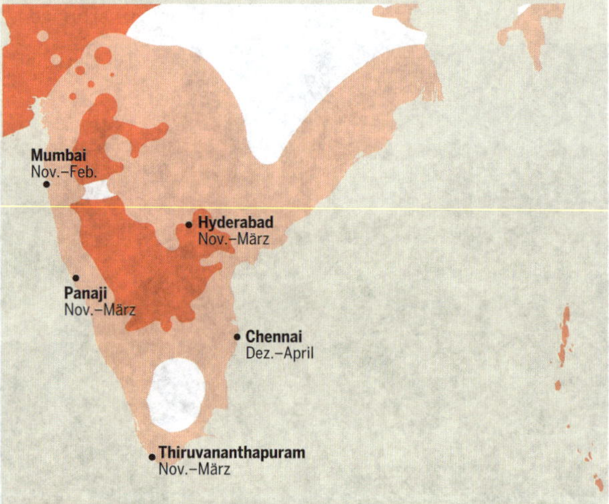

- Wüste, trockenes Klima
- Tropisches Klima, ganzjährig Niederschlag
- Tropisches Klima, Regen- & Trockenzeiten
- Warme bis heiße Sommer, milde Winter

Nebensaison
(April–Juni)

➡ Der April ist heiß; im Mai und Juni herrscht Affenhitze. Niedrige Hotelpreise.

➡ Ab Juni rückt der Monsun von Süden nach Norden vor und bringt Regen mit.

➡ Der Hitze (aber nicht den Menschenmassen) entkommt man in den Hügeln.

Zwischensaison
(Juli–Nov.)

➡ Der Monsunregen hält den September über an.

➡ An der Ostküste und in Süd-Kerala regnet es von Oktober bis Anfang Dezember heftig; manchmal gibt es auch Zyklone.

Hauptsaison
(Dez.–März)

➡ Angenehmes Wetter – warme Tage, kühle Nächte. Viele Touristen, die höchsten Preise.

➡ Im Dezember und Januar sind die Nächte im Norden kalt.

➡ Ab Februar steigen die Temperaturen stetig.

Infos im Internet

Lonely Planet (www.lonelyplanet.de/reiseziele/indien) Infos, Forum und mehr.

Incredible India (www.incredibleindia.org) Offizielle indische Tourismuswebsite.

The Alternative (www.thealternative.in) Eine auf Umwelt und Gesellschaft bedachte Sicht auf das Reisen und das Leben in Indien.

Templenet (www.templenet.com) Tempelgeflüster.

Rediff News (www.rediff.com/news) Portal für Nachrichten aus ganz Indien.

Wichtige Telefonnummern

Von außerhalb Indiens wählt man ☎00, Indiens Landesvorwahl (☎91) und dann die Nummer (ohne die „0" am Anfang, die nur bei Inlandsgesprächen benutzt wird).

Landesvorwahl	☎91
Vorwahl für internationale Gespräche	☎00
Krankenwagen	☎102
Feuerwehr	☎101
Polizei	☎100

Wechselkurse

Eurozone	1 €	70 ₹
	10 ₹	0,15 €
Schweiz	1 SFr	66 ₹
	10 ₹	0,15 SFr

Aktuelle Wechselkurse sind unter www.xe.com abrufbar.

Tagesbudget

Günstig – weniger als 2000 ₹

- DZ im Budgethotel: 500–1000 ₹
- *All you can eat*-Thali (Platten): 60–250 ₹
- Transport: 100–500 ₹

Mittelteuer – 2000–7000 ₹

- Hotel-DZ: 1200–4000 ₹
- Mahlzeit im Mittelklasserestaurant: 250–1000 ₹
- Eintritt für Sehenswürdigkeiten und Museen: 100–800 ₹

Teuer – mehr als 7000 ₹

- Zi. im Spitzenklassehotel: 5000–20 000 ₹
- Mahlzeit im Spitzenklasserestaurant: 1000–4000 ₹
- Bahnfahrt 1. Klasse: 500–2000 ₹
- Mietwagen mit Fahrer: 1500–4000 ₹/Tag

Öffnungszeiten

Banken Mo–Fr 10–16, Sa bis 13 Uhr

Bars 12 Uhr bis Mitternacht

Geschäfte 10 od. 11–20 od. 21 Uhr (manche sind So geschl.)

Märkte 7–20 Uhr, die Zeiten variieren aber sehr stark

Restaurants 8 od. 9–22 od. 23 Uhr (manche Mittel- und Spitzenklasserestaurants öffnen nicht vor Mittag)

Ankunft am …

Chhatrapati Shivaji International Airport (Mumbai; S. 85) Prepaid-Taxis nach Colaba und ins Fort-Viertel kosten 700 ₹(mit Klimaanlage 800 ₹). Vorstadtzüge ins Fort-Viertel (9 ₹) verkehren ab dem Bahnhof Andheri, eine 60-₹-Autorikschafahrt ab dem Flughafen.

Chennai International Airport (S. 373) Prepaid-Taxis kosten 480 ₹ (mit Klimaanlage 580 ₹) nach Egmore und 400/500 ₹ nach T Nagar. Vorstadtzüge ins Zentrum Chennais (5 ₹) fahren ab dem Bahnhof Tirusulam ab, einen etwa 10-minütigen Spaziergang ab dem Terminal. Ein neues Metro-Rail-Schnellzugsystem, das wahrscheinlich 2016 den betrieb aufnehmen wird, wird das Vorankommen wesentlich einfacher machen.

Unterwegs vor Ort

Flugzeug Von den meisten größeren Städten gibt es Flugverbindungen verschiedener Airlines in andere indische Städte, auch Billigflieger. Sie sind eine Alternative für lange Strecken.

Zug Schienen durchziehen fast das ganze Land, die meisten Strecken werden regelmäßig bedient. Günstige Tickets, sogar für Schlafwagen!

Bus Busse fahren überallhin und sind so schnell wie Züge. Klimatisierte Busse (vor allem von Volvo) sind am komfortabelsten und teuersten. Einige Routen werden rund um die Uhr bedient, andere ein- bis zweimal täglich.

Mietwagen mit Fahrer Die bequemste Option, wenn man Trips mit vielen Stopps in entlegene Regionen unternehmen will. Reisebüros und viele Hotels helfen beim Buchen.

Mehr zu **Verkehrsmitteln & -wegen** gibt's auf S. 556.

Wie wär's mit...?

Forts & Paläste

Die Geschichte Südindiens ist geprägt vom bunten Nacheinander konkurrierender Dynastien, bei dem auch Händler und Eroberer heftig mitmischten. Ein eindrucksvolles Sortiment von Palästen und Festungen legt davon Zeugnis ab.

Mysore Palace Hier finden sich der prachtvollsten und spektakulärsten königlichen Bauwerke Indiens und eine Ansammlung seltener Kunstwerke, Buntglasfenster und Holzschnitzereien. (S. 203)

Maharashtra Das Land Shivajis ist gepflastert mit Meisterwerken der Verteidigungskunst, wie dem auf einem Hügel gelegenen **Daulatabad** (S. 99) und der Inselfestung **Janjira** (S. 110).

Hyderabad Das Golconda Fort ergänzt die üppigen Paläste und überirdischen königlichen Grabmäler der Stadt der Perlen. (S. 252)

Festung von Bidar Man möchte kaum glauben, dass diese verwitterte, ruhige Anlage einst Hauptstadt eines mächtigen Sultanats war. (S. 244)

Strände

Die atemberaubendsten Küstenabschnitte des Landes liegen in Südindien.

Kerala Ergänzt durch dramatischen Klippen und eine lebhafte Backpacker-Szene erweisen sich **Varkala** (S. 297) und das etwas einsamere **Thottada** (S. 348), beschattet von sich wiegenden Palmen, als absolute Traumstrände.

Goa Auch wenn man sich dort gegenseitig auf die Füße tritt, sind Goas Strände reizvoll: **Palolem** (S. 170) und **Mandrem** (S. 160) sind mit die schönsten, ebenso wie – ganz in der Nähe gelegen – **Gokarna** (S. 226) in Karnataka.

Mumbai (Bombay) In der Dämmerung kann man am Chowpatty-Strand die örtlichen Delikatessen probieren, Leute beobachten und feuerrote Sonnenuntergänge erleben. (S. 58)

Andamanen Unberührte tropische Strände weit weg von allem auf den Inseln **Havelock** (S. 454), **Neil** (S. 458) und **Little Andaman** (S. 464).

Großartige Tempel & alte Ruinen

Nirgendwo werden solch großartige Tempel gebaut wie hier. Von den psychedelischen hinduistischen Türmen Tamil Nadus bis zu den von verblasster Pracht zeugenden buddhistischen Höhlen in Ajanta und Ellora ist die Bandbreite ebenso riesig wie großartig.

Tamil Nadu Hunderte fantastischer Strukturen wie der Minakshi-Tempel in Madurai ragen himmelwärts, bedeckt mit meisterhaft verzierten Götterfiguren in wilden Regenbogenfarben. (S. 414)

Ajanta & Ellora Die prächtigen, alten in den Fels gehauenen Höhlentempel von **Ajanta** (S. 103) und **Ellora** (S. 100) werden wegen ihrer spirituellen Bedeutung ebenso verehrt wie wegen der architektonischen Meisterleistung.

Hampi Die rosafarbenen Tempel und Palastruinen des einst mächtigen Vijayanagar-Reiches liegen verstreut zwischen außerirdisch anmutenden Felsblöcken und Hügeln. (S. 230)

Mamallapuram (Mahabalipuram) Die fröhliche Küstenstadt ist übersät mit großartigen Reliefschnitzereien und freistehenden, aus den Felsen geschlagenen Tempeln, die von mittelalterlichen Pallava-Künstlern gestaltet wurden. (S. 376)

Basare

In den größeren Städten sprießen zwar Einkaufszentren wie Pilze aus dem Boden, aber die Freiluftbasare – ein Labyrinth aus Läden, die von frisch gemahlenen Gewürzen und Blumengirlanden bis hin zu Küchenutensilien und

Oben Vagator (S. 155), Goa

Unten Minakshi-Tempel (S. 414), Madurai

bunten Saris alles Mögliche verkaufen – sind trotzdem nicht zu toppen.

Goa Die Flohmärkte von **Anjuna** (S. 154) und **Baga** (S. 151) sind inzwischen riesige Attraktionen, während die Basare in **Margao** (S. 164) und **Panaji (Panjim)** (S. 138) sich gut für einen gemütlichen Bummel eignen.

Mumbai Neben modernen Einkaufszentren bietet die Mega-Metropole auch wundervolle alte Märkte, die sich bestimmten Themen widmen: Mangaldas (Stoffe), Zaveri (Schmuck), Crawford (Lebensmittel) und Chor (Antiquitäten). (S. 83)

Mysuru (Mysore) Der ungefähr 125 Jahre alte Devaraja-Markt ist ein Wahrzeichen der Stadt – mit geschätzten 125 Mio. Blumen, Früchten sowie Gewürzen. (S. 203)

Hyderabad Die Basare rund um den historischen Charminar verhökern alles – von Perlen und Gummiarmbändern bis hin zu Nutztieren und Hochzeitsausstattung. (S. 262)

Stadtkultur

Es stimmt zwar, dass die meisten Inder in Dörfern wohnen, aber die Städte des Landes haben trotzdem tolle Kunstszenen, fantastische Restaurants mit internationaler Küche und viel Stil.

Mumbai Mode, Film, Kunst, Lokale und ein turbulentes Nachtleben – und das alles vor fantasievoller Architektur und mit tollem Blick aufs Wasser. (S. 44)

Hyderabad Alte Bauten aus der Zeit außerordentlich wohlhabender Dynastien liegen nur einen Steinwurf entfernt von ungewöhnlichen Restaurants, einem interessanten Nachtleben und einer florierenden Kunstszene. (S. 248)

Bengaluru (Bangalore) Die Stadt hat das fortschrittliche und moderne Gesicht Südindiens, ist das Zentrum von Indiens IT-Branche und ein toller Ort für einen Drink, gutes Essen und zum Shoppen. (S. 186)

Puducherry (Pondicherry) In dem für sein langsam verblassendes französisches Flair bekannten Küstenstädtchen zeigt sich Indien so vielschichtig wie nirgends sonst. (S. 390)

Chennai (Madras) Die Stadt ist schon lange ein Zentrum für Kultur und Handel und punktet zunehmend auch mit ausgesprochen eleganten Luxushotels, Restaurants mit zeitgenössischer Küche, Boutiquen und Nachtleben. (S. 355)

Natur

Südindien bietet jede Menge Gelegenheiten, Wildtieren draußen in ihrem natürlichen Lebensraum zu begegnen.

Wayanad Wildlife Sanctuary Abgelegenes, schönes, urwüchsiges Schutzgebiet in Kerala mit guten Chancen, wildlebende Elefanten zu sehen. (S. 344)

Nagarhole National Park Ein wenig besuchter Park mit Dschungel und Flüssen; perfekt um Elefanten zu beobachten und mit etwas Glück vielleicht sogar einen Tiger. (S. 215)

Tadoba-Andhari Tiger Reserve Hier leben etwa 120 Tiger – in Indien hat man nirgends eine bessere Chance, das Raubtier zu sichten. Außerdem gibt es Gaure (eine große Rinderart), Axishirsche, Nilgauantilopen, Faultiere und Leoparden. (S. 109)

Periyar Wildlife Sanctuary Schutzgebiet in Kerala mit Gauren, Pferdehirschen, etwa die 1000 Elefanten und ein paar Tigern. (S. 315)

Hill Stations

Die aus der Kolonialzeit stammende Tradition, sich vor der Sommerhitze in den Ebenen in die kühlen Höhen der Western Ghats zurückzuziehen, wird heute von Hochzeitsreisenden, Familien und noch vielen anderen mehr am Leben erhalten.

Ooty (Udhagamandalam) Die „Königin der Hill Stations" verbindet in den grünen Hügeln der Nilgiris das typisch indische Gewusel mit grünen Parks und Bungalows aus der Zeit der britischen Kolonialherrschaft. (S. 435)

Kodaikanal Eine kleinere, skurrilere, landschaftlich schönere Alternative zu Ooty, rund um einen künstlich angelegten hübschen See. (S. 425)

Matheran Das beliebte Wochenendziel der Einwohner Mumbais ist nicht nur pittoresk und autofrei, sondern auch noch mit der Schmalspurbahn zu erreichen. (S. 115)

Munnar Wer sein Lager in einem der schönen Resorts außerhalb der Stadt aufschlägt, kann hier im Hauptanbaugebiet Südindiens durch wunderbar smaragdgrüne Teeplantagen wandern. (S. 319)

Bootstouren

Vom Wasser aus sieht man Südindien und seine Attraktionen aus einem ganz anderen Blickwinkel.

Kerala Verträumtes Dahintreiben mit dem Hausboot auf den Gewässern rund um **Alappuzha** (Alleppey; S. 306), Kanutouren von **Kollam** (Quilon; S. 302) aus und Fahrten mit dem Bambusfloß im **Periyar Wildlife Sanctuary**. (S. 315)

Goa Delfin- und Krokodil-Beobachtungstour auf dem Mandovi-Fluss. (S. 143)

Andamanen Im Mahatma Gandhi Marine National Park gibt es Mangroven, Regenwälder und Riffe mit 50 Korallenarten zu sehen. (S. 454)

Malvan Der schöne Karli-Fluss und seine Nebengewässer in Maharashtra lohnen einen Ausflug. (S. 113)

Meditation & Yoga

In Südindien beherrscht man die Kunst, sich zu entspannen, schon lange. Zahllose Anwendungen werden angeboten, die Körper, Geist und Seele streicheln. Meditations- und Yogakurse gibt's an jeder Ecke.

Mysuru (Mysore) Die Heimat des Ashtanga-Yoga ist, Kopf an Kopf mit Rishikesh, einer der beliebtesten Orte Indiens, um Yoga zu üben und darin ausgebildet zu werden. (S. 202)

Goa Yoga, Meditation und andere Methoden, den Geist gesund zu erhalten, werden in Goa mannigfach gelehrt und praktiziert, hauptsächlich zwischen Oktober und April. (S. 130)

Vipassana International Academy Dieses Zentrum in Igatpuri, Maharashtra, führt intensive Meditationskurse in der buddhistischen Theravada-Tradition durch. (S. 94)

Sri Aurobindo Ashram Dieser Ashram in Puducherry wurde von dem angesehenen Sri Aurobindo gegründet. Man versucht hier, Yoga mit moderner Wissenschaft zu verbinden. (S. 391)

Isha Yoga Das Zentrum in Poondi, in der Nähe von Coimbatore, bietet Übernachtungsgästen Kurse und Behandlungen an. (S. 432)

Traveller-Enklaven

Manchmal will man einfach eine Weile nicht mehr herumrennen, sondern es sich gemütlich machen: Reisegeschichten austauschen, lesen, ein Nachmittagsschläfchen halten, Karten spielen oder ein Bierchen trinken...

Hampi Die Schönheit der Landschaft und der Architektur verleitet jeden zu einem längeren Aufenthalt. Deswegen gibt's hier eine gute Traveller-Community. (S. 230)

Arambol Goa ist eine einzige große Traveller-Enklave, aber Palolem und das günstigere Arambol sind derzeit wohl seine Epizentren. (S. 160)

Gokarna Ursprünglich nur ein Ausweichziel für das überquellende Goa, aber Gokarnas Strände sind gemütlich, wunderschön, entspannt und Teil eines alten heiligen Dorfes. (S. 226)

Mamallapuram Günstige Unterkünfte, hervorragende altertümliche Architektur und Surfen vor den schönsten Küstenabschnitten Tamil Nadus. (S. 376)

Wassersport

Tauchen, Schnorcheln und Surfen werden an Südindiens Küsten immer beliebter.

Andamanen Weltklasse-Tauch- und Schnorchelgebiete in kristallklarem Wasser mit Korallenriffen und einer enorm vielfältigen Unterwasserwelt in 1370 km Entfernung vom indischen Festland. (S. 444)

Malvan Tauchen ist hier der große Renner: Es gibt Korallenriffe, Unterwasserhöhlen, jede Menge Meereslebewesen und eine erst kürzlich eröffnete Tauchschule. (S. 113)

Surfen Wird an der Südküste immer beliebter. Es gibt Schulen in **Kovalam** (S. 292), wo wahrscheinlich die besten Wellen auflaufen, in Goa, Mamallapuram und Puducherry.

Lakshadweep In unberührten Lagunen und an unbeschädigten Korallenriffen 300 km vor Kerala kann man wunderbar tauchen und schnorcheln, allerdings sind die Inseln nur für Pauschalreisende erreichbar. (S. 350)

Monat für Monat

TOP-EVENTS

Pongal Jan.

Karneval Feb. od. März

Ganesh Chaturthi Aug. od. Sept.

Navratri & **Dussehra** Sept. od. Okt.

Diwali Okt. od. Nov.

Januar

Nach den Monsunregen weht etwas kühle Luft, in großen Teilen des Südens wird es dennoch nie richtig kalt. Das angenehme Wetter und viele Feste locken Besucher an (im Voraus buchen!).

Tag der Republik

Der Nationalfeiertag erinnert an die Gründung der Republik Indien (26. Jan. 1950).

Drachenfest

Das hinduistische Fest Sankranti markiert den Zeitpunkt, an dem die Sonne in das Sternbild Steinbock wandert, und das Ende der Erntezeit. In Indien wird es unterschiedlich begangen, aber am schönsten ist das Steigenlassen von Drachen in Maharasthra, Telangana und Andhra Pradesh (unter anderen Bundesstaaten).

Pongal

Das Pongal-Fest in Tamil Nadu kennzeichnet das Ende der Erntezeit. Indische Familien bereiten Gefäße voller *pongal* (eine Mischung aus Reis, Zucker, Dal und Milch), als Symbol für Wohlstand und Überfluss, zu und verfüttern es an geschmückte Kühe. (S. 355)

Ehrung von Saraswati

An Vasant Panchami, dem „fünften Tag im Frühling", erbitten gelb gekleidete Hindus traditionell den Segen von Saraswati, Göttin der Weisheit, indem sie vor deren Figuren Bücher, Musikinstrumente und andere Lernutensilien ablegen. Manchmal finden das Fest auch im Februar statt.

Februar

In den meisten Gegenden ist das Wetter angenehm, im Süden beginnt langsam die Sommerhitze. Es ist noch Hauptreisezeit.

Shivaratri

Der hinduistische Fastentag erinnert an den *tandava* (den kosmischen Siegestanz) von Shiva. Auf Tempelumzüge folgen das Singen von Mantras und das Weihen des Linga (Phallussymbol Shivas). Shivaratri kann auch in den März fallen.

Karneval in Goa

Die viertägige Party läutet die Fastenzeit ein und wird in Goa wild gefeiert, u.a. in Panaji (Panjim). Los geht's am Sabado Gordo, dem „dicken Samstag", mit Umzügen, es folgen Straßenfeste und Konzerte. Kann auch im März stattfinden.

März

Der letzte Monat der Hauptsaison, fast überall in Indien ist es schon heiß.

Holi

Holi wird eher in Nordindien gefeiert, aber auch in vielen Teilen des Südens gern begangen. Die Hindus feiern den Frühlingsanfang nach dem Mondkalender im Februar oder März, indem sie gefärbtes Wasser verspritzen und mit *gulal* (Puder) um sich werfen. In der vorausgehenden Nacht feiern Freudenfeuer den Tod der Dämonin Holika.

Ramas Geburtstag

Während Ramanavami feiern Hindus einen bis

neun Tage lang die Geburt Ramas mit Prozessionen, Fasten, Essen und Aufführungen von Szenen aus dem Ramayana. In manchen Tempeln gibt es Hochzeiten zwischen Rama- und Sita-Figuren.

April

In Südindien hält die Hitze Einzug. Die Temperaturen gehen mit Schnäppchenpreisen und sinkenden Besucherzahlen einher. In den Nationalparks suchen Wildtiere nach Wasser und können so leicht beobachtet werden.

Mahavirs Geburtstag

Mahavir Jayanti (April oder Ende März) erinnert an die Geburt des 24. *tirthankar* (Lehrmeister und Erleuchteter) des Jainismus. Mahavir-Statuen erhalten rituelle Bäder, Tempel werden geschmückt, Prozessionen abgehalten und Arme beschenkt.

Mai

In großen Teilen des Landes herrscht drückende Hitze. Deshalb ist in Ooty (Udhagamandalam), Kodaikanal und in den anderen Hill Stations im Süden jetzt Hauptsaison. Der bevorstehende Regen sorgt für steigende Luftfeuchtigkeit und wenige Veranstaltungen.

Juni

In den meisten Regionen setzt der Monsun ein, im übrigen Land herrscht die extreme Hitze, die dem Monsun vorausgeht – der Juni ist also in Südindien keine beliebte Reisezeit.

Ramadan (Ramazan)

Im neunten Monat des islamischen Kalenders fasten Muslime von Sonnenauf- bis Sonnenuntergang. Sie richten ihre Aufmerksamkeit dabei mit Gebet und Reinigungsritualen auf Gott. Der Ramadan beginnt am 7. Juni (2016) bzw. am 27. Mai (2017).

Juli

Es regnet fast überall, viele abgelegene Straßen sind überschwemmt. Traditionell gilt die Regensaison als Zeit der Meditation.

Eid al-Fitr

Die Muslime feiern das Ende des Ramadan mit einem dreitägigen Fest, zu dem auch Gebete, Einkaufstouren und Geschenke gehören. Um den 5. Juli (2016) bzw. 25. Juni (2017).

Fest der geschwisterlichen Verbindung

An Raksha Bandhan (Narial Purnima) knüpfen Mädchen Bänder *(rakhis)* um die Handgelenke von Brüdern und engen Freunden; diese sollen sie im kommenden Jahr beschützen. Sie erhalten von ihren Brüdern Geschenke oder das Versprechen, auf sie aufzupassen.

August

Regen, Regen, Regen – die Monsunsaison hält an. Manch einer schwört nun auf die Magie tropischer Landschaften wie in Kerala oder Goa: Die üppigen Wälder sind leuchtend grün und glitzern im Regen.

Schlangenfest

Das Hindu-Fest Naag Panchami wird besonders ausdauernd in Pune und Kolhapur, Maharashtra gefeiert und ist der Schlange Ananta gewidmet, auf der Vishnu im Weltenozean ruhte. Frauen kehren in ihr Elternhaus zurück und fasten. Schlangen werden als Schutzgeister gegen Überflutungen und andere Übel verehrt. Am 7. August (2016) bzw. 27. Juli (2017).

Unabhängigkeitstag

Am 15. August wird an Indiens 1947 erlangte Unabhängigkeit von Großbritannien erinnert. Die Feierlichkeiten beinhalten das zeremonielle Hissen der Nationalflagge sowie Militärparaden und Kultur.

Krishnas Geburtstag

Zu den Janmashtami-Feierlichkeiten gehören Fasten und *puja* (ritueller Gottesdienst), aber auch das Verteilen von Süßigkeiten und das Malen von kunstvollen *rangoli*-Bildern (Bodenmalereien aus Reispulver). Um den 25. August (2016) bzw. 15. August (2017).

Parsisches Neujahr

Pateti, das zoroastrische Neujahr, wird von den Parsen gefeiert, insbesondere in Mumbai (Bombay). Häuser werden auf Hochglanz gebracht und mit Blumen und *rangoli* geschmückt.

Familien machen sich schick und bringen Opfergaben zum Feuertempel.

September

Der Regen lässt allmählich nach. In Südindien sorgen die weiterhin recht hohen Temperaturen für hohe Luftfeuchtigkeit und ein teilweise saunaähnliches Klima.

Ganeshas Geburtstag

Die Hindus feiern Ganesh Chaturthi, die Geburt des elefantenköpfigen Gottes, indem sie in vielen Straßen geschmückte Statuen aufstellen, die sie dann bei Umzügen durch die Straßen tragen und anschließend zeremoniell in Flüssen, Seen, Reservoirs und dem Meer ablegen. Besonders lebhaft geht es dabei in Mumbai (Bombay) zu, aber auch die Feste in Hyderabad, Chennai (Madras) und anderswo können sich sehen lassen. Termine: 5. bis 15. September (2016) und 25. August bis 5. September (2017).

Eid al-Adha

Die Muslime erinnern an Abrahams Bereitschaft, Gott seinen Sohn zu opfern, indem sie eine Ziege oder ein Schaf schlachten und es mit der Familie, der Gemeinde und den Armen teilen. Um den 11. September (2016) bzw. den 1. September (2017).

Oktober

An der Südostküste (und im Süden Keralas) kann es

Oben Diwali – das Lichterfest
Unten Das Holi-Fest wird mit *gulal* gefeiert.

zwar noch regnen, dennoch wachsen die Touristenzahlen wieder an. Im Oktober werden viele Festivals veranstaltet, und die Temperaturen sind angenehm.

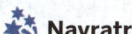

Gandhis Geburtstag

An Gandhi Jayanti (2. Oktober) wird in Delhi feierlich und mit Gebeten dem Geburtstag Gandhis gedacht; im ganzen Land wird kein Alkohol verkauft.

Navratri

Das hinduistische „Fest der neun Nächte" geht in das Dussehra-Fest über und ehrt mit Tanzvorführungen die Göttin Durga in all ihren Erscheinungsformen. Am eindrucksvollsten sind die Navratri-Feierlichkeiten (jeweils im Sept./Okt.) in Maharashtra.

Dussehra

Zu Dussehra wird farbenprächtig der Sieg des Hindugotts Rama über den Dämonenkönig Ravana und der Sieg des Guten über das Böse gefeiert. Besonders eindrucksvoll ist das Fest in Mysuru (Mysore). Termine: um den 11. Oktober 2016 bzw. 30. September 2017. (S. 210)

Muharram

In diesem Monat der Trauer und des Gedenkens erinnern die Schiiten bei den Ashura-Riten an das Martyrium von Mohammeds Enkel, dem Imam Al-Husain. Am zehnten Tag gibt es schöne Prozessionen, darunter eine besonders riesige in Hyderabad. Ashura fällt 2016 auf den 11. Oktober und 2017 auf den 1. Oktober.

Lichterfest

Im Mondmonat Kartika feiern Hindus fünf Tage lang Diwali. Feuerwerke, Öl- und Butterlampen sowie Laternen sollen den Gott Rama aus dem Exil nach Hause führen. Es ist eines von Indiens schönsten und lautesten Festen und beginnt ungefähr am 30. Oktober 2016 und 18. Oktober 2017.

November

Der Monsun fegt über Tamil Nadu und Kerala hinweg, aber in den tieferen Lagen sorgen angenehme Temperaturen dafür, dass dies eine gute Reisezeit ist.

Guru Nanaks Geburtstag

Nanak Jayanti, der Geburtstag von Guru Nanak, dem Begründer des Sikhismus, wird drei Tage lang mit Gebeten, *kirtan* (Singen von Mantras) und Prozessionen gefeiert. Um den 14. November (2016).

International Film Festival of India

Das International Film Festival of India (www.iffi.nic.in) ist ein rauschendes Filmfest, das größte des Landes, das alle Bollywood-Stars zu Premieren, Partys und Filmvorführungen nach Panaji, Goa, lockt.

Karthikai Deepam

Dieses Fest erinnert daran, wie Shiva der Welt das Licht zurückbrachte. Es wird besonders heftig in Tiruvannamalai gefeiert, wo Shiva der Überlieferung nach als Feuer-Lingam auf dem Gipfel des Mt. Arunachala erschien. In der Nacht des Vollmonds strömen in der Stadt Hunderttausende Pilger zusammen (das nächste Mal am 12. Dezember 2016). (S. 388)

Dezember

Der Dezember ist die touristische Hauptsaison: Das Wetter ist prächtig (außer in den kühlen Bergen), die Luftfeuchtigkeit geringer als üblich, die Stimmung festlich, und die Strände sind traumhaft.

Geburtstag des Propheten Mohammed

Der islamische Feiertag Eid-Milad-un-Nabi erinnert mit Gebeten und Prozessionen an die Geburt des Propheten Mohammed. Um den 12. Dezember 2016.

Hochzeiten

Auch Hochzeiten haben im Dezember Hauptsaison, und Reisende können im ganzen Land Augenzeugen einer *baraat* (Bräutigam-Prozession) werden, komplett mit weißem Pferd und Feuerwerk. Die Paare feiern mit lauter Musik und spektakulären Partys, die Bräute ganz in *mehndi* (Henna) und purem Gold.

Weihnachten

Am 25. Dezember feiern Christen die Geburt Jesu Christi. In Goa und Kerala geht es besonders festlich zu, und die katholischen Viertel Mumbais erstrahlen im Lichterglanz.

Reiserouten

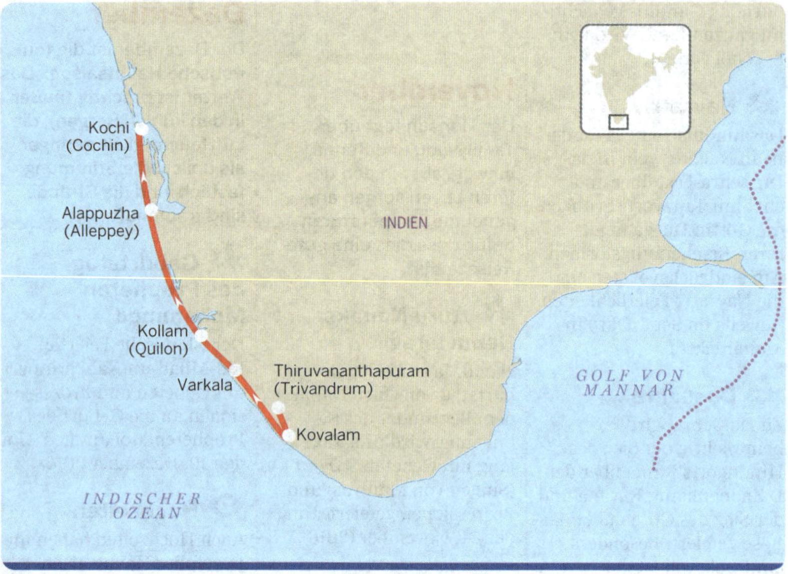

2 WOCHEN

Kerala ganz klassisch

Von Kokospalmen gesäumte Strände und Bootsfahrten auf Kanälen und Gewässern haben Kerala den Ruf eingebracht, Indiens gelassenster Bundesstaat zu sein. Aber hier gibt es auch jede Menge Farbe und Spaß: Elefantenfestivals und Schlangenbootrennen, Kathakali-Tanzdramen, malerische Viertel aus der Kolonialzeit und eine für ihre Aromen berühmte Küche. Nach einem Tag in den Zoologischen Gärten und Museen der Hauptstadt **Thiruvananthapuram** (Trivandrum) empfiehlt sich die Fahrt zum Strand des Urlaubsortes **Kovalam**. In der heiligen Stadt **Varkala** kann man noch einen Gang herunterschalten und sich mit Yoga und Surfen entspannen. Dann geht's gen Norden nach **Kollam** (Quilon), wo man durch die Kanäle nach Alappuzha (Alleppey) gondelt und dabei eine Zwischenübernachtung in der Matha Amrithanandamayi Mission einlegt, dem rosa Ashram der „Umarmenden Mutter". Mit **Alappuzha** (Alleppey) hat man die Hauptstadt aller Hausboote erreicht. Wer einen Hausboot- oder Kanuverleih gefunden hat, kann erkunden, was es mit den grandiosen Wasserwegen auf sich hat. Der Bahnstrecke nach **Kochi** (Cochin) nach Norden folgend, lohnt sich ein Abstecher mit der Fähre zum Fort Cochin, dem früheren kolonialen Vorposten Keralas. Bei all den gegrillten Meeresfrüchten, freundlichen Privatunterkünften, Herrenhäusern, Kathakali-Shows und dem tollen jüdischen Viertel Mattancherrys kann man hier gut ein paar Tage vertrödeln.

4 WOCHEN

Städte, Höhlen & Küste

Die Lichter der Großstadt, Sehenswürdigkeiten, glückliche Stunden am Strand, Dschungelabenteuer und ein Hauch Kolonialzeit – diese Tour zeigt alle Highlights des Südens.

Startpunkt ist **Mumbai** (Bombay), Bollywoods pulsierendes Herz und Standort einiger der besten Geschäfte, Restaurants und Bars des Landes. Ein Spaziergang bei Sonnenuntergang entlang des Marine Dr, der Uferpromenade, die auch „Halsband der Königin" genannt wird, endet mit einem *bhelpuri* (Teigfladen mit Reis, Linsen und Chutney) und einer Nackenmassage am Chowpatty-Strand. Von Mumbais historischem Gateway of India nimmt man die Fähre zur Elephanta Island, um dort die in die Felsen geschlagenen Tempel und die Shiva-Skulptur mit den drei Gesichtern zu erkunden.

Danach geht die Reise weiter nach Nordosten, wo in **Ajanta** und **Ellora** alte Höhlenkunst wartet. Die beiden Höhlen liegen nur 150 km voneinander entfernt nahe von Aurangabad. Die mit Fresken verzierten buddhistischen Höhlen von Ajanta liegen in einer hufeisenförmigen Schlucht, die Höhlen von Ellora, die Hindu-, jainistische und buddhistische Schreine enthalten, an einem 2 km langen Hang. Nun geht's nach **Pune**, Maharashtras IT-Knoten, mit seinen Museen, Bars und dem Osho International Meditation Resort. Nächster Halt ist **Goa**. Hier gibt's Sandburgtherapie für die Seele, man kann aber auch über eine Gewürzplantage wandern, die Kathedralen der portugiesischen Ära besuchen, auf Anjunas Flohmarkt einkaufen oder einen Strandort aufsuchen. Danach geht die Reise nach Osten zum Traveller-Hotspot **Hampi** in Karnataka. Wer durch die mit Felsbrocken übersäte Landschaft schlendert, kann darüber nachdenken, wie das Leben hier war, als Hampi noch das Zentrum des Vijayanagar-Imperiums war. Nach einer langen Fahrt nach **Mysuru** (Mysore) kann man den Maharaja's Palace erforschen, eines der größten königlichen Bauwerke Indiens, und auf den Märkten Seide und Sandelholz kaufen. Von Mysuru führt eine aufregende Busfahrt über die Western Ghats nach Kerala und ins **Wayanad Wildlife Sanctuary**, einem der besten Orte im Süden, um Elefanten zu beobachten. Zum Abschluss fährt man auf einer Straße, die einem die Haare zu Berge stehen lässt, zur Küste hinunter und weiter nach **Kochi**. Hier vermischen sich portugiesische, niederländische und englische Geschichte, und es gibt eine lebhaften Traveller-Szene.

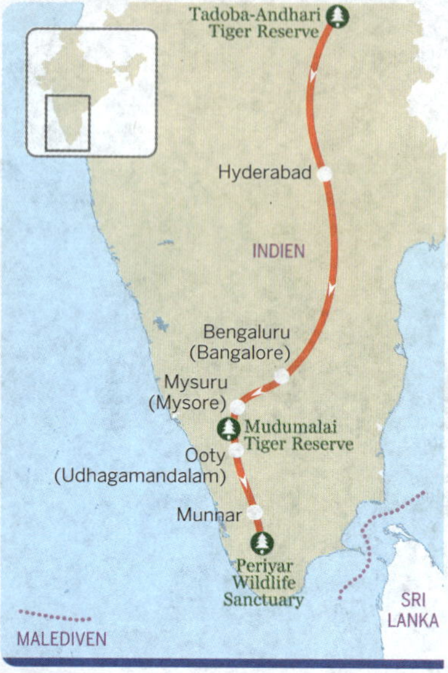

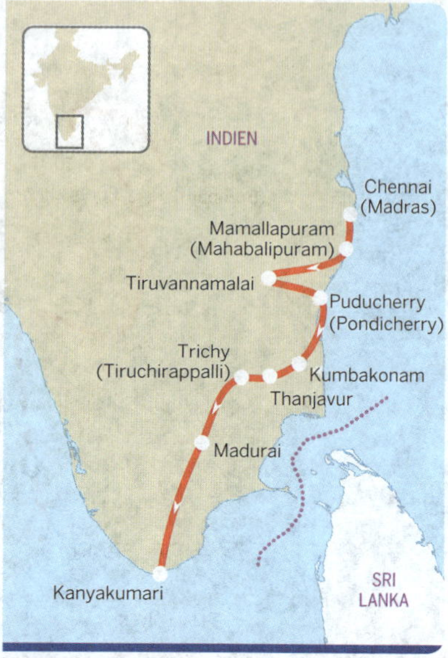

3 WOCHEN Städte, Hill Stations & Schutzgebiete

Los geht's mit einem Vorstoß ins **Tadoba-Andhari Tiger Reserve** in Maharashtra mit besten Aussichten, wilde Tiger zu beobachten. Dann führt die Reise in die alte Fürstenhauptstadt **Hyderabad** mit ihren islamischen Monumenten und labyrinthartigen Basaren. Weiter im Süden warten die kulinarischen Genüsse und das Einkaufsvergnügen in **Bengaluru** (Bangalore), Indiens IT-Hauptstadt des 21. Jhs. Der Bangalore Palace erlaubt einen Blick in die königliche Vergangenheit der Stadt. Nächster Halt: die Königsstadt **Mysuru** (Mysore). Der Maharaja's Palace, ein Komplex mit roten und weißen Kuppeln, ist großartig. Weiter südlich liegt das **Mudumalai Tiger Reserve**, wo man wilde Elefanten sieht und Jeepsafaris durch den Dschungel macht. Danach wartet der angenehm temperierte Bergort **Ooty** (Udhagamandalam), eine der beliebtesten Urlaubsorte Indiens. Mit dem Toy Train geht's hinunter nach Coimbatore und dann nach Kerala und zu den mit Teebüschen bedeckten Hügeln von **Munnar**, wo man toll wandern kann und lauschige Unterkünfte im Wald findet. Zum Schluss warten im **Periyar Wildlife Sanctuary** noch Dschungelwanderungen und mehr Gelegenheiten, Tiger zu sehen.

12 TAGE Die Tempel Tamil Nadus

Eine Reise durch Tamil Nadu ist eine Reise ins spirituelle Herz Südindiens: die Tamilen sind die überzeugtesten Anhänger des Hinduismus im Land, und ihre Tempel sind der dreidimensionale Ausdruck ihrer Verehrung. In **Chennai** (Madras) kann man im Government Museum in die Stadtgeschichte eintauchen und dann den Kapaleeshwarar- und den Parthasarathy-Tempel besichtigen. Danach geht's in den Süden an die Küste nach **Mamallapuram** (Mahabalipuram) und zu den dortigen Felsschreinen. Im Landesinneren in **Tiruvannamalai** kann man den Arunachaleswar-Tempel besuchen, eine der größten heiligen Stätten des Landes. In der alten französischen Kolonie **Puducherry** (Pondicherry) an der Küste ist eine Tempel-Pause angesagt, bevor es wieder ins Landesinnere zu den als Weltkulturerbe gelisteten Tempeln von **Kumbakonam** und **Thanjavur** geht. Nun folgt **Trichy** (Tiruchirappalli) mit dem Rock-Fort-Tempel und dem Sri-Ranganathaswamy-Tempel. Südlich in **Madurai** wartet der Minakshi-Tempel, den viele als Höhepunkt der südindischen Tempelarchitektur ansehen. Die Reise endet in **Kanyakumari** mit seinem der Meeresgöttin Kumari gewidmeten Tempel.

Reiseplanung

Zugtickets buchen

In Indien mit dem Zug zu fahren, ist schon Grund genug für eine Reise dorthin. Züge fahren zu beinahe allen Orten – und das nahezu jederzeit und mit einer Platzauswahl für jeden Geldbeutel. Das Buchen kann hingegen ein bisschen mühsam sein. Am besten bucht man online, das erspart einem viel Ärger.

Onlinebuchung

Fahrkarten für Fernzüge können 60 Tage vor der Abfahrt gebucht werden, für kürzere Strecken manchmal auch früher. Die Plätze füllen sich schnell. Man sollte also mindestens eine Woche im Voraus buchen (wobei Plätze für kürzere Distanzen in der Regel einfacher zu kriegen sind).

Express- und Postzüge bilden das Rückgrat des Bahnverkehrs in Indien. Nicht in allen Zügen gibt's alle Klassen, aber in den meisten Fernzügen Abteile der 2. Klasse ohne Reservierung und komfortablere Abteile mit Reservierung und (nachts) Kojen. Mit Nachtzügen kann man große Entfernungen zurücklegen und zahlt kaum mehr als für ein mittelteures Hotelzimmer. Shatabdi-Expresszüge fahren am Tag und bieten nur Sitzplätze; in den Rajdhani-Express-Fernzügen, die von Delhi zu den Bundesstaatshauptstädten fahren, und die mehr als einen Tag unterwegs sind, hat man die Wahl zwischen den Klassen 1AC, 2AC, 3AC sowie 2. Klasse. In den teureren Schlafwagenklassen wird Bettzeug gestellt. Mit einer mitgebrachten Kette und einem Schloss kann man in allen Klassen Gepäck am Gepäcknetz befestigen. Weitere Buchungstipps, auch wie man Tickets persönlich am Schalter im Bahnhof ergattert, gibt's auf S. 565.

Die folgenden Websites sind nützlich für internationale Onlinebuchungen.

Cleartrip (www.cleartrip.com) Verlässliche private Agentur und der einfachste Weg zu buchen; aus-

Klassen

Air-Conditioned 1st Class (1AC)

Abteile mit abschließbaren Türen und zwei oder vier Schlafwagenplätzen; Mahlzeiten inklusive.

Air-Conditioned 2-Tier (2AC)

Zu Vierer- und Zweiergruppen zusammengefasste doppelstöckige Schlafkojen, keine abgegrenzten Abteile; die Kojen werden tagsüber zu Sitzen umgebaut, Vorhänge sorgen für Privatsphäre.

Air-Conditioned 3-Tier (3AC)

Dreistöckige Schlafkojen in Sechsergruppen, keine abgegrenzten Abteile, keine Vorhänge; beliebt bei indischen Familien.

AC Executive Chair

Hauptsächlich in Shatabdi-Expresszügen; bequeme Liegesitze mit viel Platz.

AC Chair

Ähnlich wie AC Executive Chair, aber weniger luxuriöse Sitze.

Sleeper Class

Dreistöckige Kojen, keine abgegrenzten Abteile, keine Klimaanlage; offene Fenster mit Aussicht.

Ohne/mit Reservierung 2. Klasse (II/SS oder 2S)

Holz- oder Plastiksitze und Gedränge – aber billig!

ZUGREISEN MIT STIL

In Südindien gibt es eine verlockende Auswahl an Zugtouren für Traveller, die auf Schienen reisen, und sich dabei wie ein Maharadscha (oder eine Maharani) fühlen möchten. Die Preise beinhalten die Übernachtung an Bord, geführte Touren, Eintrittsgebühren und die Mahlzeiten. Ein Zug, der die Strecke Mumbai–Goa bedient, soll in Planung sein. Einfach online checken, ob er inzwischen buchbar ist.

Deccan Odyssey (www.coxandkings.co.uk) Tour mit neun Übernachtungen, die die wichtigsten Touristenziele Maharashtras und Goas abdeckt. Das Ganze beginnt bei stolzen 6090/3495 UK£ pro Person für Einzel-/Doppelbelegung und beinhaltet die Flüge. Im Angebot ist auch eine Reihe kürzerer Luxustrips.

Golden Chariot (www.coxandkings.co.uk) Tourt von Oktober bis März stilvoll durch den Süden, Ausgangspunkt ist Bengaluru (Bangalore); mit zehn Übernachtungen geht es durch Mysuru (Mysore), Hampi und Goa. Preise fangen pro Person (und inkl. Flügen) bei 4445 UK£ an.

ländische Master- und Visa-Kreditkarten werden akzeptiert. Bietet ausschließlich direkte Verbindungen. Bei Buchungen von außerhalb Indiens sollte man, jedenfalls wenn man (noch) keine indische Handynummer hat, einfach irgendeine beliebige Zahlenfolge eingeben und sich anschließend eben auf Kommunikation per E-Mail beschränken.

IRCTC (www.irctc.co.in) Staatlich betriebene Website, die Reservierungsmöglichkeiten für regelmäßige Zugverbindungen und auf Touristen ausgerichtete Luxusbahnreisen anbietet. Bei internationalen Buchungen werden nur Kreditkarten von American Express akzeptiert, die in Großbritannien oder aber in Australien ausgestellt wurden (allerdings klappt auch das nur ziemlich unregelmäßig).

Make My Trip (www.makemytrip.com) Seriöse Privatagentur; akzeptiert ausländische Kreditkarten. Auch hierbei benötigt man eine indische Mobilfunknummer. Anschließend muss man eine IRCTC-Benutzer-ID erstellen: Dazu wählt man eine Benutzer-ID (Benutzername) und gibt dann Namen, Geburtsdatum und Adresse ein. Als „Pincode" (Postleitzahl) sollte „123456" funktionieren. Bei „Land" wählt man „Andere".

Reservierung

Für alle Waggons der Klassen Chair, Sleeper Class, 1AC, 2AC und 3AC ist eine Reservierung nötig. Bei Fahrten in Abteilen der 2. Klasse gilt das nicht. Fahrten in Nachtzügen sowie während Feiertagen und Festen sollte man weit im Voraus buchen. Mit der Buchung nicht bis zum Reisetag warten!

Zugpässe

IndRail-Pässe erlauben unbegrenzt viele Zugreisen in einem bestimmten Zeitraum (1–90 Tage), aber man spart nicht viel dabei und muss immer noch reservieren. Die Preise beginnen bei 19/43/95 US$ (Sleeper Class/2AC, 3AC & Chair/AC 1st Class) für 24 Stunden. Am leichtesten lassen sich die Zugpässe über das IndRail-Büro im Heimatland buchen – Details finden sich unter dem Link „Passenger Info/Tourist Information" auf der Website www.indianrailways.gov.in/railwayboard.

Reiseplanung

Yoga, Spas & Spirituelles

Mindestens drei Religionen sind in Indien entstanden – logisch, dass entsprechend Veranlagte hier spirituelle Erbauung erfahren können! Und Skeptische nutzen einfach die Spas und Yogazentren.

Ayurveda

Ayurveda – indische Kräutermedizin – zielt darauf ab, den Körper ins Gleichgewicht zu bringen (s. Kasten S. 302).

Goa

Ayurvedic Massage Centre (☎9420896843; Massage 1/1½ Std. ab 1000/1500 ₹; ⌚9-20 Uhr) Zwei Zentren in Mandrem.

Karnataka

Ayurvedagram (S. 191) Inmitten von Gärten in Whitefield, 25 km vom Zentrum Bengalurus (Bangalores) entfernt.

Soukya (S. 192) Ayurveda und Yoga in Whitefield außerhalb von Bengaluru (Bangalore).

Indus Valley Ayurvedic Centre (S. 208) Therapien nach alten Schriften in Lalithadripura, 16 km östlich von Mysuru (Mysore).

Swaasthya Ayurveda Centre (S. 208) Exerzitien und Therapien in Mysuru (Mysore).

Swaasthya Ayurveda Retreat Village (S. 218) Entspannter Rückzugsort in Coorg (Kodagu).

SwaSwara (S. 229) Therapien und artistische Übungen an Gokarnas Om Beach.

Kerala

Dr. Franklin's Panchakarma Institute (S. 297) Seriöse Behandlungen in Chowara, südlich von Kovalam.

Angebote

Ashrams

In Indien gibt es Hunderte Ashrams – Kommunen, in denen sich alles um die Philosophie eines Gurus (spiritueller Führer oder Lehrer) dreht.

Ayurveda

Uralte Wissenschaft, die auf indischer Naturmedizin und ganzheitlicher Heilung basiert; behandelt werden Körper und Geist mit natürlichen Pflanzenextrakten, Massagen und anderen Therapien.

Yoga

Yoga ist fest in Indien verwurzelt; so gibt's hier Hunderte Schulen für jedes Level.

Buddhistische Meditation

Viele Zentren lehren *vipassana* (Aufmerksamkeitsmeditation) und buddhistische Philosophie; oft wird ein Schweigegelübde nebst Verzicht auf Alkohol, Tabak und Sex verlangt.

Spa-Behandlungen

Südindiens Spas punkten mit einem reizvollen Mix aus international bekannten Anwendungen und örtlichen Methoden auf Basis uralter Ayurveda-Traditionen.

Eden Garden (S. 299) Hier gibt es Behandlungen und diverse Angebotspakete in Strandnähe in Varkala.

Santhigiri Ayurveda Centre (S. 303) Ein- bis dreiwöchige Programme und Tagesbehandlungen in Kollam. Mit Zweigstellen in **Kovalam** (S. 303) und **Periyar** (S. 317).

Ayur Dara (S. 328) Ein- bis dreiwöchige Behandlungen auf der Insel Vypeen, Kochi.

Mumbai (Bombay)

Yoga Cara (S. 63) Ayurveda und Massagen.

Tamil Nadu

Sita (S. 392) Ayurveda und Yoga in Puducherry (Pondicherry).

Yoga

Yoga kann man in Indien fast überall praktizieren, in Strandresorts wie in Bergrefugien. Auf Initiative Indiens nahmen die UN 2014 eine Resolution an, die den 21. Juni zum Internationalen Tag des Yoga erklärte.

Andamanen

Flying Elephant (S. 457) Yoga und Meditation in wunderbar tropischer Umgebung auf der Insel Havelock.

Goa

Himalaya Yoga Valley (S. 160) Populäre Schule in Mandrem.

Swan Yoga Retreat (S. 155) Exerzitien in einer sehr entspannten Dschungelumgebung in Assagao.

Himalayan Iyengar Yoga Centre (S. 161) Seriöse Kurse mit Sitz in Arambol.

Bamboo Yoga Retreat (S. 171) Yoga am Strand in Patnem.

Karnataka

Mysore war der Geburtsort des Ashtanga-Yoga, daher findet man Zentren im ganzen Bundesstaat (S. 209).

Kerala

Trivandrum, Varkala und Kochi sind populäre Yoga-Zentren.

Sivananda Yoga Vedanta Dhanwantari Ashram (S. 292) Berühmt für ausgedehnte Hatha-Yoga-Kurse; 35 km von Trivandrum entfernt.

Maharashtra

Kaivalyadhama Yoga Hospital (S. 116) Yogisches Heilen in Lonavla.

Ramamani Iyengar Memorial Yoga Institute (S. 119) Im Angebot sind Fortgeschrittenen-Kurse in Pune.

Mumbai (Bombay)

Yoga Institute (S. 64) Tageskurse und längere Programme.

Yoga House (S. 62) Hatha-Yoga in wunderschöner Umgebung.

Yoga Cara (S. 63) Noch mehr Hatha- und Iyengar-Yoga.

Tamil Nadu

International Centre for Yoga Education & Research (S. 393) Bietet für Anfänger zehntägige Einführungskurse sowie diverse Trainingsprogramme für Fortgeschrittene in Puducherry.

Krishnamacharya Yoga Mandiram (S. 362) Yoga-Kurse, Therapie und Training in Chennai.

Meditation

Ob man auf der Suche nach einer guten Einführung oder eher nach vertieften Studien ist: Landesweit gibt es Kurse und Exerzitien.

Andhra Pradesh & Telangana

Zahlreiche *vipassana*-Kurse im birmanischen Stil, darunter:

Dhamma Vijaya (S. 268) In der Nähe von Eluru.

Dhamma Nagajjuna (S. 269) Nagarjuna Sagar.

Maharashtra

Vipassana International Academy (S. 94) Hält zehntägige *vipassana*-Kurse in Igatpuri ab.

Oben: Yoga-Unterricht in Indien, dem Geburtsort des Yoga

Unten: Meditieren in Varkala (S. 297), Kerala

BYHEAVEN / GETTY IMAGES ©

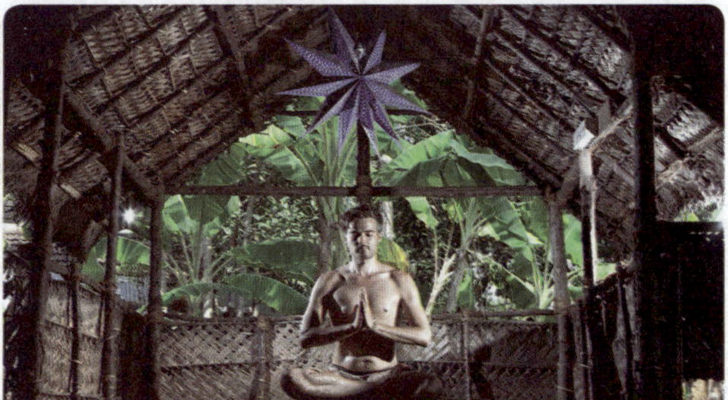

Mumbai (Bombay)

Global Pagoda (S. 60) Ein- bis zehntägige *vipassana*-Kurse auf der Insel Gorai.

Spa-Behandlungen

Die Auswahl reicht im ganzen Land von Einzelanbietern bis hin zu opulenten Spas. Vorsicht ist bei Massagen durch private (häufig unqualifizierte) Anbieter geboten – am besten vertraut man den Empfehlungen von Mitreisenden und dem eigenen Instinkt.

Goa

Nilaya Hermitage (☎0832-2269793; www.nilaya.com; Arpora; ❄@📶🏊) Hier in Arpora hängen auch die Stars gern ab.

Karnataka

Emerge Spa (S. 208) Verwöhnprogramme nach asiatischen Traditionen in der Nähe von Mysuru (Mysore).

Kerala

Neeleshwar Hermitage (☎0467-2287510; www.neeleshwarhermitage.com; Ozhinhavalappu, Neeleshwar; EZ/DZ-Häuschen ab 13 300/15 800 ₹, mit Meerblick 21 000/22 800 ₹; ❄📶🏊) Öko-Resort am Strand in der Nähe von Bekal.

Mumbai (Bombay)

Antara Spa (S. 63) Internationale Behandlungen.

Palm Spa (S. 63) Angesehenes Spa in Colaba.

Ashrams

Viele Ashrams werden von charismatischen Gurus geleitet. Manche davon ziehen nur eine dünne Linie zwischen spiritueller Gemeinschaft und Personenkult. Viele Gurus haben sich im großen Stil an ihren Verehrern bereichert, andere sind der sexuellen Ausbeutung von Anhängern bezichtigt worden. Vor der Teilnahme an einem Programm ist es daher stets angeraten, den Ruf des jeweiligen Ashrams zu überprüfen.

Die meisten Ashrams bieten Kurse in Philosophie, Yoga oder Meditation an. Eine (erwartete) Spende orientiert sich an den lokalen Preisen für Kost und Logis.

Kerala

Matha Amrithanandamayi Mission (S. 305) Berühmt wegen des weiblichen Gurus Amma, der „Umarmenden Mutter".

Maharashtra

Brahmavidya Mandir Ashram (S. 108) Gegründet vom Ghandi-Schüler Vinoba Bhave in Sevagram.

Sevagram Ashram (S. 108) Von Gandhi selbst gegründet.

Tamil Nadu

Sri Aurobindo Ashram (S. 391) Gegründet von Sri Aurobindo in Puducherry.

Isha Yoga Center (S. 432) Bietet verschiedene intensive Yoga-Programme für alle Stufen in Coimbatore.

Sri Ramana Ashram (S. 388) Gegründet von Sri Ramana Maharshi; Tiruvannamalai.

Reiseplanung

Freiwilligen-arbeit

Neben all der Schönheit, Geschichtsträchtigkeit und kulturellen Vielfalt prägen auch Armut und Elend das Leben in Indien unübersehbar. Viele Traveller möchten gerne helfen; Wohltätigkeits- und Hilfsorganisationen freuen sich landesweit über engagierte Freiwillige. Diese Tipps machen es leichter, etwas zu bewegen.

Hilfsprogramme in Südindien

Indien sieht sich beträchtlichen Herausforderungen gegenüber, und es gibt zahlreiche Möglichkeiten für Freiwillige, mitzuarbeiten. Manchmal bekommen diese auch nach ihrer Ankunft noch eine Stelle, aber die Einrichtungen und Nichtregierungsorganisationen (NGOs) bevorzugen im Allgemeinen Leute, die sich im Voraus beworben haben und für die zu leistende Arbeit geeignet sind. **Ethical Volunteering** (www.ethicalvolunteering.org) liefert nützliche Richtlinien für die Wahl einer ethisch korrekten Organisation.

Ebenso wie internationale Organisationen lassen auch indische Wohltätigkeitsverbände und NGOs Freiwillige mitarbeiten, es kann aber schwieriger sein, abzuschätzen, welchen Wert ihre Arbeit hat. Listen einheimischer Organisationen findet man unter www.ngosindia.com, oder man nimmt Kontakt zur **Concern India Foundation** (☎011-26210998; www.concernindia foundation.org; A-52 Amar Colony, Lajpat Nagar IV) in Delhi auf.

Die folgenden Organisationen bieten Möglichkeiten zur ehrenamtlichen Mitarbeit. Wichtig: Lonely Planet kann keine Garantien geben für Organisationen, mit denen Lonely Planet nicht direkt zusammenarbeitet. Er ist also wichtig, dass man selbst

Freiwilliger werden

Eine Organisation auswählen

Man sollte genau überlegen, wie und wo die eigenen Fähigkeiten nutzbringend einsetzbar sind, und dann eine Organisation auswählen, die dem Ergebnis möglichst exakt entspricht.

Zeitaufwand

Es ist wichtig, realistisch einzuschätzen, wie viel Zeit man einem Projekt widmen kann: Wirklich effektiv wird Hilfe oft erst bei mindestens einmonatiger (besser längerer) Teilnahme an einem Programm.

Geld

Nur unbezahlte Zeit ist oft nicht genug: Meist wird von Freiwilligen erwartet, dass sie ihre Unterkunfts-, Verpflegungs- und Anreisekosten selbst tragen.

Arbeitszeiten

Vor einer konkreten Verpflichtung muss man genau wissen, worauf man sich einlässt: Viele Anbieter erwarten ein Vollzeit-Engagement (5 Tage/Woche 9–17 Uhr).

Transparenz

Unbedingt sicherstellen, dass die gewählte Organisation einen guten Ruf hat und Geldmittel transparent einsetzt! Idealerweise holt man sich hierzu ein Feedback von früheren Freiwilligen.

eigene und gründliche Recherchen anstellt, bevor man sich für eine Freiwilligenstelle bei einer Organisation entscheidet.

Gemeindeprojekte

Viele ehrenamtliche Projekte haben es sich zur Aufgabe gemacht, vor allem in ländlichen Gebieten Gesundheitsversorgung und Bildung zu organisieren.

Karnataka

➡ **Kishkinda Trust** (S. 238) In Anegundi, unweit von Hampi. Hier werden Freiwillige gebraucht, die bei der nachhaltigen Gemeindeentwicklung helfen.

Mumbai (Bombay)

➡ **Slum Aid** (www.slumaid.org) Arbeiten in den Slums, um dort die Lebensbedingungen zu verbessern (2 Wochen–6 Monaten).

Mit Kindern arbeiten

Die folgenden Organisationen unterstützen benachteiligte Kinder. Achtung: Eine moralisch über jeden Zweifel erhabene Organisation wird auf der Überprüfung des Hintergrunds derer bestehen, die sich um Kinder kümmern wollen!

Goa

➡ **Mango Tree Goa** (S. 142; Mapusa) Hier gibt's Arbeitsmöglichkeiten für Krankenpfleger und Lehrerassistenten, die armen Kindern helfen möchten.

➡ **El Shaddai** (S. 142; Assagao) Wer mindestens einen Monat bleiben kann, hilft hier armen und obdachlosen Kindern.

Mumbai (Bombay)

➡ **Child Rights & You** (S. 63) Freiwillige können (mind. 4 Wochen) bei Fundraising-Kampagnen für Projekte in ganz Indien mithelfen.

➡ **Vatsalya Foundation** (S. 63) Lang- und kurzfristige Engagements. Es sollen Straßenkinder unterrichtet und Laufsportaktivitäten mit ihnen organisiert werden.

Tamil Nadu

➡ **RIDE** (S. 384; Kanchipuram) Hier werden Lehrer und Betreuer gesucht, die in Dörfern mit anpacken sowie Kindern helfen, die aus der Zwangsarbeit befreit wurden.

Umwelt & Naturschutz

Diese karitativen Einrichtungen widmen sich der Weiterbildung in Sachen Umwelt und nachhaltige Entwicklung:

Andamanen

➡ **ANET** (Andaman & Nicobar Environmental Team; ☎03192-280081; www.anetindia.org; North Wandoor) Freiwillige unterstützen die Organisation bei Umweltschutzaktivitäten – von Feldprojekten bis hin zu allgemeinen Instandhaltungsarbeiten.

➡ **Reef Watch** (☎9930678367; www.reefwatchindia.org; Lakadiven, Chiriya Tapu) Meeresschutz-NGO. Bietet Freiwilligen diverse

VERMITTLUNGEN IM AUSLAND

Angesichts der verwirrend großen Zahl von internationalen Freiwilligenagenturen lässt sich mitunter nur schwer feststellen, welche davon seriös sind. Manchmal kann man Tätigkeit und Ort beliebig auswählen. Statt das Personal speziell für die zu verrichtende Arbeit auszuwählen, sind die Projekte in solchen Fällen fast immer auf die Freiwilligen selbst zugeschnitten. Am besten sucht man sich Aufgaben, die einen Einsatz der eigenen Fähigkeiten erlauben. Vermittlungen finden sich z. B. in dem Lonely Planet Band *Volunteer: A Traveller's Guide*. Weitere Optionen:

Voluntary Service Overseas (VSO; www.vso.org.uk) Britische Organisation, die qualifizierten Berufstätigen diverse Langzeit-Engagements in Indien und aller Welt anbietet.

Indicorps (www.indicorps.org) Schickt geeignete Freiwillige zu Projekten in ganz Indien; der Schwerpunkt liegt auf sozialer Entwicklung.

Workaway (www.workaway.info) Vermittelt Freiwilligen Hotels, Pensionen, Bio-Farmen, Restaurants und mehr, bei denen man kostenlos übernachten und essen kann, wenn man fünf Tage pro Woche für sie arbeitet.

Möglichkeiten: Strandsäuberungen, Untersuchung der Fischbestände oder Lehrtätigkeiten. Minimum: 3 Wochen.

Karnakata

➡ **Rainforest Retreat** (S. 219; Coorg) In diesem üppigen Refugium inmitten von Gewürzplantagen stehen Bio-Landbau, nachhaltige Landwirtschaft und Abfallmanagement im Mittelpunkt.

Tamil Nadu

➡ **Keystone Foundation** (S. 434; Kotagiri) Bietet hin und wieder Möglichkeiten, dabei zu helfen, die Umweltbedingungen zu verbessern und mit indigenen Gemeinschaften zu arbeiten.

Tierschutz

Ob streunende Hunde oder gerettete Reptilien – Tierliebhaber finden zahlreiche Möglichkeiten, mit anzupacken.

Goa

➡ **Animal Rescue Centre** (S. 167; Chapolim) Auch diese Tierschutzgruppe bietet Freiwilligen Möglichkeiten zur Mithilfe.

➡ **GAWT** (S. 167; Curchorem) Der Goa Animal Welfare Trust betreibt in der Nähe von Margao ein Tierheim.

➡ **International Animal Rescue** (S. 167; Assagao) Tierrettung in Nord-Goa.

➡ **Primate Trust India** (www.primatetrustindia.org; Camurlim) Dieses Rehabilitationszentrum kümmert sich um verwaiste und verletzte Affen oder gerettete Tiere, die illegalerweise gehalten wurden. Freiwillige können Praktika (mind. 4 Wochen Aufenthalt) absolvieren, sofern man im Voraus bucht und das erforderliche Visum hat.

Mumbai (Bombay)

➡ **Welfare of Stray Dogs** (S. 64) Freiwillige können mit den Tieren arbeiten, Lagerbestände verwalten oder aber Kinder im Rahmen von Schulprojekten aufklären und weiterbilden.

Tamil Nadu

➡ **Madras Crocodile Bank** (S. 376) Ein Reptilienschutzzentrum an der East Coast Rd, das auch Freiwilligen (mind. 2 Wochen Mitarbeit gefordert) offensteht.

Telangana

➡ **Blue Cross of Hyderabad** (☎23544355; www.bluecrosshyd.in; Rd No 35, Jubilee Hills) An diesem Zufluchtsort in Hyderabad für über 1300 Tiere werden Freiwillige bei der Betreuung im Tierheim oder im Büro eingesetzt.

Denkmalschutz & Sanierung

Diese Organisation ist für Menschen mit Fertigkeiten in Architektur und Bauwesen interessant.

Tamil Nadu

➡ **ArcHeS** (www.arche-s.com; Karaikkudi) Versucht das architektonische und kulturelle Erbe von Chettinadu zu bewahren – ideal für Historiker, Geografen und Architekten.

Reiseplanung

Mit Kindern reisen

Faszinierend und spannend – Indien kann für Kinder genauso aufregend sein wie für ihre staunenden Eltern. Was es in Indien zu sehen, zu hören und zu schmecken gibt, reizt die Wissbegierde von Kindern und Jugendlichen. Mit der richtigen Vorbereitung und Neugier wird ein Indienurlaub zu einer lebenslangen Erinnerung.

Top-Regionen für Kids

Goa

Von Palmen gesäumte weiße Sandstrände und günstiges exotisches Essen machen Goa zur perfekten Wahl für den Familienurlaub. Wer länger bleiben möchte, findet Apartments und heimelige Pensionen für jeden Geldbeutel.

Karnataka

Die magisch wirkenden Ruinen von Hampi bezaubern Jung und Alt. Welches Kind wäre nicht begeistert von der Vorstellung, in den Bandipur und Nagarhole National Parks wilde Elefanten zu suchen und einen Blick auf einen Tiger oder Leopard zu erhaschen? Und dann gibt's in Gokarna ja noch die tollen Strände mit der Möglichkeit Surfunterricht zu nehmen.

Kerala

Kanu- und Hausbootabenteuer, Surfstrände, Sonnenuntergänge über dem Arabischen Meer, Schlangenbootrennen, Wildtierbeobachtung und Elefantenfestivals – von den Ghats bis hinunter zur Küste bietet Kerala Action und Erholung zugleich.

Südindien mit Kindern

Mit Kindern zu reisen, kann in Indien in vielerlei Hinsicht toll sein, und oft wird man herzlich empfangen. Einheimische werden sich begeistert neben einem quirligen Kleinkind ablichten lassen. Das kann für Kids ganz toll sein, Babys oder introvertierte Kinder werden es aber evtl. als ermüdend oder unangenehm empfinden.

Eltern, die in Indien mit Kindern unterwegs sind, sollten daher stets die Bedürfnisse der Kleinen im Auge behalten, auch wenn man das Gefühl hat, damit einen netten Einheimischen zu beleidigen. Die Aufmerksamkeit, die Kinder unvermeidlich auf sich ziehen werden, wird fast immer positiver Natur sein, denn Kinder sind der Mittelpunkt der meisten indischen Familien – und der Nachwuchs ausländischer Besucher wird genauso behandelt. Hotels können meist ein oder zwei Zusatzbetten bereitstellen und in Restaurants findet sich oft ein kindertaugliches Gericht.

Highlights für Kinder

Tollste Naturerlebnisse

➡ **Elefanten** In den Parks in **Kerala** (Periyar; S. 315) und **Goa** (S. 130) können Kinder Elefanten füttern und baden, auf ihnen reiten und von ihnen nassgespritzt werden.

➡ **Delfine, Goa** Von fast jedem Strand in Goa aus kann man zu einer Bootstour mit Delfinbeobachtung aufbrechen und den Tieren beim Springen durch die Wellen zusehen. (S. 170)

➡ **Affen in den Hill Stations** Ganz nahe kommt man den frechen Tieren oben in Matheran (Maharashtra). (S. 109)

Witzige Transportmittel

➡ **Autorikscha** In diesen Gefährten in Kindergröße kann man mit Tempo durch die Gegend rasen.

➡ **Rikscha, Matheran** Der Toy Train, ein Schmalspur-Dieselzug, bringt Besucher bis fast ganz hinauf zu dieser hübschen, von zahllosen Affen bevölkerten Hill Station. Den restlichen Weg können die Kleinen auf einem Pferd oder in einer Rikscha zurücklegen. (S. 115)

➡ **Hausboot, Alappuzha (Alleppey)** Mit einem Hausboot kann man sehr luxuriös auf Keralas wunderschönen Wasserwegen herumschippern. Wer zufällig am zweiten Samstag im August in der Stadt ist, kann sich mit dem Nachwuchs das spektakuläre Nehru-Trophy-Bootsrennen ansehen. (S. 306)

Schönste Strände

➡ **Palolem, Goa** In einer Strandhütte mit Palmwedeldach kann man sich verkriechen und den Kindern beim Umhertollen am schönen Strand von Palolem zuschauen, dem flachsten und sichersten Gewässer vor Goa (S. 170).

➡ **Patnem, Goa** Der sehr viel ruhigere, hübsche Sandstrand Patnem, von Palolem über einen von Bäumen gesäumten Weg erreichbar, zieht jede Menge Langzeitbesucher mit Kindern an. Kühle, ruhige und kinderfreundliche Strandrestaurants gibt es hier auch (S. 171).

➡ **Havelock Island** In den Untiefen vor der entspannten Havelock Island, Teil der Inselgruppe der Andamanen, kann man planschen. Ältere Kinder können währenddessen das spektakuläre Tauchangebot in Anspruch nehmen (S. 454).

Reiseplanung

Vor der Reise

➡ Bezüglich des Reisezeitpunkts sollte man bedenken, dass kleinere Kinder extreme Temperaturen nicht gut vertragen.

➡ Mit dem Arzt sollte man schon weit vor der Reise über notwendige Impfungen, Hinweise und andere die Gesundheit der Kinder betreffende Themen sprechen.

➡ Weitere Ratschläge für Reisen durch Indien sowie Indien-Reiseberichte aus erster Hand gibt's im Lonely Planet Band *Travel with Children* oder in den Foren der Lonely Planet Website.

Das gehört ins Gepäck

Einige dieser Dinge bekommt man auch in vielen Teilen Südindiens, die Preise dafür sind aber oft extrem hoch und die Marken unbekannt:

➡ Für Säuglinge oder Kleinkinder: Einweg- oder Mehrwegwindeln, Creme gegen Windelausschlag (Ringelblumensalbe hilft auch gut gegen Hitzebläschen), Ersatzflaschen, ausreichend Feuchttücher, Säuglingsnahrung und Nahrung in Gläschen und Dosen, in Flaschen abgefüllte oder mit Wasser anrührbare Nahrung.

➡ Ein Baby-Klappbett oder das leichteste Reisebett, das zu finden ist (von Firmen wie KidCo gibt es ausgezeichnete Betten, die sich wie ein Wurfzelt aufstellen lassen), da die Hotelbetten unter Umständen nicht sicher genug sind. Auf einen Kinderwagen sollte man verzichten, da Gehsteige oft Mangelware sind. Für kleinere Kinder ist ein Tragerucksack die viel bessere Wahl, so sitzen sie hoch oben über dem beängstigenden Menschengewühl und haben eine ausgezeichnete Aussicht.

➡ Einige nicht ganz so heiß geliebte Spielsachen, die nicht bitterlich beweint werden, wenn sie verloren oder kaputt gehen.

➡ Eine Schwimmhilfe für das Meer oder den Pool.

➡ Festes Schuhwerk.

➡ Hörbücher oder ein Tablet mit Spielen und Musik – toll auf langen Fahrten.

➡ Für Kinder geeignete Insektensprays, Hüte und Sonnencreme sind ein Muss.

Essen

➡ Es kann mühsam sein, etwas zu finden, was dem empfindlichen Gaumen der Kinder behagt, aber bei Reisen in die familienfreundlicheren Gegenden Indiens wie Goa, Kerala oder in den Großstädten wird man kaum Probleme haben, die Kleinen zufriedenzustellen, weil es hier vertraute westliche Gerichte in Hülle und Fülle gibt.

➡ Als leichte Snacks für unterwegs bieten sich Bananen, Samosas, *puri* (luftigeTeigtaschen) und abgepackte Kekse an (die Marke Parle G ist ein Dauerbrenner).

➡ Wagemutige Esser und Vegetarier können dagegen *paneer* (Frischkäse), schlichte Dhals (milde Linsencurrys), sahnige Kormas, buttrige Naans (Tandoori-Brote), Pilaws (Reisgerichte) und tibetische *momos* (gedämpfte oder gebratene Klöße) ausprobieren.

➡ Nur wenige Kinder werden den großen südindischen *dosas* (hauchdünnen Pfannkuchen aus Linsenmehl) widerstehen können, die es oft zum Frühstück gibt.

Unterkunft

➡ Indien bietet eine so große Auswahl von Übernachtungsmöglichkeiten – von Strandhütten über historische Boutiquehotels bis hin zu Fünfsterneträumen –, dass man problemlos etwas finden kann, was allen Mitgliedern der Familie gefällt.

➡ Die schicken, teuren Hotels sind fast durchweg kinderfreundlich, das gilt aber auch für viele gehobene Mittelklassehotels, dessen Personal in aller Regel gern ein oder zwei zusätzliche Matratzen im Zimmer bereitstellt. In manchen Hotels stört sich das Management auch nicht daran, wenn im Doppelzimmer neben den Eltern noch weitere Kinder übernachten.

➡ In den besten Fünfsternehotels gibt es Kinderpools, spezielle Räume zum Spielen und sogar Kinderclubs. Zudem machen ein warmes Schaumbad mit Käse-Makkaroni auf dem Zimmer und ein lustiger Zeichentrickfilm im TV selbst den missmutigsten kleinen Traveller wieder munter.

Unterwegs

➡ Reisen in Indien, sei es mit Taxi, lokalem Bus, Zug oder Flugzeug, kann für die ganze Familie ziemlich anstrengend werden. Dinge wie saubere öffentliche Toiletten, Wickelräume sowie gesicherte Spielplätze findet man im ganzen Land eher selten. Die öffentlichen Verkehrsmittel sind oft heillos überfüllt. Auf eine längere Bus- oder Zugfahrt sollte ein entspannter Tag folgen.

➡ Man sollte für jede Menge Zerstreuung sorgen (iPads oder Laptops mit einem Vorrat an heruntergeladenen Filmen sind wertvolle Reisebegleiter, ebenso Hörbücher und die guten alten Bücher zum Vorlesen oder billiges Spielzeug und Spiele, die fast überall in Indien erhältlich sind).

➡ Wer sich für einen Mietwagen samt Fahrer entscheidet – eine vernünftige und flexible Option – und Babyschalen, Kindersitze oder Sitzerhöhungen benötigt, muss das der Mietwagenfirma so früh wie möglich in aller Deutlichkeit mitteilen. Diese Dinge sind nicht ohne Weiteres erhältlich. Und schließlich sollte man sich nicht scheuen, den Fahrer zu bitten, langsamer und vernünftig zu fahren.

Gesundheit

➡ Eine vernünftige medizinische Versorgung ist nicht in allen Teilen Indiens gleich gut gewährleistet. Man sollte mit seinem Arzt besprechen, wohin man fährt, welche Impfungen notwendig sind und was in die Reiseapotheke gehört.

➡ Die medizinische Versorgung ist vor allem in den häufig von Travellern besuchten Gegenden des Landes besser. Ärzte sind hier auch kurzfristig fast immer leicht zu finden (die meisten Hotels können einen an verlässliche Adressen verweisen).

➡ Rezepte sind schnell und günstig in den zahlreichen Apotheken einlösbar, die sich häufig neben Krankenhäusern befinden.

➡ Eine Durchfallerkrankung kann bei kleinen Kindern schnell gefährlich werden. Dauert sie länger an oder kommt Fieber hinzu, muss ärztliche Hilfe in Anspruch genommen werden. Die Zufuhr von Wasser und Elektrolyten ist unerlässlich.

➡ Hitzebläschen, Hautirritationen, Insektenbisse oder -stiche können dagegen mit einer gut sortierten Reiseapotheke behandelt werden.

Indiens Süden & Kerala im Überblick

Südindien ist ein wunderbar vielfältiger Flickenteppich aus Bundesstaaten. Sie zeichnen sich durch verschiedene Dialekte, unverwechselbare Bräuche, eine Vielzahl kulinarischer Köstlichkeiten und spektakuläre Landschaften aus. Egal, ob man Feinschmecker ist, Naturliebhaber, Tempelenthusiast, Architekturfan oder Strandmensch (oder alles gleichzeitig), hier gibt's viel, was einen glücklich werden lässt.

Reisende erleben Südindiens bemerkenswerte Vielfalt vor allem im außergewöhnlichen Reichtum der Architektur, der wild lebenden Tiere, der Landschaften, der Festivals, des Kunsthandwerks, der Kochkunst und der darstellenden Künste. Und dann gibt es da noch die Spiritualität – tatsächlich das Herzstück der gesamten Nation. Ihr steter Pulsschlag ist überall zu spüren, von kosmopolitischen Mumbai (Bombay) bis in die üppigen Dschungel der südlichen Ebenen.

Mumbai (Bombay)

Architektur
Küche
Nachtleben

Architektur

Den Briten (und indischen Steinmetzen) verdankt Mumbai seine großartige Kolonialarchitektur. Zu den Highlights gehören der Chhatrapati Shivaji Terminus, der High Court und die Universität.

Genuss pur

Hier finden sich Aromen aus ganz Indien. Es gibt z. B. *dhansak* (scharf-saures Linsencurry) in parsischen Lokalen, viel *bhelpuri* am Chowpatty Beach, oder man geht für ein internationales Mahl in ein trendiges Restaurant.

Bollywoodbeats

Die produktivste Filmindustrie der Welt macht Mumbais Einwohner zu Feierwütigen. Wer hier bis zum Morgen in edlen Lounges und Clubs voller schöner Menschen abtanzt, sollte nach Bollywoodstars Ausschau halten.

S. 44

Maharashtra

Höhlen
Strände
Festungen

Höhlengalerien

Die Höhlen von Ajanta und Ellora sind Welterbestätten, mit herrliche Höhlenmalerien und Felsskulpturen, die vor 1000 bis 2200 Jahren von buddhistischen, hinduistischen und jainistischen Künstlern erstellt wurden.

Robinsonaden

Wie gemacht für Romantiker und Abenteurer: Einige der einsamsten Strände Indiens säumen die Konkan-Küste von Maharashtra. Zudem entwickelt sich Malvan zum Zentrum für Taucher.

Festungen

Als ehemaliges Schlachtfeld unzähliger vergangenen Imperien ist Maharashtra mit Forts übersät: von der mächtigen Festung Daulatabad über Janjira, die hoch über dem Meer zu schweben scheint, bis hin zum Raigad Fort, das per Seilbahn ereichbar ist.

S. 88

Goa

Strände
Küche
Architektur

Toller Sand

Goas Strände sind fast klischeehaft schön und zweifellos kein Geheimtipp mehr. Wenn man die Brandung an den Füßen spürt und Palmwedel über dem eigenen Kopf wehen, stört das aber nicht.

Kolonialküche

In Goa gibt's fangfrisches Seafood – und gewiefte Küchenchefs, die Methoden und Zutaten aus Indien und Portugal zu einem wunderbaren Wechselspiel der Aromen vereinen.

Katholisches Erbe

Als die Portugiesen aus Goa abzogen (1961), hinterließen sie ein prächtiges Kolonialerbe: Herrensitze in Quepem bzw. Chandor, Kaufmannshäuser in Panaji (Panjim), stattliche Basiliken in Old Goa und Villen entlang der Küste.

S. 128

Karnataka & Bengaluru

Architektur
Schutzgebiete
Yoga

Designreiz

Mysore Palace, Bijapurs faszinierendes Mausoleum, die Hoysala-Juwelen in Belur, Halebid und Somnathpur, Hampis mächtiger Virupaksha-Tempel: Karnatakas Monumente sind ein Fest für die Sinne.

Lebensraum

Im Nilgiri Biosphere Reserve prägen tropische Schlingpflanzen den kaum berührten Wald. Und Nationalparks wie Bandipur und Nagarhole schützen eine vielfältige Fauna.

Ruhepol

Mysuru (Mysore) ist Geburtsstätte des Ashtanga-Yoga. Jedes Jahr strömen Tausende aus aller Welt hierher, um Yoga zu lernen, zu üben oder zu lehren. Darüber hinaus gibt's im ganzen Bundesstaat viele Schulen und Zentren.

S. 184

Telangana & Andhra Pradesh

Religion
Küche
Architektur

Seelenheil

Hindu-Pilger strömen zum Venkateshwara-Tempel in Tirumala, Buddhisten bedenken ihr Sein in Ruinen alter Klöster und Muslime begehen den Muharram mit einer Prozession durch Hyderabads Altstadt.

Biryani!

Wer Hyderabad sagt, meint Biryani – die Einheimischen sind davon besessen. Das *haleem* aus Hyderabad wurde patentiert und darf nur serviert werden, wenn es den örtlichen Qualitätsstandards genügt.

Wunderbauten

Der Charminar in Hyderabad ist eines der bekanntesten Bauwerke Indiens und Hyderabads Paläste, Königsgräber und das Golconda Fort zeugen vom Reichtum seiner früheren Herrscher.

S. 246

Kerala

Wasserstraßen
Küche
Tierwelt

Ruhige Backwaters

Hinter den Stränden reichen die Zuflüsse und Seen von Keralas Backwaters weit ins Land. Hausboot- oder Kanutouren durch diese Wasserwelt gehören zu den entspannendsten Erlebnissen in Indien.

Pikante Gewürze

Raffinierte Köstlichkeiten mit Kokosnuss, Chili und zahllosen Gewürzen: In Keralas Küche verschmelzen lokale Zutaten mit Kultureinflüssen aus aller Welt.

Naturerlebnis

Kerala ist gesegnet mit artenreichen Nationalparks, in denen sich einheimische Wildtiere wie Elefanten, Tiger oder Leoparden in üppig grüner Berglandschaft beobachten lassen.

S. 276

Tamil Nadu & Chennai

Tempel
Hill Stations
Hotels

Tempeltürme

Tolle Architektur, tägliche Rituale und Feste locken Pilger aus ganz Indien zu Tamil Nadus Hindu-Tempeln. Mit Skulpturen verzierte *gopurams* (Tortürme) und *mandapas* (Pavillons) mit aufwendigen Reliefs krönen die größten Schreine.

Sommerfrische

Ooty (Udhagamandalam), Kodaikanal und andere Hill Stations der Western Ghats bieten ein kühles Klima, Feste und kolonialzeitliche Pensionen. Man kann zu Aussichtspunkten mit Blick auf die Ebenen wandern.

Historisches

Edel zu übernachten, erlauben z.B. die Stadthäuser in Puducherrys französischem Viertel, die Palasthotels der Hill Stations oder die Chettiar-Anwesen im Süden.

S. 352

Andamanen

Tauchen
Strände
Ethnien

Unterwasserabenteuer

Im hiesigen Unterwasserdschungel wimmeln bunte Tropenfische zwischen Korallen. Indiens bestes Tauchrevier hat leichte Anfängerspots und anspruchsvolle Strömungstauchspots für Profis.

Traumstrände

Ob perfekter Bilderbuchstrand oder menschenleere Küste: Hier gibt's einige der am wenigsten berührten Strände Indiens.

Inselkultur

Der Traum aller Anthropologen: Die Andamanen beheimaten Dutzende faszinierender Stammesgruppen. Die meisten davon leben auf Randinseln, die für Touristen gesperrt sind. Doch selbst die größten Eilande punkten mit einem betörenden süd- und südostasiatischen Kulturmix.

S. 444

Reiseziele in Indiens Süden & Kerala

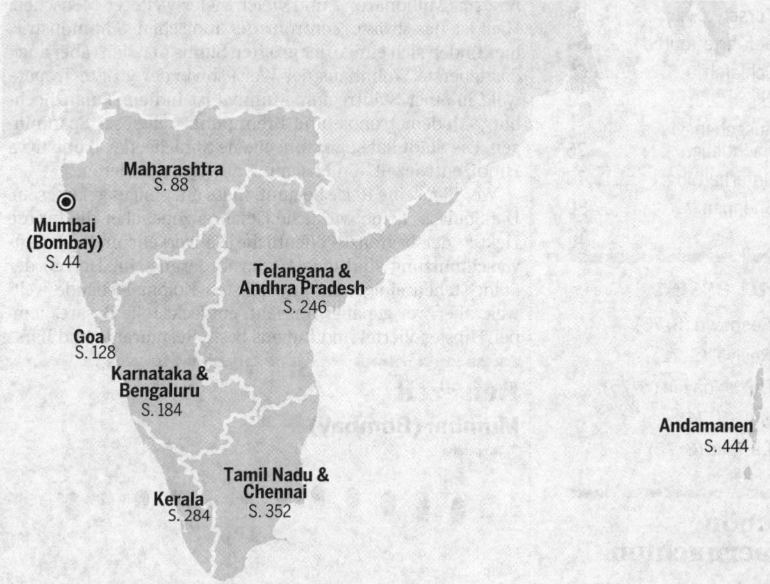

Mumbai (Bombay)

022 / 21,1 MIO. EW

Inhalt ➡

Gut essen

- Peshawri (S. 76)
- Revival (S. 72)
- Dakshinayan (S. 75)
- Koh (S. 74)
- La Folie (S. 72)

Schön übernachten

- Taj Mahal Palace, Mumbai (S. 68)
- Residency Hotel (S. 69)
- Abode Bombay (S. 68)
- Sea Shore Hotel (S. 65)
- Juhu Residency (S. 69)

Auf nach Mumbai!

Mumbai ist riesig. Eine Stadt voller Träumer und Schwerstarbeiter, Starlets und Gangster, streunender Hunde und exotischer Vögel, Künstler und Dienstpersonal, Fischer und *crorepatis* (Millionäre) – und vieler, vieler weiterer Menschen. Hier ist das größte Zentrum der indischen Filmindustrie, hier finden sich einige der größten Slums in Asien (aber auch das teuerste Wohnhaus der Welt) sowie der größte Tropenwald in einer Stadtregion. Mumbai ist Indiens Finanzhochburg, Modemetropole und Brennpunkt religiöser Spannungen. Die Stadt hat sogar ihre eigene Sprache, das Bambaiyya Hindi, entwickelt, ein Mischung aus vielen anderen.

Wer hier seine Reise beginnt, muss auf einiges gefasst sein. Die Stadt ist keine wirkliche Gefahrenzone, aber die furiose Hektik, der begrenzte öffentliche Nahverkehr und die Luftverschmutzung sind eine Herausforderung. Im Herzen der Stadt stehen einige der prächtigsten Kolonialgebäude weltweit, aber wer genauer hinsieht, entdeckt tolle Basare, Tempel, Hipster-Viertel und Indiens beste Restaurants und Bars.

Reisezeit

Mumbai (Bombay)

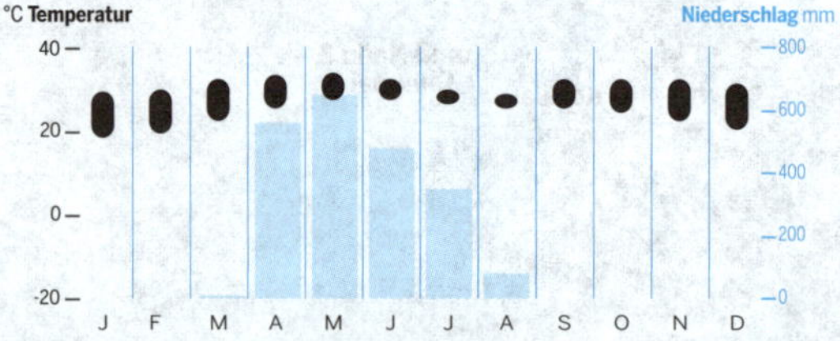

Dez. & Jan. Die beste Reisezeit mit dem am wenigsten schwülen Wetter.

Aug. & Sept. Am Ganesh Chaturthi, dem größten Fest des Jahres, feiert man den elefantenköpfigen Gott.

Okt.–April Nach dem Monsun ist es sehr trocken. Die beste Zeit, um hier Feste mitzuerleben.

Highlights

1. Mumbais wundervolle Kolonialarchitektur bewundern: den **Chhatrapati Shivaji Terminus** (S. 50), den **High Court** (S. 51) und das **Gateway of India** (S. 49)
2. In Mumbais altem **Basarviertel** (S. 83) das Gassenlabyrinth und die Stände durchstöbern
3. In einem der besten Restaurants Indiens, z. B. im **Indigo** (S. 72), wie ein Maharadscha speisen
4. Mit den Hare-Krishna-Anhängern im einmaligen **Iskcon-Tempel** (S. 60) universelle Liebe spüren
5. Die in sich abgeschlossene Welt von **Dharavi** (S. 55), Asiens größtem Slum, erkunden
6. Im **Taj Mahal Palace, Mumbai** (S. 68), einem der bedeutendsten Hotel-Ikonen der Welt, übernachten oder zumindest einen Drink an der Bar, der ältesten Mumbais, genießen
7. Im **Dr. Bhau Daji Lad Mumbai City Museum** (S. 55) das prächtige Neorenaissance-Interieur bestaunen
8. Den ehrfurchtgebietenden dreiköpfigen Shiva auf der Insel **Elephanta** (S. 60) bewundern
9. Sich am **Girgaon Chaupati** (S. 58) von der Meeresbrise umwehen lassen, spielenden Kindern und großen Ballons zuschauen und den Sonnenuntergang genießen

Geschichte

Das Fischervolk der Koli lebte schon im 2. Jh. v.Chr. auf den sieben Inseln Mumbais. An der Küste stößt man auch heute noch auf die Überreste ihrer Kultur. Ab dem 6. Jh. n.Chr. herrschte eine Reihe von Hindu-Dynastien über die Inseln. Im 14. Jh. annektierten die muslimischen Sultane von Gujarat das Gebiet und traten es 1534 schließlich an Portugal ab. Die Portugiesen leisteten anschließend ihren einzigen denkwürdigen Beitrag zu Mumbais Geschichte, indem sie das Gebiet auf den Namen Bom Bahai tauften. Später wurden die Inseln Teil der Mitgift Katharinas von Braganza, als sie 1661 Karl II. von England heiratete. 1665 übergaben sie die Insel der britischen Regierung, die sie drei Jahre später an die Ostindische Kompanie verpachtete.

Bombay verwandelte sich schnell in einen blühenden Handelshafen. Das Fort der Stadt wurde in den 1720er-Jahren fertiggestellt. 100 Jahre später waren die Inseln durch ehrgeizige Landgewinnungsprojekte zu jener Landmasse verbunden worden, wie man sie heute kennt. Die Stadt wuchs stetig und im 19. Jh. wurden die Festungsmauern niedergerissen. Anschließend verhalfen umfangreiche Baumaßnahmen der Stadt zu ihrer kolonialen Pracht. Während des Amerikanischen Bürgerkriegs wurde Bombay zu Großbritanniens Hauptlieferanten für Baumwolle. Als infolgedessen das Geld floss, erblühte der Handel und die Bevölkerungszahlen schossen regelrecht in die Höhe.

Bombay spielte zudem eine wichtige Rolle im indischen Unabhängigkeitskampf. Auch Mahatma Gandhi ließ sich in der Stadt blicken und startete hier 1942 seine Quit-India-Kampagne. Nach der Unabhängigkeitserklärung wurde die Metropole zur Hauptstadt der „Bombay Presidency". 1960 teilte man die Region aus sprachpolitischen Gründen in Maharashtra und Gujarat auf – und Bombay wurde die Hauptstadt von Maharashtra.

Der Aufstieg der Shiv Sena (wörtlich „Shivajis Armee") als Speerspitze einer promarathischen, hindu-nationalistischen Regionalbewegung erschütterte in den 1980er-Jahren das multikulturelle Gefüge der Stadt: Muslime wurden nun ebenso diskriminiert wie Einwohner, die nicht in Maharashtra geboren worden waren. Die Spannungen nahmen zu, und das kosmopolitische Image der Stadt wurde schwer erschüttert, als Ende 1992 und 1993 bei Unruhen 900 Menschen, überwiegend Muslime, zu Tode kamen. Auf die Unruhen folgte ein Dutzend Bombenanschläge zur Vergeltung, bei denen 257 Menschen getötet wurden und die Bombay Stock Exchange beschädigt wurde.

Unter dem Einfluss der Shiv Sena wurden die kolonialzeitlichen Namen vieler Stra-

MUMBAI IN ...

zwei Tagen

Los geht's an einem der architektonischen Meisterwerke der Stadt, dem **Chhatrapati Shivaji Maharaj Vastu Sangrahalaya Museum** (S. 50), bevor man im **Pantry** (S. 72) etwas trinkt und die Galerien und das Leben im Bohemeviertel Kala Ghoda erkundet. Mittags isst man im **Samrat** (S. 73) wie in Gujarat.

Am Nachmittag bewundert man weiter Mumbais prächtige Gebäude rund um Oval Maiden und den Marine Drive, ehe man sich nach Colaba, das Herz der Stadt, aufmacht. Bei Sonnenuntergang lässt man die Wahrzeichen der Stadt, das **Gateway of India** (S. 49) und das **Taj Mahal Palace Hotel** (S. 68) auf sich wirken, darf aber keinesfalls einen Drink in der **Harbour Bar** (S. 76) verpassen. Abends speist man entweder im **Indigo** (S. 72) oder man futtert etwas bei **Bademiya** (S. 71); wer noch die Energie hat, gönnt sich einen Schlummertrunk in der Skybar **Aer** (S. 78).

Am nächsten Tag betrachtet man zunächst den Urvater der Giganten aus Mumbais Kolonialzeit, den alten Bahnhof Victoria Terminus, heute **Chhatrapati Shivaji Terminus** (S. 50). Dann inspiziert man den **Crawford Market** (S. 83) mit seinem Gewirr aus Basaren, versteckten Tempeln und einmaligem Straßenleben. Mittagessen gibt's im **Revival** (S. 72). Dann geht es weiter zu dem Gandhi gewidmeten Museum **Mani Bhavan** (S. 58) und in die winzigen Gassen von **Khotachiwadi** (S. 59). Den Sonnenuntergang erlebt man am **Girgaon Chaupati** (S. 58)am Strand mit *bhelpuri*. Abends genießt man das Nachtleben im hippen **Bluefrog** (S. 79), wo die Gäste nach dem Abendessen zur Musik der Bands oder DJs tanzen.

TOP-FESTIVALS IN MUMBAI

Mumbai Sanskruti (⌚ Jan.) Das kostenlose, zweitägige Fest klassischer hindustanischer Musik findet auf den Stufen der prächtigen Asiatic Society Library im Fort-Viertel statt.

Kala Ghoda Festival (www.kalaghodaassociation.com; ⌚ Feb.) Das zwei Wochen andauernde Kunstfest in Kala Ghoda und Fort wird von Jahr zu Jahr größer und eleganter. Es gibt Unmengen an Aufführungen und Ausstellungen.

Elephanta Festival (www.maharashtratourism.gov.in; ⌚ März) Das Festival für klassische Musik und Tanz findet am Ufer (Apollo Bunder) beim Gateway of India statt.

Nariyal Poornima (⌚ Aug.) Diese Koli-Feierlichkeit in Colaba markiert den Auftakt der Fischfangsaison und das Ende des Monsuns.

Ganesh Chaturthi (⌚ Aug./Sept.) Bei diesem 10- bis 12-tägigen Fest zu Ehren des elefantenköpfigen Gottes Ganesh ist Mumbai außer Rand und Band. Am 1., 3., 5., 7. und 11. Tag des Fests tragen die Familien und Gemeinden ihre Ganesh-Statuen zum Meer bei Chaupati und Juhu und tauchen sie unter Wasser.

Mumbai Film Festival (MFF; www.mumbaifilmfest.org; ⌚ Okt.) Neue Filme vom Subkontinent und aus dem Ausland werden bei dem einwöchigen Festival in Kinos überall in Mumbai gezeigt.

ßen und Gebäude und schließlich auch der Name der Stadt selbst geändert. 1996 wurde die Stadt offiziell in Mumbai (nach der hinduistischen Gottheit Mumba) umbenannt. Der Flughafen, der Victoria Terminus und das Prince of Wales Museum wurden alle nach Chhatrapati Shivaji benannt, dem großen Anführer der Marathen.

Die religiösen Spannungen vertieften sich und vermischten sich mit landesweiten religiösen Konflikten und den indisch-pakistanischen Problemen. Bei einer Serie von Bombenanschlägen auf Züge wurden im Juli 2006 mehr als 200 Menschen getötet. Dann wurden im November 2008 bei einer Serie verheerender Terroranschläge (durch militante Pakistani) Wahrzeichen überall in der Stadt angegriffen, das Taj Mahal Palace Hotel in Brand gesteckt, im Bahnhof Chhatrapati Shivaji Passagiere mit Maschinengewehren beschossen und zehn Gäste im Backpacker-Treff Leopold Cafe getötet.

Als Ende 2012 Bal Thackeray, der charismatische Führer der Shiv Sena starb (500 000 Menschen wohnten seinem Begräbnis bei), zeigte die Shiv Sena Schwächeerscheinungen, und bei den indischen Parlamentswahlen von 2014 zog die hindunationalistische BJP von Premierminister Modi mit Shiv Sena gleich und überholte sie bei den Wahlen für das Parlament von Maharashtra – allerdings gewann auch die Shiv Sena bei beiden Wahlen Sitze hinzu.

Trotz der gegenwärtigen Probleme sind die Einwohner der Stadt ein zäher Menschenschlag. Verstärkte Sicherheitsvorkehrungen sind zu einem Teil des Alltags geworden, und am Status der Stadt als Wirtschaftsmotor Indiens hat sich nichts geändert. Vor den Politikern der Stadt liegen jedoch gewaltige Aufgaben: das unterentwickelte öffentliche Verkehrswesen, verstopfte Straßen, die gravierende Umweltverschmutzung und die Wohnungsnot sind Probleme, die dringend angegangen werden müssen.

Sehenswertes

Mumbai ist eine Insel, die über Brücken mit dem Festland verbunden ist. Das geschäftliche und kulturelle Herz der Stadt, das unter dem Namen South Mumbai bekannt ist, befindet sich am südlichen Ende der Insel und erinnert mit seiner Form an eine Klaue. Die südlichste Halbinsel ist Colaba – dorthin zieht es traditionell die meisten Reisenden und hier befinden sich auch viele Sehenswürdigkeiten. Unmittelbar nördlich von Colaba liegt das kommerzielle Zentrum, das unter dem Namen Fort bekannt ist. Früher stand dort auch das britische Fort. Im Westen grenzen einige eingezäunte und miteinander verbundene Grünflächen, die Maidans (sprich: mey-*dohns*), an.

Weiter nördlich liegen die „Suburbs" (Vororte) mit dem Flughafen. Dort befinden sich zudem viele der besten Restaurants der Stadt sowie allerhand Shopping- und Ausgehmöglichkeiten – vor allem in den gehobeneren Bezirken Bandra und Juhu, vermehrt aber auch in Lower Parel.

Colaba

Colaba

Das auf der südlichsten Halbinsel der Stadt gelegene Colaba ist ein hektisch-lebendiger Bezirk mit eleganten kolonialzeitlichen Häusern und Art-déco-Villen, Unterkünften der Budget- und der Mittelklasse, Bars und Restaurants, Straßenständen und einem Fischerviertel. Der Colaba Causeway (Shahid Bhagat Singh Marg) teilt den Bezirk in zwei Hälften.

Wer im August in Mumbai ist, sollte sich auch das Koli-Fest Nariyal Poornima anschauen, das in Colaba besonders groß gefeiert wird.

★ Taj Mahal Palace, Mumbai WAHRZEICHEN

(Karte S. 48; Apollo Bunder) Das prächtige Hotel ist mit seiner märchenhaften Mischung aus islamischer Architektur und Renaissance das wohl berühmteste Wahrzeichen Mumbais und das am zweithäufigsten fotografierte Baudenkmal Indiens. Es wurde 1903 von dem parsischen Industriellen Jamshedji Nasarwanji Tata errichtet, angeblich, weil ihm als „Eingeborenem" der Zutritt zu einem der europäischen Hotels verwehrt worden war. Dutzende Menschen wurden während der Terrorangriffe von 2008 hier getötet, und die Bilder der brennenden Fassade gingen um die ganze Welt.

Colaba

Highlights
1 Taj Mahal Palace, Mumbai ... D3

Sehenswertes
2 Chatterjee & Lal ... C4
3 Galerie Mirchandani + Steinruecke ... C3
4 Gallery Maskara ... A4
5 Gateway of India ... D3
6 National Gallery of Modern Art ... C1
7 Project 88 ... A5

Aktivitäten, Kurse & Touren
8 Palm Spa ... D2

Schlafen
9 Abode Bombay ... C2
10 Bentley's Hotel ... B4
Carlton Hotel ... (siehe 3)
11 Gordon House Hotel ... C2
12 Hotel Moti ... C3
Hotel Suba Palace ... (siehe 11)
India Guest House ... (siehe 15)
13 Regent Hotel ... C3
14 Salvation Army Red Shield Guest House ... C3
15 Sea Shore Hotel ... C4
16 Taj Mahal Palace, Mumbai ... D3
17 YWCA ... B1

Essen
18 Bademiya ... C2
Café Moshe ... (siehe 22)
19 Colaba Market ... A5
20 Hotel OCH ... D1
21 Indigo ... C3
22 Indigo Delicatessen ... C2
23 Olympia ... C2
24 Saharkari Bhandar Supermarket ... C2
25 Sufra ... B4

Ausgehen & Nachtleben
26 Busaba ... C3
27 Cafe Mondegar ... C2
28 Colaba Social ... C3
29 Harbour Bar ... C3
30 Leopold Cafe ... C2
31 Woodside Inn ... C1

Unterhaltung
32 Regal Cinema ... C1

Shoppen
33 Bombay Electric ... C3
34 Bungalow 8 ... B4
Central Cottage Industries Emporium ... (siehe 2)
35 Central Cottage Industries Emporium ... C1
36 Cottonworld Corp ... C2
37 Phillips ... C1

Praktisches
38 Akbar Travels ... A4
39 Thomas Cook ... B4

Transport
40 MTDC Booth ... D2
41 PNP Ticket Office ... D2

Das vollständig restaurierte Hotel wurde jedoch am indischen Unabhängigkeitstag im Jahr 2010 wiedereröffnet.

Das Luxushotel ist aber weit mehr als ein bauliches Wahrzeichen, denn seine Geschichte ist untrennbar mit der des Landes verbunden: Als erstes Hotel in Indien beschäftigte es Frauen, als erstes verfügte es über elektrischen Strom (und über Ventilatoren), und während des Unabhängigkeitskampfs wurden hier kostenlos Freiheitskämpfer beherbergt.

Heute wendet sich das Taj dem Hafen und dem Gateway of India zu, aber ursprünglich blickte es Richtung Stadt – der Eingang wurde verlegt.

Gateway of India DENKMAL

(Karte S. 48) Der kühne Basaltbogen ist Ausdruck kolonialen Triumphs. Mit Blick auf den Hafen erhebt sich das Gateway an der Spitze des Apollo Bunder. Der Bogen im islamischen Gujarat-Stil des 16. Jhs. wurde im Andenken an den Besuch König George V. errichtet, aber erst 1924 fertiggestellt. Ironischerweise marschierte nur 24 Jahre später, kurz bevor Indien in die Unabhängigkeit entlassen wurde, das letzte britische Regiment darunter hindurch.

Inzwischen ist der Bogen ein beliebter Treffpunkt der Einheimischen und eine tolle Location, um Leute zu beobachten. Bei den Massen an Luftballonverkäufern, Fotografen, dem großen Angebot an *bhelpuri* (dünnen, frittierten runden Teigstückchen mit Reis, Linsen, Limonensaft, Zwiebeln, Kräutern und Chutney), den Schleppern, Einheimischen und ausländischen Besuchern fühlt man sich hier wie auf einem geschäftigen Basar. Im März kommen während des Elephanta Festival (S. 47) auch noch Künstler hinzu, die klassische Tänze aufführen und Musik machen.

Von den Anlegestellen unmittelbar vor dem Bogen fahren Boote nach Elephanta Island ab.

Sassoon Dock AM UFER

Am Sassoon Dock herrscht bei Sonnenaufgang (gegen 5 Uhr) echter Hochbetrieb, wenn das bunt gekleidete Fischervolk der Koli den von Booten am Kai abgeladenen Fang sortiert. Der Fisch, der hier in der Sonne getrocknet wird, heißt *bombil* und wird zur Zubereitung von Bombay Duck verwendet. Achtung: Am Hafen ist das Fotografieren verboten!

Fort-Viertel & Churchgate

Am Rand des **Oval Maidan** stehen viele von Mumbais majestätischen viktorianischen Gebäuden in Reih und Glied und buhlen mit aristokratischem Pomp um die Aufmerksamkeit der Besucher. Ebenso wie die unmittelbar nördlich gelegenen **Cross Maidan** und **Azad Maidan** lag auch dieses Stück Land früher am Wasser, sodass man aus den grandiosen, nach Westen blickenden Gebäuden direkt das Arabische Meer sehen konnte.

Der Bezirk **Kala Ghoda** (wörtlich „Schwarzes Pferd") liegt unmittelbar zwischen den Stadtteilen Colaba (im Süden) und Fort (im Norden). Hier finden sich neben vielen kolonialzeitlichen Gebäuden auch zahlreiche Museen und Galerien. Am besten erkundet man diese Sehenswürdigkeiten bei einem Stadtspaziergang und besucht anschließend eines der besten Restaurants oder Cafés der Stadt.

★ Chhatrapati Shivaji Terminus HISTORISCHES GEBÄUDE

(Victoria Terminus; Karte S. 52) Imposant, überschwänglich und voller Menschen: Der monumentale Bahnhof ist das extravaganteste neugotische Bauwerk der Stadt und ein Sinnbild des kolonialen Indiens. Aus einer Mischung viktorianischer, hinduistischer und islamischer Architekturstile entstand eine an Dalí erinnernde Konstruktion voller Stützpfeiler, Kuppeln, Türmchen, Spitzen und Buntglasfenster. „Der Victoria Terminus ist für das British Raj, was das Taj Mahal für das Mogulreich ist", meint der Historiker Christopher London dazu.

Manche architektonischen Details sind einfach unglaublich, etwa die hundegesichtigen Wasserspeier, die den prächtigen Zentralturm schmücken, oder die Pfauenfenster über dem zentralen Hof. Der von Frederick Stevens entworfene Bahnhof wurde 1887 fertiggestellt, 34 Jahre, nachdem der allererste Zug Indiens hier abgefahren war.

Der Bahnhof wurde 1998 offiziell in Chhatrapati Shivaji Terminus (CST) umbenannt, ist aber vor Ort auch noch als Victoria Terminus bekannt. Leider ist das Innere weit weniger eindrucksvoll. Trotz seines Status als UNESCO-Welterbe wird es durch hässliche moderne Einbauten verunziert und wirkt vernachlässigt – streunende Hunde stromern um die Fahrkartenschalter herum.

★ Chhatrapati Shivaji Maharaj Vastu Sangrahalaya MUSEUM

(Prince of Wales Museum; Karte S. 52; http://csmvs.in; K Dubash Marg, Kala Ghoda; Inder/Ausländer 50/300 ₹, Foto/Video 200/1000 ₹; ⏲ 10.15–18 Uhr) Mumbais größtes und bestes Museum zeigt diverse Exponate aus ganz Indien. Der überkuppelte Koloss nach dem Entwurf von George Wittet (der auch das Gateway of India schuf) präsentiert sich als ein extravagantes Stück indo-sarazenischer Architektur, also als Mischung islamischer, hinduistischer und britischer Architekturelemente.

Zur umfangreichen Sammlung zählen eindrucksvolle hinduistische und buddhistische Skulpturen, Terrakottafigürchen aus dem Industal, indische Miniaturmalereien, Porzellan und ein paar ziemlich gefährlich aussehende Waffen. Das Museum ist gut auf Englisch ausgeschildert und Audioguides gibt's in sieben Sprachen.

Zwei Säle im Obergeschoss sind klimatisiert und bieten somit eine willkommene Erholung von der Sommerhitze. Es gibt außerdem eine schöne Cafeteria am Eingang und obendrein einen ausgezeichneten Museumsshop.

Marine Drive PROMENADE

(Karte S. 52; Netaji Subhashchandra Bose Rd) Der 1920 auf trockengelegtem Gelände erbaute Marine Dr schlägt einen Bogen an der Küste des Arabischen Meers von Nariman Point vorbei am Girgaon Chaupati bis hin zu den Füßen von Malabar Hill. Der von abblätternden Art-déco-Apartmenthäusern gesäumte Boulevard ist bei den Einwohnern Mumbais als Spazierweg und zum Genießen des Sonnenuntergangs beliebt. Wegen der funkelnden Lichter bei Nacht erhielt er den Spitznamen „Halskette der Königin".

Die Promenade rund um Nariman Point ist ein sehr beliebter Treffpunkt. Hier versammeln sich am frühen Abend jede Menge Menschen, um zu essen und natürlich, um sich zu unterhalten – es ist also auch ein guter Ort, um mit Einheimischen ins Gespräch zu kommen.

University of Mumbai HISTORISCHES GEBÄUDE
(Bombay University; Karte S. 52; Bhaurao Patil Marg) Das Gebäude, das wie ein unter Mumbais Palmen versetztes französisch-gotisches Herrenhaus aus dem 15. Jh. wirkt, wurde von Gilbert Scott entworfen, dem Architekten des Londoner Bahnhofs St. Pancras. Sehenswert auf dem Gelände sind die schöne **Universitätsbibliothek**, die **Convocation Hall** und der 80 m hohe, mit aufwendigen Reliefs verzierte **Rajabai-Uhrenturm** (Karte S. 52). Seit den Terrorangriffen von 2008 ist das Gelände nicht mehr öffentlich zugänglich, man kann es aber von der Straße aus bewundern.

High Court HISTORISCHES GEBÄUDE
(Karte S. 52; Eldon Rd; ⌚Mo–Fr 10.45–14 & 14.45–17 Uhr) Das Oberste Gericht, ein Bienenstock voller Richter, Anwälte und anderer Rädchen im Getriebe des indischen Justizwesens, ist ein elegantes neugotisches Gebäude von 1848. Der Entwurf ließ sich von einer deutschen Burg inspirieren und war wohl darauf ausgelegt, alle Zweifel an der Autorität des Gerichts im Keim zu ersticken.

Besucher können das Gebäude erkunden und bei Gerichtsverhandlungen zuschauen. Drinnen bietet sich ein sehenswertes Spektakel: Die Gerichtsdiener tragen gestärkte weiße Hemden, rote Kummerbunde und scharlachrote Barette; die Anwälte stolzieren mit vorgestreckter Brust in Roben daher.

Fotografieren ist verboten; Fotoapparate müssen bei der Wache am Eingang zurückgelassen werden.

Knesset-Eliyahu-Synagoge SYNAGOGE
(Karte S. 52; www.jacobsassoon.org; Dr VB Gandhi Marg, Kala Ghoda; Foto/Video 100/500 ₹; ⌚Mo–Sa 11–18, So 13–18 Uhr) Die himmelblaue Synagoge von 1884 wird von Mumbais schrumpfender jüdischer Gemeinde immer

DER KUNSTDISTRIKT

Indiens zeitgenössische Kunstszene ist in den letzten Jahren geradezu explodiert, und Mumbai steht dabei, neben Delhi, im Zentrum des Geschehens. Eine Reihe von Galerien zeigt unglaubliche Werke in verschiedenen tollen Locations überall in der Stadt.

Kala Ghoda veranstaltet in jedem Februar ein wunderbares, zweiwöchiges Festival (S. 47), bei dem es (neben Konzerten, Theater, Tanz und Literatur-Events) auch immer einige tolle Ausstellungen zu sehen gibt.

Ganzjährig ist der zweite Donnerstag im Monat „Art Night Thursday", am dem die Galerien bei geselliger Stimmung lange geöffnet bleiben. Manchmal werden auch Galeriebummel organisiert; die aktuellen Infos findet man bei **Mumbai Boss** (www.mumbaiboss.com) oder im kostenlosen Faltblatt *Mumbai Art Map*, das in Galerien und Buchläden ausliegt. Wer sich gründlicher informieren will, findet Nachrichten, Hintergrundartikel und Kritiken zum Kunstgeschehen im ganzen Land in der Zeitschrift *Art India*, die in den meisten englischsprachigen Buchhandlungen zu bekommen ist.

Man kann aber natürlich auch ohne Vorbereitungen losziehen und nach schönen Dingen schauen – viele Galerien liegen in Colaba und Fort in Gehweite voneinander. Wer sich mehr für Straßenkunst interessiert, darf sich die Great Wall of Mumbai (S. 61) nicht entgehen lassen.

Chatterjee & Lal (Karte S. 48; www.chatterjeeandlal.com; 1. OG, Kamal Mansion, Arthur Bunder Rd, Colaba; ⌚Di–Sa 11–19 Uhr) Werke aufstrebender Künstler und historisches Material.

Galerie Mirchandani + Steinruecke (Karte S. 48; www.galeriems.com; 1. OG, Sunny House, 16/18 Mereweather Rd, Colaba; ⌚Di–Sa 11–19 Uhr) Zeitgenössische indische Kunst und Skulptur. Die Galerie liegt gleich hinter dem Hotel Taj Mahal Palace.

Gallery Maskara (Karte S. 48; www.gallerymaskara.com; 6/7 3rd Pasta Lane, Colaba; ⌚Di–Sa 11–19 Uhr) Diese Galerie in Colaba zeigt spannende zeitgenössische Kunst.

Jhaveri Contemporary (www.jhavericontemporary.com; Krishna Niwas, 58A Walkeshwar Rd, Walkeshwar, Malabar Hill; ⌚Di–Sa 11–18 Uhr) Avantgardistische Fotografie und Kunst von indischen und ausländischen Künstlern.

Project 88 (Karte S. 48; www.project88.in; BMP Building, NA Sawant Marg, Colaba; ⌚Di–Sa 11–19 Uhr) Renommierte Galerie, die führende indische Künstler vertritt.

Fort-Viertel & Churchgate

A
B
C
D
1
2
3
4
5
6
7
Girgaum Chowpatty (1,5 km)
Metro Big (100 m)
41
Bombay Hospital
Maharshi Karve (MK) Rd
New Marine Lines (Sir Vithaldas Thackersey Rd)
Marine Dr
44
Detailplan
Mahatma Gandhi (MG) Rd
24
14
Master Rd
49
33
31
29
26
39
27
3
45
Dr VB Gandhi Marg
7
K Dubash Marg
46
15
D Rd
38
C Rd
Churchgate Train Station
CHURCHGATE
B Rd
Back Bay
28
A Rd
E Rd
Indiatourism
Western Railways Reservation Office
13
Veer Nariman Rd
Brabourne Stadium
40
Dinsha Wachha Marg
35
J Tata Rd
37
Maharshi Karve Rd
Air India
56
Madame Cama Rd
8
Oval Maidan
Barrister Rajni Patel Marg
19
Jet Airways
s. Karte Colaba (S. 48)
NARIMAN POINT
42
55
36
Municipal Children's Park
43
J Bajaj Marg
Cooperage Maidan
59
57

0
400 m
E
F
G
H
1
2
3
4
5
6
7
Chandni Travels
Metro Big (50 m); BX Furtado & Sons (100 m)
Mahapalika Marg
54
2
Chhatrapati Shivaji Terminus
Azad Maidan
Nagar Chowk
Akbar Travels
Walchand Hirachand Marg (St Georges Rd)
52
20
16
Cross Maidan
Mahatma Gandhi (MG) Rd
Hazarimal Somani Marg
Wallace St
51
48
47
53
Amrit Path
Fort Street Market
Bora Bazar St
Perin Nariman St
Mody St
Mint Rd
Colaba Causeway (Shahid Bhagat Singh Marg)
18
Shri Shiv Sagar Ramgulam Marg
Paolo Travel
Purshttamdas Thakurdas Marg
17
50
Rustom Sidhwa Marg
34
Thomas Cook
21
30
Sir P Mehta Rd
Shoorji Vallabhdas Marg
23
Janmabhoomi Marg
32
Hutatma Chowk
FORT
SA Brelvi Rd
Homji St
4
25
58
10
Horniman Circle
5
Eldon Rd
22
M Samachar Marg
Bank St
University Rd
9
11
Dalal St
Shahid Bhagat Singh Marg
Arabisches Meer
A S D Mello Rd
Dr VB Gandhi Marg
s. Detailplan
Bhaurao Patil Marg
6
K Dubash Marg
KALA GHODA
1
12
Chhatrapati Shivaji Maharaj Vastu Sangrahalaya
Madame Cama Rd
Cooperage Marg
Colaba Causeway

Fort-Viertel & Churchgate

Highlights

1 Chhatrapati Shivaji Maharaj Vastu Sangrahalaya E7
2 Chhatrapati Shivaji Terminus G1

Sehenswertes

3 Delhi Art Gallery B2
4 Flora Fountain E4
5 High Court E5
6 Jehangir Art Gallery E6
7 Keneseth Eliyahoo Synagogue B2
8 Marine Drive B6
9 Rajabai Clock Tower E5
10 St Thomas' Cathedral F5
11 University of Mumbai E5

Aktivitäten, Kurse & Touren

12 Bombay Natural History Society F6
13 Reality Tours & Travel D4
14 Welfare of Stray Dogs B1

Schlafen

15 Hotel Lawrence B2
16 Hotel Oasis G2
17 Residency Hotel F3
18 Traveller's Inn H3
19 Trident B6
20 Welcome Hotel H2

Essen

21 A Taste of Kerala F4
22 Bademiya Restaurant F5
23 Brittania H4
24 Burma Burma B1
25 Food for Thought E4
26 Kala Ghoda Café B2
27 Khyber A2
28 Koh C3
29 La Folie B1
30 Mahesh Lunch Home F4
31 Mamagoto B1
32 Oye Kake F4
33 Pantry A1
34 Pradeep Gomantak Bhojanalaya F3
Samovar Café .... (siehe 6)
35 Samrat D5
36 Suzette B7
Trishna .... (siehe 29)

Ausgehen & Nachtleben

37 Cha Bar D5
38 Dome C3
39 Liv A2

Unterhaltung

40 Eros D4
41 Liberty Cinema D1
42 National Centre for the Performing Arts A7
43 NCPA Box Office A7
44 Wankhede Stadium C2

Shoppen

45 Artisans' Centre for Art, Craft & Design B2
46 Chetana Book Centre B2
47 Chimanlals F3
48 Contemporary Arts & Crafts F3
49 Fabindia A1
50 Khadi & Village Industries Emporium F3
Kitab Khana .... (siehe 25)
Oxford Bookstore .... (siehe 37)
51 Royal Music Collection F3
52 Standard Supply Co G2

Praktisches

53 Niederländisches Konsulat F3
54 Foreigners' Regional Registration Office F1
55 Französisches Konsulat B7
56 Maharashtra Tourism Development Corporation C6
Portasia .... (siehe 51)
57 Konsulat von Singapur B7
58 Konsulat von Sri Lanka F5
59 Thailändisches Konsulat B7

noch genutzt und liebevoll erhalten. Sie wird durch starke Sicherheitsmaßnahmen geschützt, aber der Synagogendiener ist freundlich (und zeigt gern ein Foto von Madonna, die 2008 hier vorbeischaute).

St.-Thomas-Kathedrale KIRCHE

(Karte S. 52; Veer Nariman Rd; ⌚7–18 Uhr) Die Bauarbeiten zu dieser bezaubernden Kathedrale begannen 1672 und wurden 1718 beendet. Sie ist das älteste englische Bauwerk Mumbais und bildete früher das östliche Zugangstor („Churchgate") zum Fort der East India Company. Hier sind byzantinische und kolonialzeitliche Architekturelemente vereint und in ihrem luftigen Innern gibt's viele Exponate aus der Kolonialzeit zu bewundern.

Jehangir Art Gallery KUNSTGALERIE

(Karte S. 52; www.jehangirartgallery.com; 161B MG Rd, Kala Ghoda; ⌚11–19 Uhr) GRATIS Die kürzlich renovierte, ausgezeichnete Galerie zeigt Ausstellungen örtlicher Künstler, manchmal ist auch ein bekannter Name dabei. Hier befindet sich auch das Samovar Café (S. 74).

National Gallery of Modern Art MUSEUM

(NGMA; Karte S. 48; www.ngmaindia.gov.in; MG Rd; Inder/Ausländer 10/150 ₹; ⌚Di–So 11–18 Uhr) Auf einer hellen und geräumigen Ausstellungsfläche werden gut kuratierte Ausstellungen indischer und internationaler Künstler gezeigt.

Delhi Art Gallery KUNSTGALERIE
(Karte S. 52; www.delhiartgallery.com; 58 VB Gandhi Marg, Kala Ghoda; ⌚11–19 Uhr) GRATIS In einem schön restaurierten, cremefarbenen Gebäude aus der Kolonialzeit zeigt die Galerie auf vier Etagen bedeutende Werke der modernen indischen Kunst aus ihrer umfangreichen Sammlung sowie gut kuratierte Ausstellungen.

Von Kalbadevi bis Mahalaxmi

★**Dr. Bhau Daji Lad Mumbai City Museum** MUSEUM
(Karte S. 56; www.bdlmuseum.org; Dr. Babasaheb Ambedkar Rd; Inder/Ausländer 10/100 ₹; ⌚Do–Di 10–18 Uhr) Das prächtige, 1872 im Neorenaissancestil erbaute damalige Victo-

DHARAVI SLUM

Die Bewohner Mumbais reagierten 2008 mit gemischten Gefühlen auf die Klischees im Film *Slumdog Millionaire*. Slums sind aber auf jeden Fall ein Teil – manche würden sogar sagen: die Grundlage – des Alltags in der Stadt. Sage und schreibe 60 % der Einwohner leben in Slums, und einer der größten der Stadt ist Dharavi. Einst, als das Gebiet noch aus Bächen, Sümpfen und Inseln bestand, lebten hier Fischer, doch als die Sümpfe aus natürlichen und von Menschen verursachten Gründen versandeten, zogen Wanderarbeiter von South Mumbai und aus anderen Gegenden hierher. Heute umfasst das Gebiet 2,2 km² Land zwischen zwei wichtigen Eisenbahnstrecken. Eine Million Menschen drängt sich hier.

Von außen mag es chaotisch wirken, aber eigentlich besteht diese Stadt in der Stadt, dieses Labyrinth aus staubigen Gassen und von Abwasserkanälen gesäumten Straßen, aus mehreren aneinandergrenzenden Siedlungen. Einige Teile von Dharavi haben eine gemischte Bevölkerung, während sich in anderen Teilen Menschen aus bestimmten Regionen oder Gewerben niedergelassen und winzige Fabriken gegründet haben. Töpfer aus Saurashtra (Gujarat) leben in einem Gebiet, muslimische Gerber in einem anderen, Sticker aus Uttar Pradesh arbeiten neben Schmieden, wieder andere recyclen Plastik, während Frauen in der sengenden Sonne Pappadams trocknen. Einige dieser Betriebe, von denen es insgesamt an die 20 000 gibt, exportieren ihre Waren; der jährliche Gesamtumsatz der Unternehmen in Dharavi wird auf mehr als 700 Mio. US$ geschätzt.

Aus der Nähe betrachtet ist das Leben in diesen Slums faszinierend. Die Einwohner zahlen Miete, die meisten Häuser haben Küchen und elektrischen Strom, und die Bebauung reicht von wackeligen Wellblechhütten bis hin zu dauerhaften, mehrstöckigen Betonhäusern. Das vielleicht größte Problem der Einwohner Dharavis sind die sanitären Verhältnisse, weil die Wasserversorgung unzuverlässig ist – deshalb hat jeder Haushalt einen 200 l Wasser fassenden Vorratstank. Nur sehr wenige Wohnungen haben eine eigene Toilette oder ein Bad, deswegen haben sich einige Nachbarschaften zum Bau eigener Badehäuser zusammengetan (wozu dann jeder Einwohner finanziell beitragen muss), während Bewohner in anderen Vierteln auf heruntergekommene öffentliche Toiletten angewiesen sind.

Viele Familien leben hier schon seit Generationen, und das Bildungsniveau ist höher als in manchen ländlichen Gebieten: Rund 15 % der Kinder erreichen einen Oberschulabschluss und finden Angestelltenjobs. Viele bleiben trotzdem in dem Viertel, in dem sie aufgewachsen sind.

Slumtourismus ist ein heikles Thema, da muss jeder selbst entscheiden, ob man da mitmacht. Wer sich für einen Besuch entscheidet, kann die informative Tour von Reality Tours & Travel (S. 64) buchen, zumal ein gewisser Prozentsatz der Einnahmen wieder nach Dharavi zurückfließt. Manche Besucher kommen auch auf eigene Faust, was in Ordnung ist, solange man nicht fotografiert. Man fährt mit dem Zug von Churchgate Station bis Mahim, verlässt den Bahnhof durch den westlichen Eingang und überquert die Brücke hinüber nach Dharavi.

Mehr über Mumbais Slums erfährt man in Katherine Boos 2012 erschienenem Buch *Behind the Beautiful Forevers*, das vom Leben in Annawadi, einem Slum nahe dem Flughafen handelt, und in *Rediscovering Dharavi*, Kalpana Sharmas sensibler und fesselnder Geschichte über die Menschen von Dharavi, ihre Kultur und ihre Arbeit.

Von Kalbadevi bis Mahalaxmi

Nandalal Jani Rd
Jail Rd
Sandhurst
Masjid
Merchant Rd
Meheralli Rd
MRA Marg
Citizen Travels
Sir JJ Rd
Abdul Rehman St
Lokmanya Tilak Rd
Dhabu St
Mutton St
Maulana Azad Rd
Kalbadevi Rd
BHULESHWAR
KALBADEVI
Grant Rd
Sardar V Patel Rd
V Patel Marg
Jagannath Shankarsheth Marg (JSS Marg)
Marine Lines
GIRGAUM
Gymkhanas
Charni Rd
RR Roy Marg
Dr D Bhadkamkar Rd (Lamington Rd)
Alibhai Premji Tyrewalla
Marine Dr
Grant Rd
A Kranti Marg
August Kranti Maidan
Laburnum Rd
Sitaram Patkar Rd
Girgaum Chowpatty
Back Bay
Babulnath Marg
Tower of Silence
Hanging Gardens
Kamala Nehru Park
Walkeshwar Marg
Babu Amichand Panalal Adishwarji Jain Tempel (500 m); Malabar Hill (600 m)
Ridge Rd
Jhaveri Contemporary (250 m); Banganga Tank (1,3 km)

Von Kalbadevi nach Mahalaxmi

Highlights
1 Dr Bhau Daji Lad Mumbai City Museum G2

Sehenswertes
2 Girgaum Chowpatty D7
3 Bombay Panjrapole E6
4 Haji Ali Dargah B1
5 Khotachiwadi D6
6 Mahalaxmi Dhobi Ghat E1
7 Mahalaxmi-Tempel A2
8 Mani Bhavan B5
9 Mumba Devi-Tempel F7
10 St. Teresa's Church C6

Aktivitäten, Kurse & Touren
11 Bharatiya Vidya Bhavan B6
12 Child Rights & You E1
13 Kaivalyadhama Ishwardas Yogic Health Centre D7
14 Vatsalya Foundation E1

Essen
15 Badshah Snacks & Drinks F8
16 Café Moshe B5
17 Cafe Noorani B2
18 New Kulfi Centre B6
19 Revival F8

Ausgehen & Nachtleben
20 Ghetto B2
21 Haji Ali Juice Centre B2
22 Olive Bar & Kitchen D1

Shoppen
23 Bhuleshwar Market F7
24 BX Furtado & Sons E8
25 Chor Bazaar F6
26 Crawford Market F8
27 DD Dupattawala F8
Mangaldas Market .... (siehe 27)
28 Mini Market/Bollywood Bazaar F5
29 Shrujan A2
30 Zaveri Bazaar F7

ria & Albert Museum zeigt mehr als 3500 Objekte zur Geschichte Mumbais: Fotos und Landkarten, Textilien, Bücher und Handschriften, Metallarbeiten aus Bidar, Lackarbeiten, Waffen und exquisite Töpferwaren.

Das Wahrzeichen wurde 2008 renoviert, und nun erstrahlen die Minton-Fliesenböden, vergoldeten Stuckdecken, verzierten Säulen, Kronleuchter und Treppenhäuser wieder in alter Pracht. Zeitgenössische Musik, Tanz und Drama kann man im Bereich der neuen Plaza erleben, wo sich auch ein Café und ein Museumsshop befinden.

Das Museum liegt in den Gärten des Jijamata Udyan; ein Zoobesuch lohnt sich nicht.

Mani Bhavan MUSEUM
(Karte S. 56; ☎23805864; www.gandhi-manibhavan.org; 19 Laburnum Rd, Gamdevi; Spende erbeten; ⏲9.30–18 Uhr) Das ergreifende, winzige Museum befindet sich in dem Gebäude, in dem Mahatma Gandhi während seiner Besuche in Bombay zwischen 1917 und 1934 wohnte. Hier formulierte er seine Philosophie des Satyagraha (gewaltlosen Widerstands) und startete 1932 seine Kampagne des zivilen Ungehorsams. Eine Fotoausstellung informiert über Gandhi, dazu kommen Dioramen und Dokumente, z. B. Briefe, die er an Hitler und Roosevelt schrieb, sowie Würdigungen von Ho Chi Minh und Einstein.

Girgaon Chowpatty STRAND
(Karte S. 56) Der städtische Strand ist abends ein beliebter Treffpunkt von verliebten Pärchen und Familien, für politische Kundgebungen und für alle, die das genießen wollen, was hier als frische Luft gilt. Das abendliche *bhelpuri* von den Ständen am südlichen Ende des Strands ist ein Erlebnis, was man sich nicht entgehen lassen sollte. An Baden ist nicht zu denken – das Wasser ist eine Giftbrühe!

Am 10. Tag des Ganesh-Chaturthi-Fests (S. 47) im August oder September strömen Millionen hierher, um riesige Ganesh-Statuen unter Trubel im Wasser zu versenken.

Mumba-Devi-Tempel HINDU-TEMPEL
(Karte S. 56; Bhuleshwar) Der Schutzgöttin der Stadt kann man in ihrem aus dem 18. Jh. stammenden Tempel, rund 1 km nördlich vom Bahnhof Chhatrapati Shivaji, einen Besuch abstatten. Zu den Gottheiten, die hier verehrt werden, gehört auch Bahuchara Mata, die Göttin der Transgender-*hijras*. *Pujas* (Gebete) werden hier mehrmals täglich verrichtet.

Haji Ali Dargah MOSCHEE
(Karte S. 56; www.hajialidargah.in; abseits der V Desai Chowk) Wie eine heilige Fata Morgana scheint dieser indo-islamische Schrein vor der Küste zu schweben. Der Anblick des auf einer kleinen Insel vor der Küste stehenden Gebäudes ist hinreißend. Es entstand im 19. Jh. und enthält das Grabmal des Muslim-Heiligen Pir Haji Ali Shah Bukhari. Der Legende zufolge starb dieser bei der Pilgerfahrt nach Mekka, und sein Sarg

wurde wundersamerweise hier an Land geschwemmt.

Man kann den Schrein nur bei Ebbe über einen langen Damm besuchen – zuvor vor Ort unbedingt die Zeiten für Ebbe und Flut ermitteln! Tausende Pilger kommen täglich hinüber, insbesondere am Donnerstag und Freitag (wenn es vielleicht auch *qawwali,* Andachtsgesänge, gibt); viele geben den Bettlern an der Strecke ein Almosen.

Leider befinden sich Teile des Schreins in schlechtem Zustand, woran Stürme und die salzhaltige Luft Schuld haben; es gibt aber Pläne, das Bauwerk zu restaurieren. Die Stätte wird von Menschen aller Religionszugehörigkeiten besucht.

Mahalaxmi Dhobi Ghat GHAT

(Karte S. 56; Dr. E Moses Rd, Mahalaxmi; 4.30 Uhr–Sonnenuntergang) Dieser 140 Jahre alte *dhobi ghat* (Waschplatz) ist Mumbais größte von Menschenhand betriebene „Waschmaschine“: Jeden Tag säubern Hunderte von Menschen in 1026 offenen Trögen Tausende Kilos an Kleidung und Bettwäsche. Den besten Blick hat man von der Brücke, die über die Gleise nahe dem Bahnhof Mahalaxmi führt.

Bombay Panjrapole TIERASYL

(Karte S. 56; www.bombaypanjrapole.org.in; Panjrapole Marg, Bhuleshwar; 11–18 Uhr) Inmitten des geschäftigen Bhuleshwar-Markts befindet sich – unglaublich, aber wahr – dieses Asyl für 300 herrenlose Kühe. Auch Esel, Ziegen, Vögel, Hunde und Enten werden hier versorgt. Man kann herumlaufen und die Kühe streicheln und sie, gegen eine kleine Spende, auch mit frischem Gras füttern. Das Asyl liegt nahe dem Postamt Madhav Baug.

Mahalaxmi-Tempel HINDU-TEMPEL

(Karte S. 56, bei V Desai Chowk) Es ist äußerst passend, dass einer der geschäftigsten und farbenprächtigsten Tempel im geldverliebten Mumbai Mahalaxmi, der Göttin des Wohlstands geweiht ist. Die Anlage auf einer Landzunge ist im September bzw. Oktober Zentrum der Navratri-Feierlichkeiten (Festival der Neun Nächte).

Babu-Amichand-Panalal-Adishwarji-Jain-Temple JAIN-TEMPEL

(Walkeshwar Marg, Malabar Hill; 5–21 Uhr) Dieser Tempel ist unter den Jains für seine Schönheit berühmt – und da Jain-Tempel eigentlich immer prächtig sind, will das schon etwas heißen. Besonders sehenswert sind die Malereien und die überbordend bunte Tierkreis-Kuppeldecke. Der kleine Tempel ist eine Andachtsstätte; Besucher sollten sich rücksichtsvoll verhalten und angemessen kleiden.

Nehru Centre KULTURKOMPLEX

(24964676, 24964680; www.nehru-centre.org; Dr. Annie Besant Rd, Worli; „Discovery of India“ Eintritt frei, Planetarium Erw./Kind 50/25 ₹; Di–So 10–18 Uhr, Discovery of India 11–17 Uhr, Planetarium englischsprachige Vorführung 15 Uhr) Der Kulturkomplex umfasst ein Planetarium, ein Theater, eine Galerie und die interessante Ausstellung „Discovery of India“. Die Architektur ist auffällig: der Turm sieht aus wie eine riesige Ananas, das Planetarium wie ein UFO. Hier finden tolle Tanzdarbietungen, Theatervorstellungen und Konzerte statt. Der Komplex liegt von der Lala Laipat Rai Rd landeinwärts.

Malabar Hill VIERTEL

(rund um die BG Kher Marg) In Mumbais exklusivstem Viertel, am nördlichen Ende der

ABSEITS DER ÜBLICHEN PFADE

KHOTACHIWADI

Das berühmte *wadi* (Dörfchen) **Khotachiwadi** (Karte S. 56) ist die letzte Bastion Mumbais, die noch an jener Lebensweise festhält, die man hier pflegte, bevor die Wolkenkratzer die Vorherrschaft übernahmen. Inmitten der vorwiegend hinduistischen und muslimischen Viertel Mumbais liegt, 500 m nordöstlich des Girgaum Chowpatty, diese christliche Enklave mit ihren eleganten, zweistöckigen, aus Holz erbauten Herrenhäusern. In den gewundenen Gassen Khotachiwadis bekommt man einen wunderbaren Einblick in das ruhige Leben ohne Rikschas und Taxis. Das Dörfchen ist nicht sonderlich groß, es lohnt sich aber, durch die schmalen Straßen zu schlendern und die alten Häuser, die zur Weihnachtszeit wunderschön dekoriert sind, zu bewundern.

Um nach Khotachiwadi zu gelangen, steuert man zunächst die **Kirche St. Teresa** (Karte S. 56) an der Ecke der Jagannath Shankarsheth Marg (JSS Marg) und der Rajarammohan Roy Marg (RR Rd/Charni Rd) an. Von dort geht es in die JSS Marg direkt gegenüber. Die zweite und dritte Seitenstraße auf der linken Seite führen zum Ziel.

DIE PARSEN

In Mumbai lebt die weltweit größte Gemeinde von Parsen, einer Ethnie, die dem antiken Zoroastrismus anhängt. Die Vorfahren der Parsen – „Parsi" bedeutet „Perser" - flohen im 10. Jh. vor der religiösen Verfolgung durch eingefallene Muslime aus dem Iran. Die Zoroastrier glauben an einen einzigen Schöpfergott, Ahura Mazda, der in *agiarys* (Feuertempeln) überall in Mumbai verehrt wird. Nicht-Parsen haben dort keinen Zutritt. Die Bestattungsriten der Parsen sind einzigartig: die Toten werden auf Plattformen im Freien ausgelegt, um von Geiern gefressen zu werden. Die berühmteste dieser Plattformen, der **Tower of Silence**, befindet sich unterhalb der Hanging Gardens in Malabar Hill; er ist aber durch Bäume vor öffentlichen Einblicken geschützt.

Die Parsen-Gemeinde Mumbais ist sehr erfolg- und einflussreich. Lesen und schreiben können 98,6 % ihrer Mitglieder (das ist der höchste Prozentsatz unter allen ethnischen oder religiösen Gruppen). Zu berühmten Parsen zählen die indische Industriellenfamilie Tata, der Autor Rohinton Mistry und Queen-Sänger Freddie Mercury. Parsische Küche kann man im Restaurant Brittania (S. 74) probieren.

Back Bay gelegen, findet sich überraschenderweise auch eine der heiligsten Oasen der Stadt. Versteckt zwischen Apartmentblocks ist der **Banganga Tank** eine Enklave voller stiller Tempel, badender Pilger, krummer, autofreier Straßen und malerischer alter *dharamsalas* (Pilgerherbergen). Nach einer Hindu-Legende hat Rama das Wasserbecken geschaffen, indem er die Erde hier mit seinem Pfeil durchbohrte. Vom **Kamala Nehru Park** aus hat man einen besonders schönen Blick auf den rund 600 m westlich gelegenen Chowpatty und den anmutigen Bogen des Marine Dr.

Westliche Vororte

★Iskcon-Tempel HINDU-TEMPEL

(Karte S. 62; www.iskconmumbai.com; Juhu Church Rd, Juhu; ⏲4.30–13 & 16–21 Uhr) Als Zentrum feierlicher Verehrung in den ruhigen Vorstädten hat dieser Tempel seinen Reiz. Juhu hatte in der Geschichte der Hare-Krishna-Bewegung eine Schlüsselrolle inne, weil der Gründer der „Internationalen Gesellschaft für Krishna-Bewusstsein", A. C. Bhaktivedanta Swami Prabhupada, hier längere Zeit lebte (seine bescheidene Wohnung kann man im angrenzenden Gebäude besichtigen). Die Tempelanlage erwacht zur Gebetszeit zu vollem Leben, wenn sich die Gläubigen selber mit *kirtan*- Tänzen, Händeklatschen und Trommelschlägen in freudige Ekstase bringen.

Die verschiedenen Wandmalereien in der Anlage schildern die Geschichte von Hare Krishna. Das hier gelegene Iskcon-Hotel (S. 70) ist im Übrigen ganz genauso empfehlenswert wie die Kantine (Mahlzeiten kosten dort 70 ₹).

Gorai Island

Global Pagoda BUDDHISTISCHER TEMPEL

(www.globalpagoda.org; Gorai; ⏲9–19 Uhr, Meditationskurse 10 & 18 Uhr) Bei dem atemberaubenden Gebäude, das sich wie eine Fata Morgana über dem schmutzigen Gorai Creek erhebt, handelt es sich um einen goldenen, 96 m hohen Stupa, für den die Shwedagon-Pagode in Myanmar Modell stand. Die Kuppel, unter der 8000 Gläubige Platz finden und die mehrere Buddha-Reliquien beherbergt, wurde ganz ohne Träger nach dem uralten Prinzip von ineinandergreifenden Steinen gebaut. Auf dem Gelände befindet sich außerdem ein Museum über das Leben und die Lehren Buddhas. Zweimal täglich wird kostenlos ein 20-minütiger Meditationsunterricht gegeben. Ein Meditationszentrum vor Ort hat zehntägige Kurse im Angebot.

Hin kommt man mit dem Zug von Churchgate nach Borivali (Westausgang nehmen). Von dort geht's mit Bus 294 (5 ₹) oder der Autorikscha (40 ₹) weiter zum Fähranleger, wo die Fähren nach Esselworld (hin & zurück 50 ₹) alle 30 Minuten ablegen. Die letzte Fähre zur Pagode geht um 17.30 Uhr.

Elephanta

★Elephanta HINDU-TEMPEL

(Gharapuri; Inder/Ausländer 10/250 ₹; ⏲Höhlen Di–So 9–17 Uhr) Die Felsentempel auf der Insel Gharapuri, besser bekannt als Elephanta, liegen nordöstlich des Gateway of India im Hafen von Mumbai und sind eine UNESCO-Welterbestätte. Im Labyrinth der Höhlentempel, die zwischen 450 und 750 n. Chr. entstanden, finden sich einige der eindrucksvollsten Tempelreliefs in Indien. Der Shiva geweihte Haupttempel bildet ein faszinierendes Spalier aus Höfen, Sälen, Pfeilern und Schreinen; das Hauptwerk ist eine 6 m hohe Sadhashiva-Statue, die einen dreigesichtigen Shiva als Zerstörer, Schöpfer und Erhalter des Universums präsentiert, dessen Augen in ewiger Meditation verschlossen sind.

Die Portugiesen tauften die Insel wegen eines großen Steinelefanten nahe des Strands „Elephanta" (dieser brach jedoch 1814 zusammen und wurde von den Briten in den Jijamata Udyan in Mumbai verbracht). Vor Ort gibt es ein kleines Museum mit informativen Schautafeln über den Ursprung der Höhlen.

Aufdringliche, teure Führer sind zu bekommen – man braucht sie aber nicht wirklich, denn Pramod Chandras *A Guide to the Elephanta Caves*, den man fast überall kaufen kann, ist mehr als ausreichend.

Barkassen (Karte S. 48) fahren zwischen 9 und 15.30 Uhr jede halbe Stunde vom Gateway of India nach Gharapuri. Fahrkarten gibt's an den Ticketständen (Touristen-/Luxusklasse 130/160 ₹) am Apollo Bunder. Die Fahrt dauert eine gute Stunde.

Die Boote legen am Ende eines Betonpiers an. Von hier aus kommt man zu Fuß zu den **Treppen** (Eintritt 10 ₹), die hinauf in die Höhlen führen, oder man nimmt den **Minizug** (10 ₹). Die Treppe ist von Souvenirständen gesäumt und nervtötende Affen patrouillieren. Gutes Schuhwerk ist ein Muss.

Aktivitäten

In Mumbai gibt's überraschend gute Möglichkeiten zur Beobachtung von Schmetterlingen und Vögeln. Der Sanjay Gandhi National Park ist beliebt wegen seiner Waldvögel, und viele Watvögel sind in den Mangroven von Godrej (13 km östlich von Bandra) zu entdecken. Die **Bombay Natural History Society** (BNHS; Karte S. 52; ☎22821811; www.bnhs.org; Hornbill House, Shahid Bhagat Singh Marg; ⏲Mo–Fr 9–17.30 Uhr) veranstaltet am Wochenende ausgezeichnete Touren.

Outbound Adventure OUTDOOR
(☎26315019; www.outboundadventure.com) Dieser Anbieter veranstaltet von Juli bis Anfang September eintägige Raftingtrips auf dem Ulhas (2000 ₹/Pers.). Nach ergiebigem Regen können die Stromschnellen den Grad

ABSTECHER

DIE GROSSE MAUER VON MUMBAI

Das **Wall Project** (www.thewallproject.com), das als eine Künstlerinitiative mit dem Ziel, einer Vorstadtstraße in Bandra Farbe zu geben, begann, sorgt nun überall in der Stadt für lebensfrohe Kunst, Wandmalereien und Graffiti. Es gibt keine offizielle Mitgliedschaft in dem Projekt, an den Werken beteiligen sich Amateure und professionelle Künstler.

Die Richtlinien sehen vor, dass Reklame, politische Aussagen, religiöse Inhalte und Obszönitäten tabu sind. Auch auf soziale Botschaften, die zu sehr mit dem erhobenen Zeigefinger daherkommen, soll verzichtet werden.

Hunderte von Menschen haben sich dem Projekt angeschlossen, die meisten Wandmalereien handeln von privaten Geschichten und zeigen die Träume der Menschen, ihren Wunsch nach Veränderung, ihre Kritik und ihre Frustrationen.

Am spektakulärsten ist vielleicht der 2 km lange Abschnitt an der **Senapati Bapat Marg** (Tulsi Pipe Rd), an der westlichen Bahnlinie zwischen den Bahnhöfen Mahim und Dadar, wo die Kunst praktisch parallel zu den Bahngleisen angebracht ist. Für dieses nachdenklich stimmende, anregende Erlebnis sollte man sich wenigstens anderthalb Stunden Zeit nehmen.

Diese spezielle Mauer war bei den Gründern des Wall Project schon lange ein begehrtes Ziel, und sie erwarteten einen starken Widerstand der Behörden gegen die künstlerische Aneignung. Tatsächlich aber wurden sie vom Verwaltungsleiter der Stadt geradezu eingeladen, hier etwas zu erschaffen. Rund 400 Menschen beteiligten sich.

Viele Wandmalereien an der Senapati Bapat Marg haben einen Bezug zu Themen, die für Indien und Mumbai besonders relevant sind, z. B. die Umwelt, die Luftverschmutzung oder die Hektik im Leben der Megacity. Eine Wandmalerei, die eine Stadtlandschaft aus Mumbai zeigt, erklärt einfach: „Das Chaos ist unser Paradies."

Bandra ist ein weiteres Straßenkunst-Viertel; hier wurden Mauern und Brücken von der Kunst erobert; ein guter Ausgangspunkt für Erkundungen ist die Chapel Lane.

Westliche Vororte

III+ erreichen, in der Regel verläuft die Fahrt aber ruhiger. Es gibt auch Camping- (ab 1500 ₹ pro Pers. & Tag) und Kanu-Ausflüge.

Wild Escapes WANDERN
(☎ 66635228; www.wild-escapes.com; Treks ab 780 ₹) Veranstaltet an den Wochenenden Wanderungen zu Forts, Tälern und Wasserfällen im Bundesstaat Maharashtra.

Yoga House YOGA
(Karte S. 62; ☎ 65545001; www.yogahouse.in; 53 Chimbai Rd, Bandra; Kurs 700 ₹; ⏲ 8–22 Uhr) In diesem gemütlichen, westlich anmutenden

Westliche Vororte

Yoga-Zentrum wird eine Vielzahl verschiedener Yoga-Traditionen unterrichtet. Es ist in einem Bungalow im portugiesischen Stil direkt am Meer untergebracht. Es gibt auch ein hübsches Café.

Yoga Cara YOGA, MASSAGE

(Karte S. 62; ✆ 022-26511464; www.yogacara.in; 1. OG, SBI Bldg, 18A New Kant Wadi Rd, Bandra; ⏲ Yoga pro Kurs/Woche 600/1500 ₹) Das klassische Hatha- und Iyengar-Yoga-Institut bietet ausgezeichnete Massagen (ab 1850 ₹/Std.) und Anwendungen; die SoHum-Verjüngungs-Massage ist sehr zu empfehlen. Es gibt auch Ayurveda-Kochkurse.

Antara Spa SPA

(✆ 022-66939999; www.theclubmumbai.com; 197 DN Nagar, Andheri West; Massage ab 2450 ₹/Std.; ⏲ 10–22 Uhr) Das Luxus-Spa mit kundigen Therapeuten bietet eine ganze Palette von Therapien und Anwendungen, darunter schwedische und thailändische sowie Massage mit heißen Steinen.

Palm Spa SPA

(Karte S. 48; ✆ 022-66349898; www.thepalmsspaindia.com; Chhatrapati Shivaji Marg, Colaba; Massage ab 3200 ₹/Std.; ⏲ 9.30–22.30 Uhr) In diesem renommierten Spa in Colaba kann man sich einreiben, abreiben und baden lassen. Ein Peeling mit Zitronengras und grünem Tee kostet 2500 ₹.

Child Rights & You FREIWILLIGENARBEIT

(CRY; Karte S. 56; ✆ 23096845; www.cry.org; 89A Anand Estate, Sane Guruji Marg, Mahalaxmi) Die Organisation sammelt Geld für benachteiligte Kinder. Freiwillige können bei Kampagnen (online und vor Ort), bei Recherchen, Befragungen und Medienarbeit helfen, gelegentlich auch bei der Arbeit mit Kindern. Freiwillige müssen sich mindestens vier Wochen verpflichten.

Lok Seva Sangam FREIWILLIGENARBEIT

(✆ 022-24070718; http://loksevasangam.wordpress.com; D/1, Everard Nagar Eastern Express Hwy, Sion) Die Organisation arbeitet daran, die Lebensbedingungen in den Slums der Stadt zu verbessern. Medizinisches Personal mit Kenntnissen in Hindi oder Marathi und Menschen, die Spenden einwerben können, werden immer benötigt.

Vatsalya Foundation FREIWILLIGENARBEIT

(Karte S. 56; ✆ 24962115; www.thevatsalyafoundation.org; Anand Niketan, King George V. Memorial, Dr. E Moses Rd, Mahalaxmi) Die Organisation arbeitet mit Mumbais Straßenkindern. Freiwillige können kürzer oder längerfristig als Englischlehrer arbeiten, Computerkenntnisse vermitteln oder sportliche Aktivitäten betreuen.

Welfare of Stray Dogs FREIWILLIGENARBEIT
(Karte S. 52; ☎ 64222838; www.wsdindia.org; Yeshwant Chambers, B Bharucha Rd, Kala Ghoda) Die Organisation bekämpft Tollwut und führt Sterilisierungen durch. Freiwillige Helfer können Hunde ausführen, Straßenhunde versorgen, Lagerbestände verwalten, Schulkinder über das Thema informieren oder sich am Einwerben von Spenden beteiligen.

Kurse

★ **Yoga Institute** YOGA
(Karte S. 62; ☎ 26122185; www.theyogainstitute.org; Shri Yogendra Marg, Prabhat Colony, Santa Cruz East; 1./2. Monat 650/450 ₹) Auf dem friedvollen, begrünten Gelände in der Nähe von Santa Cruz bietet das angesehene Yoga Institute Kurse für einen Tag, ein Wochenende, eine Woche oder – für alle, die länger hier sind – auch für längere Zeiträume an. Man kann sich auch zum Yogalehrer ausbilden lassen (Voraussetzung ist der 7-tägige Kurs).

Kaivalyadhama Ishwardas Yogic Health Centre YOGA
(Karte S. 56; ☎ 22818417; www.kdhammumbai.org; 43 Marine Dr; ⌚ Mo–Sa 6–19 Uhr) Hier werden täglich mehrere Yogakurse und Workshops angeboten; zu den Gebühren gehören ein monatlicher Mitgliedsbeitrag (800 ₹) und eine Kursgebühr (600 ₹).

★ **Bharatiya Vidya Bhavan** SPRACHKURS, MUSIK
(Karte S. 56; ☎ 23871860; www.bhavans.info; 2. OG, Ecke km Munshi Marg & Ramabai Rd, Girgaon; 500 ₹/Std.; ⌚ 16–20 Uhr) Ausgezeichneter Privatunterricht in Hindi, Marathi, Gujarati und Sanskrit. Wer sich für Unterricht in Tabla, Singen, Sitar oder klassischem indischen Tanz interessiert, wendet sich an Professor Ghosh (einen mit dem Grammy Award ausgezeichneten Komponisten und Musiker).

Sumeet Nagdev Dance Arts TANZ
(SNDA; ☎ 24366777; www.sumeetnagdevdancearts.in; Silver Cascade Bldg, SB Marg, Dadar West; Kurs 450 ₹/Std.) SNDA bietet jede Menge Tanzkurse, von Samba und Ballett bis hin zu „Indian Folk Bollywood“. Kurse gibt's auch in der Zweigstelle in **Chowpatty** (Studio Balance, Krishna Kunj, 29/30 km Munshi Marg).

Geführte Touren

Der Führer *Ten Heritage Walks of Mumbai* von Fiona Fernandez (395 ₹) beschreibt Stadtspaziergänge und liefert faszinierendes Hintergrundmaterial. Die Touristeninformation von Government of India hat eine Liste mit zertifizierten mehrsprachigen Stadtführern; die meisten verlangen 750 ₹ für einen halben und 1000 ₹ für einen ganzen Tag.

Eine **Rundfahrt** durch den Hafen ist eine gute Gelegenheit, das Gateway of India und die Hafenbebauung von Colaba vom Meer aus zu erleben. Halbstündige Fährfahrten (80 ₹) starten am Gateway of India, Tickets gibt's vor Ort.

★ **Reality Tours & Travel** SLUM-TOUR
(Karte S. 52; ☎ 9820822253; www.realitytoursandtravel.com; 1/26, Unique Business Service Centre, Akber House, Nowroji Fardonji Rd; meiste Touren 750–1500 ₹) Organisiert anrührende Führungen durch den Slum Dharavi; 80 % der Einnahmen nach Steuern gehen an die eigene Organisation **Reality Gives** (www.realitygives.

MUMBAI MIT KINDERN

Kidzania (www.kidzania.in; 3. OG, R City, LBS Marg, Ghatkopar West; ⌚ Kind/Erw. Di–F 950/500 ₹, Sa & So 950/700 ₹) ist Mumbais jüngste Attraktion mit interessanten Aktivitäten für Kinder, die hier allerhand über das Steuern von Flugzeugen, das Bekämpfen von Bränden und über Polizeiarbeit erfahren und sich in vielen Bereichen kunsthandwerklich betätigen können. Das Zentrum liegt am Stadtrand, 10 km nordöstlich des Bandra Kurla Complex.

Kleine Racker mit viel Energie werden die Vergnügungsparks **Esselworld** (www.esselworld.in; Erw./Kind 790/490 ₹; ⌚ 11–19 Uhr, Wochenende ab 10 Uhr) und **Water Kingdom** (www.waterkingdom.in; Erw./Kind 690/490 ₹; ⌚ 11–19 Uhr, Wochenende ab 10 Uhr) auf Gorai Island lieben. Beide bieten Fahrgeschäfte, Rutschen und Schatten. Kombitickets kosten 1190/990 ₹ (Erw./Kind).

In den kostenlosen **Hängenden Gärten** in Malabar Hill gibt's zu Tierfiguren zurechtgestutzte Hecken, Schaukeln im Schatten und Kokosnussverkäufer. Im **Kamala Nehru Park** auf der anderen Straßenseite steht ein zweistöckiges „Schuhhaus“. Naturausflüge für Kinder veranstaltet die Bombay Natural History Society (S. 61).

ABSEITS DER ÜBLICHEN PFADE

SANJAY GANDHI NATIONAL PARK

Es ist kaum zu glauben, aber nur 1½ Stunden von der brodelnden Metropole entfernt findet man sich mitten in einem 104 km² großen, geschützten Tropenwald wieder. Im **Sanjay Gandhi National Park** (☎ 28866449; Borivali; Erw./Kind 30/15 ₹, Fahrzeug 100 ₹, Eintritt für Safari 50 ₹; ⏲ Di–So 7.30–18, letzter Einlass 16 Uhr) erwarten Besucher statt Beton und Abgasen eine bunte Flora, Vögel, Schmetterlinge und scheue Leoparden. Das Gebiet liegt am nördlichen Stadtrand und ist nach allen Seiten von bewaldeten Hügeln umgeben. Die städtebauliche Entwicklung lässt an den Rändern ihre Muskeln spielen, aber noch ist das Herzstück des Parks sehr friedlich.

Zum Schutz der Natur wurde ein Wanderverbot erlassen, aber mit der Bombay Natural History Society darf man in den Wäldern wandern. Auf eigene Faust kann man radfahren (Fahrradverleih 20 ₹/Std., Kaution 200 ₹), den Shuttle zum Shilonda-Wasserfall und zu den Seen Vihar und Tulsi nehmen (wo man mit einem Boot fahren kann) oder – und das ist die spannendste Option – die **Kanheri-Höhlen** (Inder/Ausländer 5/100 ₹), einen Komplex aus 109 Behausungen und Klostergebäuden buddhistischer Mönche 6 km innerhalb des Parks, besichtigen. Die Höhlen, von denen nicht alle zugänglich sind, wurden seit dem 1. Jh. v. Chr. über 1000 Jahre hinweg als Teile eines monastischen Universitätskomplexes erschlossen. Meiden sollte man die Löwen- und Tiger-Safari, da die Tiere hier wie im Zoo in Käfigen und Gehegen gehalten werden.

Im Nordeingang des Parks befindet sich ein Infozentrum mit einer kleinen Ausstellung über die Tierwelt des Parks. Die beste Zeit, um Vögel zu beobachten, ist zwischen Oktober und April, die beste Zeit für Schmetterlinge zwischen August und November.

Der nächstgelegene Bahnhof ist Borivali, der von den Zügen der Western Railway ab Churchgate (30 Min., häufig) bedient wird.

org). Auch die Touren zum Thema Straßenessen und Märkte, die Radtour und die Tour durch Mumbai bei Nacht sind ausgezeichnet.

Bombay Heritage Walks STADTSPAZIERGANG
(☎ 23690992, 9821887321; www.bombayheritagewalks.com; ab 2500 ₹/2 Std., für bis zu 5 Pers.) Diese von zwei Architekten engagiert durchgeführten, wunderbaren Spaziergänge widmen sich historischen Vierteln.

Mumbai Magic Tours STADTFÜHRUNG
(☎ 9867707414; www.mumbaimagic.com; 2-std. Führung ab 1750 ₹/Pers.) Die von den Autoren des fabelhaften Blogs **Mumbai Magic** (www.mumbai-magic.blogspot.com) konzipierten Führungen widmen sich u. a. den Lebensmittelmärkten, traditionellem Tanz und Musik oder dem jüdischen Erbe.

Nilambari Bus Tours BUSTOUR
(MTDC; ☎ 020-22845678; www.maharashtratourism.gov.in; 1-std. Rundfahrt Unter-/Oberdeck 60/180 ₹; ⏲ Sa & So 19 & 20.15 Uhr) Maharashtra Tourism veranstaltet an den Wochenenden Rundfahrten in Doppeldeckerbussen mit offenem Oberdeck, bei denen man die angestrahlten historischen Gebäude richtig gut bewundern kann. Die Busse starten am **MTDC-Kiosk** (Karte S. 48) und dem **MTDC-Büro** (☎ 22841877; www.maharashtratourism.gov.in; Madame Cama Rd, Nariman Point; ⏲ Mo–Sa 9.45–17.30 Uhr), an beiden Stellen kann man die Fahrt auch buchen.

Schlafen

Mumbai hat die teuersten Unterkünfte in ganz Indien, und nirgends hat man das Gefühl, für sein Geld eine wirklich angemessene Gegenleistung zu bekommen. Willkommen in der Immobilienwelt Mumbais!

Colaba ist kompakt, hat die muntersste Touristenszene und viele Budget- und Mittelklasseunterkünfte. Das benachbarte Fort-Viertel liegt in bequemer Nähe zu den wichtigsten Bahnhöfen (CST und Churchgate). Die meisten Spitzenklassehotels liegen am Marine Dr oder draußen in den Vororten. In den kosmopolitischen Vierteln Juhu und Bandra gibt es zwar nur wenige Hotels, aber viele Flughafenhotels sind nur eine 15-minütige Taxifahrt entfernt.

Ganz egal wo man absteigt, immer im Voraus reservieren!

Colaba

★ **Sea Shore Hotel** PENSION $
(Karte S. 48; ☎ 22874237; 4. OG, 1-49 Kamal Mansion, Arthur Bunder Rd; EZ/DZ ohne Bad 700/1100 ₹; 📶) In dieser Unterkunft gibt

UNTERKUNFTSPREISE

Die folgenden Preiskategorien beziehen sich auf ein Doppelzimmer inklusive Steuern:

$ weniger als 2500 ₹

$$ 2500–6000 ₹

$$$ mehr als 6000 ₹

man sich wirklich Mühe: Die Zimmer sind klein, aber makellos sauber und einladend, und alle haben Flachbild-TV. Sie gehen von einem Korridor ab, der wie der Gang eines Bahnabteils wirkt. Die Hälfte der Zimmer hat sogar Blick auf den Hafen (die andere allerdings gar keine Fenster). Die modischen Gemeinschaftsbäder sind gut geputzt und einigermaßen schick. WLAN gibt's nur im Empfangsbereich.

Carlton Hotel HOTEL $

(Karte S. 48; ☎22020642; 1. OG, Florence House, Mereweather Rd; EZ/DZ/3BZ ohne Bad ab 1050/1550/2300 ₹, EZ/DZ mit Klimaanlage 2900/3200 ₹; ❄) Für die Lage sind die Zimmer preislich ein faires Angebot. Sie haben originale Fliesenböden, hohe Decken und ein paar zeitgenössische Elemente. Einige haben sogar einen Balkon mit Ausblick auf die kolonialzeitlichen Bauten von Colaba. Viele Zimmer haben aber kein eigenes Bad. Das Gebäude ist ziemlich heruntergekommen und das Personal könnte eifriger sein.

Bentley's Hotel HOTEL $

(Karte S. 48; ☎22841474; www.bentleyshotel.com; 17 Oliver Rd; Zi mit Frühstück 1740–2490 ₹; ❄📶) Die einladende Anlage im Zentrum von Colaba gehört Parsen. Traveller werden das Hotel lieben oder hassen, je nachdem, in welchem der fünf Apartmentgebäude sie landen. Die beste Wahl sind die geräumigen, im kolonialen Stil eingerichteten Zimmer im Hauptgebäude; meiden sollte man die Gebäude an der Henry Rd und der JA Allana Marg. Eine Klimaanlage kostet 315 ₹ extra, WLAN gibt's nur an der Rezeption.

India Guest House PENSION $

(Karte S. 48; ☎22833769; 3. OG, 1/49 Kamal Mansion, Arthur Bunder Rd; EZ/DZ ohne Bad ab 400/500 ₹; 📶) Dieses Haus wird von den Betreibern des ausgezeichneten Sea Shore Hotel geführt, ist allerdings nicht ganz so attraktiv. Dafür sind die schachtelartigen Zimmer (aus einigen kann man einen Seitenblick aufs Meer erhaschen) spottbillig und in guter Lage. Bei den Stellwänden und den Gemeinschaftsbädern am einen Ende des Flurs wähnt man sich aber eher in einem Studentenwohnheim als in einem Hotel.

Salvation Army Red Shield Guest House PENSION $

(Karte S. 48; ☎22841824; red_shield@vsnl.net; 30 Mereweather Rd; B mit Frühstück 350 ₹, DZ mit Ventilator/mit Klimaanlage & Frühstück 1100/1500 ₹; ❄@) Diese Institution ist bei Travellern beliebt, die jede Rupie dreimal umdrehen. Die Unterkunft ist spartanisch (und etwas schmuddelig), aber ein, zwei Nächte durchaus zu ertragen. Betten können nicht reserviert werden – gleich nach 9 Uhr, wenn die Gäste der letzten Nacht den Schlafsaal räumen müssen, da sein, um sich einen Platz zu sichern! Sperrstunde ist um 24 Uhr.

★ **YWCA** PENSION $$

(Karte S. 48; ☎22025053; www.ywcaic.info; 18 Madame Cama Rd; EZ/DZ/3BZmit Klimaanlage, Frühstück & Abendessen 2400/3640/5450 ₹; ❄@📶) In Gehweite zu allen Sehenswürdigkeiten in Colaba und Fort ist das effizient geführte YWCA eine gute und günstige, zu Recht beliebte Option. Die geräumigen, gepflegten Zimmer haben Schreibtische, Kleiderschränke und Fernseher mit vielen Kanälen, WLAN gibt's allerdings nur im Foyer. Im Preis inbegriffen sind das Frühstücksbüffet, das Abendessen und eine Tageszeitung.

Hotel Suba Palace HOTEL $$

(Karte S. 48; ☎22020636, 22020639; www.hotelsubapalace.com; Battery St; EZ/DZ mit Klimaanlage & Frühstück 5520/6340 ₹; ❄📶) „Palast" ist etwas übertrieben, aber das moderne kleine Hotel in toller Lage streift mit seinem topaktuellen Dekor schon den Bereich der Boutiquehotels: In den geschmackvollen Zimmern setzen sich die gepolsterten Kopfenden der Betten schön von den neutralen Farbtönen ab. Im Haus gibt's ein gutes Restaurant und kostenloses WLAN.

Regent Hotel HOTEL $$

(Karte S. 48; ☎22021518; 8 Best Marg; EZ/DZ mit Klimaanlage & Frühstück 3920–4910 ₹; ❄@📶) Im verlässlichen Regent abseits von Colabas Hauptstraße bemühen sich die Angestellten noch um die Gäste. Die Zimmer sind gut und mit hochwertigen Matratzen ausgestattet; die modernen Bäder haben Marmorböden.

Hotel Moti PENSION $$

(Karte S. 48; ☎22025714; hotelmotiinternational@yahoo.co.in; 10 Best Marg; DZ/3BZ mit Klima-

Stadtspaziergang **Architektur**

START GATEWAY OF INDIA
ZIEL EROS CINEMA
LÄNGE/DAUER 2,5KM; 1½ STD.

Mumbais bestimmendes Merkmal ist der Mix aus kolonialzeitlicher und Art-déco-Architektur. Vom 1 **Gateway of India** (S. 49) geht's die Chhatrapati Shivaji Marg entlang, vorbei am Art-déco-Wohn- und Geschäftskomplex 2 **Dhunraj Mahal** zum 3 **Regal Circle**. Dabei sollte man sich die umliegenden Gebäude anschauen, darunter das 4 **Regal Cinema** (S. 80) im Art-déco-Stil und das 5 **Majestic Hotel**, heute Laden der Kooperative Sahakari Bhandar. Weiter geht's auf der MG Rd, vorbei an der 6 **National Gallery of Modern Art** (S. 54). Gegenüber erhebt sich im indo-sarazenischen Stil als Wahrzeichen das Museum 7 **Chhatrapati Shivaji Maharaj Vastu Sangrahalaya** (S. 50). Wieder zurück erblickt man auf der anderen Seite das neoromanische 8 **Elphinstone College** und die 9 **David Sassoon Library & Reading Room**, deren Mitglieder auf dem Balkon der Hitze entkommen. Nördlich davon kann man die Art-déco-Muster am 10 **New India Assurance Company Building** bewundern. Der 11 **Flora-Brunnen** stellt die römische Göttin der Blumen dar. Nun führt der Weg nach Osten die Veer Nariman Rd entlang auf die 12 **St. Thomas' Cathedral** (S. 54) zu. Es folgt der 13 **Horniman Circle**, ein mit Säulengängen versehener Gebäudering, der ab 1860 rund um einen Garten gelegt wurde. Von Osten überragt ihn die neoklassizistische 14 **Town Hall**, in der die Asiatic Society Library residiert. Zurück am Brunnen geht man weiter nach Westen und biegt nach Süden in die Bhaurao Patil Marg ab, um den 15 **High Court** (S. 51) und die 16 **University of Mumbai** (S. 51 zu beäugen. Den besten Blick auf den 80 m hohen 17 **Rajabai-Uhrenturm** (S. 51) der Uni hat man vom 18 **Oval Maidan** aus. Wenn man sich umdreht, kann man die kolonialzeitlichen Bauwerke mit den Art-déco-Bauten an der Maharshi Karve (MK) Rd vergleichen, deren Höhepunkt der einer Hochzeitstorte ähnelnde Turm des 19 **Eros Cinema** (S. 80) ist.

WACHSENDE PROBLEME

Eingezwängt auf einer schmalen Halbinsel, die in das Arabische Meer vorstößt, ist Mumbai eine der verstopftesten und am dichtesten bevölkerten Megacitys der Welt. Die Zahlen sind erschreckend: Im Großraum Mumbai leben mehr als 22 Mio. Menschen, und davon rund 60 % in Slums.

Die Stadt ist zwar mit dem Meer im Westen und einer großen Bucht im Osten gesegnet, leidet aber unter der Enge der Landzunge, auf der sie liegt. Jeden Tag versuchen mehr als 6 Mio. Pendler aus den äußeren Vorstädten, mittels des Netzes aus antiquierten Vorortzügen und Bussen ihre Arbeitsstätten im Süden der Stadt zu erreichen. Eine dringend benötigte U-Bahn-Verbindung ins Herz der Stadt ist geplant, soll aber frühestens, wenn alle Termine eingehalten werden, im Jahr 2020 fertiggestellt werden. Jahrelang investierten die Stadtplaner in die immer weiter wachsende Zahl von Hochstraßen, weil der Autobesitz seit 2000 um 58 % zugenommen hat, während gleichzeitig jedoch weder eine Busspur noch ein Radweg gebaut wurde. Staus sind daher die Regel und die Luftverschmutzung hat ein eigentlich unerträgliches Ausmaß erreicht; die Feinstaub- und Stickoxid-Belastung liegt weit über der WHO-Gefährdungsgrenze.

Die Zukunft der Stadt ist in der Schwebe. Mumbai gehört weltweit zu den Städten mit dem wenigsten Grün: Offene Flächen, Parks und Erholungsgebiete machen gerade einmal 2,5 % der Gesamtfläche aus (in Delhi sind es 20 %, in Chandigarh 35 %). Doch im Osten der Stadt erstreckt sich von der Küste bei Colaba nordwärts ein großes Areal von verfallenen Docks, die langfristig saniert werden sollen. Allerdings ist dabei die wichtigste Frage noch nicht geklärt: Wird dieses Gebiet für Grünflächen, Parks und Freizeiteinrichtungen genutzt oder doch für Luxuswohnungen und Beton geopfert werden?

anlage 3300/4500 ₹; ❄@📶) Das auf anmutige Weise verfallene Gebäude aus der Kolonialzeit hat eine erstklassige Lage in Colaba, und der Inhaber Raj hilft gern mit Tipps zur Stadt aus. Die Zimmer sind schlicht eingerichtet (viele haben durchaus etwas historischen Charme, z. B. schmucke Stuckdecken), aber allesamt könnten gepflegter sein.

★ Taj Mahal Palace, Mumbai HISTORISCHES HOTEL $$$
(Karte S. 48; ☎66653366; www.tajhotels.com; Apollo Bunder; EZ/DZ Turm ab 15 800/17 620 ₹, Palace ab 23 530, 25 990 ₹; ❄@📶🏊) Die Grande Dame unter Mumbais Hotels gehört zu den legendären Hotels der Welt und hat schon viele Präsidenten und gekrönte Häupter beherbergt. Weite Bögen, Freitreppen, Kuppeln, der prächtige Garten und der Pool sorgen für einen unvergesslichen Aufenthalt. Den Zimmern im angrenzenden Turm fehlen natürlich die historischen Elemente, viele haben dafür aber eine spektakuläre Frontalsicht auf das Gateway of India.

Angesichts der vielen ausgezeichneten Bars und Restaurants im Haus, des Spas und der Freizeiteinrichtungen kostet es durchaus ein wenig Überwindung, das Hotelgelände zu verlassen. Gäste haben ein Anrecht auf eine Sonderführung, bei der man alles über die Rolle des Hotels in der Geschichte der Stadt erfährt.

★ Abode Bombay BOUTIQUE HOTEL $$$
(Karte S. 48; ☎8080234066; www.abodeboutiquehotels.com; 1. OG, Lansdowne House, MB Marg; Zi. mit Klimaanlage & Frühstück 5850–14 400 ₹; ❄📶) Das tolle neue und hippe Hotel wurde stilvoll mit kolonialzeitlichen und Art-déco-Möbeln, wiederverwerteten Teakholzböden und echten Kunstwerken gestaltet; die Luxuszimmer haben prächtige freistehende Badewannen. Das Personal ist sehr gut auf die Bedürfnisse von Travellern eingestellt. Das Frühstück mit frischen Säften und leckeren regionalen und internationalen Speisen ist ausgezeichnet. Das Haus ist etwas schwer zu finden: Es versteckt sich hinter dem Regal Cinema.

Vivanta by Taj HOTEL $$$
(☎022-66650808; www.vivantabytaj.com; 90 Cuffe Pde; EZ/DZ ab 8050/9230 ₹; ❄📶🏊) Das Hochhaushotel in einem ruhigen, grünen Viertel 1,5 km südlich des Gateway of India hat – für Mumbaier Verhältnisse – relativ bescheidene Preise, zumal seine Einrichtungen ausgezeichnet sind. Es gibt u. a. einen großen Pool, eine tolle Fitnesshalle, eine Loungebar und viele gute Restaurants.

Gordon House Hotel HOTEL $$$
(Karte S. 48; ☎22894400; www.ghhotel.com; 5 Battery St; Zi. mit Frühstück 7700 ₹; ❄📶) Die hellen, luftigen, geräumigen und gut ausge-

statteten Zimmer sind nur einen Steinwurf vom Gateway of India entfernt. In Sachen Gestaltung hat jede Etage ein eigenes Thema, z.B. mediterran (Terrakottafliesen, kräftige Farben etc.), skandinavisch (helles Holz, klare Linien) oder Landhausstil (hmm… Patchwork-Decken?). Im Erdgeschoss gibt's ein gutes asiatisches Restaurant.

Fort & Churchgate

Traveller's Inn HOTEL $

(Karte S. 52; ☎22644685; 26 Adi Marzban Path; B/DZ 630/1880 ₹, DZ mit Klimaanlage & Frühstück 2550 ₹; ❄@📶) Das kleine Hotel an einer ruhigen, von Bäumen gesäumten Straße ist eine sehr vernünftige Wahl mit einem guten Preis-Leistungs-Verhältnis. Die Zimmer sind sauber, allerdings auch wirklich winzig. Sie haben alle Kabel-TV. In den drei Schlafsälen (mit Ventilator) kann es im Sommer heiß werden wie in der Hölle, aber für Mumbaier Verhältnisse sind die Schlafplätze spottbillig – am besten bringt man sich vielleicht einen Kühlakku mit. Das Hotel hat eine ausgezeichnete Lage, das Personal ist sehr hilfsbereit, und im Foyer gibt's kostenloses WLAN.

Hotel Lawrence PENSION $

(Karte S. 52; ☎22843618; 3. OG, ITTS House, 33 Sai Baba Marg, Kala Ghoda; EZ/DZ/3BZ ohne Bad inkl. Frühstück 850/950/1500 ₹) Die von freundlichen Leuten geführte altehrwürdige Pension beherbergt schon seit vielen Jahren Traveller mit schmaler Börse. Die Zimmer sind natürlich recht einfach, werden aber genauso wie die Gemeinschaftsbäder in einem gepflegten Zustand gehalten. Die Unterkunft hat eine ausgezeichnete Lage in Kala Ghoda. Das Haus steht an einer ruhigen kleinen Gasse, hinauf geht's mit einem klapprigen Aufzug.

Hotel Oasis HOTEL $

(Karte S. 52; ☎30227886, 30227889; www.hoteloasisindia.in; 276 Shahid Bhagat Singh Marg; Zi. 1620–3050 ₹; ❄📶) Das Hotel Oasis liegt in praktischer Nähe zum CST und bietet für den bescheidenen Preis eine durchaus ordentliche Unterkunft. Die Zimmer sind ziemlich klein, einige bekommen nur wenig Tageslicht ab, aber alle haben Flachbild-TV und WLAN.

★ **Residency Hotel** HOTEL $$

(Karte S. 52; ☎22625525; www.residencyhotel.com; 26 Rustom Sidhwa Marg, Fort; EZ/DZ mit Klimaanlage & Frühstück ab 4430/4670 ₹; ❄@📶) Das am besten geführte Mittelklassehotel in Mumbai ist eines von jenen verlässlichen Häusern, wo man nach einer strapaziösen Anreise erleichtert durchatmen und sicher sein kann, dass man sich gut um einen kümmert. Es hat zudem ein sehr gutes Preis-Leistungs-Verhältnis: Die topmodernen Zimmer haben eine regelbare Beleuchtung, Kühlschränke, Flachbild-TV und schicke angeschlossene Badezimmer. Die Lage in Fort ist ausgezeichnet, und im netten Café finden sich interessante Bücher, in denen man beim Frühstück blättern kann. Die besten Preise gibt's immer auf der Website des Hotels.

Welcome Hotel HOTEL $$

(Karte S. 52; ☎6631488; welcomehotel@gmail.com; 257 Shahid Bhagat Singh Marg; EZ/DZ mit Frühstück ab 3280/3890 ₹, ohne Bad ab 1810/2020 ₹; ❄📶) Der Service ist hier ein wenig Glückssache, aber die Zimmer sind schlicht und komfortabel und die Gemeinschaftsbäder gepflegt. Die „Executive"-Zimmer im obersten Stock sind eher schon Boutique- als Mittelklasse.

Trident HOTEL $$$

(Oberoi Hotel; Karte S. 52; ☎66324343; www.tridenthotels.com; Marine Dr; EZ/DZ ab 15 300/17 000 ₹; ❄@📶🏊) Dieses Wahrzeichen am Marine Dr gehört zum Komplex des Oberoi Hotel, bietet aber ein besseres Preis-Leistungs-Verhältnis und in seinen Restaurants und Bars sowie im Poolbereich einen netten modernen Look. Von den oben gelegenen Zimmern hat man einen wirklich spektakulären Blick auf die „Halskette der Königin". Seltsamerweise muss man fürs WLAN extra bezahlen.

Westliche & Nördliche Vororte

★ **Juhu Residency** BOUTIQUEHOTEL $$

(Karte S. 62; ☎67834949; www.juhuresidency.com; 148B Juhu Tara Rd, Juhu; EZ/DZ mit Klimaanlage, Frühstück & WLAN ab 5850 ₹; ❄@📶) Der Duft von ätherischen Ölen begrüßt einen im Foyer dieses ausgezeichneten Boutiquehotels. Das Haus hat eine tolle Lage – der Strand von Juhu ist nur fünf Gehminuten entfernt – und eine einladende, entspannte Atmosphäre. Das Farbschema (schokoladen- und kaffeebraun) der modischen Zimmer überzeugt. Alle Zimmer haben Marmorböden, dunkles Holz, kunstvolle Tagesdecken und Flachbild-TV. Das Hotel hat zwar nur 18 Zimmer, aber drei gute Restaurants.

Zu allem Überfluss ist auch noch die kostenlose Abholung vom Flughafen im Preis inbegriffen.

Hotel Oriental Aster HOTEL **$$**

(Karte S. 62; ☎ 022-28232323; http://theorientalaster.com; 45 Tarun Bharat Society, Dr. Karanjiya Road; Zi. mit Klimaanlage & Frühstück ab 4700 ₹; ❄📶) Das effizient geführte Flughafenhotel hat große und attraktive moderne Zimmer, die mit Kunstwerken geschmückt sind; die Badezimmer sind klein, aber gut durchdacht. Zimmerservice gibt's rund um die Uhr. WLAN und der Transfer zum Flughafen sind kostenlos.

Anand Hotel HOTEL **$$**

(Karte S. 62; ☎ 26203372; anandhote@yahoo.co.in; Gandhigram Rd, Juhu; EZ/DZ mit Klimaanlage ab 2580/4230 ₹; ❄📶) Ja, das Dekor dieses Hotels setzt auf Beigetöne und erinnert irgendwie an die 1950er-Jahre. Die Zimmer sind aber komfortabel und geräumig und haben für die erstklassige Lage an einer ruhigen Straße gleich beim Strand von Juhu ein durchaus ordentliches Preis-Leistungs-Verhältnis. Im Haus befindet sich das ausgezeichnete Restaurant Dakshinayan (S. 75), das mit authentischen und preisgünstigen Gerichten punktet. Ein besonders gutes Angebot ist das Hotel für Traveller, die solo unterwegs sind.

Hotel Regal Enclave HOTEL **$$**

(Karte S. 62; ☎ 67261111; www.regalenclave.com; 4th Rd, Khar West; Zi. mit Klimaanlage & Frühstück ab 6000 ₹; ❄📶) Das Hotel genießt eine wundervolle Lage in einem üppig grünen Teil von Khar. Es liegt sehr nah am Bahnhof (von einigen Zimmern blickt man auf Bahngleise) und nahe an den besten Restaurants, Bars und Läden von Bandra. Die Zimmer sind geräumig und komfortabel und haben ein hübsches, wenn auch nicht gerade originelles Dekor. Die Abholung vom Flughafen ist im Preis inbegriffen.

Iskcon PENSION **$$**

(Karte S. 62; ☎ 26206860; www.iskconmumbai.com/guest-house; Juhu Church Rd, Juhu; EZ/DZ 3100/3500 ₹, mit Klimaanlage 3400/4000 ₹; ❄@📶) Die Unterkunft ist faszinierend, wenn man in Juhus munterem Iskcon-Komplex wohnen will. Das Hotelgebäude ist zwar ein ziemlich seelenloser Betonblock, aber einige Zimmer bieten einen Ausblick auf das Gelände des Hare-Krishna-Tempels. Das spartanische Dekor lockern einige hübsche Elemente wie *sankheda*-Möbel (lackierte Holzmöbel) aus Gujarat auf, und das Personal ist sehr freundlich.

Hotel Neelkanth HOTEL **$$**

(Karte S. 62; ☎ 26495566, 26495569; 354 Linking Rd, Khar West; EZ/DZ ab 2460/3380 ₹; ❄📶) Die Zimmer im freundlichen Neelkanth sind unbeabsichtigt retro – viel Marmor und Holzmöbel mit Chromleisten; und auch das herrliche modernistische Logo passt dazu. Zugegeben, das Hotel ist recht altmodisch, aber es bietet dafür auch ein für dieses Viertel recht ordentliches Preis-Leistungs-Verhältnis, und ganz in der Nähe gibt's tolle Einkaufsmöglichkeiten.

Hotel Suba International BOUTIQUEHOTEL **$$**

(Karte S. 62; ☎ 67076707; www.hotelsubainternational.com; Sahar Rd, Andheri East; Zi. mit Klimaanlage & Frühstück ab 6400 ₹; ❄📶) Das „Boutique-Businesshotel" liegt sehr nahe am Flughafen (der kostenlose Transfer ist im Preis enthalten) und besticht mit modischen Zimmern mit sauberer Bettwäsche und stilvollen Deko-Elementen.

Le Sutra BOUTIQUEHOTEL **$$$**

(Karte S. 62; ☎ 022-66420025; www.lesutra.in; 14 Union Park, Khar West; EZ/DZ mit Frühstück ab 7900/10 450 ₹; ❄📶) Das hippe Hotel im munteren Viertel Khar verbindet in seinen hübschen Zimmern zeitgenössischen Schick mit traditionellem Kunsthandwerk (Textilien und von Hand geschnitzte Stühle) und einigen Kunstwerken. Hinzu kommen eine Galerie im Haus, ein Spa, ein Café und die beiden Restaurants Out of the Blue und Olive. Auf der Website nach Sonderangeboten schauen, die das Abendessen und Wellness-Anwendungen enthalten!

Sofitel Mumbai BKC HOTEL **$$$**

(Karte S. 62; ☎ 022-61175000; www.sofitel-mumbai-bkc.com; C-57, Bandra Kurla Complex Rd; EZ/DZ ab 7720/8500 ₹; ❄📶🏊) Das Hotel liegt in Mumbais Geschäftsviertel BKC, das heißt in praktischer Nähe zum Flughafen und nah genug bei Bandra, und bietet geräumigen Komfort. Die Zimmer zeigen modern-italienisches Design. Die Einrichtungen sind ausgezeichnet, u. a. gibt es hier tolle Restaurants und eines der besten Frühstücksbüfets in der Stadt.

ITC Maratha HOTEL **$$$**

(Karte S. 62; ☎ 28303030; www.itchotels.in; Sahar Rd, Andheri East; EZ/DZ inkl. Frühstück ab 16,450/19,200 ₹; ❄@📶🏊) Dieses Fünf-Sterne-Hotel vereint Luxus und Indien-Feeling, von

Gitterfenstern im Rajasthan-Stil rund ums Atrium über Seidenkissen auf den Betten bis hin zu den himbeerfarbenen und grauen Farbakzenten und dem Peshawri (S. 76), einem der besten Restaurants in Mumbai, findet man hier einfach alles.

Sun-n-Sand HOTEL $$$
(Karte S. 62; ☎66938888; www.sunnsandhotel.com; 39 Juhu Chaupati; Zi. mit Klimaanlage ab 10 000 ₹;) Diese Hotelinstitution am Strand bietet gepflegte, wenn auch etwas in die Jahre gekommene Zimmer in Braun- und Beigetönen. Die Preise (für ein Zimmer mit Meerblick kommen noch um die 1000 ₹ hinzu) sind angesichts der Lage im exklusiven Juhu und des kostenlosen Flughafentransfers durchaus konkurrenzfähig. Das Personal ist eifrig.

Essen

In Mumbai treffen Aromen aus ganz Indien auf internationale Trends und Geschmacksrichtungen. Die meisten billigen Touristenlokale sind in Colaba zu Hause, in Fort und Churchgate wird es schon etwas teurer und immer nobler, je weiter man nach Norden in Richtung Mahalaxmi und in die westlichen Vororte kommt, wo Mumbais teuerste und am stärksten kosmopolitischen Restaurants zu finden sind.

Man bekommt Thalis (All-You-Can-Eat-Menüs) aus Gujarat oder Kerala, Kebabs der Mogulküche, *vindaloo* aus Goa und Meeresfrüchte aus Mangaluru. Und Achtung: Wenn „Bombay Duck" auf der Karte steht, handelt es sich um *bombil* (in der Sonne gedörrter und anschließend frittierter Fisch).

Colaba

Bademiya MOGULKÜCHE, FASTFOOD $
(Karte S. 48; Tulloch Rd; kleine Gerichte 60–150 ₹; ⏲20–1.30 Uhr) Das Bademiya war früher ein winziger, die ganze Nacht umlagerter Straßenstand, umfasst aber jetzt auch einen (recht schmuddeligen) Sitzbereich. Die Preise sind inzwischen gestiegen, aber der Laden ist wegen seines Trubels und der köstlichen Fleischgerichte immer noch ein wichtiger Treff in Colaba. Zu essen gibt's scharfe, frisch gegrillte Kebabs, Lamm- und Hühnchencurrys sowie Tikka.

Olympia INDISCH $
(Karte S. 48; Rahim Mansion, 1 Shahid Bhagat Singh Marg; Gerichte 80–140 ₹; ⏲7–24 Uhr) Athleten haben wir zwar im Olympia keine getroffen, aber das *masala kheema* (scharfes Hackfleisch; 40 ₹) ist ganz bestimmt ein Frühstück für echte Champions, wenn man dazu ein paar Roti mampft. Das einfache Lokal ist bekannt für seine preisgünstigen Fleischgerichte; auch das *seekh kebab* und das *chicken butter fry masala* (80 ₹) sind hier prima.

Hotel OCH INDISCH $
(Karte S. 48; Shahid Bhagat Singh Marg; Hauptgerichte 50–150 ₹; ⏲7–22.30 Uhr) Das gute Billiglokal in Colaba bietet mittags ordentliche Thalis und ansonsten viele Gerichte aus dem Punjab in einem großen Raum mit Cafeteria-Ambiente an. Es ist beliebt bei Familien und den Polizisten, deren Wache gleich nebenan ist.

Sufra NAHÖSTLICH $$
(Karte S. 48; 16A Cusrow Baug, Shahid Bhagat Singh Rd; Gerichte 120–250 ₹; ⏲11–23.45 Uhr) Hier gibt's ausgezeichnetes arabisches Essen, beispielsweise *kibbeh* (Köfte aus Hähnchen, Bulgur und Minze), Falafel, Schawarma, Kebabs und frische Säfte zu sehr vernünftigen Preisen. In dem winzigen

STRASSENIMBISSE

Mumbais Imbisskultur ist viel reicher als die vieler westlicher kulinarischer Traditionen. Die Stände werden in der Regel am späten Nachmittag aufgebaut, Chai begleitet die gebratenen Köstlichkeiten, für die man pro Stück zwischen 10 und 25 ₹ bezahlt.

Das Imbissessen ist überwiegend vegetarisch. Am Strand von Chaupati kann man Mumbais berühmte *bhelpuri* probieren. Stände, die Samosas, *pav bhaji* (gewürztes Gemüse und Brot), *vada pav* (Sandwich mit frittierten Linsenbällchen), *bhurji pav* (Rührei mit Brot) und *dabeli* (eine Mixtur aus Kartoffeln, Gewürzen, Erdnüssen und Granatäpfeln auf Brot) anbieten, finden sich überall in der Stadt.

Wer Lust auf Fleisch hat, eilt in die Mohammed Ali und die Merchant Rd in Kalbadevi, die berühmt sind wegen ihrer Kebabs. In Colaba ist das Bademiya eine spätabendliche Institution wegen der Fladen mit Hühnchen-Tikka.

Auch das Angestelltenviertel im Norden von Kala Ghoda ist ein gutes Jagdrevier für Straßensnacks.

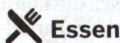

Laden gibt's nur wenige Tische – am besten schaut man einfach vorbei und nimmt sich sein Essen mit.

★ Indigo FUSION, EUROPÄISCH $$$
(Karte S. 48; ☎ 66368980; www.foodindigo.com; 4 Mandlik Marg; Hauptgerichte 780–1250 ₹; ⏲ 12–15 & 18.30–24 Uhr; 📶) Dieses Restaurant hat wirklich Klasse und ist eine echte Institution in Colaba. Es residiert in einem kolonialzeitlichen Anwesen, das zu einem Gourmettempel umgebaut wurde. Serviert werden einfallsreiche, teure europäische und asiatische Gerichte, und es gibt auch eine ausführliche Weinkarte. Das Ambiente ist schick und die Dachterrasse prächtig. Sehr beliebt sind beispielsweise Tortellini mit geschmorter Ente, Austern aus Kochi und Schweinebauch mit in Ahornsirup glasierten Äpfeln. Vorab reservieren!

Indigo Delicatessen CAFÉ $$$
(Karte S. 48; www.indigodeli.com; Pheroze Bldg, Chhatrapati Shivaji Marg; Snacks/Hauptgerichte ab 320/470 ₹; ⏲ 8.30–24 Uhr; 📶) Ein gut besuchtes, modisches Caférestaurant mit cooler Musik und schweren Holztischen. Auf der Karte stehen den ganzen Tag Frühstück (155–385 ₹) und internationale Klassiker wie Schweinerippchen, Pizza mit dünnem Boden und einfallsreiche Sandwichs. Da hier immer viel Betrieb herrscht, kann es auch mal etwas dauern, bis man sein Essen bekommt.

Selbstversorger

Colaba Market MARKT
(Karte S. 48; Lala Nigam St; ⏲ 7–17 Uhr) Auf dem Markt von Colaba gibt's frisches Obst und Gemüse.

Saharkari Bhandar Supermarket SUPERMARKT
(Karte S. 48; ☎ 22022248; Ecke Colaba Causeway & Wodehouse Rd; ⏲ 10–20.30 Uhr) Gut sortierter Supermarkt für Selbstversorger.

Fort & Churchgate

Pradeep Gomantak Bhojanalaya MAHARASHTRA-KÜCHE $
(Karte S. 52; Sheri House, Rustom Sidhwa Marg; Hauptgerichte 60–150 ₹; ⏲ 11–16 & 19.30–22 Uhr) Das schlichte, aber durchaus überzeugende Restaurant tischt Gerichte aus Malvan auf und wird mittags ziemlich voll. Die *bombil*-Reisplatte (70 ₹) und das Krabben-Masala (65 ₹) sind sehr aromatisch und sehr sorgsam zubereitet. Dazu kann man *sol kadhi* trinken (ein beruhigendes, gewürztes Getränk aus Kokosmilch und Kokum).

Badshah Snacks & Drinks INDISCH $
(Karte S. 56; Lokmanya Tilak Rd; Snacks & Getränke 40–120 ₹; ⏲ 7–0.30 Uhr) Gegenüber vom Crawford Market versorgt das Badshah schon seit mehr als 100 Jahren hungrige Schnäppchenjäger mit Snacks, Obstsäften und seinem berühmten *falooda* (mit Rosenwasser aromatisiertes Getränk aus Milch, Sahne, Nüssen und Vermicelli).

★ La Folie CAFÉ $$
(Karte S. 52; Ropewalk Lane, Kala Ghoda; Croissants/Kuchen ab 110/220 ₹; ⏲ 12–23 Uhr) Schokosüchtige und Kuchen-Fetischisten können in diesem winzigen Laden in Kala Ghoda ihren Gelüsten frönen. Inhaberin Sanjana Patel hat sieben Jahre in Frankreich die Kunst des Backens und der Schokoladenherstellung studiert und ihre Zeit ganz offenkundig sehr nutzbringend angewendet. Probieren sollte man den köstlichen „Madagascar Cake" (Schokolade mit Himbeer-Mousse) mit einem Latte (130 ₹) oder die 70-prozentigen Schokoladen aus venezolanischem Kakao.

Wo auch immer man in South Mumbai speist – das Dessert sollte man dort lieber auslassen und stattdessen einfach hierherkommen!

★ Revival INDISCH $$
(Karte S. 56; www.revivalindianthali.com; 361 Sheikh Memon St, Kalbadevi, gegenüber dem Mangaldas Market; Hauptgerichte 200–360 ₹, Thali ab 350 ₹; ⏲ 12–16 & 19.30–22.30 Uhr, So nur mittags; ❄ 🌱) In diesem Thali-Mekka nahe dem Crawford Market marschieren die Kellner im Seiden-Dhoti der Reihe nach auf, um die Teller mit Dutzenden von köstlichen (ausschließlich vegetarischen) Currys, Beilagen, Chutneys, Rotis und Reisgerichten bei einem regelrechten kulinarischen All-You-Can-Eat-Sturmangriff aufzufüllen. Das Thali-Menü ändert sich täglich; der Speisesaal ist klimatisiert.

Pantry CAFÉ $$
(Karte S. 52; www.thepantry.in; B Bharucha Rd; Snacks/Gerichte ab 200/270 ₹; ⏲ 8.30–23 Uhr; 📶) Die Bäckerei mit Café bietet eine Auswahl feiner Pies und Gebäckspezialitäten, Suppen und Sandwichs sowie köstliche Hauptgerichte (z. B. Hühnchen mit Curryblättern und Bulgur). Die Frühstücksgerichte sind legendär: Sehr zu empfehlen sind das Rührei mit Tomate, Parmesan und Rösti

DABBA-WALLAHS

Es ist ein kleines Logistik-Wunder: In Mumbai gibt es 5000 *dabba-wallahs* (wörtlich „Essensbehälter-Personen"; auch *tiffin-wallahs* genannt), die unermüdlich rackern, um den Büroangestellten in der ganzen Stadt ein warmes Mittagessen zu liefern.

Jeden Tag werden Lunchpakete von Restaurants oder Privathäusern abgeholt und auf dem Kopf, auf Fahrrädern oder mit dem Zug zu einer zentralen Sammel- und Verteilstelle gebracht. Ein ausgeklügeltes System aus Zahlen und Farben (viele *wallahs* sind Analphabeten) weist auf den Zielort der Pakete hin. Mehr als 200 000 Mahlzeiten werden Tag für Tag ausgeliefert – immer pünktlich, egal ob bei Regen (Monsun) oder brütend heißem Wetter.

Dieses Liefersystem gibt es schon seit über einem Jahrhundert und auf 6 Mio. Lieferungen kommt im Schnitt nur ein Irrläufer (eine Forbes-Analyse 2002 ergab, dass die Verlässlichkeit der *dabba-wallahs* bei 99,99966 % auf dem sogenannten Six-Sigma-Level liegt).

Diese Meister der Botengänge kann man vormittags an den Bahnhöfen Churchgate und CST sehen.

oder auch die Vollkornwaffeln mit Früchten. Der elegant renovierte historische Laden ist auch ideal für einen Kaffee und ein Stück Kuchen.

Samrat GUJARAT-KÜCHE **$$**
(Karte S. 52; ☎42135401; www.prashantcaterers.com; Prem Ct, J Tata Rd; Thali 400 ₹, Hauptgerichte 160–290 ₹; ⏲12–23 Uhr; ❄) Das Samrat hat zwar auch Gerichte von der Karte, am besten wählt man aber sein berühmtes Gujarat-Thali – eine Sturzflut der süßen und scharfen Aromen und Texturen, bestehend aus vier Currys, drei Chutneys, Quark, Rotis und vielem anderen. Auch ein Bier ist hier zu bekommen.

Oye Kake NORDINDISCH **$$**
(Karte S. 52; 13C Cawasji Patel St; Hauptgerichte 120–180 ₹; ⏲11–16 & 19–23 Uhr) Das tägliche Thali (170 ₹) in diesem intimen, strikt vegetarischen Punjab-Restaurant ist bei örtlichen Büroangestellten beliebt und wegen seiner Authentizität berühmt. Zu den Markenzeichen zählen paneer tikka masala, *sarson da saag* (Curry mit Senfblättern) und die *parathas;* auch die Lassis sind exzellent. Man muss wahrscheinlich darauf warten, dass ein Tisch frei wird.

A Taste of Kerala KERALESISCH **$$**
(Karte S. 52; Prospect Chambers Annex, Pitha St, Fort; Hauptgerichte 70–170 ₹, Thali ab 110 ₹; ⏲6–24 Uhr) Auf der Karte dieses günstigen keralesischen Restaurants stehen viele südliche Gerichte mit Kokosmilch; zu empfehlen sind besonders die (auf einem Bananenblatt servierten) Thalis oder die Meeresfrüchtespezialitäten wie Masala mit Garnelen und Paprika. Es gibt aber auch Gerichte aus dem Punjab sowie Fleischgerichte. Die Bedienung ist zuvorkommend; im Speisesaal sorgt eine Klimaanlage für Abkühlung.

Café Moshe CAFÉ **$$**
(Karte S. 48; www.moshes.in; Chhatrapati Shivaji Marg; kleine Gerichte 200–380 ₹; ⏲9–24 Uhr; 📶) Die Karte des Moshe ist stark nahöstlich geprägt: Es gibt ausgezeichnete Meze, Sandwichs und Wraps mit Pita sowie hervorragendes Hummus (250–280 ₹) mit diversen Beilagen. Auch die Desserts, Säfte und der Kaffee verdienen großes Lob.

Andere Filialen, die alle dasselbe tolle Essen servieren, sind das Flaggschiff-**Restaurant** (7 Minoo Manor, Cuffe Pde; ⏲9–24 Uhr) in einem historischen Gebäude und das **Café** (Karte S. 56; Crossword, NS Patkar Marg) im Buchladen Kemp's Corner.

Bademiya Restaurant NORDINDISCH **$$**
(Karte S. 52; ☎22655657; Botawala Bldg, Horniman Circle; Hauptgerichte 110–220 ₹; ⏲11–1 Uhr) Die herangereifte Restaurant-Version des legendären Straßenstands in Colaba (S. 71) bietet die klassischen Teigtaschen und Rotis, außerdem Biryanis, Tikka masalas und Dhals. Es gibt auch einen Lieferservice.

Kala Ghoda Café CAFÉ **$$**
(Karte S. 52; www.kgcafe.in; 10 Ropewalk Lane, Kala Ghoda; kleine Gerichte 100–280 ₹, Abendessen 380–530 ₹; ⏲8.30–23.45 Uhr; 📶) 🍃 Das winzige Boheme-Café mit nur ein paar Tischen ist bei kreativen Typen beliebt. In der Regel gibt's auch interessante Kunst oder Fotografien zu sehen. Serviert werden Bio-Kaffee und Tee, Sandwichs, Salate und Frühstücksgerichte.

Suzette FRANZÖSISCH $$

(Karte S. 52; www.suzette.in; Atlanta Bldg, Vinayak K Shah Marg, Nariman Point; Gerichte 300–450 ₹; ⌚Mo–Sa 9–23 Uhr; 📶) Dieses entspannte Café nach Pariser Art bietet leckere Crêpes, Croques, Salate, Pasta und Stimmungsmusik. Süßschnäbel halten sich bei den Crêpes am besten an die mit Palmzucker und Butter; wer es lieber herzhaft mag, bestellt sie auf italienische Art (mit Pesto, Mozzarella und Pilzen). Die **Filiale in Bandra** (Karte S. 62; St. John's St, Pali Naka; ⌚9–23 Uhr) hat auch einen Freiluftbereich und ist täglich geöffnet.

Brittania PARSISCH $$

(Karte S. 52; Wakefield House, Ballard Estate; Hauptgerichte 150–550 ₹; ⌚Mo–Sa 12–16 Uhr) Diese parsische Institution gibt's schon seit 1923, und sie hat sich ein (verblasstes) koloniales Flair bewahrt. Markenzeichen des Restaurants sind *dhansak* (Fleisch mit Linsenpüree und Reis) und das Beeren-*pulao* – gewürztes, entbeintes Lamm- oder Hühnchenfleisch, Gemüse oder Eier, jeweils mit Basmati-Reis und Berberitzen, die aus dem Iran importiert wurden. Das Lokal ist etwas schwer zu finden. Nur Barzahlung.

Samovar Café CAFÉ $$

(Karte S. 52; Jehangir Art Gallery, MG Rd, Kala Ghoda; Snacks & Gerichte 90–170 ₹; ⌚Mo–Sa 11–19 Uhr) Das Café in der Kunstgalerie ist ideal für einen Snack (gut sind die Teigtaschen; 100–120 ₹), aber auch für ein richtiges Essen (die gepfefferten Hammelkoteletts sind toll). Man blickt hinaus in den Garten des Museums Chhatrapati Shivaji Maharaj Vastu Sangrahalaya. Auch Cappuccino und Bier sind hier im Angebot.

★ **Koh** THAILÄNDISCH $$$

(Karte S. 52; ☎39879999; InterContinental, Marine Dr; Hauptgerichte 850–1850 ₹; ⌚12.30–15 & 19.30–24 Uhr) Dieses Thai-Restaurant lohnt die Anreise und ist wirklich beeindruckend. Der Promi-Koch Ian Kittichai hat seine heimische Küche zu einem internationalen Geschmackserlebnis weiterentwickelt. Das Massamun-Curry (thailändisch-muslimische Lammkeule mit Gurken-Relish) ist sein Markenzeichen und das teuerste Gericht, aber es gibt auch viele erstklassige Meeresfrüchte- und vegetarische Gerichte. Die Ausgabe lohnt sich immer.

★ **Mamagoto** ASIATISCH $$$

(Karte S. 52; ☎022-67495660; www.mamagoto.in; 5 Surya Mahal, B Bharucha Marg; Gerichte 350–550 ₹; ⌚12–23.30 Uhr) Mamagoto bedeutet auf Japanisch „mit Essen spielen", und das verrückte kleine Lokal in Kala Ghoda ist so lustig wie sein Name – entspannte Stimmung, coole Musik und abgefahrenes Dekor (Popkunst und Propaganda-Plakate). Auch die Karte überzeugt mit gewitzten panasiatischen Aromen: Zum Kombi-Menü-Angebot (400–550 ₹) gibt's einen tollen Saft, und das authentisch malaiische Penang-Curry ist einfach herrlich.

Es gibt auch eine Filiale in **Bandra** (☎022-26552600; www.mamagoto.in; 133 Gazebo House, Hill Rd, Bandra; ⌚12–23.30 Uhr).

Burma Burma ASIATISCH $$$

(Karte S. 52; ☎022-40036600; www.burmaburma.in; Oak Lane, abseits der MG Road; Gerichte 330–500 ₹; ⌚12–15 & 19–22.30 Uhr) Das schicke, stilvolle neue Restaurant kombiniert zeitgenössisches Design mit ein paar traditionellen Artefakten (eine Wand zieren Gebetsmühlen) und liefert ein schönes Ambiente für die birmanischen Gerichte. Die Preise sind vernünftig, die Karte ist umfangreich und ehrgeizig: Auf ihr stehen einfallsreiche Salate (zu empfehlen ist der mit Teeblättern), Currys und Suppen – hier sollte man *oh no khow suey*, eine wunderbare, mit Kokosmilch verfeinerte Nudelsuppe probieren. Kein Alkohol.

Khyber MOGULKÜCHE, INDISCH $$$

(Karte S. 52; ☎40396666; 145 MG Rd; Hauptgerichte 380–800 ₹; ⌚12.30–16 & 19.30–23.30 Uhr) Das hochgelobte Khyber hat ein an die Nordwestgrenze erinnerndes Design mit Wandmalereien, die Mogulherrscher mit Turban zeigen, vielen freiliegenden Ziegeln und Öllampen – also ein Ambiente, in dem sich ein afghanischer Warlord wahrschienlich ganz wie zu Hause fühlen würde. Auf der Karte steht Fleisch im Mittelpunkt: Wunderbar zarte Kebabs, schwere Currys und viele beliebte Tandoori-Gerichte, die in der berühmten roten Masala-Sauce des Khyber geschmort werden. Naan (gesäuertes Fladenbrot; 95 ₹) mit Butter und Knoblauch ist die ideale Beilage.

Trishna MEERESFRÜCHTE $$$

(Karte S. 52; ☎22703214; www.trishna.co.in; Ropewalk Lane, Kala Ghoda; Hauptgerichte 320–1110 ₹; ⌚12–15 & 18.30–0.15 Uhr) Hinter einem bescheidenen Eingang an einer ruhigen Gasse in Kala Ghoda versteckt sich dieses vielgelobte, intime südindische Meeresfrüchterestaurant. Trendig ist der Laden nicht: Das Dekor ist alte Schule, man sitzt etwas eng, und die Karte ist vielleicht ein wenig zu lang – aber das Essen ist superb, z. B. das Fisch-Tikka aus Hyderabad, die Riesengarnelen in grüner Pfeffersauce und die hervorragenden Krabbengerichte.

Mahesh Lunch Home MEERESFRÜCHTE $$$

(Karte S. 52; ☎ 22023965; www.maheshlunchhome.com; Cowasji Patel St; Hauptgerichte 280–1300 ₹; ⏲ 11.30–16 & 19–24 Uhr) Ein ausgezeichnetes Lokal, um in Mumbai Meeresfrüchte à la Mangaluru oder auf chinesische Art zu probieren. Es ist bekannt für Frauenfische, Seebrassen, Hummer, Krabben (mit Butter-Knoblauch-Pfeffersauce probieren!) und Tintenfisch mit Salz und Pfeffer (425 ₹). Es gibt auch eine Filiale in Juhu.

Von Kalbadevi bis Mahalaxmi

New Kulfi Centre EIS $

(Karte S. 56; Ecke Chowpatty Seaface & Sardar V Patel Rd; Kulfi 40–70 ₹/100 g; ⏲ 10–1 Uhr) Hier gibt's das wahrscheinlich beste *kulfi* (indische, feste Eiscreme) der ganzen Welt. Zu den leckersten Sorten zählen Pistazie, *malai* (Sahne) und Mango.

Cafe Noorani NORDINDISCH $$

(Karte S. 56; Tardeo Rd, Haji Ali Circle; Hauptgerichte 80–300 ₹; ⏲ 8–23.30 Uhr) Das günstige Lokal alter Schule ist vor oder nach einem Besuch der Haji-Ali-Moschee ein unverzichtbarer Zwischenstopp. Mogul- und Punjab-Gerichte, z. B. perfekt gegrillte Kebabs und tolle Biriyanis, stehen im Mittelpunkt; probieren sollte man das Hühnchen-Kadai (200 ₹).

Westliche Vororte

Im Norden Mumbais sind die angesagtesten Restaurants zu Hause; vor allem in Bandra-West und in Juhu.

Hotel Ram Ashray SÜDINDISCH $

(Bhandarkar Rd, King's Circle, Matunga East; kleine Gerichte 40–70 ₹; ⏲ 5–21.30 Uhr) Im Tamilen-Viertel King's Circle ist das 80 Jahre alte Restaurant bei Familien aus dem Süden wegen seiner tollen Dosas, *idlis* (runde, weiche, fermentierte Reiskuchen) und *uttapams* (herzhafte Reis-Pfannkuchen mit Belag) ausgesprochen beliebt. Der Filterkaffee ist stark und schmeckt aromatisch. Das täglich wechselnde Angebot steht auf der Kreidetafel. Das Lokal befindet sich direkt vor dem östlichen Ausgang des Bahnhofs Matunga Rd.

★ Dakshinayan SÜDINDISCH $$

(Karte S. 62; Anand Hotel, Gandhigram Rd, Juhu; kleine Gerichte 90–170 ₹; ⏲ 11–15 & 18–23, So ab 8 Uhr) Mit *rangoli* an den Wänden, Kellnern in Lungis und Frauen in Saris, die hier zu Mittag essen (die *chappals* haben sie unter dem Tisch ausgezogen), wirkt das Dakshinayan wie ein echtes Stück Tamil Nadu. Die dosas (110–165 ₹), *idli* und *uttapam* haben genau die richtige Konsistenz, die Chutneys sind frisch und schmecken wie hausgemacht, und die *rasam* (Tomatensuppe mit Gewürzen und Tamarinde) ist die beste in ganz Mumbai. Zum Abschluss gibt's südindischen Filterkaffee im Edelstahlservice.

Wer es scharf mag, bestellt am besten *molagapudi idli* (110 ₹), ein Dutzend *idli* mit „Schießpulver" (scharfen Gewürzen) bestreut.

★ Yoga House CAFÉ $$

(Karte S. 62; www.yogahouse.in; 53 Chimbai Rd, Bandra West; kleine Gerichte 140–250 ₹; ⏲ 8–22 Uhr; 📶) Dieser Zufluchtsort in Pastelltönen mit Kissen und Grün im Uferbungalow des Yoga House ist das ideale Refugium inmitten der hektischen Straßen der Stadt. Die Karte ist sehr kreativ und gesund – vieles ist vegane Rohkost, und alles basiert auf Vollkorn. Zu den typischen Gerichten zählen die berühmten Salate (195–350 ₹), Suppen, Mehrkornbrot (130 ₹) und Hash Browns (mit Spinat, Mozzarella und Paprika).

Soul Fry GOA-KÜCHE, MEERESFRÜCHTE $$

(Karte S. 62; ☎ 022-26046892; Silver Croft, Pali Mala Rd, Pali Hill; Hauptgerichte 140–390 ₹; ⏲ 12–15 & 19.30–24 Uhr; ❄) Das muntere, etwas heruntergekommene, aber stimmungsvolle Goa-Restaurant am Pali Market, das zu Recht für seine tollen Meeresfrüchte berühmt ist, ist genau der richtige Ort, um Bandras Bollywood-Kulisse zu entkommen. Das Krabbencurry, die Garnelen mit Tamarinde und die Fleischgerichte aus Goa (z. B. Hühnchen-*xacuti)* sind authentisch und schmecken nach Küste. Es gibt einen Speisesaal mit Klimaanlage und Sitzbänke draußen auf der Terrasse. Vorsicht: Montags ist Karaoke angesagt!

Raaj Bhog GUJARAT-KÜCHE $$

(Karte S. 62; 3rd Rd, Cosmos Commercial Center, Khar West; Gerichte 180–300 ₹; ⏲ 11–15.30 & 19–23 Uhr) Restaurants mit bescheidenen Preisen sind in diesem Teil der Stadt Mangelware, und so ist dieses Gujarat-Lokal am Bahnhof Khar ein willkommener Neuzugang. Das Deluxe-All-You-Can-Eat-Thali (280 ₹) ist abwechslungsreich und macht satt, dazu gibt's Roti und Basmati-Reis.

Prithvi Cafe CAFÉ $$
(Karte S. 62; Juhu Church Rd, Juhu; kleine Gerichte 70–165 ₹; ⌚9–23 Uhr) Das Boheme-Café nimmt eine lange, schattige Terrasse beim Prithvi Theatre ein und ist ein kultureller Treff für Intellektuelle, Künstler und Theaterleute. Die kleinen Gerichte – Croissants, Sandwichs, *chaat* (herzhafte Snacks) und Punjab-Gerichte – gehen in Ordnung, man kommt aber eigentlich wegen der Atmosphäre her.

★ **Peshawri** NORDINDISCH $$$
(Karte S. 62; ☎28303030; ITC Maratha, Sahar Rd, Andheri East; Gerichte 1100–2700 ₹; ⌚12.45–14.45 & 19–23.45 Uhr) Dieses Nordwestprovinzen-Restaurant vor dem Internationalen Flughafen sollte der erste oder letzte Stopp bei einem Mumbai-Aufenthalt sein. Das *buttery dhal bukhara* (ein dickes, schwarzes, einen ganzen Tag lang geschmortes Dhal; 700 ₹) ist vielleicht das Markenzeichen dieses Lokals, aber die Kebabs sind erstklassig: probieren sollte man das *peshawri* (gegrilltes, in Joghurt und Gewürzen mariniertes Lamm).

Trotz des Fünf-Sterne-Ambientes und der entsprechenden Preise sitzt man hier niedrig und darf auch gern mit den Fingern essen.

Culture Curry SÜDINDISCH, MEERESFRÜCHTE $$$
(www.culturecurry.com; Kataria Rd, Matunga West; Hauptgerichte 260–500 ₹; ⌚12–15.45pm & 19–0.30 Uhr) Exquisite Gerichte aus ganz Südindien, von Andhra und Kodagu bis Kerala, sind die hiesige Spezialität. Am besten sind die vegetarischen Speisen und die Meeresfrüchte – die Garnelen *hirva rassa* (mit grüner Mango und Kokosnuss; 379 ₹) sind eine Symphonie südindischer Aromen. Vom Bahnhof Matunga Rd geht man die Kataria Rd rund 750 m nach Westen.

Salt Water Café CAFÉ, FUSION $$$
(Karte S. 62; www.saltwatercafe.in; 87 Chapel Rd, Bandra West; Frühstück 180–290 ₹, Hauptgerichte 410–650 ₹; ⌚12.30–15.30 & 19.30–23.50 Uhr; 📶) Das Café ist eine Institution in Bandra; Filmproduzenten und in Mumbai lebende Ausländer frequentieren den stilvollen, klimatisierten Speisesaal und die turbulente Terrasse. Beim Essen hält man sich besser an die klassischen Frühstücksgerichte, Omelettes und Sandwichs (350–410 ₹), denn manche der verrückteren Gerichte sind vielleicht doch eher keine Fusionküche, sondern ein kulinarischer Clash of Cultures.

Eat Around the Corner CAFÉ $$$
(Karte S. 62; www.eataroundthecorner.in; Ecke 24th & 30th Rd; kleine Gerichte 250–400 ₹, Hauptgerichte 280–600 ₹; ⌚7–1 Uhr; 📶) Schon eindrucksvoll anzuschauen: der minimalistische Innenraum voller Bänke und die lange, lange Theke voller verführerischer Köstlichkeiten (Falafel, Suppen, Salate, Kuchen, Gebäck). Die Preise sind hoch, aber das kümmert die junge, wohlhabende Kundschaft anscheinend nicht wirklich.

Ausgehen & Nachtleben

Die Hauptstadt kann man vergessen, Mumbai ist die Stadt, die weiß, wie man einen drauf macht. Hier findet jeder was nach seinem Geschmack – von der Kneipe bis zur Sky-Bar. In Colaba gibt's viele unprätentiöse Kneipen (aber auch ein paar hochfeine Bars), während sich in Bandra und Juhu die Filmsternchen und Models sehen lassen. Einige der interessantesten neuen Lokale finden sich in Innenstadtgebieten wie Lower Parel.

In manchen Clubs herrscht nicht nur, wie üblich, freitags und samstags Großbetrieb, sondern auch mittwochs und donnerstags; in den meisten Locations zahlt man Eintritt. Es gilt ein Dresscode, in Shorts und Sandalen braucht man sich gar nicht erst blicken zu lassen. Der Trend geht in Mumbai eher Richtung Restaurant-Lounges, regelrechte Nachtclubs sind weniger angesagt. Theoretisch braucht man in Maharashtra zum Alkoholtrinken eine Lizenz; einige Bars verlangen, das man für eine kleine Gebühr eine zeitlich begrenzte Lizenz kauft.

Colaba

★ **Harbour Bar** BAR
(Karte S. 48; Taj Mahal Palace, Mumbai, Apollo Bunder; ⌚11–23.45 Uhr) Die zeitlose Bar im Taj ist mit dem unvergleichlichen Blick auf das Gateway of India und den Hafen ein Muss. Die Drinks sind für das Ambiente nicht übermäßig teuer (395/800 ₹ für ein Bier/einen Cocktail), zumal es dazu Knabbereien in großzügigen Portionen (auch Jumbo-Cashews) gibt.

★ **Colaba Social** BAR
(Karte S. 48; www.socialoffline.in; EG, Glen Rose Bldg, BK Boman Behram Marg, Apollo Bunder; ⌚9–

SCHWULEN- & LESBENSZENE IN MUMBAI

Mumbais LGBTQ-Szene ist immer noch recht verborgen, vor allem ihr Frauenanteil, sie nimmt aber langsam Fahrt auf. Bisher gibt es keine ausgesprochenen LGBTQ-Bars oder -Clubs, aber schwulenfreundliche „sichere Häuser" veranstalten oft Schwulenpartys (die auf Gay Bombay angekündigt werden).

Humsafar Trust (Karte S. 62; ☎022-26673800; www.humsafar.org; 3. OG, Manthan Plaza Nehru Rd, Vakola, Santa Cruz East) Veranstaltet unzählige Programme und Workshops; eine seiner Unterstützergruppen organisiert das monatliche Treffen „Sunday High". Der Trust ist auch eng verbunden mit dem Pionierarbeit leistenden, unregelmäßig erscheinenden Magazin **Bombay Dost** (www.bombaydost.co.in).

Galaxy (www.gaylaxymag.com) Indiens bestes Schwulenmagazin lohnt einen Blick und hat viel Material zu Mumbai.

Gay Bombay (www.gaybombay.org) Ein toller Ausgangspunkt für eigene Recherchen mit Infos und einem Veranstaltungskalender, der u. a. Treffs in Bandra, von GB veranstaltete Bar- und Kino-Abende sowie Wandertouren enthält.

Kashish Mumbai International Queer Film Festival (www.mumbaiqueerfest.com) Bei dem ausgezeichneten Event stehen jedes Jahr im Mai indische und ausländische Filme auf dem Programm. 2014 waren 154 Filme aus 31 Ländern zu sehen.

LABIA (Lesbian & Bisexuals in Action; labia_india@yahoo.com) Die in Mumbai ansässige Unterstützergruppe für Lesben und Bisexuelle hat einen Beratungsservice für Frauen.

Queer Azaadi Mumbai (www.queerazaadi.wordpress.com) Organisiert Mumbais Pride Parade, die in der Regel Anfang Februar stattfindet.

Queer Ink (www.queer-ink.com) Online-Verlag mit ausgezeichneten Büchern, DVDs und Szeneartikeln. Veranstaltet auch ein monatliches Kunst-Event mit Sprechern, Workshops, Poesie, Comedy, Musik und einem Markt.

1.30 Uhr; 📶) Das Social öffnete Ende 2014 mit großem Hallo, dank der himmlischen Cocktailkarte (die meisten Cocktails kosten nur um die 300 ₹ – den „Longest Island Ice Tea" probieren!) und der sagenhaften Lage in Colaba. Den ganzen Tagüber tummeln sich hier kreative Typen, unterhalten sich, brunchen und arbeiten am Laptop, doch um 18 Uhr rücken scharenweise lärmende, junge Leute an. Man bekommt auch Snacks (120–380 ₹) und Espresso.

Hier gibt's außerdem DJ- und Livemusik-Events, Kunst- und Fotoausstellungen sowie Comedy-Shows.

Woodside Inn PUB

(Karte S. 48; Wodehouse Rd, Regal Circle; ⏲10–1 Uhr) Das gemütliche Lokal kommt in Mumbai einem Londoner Pub am nächsten. Die Stimmung ist gesellig, und es gibt Gateway-Craft-Biere vom Fass (300 ₹) – besonders gut ist das Weizenbier. Es gibt Kneipenkost (Hauptgerichte 300–450 ₹) und täglich eine tolle Happy Hour (16–20 Uhr).

Cafe Mondegar PUB

(Karte S. 48; Metro House, 5A Shahid Bhagat Singh Rd; ⏲19.30–0.30 Uhr) Die Bar alter Schule zieht einen Mix aus Ausländern und Einheimischen an, die sich in dem kleinen Raum zusammendrängen und sich über die Jukebox hinweg verständigen, die voll aufgedreht ist, um den Gästen einzuheizen.

Busaba LOUNGE

(Karte S. 48; www.busaba.net; 4 Mandlik Marg; ⏲18.30–1 Uhr, 📶) Gemütliche Sofas und zeitgenössische Buddha-Kunstwerke geben dieser Mischung aus Restaurant und Bar eine gemütlich-coole Atmosphäre. Die Cocktails sind zwar teuer (ab 450₹), aber stark und am Wochenende legt ein DJ House auf. Oben im Restaurant (Hauptgerichte ab 480 ₹) gibt's panasiatische Gerichte; das Hinterzimmer wirkt wie ein edles Baumhaus. Wer einen Tisch will, sollte rechtzeitig reservieren.

Leopold's Café BAR

(Karte S. 48; www.leopoldcafe.com; Ecke Colaba Causeway & Nawroji F Rd; ⏲7.30–0.30 Uhr) Ob man es nun liebt oder hasst: Es gibt kaum einen Traveller, der nicht früher oder später in dieser Touristeninstitution Mumbais landet. Das Leopold's mit seinen klapprigen Deckenventilatoren und dem miserablen Service gibt es schon seit 1871. Die ausgelassene Stimmung sorgt nicht selten dafür, dass man plötzlich mit wildfremden Menschen plaudert. Es gibt auch etwas zu essen und schnulzige DJ-Mucke an den Wochenenden.

Wink NACHTCLUB
(Vivanta by Taj, 90 Cuffe Pde; ⌚18–1 Uhr) Samstag und Sonntag ist hier richtig viel los, aber an den meisten Abenden ist dies ein durchaus eleganter Ort. Sein klassisches Flair bewahrt sich das Wink mit seinem anspruchsvollen Dekor (niedrige, beigefarbene Sofas, kunstvoll geschnitzte Zwischenwände), einer umfangreichen Whiskey-Karte und den berühmten Winktinis

Fort & Churchgate

Dome LOUNGE
(Karte S. 52; Hotel InterContinental, 135 Marine Dr, Churchgate; ⌚17.30–1.30 Uhr; 📶) Von der ganz in weiß gehaltenen Dachterrassen-Lounge oben im achten Stock aus hat man eine herrliche Aussicht auf Mumbais halbmondförmigen Strand. Die Cocktails (850–1200 ₹) locken jeden Abend die hippen jungen Leute der Stadt herbei. Man schlürft einen Ki Garden (Wodka, Holunderbeer- und trüber Apfelsaft) oder nuckelt an einem Kingfisher (375 ₹).

Liv NACHTCLUB
(Karte S. 52; 1. OG, 145 MG Rd, Kala Ghoda; Grundpreis 3000 ₹/Paar; ⌚Mi–Sa 22–1.30 Uhr) Der exklusive neue Club in Kala Ghoda zieht mit seiner LED-Beleuchtung und der intimen Atmosphäre schöne junge Leute aus SoBo (South Bombay) an. Mittwochs steht Hiphop, freitags Bollywood Boogie und samstags EDM-DJs auf dem Programm.

Von Kalbadevi bis Mahalaxmi

Haji Ali Juice Centre SAFTBAR
(Karte S. 56; Lala Lajpatrai Rd, Haji Ali Circle; Säfte & Snacks 30–180 ₹; ⌚5–1.30 Uhr) Der Laden serviert frische Säfte, Milchshakes, sehr gute *falooda* und Obstsalate. Das Lokal liegt strategisch günstig gleich am Eingang zur Haji-Ali-Moschee, sodass man sich nach einem Besuch des Gotteshauses hier gleich prima erfrischen kann.

Shiro LOUNGE, NACHTCLUB
(☎66511201; www.shiro.co.in; Bombay Dyeing Mills Compound, Worli; ⌚19.30–1.30 Uhr) Dieser Club macht was her: Die Figur einer großen japanischen Göttin sendet aus ihren Händen Wasser in Lotosteiche herab, deren Schimmern sich an den Wänden spiegelt. Das ist sehr überdreht, aber die Drinks (und die asiatischen Fusiongerichte) sind ausgezeichnet. Gegen 22.30 Uhr verwandelt sich die Lounge in einen Club, in dem DJs Salsa (Mi), Disco (Fr) und House (Sa) auflegen. Das Lokal liegt rund 3 km nördlich vom Mahalaxmi Racecourse.

Ghetto BAR
(Karte S. 56; ☎23538418; 30 Bhulabhai Desai Marg, gegenüber den Tirupathi Apt.; ⌚19–1 Uhr) Treue Stammgäste bevölkern den schmuddeligen, mit Graffiti bedeckten Treff, in dem klassischer und zeitgenössischer Rock (Red Hot Chili Peppers, Rolling Stones) erdröhnt. Man kann hier auch Billard spielen.

Westliche Vororte

★ **Bonobo** BAR
(Karte S. 62; www.facebook.com/BonoboBandra; Kenilworth Mall, 33rd Rd, Bandra West, abseits der Linking Rd; ⌚18–1 Uhr; 📶) Bei Szeneleuten in Bandra ist diese Bar, in der Underground- und Alternativ-Musik angesagt ist, die erste Wahl. DJs legen Drum'n'Bass und Electronica, Big Beats und funkigen Tech-House auf, und Musiker spielen Folk und Blues. Es gibt eine tolle Dachterrasse.

★ **Aer** LOUNGE
(Four Seasons Hotel, 34. OG, 114 Dr. E Moses Rd, Worli; Grundpreis Fr & Sa nach 20 Uhr 2500 ₹; ⌚17.30–24 Uhr; 📶) Mit dem fantastischen Blick auf das Meer, den Sonnenuntergang und die Stadt ist das Aer Mumbais beste Sky-Bar. Die Drinks haben steile Preise, aber wie sollte das hier oben anders sein? Cocktails kosten rund 900 ₹, Bier gibt's ab 350 ₹ und Happy Hour ist von 17.30 bis 20 Uhr. Ab 21 Uhr legen DJs House und Lounge auf.

Toto's Garage BAR
(Karte S. 62; ☎26005494; 30th Rd, Bandra West; ⌚18–1 Uhr) Diese gesellige, bodenständige Kneipe ist als Autowerkstatt aufgemacht. Man kann also auch in abgeranzten Klamotten reinkommen, sich ein Bier vom Fass (200 ₹/Glas) gönnen und klassischen Rock hören. Recht nett ist der hochkant gestellte VW Käfer über der Bar. Die Bar ist immer gut von einem gemischten Publikum besucht.

Daily BAR
(Karte S. 62; SV Rd, Bandra; ⌚18–1.30 Uhr; 📶) Die angesagte neue Bar in Bandra hat ihren Namen von den guten Nachrichten, die die

Betreiber zusammengetragen und oben seitenweise an die Decke gehängt haben. Dekadente Cocktails, Sangria-Eimer, schlagfertiges Personal und ein cooles Design drinnen und draußen locken ein munteres Publikum an. Hier gibt's auch Filmvorführungen und Livemusik.

Trilogy NACHTCLUB
(Karte S. 62; www.trilogy.in; Hotel Sea Princess, Juhu Tara Rd, Juhu; Grundpreis nach 23 Uhr 2000 ₹/Paar; ⌚Mi–Sa 22.30–3 Uhr) Dieser glitzernd-glamouröse Club in Juhu bietet seinem ebenso glamourösen Publikum zwei Tanzflächen, die von LED-Würfeln beleuchtet werden, die mit der mächtigen Musikanlage synchronisiert sind. Mittwochs steht Hiphop, freitags House und samstags EDM auf dem Programm.

Hoppipola BAR
(Karte S. 62; 757 Ramee Guestline, MD Ali Quereshi Chowk, abseits der SV Rd; ⌚12–1 Uhr; 📶) Mit seinem durchgeknallten Design (darunter ein ganzes Geschwader von Spielzeugflugzeugen, die an der Decke aufgehängt sind) und jeder Menge Brettspiele nimmt sich das Hoppipola nicht allzu ernst. Das Dekor erinnert eher an einen Kindergarten als an eine Loungebar. Mit ein paar Probiergläschen oder einem Bierturm kann man sich hier gut auf ein paar Jenga-Trinkspiele einlassen. Das Kneipenessen (ab 200 ₹) schmeckt gut.

Olive Bar & Kitchen BAR
(Karte S. 62; ☎26058228; www.olivebarandkitchen.com; 14 Union Park, Khar West; ⌚tgl. 19.30–1, Sa & So auch 12–15.30 Uhr; 📶) Das Barrestaurant mediterranen Stils, das mit seinen weiß verputzten Wänden und mit Kerzen beleuchteten Terrassen und Zimmern an Ibiza oder Mykonos denken lässt, ist die Lieblingskneipe der Reichen und Schönen und der angehenden Starlets in Bandra. Die Kulisse ist ideal für inspiriert zubereitete griechische und italienische Speisen (Hauptgerichte 600–1100 ₹), während DJs Stimmung machen. Donnerstags und an den Wochenenden wird es hier voll. Eine zweite **Filiale** (Karte S. 56; ☎40859595; Gate No 8, Mahalaxmi Racecourse; ⌚12–15.30 & 19.30–1.30 Uhr) findet sich in Mahalaxmi.

Big Nasty BAR
(Karte S. 62; 1st fl, 12 Union Park, Khar West, über dem Shatranj Napoli; ⌚19–0.30 Uhr) Trotz des Dekors im Industrieschick ist das Nasty lustig und unprätentiös. Es ist vor allem bekannt für seine (relativ) billigen Drinks: Biere gibt's ab 220 ₹, Wein ab 350 ₹ und Cocktails ab 400 ₹.

Elbo Room PUB
(Karte S. 62; St Theresa Rd, Khar West, abseits der 33rd Rd; ⌚11–1 Uhr) Diese Kneipe hat eine sehr gesellige Atmosphäre und italienisches und indisches Essen, das man am besten auf der mit vielen Pflanzen bestückten Terrasse genießt.

☆ Unterhaltung

Mumbai besitzt eine spannende Livemusikszene, ein paar tolle Theater, ein wachsendes Netz an Comedy-Clubs und natürlich viele Kinos und Sportstätten.

Livemusik-Events sind in **Mumbai Boss** (www.mumbaiboss.com), in **Time Out Mumbai** (www.timeoutmumbai.net) und bei www.nh7.in aufgelistet. Leider werden Hindi-Filme nicht mit englischen Untertiteln gezeigt. Die von uns aufgelisteten Kinos zeigen alle englischsprachige Filme und ein paar Bollywood-Produktionen.

In Mumbai gibt's außerdem einige große Festivals, darunter im Oktober das ausgezeichnete Mumbai Film Festival (S. 47), im Mai das **Kashish-Mumbai International Queer Film Festival** (www.mumbaiqueerfest.com), im November das Festival des Prithvi Theatre mit ausgezeichneten Theatervorstellungen und Konzerten sowie schließlich das Mumbai Sanskruti (S. 47), bei dem zwei Tage lang klassische hindustanische Musik auf dem Programm steht. Das National Centre for the Performing Arts veranstaltet das ganze Jahr über zahlreiche Kulturfestivals.

★ **Bluefrog** LIVEMUSIK
(☎61586158; www.bluefrog.co.in; D/2 Mathuradas Mills Compound, Senapati Bapat Marg, Lower Parel; Eintritt 300–1200 ₹; ⌚Di–Sa 18.30–1.30, So ab 11.30 Uhr) Das Bluefrog ist eine Weltklasse-Location für Konzerte (alles von Indie bis mexikanisch), Standup-Comedy und viele Clubnächte mit DJs (Hiphop, House & Techno). Es gibt auch ein Restaurant (abends vorab reservieren) mit futuristischen Schalensitzen im intimen Hauptraum. Happy Hour ist von 18.30 bis 21 Uhr.

National Centre for the Performing Arts THEATER, LIVEMUSIK
(NCPA; Karte S. 52; ☎66223737, Theaterkasse 22824567; www.ncpamumbai.com; Marine Dr & Sri V Saha Rd, Nariman Point; Karten 200–800 ₹; ⌚Theaterkasse 9–19 Uhr) Das riesige Kultur-

zentrum ist das Herz der Mumbaier E-Musik-, Theater- und Tanzszene. Hier gibt es eigentlich immer irgendetwas zu erleben, beispielswweise experimentelles Theater, Dichterlesungen, Fotoausstellungen, eine Jazzband aus Chicago oder aber klassische indische Musik. Bei vielen Veranstaltungen hat man freien Eintritt. Die **Theaterkasse** (Karte S. 52) befindet sich am Ende der NCPA Marg.

Prithvi Theatre THEATRE
(Karte S. 62; ✆ 26149546; www.prithvitheatre.org; Juhu Church Rd, Juhu; Karten 80–300 ₹) Das Prithvi-Theater ist eine Institution in Juhu und ein toller Ort, um Theatervorstellungen auf Hindi oder Englisch zu erleben oder sich einen anspruchsvollen Film anzuschauen. Es gibt auch ein Café (S. 76), in dem man etwas trinken kann. Beim ausgezeichneten internationalen Theaterfestival stehen im November zeitgenössisches indisches Theater und auch Produktionen aus dem Ausland auf dem Programm.

Canvas Laugh COMEDY
(✆ 022-43485000; www.canvaslaughclub.com; 3. OG, Palladium Mall, Phoenix Mills, Lower Parel; Karten 200–750 ₹) In diesem überaus beliebten Comedy-Club stehen pro Monat rund 50 Vorstellungen auf dem Programm, denn an den Wochenenden gibt es abends gleich zwei Comedy-Shows. Alle Comedians spielen hier auf Englisch. Der Club befindet sich ungefähr 1 km nördlich vom Bahnhof Mahalaxmi.

Comedy Store COMEDY
(✆ 022-39895050; www.thecomedystore.in; D2 Mathuradas Mills Compound, Senapati Bapat Marg, Lower Parel; Karten ab 400 ₹; ⏲ Di & So 20–24 Uhr) Für gute Unterhaltung sorgt hier Standup-Comedy (auf Englisch) mit etablierten und aufstrebenden indischen Comedians. Der Comedy Store hat seinen Sitz im Bluefrog, nutzt aber auch andere Spielstätten in der Stadt; Einzelheiten zum Programm findet man auf der Website.

Liberty Cinema KINO, LIVEMUSIK
(Karte S. 52; ✆ 9820027841; www.thelibertycinema.com; 41/42 New Marine Lines, nahe dem Bombay Hospital) Das hinreißende Art-déco-Kino war einst die Prunkstätte des Hindi-Films, wo Stars wie Dev Anand bei Premieren auf dem roten Teppich Hof hielten. Nach einigen ziemlich schwierigen Jahren ist es jetzt endlich wieder auf dem aufsteigenden Ast.

Mehboob Studios LIVEMUSIK, GALERIE
(Karte S. 62; ✆ 022-26421628; 100 Hill Rd, Bandra West) Neben Livemusik gibt es in den berühmten Filmstudios alljährlich das Times Litfest (Dez.), ferner Kunstausstellungen und Filmvorführungen.

Wankhede Stadium SPORT
(Mumbai Cricket Association; Karte S. 52; ✆ 22795500; www.mumbaicricket.com; D Rd, Churchgate; ⏲ Ticketbüro Mo–Sa 11.30–19 Uhr) Während der Saison (Okt.–April) gibt es hier mehrmals im Jahr Test Matches und One-Day Internationals. Infos zu den Tickets bekommt man bei der Cricket Association. Während der Test Matches wird man wahrscheinlich ein Ticket für alle fünf Tage kaufen müssen.

D Y Patil Stadium SPORT
(✆ 022-27731545; Yashwantrao Chavan Marg, Nerul, Navi Mumbai) In dem 55 000 Zuschauer fassenden Stadion läuft die Fußballmannschaft Mumbai City FC (ISL) auf, außerdem werden hier gelegentlich Spiele im Twenty20-Cricket der Indian Premier League ausgetragen. Das Stadion liegt 21 km östlich vom Stadtzentrum. Tickets bekommt man am Eingangstor.

Regal Cinema KINO
(Karte S. 48; ✆ 22021017; Shahid Bhagat Singh Rd, Regal Circle, Colaba; Karten 130–180 ₹) In diesem Kino, einem verblassten Meisterwerk des Art-déco, werden Hollywood- und Bollywood-Blockbuster gezeigt.

Eros KINO
(Karte S. 52; ✆ 22822335; www.eroscinema.co.in; Maharshi Karve Rd, Churchgate; Karten 100–170 ₹) Nirgendwo sonst kann man Bollywood-Blockbuster so eindrucksvoll erleben wie hier.

Metro Big KINO
(✆ 39894040; www.bigcinemas.com; MG Rd, New Marine Lines, Fort; Karten 130–600 ₹) Die Grande Dame unter den Filmpalästen Mumbais wird gerade zu einem Multiplex-Kino umgebaut.

Shoppen

Mumbai ist der große bunte Marktplatz Indiens mit einigen der spannendsten und besten Einkaufsmöglichkeiten des ganzen Landes.

Auf den Märkten nördlich von CST kann man problemlos einen ganzen Tag verbringen. Sie vermitteln die klassische Mum-

BOLLYWOODTRÄUME

Mumbai ist das glitzernde Epizentrum von Indiens gigantischer Hindi-Filmindustrie. Alles begann mit dem ersten Stummfilm im Jahre 1913, *Raja Harishchandra*, einem Film mit ausschließlich männlicher Besetzung (einige Schauspieler steckten aber in Frauenkleidern). 1931 wurde dann der erste Tonfilm gedreht: *Lama Ara*. Heute werden hier mehr als 1000 Filme im Jahr produziert, mehr als in Hollywood. Das ist eigentlich nicht allzu erstaunlich, wenn man bedenkt, dass sich diese Filme ein Sechstel der Weltbevölkerung und eine nicht zu vernachlässigende Zahl von im Ausland lebenden Indern (Non-Resident Indians; NRIs) anschauen.

Jeder Teil Indiens hat seine eigene regionale Filmindustrie, aber Bollywood bezaubert die Nation noch immer mit seinen realitätsfremden Filmen, in denen singende und tanzende Liebespaare gegen die Mächte kämpfen, die sich zwischen sie stellen und die sie dann natürlich besiegen. Heutzutage buhlen neben diesen zuckersüßen, hauptsächlich für Familien gemachten Filmen auch viele von Hollywood inspirierte Thriller und Actionfilme um die Gunst der Kinogänger.

Bollywood-Stars können in Indien fast den Status von Göttern erreichen. In den schickeren Lokalitäten Mumbais gehört es zum beliebten Zeitvertreib, nach Filmsternchen Ausschau zu halten. **Bollywood Tours** (www.bollywoodtours.in; 8-stünd. Tour 6000 ₹/Pers.) bietet Touren an, bei denen man neben den Wohnhäusern der Stars auch noch ein Film-/TV-Studio besichtigt. Eine Garantie dafür, dabei auch eine Tanznummer live zu sehen, gibt es nicht, und die Wahrscheinlichkeit ist hoch, dass man den Großteil der Zeit im Verkehr feststeckt.

Statisten, aufgepasst!

Manchmal brauchen die Studios auch Europäer, um dem Ganzen einen Touch von internationalem Flair zu geben (oder um freizügige Kleidung zu präsentieren, die Einheimische oft nicht anziehen wollen). Das ist mittlerweile so häufig vorgekommen, dass 100 000 Nachwuchsschauspieler 2008 fast gestreikt hätten. Sie wollten u. a. dagegen protestieren, dass ihre Jobs an Ausländer vergeben werden, die für weniger Geld und schlechtere Arbeitsbedingungen arbeiten.

Wer trotzdem einen Statistenjob ergattern will, muss nur in Colaba (vor allem im Salvation Army Hostel) herumhängen, wo die Agenten der Studios nach Travellern Ausschau halten, um sie für den Dreh am nächsten Tag anzuheuern. Pro Tag, der bis zu 16 Stunden lang sein kann, werden 500 ₹ gezahlt. Man bekommt Mitagessen und Snacks, die Anreise wird für gewöhnlich bezahlt. Aber Achtung: Es kann ein langer, heißer Tag mit viel Herumstehen am Set werden! Nicht jeder macht positive Erfahrungen. Die Klagen reichen von zu wenig Essen und Wasser bis hin zu gefährlichen Situationen und Einschüchterungsversuchen, wenn die Statisten die Anweisungen des Regisseurs nicht „befolgen". Für manche ist ein solcher Blick hinter die Kulissen aber auch ein faszinierendes Erlebnis. Bevor man sich auf irgendetwas einlässt, sollte man sich unbedingt den Ausweis des Agenten zeigen lassen und vor allem auf seine innere Stimme hören!

bai-Shoppingerfahrung. Im Fort-Viertel, rund um die Flora-Fountain, stellen Buchverkäufer mit überraschend guter Ware (denn nicht alles sind Raubkopien) täglich ihre Verkaufsstände auf den Gehwegen auf. Ein Schnäppchen für den Backpacker-Kleiderschrank lauert vielleicht in der **Fashion Street** (MG Rd), jener Reihe von Straßenständen, die die MG Rd zwischen Cross Maidan und Azad Maidan säumen. Hier kann man sich auch einmal in der hohen Kunst des Feilschens üben. In Kemp's Corner finden sich hingegen viele gute Läden für Designerklamotten.

Colaba

Bungalow 8 BEKLEIDUNG, ACCESSOIRES
(Karte S. 48; www.bungaloweight.com; Grants Bldg, Arthur Bunder Rd; ⏲10.30–19.30 Uhr) Hier bekommt man auf drei Stockwerken echte, hochwertige und obendrein handgefertigte Kleidung sowie Schmuck, diverse Einrichtungsgegenstände und andere hübsche Objekte der Begierde.

Phillips ANTIQUITÄTEN
(Karte S. 48; www.phillipsantiques.com; Wodehouse Rd, Colaba; ⏲Mo–Sa 10–19 Uhr) Der Laden

bietet kolonialzeitliche und Art-déco-Möbel, Zeremonialmasken aus Holz, Silberwaren, viktorianisches Glas und hochwertige Reproduktionen alter Fotos, Landkarten und Gemälde.

Cottonworld Corp BEKLEIDUNG
(Karte S. 48; ☎22850060; www.cottonworld.net; Mandlik Marg; ⏲Mo–Sa 10.30–20, So 12–20 Uhr) Stilvolle Mischformen aus indischer und westlicher Mode, hergestellt aus Baumwolle, Leinen und anderen natürlichen Materialien – darunter Papier aus Nashorn- und Elefantendung. Ja, richtig gelesen! So etwas gibt es nur in Indien.

Bombay Electric BEKLEIDUNG
(Karte S. 48; www.bombayelectric.in; 1 Reay House, Best Marg; ⏲11–21 Uhr) Haute Couture ist das Motto dieser trendigen Boutique für Herren und Damen. Um den Laden wird vielleicht etwas zu viel Aufhebens gemacht, aber neben besagter (hochpreisiger) Mode werden auch handgemachte Accessoires und eine Handvoll trendiger Antiquitäten verkauft.

Central Cottage Industries Emporium KUNSTHANDWERK, SOUVENIRS
(Karte S. 48; ☎22027537; www.cottageemporium.in; Chhatrapati Shivaji Marg; ⏲10–18 Uhr) Hier kauft man Souvenirs aus fairem Handel, auch Pashminas. Mittlerweile gibt's eine weitere **Filiale in Colaba** (Karte S. 48; Kamal Mansion, Arthur Bunder Rd; ⏲Mo–Sa 11–19 Uhr) .

Fort & Churchgate

★Kitab Khana BÜCHER
(Karte S. 52; www.kitabkhana.in; Somaiya Bhavan, 45/47 MG Rd, Fort; ⏲10.30–19.30 Uhr) Dieser Buchladen hat eine brillante Auswahl, und auf alle Bücher gibt's immer 20 % Rabatt. Hinten befindet sich ein tolles kleines **Café** (Karte S. 52; www.cafefoodforthought.com; kleine Gerichte 120–180 ₹).

★Contemporary Arts & Crafts KUNSTHANDWERK
(Karte S. 52; www.cac.co.in; 210 Dr Dadabhai Naoroji Rd, Fort; ⏲10.30–19.30 Uhr) Die modischen, hochwertigen Variationen traditionellen Kunsthandwerks sind ein ungewöhnliches Mitbringsel.

Artisans' Centre for Art, Craft & Design BEKLEIDUNG, ACCESSOIRES
(Karte S. 52; ☎22673040; 1st fl, 52-56 Dr VB Gandhi Marg, Kala Ghoda; ⏲11–19 Uhr) Der Laden bietet hochwertige, von Hand hergestellte Waren: Mode, Schmuck, Kunsthandwerk und Luxus-*khadi* (handgewebte Stoffe).

Khadi & Village Industries Emporium BEKLEIDUNG
(Khadi Bhavan; Karte S. 52; 286 Dr Dadabhai Naoroji Rd, Fort; ⏲Mo–Sa 10.30–18.30 Uhr) Eine verstaubte Schatzhöhle, die in den 1940er-Jahren stehengeblieben zu sein scheint, voller traditioneller indischer Kleidung, Seide, *khadi* und Schuhe.

Chimanlals KUNSTHANDWERK
(Karte S. 52; www.chimanlals.com; Wallace St, Fort; ⏲Mo–Fr 9.30–18, Sa bis 17 Uhr) Hier bekommt man wunderschönes, traditionell bedrucktes indisches Papier, das selbst den schreibfaulsten Reisenden zum Briefeschreiben animieren wird.

Royal Music Collection MUSIKSTORE
(Karte S. 52; 192 Kitab Mahal, Dr Dadabhai Naoroji Rd, Fort; ⏲Mo–Sa 11–21 Uhr) Toller Straßenstand, an dem alte Platten (ab 250 ₹) verkauft werden.

Fabindia BEKLEIDUNG
(Karte S. 52; www.fabindia.com; Jeroo Bldg, 137 MG Rd, Kala Ghoda; ⏲10–20 Uhr) Es gibt Kleidungsstücke aus Baumwolle und Seide sowie verschiedene Dekostoffe zu kaufen.

Chetana Book Centre BÜCHER
(Karte S. 52; www.chetana.com; K Dubash Marg, Kala Ghoda; ⏲Mo–Sa 10.30–19.30 Uhr) Dieser großartige Buchladen ist auf Spiritualität spezialisiert und hat neben Büchern zum Thema Hinduismus auch eine große Auswahl an Literatur aus der Rubrik „Jenseits/Tod/übersinnliche Kräfte" im Sortiment.

Standard Supply Co FOTOGRAFIE
(Karte S. 52; ☎22612468; Walchand Hirachand Marg, Fort; ⏲Mo–Sa 10–19 Uhr) Ob Digital- oder Analogkamera – hier bekommt man einfach alles, was man zum Fotografieren braucht.

Oxford Bookstore BÜCHER
(Karte S. 52; www.oxfordbookstore.com; Apeejay House, 3 Dinsha Wachha Marg, Churchgate; ⏲8–22 Uhr) Großer Buchladen mit guter Auswahl an Reiseliteratur und einer Teebar (Tee 35–80 ₹; ⏲10–22 Uhr).

Von Kalbadevi nach Mahalaxmi

Shrujan KUNSTHANDWERK
(Karte S. 56; www.shrujan.org; Sagar Villa, Bhulabhai Desai Marg, Breach Candy, gegenüber den

ABSTECHER

BASARVIERTEL

Mumbais wichtigstes Marktviertel ist eines der faszinierendsten in Asien – eine unglaublich dichte Zusammenballung von Menschen und Geschäften, die einen Angriff auf alle Sinne darstellt. Wer gerade aus Europa mit dem Flugzeug oder mit dem Taxi aus Bandra gekommen ist, muss sich erst einmal festhalten: Dieses Arbeiterviertel erstreckt sich vom Crawford Market bis zum Chor Bazaar 2,5 km weiter nördlich. Der Massenandrang ist so groß (und die Gassen sind so eng), dass man mindestens zwei oder drei Stunden braucht, um die Gegend einigermaßen gründlich zu erkunden.

Man kann hier fast alles kaufen, da aber die Läden und Stände hauptsächlich auf den einheimischen Geschmack ausgerichtet sind, besteht das Hauptvergnügen nicht im Kaufen von Souvenirs, sondern im Beobachten des Straßenlebens und der Erforschung der kleinen Gassen. Die Märkte gehen ineinander über und bilden eine amöbenartige Masse, es gibt aber einige Wahrzeichen, an denen man sich orientieren kann.

Crawford Market (Mahatma Phule Market; Karte S. 56; Ecke DN & Lokmanya Tilak Rd) Der Crawford Market ist der größte in Mumbai und bietet die letzten Spuren des britischen Bombay, ehe der Tumult der zentralen Basare einsetzt. Basreliefs von Rudyard Kiplings Vater, Lockwood Kipling, zieren die Fassade im Stil der normannischen Gotik. Hauptsächlich werden hier Obst und Gemüse, Fleisch und Fisch angeboten, aber auch mit Gewürzen kann man sich gut eindecken. Wenn man gerade in der Saison für Alphonso-Mangos (Mai–Juni) vor Ort ist, sollte man diese Früchte unbedingt probieren.

Mangaldas Market (Karte S. 56) Der Mangaldas Market, traditionell der Sitz von Händlern aus Gujarat, ist eine kleine Stadt für sich und voller Stoffbahnen. Auch wenn man eigentlich nicht zu den Leuten gehört, die sich ihre Kleidung vom Schneider machen lassen, sollte man bei DD Dupattawala (Karte S. 56; Shop No 217, 4th Lane, Mangaldas Market; ⌚9.30–18.30 Uhr) vorbeischauen, wo es schöne Schals und Dupattas zu Festpreisen gibt. Gleich nördlich von hier bieten der Zaveri Bazaar (Karte S. 56) Schmuck und der Bhuleshwar Market (Karte S. 56; Ecke Sheikh Menon St & M Devi Marg) Obst und Gemüse an. Vom Bhuleshwar Market nur ein paar Meter die Sheikh Menon Rd hinunter finden sich eine Jain-Taubenfütterungsstation, ein Blumenmarkt und ein Markt für religiöse Gegenstände.

Chor Bazaar (Karte S. 56) Der Chor Bazaar ist bekannt für Antiquitäten, wenngleich es hier viele Reproduktionen gibt. Der meiste Trubel herrscht in der Mutton St, wo Läden falsche Antiquitäten und Plunder aller Art feilbieten. Feine Lederwaren bekommt man östlich davon in der Dhabu St.

Navroze Apts; ⌚Mo–Sa 10–19.30 Uhr) Die gemeinnützige Organisation verkauft fein bestickte Kleidung, Taschen, Kissenbezüge und Schals, die von 3500 Frauen in 114 Dörfern in der Region Kutch in Gujarat hergestellt werden. Es gibt auch eine (schwer zu findende) **Filiale in Juhu** (Karte S. 62; Hatkesh Society, 6th North South Rd, JVPD Scheme; ⌚Mo–Sa 10–19.30 Uhr).

Mini Market/Bollywood Bazaar ANTIQUITÄTEN, SOUVENIRS
(Karte S. 56; ☎23472427; 33/31 Mutton St; ⌚Sa–Do 11–20 Uhr) Verkauft alte Bollywood-Filmplakate und sonstige Erinnerungsstücke zum Thema Film.

BX Furtado & Sons MUSIKLADEN
(Karte S. 56; www.furtadosonline.com; Jer Mahal, Dhobi Talao; ⌚Mo–Sa 10.30–19.30 Uhr) Der Laden in Mumbai, um Instrumente wie Sitars, Tablas, Akkordeons sowie im Land hergestellte oder importierte Gitarren zu kaufen.

Westliche Vororte

Indian Hippy KUNST
(Karte S. 62; ☎8080822022; www.hippy.in; 17/C Sherly Rajan Rd, Bandra West, abseits der Carter Rd; Porträts ab 10 000 ₹; ⌚nach Vereinbarung) Wer sein eigenes handgemaltes Porträt im Stil eines alten Bollywood-Filmplakats haben will, bringt ein Foto vorbei (oder schickt es per E-Mail). Der Laden verkauft auch LPs, alte Filmplakate und alle möglichen (oft sehr bizarren) Bollywood-Produkte.

Play Clan SOUVENIRS, BEKLEIDUNG
(Karte S. 62; www.theplayclan.com; Libra Towers, Hill Rd, Bandra West; ⌚11–20.30 Uhr) Kitschige

Designerware. Die Sachen sind hier teuer, aber der Laden hat die beste Auswahl. Interessant sind die Augenmasken oder Kissenbezüge mit einem Cartoon-Hanuman.

Kishore Silk House BEKLEIDUNG, KUNSTHANDWERK
(Bhandarkar Rd, Matunga East; ⌚ Di–So 10–20.30 Uhr) Handgewebte Saris und Dhotis aus Tamil Nadu und Kerala.

Praktische Informationen

GELD

Geldautomaten gibt's überall, und auch Wechselstuben sind häufig.

Thomas Cook (Karte S. 48; ☎ 66092608; Colaba Causeway; ⌚ 9.30–18 Uhr) Hat auch eine Filiale im Fort-Viertel.

INTERNETZUGANG

Anita CyberCafé (Karte S. 52; Cowasji Patel Rd, Fort; 30 ₹/Std.; ⌚ Mo–Sa 9–22, So 14–22 Uhr) Gegenüber einem der besten Chai-Stände Mumbais (abends geöffnet).

Portasia (Karte S. 52; Kitab Mahal, Dr Dadabhai Naoroji Rd, Fort; 30 ₹/Std.; ⌚ Mo–Sa 9–21 Uhr) Der Eingang befindet sich in einer kleinen Gasse.

MEDIEN

Um herauszufinden, was in Mumbai ansteht, sollte man einen Blick in das sehr informative **Mumbai Boss** (www.mumbaiboss.com) werfen. Die *Hindustan Times* ist die beste Tageszeitung, ihre Beilage *Café* hat einen guten Veranstaltungskalender. **Time Out Mumbai** (www.timeoutmumbai.net) publiziert kein Mumbai-Magazin mehr, aber die Website ist immer noch einen Blick wert.

MEDIZINISCHE VERSORGUNG

Bombay Hospital (Karte S. 52; ☎ 22067676, Ambulanz 22067309; www.bombayhospital.com; 12 New Marine Lines) Ein Privatkrankenhaus mit der neuesten medizinischen Technik und Ausrüstung.

Breach Candy Hospital (Karte S. 56; ☎ 23672888, Notfall 23667809; www.breachcandyhospital.org; 60 Bhulabhai Desai Marg, Breach Candy) Das beste Krankenhaus in Mumbai, wenn nicht sogar in ganz Indien liegt 2 km nordwestlich vom Chaupati Beach.

NOTFALL

In Notfallsituationen immer die **Polizei** (☎ 100) anrufen.

POST

Hauptpost (Karte S. 52; Walchand Hirachand Marg; ⌚ Mo–Sa 10–19, So bis 16 Uhr) Die Hauptpost residiert in einem imposanten Gebäude neben dem CST. Postlagernde Sendungen (⌚ Mo–Sa 10–15 Uhr) können in der Versandabteilung („Delivery Department") abgeholt werden. Briefe sollten folgendermaßen adressiert werden: c/o Poste Restante, Mumbai GPO, Mumbai 400 001. Beim Abholen der Post muss der Reisepass vorgelegt werden. Gegenüber dem Postamt warten Paket-Wallahs, die für 40 ₹ Pakete verschnüren.

REISEBÜROS

Akbar Travels (www.akbartravelsonline.com; ⌚ Mo–Fr 10–19, Sa bis 18 Uhr); Colaba (Karte S. 48; ☎ 22823434; 30 Alipur Trust Bldg, Shahid Bhagat Singh Marg); Fort (Karte S. 52; ☎ 22633434; 167/169 Dr Dadabhai Naoroji Rd) Sehr hilfsbereit. Bucht Autos/Fahrer und Bustickets und bietet auch gute Wechselkurse.

Thomas Cook (Karte S. 52; ☎ 61603333; www.thomascook.in; 324 Dr Dadabhai Naoroji Rd, Fort; ⌚ Mo–Sa 9.30–18 Uhr) Flug- und Hotelbuchungen sowie Wechselstube.

TELEFON

Die Auskunft ist unter ☎ 197 zu erreichen.

TOURISTENINFORMATION

Indiatourism (Government of India Tourist Office; Karte S. 52; ☎ 22074333; www.incredibleindia.com; Western Railways Reservation Complex, 123 Maharshi Karve Rd; ⌚ Mo–Fr 8.30–18, Sa bis 14 Uhr) Hat Infos zum ganzen Land und kann Stadtführer und Privatunterkünfte bei Familien in Mumbai vermitteln.

Maharashtra Tourism Development Corporation Booth (MTDC; ☎ 22841877; Apollo Bunder; ⌚ Di–Fr 8.30–16, Sa & So bis 21 Uhr) Organisiert Stadtrundfahrten im Bus.

Maharashtra Tourism Development Corporation (MTDC; Karte S. 52; ☎ 22044040; www.maharashtratourism.gov.in; Madame Cama Rd, Nariman Point; ⌚ Mo–Sa 10–17 Uhr, 2. & 4. Sa im Monat geschl.) Das Hauptbüro des MTDC hat hilfsbereites Personal und jede Menge Broschüren.

VISA

Foreigners' Regional Registration Office (FRRO; Karte S. 52; ☎ 22620446; www.immigrationindia.nic.in; Annexe Bldg No 2, CID, Badaruddin Tyabji Marg, nahe Special Branch; ⌚ Mo–Fr 9.30–13 Uhr) Abgesehen von besonderen Notfallsituationen können Touristen- und Transitvisa mittlerweile nicht mehr verlängert werden – die aktuellen Bestimmungen am besten online prüfen!

An- & Weiterreise

BUS

Zahlreiche private und staatliche Busunternehmen betreiben Fernbusse von/nach Mumbai.

Die staatlichen Fernbusse starten vom **Mumbai Central Bus Terminal** (Karte S. 56; ☎ Auskunft 23024075; Jehangir Boman Behram Rd) am Bahnhof Mumbai Central. Sie sind billiger und fahren häufiger als die privaten, sind aber oft schlechter ausgestattet. Theoretisch stehen auf der Website von **MSRTC** (Maharashtra State Road Transport Corporation; ☎ 1800221250; www.msrtc.gov.in) die Fahrpläne staatlicher Busse und man soll online buchen können, doch die Seite ist so gut wie nutzlos.

Private Busse sind in der Regel komfortabler und leichter zu buchen, aber auch etwas teurer. Die meisten Busse starten von der Dr. Anadrao Nair Rd nahe dem Bahnhof Mumbai Central, viele Busse Richtung Süden fahren aber von der Paltan Rd nahe dem Crawford Market ab. Abfahrtszeiten und Preise kann man bei **Citizen Travels** (Karte S. 56; ☎ 23459695; www.citizenbus.com; D Block, Sitaram Bldg, Paltan Rd) oder **National CTC** (Karte S. 56; ☎ 23015652; Dr Anadrao Nair Rd) checken. In der Ferienzeit liegen die Fahrpreise zu beliebten Zielen (z. B. nach Goa) um bis 75 % höher.

Private Busse nach Goa kosten zwischen 350 ₹ (keine gute Wahl) und 2600 ₹. Viele starten irgendwo draußen in den Vororten, aber Busse von **Chandni Travels** (Karte S. 52; ☎ 22713901, 22676840) fahren sechsmal täglich vor dem Azad ab, und **Paolo Travel** (Karte S. 52; ☎ 0832-6637777; www.paulotravels.com) startet täglich um 20 Uhr von der Fashion St – beide Abfahrtstellen liegen in bequemer Nähe zum Zentrum.

FLUGZEUG

Mumbais **Chhatrapati Shivaji International Airport** (BOM; Karte S. 62; ☎ 66851010; www.csia.in) ist rund 30 km vom Stadtzentrum entfernt. Zum Zeitpunkt unserer Recherche näherte sich eine 2 Mrd. US$ teure Modernisierung gerade dem Abschluss. Der eindrucksvolle internationale Terminal ist fertiggestellt, der neue Inlandsterminal soll irgendwann im Jahr 2015 den Vollbetrieb aufnehmen, so dass dann der Flugbetrieb voll integriert ist.

Zur Zeit unserer Recherche bestand der Flughafen noch aus einem internationalen und einem separaten, 5 km entfernten Inlandsterminal (der vor Ort auch als Santa Cruz Airport bekannt ist). Ein (für Ticketinhaber) kostenloser Shuttlebus pendelt zwischen den beiden Terminals (15 Min., alle 30 Min.). In beiden Terminals gibt es Geldautomaten, Wechselstuben und Kiosks der Touristeninformation.

Die günstigsten Flüge bekommt man in der Regel auf den Websites der Reisebüros und Fluglinien. Folgende Fluglinien haben Büros in der Stadt und/oder am Flughafen:

Air India (Karte S. 52; ☎ 27580777, airport 28318666; www.airindia.com; Air India Bldg, Ecke Marine Dr & Madame Cama Rd, Nariman Point; ⊙ Mo–Fr 9.30–18.30, Sa & So bis 17.15 Uhr) In- und Auslandsflüge.

Jet Airways (Karte S. 52; ☎ 022-39893333; www.jetairways.com; B1, Amarchand Mansion, Madam Cama Rd, Colaba; ⊙ Mo–Sa 9–18 Uhr) Indiens zweitgrößter Anbieter von Inlandsflügen.

Wichtige Nonstop-Inlandsflüge ab Mumbai:

ZIEL	PREIS (₹)	DAUER (STD.)
Bengaluru	3700	1½
Chennai	5800	2
Delhi	5900	2
Goa	3300	1
Hyderabad	4200	1½
Jaipur	4300	1¾
Kochi	5700	2
Kolkata	6100	2¾
Nagpur	4200	1½

ZUG

Es gibt insgesamt drei Zugsysteme in Mumbai, die wichtigsten Anbieter für Traveller sind aber Central Railways und Western Railways. Fahrscheine können an jedem Bahnhof in South Mumbai, der eine elektronische Fahrkartenausgabe hat, gekauft werden.

Central Railways (☎ 139) bietet Verbindungen in Richtung Osten und Süden, teilweise aber auch nach Norden an. Die Abfahrt findet jeweils am CST (auch als VT bekannt) statt. Touristentickets (*tourist quota*) und Indrail-Pässe sind am Schalter 52 erhältlich.

Einige Züge von Central Railways fahren in Dadar (D), ein paar Stationen nördlich des CST, oder in Lokmanya Tilak (LTT), 16 km nördlich vom CST, ab.

Western Railways (☎ 139) fährt vom Hauptbahnhof Mumbai Central – oft noch Bombay Central (BCT) genannt – nach Norden. Das **Reservierungszentrum** (Karte S. 52; ⊙ Mo–Sa 8–20, So bis 14 Uhr) gegenüber dem Bahnhof Churchgate verkauft Tickets für ausländische Touristen.

ℹ ANKUNFT AM FLUGHAFEN

Viele internationale Flüge kommen nach Mitternacht an. Man kann dem Verkehr bei Tage entkommen, wenn man sofort in sein Hotel fährt und eine detaillierte Wegbeschreibung, die sich an Wahrzeichen orientiert, zur Hand hat: Viele Taxifahrer am Flughafen sprechen kein Englisch und nutzen auch nicht immer die offiziellen Straßennamen.

ℹ Unterwegs vor Ort

VOM/ZUM FLUGHAFEN

Internationaler Terminal

Prepaid-Taxis zu Festpreisen fahren für 700/800 ₹ (ohne /mit Klimaanlage) nach Colaba und Fort und für 450/550 ₹ nach Bandra. Die Fahrt nach Colaba dauert nachts (über den Sealink) eine Stunde und tagsüber anderthalb bis zwei Stunden.

Autorikschas gibt es zwar, sie fahren aber Richtung Süden nur bis Bandra (tagsüber/nachts ca. 180/240 ₹).

Zug Wer tagsüber (aber nicht während der Rush Hour zwischen 6 und 11 Uhr) ankommt und nicht gerade von seinem Gepäck erschlagen wird, kann den Zug nehmen: Mit der Autorikscha (ca. 60 ₹) zum Bahnhof Andheri fahren und dort in einen Zug nach Churchgate oder zum CST (9 ₹, 45 Min.) umsteigen.

Taxi Die Fahrt vom Süden Mumbais zum internationalen Terminal sollte rund 500 ₹ kosten. Zwischen 16 und 20 Uhr muss man mit einer Fahrzeit von zwei Stunden rechnen.

Inlandsterminal

Es gibt einen Prepaidtaxi-Schalter in der Ankunftshalle. Die Fahrt mit einem Taxi kostet 600/700 ₹ (ohne/mit Klimaanlage) nach Colaba oder Fort und 370/480 ₹ nach Bandra.

Alternativ kann man außerhalb der Rush Hour eine Autorikscha (ca. 45 ₹) zum Bahnhof Vile Parle nehmen und dort in einen Zug nach Churchgate (8 ₹, 45 Min.) umsteigen.

AUTO

Autos mit Fahrer kann man zu moderaten Preisen mieten. Klimatisierte Autos gibt's ab 1550/1800 ₹ für den halben/ganzen Tag (80 km).

Clear Car Rental (☎ 0888-8855220; www.clearcarrental.com)

BUS

Wenige Traveller wagen sich an die städtischen Busse, aber **BEST** (www.bestundertaking.com) hat eine nützliche Suchmaschine für hartgesottene Pfennigfuchser und Masochisten. Wer einen Bus nutzen will, muss dessen Nummernangabe in Devanagiri-Schrift entziffern können und sich vor Taschendieben hüten. Eine Fahrt kostet ab 5 ₹.

Metro

Der erste Abschnitt der Linie 1 von Mumbais neuer **Metro** (www.mumbaimetroone.com) wurde 2014 eröffnet. Zunächst verbindet sie nur sieben Stationen in den Vororten im äußersten Norden, die fernab aller Punkte liegen, die für Traveller von Interesse sind. Irgendwann im Jahr 2015 soll die Linie 1 in Richtung Süden bis zum Jacob Circle (5 km nördlich des Chhatrapati Shivaji Terminus) verlängert werden, womit sie dann schon hinter Lower Parel ankommt.

Einzelfahrten kosten zwischen 10 und 20 ₹, auch Monatskarten (ab 600 ₹) sind erhältlich. Die Bahnsteige erreicht man über Rolltreppen, die Wagen verfügen über eine Klimaanlage, und es gibt Sitzplätze, die für Frauen und Behinderte reserviert sind. Als nächstes soll die Linie 3 (eine 33 km lange unterirdische Strecke von der Cuffe Pde südlich von Colaba über alle wichtigen Bahnhöfe und Bandra bis zum Flughafen) in Angriff genommen werden. Die Planung ist abgenommen, aber bis zur Eröffnung der Strecke werden noch viele Jahre vergehen.

MOTORRAD

Allibhai Premji Tyrewalla (Karte S. 56; ☎ 23099313, 23099417; www.premjis.com; 205 Dr. D Bhadkamkar (Lamington) Rd; ⏲ Mo–Sa 10–19 Uhr) verkauft neue und gebrauchte Motorräder mit Rückkaufgarantie. Ein Rad für langfristige Nutzung (ab 2 Monate) gibt's ab ca. 25 000 ₹, mit einem Rückkaufpreis von rund 60 % nach drei Monaten.

SCHIFF/FÄHRE

PNP (☎ 22885220) und **Maldar Catamarans** (☎ 22829695) betreiben fahrplanmäßige Fähren nach Mandwa (einfache Strecke 125–155 ₹), die nützlich sind, um die lange Busfahrt ab Mum-

WICHTIGE FERNBUSSE

ZIEL	PRIVATE BUSSE LIEGEPLATZ NON-AC/AC (₹)	STAATLICHE BUSSE NON-AC (₹)	DAUER (STD.)
Ahmedabad	400–650/500–2300		7–12
Aurangabad	400/550–900	472 (tgl. 5)	9–11
Hyderabad	800–2500 (all AC)		16
Mahabaleshwar	400–2100 (all AC)	335 (tgl. 3)	7–8
Panaji (Panjim)	600–750/700–2700	2400	14–16
Pune	250–735 (all AC)	224 (halbstündl.)	3–5
Udaipur	800–1200/1500–2050		13–16
Infos zu den aktuellen Fahrplänen und Preisen gibt's unter www.makemytrip			

WICHTIGE ZÜGE AB MUMBAI

ZIEL	ZUG-NR. & -NAME	AUSGEWÄHLTE PREISE (₹)	DAUER (STD.)	ABFAHRT
Agra	*12137 Punjab Mail*	580/1515/2195/3760 (A)	22	19.40 Uhr CST
Ahmedabad	*12901 Gujarat Mail*	315/805/1135/1915 (A)	9	22 Uhr BCT
	12009 Shatabdi Exp	960/1870 (C)	7	6.25 Uhr BCT
Aurangabad	*11401 Nandigram Exp*	235/620/885 (B)	7	16.35 Uhr CST
	17617 Tapovan Exp	140/500 (C)	7	6.15 Uhr CST
Bengaluru	*16529 Udyan Exp*	505/1355/1975/3375 (A)	25	8.05 Uhr CST
Chennai	*12163 Chennai Exp*	570/1485/2145/3670 (A)	23½	20.30 Uhr CST
Delhi	*12951 Rajdhani Exp*	2030/2810/4680 (D)	16	16.35 Uhr BCT
Hyderabad	*12701 Hussainsagar Exp*	425/1115/1590/2695 (A)	14½	21.50 Uhr CST
Indore	*12961 Avantika Exp*	440/1150/1640/2780 (A)	14	19.05 Uhr BCT
Jaipur	*12955 Jaipur Exp*	535/1405/2025/3455 (A)	18	18.50 Uhr BCT
Kochi	*16345 Netravati Exp*	615/1635/2400 (B)	25½	11.40 Uhr LTT
Madgaon (Goa)	*10103 Mandovi Exp*	390/1055/1520/2575 (A)	12	7.10 Uhr CST
	12133 Mangalore Exp	420/1100/1570 (B)	9	22 Uhr CST
Pune	*11301 Udyan Exp*	485/690/1150 (D)	3½	8.05 Uhr CST

Bahnhöfe: CST (Chhatrapati Shivaji Terminus); BCT (Mumbai Central); LTT (Lokmanya Tilak); D (Dadar). Fahrpreise: (A) Sleeper Class/3AC/2AC/1AC, (B) Sleeper Class/3AC/2AC, (C) Sleeper Class/CC, (D) 3AC/2AC/1AC

bai zu vermeiden, wenn man nach Murud-Janjira oder zu anderen Teilen der Konkan-Küste möchte. **Tickets** (Karte S. 48) sind nahe dem Gateway of India erhältlich.

TAXI & AUTORIKSCHA

Mumbais schwarz-gelbe Taxis sind günstig und das bequemste Verkehrsmittel im Süden der Stadt. Die Fahrer stellen den Taxameter fast immer ohne Aufforderung an. Der Mindestpreis beträgt 21 ₹ (für bis zu 1,6 km), eine Strecke von 5 km kostet rund 50 ₹.

Autorikschas sind nördlich von Bandra angesagt. Der Mindestpreis beträgt 17 ₹ (für bis zu 1,6 km), eine Strecke von 3 km kostet rund 30 ₹.

Zwischen 24 und 5 Uhr gilt bei Taxis und Autorikschas ein Aufschlag von 25%.

Ein Tipp: Die Fahrer orientieren sich an Wahrzeichen, nicht an Straßennamen (besonders, wenn diese neu sind); man sollte also vor Fahrtantritt einige Details zum Ziel kennen.

ZUG

Mumbais Vorortzugnetz ist eines der weltweit am stärksten ausgelasteten – eine Fahrt während der Rush Hour kann man vergessen. Die Züge fahren von 4 bis 1 Uhr. Es gibt drei Hauptstrecken:

Western Line Sie ist für Traveller am nützlichsten. Sie führt von Churchgate Richtung Norden und hält dabei u. a. an den Bahnhöfen Charni Rd (zum Girgaon Chaupati), Mumbai Central, Mahalaxmi (zum Dhobi Ghat), Bandra, Vile Parle (zum Inlandsterminal des Flughafens), Andheri (zum internationalen Flughafen) und Borivali (zum Sanjay Gandhi National Park).

Central Line Sie fährt vom CST nach Byculla (zum Veermata Jijabai Bhonsle Udyan, früher Victoria Gardens), Dadar und weiter nach Norden bis Neral (Anschluss nach Matheran).

Von Churchgate kostet die Fahrt (2./1.Klasse) 5/48 ₹ nach Mumbai Central, 8/85 ₹ nach Vile Parle und 9/116 ₹ nach Borivali.

Um Schlangestehen zu vermeiden, kauft man am besten ein **Couponheft** (50 ₹), das für alle Zuglinien gilt und entwertet dann die Coupons vor dem Einsteigen an den Automaten.

Touristentickets (2./1. Klasse) erlauben die unbegrenzte Nutzung der Züge an ein (75/225 ₹), drei (115/415 ₹) oder fünf (135/485 ₹) Tagen.

Immer die Wertsachen im Auge behalten! Frauen sollten grundsätzlich die Frauen vorbehaltenen Abteile nutzen, außer nachts, wenn es noch dringlicher geboten ist, leere Abteile zu meiden.

Maharashtra

Inhalt ➡

Gut essen

- Malaka Spice (S. 123)
- Chaitanya (S. 114)
- Dario's (S. 123)
- Bhoj (S. 98)
- Little Italy (S. 127)

Schön übernachten

- Hotel Sunderban (S. 120)
- Verandah in the Forest (S. 115)
- Beyond (S. 92)
- Hotel Panchavati (S. 97)
- Hotel Plaza (S. 107)

Auf nach Maharashtra!

Indiens drittgrößter Bundesstaat präsentiert viele der bekanntesten Attraktionen des Landes. Dazu gehören z. B. gediegene Palmenstrände, Welterbestätten, belebte Großstädte mit kosmopolitischer Atmosphäre oder hohe Berge mit kühlem Klima und dichter Vegetation. Ganz im Osten liegen einige der eindrucksvollsten Nationalparks des Landes (u. a. die Tadoba-Andhari Tiger Reserve).

Landeinwärts warten die großartigsten Bauwerke Maharashtras: die Höhlentempel von Ellora und Ajanta, die einst von Hand in den harten Fels geschlagen wurden. Einen besonderen Reiz hat auch die kolonialzeitliche Hill Station Matheran mit ihrer Kleinbahn. Pilger und Neugierige zieht es nach Pune, das für seinen „Sex-Guru" und seine alternative Spiritualität berühmt ist. Im Westen lockt die romantische Konkanküste am Arabischen Meer, die von Festungsruinen und Sandstränden gesäumt wird – vor allem rund um den hübschen Urlaubsort Malvan, der sich momentan rapide zu einem von Indiens führenden Taucherzentren entwickelt.

Reisezeit

Nasik

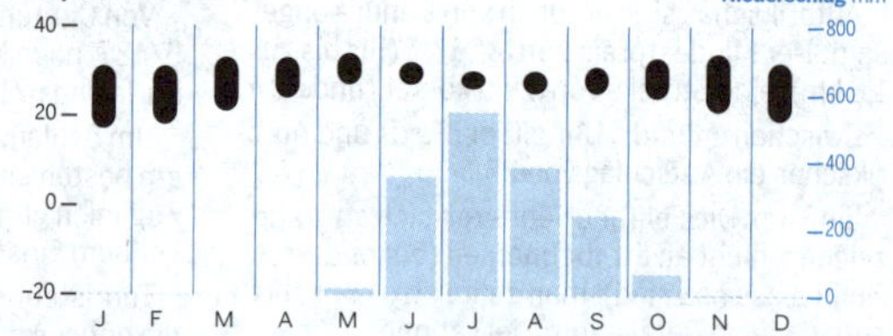

Jan. Auf Nasiks Weingütern ist Party bei Weinlese und beim Traubenstampfen angesagt.

Sept. Höhepunkt der stürmischen Feierlichkeiten zu Ganesh Chaturthi.

Dez. Klarer Himmel, mildes Klima: Die Strände in Murud, Ganpatipule und Tarkali sind nun sehr schön.

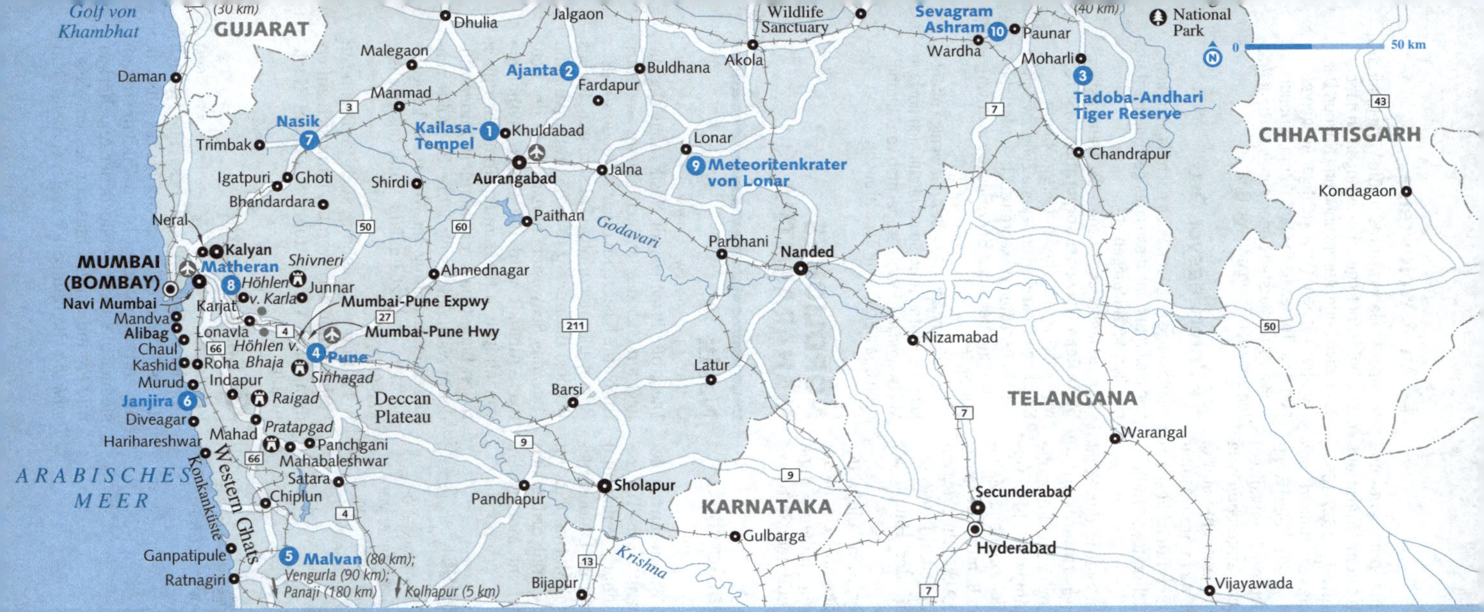

Highlights

1. Sich von der Schönheit des **Kailasa-Tempels** (Ellora; S. 101) bezaubern lassen
2. Durch die uralten Höhlengalerien von **Ajanta** (S. 103) schlendern
3. Im **Tadoba-Andhari Tiger Reserve** (S. 109) nach Großkatzen spähen
4. New-Age-Spiritualität und moderne indische Küche in **Pune** (S. 118) erleben
5. Vor **Malvan** (S. 113) im tiefblauen Meer tauchen oder schnorcheln
6. Im riesigen Fort von **Janjira** (S. 110) die Macht einer verschwundenen Zivilisation erahnen
7. Gute Tropfen im Weinbaugebiet rund um **Nasik** (S. 93) schlürfen
8. Die dramatischen Aussichtspunkte der Hill Station **Matheran** (S. 115) erkunden
9. Am **Meteoritenkrater von Lonar** (S. 109) urzeitliche Naturgewalt bestaunen
10. Im **Sevagram Ashram** (S. 108) die Lebensart Gandhis nachvollziehen

Geschichte

Maharashtra erhielt seine politische und ethnische Identität von dem Marathenfürsten Chhatrapati Shivaji (1627–1680), der von seiner Residenz in Raigad aus das Deccan Plateau und große Teile Westindiens regierte. Noch heute ist Shivaji bei den Einheimischen hoch angesehen, da er der Bevölkerung der Region eine starke eigene Mentalität eingehaucht und Maharashtra zu einer dominierenden Position im mittelalterlichen Machtgefüge Indiens verholfen hat.

Ab dem frühen 18. Jh. wurde der Staat von verschiedenen Peshwas (Ministern) regiert, bis er 1819 unter britische Kontrolle geriet. Nach der Unabhängigkeit 1947 vereinte man Gujarat und das westliche Maharashtra zum Bundesstaat Bombay, der aber nur kurz existierte: Unter Ausschluss der gujaratisprachigen Gebiete entstand 1960 das heutige Maharashtra mit der Hauptstadt Mumbai (Bombay).

Inzwischen wurde der Staat einer der erfolgreichsten des Landes, mit einem der größten Industriesektoren Indiens, dank seiner Technologieparks und dem Software-Export.

Nationalparks & Naturschutzgebiete

Maharashtra hat über 30 Naturschutzgebiete. Darunter sind insgesamt sechs Tigerreservate (u. a. Tadoba-Andhari, Pench und Navagaon rund um Nagpur im Landesinneren). Der Malvan National Marine Park im äußersten Süden schützt Korallenriffe, kleine Inseln und Küstenzonen mit Mangroven.

UNTERKUNFTSPREISE

Bei Zimmern ab 1000 ₹ wird in Maharashtra eine Dienstleistungssteuer von 7,42 % fällig. Hinzu kommt noch eine „Luxussteuer" von 4 % (Zimmertarif 750–1200 ₹) oder 10 % (Zimmertarif ab 1200 ₹). In der Nebensaison verzichten viele Hotels jedoch auf eine oder beide davon.

Die nachstehenden Preise beziehen sich auf ein Doppelzimmer mit Bad inklusive Steuer.

$ weniger als 2000 ₹

$$ 2000–5000 ₹

$$$ mehr als 5000 ₹

An- & Weiterreise

Mumbai ist Maharashtras größte Verkehrsdrehscheibe. Stark frequentierte Flughäfen haben aber auch Pune, Aurangabad und Nagpur. Der Bahnhof Jalgaon ist ein wichtiger Ausgangspunkt für Touren nach Ajanta. Zum Ferienort Malvan im äußersten Süden geht's am bequemsten über den Flughafen von Goa.

Unterwegsvor Ort

Inlandsflüge (z. B. von Pune nach Nagpur) können die Erkundung dieses riesigen Bundesstaats deutlich beschleunigen.

Das umfangreiche Busnetz der **Maharashtra State Road Transport Corporation** (MSRTC; www.msrtc.gov.in) bedient alle größeren Siedlungen und viele entlegene Ziele. Zwischen den Großstädten verkehren auch komfortable Volvo- und Mercedes-Benz-Busse von Privatgesellschaften.

An der Konkanküste gibt's nur wenige öffentliche Verkehrsmittel. So empfiehlt sich dort ein Mietwagen mit Fahrer, wobei man von Mumbai nach Goa vier bis fünf Tage braucht.

NÖRDLICHES MAHARASHTRA

Nasik

☎0253 / 1,57 MIO. EW. / 565 M

Die große Provinzstadt Nasik (alias Nashik) liegt am Ufer des heiligen Flusses Godavari. Ihr Name basiert auf einer Legende aus dem Ramayana, derzufolge Lakshmana (Ramas Bruder) die *nasika* (Nase) von Surpanakha (Ravanas Schwester) abhackte. In der heutigen Altstadt wird die Hindu-Mythologie von einigen interessanten Tempeln und g roßen Bade-Ghats repräsentiert. Zudem findet in Nasik alle zwölf Jahre die größte religiöse Versammlung der Welt statt: das Kumbh Mela (zuletzt im Jahr 2015, das nächste Mal 2027).

Da in der Umgebung auch Indiens beste Weine produziert werden, lohnt sich außerdem, eine Weinguttour (S. 93) am Nachmittag.

Sehenswertes

Ramkund GHAT

Hunderte Hindu-Pilger besuchen täglich dieses Ghat im Herzen von Nasiks Altstadt, um zu baden und zu beten. Zudem streuen sie hier die Asche verstorbener Angehöriger und Freunde in den Fluss, da dessen Wasser *moksha* (Befreiung der Seele) verheißt. Nur schade, dass Müll und der schäbige Markt nebenan das Bild trüben.

Kala-Rama-Tempel HINDU-TEMPEL
(⏲6–22 Uhr) Nasiks heiligster Schrein (erb. 1794) beherbergt ungewöhnliche Darstellungen von Rama, Sita und Lakshmana aus schwarzem Stein. Der Legende zufolge soll Lakshmana hier die Nase der Surpanakha abgeschlagen haben.

Gumpha Panchavati HINDU-TEMPEL
(⏲6–21.30 Uhr) In diesem höhlenartigen Tempel verbarg sich angeblich Sita vor den Angriffen des bösen Ravana. Da der Eingang sehr schmal und niedrig ist, müssen sich Besucher hindurchquetschen und dabei den Kopf einziehen.

Schlafen

Hotel Samrat HOTEL $
(☎2577211; www.hotelsamratnasik.com; Old Agra Rd; EZ/DZ ab 950/1330 ₹, mit Klimaanlage 1580/1820 ₹; ❄📶) Das Samrat ist sein Geld wert: Die komfortablen Zimmer verfügen über große Fenster und Mobiliar aus Kiefernholz. Die günstigeren Quartiere wirken recht grell und geschmacklos, während die teureren Varianten eine dezentere Farbgestaltung haben. Das Hotel steht direkt neben dem Busbahnhof und besitzt ein blitzsauberes Restaurant, das vegetarisches Essen rund um die Uhr serviert. Somit ist es sehr beliebt bei Travellern, die sich zwischendurch eine Runde stärken und erholen wollen.

Hotel Abhishek HOTEL $
(☎2514201; www.hotelabhishek.com; Panchavati Karanja; EZ/DZ ab 370/490 ₹, mit Klimaanlage 770/830 ₹; ❄📶) Diese anständige Budgetoption kurz hinter dem Panchavati Karanja (Kreisverkehr) vermietet saubere, aber etwas betagte Zimmer. Zudem warten hier leckeres vegetarisches Essen und Duschen mit Warmwasser (nur morgens). Die Qualität des Services hängt etwas vom jeweiligen Rezeptionisten ab.

Hotel Panchavati HOTEL $
(☎2575771; www.panchavatihotels.com; 430 Chandak Wadi, Vakil Wadi Rd; EZ/DZ inkl. Frühstück 1300/1500 ₹, mit Klimaanlage ab 1500/1900 ₹; ❄📶) Der weitläufige Hotelkomplex beherbergt neben vielen untschiedlichen Zimmern auch zwei gute Restaurants und eine Bar. Die Quartiere wirken willkürlich mit einem einzigartigen Mix aus indischen Deko-Elementen eingerichtet und obendrein etwas betagt. Dafür sind sie geräumig, sauber und allgemein gut in Schuss. Der WLAN-Zugang funktioniert nur in der Lobby.

Ibis HOTEL $$
(☎0253-6635555; www.ibis.com; Trimback Rd; EZ/DZ 2580/2760 ₹; ❄📶) Rund 4 km westlich vom Zentrum wartet das Ibis mit recht kleinen, aber schicken, modernen und gut ausgestatteten Zimmern auf. Darin stehen hochwertige Betten mit Bettwäsche auf demselben Niveau. Die WLAN-Verbindung ist schnell und zuverlässig. Ein gutes Restaurant, ein Fitnessraum und Zimmerservice rund um die Uhr runden das tolle Gesamtpaket ab.

Ginger HOTEL $$
(☎0253-6616333; www.gingerhotels.com; Plot P20, Satpur MIDC, Trimbak Rd; EZ/DZ 3060/3670 ₹; ❄📶) Da die Ginger-Kette vor allem auf den Business-Bereich abzielt, gibt's hier keinen Service. Dafür herrscht kein Mangel an luxuriösen Extras und Annehmlichkeiten. Die

TOP-FESTIVALS

Naag Panchami (⏲Juli/Aug.; Pune & Kolhapur) Traditionelles Fest zu Ehren von Schlangen.

Ganesh Chaturthi (⏲Aug./Sept.; ganz Maharashtra) In Pune wird die elefantenköpfige Gottheit besonders frenetisch gefeiert.

Dussehra (⏲Sept. & Okt.; ganz Maharashtra) Eigentlich ein Hindu-Fest; fällt aber gleichzeitig auf den buddhistischen Feiertag, der den Übertritt des berühmten Humanisten und Dalit-Führers B. R. Ambedkar zum Buddhismus ehrt.

Ellora-Ajanta-Aurangabad-Festival (⏲Nov.; Aurangabad) Kulturfestival mit den besten Klassik- und Folkloremusikern der Region; präsentiert parallel auch künstlerische Traditionen und Kunsthandwerk.

Kalidas-Festival (⏲Nov.; Nagpur) Erinnert mit Musik, Tanz und Theater schwungvoll an den literarischen Genius des legendären Dichters Kalidas.

Sawai Gandharva Sangeet Mahotsav (⏲Dez.; Pune) Fantastisches Fest mit unvergesslichen Auftritten von ein paar der bedeutendsten klassischen Musiker Indiens.

Nasik

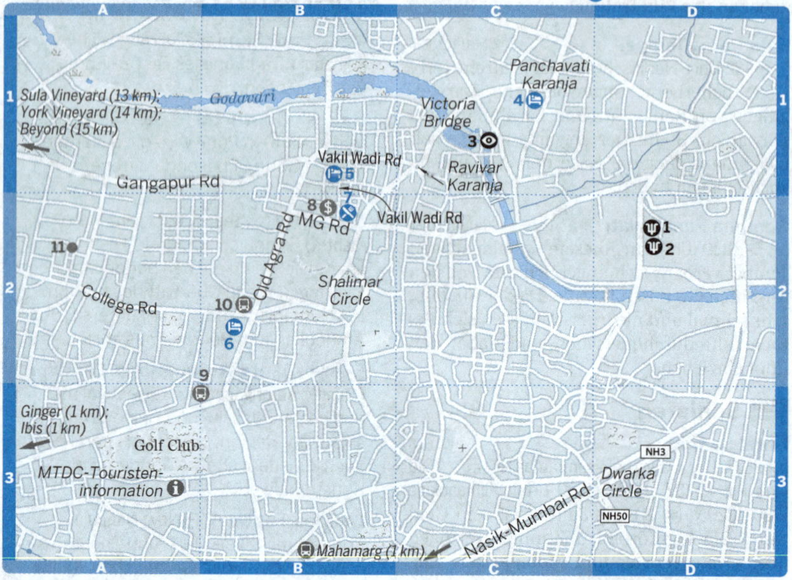

Nasik

Sehenswertes
1 Gumpha Panchavati D2
2 Kala-Rama-Tempel D2
3 Ramkund C1

Schlafen
4 Hotel Abhishek C1
5 Hotel Panchavati B1
6 Hotel Samrat B2

Essen
Khyber .... (siehe 5)
7 Shilpa's Food Lounge B2

Praktisches
Cyber Café .... (siehe 5)
8 HDFC Bank (Geldautomat) B2

Transport
9 New-Central-Busbahnhof B3
10 Old-Central-Busbahnhof B2
11 Zugreservierungsbüro A2

fröhlichen, einladenden Zimmer punkten mit hellem Holz, sehr großer Sauberkeit und schicken eigenen Bädern. Zu finden ist das Ganze rund 4 km westlich vom Zentrum.

★ Beyond RESORT $$$
(☎ 09970090010; www.sulawines.com; Gangapur-Savargaon Rd; DZ/Suite inkl. Frühstück ab 7750 ₹; ❄ 🏊) Das Luxusresort der Sula Vineyards liegt an einem stillen See, der zum Kajakfahren einlädt. Die sanft gewellten Hügel in unmittelbarer Nähe lassen sich mit dem Fahrrad erkunden. Alternativ kann man stundenlang im hauseigenen Spa oder im Spielezimmer relaxen. Die 32 modernen Zimmer sind teuer, aber wunderschön und sehr geschmackvoll eingerichtet. Die Hausrestaurants machen ebenfalls einen hervorragenden Eindruck.

✕ Essen

Shilpa's Food Lounge INDISCH, MULTICUISINE $
(Vakil Wadi Rd; Gerichte 60–150 ₹; ⏲ 8.30–23 Uhr; 📶) Sauber, modern und einladend: Das neue, klimatisierte Restaurant im Stadtzentrum tischt eine gute Auswahl an indischen, europäischen und chinesischen Gerichten auf. Darunter ist auch das beste *misal pav* (45 ₹) in Nasik. Hierbei handelt es sich um ein ungewöhnliches Frühstück à la Maharashtra, das mit Bohnensprossen und Brot serviert wird.

Khyber MOGUL-KÜCHE, INTERNATIONAL $$
(Hotel Panchavati, 430 Chandak Wadi, Vakil Wadi Rd; Hauptgerichte 180–300 ₹; ⏲ 11.30–23.30 Uhr) Dieses Lokal im Hotel Panchavati ist für Köstlichkeiten im afghanischen Stil bekannt

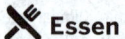

– beispielsweise *murgh shaan-e-khyber* (mit Kräutern mariniertes Hühnerfleisch, in cremiger Sauce gegart).

Soleil by La Plage FRANZÖSISCH, INDISCH $$$ (☎7722020927; Sula Vineyards, Gangapur-Savargaon Rd; Gerichte 600–1100 ₹; ⏲12.30–15.30 & 19.30–22.30 Uhr) Das tolle neue Restaurant auf dem Gelände der Sula Vineyards wurde von den Eigentümern eines berühmten Restaurants in Goa gegründet. Urban anmutendes Künstlerdesign und hippe Sitzmöbel in großen Räumlichkeiten schaffen hier das passende Ambiente für echte Spitzenküche. Am besten bestellt man sich einen der französischen Klassiker (z. B. *coq au vin*). Indische und internationale Gerichte stehen aber auch auf der Karte – selbstverständlich ergänzt durch Sula-Weine.

ℹ Praktische Informationen

Cyber Café (Vakil Wadi Rd; 20 ₹/Std.; ⏲10–22 Uhr) Freundliches und hilfsbereites Personal.

MTDC-Touristeninformation (☎2570059; www.maharashtratourism.gov.in; T/I, Golf Club, Old Agra Rd; ⏲Mo–Sa 10.30–17.30 Uhr) Hat hilfsbereites Personal und liegt ca. 1 km südlich vom Old-Central-Busbahnhof.

ℹ Anreise & Unterwegs vor Ort

BUS

Am **New-Central-Busbahnhof** starten Busse nach Aurangabad (Semideluxe 292 ₹, 4½ Std.) und Pune (Semideluxe/Deluxe 308/570 ₹, 4½ Std.). Vom **Old-Central-Busbahnhof** (CBS; ☎0253-2309310) geht's nach Trimbak (35 ₹, 45 Min.). Südlich von Nasik liegt der **Mahamarg-Busbahnhof** mit Verbindungen nach Mumbai Central (Semideluxe 278 ₹, 4 Std.) und Shirdi (114 ₹, 2½ Std.). Nahe dem zentralen Geschäftsbezirk (zumeist an der Old Agra Rd) fahren Privatgesellschaften in Richtung Pune, Mumbai, Aurangabad und Ahmedabad ab. Busse nach Mumbai steuern dort hauptsächlich Dadar als Endstation an.

ZUG

Der Bahnhof an der Nasik Rd liegt 8 km südöstlich vom Stadtzentrum. Allerdings gibt's rund 500 m westlich des Old-Central-Busbahnhofs ein praktisches **Zugreservierungsbüro**

WEIN AUS NASIK

Nasiks Weine haben eine lange Entwicklung von laschen Lesen zu vollmundigen Sorten hinter sich. Weintrauben zum Essen werden in der Region schon seit Ewigkeiten angebaut. Doch erst Anfang der 1990er-Jahre begriffen ein paar Unternehmer, dass Nasik mit seinem fruchtbaren Boden und gemäßigten Klima gute Bedingungen für den Weinanbau bietet. 1997 investierten die Sula Vineyards als örtlicher Winzerpionier offenbar furchtlos in einen Bestand von Sauvignon und Chenin Blanc. Daraufhin gelangte 2000 die erste Charge einheimischer Weine in die Regale. Und so ging es in Nasik seitdem ständig weiter.

Heute keltern die meisten regionalen Weingüter ein recht großes Spektrum, das neben Syrah, Merlot, Cabernet, Semillon und Zinfandel auch ein paar Schaumweine umfasst. Bei Betriebsbesuchen kann man den Großteil dieser guten Tropfen selbst verkosten,

Während der Weinernte (Jan.–März) organisieren einige Weingüter auch sehr ausgelassene Feste mit Traubenstampfen und informieren dann jeweils vorher auf ihren Websites darüber.

Sula Vineyards (☎09970090010; www.sulawines.com; Gangapur-Savargaon Rd, Govardhan; ⏲11–22 Uhr) Das eindrucksvolle Anwesen mit Hightech-Einrichtungen liegt etwa 15 km westlich von Nasik. Den Abschluss der professionell gestalteten Betriebsführung (ca. 45 Min.) bildet eine Weinprobe (4/6 Weine 150/250 ₹) mit hervorragenden Verkostungstipps und den besten Lesen des Hauses. Das Café des Weinguts punktet mit einem herrlichen Blick auf die Landschaft, ist aber sehr stark besucht und verkauft nur Snacks. Für ein richtiges Mahl empfiehlt sich daher das benachbarte Restaurant Soleil by La Plage mit französischer Küche.

York Winery (☎0253-2230700; www.yorkwinery.com; Gangapur-Savargaon Rd, Gangavarhe; ⏲12–22 Uhr, Führungen 12.30–18 Uhr) Rund 1 km hinter den Sula Vineyards gibt's hier ebenfalls Betriebsführungen und Weinproben (100 ₹). Bei malerischem Blick auf See und Hügel finden letztere im obersten Stockwerk eines Gebäudes statt. Die York Winery keltert neben fünf Rotweinen auch einen Rosé und einen Chenin Blanc. Obendrein bietet sie europäische Snacks (Oliven, Käse) in einem großen Garten an.

(1. Stock, Commissioner's Office, Canada Corner; ⌚Mo–Sa 8–20 Uhr). Täglich rollen der *Pushpak Express* (1./2./3. Klasse 1230/735/535 ₹, 4½ Std., 15.15 Uhr) und etwa 14 weitere Züge nach Mumbai; wer dorthin will, muss somit nicht lange warten. Von den vier täglichen Zügen nach Aurangabad empfiehlt sich der *Tapovan Express* (2. Klasse/Chair Class 85/320 ₹, 3½ Std., 9.50 Uhr). Eine Autorikscha zum Bahnhof kostet ca. 125 ₹.

Rund um Nasik

Bhandardara

Rund 70 km von Nasik entfernt liegt das malerische Dorf Bhandardara, tief in den Tälern der Sahyadris. Dieser wenig besuchte Ort inmitten schroffer Berge ist einer von Maharashtras besten Rückzugsorten vor dem Trubel des städtischen Indiens.

Die meisten Ortsansässigen wohnen rund um den hufeisenförmigen **Arthur-Stausee**. Dieser wird vom Pravara gespeist, dessen Wasser der kolonialzeitliche **Wilson-Damm** von 1910 auf einer Seeseite am Abfließen hindert. Für Wanderfreunde empfiehlt sich der Aufstieg zum Gipfel des **Mt. Kalsubai** (1646 m), der den Marathen einst als Beobachtungspunkt diente. Eine Alternative ist der Marsch zu einem weiteren Ex-Bollwerk des Shivaji: Die Ruinen von **Fort Ratangad** punkten mit herrlichem Blick auf die umliegenden Gebirgszüge.

Das charmante, auf einem Hügel gelegene **Anandvan Resort** (☎9920311221; www.anandvanresorts.com; DZ ab 7350 ₹; ❄) vermietet gemütliche Hütten und Villen mit Blick auf den Arthur-Stausee – sehr stilvoll. Ein bisschen weiter bergab liegt auch noch die gute Budgetoption **MTDC Holiday Resort** (☎0242-4257032; Budget/Deluxe DZ ab 1100/4000 ₹; ❄) mit renovierten und gemütlichen Zimmern.

Um herzukommen, einfach vom Mahamarg-Busbahnhof in Nasik mit dem Regionalbus nach Ghoti (38 ₹, 1 Std.) fahren und dann eine Autorikscha (90 ₹) nach Bhandardara nehmen. Wer will, kann auch ein Taxi ab Nasik direkt zum Resort nehmen (1500 ₹).

> **TOP-YOGA- & MEDITATIONSZENTREN**
>
> Die Vipassana International Academy in Igatpuri ist schon lange ein Ziel all jener, die spirituelle Erfahrungen durch eine strenge Form buddhistischer Meditation erlangen wollen. Die Grenzen des Yoga werden im Ramamani Iyengar Memorial Yoga Institute (S. 119) in Pune und im Kaivalyadhama Yoga Hospital (S. 116) in Lonavla ständig erweitert. Wer sich bei der Sinnsuche lieber nicht kasteien will, wählt das superluxuriöse Osho International Meditation Resort (S. 119) in Pune, wo man mit Stil meditieren und beim einzigartigen „Zennis" (Zen-Tennis) ein bisschen seine Muskeln lockern kann.

Igatpuri

Interesse an *vipassana*? Dann auf zum Dorf Igatpuri! Etwa 44 km südlich von Nasik kann man nämlich selbst erleben, wo und wie das Ganze vonstatten geht. Mit der **Vipassana International Academy** (☎02553-244076; www.dhamma.org, Spenden erwünscht) befindet sich hier der Hauptsitz des weltweit größten *vipassana*-Meditationszentrums. Man kann Unterricht in dieser strengen Meditationsform nehmen, die erstmals im 6. Jh. v. Chr. von Gautama Buddha vermittelt und während der 1960er-Jahre vom Lehrmeister S.N. Goenka erneut in Indien eingeführt wurde. Vor Ort finden ganzjährig Kurse mit Übernachtung statt. Eine Teilnahme muss immer im Voraus gebucht werden, und die Lehrer sagen, dass extreme Disziplin vonnöten ist. Meditationsunterricht plus einfache Unterkunft und Essen gibt's gratis. Spenden nach dem Kurs sind jedoch willkommen. Auf der Homepage finden sich Infos zum Transport, von Nasik bieten sich Sammeltaxis oder ein Linienbus an – beide fahren vom New-Central-Busbahnhof ab.

Trimbak

Trimbakeshwar-Tempel HINDU-TEMPEL
(Eintritt 200₹ um die Schlange zu vermeiden, ⌚5.30–21 Uhr) Der heiligste Tempel Indiens, der Trimbakeshwar-Tempel, steht 33 km westlich von Nasik im Zentrum Trimbaks. Mit dem *jyoti linga* beherbergt er einen der zwölf wichtigsten Shiva-Schreine. Nur Hindus haben Zutritt, Andersgläubige dürfen aber in den Hof hineinspähen. In der Nähe strömt das Wasser des Godavari in das **Gangadwar-Badebecken**, das jeden zum Abwaschen seiner Sünden einlädt.

Vom Old-Central-Busbahnhof in Nasik fahren regelmäßig Busse nach Trimbak (30 ₹, 45 Min.).

Aurangabad

☎0240 / 1,28 MIO EW. / 515 M

Im turbulenten mittelalterlichen Indien war Aurangabad noch eine ganz kleine Nummer. Zwischen 1653 und 1707 rückte es unter dem letzten Großmogul Aurangzeb zwar kurz als Hauptstadt ins Rampenlicht, mit dem Tod des Herrschers schwand Aurangabads Bedeutung aber schnell wieder. Von der kurzen Ruhmeszeit zeugen dennoch faszinierende Bauten, u.a. ein Nachbau des Taj Mahal (Bibi-qa-Maqbara), die einen kleinen, aber steten Besucherstrom anlocken. Weitere historische Relikte wie eine Reihe uralter buddhistischer Höhlen machen Aurangabad zu einem lohnenden Ziel für Wochenendausflüge von Mumbai aus. Der Hauptgrund für den Weg hierher besteht jedoch darin, dass die Stadt ein hervorragender Startpunkt für Touren zu den Welterbestätten Ellora und Ajanta ist.

Der wichtigste Wirtschaftsfaktor hier war einst die Seidenproduktion. Noch heute ist Aurangabad weltweit für seine handgewebten Himroo- und Paithani-Saris bekannt.

Der Bahnhof, die Budgethotels und die preiswerten Restaurants sind vor allem entlang der Station Rd East bzw. West im Süden der Stadt zu finden. Der MSRTC-Busbahnhof liegt 1,5 km nördlich vom Bahnhof. Nordöstlich vom Busbahnhof befindet sich die belebte Altstadt mit ihren engen Straßen und dem muslimischen Viertel.

Sehenswertes

★ Bibi-qa-Maqbara DENKMAL

(Inder/Ausländer 5/100 ₹; Sonnenaufgang–22 Uhr) Aurangzebs Sohn Azam Khan errichtete das Bibi-qa-Maqbara 1679 als Mausoleum für seine Mutter Rabia-ud-Daurani. Vier Minarette flankieren den zentralen Bau mit seiner zwiebelförmigen Kuppel. Weithin als „Taj Mahal für Arme" bekannt, sieht das weiße Grabmal dem Original in Agra verblüffend ähnlich. Allerdings ist es deutlich kleiner und besteht, abgesehen von ein paar Marmorverzierungen (z.B. am Sockel und an der Kuppel), größtenteils aus Kalkmörtel.

Eigentlich wollte der Prinz ursprünglich das ganze Mausoleum aus weißem Marmor errichten. Diesen Plan durchkreuzte jedoch sein sparsamer Vater, der gar nichts davon hielt, Staatsgelder für einen derart extravaganten Bau zu verschwenden. Doch trotz des günstigeren Materials und der unübersehbaren Verwitterung wirkt das Ganze einfach deutlich eindrucksvoller als eine x-beliebige Grabstätte.

Der geometrische Garten hier lohnt entdeckt zu werden, mit den Hügeln des Deccan im Hintergrund, ein großartiger Anblick.

Höhlen von Aurangabad HÖHLEN

(Inder/Ausländer 5/100 ₹; Sonnenaufgang–Sonnenuntergang) Rein vom architektonischen Gesichtspunkt her betrachtet können die Höhlen von Aurangabad keinesfalls mit denen von Ellora oder Ajanta konkurrieren. Dennoch sind sie ein Stück frühbuddhistischer Architekturgeschichte und punkten in erster Linie mit friedvoller Ruhe. Die zehn durchweg buddhistischen Höhlen wurden im 6. oder 7. Jh. n. Chr. aus dem Fels geschlagen. Sie bilden zwei Gruppen, die 1 km voneinander entfernt liegen und mit demselben Ticket besichtigt werden können. Besonders beliebt ist Höhle 7 mit Skulpturen spärlich bekleideter Liebespaare in recht eindeutigen Positionen.

Die Höhlen liegen ca. 2 km nördlich des Bibi-qa-Maqbara. Von dort aus sollte eine Fahrt mit der Autorikscha höchstens 180 ₹ (hin & zurück inkl. Wartezeite) kosten.

Panchakki GARTEN

(Inder/Ausländer 5/20 ₹; 6.15–21.15 Uhr) Der Name des Gartens bedeutet wörtlich „Wasserrad" und bezieht sich auf die uralte Mühle auf dem Gelände. Die galt einst als Wunder der Technik und funktioniert immer noch, ist aber heutzutage nicht mehr unbedingt eine Attraktion (höchstens vielleicht für Ingenieure aus dem Wasserbaubereich).

Vor Ort findet man auch das Grab des Sufi-Heiligen Baba Shah Muzaffar, der Aurangzeb spirituell begleitete. Sein Gedenkgarten im hinteren Teil der Anlage wird von fischreichen Teichen flankiert.

Shivaji Museum MUSEUM

(Dr. Ambedkar Rd; Eintritt 5 ₹; Fr–Mi 10.30–18 Uhr) Das schlichte Museum widmet sich dem Leben des Marathen-Helden Shivaji. Es zeigt z.B. ein 500 Jahre altes Kettenhemd und eine Kopie des Korans aus Aurangzebs eigener Feder.

Geführte Touren

So wie **Classic Tours** (☎2337788; www.classictours.info; MTDC Holiday Resort, Station

Aurangabad

Rd East) veranstaltet auch die **Indian Tourism Development Corporation** (ITDC; ✆2331143; MTDC Holiday Resort, Station Rd East) täglich Bustouren zu den Höhlen von Ajanta (450 ₹) und Ellora (325 ₹). Achtung: Hierbei handelt es sich jeweils um stark kommerziell geprägte Trips, die bei indischen Touristen sehr beliebt sind und so viele Attraktionen wie möglich in kurzer Zeit abklappern. So besucht die Tour nach Ellora auch alle anderen Hauptattraktionen Aurangabads, Fort Daulatabad und Aurangzebs Grabstätte in Khuldabad – ganz schön viel für einen einzigen Tag! Der Preis beinhaltet jeweils einen Guide, aber nicht den eigentlichen Eintritt zu den Sehenswürdigkeiten. Alle Touren starten und enden am MTDC Holiday Resort.

Ashoka Tours & Travels GEFÜHRTE TOUREN (✆2359102, 9890340816; www.touristaurangabad.com; Hotel Panchavati, Station Rd West; ⏲8–20 Uhr) Der hervorragende Veranstalter in Aurangabad bietet neben sehr guten Stadt- und Regionaltouren auch Mietwagentrips zu fairen Preisen an (max. 4 Pers. mit Klimaanlage nach Ellora/Ajanta 2400/1400 ₹). Der kompetente Firmeninhaber namens Ashok T. Kadam ist ein früherer Autorikschafahrer.

Aurangabad

Highlights
1 Bibi-qa-Maqbara B1

Sehenswertes
2 Panchakki A2
3 Shivaji Museum D1

Aktivitäten, Kurse & Touren
Ashoka Tours & Travels .... (siehe 7)
Classic Tours .... (siehe 10)

Schlafen
4 Hotel Amarpreet D3
5 Hotel Green Olive B3
6 Hotel Oberoi C4
7 Hotel Panchavati B4
8 Hotel Regal Plaza A5
9 Keys Hotel B4
10 MTDC Holiday Resort A5
11 VITS B5

Essen
12 Bhoj B3
Hotel Panchavati .... (siehe 7)
13 Kailash B5
14 Swad Veg Restaurant C4
15 Tandoor B5

Praktisches
MTDC-Büro .... (siehe 10)
16 State Bank of India C4

Transport
17 MSRTC-Busbahnhof B3
18 Private Busgesellschaften C4

Schlafen

★ Hotel Panchavati HOTEL $

(☎ 2328755; www.hotelpanchavati.com; Station Rd West; EZ/DZ 1000/1130 ₹, mit Klimaanlage 1150/1250 ₹; ❄@📶) Das Management von Aurangabads bestem Budgethotel ist immer hilfsbereit und auf Zack. Zudem kennt man auch die Bedürfnisse von Travellern (die sich hier übrigens prima gegenseitig kennenlernen können). In den clever eingerichteten Kompaktzimmern stehen bequeme Betten mit Paisley-Tagesdecken. Zudem gibt's einen Zimmerservice, Warmwasser rund um die Uhr, zwei Restaurants und eine Bar.

Das Hotel ist obendrein der Firmensitz des stets verlässlichen Veranstalters Ashoka Tours & Travels mit Touren nach Ellora und Ajanta.

Hotel Oberoi HOTEL $

(☎ 2323841; www.hoteloberoi.in; Osmanpura Circle, Station Rd East; EZ/DZ 900/1000 ₹, mit Klimaanlage 1260/1380 ₹; ❄📶) Das renovierte Hotel mit dem vorwitzigen Namen hat nichts mit der gleichnamigen Fünfsterne-Kette zu tun: Es gehört den Inhabern des Panchavati, was guten Service und hilfsbereites Personal garantiert. Die geräumigen, modernen Zimmer punkten mit Flachbild-TVs und bequemen Betten. Die schönen Bäder sind ebenfalls gut in Schuss. Wer vorher anruft, kann sich gratis vom Bahnhof oder Busbahnhof abholen lassen.

Hotel Regal Plaza HOTEL $

(☎ 0240-2329322; www.hotelregalplaza.com; Station Rd West; EZ/DZ 870/990 ₹, mit Klimaanlage 1110/1200 ₹; ❄📶) Hinter der ein bisschen zu auffälligen Spiegelfassade kümmert sich das Personal gut um Gäste. Die Zimmer mit Kabelfernsehen sind hell, luftig und gut gepflegt. Im Angebot sind außerdem Gratisshuttles zum bzw. vom Bahnhof oder Busbahnhof und geführte Touren mit gutem Preis-Leistungs-Verhältnis. Das Hausrestaurant serviert indisches und chinesisches Essen.

MTDC Holiday Resort HOTEL $

(☎ 2331513; Station Rd East; DZ ohne/mit Klimaanlage ab 1420/1980 ₹; ❄) In unmittelbarer Nähe des Bahnhofs steht dieses staatlich betriebene Hotel mit eigenem Restaurant und etwas merkwürdigen Organisationsdefiziten. Die allesamt geräumigen Zimmer unterscheiden sich ziemlich voneinander. Vorab sollten ein paar davon besichtigt werden, da die Instandhaltung teilweise zu wünschen übrig lässt. Im Haus findet man auch eine gut ausgestattete Bar und mehrere Reisebüros, die Touren nach Ellora und Ajanta anbieten.

Keys Hotel HOTEL $$

(☎ 0240-6654000; www.keyshotels.com; Padampura Circle Zi./Suite ab 3160/4560 ₹; ❄📶) Das moderne, einladende Keys liegt ungefähr 1 km vom Bahnhof entfernt. Laminatböden, attraktives Mobiliar (u. a. Schreibtische, Kleiderschränke) aus Holz und gute Betten mit hochwertigen Laken verleihen den Zimmern einen zeitgemäßen Look. Vorhanden sind auch ein Fitnessraum (Benutzung gratis) und ein empfehlenswertes Hausrestaurant.

Aurangabad Gymkhana Club HOTEL $$

(☎ 0240-2476501; Mukunwadi Circle, Airport Rd; EZ/DZ ab 2560/2860 ₹; ❄📶🏊) Ein 40 m langes Schwimmbecken und einer von Aurangabads besten Fitnessräumen machen das große Hotel in Flughafennähe zur perfekten

Wahl für Sportfreaks. Die Zimmer umgeben einen überdachten Innenhof (nicht so toll), wirken aber jeweils sehr geräumig. Die renovierten, modernen Varianten sind den Aufpreis wert. Das Hausrestaurant serviert äußerst leckeres und preiswertes Essen. Der Service ist leicht chaotisch, aber sehr bemüht.

Hotel Green Olive HOTEL $$
(☎ 0240-2329490; www.dasilvascoffee.com; 13/3 Bhagya Nagar, abseits der Station Rd West; Zi. ab 3700 ₹; ❄ 📶) Stilvolle, gut gepflegte Zimmer mit guter Ausstattung verleihen dieser eindrucksvollen Neueröffnung das Ambiente eines Boutiquehotels. Das Personal kümmert sich recht gut um die Gäste und organisiert auch Verkehrsmittel oder geführte Touren.

Hotel Amarpreet HOTEL $$
(☎ 6621133; www.amarpreethotel.com; Jalna Rd; EZ/DZ ab 3880/5170 ₹; ❄ @ 📶 🏊) Die geräumigen Zimmer sind betagt und liegen an einer verkehrsreichen Straße (am besten ein Zimmer abseits davon nehmen). Dafür entschädigt das Management mit freundlichem Lächeln, höflichem Service und hervorragender Sauberkeit. Die Auswahl an Essen und alkoholischen Getränken ist ebenfalls spitze.

VITS HOTEL $$
(☎ 2350701; www.vitshotelaurangabad.com; Station Rd East; Zi./Suite inkl. Frühstück 4680/8190 ₹; ❄ @ 📶 🏊) Dieses Wahrzeichen im Stadtzentrum kann sein Alter nunmehr nicht mehr verstecken, wartet aber nach wie vor mit hervorragender Lage (z. B. in bequemer Nähe zum Bahnhof) und einem kleinen Fitnessraum auf. Die gut ausgestatteten Zimmer haben ein anständiges Preis-Leistungs-Verhältnis. Das Gratisfrühstück und die allgemeine Verköstigungslage vor Ort lassen allerdings stark zu wünschen übrig (dem Management zufolge ist eine Renovierung des Hauscafés geplant).

★ Lemon Tree HOTEL $$$
(☎ 6603030; www.lemontreehotels.com; R7/2 Chikalthana, Airport Rd; Zi. inkl. Frühstück ab 5590 ₹; ❄ @ 📶 🏊) Das weiß verputzte Lemon Tree wirkt eher wie die mediterrane Luxusvilla eines Milliardärs und nicht wie ein indisches Hotel. Seine Eleganz und Klasse setzen sich im schönen Design fort: Von allen Zimmern schaut man nach innen auf den vielleicht besten Pool des Deccan Plateau (stolze 50 m lang). Die Standardzimmer sind relativ klein, aber von einem ebenso fröhlichen wie lebendigen Kontrast zwischen tropischen Farbtönen und schneeweißen Wänden geprägt. Zu finden ist das Hotel etwa 6 km vom Stadtzentrum entfernt in Flughafennähe.

Essen

Swad Veg Restaurant INDISCH $
(Kanchan Chamber, Station Rd East; Hauptgerichte 70–130 ₹) Das Swad serviert neben einer tollen Auswahl an indischen Snacks bzw. Klassikern (z. B. Dosas) auch ein paar Pizza-, Shake- und Eiscremesorten. Empfehlenswert ist das Gujarat-Thali (170 ₹), dessen zahllose Einzelgerichte unter dem wohlwollenden Blick des Schutzheiligen Yogiraj Hanstirth vertilgt werden.

Kailash INDISCH $
(Station Rd East; Hauptgerichte 85–120 ₹; ⌚ 8–23 Uhr) Das belebte Lokal mit rein vegetarischer Küche und klimatisiertem Zweitraum ähnelt grob der indischen Ausgabe eines US-amerikanischen Diners. In familiärer Atmosphäre kommen hier üppige Portionen auf den Tisch. Bestellen kann man neben Reis- und Nudelgerichten auch viele Gerichte aus dem Punjab oder aus Südindien.

★ Bhoj INDISCH $$
(Station Rd West; Thalis 180 ₹; ⌚ 11–15 & 19–23 Uhr) Super, um sich nach einer langen Bus- oder Bahnfahrt relaxt zu stärken: Das Bhoj ist zu Recht für seine leckeren, gigantischen Thalis nach Rezepten aus Rajasthan und Gujarat bekannt. Es befindet sich im 1. Stock einer kleinen und leicht schäbigen Einkaufsmeile. Einrichtung, Ambiente, Service und Präsentation des Essens sind aber jeweils erstklassig.

Hotel Panchavati INTERNATIONAL $$
(Station Rd West; Hauptgerichte 60–280 ₹; ⌚ 7–22 Uhr; 📶) Das Hausrestaurant dieses Budgethotels serviert neben vielen indischen Gerichten auch chinesische und koreanische Kost. Kaltes Bier, freundliches Personal und eine Klimaanlage entschädigen für das magere Ambiente.

Tandoor NORDINDISCH $$
(Shyam Chambers, Station Rd East,; Hauptgerichte 160–290 ₹) Das Tandoor ist eines der besten Restaurants in Aurangabad und serviert gute Tandoori-Gerichte sowie köstliche nordindische vegetarische und nicht-vegetarische Speisen in fürstlichem Ambiente. Unbedingt die Kebabs probieren. Es gibt

auch ein paar chinesische Gerichte, aber die Stammkunden bevorzugen das Essen, das aus dem Tandur kommt.

Shoppen

Aurangabad ist für seine Himroo-Stoffe aus Baumwolle, Seide und Silberfäden bekannt. Die meisten Schals und Saris aus diesem Material entstehen heute auf mechanischen Webstühlen. Einige örtliche Geschäfte führen aber immer noch von Hand produzierte Ware.

Himroo-Saris aus einem Baumwolle-Seide-Mix sind ab 1200 ₹ zu haben. Die äußerst hochwertige Paithani-Variante kostet 5000 bis 300 000 ₹ – allerdings dauert die Herstellung in diesem Fall teilweise auch bis zu einem Jahr. Wichtig: Interessenten sollten unbedingt darauf achten, echtes Himroo und keine „Aurangabad-Seide" zu kaufen!

Paithani Silk Weaving Centre TEXTILIEN
(www.paithanisilk.com; 54, P-1, Town Center, Lokmat Nagar; ⌚11.30–20 Uhr) Dieses Zentrum gehört zu den besten örtlichen Adressen, um Webern bei der Arbeit zuzuschauen und hochwertige Textilien zu erwerben. Da es rund 6 km östlich der Kranti Chowk liegt (hinter dem Büro von Air India), nimmt man am besten ein Taxi.

Praktische Informationen

MTDC (☎2331513; MTDC Holiday Resort, Station Rd East; ⌚Mo–Sa 10–17.30 Uhr) Ist recht hilfreich und verteilt diverse Broschüren.

Post (Juna Bazaar; ⌚Mo–Sa 10–18 Uhr)

Sai Internet Café (Station Rd East; 15 ₹/Std.; ⌚8–22 Uhr) Hat verlässliche Verbindungen und ist eines von mehreren Internetcafés in diesem Block.

State Bank of India (Kranti Chowk; ⌚Mo–Fr 11–17, Sa 11–13 Uhr) Tauscht ausländische Währungen um.

An- & Weiterreise

BUS

Am **MSRTC-Busbahnhof** (Station Rd West) besteht Verbindung nach Pune (Semideluxe/Deluxe 330/620 ₹, 5 Std., ca. alle 30 Min.) und Nasik (Semideluxe 290 ₹, 4½ Std., 8–22 Uhr ca. stündl.). Private Busgesellschaften sind u. a. an der Dr. Rajendra Prasad Marg und der Court Rd vertreten (teilweise auch etwas näher beim MSRTC-Busbahnhof). Ihre Deluxe-Nachtbusse fahren z. B. nach Mumbai (mit/ohne Klimaanlage ab 550/350 ₹, Liegeplatz 900–1500 ₹, 7½–9½ Std.), Ahmedabad (Sitzplatz 400 ₹, Liegeplatz 800–1050 ₹, 13–15 Std.) und Nagpur (Liegeplatz ohne Klimaanlage 600 ₹, mit Klimaanlage 700–1050 ₹, 8½–10 Std.).

Vom MSRTC-Busbahnhof rollen normale Busse nach Ellora (30 ₹, 1 Std., alle 30 Min.) und Jalgaon (155 ₹, 4 Std., stündl.). Die Route nach Jalgaon führt über Fardapur (95 ₹, 2½ Std.), wo Anschluss nach Ajanta besteht.

Am **CIDCO-Busbahnhof** (Airport Rd, Kreuzung neben dem Hotel Lemon Tree) starten normale Busse zum Meteoritenkrater von Lonar (172 ₹, 4½ Std., alle 2 Std.).

FLUGZEUG

Der Flughafen liegt 10 km östlich der Stadt. Air India und Jet Airways bieten hier täglich Direktflüge nach Delhi (ca. 8500 ₹) oder Mumbai (ca. 4500 ₹) an.

ZUG

Aurangabads **Bahnhof** (Station Rd East) liegt an einer Nebenstrecke. Mit dem *Tapovan Express* (2. Klasse/Chair Class 140/500 ₹, 7½ Std., 14.35 Uhr) und dem *Janshatabdi Express* (2. Klasse/Chair Class 172/575 ₹, 6½ Std., 6 Uhr) bietet er dennoch viermal täglich Direktverbindung nach bzw. ab Mumbai. Nach Hyderabad rollt u. a. der *Ajanta Express* (Sleeper Class/2. Klasse/1. Klasse 805/1150/1925 ₹, 10 Std., 22.45 Uhr). Wer ins nördliche oder östliche Indien will, nimmt einen Bus nach Jalgaon und steigt dort in einen Zug.

Unterwegs vor Ort

In Aurangabad gibt's viele Autorikschas. Am Taxistand neben dem MSRTC-Busbahnhof brechen auch Sammeljeeps in Richtung Ellora und Daulatabad auf. Da diese Vehikel aber zumeist rappelvoll sind, ist ein Mietwagen mit Fahrer wesentlich sinnvoller.

Ein diesbezüglich empfehlenswerter Anbieter ist Ashoka Tours & Travels (S. 96; hin & zurück nach Ellora ohne/mit Klimaanlage 1250/1400 ₹, nach Ajanta 2080/2400 ₹).

Rund um Aurangabad

Daulatabad

Die wunderschöne Hügelfestung Daulatabad aus dem 12. Jh. scheint Tolkiens Fantasie entsprungen zu sein. Ihre Ruinen liegen ca. 15 km von Aurangabad entfernt auf dem Weg nach Ellora. Die Zitadelle wurde als uneinnehmbares Bollwerk von den Yadava-Königen erbaut. Ihre Blüte erlebte sie 1328, als sie von Sultan Mohammed Tughlaq aus Delhi auf den Namen Daulatabad (Stadt des Glücks) getauft und zur Hauptstadt erklärt wurde. Um sie zu bevölkern, ließ der exzentrische Tughlaq alle Einwohner Delhis 1100 km in Richtung Süden zwangsumsiedeln. Die Ironie dabei: Daulatabad lag zwar strategisch günstiger als Delhi, eignete sich wegen Wassermangels aber bald nicht mehr als Hauptstadt. So zwang Tughlaq die erschöpfte Bevölkerung zum langen Rückweg nach Delhi, das inzwischen zur Geisterstadt geworden war.

Daulatabads Hauptbastion thront auf einem 200 m hohen, schroffen Felsen namens Devagiri (Götterhügel), der von einer 5 km langen **Festungsmauer** (Inder/Ausländer 5/100 ₹; ⏲6–18 Uhr) umgeben ist. Beim Aufstieg zum Gipfel (ca. 1 Std.) passiert man eine Reihe ausgeklügelter Verteidigungsanlagen. Dazu gehören mehrere Portale, die Elefantenangriffe mittels schiefer Winkel und dornenbesetzter Torflügel abwehren sollten. Auf der rechten Seite der Anlage erhebt sich der 60 m hohe Siegesturm Chand Minar (Mondturm) von 1435, der aber für Besucher gesperrt ist. Weiter oben kann man den Chini Mahal, das Gefängnis von Abul Hasan Tana Shah, betreten: Der König von Golkonda war dort zwölf Jahre lang eingesperrt, bis er 1699 starb. Die 6 m lange Kanone in der Nähe wurde aus fünf verschiedenen Metallen gegossen, und man hat Aurangzebs Namen eingraviert.

Der Aufstieg führt teilweise durch einen völlig finsteren, gewundenen Tunnel mit vielen Fledermäusen und Wasser auf dem Boden. Nahe dem Ticketschalter warten Guides (500 ₹), deren fackeltragende Assistenten einen gegen ein kleines Trinkgeld durch den dunklen Durchgang geleiten. Da man beim Abstieg aber auf sich allein gestellt ist, sollte man unbedingt eine Taschenlampe mitbringen.

Da die Festungsmauer eine Ruine ist (mit verfallenden Treppen und senkrechten Wänden), könnte der steile Aufstieg problematisch für ältere Menschen, Kinder und Leute mit Höhen- oder Platzangst werden! Man sollte 2½ Stunden einplanen und Wasser mitbringen.

Khuldabad

Wenn es der Zeitplan zulässt, empfiehlt sich ein Zwischenstopp im malerischen Khuldabad (Der Name bedeutet „Himmlische Bleibe"). Das muslimische Pilgernest mit den leicht maroden Gemäuern liegt nur 3 km von Ellora entfernt. An diesem geschichtsträchtigen Ort wurden einige historisch wichtige Persönlichkeiten (z. B. Aurangzeb) begraben. Obwohl der letzte bedeutende Großmogul so reich wie der legendäre König Salomon war, lebte er asketisch: Für seine Beerdigung bestand Aurangzeb auf einer schlichten Grabstätte, die man in einem Hof des **Alamgir Dargah** (⏲7–20 Uhr) liegt.

Jeden April überrennen Pilger das sonst ruhige Khuldabad. Dann ist öffentlich ein Gewand Mohammeds zu sehen, das das restliche Jahr über im *dargah* (Schrein) aufbewahrt wird. Ein weiterer Schrein gegenüber vom Alamgir Dargah beherbergt Barthaare des Propheten.

Ellora

☎02437

Man gebe einem Mann Hammer und Meißel in die Hand, und er wird Kunstwerke für die Nachwelt erschaffen. Besucher der **Höhlentempel von Ellora** (Inder/Ausländer 10/250 ₹; ⏲Mi–Mo Sonnenaufgang–Sonnenuntergang) werden verstehen, was damit gemeint ist. Diese Welterbestätte 30 km nordwestlich von Aurangabad ist der Inbegriff uralter indischer Felsenarchitektur: Über fünf Jahrhunderte lang schlugen Generationen von buddhistischen, hinduistischen und jainistischen Mönchen die Räume mühsam aus dem Fels. Die Höhlen dienten als Klöster, Kapellen oder Tempel. Zudem verzierte man sie stilvoll mit einer Unmenge bemerkenswert detailreicher Skulpturen. Im Gegensatz zur ebenfalls gemeißelten Ajanta-Anlage in einer steilen Felswand säumen die Höhlen von Ellora einen 2 km langen Geländeabbruch mit sanfter Neigung. So konnten die Architekten vor den Schreinen kunstvolle Höfe anlegen und diese mit Skulpturen von surrealer Qualität versehen.

Mit zwölf buddhistischen (600–800 n. Chr.), 17 hinduistischen (600–900 n. Chr.) und fünf jainistischen (800–1000 n. Chr.) hat Ellora insgesamt 34 Höhlen. Über deren genaue Entstehungszeitpunkte diskutieren Wissenschaftler jedoch weiterhin. Am prächtigsten davon ist zweifellos die größte monolithische Skulptur der Welt: Insgesamt 7000 Arbeiter schlugen den großartigen Kailasa-Tempel (Höhle 16) über 150 Jahre hinweg von oben nach unten in einen Felshang. Der Tempel ist Shiva geweiht und gehört eindeutig zu den absoluten Highlights der alten indischen Architektur.

Nach einhelliger Expertenmeinung steht die Stätte für das Wiedererstarken des Hinduismus unter den Dynastien der Chalukya und Rashtrakuta – ebenso für den darauffolgenden Niedergang des indischen Buddhismus und eine kurze, offiziell geförderte Renaissance des Jainismus. Da es keine Inschriften gibt, lassen sich die meisten örtlichen Monumente jedoch nicht exakt datieren. Einigen Wissenschaftlern zufolge sind die Hindu-Tempel teilweise älter als die Schreine der buddhistischen Gruppe. Als gesichert gilt jedoch, dass eine solche Koexistenz an einem einzigen Ort für eine längere Periode der religiösen Toleranz spricht.

Am Ticketschalter vor dem Kailasa-Tempel kann man offizielle Führer engagieren (1070 ₹, max. 5 Pers.), die sich bestens mit der Höhlenarchitektur auskennen und daher ihr Geld wert sind. Sollte die Zeit nur für Ellora oder Ajanta reichen, unbedingt Ellora mit seiner deutlich interessanteren Baukunst wählen! Ajanta liegt dagegen schöner und ist angenehmer zu erkunden.

Ellora ist zwar bei indischen Touristen sehr beliebt, aber unter der Woche weitaus weniger stark überlaufen. Die ganze örtliche Infrastruktur hat allerdings eine Überarbeitung mehr als nötig: Beispielsweise hören Höhlenbesucher dauernd Hupen und anderen Krach im Hintergrund, da sich der Parkplatz momentan viel zu nahe an den Tempeln befindet.

Sehenswertes

★ Kailasa-Tempel — HINDU-TEMPEL

Der umwerfende Felsentempel zählt zu den großartigsten Monumenten Indiens. Er entstand 760 n. Chr. unter König Krishna I. und versinnbildlicht den Berg Kailasa (alias Kailash; Shivas Sitz im Himalaja). Das Bauprojekt als gewagt zu bezeichnen, wäre eine glatte Untertreibung: Mit Hammer und Meißel schlug man zunächst drei riesige Schächte in die steile Felswand, wobei 200 000 t Gestein entfernt wurden. Auf diese grobe Vorbereitung folgten das Ausarbeiten der eigentlichen Endform und die schmückende Ausgestaltung mit den bemerkenswerten Skulpturen.

Dieses Architekturwunder ist doppelt so groß und zudem um die Hälfte höher als der Athener Parthenon. Seine Ausführung entsprang direkt den Köpfen der Planer und bot offenbar keinerlei Raum für Fehler. Heutige Konstrukteure könnten hier wohl noch einiges lernen!

Er beherbergt kunstvolle Wandreliefs, die Szenen aus dem Ramayana bzw. Mahab-

Ellora (Höhlen)

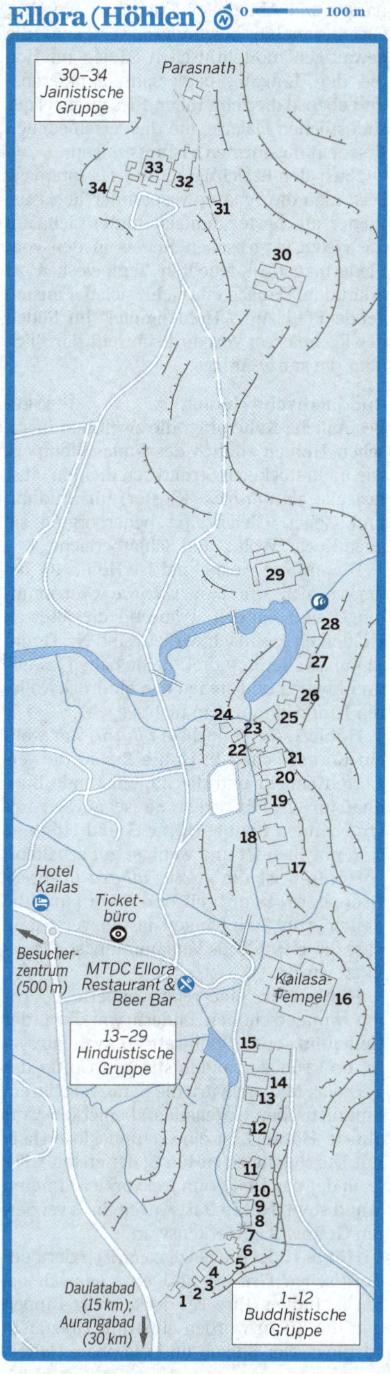

harata und Abenteuer Krishnas darstellen. Gleichermaßen bewundernswert sind die gewaltigen monolithischen Säulen im Hof, die den Eingang beiderseits flankieren – und ebenso die zehn tollen Riesenreliefs der südöstlichen Galerie, die die verschiedenen Erscheinungsformen Vishnus zeigen.

Nach der Besichtigung der Hauptanlage lässt man die Scharen vespernder Tagesausflügler am besten einfach hinter sich, um die vielen vergessenen Reliefs in den vom Fledermausurin feuchten Tempelecken zu erkunden. Danach empfiehlt sich der ansteigende Pfad zum „Höhlengipfel" im Süden des Komplexes: Von dort schweift der Blick über die ganze Anlage.

Buddhistische Höhlen — HÖHLEN

Besinnliche Ruhe prägt die zwölf buddhistischen Höhlen südlich des Kailasa-Tempels. Die mehrstöckigen Strukturen dienten einst fast alle als *viharas* (Klöster) für Studium und Gebet. Gleichzeitig beherbergten sie auch Koch-, Wohn- und Schlafbereiche.

Die einzige Ausnahme ist Höhle 10, bei der es sich um eine *chaitya* (Versammlungshalle) handelt. Während die ältesten Höhlen eher einfach wirken, sind Nr. 11 und 12 kunstvoller gestaltet: Beide haben jeweils drei Ebenen und stehen den eindrucksvolleren Hindu-Tempeln in nichts nach.

Höhle 1, die einfachste *vihara*, war wohl ein Kornspeicher. In **Höhle 2** sind die verzierten Säulen und die imponierende Buddhafigur ein Hingucker. Sie schaut zur untergehenden Sonne. **Höhle 3** und **Höhle 4** sind unvollendet und weniger gut erhalten.

Höhle 5 ist die größte *vihara* in dieser Gruppe, ca. 18 m breit und 36 m lang; die Reihen von Steinbänken lassen vermuten, dass diese Höhle als Versammlungshalle genutzt wurde.

Höhle 6 ist eine reich verzierte *vihara* mit wunderschönen Bildern von Tara, der Gemahlin von Bodhisattva Avalokitesvara, und von der buddhistischen Göttin des Lernens, Mahamayuri, die Saraswati (ihrem hinduistischen Gegenstück) bemerkenswert ähnelt. **Höhle 7** ist eine schmucklose Halle mit Durchgang zu **Höhle 8**, der ersten Höhle, in der das Heiligtum frei vor der hinteren Wand steht. **Höhle 9** ist wegen ihres verzierten Gesimses bemerkenswert.

Höhle 10 ist die einzige *chaitya* der buddhistischen Gruppe und eine der schönsten in Indien. Ihre Felsdecke weist Rippen auf; die Rillen wurden einst mit Holztafeln bestückt. Der Balkon und die obere Galerie bieten einen besseren Blick auf die Decke und den Fries, auf dem sich liebende Paare dargestellt sind. Ein dekoratives Fenster beleuchtet sanft die riesige Figur eines lehrenden Buddhas.

Höhle 11, die Do-Thal-(Zwei-Stockwerke-) Höhle, wird durch ein weiteres Stockwerk betreten, das erst 1876 entdeckte Kellergeschoss. Wie Höhle 12 verdankt sie ihre Größe möglicherweise dem Wettbewerb mit den hinduistischen Höhlen aus derselben Zeit.

Höhle 12, die riesige Tin-Thal-(Drei-Stockwerke-)Höhle, erreicht man durch einen Hof. Im (verschlossenen) Schrein im obersten Stockwerk thront eine große Buddhafigur, die von ihren sieben früheren Inkarnationen umgeben ist. Die Wände sind mit Reliefs geschmückt.

Hinduistische Höhlen — HÖHLEN

Die hinduistischen Höhlen (Nr. 13–29) stehen ganz im Zeichen von Dramatik und Spannung. In Sachen Größe, Ideenreichtum und meisterhafter Ausführung sind sie eine Klasse für sich.

Bei ihrem Bau waren jeweils keine Gerüste erforderlich: Die Steinmetze begannen stets oben mit dem Dach und arbeiteten sich dann in Richtung Boden hinunter. Zu den schönsten Beispielen zählen die Höhlen 14, 15, 16, 21 und 29.

Höhle 13 ist eine schlichte Höhle und war wahrscheinlich ein Kornspeicher. **Höhle 14**, die Ravana-ki-Khai, war zunächst eine buddhistische *vihara* und wurde im 7. Jh. in einen Shiva geweihten Tempel umgewandelt.

Höhle 15, die Avatara-(Zehn-Inkarnationen-Vishnus-)Höhle, ist eine der prächtigsten in Ellora. Der zweistöckige Tempel beherbergt einen faszinierenden Shiva Nataraja und einen aus einem Lingam (einer phallischen Form) hervortretenden Shiva, dem Vishnu und Brahma ihre Ehrerbietung erweisen.

Die **Höhlen 17** bis **20** und **22** bis **28** sind einfache Klöster. **Höhle 21** ist als Ramesvara-Höhle bekannt und zeigt interessante Variationen der bekannten shivaistischen Szenen aus den älteren Tempeln. Die Figur der Göttin Ganga, die auf ihrer *makara* (mythisches Seeungeheuer) steht, ist besonders bemerkenswert.

Die große **Höhle 29**, die Dumar Lena, ist wohl eine Art Übergangsmodell zwischen den einfachen, aus dem Felsen geschlagenen Höhlen und prachtvoll ausgestatteten Tempeln wie dem Kailash-Tempel. Hier hat man einen Blick auf den nahen Wasserfall.

Jainistische Höhlen HÖHLEN

Die fünf jainistischen Höhlen von Ellora sind vergleichsweise am jüngsten. Sie können sich zwar in puncto Größe nicht mit den gewaltigen Dimensionen der herrlichsten Hindu-Tempel messen, weisen aber einen außergewöhnlichen Detailreichtum auf (u. a. bemerkenswerte Malereien und Reliefs).

Die jainistische Gruppe liegt etwa 1 km nördlich des letzten Hindu-Tempels (Höhle 29) am Ende der Asphaltstraße und ist ab dem Hauptparkplatz per Autorikscha erreichbar.

Höhle 30, die Chhota Kailasa (Kleiner Kailash), ist eine armselige Kopie des großen Kailash-Tempels und enttäuscht selbst im Vergleich zu den anderen jainistischen Tempeln.

Im Gegensatz dazu bildet die **Höhle 32**, die Indra Sabha (Indras Versammlungshalle), den prächtigsten der jainistischen Tempel. Ihr Grundriss gleicht dem des Kailash-Tempels. Das Obergeschoss ist reich verziert und dekoriert, das Untergeschoss ist im Gegensatz dazu eher schlicht gehalten. Es sind Bildnisse der jainistischen *tirthankar* (große Lehrer) Parasnath und Gomateshvara zu sehen, Letzterer ist von wilden Tieren umgeben. Im Schrein befindet sich eine sitzende Figur von Mahavira, dem letzten *tirthankar* und dem Gründer des Jainismus.

Höhle 31 ist eine Erweiterung von Höhle 32. **Höhle 33**, die Jagannath Sabha, ähnelt Höhle 32, hat aber einige gut erhaltene Skulpturen, genau wie der letzte Tempel, die kleine **Höhle 34**. Auf dem Hügel über den jainistischen Tempeln steht eine 5 m hohe Statue von Parasnath, die auf Ellora herabschaut.

Schlafen & Essen

Hotel Kailas HOTEL $$

(☎244446; www.hotelkailas.com; Zi. 2110 ₹, mit Klimaanlage ab 3510 ₹; ❄) Das einzige anständige Hotel in Höhlennähe vermietet nette Hütten auf einem grünen Gelände. Auf der Kreidetafel des hervorragenden Hausrestaurants (Hauptgerichte 110–250 ₹) stehen u. a. Frühstück, Sandwiches, Currys und Klassiker aus dem Tandur.

MTDC Ellora Restaurant & Beer Bar INDISCH $

(Hauptgerichte/Thalis ab 90/110 ₹; ⏲8–17 Uhr) Prima Mittagsadresse innerhalb des Tempelkomplexes.

Praktische Informationen

Besucherzentrum (⏲Mi–Mo 9–17.30 Uhr) Das eindrucksvolle neue Besucherzentrum Ellora liegt 750 m westlich der eigentlichen Stätte. Ein Besuch lohnt sich: Mit modernen Ausstellungen, Infotafeln und einem Video (15 Min.) werden die Höhlen hier in einen historischen Kontext gesetzt. Vorhanden sind auch zwei separate Bereiche zum Kailasa-Tempel (inkl. Diorama) und zur ganze Stätte. Ein Café, ein Restaurant und ein Kunsthandwerkszentrum sind aktuell in Planung.

An- & Weiterreise

Achtung: Die Tempel sind dienstags nicht zugänglich! Busse verkehren regelmäßig zwischen Aurangabad und Ellora (30 ₹, 1 Std.; letzte Abfahrt in Gegenrichtung um 20 Uhr). Alternativ starten Sammeljeeps vor Aurangabads Busbahnhof (hin & zurück 70 ₹). Diese Vehikel sind meist rappelvoll und brechen erst auf, wenn alle Plätze belegt sind. Daher empfiehlt sich stattdessen ein klimatisierter Mietwagen mit Fahrer von Ashoka Tours & Travels (S. 96; Ganztagestour nach Ellora inkl. Zwischenstopps 1400 ₹). Ansonsten gelangt man auch mit einer Autorikscha (700 ₹) zu den Höhlen.

Ajanta

☎02438

Ajanta liegt rund 105 km nordöstlich von Aurangabad in einem herrlich abgeschiedenen Flusstal. Diese bemerkenswerten Höhlentempel sind neben Ellora die zweite Welterbestätte der Region. Allerdings entstanden sie vergleichsweise deutlich früher (ca. 200 v. Chr.–600 n. Chr.) und gehören damit zu den ältesten Klosteranlagen Indiens. Ironischerweise führte Elloras Aufstieg zum Niedergang Ajantas: Historikern zufolge wurde die örtliche Anlage aufgegeben, sobald Ellora an Bedeutung gewonnen hatte.

Anschließend geriet Ajanta fast 1000 Jahre lang in Vergessenheit – der Wald des Deccan überwucherte die Höhlen und schützte sie vor äußeren Einflüssen, während Wurzeln und Schösslinge die Skulpturen umschlangen. Im Jahr 1819 stieß schließlich eine britische Jagdgesellschaft unter der Leitung des Offiziers John Smith rein zufällig auf die Anlage.

Hauptgrund für die Besichtigung Ajantas sind die berühmten „Fresken" (eigentlich Temperabilder), die das Innere vieler Höhlen zieren und einen unschätzbaren historischen Wert haben: Nur wenige andere Beispiele aus uralter Zeit können mit

Ajanta (Höhlen)

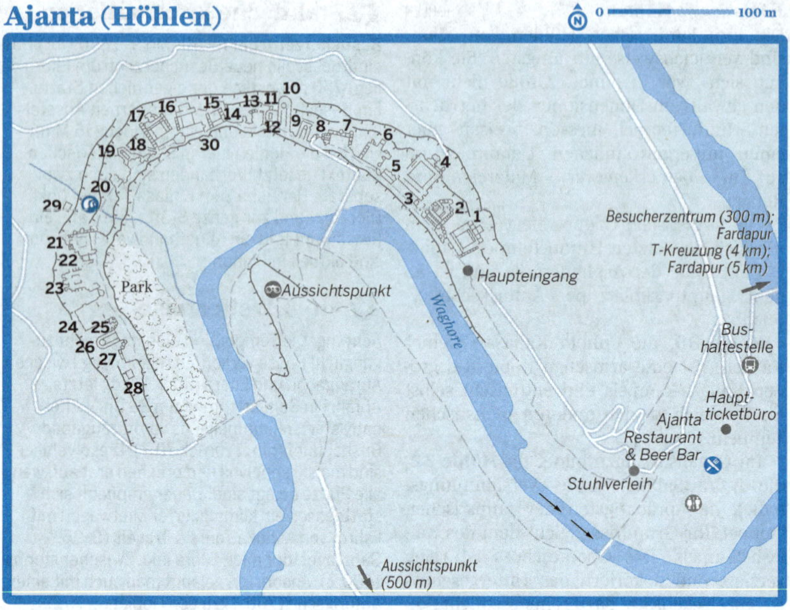

der künstlerischen Klasse und der wirklich atemberaubenden Ausführung dieser Malereien konkurrieren. Damit sie auf der trockenen Oberfläche hafteten, wurden die natürlichen Farbpigmente wohl mit tierischem Leim und pflanzlichem Gummi gemischt. Die kleinen, kraterähnlichen Löcher in vielen Höhlenböden dienten den Künstlern einst als Farbpaletten. Trotz ihres Alters sind die meisten Malereien in den Höhlen bis heute gut erhalten. Dies wird oft auf ihre jahrhundertelange Abgeschiedenheit von jeglicher Zivilisation zurückgeführt. Dennoch hat zweifellos der Verfall eingesetzt.

Sehenswertes

★ Buddhistische Höhlen — HÖHLEN

(Inder/Ausländer 10/250 ₹, Video 25 ₹, offizieller Führer 750 ₹; ⏲ Di–So 9–17.30 Uhr) Die Höhlen von Ajanta befinden sich in der Steilwand einer hufeisenförmigen Schlucht am Fluss Waghore. Fünf davon sind *chaityas* (Gebetshallen), andere dagegen *viharas* (Klöster). Nr. 8, 9, 10, 12, 13 und 15 (teilweise) stammen aus frühbuddhistischer Zeit, während die übrigen Höhlen im 5. Jh. n. Chr. (Mahayana-Periode) entstanden. Die nüchterne frühbuddhistische Schule stellte Buddha stets nur indirekt über Symbole wie einen Fußabdruck oder das Gesetzesrad dar.

Ein Großteil der Höhlen darf nur barfuß betreten werden (alternativ auf Socken oder mit Schuhüberzügen). Bei starkem Betrieb ist die Besichtigungszeit auf jeweils 15 Minuten reduziert. Die Höhlen 3, 5, 8, 22, 28, 29 und 30 sind entweder ständig geschlossen oder sowieso unzugänglich.

Höhle 1 — HÖHLE

Höhle 1, eine *vihara* aus der Mahayana-Zeit, gehört zu den zuletzt freigelegten und am schönsten geschmückten Höhlen. Hier ist eine Wiedergabe des Bodhisattva Padmapani zu bewundern – das bekannteste ikonenhafte Kunstwerk Ajantas. Eine Veranda an der Vorderseite führt zu einer Versammlungshalle, die Skulpturen und illustrative Wandbilder schmücken. Diese sind für die beindruckende Perspektive sowie die kunstvolle Darstellung der Kleidung, des alltäglichen Lebens sowie der Gesichtszüge bekannt. Die Farben der Bilder entstanden aus Mineralien aus der Gegend; eine Ausnahme bildet das kräftige Blau, das aus zentralasiatischem Lapislazuli hergestellt wurde. Blickt man nach oben, entdeckt man ein Relief von vier Hirschen, die alle gemeinsam einen Kopf besitzen.

Höhle 2 — HÖHLE

Höhle 2 ist ebenfalls eine *vihara* aus der späten Mahayana-Zeit. Die Pfeiler und Kapitelle sind mit aufwendigen Verzierungen und kunstvollen Malereien geschmückt, und die Decke zieren geometrische und florale Muster. Die Wandbilder zeigen Szenen aus den *Jataka*-Erzählungen, darunter auch den Traum der Mutter Buddhas, der dessen Empfängnis ankündigte: Er handelte wohl von einem Elefanten mit sechs Stoßzähnen.

Höhle 4
HÖHLE

Höhle 4 ist die größte *vihara* in Ajanta und wird von 28 Säulen getragen. Obwohl sie nie fertiggestellt wurde, finden sich in der Höhle einige beeindruckende Skulpturen – vier Statuen umgeben einen riesigen Buddha und es gibt Darstellungen von Menschen, die vor den „acht großen Gefahren" fliehen und bei Avalokitesvara Schutz suchen.

Höhle 6
HÖHLE

Höhle 6 ist die einzige zweistöckige *vihara* in Ajanta, Teile der unteren Etage sind jedoch bereits eingestürzt. Im Inneren befindet sich eine sitzende Buddhafigur. Eine kunstvoll beschnitzte Tür schützt den Schrein. Die Halle in der oberen Etage ist von Zellen mit schönen Malereien über den Türen umgeben.

Höhle 7
HÖHLE

Höhle 7 ist ungewöhnlich gestaltet: Vor der Veranda stehen Portale, die direkt zu den vier Räumen und dem kunstvoll ausgearbeiteten Schrein führen.

Höhle 8
HÖHLE

Bei Höhle 9 handelt es sich um eine der ältesten *chaityas* in Ajanta. Obwohl sie aus der frühen buddhistischen Zeit stammt, sind die beiden Figuren vor dem Eingang wahrscheinlich erst in der Mahayana-Zeit dazugekommen. An beiden Seiten der Höhle entlang und um die 3 m hohe Dagoba am Ende des Raumes verlaufen Säulenreihen.

Höhle 10
HÖHLE

Höhle 10 gilt als die älteste Höhle (um 200 v. Chr.) und war die erste, die von der britischen Jagdgesellschaft entdeckt wurde. Sie gleicht Höhle 9 und ist die größte *chaitya*. Die Fassade ist eingestürzt, und die Wandmalereien im Inneren sind beschädigt, teilweise auch durch Schmierereien, die aus der Zeit kurz nach ihrer Wiederentdeckung stammen. Auf einer der Säulen auf der rechten Seite hat sich auch Smith mit seinem Namen für die Nachwelt verewigt.

Höhle 6
HÖHLE

Höhle 16, eine *vihara*, enthält einige der schönsten Malereien Ajantas und war wohl der ursprüngliche Eingang des Komplexes. Das berühmteste Bild ist die „sterbende Prinzessin" – Sundari, die Frau von Buddhas Halbbruder Nanda, die in Ohnmacht gefallen sein soll, als sie hörte, dass ihr Ehemann auf alle materiellen Annehmlichkeiten und auch auf sie verzichtete, um Mönch zu werden. Aus dem Stein geschlagene Figuren scheinen die Decke zu tragen. Außerdem gibt's noch eine Buddhastatue, die auf einem Löwenthron sitzt und den Edlen Achtfachen Pfad lehrt.

Höhle 17
HÖHLE

Höhle 17 mit aus dem Fels geschlagenen Zwergen, die die Säulen tragen, zeigt die besterhaltenen und vielfältigsten Wandmalereien in Ajanta. Zu den berühmten Bildern gehört eine Prinzessin, die Make-up auflegt, ein Prinz, der seine Geliebte auf altbewährte Weise mit Wein verführt, und Buddha, der nach der Erleuchtung nach Hause zurückkehrt und bei seiner Frau und seinem erstaunten Sohn bettelt. Eine aufwendige Malerei erzählt die Geschichte von Prinz Simhalas Expedition nach Sri Lanka. Mit seinen 500 Gefährten strandete er auf einer Insel, wo Riesinnen als zauberhafte Frauen auftraten – nur um die Gestrandeten einzufangen und zu verschlingen. Simhala entkam auf einem fliegenden Pferd und kehrte zurück, um die Insel zu erobern.

Höhle 19
HÖHLE

Höhle 19, eine prächtige *chaitya*, hat eine tolle Fassade mit vielen Einzelheiten; besonders auffällig ist ein beeindruckendes hufeisenförmiges Fenster. Zwei prächtige Buddhafiguren stehen am Eingang. Innen wartet eine dreistufige Dagoba mit einer

PRAKTISCH & KONKRET

Fotografieren mit Blitzlicht ist in den Höhlen streng verboten, da es den natürlichen Farben der Malereien schadet. Die Behörden haben inzwischen Reihen von pigmentschonenden Minilampen mit sanftem Schein installiert. Wer winzige Details erkennen will, braucht aber eine zusätzliche Lichtquelle. Zudem muss die Belichtungszeit sehr lang sein.

Die meisten Tourbusse treffen nicht vor 12 Uhr ein. Um die Besucherscharen zu umgehen, übernachtet man am besten vor Ort in Fardapur oder startet früh in Aurangabad.

Buddhafigur auf der Vorderseite. Außerhalb der Höhle findet man in westlicher Richtung ein Bild des Nagakönigs mit sieben Kobras rund um den Kopf. Seine Frau, von einer Kobra beschirmt, sitzt neben ihm.

Höhle 24 HÖHLE

Höhle 24 wäre, wenn man sie denn fertiggestellt hätte, die größte *vihara* Ajantas. Hier lässt sich gut nachvollziehen, wie die Höhlen entstanden: Lange Gänge wurden in den Fels gehauen, dann schlug man den Stein dazwischen heraus.

Höhle 26 HÖHLE

Höhle 26 ist eine weitgehend zerstörte *chaitya*, die heute auf dramatische Weise beleuchtet wird. Sie hat einige schöne Skulpturen und man sollte sie unbedingt besuchen. An der linken Wand ist die riesige Figur des sterbenden Buddha zu sehen, der auf dem Rücken liegt und das Nirvana erwartet. Andere Szenen illustrieren die Versuchung Buddhas durch Maya.

Höhle 27 HÖHLE

Höhle 27 ist eine *vihara*, die eine Verbindung mit der *chaitya* von Höhle 26 hat.

Aussichtspunkte

Zwei Aussichtspunkte bieten traumhafte Blicke auf die ganze hufeisenförmige Schlucht. Der erste davon liegt ein paar Gehminuten jenseits des Flusses, über den eine Brücke unterhalb von Höhle 8 führt. Ein weiterer Anstieg (40 Min.) führt zu dem Punkt, von dem aus die britischen Jäger erstmals die Höhlen erspähten. Achtung: Diese Route ist während des Monsuns zu gefährlich!

Schlafen & Essen

Das Unterkunftsangebot in Höhlennähe ist begrenzt. Somit empfiehlt sich Aurangabad (oder sogar Jalgaon), wo es weitaus mehr Hotels gibt. Fardapur liegt am nächsten zur Stätte und ist die bequemste Ausgangsbasis für Besuche am frühen Morgen.

MTDC Holiday Resort Fardapur HOTEL $$

(☎244230; Aurangabad-Jalgaon Rd, Fardapur; DZ ohne/mit Klimaanlage 1480/1860 ₹; ❄) Rund 5 km von den Höhlen entfernt steht dieses staatliche Hotel abseits der Hauptstraße in Fardapur. Dank kürzlicher Renovierung ist es inzwischen eine gute Option. Die prima gestalteten und ausgestatteten Zimmer liegen ruhig zwischen Rasenflächen. Zudem gibt's hier eine Gartenbar und ein Restaurant (Essen vorab bestellen).

MTDC Ajanta Tourist Complex HOTEL $$

(☎09422204325; T-Kreuzung in Fardapur; Hütte 2320 ₹; ❄) Die fünf Hütten zwischen grünen Rasenflächen stehen gleich hinter dem „Einkaufszentrum" und dem Busbahnhof. Sie haben zwar einen gewissen Charme, wirken aber etwas ungepflegt. Ein Restaurant ist hier nicht vorhanden.

Ajanta Restaurant & Beer Bar FAST FOOD $

(Hauptgerichte 90–150 ₹, Thalis ab 130 ₹; ⌚Di–So 9–17.30 Uhr) Das Caférestaurant direkt neben dem Hauptticketbüro der Höhlen serviert anständige vegetarische Thalis und kalte Getränke (u. a. Bier).

Praktische Informationen

Direkt an den Höhlen gibt's keine Gepäckaufbewahrung. Eine entsprechende Einrichtung findet man jedoch an der T-Kreuzung in Fardapur (pro Gepäckstück 10 ₹/4 Std.).

Besucherzentrum (⌚Di–So 9–17.30 Uhr) Das neue und topmoderne Besucherzentrum von Ajanta gehört landesweit zu den allerbesten seiner Art. Hierfür sorgen u. a. originalgetreue und höchst eindrucksvolle Nachbauten von vier örtlichen Höhlen (1, 2, 16 und 17). Zudem warten hier ein großes Café, audiovisuelle Infos, Details zur Geschichte des indischen Buddhismus, Audioguides in vielen Sprachen und hervorragende Ausstellungen mit Malereien bzw. Skulpturen.

An- & Weiterreise

Achtung: Die Höhlen sind montags geschlossen! Die Busse ab Aurangabad und Jalgaon setzen einen 4 km von der Stätte entfernt an der T-Kreuzung in Fardapur ab (wo der Highway auf die Straße zu den Höhlen trifft). Hier bezahlt man die Kurtaxe (15 ₹) und läuft bis zur Haltestelle der grünen Busse (mit/ohne Klimaanlage 20/10 ₹), die zu den Höhlen fahren. Die Busse fahren regelmäßig (alle 30 Min.) zur T-Kreuzung zurück, der letzte Bus fährt um 17 Uhr.

Alle MSRTC-Busse, die durch Fardapur fahren, halten an der T-Kreuzung. Nach Schließung der Höhlen kann man vor dem MTDC Holiday Resort in Fardapur, 1 km die Hauptstraße Richtung Jalgaon hinunter, in einen Bus entweder nach Aurangabad oder nach Jalgaon steigen. Taxis gibt's in Fardapur; 1300/1600 ₹ sollten bis Jalgaon/Aurangabad reichen.

Jalgaon

☎0257 / 468 300 EW. / 208 M

Die Industriestadt Jalgaon ist eine gute Ausgangsbasis für Touren zum 60 km entfernten Ajanta, aber ansonsten nicht viel mehr als eine praktische Durchgangsstation mit Bahnanschluss zu allen Großstädten Indiens.

Schlafen & Essen

★Hotel Plaza HOTEL $

(☎9370027354, 2227354; hotelplaza_jal@yahoo.com; Station Rd; B 250 ₹, EZ/DZ ab 550/750 ₹, Zi. mit Klimaanlage ab 1300 ₹; ❄@📶) Nur einen Katzensprung vom Bahnhof entfernt steht dieses sehr attraktive Hotel mit vorbildlichem Management und sehr gutem Preis-Leistungs-Verhältnis. Die Zimmer variieren in puncto Größe und Grundriss. Weiß verputzte Wände, minimalistische Atmosphäre und blitzblanke Bäder machen sie zu einem echten Schnäppchen fürs Geld. Der überschwängliche Inhaber liefert viele nützliche Infos und Empfehlungen. Zudem hilft er beim Reservieren von Zugtickets und Mietwagen.

Hotel Royal Palace HOTEL $$

(☎2233555; www.hotelroyalpalace.in; Mahabal Rd, Jai Nagar; EZ/DZ inkl. Frühstück ab 2520/2680 ₹; ❄📶) Die hiesigen Zimmer erfüllen nicht ganz die Erwartungen, die von der recht glamourösen Lobby geweckt werden. Sie sind jedoch ausreichend komfortabel und ihr Geld wert – vor allem, wenn man Kombinationen aus verschiedenen Beigetönen mag. Das rein vegetarische Hotelrestaurant serviert nordindisches, europäisches, chinesisches und küstentypisches Essen. Gäste können sich gratis am Bahnhof abholen lassen.

Hotel Arya INDISCH $

(Navi Peth; Hauptgerichte 50–100 ₹; ⏲8.30–22.50 Uhr) Neben leckerer vegetarischer Küche (vor allem aus dem Punjab) kommen hier auch ein paar chinesische und südindische Gerichte auf den Tisch. Mittags muss man allerdings eventuell für einen freien Tisch anstehen. Um das Lokal zu erreichen, der Station Rd ein paar Minuten lang südwärts folgen, nach links in die MG Rd einbiegen und am Uhrenturm erneut links halten.

Praktische Informationen

Banken, Geldautomaten und Internetcafés säumen die Nehru Rd oberhalb der Station Rd.

Anreise & Unterwegs vor Ort

Diverse Expresszüge verbinden Jalgaons Bahnhof mit Mumbai (Sleeper Class/2AC 280/1000 ₹, 8 Std.), Delhi (Sleeper Class/2AC 530/1970 ₹, 18 Std.), Ahmedabad (Sleeper Class/2AC 345/1322 ₹, 14 Std.) und Varanasi (Sleeper Class/2AC 515/1950 ₹, 20 Std.). Zudem rollen normale Züge nach Nagpur (Sleeper Class/2AC 290/1090 ₹, 7–9 Std., 8-mal tgl.).

Vom Busbahnhof aus fahren Busse ab 6 Uhr jede halbe Stunde über Fardapur (60 ₹, 1½ Std.) nach Aurangabad (155 ₹, 4 Std.).

Bahnhof und Busbahnhof liegen ca. 2 km voneinander entfernt (Autorikscha 25 ₹). An der Station Rd starten private Busgesellschaften in Richtung Aurangabad (170–200 ₹, 3½ Std.) und Mumbai (450–650 ₹, 9½ Std.).

Nagpur

☎0712 / 2,43 MIO. EW. / 305 M

Das abgeschiedene Nagpur liegt weitab der touristischen Hauptrouten und bietet auch keine Pflichtattraktionen. Allerdings ist die Stadt ein wichtiges Tor zu mehreren Nationalparks und Naturschutzgebieten (z. B. Tadoba-Andhari Tiger Reserve, Pench National Park). In der Nähe befinden sich außerdem die Tempel von Ramtek und die Ashrams von Sevagram. Nagpurs berühmte Orangen probiert man am besten im Sommer.

Schlafen & Essen

Nagpurs Hotels zielen vor allem auf Geschäftsreisende ab und bieten nicht sonderlich viel fürs Geld. Die Central Ave ist lärmig, liegt aber in der Nähe des Bahnhofs.

Hotel Blue Moon HOTEL $

(☎0712 2726061; Central Ave; EZ/DZ ab 650/850 ₹, mit Klimaanlage 1100/1350 ₹; ❄) Das Blue Moon gehört zu den besseren Budgetunterkünften in dieser teuren Stadt. Die großen, kahlen Zimmer sind nicht gerade einfallsreich gestaltet. Dafür liegt das Hotel mit am nächsten zum Bahnhof und hat hilfsbereites Personal.

Legend Inn HOTEL $$

(☎6658666; www.thelegendinn.com; 15 Modern Society, Wardha Rd; EZ/DZ ab 3300/3700 ₹; ❄📶) Das prima geführte Hotel mit freundlichem Personal steht an der Hauptstraße in Richtung Tadoba-Andhari Tiger Reserve. Die Zimmer sind schön gestaltet und anständig gepflegt. Zudem gibt's hier ein gutes Restaurant und einen „Fitnessraum" (d.h.: zwei Laufbänder im Keller). Gäste werden gratis am 1 km entfernten Flughafen abgeholt. Im Sommer sinken die Preise um 10 %.

Peanut Hotel HOTEL $$

(☎0712-3250320; www.peanuthotels.com; Bharti House, 43 Kachipura Garden, New Ramdaspeth;

EZ/DZ ab 2790/2960 ₹, mit Klimaanlage ab 3090/3260 ₹; (❄📶) Rund 2 km südöstlich vom Bahnhof steht das neue Peanut in einem grünen Wohnviertel. Die modern gestalteten Zimmer mit weiß verputzten Wänden sind blitzsauber. In ihnen herrscht jeweils Rauchverbot.

Krishnum SÜDINDISCH $
(Central Ave; Hauptgerichte 50–80 ₹; ⏲11.30–20 Uhr) Das populäre Lokal tischt südindische Snacks und großzügige Thalis sowie frisch gepresste Obstsäfte auf. Weitere Filialen gibt's in anderen Stadtteilen.

Picadilly Checkers FAST FOOD $
(VCA Complex, Civil Lines; Hauptgerichte 60–80 ₹; ⏲ 11–22 Uhr) Nagpurs Collegestudenten kommen besonders gern hierher. Es gibt hier nämlich eine wirklich gute Auswahl an rein vegetarischen Schnellgerichten.

ℹ Praktische Informationen

An der Central Ave findet man zahlreiche Geldautomaten.

Computrek (18 Central Ave; 20 ₹/Std.; ⏲10–22 Uhr) Internetcafé an der Hauptstraße.

MTDC (☎2533325; nahe dem MLA Hostel, Civil Lines; ⏲Mo–Sa 10–17.45 Uhr) Liefert Anreiseinfos zu Nationalparks nahe Nagpur.

ℹ Anreise & Unterwegs vor Ort

BUS

Der MSRTC-Hauptbusbahnhof befindet sich 2 km südlich vom Bahnhof. Normale Busse fahren von hier aus nach Wardha (88 ₹, 3 Std.) und Ramtek (45 ₹, 1½ Std.). Zudem besteht Verbindung nach Jalgaon (650 ₹, 10 Std., 2-mal tgl.) und Pune (1070 ₹, 16 Std., 4-mal tgl.).

FLUGZEUG

Der Flughafen liegt 7 km südwestlich vom Zentrum (Taxi/Autorikscha 380/200 ₹). Inlandsfluglinien wie Air India, Indigo oder Jet Airways verbinden ihn täglich mit Delhi (ab 5500 ₹, 1½ Std.), Mumbai (ab 4400 ₹, 1½ Std.), Kolkata (ab 7500 ₹, 1½ Std.), Ahmedabad, Bengaluru, Chennai, Jaipur und Pune.

ZUG

Vom Hauptbahnhof in Mumbai rollte der *Duronto Express* täglich nach Nagpur (Sleeper Class/2AC 470/1830 ₹, 10 Std., 21.15 Uhr; in Gegenrichtung Abfahrt 20.50 Uhr, Ankunft 7.50 Uhr). Der *Gitanjali Express* (Sleeper Class/2AC 480/1920 ₹, 17½ Std., 19.05 Uhr) fährt nordwärts nach Kolkata. Mehrere Expresszüge Richtung Delhi und Mumbai halten unterwegs in Jalgaon (Sleeper Class/2AC 280/1020 ₹, 8 Std.), wo Anschluss zu den Höhlen von Ajanta besteht.

Rund um Nagpur

Ramtek

Dem *Ramayana* zufolge soll Rama einen Teil seines Exils mit Ehefrau Sita und Bruder Lakshmana in Ramtek verbracht haben, das rund 40 km nordöstlich von Nagpur liegt. Hier stehen mehrere **Tempel** (⏲6–21 Uhr) auf dem Rama-Hügel. Sie sind etwa 600 Jahre alt und werden von einheimischen Affen bevölkert. Autorikschas fahren vom Busbahnhof zum Tempelkomplex (80 ₹, 5 km). Auf dessen Rückseite führen 700 Stufen zurück in die Stadt. Die Straße zu den Tempeln passiert das reizende **Ambala-Wasserbecken**, das von kleinen Schreinen flankiert wird. Auf dem See sind Bootsfahrten möglich.

Busse pendeln zwischen Ramtek und dem MSRTC-Busbahnhof in Nagpur (52 ₹, 1½ Std., alle 30 Min.). Die letzte Fahrt nach Nagpur erfolgt um 19 Uhr.

Sevagram

☎07152

Rund 85 km von Nagpur entfernt, erkor Mahatma Gandhi das „Dorf des Dienstes" zur Basis seiner Unabhängigkeitsbewegung. Während des gesamten Freiheitskampfs kamen diverse Nationalistenführer regelmäßig nach Sevagram, um Mahatma in seinem **Sevagram Ashram** (☎07152-284753; www.gandhiashramsevagram.org; ⏲9–12 & 14–18 Uhr) zu besuchen. Die Aufseher des friedlichen Ashrams, der auf 40 ha Farmland gebaut wurde, haben die Originalhütten, in denen Gandhi lebte und arbeitete, vorsichtig restauriert. Heute sind dort einige persönliche Dinge von Gandhi untergebracht.

Gegenüber vom Eingangstor befindet sich das **Yatri Nivas** (☎284753; DZ 100 ₹) mit sehr einfachen Unterkünften (eine Reservierung ist ratsam). Bei Voranmeldung gibt's im Speisesaal des Ashrams schlichte vegetarische Kost.

Nur 3 km von Sevagram entfernt liegt das Dorf Paunar mit dem **Brahmavidya Mandir Ashram** (☎07152-288388; ⏲6–12 & 14–20 Uhr), der vom Nationalisten und Gandhi-Schüler Vinoba Bhave gegründet wurde. Der Ashram steht heute fast komplett unter weiblicher Leitung und folgt dem Prinzip der *swaraj* (Autarkie): Es gibt kein zentrales Führungsorgan, Entscheidungen werden immer einvernehmlich getroffen.

ABSTECHER

DER METEORITENKRATER VON LONAR

Wer unkonventionelle Abenteuer mag, kann in Lonar ein urzeitliches Naturwunder erkunden: Vor etwa 50 000 Jahren hinterließ ein Meteorit hier einen gigantischen Einschlagskrater von 2 km Breite und 170 m Tiefe. In wissenschaftlicher Hinsicht handelt es sich hierbei um den weltweit einzigen Krater in Basaltgestein, der auf natürliche Weise durch einen Aufschlag mit extrem hoher Geschwindigkeit entstand. Gleichzeitig ist dies einfach ein zauberhaft ruhiger und entspannender Ort mitten in der Wildnis. Das grüne Wasser des flachen Kratersees soll alkalisch und daher gut für die Haut sein. Forscher vermuten, dass der Meteorit noch immer ca. 600 m tief unter dem südöstlichen Kraterrand im Boden steckt.

Am Kraterrand tummeln sich außerdem Tiere (u.a. Languren, Pfauen, Hirsche, zahlreiche Vogelarten) zwischen mehreren Hindu-Tempeln.

Der **MTDC Tourist Complex** (☎ 07260221602; DZ ohne/mit Klimaanlage 1300/2590 ₹; ❄) erfreut sich einer tollen Lage genau gegenüber vom Krater. Seine frisch renovierten und vorbildlich in Schuss gehaltenen Deluxe-Zimmer haben stilvolle eigene Bäder. Busse verbinden den CIDCO-Busbahnhof in Aurangabad (S. 99) regelmäßig mit Lonar.

Von Nagpur aus ist Sevagram mit Bussen in Richtung Wardha erreichbar (85 ₹, 3 Std.)

Tadoba-Andhari Tiger Reserve

Das **Tadoba-Andhari Tiger Reserve** (⌚ Mi–Mo Sonnenaufang–Sonnenuntergang) liegt 150 km südlich von Nagpur und gehört zu Indiens besten Revieren für Tigerbeobachtungen. Dank des Ausbaus der staatlichen Highways ist das Reservat heute deutlich besser zugänglich als früher, verzeichnet aber immer noch viel weniger Besucher als die meisten anderen Waldschutzgebiete des Landes. So kann man hier mit der Natur auf Tuchfühlung gehen, ohne sich durch ganze Busladungen von knipswütigen Touristen kämpfen zu müssen. Vor Ort tummeln sich u.a. Gaure, Axishirsche, Nilgau-Antilopen, Lippenbären und Leoparden. Hinzu kommen ein sehr gesunder Tigerbestand (schätzungsweise 120 Tiere; 2014 wurden insgesamt 24 Welpen geboren) und 280 Vogelarten. Unter letzteren sind Raubvögel wie Schlangenweihen, Schopfwespenbussarde und seltene Eulen.

Im Gegensatz zu vielen anderen indischen Parks ist dieses Reservat das ganze Jahr über geöffnet. In der Pufferzone finden geführte Waldsafaris (850 ₹) unter der Leitung von Angehörigen des indigenen Gond-Stammes statt. Umgeben von den Geräuschen und Gerüchen der indischen Wildnis kann man dabei nach Tierspuren spähen und z.B. Vögel oder Insekten aus nächster Nähe beobachten.

Außerdem kann man auf geführten Kanutouren (1200 ₹/Pers.) die Inseln, Inselchen und Buchten des Irai- und Tadoba-Sees erkunden. Unterwegs lassen sich potenziell Krokodile und herrliche Vogelarten (z.B. Fischadler, Störche, Graukopf-Seeadler) blicken. Alternativ stehen Pontonboote mit Elektromotor (800 ₹/Pers.) zur Verfügung.

Staatliche Busse verkehren viermal täglich zwischen Nagpur und Chandrapur (138 ₹, 3½ Std.).

Am nächstgelegenen Bahnhof in Wardha (40 km vom Reservat entfernt) halten Züge aus Richtung Hyderabad und Nagpur.

Schlafen & Essen

Tiger Trails Jungle Lodge LODGE $$$
(☎ 0712-6541327; www.tigertrails.in; Khutwanda Gate; EZ/DZ inkl. Vollpension 9500/15 000 ₹; ❄☒) Diese ganz besondere Lodge liegt innerhalb der artenreichen Pufferzone. Sie gehört leidenschaftlichen Naturliebhabern, die den Tigerbestand des Reservats bereits seit Jahrzehnten erforschen. Die Zimmer sind geräumig und komfortabel; sie verteilen sich auf ein älteres Haus mit großer Dachterrasse und einen moderneren sowie besser gepflegten Bau. Das leckere Essen kommt in üppigen Portionen auf den Tisch. Kamerafallen rund um das Anwesen „erwischen" regelmäßig Tiger. Erfahrene Führer begleiten alle hauseigenen Safaritouren (ab 4500 ₹).

Svasara LODGE $$$
(☎ 9370 008008; www.svasararesorts.com; Kolara Gate; DZ inkl. Vollpension 14 000 ₹; ❄) Die neue Luxus-Lodge mit wunderschönem Design hat hervorragende Einrichtungen und Suiten, die den umliegenden Dschungel quasi

DIE LEGENDE VON „BABA" AMTE

Humanisten in aller Welt erzählen gern die Legende von Murlidhar Devidas „Baba" Amte (1914–2008): Als Spross einer vornehmen Brahmanenfamilie aus Wardha genoss Amte alle Vorzüge materialistischen Reichtums und schickte sich an, ein erfolgreicher Rechtsanwalt zu werden. Doch als er eines Nachts einen Leprakranken allein auf der Straße sterben sah, sollte sich sein Leben für immer verändern.

Kurz nach diesem Vorfall entsagte Amte allem Weltlichen zugunsten der Enthaltsamkeit. Fortan engagierte er sich aktiv für Leprakranke und Menschen am Rande der Gesellschaft. Zudem gründete er in den wilden Wäldern des östlichen Maharashtra sein Ashram namens **Anandwan** (Wald der Freude; ☎07176-282034; www.anandwan.in). Als aufrechter Anhänger Gandhis glaubte „Baba" fest an die Selbstbestimmung und erhielt mehrere Auszeichnungen (u. a. 1985 den Ramon Magsaysay Award) für sein lebenslanges Engagement.

Amtes Werk wird von seinen Söhnen Vikas und Prakash sowie deren Ehefrauen fortgesetzt. Prakash und seine Frau erhielten 2008 ebenfalls den Magsaysay Award. In diesem abgelegenen Landesteil betreibt die Familie heute viele Ashrams, die sich um Menschen und Tiere in Not kümmern. Aktuell werden dort insgesamt über 2500 Bedürftige (darunter 1500 Leprakranke) betreut. Im „Tierwaisenhaus" leben z. B. Otter, Adler, Krokodile, Affen, Wildschweine, Hirsche, Hyänen, Schlangen, Leoparden und Löwen. Eine Schule für Angehörige indigener Stämme ist ebenfalls vorhanden.

Die Organisation bietet Möglichkeiten für Freiwilligenarbeit. Spenden (über die Website) sind willkommen.

in weite Ferne rücken lassen. Zusätzliche Pluspunkte sind das tolle Essen und die gut organisierten Safaris unter der Leitung von engagiertem Personal.

MTDC Resort HOTEL $
(☎02168-260318; Bombay Point Rd; DZ ab 1645 ₹) Das kürzlich renovierte MTDC Resort vermietet nunmehr komfortable, gut eingerichtete Zimmer und Hütten (teilweise mit Blick auf den Irai-See). Auf Gäste warten zudem ein anständiges Restaurant und hilfsbereites Personal, das gute Dschungelsafaris per Jeep organisiert (2700 ₹/Fahrzeug, zzgl. 300 ₹ für den obligatorischen Guide). Beim MTDC-Büro in Nagpur kann man Zimmer reservieren und Pauschalangebote buchen.

SÜDLICHES MAHARASHTRA

Konkanküste

Dieser malerische und kaum erschlossene Küstenstreifen erstreckt sich ab Mumbai bis hinunter nach Goa – geprägt von Bilderbuchstränden, Fischerdörfern und herrlichen Festungsruinen in tropischer Wildnis. Somit können Touren entlang der Konkanküste zum reinsten Vergnügen werden. Unterkünfte und (verlässliche) öffentliche Verkehrsmittel sind hier jedoch ziemlich rar. Wer es sich leisten kann, mietet daher am besten ein Auto in Mumbai und folgt der Küste dann gemächlich südwärts in Richtung Goa: Die Erfahrungen unterwegs sind mit Geld nicht zu bezahlen.

Murud

☎02144 / 13 100 EW.

Dieses verschlafene Fischernest liegt 165 km südlich von Mumbai und ist ein höchst lohnenswertes Pflichtziel bei jeder Fahrt entlang der Konkanküste: Hier warten u. a. frisches Seafood, ein relaxtes Lebenstempo und die eindrucksvolle Inselfestung Janjira draußen im offenen Meer.

An Muruds Strand kann man prima joggen, eine Runde Kricket mit Einheimischen spielen und warme Gischt an seinen Füßen spüren. Ansonsten empfiehlt sich ein kurzer Blick durch die Tore des Ahmedganj-Palasts (für Besucher gesperrt), in dem der Siddi Nawab von Murud residiert. Im Süden der Stadt lassen sich außerdem Gräber und eine verfallende Moschee besichtigen.

Sehenswertes

★ **Janjira** INSELFESTUNG
(7 Uhr–Sonnenuntergang) Trutzig erhebt sich die Inselfestung Janjira etwa 500 m vor der Küste. Die imposante Zitadelle ist die prächtigste unter den Forts entlang der Konkan-

küste und war einst die Hauptstadt eines Fürstenstaats. Vollendet wurde sie 1571 von den Siddis, deren Vorfahren frühere Sklaven vom Horn von Afrika waren.

Das jahrhundertelange Bündnis zwischen Siddis und Moguln führte zu Konflikten mit lokalen Königen – z. B. mit Shivaji und dessen Sohn Sambhaji, die vergeblich versuchten, mithilfe eines Tunnels zur Festung vorzudringen. Auch keine anderen Angreifer (u. a. Briten, Franzosen und Portugiesen) konnten jemals die 12 m hohen Granitmauern überwinden, die bei Flut scheinbar direkt aus dem Meer ragen. Doch schließlich musste sich Janjira der Natur geschlagen geben: Heute verfällt das Bollwerk allmählich und wird von der Wildnis zurückerobert.

Trotzdem gibt's hier immer noch jede Menge zu bewundern – beispielsweise das bemerkenswert eng gesetzte Mauerwerk, das die Zitadelle jahrhundertelang vor Stürmen, Kolonisten und Beschuss schützte. Nach dem Durchqueren des stolzen Haupttors aus grauem Stein kann man sich die Wälle mit ihren riesigen Kanonen ansehen. Die insgesamt 19 Bastionen sind größtenteils noch vorhanden; dasselbe gilt für die beiden riesigen Zisternen. Der innere Burgfried mit Palästen und einer Moschee liegt dagegen in Trümmern. Achtung: Viele der verbliebenen Mauern und Strukturen sind in schlechtem Zustand – daher beim Erkunden entsprechend vorsichtig sein! Zudem ist die ganze Anlage leider ziemlich stark vermüllt.

Hinaus nach Janjira geht's ausschließlich mit dem Boot ab dem Hafen Rajpuri (hin & zurück 20 ₹, 20 Min., tgl. 7–16.45 Uhr; reine Besichtigungszeit 45 Min.). Diesen erreicht man von Murud aus am besten per Leihfahrrad oder Autorikscha (75 ₹).

Schlafen & Essen

Devakinandan Lodge PENSION $

(☎ 9273524061; Zi. 1000–1200 ₹) Die schlichte kleine Pension vermietet saubere, einfache Zimmer mit TV und eigenen Warmwasserbädern. Im Garten mit Strandblick gibt's ein paar Hängematten. Die Eigentümerfamilie ist freundlich, spricht aber kaum Englisch.

Sea Shell Resort HOTEL $$

(☎ 274306; www.seashellmurud.com; Darbar Rd; DZ mit/ohne Klimaanlage ab 2500/2000 ₹; ❄ 🏊) Hinter der Strandstraße steht dieses fröhliche Hotel mit internationalem Restaurant und winzigem Pool. Von den sauberen, geräumigen und luftigen Zimmern mit Warmwasserbädern schaut man aufs Meer hinaus. Die Rezeption organisiert Delfinsafaris, ist aber mitunter nicht besetzt.

Golden Swan Beach Resort HOTEL $$

(☎ 274078; www.goldenswan.com; Darbar Rd; Zi. inkl. Frühstück ab 3800 ₹; ❄ 📶) Die Hütten und Zimmer am Meer sind etwas überteuert (vor allem die günstigeren Varianten). Dafür säumen sie einen tollen Strandabschnitt mit schönem Fernblick auf den Ahmedganj-Palast und die Festung Kasa. Weitere Quartiere findet man ein paar Gehminuten entfernt in einem charmanten alten Bungalow. Das hervorragende Hausrestaurant serviert z. B. prima Sichuan-Hühnchen. Höhere Preise am Wochenende.

New Sea Rock Restaurant INDISCH $

(Rajpuri; Hauptgerichte 50–180 ₹; ⏱ 7–20 Uhr) Auf einer Klippe über dem Strand von Rajpuri lässt sich hier ein Traumblick auf den Sonnenuntergang und die Festung Janjira genießen. Den gibt's bereits für den Preis eines Chai (10 ₹) – ansonsten einfach eines der indischen oder chinesischen Hauptgerichte bestellen.

Hotel Vinayak INDISCH $

(Darbar Rd; Hauptgerichte 70–150 ₹; ⏱ 8–22 Uhr) Die Terrasse mit Meerblick eignet sich perfekt, um z. B. einen so leckeren wie pikanten Malvani-Thali (80–180 ₹) zu vertilgen und dessen Schärfe mit rosafarbenem Kokam-Sirup zu reduzieren. Frischer Fisch (100–250 ₹), Garnelen und gutes Frühstück kommen hier ebenfalls auf den Tisch.

Anreise & Unterwegs vor Ort

Vom Gateway of India in Mumbai schippern Fähren und Katamarane zum Pier von Mandva (95–160 ₹, 1 Std., 6–19 Uhr). Der Fahrtpreis beinhaltet dabei jeweils einen kostenlosen Busshuttle nach Alibag (30 Min.). Von dort aus folgen klapprige Regionalbusse der Küste bis hinunter nach Murud (52 ₹, 2 Std.). Alternativ geht's dorthin auch direkt vom Busbahnhof Mumbai Central (Normal/Semideluxe 158/212 ₹, ca. 6 Std., stündl.).

Der Bahnhof Roha liegt am nächsten bei Murud (2 Std.), hat aber schlechte Verbindungen.

Das Golden Swan Beach Resort vermietet Fahrräder (75 ₹/Std.) und Autos (ab 1500 ₹/Tag).

Rund um Murud

RAIGAD FORT

Rund 24 km abseits des Hwy 66 thront das zauberhafte **Raigad Fort** (Inder/Ausländer

ABSEITS DER ÜBLICHEN PFADE

RUINEN-ROUTE

Nördlich von Murud führt eine malerische Küstenstraße an Landspitzen, Stränden und Felsufern vorbei. Bereits nach ein paar Kilometern kommt oben auf einer Klippe der **Nawab's Palace** in Sicht. Dieser außergewöhnliche Mix aus viktorianischer Gotik und Mogul-Architektur steht seit Jahren leer, würde aber ein perfektes historisches Hotel abgeben. Vom Straßenrand aus kann man durch die Tore (mit Wappen verziert) einen Blick darauf werfen.

Rund 16 km nördlich von Murud lädt die wunderschöne Sandbucht des **Kashid Beach** zum Baden und Kokosmilchtrinken in ruhiger Atmosphäre ein. Am Wochenende ist hier allerdings mit einigen Bananenbooten und Kamelritt-*wallahs* zu rechnen. Weiter in Richtung Norden schmiegt sich die Straße eng an die nackte Küstenlinie und wartet dabei mit einem tollen Meerblick auf. Etwa 31 km von Murud entfernt erreicht man schließlich das traditionelle Fischernest **Korlai** am Fuß einer felsigen Landzunge. Auf dieser stehen die Ruinen von **Fort Korlai**, das einst die gigantische Flussmündung des Kundaliker bewachte und bis heute mit einem Panoramablick begeistert.

Sammel-Autorikschas (100 ₹) fahren bis zum Kashid Beach hinaus. Das Golden Swan Beach Resort in Murud vermietet Fahrräder und Autos.

5/100 ₹; ⏲8–17.30 Uhr) hoch oben auf einem entlegenen Hügel. Von 1648 bis zu Shivajis Tod im Jahr 1680 befand sich hier dessen Hauptstadt. Später eroberten die Briten das besuchenswerte Bollwerk und erweiterten es um ein paar eigene Bauten. Shivajis Grab und Königshof blieben jedoch erhalten – ebenso der Hauptmarkt und diverse Sockelmauern der königlichen Gemächer.

Wer will, kann die Steilwände des Festungshügels über mörderische 1475 Stufen erklimmen. Deutlich weniger anstrengend ist die **Seilbahn** (Ropeway; www.raigadropeway.com; hin & zurück 200 ₹; ⏲8.30–17.30 Uhr), deren Passagiere aus schwindelerregender Höhe auf die Schluchten hinab blicken. Achtung: Die Seilbahn ist bei indischen Touristen extrem beliebt – zur Urlaubszeit muss mit Wartezeiten von bis zu einer Stunde gerechnet werden! Das **Sarja Restaurant** (Snacks 30–100 ₹) an der Talstation serviert gute Snacks und Mittagsgerichte. Im eigentlichen Fort stehen Führer (200 ₹) zur Verfügung.

Vom Ort Mahad am Hwy 66 (auf das Schild mit der Aufschrift „Raigad Ropeway" achten) fahren Autorikschas hinauf nach Raigad (180 ₹, 45 Min.). Mahad liegt 158 km südlich von Mumbai und 88 km von Murud entfernt. Die befestigte Straße zwischen Mahad und Raigad ist in gutem Zustand. Ein Taxi-Tagestrip ab Murud kostet 2000 ₹.

Ganpatipule

☎02357

Das Strandnest Ganpatipule lockt Meeresfans seit Jahren kontinuierlich mit warmem Wasser und einem schönen Sandstreifen. Es liegt rund 375 km von Mumbai entfernt und schlummert den Großteil des Jahres über. Dies ändert sich jedoch an Feiertagen wie Diwali oder Ganesh Chaturthi: Dann fallen zahllose lärmige Touristen hier ein, um den küstenseitigen **Ganesha-Tempel** (⏲6–21 Uhr) mit seiner orangefarbigen, monolithischen Ganesh-Skulptur zu besuchen.

In Ganpatipules Strandbereich kann man z. B. Kamelritte und Bootsfahrten unternehmen; morgens lassen sich manchmal auch Delfine blicken. Abseits des kleinen belebten Streifens in Tempelnähe eignet sich der Sandstrand perfekt für lange Spaziergänge.

Schlafen & Essen

Ganpatipules viele Pensionen vermieteten zum Zeitpunkt der Recherche keine Zimmer an Ausländer. Begründet wurde dies damit, dass sich David Healey (Planer der Bombenanschläge von Mumbai) hier eine Zeitlang aufgehalten hatte.

MTDC Resort HOTEL $$
(☎235248; DZ ab 2250 ₹, mit Klimaanlage 2550 ₹; ❄📶) Das riesige Resort in toller Strandlage ist so etwas wie ein Ferienlager für Familien aus Mumbai. Die Zimmer und Hütten aus Beton könnten mal eine Renovierung vertragen, bieten aber alle einen direkten Traumblick aufs Meer. Das anständige Hausrestaurant serviert kaltes Bier.

Bhau Joshi Bhojnalay INDISCH $
(Hauptgerichte 50–80 ₹; ⏲11–22.30 Uhr) Ein Stück hinter dem Strand liegt dieses saubere

Restaurant, das u. a. Gerichte mit Okraschoten oder Tomaten, *baingan masala* (Auberginen-Curry; 80 ₹) und andere Köstlichkeiten aus Maharashtra serviert.

Praktische Informationen

Ganpatipule hat mehrere Geldautomaten. Einer davon befindet sich etwa 400 m landeinwärts vom MTDC Resort.

Anreise & Unterwegs vor Ort

Ganpatipule ist verkehrsmäßig eher schlecht versorgt. Busse (50 ₹, 1½ Std., stündl.), Autorikschas (400 ₹) und Taxis (750 ₹) verbinden das Dorf mit dem nächsten größeren Ort namens Ratnagiri, der 40 km weiter südlich liegt.

Weitere Busse fahren von Ganpatipule aus nach Mumbai (400–650 ₹, 10 Std., 18.30–22 Uhr mehrmals tgl.), Pune (350 ₹, 3-mal tgl.) und Kolhapur (145 ₹, 3-mal tgl.).

Von Ratnagiris Bahnhof an der Konkan-Railway-Strecke fährt der *Mandovi Express* täglich nach Mumbai (2./1. Klasse 160/1670 ₹, 7½ Std., 14.10 Uhr) und in Gegenrichtung nach Goa (2./1. Klasse 120/1400 ₹, 5½ Std., 13.10 Uhr). Von Ratnagiris altem Busbahnhof geht's nach Goa (Semideluxe 270 ₹, 6 Std.) und Kolhapur (Semideluxe 160 ₹, 4 Std.).

Malvan

☎ 02365

Staatliche Werbekampagnen preisen die aufstrebende Region rund um Malvan als Pendant zu Tahiti an. Obwohl das dann doch ein wenig übertrieben ist, gibt's hier fast weiße Strände, funkelndes Seewasser und Backwaters im Dschungel. Draußen vor der Küste warten Korallenriffe, Meereshöhlen und eine lebendige Unterwasserwelt. Seit der Eröffnung einer neuen erstklassigen Tauchschule pilgern daher immer mehr Taucher hierher.

Das entspannte Malvan mit seinen vielen alten Holzgebäuden gehört sicher zu den schönsten Kleinstädten an der Konkanküste. Vor Ort findet man auch einen Basar und einen belebten kleinen Hafen. Direkt südlich vom Zentrum säumen zahlreiche Hotels und Pensionen den zauberhaften Tarkali Beach.

Sehenswertes & Aktivitäten

Achtung: In Malvan gibt's mehrere zweifelhafte Tauchshops mit unqualifiziertem Personal. Wer tauchen will, sollte sich unbedingt an einen offiziell zugelassenen Anbieter wenden!

Das Südende des Tarkali Beach wird vom breiten, hübschen Backwater-Fluss Karli begrenzt. An dessen Nordufer brechen diverse Bootsbetreiber zu Touren mit mehreren Zwischenstopps auf (1800 ₹/Boot, max. 6 Pers., 3 Std.). Diese besuchen z. B. Seagull Island, den Golden Rock, den Dolphin Point und verschiedene Strandbuchten.

Sindhudurg Fort FORT

Im Jahr 1664 erbaute Shivaji dieses riesige Fort auf einer vorgelagerten Insel, die von Malvans Hafen aus mit der Fähre erreichbar ist (50 ₹, 9–17.30 Uhr regelmäßig; Besichtigungszeit 1 Std.). Die Festung ist nicht ganz so eindruckvoll wie Janjira weiter oben an der Küste und heute größtenteils zerstört, wirkt aber immer noch sehr mächtig. Besucher können die Anlage erkunden und dabei einen tollen Blick auf die Küste genießen.

Tarkali Beach STRAND

Eine Vision vom tropischen Indien: Kokospalmen und Kasuarinen säumen diesen goldenen, halbmondförmigen Sandstrand südlich von Marvan. In der Abenddämmerung holen hier Fischergruppen kilometerlange Riesennetze voller Sardinen ein (Okt.–Feb.). Gelegentlich lassen sich auch ein paar Kühe blicken.

★ **IISDA** TAUCHEN

(Indian Institute of Scuba Diving & Aquasports; ☎ 02365-248790; www.iisda.gov.in; Tarkali Beach; 3000 ₹/Tauchgang, PADI-Freiwasserkurs 22 000 ₹) Dr. Sarang Kulkarni ist Meeresbiologe und ein mit allen Wassern gewaschener Tauchprofi. Sein neues topmodernes Tauchzen-

REGIONALE SPEZIALITÄTEN

Die vielen regionalen Spezialitäten der Konkanküste (auch Malvani-Küche genannt) sind höchst probierenswert. Beispiele:

dhondas – Küchlein aus Gurke und Palmzucker

kaju chi aamti – scharfer Curry mit Cashew-Kernen

kombdi vade – pikantes Hühnchen mit Limettensaft und Kokosmilch

mori masala – Curry mit Haifleisch

sol kadhi – rosafarbener, leicht säuerlicher Mix aus Kokosmilch und Kokum-Früchten; reduziert die Schärfe und wird zu vielen Gerichten gereicht

DER MALVAN NATIONAL MARINE PARK

Artenreiche Feuchtgebiete, Mangroven, Flussmündungen, Sand- und Felsstrände machen die Küste rund um Malvan unglaublich vielfältig. Doch die örtliche Unterwasserwelt ist wahrscheinlich noch reizvoller: Im Ozean findet man hier beispielsweise Korallen, Höhlen voller Meereslebewesen oder weitläufige Wälder aus Golftang (Sargassum), die als Kinderstube für Jungfische fungieren. An den Felsinseln im offenen Meer tummeln sich Schwärme aus Schnappern und großen Zackenbarschen – ebenso Falterfische, Gelbstreifen-Füsiliere und Hummer. Von November bis Februar lassen sich regelmäßig Delfinschulen blicken. Und auch Walhaie (größte Fische der Welt) schauen hin und wieder vorbei.

Der **Malvan National Marine Park** (in dem übrigens auch das Sindhudurg Fort liegt) schützt bislang nur einen kleinen Bereich der regionalen Küste. Er ist jedoch so artenreich, dass Meeresbiologen wie der IISDA-Direktor Dr. Sarang Kulkarni eine Erweiterung stark befürworten: Das 16 km lange Riff im offenen Meer wurde bereits als „indisches Great Barrier Reef" bezeichnet. Zudem wäre da noch die 40 km lange und 20 km breite **Angria Bank**. An diesem Unterwasserplateau mit intakten Korallen und zahllosen anderen Spezies lassen sich bei fast jedem Tauchgang u. a. Ammenhaie beobachten. Dorthin will das IISDA zukünftig Tagesausflüge und Touren mit Übernachtung an Bord veranstalten (für aktuelle Infos s. Website).

trum liegt 7 km südlich von Malvan. Es ist landesweit das beste seiner Art und obendrein ein Meeresschutz-Institut. Neben kompetent durchgeführten Kursen warten hier auch ein Trainingsbecken (20 m lang, 8 m tief), klimatisierte Unterrichtsräume und komfortable Unterkünfte für Tauchschüler. Sogar ein Restaurant, eine Bar und ein Tennisplatz sind vorhanden.

Schlafen & Essen

MTDC Holiday Resort BUNGALOWS $$
(☎252390; Tarkali Beach; Bungalow/Bootshaus 3110/5400 ₹; ❄📶) Rund 5 km südlich von Malvan liegt dieses Resort wunderschön an einem reizenden Streifen aus sauberem Sand. Seine Beton-Bungalows und „Bootshäuser" (bootsförmige Holzhütten mit großen Fronterrassen) sind etwas betagt, aber geräumig. Das Restaurant serviert Seafood, regionale Küche und chinesisches Essen, aber kein Bier. WLAN gibt's nur im Rezeptionsbereich.

★ **Chaitanya** REGIONALKÜCHE, INDISCH $$
(☎02365-252172; 502 Dr. Vallabh Marg; Hauptgerichte 70–250 ₹; ⏲11–23 Uhr) Das tolle familiengeführte Lokal an Malvans Hauptstraße ist bei Einheimischen sehr beliebt und auf Konkanküche spezialisiert. So serviert es z. B. *bangda tikhale* (Fisch in cremiger Kokossauce), sehr aromatisches Krabben-Masala oder Garnelen auf regionale Art. Hervorragende vegetarische Gerichte stehen ebenfalls auf der Karte. Während die Gäste essen, füllt das Personal die Schüsseln mit *sol kadhi* (magenschonender Mix aus Kokosmilch und Früchten) ständig auf. Einer der Speiseräume ist klimatisiert.

Athithi Bamboo INDISCH $$
(Church St; Hauptgerichte 60–240 ₹; ⏲12–15.30 & 20–22.30 Uhr) Das zwanglose Großrestaurant auf der Nordseite des Hafens hat kein englischsprachiges Schild. Es serviert fangfrisches Seafood (u. a. viel Fisch) und hervorragende Thalis (ab 60 ₹) nach authentischen regionalen Rezepten. Hinweis: Tagsüber ist es hier sehr heiß, da man unter einem Blechdach speist.

Praktische Informationen

Malvan hat zahlreiche Geldautomaten.

Geldautomat der Bank of India (Dr. Vallabh Marg)

Scorpion Cyber (Dr. Vallabh Marg; ⏲10–22 Uhr) Internetcafé mit mehreren Terminals.

An- & Weiterreise

Der nächstgelegene Bahnhof befindet sich im 38 km entfernten Kudal. Dorthin fahren Autorikschas (ca. 500 ₹) und Linienbusse (30 ₹, 1 Std.) ab dem örtlichen Busbahnhof. Normale Busse verbinden Malvan mit:

Kolhapur (170 ₹, 5 Std., 7-mal tgl.)
Mumbai (500 ₹, 12 Std., 1-mal tgl.)
Panaji (110 ₹, 3½ Std., 4-mal tgl.)
Ratnagiri (165 ₹, 5 Std., 3-mal tgl.)

Von Malvan sind's nur 80 km bis zum nördlichen Goa (Taxi 1200 ₹, 2 Std.)

Matheran

☎ 02148 / 5750 EW. / 803 M

Nur einen Katzensprung von Mumbais Hitze und Schmutz entfernt thront das kleine Matheran (wörtl. „vom Dschungel bekrönt") auf einem schroffen Gipfel der Sahyadri-Berge. Rund um die friedvolle Hill Station erstrecken sich schattige Wälder mit Wanderwegen und atemberaubenden Aussichtpunkten. Zudem herrschen hier bis heute die reizvolle Eleganz und Atmosphäre der Kolonialzeit – allerdings nunmehr verstärkt getrübt durch illegale Bauprojekte und zunehmende Kommerzialisierung.

Die Anreise ist bereits der halbe Spaß: Obwohl man über Straßen schneller hierherkommt, toppt nichts die Fahrt mit der Kleinbahn („Toy Train"), die bis ins Herz von Matheran hinauftuckert. Im eigentlichen Ortsgebiet sind Kraftfahrzeuge ohnehin verboten – ideal, um seinen Ohren bzw. Atemwegen eine Auszeit und den Beinen etwas Training zu gönnen.

Sehenswertes & Aktivitäten

Matheran ist ideal für stressfreie Spaziergänge: Über schattige Waldwege sind die meisten Aussichtspunkte in wenigen Stunden zu Fuß erreichbar. Den Sonnenaufgang genießt man idealerweise am **Panorama Point**. Für das Bewundern der sinkenden Sonne empfiehlt sich der **Porcupine Point** (auch Sunset Point genannt), der zugleich am beliebtesten (d.h.: immer stark überlaufen) ist. Der **Louisa Point** und der **Little Chouk Point** bieten ebenfalls einen Traumblick auf die Sahyadri-Berge.

Rund um **Echo Point**, **Charlotte Lake** und **Honeymoon Point** herrscht an Wochenenden bzw. öffentlichen Feiertagen der stärkste Betrieb – wer nicht auf zahllose Tagesausflügler steht, meidet diesen Bereich dann am besten.

Zum Tal unterhalb des One Tree Hill führt ein Pfad namens **Shivajis Ladder**, den der Marathenfürst einst selbst benutzt haben soll. Pferde-*wallahs* belästigen Besucher ständig mit Angeboten für Ausritte auf dieser Route (300 ₹/Std.).

Schlafen & Essen

Matherans Hotels sind meist überteuert und bestehen oft auf zwei Mindestübernachtungen. Der Zeitpunkt zum Auschecken (teilweise schon um 7 Uhr) variiert jeweils sehr stark. Dasselbe gilt für die Preise in der Haupt- und Nachsaison. Während des Monsuns ist alles geschlossen.

Hope Hall Hotel HOTEL $
(☎ 230253; www.hopehallmatheran.com; MG Rd; DZ Mo–Fr 1370 ₹, Sa & So 1710 ₹) Eine äußerst freundliche Familie führt dieses alteingesessene Hotel (erb. 1875), in dem sich Traveller seit Jahren sehr wohlfühlen. Die geräumigen Zimmer mit hohen Decken und künstlerischen Einrichtungselementen befinden sich in zwei separaten Gebäuden, die im hinteren Teil des grünen Gartens stehen. Für Gäste gibt's Getränke und gutes Frühstück. Unbedingt Maria nach ihrer wunderbaren Mineral- und Kristallsammlung fragen! Zu Spitzenzeiten verdoppeln sich die Preise.

MTDC Resort LODGE $$
(☎ 02148-230277; DZ ohne/mit Klimaanlage 1580/5050 ₹; ❄) Die staatlich betriebene Lodge mit gutem Restaurant vermietet u.a. zweckmäßige Budget-Quartiere und enttäuschende Familienzimmer. Hinzu kommen moderne, klimatisierte und sehr attraktive Unterkünfte in der dazugehörigen Villa Shruti. Leider liegt das Ganze direkt neben dem Dasturi-Parkplatz und damit abseits der Aktivitäten im Zentrum.

★ Verandah in the Forest HISTORISCHES HOTEL $$$
(☎ 230296; www.neemranahotels.com; Barr House; DZ inkl. Frühstück ab 5880 ₹) Der wunderschön erhaltene Bungalow aus dem 19. Jh. verströmt ungetrübte Nostalgie: Mit kunstvollen Kronleuchtern, Orientteppichen, antiken Teakholzmöbeln, viktorianischen Gemälden und Standuhren versetzen einen die altertümlich-hübschen Luxuszimmer zurück in vergangene Zeiten. Die namensgebende Veranda bietet einen zauberhaften Blick auf Matherans bewaldete Hänge. Das Hausrestaurant serviert neben leckeren indischen Gerichten auch ein tolles viergängiges Abendmenü im europäischen Stil (600 ₹).

Hotel Woodlands HOTEL $$$
(☎ 230271; www.woodlandsmatheran.com; Chinoy Rd; Zi. Ab 5540 ₹) Das Woodlands ist ein altehrwürdiges Haus mit historischem Charme und dennoch ausreichend modernem Komfort, um selbst heikle Gäste zufriedenzustellen. Die Lage im Wald ist sehr angenehm, und auf dem Spielplatz können sich Kinder mal richtig austoben. Das eigentliche Highlight ist aber die Veranda, auf der man prima entspannen kann.

Shabbir Bhai INDISCH $

(Merry Rd; Hauptgerichte 70–120 ₹; ⌚10–22 Uhr) Das witzige Lokal hat eine umfangreiche nordindische Speisekarte, aber hier dreht sich eigentlich alles um die würzigen Biryanis – ob mit Hühnchen, Lammfleisch oder vegetarisch. Deshalb wird das Lokal von den Einheimischen auch „Byrianiwala" genannt. Einfach neben der Jama Masjid an der MG Rd den Fußweg hügelaufwärts gehen.

Praktische Informationen

Die Zugangsgebühr für Matheran (Erw./Kind 40/20 ₹) ist bei der Ankunft am Bahnhof oder am Dasturi-Parkplatz zu entrichten.

Union Bank of India (MG Rd; ⌚Mo–Fr 10–14, Sa 10–12 Uhr) Hat einen Geldautomaten.

An- & Weiterreise

TAXI

Busse (25 ₹) und Sammeltaxis (75 ₹) fahren von Neral zum Dasturi-Parkplatz (30 Min.). Von dort aus zuckeln Pferde (300 ₹) und handgezogene Rikschas (400 ₹) zu Matherans Hauptbasar. Zu Fuß braucht man für diese Strecke (etwa 3,5 km bergauf) knapp eine Stunde, kann aber sein Gepäck separat transportieren lassen (ca. 220 ₹).

ZUG

Die Kleinbahn (Toy Train; 2./1. Klasse 35/225 ₹) pendelt fünfmal täglich zwischen Matheran und Neral Junction. Während des Monsuns ist der Betrieb aber komplett eingestellt.

Von Mumbais Hauptbahnhof (CST) fahren pro Tag zwei Expresszüge nach Neral Junction (2./1. Klasse 45/205 ₹, 1½ Std., 7 & 8.40 Uhr). Weitere Expresszüge ab Mumbai halten in Karjat, das hinter Neral Junction an derselben Strecke liegt. Von dort aus kann man per Nahverkehrszug zurückfahren oder einen Bus nach Matheran nehmen (30 ₹). Ab Pune rollen ebenfalls Züge nach Karjat (mind. 13-mal tgl.), halten unterwegs aber nicht in Neral Junction.

Unterwegs vor Ort

Abgesehen von den von Hand gezogenen Rikschas und den Pferden sind die einzigen Fortbewegungsmittel in Matheran Schusters Rappen!

Lonavla

☎02114 / 57 400 EW / 625 M

Lonavla ist eine ziemlich verbaute (und überteuerte) Resortstadt etwa 106 km südöstlich von Mumbai. Es ist gewiss kein schöner Ort: Auf der Hauptstraße gibt es fast nur grell beleuchtete Läden, die *chikki* verkaufen – die steinharten zerbrechlichen Süßwaren aus dieser Gegend.

Der Hauptgrund hierherzukommen, ist der Besuch der nahen Höhlen Karla und Bhaja, die nach den Felsentempeln von Ellora und Ajanta zu den interessantesten in Maharashtra zählen.

Hotels, Restaurants und die Hauptstraße zu den Höhlen befinden sich nördlich vom Bahnhof. Der größte Teil von Lonavla an sich, einschließlich der Märkte, liegt hingegen südlich vom Bahnhof.

Aktivitäten

Kaivalyadhama Yoga Hospital YOGA

(☎273039; www.kdham.com; 2-wöchiger Kurs inkl. Vollpension 800 US$) Auf dem Weg zu den Höhlen von Karla und Bhaja liegt dieses fortschrittliche Yogazentrum (gegr. 1924 von Swami Kuvalayanandji) etwa 2 km außerhalb von Lonavla. Auf einem gepflegten Gelände kombiniert es Yogakurse mit Naturheilverfahren. Der Kurspreis beinhaltet jeweils Vollpension, Yoga-Unterricht, Programme und Vorträge.

Nirvana Adventures GLEITSCHIRMFLIEGEN

(☎022-26053724; www.flynirvana.com) Die Firma mit Hauptsitz in Mumbai bietet neben kurzen Tandem-Gleitschirmflügen (ab 2500 ₹) auch zweitägige Anfängerkurse (8500 ₹/Pers. inkl. Vollpension). Gestartet wird jeweils in der schönen Landschaft nahe Kamshet (ca. 25 km von Lonavla entfernt).

Schlafen & Essen

Die meisten Hotels in Lonavla verlangen überzogene Preise bei niedrigem Standard. Zudem muss oft früh ausgecheckt werden.

★ **Ferreira Resort** HOTEL $

(☎272689; www.ferreiraresortlonavala.blogspot.co.uk; DT Shahani Rd; EZ/DZ So–Do 1350/1500 ₹, Fr & Sa 1600/1800 ₹; ❄📶) Sicher kein Resort, aber in Lonavla so etwas wie eine Rarität: Ein familiengeführtes Hotel mit vernünftigen Preisen, das ruhig in einem bahnhofsnahen Wohngebiet liegt. Alle 16 Zimmer sind sauber, gepflegt, klimatisiert und mit eigenen Balkonen ausgestattet. Obendrein gibt's hier ein kleines Restaurant und einen kleinen Garten mit Rasenflächen. Die hilfsbereiten Eigentümer liefern viele Infos zur Region.

Citrus HOTEL $$$

(☎398100; www.citrushotels.com; DT Shahani Rd; Zi. ab 6380 ₹; ❄📶🏊) In Sachen Design und Dekor werden die Zimmer ihrer hippen Zielgruppe nicht ganz gerecht. Zudem sind sie leicht überteuert (typisch für Lonavla), aber dennoch sauber, gepflegt und modern. Im Garten befindet sich ein großer Pool mit Liegestühlen.

Biso ITALIENISCH $$

(Citrus Hotel, DT Shahani Rd; Hauptgerichte 230–340 ₹; ⌚ 12–15.30 & 19–22.30 Uhr) Dieses erstklassige Freiluftrestaurant rund um die Rasenfläche eines schicken Businesshotels hat das Zeug, einen mit Lonavla zu versöhnen. Es bietet eine ausgezeichnete Auswahl an Pasta, Holzofenpizzas und Desserts.

ℹ Praktische Informationen

Lonavla hat viele Geldautomaten.

Balaji Cyber Café (1. Stock, Khandelwal Bldg, New Bazaar; 15 ₹/Std.; ⌚12.30–22.30 Uhr) Internetcafé gleich südlich vom Bahnhof.

ℹ An- & Weiterreise

Von Lonavlas Busbahnhof aus fahren MSRTC-Busse nach Mumbai (Dadar; Normal/Semideluxe 76/118 ₹, 2 Std.) und Pune (Normal/Semideluxe 66/105 ₹, 2 Std.). Beide Städte werden auch von klimatisierten Luxusbussen (200–330 ₹) bedient.

Alle Expresszüge von Mumbai (CST) nach Pune halten in Lonavla (2. Klasse 75–90 ₹, Chair Class 255–305 ₹, 2½–3 Std.).

Höhlen von Karla & Bhaja

Die aus dem Fels geschlagenen Höhlen von Karla & Bhaja, die ungefähr aus dem 2. Jh. v. Chr. stammen, können dem Vergleich mit Ajanta oder Ellora zwar nicht standhalten, sind aber trotzdem durchaus ansehnliche Beispiele buddhistischer Höhlenarchitektur in Indien. Außerdem eignen sich die von Touristen eher ignorierten Anlagen wunderbar für einen entspannten Ausflug. In Karla lässt sich die beeindruckendste Höhle besichtigen, Bhaja ist ruhiger und die Erkundung der Anlage macht mehr Spaß.

Sehenswertes

Höhle von Karla HÖHLE

(Inder/Ausländer 5/100 ₹; ⌚9–17 Uhr) Nach einer 20-minütigen Kletterpartie von einem kleinen Basar am Fuße des Hügels aus hat man die **Höhle von Karla**, die größte frühbuddhistische *chaitya* (buddhistischer Tempel) Indiens, erreicht. 80 v. Chr. fertiggestellt, ist diese *chaitya* rund 40 m lang und 15 m hoch und erinnert von der Architektur her an die *chaityas* in Ajanta und Ellora. Im gewölbten Inneren findet man kompliziert ausgeführte Skulpturen von Buddha, Menschen und Tierfiguren.

Durch ein halbrundes „Sonnenfenster" fällt Licht in die Dagoba bzw. auf den Stupa (dieser soll Buddha darstellen), der von einem geschnitzten Schirm, dem einzigen erhalten gebliebenen Exemplar dieser Art, geschützt wird. Die Decke der Höhle ist außerdem mit alten Teakholzbalken abgestützt. Die 37 Pfeiler an den Seiten sind von knieenden Elefanten bekrönt. Die geschnitzten Elefantenköpfe an den Seiten des Vorraums hatten früher einmal Stoßzähne aus Elfenbein.

Es gibt einen **Hindu-Tempel** direkt vor dem Höhleneingang, der jede Menge Pilger anzieht, die die Szenerie etwas beleben.

Höhlen von Bhaja HÖHLE

(Inder/Ausländer 5/100 ₹; ⌚9–18 Uhr) Jenseits der Autobahn sind es von der Hauptstraße aus noch 3 km bis zu den Höhlen von Bhaja, die schöner, grüner und ruhiger liegen als ihr Pendant in Karla. Die Anlage entstand angeblich um 200 v. Chr. Zehn der 18 Höhlen sind *viharas (buddhistische Klöster)*. Höhle 12 mit ihrer einfachen Dagoba ist eine offene *chaitya* (buddhistischer Tempel) und älter als die in Karla. Dahinter befindet sich ein seltsames Chaos aus 14 Stupas, von denen fünf innerhalb und neun außerhalb einer kleineren Höhle stehen.

Schlafen & Essen

MTDC Karla Resort HOTEL $$

(☎ 02114-282230; DZ 1740 ₹, mit Klimaanlage ab 2090 ₹; ❄) Abseits vom Highway liegt dieses große Resort mit Restaurant nahe dem Zugang zu den Höhlen. Am Wochenende lockt es viele Familien aus Mumbai mit mehreren Spielplätzen und einem Wasserpark (im Winter geschl.) in ländlicher Umgebung. Werktags ist hier jedoch weitaus weniger los. Das große Angebot an Zimmern und Hütten reicht von günstigen bis hin zu luxuriösen Varianten.

ℹ Anreise & Unterwegs vor Ort

Beide Höhlen liegen östlich von Lonavla (Karla 11 km, Bhaja 9 km). Wer sie besuchen will, kann einen Regionalbus zum gemeinsamen Zugangspunkt nehmen (16 ₹, 30 Min.) und von dort aus zu Fuß zu den Höhlen laufen (hin & zurück jeweils ca. 6 km) – was bei großer Hitze aber sehr anstrengend ist. Daher empfiehlt sich alternativ eine Autoriksche ab Lonavla (ganze Tour ca. 500 ₹ inkl. Wartezeit).

Pune

☎ 020 / 5,14 MIO. EW. / 535 M

Pune ist ein florierendes Bildungs- und Wirtschaftszentrum. Mit einem verwirrenden Mix aus Kapitalismus, Spiritualität, Altertum und Moderne verkörpert die belebte Metropole das „neue Indien". Zudem ist sie weltweit berühmt (bzw. berüchtigt) für den verstorbenen Guru Bhagwan Shree Rajneesh und dessen Ashram namens Osho International Meditation Resort.

Pune wurde ursprünglich von Shivaji und den herrschenden Peshwas „entdeckt", die es zu ihrer Hauptstadt machten. Im Jahr 1817 nahmen die Briten die Stadt ein und machten sie aufgrund ihres kühlen, trockenen Klimas während der Monsunzeit zum Zweitsitz der Präsidentschaft von Bombay. In den 1990er-Jahren drang die Globalisierung auch nach Pune vor, woraufhin die Stadt einen Imagewandel erlebte. Trotzdem ist in einigen der alten Gebäude und Wohnviertel noch der alte Charme der Kolonialzeit zu spüren. Das schafft ein angenehmes Nebeneinander von Alt und Neu und macht Pune (trotz Luftverschmutzung und hektischem Verkehr) zu einem lohnenden Ziel.

Im August/September bringt das Ganesh Chaturthi (S. 91) eine Menge Festivitäten in die Stadt und öffnet damit eine Art Fenster zu ihrer Kultur. Ein düsteres Kapitel war der verheerende Terroranschlag 2010 auf die bei Touristen und Ashram-Besuchern gleichermaßen beliebte German Bakery. Die Tat blieb der friedliebenden Stadt in schmerzlicher Erinnerung.

Pune liegt am Zusammenfluss der Flüsse Mutha und Mula. Die Mahatma Gandhi (MG) Rd, rund 1 km südlich vom Bahnhof Pune, ist die Hauptgeschäftsstraße. In Koregaon Park nordöstlich vom Bahnhof, findet man unzählige Hotels, Restaurants, Cafés und natürlich auch den Osho-Ashram.

Sehenswertes & Aktivitäten

Aga Khan Palace PALAST

(Ahmednagar Rd; Inder/Ausländer 5/100 ₹; ⏲ 9–17.30 Uhr) Nordöstlich vom Zentrum steht dieser prächtige Palast auf einem friedvollen Parkgelände (6,5 ha) mit vielen Bäumen. Sultan Aga Khan III. errichtete den würdevollen Bau 1892. Nachdem Gandhi 1942 den sofortigen Abzug der britischen Kolonialmacht gefordert hatte, wurden er und andere bekannte Nationalistenführer vor Ort von den Briten festgehalten. Während des Arrests starben hier sowohl Gandhis Frau Kasturba als auch Mahadeobhai Desai, der 35 Jahre lang sein Sekretär gewesen war. Die beiden Schreine mit deren Asche stehen in einem ruhigen Garten im hinteren Geländebereich.

Im Hauptpalast können Besucher heute das **Gandhi National Memorial** mit dem damaligen bevorzugten Aufenthaltsraum des Mahatma besichtigen. Außerdem sind dort auch Fotos und Gemälde mit Szenen aus seinem außergewöhnlichen Leben ausgestellt.

Raja Dinkar Kelkar Museum MUSEUM

(www.rajakelkarmuseum.com; Bajirao Rd, 1377-1378 Natu Baug; Inder/Ausländer 50/200 ₹; ⏲ 10–17.30 Uhr) Dieses schrullige Museum gehört zu Punes absoluten Highlights. Es zeigt nur einen Bruchteil jener ca. 20 000 indischen Alltagsgegenstände, die von Dinkar Kelkar (gest. 1990) akribisch zusammengetragen wurden. Unter den skurrilen Objekten aus Indien sind Hunderte von Hookahs (Wasserpfeifen), Schreibgeräte, Lampen, Textilien, Spielzeuge, ganze Türen und Fenster, Küchenutensilien, Möbel, Marionetten, Schmuck, Betelnussschneider und eine wirklich beeindruckende Reihe von Musikinstrumenten.

Tribal Cultural Museum MUSEUM

(28 Queen's Garden; Inder/Ausländer 10/200 ₹; ⏲ Mo–Sa 10.30–17.30 Uhr) Das kleine Museum zeigt Artefakte aus entlegenen Stammesregionen Indiens (u. a. Schmuck, Geräte, Musikinstrumente und sogar schwarzmagische Utensilien). Zu den Highlights zählen ein paar dämonisch wirkende Festivalmasken aus Pappmaché und tolle schwarz-weiße Malereien der indigenen Warli.

Shaniwar Wada FORT

(Shivaji Rd; Inder/Ausländer 5/100 ₹; ⏲ 8–18 Uhr) Dieser befestigte Peshwa-Palast (erb. 1732) in der Altstadt brannte 1828 nieder. Übrig blieben nur die gewaltigen Mauern bzw. Wälle und ein mächtiges Festungstor. Abends findet hier eine „Sound-and-light-show" statt (25 ₹, 45 Min., 20.30 Uhr auf Englisch; mind. 10 Pers.).

Pataleshvara-Höhlentempel TEMPEL

(Jangali Maharaj Rd; ⏲ 6–21.30 Uhr) Dieser kleine und unvollendete (aber häufig genutzte)

Höhlentempel wurde am anderen Flussufer aus dem Fels geschlagen. Er stammt aus dem 8. Jh. und ähnelt der größeren Anlage auf Elephanta Island. Der benachbarte **Jangali-Maharaj-Tempel** (⏲6–21.30 Uhr) ist ebenfalls erwähnenswert: Er ehrt einen hinduistischen Asketen, der hier im Jahr 1818 starb.

Osho Teerth Gardens GARTEN
(⏲6–9 & 15–18 Uhr) Mit riesigen Bambusstauden, Joggingpfaden und einem murmelnden Bach ermöglicht dieser grüne Garten (5 ha) eine Flucht vor dem Großstadtleben (was offenbar auch knutschende Liebespaare zu schätzen wissen). Er ist öffentlich zugänglich und nicht nur Osho-Anhängern vorbehalten.

Osho International Meditation Resort MEDITATION
(☎66019999; www.osho.com; 17 Koregaon Park) Der markante Ashram mit Resort gehört zu einem grünen Nobelviertel im Norden der Stadt. Er ist untrennbar mit Punes Identität verbunden und hat seit Oshos Tod im Jahr 1990 eine Vielzahl von *sanyasins* (Suchende) angezogen. Swimmingpool, Sauna, Spa, „Zennis“ und Unterkünfte im Boutiquestil machen ihn für manche zum idealen Meditationsort mit Luxusambiente. Andere kritisieren dagegen die unverhohlene Kommerzialisierung und die hohen Preise: Sie werfen den Ashram-Betreibern vor, naiven und betuchten Abendländern gezielt eine verzerrte Version des mystischen Ostens zu verkaufen.

Eine reine Besichtigung der Einrichtungen ist inzwischen nicht mehr möglich: Wer sich selbst ein Bild von dem Ashram machen will und Zugang erhalten möchte, hat die heftige Gebühr für die Anmeldung (Reisepass erforderlich; 1400 ₹ inkl. obligatorischer HIV-Test mit sterilen Kanülen) und dann pro Tag einen Extrabetrag fürs Meditieren zu berappen. Zudem muss man zwei Gewänder (kastanienbraun und weiß; 500–700 ₹/Stck.) erwerben sowie an einer Einführungsveranstaltung (tgl. 9 Uhr) teilnehmen.

Achtung: Hier herrschen sehr strenge bzw. geradezu pedantische Bestimmungen. Die Poolbenutzung ist ausschließlich mit separat zu erwerbender Osho-Schwimmkluft (kastanienbraun) erlaubt. Die vorgeschriebenen Klamotten für den Fitnessraum sind ebenfalls kastanienbraun und extra zu bezahlen. Für indische Staatsbürger finden spezielle Benimmkurse statt (die z. B. dem Belästigen ausländischer Frauen entgegenwirken sollen). Fotografieren ist im gesamten Ashram strikt verboten.

Obendrein entstehen übrigens noch Kosten für den Meditationspass (Inder/Ausländer pro Tag 760/1560 ₹; Rabatt bei längeren Aufenthalten) und den Zugang zum Basho Spa (280 ₹), wo sich der Pool, der Whirlpool, der Fitnessraum, die Saunen und die Tennisplätze befinden.

Das Osho Auditorium (bitte hier nicht einmal husten oder niesen) dient als Hauptort für die Meditation und den spirituellen Abendtanz in weißen Gewändern. Meditiert werden kann auch im Osho Samadhi, das die Asche des Gurus beherbergt. Die „Multiversity“ der Gemeinschaft veranstaltet zahlreiche Kurse in Meditation und anderen esoterischen Praktiken. Am Ende jedes Tages gibt's neben weiteren Meditationssitzungen auch ein „Nachtleben“ mit Partys, Kino, Theater und „kreativen Abenden“.

Ramamani Iyengar Memorial Yoga Institute YOGA
(☎25656134; www.bksiyengar.com; 1107 B/1 Hare Krishna Mandir Rd, Model Colony) Wer 7 km nordwestlich vom Bahnhof an Kursen dieses berühmten Instituts teilnehmen möchte, muss Yoga schon seit mindestens acht Jahren praktizieren.

Schlafen

Die meisten Unterkünfte in Pune konzentrieren sich auf drei Bereiche: Rund um den Bahnhof gibt's u. a. zahlreiche Budgetoptionen, während man gute Mittelklassehotels im grünen Viertel Koregaon Park findet. Etwa 6 km vom Zentrum entfernt säumen viele Spitzenklassehotels die Straße zum Flughafen.

Hotel Homeland HOTEL $
(☎26123203; www.hotelhomeland.net; 18 Wilson Garden; EZ/DZ 1040/1250 ₹, mit Klimaanlage ab 1410/1620 ₹; ❄) Das markante Art-déco-Gebäude steht zwar in bequemer Nähe zum Bahnhof, leidet aber dennoch nicht unter dessen Lärm. Die Zimmer sind frisch gestrichen und auch ansonsten gut in Schuss. Das Hotel hat auch ein Café und ein Restaurant. Unbedingt rechtzeitig reservieren!

Hotel Surya Villa HOTEL $
(☎26124501; www.hotelsuryavilla.com; 294/2 Koregaon Park; EZ/DZ ab 1340/1670 ₹, mit Klimaanlage 1670/2350 ₹; ❄📶) Die zweckmäßigen

Pune

Zimmer mit Fliesenböden sind gepflegt und geräumig, aber etwas spartanisch. Dennoch warten sie mit Warmwasserbädern, WLAN und Kabel-TV auf. Zudem erfreut sich das Hotel einer hervorragenden Lage an einer ruhigen Straße. Obendrein gibt's in der Nähe ein paar beliebte Cafés.

★ **Hotel Sunderban** HOTEL **$$**
(☎ 26124949; www.tghotels.com; 19 Koregaon Park; EZ/DZ inkl. Frühstück ab 3300/3850 ₹; ❄ 📶) Direkt neben dem Osho Resort umgibt der renovierte Art-déco-Flachbau eine gepflegte Rasenfläche und kombiniert seine kolonialzeitliche Eleganz dabei mühelos

Pune

mit dem Reiz eines Boutiquehotels. Die Deluxe-Zimmer im Haupthaus sind mit Antiquitäten eingerichtet. Selbst die günstigsten Quartiere ohne eigene Bäder wirken sehr attraktiv. Die teuersten Zimmer befinden sich jenseits des Rasens in einem schicken Gebäude mit Glasfassade.

Ein zusätzlicher Pluspunkt ist das hoteleigene Spitzenrestaurant namens Dario's.

Novotel Pune Nagar Road HOTEL $$
(☎ 67056000; www.novotel.com; Weikfield IT City Infopark, Pune-Nagar Rd; EZ/DZ ab 4330/4650 ₹; ❄📶🏊) Rund 5 km nordöstlich vom Zentrum liegt dieses schicke, moderne Hotel in bequemer Nähe zum Flughafen und zu diversen Technologieparks. Hier gibt's nichts zu meckern: Geräumige Zimmer, hervorragender Service, ein guter Fitnessraum, ein tolles Restaurant-Café und ein bahnentauglicher Dachpool sorgen für ein tolles Preis-Leistungs-Verhältnis.

Hotel Lotus HOTEL $$
(☎ 26139701; www.hotelsuryavilla.com; Lane 5, Koregaon Park; EZ/DZ 1640/2230 ₹, mit Klimaanlage 2230/2820 ₹; ❄📶) Seine ruhige Lage in Koregaon Park beschert dem Lotus ein anständiges Preis-Leistungs-Verhältnis. Die Quartiere sind zwar nicht gerade riesig, dafür aber hell, luftig und größtenteils mit Balkonen versehen. Zudem gibt's hier einen Zimmerservice. Ein Hausrestaurant ist nicht vorhanden; in der Nähe findet man jedoch viele gute Lokale.

Samrat Hotel HOTEL $$
(☎ 26137964; thesamrathotel@vsnl.net; 17 Wilson Garden; EZ/DZ ab 2110/2530 ₹, mit Klimaanlage ab 2930/3390 ₹; ❄📶) Das Samrat ist nicht ganz so mondän wie seine schicke Lobby vermuten lassen könnte. Dafür liegt es zentral in unmittelbarer Bahnhofsnähe und bietet auch ansonsten anständig was fürs Geld: Die Zimmer sind geräumig und gut in Schuss. Gäste werden gratis vom Flughafen abgeholt.

Hotel Srimaan HOTEL $$
(☎ 26136565; srimaan@vsnl.com; 361/5 Bund Garden Rd; EZ/DZ 3120/3600 ₹; ❄@📶) Das Businesshotel ist eine solide Wahl in guter Lage: Gegenüber vom Einkaufszentrum Pune Central warten hier Gratis-WLAN und ein renommiertes italienisches Restaurant. Die Zimmer sind recht klein, aber für ihren Preis ziemlich luxuriös.

Osho Meditation Resort Guesthouse PENSION $$$
(☎ 66019900; www.osho.com; Koregaon Park; EZ/DZ 6930/7510 ₹; ❄📶) Die superschicke Pension kann nur betreten, wer zum Meditieren ins Osho International Meditation Resort

OSHO, DER SEXGURU

Spiritualität plus natürliche Instinkte, gewürzt mit einem kräftigen Schuss teurem Klimbim, und fertig ist die Mixtur. Das war das Rezept von Bhagwan Shree Rajneesh (1931–1990). Osho, wie er sich lieber nennen ließ, war einer von Indiens schillerndsten und zweifellos umstrittensten „Exportgurus". Er vermarktete den mystischen Osten international und wirkte ursprünglich in Pune, wobei er keiner bestimmten Religion oder Philosophie folgte. Die Welt empörte sich über seine Ansicht, dass Sex ein Weg zur Erleuchtung sei. Als Liebling der internationalen Presse erhielt Osho schnell den Spitznamen „Sexguru". 1981 brachte er den kruden Mix aus kalifornischer Pop-Psychologie und indischer Mystik mit in die USA, wo er in Oregon eine landwirtschaftliche Kommune gründete. Doch die Unbeliebtheit des Ashrams wuchs so schnell wie Rajneeshs (materielle und daher doch eigentlich wertlose!) Rolls-Royce-Flotte. Schließlich war die örtliche Erregung über sein Wirken so groß, dass die Behörden den Inder der illegalen Einwanderung beschuldigten. So wurde der Guru zu 400 000 US$ Geldstrafe verurteilt und ausgewiesen. Um ein neues Hauptquartier zu finden, begannen Osho und sein Gefolge zu reisen und wurden aus 21 Ländern ausgewiesen bzw. gar nicht erst hineingelassen. 1987 kehrte Osho zum Ashram in Pune zurück, wo sich bald Tausende Ausländer zu seinen abendlichen Vorträgen und Meditationskursen einfanden.

Auch heute kommen die Menschen noch von überall her. Das Ganze ist so populär, dass die Preise ständig steigen und die Ausstattung täglich luxuriöser wird. Interessant: Trotz Oshos Aussage, dass niemand arm sein sollte, geht der Gewinn aus dem Resortbetrieb nicht an Bedürftige – laut Management sollen denen dann doch lieber andere helfen.

In den letzten Jahren hat das Osho Institut das digitale Zeitalter entdeckt und bietet mit dem iOsho Portal iMeditations Programme, Osho Radio und Osho Bibliothek an. Man muss dies allerdings abonnieren.

kommt. Die Zimmer und Gemeinschaftsbereiche sind eine Übung in modern-minimalistischer Ästhetik und haben mehrere super-luxuriöse Annehmlichkeiten, z.B Luftreiniger in allen Zimmern.

Essen

Kayani Bakery BÄCKEREI $

(6 East St; Kuchen & Kekse ab 200 ₹/kg; ⏲7.30–13 & 15.30–20 Uhr) Eine Institution aus der Zeit Britisch-Indiens, die scheinbar in einer Zeitschleife steckt. Eingeweihte stehen hier Schlange, um sich mit Shrewsbury Biscuits (320 ₹/kg), Brot und leckerem Madeira Cake (100 ₹) und Biskuitkuchen (40 ₹) einzudecken.

Juice World CAFÉ $

(2436/B East St; Snacks 60–80 ₹; ⏲11–23.30 Uhr) Das zwanglose Café mit Freilufttischen serviert neben gesunden Snacks wie *pav bhaji* (pikantes Gemüse mit Brot) auch leckere Shakes und frisch gepresste Fruchtsäfte. Wer die Obsttheke an heißen Tagen sieht, bestellt sich hier unweigerlich ein Getränk.

Coffee House CAFÉ $

(2A Moledina Rd; Hauptgerichte 60–140 ₹; ⏲8–23.30 Uhr) Ein ruhiges und sauberes, kaffeebraunes Refugium im Art-déco-Stil mit Sitznischen, einem riesigen, bezahlbaren Angebot und gutem Filterkaffee. Zu den Gerichten gehören u.a. Dosas sowie andere ausgezeichnete südindische Gerichten, zudem nordindische Currys und chinesische Speisen.

German Bakery BÄCKEREI $$

(North Main Rd; Kuchen 40–170 ₹, Hauptgerichte 160–190 ₹; ⏲6.30–23.30 Uhr; 📶) Nach dem verheerenden Terroranschlag von 2010 hat diese örtliche Institution an einer sehr verkehrsreichen und belebten Ecke inzwischen wiedereröffnet. Das Angebot zielt speziell auf Traveller ab. So kommen hier z. B. Frühstück, Omelettes, griechischer Salat, Cappucino und viele süße Köstlichkeiten (Tipp: der Mango-Käsekuchen) auf den Tisch.

Prem's INTERNATIONAL $$

(North Main Rd, Koregaon Park; Hauptgerichte 140–340 ₹; ⏲8–23.30 Uhr; 📶) Der ruhige Innenhof unter schattigen Bäumen ist ideal, um tagsüber entspannt ein paar Bierchen zu zischen. Der Gerstensaft (u.a. viele importierte Sorten) lässt sich bei Bedarf mit einer der berühmten Grillplatten paaren. Auch morgens ist das Prem's allererste Wahl.

Hierfür sorgt das beste Frühstücksangebot der Stadt: Müsli, Pfannkuchen, katerkillende Säfte und Eier Benedikt mit Räucherlachs (160 ₹).

Mayur INDISCH **$$**

(www.mayurthali.com; 2434 East St; Gerichte/Thalis ab 60/300 ₹; ⏲8–23 Uhr) Das Mayur ist in Pune für seine gleichsam süßen, pikanten, üppigen und appetitlich angerichteten Thalis im Stile Gujarats bekannt. Gute Lassis und Säfte sind hier ebenfalls zu haben.

★ **Malaka Spice** ASIATISCH, FUSION **$$$**

(www.malakaspice.com; Lane 5, Koregaon Park, North Main Rd; Hauptgerichte 280–730 ₹; ⏲11.30–23.30 Uhr; 📶) Sterneköche verpassen der hiesigen südostasiatischen Spitzenküche den letzten kreativen Schliff. Die klassische Auswahl wird durch eine Imbisskarte ergänzt. In beiden Fällen liegt der Schwerpunkt auf Seafood, Hühnchen, Ente, Hammel und vegetarischen Gerichten. Gefuttert wird entweder im Freien oder in einem klimatisierten Speiseraum, der auch als Kunstgalerie fungiert.

★ **Dario's** ITALIENISCH **$$$**

(www.darios.in; Hotel Sunderban, 19 Koregaon Park; Hauptgerichte 310–380 ₹; ⏲11.30–15 & 19–23 Uhr; 📶) Der Italiener im hinteren Bereich des Hotels Sunderban ist das vielleicht eleganteste Lokal in Pune: Erlesene Kunst ziert den tollen klimatisierten Speiseraum, während ein großartiger Innenhof zum Essen im Freien einlädt. Die teuren Gerichte sind ihr Geld wirklich wert. Serviert werden Fisch, Fleisch, selbstgemachte Pasta und leckere Salate. Empfehlenswert ist z. B. der Bosco-Salat mit Pilzen zu einem Mailänder Kotelett (450 ₹).

The Place: Touche the Sizzler INTERNATIONAL **$$$**

(7 Moledina Rd; Hauptgerichte 330–480 ₹; ⏲11.30–15.30 & 19–22.45 Uhr) Das perfekte Restaurant der alten Schule: Die hiesige Karte erinnert stark an die Tage Königin Victorias und des britischen Kolonialreichs. Darauf stehen z. B. Garnelencocktails, russische Salate, Steak Cordon bleu und ein paar Optionen aus dem Tandur. Hinzu kommen unschlagbare Grillplatten (vegetarisch, Seafood, Rindfleisch, Hühnchen).

Ausgehen & Unterhaltung

1000 Oaks NACHTCLUB

(2417 East St; ⏲19 Uhr–open end) Dieser alte Klassiker empfängt Gäste mit Livemusik (Sa), einer kleinen Tanzfläche und einer gemütlichen Bar im Kneipenstil. Wer's ruhiger mag, setzt sich auf die zauberhafte Terrasse. Sehr beliebt sind hier Sangria und Long Island Ice Tea in Krügen (700–750 ₹).

Hoppipola – All Day Bar & Bonhomie BAR

(ITI Park, Aundh; ⏲Di–So 12–23, Mo 17–23 Uhr; 📶) Die hippe neue Bar liegt rund 6 km westlich vom Zentrum im Universitätsviertel. Junge Studenten mit künstlerischem Touch schätzen sie für das witzige Dekor, den entspannenden Garten und die Auswahl an Weinen bzw. Cocktails. Zudem gibt's hier gutes Kneipenessen (Tipp: das „Rasta"-Hühnchen). Werktags ist der Laden recht ruhig, am Wochenende dagegen rappelvoll.

★ **Bluefrog** NACHTCLUB, LIVEMUSIK

(☎020-40054001; www.bluefrog.co.in; Ishanya Mall abseits der Airport Rd, Yerwada; ⏲Di–Fr

MAHABALESHWAR

Während der britischen Kolonialzeit war Mahabaleshwar (1327 m) die Sommerhauptstadt der Provinz Bombay. Heute ist die Hill Station jedoch ein hässliches Chaos im Zeichen ausufernder Bauprojekte. Zudem herrscht hier sehr starker Verkehr, da Touristenscharen manisch von einem Aussichtspunkt zum nächsten eilen. Somit gibt's keinen triftigen Grund für einen Besuch. Allerdings eignet sich der Ort als Ausgangspunkt für Touren zum eindrucksvollen Pratapgad Fort (S. 126), das etwa eine Stunde entfernt liegt. Jedoch definitiv nicht zur Monsunzeit: Dann hat hier praktisch alles geschlossen, während unglaubliche 6 m Regen fallen.

Von Mahabaleshwars Busbahnhof fahren staatliche Busse etwa stündlich nach Pune (Semideluxe 240 ₹, 3½ Std.). Agenturen im Basar verkaufen Tickets für Luxusbusse nach Mumbai (525–800 ₹, 7½ Std.), Pune (630–790 ₹, 3½ Std.) und Goa (1300–1780 ₹, 12 Std.; teilweise mit Umsteigen in Surur).

Ein staatlicher Bus rollt täglich zum Fort Pratapgad (hin & zurück 130 ₹, 1 Std., 9.15 Uhr) und wartet dort ca. eine Stunde. Inklusive Rückfahrt verlangen Taxifahrer dafür einen Festpreis von 1000 ₹.

18–0.30, Sa & So 18–1 Uhr) Der neue regionale Ableger des berühmten Bluefrog in Mumbai hat Punes Nachtleben kräftig aufgemischt. Je nach Abend kann man hier Electro-DJs, Theatervorstellungen, Standup-Comedy oder Livemusik aus aller Welt erleben. Zudem punktet der ungemein stilvolle Schuppen mit halbkreisförmigen Sitzgruppen, einer breiten Bar, allen erdenklichen Cocktails (450 ₹) und gutem Essen (300–700 ₹)

Inox KINO
(www.inoxmovies.com; Bund Garden Rd) Multiplex-Kino mit den neuesten Kassenschlagern aus Hollywood oder Mumbai.

Shopping

Bombay Store SOUVENIRS
(www.thebombaystore.com; 322 MG Rd; ⏲Mo–Sa 10.30–20.30 Uhr) Verkauft hochwertiges Kunsthandwerk, Souvenirs, abgefahrene Taschen, hippe Accessoires und modernes Mobiliar.

Ishanya Mall EINKAUFSZENTRUM
(www.ishanya.com; abseits der Airport Rd, Yerwada; ⏲11–22 Uhr) Zahlreiche Läden in dem riesigen neuen Einkaufszentrum verkaufen Einrichtungsgegenstände und Klamotten. Hier heißt's Shoppen bis zum Umfallen und dann auf in den Gastrobereich (oder ins Bluefrog, das ebenfalls hier zu finden ist).

Fabindia BEKLEIDUNG
(www.fabindia.com; Sakar 10, Sassoon Rd; ⏲10–20 Uhr) Indische Saris, Seide, Baumwolle, Herrenhemden aus Leinen und allerlei Accessoires (u. a. Taschen, Schmuck).

Crossword BÜCHER
(www.crossword.in; 1. Stock, Sohrab Hall, Ladkatwadi Rd; ⏲10.30–21 Uhr) Tolle Auswahl an Belletristik, Sachbüchern und Magazinen; betreibt auch noch eine kleinere Filiale an der East St.

Pune Central EINKAUFSZENTRUM
(Bund Garden Rd, Koregaon Park; ⏲10–22 Uhr) Viele internationale Labels und indische Nobelmarken in zentraler Lage.

Praktische Informationen

Diverse Internetcafés säumen Punes Hauptverkehrsstraßen. Im ganzen Stadtgebiet gibt's zahlreiche Geldautomaten (u. a. am Bahnhof).

Hauptpost (Sadhu Vaswani Path; ⏲Mo–Sa 10–18 Uhr)

MTDC-Touristeninformation (☎26126867; I Block, Central Bldg, Dr. Annie Besant Rd; ⏲Mo–Sa 10–17.30 Uhr, am 2. & 4. Sa des Monats geschl.) Versteckt sich in einem großen Regierungsgebäude südlich vom Bahnhof und betreibt an diesem zusätzlich einen Infoschalter (⏲Mo–Sa 10–17.30 Uhr).

Shivam Computers (Koregaon Park; 20 ₹/Std.; ⏲10–22 Uhr) Schnelle Verbindungen und hilfsbereites Personal.

Thomas Cook (☎66007903; 2418 G Thimmaya Rd; ⏲Mo–Sa 9.30–18 Uhr) Tauscht ausländische Währungen, löst Reiseschecks ein.

Yatra.com (☎020-65006748; www.yatra.com; Koregaon Park Rd; ⏲Mo–Sa 10–20 Uhr) Örtliche Filiale der Online-Ticketagentur.

An- & Weiterreise

BUS

Pune hat insgesamt drei Busbahnhöfe: Vom **Busbahnhof am Bahnhof Pune** (☎020-26126218) geht's nach Mumbai, Goa, Belgaum, Kolhapur (350 ₹, 5 Std., stündl.), Mahabaleshwar und Lonavla (170 ₹, 2½ Std., stündl.). Zudem besteht hier Deluxe-Verbindung nach Dadar (Mumbai; 330 ₹, 3½ Std., stündl.). Ab dem **Shivaji-Nagar-Busbahnhof** (☎020-25536970) gelangt man nach Aurangabad (ab 270 ₹, 5–6 Std., alle 45 Min.), Ahmedabad und Nasik. Busse nach Sinhagad, Bengaluru und Mangalore starten am **Swargate-Busbahnhof** (☎020-24441591).

Privatgesellschaften bedienen Panaji (Goa; Normal ab 300 ₹, Liegesitz mit Klimaanlage 700–1200 ₹, 11 Std.), Nasik (Semideluxe/Deluxe 270/550 ₹, 5½ Std.) und Aurangabad (250/550 ₹, 5½ Std.).

FLUGZEUG

Die folgenden Fluglinien verbinden Pune täglich mit Mumbai (ab 5400 ₹, 45 Min.), Delhi (ab 5800 ₹, 2 Std.), Jaipur (ab 3800 ₹, 1½ Std.), Bengaluru (ab 2100 ₹, 1½ Std.), Nagpur (ab 2400 ₹, 1½ Std.), Goa (ab 2500 ₹, 1 Std.) und Chennai (ab 3700 ₹, 1½ Std.).

Air India (☎26052147; www.airindia.in; 39 Dr. B. Ambedkar Rd)

GoAir (☎9223222111; www.goair.in)

IndiGo (☎9910383838; www.goindigo.in)

Jet Airways (☎022-39893333; www.jetairways.com; 243 Century Arcade, Narangi Baug Rd)

TAXI

Vom **Taxistand** (☎02026121090) vor Punes Bahnhof rollen Sammeltaxis rund um die Uhr zum Flughafen Mumbai (475 ₹/Pers., max. 4 Pers., 2½ Std.). Mietwagen mit Fahrer gibt's bei **Simran Travels** (☎26153222; North Main Rd, Koregaon Park).

ZUG

Der Bahnhof (machmal auch Pune Junction genannt) liegt zentral an der HH Prince Aga

WICHTIGE ZÜGE AB PUNE

ZIEL	ZUG-NR. & -NAME	PREIS (₹)	DAUER (STD.)	ABFAHRT
Bengaluru	*16529 Udyan Express*	455/1765	21	11.45 Uhr
Chennai	*12163 Chennai Express*	515/1950	19½	0.10 Uhr
Delhi	*11077 Jhelum Express*	615/2400	27½	17.20 Uhr
Hyderabad	*17031 Hyderabad Express*	330/1280	13½	16.35 Uhr
Mumbai CST	*12124 Deccan Queen*	105/370	3½	7.15 Uhr

Expresszüge: jeweils Sleeper Class/2AC; Deccan Queen: 2. Klasse/Chair Class

Khan Rd. Von hier aus fahren Züge ca. stündlich nach Mumbai. Guter Anschluss besteht auch zu anderen Großstädten wie Delhi, Chennai oder Hyderabad.

Unterwegs vor Ort

Der moderne Flughafen liegt 8 km nordöstlich vom Stadtzentrum (Autorikscha/Taxi 120/280 ₹).

Autorikschas sind in ganz Pune unterwegs; eine Fahrt vom Bahnhof nach Koregaon Park kostet ca.40 ₹ (mehr bei Nacht).

Rund um Pune

Sinhagad

Rund 24 km südwestlich von Pune liegen die Ruinen von **Sinhagad** (Sonnenaufgang–Sonnenuntergang) GRATIS. Der Marathenführer Shivaji entriss die „Löwenfestung" 1670 den Königen von Bijapur. Bei dieser monumentalen Schlacht verlor er seinen Sohn Sambhaji und ließ Warane mit Seilen versehen, um die unregelmäßigen Mauern des Bollwerks zu vermessen. Heute ist Sinhagad nur noch ein trauriges Abbild seiner selbst, aber aufgrund der weiten Aussicht und der Wandermöglichkeiten in den Bergen ist es trotzdem einen Besuch wert. Bus 50 verbindet Swargate regelmäßig mit dem Dorf Sinhagad (27 ₹, 45 Min.). Von dort aus fahren Sammeljeeps zum Fuß des Festungshügels (50 ₹, 10 km).

Shivneri

Rund 90 km nordwestlich von Pune gelegen, wird der **Festung Shivneri** (Sonnenaufgang–Sonnenuntergang) GRATIS die Ehre zuteil, der Geburtsort Shivajis zu sein. Die zerstörten Wälle oberhalb des Dorfes Junnar umgeben die alten königlichen Stallungen, eine Moschee aus der Mogulzeit und in den Fels geschlagene Wasserspeicher. Der bedeutendste Bau ist der Pavillon Shivkunj, in dem Shivaji geboren wurde.

Etwa 4 km von Shivneri entfernt findet man auf der anderen Seite Junnars eine interessante Höhlengruppe des Hinayana-Buddhismus: **Lenyadri** (Inder/Ausländer 5/100 ₹; Sonnenaufgang–Sonnenuntergang) besteht aus ca. 30 Höhlen, von denen Nr. 7 am eindrucksvollsten ist und interessanterweise ein Abbild des Hindugotts Ganesha beherbergt.

Stündlich abfahrenden Busse (85 ₹, 2 Std.) verbinden Punes Shivaji-Nagar-Busbahnhof mit Junnar. Ein Taxi kostet mindestens 2600 ₹.

Kolhapur

0231 / 561300 EW. / 550 M

Das wenig besuchte Kolhapur eignet sich hervorragend, um Indiens bunte Seite hautnah zu erleben. Die historische Stadt liegt nur wenige Stunden von Goa entfernt und hat einen ungemein faszinierenden Tempelkomplex. Im August ist sie am lebendigsten, wenn beim **Naag Panchami** (Juli/Aug.) die Schlange gefeiert wird (es gibt auch ein parallel stattfindendes Fest in Pune). Feinschmecker aufgepasst: Die Küche Kolhapurs ist pikant und insbesondere für Hühnchen- und Lammgerichte berühmt.

Die Altstadt rund um den Mahalaxmi-Tempel liegt 3 km südwestlich von Bahnhof und Busbahnhof. Der „neue" Palast steht etwa gleich weit entfernt in Richtung Norden. Etwa 5 km südwestlich der Bahnhöfe liegt mit dem Rankala-See ein beliebtes Ziel für Abendspaziergänge.

Sehenswertes

Die stimmungsvolle Altstadt erstreckt sich rund um den Mahalaxmi-Tempel, den alten Palast und einen großen Platz (für Kraftfahrzeuge gesperrt). Hinein geht's durch ein mächtiges Tor.

ABSTECHER

PRATAPGAD FORT

Rund 24 km nordwestlich von Mahabaleshwar liegt das spektakuläre **Pratapgad Fort** (Inder/Ausländer 10/100 ₹; 9 Uhr–Sonnenuntergang) hoch oben auf einem Bergrücken. Es wurde 1656 von Shivaji errichtet und gehört bis heute dessen Nachfahren. Um eine Pattsituation zu beenden, traf sich Shivaji hier 1659 mit General Afzal Khan aus Bijapuri. Vorab war vereinbart worden, dabei keine Waffen zu tragen. Doch gleich nach der Begrüßung schlitzte Shivaji den Bauch seines Feindes mit einem Satz eiserner *baghnakh* (Tigerkrallen) auf. Khans Grab am Fuß der Festung markiert den Schauplatz dieser blutigen Begegnung. Über 500 Stufen mit herrlicher Aussicht geht's hinauf nach Pratapgad. Dort zeigen Guides den Besuchern insgesamt 20 Highlights (200 ₹, knapp 2 Std.).

Vom Busbahnhof in Mahabaleshwar (120 km südlich von Pune gelegen) rollt ein staatlicher Bus täglich zum Fort (hin & zurück 130 ₹, 1 Std., 9.15 Uhr) und wartet dort etwa eine Stunde. Inklusive Rückfahrt verlangen Taxifahrer für dieselbe Tour einen Festpreis von 1000 ₹.

★ Mahalaxmi-Tempel HINDU-TEMPEL
(5–22.30 Uhr) Dieser Tempel gehört zu Maharashtras bedeutendsten und belebtesten Schreinen. Er ist der Muttergottheit (Amba Bai) geweiht und hat seine Ursprünge im Jahr 10 n. Chr. Die heutige Anlage entstand jedoch größtenteils im 18. Jh. Ihr inneres Heiligtum wird von einem endlosen Pilgerstrom besucht, während Gläubige andächtige Lieder unter Begleitung von Musikergruppen singen. Auch Nicht-Hindus sind willkommen und können hier hervorragend Leute beobachten.

★ Shree Chhatrapati Shahu Museum MUSEUM
(Inder/Ausländer inkl. Kaffee 20/75 ₹; 9.30–17.30 Uhr) Der „neue" Palast ist ein indosarazenisches Monstrum, das der britische Architekt „Mad" Charles Mant im Jahr 1884 für die Könige von Kolhapur entwarf. Der Begriff „bizarr" bekommt hier eine ganz neue Bedeutung: Das skurrile Museum zeigt zahllose Jagdtrophäen, die von den Dschungelsafaris des schießwütigen Königs stammen. Darunter sind z. B. Spazierstöcke aus Leopardenwirbeln und Aschenbecher aus Tigerschädeln oder Nashornfüßen. Die Waffen in der Rüstkammer reichen locker für einen kleinen Putsch. Das Horrorkabinett wird durch eine Sammlung ausgestopfter Tiere komplettiert. Nicht verpassen sollte man auch die reichverzierte Durbar-Halle, in der die Herrscher einst Hofversammlungen abhielten. Im ganzen Palast können außerdem zahlreiche Portraits der würdevollen Maharadschas bewundert werden. Fotografieren ist drinnen jedoch überall strikt verboten! Das kleine Café am Eingang serviert Snacks und den Gratiskaffee für ausländische Besucher. Eine Rikscha ab dem Bahnhof kostet 35 ₹.

Alter Palast HISTORISCHES GEBÄUDE
Dieser Palast im Herzen der Altstadt war einst die Hauptresidenz Chatrapatis und wird immer noch von Nachfahren des Maharadschas bewohnt. Besucher können einen Blick in den Vorhof werfen. Außer einem kleinen Tempel für die Gottheit Bhavani Mata gibt's hier heutzutage aber nicht viel zu sehen.

Motibag Thalim RINGERHOF
Kolhapur ist für seine erfolgreichen Kushti-Ringer bekannt. Im Motibag Thalim absolvieren junge Sportler ihr entsprechendes Schlammgrubentraining. Neben dem Eingang des Bhavani Mandap führt ein Durchgang zum eigentlichen *akhara* (Trainingsplatz) – wer die niedrige Tür nicht findet, fragt einfach bei Einheimischen nach. Besucher können jederzeit zuschauen, sofern sie sich nicht an schwitzenden, halbnackten Männern und Toiletten mit stechendem Uringeruch stören.

Kasbagh Maidan RINGERARENA
Ein paar Gehminuten südlich vom Motibag Thalim finden hier Profi-Ringerturniere auf roter Erde statt (Juni–Dez.).

Schlafen & Essen

Hotel Pavillion HOTEL $
(2652751; www.hotelpavillion.co.in; 392 Assembly Rd; EZ/DZ inkl. Frühstück 1460/1730 ₹, mit Klimaanlage ab 1920/2240 ₹; @) Zwischen Bürogebäuden am äußersten Ende eines grünen Parkareals garantiert das Pavillion einen ruhigen Aufenthalt. Die großen, gut ausgestatteten Zimmer wirken etwas betagt.

Dafür haben sie größtenteils Fenster mit wunderbarem Blick auf die Blütenpracht der jeweiligen Jahreszeit.

Hotel Panchshil HOTEL $$
(☎ 2537517; www.hotelpanchshilkolhapur.com; 517 A2 Shivaji Park; EZ/DZ 3400/3740 ₹; ❄ 📶) Die alt wirkende Lobby und die Lage an einer verkehrsreichen Straße schrecken erstmal etwas ab. Dank Komplettrenovierung sind die Zimmer jedoch sehr einladend, komfortabel und stilvoll. Zudem befindet sich im Untergeschoss ein hervorragendes Restaurant namens Little Italy.

Hotel K Tree HOTEL $$
(☎ 0231-2526990; www.hotelktree.com; 65 E, Shivaji Park; EZ/DZ inkl. Frühstück ab 3230/3880 ₹; ❄ 📶) Schicke, sehr einladende Zimmer und ein hoher Standard beim Service sorgen hier für ein sehr gutes Preis-Leistungs-Verhältnis. Zudem liegt das Hotel an einer ruhigen Seitenstraße und bekommt so kaum Verkehrslärm ab. Das Hausrestaurant serviert viele internationale Gerichte.

Surabhi INDISCH $
(Hotel Sahyadri Bldg; Hauptgerichte 70–100 ₹; ⏲ 10–22 Uhr) Super, um Kolhapurs legendäre Snacks wie das pikante *misal* (Puffreis mit frittierten Teigringen, Linsen, Zwiebeln, Kräutern und Chutney) zu probieren. Nahe dem belebten Busbahnhof gibt's hier außerdem Thalis und Lassis.

★ Little Italy ITALIENISCH $$
(☎ 0231-2537133; www.littleitaly.in; 517 A2 Shivaji Park; Hauptgerichte 250–450 ₹) Nach anstrengendem Kilometerfressen auf Indiens Straßen kann man sich in dem professionell geführten Lokal mit authentischer italienischer Küche ideal für seine nächste Tour stärken: Auf der rundum empfehlenswerten Karte stehen z. B. leckere Antipasti (rein vegetarisch), dünnkrustige Holzofenpizzas und *al dente* gekochte Pasta. Hinzu kommt eine tolle Auswahl an offenen Weinen.

ℹ Praktische Informationen

Geldautomat der Axis Bank Nahe dem Mahalaxmi-Tempel.

Internet Zone (Kedar Complex, Station Rd; 20 ₹/Std.; ⏲ 8–23 Uhr)

MTDC-Touristeninformation (☎ 2652935; Assembly Rd; ⏲ Mo–Sa 10–17.30 Uhr) Gegenüber dem Collector's Office.

State Bank of India (Udyamnagar; ⏲ Mo–Sa 10–14 Uhr) Liegt eine kurze Autorikschafahrt südwestlich vom Bahnhof nahe dem Hutatma Park. Hat einen Geldautomaten und tauscht ausländische Währungen um.

ℹ Anreise & Unterwegs vor Ort

Am Busbahnhof besteht regelmäßig Verbindung nach Pune (Semideluxe/Deluxe 280/500 ₹, 5 Std.), Ratnagiri (Normal/Semideluxe 120/154 ₹, 4 Std.) und Malvan (nur Normal; 170 ₹, 5 Std.). Die meisten Privatgesellschaften sind gegenüber in den Mahalaxmi Chambers auf der Westseite des Platzes vertreten. Von dort aus geht's nach Panaji (Semideluxe 400 ₹, Liegeplatz mit Klimaanlage 800–1050 ₹, 5½ Std., mehr als 12-mal tgl.) und über Nacht nach Mumbai (mit Klimaanlage Sitzplatz 450 ₹, Liegeplatz 600–1250 ₹, 9 Std.).

Der Bahnhof namens Chattrapati Shahu Maharaj Terminus liegt westlich vom Busbahnhof (10 Min. zu Fuß). Von hier aus rollen täglich drei Expresszüge nach Mumbai – darunter der *Sahyadri Express* (Sleeper Class/2AC 305/1165 ₹, 13 Std., 22.50 Uhr) über Pune (210/805 ₹, 8 Std.). Der *Rani Chennama Express* macht die lange Reise nach Bengaluru (Sleeper Class/2AC 4000/1555 ₹, 17½ Std., 14.20 Uhr). Hinweis: Nach Goa gehen keine Direktzüge.

Die Fahrer der vielen örtlichen Autorikschas benutzen oft Umrechnungstabellen für ihre veralteten Gebührenzähler.

Zum Zeitpunkt der Recherche war Kolhapurs Flughafen gerade komplett stillgelegt.

Goa

✆ 0832 / 1,46 MIO. EW

Inhalt ➡

Gut essen

- Ruta's World Cafe (S. 143)
- Go With the Flow (S. 150)
- Black Sheep Bistro (S. 137)
- Bomra's (S. 145)
- Ourem 88 (S. 175)

Top-Strände

- Palolem (S. 170)
- Mandrem (S. 160)
- Cola & Khancola (S. 169)
- Anjuna (S. 151)
- Arambol (S. 160)

Auf nach Goa!

Goa ist mit keinem anderen Bundesstaat Indiens vergleichbar. Das mag am Erbe der portugiesischen Kolonialzeit liegen oder an den endlosen Stränden, den prachtvollen Kirchen oder der Lässigkeit des *sossegado*: das in etwa mit „ruhiger Gelassenheit" zu übersetzende Wort charakterisiert die Entspanntheit Goas, die so typisch für alle Bereiche des täglichen Lebens und vor allem für die Einheimischen ist.

Aber Goa ist viel mehr als das ehemalige Hippie-Paradies oder ein angesagtes Ferienziel von Strandurlaubern. Goa ist ebenso naturbelassen und kulturell interessant wie vielfältig. Hier schwirren in Wäldern Vögel und Myriaden von Schmetterlingen durch die Luft, es gibt alte Kathedralen zu bewundern, Wasserfälle und duftende Gewürzplantage oder die herrlichen Gassen der alten Hauptstadt. Abgerundet wird dies alles durch die portugiesische Küche, die Vielfalt der diversen Religionen, Partys am laufenden Band und die Strandhütten – fertig ist die Mischung, die Goa so liebenswert macht, dass man nie wieder von hier weg möchte.

Reisezeit

Goa (Panaji)

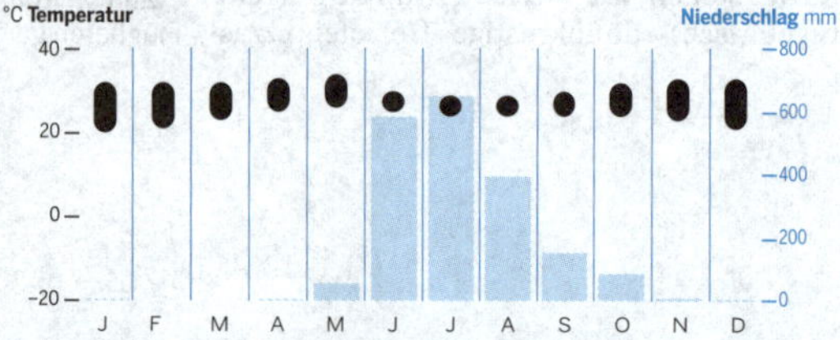

Sept.–Nov. Nach dem Monsun sind einige Hütten und Strandbars schon geöffnet, aber noch nicht überlaufen

Dez.–Feb. Festivals, Weihnachten und tolles Wetter; Mitte Dez.–Anfang Jan. Spitzenpreise und -andrang.

März–April Zum Ende der Saison werden Karneval und Ostern gefeiert.

Highlights

1 Durch die alten portugiesischen Viertel von **Panaji** (S. 132) schlendern, eine Bootsfahrt auf dem Mandovi machen und mittags in einem traditionellen goanischen Restaurant essen

2 In einem **Yoga-Center** (S. 155) rund um Assagao und Anjuna die Chakren weit öffnen

3 Im historischen **Old Goa** (S. 139) die prächtige Kathedrale und die nicht minder beeindruckende Basilica Bom Jesus bestaunen

4 Auf dem Flohmarkt von **Anjuna** (S. 151) um jede Rupie feilschen und dann den Sonnenuntergang in einer Strandbar genießen

5 Am weißen Sandstrand von **Agonda** (S. 169) oder dem versteckten **Cola Beach** (S. 169) im verschlafenen Süden des Bundesstaates den Sand durch die Zehen rieseln lassen

6 Am sanften und ruhigen **Mandrem Beach** (S. 160) die Sonne anbeten und stilvoll übernachten

7 Bei Sonnenuntergang mit dem Kajak zu den verspielten Delfinen vor dem **Palolem Beach** (S. 170) paddeln

8 Auf einer **Gewürzplantage** (S. 142) bei Ponda alles über die Gewürze lernen, die Goa einst berühmt machten

9 In den Herrenhäusern von **Chandor** (S. 165) von vergangenen Zeiten träumen

TOP-FESTIVALS

Heilige Drei Könige (S. 166; 6. Jan., Chandor & Reis Magos) Jungen spielen die Geschichte der Heiligen Drei Könige nach, wie sie dem neugeborenen Jesus ihre Geschenke bringen.

Shigmotsav (Shigmo) of Holi (Feb./März; ganz Goa) Bei der goanischen Version des hinduistischen Festes Holi bewerfen sich die Menschen mit buntem Puder und bestaunen in vielen Städten Umzüge.

Sabado Gordo (Feb./März; Panaji) Am Samstag vor der Fastenzeit wird dieses Fest mit Prozessionen und Straßenpartys gefeiert.

Karneval (S. 135; Feb./März; ganz Goa) Das viertägige Fest zu Beginn der Fastenzeit wird am fröhlichsten und lautesten in Panaji gefeiert.

Fama de Menino Jesus (2. Mo im Okt.; Colva) In einer feierlichen Prozession wird eine Statue des Jesuskindes durch die Stadt getragen.

Fest des hl. Franz Xaver (S. 139; 3. Dez.; Old Goa) Der Schutzheilige der Stadt wird zehn Tage lang gefeiert

Mariä Empfängnis (S. 135; 8. Dez.; Margao, Panaji) Rund um die berühmte Kirche der Stadt finden Jahrmärkte und Konzerte statt.

Geschichte

In seiner Geschichte musste sich Goa schon einer schwindelerregenden Zahl von Herrschern beugen, von Ashoka und seinem Maurya-Reich im 3. Jh. v. Chr. bis zu den lange herrschenden Kadambas. Später kämpften zuerst das Sultanat von Delhi und dann das Bahmani-Sultanat gegen das hinduistische Vijayanagar um die Vorherrschaft. Damals wurden nicht nur zahlreiche Menschen getötet, sondern auch viele Hindu-Tempel zerstört. Die Adil Shahi von Bijapur gründeten im 15. Jh. die Hauptstadt, die heute den Namen Old Goa trägt.

Die Portugiesen, die Goa 1510 erreichten, wollten die Kontrolle über die lukrativen Gewürzstraßen der Region erlangen. Sie besiegten die Bijapur-Herrscher und dehnten ihren Machtbereich allmählich über die Grenzen ihrer Hauptstadt Old Goa bis in die Provinzen hinein aus. Die portugiesische Herrschaft und ihre Religion breiteten sich – nicht immer friedlich – im ganzen Staat aus. Die Inquisition unterdrückte im Namen Gottes auf brutalste Weise die Bevölkerung. 1947 widersetzten sich die Portugiesen Indiens Unabhängigkeitsstreben und erst nach fast einem Jahrzehnt fortwährender Gespräche konnten sie zum Rückzug bewogen: 1961 marschierte die indische Armee in Goa ein und brachte die porugiesische Kolonie innerhalb von drei Tagen ohne einen einzigen Kampf unter ihre Kontrolle. Damit beendete sie die beinahe fünf Jahrhunderte andauernde portugiesische Besetzung.

Heute hat Goa eines der höchsten Pro-Kopf-Einkommen Indiens sowie eine vergleichsweise gute medizinische Versorgung und hohe Alphabetisierungsraten. Säulen der Wirtschaft sind der Tourismus, der Erzabbau (2013/14 vom Obersten Gerichtshof ausgesetzt), die Landwirtschaft und die Fischerei. Das portugiesische Erbe ist nach wie vor beinahe überall gegenwärtig, sei es in Goas alten Herrenhäusern, seiner Küche, den Kirchen oder sogar in seiner Sprache.

Aktivitäten

Während der Saison wird in Goa ein großes Spektrum an Yoga und alternativen Therapien, Wassersport, Paragliding, Kochkursen und Tierbeobachtungen angeboten.

Yoga & alternative Therapien

Jede nur denkbare Form von Yoga, Meditation, Reiki, ayurvedischen Massagen und spirituell orientierten Behandlungsformen werden in Goa praktiziert, gelehrt und genossen, allerdings normalerweise nur in der Wintersaison (Okt./Nov–April). In Palolem und Patnem im Süden sowie in Arambol, Mandrem, Anjuna, Assagao und Calangute im Norden werden Kurse angeboten und es gibt renommierte Yogazentren.

Tiere beobachten

Goa ist ein Paradies für Naturliebhaber. Der Bundesstaat beheimatet eine schillernde Vielfalt an Vögeln und eine wunderbare (jedoch meist gut versteckte) Fauna – mit Muntjaks und dem einen oder anderen Leoparden in einem der Tierschutzgebiete im Landesinnern. Day Tripper (S. 146) in Calangute bietet diverse Naturtouren an, während John's Boat Tours (S. 143) in Candolim mit dem Boot zur Vogelbeobachtung aufbricht und auch Krokodil- und Delfinbeobachtungen im Programm hat.

Jungle Book (☎ 9822121431; www.goaecotourism.com; Bazar Wada, Colem; Elefantenritt/Elefantenwaschen ab 700 ₹) in Colem ist der beste Ort, um sich Elefanten anzunähern.

Wassersport

Möglichkeiten zum Parasailen, Jetskifahren und Bootfahren finden sich problemlos an den großen Stränden. In den ruhigen Gewässern um Palolem kann man sehr gut Kajak fahren. Die sanfte Brandung von Goa eignet sich perfekt für Surf-Newbies: Kursanbieter sind u. a. Vaayu Waterman's Village (S. 159) am Aswem Beach, Surf Wala (S. 161) in Arambol und die **Banana Surf School** (☎ 7057998120; www.goasurf.com; Utorda Beach; Unterricht 45–250 €; ⏲ Okt.–März 7.30–12.30 Uhr) in Utorda.

In Goa gibt es vier Tauchanbieter, die PADI-Kurse und Tauchausflüge zur Grande Island und darüber hinaus anbieten. Goa Aquatics (S. 146), Barracuda Diving (S. 146) und **Goa Diving** (☎ 9049442647; www.goadiving.com; Kurse ab 11 000 ₹, Tauchgänge mit 1/2 Gasflaschen 3000/5000 ₹) sind besonders empfehlenswert.

ℹ Praktische Informationen

Die Goa Tourism Development Corporation (S. 138) liefert Karten und Infos, betreibt ein paar Hotels im ganzen Bundesstaat und veranstaltet jede Menge ein- und mehrtägige Touren.

ℹ An- & Weiterreise

BUS

Von und nach Panaji, Margao, Mapusa und Chaudi bei Palolem fahren jede Menge Fernbusse von staatlichen und privaten Unternehmen. Die Fahrpreise in den privaten Bussen sind nur wenig höher als die der staatlichen Kadamba-Busse und stärker von der jeweiligen Saison abhängig. Die Fernbusse gibt's in den Varianten Standard, Klimatisiert (AC), Volvo (die über die bequemsten Sitze verfügen) und Schlafbus. Preise, Zeiten und Onlinebuchungen unter www.goakadamba.com.

FLUGZEUG

Goas Flughafen Dabolim ist hauptsächlich das Ziel von Inlandsrouten; es werden nur wenige internationale Verbindungen – meist aus dem Nahen Osten – angeboten. Charterflieger kommen meistens aus Russland, Europa und Großbritannien.

Wer nicht einen Charterflug gebucht hat, muss normalerweise eine größere indische Stadt anfliegen und dann in einen Inlandsflieger von Jet Airways, Air India, SpiceJet oder IndiGo umsteigen.

ZUG

Die **Konkan Railway,** die wichtigste Bahnlinie durch Goa, verbindet Mumbai mit Mangalore. Aber auch Trivandrum im äußersten Süden wird angefahren. Der größte Bahnhof Goas ist Madgaon in Margao (Verbindungen s. S. 165). Weitere kleinere Bahnhöfe unterwegs sind Pernem (nach Arambol), Thivim (nach Mapusa und zu den Stränden im Norden), Karmali/Old Goa (nach Panaji) und Canacona (nach Palolem).

ℹ Unterwegs vor Ort

AUTO & MOTORRAD

In Goa lässt sich problemlos für einen längeren Ausflug ein Fahrer mit Auto organisieren. Für einen ganzen Tag muss man mit 2000 ₹ rechnen (meist inkl. 8 Std. und 80 km). Wer lieber unabhängig sein möchte und starke Nerven hat, kann sich auch ein Auto mieten und selber fahren. Ein kleiner Maruti kostet zwischen 900 und 1200 ₹ pro Tag, ein großer Jeep um die 2000 ₹, jeweils ohne Benzin und mit Kilometerbeschränkung. Die besten Angebote finden sich im Internet unter www.goa2u.com und www.mygoatour.com.

Wenn man in Goa unterwegs ist, dauert es nie lange, bis man einen wagemutigen Touristen sieht, der auf einem Roller oder Motorrad vorbeizischt. Ein Zweirad zu mieten, ist ein Kinderspiel. Ein Motorroller kostet zwischen 200 und 300 ₹ am Tag, eine kleinere Yamaha 400 ₹ und eine Royal Enfield Bullet 500 ₹. Deutlich billiger wird es oft, wenn man die Maschine für mehrere Tage mietet, gerade keine Saison ist oder der Vermieter noch viele Maschinen herumstehen hat – Verhandeln kann sich also lohnen!

Die Straßen in Goa sind besser als im übrigen Indien, haben aber immer noch ihre Tücken. Man sollte stets auf Menschen, Rinder, Hunde, Katzen, Vögel und Schrottteile achten, jede Menge Schlaglöcher, Bremsschwellen und Haarnadelkurven tun ihr Übriges.Man sollte es also langsam angehen lassen, möglichst nicht bei Nacht fahren – wenn sich schwarze Kühe und betrunkene Touristen als große Gefahr erweisen können – und nicht meinen, man müsse den kompletten Staat mit einem 50-ccm-Roller an einem Tag der Länge nach durchqueren. Und nicht vergessen, nach einem Helm zu fragen – wenngleich von Einheimischen wie Touristen oft ignoriert, besteht hier Helmpflicht!

BUS

Goa hat ein gut ausgebautes Netz an Busverbindungen. Die Busse fahren regelmäßig und kosten zwischen 5 und 40 ₹. Wer zwischen Nord-, Zentral- und Süd-Goa hin und her reist, muss entweder in Panaji oder Margao umsteigen.

VOM/ZUM FLUGHAFEN

In der Ankunftshalle am Flughafen von Dabolim gibt es einen Schalter für Prepaid-Taxis. Hier

UNTERKUNFTSPREISE

Die Übernachtungspreise in Goa variieren stark: Die Hauptsaison dauert von November bis Ende Februar, rund um Weihnachten und Neujahr ziehen die Preise aber nochmals an. Zwischensaison ist im Oktober, März und April, Nebensaison von Mai bis September (Regenzeit). Die Saisons können sich je nach Monsun und der Vergabe für die Lizenzen der Strandhütten noch leicht variieren. Neben Hotels, saisonal betriebenen Strandhütten und Pensionen werden in ganz Goa an der Küste auch private Zimmer und Häuser vermietet, die aber vor allem für Aufenthalte von mindestens einer Woche gedacht sind.

Die Preise der hier aufgeführten Unterkünfte beziehen sich auf die Hauptsaison (jedoch nicht auf die Weihnachtsferien, für die man früh buchen muss). Am besten bringt man Preise und Rabatte telefonisch in Erfahrung. Bei den meisten Unterkünften muss man bis 11 oder 12 Uhr ausgecheckt haben. Für den Vergleich und die Buchung von Strandhütten in Süd-Goa eignet sich die Website www.beachhutbooking.com.

Die Preiskategorien in diesem Kapitel sind wie folgt eingeteilt:

$ weniger als 1200 ₹

$$ 1200–5000 ₹

$$$ mehr als 5000 ₹

kann man sein Ticket kaufen und wird dann zum Taxi gebracht. Wer aufs Budget achten muss und nicht zu viel Gepäck dabeihat, kann auch bis zur Hauptstraße gehen und einen der häufig verkehrenden Busse anhalten, die Richtung Osten von Vasco da Gama nach Margao fahren. Von dort gibt's gute Verbindungen in alle Teile Goas.

TAXI & AUTORIKSCHA

Für Fahrten von Stadt zu Stadt stehen überall Taxis bereit, die Preise sind jedoch vergleichsweise hoch, besonders nachts. Goa Tourism bietet neuerdings den **Women Taxi Service** (☎0832-2437437) an, bei dem Fahrerinnen am Steuer sitzen (nur telefonisch buchbar und nur für Frauen, Paare oder Familien). Die Fahrzeuge sind mit GPS, kampfkunsterprobten Fahrern und genauen Taxametern ausgestattet. Selbst Kreditkarten werden akzeptiert.

Anders als im Rest Indiens sind Autorikschas in Goa kaum billiger als Taxis und nicht so allgegenwärtig, für kurze Fahrten aber durchaus geeignet – vorausgesetzt, man findet eine. Die als *pilots* bezeichneten Motorräder dienen in Goa ebenfalls als offizielle Taxis und sind am gelben Schutzblech vorne zu erkennen. Meistens trifft man sie an größeren Taxiständen und in Badeorten an; sie kosten nur halb so viel wie Taxis.

ZENTRAL-GOA

Panaji (Panjim)

115 000 EW.

Die wohl entspannteste Hauptstadt eines indischen Bundesstaates, Panjim (Panjim), liegt über der Mündung des mächtigen Mandovi, auf dem sich nachts die Neonlichter der Partyboote und schwimmenden Spielkasinos spiegeln. Eine prachtvolle, schneeweiße Kirche ragt aus dem Zentrum heraus, eine Laubbaumallee säumt den Fluss und neben grandiosen Kolonialbauten drängen sich pseudokünstlerische Boutiquen, traditionelle Buchläden und zwielichtige Bars.

Getoppt wird dies alles aber vom Gewirr der engen Altstadtgassen von Fontainhas, wo mehr als irgendwo sonst der portugiesische Einfluss bis heute zu spüren ist. Am späten Nachmittag erstrahlen die gelben Häuser mit ihren roten Türen in einem ganz besonderen Licht. Ockerfarbene Villen mit schmiedeeisernen Balkonen, Terrakottadächern und Fenstern mit Perlmuttverzierung bilden die Kulisse für herrliche Spaziergänge, nachmittägliche Siestas und Begegnungen mit Einheimischen. Toll ist auch die hiesige Küche. Kurzum: Ein Abstecher in die Hauptstadt mit ein oder zwei Übernachtungen darf bei einer Goa Reise auf keinen Fall fehlen.

👁 Sehenswertes & Aktivitäten

Am besten erlebt man Panaji bei einem ausgedehnten Spaziergang durch die verschlafenen portugiesischen Kolonialviertel Sao Tomé, Fontainhas und Altinho. Die Riverside Campal Gardens, westlich des Stadtzentrums, und der Miramar Beach, 2 km weiter, sind ebenfalls beliebte Ausflugsziele.

★ Church of Our Lady of the Immaculate Conception KIRCHE

(Ecke Emilio Gracia Rd & Jose Falcao Rd; ⏲Mo–Sa 10–12.30 & 15–17.30, So 11–12.30 & 15.30–17 Uhr, englische Messe 8 Uhr) Das spirituelle und geografische Zentrum von Panaji ist diese stolze, strahlend weiße Kirche, die 1619 über einer älteren und kleineren Kapelle aus dem Jahr 1540 errichtet wurde und ein wenig einer üppigen verzierten Hochzeitstorte ähnelt. Als Panaji noch ein kleines, verschlafenes Fischerdorf war, pilgerten die Seeleute aus Portugal als erstes hierher, um der Heiligen Jungfrau für ihre glückliche Überfahrt zu danken. Erst danach reisten sie weiter flussaufwärts nach Ela (Old Goa). Abends wird die Kirche von außen herrlich angeleuchtet.

Goa State Museum MUSEUM

(☎0832-2438006; www.goamusem.gov.in; EDC Complex, Patto; ⏲Mo–Sa 9.30–17.30 Uhr) GRATIS Das riesige Museum östlich der Stadt beherbergt eine vielseitige und umfangreiche Sammlung, die die Geschichte Goas illustriert. Diese umfasst u. a. einige wunderschöne hinduistische und jainistische Skulpturen und Bronzen, hübsche Möbel aus der portugiesischen Ära, Münzen, einen aufwendig geschnitzten Streitwagen und ein paar sonderbare antike Lottomaschinen.

Goa State Central Library BIBLIOTHEK

(Sanskruti Bhavan, Patto; ⏲Mo–Fr 9–19.30, Sa & So 9.30–17.45 Uhr) GRATIS Panajis topmoderne Staatsbibliothek neben dem State Museum bietet sechs Stockwerke voller Bücher, einen Buchladen und eine Galerie. Im ersten Stock gibt es eine Kinderbuchabteilung und Internetrechner (kostenlose Benutzung, aber eigentlich nur zu Forschungszwecken). Im vierten Stock findet man Bücher über die Geschichte Goas und im sechsten eine große Sammlung an portugiesischen Büchern.

Houses of Goa Museum MUSEUM

(☎0832-2410711; www.archgoa.org; nahe Nisha's Play School, Torda; Erw./Kind 100/25 ₹; ⏲Di–So 10–19.30 Uhr) Das mehrstöckige Museum, das sich der Architekturgeschichte Goas widmet, wurde vom bekannten einheimischen Architekten Gerard da Cunha errichtet. Interessante Modelle und Designexponate aus Indien und Europa bringen die Besucher dazu, die alten Häuser von Goa mit anderen Augen zu sehen. Die Ausstellung erläutert die architektonischen Traditionen Goas und stellt Baumaterialien und -stile tiefgründig, aber verständlich vor. Und das dreieckige Gebäude an sich ist schon ein kurioser Hingucker. Ein Taxi oder eine Rikscha von Panaji kostet um die 400 ₹ einfach.

> **DROGEN**
>
> In Indien ist der Erwerb und Besitz von Acid, Ecstasy, Kokain, Charas (Haschisch), Marihuana und den meisten anderen Drogen verboten, auch wenn sie in Goa immer noch zu bekommen sind. Goas Gefängnis Fort Aguada ist voll mit Gefangenen, darunter auch Ausländer, die lange Haftstrafen wegen Drogendelikten absitzen. Selbst der Besitz kleiner Drogenmengen kann mit bis zu zehn Jahren Haft geahndet werden.

> **NOTFALL**
>
> Polizei, Feuerwehr und Ambulanz erreicht man unter ☎108.

Geführte Touren

Goa Tourism und einige private Anbieter veranstalten Bootsfahrten auf dem Mandovi, los geht's am Santa Monica Jetty. Dank Bars und DJs herrscht besonders am Wochenende viel Betrieb. Nichtsdestotrotz erlauben diese Touren einen unterhaltsamen Blick auf die Stadt.

Erfahrene Guides bieten **historische Stadtspaziergänge** (☎9823025748; 500 ₹/Pers., 250 ₹/Pers. ab 5 Pers.) durch die alten portugiesischen Viertel an.

Mandovi River Cruises BOOTSFAHRTEN

(Sunset Cruise 200 ₹, Dinner Cruise 650 ₹, Backwater Cruise 900 ₹; ⏲Sunset Cruise 18 Uhr, Sundown Cruise 19.15 Uhr, Dinner Cruise Mi & Sa 20.45 Uhr, Backwater Cruise Di & Fr 9.30–16 Uhr) Goa Tourism veranstaltet reizvolle Bootsfahrten auf dem Mandovi an Bord der *Santa Monica* oder der *Shantadurga*. Stets sind Bands und Tänzer mit an Bord, die goanische Volkslieder und -tänze vorführen. Zweimal wöchentlich finden zweistündige Dinner Cruises sowie ganztägige Backwater Cruises nach Old Goa an. Zum Mittagessen legt das Boot an einer Gewürzplantage an, bevor es vorbei an den Divar und Chorao Islands zurückgeht. Alle Boote starten am Santa Monica Jetty neben der Mandovi Bridge, wo es auch die Tickets zu kaufen gibt.

Feste & Events

International Film Festival of India FILMFESTIVAL

(www.iffi.nic.in; Panaji; ⏲Nov.) Überall in Panaji werden Filme aus aller Welt und natürlich auch Bollywood-Streifen gezeigt.

Panaji (Panjim)

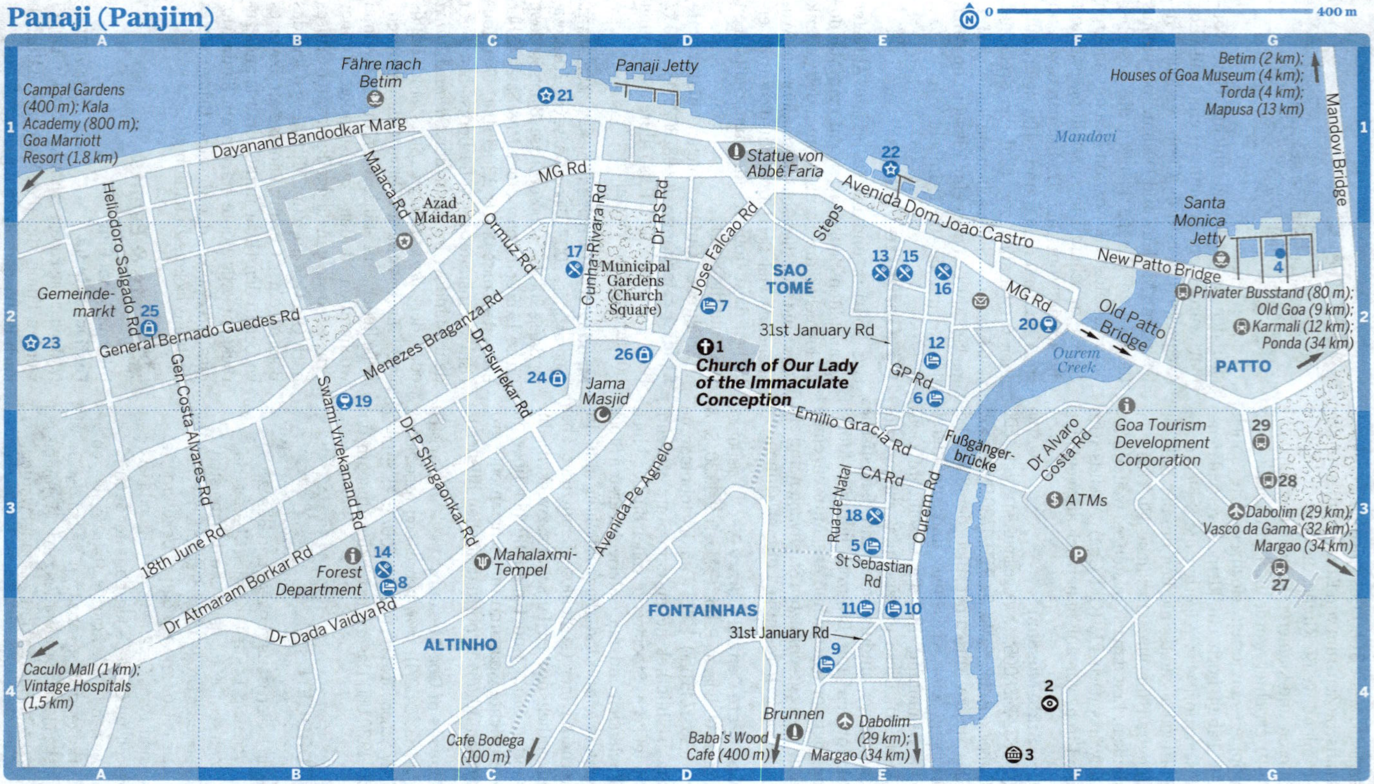

Panaji (Panjim)

Highlights
1 Church of Our Lady of the Immaculate Conception ... D2

Sehenswertes
2 Goa State Central Library ... F4
3 Goa State Museum ... F4

Aktivitäten, Kurse & Touren
4 Mandovi River Cruises ... G2

Schlafen
5 Afonso Guesthouse ... E3
6 Casa Nova ... E2
7 Casa Paradiso ... D2
8 Mayfair Hotel ... B3
9 Old Quarter Hostel ... E4
10 Panjim Inn ... E4
11 Panjim Pousada ... E4
12 Pousada Guest House ... E2

Essen
13 Anandashram ... E2
14 Black Sheep Bistro ... B3
15 Hotel Venite ... E2
16 Hotel Vihar ... E2
17 Upper House ... C2
Verandah ... (siehe 10)
18 Viva Panjim ... E3

Ausgeben & Nachtleben
19 Cafe Mojo ... B2
20 Riverfront & Down the Road ... F2

Unterhaltung
21 Casino Pride ... C1
22 Deltin Royale ... E1
23 INOX Cinema ... A2

Shoppen
24 Khadi Gramodyog Bhavan ... C2
Marcou Artifacts ... (siehe 18)
25 Municipal Market ... A2
26 Singbal's Book House ... D2

Praktisches
Government of India Tourist Office ... (siehe 26)

Transport
27 Kadamba-Busstand ... G3
Konkan Railway Reservation Office ... (siehe 27)
28 Paulo Travels ... G3
29 Private Busagenturen ... G3

Mariä Empfängnis RELIGIÖSES FEST
(Margao, Panaji; 8. Dez.) Neben Jahrmärkten und Konzerten findet auch ein wunderbarer Gottesdienst in der Kirche Our Lady of the Immaculate Conception in Panaji statt.

Karneval FEST
(ganz Goa; März) Das viertägige Spektakel wird besonders in Panaji kräftig gefeiert.

Schlafen

Wie in ganz Goa schwanken auch in Panaji die Preise gewaltig, je nach Saison.

★ **Old Quarter Hostel** HOSTEL $
(0832-6517606; www.thehostelcrowd.com; 31st Jan Rd, Fontainhas; B 450 ₹, DZ mit Klimaanlage ab 2000 ₹;) Ein Backpacker-Paradies! Das coole neue Hostel in einem alten portugiesischen Gebäude ist im historischen Viertel Fontainhas beheimatet. Saubere Schlafsäle mit vier Betten und Schließfächern, zwei komfortable Doppelzimmer im oberen Stock, ein Café, kunstvolle Wandgemälde, flottes WLAN und Fahrräder. Checkout bis 12 Uhr.

Pousada Guest House PENSION $
(9850998213, 0832-2422618; sabrinateles@yahoo.com; Luis de Menezes Rd; EZ/DZ ab 800/1050 ₹, DZ mit Klimaanlage 1575 ₹;) Die fünf Zimmer in dem hellgelben Gebäude sind einfach, aber sauber und haben bequeme Federkernmatratzen und TV. Inhaberin Sabrina ist freundlich und unkompliziert. Bei dem Preis eindeutig eine der besten Budgetunterkünfte der Stadt.

★ **Panjim Inn** HISTORISCHES HOTEL $$
(0832-2226523, 9823025748; www.panjiminn.com; 31st Jan Rd; EZ 3400–6000 ₹, DZ 3900–6500 ₹, Suite 5950 ₹;) Das Panajim Inn ist seit langem eines der besten historischen Hotels der Stadt. Es hat Charakter, Charme, freundliche Besitzer und hilfsbereites Personal zu bieten. Das schöne Haus aus dem 19. Jh. verfügt über zwölf charmante Zimmer im Haupthaus und zwölf neuere Zimmer mit modernem Touch. Alle Zimmer sind mit Himmelbetten, Möbeln aus der Kolonialzeit und Kunstwerken ausgestattet. Frühstücksbuffet ist im Preis enthalten; das Restaurant serviert ausgezeichnetes regionales Essen.

Panjim Pousada PENSION $$
(0832-2226523; www.panjiminn.com; 31st Jan Rd; EZ 3400–4400 ₹, DZ 3900–4900 ₹;) Die neun wunderbaren Zimmer in einem alten hinduistischen Haus liegen um einen

traumhaften Innenhof herum und haben antike Möbel und wunderschöne Kunst an den Wänden. Mehrere Durchgänge und Treppen führen zu den Zimmern; die im Obergeschoss sind die bessere Wahl.

Afonso Guesthouse PENSION $$
(☎9764300165, 0832-2222359; www.afonsoguesthouse.com; St Sebastian Rd; DZ 1800–3000 ₹; ❄📶) Die von der freundlichen Jeanette geführte Pension in einem hübschen portugiesischen Stadthaus hat gepflegte, geräumige Zimmer mit Holzdecken. Auf der sonnigen Dachterrasse wird Frühstück (kostet extra) mit Blick über Fontainhas serviert. Klimaanlage wird mit 200 ₹ berechnet. Die einfache, friedliche Unterkunft befindet sich im stimmungsvollsten Teil der Stadt. Am Abreisetag muss das Zimmer bis 9 Uhr geräumt sein. Reservierungen nur online möglich.

Casa Paradiso HOTEL $$
(☎0832-3290180; www.casaparadisogoa.com; Jose Falcao Rd; DZ/3BZ mit Klimaanlage 1911/2200 ₹; ❄) Gepflegte und einladende Unterkunft im Herzen der Stadt mit einfachen, aber sauberen Zimmer. TV, Warmwasser und Checkout bis um 12 Uhr.

Mayfair Hotel HOTEL $$
(☎0832-2223317; manishafernz@yahoo.com; Dr Dada Vaidya Rd; EZ/DZ ab 1105/1330 ₹, DZ mit Klimaanlage 1690 ₹; ❄📶) Was die Mosaiken und Perlmuttfenster in der Eingangshalle dieses beliebten Hotels versprechen, können die Zimmer bei Weitem nicht halten. Deshalb sollte man sich vor dem Einquartieren einige der sehr unterschiedlichen Zimmer im alten und neuen Gebäudeteil ansehen; einige haben Blick auf den netten Garten hinter dem Haus. Die freundliche Inhaberfamilie beherbergt schon seit vielen Jahren Reisende. Die Zimmer müssen am Abreisetag erst bis 12 Uhr geräumt werden.

Casa Nova PENSION $$
(☎9423889181; www.goaholidayaccommodation.com; Gomes Pereira Rd; Suite 4300 ₹; ❄📶) In einem wunderbaren portugiesischen Haus von 1831 in Fontainhas befindet sich nur ein stilvolles, außerordentlich komfortables Appartement mit Bogenfenstern, Holzbalkendecke und modernen Annehmlichkeiten wie Kochnische und WLAN. Eine kleine Gasse führt hierher.

Goa Marriott Resort INTERNATIONAL $$$
(☎0832-2463333; www.marriott.com; Miramar Beach; DZ 7000–15 000 ₹; ❄📶🏊) Das schicke Goa Marriot Resort in Miramar ist das Beste, was Panaji zu bieten hat. Der Fünf-Sterne-Luxus fängt schon in der Lobby an und setzt sich in den Zimmern mit atemberaubender Aussicht fort. In der rund um die Uhr geöffneten Waterfront Terrace & Bar können die Gäste mit Blick auf den Pool einen Sundowner genießen. Und im Restaurant Simply Grills werden nicht nur die gut betuchten Einheimischen bedient werden.

Essen

In Panaji muss keiner Hunger leiden – hier isst man gern, gut und oft. Wer über die 18th June Rd oder die 31st January Rd schlendert, kann zwischen mehreren günstigen Optionen im Kantinenstil wählen. Weitere Lokale findet man rund um die Municipal Gardens.

★ **Viva Panjim** GOANISCH $
(☎0832-2422405; 31st Jan Rd; Hauptgerichte 100–170 ₹; ⏰Mo–Sa 11.30–15.30 & 19–23, So 19–23 Uhr) Obwohl in Touristenkreisen bestens bekannt, serviert das kleine Restaurant in einem alten portugiesischen Haus in einer kleinen Seitenstraße immer noch leckere Klassiker der goanischen Küche zu vernünftigen Preisen. Eine ganze Seite der Speisekarte ist ausschließlich Gerichten mit Schweinefleisch gewidmet. Es gibt aber auch köstliche *xacuti*- und *cafrial*-Gerichte, Seafood wie Kingfish-Vindaloo und Krabben à la *xec xec* sowie Desserts wie *bebinca* (mehrschichtige goanische Spezialität aus Eigelb und Kokosnuss). Mit Tischen im Freien.

Hotel Vihar VEGAN $
(MG Rd; Hauptgerichte 40–100 ₹; ⏰7.30–22 Uhr) Riesige Auswahl an vegetarischen Gerichten, großen, superleckeren Thalis und frisch gepressten Säften. Die einfache, saubere Cafeteria ist bei Einheimischen und Reisenden gleichermaßen beliebt.

Anandashram INDISCH, GOANISCH $
(31st Jan Rd; Thalis 80–130 ₹, Seafood 200–350 ₹; ⏰Mo–Sa 12–15.30 & 19.30–22.30 Uhr) Das kleine Lokal ist stadtbekannt für sein Seafood, die einfachen, aber leckeren Fischcurrys und die vegetarischen und nicht vegetarischen Thalis am Mittag und Abend.

Hotel Venite GOANISCH $$
(31st Jan Rd; Hauptgerichte 210–260 ₹; ⏰9–22.30 Uhr) Das Restaurant mit seinen niedlichen, wackeligen Balkonen, die über dem Kopfsteinpflaster schweben, ist schon lange das stimmungsvollste von Panajis klassischen

goanischen Restaurants. Auf der Speisekarte stehen traditionelle Gerichte wie würzige Würstchen, Fischcurryreis, Pfeffersteak und *bebinca*. Obwohl die Preise stetig klettern, ist das Vendite bei Touristen sehr beliebt und sollte keinesfalls ausgelassen werden.

★ Cafe Bodega CAFÉ **$$**
(☎ 0832-2421315; Altinho; Hauptgerichte 120–320 ₹; ⊙ Mo–Sa 10–19, So bis 16 Uhr; 📶) Der Aufstieg zum Altinho Hill lohnt sich allemal. Dieses ruhige Café mit Galerie ist in einem weiß-lavendelfarbenen portugiesischen Herrenhaus auf der Anlage des Sunaparanta Centre for the Arts untergebracht. Hier gibt es zum Frühstück guten Kaffee, Säfte und frisch gebackene Kuchen sowie riesige Pizzas und Sandwiches zum Mittagessen, das im Innenhof eingenommen werden kann.

Verandah GOANISCH **$$**
(☎ 0832-2226523; 31st Jan Rd; Hauptgerichte 180–360 ₹; ⊙ 11–23 Uhr) Das luftige Restaurant des Panjim Inn befindet sich auf einem Balkon im ersten Stock und hat nur eine Handvoll fein verzierter Tische mit Blick auf die Straßen von Fontainhas. Die Spezialität ist goanische Küche, aber es gibt auch eine Auswahl an indischen und europäischen Gerichten und regionale Weine.

★ Black Sheep Bistro EUROPÄISCH, TAPAS **$$$**
(☎ 0832-2222901; www.blacksheepbistro.in; Swami Vivekanand Rd; Tapas 180–225 ₹, Hauptgerichte 320–450 ₹) Das Black Sheep gehört zu einer neuen Sorte von Boutiquerestaurants in Panaji. Hinter einer eindrucksvollen hellgelben Fassade befindet sich ein gemütlicher Speisesaal mit stilvoller Bar aus dunklem Holz. Die Tapas hier sind leicht, frisch und werden gemäß dem Motto „vom Bauernhof direkt auf den Tisch" zubereitet. Salate, Pasta, regionales Seafood und Gerichte wie Lamm-Ossobuco verleihen der Speisekarte einen besonderen Touch, während ein international ausgebildeter Sommelier die passenden Weine zum Essen aussucht.

Baba's Wood Cafe ITALIENISCH **$$$**
(☎ 0832-3256213; 49 Mala, Fontainhas; Pizza & Pasta 300–500 ₹; ⊙ 12–15 & 19–23.30 Uhr) Dieses gehobene italienische Restaurant in einer ruhigen Straße in der Nähe des Maruti-Tempel teilt sich das Gebäude mit einer Holzhandwerk-Galerie. Der zauberhafte Essbereich liegt im Freien Auf der Speisekarte stehen mehr als 20 verschiedene Pastagerichte von Ravioli bis Carbonara. Die Pizzas kommen aus dem Holzofen, die Nudeln sind hausgemacht. Zum Nachtisch gibt es Tiramisu und Schokoladenfondue. So macht Prassen Spaß!

GOANISCHE KÜCHE

Die goanische Küche ist ein reizvoller Mix aus portugiesischen und südindischen Aromen. Goaner essen liebend gerne Fleisch und Fisch, auch frische Meeresfrüchte stehen hoch im Kurs. Ein typisches Mittagessen besteht aus einem Fisch-Curry mit Reis: z. B. gebratene Makrele in Kokosnuss-, Tamarinden- und Chilisauce. Weitere traditionelle Gerichte sind Vindaloo (scharfes Gericht in Essig-Knoblauch-Marinade), *xacuti* (würziges Hühnchen oder Fleisch in roter Kokosnuss-Sauce) und *cafreal* (gebackenes Hühnchen in grüner Masalapaste mariniert und mit Palmweinessig verfeinert). Zum Nachtisch gibt es z. B. Kokoskuchen in mehreren Schichten und *bebinca*.

Das traditionelle alkoholische Getränk in Goa ist Feni, ein doppelt gebrannter Likör aus Cashewäpfeln oder Kokospalmsaft.

Upper House GOANISCH **$$$**
(☎ 0832-2426475; www.theupperhousegoa.com; Cunha Rivara Rd; Hauptgerichte 220–440 ₹; ⊙ 11–22 Uhr) Über zahlreiche Treppenstufen gelangt man in ein kühles Restaurant im europäischen Stil mit einem eleganten Speiseraum, der auf die Municipal Gardens blickt. An der Rückseite befindet sich eine schicke Cocktailbar mit Neonlicht und ein vornehmeres Restaurant. Die Küche ist deutlich goanisch geprägt und bietet relativ teure, dafür aber erstklassig zubereitete Spezialitäten aus der Region, u. a. *xec xec*, Fish-Curry-Reis und Schweinefleisch-Vindaloo.

Ausgehen & Nachtleben

In Panaji gibt's sehr einfache, kleine Bars mit ein paar Plastiktischen. Hier kommt man bei einem Glas Feni schnell mit den Einheimischen ins Gespräch.

Cafe Mojo BAR
(www.cafemojo.in; Menezes Braganza Rd; ⊙ Mo–Do 10–4, Fr–So 10–6 Uhr) Die Einrichtung im Stil eines englischen Pubs ist gemütlich, das Publikum jung und in Feierlaune und das E-Bier-System genial. Jeder Tisch hat einen eigenen Zapfhahn und einen LCD-Bildschirm. Man kauft eine Art Geldkarte

(1000 ₹), zieht sie durch den Leseschlitz am Tisch und zapft sich sein Bier, wobei automatisch der fällige Betrag vom Kartenguthaben abgezogen wird. Natürlich kann die Karte ebenso für Schnaps, Cocktails oder Essen verwendet werden. Jeden Mittwoch ist Ladies' Night, am Donnerstag ist Karaoke und an den Wochenenden wird bis zum Morgengrauen gefeiert.

Riverfront & Down the Road BAR
(Ecke MG Rd & Ourem Rd; ⌚11–1 Uhr) Vom Balkon aus kann man auf geschnitzten Holzfässern bei einem Bier oder Cocktail den Blick auf den Fluss und die Old Patto Bridge genießen. Die Bar im Erdgeschoss (ab 18 Uhr geöffnet) ist die einzige echte Ausgehadresse im Old Quarter. Ab und zu spielen Bands.

☆ Unterhaltung

Nachts treiben Kasinoschiffe auf dem Mandovi, auf denen man sich überraschend gut amüsieren kann.

Kala Academy KULTURZENTRUM
(☎0832-2420452; http://kalaacademygoa.org; Dayanand Bandodkar Marg) In Campal auf der Westseite der Stadt liegt Goas wichtigstes Kulturzentrum, in dem das ganze Jahr über Tanz-, Theater- und Musikaufführungen und Kunstausstellungen zu sehen sind. Viele Shows sind auf Konkani, ab und zu gibt's aber auch englischsprachige Produktionen. Der Veranstaltungskalender ist online.

INOX Cinema KINO
(☎0832-2420900; www.inoxmovies.com; Old GMC Heritage Precinct; Karten 180–200 ₹) Das komfortable und schicke Multiplex-Kino zeigt aktuelle Hollywood- und Bollywood-Filme. Onlinebuchung mit Platzwahl.

Deltin Royale KASINO
(☎8698599999; www.deltingroup.com/deltin-royale; Noah's Ark, RND Jetty, Dayanand Bandodkar Marg; wochentags/Wochenende 2500/3000 ₹, Wochenende-Premium 4000–4500 ₹; ⌚24 Std., Unterhaltung 21–1 Uhr) Goas größtes, schwimmendes Luxus-Kasino hat 123 Tische, das Vegas Restaurant, eine Whiskey-Bar und einen speziellen Raum für Männer. Essen, Getränke und Jetons im Wert von 1500/2000 ₹ wochentags/am Wochenende sind im Eintrittspreis enthalten; beim Premiumpaket im vollen Wert des Tickets.

Casino Pride KASINO
(☎0832-6516666; www.bestgoacasino.com; Dayanand Bandodkar Marg; wochentags/Wochenende 1500/2000 ₹; ⌚24 Std., Unterhaltung 21–23 Uhr) Die zwei Kasinoschiffe sind Mississippi-Raddampfern nachempfunden. *Pride I* hat 40 Tische, ein Spielzimmer für Kinder und eine Partyterrasse im Freien. Im Eintrittspreis enthalten sind Jetons im Wert von 1000 ₹ und abends das Buffet und Getränke (sofern man an einem Tisch spielt). Das Gleiche gilt für das kleinere *Pride II*.

Shoppen

Im überdachten städtischen Markt (Heljogordo Salgado Rd; ⌚ab 7.30 Uhr) kann man herrlich Leute beobachten und alle Dinge des täglichen Gebrauchs kaufen.

Caculo Mall EINKAUFSZENTRUM
(☎0832-2222068; 16 Shanta, St Inez; ⌚8–23 Uhr) In Goas größtem Einkaufszentrum gibt es auf vier klimatisierten Etagen Markenläden, Essensstände, Spielzeug, Spielautomaten und ein Kino. Ein Paradies für Familien!

Singbal's Book House BÜCHER
(Church Sq; ⌚Mo–Sa 9.30–13 & 15.30–19.30 Uhr) Der Bücherladen liegt an der Ecke gegenüber der Hauptkirche von Panaji. Er führt eine fabelhafte Auswahl an internationalen Zeitschriften und Zeitungen sowie jede Menge Titel über Goa und das Reisen allgemein.

Marcou Artifacts KUNSTHANDWERK
(☎0832-2220204; www.marcouartifacts.com; 31st Jan Rd; ⌚9–20 Uhr) In dem kleinen Laden gibt's einzigartige bemalte Fliesen, Fischfigürchen und selbst gemachte portugiesische und goanische Keramiken zu fairen Preisen. Die Arbeiten werden auch im Hotel Delmon und auf dem Markt von Margao ausgestellt.

Khadi Gramodyog Bhavan KUNSTHANDWERK
(Dr Atmaram Borkar Rd; ⌚Mo–Sa 9–12 & 15–19 Uhr) Goas einzige Filiale der staatlichen Khadi & Village Industries Commission hat eine tolle Auswahl an handgewebten Baumwollartikeln, Ölen, Seifen, Gewürzen und anderen selbst gemachten Produkten. Alles kommt direkt aus den Dörfern der Region, die unmittelbar vom Erlös der Waren profitieren.

ℹ Praktische Informationen

Goa Tourism Development Corporation
(Goa Tourism, GTDC; ☎0832-2437132; www.goa-tourism.com; Paryatan Bhavan, Dr Alvaro Costa Rd; ⌚Mo–Sa 9.30–17.45 Uhr) Das GTDC-Büro, auch als Goa Tourism bekannt, ist im neuen Gebäude von Paryatan Bhavan untergebracht, auf der anderen Seite des Ourem Creek in der Nähe der Bushaltestelle. Wer nicht

eine von der GTDC angebotenen Touren buchen möchte, ist man hier eher fehl am Platz.

Government of India Tourist Office (☎ 0832-2223412; www.incredibleindia.com; Communidade Bldg, Church Sq; ⌚ Mo–Fr 9.30–13.30 & 14.30–18, Sa 10–13 Uhr) Das Personal in dieser zentralen Touristeninformation kann sehr hilfsbereit sein, besonders wenn es um Infos zu Reisezielen außerhalb Goas geht. Das Büro wird in dasselbe Gebäude wie Goa Tourism umziehen.

Hauptpost (MG Rd; ⌚ Mo–Sa 9.30–17.30 Uhr) Schneller Paketdienst und Geldtransfer von Western Union.

Vintage Hospitals (☎ 0832-6644401, Ambulanz 9764442220; www.vintagehospitals.com; Caculo Enclave, St Inez; ⌚ 24 Std.) Die beste Anlaufstelle in Panaji, wenn es einen Notfall gibt: Das Krankenhaus liegt westlich vom Zentrum in der Nähe der Caculo Mall.

ℹ An- & Weiterreise

Ein Taxi von Panaji zum Flughafen von Dabolim fährt ungefähr eine Stunde und kostet 670 ₹ (770 ₹ mit Klimaanlage).

BUS

Alle paar Minuten fahren die staatlichen Busse vom großen, betriebsamen **Kadamba-Busbahnhof** (☎ Auskunft über Fernverbindungen 0832-2438035, regionale Verbindungen 0832-2438034; www.goakadamba.com; ⌚ Reservierungen 8–20 Uhr) zu Zielen in der Region ab. Um zu den Stränden im Süden Goas zu kommen, nimmt man einen Expressbus nach Margao und steigt dort um. Wer zu den Stränden im Norden will, muss in Mapusa umsteigen. Am Kadamba-Busbahnhof gibt es einen Geldautomaten, ein Internetcafé, Essensstände und einen Ganesha-Tempel. Folgende Ziele werden angefahren:

Calangute (20 ₹, 45 Min.)
Candolim (15 ₹, 35 Min.)
Mapusa (15 ₹, 30 Min.)
Margao (Express-Shuttle; 30 ₹, 35 Min.)
Old Goa (10 ₹, 15 Min.)

Die privaten Busunternehmen unterhalten vor dem Eingang zum Kadamba-Busbahnhof Tickethäuschen, ihre Busse fahren aber am Fernbusbahnhof bei der New Patto Bridge ab. Sehr zuverlässig ist **Paulo Travels** (☎ 0832-2438531; www.phmgoa.com; G1, Kardozo Bldg). Im Folgenden sind einige Fernziele aufgeführt, die von staatlichen und privaten Busunternehmen in der Hauptsaison angefahren werden:

Bengaluru (600–1200 ₹, 14–15 Std., ca. 30-mal tgl.)
Hampi (Schlafbus privater Unternehmen; 900–1100 ₹, 10–11 Std., 2–3-mal tgl.)
Mumbai (350–1100 ₹, 12–14 Std., regelmäßig)
Pune (325–1000 ₹, 11 Std., regelmäßig)

ZUG

Der nächstgelegene Bahnhof von Panaji ist in Karmali (Old Goa), 12 km weiter östlich. Dort halten viele Fernzüge (s. die entsprechenden Fahrpläne). Die Taxifahrt zum Bahnhof kostet 350 ₹. Das **Reservierungsbüro der Konkan Railway** (☎ 0832-2712940; www.konkanrailway.com; ⌚ Mo–Sa 8–20 Uhr) in Panaji befindet sich im ersten Stock des Kadamba-Busbahnhofs. Im Kapitel Margao (S. 165) findet man Infos zu den wichtigsten Zügen.

ℹ Unterwegs vor Ort

Panaji kann im Allgemeinen sehr gut zu Fuß erkundet werden. Busse verkehren regelmäßig zwischen Kadamba und dem städtischen Markt und dann weiter nach Miramar und Dona Paula.

Eine Autorikscha nach Old Goa kostet um die 300 ₹, ein Taxi 350 ₹.

Rund um die Hauptpost werden auch überall Roller und Motorräder für 200/300 ₹ pro Tag verliehen.

Die kostenlose Autofähre nach Betim (⌚ 6–22 Uhr alle 20 Min.) ist auf dem Weg zu den Stränden im Norden eine praktische Abkürzung über den Fluss.

Old Goa (Velha Goa)

Vom 16. bis zum 18. Jh. hatte Old Goa, Goas ehemalige Hauptstadt, mehr Einwohner als Lissabon oder London und wurde auch als „Rom des Ostens" bezeichnet. Wenn man zwischen den hoch aufragenden Kirchen, den Kathedralen und majestätischen Klöstern umherwandelt, ist diese Pracht immer noch zu erahnen. Unter portugiesischer Herrschaft begann ab 1510 der rasante Aufstieg Old Goas, wiederkehrende Cholera- und Malariaepidemien im 17. und 18. Jh. zwangen die Bevölkerung jedoch, die Stadt aufzugeben. 1843 wurde die Hauptstadt offiziell nach Panaji verlegt.

Einige der eindruckvollsten Kirchen und Kathedralen sind immer noch in Gebrauch und außergewöhnlich gut erhalten, während viele der übrigen historischen Gebäude mittlerweile Museen oder Ruinen sind – ein faszinierendes Ziel für einen Tagesausflug. Da es hier sehr schnell sehr voll werden kann, bietet sich ein Besuch morgens unter der Woche an, wenn man auch an einer Messe in der Sé oder der Basilika Bom Jesus teilnehmen kann. (In Kirchen stets Schultern und Beine bedeckt halten; Badekleidung ist tabu!)

Die Hauptveranstaltung des Jahres ist die zehntägige Novene, die mit dem **Fest des hl. Franz Xaver** am 3. Dezember begangen

Old Goa (Velha Goa)

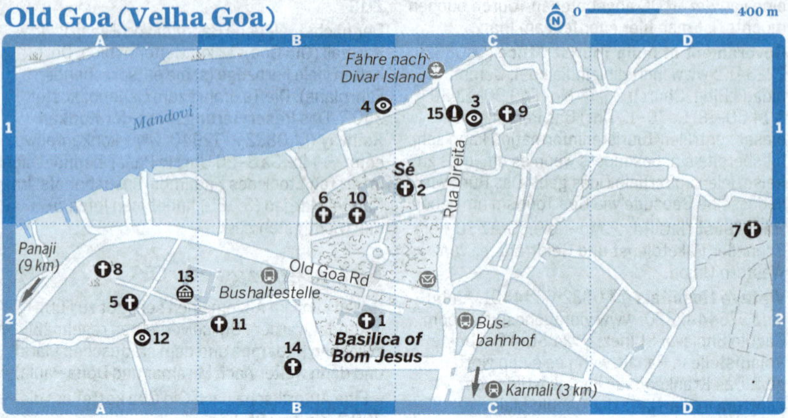

Old Goa (Velha Goa)

Highlights
1 Basilica of Bom Jesus B2
2 Sé C1

Sehenswertes
3 Adil Shah Palace Gateway C1
4 Albuquerque's Steps B1
5 Chapel of St. Anthony A2
6 Chapel of St. Catherine B1
7 Church of Our Lady of the Mount D2
8 Church of Our Lady of the Rosary A2
9 Church of St. Cajetan C1
10 Church of St. Francis of Assisi B1
11 Convent & Church of St. John B2
12 Monastery of St. Augustine A2
13 Museum of Christian Art A2
14 Sisters' Convent B2
15 Viceroy's Arch C1

wird. Alle zehn Jahre (das nächste Mal 2024) werden zu Ehren von Goas Schutzheiligem an diesem Tag die sterblichen Überreste des hl. Franz durch die Straßen Goas getragen.

Sehenswertes

★ Basilica of Bom Jesus KIRCHE

(Basílica do Bom Jesus; ⌚7.30–18.30 Uhr) Die beeindruckende, in der gesamten römisch-katholischen Welt berühmte Basilika beherbergt die sterblichen Überreste des Hl. Franz Xavers, des „Missionars Indiens". Seine Reliquien befinden sich in einem Silberschrein mit Glasfenstern, der in dem Mausoleum auf der rechten Seite unter einem goldenen Sternenregen aufgebahrt ist.

Die Kirche wurde 1605 nach 51-jähriger Bauzeit fertigstellt. Das kunstvoll gestaltete Gotteshaus im Stil der Spät-Renaissance besitzt eine Fassade, die dorische, ionische und korinthische Elementen aufweist.

★ Sé KATHEDRALE

(⌚Mo–Sa 9–18 Uhr, Messe 7 & 18 Uhr, So 7.15, 10 & 16 Uhr) Mit einer Länge von mehr als 76 m und einer Breite von 55 m ist die riesige Kathedrale (portug.: Sé) die größte in ganz Asien. Der portugiesische König Sebastian I. gab den Bau 1562 in Auftrag, die letzten Feinarbeiten wurden 90 Jahre später vollendet. Besondere Erwähnung verdient das schlichte, im toskanischen Stil gestaltete Äußere der Kathedrale. Auffallend ist auch das asymmetrische Erscheinungsbild; dieses rührt daher, dass einer der beiden ursprünglichen Glockentürme der Kathedrale nach einem Blitzeinschlag 1776 zerstört wurde. Im verbleibenden Glockenturm befindet sich die berühmte **Sino de Ouro** (Goldene Glocke), die größte Glocke Asiens. Sie ist bekannt für ihren vollen Klang, der einst zu den berüchtigten brutalen *autos-da-fé* (Glaubensprozesse) auf dem Marktplatz vor der Kathedrale zu vernehmen war.

Church of St. Francis of Assisi KIRCHE

Westlich der Kathedrale Sé steht die Kirche des Hl. Franz von Assisi, die nicht mehr genutzt wird und folglich eine schwermütigere Stimmung verbreitet als ihre Nachbarkirchen.

Sie wurde ursprünglich 1517 von acht Franziskanermönchen bei deren Ankunft als kleine Kapelle erbaut. Bereits 1521 machte diese einer Kirche Platz, die dem Heiligen Geist geweiht und 1661 komplett erneuert wurde. Lediglich das im Manuelinischen Stil gestaltete Eingangstor des Vorgängerbaus blieb erhalten; es steht in einem eklatanten Gegensatz zum Rest der Fassade, die wie im 17. Jh. üblich sehr schlicht gehalten wurde.

Museum of Christian Art MUSEUM
(www.museumofchristianart.com; Eintritt 50 ₹, Kamera 100 ₹; ⏲9–18 Uhr) Dieses exzellente Museum ist im wunderbar restaurierten Convent of St Monica von 1627 beheimatet. Es beherbergt eine Sammlung an Statuen, Gemälden und Skulpturen, doch allein die Kulisse ist einen Besucht wert. Interessanterweise wurden viele Werke der goanisch-christlichen Kunst aus portugiesischer Zeit, von denen einige hier ausgestellt sind, von einheimischen hinduistischen Künstlern erschaffen.

Church of St. Cajetan KIRCHE
(⏲9–17.30 Uhr) Die nach dem Entwurf des Petersdoms in Rom errichtete Kirche St. Cajetan wurde von Brüdern des Theatinerordens gebaut, den Papst Urban III. zur Missionierung in das Königreich von Golkonda (bei Hyderabad) entsandt hatte. Da die Mönche ihren Auftrag in Golkonda nicht erfüllen durften, ließen sie sich 1640 in Old Goa nieder. Der Bau der Kirche begann 1655.

Church of Our Lady of the Mount KIRCHE
Diese Kirche wird wegen ihrer Lage auf einem bewaldeten Hügel 2 km östlich vom Zentrum gern übersehen (nicht alleine hierher gehen). Eine geteerte Straße führt zu einer überwucherten Treppe; oben angekommen, hat man eine traumhafte Aussicht auf Old Goa. Die Kirchtürme ragen förmlich durch ein Palmenmeer in den Himmel.

Monastery of St. Augustine HISTORISCHE STÄTTE
Die melancholisch stimmenden Ruinen des einst großen und eindrucksvollen Gebäudekomplexes sind alles, was von dem 1572 begründeten und 1835 verlassenen Kloster noch übrig ist. Als 1942 die Fassade einstürzte, blieb nur der hohe Glockenturm inmitten der Trümmerhaufen stehen. Die Glocke konnte noch gerettet werden und hängt nun in der Kirche Our Lady of the Immaculate Conception in Panaji.

Andere Sehenswürdigkeiten
Es gibt zahlreiche weitere Baudenkmäler in Old Goa, die einen Besuch lohnen, so z. B. der Viceroy's Arch, das Adil Shah Palace Gateway, die Chapel of St. Anthony, die Chapel of St. Catherine, die Albuquerque's Steps, der Convent & Church of St. John, der Sisters' Convent und die Church of Our Lady of the Rosary.

ℹ An- & Weiterreise

Von Old Goa fahren oft Busse zum Kadamba-Busbahnhof in Panaji (10 ₹, 25 Min.).

Ponda & Umgebung

Das 29 km südöstlich von Panaji im Landesinnern gelegene Ponda ist eine gewöhnliche Stadt mit zwei großen Attraktionen in der Nähe: Goas schönste Hindu-Tempel-Komplexe und Gewürzplantagen. Dafür lohnt es sich, einen Strandtag zu opfern. Echte Tempelfans könnten allerdings etwas enttäuscht sein, da das meiste nach der Zerstörung durch die Portugiesen wieder neu auf- oder nachgebaut wurde. Die Tempel sind also nicht so alt wie in anderen Teilen Indiens.

Der auf einem Hügel stehende **Mangueshi-Tempel** aus dem 18. Jh. liegt bei Priol, 5 km nordwestlich von Ponda, und ist Manguesh gewidmet, einem Gott, der nur in Goa bekannt ist. Der 1 km entfernte **Mahalsa-Tempel** in Mardol ist ebenfalls zu Ehren einer speziellen goanischen Gottheit erbaut, während der unmittelbar westlich von Ponda gelegene **Shantadurga-Tempel** von 1738, einer der berühmtesten Schreine Goas, der gleichnamigen Friedensgöttin geweiht ist.

Von Panaji (20 ₹, 1 1/2 Std.) und Margao (18 ₹, 1 Std.) fahren regelmäßig Busse nach Ponda. Von dort geht's mit dem Taxi weiter zu den Tempeln oder Gewürzplantagen. Ein Tagesausflug mit dem Taxi von Panaji aus kostet 1500 ₹ (für bis zu 8 Std. und 80 km).

NORD-GOA

Mapusa

40 100 EW.

Die angenehm geschäftige Marktstadt Mapusa („Mapsa" ausgesprochen) ist die größte Stadt in Nord-Goa und ein Verkehrsknotenpunkt für regionale und internationale Busse. Ihre Hauptattraktion ist der belebte **Mapusa Market** (⏲Mo–Sa 8–18.30 Uhr), der unzählige Käufer und Verkäufer aus den benachbarten Städten und Dörfern anzieht.

ABSTECHER

DEM LEBEN WÜRZE GEBEN

Die Region um Ponda ist das Zentrum kommerzieller Gewürzfarmen, die Vanille, Pfeffer, Zimt, Muskatnuss, Chili und Kurkuma anbauen, aber auch Feldfrüchte wie Cashew, Betelnuss, Kokosnuss, Ananas und Papaya. Die Plantagen bieten geführte Touren an, Mittagsbuffets im Thali-Stil und mitunter auch Elefantenausritte und kulturelle Vorführungen.

Savoi Plantation (☎0832-2340272, 9822133309; Erw./Kind 600/300 ₹; ⌚9–16.30 Uhr) Die 200 Jahre alte Plantage ist die am wenigsten touristische Farm. Sie bereitet ihren Gästen ein herzliches Willkommen; sachkundige Führer begleiten Besucher bereitwillig im eigenen Tempo über die 40 ha große Plantage.

Sahakari Spice Farm (☎0832-2312394; www.sahakarifarms.com; Eintritt mit Mittagessen 400 ₹; ⌚8–16.30 Uhr) Sehr touristisch, 2 km von Ponda entfernt. In einem Bach kann man auf Elefanten reiten und mit ihnen baden (jeweils 700 ₹).

Pascoal Organic Spice Village (☎0832-2344268; www.pascoalfarm.com; Plantagentour & Mittagessen Erw./Kind 400/200 ₹; ⌚9–16 Uhr) 7 km von Ponda entfernt werden neben Führungen über die Plantage und Mittagessen auch Raftingtouren auf Bambusbooten, Elefantenreiten und kulturelle Aufführungen geboten.

Tropical Spice Plantation (☎0832-2340329; www.tropicalspiceplantation.com; Keri; Eintritt mit Mittagessen 400 ₹; ⌚9–16 Uhr) Eine der beliebtesten Plantagen bei Tourgruppen liegt 5 km nördlich von Ponda. Hier können die Besucher Elefanten füttern und ihr auf Bananenblättern serviertes Mittagsbuffet genießen.

Butterfly Conservatory of Goa (☎0832-2985174; www.bcogoa.org; Priol; Eintritt 100 ₹; ⌚9–16.30 Uhr) In der Nähe der Gewürzplantagen liegt 5 km nördlich von Ponda diese kleine Schmetterlingsfarm, die mehr als 100 verschiedene, frei umherfliegende Schmetterlingsarten beheimatet.

Die üblichen bestickten Bettdecken und Ähnliches gibt's hier günstiger als in Strandorten. Freitags ist am meisten los.

In Mapusa befindet sich auch der unglaubliche kleine **Other India Bookstore** (☎0832-2263306; www.otherindiabookstore.com; Mapusa Clinic Rd; ⌚Mo–Fr 9–17, Sa bis 13 Uhr), der sich auf „abweichende Weisheiten" und alternative Literatur spezialisiert hat. Das kleine, aber spektakuläre Sortiment umfasst Bücher zu Natur, Umwelt, Politik, Bildung und Naturheilkunde.

Freiwilligenarbeit

Wer sich während seines Aufenthalts in Goa ehrenamtlich betätigen möchte, hat die Wahl zwischen mehreren etablierten Hilfsorganisationen rund um Mapusa.

El Shaddai FREIWILLIGENARBEIT
(☎0832-2461068, 0832-6513286; www.childrescue.net; El Shaddai House, Socol Vaddo, Assagao) Die britische Hilfsorganisation hilft verwaisten und obdachlosen Kindern in ganz Goa. Freiwillige, die mindestens vier Wochen Zeit haben, können sich auf der Website anmelden. Die Vorabauswahl ist sehr streng, man sollte sich also frühzeitig bewerben. Freiwillige Helfer sind auch eingeladen, zwischen 16.30 und 18.30 Uhr eine der Assagao-Schulen zu besuchen (vorher anrufen). Weitere Infos gibt's an einem Stand auf dem Flohmarkt in Anjuna.

Mango Tree Goa FREIWILLIGENARBEIT
(☎9881261886; www.mangotreegoa.org; „The Mango House", nahe des Vrundavan Hospital, Karaswada, Mapusa) Diese Organisation bietet Freiwilligen die Möglichkeit, benachteiligten Kindern rund um Mapusa zu helfen.

Schlafen & Essen

Es lohnt sich kaum, in Mapusa zu übernachten, da die Strände der Nordküste nicht weit sind und die meisten Fernbusse ohnehin nachts fahren.

Hotel Vilena HOTEL $
(☎0832-2263115; Feira Baixa Rd; DZ mit/ohne Bad 840/630 ₹, mit Klimaanlage 1575 ₹; ❄) Mapusas beste Budgetunterkunft hat 14 einfache Doppelzimmer und nettes Personal, ist aber kein Hingucker.

Hotel Vrundavan INDISCH $
(Thalis ab 75 ₹; ⌚Mi–Mo 7–22 Uhr) Das rein vegetarische Restaurant am Rande der Municipal Gardens ist ein toller Ort für heißen

Chai, *pau bhaji* (Brot mit würzigem Gemüse) oder ein schnelles Frühstück.

Ruta's World Cafe INTERNATIONAL $$
(☎ 0832-2250757; www.caferuta.com; St Xavier's College Rd, gegenüber des Ashirwad Bldg; Hauptgerichte 110–270 ₹; ⊙ Mo–Sa 10–20 Uhr) Die zweite Ruta-Filiale mit frischer und leckerer amerikanisch inspirierter Küche bietet Travellern einen guten kulinarischen Grund, nach Mapusa zu kommen. Auf den Tisch kommen Sandwiches, Salate und Comfort Food wie Jambalaya. Der Laden liegt nördlich vom Zentrum im gleichen portugiesischen Gebäude wie das Fabindia.

Pub PUB
(nahe des Markts; Hauptgerichte ab 100 ₹; ⊙ Mo–Sa 10–16 & 19–23 Uhr) Man darf sich nicht vom schäbigen Eingang und der Treppe nicht abschrecken lassen: Ist man erst mal oben, eignet sich das luftige Pub gegenüber vom Markt hervorragend, um bei einem kalten Bier oder einem Feni das geschäftige Treiben darunter zu beobachten. Ausgefallene, wechselnde Mittagsgerichte!

An- & Weiterreise

Wer mit dem Bus von Mumbai nach Goa reist und an die Strände im Norden möchte, muss im **Kadamba-Busbahnhof** (☎ 0832-2232161) von Mapusa aussteigen. Von dort fahren alle paar Minuten Busse zu Zielen in der Region. Geht's zu den Stränden im Süden, fährt man über Panaji nach Margao und steigt dort um.

Fahrtziele in der Region sind u.a.:

Anjuna (15 ₹, 20 Min.)
Arambol (27 ₹, 1½ Std.)
Calangute/Candolim (10/12 ₹, 20/35 Min.)
Panjim (15 ₹, 20 Min.)
Thivim (15 ₹, 20 Min.)

Die Fernbusse starten ebenfalls am Busbahnhof, die Büros der privaten Busgesellschaften befinden sich aber außerhalb des Bahnhofs. Im Allgemeinen unterscheiden sich die Preise der privaten Anbieter kaum von denen der staatlichen Kadamba-Busse; ein Vergleich lohnt sich dennoch, da es verschiedene Varianten von Bussen gibt.

Hier eine Auswahl der angebotenen Fernziele:

Bengaluru (klimatisierter oder Schlafbus eines privaten Unternehmens: 1400 ₹, 13–14 Std.)
Mumbai (klimatisierter/nicht klimatisierter Bus eines privaten Unternehmens: 1200/700 ₹, 12–15 Std.)
Pune (klimatisierter/nicht klimatisierter Bus eines privaten Unternehmens: ab 1200/650 ₹, Schlafbus: 1000 ₹, 11–13 Std.)

Außerhalb des Busbahnhofs ist ein Stand für Prepaid-Taxis. Diese fahren z. B. nach Anjuna (300 ₹) oder Calangute (300 ₹), nach Arambol (500 ₹) und nach Panaji (500 ₹). Autorikschas kosten in der Regel 50 ₹ weniger als Taxis.

Der nächstgelegene Bahnhof der Konkan Railway befindet sich in **Thivim**, ca. 12 km nordöstlich von Mapusa. Die Stadtbusse orientieren sich an den Fahrzeiten der Züge. Eine Autoriksha von Thivim nach Mapusa kostet um die 200 ₹.

Candolim, Sinquerim & Fort Aguada

8600 EW.

Candolims weitläufiger Strand, der sich bis zum kleineren Strand von Sinquerim im Süden erstreckt, ist vor allem das Hoheitsgebiet älterer Pauschaltouristen aus Großbritannien, Russland, Skandinavien und Indien. Eine endlose Kette von saisonal betriebenen Strandhütten bietet Liegestühle und Schatten, wenn man bereit ist, seine Individualität dafür zu opfern.

Hinter dem Strand verläuft die belebte Fort Aguada Rd, eine der besten Adressen in Goa, wenn es um Shops und andere Dienstleistungen geht. Hier befinden sich Dutzende von Restaurants, Bars und Hotels; den Charme und Charakter anderer Küstenorte werden Individualreisende vielleicht etwas vermissen.

Sehenswertes & Aktivitäten

Fort Aguada FESTUNG
(⊙ 8.30–17.30 Uhr) GRATIS Die Festung thront auf einem Kap über den Flüssen Mandovi und Nerul und dem Arabischen Meer. Wie strategisch wertvoll diese prächtige Lage ist, wird durch die Tatsache untermauert, dass das 1612 errichtete Fort nie erobert werden konnte. Besonders bei Sonnenuntergang bietet es eine herrliche Aussicht gen Norden und Süden. Mit dem Bau reagierten die Portugiesen Goas auf die zunehmende Bedrohung durch die Niederländer und andere Völker.

John's Boat Tours GEFÜHRTE TOUREN
(☎ 0832-6520190, 9822182814; www.johnboattours.com; Fort Aguada Rd, Candolim; ⊙ 9–21 Uhr) Dieser hoch angesehene und gut organisierte Anbieter mit Hauptsitz in Candolim veranstaltet mehrere Boots- und Jeeptouren sowie Hausbootfahrten mit Übernachtung (5500 ₹/Pers. mit Essen). Man hat u. a. die Wahl zwischen Delfinbeobachtungen (1000 ₹), einem Bootsausflug zum mittwochs stattfindenden Flohmarkt in Anju-

GRÜNES GOA

Goas Umwelt hat in den letzten 40 Jahren unter dem Touristenstrom und den Folgen von Abholzung, Bergbau und lokalen Bräuchen sehr gelitten – so gelten z. B. die Eier seltener Schildkröten als Delikatesse. Ungeachtet dessen, was die hiesige Infrastruktur oder das Ökosystem noch verkraften können, wird ungebremst weiter gebaut, während sich überall Berge von Plastikflaschen türmen. Es gibt jedoch einige simple Verhaltensweisen, mit denen man seine eigenen Fußabdrücke in Goas Ökologie so gering wie möglich halten kann:

- Wenn möglich, eigene Einkaufstaschen mitnehmen und Wasserflaschen mit gefiltertem Wasser auffüllen.
- Statt eines Rollers ein Fahrrad leihen – zumindest für kurze Ausflüge. Fahrradverleihe werden aufgrund der Roller-Vernarrtheit der Traveller immer seltener, die Qualität der Fahrräder ist entsprechend mau. Bei größerer Nachfrage erhöht sich ihre Zahl aber sicher wieder.
- Goa Tourism beschäftigt zwar mittlerweile Putzkräfte, die jeden Morgen die Strände säubern. Dennoch sollte man kann seinen eigenen Teil dazu beitragen, indem man Zigarettenkippen, Abfall und Plastikflaschen einfach in die Tonnen wirft.

Schildkröten stehen unter dem Schutz des **Forest Department** (www.forest.goa.gov.in). Dieses betreibt an den Stränden, an denen die Tiere ihre Eier ablegen (z. B. in Agonda, Galgibag und Morjim), Infohütten. Auch die **Goa Foundation** (☎0832-2256479; www.goafoundation.org; St Britto's Apts, G-8 Feira Alta, Mapusa), Goas wichtigste NGO in Sachen Umweltschutz mit Sitz in Mapusa, leistet seit Jahren gute Arbeit. Seit ihrer Gründung 1986 hat sie einige Projekte gestartet, so z. B. gegen illegalen Bergbau. Auf ihrer Website kann man sich über die Umweltprobleme Goas informieren. Ihr hervorragendes Buch *Fish Curry & Rice* (600 ₹) bietet einen Überblick über Lebensweise und Umwelt in Goa. Es ist im Other India Bookstore in Mapusa erhältlich. Die Stiftung betreut auch Freiwilligenprojekte.

na (800 ₹) und der beliebten „Crocodile Dundee"-Flussfahrt mit Blick auf die im Mandovi lebenden Sumpfkrokodile.

Delfinbeobachtungen BOOTSTOUREN
(300 ₹/Pers.; ⏲8.30–17 Uhr) Die Bootsleute auf dem Nerul unterhalb des Fort Aguada haben alle die gleichen Preise. Eine einstündige Delfinbeobachtung mit Sightseeing kostet pro Person 300 ₹; Mindestteilnehmerzahl zehn Personen. Die Fahrt führt vorbei am Coco Beach, am Gefängnis des Fort Aguada, an der Festung selbst und an „Jimmy Millionaire's House".

Schlafen

Candolim verfügt über eine große Auswahl an guten Unterkünften. Im südlichen Teil befinden sich Fünf-Sterne-Hotels, in den grünen Gässchen hinter den Stränden im Norden stehen die besten Budget- und Mittelklassehotels.

Dona Florina HOTEL $
(☎9923049076, 0832-2489051; www.donaflorina.co.in; Monteiro's Rd, Escrivao Vaddo; Zi. 1000–2000 ₹; ❄📶) Das freundliche, von einer Familie betriebene Dona Florina ist ein preiswertes, makelloses Hotel inmitten von Gässchen und Hotels direkt hinter dem Strand. Die Zimmer nach vorne im oberen Stock haben Meerblick, auf der Dachterrasse wird täglich Yoga angeboten. Da es keine Zufahrt für Autos gibt, ist es hier sehr friedlich.

Zostel HOSTEL $
(☎917726864942; www.zostel.com; Candolim; B 450–550 ₹, DZ 1800 ₹; ❄📶) Die erste Goa-Filiale dieser flippigen indischen Hostelkette befindet sich an der Grenze zwischen Candolim und Calangute und bietet günstige Betten für Backpacker. Diese übernachten in klimatisierten Schlafsälen mit sechs oder acht Betten oder in einem weiteren Schlafsaal mit zehn Betten; ein Schlafsaal ist für Frauen reserviert. Die Räumlichkeiten sind in einem weißen, zweistöckigen Gebäude hinter der Fort Aguada Rd untergebracht. Küche, kostenloses WLAN, Gemeinschaftsraum, Schließfächer und ein Doppelzimmer.

★ **Bougainvillea Guest House** PENSION $$
(☎0832-2479842, 9822151969; www.bougainvilleagoa.com; Sinquerim; Zi. 2500 ₹, Penthouse 6000 ₹; ❄📶) Ein üppig grüner und blühender Garten weist den Weg zu dem großartigen Familienbetrieb, der abseits der Fort Aguada Rd liegt. Die acht lichtdurchfluteten Suiten sind

geräumig, makellos sauber und mit Kühlschrank, Flachbild-TVs und einem Balkon oder kleinen Freisitz ausgestattet. Das Penthouse im obersten Stock hat gar eine eigene Dachterrasse. Viele Wiederholungstäter, also unbedingt rechtzeitig reservieren.

D'Mello's Sea View Home HOTEL $$
(☎0832-2489650; www.dmellos.com; Monteiro's Rd, Escrivao Vaddo; DZ 1200–1700 ₹; ❄@📶) D'Mello's hat klein angefangen und ist immer noch ein Familienbetrieb. Die Zimmer verteilen sich auf vier Gebäude rund um einen hübschen Garten, wobei die im vorderen Gebäude Meerblick haben. Alle sind sauber und gut in Schuss. Klimaanlage kostet 500 ₹ extra, WLAN im zentralen Bereich.

★ **Marbella Guest House** BOUTIQUE-HOTEL $$$
(☎0832-2479551, 9822100811; www.marbellagoa.com; Sinquerim; Zi. 3400–4200 ₹, Suite 4900–6400 ₹; ❄📶) Die grandiose Villa aus der portugiesischen Kolonialzeit ist voller Antiquitäten und hat einen ruhigen Garten hinter dem Haus. Die Zimmer des romantischen und weltgewandtes Überbleibsels aus einer anderen Zeit sind nach verschiedenen Themen gestaltet und benannt – sie heißen z. B. „Moghul", „Rajasthani" und „Bougainvillea". Die Penthouse-Suite ist ein Traum aus polierten Fliesen und Himmelbetten. Sie hat einen abgetrennten Wohnraum, einen Essbereich und eine Terrasse. Die Hotelküche serviert fantasievolle Gerichte. Kinder unter zwölf Jahren haben keinen Zutritt. Die Anlage liegt abseits der Fort Aguada Rd.

Essen & Ausgehen

In den zahlreichen Hütten am Strand von Candolim kann man gut essen und ein kühles Bier genießen. Auch entlang der Fort Aguada Rd gibt es einige ausgezeichnete Restaurants.

Viva Goa! GOANISCH, SEAFOOD $
(Fort Aguada Rd; Hauptgerichte 90–180 ₹; ⏲11–24 Uhr) Das günstige, kleine Lokal, das sich vor allem an die Einheimischen richtet, ist auch bei Touristen mit Insiderwissen sehr beliebt. Hier werden frischer Fisch und Seafood-Spezialitäten wie würzige Muscheln aus der Pfanne serviert. Vor dem Bestellen sollte man sich nach dem aktuellen Marktpreis der Meeresfrüchte erkundigen.

Zappa's CAFÉ $
(☎9767019410; Candolim; Hauptgerichte 40–120 ₹; ⏲8–14 Uhr) Das winzige Café zwischen dem Strand und der belebten Fort Aguada Rd serviert köstliches Frühstück und Mittagessen und mit die frischesten Pastagerichte der Stadt. Der Besitzer hat viele Jahre in Europa gelebt und dort als Koch gearbeitet. Die Strandhütte vom Zappa's liegt gleicht westlich vom Café.

★ **Café Chocolatti** CAFÉ, BÄCKEREI $$
(409A Fort Aguada Rd; Süßwaren 50–200 ₹, Hauptgerichte 270–420 ₹; ⏲9–17.30 Uhr) Die hübsche Teestube liegt zwar an der Hauptstraße Fort Aguada Rd, ist aber trotzdem ein göttlicher und friedlicher Rückzugsort, den Schokoladen-Brownies, Waffeln und Banoffee-Pie sowie ein starker Kaffee oder Grüner Tee zum Paradies auf Erden machen. Zum Mittagessen kommt eine große Auswahl an Salaten, Sandwiches, Crêpes und Quiches auf den Tisch. Die selbst gemachten Schokoladentrüffel gibt es auch zum Mitnehmen.

Stone House STEAKHOUSE, SEAFOOD $$
(Fort Aguada Rd; Hauptgerichte 150–500 ₹; ⏲11–15 & 19–24 Uhr) Fisch und Fleisch sind die Themen des alteingesessenen Restaurants in einem schönen Steinhaus mit grünem Vorgarten. Der seltsam anmutende „Schwedische Hummer" führt die Speisekarte an. Das Restaurant ist gleichzeitig eine beliebte Blues-Bar, in der in der Hauptsaison an fast allen Abenden Musiker auftreten.

★ **Bomra's** BURMESISCH $$$
(☎9767591056; www.bomras.com; 247 Fort Aguada Rd; Hauptgerichte ab 300 ₹; ⏲12–14 & 19–23 Uhr) In dem gepflegten, kleinen Lokal gibt es wunderbar ungewöhnliches Essen aus der modernen, birmanischen Küche mit Fusion-Touch. Die aromatischen Currys werden mit Reisstrohpilz, Wasserkastanie, Spinat und Kokosnuss, die Ente mit süßer Tamarinden- und Erdnusspaste serviert. Untergebracht ist das Ganze in mit Palmwedeln bedeckten Hütten in einem hübschen Garten.

Tuscany Gardens ITALIENISCH $$$
(☎0832-6454026; www.tuscanygardens.in; Fort Aguada Rd; Hauptgerichte 240–410 ₹; ⏲13–23 Uhr) Im gemütlichsten und romantischsten italienischen Restaurant von Candolim fühlt man sich mit perfekten Antipasti, Pasta, Pizza und Risotto wie in der Toskana. Besonders lecker sind die mit Gorgonzola und Schinken gefüllte Hühnchenbrust, die Meeresfrüchtepizza und der Salat mit Büffelmozzarella.

Bob's Inn BAR
(Fort Aguada Rd, Candolim; ⏲12–16 & 19–24 Uhr) Die afrikanischen Wandbehänge, das Pal-

mendach, die geselligen Tische und die Terrakotta-Skulpturen bilden eine schöne Kulisse für die in Gries gebratenen Muscheln (*rava*) oder die „kalt frittierten" Garnelen mit Kartoffeln. Doch eigentlich ist diese Institution von Candolim eher der Ort für einen Drink.

LPK Waterfront CLUB
(www.lpkwaterfront.com; Paare 1500 ₹; ⏲ 21.30–4 Uhr) Die Initialen stehen für Love, Peace und Karma (Liebe, Frieden und Karma): Willkommen in Nord-Goas größtem neuen Club, dem skurril mit Skulpturen gestalteten LPK in Ufernähe. Dieser liegt auf der anderen Seite des Nerul, also eigentlich nicht mehr in Candolim, sondern in Nerul. Der Club mit seinen riesigen Tanzflächen innen und außen zieht Partyvolk von nah und fern an.

Shoppen

Newton's SUPERMARKT
(Fort Aguada Rd; ⏲ 9–24 Uhr) Wer verzweifelt auf der Suche nach Edamer oder Instant-Nudeln ist oder sich einfach nur selbst versorgen möchte, der ist in Goas größtem Supermarkt an der richtigen Adresse. Er führt auch ein großes Sortiment an Hygieneartikeln, Weinen, Kinderspielzeug und Delikatessen. Einziger Nachteil: Der Laden ist immer rappelvoll und die Sicherheitskräfte erlauben niemandem, mit Rucksäcken oder Taschen hineinzugehen.

An- & Weiterreise

Es fahren regelmäßig Busse nach Panaji (15 ₹, 35 Min.) und Mapusa (12 ₹, 35 Min.), die an der Abzweigung in der Nähe von John's Boat Tours halten. Die Busse nach Calangute (5 ₹, 15 Min.) starten an der Haltestelle Fort Aguada und können in der gesamten Fort Aguada Rd angehalten werden.

Calangute & Baga

15.800 EW.

Komme, was wolle, Calangute und Baga bleiben die beliebtesten Strände von Goa – zumindest bei neureichen einheimischen Touristen und europäischen Pauschaltouristen. Einst war Calangute Rückzugsort wohlhabender Goaner, dann, in den 1960er-Jahren, ein Hotspot für nackte Hippies. Inzwischen hat es sich angepasst und ist vor allem bei einheimischen Großfamilien, indischen Junggesellen und feiernden Ausländern beliebt. Im Norden des Ortes ist ganz schön viel los – von den viel befahrenen Straßen bis zum Arabischen Meer, das sich mit Menschen, Booten und Jetskis füllt. Im Süden geht es hingegen entspannter zu. Baga im Norden ist die Trink- und Tanzhochburg, wobei Nord-Baga, auf der anderen Seite des Baga gelegen, überraschend ruhig ist und einige günstige Übernachtungsmöglichkeiten und erstklassige Restaurants bietet.

Aktivitäten

Wassersport

An den Stränden von Calangute und Baga findet man zahlreiche Jetski- und Parasailinganbieter. Eine Runde Parasailing kostet um die 800 ₹, für 15 Minuten Jetskiing bezahlt man rund 1500 ₹.

Zwei einheimische Tauchschulen sind besonders zu empfehlen: **Goa Aquatics** (Karte S. 148; ☎ 9822685025; www.goaaquatics.com; 136/1 Gaura Vaddo; Tauchgang ab 5000 ₹, Tauschkurs 14 000–25 000 ₹) in Calangute und **Barracuda Diving** (Karte S. 148; ☎ 9822182402, 0832-2279409; www.barracudadiving.com; Sun Village Resort; Tauchgang/Tauchkurs ab 4500/6000 ₹) in Baga.

Geführte Touren

Day Tripper GEFÜHRTE TOUR
(Karte S. 148; ☎ 0832-2276726; www.daytrippergoa.com; Gaura Vaddo, Calangute; ⏲ Nov.–April Mo–Sa 9–17.30 Uhr) Day Tripper ist einer von Goas größten und etabliertesten Tourenanbietern. Die Auswahl ist groß: jede Menge Minibus- und Bootstouren rund um Goa, zweistündige Delfinbeobachtungstouren (500 ₹/Pers.), Ausflüge zu den Dudhsagar Falls (1530 ₹), Übernachtung auf dem Hausboot (5300 ₹/Pers.) und Fernfahrten nach Hampi und zum Kali River (mit Rafting und Vögelbeobachtungen) in Karnataka.

GTDC Tours GEFÜHRTE TOUR
(Goa Tourism Development Corporation; Karte S. 148; ☎ 0832-2276024; ⏲ www.goa-tourism.com) Die von Goa Tourism angebotenen Touren können online oder im renovierten Hotel GTDC Calangute Residency am Strand gebucht werden. Die ganztägige Nord-Goa-Tour (225 ₹, tgl. 9.30–18 Uhr) startet in Calangute oder Mapusa und bringt einen zur Mündung des Mandovi, nach Candolim, Calangute, Anjuna und ins Landesinnere an den Mayem Lake.

Schlafen

In Calangute und Baga gibt's jede Menge Unterkünfte, die sich in den jeweils kilometerlangen Hauptstraßen und Gassen in Richtung Strand befinden. Im Süden von Calangute und jenseits der Brücke im Norden von Baga sind die Hotels im Allgemeinen am ruhigsten.

Calangute

★ Ospy's Shelter PENSION $
(Karte S. 148; ☎7798100981, 0832-2279505; ospeys.shelter@gmail.com; B 800–900 ₹) Die beliebte Pension mit gemütlicher und familiärer Ausstrahlung liegt auf einem kleinen ruhigen, grünen Areal mit Palmen und weichem Sand zwischen der Kapelle St. Anthony und dem Strand, der zu Fuß in zwei Minuten zu erreichen ist. Die blitzsauberen Zimmer im Obergeschoss haben Kühlschrank und Balkon. Die Pension steht an der Straße westlich der Kapelle, ist aber schwer zu finden. Deshalb vorher anrufen!

Johnny's Hotel HOTEL $
(Karte S. 148; ☎0832-2277458; www.johnnyshotel.com; EZ 400–600 ₹, DZ 700–900 ₹, mit Klimaanlage 1000–1200 ₹; ❄📶) Das gesellige, bei Backpackern sehr beliebte Hotel hat 15 einfache Zimmer und im Untergeschoss ein Restaurant mit Bar. Regelmäßig bietet es Yoga- und Reiki-Kurse an. Wer länger bleiben will, kann eines der Apartments oder Häuschen mieten. Das Hotel liegt in einer Gasse voller unauffälliger Mittelklassehotels und ist nur einen kurzen Spaziergang vom Strand entfernt.

Coco Banana PENSION $
(Karte S. 148; ☎0832-2279068; www.cocobananagoa.com; DZ 950 ₹, mit Klimaanlage 1500 ₹; ❄📶) Unter den Palmen südlich des Hauptzugangs zum Strand von Calangute befindet sich das farbenfrohe Coco Banana. Die Pension bietet seit Jahren einen gemütlichen Rückzugsort. Die geräumigen und makellosen Zimmer werden vom freundlichen Walter vermietet, der dem Haus eine freundliche Atmosphäre verleiht. Für Familien oder Gruppen gibt's im Casa Leyla nebenan ein Apartment für Selbstversorger.

Hotel Golden Eye HOTEL $$
(Karte S. 148; ☎9822132850, 0832-2277308; www.hotelgoldeneye.com; Holiday St; DZ 2000 ₹, mit Klimaanlage 2500 ₹, mit Meerblick ab 4500 ₹, Apt. 5000–8000 ₹; ❄📶) Das beliebte Strandhotel am Ende der Holiday St hat eine große Auswahl an Zimmern und Apartments – von winzigen Quartieren im hinteren Teil bis zu den modernen Zimmern mit Meerblick, Klimaanlage und Kabel-TV. Im Gegensatz zu manch anderem Mittelklassehotel heißt es auch Urlauber auf der Durchreise herzlich willkommen. Allerdings sollte man zur Hauptsaison im Voraus buchen. Die Strandhütte Flying Dolphin liegt direkt vor dem Hotel.

Hotel Seagull HOTEL $$
(Karte S. 148; ☎0832-2179969; Holiday St; DZ mit Klimaanlage 2500 ₹; ❄📶🏊) Die hellen, freundlichen und einladenden Zimmer des Seagull sind in einem freundlichen, blau-weiß gestrichenen Haus im Süden von Calangute untergebracht und haben Klimaanlage und einen kleinen Pool. Im Untergeschoss befindet sich das Bar-Restaurant **Blue Mariposa**, in dem goanische, indische und kontinentale Gerichte serviert werden.

Baga

★ Indian Kitchen PENSION $
(Karte S. 148; ☎9822149615, 0832-2277555; www.indiankitchen-goa.com; EZ/DZ/Chalet 770/990/1500 ₹; ❄@📶🏊) Wer einen abwechslungsreichen Urlaub für wenig Geld machen will, ist hier genau richtig. Die Pension im Familienbetrieb bietet alles von einfachen Zimmern bis hin zu geräumigen und gemütlichen Apartments. Dabei hat jede Bleibe ihren eigenen Charme. Es gibt einen zentral gelegenen Innenhof und – überraschend bei einer Budgetunterkunft – einen blitzsaube-

ABSTECHER

BACKWOODS CAMP

In einem Wald nahe dem Bhagwan Mahaveer Sanctuary liegt das zauberhafte und ruhige **Backwoods Camp** (☎9822139859; www.backwoodsgoa.com; Matkan, Tambdi Surla; 1-/2-/3-Tage 4500/7500/11 000 ₹) . Das Hüttendorf liegt ganz im Osten Goas, 1 km vom Tempel von Tambdi Surla entfernt, und ist ein Eldorado für Vogel- und Schmetterlingsfreunde. In einer der artenreichsten Gegenden Goas lebt vom Ceylonfroschmaul und Elfenblauvogel über Streifenbrusttimalie bis hin zu Bengalenpitta alles mögliche Federvieh. Übernachtet wird in gemütlichen Zelten auf erhöhten Plattformen oder aber in den Bungalows und Zimmern des Haupthauses. Im Preis inbegriffen sind drei geführte Vogelbeobachtungs-Touren am Tag.

Calangute & Baga

0
1 km
A
B
C
D
1
2
3
4
5
6
7
s. Karte Anjuna (S. 152)
Club Cubana (500 m); Saturday Nite Market (650 m); Mukti Kitchen (1 km); Splashdown Water Park (1,3 km) Arpora (2 km); Anjuna (4 km)
Baga River Rd
Baga
Calangute - Baga Rd
Busbahnhof Baga
BAGA
Strandhütten
Baga Beach
Tito's Lane
Baga Market
Calangute - Baga Rd
Calanguate - Anjuna Rd
São João Batista Church
Tempel
Busbahnhof Calangute
Markt
ARABISCHES MEER
Dr Afonso Rd
Calangute-Anjuna Rd
Saligao (2,5 km)
St. Anthony's Chapel
Holiday St
Bob's Inn (200 m); Zostel (200 m); Viva Goa! (600 m); Dona Florina (850 m); D'Mello's Sea View Home (850 m); Candolim (1 km); Zappa's (1,2 km); Newton's (1,5 km); John's Boat Tours (2 km)
1
2
3
4
5
6
7
8
9
10
11
12
13
14
15
16
17
18
19
20
21
22
23
24
25

Calangute & Baga

ren Pool hinter dem Haus. Jedes Zimmer verfügt über eine private Terrasse oder einen Sitzbereich im Freien.

Melissa Guest House PENSION $

(Karte S. 148; ☎9822180095, 0832-2279583; Baga River Rd; DZ 800 ₹) Das Melissa Guest House auf der anderen Seite des Baga River hat vier hübsche, kleine Zimmer mit eigenem Bad und warmer Dusche. Es liegt in einem verwilderten Garten und bietet für die Lage ein richtig gutes Preis-Leistungs-Verhältnis.

Divine Guest House PENSION $$

(Karte S. 148; ☎0832-2279546, 9370273464; www.indivinehome.com; Baga River Rd; EZ 600 ₹, DZ 1200–1300 ₹, mit Klimaanlage 1650–3000 ₹; ❄@📶) Diese „göttliche" Pension ist nicht mehr das Schnäppchen, das es einmal war, befindet sich aber immer noch in schöner Lage auf der relativ ruhigen Landzunge nördlich vom Baga River. Das „Lobet den Herren" an der Eingangstür lässt schon erahnen, dass die freundliche Familie versuchen wird, ihre Gäste zu bekehren. Die Zimmer sind gemütlich und hell und haben hier und da auch eine ganz persönliche Note. WLAN-Zugang gegen Vorauskasse.

Alidia Beach Cottages PENSION $$

(Karte S. 148; ☎0832-2279014; Calungute-Baga Rd, Saunta Waddo; DZ 2000 ₹, mit Klimaanlage ab 3300 ₹; ❄📶🏊) Die fröhliche, aber ruhige Pension hinter einer weißen Kirche abseits der befahrenen Baga Rd hat gepflegte, mediterran gestaltete Zimmer, die um einen tollen Pool angeordnet sind. Die billigeren Zimmer ohne Klimaanlage gehen nach hinten hinaus, sind aber ebenfalls recht gut in Schuss. Das Personal ist sehr zuvorkommend. Ein kleiner Weg führt direkt zum Baga Beach.

Cavala Seaside Resort HOTEL $$

(Karte S. 148; ☎0832-2276090; www.cavala.com; Calungute-Baga Rd; EZ/DZ mit Frühstück ab 1500/3000 ₹, DZ & Suite mit Klimaanlage 3500–5500 ₹; ❄📶🏊) Das eigentümliche, efeubewachsene Cavala bietet schon seit über 25 Jahren Unterkünfte für Traveller und ist oft ausgebucht. Vielleicht ist deswegen das Personal auch nur mittelmäßig. Aber es gibt eine große Auswahl an Zimmern, einen Pool und ein Restaurant mit Bar, wo regelmäßig Livemusik geboten ist.

Essen

In Calangute und Baga befinden sich wohl die meisten Restaurants in ganz Goa. Hier gibt es alles vom Street Food bis hin zum feinsten Filetsteak. Die Strandhütten sind natürlich wie gemacht für Urlauber, aber es gibt auch einige interessante Alternativen an der Hauptstraße und ein paar ausgezeichnete Restaurants am Nordufer des Baga.

Calangute

Plantain Leaf INDISCH $

(Karte S. 148; ☎0832-2279860; vegetarische Thalis 100 ₹, Hauptgerichte 90–270 ₹; ⏰8–23 Uhr) Im ersten Stock eines Gebäudes mitten am belebten Marktplatz von Calangute befindet sich das beste vegetarische Restaurant der Gegend. Es durchlief in letzter Zeit eine kleine Metamorphose und serviert z. B. keine klassischen südindischen Bananenblatt-Thalis mehr, zudem finden sich inzwischen ein paar Fleischgerichte und nordindisch inspiriert Speisen auf der Karte. Nichtsdestotrotz bekommt man hier immer noch gute Thalis mit Meeresfrüchten (Fisch-Thali 150 ₹), Kebabs und Biriyani, sowie kleine Snacks für wenig Geld.

Cafe Sussegado Souza GOANISCH $$
(Karte S. 148; ☎ 8652839651; Calangute-Anjuna Rd; Hauptgerichte 160–280 ₹; ⏲ 12–24 Uhr) Das Café in einem kleinen gelben Haus im portugiesischen Stil, gleich südlich vom Marktplatz von Calangute, ist der perfekte Ort für goanisches Essen wie Fischcurry mit Reis, Chicken-*xacuti* und Schweine-*sorpotel* (ein mit Essig verfeinerte Eintopf aus Leber, Herz und Nieren). Vor dem Essen wird den Gästen ein kleiner Feni serviert. Die Atmosphäre ist authentisch, gesellig und gut.

Infantaria BÄCKEREI, ITALIENISCH $$
(Karte S. 148; Calangute-Baga Rd; Gebäck 50–200 ₹, Hauptgerichte 160–440 ₹; ⏲ 7.30–24 Uhr) Die ehemals beste Bäckerei von Calangute hat sich längst zu einem extrem beliebten italienischen Restaurant mit indischem Einfluss gemausert. Die Wurzeln des Lokals sind aber immer noch präsent, was die selbst gemachten Kuchen, die Croissants, das kleine leichte Gebäck und der gute Kaffee beweisen. Zum Frühstück sollte man zeitig kommen, bevor die guten Sachen weg sind. Mittags und abends gibt es goanische und italienische Spezialitäten sowie eine großzügige Getränkekarte. In der Hauptsaison spielt regelmäßig Livemusik.

A Reverie INTERNATIONAL $$$
(Karte S. 148; ☎ 9823505550; www.areverie.com; Holiday St; Hauptgerichte 475–700 ₹; ⏲ 19 Uhr–open end) Die tolle, preisgekrönte Lounge-Bar mit bequemen Sesseln, coolem Jazz und skurrilem Platz im Freien verwöhnt ihre Gäste mit Serrano-Schinken, gegrilltem Spargel, französischen Weinen und italienischem Käse. Auch wenn das A Reverie ein gehobenes Restaurant ist, nimmt es sich selbst nicht allzu ernst und will vor allem, dass die Gäste Spaß am Essen haben. Unter den Snacks bestechen besonders der indische Taco-Truck (275 ₹), Wasabi-Garnelen oder gegrillte Zupfbraten-Spieße.

Baga

Britto's MULTICUISINE, BAR $$
(Karte S. 148; ☎ 0832-2277331; Baga Beach; Hauptgerichte 180–460 ₹; ⏲ 8.30–24 Uhr) Der riesige Laden am nördlichen Ende des Strands ist eine Institution in Baga. Auf dem Boden liegt Sand – man soll ja schließlich nicht vergessen, dass man sich am Strand befindet. Im Britto's kann man nicht nur gut frühstücken, auch mittags und abends ist es meist rappelvoll. Die Getränkeliste ist viel umfangreicher als die Speisekarte; junge indische Touristen bestellen besonders gern das eiskalte Kingfisher-Bier in Minikrügen. In der Hauptsaison gibt's an fast allen Abenden Livemusik und jede Menge Fun.

★ **Go With the Flow** INTERNATIONAL, BRASILIANISCH $$$
(Karte S. 148; ☎ 7507771556; www.gowiththeflowgoa.com; Baga River Rd; Hauptgerichte 200–650 ₹; ⏲ Mo–Sa ab 18 Uhr) Wenn man den fantastischen, neonbeleuchteten Garten mit weißen Korbstühlen betritt, haut das einen schon fast um. Aber das Essen kommt wahrhaftig aus einer anderen Welt. Der brasilianische Koch Guto bringt mit europäisch und südamerikanisch angehauchten Gerichten eine sagenhafte kulinarische Vielfalt auf den Tisch. Entweder man bestellt einen gemischten Teller und probiert von allem etwas oder man versucht es gleich mit den Schweinebauch- oder Entenravioli.

★ **Fiesta** WESTLICH $$$
(Karte S. 148; ☎ 0832-2279894; www.fiestagoa.in; Tito's Lane; Hauptgerichte 250–600 ₹; ⏲ 19 Uhr–open end) Einfach den Lichtern hinter der angesagten Tito's Lane folgen; der auf zwei Ebenen verteilte tropische Garten, der von Kerzen beleuchtet wird, hat etwas Magisches. Bei leiser Musik und umgeben von exotischem Mobiliar genießen die Gäste erstklassige mediterrane Kost von hausgemachter Pizza und Pasta über französisch inspirierte Meeresfrüchte bis hin zu exquisiten Desserts. Sündhaft teuer, aber jede Rupie wert!

Ausgehen & Nachtleben

Das ausgelassene Nachtleben von Baga, das sich rund um die Tito's Lane abspielt, ist sehr beliebt bei Touristen, die abfeiern wollen. Für einige ist die Szene hier ein bisschen zu anrüchig und das Personal in den Bars zu gleichgültig. Singlefrauen sind in allen Clubs willkommen (und zahlen normalerweise keinen Eintritt), sollten aber immer vorsichtig sein und mit dem Taxi von A nach B fahren.

Club Cubana CLUB
(☎ 9823539000; www.clubcubanagoa.com; Arpora; ⏲ 21..30–4 Uhr) Der Club auf einem Hügel in Arpora (ein paar Kilometer nördlich von Baga), der sich selbst als „Nachtclub im Himmel" bezeichnet, veranstaltet seit über zehn Jahren Poolpartys. Wie in den meisten Clubs dürfen nur Paare oder Frauen rein, wenngleich Singlemänner meistens für einen kleinen Aufpreis doch reingelassen wer-

den. Je nach Abend gibt es eine offene Bar, der Eintritt kostet dann zwischen 1000 und 2000 ₹. Mittwochs ist Ladies Night.

Café Mambo CLUB
(Karte S. 148; ☎7507333003; www.cafemambogoa.com; Tito's Lane, Baga; Eintritt Paare 500 ₹; ⊙22.30–3 Uhr) Das Mambo ist einer von Bagas angesagtesten Clubs mit Indoor- und Outdoor-Bereich am Strand. Die DJs legen House, Hip Hop und Latino-Musik auf. Nur Paare oder Frauen.

Shoppen

Mackie's Saturday Nite Bazaar (Karte S. 148; www.mackiesnitebazaar.com; ⊙Nov.–April Sa ab 18 Uhr) in Baga und der noch größere **Saturday Nite Market** (www.snmgoa.com; Arpora; ⊙ Nov.–März Sa ab 18 Uhr) im 2 km nordöstlich gelegenen Arpora, finden beide nur in der Hauptsaison statt, sind dann aber eine witzige Alternative zum berühmten Mittwochsmarkt in Anjuna. Auch hier gibt's die üblichen Essens- und Souvenirstände und gute Unterhaltung. In den letzten Jahren wurden die Nachtmärkte aus unbekannten Gründen immer wieder abgesagt.

Karma Collection SOUVENIRS
(Karte S. 148; www.karmacollectiongoa.com; Calangute-Arpora Rd; ⊙9.30–22.30 Uhr) Wunderschöne Möbel, Stoffe, Schmuckstücke, Taschen und anderes bezauberndes Zeug – manches davon antik –, das aus ganz Indien, Pakistan und Afghanistan zusammengesucht wurde, steht hier zum Verkauf. Ein verführerischer Einkaufsbummel ist programmiert! Die Preise sind nicht gerade günstig und Feilschen ist nicht erwünscht.

Literati Bookshop & Cafe BÜCHER
(Karte S. 148; ☎0832-2277740; www.literati-goa.com; Calangute; ⊙Mo–Sa 10–18.30 Uhr) Der erfrischend andere Buchladen ist im Wohnhaus des Eigentümers im südlichen Calangute untergebracht und hat auch noch ein hübsches, italienisch gestaltetes Gartencafé. Hier kann man sich bei einem guten Espresso durch Bücher von goanischen und indischen Autoren sowie durch antike Literatur blättern. Auf der Website gibt es Infos zu Lesungen und anderen Veranstaltungen.

Praktische Informationen

Wechselstuben, Geldautomaten, Apotheken und Internetcafés scharen sich rund um Calangutes größten Markt, rund um den Busbahnhof und entlang der Straßen nach Baga bzw. Candolim.

Anreise & Unterwegs vor Ort

Es gibt regelmäßig Busse nach Panaji (20 ₹, 45 Min.) und Mapusa (10 ₹), die von den Haltestellen in Baga und Calangute starten. Zwischen diesen Haltestellen fährt alle paar Minuten ein Stadtbus (5 ₹); man kann unterwegs überall zusteigen. Ein Taxi von Calangute nach Baga kostet unverschämte 100 ₹, ein Prepaid-Taxi vom Flughafen Dabolim nach Calangute 750 ₹.

Anjuna

Das gute alte Anjuna, ein fester Bestandteil der indischen Hippieszene, veranstaltet immer noch jeden Mittwoch den berühmten – und einst auch berüchtigten – Flohmarkt mit jeder Menge Sarongs und Sandelholz. Mit seinen schäbigen Stränden, Reisfeldern und günstigen Pensionen, die in recht friedlichen Ecken eng beieinander liegen, zieht es weiterhin Backpacker und Blumenkinder an – es kommen aber auch immer mehr Pauschaltouristen hierher. Die Stadt selbst ist mittlerweile an den Rändern etwas zersiedelt – wenn man nur in den Vorort kommt, ist die schmuddelige Steilküste rund um den Busbahnhof nicht besonders beeindruckend. Wer aber etwas genauer hinschaut, erkennt den gemütlichen Charme von Anjuna und versteht, weshalb es einer der Lieblingsorte von Langzeitgästen wie auch von Ersttätern bleibt.

Sehenswertes & Aktivitäten

Der hübsche kleine Strand von Anjuna erstreckt sich über fast 2 km vom Norden des Dorfes bis zum Flohmarkt. Das nördliche Ende besteht zumeist aus Felsklippen, die von preiswerten Cafés und einfachen Pensionen gesäumt sind, am südlichen Ende warten einige mehrstöckige Strandbars. Der eigentliche Strandabschnitt ist bei Ebbe ein sehr hübsches Fleckchen.

Rund um Anjuna und im benachbarten Assagao werden überall Yoga, Reiki und Ayurvedamassagen angeboten; Infos findet man im Artjuna Café und in der German Bakery. Für die Kurse von **Brahmani Yoga** (☎9545620578; www.brahmaniyoga.com; Tito's White House, Aguada-Siolim Rd; Kurs 600 ₹, 10er-Karten 4500 ₹) im Tito's White House ist keine Voranmeldung nötig.

Splashdown Water Park SCHWIMMEN
(☎0832-2273008; www.splashdowngoa.com; Anjuna-Baga Rd, Arpora; wochentags/Wochenende 380/420 ₹, Zuschauer 260/300 ₹; ⊙10.30–

Anjuna

18 Uhr) Jede Menge Pools, Brunnen und Wasserrutschen halten große und kleine Kinder den ganzen Tag bei Laune. Von einem netten Café mit Bar hat man einen guten Blick auf den Trubel darunter. Das Schwimmbad liegt in Arpora ungefähr auf halber Strecke zwischen Anjuna und Baga.

Mukti Kitchen KOCHEN
(☎ 08007359170; www.muktikitchen.com; Anjuna-Baga Rd, Arpora; vegetarisch/nicht-vegetarisch 1500/1800 ₹; ⌚ 11–14 & 17–20 Uhr) Mukti teilt ihre Kochkünste zweimal täglich im Rahmen dieser empfohlenen Kochkurse in Arpora. In den Kursen werden fünf Gerichte gekocht: vegetarisch, nicht-vegetarisch, goanisch, indisch oder ayurvedisch. Vier bis sechs Teilnehmer; einen Tag im Voraus buchen.

Schlafen

Die meisten Unterkünfte und touristischen Einrichtungen befinden sich auf den Klippen am Strand, in der Anjuna-Mapusa Rd, die auch zum Busbahnhof führt, und in den schattigen Gassen landeinwärts.

Prison Hostel HOSTEL $
(☎ 0832-2273745; www.thehostelcrowd.com; 940 Market Rd; B 350–400 ₹, mit Klimaanlage 450 ₹, DZ 1400 ₹; ❄ 📶) Zimmer so groß wie Gefängniszellen sind in Indien keine Seltenheit, doch dieses skurrile neue Backpacker-Hostel in der Market Rd geht noch einen Schritt weiter und ist komplett im Gefängnis-Stil gehalten. Abgesehen von den Gittern an den Fenstern und dem Schwarz-Weiß-Dekor gleicht hier aber nichts einer Haftstrafe. Die sauberen Schlafsäle mit vier bis zehn Betten haben Schließfächer und Bettlichter, es gibt eine gute Küche, und Frühstück und WLAN sind im Preis enthalten. Mit lauter Musik und feiernden Gästen muss gerechnet werden.

Red Door Hostel HOSTEL $
(☎ 0832-2274423; reddoorhostels@gmail.com; B ohne/mit Klimaanlage 500/600 ₹, DZ ohne/mit

Anjuna

Schlafen
1 Banyan Soul ... C3
2 Casa Anjuna ... A1
3 Florinda's ... B3
4 Palacete Rodrigues ... D1
5 Paradise ... B1
6 Peace Land ... B1
7 Prison Hostel ... C2
8 Red Door Hostel ... B1
9 Sea Horse ... B3
10 Vilanova ... C1

Essen
11 Artjuna Cafe ... C2
12 Burger Factory ... B1
13 Dhum Biryani & Kebabs ... A1
14 German Bakery ... C3
15 Heidi's Beer Garden ... B3
16 Martha's Breakfast Home ... C2
17 Om Made Cafe ... A2

Ausgehen & Nachtleben
18 Curlies ... B4

Shoppen
19 Flohmarkt ... B4
20 Oxford Stores ... B1

Klimaanlage 1600/2000 ₹;) Das Red Door, ein Newcomer in Nord-Goas Hostelszene, ist eine einladende Unterkunft in der Nähe der Hauptkreuzung von Anjuna. Es bietet saubere Schlafsäle mit vier und sechs Betten sowie ein paar Doppelzimmer. Zu den Extras zählen Schließfächer, kostenloses WLAN, ein Garten und schöne Gemeinschaftsbereiche wie die gut ausgestattete Küche. Zur entspannten Atmosphäre tragen auch die Hunde des Hauses bei, die sich gerne streicheln lassen.

Vilanova PENSION $

(0832-6450389, 9225904244; mendonca90@rediffmail.com; Anjuna Beach Rd; DZ 600–700 ₹, mit Klimaanlage 1200 ₹;) Die großen, sauberen Zimmer sind mit Kühlschrank, TV, Warmwasser rund um die Uhr und Moskitonetzen am Fenster ausgestattet. Sie sind in drei Bungalows im portugiesischen Stil untergebracht, die auf einem netten kleinen Grundstück stehen. Hier herrscht gute Stimmung und eine familienfreundliche Atmosphäre. Nettes Personal und preiswertes Restaurant.

Florinda's PENSION $

(9890216520; EZ/DZ 500/700 ₹, mit Klimaanlage 1500 ₹;) Eine der besseren Budgetunterkünfte in Strandnähe mit sauberen Zimmern, Warmwasser rund um die Uhr, Rollläden, Moskitonetzen und einem hübschen zentralen Garten. Die raren Zimmer mit Klimaanlage sind schnell ausgebucht.

Paradise PENSION $

(9922541714; janet_965@hotmail.com; Anjuna-Mapusa Rd; DZ 800–1000 ₹, mit Klimaanlage 2000 ₹;) Die freundliche Pension mit ordentlichen und sauberen Zimmern befindet sich in einem alten portugiesischen Haus. Im neueren Anbau gibt es noch weitere schön eingerichtete Zimmer. Die besseren verfügen über TV, Kühlschrank und Hängematte auf dem Balkon. Die freundliche Besitzerin Janet betreibt mit ihrer Familie auch die Apotheke, den Supermarkt, das Restaurant, das Internetcafé, das Reisebüro Connexions und die Wechselstube!

Peace Land PENSION $

(San Miguel's; 9822685255, 0832-2273700; EZ/DZ ab 600/800 ₹, mit Klimaanlage 1200–1500 ₹;) Eine gute Budgetunterkunft mit kleinen, aber sauberen Zimmern rund um einen ruhigen Innenhof mit Garten abseits der Hauptstraße von Anjuna. Die Pension wird von einer freundlichen Familie geführt. Mit Billardtisch, Ruheraum, Hängematten und ordentlichem Restaurant.

Sea Horse HÜTTE $$

(9764465078; www.vistapraiaanjuna.com; Hütte ohne/mit Klimaanlage 1500/1800 ₹;) Hinter dem gleichnamigen Strandrestaurant liegen ein paar Holzhütten mit gutem Preis-Leistungs-Verhältnis angesichts der Lage. Die Hütten sind klein, haben aber moderne Badezimmer. Allerdings wird es drinnen recht heiß – also bei schwülwarmem Wetter besser die mit Klimaanlage nehmen. Das Personal ist freundlich und zuvorkommend. Den Besitzern gehört auch das Praia Anjuna, eine teurere Unterkunft am Strand.

Banyan Soul BOUTIQUEHOTEL $$

(9820707283; www.thebanyansoul.com; DZ 2200 ₹;) Das elegante Hotel mit zwölf Zimmern befindet sich in einer Gasse abseits der Market Rd und wird liebevoll von Sumit geleitet, der seiner Heimatstadt Mumbai Lebewohl gesagt hat. Die Zimmer sind schick und haben Klimaanlage und TV. Außerdem gibt es seine hübsche Bibliothek und einen schattigen Sitzbereich unter einem Banyanbaum.

Palacete Rodrigues HISTORISCHES HOTEL $$

(0832-2273358; www.palacetegoa.com; Mazal Vaddo; DZ & Suite 3000–6000 ₹;) Die reizende Villa im Familienbetrieb ist mit Antiquitäten und verschnörkelten Möbeln eingerichtet – die skurrilste Unterkunft in Anjuna, für manche vielleicht zu skurril. Einige der 14 Zimmer und Suiten sind im Stil einzelner Länder und Regionen gestaltet: französisch, chinesisch, japanisch und goanisch.

Casa Anjuna HISTORISCHES HOTEL **$$$**
(☎0832-2274123-5; www.casaboutiquehotels.com; D'Mello Vaddo 66; Zi. ab 7700 ₹;) Das historische Hotel ist von einem schönen, blühenden Garten mit einladendem Pool umgeben. Hier sind die Gäste vom Trubel des Zentrums von Anjuna abgeschirmt. In allen Zimmern gibt es antike Möbel und Accessoires. Genau wie viele andere Hotels der Spitzenklasse ist es vor allem in der Nebensaison zu empfehlen, wenn die Preise um bis zu 50 % niedriger liegen.

Essen & Ausgehen

Am südlichen Ende des Strandes von Anjuna stehen ein paar überdimensionale Beachbars, in denen es den ganzen Tag etwas zu essen und zu trinken gibt. Bis spät in die Nacht werden hier Partys gefeiert. Zu den wirklich guten gehören das Café Lilliput, Curlies, Shiva Garden und Janet & John's. Im **Oxford Arcade** (Anjuna-Vagator Rd; 8.30–21 Uhr), einem ausgezeichneten Supermarkt, kann man sich mit Importwaren und preiswerten Alkoholika eindecken.

★ **Artjuna Cafe** CAFÉ **$**
(☎0832-2274794; www.artjuna.com; Market Rd; Hauptgerichte 80–290 ₹; 8–22.30 Uhr) Eines der besten Lokale in Anjuna. Es serviert den ganzen Tag über Frühstück und ausgezeichneten Kaffee, Salate, Sandwiches und arabische Spezialitäten wie Baba Ganoush, Tahini und Falafel. Obendrein betreibt das nette Gartencafé auch noch einen tollen Laden, in dem Kunsthandwerk, Lifestyle-Artikel, Yogakurse und eine informative Pinnwand geboten sind. Ein ausgezeichneter Treffpunkt für alle!

Burger Factory BURGER **$$**
(Anjuna-Mapusa Rd; Burger 250–450 ₹; 12–23 Uhr) Was in diesem kleinen Diner unter freiem Himmel auf der Speisekarte steht, ist kein Geheimnis. Die Gerichte sind mit Kreide auf eine Tafel geschrieben. Die Burger sind zwar nicht billig, dafür aber interessant und professionell zubereitet. Man hat die Wahl zwischen Burgern mit Schweine- oder Hühnchenfleisch und Toppings wie Cheddar, Wasabi und Mayo oder Rote Beete und Aioli.

Om Made Cafe MEDITERRAN **$$**
(D'Mello Vaddo; Gerichte 120–250 ₹; 9 Uhr–Sonnenuntergang) Das kleine freundliche Café ist ein Highlight unter den etwas eintönigen Lokalen auf den Klippen von Anjuna. Von gestreiften Liegestühlen aus hat man eine tolle Aussicht und kann das super Frühstück, Sandwiches und Salate genießen. Das Essen ist frisch und aus Bio-Anbau.

Dhum Biryani & Kebabs INDISCH **$$**
(Anjuna-Mapusa Rd; Hauptgerichte 180–350 ₹; 9–1 Uhr) Das Dhum Biryani ist bei Touristen und Einheimischen gleichermaßen beliebt und serviert fortwährend gute Kebabs, Biryani und andere Klassiker.

Martha's Breakfast Home CAFÉ **$$**
(Gerichte 60–300 ₹; 7.30–13.30 Uhr) Wie der Name schon sagt, ist die Spezialität im Martha's das Frühstück, das in einem ruhigen Garten auf dem Weg zum Flohmarkt serviert wird. Omelettes, frische Säfte und Müsli sind an der Tagesordnung, die wahren Stars sind aber die Waffeln mit Ahornsirup und Erdbeeren (nur zur Saison). Außerdem werden ein paar nette Zimmer (700 ₹) und ein Haus mit zwei Schlafzimmern (10 000 ₹/Woche) vermietet. Abseits der Market Rd.

FLOHMARKT IN ANJUNA

Für Goa ebenso typisch wie ein Tag am Strand ist der **Flohmarkt** (Nov.–Ende März Mi 8 Uhr–open end), der jeden Mittwoch in Anjuna stattfindet. War er vor 30 Jahren noch ausschließlich ein Treffpunkt der Hippies, die hier ihre Megajoints rauchten und Erfahrungen ihrer bewusstseinserweiternden Indien-Trips austauschten, ist er heute eine große Touristenattraktion. Die Stände verkaufen Kunsthandwerk aus Kaschmir und Karnataka, mit Spiegelpailletten besetzte Stoffe aus Rajasthan, Gewürze aus Kerala und Schmuck aus Tibet. Ein paar Bars mit Livemusik und Bier gibt es auch.

Der Markt ist immer noch ganz nett und hat nichts von seiner Beliebtheit eingebüßt. Einfach hingehen und genießen! Am besten man kommt ganz früh (ab 8 Uhr) oder am späten Nachmittag (ab 16 Uhr bis Schließung kurz nach Sonnenuntergang) hierher.

YOGAZENTREN

Rund um Anjuna,Vagator und Assagao befinden sich etliche Yogazentren, in denen man von Oktober bis März diverse Kurse und Schulungen belegen und sich in die Zen-Lehre vertiefen kann.

Purple Valley Yoga Retreat (☎0832-2268363; www.yogagoa.com; 142 Bairo Alto, Assagao; B/EZ ab 600/750 £ für 1 Woche, 2 Wochen ab 980/1200 £;) Das beliebte Zentrum in Assagao bietet ein- und zweiwöchige Kurse in Ashtanga-Yoga mit und ohne Unterkunft.

Swan Yoga Retreat (☎0832-2268024, 8007360677; www.swan-yoga-goa.com; Assagao; eine Woche ab 17 500 ₹/Pers.) In einer friedlichen Ecke des Dschungels von Assagao wird die Zen-Lehre praktiziert. Die mindestens einwöchigen Yogakurse starten jeden Samstag und beinhalten Unterbringung in nachhaltigen Quartieren, ayurvedische vegetarische Gerichte, Meditation, tägliche Kurse und die optionale „Masterclass" am Nachmittag.

Yoga Magic (☎0832-6523796; www.yogamagic.net; Anjuna; EZ/DZ Lodge 6750/9000 ₹, Suite 9000/12 000 ₹;) Solarleuchten, Gemüseanbau und Komposttoiletten sind nur einige nennenswerte Merkmale dieses luxuriösen Yogaresorts. Die Zimmer der Lodge befinden sich in tollen rajasthanischen Zelten unter Strohdächern.

German Bakery MULTICUISINE **$$**
(www.german-bakery.in; Brot & Gebäck 50–90 ₹, Hauptgerichte 100–450 ₹; ⏲8.30–23 Uhr;) In dem allseits beliebten Lokal voller Grünpflanzen, Gebetsfahnen und bunten Lichter im Garten gibt es herzhaftes und gesundes Frühstück, frisch gebackenes Brot und Bio-Essen. Mittlerweile finden sich auf der Speisekarte auch Pasta, Burger und teures Seafood wieder. Die Preise sind gestiegen, leider bei nachlassendem Service. Es gibt auch gesunde Säfte (z. B. mit Weizengras) und Espresso. Gelegentlich treten auch Musiker auf.

Heidi's Beer Garden DEUTSCH **$$**
(☎9886376922; Market Rd; Hauptgerichte 100–400 ₹; ⏲11–23 Uhr) Allein die Tatsache, dass das Heidi's der erste deutsche Biergarten mit Restaurant in ganz Goa ist, ist Grund genug für einen Besuch. Ein weiterer ist die Auswahl aus über 40 Bieren aus Deutschland, Belgien, Mexiko, Japan, Portugal und anderen Ländern. Der importierte Gerstensaft ist relativ teuer, man kann aber auch einheimisches Bier bestellen, darunter ein Fassbier aus Goa. Das Essen ist überwiegend deutsch und europäisch; so gibt es z. B. Bratwürste und die beliebten deutschen Thalis (400 ₹).

Curlies BAR
(www.curliesgoa.com; ⏲9–3 Uhr) Am südlichen Ende des Anjuna Beach bringt das Curlies entspannte Strandbar-Atmosphäre mit eleganter Nachtclub-Stimmung zusammen. Die Partys hier sind berüchtigt. Die Lounge-Bar auf der Dachterrasse ist mit Fallschirmseide überspannt, während der Tanzclub im Innern liegt.

ℹ Praktische Informationen

In Anjuna gibt es drei Geldautomaten in der Hauptstraße am Strand und einen weiteren in der Nähe des Busbahnhofs. In Pensionen und Cafés gibt es üblicherweise kostenloses WLAN.

ℹ An- & Weiterreise

Am größten **Busbahnhof** nahe des Strandes startet etwa alle 30 Minuten ein Bus nach Mapusa (15 ₹), der teilweise auch weiter bis nach Vagator und Chapora fährt. Zweimal täglich fährt ein Bus von der **Haltestelle an der Hauptkreuzung** nach Calangute. An beiden Busbahnhöfen warten Taxis und Autos, an der Haltestelle an der Kreuzung werden auch Roller und Motorräder vermietet.

Vagator & Chapora

Für goanische Verhältnisse sind die Zwillingsstrände von Vagator zwar eher winzig, doch mit den glühend roten Felsenklippen, sanften grünen Hügeln, kleinen Wäldchen und den Ruinen einer portugiesischen Festung aus dem 17. Jh. gehören sie zu den schönsten im Norden des Bundesstaates. Waren sie früher weithin für wilde Trance-Partys und Hippies im Drogenrausch bekannt, ist Vagator jetzt viel seriöser. Vagator ist immer noch sehr beliebt bei Backpackern und Feierwütigen, während das kleinere Chapora, das an Mos Eisley aus *Star Wars* erinnert, der Lieblingsort für Aussteiger und *charas*-Raucher bleibt.

Vagator & Chapora

Schlafen

Vagator

An vielen Privathäusern und Pensionen hängen „Zimmer zu vermieten"-Schilder.

★ Jungle Hostel HOSTEL $
(☎0832-2273006; www.thehostelcrowd.com; Vagator Beach Rd; B 450 ₹, mit Klimaanlage 500 ₹, EZ/DZ 900/1400 ₹; ❄@📶) Richtige Backpacker-Hostels sind in Goa im Kommen – das hier war eins der ersten. Es vermittelt seinen Gästen unverfälschte Schlafsaal-Erfahrung und bringt internationales Flair nach Vagator. Die Schlafsäle mit sechs Betten sind sauber und hell. Schließfächer, WLAN, Frühstück, Gemeinschaftsküche und Reisetipps sind im Preis enthalten.

Bean Me Up PENSION $
(Enterprise Guest House; ☎7769095356; www.beanmeup.in; 1639/2 Deulvaddo; DZ 1200 ₹, ohne Bad 900 ₹; 📶) Die Zimmer rund um den grünen, mit Fallschirmsstoff überspannten Innenhof sind einfach, aber individuell und exotisch. Moskitonetze und schattige Gemeinschaftsterrasse sind vorhanden. Die meditative Stimmung wissen auch die Gäste des besten veganen Restaurants (S. 157) von Vagator zu schätzen, das hier untergebracht ist.

Shalom PENSION $
(☎919881578459, 0832-2273166; www.shalomguesthousegoa.com; DZ 800–1400 ₹, mit Klimaanlage 1800 ₹; ❄📶) Die von einer netten Familie geführte Pension ist rund um einen friedlichen Garten arrangiert und liegt nicht weit entfernt von dem Weg, der zum Little Vagator Beach führt. Es gibt mehrere sehr gepflegte Zimmer und ein Apartment mit zwei Schlafzimmern für längere Aufenthalte.

Alcove Resort HOTEL $$
(☎0832-2274491; www.alcovegoa.com; Little Vagator Beach; DZ 3300 ₹, mit Klimaanlage 3850 ₹,

Vagator & Chapora

Hütte 4400/4950 ₹;) Die Lage hoch über dem Little Vagator Beach ist zu diesem Preis kaum zu übertreffen. Die ansprechend möblierten Zimmer, etwas größeren Hütten und vier Suiten verteilen sich rund um einen kleinen Pool. Mit Restaurant und Bar ist das Alcove eine gute Wahl für alle, die einen Hauch von bezahlbarem Luxus suchen.

Chapora

An der Straße zum Hafen hinunter werden jede Menge Zimmer und auch ganze Häuser vermietet.

Casa de Olga PENSION $
(0832-2274355, 9822157145; eadsouza@yahoo.co.in; Zi. 600–1200 ₹, ohne Bad ab 300 ₹) Das einladende, von einer Familie geführte Haus befindet sich in einem ruhigen Garten auf dem Weg zum Hafen von Chapora. Die makellosen Zimmer von unterschiedlicher Größe sind in einem dreistöckigen Gebäude untergebracht. Die besten liegen in der obersten Etage und haben elegante Badezimmer, TV und Balkon. Budgetreisende werden auch mit den kompakten Zimmern im Erdgeschoss zufrieden sein, die sich ein Gemeinschaftsbad teilen.

Baba PENSION $
(0832-2273339; babavilla11@yahoo.in; DZ 500 ₹, ohne Bad 250 ₹) Bei diesen Preisen und der tollen Lage in Chapora ist es kein Wunder, dass das Baba oft durch Langzeiturlauber ausgebucht ist. Aber manchmal hat man Glück und bekommt auch ohne Reservierung ein Zimmer. Die 14 Zimmer sind sauber und einfach, aber sehr zweckmäßig eingerichtet. Die Pension liegt hinter dem Baba Restaurant an der Hauptstraße.

Baba Place PENSION $
(9822156511; babaplace11@yahoo.com; Chapora Fort Rd; DZ ohne/mit Klimaanlage 800/1200 ₹;) Zur Zeit der Recherche war das Baba Place noch brandneu und hatte eine Dachterrasse mit Blick aufs Chapora Fort und einwandfreie Zimmer von anständiger Größe mit Terrasse. Die Pension hat eine nette und ruhige Lage in Chapora.

Essen

Vagator

★ **Bean Me Up Soya Station** VEGAN $$
(www.beanmeup.in; 1639/2 Deulvaddo; Hauptgerichte 180–350 ₹; 8–23 Uhr;) In diesem entspannten, veganen Gartenrestaurant werden selbst Nichtveganer vom Geschmack, der Vielseitigkeit und der Fülle der Gerichte begeistert sein. Auf der langen Speisekarte stehen vegane Pizzas, Eis und kreative Salate. Zu den exotischen Zutaten gehören Kokosnuss, Cashew-Milch und -Käse, Quinoa, Tofu und Linsen-Dhal.

Bluebird GOANISCH $$
(www.bluebirdgoa.com; Ozran Beach Rd; Hauptgerichte 250–370 ₹; 8.30–23 Uhr) Das Bluebird hat sich auf goanische Küche spezialisiert: Echte Vindaloos, Chicken-*cafrial*, Fischcurry mit Reis und goanische Wurst sowie köstlich gewürzte Meeresfrüchte sind nur wenige von vielen Versuchungen hier. Im hübschen, offenen Gartencafé isst es sich besonders gut, und in der angrenzenden Pension gibt es nette Zimmer zu vermieten.

Mango Tree Bar & Cafe INTERNATIONAL $$
(Vagator Beach Rd; Hauptgerichte 120–550 ₹; 24 Std.) Lauter Reggae, schlechter Service,

dunkle Holzmöbel, eine manchmal sehr raue Klientel an der Bar, alte Auswanderer, die sich über den Tresen lehnen, Bier vom Fass und allgemein gute Stimmung – deswegen und trotz allem ist die Kneipe schon immer ein beliebter Treffpunkt in Vagator. Sie hat sehr lange geöffnet (wenn es richtig voll ist, sogar rund um die Uhr), das Essen ist ziemlich gut – von goanisch über europäisch, italienisch und thailändisch bis hin zu mexikanisch –, und manchmal laufen auf dem großen Bildschirm Filme oder Sportübertragungen.

★ Thalassa GRIECHISCH $$$
(☎9850033537; www.thalassagoa.com; Hauptgerichte 300–750 ₹; ⌚16–24 Uhr) Auf einer Terrasse, die laue Brisen abkriegt, wird zum Rauschen des Meeres verdammt gutes, original griechisches Essen serviert. Kebabs, Souvlaki und raffinierte Seafood-Gerichte sind hier die Spezialität, aber auch die vegetarischen Gerichte sind ausgezeichnet: Das *spanakorizo* (Spinat und Reis in griechischem Olivenöl, mit Kräutern gekocht und mit Feta belegt) ist hervorragend. Am besten spült man das Ganze mit einer Sangria runter. Das Restaurant ist vor allem zum Sonnenuntergang sehr beliebt – auf jeden Fall vorher einen Tisch am Strand reservieren!

Chapora

Die kulinarische Szene im winzigen Chapora ist weit weniger gut entwickelt als die in Vagator. **Scarlet Cold Drinks** (Säfte & Snacks 30–80 ₹; ⌚8.30–24 Uhr) und **Jai Ganesh Fruit Juice Centre** (Chapora; Säfte 40–80 ₹; ⌚8.30–24 Uhr) direkt daneben sind beliebte Treffs, aber immer von dicken *charas*-Schwaden (Haschisch) durchzogen. Im Scarlet hängt ein informatives Schwarzes Brett, das Jai Ganesh serviert Eiskaffee und Avocado-Lassis.

Ausgehen & Unterhaltung

Die Partyszene in Vagator ist nicht berauschend, vor allem um Weihnachten und Silvester. Die Russen, die die Partyhoheit von den Israelis übernommen haben, sind anscheinend dabei, an diversen Orten rund um die Stadt ein Nachtleben aufzubauen.

Paulo's Antique Bar BAR
(Chapora; ⌚11.30–23 Uhr) Während der Hauptsaison ist diese kleine Kneipe in der Hauptstraße von Chapora der perfekte Ort für gute Musik und ein kaltes Bier am Abend. Aber auch nachmittags eignen sich die wenigen Tische auf der Terrasse hervorragend, um die vorübergehenden Leute zu beobachten.

Nine Bar BAR
(⌚18–4 Uhr) Diese Bar – früher mit Freiluftbereich auf den Klippen oberhalb des Little Vagator Beach – war einst das Zentrum von Goas Trance-Szene und hat sich mittlerweile nach drinnen verlagert, damit die Partys die ganze Nacht gehen können. Wann die angesagten Partys stattfinden, erfährt man über Flyer und Mundpropaganda.

Hilltop CLUB
(☎0832-2273665; ⌚Sonnenuntergang–open end) Ein alteingesessener Club für Trance-Partys, der tagsüber wie ausgestorben ist und erst nach Sonnenuntergang zum Leben erwacht. Die Lage am Rand der Stadt in einem neonbeleuchteten Kokoshain macht es manchmal möglich, die 22-Uhr-Grenze für laute Musik zu überschreiten und trotzdem noch Konzerte, Partys und internationale DJs zu erleben. Die sonntäglichen Sessions (17–22 Uhr) sind hier schon legendär, und während der Hauptsaison gibt es freitagabends meistens einen Markt und eine Techno-Party.

Shoppen

Rainbow Bookshop BÜCHER
(Vagator Beach Rd; ⌚10–14 & 15–19 Uhr) Der alteingesessene Laden hat eine gute Auswahl von neuen und gebrauchten Büchern.

WO GEHT'S DENN HIER ZUR PARTY?

Goa galt dank seiner nächtelangen Freiluft-Trance-Partys lange als legendär unter Besuchern aus dem Westen, bis die für ihre Drogenlastigkeit berüchtigte Partyszene durch ein Gesetz gegen „Lärmverschmutzung" gezügelt wurde, das laute Musik auf öffentlichen Plätzen zwischen 22 und 6 Uhr verbietet (in schallisolierten Räumen darf weiterhin bis in die Puppen gefeiert werden). Wer nach den Überbleibseln der echten Partyszene sucht, muss Augen und Ohren offen halten und hoffen, dass er in Vagator oder Anjuna zufällig etwas zugeflüstert bekommt. In der absoluten Hauptsaison zwischen Weihnachten und Neujahr drücken die Behörden bei Partys meist ein Auge zu.

Praktische Informationen

Der nächstgelegene Geldautomat in Vagator gehört zur indischen HDFC-Bank und befindet sich an der weiter landeinwärts verlaufenden Straße nach Anjuna und Mapusa. Internetcafés gibt's jede Menge in der Stadt, und viele Unterkünfte bieten WLAN.

An- & Weiterreise

Von Chapora fahren tagsüber regelmäßig Busse über Vagator nach Mapusa (10 ₹), teilweise auch über Anjuna. Die Busse starten mitten in Chapora, halten aber auch an anderen Stellen in Chapora und Vagator. Roller bzw. Motorräder können in der Hauptsaison für etwa 200 bzw. 300 ₹ am Tag gemietet werden.

Morjim & Aswem

Die hübschen und größtenteils menschenleeren Strände Morjim und Aswem gehören zu einem Küstenstreifen im nördlichen Goa, der sich von der Mündung des Flusses Chapora Richtung Norden erstreckt. Hier werden Sonnenanbeter nicht von Straßenhändlern, Hunden und Spannern belagert. Die Wasserqualität leidet aber etwas unter dem Abwasser im Fluss, und der Sand ist eher schwarz als goldfarben. Zwischen November und Februar legen am südlichen Ende von Morjim die seltenen Oliv-Bastardschildkröten ihre Eier ab. Deshalb wurde hier auch ein Schutzgebiet eingerichtet, das unter dem starken Einfluss der russischen Touristen aber immer mehr bebaut wird.

Aktivitäten

Vaayu Waterman's Village SURFEN

(☎ 9850050403; www.vaayuvision.org; Aswem; Surfboardverleih 500 ₹/Std., Kurse 2700 ₹) Goas einziger Surfladen ist gleichzeitig ein Aktiv- und Kunstzentrum, wo Traveller Kurse belegen und sich die Ausrüstung zum Surfen, Kiteboarden, Stehpaddeln, Kajakfahren und Wakeboarden ausleihen können. Engagierte junge Frauen betreiben hier eine Galerie, ein Café und eine schrullige Unterkunft vom Strand Aswem aus gesehen auf der anderen Straßenseite.

Schlafen & Essen

★ **Wanderers Hostel** HOSTEL $

(☎ 9619235302; www.wanderershostel.com; Morjim; B inkl. Frühstück 500 ₹, DZ im Luxuszelt 2000 ₹;) Das relative neue Hostel liegt einen fünfminütigen Spaziergang hinter dem Strand Morjim und ist ein echter Geheimtipp. Das Hauptgebäude ist mit Wandgemälden der Gäste verziert und hat 40 Betten in makellosen Schlafsälen mit Klimaanlage, Schließfächern und Bettenleuchten, außerdem kostenlosen WLAN-Zugang, eine komplett eingerichtete Küche, saubere Badezimmer, gemütliche Gemeinschaftsbereiche und einen Billardtisch. Im Garten nebenan befindet sich ein Zeltlager mit Swimmingpool und einem Yogazentrum (Kurse für Gäste kostenlos).

Goan Café & Resort RESORT $$

(☎ 0832-2244394; www.goancafe.com; Apt. & Cottage ab 1800 ₹, mit Klimaanlage 2200 ₹, Baumhaus ohne/mit Bad ab 1200/1700 ₹;) Das hervorragende Resort im Familienbetrieb direkt am Morijm hat eine große Auswahl von Baumhaushütten und richtigen Zimmern (einige mit Klimaanlage) im hinteren Bereich. Das **Friends Corner** Restaurant ist gut, hat allerdings keine Schanklizenz. Aber man kann sich seine Getränke selbst mitbringen.

Meems' Beach Resort RESORT $$

(☎ 0832-2247015; www.meemsbeachresort.com; Zi. 2000 ₹, mit Klimaanlage 2500 ₹, FZ 4000 ₹;) Die gediegene Pension ist vom Strand nur durch eine Straße getrennt und hat elf sehr saubere Zimmer. Das Markenzeichen der Unterkunft ist das stimmungsvolle Gartenrestaurant mit niedrigen Tischen und Kissen auf dem Boden, das sich auf kaschmirische Küche und vietnamesisches Barbecue spezialisiert hat.

Yab Yum HÜTTEN $$$

(☎ 0832-6510392; www.yabyumresorts.com; Hütte ab 5800 ₹;) Diese Spitzenklasseunterkunft hat ungewöhnliche, stilvolle, kuppelartige Hütten – manche sehen aus wie riesige haarige Kokosnüsse –, die aus verschiedenen Naturmaterialien aus der Gegend erbaut sind, darunter Lehm, Stein und Mangoholz. Die Hütten liegen in einem der abgeschiedensten Urwaldgärten am Strand, die man in Goa findet. Es werden jede Menge Yogakurse und Massagen angeboten.

La Plage MEDITERRAN $$

(Hauptgerichte 210–400 ₹; Nov.–März 9–22 Uhr) Das in der Gegend sehr bekannte La Plage erklimmt wegen seines Gourmetessens mit französischen und mediterranen Einflüssen unter den Strandimbissen eine ganz neue Stufe. Abgesehen von ausgezeichneten Salaten, Meeresfrüchten und köstlichen Desserts (unbedingt das Schokoladen-Thali probieren!), gibt es hier auch noch exzellente Weine. Normalerweise von Ende November bis April geöffnet.

Anreise & Unterwegs vor Ort

Zwischen Siolim und Morjim verkehren zwar Busse, aber wer kein eigenes Fahrzeug hat, der sollte doch lieber ein Taxi von Arambol, Mapusa oder Anjuna nehmen.

Mandrem

Das friedliche Mandrem hat sich in den letzten Jahren von einem versteckten Zufluchtsort für diejenigen, die eine Pause von der Touristenszene in Arambol und Anjuna brauchen, zu einem ziemlich bekannten, aber immer noch sehr hübschen Strandparadies entwickelt. Ein besonderes Feature von Mandrem ist der schmale Meeresarm, der den weißen Sandstrand von den meisten Unterkünften und der Straße trennt. Wackelige Bambusbrücken führen zum Strand, wo saisonale Strandrestaurants aufmachen. Verglichen mit den meisten anderen Resorts in Goa ist die Entwicklung hier immer noch sehr zurückhaltend, und die Strände sind größtenteils frei von Händlern und Touristenmassen. Es gibt jede Menge Angebote zu Yoga, Meditation und Ayurveda, gute Restaurants und ausreichend Platz, sich mit einem guten Buch an den Strand zu legen. Viele Traveller sind der Meinung, dass es in ganz Nord-Goa keinen schöneren Ort gibt.

Aktivitäten

Himalaya Yoga Valley YOGA

(☎9960657852; www.yogagoaindia.com; Mandrem Beach) Das Winterquartier des Unternehmens HYV aus Dharamsala hat sich auf die Ausbildung Einheimischer zu Hatha- und Ashtanga-Lehrern spezialisiert, bietet aber auch täglich Kurse für Quereinsteiger (400 ₹; 1½ Std.; tgl. 8, 10 & 15 Uhr) und einen zehntägigen Yogakurs für Wiedereinsteiger.

Oceanic Yoga YOGA

(☎9049247422; www.oceanicyoga.com; Junas Waddo, Mandrem; Kurs ohne Anmeldung 300–400 ₹) Kurse ohne Anmeldung, siebentägige Yogakurse und Meditation sowie Ausbildung zum Reiki- und Yoga-Lehrer.

Schlafen & Essen

★ **Dunes Holiday Village** STRANDHÜTTE $

(☎0832-2247219; www.dunesgoa.com; Zi. & Hütte 900–1100 ₹; @ WLAN) An einer Allee, die durch einen kleinen Palmenhain zum Strand führt, liegen ein paar hübsche Hütten verstreut. Nachts, wenn das Grundstück mit Kugellampen beleuchtet wird, fühlt man sich hier wie im Palmenwunderland. Die Hütten gibt es von einfach bis stabiler (Baumhaushütten auf Stelzen), das Personal ist freundlich und das Preis-Leistungs-Verhältnis gut. Außerdem gibt es ein Restaurant am Strand, Massagen, Yogakurse. Trance-Musik fehlt hier – und das ist Absicht.

★ **Mandala** RESORT $$

(☎9158266093; www.themandalagoa.com; Zi. & Hütte 1600–5500 ₹; ❄ WLAN) Dieses wunderschöne Hüttendorf im Ökostil bietet eine große Auswahl von Hütten und ein paar verschrobene Zimmer im „Art House" mit Klimaanlage. Der Stolz der Anlage sind die riesigen, zweistöckigen Villen, die vom Design eines Hausboots in Kerala inspiriert sind. Es gibt keinen Meerblick oder direkten Durchgang zum Strand, aber die Lage mit Blick auf die Lagune ist sehr abgeschieden. Ein großer Garten, tägliche Yogakurse und ein Biorestaurant gehören auch dazu.

Beach Street RESORT $$

(Lazy Dog; ☎0832-3223911; Mandrem Beach; Zi. & Hütte 3300–4400 ₹; WLAN ≋) Die große und relative neue Villa am Strand hat ordentliche, winzige Zimmer, während die saisonalen Strandhütten geräumig und gut ausgestattet sind. Der Pool ist nett, aber es ist auch nur ein kurzer Fußweg über die Bambusbrücke zum Strand.

Anreise & Unterwegs vor Ort

Es ist ein Albtraum, hier mit den öffentlichen Verkehrsmitteln wegzukommen, wenn man es eilig hat. Die meisten Traveller fahren mit dem Taxi zu ihrer gebuchten Unterkunft und leihen sich dann einen Roller oder ein Motorrad oder rufen ein Taxi, um die Gegend zu erkunden.

Arambol (Harmal)

Das schöne Arambol mit seinen felsigen Klippen, dem weitläufigen Strand und der abgeschiedenen Lage im Norden erschien erstmals in den 1960er-Jahren als entspanntes Paradies für langhaarige Langzeiturlauber auf der Bildfläche. Seitdem zieht es immer wieder Traveller in diese lässige Ecke Goas. Als Folge davon können der Strand und die Zufahrtsstraße zum Strand (bekannt als Glastonbury St) in der Hauptsaison schon mal recht voll werden. Dann drängen sich überall Hütten, Menschen und Stände, die den üblichen Touristenkram verkaufen.

Weiter nördlich, auf der anderen Seite der Landzunge, liegt der fast verlassene Querim (Keri) Beach an der Stelle, wo der Fluss Terekhol ins Meer fließt.

Aktivitäten

Folgt man dem Klippenpfad nördlich vom Arambol Beach, kommt man zum hübschen Kalacha Beach, an dem sich ein kleiner Süßwassersee befindet, der sich hervorragend zum Schwimmen eignet.

Arambol Paragliding PARAGLIDING
(10-minütiger Flug 1500 ₹; 12–18 Uhr) Das Kap oberhalb vom Kalacha Beach (Süßwassersee) ist der ideale Ausgangspunkt für Paraglider. Hier gibt es jede Menge unabhängige Anbieter – einfach in den Strandhütten nachfragen, einen Piloten organisieren und dann die kurze Wanderung zum Kap in Angriff nehmen! Die meisten Flüge dauern etwa zehn Minuten, aber wenn die Bedingungen gut sind, kann man auch länger in der Luft bleiben.

Himalayan Iyengar Yoga Centre YOGA
(www.hiyogacentre.com; Madhlo Vaddo; 5-tägiger Yogakurs 4000 ₹; Nov.–März Di–So 9–18 Uhr) Arambols angesehenes Himalayan Iyengar Yoga Centre, das von Mitte November bis Mitte März fünftägige Yogakurse anbietet, ist das Winterquartier der Iyengar Yoga School in Dharamkot, in der Nähe von Dharamsala in Nordindien. Anfänger müssen den fünftägigen Einführungskurs besuchen, bevor sie zu einem günstigeren Preis Fünf-Tages-Kurse für Fortgeschrittene mitmachen können.

Surf Wala SURFEN
(www.surfwala.com; Surf Club; 1½-stündiger Kurs ab 2000 ₹, 3-/5-Tages-Kurs 5000/8000 ₹) Wer zum ersten Mal aufs Brett steigt, sollte sich dem internationalen Team von Surfern im Surfclub von Arambol anschließen. Im Preis enthalten sind der Verleih, Wachsen und die Rash Vest. Auf der Website stehen die Kontaktdaten der Surflehrer – untereinander sprechen sie Englisch, Russisch, Hindi, Konkani und Japanisch! Wer nur ein Surfboard mieten will, zahlt 500 ₹.

Schlafen

Arambol ist bekannt für einfache Hütten, die an den Klippen hoch über dem Strand kleben. Die besten Budgetunterkünfte dieser Art befinden sich an den Klippen nördlich des Hauptstrands. Da es fast unmöglich ist, im Voraus zu buchen, sollte man früh am Tag da sein, um eine frei werdende Hütte zu ergattern. Auch hinter den Restaurants am Strand werden häufig Unterkünfte angeboten – ähnlich wie in Palolem.

Chilli's HOTEL $
(☎ 9921882424; DZ 600 ₹, Apt. mit Klimaanlage 1000 ₹; ganzjährig; ❄) Das freundliche, saubere, kanarienvogelgelbe Haus nahe dem Strandzugang an der Glastonbury St ist eine der besseren Budgetunterkünfte Arambols, die nicht direkt am Strand liegt. Hier gibt es zehn schlichte Zimmer mit Bad, Ventilator und Warmwasserdusche. Das Apartment im Obergeschoss mit Klimaanlage und TV hat ein ausgezeichnetes Preis-Leistungs-Verhältnis. Der Besitzer Derek verleiht Motorräder und Roller und gibt kostenlos Tipps.

Shree Sai Cottages HÜTTEN $
(☎ 0832-3262823, 9420767358; shreesai_cottages@yahoo.com; Hütte ohne Bad 400–600 ₹) Ein gutes Beispiel für die typischen Unterkünfte auf den Klippen: einfache, niedliche Hütten mit Blick auf den Kalacha Beach.

Om Ganesh STRANDHÜTTEN $
(☎ 9404436447; Zi. & Hütte 400–800 ₹) Beliebte saisonale Hütten auf den Klippen und ein gutes Restaurant. Das Om Ganesh gibt es schon seit einer Weile; es bietet auch Zimmer in einem Gebäude am Hang an.

Arambol Plaza Beach Resort HOTEL $$
(☎ 9545550731, 0832-2242052; Arambol Beach Rd; Zi. & Cottage 1800–2500 ₹; ❄ 📶 🏊) Die nette Mittelklasseunterkunft mit niedlichen Holzhütten um einen schönen Pool liegt an der Straße zwischen dem oberen Dorf und dem Strand. Zwar haben alle Zimmer Klimaanlage, aber die schlechten Zimmer im Seitengebäude sollte man möglichst meiden.

Surf Club PENSION $$
(www.surfclubgoa.com; DZ 1200–1600 ₹; 📶) Am südlichen Ende des Arambol Beach, am Ende einer kleinen Gasse, bietet diese coole, kleine Unterkunft etwas von allem: einfache, aber saubere Zimmer, eine coole Bar mit Livemusik, Surfunterricht und sogar saisonale Kinderbetreuung.

Essen & Ausgehen

Der Strand von Arambol ist gesäumt von Strandhütten mit Stühlen und Tischen im

Sand unter Dächern aus Fallschirmseide. Noch mehr Restaurants und Cafés befinden sich in der Hauptstraße, die vom Dorf zum Strand führt. Einfachere Speisen gibt es oben im Dorf in der Nähe der Bushaltestelle. Dort bekommt man ein Thali und einen Chai für weniger als 50 ₹.

Shimon NAHÖSTLICH $
(Gerichte 100–160 ₹; ⏲9–23 Uhr) Das verständlicherweise bei israelischen Travellern besonders beliebte Restaurant hinter dem Strand serviert tolle Falafel. Aber hier gibt's auch ungewöhnlichere Gerichte wie *sabich*, knusprige Auberginenstreifen in Pitabrot mit gekochten Eiern, Kartoffeln und Salat. Bestellt man das „East-meets-Middle-East"-Thali (360 ₹), bekommt man ein bisschen von allem, was auf der Karte steht.

Dylan's Toasted & Roasted CAFÉ $
(☎9604780316; www.dylanscoffee.com; Kaffee & Dessert ab 60 ₹; ⏲Ende Nov.–April 9–23 Uhr) Die goanische (Winter-)Inkarnation einer Institution von Manali: der perfekte Ort für einen Espresso, Schoko-Cookies und ein klassisches Dessert. Ein nettes Café hinter dem südlichen Eingang zum Strand.

Fellini ITALIENISCH $$
(Hauptgerichte 180–350 ₹; ⏲ab 18.30 Uhr) Wer Lust auf Carbonara oder Calzone hat, sollte zu diesem alteingesessenen Italiener direkt auf der linken Seite vor dem Strand gehen (nicht angeschrieben!). Auf der Speisekarte stehen über 20 Holzofenpizzas mit dünnem Boden, aber man sollte auch noch Platz für ein leckeres Tiramisu zum Nachtisch lassen.

Double Dutch INTERNATIONAL $$
(Hauptgerichte 110–390 ₹, Steaks 420–470 ₹; ⏲7–22 Uhr) Das alteingesessene, beliebte Lokal mit ruhigem Garten serviert gute Steaks, Salate, thailändische und indonesische Gerichte sowie tolle Apfelkuchen. Es liegt am Eingang zum Strand von der Glastonbury St aus hinter der Hauptstraße. Ein sehr geselliger Treffpunkt mit Second-Hand-Büchern, Zeitschriften und einer nützlichen Infotafel für aktuelle Veranstaltungen in Arambol!

Praktische Informationen

Der nächste Geldautomat befindet sich im Dorf Arambol an der Bushaltestelle.

Anreise & Unterwegs vor Ort

Von Arambol fahren alle 30 Minuten Busse nach Mapusa (30 ₹, 1 Std.). Ein Taxi nach Mapusa oder Anjuna kostet um die 600 ₹. Wer in Richtung Norden nach Mumbai will, kann bei Reisebüros Fahrkarten kaufen und an einer Haltestelle an der Schnellstraße im Dorf in einen Bus steigen.

Viele Anbieter in Arambol vermieten Roller und Motorräder für 250 bzw. 350 ₹ pro Tag.

SÜD-GOA

Margao (Madgaon)

94 400 EW.

Die Stadt mit den zwei Namen (auch Madgaon genannt) ist die Hauptstadt Süd-Goas und dank des größten Bahnhofs des Staates und mehrerer Busbahnhöfe ein wichtiger Verkehrsknotenpunkt. Sie ist zwar nicht so bezaubernd wie Panaji, aber eine lebhafte Marktstadt von übersichtlicher Größe, die alles hat, was Traveller brauchen – ohne das Chaos einer indischen Großstadt.

Sehenswertes

Es lohnt sich, durch das Stadtviertel **Largo de Igreja** zu schlendern und die vielen malerisch verfallenen und restaurierten Villen aus der portugiesischen Kolonialzeit zu bewundern. Empfehlenswert ist auch ein Blick auf und in die reich verzierte **Church of the Holy Spirit** aus dem 17. Jh., die während der Messe am Sonntagmorgen besonders eindrucksvoll ist.

Das Geschäftsviertel liegt rund um die kleine rechteckige, grüne Oase der **Municipal Gardens**. Im Rathaus an der Südseite des Platzes ist die ehrwürdige, leicht verstaubte **Municipal Library** (Abade Faria Rd; ⏲Mo–Fr 8–20, Sa & So 9–12 & 16–19 Uhr) unter-

Margao (Madgaon)

Sehenswertes
1 Municipal Library B7

Schlafen
2 Hotel Tanish C6
3 Nanutel Margao C4
4 Om Shiv Hotel B7

Essen
5 Café Tato C6
6 Longhuino's B7
7 Ruta's World Cafe B4
8 Swad C7

Shoppen
9 Golden Heart Emporium B5
10 MMC New Market C7

Margao (Madgaon)

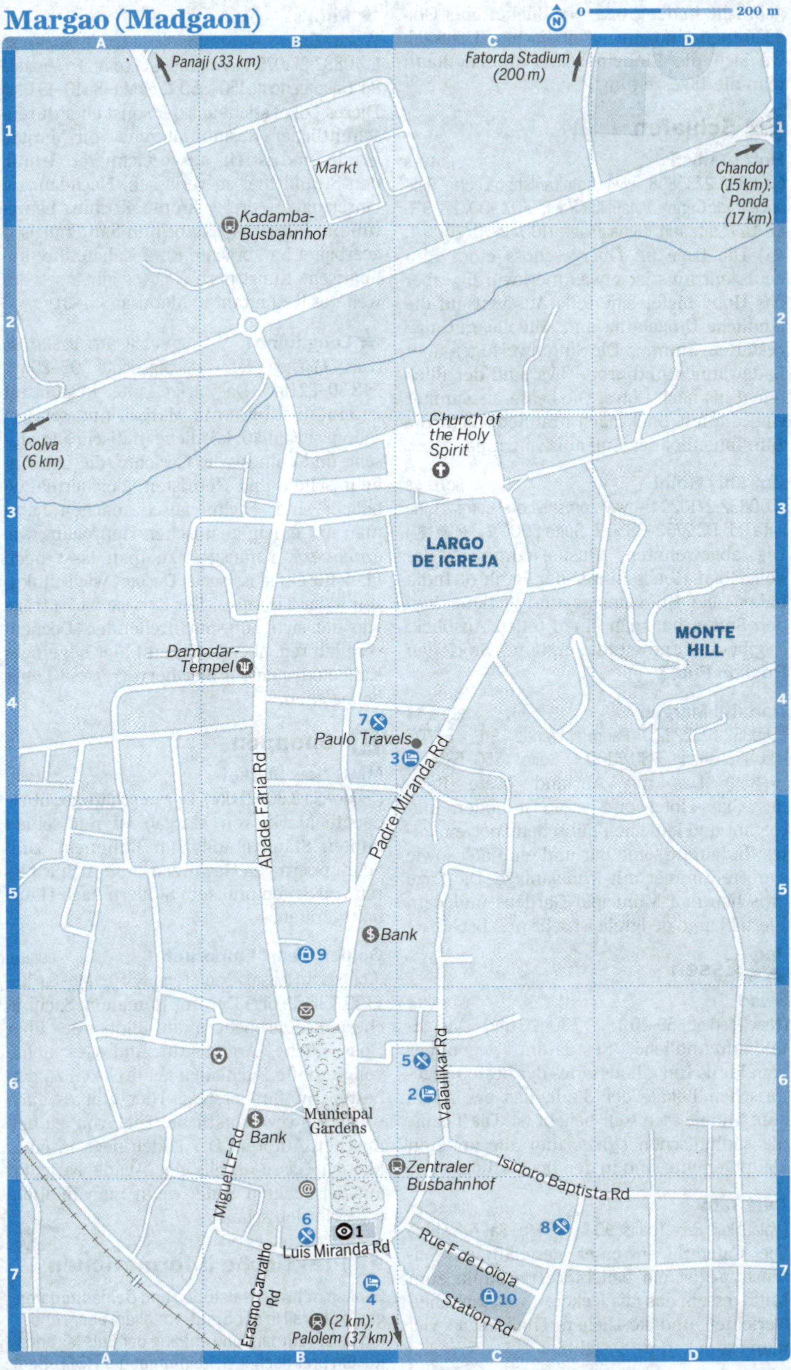
0
200 m
A
B
C
D
1
2
3
4
5
6
7
Panaji (33 km)
Fatorda Stadium (200 m)
Markt
Kadamba-Busbahnhof
Chandor (15 km); Ponda (17 km)
Colva (6 km)
Church of the Holy Spirit
LARGO DE IGREJA
MONTE HILL
Damodar-Tempel
7
Paulo Travels
3
Abade Faria Rd
Padre Miranda Rd
Bank
9
5
2
Valaulikar Rd
Municipal Gardens
Bank
Miguel L F Rd
Zentraler Busbahnhof
Isidoro Baptista Rd
6
1
8
Luis Miranda Rd
Rue F de Loiola
Erasmo Carvalho Rd
4
10
Station Rd
(2 km); Palolem (37 km)

gebracht, in der großartige Bücher über Goa zu finden sind. Im altmodischen Lesesaal, wo sich die Einheimischen treffen, kann man die Tageszeitung lesen.

Schlafen

Hotel Tanish HOTEL $
(☎0832-2735858; www.hoteltanishgoa.com; Reliance Trade Centre, Valaulikar Rd; EZ/DZ 900/1200 ₹, EZ/DZ/Suite mit Klimaanlage 1100/1500/2000 ₹; ❄) Die Lage im Obergeschoss eines Einkaufszentrums ist etwas merkwürdig, aber das Hotel bietet eine tolle Aussicht auf die ländliche Umgebung und stilvolle, gut ausgestattete Zimmer. Die Suiten verfügen über Badewannen und große TVs, und der Blick reicht bis nach Colva. Die besseren Zimmer sind die mit Blick nach draußen, nicht die zum Innenhof des Einkaufszentrums.

Om Shiv Hotel HOTEL $$
(☎0832-2710294; www.omshivhotel.com; Cine Lata Rd; DZ 2750–3850 ₹, Suite 5000 ₹; ❄@📶) Die abgewohnten „Businesszimmer" des hellgelben Hotels hinter der Bank of India haben alle Klimaanlage und Balkon. Von den Suiten hat man einen tollen Ausblick; es gibt ein Fitnessstudio und im 7. Stock den **Rockon Pub**.

Nanutel Margao HOTEL $$
(☎0832-6722222; Padre Miranda Rd; EZ/DZ inkl. Frühstück 3780/4100 ₹, Suite 4750–5300 ₹; ❄📶🏊) Das mit Abstand beste Business-Class-Hotel von Margao ist modern und elegant und hat einen hübschen Pool, ein gutes Restaurant, eine Bar und ein Café, sowie saubere Zimmer mit Klimaanlage. Die Lage zwischen den Municipal Gardens und dem Viertel Largo de Igreja ist sehr praktisch.

Essen

Swad INDISCH $
(New Market; 50–10 ₹; ⏰7.30–20 Uhr) Das familienfreundliche Restaurant gegenüber vom Lotus Inn gilt als eines der besten vegetarischen Lokale der Stadt, das besonders zum Mittagessen sehr beliebt ist. Die Thalis, die südindischen *tiffins* und alle anderen Hauptgerichte sind in der Tat köstlich.

Café Tato INDISCH $
(Valaulikar Rd; Thalis 90 ₹; ⏰Mo–Sa 7–22 Uhr) Die Cafeteria in einer geschäftigen Seitenstraße ist ein beliebter Treffpunkt zum Mittagessen, das aus leckeren vegetarischen Gerichten und köstlichen Thalis – so viel man essen kann – besteht.

★ **Ruta's World Café** AMERIKANISCH, INTERNATIONAL $$
(☎0832-2710757; www.caferuta.com; Fr Miranda Rd; Hauptgerichte 150–350 ₹; ⏰Mo–Sa 10–19 Uhr) Dieses Lokal sticht aus der sonst eher durchschnittlichen Restaurantszene von Margao heraus und ist ein ausgezeichneter Grund, den Strand mal zu verlassen. Nachdem sie jahrelang als preisgekrönte Köchin, Lehrerin und Rezeptbuchautorin in San Francisco gearbeitet hat, brachte Ruta Kahate ihre kulinarische Kunst nach Goa (es gibt noch ein weiteres Restaurant in Mapusa; S. 143).

★ **Longhuino's** GOANISCH, INTERNATIONAL $$
(Luis Miranda Rd; Hauptgerichte 95–205 ₹; ⏰8.30–22 Uhr) Das urige, alte Restaurant ist eine Institution in Margao und serviert schon seit 1950 köstliche indische, goanische und chinesische Gerichte, die bei Einheimischen und Touristen gleichermaßen beliebt sind. Nichts falsch machen kann man mit einem goanischen Hauptgang wie *ambot tik*, vorausgesetzt, man lässt noch Platz für ein klassisches Dessert wie Rumkugeln oder Tiramisu. Der Service ist so träge wie die sich langsam drehenden Deckenventilatoren, aber man kann hier bei einem Kaffee oder einem Bier hervorragend Leute beobachten.

Shoppen

MMC New Market MARKT
(⏰Mo–Sa 8.30–21 Uhr) Der geschäftige, überdachte Markt von Margao ist mit seinen bunten Ständen toll zum Bummeln, zum Schnuppern von Gewürzen, zum Ausprobieren von Seifen und zum Stöbern nach Haushaltsgeräten.

Golden Heart Emporium BÜCHER
(Confidant House, Abade Faria Rd; ⏰Mo–Sa 10–13.30 & 16–19 Uhr) Der mit Romanen, Sachbüchern, Kinderbüchern und Bildbänden über Goas Küche, Architektur und Geschichte vollgestopfte Buchladen gehört wohl zu den besten im Bundesstaat. Hier gibt es auch sonst schwer erhältliche Titel von einheimischen Autoren. Der Laden liegt an einer kleinen Gasse abseits der Abade Faria Rd auf der rechten Seite, wenn man in Richtung Norden schaut.

Praktische Informationen

Banken mit Wechselstuben und Geldautomaten gibt's überall in der Stadt, vor allem aber rund um den Stadtpark und entlang der Luis Miranda Rd. Ein praktischer Geldautomat der HDFC-Bank befindet sich im Caro Centre in der Nähe des Longuinho's.

Anreise & Unterwegs vor Ort

BUS

Die Fernbusse starten am Kadamba-Busbahnhof und an einer Haltestelle für die privaten Busse, die sich beide 2 km nördlich der Municipal Gardens befinden. Shuttle-Busse fahren alle paar Minuten nach Panaji (30 ₹, 35 Min.). Wer in den Norden Goas reisen möchte, nimmt am besten einen Bus nach Panaji und steigt dort um. Nahverkehrsbusse, die etwa alle 15 Minuten nach Benaulim (10 ₹, 20 Min.), Colva (10 ₹, 20 Min.) und Palolem (40 ₹, 1 Std.) fahren, halten am Busbahnhof an der Ostseite der Municipal Gardens.

Die Überlandbusse der privaten Unternehmen verkehren mehrmals täglich. Abfahrt ist zumeist zwischen 17.30 und 19.30 Uhr, die Fahrkarten sind in den Büros in der Stadt erhältlich. Empfehlenswert ist **Paulo Travel**. (☎ 0832-2702405; ww.phmgoa.com; Hotel Nanutel, Padre Miranda Rd)

TAXI

Taxis fahren nach Palolem (900 ₹), Panaji (800 ₹), zum Flughafen von Dabolim (600 ₹), nach Calangute (1000 ₹) und Anjuna (1200 ₹). Mit Ausnahme der Taxis am Bahnhof, für die man ein Prepaid-Ticket braucht, muss man den Preis jeweils mit dem Fahrer aushandeln.

ZUG

Von Margaos gut organisiertem Bahnhof, der 2 km südlich der Stadt liegt, starten die Züge der Konkan Railway und zu anderen Routen. Die Halle mit den Ticketschaltern (☎ Buchungen 0832-2700730, Auskunft 0832-2712790; ⌚ Mo–Sa 8–14 & 14.15–20, So 8–14 Uhr) befindet sich im 1. Stock. Eine Fahrt mit dem Taxi oder einer Autorikscha von und in die Stadt kostet etwa 100 ₹.

Chandor

Das herrlich grüne Dorf 15 km östlich von Margao bietet die perfekte Abwechslung vom Faulenzen am Strand. Mehr als irgendwo sonst in Goa ist hier noch vom opulenten Lebensstil der ehemaligen Großgrundbesitzer zu sehen, die sich nach dem Vorbild der portugiesischen Kolonialherren die prachtvollsten Herrenhäuser errichten ließen. Hier findet am 6. Januar auch das farbenprächti-

WICHTIGE ZÜGE AB MARGAO (MADGAON)

ZIEL	ZUG	PREIS (₹)	DAUER (STD.)	ABFAHRT
Bangalore	*02779 Vasco da Gama-SBC Link* (D)	360/970	15	15.50 Uhr
Chennai (Madras; über Yesvantpur)	*17312 Vasco-da-Gama-Chennai Express* (C)	475/1275/1850	21	Do 15.20 Uhr
Delhi	*12431 Rajdhani Express* (A)	2110/3050	27	Mi, Fr, Sa 10.10 Uhr
Ernakulam	*12618 Lakshadweep Express* (C)	445/1165/1665	14½	19.20 Uhr
	16345 Netravati Express (C)	415/1120/1620	15	23.10 Uhr
Hubli	*02779 Vasco-da-Gama-SBC Link* (D)	160/485	6½	15.50 Uhr
Mangalore	*12133 Mangalore Express* (C)	290/735/1035	5½	7.10 Uhr
Mumbai (Bombay)	*10112 Konkan Kanya Express* (C)	390/1055/1250	12	18 Uhr
	10104 Mandovi Express (C)	390/1055/1520	12	9.15 Uhr
Pune	*12779 Goa Express* (C)	335/930/1315	12	15.50 Uhr
Thiruvananthapuram	*12432 Rajdhani Express* (A)	1775/2420	19	Mo, Mi, Do 12.45 Uhr
	16345 Netravati Express (C)	480/1290/1875	19½	23.10 Uhr

Wagenklassen: (A) 3AC/2AC, (B) 2S/CC, (C) Sleeper Class/3AC/2AC, (D) Sleeper Class/3AC

ABSTECHER

HAMPI

Die surrealen Ruinen des Vijayanagar-Reichs bei Hampi (S. 230) in Karanakata sind einen Abstecher oder sogar einen Zweitagesausflug von Goa aus wert. Der *VSG Howrah Express* fährt dienstags, donnerstags, freitags und samstags um 7.10 Uhr von Margao nach Hospet, von wo aus es weiter nach Hampi geht (Sleeper Class/3AC/2AC 235/620/885 ₹, 8 Std.). Bequemer sind die Nachtbusse, die direkt von Margao oder Panaji nach Hampi fahren und von Paulo Travel betrieben werden (900–1100 ₹, 10–11 Std., 2–3-mal tgl.).

ge **Fest der Drei Könige** statt, bei dem die Ankunft der Heiligen Drei Könige im Stall von Bethlehem von Jungen aus dem Ort nachgespielt wird.

Das im 17. Jh. erbaute **Braganza House** ist wohl das beste Beispiel für den verblassten Prunk der Villen aus der Kolonialzeit. Von Anfang an war das auf einem vom portugiesischen König verliehenen Grundstück errichtete Haus in zwei Flügel unterteilt, in denen zwei Familien der Braganzas lebten. Der **Westflügel** (☎0832-2784201; Spende 150 ₹; ⏲9–17 Uhr) ist bis heute im Besitz der Familie Menezes-Bragança und voller glitzernder Kronleuchter, italienischer Marmorböden, Rosenholzmöbel und alter Kostbarkeiten aus Macao, Portugal, China und Europa. Auch nach dem Tod der betagten Aida Menezes-Bragança 2012 ist die grandiose alte Villa, die beträchtliche Summen an Instandhaltungskosten verschlingt, weiterhin für die Öffentlichkeit zugänglich. Der **Ostflügel** (☎0832-2784227; Spende 100 ₹; ⏲10–18 Uhr) ist im Besitz der Braganza-Pereiras, der anderen Linie der Familie. Er ist nicht annähernd so prachtvoll wie der Westflügel, aber noch bewohnt und hat eine kleine, bemerkenswerte Familienkapelle, in der sich ein sorgfältig versteckter Fingernagel des hl. Franz Xaver befindet, der verständlicherweise der ganze Stolz der Familie ist. Beide Villen sind täglich geöffnet, und es findet sich eigentlich immer jemand, der Besucher einlässt. Spenden sind erbeten und werden erwartet.

Etwa 1 km östlich der Kirche von Chandor erhebt sich das beeindruckende, mehr als 500 Jahre alte **Fernandes House** (☎0832-2784245; erbetene Spende 200 ₹; 9–18 Uhr), das auch als „Casa Grande" bekannt ist. Allerdings wurde der portugiesische Teil des Hauses erst 1821 von der Familie Fernandes hinzugefügt. Das Geheimversteck im Keller ist voller Schießscharten und verfügt über einen Fluchttunnel zum Fluss, damit die Familie bei einer Belagerung entfliehen konnte.

Colva & Benaulim

12 000 EW.

Colva und Benaulim haben breite, offen zugängliche Strände, die aber schon lange nicht mehr die Top-Favoriten der Rucksacktouristen im Süden Goas sind. Die meisten Urlauber kommen heute aus Indien oder sind ältere Europäer jedweder Nation. Hier gibt's keine Partys wie im Norden Goas und auch die Schönheit und Lässigkeit von Palolem fehlen. Dennoch liegen diese Strände am nächsten zu den Hauptverkehrsknotenpunkten von Margao und dem Flughafen von Dabolim. Benaulim ist der schönere Ort, denn er hat eine kleine Geschäftsstraße und die idyllische Atmosphäre eines Dorfes – in der Nebensaison gleicht er aber einer Geisterstadt am Meer.

Sehenswertes & Aktivitäten

Am Eingang zu den Stränden in Colva und in geringerem Umfang auch in Benaulim wimmelt es von Tourveranstaltern, die **Parasailing** (800 ₹/Flug), **Jetski fahren** (15 Min. 1. Pers./2. Pers. 300/500 ₹) und einstündige Bootsfahrten zur **Delfinbeobachtung** (300 ₹/Pers.) anbieten.

★ **Goa Chitra** MUSEUM
(☎0832-6570877; www.goachitra.com; St. John the Baptist Rd, Mondo Vaddo, Benaulim; Eintritt 200 ₹; ⏲Di–So 9–18 Uhr) Der Künstler und Restaurator Victor Hugo Gomes bemerkte als Erster – da war er noch ein kleiner Junge in Benaulim –, dass immer mehr traditionelle Alltagsobjekte, von Landwirtschaftsmaschinen über Küchenutensilien bis hin zu Altarbildern, langsam aus dem Leben der Menschen verschwinden. Daher gründete er dieses ethnografische Museum, in dem mittlerweile mehr als 4000 ausrangierte Gegenstände zu sehen sind, die er in den letzten 20 Jahren in Goa gesammelt hat. Oftmals musste er sich ihre Bedeutung von älteren Menschen erklären lassen. Jede volle Stunde gelangt man im Rahmen einer einstündigen Audiotour in dieses faszinierende

Museum. Goa Chitra liegt 3 km östlich der Maria Hall – einfach nach dem Weg fragen!

Schlafen

Colva

Nach wie vor gibt's in Colva ein paar einfache, preiswerte Unterkünfte, die in den Palmenwäldchen hinter dem Strand liegen. Am besten hört man sich in der Stadt um.

Sam's Guesthouse HOTEL $
(☎0832-2788753; Zi. 650 ₹;) Das große, freundliche Hotel mit netten Besitzern liegt abseits des Getümmels nördlich von Colvas Hauptstraße in der Straße parallel zum Strand. Die großen, preiswerten Zimmer sind um einen Garten angeordnet, es gibt ein gutes Restaurant und eine schräge Bar.

Colmar Beach Resort RESORT $
(☎022-67354666 in Mumbai; www.colmarbeachresort.net; DZ 700 ₹, mit Klimaanlage ab 1100 ₹, Cottage am Pool 1500 ₹;) Das Colmar Beach Resort liegt von allen Budgetunterkünften dem Strand am nächsten. Wer nicht allzu viel erwartet, kann es hier aushalten. Die Cottages rund um den kleinen Pool sind prima, während die älteren Zimmer hinten billiger und etwas schmuddelig sind. Der Strand liegt direkt vor der Haustür, und das Restaurant mit Bar ist ziemlich gut.

La Ben HOTEL $
(☎0832-2788040; www.laben.net; Colva Beach Rd; Zi. 1100 ₹, mit Klimaanlage 1400 ₹;) Nett, sauber und nicht völlig frei von jeder Atmosphäre. Wer nicht unbedingt etwas mit viel Charme sucht, der ist in diesem alteingesessenen Hotel mit ordentlichen, preiswerten Zimmern an der richtigen Adresse. Das Gartenrestaurant ist eine Wucht.

Skylark Resort HOTEL $$
(☎0832-2788052; www.skylarkresortgoa.com; DZ 2885–3639 ₹, FZ 4270 ₹;) Eindeutig besser als die Budgetunterkünfte: Die sauberen Zimmer sind mit von einheimischen Handwerkern geschreinerten Teakmöbeln und Tagesdecken mit Baumwolldruck ausgestattet. Am schönen Pool lässt es sich herrlich entspannen. Die besten (und teuersten) Zimmer liegen direkt am Pool.

Benaulim

Im ganzen Ort bieten Privatleute einfache Fremdenzimmer an. Zusammen mit ein paar ordentlichen Budgetunterkünften machen sie Benaulim im Vergleich zu Colva zu einer wesentlich besseren (und ruhigeren) Alternative für Rucksack-Traveller.

Rosario's Inn PENSION $
(☎0832-2770636; Zi. ohne/mit Klimaanlage 450/800 ₹;) Der alteingesessene Familienbetrieb liegt gegenüber einem Fußballplatz, auf dem jede Menge Libellen um die jungen Spieler kreisen, und ist ein echtes Schnäppchen. Die Zimmer sind einfach, aber sehr sauber, und es gibt ein Restaurant.

D'Souza Guest House PENSION $
(☎0832-277 0583; DZ 600 ₹) Das blau gestrichene Haus in einer Seitenstraße hat nur drei Zimmer und wird von einer goanischen Familie geführt. Die Atmosphäre ist gemütlich, und es gibt einen hübschen Garten. Da die Pension oft ausgebucht ist, sollte man im Voraus reservieren.

Palm Grove Cottages HOTEL $$
(☎0832-2770059; www.palmgrovegoa.com; Vaswado; DZ inkl. Frühstück 2020–3700 ₹;) Altmodischer, lauschiger Charme und Benaulims grünster Garten heißen Gäste in

TIERLIEBE

Das Tierheim Animal Tracks in Assagao im Norden von Goa wird von der Tierschutzorganisation **International Animal Rescue** (Animal Tracks; ☎0832-2268272; www.internationalanimalrescuegoa.org.in; Madungo Vaddo, Assagao; 9–16 Uhr) geleitet. Im **Goa Animal Welfare Trust Shop** (☎0832-2653677; www.gawt.org; Mo–Sa 9.30–13 & 16–19 Uhr) nahe dem Skylark Resort in Colva kann man Souvenirs kaufen, Kleidungsstücke und Ähnliches spenden sowie Bücher ausleihen. Oder man informiert sich einfach über die Arbeit der **GAWT-Stiftung** (☎0832-2653677; www.gawt.org; Old Police Station, Curchorem; Mo–Sa 9–17.30, So 10–13 Uhr), die in Curchorem in der Nähe von Margao ein Tierheim betreibt. Auch das **Animal Rescue Centre** (☎0832-2644171; Chapolim; Mo–Sa 10–13 & 14.30–17 Uhr) in Chapolim, einige Kilometer nordöstlich von Palolem, nimmt kranke, verletzte und streunende Tiere auf. In allen Tierheimen sind Freiwillige willkommen, sei es auch nur für ein paar Stunden, um mit den Hunden Gassi zu gehen oder zu spielen.

ABSEITS DER ÜBLICHEN PFADE

DUDHSAGAR-WASSERFÄLLE

An der östlichen Grenze zu Karnataka liegen die Dudhsagar-Wasserfälle (603 m), Goas eindrucksvollste und Indiens zweithöchste Fälle. Am besten besucht man sie gleich nach dem Ende der Monsunzeit. Der Zugang erfolgt über das Dorf Colem, von wo aus man dann nach 40 holprigen Minuten auf einer landschaftlich schönen Strecke im Jeep zu den Wasserfällen gelangt (Jeep mit Platz f. 6 Pers. 400 ₹/Pers.). Am Parkplatz angekommen, liegt noch ein kurzer Anstieg zu den Wasserfällen vor einem.

Mit dem Zug geht's um 8.15 Uhr von Margao nach Colem (Kulem). Man sollte unbedingt vor der Abfahrt die Rückfahrzeiten checken! Eine einfachere Option (besonders, wenn man nicht aus Margao, sondern aus einem Strandort kommt) ist es, ein Taxi über ein Reisebüro zu mieten oder eine ganztägige GTDC-Tour von Panaji, Mapusa oder Calangute mitzumachen (1200 ₹, Mi & So).

den Palm Grove Cottages, einer tollen Mittelklasseunterkunft, willkommen. Die ruhigen Zimmer mit Klimaanlage und Balkon sind alle sehr gemütlich, aber die geräumigeren Deluxe-Zimmer in einem Nebengebäude im portugiesischen Stil sind am besten. Das **Palm Garden Restaurant** ist ausgezeichnet.

Anthy's Guesthouse PENSION $$
(☎ 0832-2771680; anthysguesthouse@rediffmail.com; Sernabatim Beach; DZ 1300 ₹, mit Klimaanlage 1700 ₹; ❄) Als eine der wenigen Unterkünfte direkt am Sernabatim Beach ist Anthy's Guesthouse bei Travellern natürlich ausgesprochen beliebt. Hier gibt es ein gutes Restaurant, eine Bücherbörse und gepflegte Zimmer im Chalet-Stil, die direkt hinter dem Strand von einem schönen Garten umgeben sind.

Blue Corner STRANDHÜTTEN $$
(☎ 9850455770; www.bluecornergoa.com; Hütte 1600 ₹) Hinter dem Strandlokal, nur ein paar Meter nördlich vom Haupteingang zum Strand, breitet sich eine Ansammlung robuster, in der Gegend unüblicher Kokoshütten mit Ventilator und Terrasse aus. Das Restaurant erhält sehr gute Kritiken.

Essen & Ausgehen

Colva

An Colvas Strand stehen ein paar Hütten, die die üblichen Speisen und frische Meeresfrüchte anbieten.

Sagar Kinara INDISCH $
(Colva Beach Rd; Hauptgerichte 60–180 ₹; ⏲ 7–22.30 Uhr) Die Köstlichkeiten dieses rein vegetarischen Restaurants im Obergeschoss (nicht-vegetarische Speisen gibt es unten), könnten selbst eingeschworene Fleischesser überzeugen. Das saubere und professionell geführte Lokal serviert den ganzen Tag über leckere nord- und südindische Küche zum günstigen Preis.

Leda Lounge & Restaurant BAR
(⏲ 7.30–24 Uhr) Teils Sportsbar, teils Musiklokal, teils Cocktailbar – das Leda ist Colvas bester Anlaufpunkt am Abend. Hier gibt es angesagte Drinks (Mojitos, Long Island Iced Teas), gutes Essen (Hauptgerichte 270–600 ₹) und von Donnerstag bis Sonntag Livemusik.

Benaulim

Pedro's Bar & Restaurant GOANISCH, INTERNATIONAL $$
(Vasvaddo Beach Rd; Hauptgerichte 110–350 ₹; ⏲ 7–24 Uhr) Das sowohl bei indischen als auch bei ausländischen Gästen gleichermaßen beliebte Restaurant liegt in einem großen, schattigen Garten direkt am Strand und serviert Klassiker der indischen, chinesischen und italienischen Küche sowie eine Reihe guter goanischer Gerichte und glühend heiß Gebratenes.

Johncy Restaurant GOANISCH, INTERNATIONAL $$
(Vasvaddo Beach Rd; Hauptgerichte 110–350 ₹; ⏲ 7–24 Uhr) Das Restaurant direkt am Strand gibt' s – anders als die meisten Strandlokale – schon ewig. Es serviert klassische goanische, indische und westliche Gerichte.

Club Zoya CLUB
(☎ 9822661388; www.clubzoya.com; ⏲ ab 20 Uhr) Dieser riesige Club hat die Partyszene ins kleine, verschlafene Benaulim gebracht. Hier sind internationale DJs, große Lightshows und eine Cocktailbar geboten, die ganz spezielle Drinks mit Wodka serviert. Während der Hauptsaison ist hier fast jeden Abend was los; man kann sich auf der Website informieren, was genau ansteht.

Praktische Informationen

In Colva gibt's in der von Ost nach West verlaufenden Colva Beach Rd jede Menge Bankautomaten. In Benaulim steht ein Geldautomat der HDFC-Bank an der Straße, die nach Colva führt.

Anreise & Unterwegs vor Ort

In Colva und Benaulim können Motorroller für um die 250 ₹ gemietet werden.

COLVA

Bis etwa 19 Uhr fahren alle paar Minuten Busse von Colva nach Margao (10 ₹, 20 Min.). Eine Autorikscha/ein Taxi nach Margao kostet 200/250 ₹.

BENAULIM

Zwischen Benaulim und Margao verkehren auch regelmäßig Busse (10 ₹, 20 Min.). Sie halten an der Maria-Hall-Kreuzung, 1,2 km östlich vom Strand. Einige Busse fahren von Margao aus weiter Richtung Süden nach Varca und Cavelossim.

Von Benaulim nach Agonda

Gleich südlich von Benaulim locken die Küstenorte **Varca** und **Cavelossim** mit breiten, unberührten Sandstränden und schicken Fünf-Sterne-Hotels inmitten herrlich gestalteter Landschaftsgärten direkt am Strand. 3 km südlich von Cavelossim liegt auf der Spitze einer Halbinsel der Ort **Mobor**, dessen Strand zu den schönsten an dieser Küste zählt. In den einfachen Strandbars gibt's das übliche, gute Essen. Besonders empfehlenswert ist das **Blue Whale** (Hauptgerichte 100–350 ₹).

Von Cavelossim überspannt eine riesige neue Brücke den Sal River nach Assolna. Von dort geht es weiter in Richtung Süden in das rustikale, aber bezaubernde Fischerdorf **Betul**.

Von Betul windet sich eine Straße durch dichte Palmenwälder und über eine grandiose Hügellandschaft. Einen Abstecher wert ist die düstere, alte portugiesische Festung **Cabo da Rama**, innerhalb deren Mauern sich eine kleine Kirche befindet, von wo aus man eine herrliche Aussicht hat und wo mehrere alte Gebäude schon fast mit den Bäumen verwachsen scheinen.

Wieder zurück auf der Hauptstraße nach Agonda zweigt rechts (Richtung Westen) eine Straße zum **Cola Beach** ab, einem der großartigsten Strände im Süden Goas, der sich zudem mit einer smaragdgrünen Lagune schmückt. Von der Schnellstraße führt eine 2 km lange, holprige Staubpiste zum Strand, der dennoch nicht ganz einsam ist: In der Hauptsaison stehen dort ein paar Hütten und ein Zeltdorf. Etwa 500 m nördlich der Abzweigung nach Cola führt ein weiterer Dschungelpfad zum Khancola (oder Kakolem) Beach. Hier gehen steile Treppen zu einem abgelegenen Strand mit ganz wenigen Strandbars hinab.

Nach der Abzweigung zum Cola Beach sind es nur noch 2,5 km weiter südlich nach Agonda.

Agonda

Agonda Beach ist ein schöner, 2 km langer Streifen mit weißem Sand, der zwischen zwei bewaldeten Landzungen liegt. Schon seit Jahren finden viele Traveller den Weg hierher, und während der Hauptsaison ist fast jeder Zentimeter des Strandes mit Hütten – darunter auch ein paar sehr luxuriöse – belegt. Aber im Vergleich zu Palolem geht es hier immer noch bescheiden zu, und man kann trotz alledem entspannen. Am nördlichen Ende, das vom Forest Department unter Naturschutz gestellt wurde, legt die seltene Oliv-Bastardschildkröte Eier ab.

In Agonda gibt es jede Menge Yoga- und Ayurveda-Angebote und ein sehr gutes Gemeinschaftsgefühl zwischen den Läden und den Cafés in der Straße parallel zum Strand. Nahe der Kreuzung an der Kirche findet sich ein Geldautomat der HDFC-Bank.

Schlafen & Essen

Von November bis Mai säumen einige von Goas elegantesten und luxuriösesten Hütten den Strand. Daneben sind Restaurants und Bars aufgebaut, und in der Seitenstraße, die parallel zum Strand verläuft, befinden sich Lokale, die das ganze Jahr über offen haben.

Fatima Guesthouse PENSION $

(☎ 0832-2647477; DZ 600–700 ₹, mit Klimaanlage 800 ₹; ❄ 📶) Die allseits beliebte zweistöckige Pension mit sauberen Zimmern, einem guten Restaurant und höchst zuvorkommendem Personal steht an der Straße am südlichen Ende von Agondas Strand. Die Yogakurse auf der Dachterrasse und die längeren Lehrgänge sorgen dafür, dass sie schnell ausgebucht ist. Woran auch der gute Preis schuld sein dürfte …

Abba's Gloryland PENSION $

(☎ 9404312232, 0832-2647822; www.abbasgloryland.com; Hütte/Zi. 1000/1200 ₹; 📶) Die freundliche, familienbetriebene Pension liegt abseits der Straße am nördlichen Strandende. In einem rosa Gebäude befinden sich coole, geflieste Zimmer, und daneben stehen nette Bambushütten mit Schieferböden. Eine gute Budgetunterkunft ohne Meerblick, aber nur einen kurzen Spaziergang vom Strand entfernt.

Agonda White Sand STRANDHÜTTEN $$
(☎9823548277; www.agondawhitesand.com; Agonda Beach; Hütte ab 3800 ₹; 📶) Die wundervoll gestalteten, schicken Hütten mit Sprungfedermatratzen und Bad unter freiem Himmel stehen rund um ein Restaurant mit Bar direkt am Strand. Keine 100 m entfernt vermieten die Besitzer auch zwei fantastische Fünf-Sterne-**Villen** (7000–9000 ₹) direkt am Meer mit riesigen Betten und großen Badezimmern, in denen ein ganzer Garten mit Fischteich Platz hätte.

★ **H2O Agonda** STRANDHÜTTEN $$$
(☎9423836994; www.h2oagonda.com; DZ inkl. Frühstück 4500–6500 ₹; ❄📶) Die Hütten mit den lila-malvenfarbenen Musselinvorhängen und dem 1001-Nacht-Ambiente gehören zu den tollsten und luxuriösesten in Agonda. Von der Rezeption wie in einem Hotel geht man durch einen Garten zu den geräumigen Hütten mit Klimaanlage, TV und riesigen Bädern unter freiem Himmel. Die teureren Cottages mit Meerblick und Bettdecken im Zebramuster sind ihr Extrageld wert.

Fatima Thali Shop SÜDINDISCH $
(vegetarisches/Fisch-Thali 80/100 ₹) Diese Institution in Agonda mit nur vier Tischen ist bei Einheimischen und Touristen gleichermaßen beliebt. In der unglaublich kleinen Küche werden sättigende südindische Thalis zubereitet. Hier gibt's auch leckeres Frühstück, Salate und Chai-Tee.

Palolem & Umgebung

Palolem ist zweifellos einer von Goas schönsten Stränden: eine von Palmen gesäumte Bucht mit feinem Sandstrand. Aber zur Hauptsaison ist hier die Hölle los!

Wer wissen möchte, wie es hier vor zehn oder 15 Jahren ausgesehen hat, der muss im September oder Anfang Oktober kommen, bevor die Strandhütten aufgebaut werden. Wenn das Hämmern und Sägen erst begonnen hat, verwandelt sich der Strand in eine Art Spielzeugstadt mit bunten und immer raffinierteren Holz- und Bambushütten, vor denen mit Palmwedeln bedeckte Restaurants stehen. Trotzdem lässt es sich hier gut aushalten, was vor allem Backpacker, Langzeiturlauber und Familien finden. Abgesehen davon, dass Palolem einer von Goas besten Stränden zum Schwimmen und Kajakfahren ist, kann man hier auch Kochkurse besuchen, Yoga üben oder sich ein Motorrad mieten, um zu den umliegenden Stränden, Wasserfällen und Wildparks zu fahren. Abends kann man bei Sonnenuntergang den Klängen von Live-Rock oder Reggaemusik lauschen oder auf einer Kopfhörerparty tanzen.

Weiter südlich liegt die kleine Bucht **Colomb Bay** mit mehreren einfachen Unterkünften. Gleich dahinter kommt der fried-

ABSTECHER

TAGESAUSFLÜGE IN DEN SÜDEN

Goas Süden ist wie gemacht für Tagesausflüge. Einfach ein Motorrad leihen oder ein Taxi mieten – und auf geht's zu Ausflügen von Palolem, Patnem oder Agonda aus!

➡ **Tanshikar Spice Farm** (☎0832-2608358, 9421184114; www.tanshikarspicefarm.com; Netravali; geführte Tour über die Plantage inkl. Mittagessen 450 ₹; Ökohütte inkl. Essen 1500 ₹/Pers.; ⏲10–16 Uhr) Von Palolem aus geht es 35 km ins Landesinnere durch Wälder und Felder bis zu dieser ausgezeichneten Gewürzplantage. Von dort kann man Wanderungen in den Urwald und zum mysteriösen „Bubble Lake" unternehmen.

➡ **Talpona & Galgibag** Diese zwei fast verlassenen, zauberhaften Strände werden von den Flüssen Talpona und Galgibag natürlich eingerahmt. Am Galgibag nisten Oliv-Bastardschildkröten, und es gibt ein paar gute Strandrestaurants und Hütten. Schon die kurvige Fahrt hierher macht einen Riesenspaß.

➡ **Polem Beach** Goas südlichster Strand liegt 25 km südlich von Palolem und hat nur ein Hüttendorf zu bieten. Daher fühlt man sich hier richtig weit weg von allem. Einen Ausflug sollte man mit einem Abstecher zum Talpona und zum Galgibag kombinieren.

liche und hübsche **Patnem Beach**, eine etwas relaxtere Version von Palolem mit nur etwa einem Dutzend Strandhütten und Restaurants.

Aktivitäten

Yoga

In Palolem und Patnem gibt es verschiedene Kursangebote. Bhakti Kutir (S. 173) und Space Goa (S. 174) bieten täglich Yogakurse ohne Voranmeldung, und der Butterfly Book Shop (S. 175) organisiert ebenfalls täglich – nach Anmeldung – Yoga- und Kochkurse (300/1200 ₹).

Das **Bamboo Yoga Retreat** (9765379887; www.bamboo-yoga-retreat.com; Patnam Beach; EZ/DZ ab 5300/7400 ₹;) in Patnem ist besonders zu empfehlen, hat aber nur für Gäste geöffnet. Etwa 4 km weiter südlich befindet sich das neue Shamana Retreat in sehr schöner, abgeschiedener Dschungellage.

Aktivitäten am Strand

An den Stränden von Palolem werden **Kajaks** für 150 ₹ pro Stunde und auch ein paar Stehpaddel-Boards (500 ₹) vermietet. Fischer und andere Bootseigner am Strand bieten Fahrten zur Delfinbeobachtung oder zum winzigen **Butterfly Beach** nördlich von Palolem an, die jeweils 1200 ₹ für zwei Personen kosten.

Trekking

Cotigao Wildlife Sanctuary NATURSCHUTZGEBIET
(0832-2965601; Erw./Kind 20/10 ₹, Foto-/Videoerlaubnis 30/150 ₹; 7–17.30 Uhr) Das wunderschöne, abgeschiedene Naturschutzgebiet liegt 9 km südöstlich von Palolem und eignet sich gut für einen Tagesausflug. Es ist Goas zweitgrößtes Naturschutzgebiet und das am besten zugängliche, sofern man ein eigenes Fahrzeug hat. Man wird zwar kaum auf die wirklich exotischen Bewohner wie Gaure, Sambarhirsche, Leoparden oder Axishirsche treffen, dafür aber auf die in Hülle und Fülle vorhandenen Frösche, Schlangen, Affen, Insekten und grellbunt gefiederten Vögel.

Goa Jungle Adventure OUTDOOR-AKTIVITÄTEN
(9850485641; www.goajungle.com; Trekking-/Canyoning-Tour 1890–3590 ₹) Dieser Outdoor-Veranstalter, der von einem professionellen französischen Guide geleitet wird, bietet aufregende Trekking- und Canyoning-Touren durch die Gegend rund um Netravali zu Füßen der Western Ghats an, wo man klettern, von Klippen springen und sich im Abseilen versuchen kann. Die Touren dauern zwischen einem halben Tag und mehreren Tagen, und manchmal stehen auch ausgedehnte Rafting-Touren nach Karnataka auf dem Programm.

Schlafen

Palolem

Die meisten Unterkünfte in Palolem gehören zur Kategorie der einfachen Strandhütten, die nur in der Hauptsaison geöffnet sind. Hinter dem Strand gibt es aber auch jede Menge altmodischer Pensionen und Gästezimmer in Privathäusern, für die ab 600 ₹ aufwärts geblecht werden muss. Es ist auch durchaus noch möglich, in Strandnähe eine einfache, mit Palmstroh gedeckte Hütte ohne Bad für 700 ₹ zu finden, aber die meisten dieser Hütten bestehen heutzutage aus Sperr- oder Massivholz und verfügen über ein eigenes Bad und mehrere Ebenen. Die besten dieser Zimmer haben Meerblick, Klimaanlage, Flachbild-TV und Balkon, kosten aber auch über 5000 ₹! Da die Hütten jedes Jahr ab- und wieder aufgebaut werden, können sich die Ausstattung und die Eigentumsverhältnisse immer mal wieder ändern. Daher sind im Folgenden nur „solide" Pensionen und alteingesessene Hüttendörfer aufgeführt.

My Soulmate PENSION $
(9823785250; mysolmte@gmail.com; DZ 1000 ₹, mit Klimaanlage 1500 ₹;) Die freundliche und makellose, zweistöckige Pension befindet sich in guter Lage abseits der großen Palolem-Beach-Straße und ist eine gute Unterkunft nicht direkt am Strand. Die hübschen Zimmer warten TV und Warmwasser auf, wobei die neueren mit sexy runden Betten ausgestattet sind. Gutes Café, freundliches Personal.

Sevas HÜTTEN $
(9422065437; www.sevaspalolemgoa.com; Hütte mit EZ/DZ 600/800 ₹, Familien-Cottage 1600 ₹; @) Auf der Colomb Bay-Seite von Palolem verstecken sich mehrere einfache Hütten mit Palmstrohdach und Badezimmer im Freien, größere Hütten für Familien und Zimmer inmitten eines hübschen, schattigen Gartens. WLAN kostet 100 ₹ pro Tag.

★ **Ciaran's** HÜTTEN $$
(0832-2643477; www.ciarans.com; Hütte inkl. Frühstück 3000–4000 ₹, Zi. mit Klimaanlage

Palolem

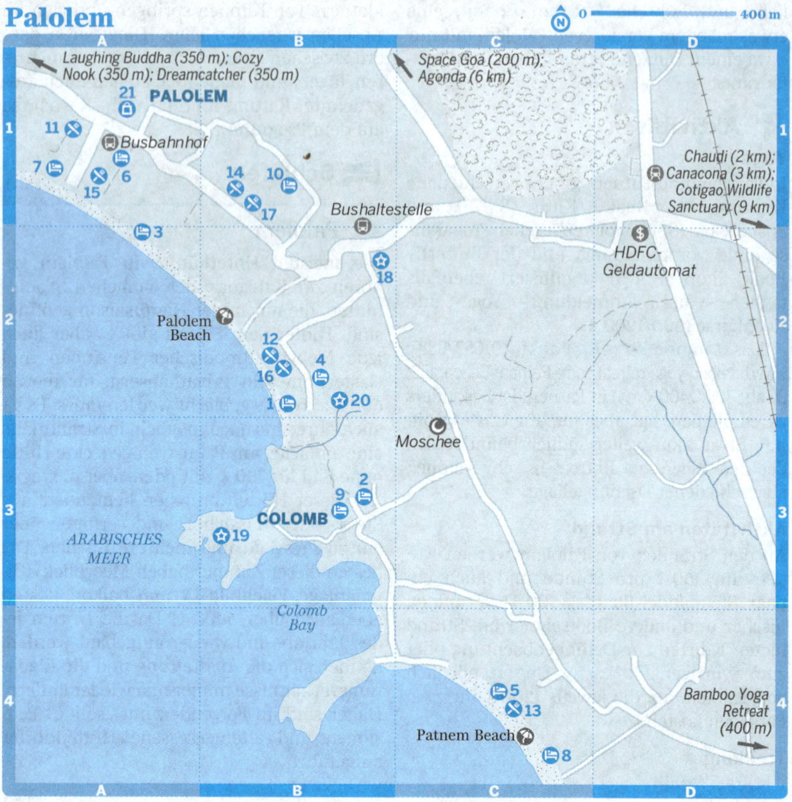

4500 ₹; ❄ 📶) Hier stehen ein paar der beeindruckendsten Strandhütten Palolems. Der freundliche Besitzer John hat in den letzten Jahren hart gearbeitet, um einen so hohen Standard zu erreichen, und seine wunderschön gestalteten Hütten in einem Garten voller Pflanzen sind erste Sahne. Die Hütten mit Meerblick sind die teuersten. In einigen Zimmern gibt es Klimaanlage und sogar einen Whirlpool. Vor Ort befinden sich auch ein beliebtes internationales Restaurant, ein Tapas-Lokal und ein hoch angesehenes Wellnesszentrum.

Art Resort HÜTTEN **$$**
(☎ 9665982344; www.art-resort-goa.com; Ourem Rd; Hütte 1500–2500 ₹; 📶) Die hübschen Cottages hinter einem tollen Strandrestaurant haben das Flair eines Beduinenzeltlagers mit abgeschirmten Sitzplätzen im Freien und modernen Kunstwerken hier und da. In dem Hüttendorf gibt es Kunstausstellungen und regelmäßig Livemusik.

Cozy Nook HÜTTEN **$$**
(☎ 0832-2643550, 9822584760; www.cozynookgoa.com; Hütte 2500–3500 ₹) In dem schon lange existierenden Hüttendorf am nördlichen Ende des Strandes gibt es schön gestaltete Hütten, ein paar Baumhäuser und eine schrille Bar.

Dreamcatcher HÜTTEN **$$**
(☎ 0832-2644873; www.dreamcatcher.in; Hütte 1750–2500 ₹) Das wahrscheinlich größte Hüttendorf umfasst 60 solide Hütten, die abgeschieden in einem Kokosnusshain direkt hinter dem nördlichsten Ende des Strandes liegen. Eines der Highlights hier ist das Restaurant am Flussufer, zu dem auch eine Cocktailbar gehört. Außerdem gibt es ein großes Angebot von ganzheitlichen Therapien, Massagen sowie Yoga- und Reikikursen, an denen man auch ohne Anmeldung teilnehmen kann. Der Zugang liegt in der Seitenstraße, die parallel zum Strand verläuft.

Palolem

Schlafen

1 Art Resort B2
2 Bhakti Kutir B3
3 Ciaran's A2
4 Kate's Cottages B2
5 Mickys C4
6 My Soulmate A1
7 Palolem Beach Resort A1
8 Papaya's C4
9 Sevas B3
10 Village Guesthouse B1

Essen

11 Café Inn A1
Fern's By Kate's .... (siehe 4)
12 German Bakery B2
13 Home C4
14 Little World Cafe B1
15 Magic Italy A1
16 Ourem 88 .... B2
17 Shiv Sai B1

Unterhaltung

18 Deafbeat B2
19 Neptune Point Headphone Disco B3
20 Silent Noise @ Alpha Bar B2

Shoppen

21 Butterfly Book Shop A1

Kate's Cottages PENSION $$
(☎ 9822165261; www.katescottagesgoa.com; Ourem Rd; DZ 3000–5000 ₹; ❄📶) Die zwei wunderschön gestalteten Zimmer über Fern's Restaurant sind mit schweren Holzmöbeln, riesigen Himmelbetten, TV und modernen Badezimmern ausgestattet und gewähren vom Balkon aus Blick aufs Meer. Es gibt auch ein paar günstige Hütten.

Village Guesthouse PENSION $$
(☎ 9960487627, 0832-2645767; www.villageguesthousegoa.com; DZ inkl. Frühstück 3400–4300 ₹; ❄📶) Das von Auswanderern geführte Boutiquehotel verfügt über acht makellose und geräumige Zimmer mit Klimaanlage, die qualitativ über dem Durchschnitt der meisten anderen Hotels von Palolem liegen. Wem es wichtiger ist, seine Ruhe zu haben als am Strand zu wohnen, der bekommt hier hübsche Möbel, Himmelbetten, TV und gemütliches Flair. Das Frühstück wird im Garten hinten serviert.

Bhakti Kutir COTTAGE $$
(☎ 0832-2643469, 9823627258; www.bhaktikutir.com; Colomb Bay; Cottage 2200–3300 ₹; @) Versteckt in einem dichten Wäldchen in der Colomb Bay südlich von Palolem stehen die gut ausgestatteten, etwas heruntergekommenen Cottages, bei denen manchmal sogar wildlebende Tiere vorbeischauen. In dem beliebten spirituellen und auf Ökologie bedachten Zentrum werden Yogakurse (ohne Voranmeldung) und ayurvedische Massagen angeboten.

Palolem Beach Resort RESORT $$
(☎ 0832-2645775, 9764442778; www.cubagoa.com/palolem; Zi. 3000 ₹, mit Klimaanlage 4000 ₹, Cottages 3000 ₹; ❄📶) Die Lage direkt am Haupteingang zum Strand ist unschlagbar, aber auch hier sind die Preise – wie in den meisten Unterkünften in Palolem – angehoben worden. Vor allem in der Nebensaison, wenn es eines der wenigen Hotels am Strand ist, die geöffnet haben, ist das Preis-Leistungs-Verhältnis sehr gut. Hier gibt es Zimmer das ganze Jahr über (die mit Klimaanlage sind die besseren), Hütten während der Saison und ein nettes Restaurant am Strand.

Patnem

Wer länger bleiben will, kann eines der zahlreichen Häuser oder Apartments im Ort mieten. So kostet ein sehr einfaches Haus etwa 10 000 ₹ pro Monat, für ein komplett ausgestattetes Apartment kann man aber auch bis zu 40 000 ₹ loswerden.

Mickys HÜTTEN $
(☎ 9850484884; www.mickyhuts.com; Patnem Beach; Zi. & Hütte 800–1500 ₹, Hütte ohne Bad 400 ₹; 📶) Wer kein Problem mit einfachen Hütten hat, die nicht einmal Strom haben, kann hier überaus günstig schlafen. Aber keine Angst, es gibt auch bessere Hütten mit Strom und eigenem Bad! Fast das ganze Jahr über kann man auch Zimmer mieten (nur Aug. & Sept. geschl.). Das Mickys am nördlichen Ende des Strandes wird von einer freundlichen Familie geführt. Mickys Naughty Corner ist ein cooles Strandcafé direkt vor der Hüttenanlage.

Papaya's HÜTTEN $$
(☎ 9923079447; www.papayasgoa.com; Hütte 3000 ₹, mit Klimaanlage 4000 ₹; ❄📶) Die soliden Hütten aus natürlichen Materialien stehen im Palmenwald hinter dem beliebten gleichnamigen Restaurant, in dem es tolle Variationen sämtlicher Strandklassiker gibt. Jede Hütte wurde mit viel Holz, Himmelbetten und fließendem Musselin liebevoll errichtet.

STILLE PARTYS

Zur Umgehung des in ganz Goa geltenden Verbots lauter Musik nach 22 Uhr werden in Palolem die äußerst beliebten Rave-Partys veranstaltet, bei denen alle Gäste Kopfhörer tragen und in absoluter Stille (zumindest nach außen hin) abtanzen. Dabei haben sie die Wahl zwischen zwei oder drei Kanälen, für die DJs aus Goa und aller Welt Hip-Hop, House, Electro und Funk auflegen. Das Konzept stammt ursprünglich von britischen Auswanderern (die jetzt in der Alpha Bar) arbeiten. Mittlerweile sind aber auch andere auf den Zug aufgesprungen, und bei der letzten Zählung gab es vier solcher Partys, die jeweils in verschiedenen Nächten stattfanden:

Silent Noise @ Alpha Bar (www.silentnoise.in; Eintritt 500 ₹; ⌚ Nov.–April Do 21–4 Uhr) Von den ursprünglichen Organisatoren der Kopfhörer-Partys.

Deafbeat (Cleopatra's, Palolem Beach Rd; 500 ₹, vor 23 Uhr Eintritt frei; ⌚ Mi ab 21 Uhr)

Laughing Buddha (Eintritt 400 ₹; ⌚ Di ab 22 Uhr)

Neptune Point (www.neptunepoint.com; Neptune's Point, Colomb Bay; Eintritt 600 ₹; ⌚ Nov.–April Sa 21–4 Uhr) Südlich von Palolem in der Colomb Bay.

Essen

Da die Strände von Palolem und Patnem nicht allzu groß sind, gibt's hier auch nicht die üblichen Strandbars. Dafür bekommt man in den zahlreichen Restaurants in der Nähe des Strandes den ganzen Tag über etwas zu essen, vor allem frische Meeresfrüchte. In Palolem befinden sich auch einige interessante Lokale an der Hauptstraße, die zum Strand führt.

Little World Cafe CAFÉ $
(Chai 10 ₹, Snacks 70–120 ₹; ⌚ 8–18 Uhr) Das Café in einer kleinen Hütte serviert neben gesunden Säften den besten Masala-Chai Palolems.

Shiv Sai INDISCH $
(Thalis 70–90 ₹, Hauptgerichte 60–150 ₹; ⌚ 9–23 Uhr) Bei Einheimischen beliebtes Mittagslokal in der Straße parallel zum Strand mit leckeren Gemüse-, Fisch- und Gujarat-Thalis.

★ **Space Goa** CAFÉ $$
(☎ 80063283333; www.thespacegoa.com; Hauptgerichte 90–250 ₹; ⌚ 8.30–17 Uhr) An der Straße nach Agonda liegt diese Mischung aus hervorragendem Biocafé, Feinkostladen, Kunsthandwerksshop und Wellnesszentrum mit Reiki und Reflexzonenmassage. Das Essen ist frisch und ausgezeichnet (leckere Salate, Paninis und Meze) und die Desserts (z. B. der Rote-Beete-Schoko-Kuchen) sind ein Traum. Vormittags werden Yogakurse für 500 ₹ angeboten (ohne Voranmeldung).

★ **Café Inn** CAFÉ $$
(Palolem Beach Rd; Gerichte 150–550 ₹; ⌚ 10–23 Uhr; 📶) Wer Lust auf einen Cappuccino hat, ist in diesem halb überdachten, halb im Freien liegenden Café genau richtig. Hier werden die Kaffeebohnen noch selbst gemahlen, und obwohl er nicht am Strand liegt, ist der Laden ein beliebter Treffpunkt. Das Frühstück ist üppig, die Burger und Panini-Sandwiches sind genau auf den Punkt zubereitet, und ab 18 Uhr gibt's ausgezeichnetes Barbecue. Kostenloses WLAN.

German Bakery BÄCKEREI, INTERNATIONAL $$
(Ourem Rd; Gebäck 25–80 ₹, Hauptgerichte 80–210 ₹; ⌚ 7–22 Uhr) In der von Nepalesen betriebenen deutschen Bäckerei ist das Gebäck das absolute Highlight. Es gibt aber auch eine ausgezeichnete Auswahl von Frühstücksmenüs und Croissants mit Yakmilchkäse. Die Bäckerei liegt in einem friedlichen Garten, der mit lauter Flaggen verziert ist.

Fern's By Kate's GOANISCH $$
(☎ 9822165261; Hauptgerichte 200–450 ₹; ⌚ 8.30–22.30 Uhr; 📶) Abseits vom Strand kommt in dem soliden Holzhaus mit der nautisch angehauchten Ausstattung ausgezeichnetes, typisch goanisches Essen mit traditionellen Würstchen, Fischcurry mit Reis und *amok tik* mit Haifischfleisch auf den Tisch.

★ **Home** WESTLICH $$
(☎ 0832-2643916; www.homeispatnem.com; Patnem Beach; Hauptgerichte 180–290 ₹; ⌚ 8.30–21.30 Uhr; 📶) Das grellweiße, entspannte, vegetarische Restaurant wird von einem britischen Pärchen geführt und sticht unter den anderen Strandrestaurants hervor wie ein Leuchtfeuer. Hier gibt es das beste Frühstück, die beste Pasta, das beste Risotto und

die besten Salate in Patnem, alles im westlichen Stil zubereitet. Ein absolutes Highlight ist das Dessert-Menü: köstliche Brownies, Apfeltorte und Käsekuchen. Das Lokal vermietet auch acht hübsch eingerichtete, helle Zimmer ab 1500 ₹.

Magic Italy ITALIENISCH **$$**
(☎88057 67705; Palolem Beach Rd; Hauptgerichte 180–460 ₹; ⏲17–24 Uhr) Das Restaurant an der Hauptstraße am Strand gibt es schon länger, und die Qualität der Pizzas und der Pasta ist immer noch sehr gut. Hier werden Zutaten wie Schinken, Salami, Käse und Olivenöl extra aus Italien importiert, um kreative Holzofenpizzas und selbstgemachte Pasta zu zaubern. Die Gäste können entweder an Tischen oder auf Kissen am Boden sitzen. Sehr gut besucht, aber trotzdem entspannt.

★ **Ourem 88** FUSION **$$$**
(☎8698827679; Hauptgerichte 440–650 ₹; ⏲Di–Sa 18–22 Uhr) In dem von Briten betriebenen Lokal gibt es große Gastronomie in kleinen Stücken: Es gibt nur eine Handvoll Tische und eine kurze, aber hervorragende Speisekarte. Unbedingt die zarten Calamares gefüllt mit Goa-Würstchen, den lange gebratenen Bauchspeck, das lockere Soufflé oder das Filetsteak mit Béarnaise-Sauce probieren! Hier macht es Spaß, sein Geld auszugeben.

Ausgehen

Leopard Valley CLUB
(www.leopardvalley.com; Palolem-Agonda Rd; Eintritt ab 600 ₹; ⏲Fr 21–4.30 Uhr) Süd-Goas größter und neuester Tanzclub im Freien ist was für Augen und Ohren gleichermaßen. Hier werden 3D-Laser-Lightshows, Pyrotechnik und die allerneusten Soundsysteme geboten. Da klingen die Rhythmen einheimischer und internationaler DJs super! Der Club liegt isoliert, aber gut erreichbar zwischen Palolem und Agonda, aber in Anbetracht der Lärmbeschränkungen weiß keiner, wie lange er sich halten wird. Zum Zeitpunkt der Recherche hatte er nur freitags geöffnet, gelegentlich auch sonntags.

Shoppen

Butterfly Book Shop BÜCHER
(☎9341738801; ⏲9–22.30 Uhr) In dem niedlichen, kleinen Buchladen, der einer der besten der Stadt ist, gibt es Bestseller, Klassiker und eine gute Auswahl von Büchern über Yoga, Meditation und Spiritualität. Hier finden auch Yoga- und Kochkurse statt.

Praktische Informationen

In Palolems Hauptstraße wimmelt es von Reisebüros, Internetcafés und Wechselstuben. Der nächste Geldautomat liegt etwas 1,5 km entfernt an der Kreuzung der großen Schnellstraße mit der Palolem Beach Rd. Ein weiterer befindet sich im benachbarten Chaudi.

Anreise & Unterwegs vor Ort

Von der Bushaltestelle an der Hauptstraße, die zum Strand führt, fahren regelmäßig Busse ins nahe Chaudi (7 ₹). Von dort verkehren auch stündlich Busse nach Margao (40 ₹, 1 Std.). Von Chaudi kann man ebenfalls regelmäßig Busse nach Margao nehmen, wo man dann in Busse nach Panaji oder in Richtung Süden nach Polem Beach und Karwar (Karnataka) umsteigen kann. Nahverkehrsbusse fahren regelmäßig nach Agonda (10 ₹).

Der nächstgelegene Bahnhof befindet sich in Canacona, 2 km vom Zugang zum Strand in Palolem entfernt. Hier verkehren regelmäßig Züge in Richtung Süden nach Gokarna und Mangalore.

Eine Autorikscha von Palolem nach Patnem sollte nicht mehr als 80 ₹ kosten, 120 ₹ nach Chaudi und 250 ₹ nach Agonda. Fürs Taxi zum Flughafen von Dabolim zahlt man etwa 1200 ₹.

Überall in der Hauptstraße, die zum Strand führt, werden Roller und Motorräder ab 200 ₹ vermietet. Mountainbikes kann man bei Seema Bike Hire in der Ourem Rd leihen (100 ₹/Tag).

Oben Bergtempel nahe Hampi (S. 230).

Ruinen & Historische Stätten

Südindien kann eine bemerkenswerte und außergewöhnliche Sammlung historischer Denkmäler und alter Ruinen vorweisen, die von der reichen architektonischen und spirituellen Vielfalt in diesem Teil der Welt zeugen. Von ruhigen Gotteshäusern bis hin zu den Überresten früherer grandioser Reiche – es bieten sich zahlreiche Gelegenheiten, einen Blick in die Vergangenheit zu werfen.

Golgumbaz Mausoleum (S. 242), Bijapur

Paläste & Grabmäler

Die Herrscher früherer Königreiche und Sultanate Südindiens verkündeten ihre Größe nicht nur zu Lebzeiten durch die Errichtung verschwenderischer Paläste, viele von ihnen wurden auch in opulenten Gräbern bestattet, von denen einige zu den herausragenden architektonischen Meisterwerken der Region zählen.

Paläste des Südens

An erster Stelle unter Südindiens extravaganten Residenzen muss der fabelhafte Mysore Palace genannt werden – auch wenn Mysores Rivale unter den Prinzenstaaten, Hyderabad, ein harter Konkurrent ist: Er punktet mit dem kronleuchterbehängten Chowmahalla Palace; mit dem Purani Haveli und dessen 54 m langen Kleiderschrank sowie mit dem auf einem Hügel thronenden Falaknuma Palace, einem Prachtbau im neoklassizistischen Stil, der ein Luxus-Hotel beherbergt.

Grabmäler von Bijapur

Im 16. und 17. Jh. herrschte Bijapur über eins der fünf Sultanate der Dekkan-Hochebene. Sein anmutiges und elegantes Ibrahim Rouza ist insofern so etwas wie das Taj Mahal des Südens, als es ebenfalls von einem Sultan als Mausoleum für seine Frau gebaut wurde (zudem gelten die Minarette des Ibrahim Rouza als Inspiration für die des berühmten Taj). Das mächtige Golgumbaz, ein weiteres königliches Mausoleum, darf sich rühmen, das mit der weltweit zweitgrößten Kuppel zu sein (und über eine unglaubliche Akustik zu verfügen).

Qutb-Shahi-Gräber

Am Rande von Hyderabad, in Sichtweite des Golconda Fort, liegen diese 21 wunderschönen Kuppelgräber der Erbauerfamilie. Die Kuppeln ruhen auf schönen Kolonnaden und bestechen mit ihren zarten Stuckverzierungen.

1

2

1. Minakshi-Amman-Tempel (S. 414), Madurai 2. Tempel in Hampi (S. 230) 3. Strandtempel (S. 377), Mamallapuram

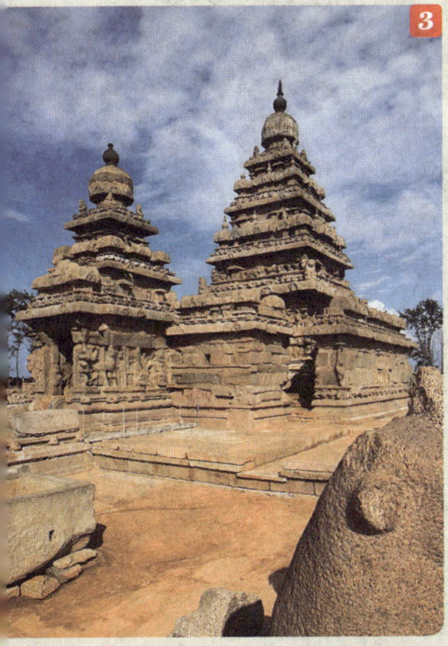

Hindu-Heiligtümer

Ihrem Status als Bevölkerungsmehrheit entsprechend können die Hindus in Indien mit einer beeindruckenden Reihe heiliger Stätten aufwarten, die Höhepunkte sakraler Architektur darstellen: hohe *gopurams* (Tortürme), erlesene *mandapas* (Pavillions) und einzigartig detaillierte Skulpturen von Göttern und Göttinnen.

Madurai

In Madurai, einer der ältesten Städte Indiens, steht der Minakshi-Amman-Tempel, Domizil der Göttin Minakshi. Er gilt als Inbegriff südindischer Tempelarchitektur. Der Tempel mit seinen 12 hohen *gopurams* stammt aus dem 17. Jh., aber seine Ursprünge reichen wahrscheinlich 2000 Jahre zurück, als Madurai Hauptstadt des Königreichs Pandyan war.

Hampi

Dieses verschlafene Nest war von 1336 bis 1565 das Zentrum des Vijayanagar-Reiches. Die Ruinen in diesem Gebiet sind UNESCO-Welterbe und liegen zwischen Felsblöcken jeder Größe und Form – Ergebnis von Millionen Jahren vulkanischer Aktivitäten und Erosion. Schöne Beispiele der Tempelkunst sind im Virupaksha-Tempel aus dem 15. Jh. und im Vittala-Tempel aus dem 16. Jh. zu sehen.

Mamallapuram

Die herrlichen Skulpturen, die sich in der Küstenstadt Mamallapuram finden, stammen aus der Pallava-Dynastie (7.–9. Jh.). Zu den Highlights gehören ein als „Arjunas Buße“ bekanntes Relief mit Darstellungen hinduistischer Mythen, die aus Monolithen gemeißelten Fünf Rathas und der schöne Strandtempel.

Thanjavur

Der mehrstufige *vimana* (Turm), der sich über den Brihadishwara-Tempel in Thanjavur erhebt, ist Ausdruck von Macht und Kreativität der Chola-Dynastie. Der mit anmutigen Skulpturen von Hindu-Gottheiten geschmückte Tempel aus dem 11. Jh. ist noch immer ein Ort religiösen Lebens.

1

2

1. Buddhastatuen schmücken einen Höhleneingang, Ajanta (S. 103) 2. Höhlenwandbild, Ajanta (S. 103) 3. Höhlen bei Ellora (S. 100)

Höhlentempel & Felsenschreine

Die zum Welterbe gehörenden Höhlen von Ajanta und Ellora liegen etwa 100 km voneinander entfernt und beherbergen eine Galerie alter Höhlenkunst: Skulpturen, Säulen und mit Pflanzenfarben ausgeführte Malereien. Ajanta und Ellora sind die spektakulärsten unter den vielen Höhlen und Felsenschreinen aus der Zeit bevor die Menschen Südindiens begannen, freistehende Steinstrukturen zu erbauen.

Ajanta

Die 30 buddhistischen Höhlen von Ajanta gehen auf das 2. Jh. v. Chr. zurück und umgeben eine hufeisenförmige Schlucht über dem Fluss Waghora. Zu den Highlights gehören die mit Temperafarben gemalten Fresken, die das Innere vieler Höhlen schmücken. Manche Bilder sind mit winzigen Halbedelsteinen wie Lapislazuli verziert. Höhle Nr. 1 sollte man sich keinsfalls entgehen lassen, sie weist einige außerordentliche Kunstwerke auf, u. a. ein Bild des Bodhisattvas Padmapani. Interessant ist auch Höhle Nr. 17 mit wunderbar erhaltenen Bildern, darunter eines mit einer Prinzessin, die sich schminkt.

Ellora

Die Höhlen von Ellora – hinduistische, jainistische und buddhistische Schreine, die zwischen 600 und 1000 n. Chr. entstanden sind – liegen an einem 2 km langen Steilhang. Insgesamt gibt es 34 Höhlen: 17 hinduistische, zwölf buddhistische und fünf jainistische Schreine. Die berühmteste ist die Höhle 16, mit dem Shiva geweihten Kailasa-Tempel. Er ist die größte monolithische Skulptur der Welt und wurde von Tausenden Arbeitern in 150 Jahren in die Klippen gemeißelt.

Guntupalli

Das Kloster aus dem 2. Jh. v. Chr. ist eine der mehr als 100 alten buddhistischen Stätten Andhra Pradeshs. Guntupalli liegt auf einem Hügel mit Aussicht auf Wälder und Reisfelder. Mönchszellen säumen die Steilküste, mit steinernen Bogenfassaden, die das Aussehen von Holz imitieren.

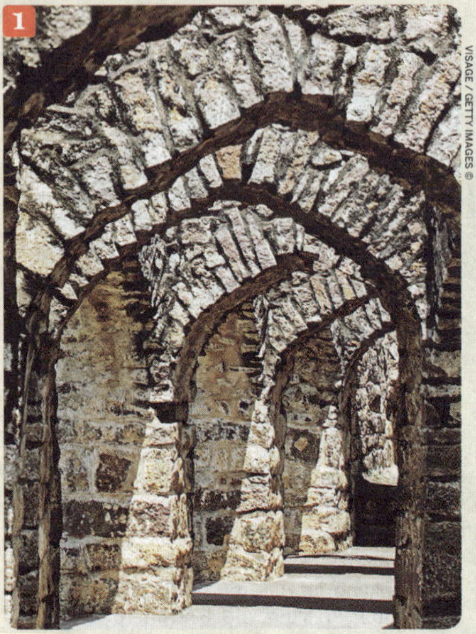

1. Torbogen, Golconda Fort (S. 252) 2. Bidar Fort (S. 244)
3. Golconda Fort (S. 252) 4. Festung bei Daulatabad (S. 99)

SAURABH / GETTY IMAGES ©

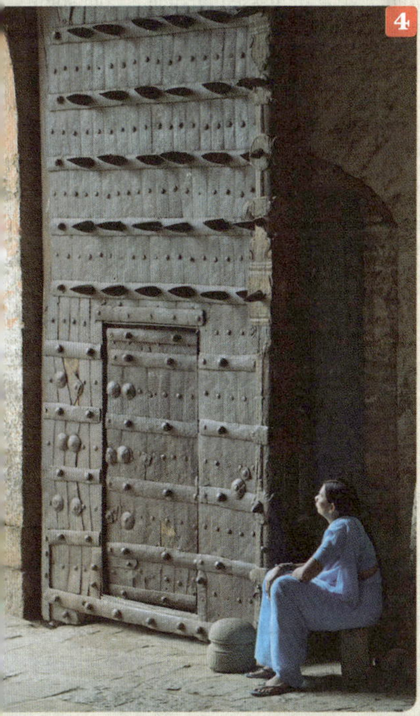

Forts

Südindien, das im Lauf der Jahrhunderte manchem Großreich als Schlachtfeld diente, hat fantastische Festungen, die die Zeit überdauert haben. Die meisten stehen auf strategisch günstig gelegenen Hügeln und sind von Mauern umgeben, die eine Fülle von Monumenten schützen.

Golconda

Golconda, Hyderabads majestätisches Fort aus dem 16. Jh., wurde auf einem 120 m hohen Granithügel errichtet und ist von zwei Mauern umgeben – eine davon misst 11 km. Nachdem er die Festung ein Jahr lang belagert hatte, gelang es Großmogul Aurangzeb 1687 durch Bestechung eines Generals das Fort zu überrennen. Golconda besteht aus zinnenbewehrten Mauern, kanonenbestückten Bollwerken, knarrenden Zugbrücken und eindrucksvollen Toren, gespickt mit Stacheln, die Kriegselefanten abwehren sollten.

Daulatabad

Die verfallende Festung von Daulatabad krönt einen 200 m hohen Berg, den Devagiri (Götterberg), und ist nach einer einstündigen Klettertour erreichbar. Ein exzentrischer Herrscher – der Sultan von Delhi, Mohammed Tughlaq – wollte 1328 Daulatabad wegen seiner günstigen geografischen Lage zur Hauptstadt machen und führte sein Volk die ganzen 1100 km von Delhi hierher. Sein Traum platzte jedoch durch den hiesigen Wassermangel.

Bidar

Bidars Festung ist die größte Südindiens und war einst ein Verwaltungszentrum. Die Anlage verfällt, aber es gibt noch Überbleibsel glorreicher Tage, u.a. den Rangin Mahal mit tollen Fliesendesigns, Holzarbeiten und Intarsien sowie eine Moschee, Säulen und Inschriften.

Janjira

Die beindruckende Inselfestung Janjira liegt etwa 500 m vor der Küste im Meer. Keinem gelang es, die im 16. Jh. von Nachkommen afrikanischer Sklaven erbaute Festung zu erobern – bis auf die Natur: Die Wildnis regiert in der Ruine.

Karnataka & Bengaluru

Inhalt ➡

Gut essen

- Karavalli (S. 194)
- Koshy's Bar & Restaurant (S. 194)
- Sapphire (S. 211)
- Lalith Bar & Restaurant (S. 223)

Schön übernachten

- Casa Piccola Cottage (S. 193)
- Green Hotel (S. 210)
- Golden Mist (S. 218)
- Dhole's Den (S. 215)
- Waterwoods Lodge (S. 216)

Auf nach Karnataka & Bengaluru!

Das mit einer großen Vielfalt gesegnete Karnataka vereint die ganze Romantik Indiens in sich. Es besticht mit einer Mischung aus Palästen, Tigerschutzgebieten, Megastädten, alten Ruinen, Stränden, und legendären Backpackertreffs.

Karnatakas Lebensader im Zentrum ist die IT-Hauptstadt Bengaluru (Bangalore). Um diese genusssüchtige Stadt verstreut liegen sanfte Hügel mit Gewürz- und Kaffeeplantagen, die majestätische Pracht Mysurus (Mysores) und Dschungel, in denen Affen, Tiger und der größte Bestand an Elefanten in Asien leben. Wem all das zu massentauglich ist, der sollte sich in die Enklave der Gegenkultur aufmachen, ins ruhige Hampi mit seinen Hängematten, psychedelischen Sonnenuntergängen und von Felsen übersäten Ruinen. Oder zu den Stränden von Gokarna, einem Strandparadies ohne den sonst üblichen Trubel. Oder man könnte sogar die Touristenpfade ganz verlassen und den überwältigenden islamischen Ruinen Nord-Karnatakas einen Besuch abstatten.

Reisezeit

Bengaluru

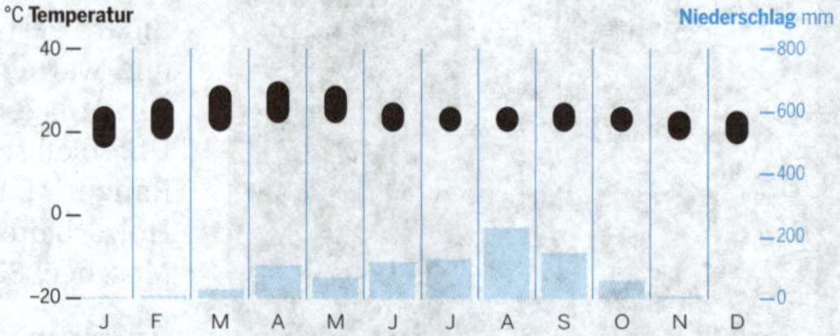

März–Mai Die beste Zeit, um in Karnatakas Nationalparks Tiger und Elefanten zu beobachten.

Okt. Zu Mysurus Dussehra (Dasara) finden nächtelange Feierlichkeiten und eine Parade statt.

Dez. & Jan. Die kühlste Zeit, um die Forts, Paläste, Höhlen und Tempel im Norden zu erkunden.

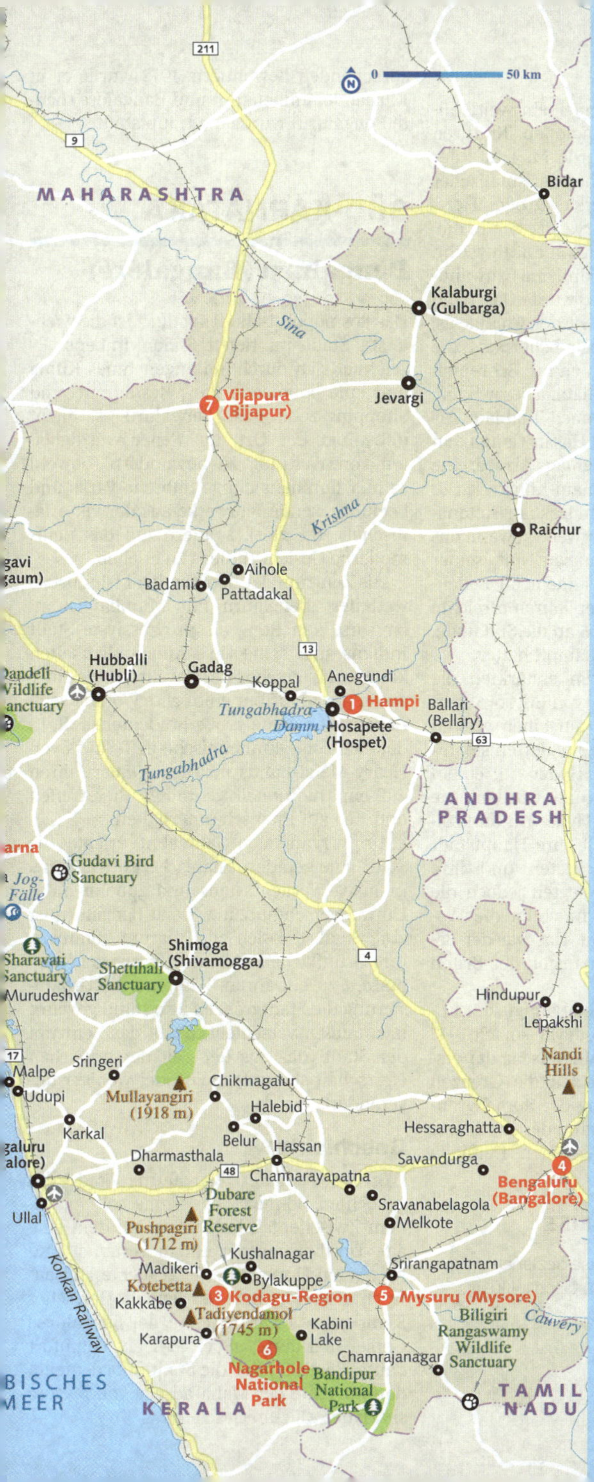

Highlights

1 Die der Schwerkraft trotzenden Felsen bewundern und zwischen den melancholischen Ruinen **Hampis** (S. 230) umherwandern

2 Die schönen Strände und die legendäre entspannte Atmosphäre **Gokarnas** (S. 227) auf sich wirken lassen – und dabei die Resorts ausblenden

3 Im kühlen Hochland der **Kodagu-Region** (S. 216) bei einem aromatischen Kaffee die Seele baumeln lassen

4 Sich in **Bengaluru** (S. 194) selbst unter den Tisch trinken oder erstklassige internationale Küche genießen

5 Sich vom grandiosen **königlichen Palast** (S. 203) in Mysuru die Sprache verschlagen lassen

6 Am friedlichen, vom Regenwald gesäumten Kabini-See im **Nagarhole National Park** (S. 215) Elefantenbullen beobachten

7 In **Vijapura** (S. 242) durch die friedlichen, gepflegten Anlagen kunstvoller islamischer Architektur aus dem 16. Jh. spazieren

Geschichte

Karnataka war schon immer ein weitläufiger Tummelplatz der Religionen, Kulturen und Königreiche und wurde im Laufe der Geschichte von einer Reihe charismatischer Führer regiert. Indiens erster großer Herrscher Chandragupta Maurya zog sich in diesen Staat zurück, als er sich im 3. Jh. v. Chr. in Sravanabelagola dem Jainismus zuwandte. Vom 6. bis zum 14. Jh. wurde das Land von mehreren Dynastien wie den Chalukyas, Cholas, Gangas und Hoysala beherrscht, die sich in erstaunlichen Höhlen mit Schreinen und Tempeln in ganz Karnataka verewigten.

1327 plünderte Mohammed Tughlaqs Armee Halebid. 1347 führte Hasan Gangu, ein persischer General aus Tughlaqs Armee, eine Rebellion an, um ein Bahmani-Königreich zu errichten, das später in fünf Dekkan-Sultanate unterteilt wurde. Mittlerweile gewann das Hindu-Königreich Vijayanagar mit seiner Hauptstadt Hampi immer mehr an Bedeutung. In den frühen 1550er-Jahren erreichte es seine Blüte und fiel 1565 an die Sultanate, die gemeinsam darum gekämpft hatten.

In den folgende Jahren erstarkten die hinduistischen Wodeyar von Mysore und dehnten ihre Herrschaft auf einen großen Teil Südindiens aus. Lange regierten sie unangefochten, bis sie von Hyder Ali, einem ihrer Generäle, 1761 gestürzt wurden. Die Franzosen unterstützten Hyder Ali und seinen Sohn Tipu Sultan, die ihre Hauptstadt in Srirangapatnam errichteten und ihre Macht festigten. 1799 besiegten jedoch die Briten Tipu Sultan und brachten die Wodeyar wieder an die Macht. Das war der Beginn der territorialen Expansion der Briten in Südindien.

Mysore blieb bis zur Unabhängigkeit unter der Herrschaft der Wodeyar – nach 1947 wurde der regierende Maharadscha der erste Gouverneur. 1956 wurden die Grenzen des Bundesstaates entlang der Sprachgrenzen neu gezogen, so entstand der erweiterte Bundesstaat Mysore mit seinen Kannada sprechenden Bewohnern. 1972 wurde er in Karnataka umbenannt und Bangalore (heute Bengaluru) wurde die Hauptstadt.

UNTERKUNFTSPREISE

Die nachstehenden Preise beziehen sich auf ein Doppelzimmer mit Bad inklusive Steuer.

$ weniger als 800 ₹

$$ 800–2500 ₹

$$$ mehr als 2500 ₹

SÜD-KARNATAKA

Bengaluru (Bangalore)

080 / 10,2 MIO. EW. / 920 M

Das kosmopolitische Bengaluru ist die wichtigste Stadt im tiefen Süden Indiens. Es zeichnet sich durch ein angenehmes Klima und eine boomende Bar-, Restaurant- und Shoppingszene aus. Bengaluru ist nicht unbedingt der Ort, um Sehenswürdigkeiten von Weltrang zu bewundern (obwohl es hier durchaus einige hübsche Parks und beeindruckende Bauwerke aus der viktorianischen Ära gibt), sondern um das neue, moderne Gesicht Indiens zu erleben.

Als Zentrum der boomenden IT-Industrie wetteifert Bengaluru mit Mumbai (Bombay) um den Rang als progressivste Stadt Indiens, und seine viele Annehmlichkeiten können für erschöpfte Traveller nach einer anstrengenden Tour eine echte Wohltat sein. Zudem ist es eine große Studentenstadt, in der sich coole Einheimische in T-Shirts von Heavy-Metal-Bands aus den 1980er-Jahren auf ein traditionell gebrautes Bier treffen und sich auf Englisch unterhalten.

Im vergangenen Jahrzehnt erlebte die Stadt eine geradezu manische Entwicklung, inklusive Verkehrsstaus und zunehmender Umweltverschmutzung. Doch Bengaluru ist eine Stadt, die sich auch darum kümmert, ihre Grünflächen und ihr Erbe aus der Kolonialzeit zu bewahren. Während die Urbanisierung die Stadtgrenzen also ständig weiter nach außen verschiebt, bleibt das Zentrum der Stadt (das aus der Zeit der britischen Herrschaft stammt) mehr oder weniger unverändert.

Geschichte

Wörtlich bedeutet Bengaluru „Stadt der gekochten Bohnen", der Name soll von einem Zwischenfall herrühren, bei dem eine alte Dorfbewohnerin einem verirrten und hungrigen Hoysala-König gekochte Hülsenfrüchte serviert hat. Der feudale Herrscher Kempegowda war der erste, der Bengalurus Gebiet markierte, als er 1537 ein Lehmfort baute. Bis 1759 blieb die Stadt unbedeutend, dann machte der Maharadscha von Mysore sie Hyder Ali zum Geschenk.

1809 trafen die Briten ein. Sie erklärten die Stadt 1831 zu ihrem regionalen Verwaltungssitz und nannten sie in Bangalore um. Während der britischen Herrschaft kamen viele britische Offiziere in die Stadt, unter ihnen Winston Churchill, der hier in seinen Anfangsjahren das Leben genoss und dem Club von Bangalore eine Schuld von 13 ₹ hinterließ, die noch immer in den Büchern steht.

Heute ist die Stadt Sitz zahlloser Software-, Elektronik- und anderer Firmen, die Bereiche „outgesourct" haben. Bengaluru hat seinen Hang zur Technologie schon früh entwickelt. 1905 war es die erste indische Stadt mit elektrischer Straßenbeleuchtung. Seit den 1940er-Jahren hat die Hindustan Aeronautics Ltd (HAL), Indiens größtes Raumfahrtunternehmen, hier ihren Sitz. Und wer ohne E-Mail nicht leben kann, muss einem Einwohner von Bangalore dankbar sein: Sabeer Bhatia, der Erfinder von Hotmail, wuchs hier auf.

Der Name der Stadt wurde im November 2006 wieder in Bengaluru geändert, doch nur wenige benutzen diesen Namen.

Orientierung

Es ist nicht immer leicht, sich in Bengaluru zurechtzufinden, so sind in einigen Gegenden die Straßen nach ihrer Breite benannt (z. B. 80ft Rd). Die Stadt benutzt auch ein System aus Haupt- und Querstraßen, die Angabe „3rd cross, 5th main, Residency Rd" bezieht sich z. B. auf die dritte Querstraße an der fünften Straße, die von der Residency Rd abzweigt. Überall in der Stadt entwickeln sich neue, wohlhabende Ecken wie etwa die noblen Vororte Indirangar, JP Nagar, Koramangala und Whitefield, die alle Einkaufszentren im westlichen Stil, ein pulsierendes Nachtleben und Restaurants aufweisen können.

Sehenswertes

★ National Gallery of Modern Art KUNSTGALERIE

(NGMA; ☎ 080-22342338; www.ngmaindia.gov.in/ngma_bangaluru.asp; 49 Palace Rd; Inder/Ausländer 10/150 ₹; ⏲ Di–So 10–17 Uhr) In einer 200 Jahre alten Villa – dem früheren Sommersitz des Radschas von Mysore – ist dieses Kunstmuseum von Weltrang untergebracht, das neben einer beeindruckenden ständigen Sammlung auch Wechselausstellungen zeigt. Der „Old Wing" stellt Werke aus der Zeit vor der Unabhängigkeit aus, z. B. Gemälde von Raja Ravi Varma und Abanindranath Tagore (ein Neffe von Rabindranath Tagore und Gründer der avantgardistischen Kunstbewegung Bengal School). Eine Fußgängerbrücke führt in den schicken „New Wing", in dem zeitgenössische Werke aus der Zeit nach der Unabhängigkeit zu sehen sind.

Lalbagh Botanical Gardens GARTEN

(☎ 9888947670; www.horticulture.kar.nic.in/lalbagh.htm; Lalbagh Rd; Eintritt 10 ₹; ⏲ 6–19 Uhr) Die weitläufigen Lalbagh Botanical Gardens, die sich über fast 100 ha landschaftlich gestalteten Geländes erstrecken, wurden 1760 von Hyder Ali, dem berühmten Herrscher Mysores angelegt. Der Garten, in dem erstaunliche, jahrhundertealte Bäume stehen, wirbt damit, die weltweit größte Pflanzenvielfalt zu bieten. Besucher können bei Bangalore Walks (S. 192) an einer geführten Tour teilnehmen.

Cubbon Park GARTEN

(www.horticulture.kar.nic.in/cubbon.htm; Kasturba Rd) Im Herzen von Bengalurus Geschäftszentrum liegt der Cubbon Park, ein ausgedehnter, 120 ha großer Garten, in dem sich die Einwohner der Stadt treffen, um der Hektik des Alltags zu entfliehen, die gleich vor den Toren des Parks herrscht.

Ringsum stehen schöne Gebäude aus der Kolonialzeit, darunter die rot angestrichene **State Central Library** (Cubbon Park) im gotischen Stil, die im neodrawidischen Stil erbaute **Vidhana Soudha** (Dr. Ambedkar Rd) von 1954, in der die legislative Kammer der Distriktregierung untergebracht ist, sowie das neoklassische **Attara Kacheri** (Oberster Gerichtshof; Cubbon Park), das 1864 erbaut wurde und das den Obersten Gerichtshof beherbergt. Die letzten beiden Gebäude sind der Öffentlichkeit nicht zugänglich.

Karnataka Chitrakala Parishath KUNSTGALERIE

(www.karnatakachitrakalaparishath.com; Kumarakrupa Rd; Eintritt 50 ₹; ⏲ Mo–Sa 10–17.30 Uhr) Eine großartige Galerie mit einer breiten Palette indischer und internationaler moderner Kunst und Dauerausstellungen von Gemälden im Stil von Mysore sowie Volks- und Stammeskunst aus ganz Asien. Eine Abteilung ist den Arbeiten des russischen Künstlers Nicholas Roerich gewidmet, der für seine lebendigen Himalaja-Gemälde bekannt ist.

Government Museum MUSEUM

(Kasturba Rd; Eintritt 4 ₹; ⏲ Di–Sa 10–17 Uhr, jeden 2. Sa geschl.) Das Museum in einem schönen, 1877 erbauten roten Gebäude aus der Kolonialzeit, zeigt eine verstaubte Sammlung von Steinskulpturen aus dem 12. Jh. und Ausstellungsstücke, die aus Ausgrabungen

Bengaluru (Bangalore)

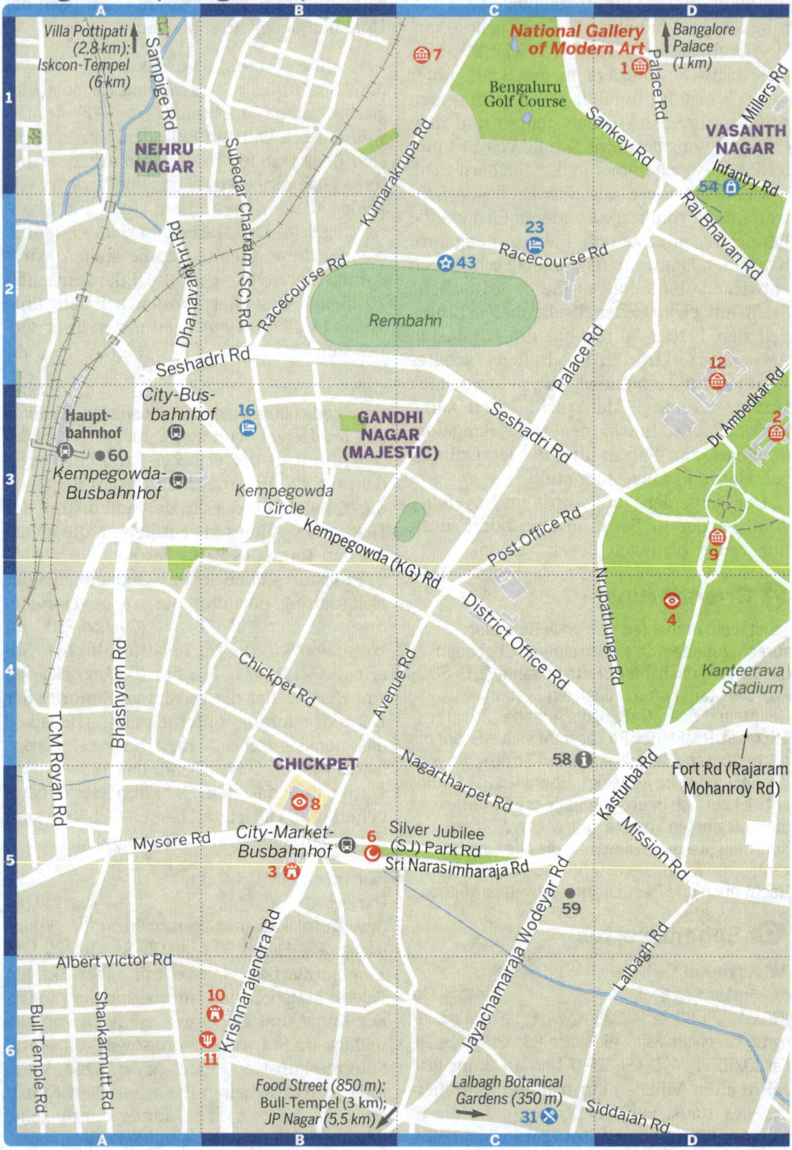

in Halebid, Hampi und Attriampakham stammen. Die Eintrittskarte berechtigt auch zum Besuch der benachbarten **Venkatappa Art Gallery** (Kastruba Rd; Di–Sa 10–17 Uhr) GRATIS, in der Werke und persönliche Gegenstände des Hofmalers der Wodeyars, K. Venkatappa (1887–1962), zu sehen sind.

Bangalore Palace PALAST
(Palace Rd; Inder/Ausländer 225/450 ₹, Foto/Video 675/1405 ₹; 10–17.30 Uhr) Der Bangalore Palace, Privatresidenz der Wodeyars, der ersten Maharadschas des Bundesstaates und noch immer Wohnstätte des gegenwärtigen Maharadschas, bewahrt ein Stück der

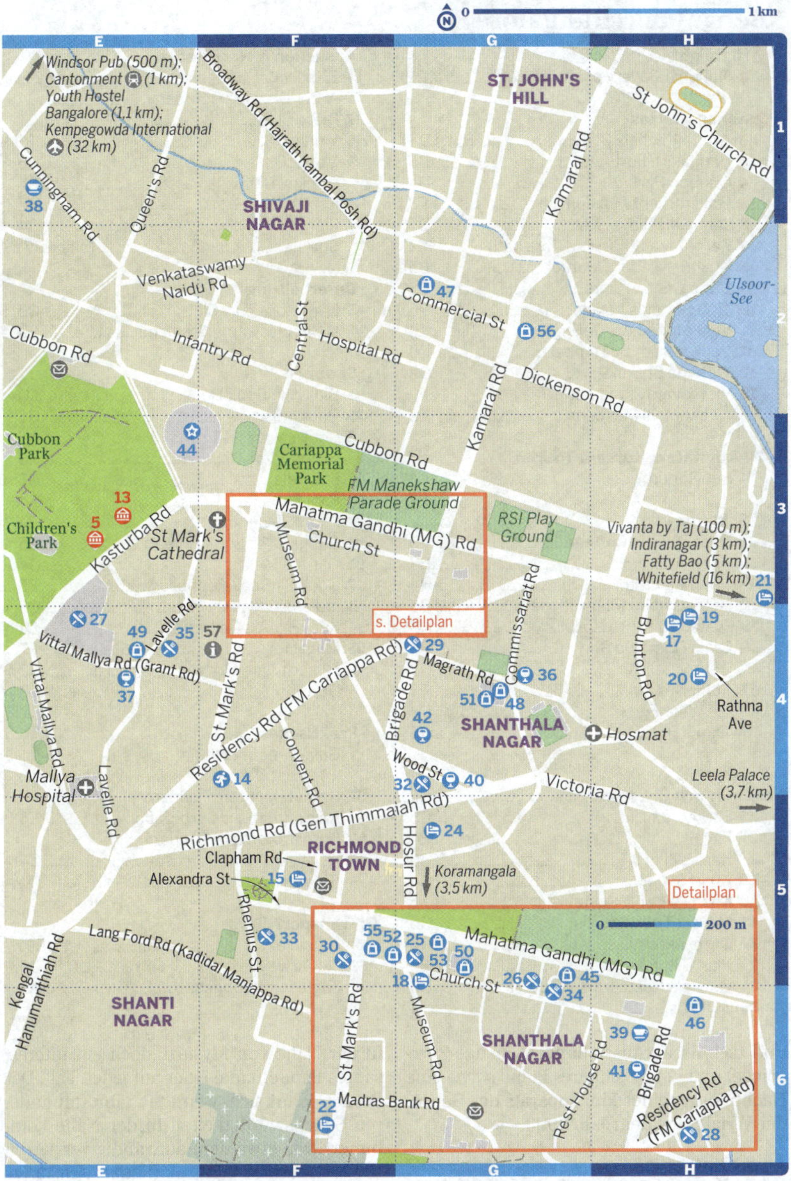

vergangenen königlichen Pracht. Ein Audioguide erklärt das Gebäude, das grob nach dem Vorbild von Schloss Windsor entworfen wurde, ausführlich. Besucher können die prächtigen Interieurs, Galerien mit grausigen Jagdtrophäen, Familienfotos und eine Sammlung von Aktbildern bewundern.

Visvesvaraya Industrial & Technical Museum MUSEUM

(www.vismuseum.gov.in; Kasturba Rd; Erw./Kind 40 ₹/frei; ⏲10.30–17 Uhr) Der Besuch dieses Museums, das vor allem für Kinder geeinigt ist, erinnert ein wenig an einen Schulausflug, doch es bietet einige coole elektrische

Bengaluru (Bangalore)

Highlights
1 National Gallery of Modern Art D1

Sehenswertes
2 Attara Kacheri D3
3 Bangalore Fort B5
4 Cubbon Park D4
5 Government Museum E3
6 Jamia Masjid B5
7 Karnataka Chitrakala Parishath C1
8 Krishnarajendra Market B5
9 State Central Library D3
10 Tipu Sultan's Palace B6
Venkatappa Art Gallery .... (siehe 5)
11 Venkataraman-Tempel B6
12 Vidhana Soudha D2
13 Visvesvaraya Industrial & Technical Museum E3

Aktivitäten, Kurse & Touren
14 Equilibrium F4

Schlafen
15 Casa Piccola Cottage F5
16 Hotel Adora B3
17 Hotel Ajantha H4
18 Hotel Empire International G5
19 Jüsta MG Rd H4
20 Laika Boutique Stay H4
21 Oberoi H3
22 St Mark's Inn F6
23 Taj West End C2
24 Tom's Hotel G5

Essen
25 Church St Social G5
26 Ebony G5
27 Fava E4
28 Karavalli H6
29 Khan Saheb G4
30 Koshy's Bar & Restaurant F5
31 Mavalli Tiffin Rooms C6
32 Olive Beach G4
33 Plan B Loaded F5
34 Queen's Restaurant G6
35 Sunny's E4

Ausgehen & Nachtleben
13th Floor .... (siehe 26)
36 Arbor Brewing Company G4
37 Biere Club E4
38 Infinitea E1
39 Matteo H6
40 Monkey Bar G4
41 Pecos H6
42 Plan B G4
Shiro .... (siehe 27)

Unterhaltung
43 Bangalore Turf Club C2
44 M Chinnaswamy Stadium E3

Shoppen
Blossom Book House .... (siehe 34)
45 Bookworm G5
46 Cauvery Arts & Crafts Emporium H6
47 Fabindia G2
48 Fabindia G4
49 Forest Essentials E4
50 Gangarams Book Bureau G5
51 Garuda Mall G4
52 Goobe's Book Republic F5
53 Indiana Crockery G5
54 Kynkyny Art Gallery D1
55 Magazines F5
56 Mysore Saree Udyog G2
UB City .... (siehe 27)

Praktisches
Government of India Tourist Office .... (siehe 50)
57 Karnataka State Tourism Development Corporation F4
58 Karnataka State Tourism Development Corporation C4
Skyway .... (siehe 57)

Transport
Air India .... (siehe 59)
59 Jet Airways C5
60 Zugreservierungsbüro A3

und technische Ausstellungen, lustige Zerrspiegel und ein begehbares Piano sowie eine Nachbildung eines Flugapparats der Gebrüder Wright aus dem Jahr 1903.

Tipu Sultan Palast PALAST
(Albert Victor Rd; Inder/Ausländer 5/100 ₹, Video 25 ₹; ⌚8.30–17.30 Uhr) In der Nähe des lebhaften Krishnarajendra-Markts steht der elegante Palast von Tipu Sultan, der vor allem wegen seiner Teakholzsäulen und ornamentalen Freskos bemerkenswert ist. Er ist zwar nicht so schön (und gut erhalten) wie Tipus Sommerpalast in Srirangapatnam in der Nähe von Mysuru, doch ein interessantes Baudenkmal ist er auf jeden Fall. Der Besuch lohnt sich, wenn man ihn mit anderen Sehenswürdigkeiten in der Nähe kombiniert, wie etwa dem aufwändig verzierten **Venkataraman-Tempel** (Krishnarajendra Rd; ⌚8.30–18 Uhr) aus dem 17. Jh. gleich nebenan, der massiven **Jamia Masjid** (SJ Park Rd) oder dem Fort und dem Markt.

Krishnarajendra Market MARKT
(Stadt-Markt; Silver Jubilee Park Rd; ⌚6–22 Uhr) Wer einen starken Eindruck vom traditionellen städtischen Indien erleben will,

sollte in den lebhaften Krishnarajendra Market und das enge Geflecht von Handelsstraßen ringsum eintauchen und sich seinen Weg durch diesen bunten, lebhaften Markt voller Obst und Gemüse, kräftiger Farben, Gewürze und Kupferwaren bahnen. Das Highlight ist der farbenfrohe Blumenmarkt in der Mitte.

Bangalore Fort FORT
(KR Rd) Die letzten erhaltenen Ruinen dieses Forts aus dem Jahr 1761 bilden mit ihrem gepflegten Rasen und den rosa Steinmauern eine friedliche Oase abseits des ganzen Tumults, der rundum herrscht. Das Fort war bis zu seiner Zerstörung durch die Briten 1791 in Benutzung, heute sind jedoch nur noch das Tor und die Bastionen erhalten. In der Anlage gibt's einen kleinen Kerker und einen Ganesha-Tempel mit einer Mooshak-Statue.

Bull-Tempel HINDU-TEMPEL
(Bull Temple Rd, Basavangudi; ⏲7–20.30 Uhr) Kempegowda baute den Bull-Tempel im 16. Jh. im drawidischen Stil. Er enthält einen riesigen Nandi-Monolithen (Shivas Bulle) aus Granit und ist einer der atmosphärischsten Tempel Bengalurus. In der Nähe befindet sich der **Swee-Dodda-Ganapathi-Tempel** (Bull Temple Rd; ⏲7–20.30 Uhr) mit einer nicht weniger gigantischen Ganesha-Figur. Die Tempel liegen etwa 1 km südlich vom Tipu Sultans Palast.

Iskcon-Tempel HINDUTEMPEL
(www.iskconbangalore.org; Chord Rd, Hare Krishna Hill; ⏲Mo–Fr 7.30–13 & 16.15–20.30, Sa bis 13, So bis 14 Uhr) Die International Society of Krishna Consciousness (Iskcon), auch als Hare Krishnas bekannt, baute diesen strahlenden Tempel, der 1997 eingeweiht wurde. Er ist aufwendig in einer Mischung aus supermodernen und traditionellen Stilen dekoriert und überall gibt's Essensstände, also unbedingt viel Appetit mitbringen. Der Tempel liegt etwa 10 km nordwestlich des Stadtzentrums.

Aktivitäten

Ayurvedagram AYURVEDA, YOGA
(☎080-65651090; www.ayurvedagram.com; Hemmandanhalli, Whitefield; Tages-Paket ab 4000 ₹) Das Zentrum liegt in einem über 3 ha großen, ruhigen Garten mit alten Häusern, die aus Kerala hierher gebracht wurden, und hat sich auf maßgeschneiderte Ayurveda-Behandlungen, Yoga und Verjüngungskuren spezialisiert. Es liegt im Außenbezirk Whitefield, etwa 25 km vom Zentrum Bengalurus entfernt.

TOP-FESTIVALS

Udupi Paryaya (⏲Jan./Feb.) Findet in Jahren mit gerader Jahreszahl statt. Neben Prozessionen gibt es ein Ritual um den Wechsel der Swamis im Krishna-Tempel im Januar.

Festival des klassischen Tanzes (⏲Jan./Feb.) In Pattadakal finden einige der besten klassischen Tanzaufführungen Indiens statt.

Vijaya Utsav (S. 234) Eine dreitägige Extravaganza der Kultur, des historischen Erbes und der Künste in Hampi.

Tibetisches Neujahr (⏲Jan./Feb.) Lamas in tibetischen Flüchtlingssiedlungen in Bylakuppe wechseln sich bei den ununterbrochenen Gebeten ab, die über die gesamten einwöchigen Feierlichkeiten andauern.

Vairamudi-Festival (⏲März/April) Vishnu wird im Cheluvanarayana-Tempel in Melkote mit Juwelen geschmückt; darunter eine mit Diamanten besetzte Krone, die den früheren Maharadschas von Mysuru gehört. Das Fest zieht 400 000 Pilger an.

Ganesh Chaturthi (S. 226) Im September gehen Familien zum Sonnenuntergang mit ihren Ganesha-Figuren ans Meer in Gokarna.

Dussehra (S. 210) Der Mysore Palace wird abends erleuchtet und zur Freude Tausender Pilger ziehen lebhafte Prozessionen durch die Stadt.

Lakshadeepotsava (S. 224) Abertausende Lampen werden im November in der jainistischen Pilgerstadt Dharmasthala entzündet und bieten spektakuläre Fotomotive.

Huthri (Madikeri; Nov./Dez.) Die Kodava-Gemeinschaft in Madikeri feiert eine Woche lang den Beginn der Erntesaison mit Zeremonien, Musik, traditionellem Tanz und viel Schlemmerei.

Soukya YOGA
(☎ 080-28017000; www.soukya.com; Soukya Rd, Samethanahalli, Whitefield; 7-Tages-Paket inkl. Anwendungen, Verpflegung & Unterkunft ab 8800 ₹; ⏲ 6–20.30 Uhr) Das Soukya bietet in seiner international bekannten Einrichtung in einer 12 ha großen Bilderbuch-Biofarm einige tolle Langzeitprogramme für ayurvedische Therapien und Yoga sowie medizinische und therapeutische Hautbehandlungen (3300 ₹/Std.).

Equilibrium KLETTERN
(www.facebook.com/EquilibriumClimbingStation; 6. Stock, Devatha Plaza, 606 Residency Rd; ab 150 ₹; ⏲ 6–23 Uhr) Indiens erste Kletterhalle ist eher eine Boulderhalle, über die sich vor allem Traveller auf dem Weg nach Hampi, der weltbekannten Kletter-Destination, freuen werden. Am Wochenende werden auch Kletterexkursionen organisiert.

Geführte Touren

In einer Stadt, der die ganz großen Sehenswürdigkeiten fehlen, bieten die im Folgenden genannten Unternehmen tolle Touren, die einen interessanten Blick auf die Stadt ermöglichen.

★ **Bangalore Walks** STADTSPAZIERGANG
(☎ 9845523660; www.bangalorewalks.com; Erw./Kind 500/300 ₹; ⏲ Sa & So 7–10 Uhr) Zur Auswahl stehen sehr empfehlenswerte Touren, wie etwa ein Gartenspaziergang durch die Lalbagh Gardens, eine mittelalterlich-historische Tour in der Altstadt oder ein Spaziergang zu den Hinterlassenschaften des viktorianischen 19. Jh. Unterwegs gibt's auch noch ein leckeres Frühstück. Im Voraus buchen.

Bustouren SIGHTSEEING
(www.karnatakaholidays.net; Halbtagestour ohne/mit Klimaanlage 230/255 ₹, Ganztagestour ohne/mit Klimaanlage 385/485 ₹) Das Tourismusministerium der Regierung bietet verschiedene Stadtrundfahrten mit dem Bus an, die alle am Badami House beginnen. Die halbtägige Basistour durch die Stadt findet täglich um 7.30 und 14 Uhr statt, eine Ganztagstour startet zwischen Mittwoch und Sonntag um 7.15 Uhr.

Die Tagestouren in Bengalurus Umgebung können lohnenswert sein, besonders die tägliche Fahrt zu den schwer erreichbaren Orten Belur, Halebid und Shravanabelagola (ohne/mit Klimaanlage 800/850 ₹). Start ist um 6.30 Uhr, Rückkehr um 22 Uhr.

Schlafen

Gute Budgetzimmer sind Mangelware, doch einige preiswerte Unterkünfte liegen an der Subedar Chatram (SC) Rd, östlich von den Busbahnhöfen, und rings um den Bahnhof.

Rund um die MG Rd

Hotel Ajantha HOTEL $$
(☎ 080-25584321; www.hotelajantha.in; 22A MG Rd; EZ/DZ inkl. Frühstück mit Ventilator 1450/1990 ₹, mit Klimaanlage 2200/2630 ₹; ❄ 📶) Der alteingesessene Favorit bei den Budgettravellern ist nicht mehr das Schnäppchen, das es einmal war. Für seine Lage an der MG Road bietet es aber für die zu erwartenden Zimmer noch immer erschwingliche Preise.

St. Mark's Inn HOTEL $$
(☎ 080-41122783; www.stmarkshotels.com; St. Marks Rd; EZ/DZ inkl. Frühstück 2500/2800 ₹;

UNTERWEGS IN KARNATAKA

Karnataka bietet einige einzigartige Reisearten:

Golden Chariot (☎ 11-42866600; www.thegoldenchariot.co.in; EZ/DZ 7 Nächte inkl. Vollpension & Aktivitäten 5278/7630 US$; 📶) Diese luxuriöse Zugreise startet in Bengaluru und führt die Passagiere durch das romantische Karnataka mit Zwischenstopps an Tempeln, alten Ruinen und Möglichkeiten zur Tierbeobachtung. Die klimatisierten Kabinen sind mit modernen Annehmlichkeiten ausgestattet und es gibt an Bord mehrere Bars und Restaurants.

goMowgli (☎ 9008730975; www.gomowgli.in; ab 1700 ₹/Tag) Ein Trupp einheimischer Traveller organisiert diese Busreisen nach dem „Hop-on-hop-off"-Prinzip durch ganz Karnataka. Ziel soll es sein, bereichernde kulturelle Erfahrungen zu sammeln.

Art of Bicycle (☎ 8129945707; www.artofbicycletrips.com; ab 2250 ₹/Pers.) Bietet Radtouren durch die ländliche Umgebung von Bengaluru und darüber hinaus an, darunter Exkursionen in die Nandi Hills oder eine 10-tägige Tour nach Gokarna.

❄📶) Ein Designerhotel mit unschlagbarem Preis-Leistungs-Verhältnis. Die makellosen Zimmer sind modern eingerichtet und mit großen, komfortablen Betten, Zimmersafe und glänzenden Badezimmerarmaturen aus Edelstahl ausgestattet. Es gibt kostenloses WLAN und Frühstück vom Büffet.

Hotel Empire International HOTEL **$$**
(☎080-42678888; www.hotelempire.in; 36 Church St; EZ/DZ inkl. Frühstück ab 1780/2140 ₹; ❄) Das etwas heruntergekommene Hotel Empire bietet für seine praktische, zentrale Lage an der belebten Church St ein sehr gutes Preis-Leistungs-Verhältnis. Die Zimmer sind unterschiedlich groß und schön, man sollte sich also ein paar ansehen, bevor man eine Entscheidung trifft. Die meisten sind aber groß und haben schnelles WLAN. Der Ableger im aufstrebenden Viertel **Kormangala** (☎080-40222777; www.hotelempire.in; 103 Industrial Area; EZ/DZ 2135/2570 ₹) ist auch eine gute Option.

Tom's Hotel HOTEL **$$**
(☎080-25575875; www.hoteltoms.com; 1/5 Hosur Rd; EZ/DZ inkl. Frühstück mit Ventilator 1900/2080 ₹, mit Klimaanlage 2310/2560 ₹; ❄📶🏊) Im hellen, fröhlichen Tom's, das wegen seiner guten Preise seit Langem beliebt ist, kann man mitten in der Stadt preiswert übernachten. Die Zimmer sind groß und sauber und die Mitarbeiter freundlich.

★ **Casa Piccola Cottage** HISTORISCHES HOTEL **$$$**
(☎080-22990337; www.casacottage.com; 2 Clapham Rd; Zi. inkl. Frühstück ab 4300 ₹; ❄📶) Das schön renovierte historische Gebäude bietet stimmungsvolle Zimmer und bildet eine friedliche Oase in der Hektik der Stadt. Mit seiner ganz individuellen Art der Gastfreundschaft hat sich das Hotel einen guten Ruf erworben. Die Zimmer sind mit Fliesenböden, blitzsauberen Bädern und farbenfrohen Überdecken eingerichtet. Im Garten stehen Papaya- und Avocadobäume. Angeboten werden auch komplett ausgestattete Apartments.

Oberoi HOTEL **$$$**
(☎080-41358222; www.oberoihotels.com; 39 MG Rd; EZ/DZ ab 12 000/13 000 ₹; ❄@📶🏊) Das gigantische Oberoi ist eines der luxuriösesten Hotels in Bengaluru. Es liegt in einem über 1 ha großen, üppig grünen Garten rund um einen zauberhaften, 120 Jahre alten Baum. Es vereint kolonialzeitliches Flair mit modernen Annehmlichkeiten, von Tablet-gesteuerten Einrichtungen bis hin zu einem TV im Badezimmer.

Laika Boutique Stay B&B **$$$**
(☎9482806630; www.laikabangalore.in; Rathna Rd; Zi. inkl. Frühstück 4780 ₹; ❄📶) In einer grünen Seitenstraße versteckt sich diese Pension, die eine tolle Option für Traveller ist, die auf der Suche nach einer Mischung aus lokaler Authentizität, Stil und Komfort sind.

Vivanta by Taj HOTEL **$$$**
(☎080-66604444; www.vivantabytaj.com; 41/3, MG Rd; EZ/DZ ab 10 000/12 000 ₹; ❄@📶🏊) Das Vivanta ist erfrischend zwanglos und dennoch sehr professionell und vermischt Boutique-Eleganz mit den gewohnten Fünf-Sterne-Standards. Die besten Zimmer bieten einen Blick über die Dächer der Stadt und eine grüne Rasenfläche. Der luxuriöse Pool ist perfekt für alle, die einfach nur ein bisschen entspannen wollen.

Jüsta MG Rd BOUTIQUEHOTEL **$$$**
(☎080-41135555; www.justahotels.com/mg-road-bangalore; 21/14 Craig Park Layout, MG Rd; EZ/DZ inkl. Frühstück 3980/4670 ₹; ❄📶) Eine wunderbare Alternative zu Bengalurus Palette an typischen Businesshotels. Das persönliche Hotel bietet saubere, große Zimmer, die durch und durch japanisch inspiriert sind.

Andere Gebiete

Hotel Adora HOTEL **$**
(☎080-22200024; 47 SC Rd; EZ/DZ 600/832 ₹, mit Klimaanlage 990/1560 ₹; ❄) Eine große Budgetunterkunft mit schlichten Zimmern nahe dem Bahnhof in der City und dem Kempegowda-Busbahnhof. Unten ist ein gutes vegetarisches Restaurant.

Youth Hostel Bangalore HOSTEL **$**
(☎080-25924040; www.youthhostelbangalore.com; 65/2 Millers Rd; B/DZ 150/650 ₹, DZ mit Klimaanlage 850 ₹; ❄📶) Wirklich nur etwas für Traveller mit extrem eingeschränktem Budget. Das doch *sehr* einfache Hostel ist bei indischen Studenten äußerst beliebt und bietet gegen Aufpreis Extras wie einen Eimer heißes Wasser (15 ₹), WLAN (20 ₹/Std.) und Schließfächer im Erdgeschoss (20 ₹/Tag). YHA-Mitglieder erhalten einen Rabatt. Die Jugendherberge liegt ganz in der Nähe des Bahnhofs Cantonment nördlich der Stadt.

Mass Residency PENSION **$$**
(☎9945091735; massresidency@yahoo.com; 18, 2nd Main Rd, 11th Cross, JP Nagar; Zi. inkl. Frühstück mit Ventilator/Klimaanlage 1600/2000 ₹;

(❄📶) In einem ruhigen Wohngebiet abseits des Stadtzentrums befindet sich diese freundliche Pension, deren Besitzer – zwei Brüder – selbst schon viel in der Welt herumgekommen sind. Die Zimmer sind komfortabel genug, Leser schwärmen aber von der herzlichen Gastfreundschaft und den kostenlosen geführten Spaziergängen durch die Umgebung.

★Villa Pottipati HISTORISCHE PENSION $$$
(☎080-41144725; www.villa-pottipati.neemranahotels.com; 142 8th Cross, 4th Main, Malleswaram; EZ/DZ inkl. Frühstück ab 3300/4400 ₹; ❄@📶🏊) Das historische Gebäude am Stadtrand war einst die Gartenvilla einer wohlhabenden Expat-Familie aus Andhra Pradesh. Natürlich wimmelt es hier von Erinnerungsstücken und altmodischem Flair wie alten Möbeln, allerlei Schnickschnack und Bogentoren. Im Garten stehen alte Bäume und es gibt einen kleinen Pool.

★Leela Palace HOTEL $$$
(☎080-25211234; www.theleela.com; 23 HAL Airport Rd; EZ/DZ ab 19 000/20 500 ₹) Das atemberaubende, nach dem Vorbild des Mysore Palace erbaute Hotel ist zwar in Wirklichkeit kein Palast (es wurde 2003 erbaut), könnte aber ohne Probleme auch einen König bei sich aufnehmen. Glänzender Marmor, dicke, luxuriöse Teppiche, königliche Balkone und traditionelle Details sind hervorragend nachgeahmt, ebenso wie das stattliche Anwesen mit seinem wunderschönen Garten, den Wasserfällen, schicken Restaurants, Bars und Boutiquegalerien. Es liegt im Leela-Galleria-Komplex, 5 km östlich der MG Rd.

Taj West End HISTORISCHES HOTEL $$$
(☎080-66605660; www.tajhotels.com; Racecourse Rd; EZ/DZ inkl. Frühstück ab 24 000/25 500 ₹; ❄📶🏊) Die Geschichte dieses Hauses geht zurück auf das Jahr 1887, als es von einer britischen Familie als Hostel mit zehn Zimmern für durchreisende Armeeoffiziere gegründet wurde. Seitdem ist in diesem hübschen Anwesen, das sich über mehr als 8 ha tropischer Gärten ausbreitet, die Nostalgie zu Hause, und das Hotel ist zu einer Ikone indischer Luxusgastlichkeit geworden.

Essen

Bengalurus abenteuerlustige kulinarische Szene hält mit den Launen und wachsenden Ansprüche der hungrigen, gut betuchten Einwohner und ausländischen IT-Experten Schritt. Hier gibt's Luxusrestaurants, Gastro-Pubs und bei den Einheimischen beliebte günstige Optionen.

Rund um die MG Road

Khan Saheb INDISCH $
(www.khansaheb.co; 9A Block, Brigade Rd; Wraps ab 60 ₹; ⏲12–23.30 Uhr) Ein preiswertes Lokal mit leckeren Speisen, das für seine Wraps mit unterschiedlichen Füllungen berühmt ist – von Fleisch vom Holzkohlegrill und Tandoori-Garnelen bis hin zu *paneer* und Pilz-*tikka*.

★Koshy's Bar & Restaurant INDISCH $$
(39 St Mark's Rd; Hauptgerichte 160–350 ₹; ⏲9–23 Uhr) Es heißt, die Hälfte aller Gerichtsverfahren in Bengalaru wird an den Tischen des Koshy's diskutiert, und viele knallharte Zeitungsartikel werden hier beim dampfenden Kaffee geschrieben. Seit Jahrzehnten stillt die Intelligenz der Stadt in dem fröhlichen Gastro-Pub ihren Durst, in dem die Gäste zwischen hitzigen Diskussionen und den Bierkrügen leckere nordindische Gerichte verschlingen können.

Queen's Restaurant INDISCH $$
(7 Church St; Hauptgerichte 140–240 ₹; ⏲Di–So 12.30–15.30 & 19–22.30 Uhr) In diesem renommierten Restaurant herrscht eine persönliche und stimmungsvolle Atmosphäre. Das Innere des Queen's ist im rustikalen Dorfstil gehalten und gemalte Motive schmücken die urigen Wände. Auf den Tisch kommen schnelle und leckere indische Gerichte, z. B. eine Auswahl an Gerichten mit Gemüse und Dhal, zu denen luftige, heiße *chapati* serviert werden.

Church St. Social GASTHAUS $$
(46/1 Church St; Hauptgerichte 150–350 ₹; ⏲Mo–Do 9–23, Fr & Sa bis 1 Uhr) Dieser Gastropub im Stil eines Lagerhauses bringt echte Hipster-Atmosphäre nach Bengaluru. Serviert werden riesige Cocktails sowie ganztägiges Frühstück, Jalapeño-Käsemakkaroni, panierte Hühnchen-Burger und originelle indische Klassiker.

★Karavalli SEAFOOD $$$
(☎080-66604545; Gateway Hotel, 66 Residency Rd; Hauptgerichte 500–1500 ₹; ⏲12.30–15 & 18.30–23 Uhr) Das Arabische Meer mag zwar 400 km entfernt sein, um die beste Meeresküche Südindiens zu kosten, reicht jedoch ein Besuch in diesem schicken Restaurant. Die Einrichtung ist eine stilvolle Mischung

aus Strohdächern, traditioneller Holzkunst und abgenutzten Messingwaren. In einem hübschen Garten werden großartige, feurige Fischgerichte aus Mangalore und die Spezialität des Hauses, Hummer *balchao* (1495 ₹), serviert.

Sunny's ITALIENISCH $$$
(☎ 080-41329366; www.sunnysbangalore.in; 50 Lavelle Rd; Hauptgerichte 380–730 ₹; ⏲ 12.30–15 & 19–23 Uhr; 📶) Das elegante Sunny's ist eine wohl etablierte Institution in Bengalurus Restaurantszene. Hier dreht sich alles um authentische dünnkrustige Pizzas aus dem Holzofen, hausgemachte Pasta, importierten Käse und mit die besten Desserts der Stadt.

Ebony INTERNATIONAL $$$
(☎ 41783333; www.ebonywithaview.com; 13. Stock, Barton Centre, 84 MG Rd; Hauptgerichte 300–500 ₹; ⏲ 12.30–15 & 19–23 Uhr) Trotz der Karte mit köstlichen indischen, thailändischen und europäischen Gerichten steht hier, dank der himmlischen Lage auf einer schicken Dachterrasse, die prächtige Aussicht im Mittelpunkt. Ein hervorragender Ort, wenn man sich abends mal was gönnen möchte.

Fava MEDITERRAN $$$
(www.fava.in; UB City, 24 Vittal Mallya Rd; Hauptgerichte 350–850 ₹; ⏲ 11–23 Uhr) Hier kann man draußen im Schutz eines Baldachins zu Abend essen und sich an den großen Portionen mit Mezze, Fischkebabs, Zatar-Würstchen oder einer Köstlichkeit von der Bio-Speisekarte laben.

★ **Olive Beach** MEDITERRAN $$$
(☎ 080-41128400; www.olivebarandkitchen.com; 16 Wood St, Ashoknagar; Hauptgerichte 530–800 ₹; ⏲ 12–23.30 Uhr) Die weiß getünchte Villa, in dem das Olive Beach untergebracht ist, könnte so auch auf Santorin stehen. Das Essen weckt melancholische Erinnerungen an Ferien am sonnigen Mittelmeer. Die Speisekarte ändert sich je nach Saison, man darf sich aber auf Köstlichkeiten wie marokkanische Lamm-Tajine, karamellisierten Schweinebauch und lecker Tartes sowie fantastische Cocktails freuen.

Andere Gebiete

★ **Mavalli Tiffin Rooms** SÜDINDISCH $
(MTR; www.mavallitiffinrooms.com; Lalbagh Rd; Dosa ab 50 ₹, Hauptgerichte ab 130 ₹; ⏲ 6.30–11, 12.30–14.45, 15.30–19.30 & 20–21.30 Uhr) Das Restaurant ist für seine südindische Hausmannskost legendär und steht bei den Einwohnern von Bengaluru seit 1924 hoch im Kurs. Man geht hinauf in den Speisesaal und stellt sich an, bis man einen Tisch bekommt. Dann bewundert man die alten Bilder südindischer Schönheiten, die in Rauchglas radiert sind, während einem die Kellner das leckere regionale Essen bringen. Gekrönt wird das Mahl von schaumigen Filterkaffe in silbernen Kannen. Eine für Bengaluru typische Erfahrung.

NICHT VERSÄUMEN

FOOD STREET

Wer einmal wie die Einheimischen essen will, geht zur VV Puram, auch **Food Street** (Sajjan Rao Circle, VV Puram; ⏲ ab 17 Uhr) genannt, wo es eine ganze Gasse voller winziger Lokale gibt, die die klassischen Straßenessen zubereiten. Am frühen Abend wird's dann voll hier, wenn die Stände den Herd anwerfen und die Kunden rundherum stehen und beobachten, wie handgemachte *rotis* in der Luft gewendet oder *bhaji* (frittiertes Gemüse) in heißes Öl getaucht werden, ehe man sie auf Papiertellern anrichtet und im Stehen auf der Straße verdrückt.

Hier gibt's nur vegetarische Kost, darunter verschiedene *dosa* (Pfannkuchen aus Linsenmehl), Currys, *rotis* und frittierte Leckereien.

Gramin INDISCH $
(☎ 080-41104104; 20, 7. Block Raheja Arcade, Koramangala; Hauptgerichte 90–180 ₹; ⏲ 12.30–15.30 & 19–23 Uhr) Das Gramin, übersetzt „aus dem Dorf", bietet eine große Auswahl köstlicher Gerichte aus dem ländlichen Norden Indiens. Das gemütliche, bunt dekorierte vegetarische Restaurant ist bei den Einheimischen sehr beliebt. Empfehlenswert: das tolle Angebot an Linsengerichten, die mit ofenfrischen *roti* oder vegetarischen Kebabs am besten schmecken, und dazu ein süßer Lassi mit Rosenaroma, der in einem Kupfergefäß serviert wird.

Windsor Pub INDISCH $$
(7 Kodava Samaja Bldg, 1st Main Vasanthnagar; Hauptgerichte 250–350 ₹; ⏲ 11.30–15 & 18–23 Uhr) Die dunkle Pub-Einrichtung wirkt zwar nicht sehr inspirierend, doch die fantastische Karte bietet regionale Klassiker wie geschmackvollen Fisch aus Mangalore und das scharfe *pandhi*- (Schweinefleisch-) Masala aus den Hügeln von Kodagu. Dazu gibt's Bier vom Fass und Blues, Jazz und

DIE KÜCHE KARNATAKAS

Die vielfältige und köstliche Küche Karnatakas ist vielleicht schon Grund genug für einen Besuch in diesem Staat. Die erfolgreichste aller Delikatessen ist das würzige *pandhi*-(Schweinefleisch-) Masala, ein typisches und sehr leckeres Kodava-Gericht. In Mangaluru an der Küste gibt's viele scharfe Gerichte, vor allem mit Meeresfrüchten. Das knusprige gebratene Krabben-*rawa* (Grieß) und das sündhaft gute Ghee-Brathähnchen sind zwei der vielen Gerichte aus Mangaluru, die in ganz Indien Freunde gefunden haben. Vegetarische Genießer sollten derweilen in Udupi, dem Ursprungsort des *masala dosa* (Curry-Gemüse in einem knusprigen Fladen) vorbeischauen und seine legendären vegetarischen Gerichte kosten. Und natürlich sind auch die Gastropubs und Kleinbrauereien von Bengaluru immer einen Besuch wert.

1970er-Jahre-Rock. In der Nähe des Bangalore Palace.

★ **Fatty Bao** ASIATISCH $$$
(www.facebook.com/thefattybao; 610 12th Main Rd, Indiranagar; Hauptgerichte 380–650 ₹; ⌚11–15.30 & 19–23 Uhr) In dem angesagten Restaurant auf einer Dachterrasse werden typische asiatische Straßengerichte für eine modebewusste, junge Klientel einheimischer Gourmets serviert. Das Ambiente ist lebhaft und mit farbenfrohen Stühlen und langen Holztischen aufgepeppt. Es gibt auch Ramen-Suppen, Thai-Currys und malaiisches Straßenessen sowie asiatisch angehauchte Cocktails wie etwa Lemongrass-Mojitos. Im Gebäude befindet sich auch ein Ableger der Monkey Bar.

Ausgehen & Nachtleben

Bars & Lounges

Bengalurus Reputation als Ausgeh-Hochburg und die große Auswahl an schicken Bars machen es zum optimalen Ort für eine alkoholschwangere Kneipentour – schließlich ist es die Bierstadt Indiens. In den letzten Jahren sind die Kleinbrauereien wie Pilze aus dem Boden geschossen und bieten qualitativ hochwertige, vor Ort gebraute Ales an. In allen Locations wird auch Essen serviert.

Die angesagtesten Nachtclubs verlangen in der Regel einen Grundpreis von ca. 1000 ₹ pro Paar, er wird aber oft mit Getränken oder Speisen verrechnet.

Monkey Bar PUB
(www.monkeybarindia.com; 14/1 Wood St, Ashoknagar; ⌚12–23 Uhr) Die Besitzer des Olive Beach betreiben auch dieses schicke Gastropub mit einer stilvollen Retro-Atmosphäre und gemischtem, jugendlichem Publikum, das seine Drinks an der Bar oder in den Sitznischen aus Holz hinunterkippt. Im Untergeschoss ist eher Party angesagt, mit Billard, Tischkicker und einer tanzwütigen Meute, die zu knalliger Musik abrockt. Eine weitere Monkey Bar gibt's in **Indiranagar** (925 12th Main Rd, Indiranagar).

Plan B PUB
(20 Castle St, Ashoknagar; ⌚So–Do 11–23.30, Fr & Sa bis 1 Uhr) Hier gibt's vielleicht kein ausgefallenes, traditionell gebrautes Bier vom Fass, dafür ist das Plan B ein beliebter Studenten-Treff mit 3,5-l-Biertürmen und 15 verschiedenen Arten von Burgern. Auch der in industriellem Chic gehaltene Gastropub **Plan B Loaded** (13 Rhenius St, Richmond Town) ist mit von der Partie.

Pecos BAR
(Rest House Rd; ⌚10.30–23 Uhr) Poster von Jimi Hendrix, den Grateful Dead und Frank Zappa schmücken die Wände dieser charmant schäbigen, schmalen Bar mit drei Etagen. Sie ist eine Reminiszenz an einfachere Tage, als die Regale hinter der Bar mit Kassetten gefüllt waren, im TV Sport lief und nur ein Bier vom Fass zur Wahl stand, um den Durst zu stillen. Kein Wunder, dass es sich bei Studenten anhaltender Beliebtheit erfreut. In der Nähe gibt es jetzt auch einige Filialen.

Shiro BAR
(www.shiro.co.in; UB City, 24 Vittal Mallya Rd; ⌚So–Do 12.30–23.30, Fr & Sa bis 1 Uhr) Im Shiro, einer niveauvollen Bar mit elegantem Interieur, die mit monumentalen Buddha-Büsten und Apsara-Statuen dekoriert ist, kann man sich drinnen und draußen stilvoll betrinken.

13th Floor BAR
(13. Stock, Barton Centre, 84 MG Rd; ⌚So–Do 17–23, Fr & Sa bis 1 Uhr) Seine Angst vor der angeblichen Unglückszahl sollte man hier, wo einem das glitzernde Bengaluru zu Füßen liegt, ausnahmsweise mal vergessen. Happy Hour ist 17 bis 19 Uhr.

Kleinbrauereien

Biere Club KLEINBRAUEREI
(www.thebiereclub.com; 20/2 Vittal Mallya Rd; ⌚So–Do 11–23.30, Fr & Sa bis 1 Uhr) Bierliebhaber können sich freuen, denn die erste Kleinbrauerei Südindiens serviert Biere vom Fass, von denen sechs vor Ort gebraut werden. Hinter der Bar stehen große Kupferboiler.

Arbor Brewing Company KLEINBRAUEREI
(www.arborbrewing.com; 8 Magrath; So–Do 12–23.30, Fr & Sa bis 1 Uhr) Die Wurzeln dieser typischen Brauereikneipe liegen in Michigian, USA. Sie war eine der ersten Kleinbrauereien, die den Stein in Bengaluru ins Rollen gebracht hat. Angeboten werden acht verschiedene, vor Ort gebraute Biere, darunter IPA, Pilsner und belgische Biere.

Toit Brewpub KLEINBRAUEREI
(www.toit.in; 298 100ft Rd, Indiranagar; ⌚So–Do 12–23.30, Fr & Sa bis 1 Uhr) Ein Gastropub mit Backsteinwänden, das sich über drei Stockwerke erstreckt. Die fröhliche Klientel des Toit labt sich an den vor Ort gebrauten, qualitativ hochwertigen Bieren, darunter zwei Saisonbiere und ein irisches Red Ale vom Fass.

Brewski KLEINBRAUEREI
(www.brewsky.in; 4. & 5. Stock Goenka Chambers, 19th Main Rd, JP Nagar; ⌚Mo–Do 12–23.30, Fr & Sa bis 1 Uhr) Die Brauerei in den obersten Stockwerken eines Gebäudes ist eine coole Location mit Blick auf die Stadt und einem angesagten Restaurant voller traditioneller Deko. Angeboten werden sechs verschiedene Biere, darunter ein Golden Ale, Weizenbier und ein Starkbier.

Barleyz KLEINBRAUEREI
(www.barleyz.com; 100ft Rd, Koramangala; ⌚So–Do 11–23.30, Fr & Sa bis 1 Uhr) Ein freundlicher Biergarten auf einer Dachterrasse mit Topfpflanzen, Kunstrasen und stationären Grills. Die sechs Biere können kostenlos getestet werden und es gibt auch große Flaschen zum Mitnehmen. Die Holzofenpizza ist hervorragend.

Big Pitcher KLEINBRAUEREI, CLUB
(www.bigpitcher.in; 4121 HAL Airport Rd; ⌚So–Do 12–23.30, Fr & Sa bis 1 Uhr) Das Big Pitcher ist mit seinen sechs Ebenen mehr Nachtclub als Pub, der brasilianische Braumeister braut aber immerhin sechs verschiedene Biersorten. Von der zauberhaften Dachterrasse hat man einen wunderschönen Ausblick.

Vapour KLEINBRAUEREI, BAR
(www.vapour.in; 773 100ft Rd, Indiranagar) Ein mehrstöckiger Komplex mit mehreren Bars und Restaurants. Das Highlight hier ist jedoch die Dachterrasse mit Großbildleinwand, wo man sich sechs hauseigene (z. B. Reisbier) und ein Gast-Bier (hausfremdes Bier) schmecken lassen kann.

Cafés

Dyu Art Cafe CAFÉ
(www.dyuartcafe.yolasite.com; 23 MIG, KHB Colony, Koramangala; ⌚10–22.30 Uhr; 📶) Ein stimmungsvolles Café mit Galerie, das in einem grünen Wohnviertel untergebracht ist und über einen ruhigen Hof in Zen-Tempel-Manier verfügt. Die Kaffeebohnen stammen aus Kerala und es gibt guten Filterkaffee, Espresso und Eiskaffee. Dazu wird hausgemachter Kuchen serviert.

Matteo CAFÉ
(www.matteocoffea.com; Church St; ⌚9–23 Uhr; 📶) Der coolste Ort für ein Rendezvous im Zentrum. Hier loungen die Künstler auf Retro-Couches, trinken erstklassiges Bier und chatten dabei über das kostenlose WLAN oder blättern in der großen Auswahl an Zeitungen und Zeitschriften.

Infinitea CAFÉ
(www.infinitea.in; 2 Shah Sultan Complex, Cunningham Rd; Kanne Tee ab 100 ₹; ⌚11–23 Uhr; 📶) Das elegante, aber gemütliche Café bietet eine eindrucksvolle Tee-Auswahl, darunter klassische Sorten aus den besten Teegebieten und einige ausgefallenere Kreationen wie Blumenblüten. Am besten schmeckt der Tee zu einer süßen Nascherei oder einem leichten Mittagessen. Es gibt auch grammweise offenen Tee zu kaufen.

☆ Unterhaltung

Livemusik

Humming Tree LIVEMUSIK
(www.facebook.com/thehummingtree; 12th Main Rd, Indiranagar; ⌚So–Do 11–23.30, Fr & Sa bis 1 Uhr) Das Humming Tree gehört zu den besten Livemusik-Locations der Stadt und mutet ein bisschen wie eine Lagerhalle an. Hier treten Bands auf (ab 21 Uhr), es gibt DJs und auch eine Bar auf der Dachterrasse. Als Eintrittspreis ist alles möglich, von kostenlos bis 300 ₹.

B Flat LIVEMUSIK
(☎8041739250; www.facebook.com/thebflatbar; 776 100ft Rd, Indiranagar; Eintritt 300 ₹; ⌚So–Do

18.30–23.30, Fr & Sa bis 1 Uhr) Pub und Livemusik-Location in einem; mit einigen der besten Blues- und Jazzbands des Landes.

Sport

M Chinnaswamy Stadium SPORT

(www.ksca.co.in; MG Rd) Um Indiens Sportbegeisterung aus der Nähe zu erleben, kann man eines der regelmäßigen Cricketmatches im M Chinnaswamy Stadium besuchen. Die aktuellen Termine von Test-Cricket-Spielen, One-Day-Internationals und Twenty20-Matches stehen auf der Webseite.

Bangalore Turf Club PFERDERENNEN

(www.bangaloreraces.com; Racecourse Rd) Auch Pferderennen werden in Bengaluru groß geschrieben und der Besuch eines Rennens verspricht ein amüsanter Tag zu werden. Die Rennen finden meist freitag- und samstagnachmittags statt.

Theater

Ranga Shankara THEATER

(☎ 26592777; www.rangashankara.org; 36/2 8th Cross, JP Nagar) In diesem Kulturzentrum werden interessante Theaterstücke aller Art (in verschiedenen Sprachen und unterschiedlichen Genres) und Tanzaufführungen gezeigt.

Shoppen

In Bengaluru gibt's keinen Mangel an Einkaufsmöglichkeiten, von wimmelnden Basaren bis zu glitzernden Malls. Gute Gegenden zum Shoppen sind die Commercial St, die Vittal Mallya Rd und die MG Rd.

Mysore Saree Udyog BEKLEIDUNG

(www.mysoresareeudyog.com; 1. OG, 316 Kamaraj Rd; ⌚10.30–23 Uhr) Der gut besuchte Laden, der seit über 70 Jahren im Geschäft ist und für jeden Geldbeutel etwas bietet, ist eine tolle Option, um Saris sowie Hemden und Tücher aus Seide zu kaufen. Die meisten Kleidungsstücke sind aus Mysore-Seide, und auch Schals aus 100 % Paschmina sind im Angebot.

Cauvery Arts & Crafts Emporium SOUVENIRS

(49 MG Rd; ⌚10–21 Uhr) Großes, von der Regierung geführtes Kaufhaus, das bekannt ist für seine breite Auswahl an Qualitätsprodukten aus Sandel- und Rosenholz sowie Textilien.

Kynkyny Art Gallery KUNST

(www.kynkyny.com; Embassy Sq, 148 Infantry Rd; ⌚Mo–Sa 10–19 Uhr) Eine elegante kommerzielle Galerie in einem beeindruckenden Gebäude aus der Kolonialzeit, das Werke zeitgenössischer indischer Künstler zu Preisen verkauft, die für jedes Budget etwas hergeben. Auch Designer-Möbel werden angeboten.

Forest Essentials KOSMETIK

(www.forestessentialsindia.com; 4/1 Lavelle Junction Bldg., Vittal Mallya Rd; ⌚10–21 Uhr) Der Duft nach Zitronengras erfüllt dieses ruhige Geschäft, das reine Biokosmetik und ayurvedische Öle verkauft.

Fabindia BEKLEIDUNG, HAUSHALTSWAREN

(www.fabindia.com; 54 17th Main, Koramangala; ⌚10–20 Uhr) Commercial St (152 Commercial St; ⌚10–20.30 Uhr); Garuda Mall (Garuda Mall, McGrath Rd; ⌚10–20 Uhr); MG Rd (1 MG Rd; ⌚10–20 Uhr) Extrem erfolgreiche Kette mit breiter Auswahl an traditioneller Kleidung, Haushaltswaren und Accessoires aus traditionellen Baumwolldruck- und Seidenstoffen. Es gibt auch hochwertige Hautpflegeprodukte.

UB City EINKAUFSZENTRUM

(www.ubcitybangalore.in; 24 Vittal Mallya Rd; ⌚11–21 Uhr) Die hoch aufragende Mall im Zentrum bietet internationale Haute Couture (Louis Vuitton, Jimmy Choo, Burberry) sowie hochwertige indische Mode.

Garuda Mall EINKAUFSZENTRUM

(McGrath Rd) Ein modernes Einkaufszentrum mit den herkömmlichen Restaurant- und Bekleidungsketten.

Forum EINKAUFSZENTRUM

(www.theforumexperience.com/forumbangalore.htm; Hosur Rd, Koramangala; ⌚10–23 Uhr) Schillerndes Einkaufszentrum in Koramangala.

Leela Galleria EINKAUFSZENTRUM

(23 Airport Rd, Kodihalli) Eine glamouröse Mall mit hochwertigen Läden. In der Nähe des noblen Vororts Indiranagar.

Indiana Crockery HAUSHALTSWAREN

(97/1 MG Rd; ⌚10.30–21 Uhr) Gute Adresse, um Thali-Tabletts, Utensilien aus Messing und Chai-Tassen für die nächste Party zu Hause einzukaufen.

Goobe's Book Republic BÜCHER

(www.goobes.wordpress.com; 11 Church St; ⌚Mo–Sa 10.30–21, So 12–21 Uhr) Ein großartiger kleiner Buchladen mit neuen und gebrauchten Büchern, Kult- und Mainstreamliteratur sowie Comics.

Gangarams Book Bureau BÜCHER
(2. Stock, 48 Church St; ⏲ Mo–Sa 10–20 Uhr) Hervorragende Auswahl an indischen Büchern, Reiseführern und Penguin-Books-Klassikern.

Bookworm BÜCHER
(Shrungar Shopping Complex, MG Rd; ⏲ 10–21 Uhr) In dem tollen Secondhand-Buchladen gibt's viele zeitgenössische Bücher und Klassiker sowie Reiseführer.

Blossom Book House BÜCHER
(www.blossombookhouse.com; 84/6 Church St; ⏲ 10.30–21.30 Uhr) Tolle Schnäppchen bei neuen und gebrauchten Büchern.

Magazines BÜCHER
(41/1 Rayan Tower, Church St; ⏲ 10–22 Uhr) Riesige Auswahl an internationalen Zeitschriften.

Praktische Informationen

GELD
Geldautomaten sowie Geldwechsler gibt es überall an der MG Rd.

GEPÄCKAUFBEWAHRUNG
Am Hauptbahnhof sowie am Kempegowda-Busbahnhof gibt's rund um die Uhr geöffnete Gepäckaufbewahrungen (10 ₹/Tag).

INTERNETZUGANG
Als IT-Stadt hat Bengaluru viele Internetcafés, und auch viele Hotels bieten WLAN-Zugang.

KARTEN
Die Touristeninformationen geben brauchbare Stadtpläne heraus; ausgezeichnete Karten gibt's in den meisten großen Buchläden.

MEDIEN
Time Out Bengaluru (www.timeout.com/bangalore), *What's Up Bangalore* (www.whatsupguides.com) und *Explocity* (www.bangalore.explocity.com) berichten über aktuelle Ereignisse und veröffentlichen Infos zum Nachtleben, Ausgehen und Shoppen in der Stadt. Die Zeitschriften gibt's in allen großen Buchläden.

MEDIZINISCHE VERSORGUNG
Hosmat (☎ 25593796; www.hosmatnet.com) Für ernsthafte Verletzungen und allgemeine Erkrankungen.

Mallya Hospital (☎ 22277979; www.mallyahospital.net; 2 Vittal Mallya Rd) Notfallversorgung und rund um die Uhr geöffnete Apotheke.

POST
Hauptpost (Cubbon Rd; ⏲ Mo–Sa 10–19, So bis 13 Uhr)

REISEBÜROS
Skyway (☎ 22111401; www.skywaytour.com; 8 Papanna Lane, St. Mark's Rd; ⏲ Mo–Sa 9–18 Uhr) Eine durch und durch professionelle und zuverlässige Agentur, um Taxis für Langstrecken und Flüge zu buchen.

TOURISTENINFORMATION
Government of India Tourist Office (GITO; ☎ 25585417; 2. Stock, 48 Church St; ⏲ Mo–Fr 9.30–18, Sa 9–13 Uhr) Sehr nützlich für Bengaluru und Umgebung.

Karnataka State Tourism Development Corporation (KSTDC) Badami House (☎ 080-43344334; www.karnatakaholidays.net; Kasturba Rd; ⏲ Mo–Sa 10–19 Uhr); Karnataka Tourism House (☎ 41329211; 8 Papanna Lane, St. Mark's Rd; ⏲ Mo–Sa 10–19 Uhr) Bucht vor allem Touren und staatlich geleitete Unterkünfte in Karnataka, hat aber auch eine gute Webseite.

An- & Weiterreise

BUS
Bengalurus riesiger, gut organisierter **Busbahnhof Kempegowda** (Gubbi Thotadappa Rd), der auch unter dem Namen Central oder Majestic bekannt ist, liegt direkt vor dem Hauptbahnhof in der City. Busse der **Karnataka State Road Transport Corporation** (KSRTC; ☎ 44554422; www.ksrtc.in) fahren von hier zu Zielen in ganz Karnataka.

Auf der Webseite des KSRTC finden sich Fahrpläne und -preise. Zum Zeitpunkt der Recherche war eine Buchung im Internet mit internationaler Kreditkarte noch nicht möglich, vielleicht hat sich das mittlerweile aber geändert. Ansonsten gibt es überall in der Stadt praktische KSRTC-Ticketschalter. Am Bahnhof können computergestützte Vorausbuchungen getätigt werden. Langstrecken sollten unbedingt vorab gebucht werden.

Die privaten Busunternehmen haben ihre Büros an der Straße gegenüber dem Kempegowda-Busbahnhof, man kann sein Ticket aber auch in einem Reisebüro kaufen.

Auch Busunternehmen, die in andere Bundesstaaten fahren, starten am Kempegowda-Busbahnhof.

FLUGZEUG
Internationale Flüge kommen an Bengalurus **Kempegowda International Airport** (www.bengaluruairport.com) an. Von dort starten täglich auch Inlandsflüge in Großstädte in ganz Indien, darunter Chennai (2600 ₹, 2 Std.), Mumbai (4000 ₹, 2 Std.), Hyderabad (3000 ₹, 1 Std.), Delhi (6100 ₹, 2½ Std.) und Goa (2500 ₹, 1 Std.).

AirAsia (☎ 1860-5008000; www.airasia.com)

Air India (☎ 22978427; www.airindia.com; Unity Bldg, JC Rd)

GoAir (☎ 47406091; www.goair.in)
IndiGo (☎ 9910383838; www.goindigo.in)
Jet Airways (☎ 39893333; www.jetairways.com; Unity Bldg, JC Rd)
SpiceJet (☎ 18001803333; www.spicejet.com)

ZUG

Bengalurus **Hauptbahnhof** (www.bangalorecityrailwaystation.in; Gubbi Thotadappa Rd) ist der wichtigste Bahnhof der Stadt. Am **Bahnhof Cantonment** (Station Rd) steigt man aus, wenn man in die Gegend rund um die MG Road möchte, vom **Bahnhof Yeshvantpur** (Rahman Khan Rd), 8 km nordwestlich der Innenstadt, fahren die Züge nach Goa ab.

Wer eine indische Telefonnummer hat, kann seine Tickets auch online unter www.irctc.co.in buchen. Wenn ein Zug ausgebucht ist, können ausländische Reisende die Quote für ausländische Touristen nutzen. Das computergestützte **Reservierungsbüro** (☎ 139; ⏲ Mo–Sa 8–20, So bis 14 Uhr) befindet sich wenn man aus dem Bahnhof kommt gleich rechts und hat verschiedene Schalter für Kreditkartenzahlungen, Frauen und Ausländer. Gepäck kann man am Hauptbahnhof in der rund um die Uhr geöffneten Gepäckaufbewahrung auf Bahnsteig 1 abgeben.

ℹ Unterwegs vor Ort

AUTORIKSCHA

Die Fahrer der Autorikschas müssen laut Gesetz ihr Taxameter einschalten, doch nur wenige halten sich daran. Nach 22 Uhr werden 50 % auf

VERKEHRSMITTEL AB BENGALURU

Wichtige Busse ab Bengaluru

ZIEL	PREIS (₹)	DAUER (STD.)	HÄUFIGKEIT
Chennai	390 (R)/690 (V)/757 (S)	7–8	stündl., 5.35–23.45 Uhr
Ernakulam	587 (R)/1012 (V)/1062 (S)	10–12	7-mal tgl., 4–21.45 Uhr
Hampi	546 (R)	8½	1-mal tgl., 23 Uhr
Hosapete	326 (R)/566 (V)/695 (S)	8	14 Busse, 16.30–23 Uhr, stündl.
Hyderabad	672 (R)/812 (V)/1012 (S)	9½–11	23-mal tgl., 7.30–22.30 Uhr
Mumbai	1690 (V)	17½–19	4-mal tgl., 15–21 Uhr
Mysuru	190 (R)/270 (V)	3	alle 10 Min., 24 Std.
Ooty	256 (R)/490 (V)	8	9-mal tgl., 6.15–23.15 Uhr
Panaji	1190 (V)	13	4-mal tgl., 18.20–20 Uhr
Gorkana	562 (R)	12	2-mal tgl., ab 21 Uhr

Preise: (R) Rajahamsa Semideluxe, (V) Airavath AC Volvo, (S) AC Sleeper

Wichtige Züge ab Bengaluru

ZIEL	ZUG-NR. & -NAME	PREIS (₹)	DAUER (STD.)	ABFAHRT
Chennai	*12658 Chennai Mail*	260/920	6½	22.40 Uhr
	12028 Shatabdi	785/1510	5	Mi–Mo 6 & 16.25 Uhr
Delhi	*12627 Karnataka Exp*	815/3110	39	19.20 Uhr
	12649 Sampark Kranti Exp	795/3030	35	Mo, Mi, Fr, Sa & So 22.10 Uhr
Hosapete	*16592 Hampi Exp*	255/970	9½	22 Uhr
Hubballi	*16589 Rani Chennamma Exp*	270/1040	8½	21.15 Uhr
Kolkata	*12864 YPR Howrah Exp*	740/2820	34½	19.35 Uhr
Mumbai	*11302 Udyan Exp*	505/1975	23½	20.30 Uhr
Mysuru	*12007 Shatabdi*	435/825	2	Do–Di 11 Uhr
	12614 Tippu Exp	90/305	2½	15 Uhr
Trivandrum	*16526 Kanyakumari Exp*	420/1630	16½	20 Uhr

Preise: *Shatabdi*-Preise gelten für AC Chair/AC Executive; Express (Exp/Mail) – Preise gelten für 2. Klasse/AC Chair in tagsüber fahrenden Zügen und für Sleeper/2AC in Nachtzügen.

den Taxameterpreis aufgeschlagen. Der Grundpreis beträgt 25 ₹ für die ersten 2 km, für jeden weiteren Kilometer werden 13 ₹ fällig.

BUS

Bengaluru hat ein umfangreiches städtisches Busnetz, das von der **Bangalore Metropolitan Transport Corporation** (BMTC; www.mybmtc.com) betrieben wird, die auch eine hilfreiche Webseite mit Fahrplänen und -preisen hat. Die roten klimatisierten Vajra-Busse fahren kreuz und quer durchs Zentrum, die grünen Big10-Deluxe-Busse fahren in die Vororte. Normale Busse starten am zentralen City-Busbahnhof neben dem Kempegowda-Busbahnhof (Central Majestic), ein paar fahren auch vom City-Market-Busbahnhof ab.

Um vom Hauptbahnhof in die Gegend der MG Rd zu kommen, nimmt man am City-Busbahnhof jeden Bus von Bahnsteig 17 oder 18. Zum City-Market-Busbahnhof fahren die Busse 31, 31E, 35 und 49 von Bahnsteig 8.

ZUM/VOM FLUGHAFEN

Der schicke Kempegowda International Airport liegt in Hebbal, etwa 40 km nördlich der MG Rd. Klimatisierte Taxis mit Taxameter fahren vom Flughafen ins Zentrum und kosten zwischen 750 und 1000 ₹.

Flybus KSRTC betreibt den Flybus nach Mysuru (750 ₹, 4 Std.), der um 10.30 und 21 Uhr am Flughafen startet.

Vayu Vajra (☎18004251663; www.mybmtc.com) Das von Vayu Vajra betriebene Flughafenshuttle-Service hat einen klimatisierten Bus zum Kempegowda-Busbahnhof (Central Majestic) sowie zur MG Rd (210 ₹) mit stündlichen Abfahren zwischen 6.10 und 22.25 Uhr.

METRO

Bengalurus neue Metro mit Klimaanlage, Namma Metro genannt, ist zwar noch immer eine einzige große Baustelle, mittlerweile wurden aber endlich einige Linien in Betrieb genommen. Für Traveller ist die Linie 1 am interessantesten, auf der zwischen 6 und 22 Uhr alle 15 Minuten ein Zug zwischen der MG Rd und Indiranagar (13 ₹) verkehrt. Aktuelle Informationen gibt's auf www.bmrc.co.in.

TAXI

Die Standardpreise für einen Tata Indica für lange Entfernungen liegen bei 8,50 ₹ pro Kilometer bei mindestens 250 km. Hinzu kommt ein Tagessatz von 200 ₹ für den Fahrer. Ein Miettaxi für acht Stunden kostet etwa 2000 ₹.

Olacabs (☎33553355; www.olacabs.com) Professionelles, effizientes Unternehmen mit modernen klimatisierten Fahrzeugen. Buchungen sind online oder per Telefon möglich.

Meru Cabs (☎44224422; www.merucabs.com)

Rund um Bengaluru

Wer von dem ganzen Trubel und den Staus in Bengaluru die Nase voll hat, sollte sich in die Hügel der Umgebung aufmachen und dort frische Luft schnappen und die ländliche Kultur und hübsche Landschaft auf sich wirken lassen.

Nandi Hills

Die 1455 m hohen **Nandi Hills** (Eintritt 10 ₹, Auto 150 ₹; ⏲6–18 Uhr), 60 km nördlich von Bengaluru, beherbergten früher die Sommerresidenz von Tipu Sultan (sein Palast ist noch zu sehen). Heute sind sie das beliebteste Wochenendziel der Technikfreaks aus Bengaluru und damit samstags und sonntags hoffnungslos überfüllt. Wenn möglich, sollte man seinen Ausflug unter der Woche planen. Dennoch kann man hier schöne, leichte Wanderungen unternehmen, die tolle Aussicht auf die weiten Ebenen genießen und die beiden bemerkenswerten **Chola-Tempel** besuchen. Wer kein Auto dabei hat, der hat nach dem Eingangstor noch einen 2 km langen Anstieg vor sich. Die Makaken sind unberechenbar, deshalb am besten kein Essen mitnehmen.

Oben auf den Nandi Hills liegt das **Hotel Mayura Pine Top** (☎8970650019; Hauptgerichte 80–160 ₹; ⏲10.30–20 Uhr), das gute indische Gerichte im Angebot hat, die mit einer großartigen Aussicht aus dem gläsernen Restaurant serviert werden. Auch die **Zimmer** (Ventilator/Klimaanlage 1500/3000 ₹) haben einen umwerfenden Ausblick.

Rund um die Nandi Hills befindet sich eines der besten Weinbaugebiete Indiens.

Busse zu den Nandi Hills (65 ₹, 2 Std.) fahren vom Kempegowda-Busbahnhof (Central Majestic) in Bengaluru.

Hessaraghatta

In Hessaraghatta, 30 km nordwestlich von Bengaluru, befindet sich die führende Tanzakademie **Nrityagram** (☎080-28466313; www.nrityagram.org; selbstgeführte Tour 50 ₹; ⏲Di–So 10–14 Uhr), die 1990 gegründet wurde, um den klassischen indischen Tanz wiederzubeleben und ihn populärer zu machen – eine Idee und das lebendige Erbe der gefeierten Tänzerin Protima Gauri Bedi (1948–1998). Der Komplex wurde vom in Goa lebenden Architekten Gerard da Cunha in Form eines Dorfes entworfen. Man kann das Ganze auf eigene Faust besichtigen, alternativ aber auch eine Führung mit Vortrag, Tanzvorführung und vegetarischer Mahlzeit buchen (1500–2000 ₹, mind. 10 Pers.). Die frühe Schließung um 14 Uhr beachten.

Vom City-Market-Busbahnhof in Bengaluru fahren die Busse 266, 253, 253D und 253E nach Hessaraghatta (25 ₹, 1 Std.), Bus 266 fährt weiter bis Nrityagram. Von Hessaraghatta kostet eine Autorikscha 70 ₹.

Schlafen

Taj Kuteeram HOTEL $$$
(080-28466326; www.tajhotels.com; DZ ab 4800 ₹;) Gegenüber dem Dorf Nrityagram liegt das Kuteeram, das zwar nicht ganz so luxuriös wie andere Hotels der Taj-Kette ist, aber dennoch eine ganz nette Option mit einer guten Mischung aus Komfort und rustikalem Charme. Es wurde von dem bekannten Architekten Gerard da Cunha entworfen und bietet auch Ayurveda- und Yogastunden an.

Janapada Loka Folk Arts Museum

Janapada Loka Folk Arts Museum MUSEUM
(Bangaluru-Mysuru Rd; Inder/Ausländer 20/100 ₹; 9–17.30 Uhr) Zwischen Bengaluru und Mysuru liegt dieses Museum, das einen kleinen Abstecher durchaus wert ist. Es ist dem Erhalt der ländlichen Kultur gewidmet und beherbergt eine wunderbare Sammlung von Folkloreobjekten, darunter 500 Jahre alte Schattenpuppen, Festtrachten, Musikinstrumente und ein toller Tempelwagen. Hinzu kommt die Nachbildung eines traditionellen Dorfes. Das Museum liegt 53 km südlich von Bengaluru und ist 3 km von Ramnagar entfernt. Jeder Bus zwischen Mysuru und Bengaluru kann Fahrgäste dort absetzen.

NEUE STÄDTENAMEN IN KARNATAKA

Nach einer offiziellen Bekanntmachung der Regierung Karnatakas erhielten am 1. November 2014 12 Städte im Bundesstaat ihren alten indischen Namen aus der Zeit vor der Kolonialisierung zurück. Folgende für Touristen relevante Städte wurden umbenannt:

- Bangalore in Bengaluru
- Mysore in Mysuru
- Mangalore in Mangaluru
- Hospet in Hosapete
- Hubli in Hubballi
- Bijapur in Vijapura
- Gulbarga in Kalaburgi
- Shimoga in Shivamogga

Mysuru (Mysore)

0821 / 895 000 EW. / 707 M

Mysuru (das seinen früheren Namen Mysore vor Kurzem abgelegt hat), ist eine der berühmtesten Touristendestinationen in Südindien. Die Stadt ist bekannt für ihr schillerndes königliches Erbe und ihre prächtigen Monumente und Gebäude. Sein Palast gehört zum UNESCO-Welterbe und ist für viele Traveller der Hauptgrund für einen Besuch. Mysuru ist aber auch ein blühendes Zentrum der Herstellung erstklassiger Seide, Sandelholz und Weihrauch. Heutzutage bildet Ashtanga-Yoga einen weiteren Anziehungspunkt für Besucher aus der ganzen Welt – Mysuru hat den Ruf einer der besten Orte in Indien für die Praktizierung von Yoga zu sein.

Geschichte

Mysuru verdankt seinen Namen dem mythischen Mahisuru, einem Ort, an dem der Dämon Mahisasura von der Göttin Chamundi getötet wurde. Die königliche Geschichte begann 1399, als die Wodeyear-Dynastie von Mysore gegründet wurde, die aber bis zur Mitte des 16. Jhs. im Dienst des Vijayanagar-Reiches stand. Mit dem Sturz der Vijayanagar im Jahr 1565 erklärten die Wodeyar ihre Unabhängigkeit, die sie sich – von einer kurzen Periode der Übermacht Hyder Alis und Tipi Sultans im späten 18. Jh. einmal abgesehen – bis zur Unabhängigkeit 1947 bewahrten.

Sehenswertes

Nicht umsonst wird Mysuru auch die Stadt der Paläste genannt, denn hier stehen insgesamt sieben davon und es gibt zudem zahllose weitere traditionelle Architektur majestätischen Ausmaßes aus der Zeit der Wodeyars-Dynastie und der britischen Herrschaft. Die Mehrheit der Bauwerke befindet sich in staatlichem Besitz und sie werden heute z. B. als Krankenhaus, College, Re-

ABSTECHER

WHISKY & WEIN

In einem Land, das bekannt ist für seine feinen Weine und Liköre (jeder, der schon einmal in einem der allgegenwärtigen „Weingeschäfte" Indiens war, wird das bestätigen können) bildet Bengaluru (Bangalore) eher eine Ausnahme von der Regel. Die Stadt hat nicht nur einen großen Durst für traditionell gebrautes Bier (S. 196) entwickelt, sondern darf sich mit den Nandi Hills auch noch über eine der besten Weinregionen Indiens direkt vor der Haustür freuen. Der noch im Aufstieg begriffene Industriezweig hat mit seinen rund 18 Weingütern in der Region international schnell an Ansehen gewonnen. Auch nicht weit von der Stadt entfernt befindet sich Indiens erste Destillerie für Single-Malt-Whisky, in der es auch möglich ist, die guten Tropfen zu probieren.

Grover Wineries (☎ 9379627188; www.groverzampa.in; 1½-stündige Führung Mo–Fr 850 ₹, Sa & So 1000 ₹) Bei den sehr empfehlenswerten Führungen durch die Grover Wineries erfährt man viel Wissenswertes über die indische Weinindustrie, die rote und weiße Qualitätsrebsorten hervorbringt. Im Preis sind die Verkostung von fünf Weinen direkt im Weinkeller mit Käse und Crackern sowie das darauffolgende Mittagessen inbegriffen. Zwischen Februar und Mai kann man beim Traubenpressen zuschauen und die Weinberge besuchen. Das Weingut liegt nicht weit von den Nandi Hills, etwa 40 km nördlich von Bengaluru. Um hinzukommen, muss man sich ein Auto mieten.

Amrut (☎ 080-23100402; www.amrutdistilleries.com; Mysuru Rd; kostenlose Führung) Indiens erste Produktionsstätte von Single-Malt-Whisky wurde 1948 gegründet. Amrut bietet täglich kostenlose Führungen durch die Destillerie an, die von sachkundigen Führern begleitet werden. Bevor man die erstklassigen Single-Malts und Blends probieren darf, geht's erst durch die gesamte Produktionskette. Amrut liegt 20 km außerhalb von Bengaluru an der Straße nach Mysuru. Unbedingt vorab reservieren.

gierungsgebäude oder Hotel genutzt. Unter www.karnatakatourism.org/Mysore/en findet man eine Liste mit den sehenswerten Gebäuden der Stadt.

★ **Mysore Palace** PALAST
(Maharadscha-Palast; www.mysorepalace.gov.in; Inder/Ausländer inkl. Audioführer 40/200 ₹, Kind unter 10 Jahre frei; ⏲10–17.30 Uhr) Dieser fantastische Palast, der zu den großartigsten königlichen Bauwerken in Indien gehört, war der frühere Sitz der Wodeyar-Maharadschas. Der alte Palast fiel im Jahr 1897 einem Brand zum Opfer, der heutige wurde 1912 von dem englischen Architekten Henry Irwin fertiggestellt und kostete 4,5 Mio. ₹. Das Innere dieses indo-sarazenischen Traums, ein Kaleidoskop aus farbigem Glas, Spiegeln und knallbunten Farben, ist verschwenderisch gestaltet und zweifellos übertrieben. Die Dekoration wird durch geschnitzte Holztüren, Mosaikfußböden und Gemälde, die das Leben in Mysore während der edwardianischen Raj-Ära darstellen, ergänzt.

Der Weg in den Palast führt an einer tollen Skulpturen- und Artefakt-Sammlung vorbei. Nicht verpassen sollte man die Waffenkammer mit einer beeindruckenden Sammlung von über 700 Waffen.

Jeden Sonntag und an nationalen Feiertagen wird der Palast zwischen 19 und 19.45 Uhr von fast 100 000 Glühlampen erleuchtet, die sein majestätisches Profil vor dem Dunkel der Nacht hervorheben.

Der Eingang zum Palastgelände befindet sich am **Südtor** an der Purandara Dasa Rd. Von draußen darf man den Palast fotografieren, im Inneren ist das Fotografieren aber streng verboten. Fotoapparate müssen in Schließfächern am Eingang des Palastes deponiert werden. Weitere Infos kann man dem Farbteil (S. 206) entnehmen.

Devaraja Market MARKT
(Sayyaji Rao Rd; ⏲6–20.30 Uhr) Auf dem lebhaften Basar, der auf die Zeit Tipu Sultans zurückgeht, verkaufen örtliche Händler traditionelle Waren wie Blumengirlanden, Gewürze und kegelförmige Haufen *kumkum* (gefärbtes Pulver für die *bindi*-Punkte auf der Stirn), die alle tolle Fotomotive sind. Vor dem Shoppen sollte man aber seine Feilschkünste auffrischen.

Chamundi Hill AUSSICHTSPUNKT
Auf dem Gipfel des Chamundi Hill, auf 1062 m Höhe, steht der **Sri-Chamundeswari-Tempel** (⏲7–14, 15.30–18 & 19.30–21 Uhr), der von einem 40 m hoch aufragenden *go-*

Mysuru (Mysore)

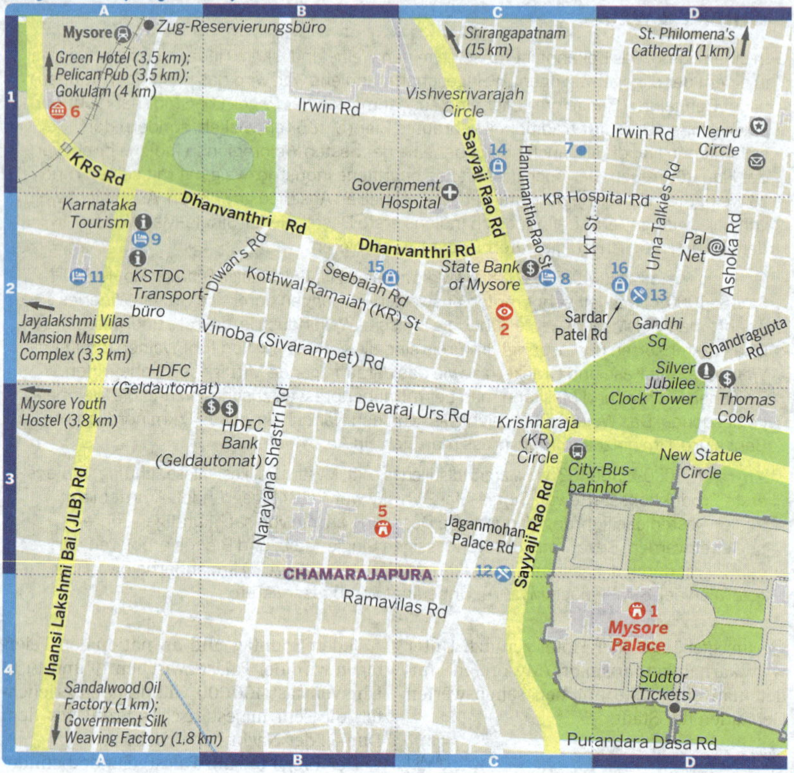

puram (Eingangsturm) beherrscht wird. Er eignet sich für einen schönen Halbtagesausflug und bietet spektakuläre Aussichten. Am Wochenende bilden sich lange Schlangen, man kommt also besser unter der Woche hierher. Vom Busbahnhof rumpelen Bus 100 (17 ₹, 25 Min.) oder 201 (AC 28 ₹) die schmale Straße zum Gipfel hinauf. Die Hin- und Rückfahrt mit der Autoriksсha kostet etwa 400 ₹.

Alternativ kann man auch den aus mehr als 1000 Stufen bestehenden Pfad nehmen, auf dem die Hindu-Pilger zum Tempel gehen. Nach einem Drittel des Weges nach unten kommt man zur 5 m hohen Statue eines **Nandi** (Shivas Reittier), der 1659 aus dem blanken Fels geschlagen wurde.

Jaganmohan Palace PALAST

(Jaganmohan Palace Rd; Erw./Kind 120/60 ₹; ⏲8.30–17 Uhr) Der 1861 als königliches Auditorium erbaute beeindruckende Palast gleich westlich des Mysore Palace beherbergt die **Jayachamarajendra Art Gallery**. Die Kunstgalerie zeigt auf drei Etagen eine riesige Sammlung von indischen Gemälden, darunter Arbeiten des bekannten Künstlers Raja Ravi Varma sowie traditionelle japanische Kunst. Zu sehen sind auch Erinnerungsstücke der königlichen Familie von Mysore, Waffen und seltene Musikinstrumente.

Indira Gandhi Rashtriya Manav Sangrahalaya MUSEUM

(Nationales Museum der Menschheit; ☎2526531; www.igrms.com; Wellington Lodge, Irwin Rd; ⏲Di–So 10–17.30 Uhr) GRATIS Das tolle Kunst- und Kulturzentrum zeigt Wechselausstellungen über Kunst aus dem ländlichen Indien.

Government House HISTORISCHES GEBÄUDE

(Irwin Rd) Die im Jahr 1805 erbaute frühere britische Residenz ist ein toskanisch-dorisches Gebäude, das in einem 20 ha großen Garten liegt.

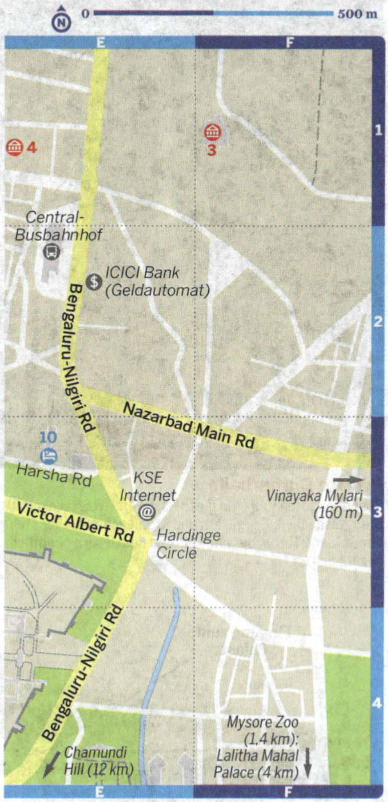

Mysuru (Mysore)

Highlights
1 Mysore Palace D4

Sehenswertes
2 Devaraja Market C2
3 Government House F1
4 Indira Gandhi Rashtriya Manav Sangrahalaya E1
5 Jaganmohan Palace B3
6 Rail Museum A1

Aktivitäten, Kurse & Touren
7 Shruthi Musical Works C1

Schlafen
8 Hotel Maurya C2
9 Hotel Mayura Hoysala A2
10 Parklane Hotel E3
11 Royal Orchid Metropole A2

Essen
12 Cafe Aramane C3
13 Hotel RRR D2
Parklane Hotel .... (siehe 10)
Tiger Trail .... (siehe 11)

Shoppen
14 Cauvery Arts & Crafts Emporium C1
15 Sri Sharada Grand Musical Works B2
16 Sumangali Silks D2

Jayalakshmi Vilas Mansion Museum Complex MUSEUM
(Campus der Mysore University; Mo–Sa 10.15–17 Uhr) GRATIS Das Museum befindet sich in einer prächtigen Villa auf dem Universitätscampus westlich der Stadt und ist auf Volkskunst spezialisiert. Es zeigt Artefakte, Steintafeln und Skulpturen, darunter ländliche Trachten und eine hölzerne Marionette des zehnköpfigen Dämonen Ravana.

St. Philomena's Cathedral KIRCHE
(St. Philomena St; 8–17 Uhr) Die hoch aufragende St. Philomena's Cathedral am nördlichen Stadtrand wurde zwischen 1933 und 1941 im neogotischen Stil erbaut. Ihre Schönheit wird durch die prächtigen Buntglasfenster betont.

Rail Museum MUSEUM
(Eisenbahnmuseum; KRS Rd; Erw./Kind 15/10 ₹, Foto/Video 20/30 ₹; Di–So 9.30–18.30 Uhr) Hinter dem Bahnhof befindet sich dieses Freilichtmuseum. Sein prominentestes Ausstellungsstück ist der Salonwagen des Maharadschas von Mysore, ein holzgetäfeltes Schmuckstück aus dem Jahr 1899. Der Wagen vermittelt eine Vorstellung davon, wie die Königsfamilie seinerzeit reiste. Man kann mit einer **Kindereisenbahn** (10 ₹) durch das Museum fahren.

Zoo Mysore ZOO
(Indiranagar; Erw./Kind 40/20, Foto 20 ₹; Mi–Mo 8.30–17.30 Uhr) Im Gegensatz zu vielen anderen erbärmlichen indischen Zoos hält der Zoo von Mysore viel höhere Standards ein. Er liegt in einem hübschen Garten von 1892. Highlights sind u.a. die weißen Tiger, die Tieflandgorillas und die Nashörner. Der Zoo befindet sich etwa 2 km südöstlich von Mysore Palace.

Karanji Lake Nature Park PARK
(Indiranagar; Eintritt 25 ₹, Foto 20 ₹; 8.30–17.30 Uhr) In diesem Naturpark neben dem Zoo können verschiedene Vogelarten beobachtet werden, darunter Reiher, Halsbandsittiche, Buntstörche sowie Schmetterlinge.

(Fortsetzung auf S. 208)

Mysore Palace

Im Innern des Palastes verstecken sich reich geschmückte Säle, königliche Gemälde, aufwendig gestaltete dekorative Elemente sowie Skulpturen und Zeremonialgegenstände. Es gibt unglaubliche Mengen von verborgenen Details und so viel zu bestaunen, dass man sich für einen Besuch zumindest einige Stunden Zeit nehmen sollte. Ein Führer kann äußerst wertvoll sein.

Nachdem man den Palast betreten hat, kommt man zunächst in den **Doll's Pavilion** (1), in dem eine Sammlung traditioneller Puppen und Skulpturen gezeigt wird, die der Maharadscha in der ganzen Welt zusammengetragen hat. Gegenüber dem **Elephant Gate** (2) kann man die sieben Kanonen sehen, die früher zu speziellen Anlässen, z. B. den Geburtstagen der Maharadschas, abgeschossen wurden. Auch heute werden sie während des Dasara noch abgefeuert. Am Ende des Pavillon steht der **Golden Howdah** (3). Man beachte die Fliegenwedel auf beiden Seiten; die Borsten sind aus feinem Elfenbein.

Auf dem Weg durch die Säle zum **Marriage Pavilion** (4) sollte man sich unbedingt die Gemälde ansehen, die die Dasara-Prozession zeigen. Zudem lohnt es sich, einen Blick in den Hof zu werfen, in dem früher Ringkämpfe stattfanden. Heute wird er nur noch während des Dasara benutzt. Im Hochzeitspavillon lohnt sich auch ein längerer Aufenthalt: Drei Religionen haben das Design geprägt. Das Christentum zeichnet für die Glasdecke verantwortlich, der Hinduismus für die Reliefe und der Islam für die Bögen des Balkons.

Auf dem Weg zur **Privaten Durbarhalle** (5) kann man die aufwendigen Einlegearbeiten in den Rosenholztüren betrachten, die Krishna darstellen. Die **Öffentliche Durbarhalle** (6) ist normalerweise der letzte Punkt, von dem man durch islamische Bögen einen großartigen Blick in die Gärten hat.

MYSORE PALACE BOARD ©

Private Durbarhalle
Rosenholztüren führen in diese reich verzierte Halle mit Buntglasdecken, Ziergittern und Kronleuchtern. Hier steht der Goldene Thron, der nur während des Dasara öffentlich zugänglich ist.

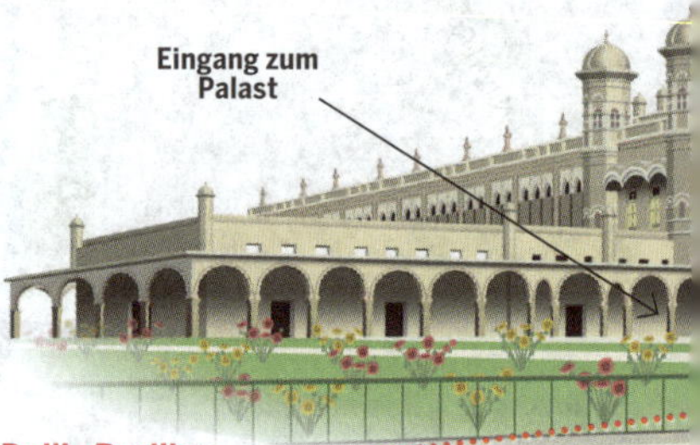

Doll's Pavilion
Der „Puppen-Pavillon" zeigt Puppen, Statuen und hinduistische Götter-Statuetten aus dem 19. und frühen 20. Jh., die der Maharadscha von Würdenträgern aus der ganzen Welt geschenkt bekommen hat.

MYSORE PALACE BOARD ©

MYSORE PALACE BOARD ©

ʼentliche Durbarhalle

eser seitlich offenen Halle befindet sich eine unbezahlbare
ımlung von Gemälden des Malers Raja Ravi Varma. Die
e mündet in einen großen, von Pfeilern getragenen Balkon
einer üppig verzierten Decke, die zehn Inkarnationen von
nu zeigt.

Marriage Pavilion

Dieser verschwenderisch gestaltete Saal, in dem königliche Hochzeiten stattfanden, weist christliche, hinduistische und islamische Designelemente auf. Die tolle achteckige Buntglasdecke mit dem Bronzekronleuchter hat Pfauenmotive.

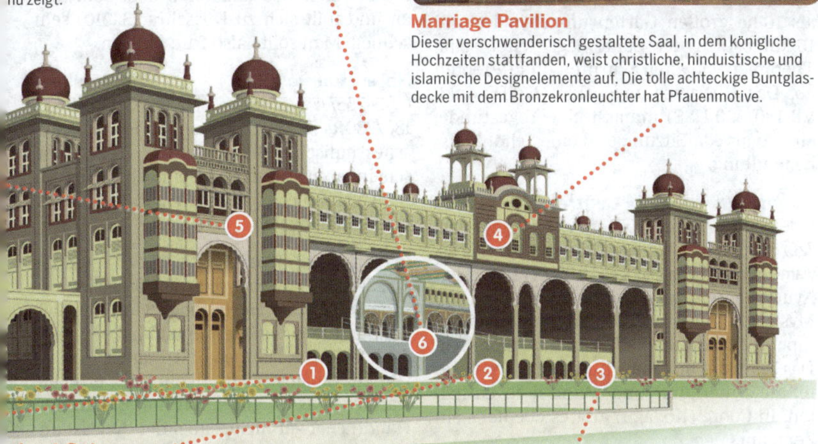

phant Gate

Messingtor neben dem Doll's Pavilion befinden sich unten
Elefanten aus Bronze, oben ein detaillierter doppelköpfiger
r und in der Mitte ein Mischwesen aus Elefant und Löwe
Staatsemblem von Karnataka).

Golden Howdah

Am hinteren Ende des Doll's Pavilion steht ein hölzerner Howdah, der mit 80 kg Gold verziert ist. In ihm ritt der Maharadscha bei Dasara auf einem Elefanten. Heute trägt der Howdah die Statuette der Göttin Chamundeswari.

MYSORE PALACE BOARD ©

(Fortsetzung von S. 205)

Aktivitäten

Emerge Spa AYURVEDA
(☎2522500; www.thewindflower.com; Windflower Spa & Resort, Maharanapratap Rd, Nazarbad; Abhayanga-Massage 2150 ₹; ⏱7–21 Uhr) Das schicke Resort liegt außerhalb der Stadt und verwöhnt seine Kunden mit ayurvedischen Sitzungen. Empfehlenswert ist die einstündige Abhayanga-Massage mit zwei Therapeuten. Das Spa liegt 3 km südöstlich des Mysore Palace und im Preis ist ein Hol- und Bringservice inbegriffen.

Indus Valley Ayurvedic Centre AYURVEDA
(☎2473263; www.ayurindus.com; Lalithadripura) Das elegante Zentrum, das von mehr als 10 ha großen Gärten umgeben ist und 16 km östlich der Stadt liegt, leitet seine Therapien von alten Schriften und Rezepten ab. Das Übernachtungspaket (EZ/DZ inkl. VP 180/320 US$) umfasst eine Yogastunde, eine Ayurveda-Sitzung und eine Schönheitsbehandlung.

Swaasthya Ayurveda Centre AYURVEDA
(☎9845913471, 6557557; www.swaasthya.com; 726/B, 6th Cross, gegenüber dem Yoganarsimhaswamy-Tempel; Behandlungen ab 250 ₹) In diesem Ayurveda-Zentrum etwa 15 km nördlich von Mysuru führen professionelle Ayurveda-Therapeuten traditionelle Behandlungen durch. Das Zentrum bietet auch All-inclusive-Pakete, die Unterkunft und Mahlzeiten enthalten. In Coorg (Kodagu) gibt es ebenfalls ein Zentrum.

Kurse

Shruthi Musical Works MUSIK
(☎9845249518; 1189 3rd Cross, Irwin Rd; 400 ₹/Std.; ⏱Mo–Sa 10.30–21, So bis 14 Uhr) Der Musiklehrer Jayashankar erhält gutes Feedback für seine Tabla-Stunden.

Geführte Touren

KSTDC Transport Office BUSTOUR
(Stadtrundfahrt 210 ₹) KSTDC bietet täglich eine Stadtrundfahrt durch Mysuru an. Dabei kommt man an den Sehenswürdigkeiten der Stadt vorbei (außer dem Palast), an Chamundi Hill, Srirangapatnam und an den Brindavan Gardens. Beginn der wirklich atemberaubenden Tour ist täglich um 8.30 Uhr, Rückkehr ist um 20.30 Uhr. Andere Ausflüge führen nach Belur, Halebid und Sravanabelagola (Di & Do, 7.30–21 Uhr, 550 ₹).

Alle Touren starten am Büro des KSTDC (S. 212) neben dem Hotel Mayura Hoysala, wo auch die Tickets gekauft werden können. Alternativ können die Reisebüros der Stadt die Buchung vornehmen.

Royal Mysore Walks STADTSPAZIERGANG
(☎9632044188; www.royalmysorewalks.com; 2-stündiger Spaziergang 600–1500 ₹) Ein Stadtspaziergang ist eine tolle Möglichkeit, um die Geschichte Mysurus und seines Erbes kennenzulernen. Die Touren finden nur am Wochenende statt und haben bestimmte Schwerpunkte, wie etwa die königliche Geschichte oder die Kulinarik der Region.

Schlafen

Mysuru zieht das ganze Jahr über Touristen an und füllt sich zu Dussehra (S. 210) sehr schnell. Man sollte also früh buchen.

Hotel Maurya HOTEL $
(☎2426677; 9/5 Hanumantha Rao St; EZ/DZ ab 180/330 ₹; ❄📶) Das Maurya ist ein typisches indisches Billighotel mit großen, unscheinbaren Zimmern. Dennoch ist es für Budgettraveller eine gute Wahl. Es gibt TV und Klimaanlagen.

Mysore Youth Hostel HOSTEL $
(☎2544704; www.yhmysore.com; Gangothri Layout; B 130 ₹) Das Hostel liegt 3 km westlich der Stadt in einem Garten und hat gepflegte Schlafsäle für Männer und Frauen. Um 23 Uhr ist Zapfenstreich, Alkohol ist verboten, warmes Wasser gibt's nur im Eimer und Handtücher gar nicht – aber der Preis ist unschlagbar. Für Studenten gibt's Ermäßigung. Man nimmt einen Bus zum Maruthi-Tempel, von dort ist es ein kurzer Spaziergang. Eine Autorikscha kostet 60 ₹.

★ **Parklane Hotel** HOTEL $$
(☎4003500; www.parklanemysore.com; 2720 Harsha Rd; Zi. ab 2000 ₹; ❄@📶🏊) Das bei Travellern sehr beliebte Hotel liegt ganz praktisch direkt an der Touristenroute Mysurus und ist unglaublich kitschig, doch es ist schwer, die ultrakomfortablen, massiven und makellosen Zimmer nicht zu mögen. Sie sind mit Handyladegeräten und nützlichen Toilettenartikeln versehen. Im gut besuchten Freiluft-Restaurant herrscht eine gesellige Atmosphäre und es gibt auch einen kleinen Pool auf der Dachterrasse.

Hotel Mayura Hoysala HOTEL $$
(☎2426160; www.karnatakaholidays.net; 2 Jhansi Lakshmi Bai Rd; EZ/DZ inkl. Frühstück mit Ventilator

ASHTANGA-YOGA IN MYSURU (MYSORE)

Was Rishikesh dem Norden Indiens, ist Mysuru dem Süden. Die Stadt ist auf der ganzen Welt für ihr Ashtanga-Yoga bekannt und jedes Jahr kommen Tausende Schüler aus aller Welt, um es zu lernen, zu praktizieren oder sich als Lehrer zertifizieren zu lassen.

In den meisten Fällen wird von den Schülern erwartet, dass sie sich der Kunst des Yogas ernsthaft verpflichten und sich mindestens einen Monat Zeit nehmen. In letzter Zeit zeichnet sich aber eine neue Entwicklung ab und es gibt immer mehr Kurse, zu denen man ohne Anmeldung hinzustoßen kann oder die auch nur eine Woche dauern. Wer sich wirklich für längere Zeit verpflichten möchte, der muss sich weit im Voraus anmelden, denn diese Kurse sind oft ausgebucht.

Yogazentren

Ashtanga Yoga Research Institute (AYRI; ☎9880185500; www.kpjayi.org; 235 8th Cross, 3rd Stage, Gokulam; 1./2. Monat 33 700/22 500 ₹) Vom renommierten Ashtanga-Lehrer K. Pattabhi Jois gegründet, der Madonna ihre Yoga-Moves beigebracht hat. Inzwischen ist er verstorben, und seine Arbeit wird von seinem Sohn weitergeführt, der sehr beliebt ist. Man muss sich zwei Monate im Voraus anmelden.

IndeaYoga (Ānanda Yoga India; ☎2416779; www.indeayoga.com; 144E 7th Main, Gokulam; 4/8 Wochen 1200/1600 US$) Eine sehr beliebte Schule, die Hatha- und Ashtanga-Yoga mit Bharath Shetty anbietet, einem jungen Guru, der beim mittlerweile verstorbenen B. K. S. Iyengar aus Pune studierte. Es gibt auch Kurse ohne Anmeldung.

Mystic School (☎4288490; www.mysoreyoga.in; 100 3rd A Main Rd, Gokulam) Erhält für sein vielfältiges Programm viel gutes Feedback. Angeboten werden Hatha- und Ashtanga-Yoga, Meditationen und Lesungen. Für Kurz- und Langzeitschüler mit oder ohne Vorkenntnisse geeignet. Hat auch Unterkünfte.

Atma Vikasa Centre (☎2341978; www.atmavikasayoga.com; 18, 80ft Rd, Ramakrishnanagar) Yogacharya Venkatesh, der „Rückbeugenexperte", veranstaltet Yoga-, Sanskrit- und Meditationskurse. Das Zentrum befindet sich in einem friedlichen Vorort, 5 km südwestlich vom Palast.

Schlafen & Essen

Die meisten ausländischen Yoga-Schüler wohnen im exklusiveren Wohnviertel Gokulam. Nur wenige Yoga-Zentren bieten auch Übernachtungsmöglichkeiten, man muss sich also selbst darum kümmern. Beim Mieten von Unterkünften können Facebook-Gruppen helfen, etwa **Ashtanga Community in Mysore** oder **Mysore Yoga Community Group**. Für einen Monat in einem privaten Apartment bezahlt man etwa 12 000 bis 15 000 ₹.

Mystic School & Om Cafe (☎4288490; www.mysoreyoga.in; 100 3rd Main Rd, Gokulam; Zi. mit/ohne Küche pro Monat 25 000/18 000 ₹; ❄📶🏊) Die picobello sauberen Studios mit Küchennischen und das stimmungsvolle Café auf dem Dach (8–20.30 Uhr) machen dies zur stilvollsten Unterkunft, die Gokulam zu bieten hat. Es gibt auch eine finnische Sauna und ein Tauchbecken.

Urban Oasis (☎2410713; www.urbanoasis.co.in; 7 Contour Rd, 3rd Stage, Gokulam; Zi. ab 1800 ₹, Monat ab 30 000 ₹; ❄📶) Erinnert eher an ein Geschäftshotel, ist aber bei Yoga-Schülern wegen seiner komfortablen Zimmer beliebt.

Anokhi Garden Guest House (☎9620793762; www.anokhigarden.com; 408 Contour Rd, 3rd Stage, Gokulam; EZ/DZ ab 2000/3000 ₹; ⏲Café Do–So 8–12.30 Uhr; 📶) Französisch geführte Boutiquepension auf einem grünen Grundstück mit einem netten Café, das vegetarische und vegane Gerichte auftischt.

Anu's Bamboo Hut (☎9900909428; anugan@gmail.com; 365, 2nd Main, 3rd Stage, Gokulam; Mittagsbüffet 250 ₹; ⏲Fr–Mi 13–15 & 17–19 Uhr) Das schlichte Café auf der Dachterrasse versorgt die Yoga-Schüler mit vegetarischen Mittagsbüffets und abendlichen Smoothies. Außerdem bietet es Kochkurse (450 ₹) und ist eine gute Info-Quelle.

1350/1500 ₹, mit Klimaanlage 2480/2750 ₹; ❄) Das staatlich betriebene Hotel bietet nach wie vor seine Kombination aus altmodischer, eingemotteter Tradition und schöpft damit das Potential dieses wunderschönen historischen Gebäudes bei Weitem nicht aus. Dennoch ist es keine schlechte Option, besonders zu diesen Preisen. Die Bar ist bei Mysurus Gewohnheitstrinkern sehr beliebt.

★ Green Hotel HISTORISCHE PENSION $$$
(☎4255000; www.greenhotelindia.com; 2270 Vinoba Rd, Jayalakshmipuram; EZ/DZ inkl. Frühstück ab 3880/4480 ₹; 📶) 🍃 Das charaktervolle Green Hotel, das im Lauf der Jahre mehrere Reinkarnationen erlebte, wurde ursprünglich in den 1920er-Jahren vom Maharadscha für seine drei Töchter gebaut; damals hieß es Chittaranjan Palace. Danach war es von den 1950er-Jahren bis 1987 ein Filmstudio. Heute werden die 31 Zimmer des Hotels, die in einem hübschen Garten liegen, mit Solarenergie versorgt. Unter den Zimmern im Palastgebäude sind Themenzimmer wie der „Writers Room" oder solche im kitschigen Bollywood-Stil.

Auch ein Dinner hier ist toll, wenn das Essen in stimmungsvoller Atmosphäre an kerzenerleuchteten Tischen auf dem Rasen serviert wird. Das Beste: Die Profite gehen an Wohltätigkeits- und Umweltprojekte in ganz Indien. Es liegt 3 km westlich der Stadt.

★ Lalitha Mahal Palace HISTORISCHES HOTEL $$$
(☎2526100; www.lalithamahalpalace.in; Zi. inkl. Frühstück 4830–12 080 ₹; ❄@📶) Das 1921 erbaute frühere Gästehaus des Maharadschas ist seit 1974 ein Hotel. Das imposante alte Gebäude steht ganz im Zeichen der Tradition, vom vergitterten Fahrstuhl aus den 1920er-Jahren bis zu den Böden mit Mosaikfliesen. In den klassischen historischen Zimmern wird Geschichte wirklich erlebbar: Geräumige Himmelbetten erheben sich neben alten Möbeln, freistehende Badewannen mit Löwenfüßen stehen auf Marmorböden und die von hölzernen Läden beschatteten Fenster blicken auf prächtige, gepflegte Gärten. Das Lalitha Mahal liegt etwa 5 km vom Zentrum entfernt.

Royal Orchid Metropole HISTORISCHES HOTEL $$$
(☎4255566; www.royalorchidhotels.com; 5 Jhansi Lakshmi Bai Rd; EZ/DZ inkl. Frühstück ab 7170/8540 ₹; ❄📶🏊) Das ursprünglich von den Wodeyars als Residenz für die britischen Gäste des Maharadschas gebaute Hotel ist zweifellos eines der führenden historischen Hotels in Mysuru. Das charmante Gebäude aus der Kolonialzeit bietet 30 Zimmer, die historische Atmosphäre verströmen. Wenn Reisegruppen zu Gast sind, finden Shows mit Zauberern und Schlangenbeschwörern statt.

Essen & Ausgehen

Malgudi Café CAFÉ $
(Green Hotel; 2270 Vinoba Rd, Jayalakshmipuram; Kuchen ab 40 ₹, Sandwiches 60 ₹; ⏲10–19 Uhr; 📶) 🍃 Das stimmungsvolle Café in einem Innenhof des Green Hotel serviert hervorragende Kaffees und Himalaja-Tees sowie ver-

DUSSEHRA-FEIERLICHKEITEN

Beim 10-tägigen **Dussehra-Fests** (Dasara ; ⏲Sept./Okt.) im September bzw. Oktober geht es in Mysuru zu wie an Karneval. In dieser Zeit wird der Mysore Palace jeden Abend dramatisch beleuchtet und die Stadt verwandelt sich in einen gigantischen Festplatz mit Konzerten, Tanzaufführungen, Sportvorführungen und kulturellen Veranstaltungen.

Am letzten Tag werden die Feierlichkeiten in großem Stil beendet: Eine beeindruckende Prozession mit geschmückten Elefanten, mit Blumengirlanden verzierten Figuren, livrierten Bediensteten und Reitern marschiert zum Rhythmus der scheppernden Blaskapellen durch die Straßen.

Während des Fests ist Mysore total überfüllt mit Touristen, besonders am letzten Tag. Um dem Gedränge zu entgehen, kann man überlegen, ob man eine **Dasara VIP Gold Card** (7500 ₹/2 Erw.) kauft. Sie ist zwar teuer, garantiert einem aber gute Sitzplätze bei der Abschlussgala, und bei den anderen Veranstaltungen und Vorführungen kann man damit einfach an den Schlangen am Eingang vorbeigehen. Außerdem gibt's Rabatte in Unterkünften und Restaurants sowie beim Shoppen. Es gibt auch Tickets, die nur für das Betreten des Palastes und des Bannimantap für die Paraden am letzten Tag gültig sind (250–1000 ₹). Das **Dasara Information Centre** (☎0821-2423800; www.mysoredasara.gov.in) hält nähre Infos bereit.

schiedene leckere Snacks und Kuchen. Die Mitarbeiter kommen aus benachteiligten Schichten und sind überwiegend Frauen; mit dem Profit werden unterdrückte Gemeinschaften unterstützt. Selbst kann man auch etwas beitragen – indem man einfach eine zweite Tasse bestellt.

Hotel RRR SÜDINDISCH **$**
(Gandhi Sq; Hauptgerichte 90–130 ₹; ⌚11.30–16.30 & 19–23 Uhr) In dem immer geschäftigen Lokal, in dem man mittags schon mal auf einen Platz warten muss, kommen klassische Gerichte nach Art von Andhra Pradesh auf den Tisch. Empfehlenswert: das kochend heiße vegetarische Thali (90 ₹), das auf einem Bananenblatt serviert wird.

Vinayaka Mylari SÜDINDISCH **$**
(769 Nazarbad Main Rd; Hauptgerichte 30–50 ₹; ⌚6.30–13.30 & 16–20 Uhr) Den einheimischen Feinschmeckern zufolge ist dies eines der besten Lokale im Ort, um südindische Klassiker wie *masala dosa* (mit Currygemüse gefüllte Fladen) und *idlis* (schwammige, runde fermentierte Reiskuchen aus Südindien) zu probieren. Die Straße hinauf befindet sich ein ähnliches Lokal, das Hotel Mylari, das vom Bruder des Besitzers betrieben wird und das ebenso gut ist.

Cafe Aramane SÜDINDISCH **$**
(Sayyaji Rao Rd; Hauptgerichte 90–110 ₹; ⌚7–22.30 Uhr) In einem historischen Gebäude voller Charakter ist dieses typische geschäftige südindische Lokal untergebracht, das dampfende Frühstücksplatten für Mysurus Büroangestellte serviert. Abends schauen dieselben Leute dann auf einen aromatischen Filterkaffee und eine riesige Palette an leckeren Snacks vorbei, darunter die Spezialität des Hauses: täglich wechselnde *dosas*.

★ **Sapphire** INDISCH **$$**
(Lalitha Mahal Palace; Hauptgerichte 250–1000 ₹; ⌚12.30–19.45 & 20–23 Uhr) Im großen Tanzsaal des Hotels Lalitha Mahal Palace kann man so stilvoll wie indische Maharadschas essen. Dafür sorgen die hohen Buntglasdecken, die Spitzendecken auf den Tischen und die glänzenden Teakholzböden. Tipp: Das königliche Mysore-Silber-Thali (485 ₹) bestellen, das verschiedene Gemüse- und Brotsorten sowie Süßigkeiten beinhaltet, die auf edlem Messinggeschirr serviert werden. Am Wochenende gibt's nur Büffet-Menüs. Nicht-Gäste bezahlen 1000 ₹ Eintritt, der aber zurückerstattet wird, wenn man hier etwas isst.

Parklane Hotel INTERNATIONAL **$$**
(2720 Harsha Rd, Parklane Hotel; Hauptgerichte 100–140 ₹) Mysurus geselligstes Restaurant hat Tische im Freien, die von zahllosen stimmungsvollen Laternen beleuchtet werden. Die Küche tischt köstliche regionale Gerichte aus ganz Indien auf, die von traditioneller Livemusik begleitet werden.

Tiger Trail INDISCH **$$$**
(Royal Orchid Metropole, 5 Jhansi Lakshmi Bai Rd; Hauptgerichte 250–750 ₹; ⌚7.30–23.30 Uhr) Das hochwertige Restaurant bringt köstliche indische Gerichte auf den Tisch, die in einem abends von Fackeln und Lichterketten erleuchteten Hof serviert werden. Auf der Karte stehen Dschungelrezepte, die in Tigerschutzgebieten in ganz Indien gesammelt wurden. Es gibt auch ein Mittagsbüffet ab 450 ₹.

Pelican Pub PUB
(Hunsur Rd; Hauptgerichte 100–190 ₹; ⌚11–23 Uhr) Die beliebte, relaxte Kneipe am Rand des noblen Gokulam-Viertels serviert Bier für 65 ₹ pro Krug im traditionellen Gastraum drinnen oder im Garten hinterm Haus. Mittwochs wird Livemusik gespielt.

Shoppen

Mysuru ist ein toller Ort, um die berühmten Sandelholzprodukte, Seidensaris und Holzspielzeuge zu kaufen, für die die Stadt so bekannt ist. Es ist auch eines der wichtigsten indischen Zentren der Weihrauchherstellung.

Beim Kauf von Seide auf das schmetterlingsartige Zeichen „Silk Mark" achten: Es ist ein Siegel für Qualitätsseide.

Government Silk Weaving Factory BEKLEIDUNG
(☎8025586550; www.ksicsilk.com; Mananthody Rd, Ashokapuram; ⌚Mo–Sa 8.30–16 Uhr, Outlet tgl. 10.30–19 Uhr) In Anbetracht der Tatsache, dass Mysurus wertvolle Seide tatsächlich hier unter diesem Dach hergestellt wird, ist dieses staatlich betriebene Outlet wirklich der beste und preiswerteste Ort, um exklusive Textilien einzukaufen. Direkt hinter dem Verkaufsraum befindet sich die Fabrik, sodass man einfach kurz vorbeischauen und sehen kann, wie der Stoff hergestellt wird. Etwa 2 km südlich der Stadt gelegen.

Sandalwood Oil Factory SOUVENIRS
(Mananthody Rd, Ashokapuram; ⌚Outlet 9.30–18.30 Uhr, Fabrik So geschl.) Hier gibt's Qualitätsprodukte aus Sandelholz wie Weihrauch, Sei-

fe, Kosmetik und das unglaublich teure reine Sandelholzöl (sofern auf Lager). Möglich sind auch geführte Touren durch die Fabrik.

Cauvery Arts & Crafts Emporium KUNSTHANDWERK, SOUVENIRS
(Sayyaji Rao Rd; ⌚10.30–20 Uhr) Nicht gerade billig, doch die Auswahl in diesem staatlich verwalteten Warenhaus ist groß und es gibt keinen Kaufdruck.

Sumangali Silks BEKLEIDUNG
(nahe Gandhi Sq; ⌚10.30–20.30 Uhr) Das mehrstöckige Geschäft erfreut sich bei Inderinnen außergewöhnlich großer Beliebtheit. Angeboten werden Seidensaris, deren Qualität davon abhängt, wie viel man bereit ist, auszugeben.

Sri Sharada Grand Musical Works MUSIKLADEN
(2006 Seebaiah Rd) Hier wird eine Reihe an traditionellen Musikinstrumenten verkauft wie etwa Tabla-Sets und verschiedene Perkussionsinstrumente.

ℹ Praktische Informationen

Die meisten Hotels haben WLAN, ansonsten bezahlt man in einem Internetcafé etwa 50 ₹ pro Stunde.

Die Gepäckaufbewahrung des City-Busbahnhofs ist von 6 bis 23 Uhr geöffnet. Pro Gepäckstück werden 10 ₹ fällig (für 12 Std.).

Government Hospital (☎4269806; Dhanvanthri Rd) Hat eine rund um die Uhr geöffnete Apotheke.

Karnataka Tourism (☎2422096; www.karnatakatourism.org; 1. Stock, Hotel Mayura Hoysala, 2 Jhansi Lakshmi Bai Rd; ⌚Mo–Sa 10–17.30 Uhr) Ausgesprochen hilfsbereit; hat viele Broschüren.

KSTDC Transport Office (☎2423652; www.karnatakaholidays.net; Yatri Navas Bldg, 2 Jhansi Lakshmi Bai Rd; ⌚8.30–20.30 Uhr) Bietet allgemeine Touristeninfos und einen praktischen Stadtplan. Außer diesem Hauptbüro gibt's auch am Bahnhof und am Central-Busbahnhof Schalter.

Hauptpost (Ecke Irwin Rd & Ashoka Rd; ⌚Mo–Sa 10–18 Uhr)

Thomas Cook (☎2420090; Silver Tower, 9/2 Ashoka Rd; ⌚Mo–Sa 9.30–18 Uhr) Hier gibt's ausländische Währungen.

ℹ An- & Weiterreise

BUS

Alle Langstreckenbusse der KSRTCV starten vom **Central-Busbahnhof** (Bengaluru-Nilgiri Rd). Vom **City-Busbahnhof** (Sayyaji Rao Rd) fahren Stadtbusse und Busse nach Srirangapatnam und Chamundi Hill.

ZUG

Zugtickets können im **Zug-Reservierungsbüro** (☎131; ⌚Mo–Sa 8–20, So bis 14 Uhr) in Mysuru gekauft werden.

ℹ Unterwegs vor Ort

Agenturen in den Hotels und in der Stadt vermieten Taxis für ca. 8 ₹ pro Kilometer mit mindestens 250 km täglich, plus einen Tagessatz von 200 ₹ für den Fahrer.

Für eine eintägige Sightseeing-Tour mit der Autorikscha fallen etwa 800 ₹ an.

Rund um Mysuru (Mysore)

Für die Besichtigung der Sehenswürdigkeiten rund um Mysuru sind die Bustouren von KSTDC (S. 208) gar keine so schlechte Option.

KSRTC-BUSSE AB MYSURU (MYSORE)

ZIEL	PREIS (₹)	DAUER (STD.)	HÄUFIGKEIT
Bandipur	78 (O)/200 (V)	2	über Ooty, alle 30 Min (6.30–15.30 Uhr)
Bengaluru	133 (O)/190 (R)/270 (V)	3	alle 20 Min.
Channarayapatna	84 (O)	2	stündl.
Chennai	586 (R)/916 (R)	10–12	5-mal tgl. ab 17 Uhr
Ernakulam	620–820 (V)	9–11	4-mal tgl. ab 17 Uhr
Gokarna	481 (O)	12	1-mal tgl.
Hassan	114 (O)	3	stündl.
Hosapete	386 (O)/551 (R)	10–12	6-mal tgl.
Mangaluru	249 (O)/391 (R)/502 (V)	6	stündl.
Ooty	131 (O)/193 (R)/351 (V)	4–5	12-mal tgl.

Preise: (O) Ordinary, (R) Rajahamsa Semideluxe, (V) Airavath AC Volvo

WICHTIGE ZÜGE AB MYSURU (MYSORE)

ZIEL	ZUG-NR. & -NAME	PREIS (₹)	DAUER (STD.)	ABFAHRT
Bengaluru	*16215 Chamundi Express*	2. Klasse/AC 75/255	2½	6.45 Uhr
Bengaluru	*12613 Tippu Express*	2. Klasse/AC Chair 90/305	2½	11.15 Uhr
Bengaluru	*12008 Shatabdi Express*	AC Chair/AC Executive Chair 370/765	2	Do–Di tgl. 14.15 Uhr
Chennai	*12008 Shatabdi Express*	AC Chair/AC Executive Chair 935/1830	7	Do–Di tgl. 14.15 Uhr
Hosapete (für Hampi)	*16592 Hampi Express*	3AC/2AC Sleeper 1000/1440	11½	18.40 Uhr
Hubballi	*17301 Mysore Dharwad Express*	Sleeper/2AC 275/1055	9½	22.30 Uhr

Srirangapatnam

☎08236

Die Geschichte der Festungsstadt Srirangapatnam, 16 km von Mysuru entfernt, ist blutig. Sie wurde auf einer Insel im Cauvery errichtet und von hier aus beherrschten im 18. Jh. Hyder Ali und Tipu Sultan einen großen Teil Südindiens. Die glanzvollen Tage Srirangapatnams endeten mit den langen Kriegen zwischen den Briten und Tipu Sultan, der schließlich 1799 geschlagen wurde und bei der Verteidigung seiner Festung fiel. Sein Schwert und den Ring, den er bei der Schlacht getragen hat, sind im Britischen Museum in London ausgestellt. Die Wälle und Wehrgänge sowie einige Tore der Festung sind noch erhalten, genau wie einige weitere Denkmäler. Die Insel ist jetzt über eine Brücke mit dem Festland verbunden.

Sehenswertes

Daria Daulat Bagh PALAST

(Sommerpalast; Inder/Ausländer 20/100 ₹; ⏲9–17 Uhr) Die Hauptattraktion Srirangapatnams ist der Sommerpalast Tipus, der 1 km östlich vom Fort inmitten hübscher, gepflegter Anlagen liegt. Von außen sieht er vielleicht nach nichts aus, doch die prächtige Dekoration im Inneren, die jeden Quadratzentimeter bedeckt, ist sehr beeindruckend. Die Decken sind mit Blumenmustern verziert, während die Wandmalereien an den Wänden Szenen aus dem höfischen Leben und aus Tipus Feldzügen gegen die Briten zeigen. Ein kleines Museum stellt Artefakte und interessante Gemälde aus.

Gumbaz MAUSEOLEUM

(⏲8–18.30 Uhr) GRATIS Der historisch bedeutende Gumbaz, der in einem ruhigen Garten liegt, ist die Ruhestätte Tipu Sultans, seines ebenso berühmten Vaters Hyder Ali und seiner Frau. Das Innere des zwiebelförmigen Mausoleums ist als Hommage an den Sultan im Tigermuster bemalt. Gegenüber vom Mausoleum befindet sich die **Masjid-E-Aska**.

Sri-Ranganathaswamy-Tempel HINDU-TEMPEL

(⏲7.30–13 & 16–20 Uhr) Dieser schöne Tempel von 894 ist teils im Hoysala-Stil, teils im Vijayanagar-Stil gebaut. Innen befinden sich höhlenartige Wege, Säulen, und das Herzstück, eine 4,5 m lange liegende Statue von Ranganatha, einer Manifestation Vishnus.

Jamia Masjid MOSCHEE

Die cremefarbene Moschee mit zwei Minaretten ließ der Sultan 1787 errichten. Sie weist eine interessante Mischung aus islamischer und hinduistischer Architektur auf. Wer die Treppen im hinteren Teil hinaufsteigt, wird mit einem Panoramablick über die Stätte belohnt.

Colonel Bailey's Dungeon HISTORISCHE STÄTTE

GRATIS Im Norden der Insel am Ufer des Cauvery liegt dieses gut erhaltene Verlies aus dem 18. Jh., in dem britische Kriegsgefangene eingesperrt waren, darunter auch Colonel Bailey, der hier 1780 starb. An den weißen Wänden ragen steinerne Vorrichtungen hervor, an die die Gefangenen angekettet wurden. Östlich vom Fluss versteckt sich in welligem Gelände das **Thomas Inman's Dungeon**, das noch unentdeckt wirkt; es ist ein kleines Abenteuer, hier herumzustreifen.

Schlafen & Essen

Mayura River View HOTEL $$

(☎0823-6252114; DZ mit Ventilator/Klimaanlage ab 2000/2500 ₹; ❄) Eine stimmungsvolle

Atmosphäre sucht man hier vergebens, die staatlich geführten Bungalows liegen aber sehr schön und ruhig am Ufer. Tagesausflügler können hier zu Mittag essen (Hauptgerichte 150–120 ₹) und bei einem erfrischenden Bier den Ausblick auf den Fluss genießen.

An- & Weiterreise

Stündlich fahren am City-Busbahnhof in Mysuru die Busse 313 und 313A (25–30 ₹, 45 Min.) hierher ab. Auch Personenzüge auf dem Weg von Mysuru nach Bengaluru (2 ₹, 20 Min.) halten hier. Bus 307 (18 ₹, 30 Min.) fährt zu den Brindavan Gardens und hält gleich gegenüber dem Hauptbusbahnhof von Srirangapatnam. Eine Autorikscha ab Mysuru kostet hin und zurück etwa 700 ₹, ein Taxi um die 1000 ₹.

Unterwegs vor Ort

Die Sehenswürdigkeiten liegen weit verteilt. Eine Autorikscha (300 ₹ für 3 Std.) ist also die beste Option, um hier von A nach B zu kommen.

Melkote

Das Leben in der religiösen, hinduistischen Stadt Melkote (auch Melukote genannt), etwa 50 km nördlich von Mysore, dreht sich um den stimmungsvollen **Cheluvanarayana-Tempel** (Raja St; 8–13 & 17–20 Uhr) aus dem 12. Jh. mit seinem rosenfarbenen *gopuram* (Eingangstor) und den kunstvoll gestalteten Säulen. Beim Fußweg zum auf einem Hügel gelegenen **Yoganarasimha-Tempel**, der schöne Aussichten auf die Hügel der Umgebung bietet, kann man gleich etwas für die Gesundheit tun.

Täglich fahren drei KSRTC-Busse von Mysuru nach Melkote (100₹, 1½ Std.) und zurück.

Somnathpur

Der unglaublich schöne **Keshava-Tempel** (Inder/Ausländer 5/100 ₹; 8.30–17.30 Uhr) ist eines der herrlichsten Beispiele der Hoysala-Architektur, nur noch zu vergleichen mit den Meisterwerken in Belur und Halebid. Der Tempel mit dem sternförmigen Grundriss, der etwa 33 km von Mysuru entfernt ist, wurde 1268 errichtet. Er ist mit wunderbaren Steinreliefs und -skulpturen geschmückt, die Szenen aus dem Ramayana, dem Mahabharata und der Bhagavadgita sowie Thron- und Alltagsszenen der Hoysala-Könige darstellen.

Somnathpur liegt 12 km südlich von Bannur und 10 km nördlich von Tirumakudal Narsipur. Man nimmt von Mysuru aus einen der halbstündlichen Busse zu einem der beiden Dörfer (40 ₹, 30 Min.) und steigt dort um.

Bandipur National Park

08229

Der **Bandipur National Park** (Inder/Ausländer 75/1000 ₹, Video 1000 ₹; 6–9.30 & 16–18 Uhr) ist als Teil des Nilgiri Biosphere Reserve eines der berühmtesten Wildnisgebiete Südindiens. Er ist 880 km² groß und war früher das private Naturreservat der Maharadschas von Mysore. Heute ist er Schutzgebiet für über 100 Säugetierarten, darunter Tiger, Elefanten, Leoparden, Gaurs (indisches Wildrind), Chitals (Axishirsche), Pferdehirsche, Lippenbären, Rothunde, Mungos und Languren. Außerdem leben hier beeindruckende 350 Vogelarten. Der Park liegt nur 80 km südlich von Mysore an der Straße nach Ooty und ist sowohl von Begaluru als auch von Mysuru aus sehr gut zu erreichen.

Aktivitäten

Im Park dürfen nur Fahrzeuge der Regierung Safaris durchführen.

Bandipur Safari Lodge JEEPSAFARI
(08229-236043; 2-stündige Safari 2500 ₹/Pers.; 6.30 & 16.30 Uhr) Dies ist bei Weitem die beste Safari-Option. Die Lodge hat offene Allradfahrzeuge und Minibusse sowie kompetente Guides.

Forest Department Safari JEEPSAFARI
(08229-236051; 1-stünd. Safari inkl. Genehmigung 1100 ₹/Pers.; stündl. Abfahrt 6–9.30 & 15.30–18.30 Uhr) Die Forstbehörde arrangiert hastige, unpersönliche Bustouren, die am Hauptquartier des Parks starten. Die überfüllten Wochenenden sollte man unbedingt meiden.

Schlafen & Essen

Forest Department Bungalows PENSION $$
(08229-236051; www.bandipurtigerreserve.in; Schlafsaal mit 9/20 Betten 680/1000 ₹, Bungalow Ausländer ab 3000 ₹;) Bietet einfache und aufgrund seiner Lage und Atmosphäre auch nette Übernachtungsmöglichkeiten im Hauptquartier des Parks. Der Nachteil ist, dass Ausländer pro Nacht zusätzlich noch 1000 ₹ für den Parkeintritt bezahlen müssen. Die Schlafsäle werden nur komplett ver-

mietet, man muss sich die Unterkunft also nicht mit Fremden teilen. Onlinebuchung möglich.

Tiger Ranch LODGE $$
(☎8095408505; www.tigerranch.net; Mangala Village; Cottage inkl. Vollpension 1510 ₹) Dies ist die einzige Unterkunft in Bandipur mit echter Wildnis-Atmosphäre. Die Lodge ist bekannt dafür, dass man sie entweder liebt oder hasst (viele finden sie ein bisschen zu rustikal). So oder so verspricht sie einen unvergesslichen Aufenthalt in einfachen, aber attraktiven Cottages, die sich wunderbar an die Umgebung anpassen. Sie bietet einen stimmungsvollen Speisesaal mit Strohdach und abendliche Lagerfeuer. Manchmal statten auch Tiere der Lodge einen Besuch ab, man sollte abends und nachts also vorsichtig sein. Affen und Nagetiere können wirklich nerven, weshalb Essen und Wertsachen (!) niemals unbeaufsichtigt im Zimmer herumliegen sollten. Es gibt keinen Alkohol, die Gäste dürfen aber ihren eigenen mitbringen. Die Lodge liegt 10 km vom Park entfernt. Man kann vorab anrufen, um sich abholen zu lassen (300 ₹).

MC Resort HOTEL $$
(☎9019954162; www.mcresort.in; Bangaluru-Ooty Rd, Melukamanahally; Zi. inkl. Vollpension 2500 ₹;) Ein vielleicht etwas kitschiges, dafür aber relaxtes Resort mit ganz annehmbaren Zimmern, Swimmingpool, WLAN und praktischer Lage nicht weit vom Park. Die Preise beinhalten die Verpflegung und sind somit ein ganz guter Deal.

Hotel Bandipur Plaza HOTEL $$
(☎08229-233200; Ooty-Mysuru Hwy; Zi. 1500 ₹) Die Lage an der Hauptstraße ist vielleicht nicht gerade das, was man sich von einem Besuch im Nationalpark erhofft hat, doch die Zimmer sind funktionell und angesichts der teuren Preise des Parks bezahlbar. Das Hotel liegt nahe der Bandipur Safari Lodge, sodass es einfach ist, Safaris im Park zu buchen.

★ **Dhole's Den** LODGE $$$
(☎08229-236062; www.dholesden.com; Kaniyanapura Village; Camping/EZ/DZ inkl. Vollpension ab 3000/9000/10 000 ₹;) Mit einem Boutiquedesign, das direkt aus einer Architekturzeitschrift stammen könnte, verbindet das Dhole die hübsche ländliche Umgebung wunderbar mit Komfort. Die stilvollen Zimmer sind mit Kunstwerken und bunten Stoffen geschmückt und mit Couchs und Liegestühlen ausgestattet. Die Bungalows bieten mehr Platz und Privatsphäre und lohnen somit den Aufpreis. Die umweltfreundliche Lodge wird mit Solarenergie und Wasser aus Wassertanks versorgt, und zum Essen gibt's Biogemüse. Wer ein schmales Budget hat, kann hier auch zelten. Vom Park-Hauptquartier braucht man etwa 20 Minuten mit dem Auto.

Serai RESORT, LODGE $$$
(☎08229-236075; www.theserai.in; Kaniyanapura Village; Zi. inkl. Vollpension ab 20 000 ₹;) An der Rückseite des Parks liegt dieses luxuriöse Resort mit Villen im Mittelmeer-Stil, die sich über ein 15 ha großes, gepflegtes Anwesen, das sich perfekt in die umliegende Natur einfügt, verteilen. Die Zimmer mit Strohdächern verfügen über geschmackvolle Details wie etwa Duschen mit Steinwänden und Fotografien von wilden Tieren an den Wänden. Das verglaste Restaurant und der Infinity Pool bieten einen tollen Ausblick auf die Nilgiri Hills.

Bandipur Safari Lodge COTTAGE $$$
(☎08229-233001; www.junglelodges.com; Mysuru-Ooty Rd; Zi. inkl. Vollpension & Safari Inder/Ausländer 6420/8700 ₹;) Auf diesem weitläufigen staatlichen Campingplatz gibt's gepflegte, komfortable Cottages, jedoch fehlt es an Charakter und „Safari"-Atmosphäre.

ℹ An- & Weiterreise

Busse, die zwischen Mysuru und Ooty unterwegs sind, können Fahrgäste bei Bandipur absetzen (78 ₹, 2½ Std.); die Strecke ist 88 km lang. Skyway (S. 199) kann von Mysuru aus auch ein Nachttaxi für etwa 2000 ₹ arrangieren.

Nagarhole National Park & Umgebung

Der **Nagarhole National Park** (Rajiv Gandhi National Park; Inder/Ausländer 200/1000 ₹, Video 1000 ₹; ⏲6–18 Uhr), ausgesprochen Nag-ar-hol-ie, der mit einer großen Artenvielfalt, einem schönen Dschungel und einem malerischen See gesegnet ist, ist eines der besten Naturschutzgebiete Karnatakas. Er grenzt an den **Kabini-See** und bildet einen wichtigen Tierkorridor, der durch den benachbarten Bandipur National Park verläuft und ein Teil des Nilgiri Biosphere Reserve ist. Hier leben zwar dieselben Tiere, doch es kommen viel weniger Besucher als nach Bandipur, was den Nationalpark noch attraktiver macht. Nagarhole ist über 643 km² groß und bietet eine gute Mischung aus dichtem Dschungel und offenen Sichtachsen am Flussufer, die für großartige Möglichkeiten zur Tierbeobachtung sorgen. In den üppigen Wäldern sind Tiger, Leoparden, Elefanten, Gaurs, Muntjaks, Rothunde, Indische Hutaffen und Hanuman-Languren sowie 270 Vogelarten zu Hause. Zwischen Juli und Oktober kann der Park für längere Zeit geschlossen sein, wenn der Regen den Wald in eine Matschrutschbahn verwandelt.

Die traditionellen Bewohner des Landes, das Jäger- und Sammlervolk der Jenu Kuruba, leben noch im Park, obwohl die Regierung versucht, sie umzusiedeln.

Die beste Zeit, um Tiere zu beobachten, ist der Sommer (April–Mai), allerdings ist es im Winter (Nov.–Feb.) angenehmer.

Die staatlichen **Geländewagensafaris** (Kabini River Lodge; 2½-stündige Geländewagensafari 2000 ₹) und **Bootsfahrten** (Kabini River Lodge; 2000 ₹/Pers.) starten zwischen 6.30 und 9.30 Uhr sowie zwischen 15.15 und 18.15 Uhr an der Kabini River Lodge und bieten gute Möglichkeiten, um Tiere zu sehen.

Schlafen & Essen

In vielen Unterkünften werden abends Tierdokumentationen gezeigt.

Karapur Hotel PENSION $$
(☎9945904840; Karapura Kreisverkehr; Zi. 1000 ₹) Die einzige relativ günstige Option in der Nähe von Kabini ist diese einfache Lodge mit ein paar Zimmern, die über einem Geschäft in Karapura, 3 km vom Park entfernt liegt.

★ **Waterwoods Lodge** PENSION $$$
(☎082-28264421; www.waterwoods.in; EZ/DZ inkl. Vollpension 6500/8500 ₹; ❄📶🏊) Diese Lodge am grasbewachsenen Ufer des hübschen Kabini-Sees wurde kürzlich umfassend renoviert und hat sich von einer netten kleinen Pension zu einer beeindruckenden Boutique-Lodge gemausert. Die meisten Zimmer haben Balkons mit Ausblick, Schaukelstühle, Hartholzböden und ein schickes Design. Das Waterwoods ist kinderfreundlich und bietet ein Trampolin, einen Infinity Pool, kostenlosen Kanuverleih und Holzofenpizzas.

Bison Resort LODGE $$$
(☎080-41278708; www.thebisonresort.com; Gundathur Village; EZ/DZ inkl. Vollpension ab 315/350 US$, Camping ab 2500 ₹/Pers.; 🏊) Das von den luxuriösen Safarilodges in Afrika inspirierte Bison bildet erfolgreich das klassische Erlebnis der Wildnis ab. Die Lodge, atemberaubend am Seeufer gelegen, bietet Cottages mit Segeltuchwänden, auf Stelzen stehende Bungalows sowie die Möglichkeit, mitten in der Natur zu campen. Ein Sundowner auf dem Holzdeck des Swimmingpools, ein Abend am Lagerfeuer, ein Abendessen in der Wildnis und sachkundige Naturexperten runden das Erlebnis ab.

KAAV Safari Lodge LODGE $$$
(☎08228-264492; www.kaav.com; Mallali Cross, Kabini; EZ/DZ inkl. Vollpension 13 000/16 000 ₹; ❄📶🏊) Das noble Designer-Hotel bietet offen gestaltete Zimmer mit polierten Betonböden, modernen Bädern, übergroßen Doppelbetten und großen Balkons, von denen aus man direkt auf den Nationalpark blickt. Alternativ kann man auf den bequemen Liegen des Aussichtsturms relaxen oder sich im Infinity Pool Abkühlung verschaffen.

Kabini River Lodge LODGE $$$
(☎08228-264405; www.junglelodges.co; Inder/Ausländer inkl. Vollpension & Aktivitäten pro Pers. ab 6280/11 420 ₹; ❄) Die hübschen, mittlerweile staatlichen Bungalows glänzen mit einer tollen Lage neben dem See auf einem ruhigen, von Bäumen gesäumten Grundstück der früheren Jagdhütte des Maharadschas von Mysore. Es gibt große Zelthütten, Bungalows und eine stimmungsvolle Bar im Kolonialstil.

An- & Weiterreise

Der Haupteingang des Parks liegt 93 km südwestlich von Mysuru. Täglich fahren einige Busse von Mysuru nach Karapuram (65 ₹, 2½ Std.), das etwa 3 km vom Kabini-See entfernt liegt.

Distrikt Kodagu (Coorg)

Inmitten der zeitlosen Hügel im äußersten Süden Karnatakas liegt der liebliche Distrikt Kodagu (Coorg) mit seiner smaragdgrünen Landschaft und hektarweise Plantagen. Das große, ländliche Gebiet ist ein wichtiges Zentrum des Kaffee- und Gewürzanbaus und zudem die Heimat der Kodava, eines einzigartigen Volks, das wohl von eingewanderten Persern, Kurden oder gar Griechen aus der Armee Alexanders des Großen abstammt. Das hügelige Gelände mit seinem kühlen Klima ist ideal zum Wandern, zur Vogelbeobachtung oder auch zum gemächlichen Schlendern über wenig benutzte Wege, die sich durch die üppig bewachsenen Hügel ziehen. Insgesamt ist Kodagu ein erholsamer Jungbrunnen.

Kodagu war bis zur Zusammenlegung mit Karnataka 1956 ein eigener Staat. Die wichtigste Stadt der Region und ihr Transportzentrum ist Madikeri; wer aber das authentischere Kodagu kennenlernen möchte, muss die Plantagen besuchen. Das sollte man nur nicht an einem Wochenende tun, da es dann sehr voll sein kann.

Aktivitäten

Für viele Besucher der Gegend ist die Erkundung der Region zu Fuß ein Highlight, das einerseits eine kulturelle Erfahrung und andererseits die Begegnung mit der Natur ermöglicht. Dabei werden Hügel erklommen, Plantagen besucht, Wälder durchwandert und es wird privat in Familien übernachtet.

Die beste Zeit für Trekkingtouren ist von Oktober bis März; während des Monsuns sind keine Wanderungen möglich. Die beliebtesten Routen führen zu den Gipfeln Tadiyendamol (1745 m), Pushpagiri (1712 m) und Kotebetta (1620 m). Neben guten Wanderschuhen ist auch Insektenschutz unerlässlich. Um sich im Labyrinth der Waldwege zurechtzufinden, benötigt man auf jeden Fall einen Guide.

V-Track TREKKING
(08272-229102, 08272-229974; v_track@reddiffmail.com; College Rd, Madekeri, gegenüber der Corporation Bank; Mo–Sa 10–14 & 16.30–20 Uhr) Die erfahrenen Guides Raja Shekhar und Ganesh können ein- bis achttägige Trekkingtouren einschließlich Führer, Unterkunft und Essen organisieren. Pro Tag und Person werden je nach Gruppengröße 950 bis 1150 ₹ fällig.

Coorg Trails TREKKING
(08272-220491, 9886665459; www.coorgtrails.com; Main Rd; 9–20.30 Uhr) Eine weitere empfehlenswerte Agentur, die Tagestouren rund um Madikeri für 450 ₹ pro Person und eine 16-km-Wanderung nach Kotebetta inklusive einer Übernachtung in einem Dorf (ab 850 ₹) arrangieren kann.

Madikeri (Mercara)

08272 / 32 500 EW. / 1525 M

Diese verstopfte Marktstadt, die auch Mercara genannt wird, erstreckt sich über mehrere Höhenrücken. Der einzige Grund für einen Besuch sind die Organisation von Trekkingtouren oder praktische Reiseangelegenheiten.

Sehenswertes & Aktivitäten

Fort Madikeri HISTORISCHE STÄTTE
Das Fort war im 16. Jh. ursprünglich Tipu Sultans Fort, ehe es Radscha Lingarajendra II. im Jahr 1812 übernahm. Heute ist es der weniger glamouröse Sitz der Stadtverwaltung. Innerhalb der Mauern des Forts befinden sich der sechseckige Palast (nun der staubige Sitz des Distriktvorsitzenden) und eine Kirche aus der Kolonialzeit, in der sich ein merkwürdiges **Museum** (So–Fr 10–17.30 Uhr) GRATIS befindet, in dem alles Mögliche ausgestellt ist.

Raja's Seat AUSSICHTSPUNKT
(MG Rd; Eintritt 5 ₹; 5.30–19.30 Uhr) Der perfekte Ort, um wie der Radscha früher den Sonnenuntergang zu beobachten. Die Aussicht über die Hügel und endlosen Täler ist fantastisch.

Raja's Tombs HISTORISCHES GEBÄUDE
(Gaddige) GRATIS Die schönen, ruhigen Raja's Tombs sind im indo-sarazenischen Stil gebaut. Das von Kuppeln gekrönte Mausoleum ist die letzte Ruhestätte der Herrscher und Würdenträger der Kodava. Es liegt 7 km von der Stadt entfernt, die Hin- und Rückfahrt mit der Autorikscha kostet 200 ₹.

Abbi-Wasserfälle WASSERFALL
Die mächtigen, 21,3 m hohen Wasserfälle bieten nach der Regenzeit einen spektakulären Anblick. Die Hin- und Rückfahrt mit der Autorikscha kostet inklusive eines Stopps an den Raja's Tombs 250 ₹.

Coorg Sky Adventures PANORAMAFLUG
(9448954384; www.coorgskyadventures.com; 10/30 Min. 2500/4850 ₹) Hier hebt man mit einem Ultraleichtflugzeug ab und genießt dann den traumhaften Blick auf Coorgs üppig grüne Landschaft.

Ayurjeevan AYURVEDA
(944974779; www.ayurjeevancoorg.com; Kohinoor Rd, Madikeri; 1 Std. ab 1200 ₹; 7–19 Uhr) Ein ayurvedisches „Krankenhaus“, das eine große Palette faszinierender und verjüngender Anwendungen anbietet. Nur einen kurzen Fußweg von der State Bank India entfernt.

Schlafen & Essen

Angesichts der fantastischen Pensionen in der Umgebung der Plantagen, gibt es eigentlich keinen Grund, in Madikeri zu übernachten, es sei denn, man kommt sehr spät abends an.

Hotel Chitra HOTEL $
(☎08272-225372; www.hotelchitra.co.in; School Rd; B 250 ₹, DZ ab 750 ₹, mit Klimaanlage 1620 ₹; ❄) Einen kurzen Fußweg von der Hauptkreuzung Madikeris liegt dieses schlichte Hotel, das preiswerte, schnörkellose Zimmer bietet. Freundlicher Service in Kombination mit geräumigen Zimmern und Schlafsälen machen es zu einer guten Budgetunterkunft.

Hotel Mayura Valley View HOTEL $$
(☎228387; DZ inkl. Frühstück ab 2400 ₹; ❄) Das staatliche Hotel, das auf einem abgelegenen Hügel hinter dem Raja's Seat liegt, ist mit seinen großen, hellen Zimmern und dem tollen Blick aufs Tal eines der besten der Stadt. Das Restaurant mit Bar und Terrasse mit Talblick ist ein netter Ort für ein Bier.

★**Coorg Cuisine** INDISCH $$
(Main Rd; Hauptgerichte 100–120 ₹; ⏲12–16 & 19–22 Uhr) Endlich mal ein Restaurant, das sich die Mühe macht, regionale Gerichte zu servieren und einzigartige Spezialitäten der Kodava kocht, z. B. *pandhi barthadh* (Schweinefleisch im eigenen Saft) und *kadambuttu* (Reisknödel) und einige leckere, vegetarische Gerichte. Es liegt in der Hauptstraße im 1. Stock über einem Geschäft.

WÜRZE DES LEBENS

Wer noch Platz im Gepäck hat, sollte vom größten Markt in Madikeri unbedingt ein paar regionale Gewürze und Naturprodukte mitnehmen. Hier erhält man Kaffeebohnen, Vanille, Muskat, Zitronengras, Pfeffer und Kardamon, die alle direkt von den Plantagen kommen. Man bekommt überall auch widerlich süße hausgemachte „Weine".

Es gibt Chocolatiers, die sich an von Hand gemachten Trüffeln versuchen und diese mit Gewürzen wie Kardamon, Pfeffer oder Kaffee mischen. Natürlich darf man hier keine belgische Qualität erwarten, es gibt aber einige interessante Variationen, wie etwa die Betelnuss-Schokolade von **Choci Coorg** (www.chocicoorg.com; gegenüber dem Busbahnhof, Madikeri; ⏲9–21.30 Uhr) oder die feurige Schokolade mit Birds-Eye-Chili von **Chocotila** (Green Acres; ☎08272-238525; Yavakopadi Village, Kabbinakad).

Praktische Informationen

State Bank of India (☎229959; College Rd) und **HDFC Bank** (Racecourse Rd) Haben beide Geldautomaten.

Cyber Inn (Kohinoor Rd; 20 ₹/Std.; ⏲9–21 Uhr)

Travel Coorg (☎08272-321009; www.travelcoorg.in; ⏲24 Std.) Gibt einen guten Überblick über alle möglichen Angebote und kann Gastfamilienaufenthalte, Trekking-Guides und weitere Aktivitäten organisieren. Außerhalb des KSRTC-Busbahnhofs.

An- & Weiterreise

Vom KSRTC-Busbahnhof aus starten regelmäßig Busse nach Bengaluru (Ventilator/Klimaanlage 400/485 ₹, 6 Std.) mit Zwischenstopp in Mysuru (200/250 ₹, 3½ Std.). Deluxe-Busse fahren nach Mangaluru (200/280 ₹, 4 Std., 3-mal tgl.), häufig verkehrende reguläre Busse steuern Hassan (120 ₹, 4 Std.) an.

Rund um Madikeri

Rund um Madikeri liegen Kodagus malerische grüne Gewürz- und Kaffeeplantagen. Viele dieser Farmen bieten Unterkünfte an, die eigentlich eher B&Bs sind (und in der Regel während des Monsuns schließen). Mittlerweile gibt's auch einige teurere Resorts.

Aktivitäten

★**Jiva Spa** AYURVEDA
(☎0827-2665800; www.tajhotels.com/jivaspas/index.html; Vivanta, Galibeedu) Mitten im Regenwald liegt das atemberaubende Vivanta Hotel (S. 219), in dem das Jiva Spa untergebracht ist. Es ist *der* Ort, an dem man sich mit einer Reihe von Verjüngungskuren in nobler Atmosphäre verwöhnen lassen kann. Ohne Termin geht nichts.

Swaasthya Ayurveda Retreat Village AYURVEDA
(www.swaasthya.com; Bekkesodlur Village; EZ/DZ inkl. Vollpension & Yogakurs 2500/4000 ₹; 📶) Im Süden Coorgs bietet dieser Ort auf 1,6 ha üppig grüner Kaffee- und Gewürzplantagen außergewöhnlich friedliche und erfrischende Ayurveda-Ferien, die der Seele guttun.

Schlafen

★**Golden Mist** GASTFAMILIE $$
(☎9448903670, 08272-265629; www.golden-mist.net; Galibeedu; EZ/DZ inkl. Vollpension 2500/4000 ₹; @📶) Das freundliche, indisch-deutsch geführte Golden Mist ist eine der schönsten Plantagen-Unterkünfte Coorgs. Auf seinem hübschen Anwesen vol-

NICHT VERSÄUMEN

BYLAKUPPE

Das winzige Bylakuppe war eines der ersten Flüchtlingslager, das nach der chinesischen Invasion in Tibet 1959 in Südindien für die zu Tausenden geflohenen Tibeter errichtet wurde. Hier leben mehr als 10 000 Tibeter (darunter etwa 3300 Mönche), was es zur größten tibetischen Siedlung in Südindien macht.

Das Highlight der Gegend ist das stimmungsvolle **Namdroling-Kloster** (www.palyul.org) mit dem atemberaubenden **Goldenen Tempel** (Padmasambhava Buddhist Vihara; ⏲7–20 Uhr), über den drei 18 m hohe vergoldete Buddhastatuen wachen. Am schönsten und feierlichsten ist es im Tempel während der Gebete, wenn Gongs, Trommeln und das Summen der vielen jungen singenden Mönche zu hören sind. Gäste sind eingeladen, sich zu setzen und zu meditieren; dafür liegen die kleinen blauen Gästekissen bereit. Der ähnlich kunstvoll dekorierte **Zangdogpalri-Tempel** (⏲7–20 Uhr) liegt gleich daneben.

Ausländer dürfen in Bylakuppe nur übernachten, wenn sie eine PAP-Genehmigung (Protected Area Permit) vom Innenministerium in Delhi haben. Diese zu bekommen, kann bis zu fünf Monate dauern. Näheres erfährt man beim **Tibet Bureau Office** (☎11-26479737; www.tibetbureau.in; New Delhi). Tagesausflügler sind aber immer willkommen.

Wer eine Genehmigung besitzt, kann im einfachen **Paljor Dhargey Ling Guest House** (☎8223-258686; pdguesthouse@yahoo.com; DZ 500 ₹) gegenüber vom Goldenen Tempel übernachten. Köstliche *momos* (tibetische Teigtaschen) und *thukpa* (Nudelsuppe) gibt's im von Tibetern geführten **Malaya Restaurant** (gegenüber dem Goldenen Tempel; *momos* 60–90 ₹; ⏲7–21 Uhr). Wer keine Genehmigung hat, findet im nahe gelegenen Kushnalagar ebenfalls viele Hotels, darunter das **Ice Berg** (☎9880260544; Main Rd; EZ/DZ ab 600/800 ₹), das saubere, funktionelle Zimmer bietet.

Autorikschas (Sammel-/Einzelrikscha 15/40 ₹) fahren vom 6 km entfernten Kushalnagar nach Bylakuppe. Regelmäßig legen Busse die 34 km von Kushalnagar nach Madikeri (40 ₹, 45 Min.) sowie nach Hassan (78 ₹, 2½ Std.) zurück. Die meisten Busse auf der Strecke Mysore–Madikeri halten in Kushalnagar (85–180 ₹, 2 Std.).

ler Reis-, Tee-, Kaffee- und Gewürzplantagen bietet es Cottages im Loftstil, die viel Charakter versprühen. Zu den Mahlzeiten gibt's leckere rustikale Gerichte mit Bio-Zutaten von der Farm, darunter hausgemachten Käse und selbstgebackenes Brot. Im Preis enthalten sind die sehr beliebten Naturspaziergänge und Plantagenführungen. Eine Rikscha von Madikeri kostet 170 ₹.

Rainforest Retreat PENSION $$
(☎08272-265638, 08272-265639; www.rainforestours.com; Galibeedu; B inkl. Frühstück 1000 ₹, EZ-/DZ-Zelt 1500/2000 ₹, Cottage ab 2500/4000 ₹) Das Rainforest Retreat, ein naturnahes Refugium inmitten von Wäldern und Plantagen, wird von einer gemeinnützigen Organisation unterstützt, die sich der Förderung einer umweltfreundlichen Lebensweise verschrieben hat. Übernachtet wird in bequemen, bereits aufgestellten Zelten mit Betten, Cottages mit Solarstrom oder privaten Schlafsälen. Im Preis sind Plantagentouren, Vogelbeobachtungen und Wanderungen enthalten. Auf der Webseite gibt's Infos zu möglicher Freiwilligenarbeit. Eine Autorikscha ab Madikeri kostet 200 ₹.

★ **Vivanta** HOTEL $$$
(☎08272-665800; www.vivantabytaj.com; Galibeedu; Zi. ab 13 000 ₹; @🛜🏊) Ein weiteres Prachtstück der Taj-Gruppe, das sich auf über 70 ha Nebelregenwald verteilt. Das stilvolle Design verbindet räumliche und minimalistische Prinzipien und fügt sich mühelos in seine Umgebung ein. Zu den Zimmern führen alten Kuhpfade, und die teureren bieten eigene Innenpools, Kamine und Butler. Die über 8000 m² große Präsidentensuite, die sagenhafte 1 Lakh (100 000 ₹) kostet, hat die Größe eines kleines Dorfes.

Weitere Highlights sind die tolle Aussicht von der Lobby und vom Infinity Pool aus, das Amphitheater im Freien, das von Wasser umgeben ist, das ayurvedische Spa und der Spielkonsolen-Raum.

Kakkabe

☎08272

Das Dorf Kakkabe, das etwa 40 km von Madikeri entfernt ist, ist der ideale Ausgangspunkt, um Kodagus höchsten Gipfel, den Tadiyendamol, in Angriff zu nehmen. Am Fuß des Berges, 3 km von Kakkabe, liegt der malerische **Nalakunad Palace** (⏲9–17 Uhr) GRATIS, die restaurierte Jagdhütte eines Kodagu-Königs aus dem Jahr 1794. Der Hausmeister zeigt Besuchern den Palast gerne.

Von Madikeri (50 ₹, 1½ Std.) aus fahren regelmäßig Busse nach Kabbinakad oder für etwa 500 ₹ bekommt man eine Autorikscha.

Schlafen & Essen

Honey Valley Estate PENSION $

(☎08272-238339; www.honeyvalleyindia.in; Zi. mit/ohne Bad ab 800/550 ₹) Diese wunderbare Trekking-Pension, 3 km von Kakkabe entfernt, liegt auf 1250 m Höhe und bietet seinen Gästen ein angenehm kühles, erfrischendes Klima, in dem zahlreiche Vogelarten leben. Die herzlichen Besitzer, ihre Umweltfreundlichkeit und ihre Kenntnisse zu den 18 Trekkingrouten der Umgebung sind weitere Pluspunkte. Zu erreichen mit dem Jeep (einschließlich der Kosten) oder nach einem einstündigen Fußmarsch bergan.

Chingaara PENSION $$

(☎08272-204488; www.chingaara.com; Kabbinikad; Zi. inkl. Halbpension 1800–2900 ₹) Von der gleichen Familie geführt wie das Honey Valley Estate (von dem es etwas oberhalb liegt). Das hinreißende Bauernhaus wartet auch mit umherstreifenden Eseln auf und liegt inmitten einer grünen Kaffeeplantage. Die hübschen Zimmer sind groß und bieten fast alle eine schöne Aussicht – insbesondere Zimmer 9. Es liegt an einem steilen Hügel 2,5 km bergan. Wer vorher anruft, wird mit dem Jeep an der Kabbinakad-Kreuzung abgeholt.

★ **Tamara Resort** RESORT $$$

(☎0827-2238000; www.thetamara.com; Yavakapadi Village; Zi. inkl. Verpflegung & Aktivitäten ab 21500 ₹; ❄📶) Dieses romantische Naturresort mit auf Stelzen stehenden Cottages, die über der grünen Umgebung zu schweben scheinen, liegt inmitten einer 70 ha großen Kaffeeplantage. Die luxuriösen Zimmer haben Teakholzböden, Balkone, übergroße Doppelbetten, Beistelltische mit Schachbrettmuster und französische Presskannen mit Kaffee aus Coorg. Das unvergessliche Restaurant steht ebenfalls erhöht und hat einen Glasboden, durch den man auf die darunterliegende Plantage schauen kann.

Weitere Highlights sind das Spa, Yogastunden und ein Kurs, bei dem man die Bewertung von Kaffeearomen erlernt. Beliebtes Ziel für Paare in den Flitterwochen.

Belur & Halebid

☎08177 / 968 M

Die Hoysala-Tempel in Halebid (auch Halebeedu genannt) und Belur (auch Beluru genannt) bilden den Höhepunkt einer der künstlerisch überbordendsten Perioden in der Entwicklung der alten Hindu-Kultur. Sie sind Südindiens architektonische Antwort auf Khajuraho in Madhya Pradesh und Konark bei Puri in Odisha.

Belur und Halebid liegen nur 16 km voneinander entfernt; häufig fahrende Busse verbinden die beiden Orte zwischen 6.30 und 19 Uhr (25 ₹, 40 Min.).

Die Fahrt nach Belur und Halebid führt über den lebhaften Verkehrsknotenpunkt **Hassan**, der gute Verbindungen nach Mysuru und Bengaluru hat. Regelmäßig fahren Busse nach Mysuru (115 ₹, 3 Std.), Bengaluru (Semideluxe/Deluxe 195/392 ₹, 3 ½ Std.) und Mangaluru (166 ₹, 380 ₹, 3 ½ Std.). Von Hassans gut organisiertem Bahnhof fahren täglich mehrere Personenzüge nach Mysuru (2. Klasse 140 ₹, 2½ Std.). Nach Bengaluru fährt um 2.50 Uhr der rotäugige *16518 Bangalore Express* (Sleeper Class 180 ₹, 5½ Std.). Es ist auch möglich, von Bengaluru oder Mysuru aus mit einer KSTDC-Tour (S. 192) einen Tagesausflug hierher zu unternehmen.

Belur

Der **Channakeshava-Tempel** (Temple Rd; ⏲7.30–19.30) wurde 1116 gestiftet, um den Sieg der Hoysala über die benachbarten Chola zu feiern. Sein Bau zog sich über einhundert Jahre hin. Heute ist er die einzige der drei wichtigen Hoysala-Kultstätten, die noch täglich genutzt wird; deshalb schaut man am besten zum *puja*-Ritual (Gebet) um etwa 8.45 oder 18.45 Uhr vorbei. Die Reliefverzierung wurde an einigen Teilen des Tempels, z.B. an den unteren Friesen der Außenfassade, nicht fertiggestellt und wirkt daher weniger kunstvoll als die an den übrigen Hoysala-Tempeln. Die Arbeiten am oberen Teil sind jedoch unübertroffen detailliert und kunstfertig und bilden ein wunderbares Zeugnis für menschliches Schaffen. Besonders betörend sind die Figuren der Konsolen, die Frauen in rituellen Tanzposen darstellen. An der Vorderseite des Tempels sind erotische Abschnitte aus dem Kamasutra illustriert, aber die Rückseite ist ausschließlich den Göttern vorbehalten. Das Dach des inneren Schreins wird von fein mit Reliefs übersäten Pfeilern getragen, von denen keiner dem anderen gleicht.

Rund um den Tempelkomplex findet man kleinere Tempel, eine Hochzeitshalle, die noch heute benutzt wird, und den siebenstöckigen *gopuram* mit sinnlichen Figuren tanzender Mädchen. Führer kann man für 250 ₹ anheuern.

Das **Hotel Mayura Velapuri** (☎0817-7222209; Kempegowda Rd; DZ mit Ventilator/Klimaanlage ab 1000/1350 ₹; ❄), ein staatliches Hotel, das nach seiner Renovierung in neuem Glanz erstrahlt, liegt auf dem Weg zum Tempel. Im Restaurant mit Bar gibt's verschiedene indische Gerichte und Snacks (ab 80 ₹), zu denen man sich auch ein Bier genehmigen kann. Das günstigere **Sumukha Residency** (☎08177-222181; Temple Rd; EZ/DZ 350/730 ₹) ist eine weitere Option.

An der Straße zum Tempel gibt's einen Axis-Geldautomaten.

Es fahren regelmäßig Busse ins 38 km entfernte Hassan (40–90 ₹, 45 Min.) und zurück.

Halebid

Der Bau des umwerfenden **Hoysaleswara-Tempels** (⏲Sonnenaufgang–Sonnenuntergang), für den Halebid berühmt ist, begann um 1121 und zog sich dann über mehr als 190 Jahre hin. Fertig wurde der Tempel zwar nie, aber er gilt heute dennoch als ein Meisterwerk der Hoysala-Architektur. Der Innenraum des inneren Schreins, der aus schwarzem Stein herausgemeißelt wurde, ist überwältigend, und seine Außenwände sind über und über mit Reliefs bedeckt, die Hindu-Gottheiten, weise Männer, stilisierte Tiere und in den Friesen Szenen aus dem Leben der Hoysala-Herrscher zeigen. Zwei Statuen von Nandi (Shivas Reittier) stehen links vom Haupttempel vor dem inneren Schrein. Für 250 ₹ kann man Guides engagieren.

Der Tempel steht auf einem großen Parkgelände. Direkt daneben befindet sich ein kleines **Museum** (Eintritt 5 ₹; ⏲Sa–Do 9–17 Uhr) mit einer tollen Sammlung von Skulpturen aus der Umgebung von Halebid.

Man sollte sich etwas Zeit nehmen und sich zum nahe gelegenen, kleineren **Kedareswara-Tempel** oder in den wenig besuchten Bezirk um die drei **jainistischen Tempel** begeben.

Die beste Übernachtungsmöglichkeit hier ist das **Hotel Mayura Shanthala** (☎0817-7273224; DZ inkl. Frühstück und Klimaanlage ab 1500 ₹; ❄📶), das von einem Laubgarten umgeben ist und gegenüber vom Tempel liegt.

Regelmäßig fahren Busse ins 33 km entfernte Hassan (35 ₹, 1 Std.), während Busse nach Belur 25 ₹ für die 15 km lange Strecke kosten.

Sravanabelagola

☎08176

Lange bevor man die Pilgerstadt Sravanabelagola erreicht, kann man die 17,5 m hohe Statue der jainistischen Gottheit Gomateshvara (Bahubali) sehen, die auf dem kahlen Felsen des Vindhyagiri-Hügels steht. Sich die Statue aus der Nähe anzusehen, ist der Hauptgrund für eine Reise in diese beschauliche Stadt, deren Name „Der Mönch des weißen Teichs" bedeutet.

Sehenswertes

Gomateshvara-Statue JAINISTISCHES DENKMAL

(Bahubali; ⏲6–18.15 Uhr) Ein steiler Aufstieg über 614 Stufen bringt einen auf den Vindhyagiri-Hügel, auf der sich die hohe, unbekleidete Statue der jainistischen Gottheit Gomateshvara (Bahubali) erhebt. Sie wurde um das Jahr 981 von dem Bildhauer Aristenemi aus einem einzigen Felsblock heraus geschlagen, im Auftrag eines militärischen Befehlshabers, der im Dienst des Ganga-Königs Rachamalla stand. Sie ist angeblich die höchste aus einem einzigen Steinblock heraus gehauene Statue der Welt. Man muss seine Schuhe am Fuß des Hügels zurücklassen.

Bahubali war der Sohn des Kaisers Vrishabhadeva, der später unter dem Namen Adinatha der erste jainistische *tirthankara* („verehrter Lehrer") wurde. Während heftiger Kämpfe mit seinem Bruder Bharatha um die Nachfolge seines Vaters erkannte er die Eitelkeit aller materiellen Gewinne und verzichtete auf das Königreich. Als Einsiedler meditierte er in vollständiger Unbeweglichkeit, bis er Erleuchtung erlangte – die Weinranken um seine Beine und der Ameisenhügel zu seinen Füßen sind Zeichen für die lange Dauer seiner Meditation.

Alle zwölf Jahre strömen Millionen von Pilgern zur **Mahamastakabhisheka**-Zeremonie (⏲Feb.; 2018) hierher, bei der die Statue mit heiligem Wasser, Salben, Puder, Gold und Edelsteinen behandelt und geschmückt wird.

Jainistische Tempel JAINISTISCHE TEMPEL
Außer der Bahubali-Statue gibt's im Ort mehrere interessante jainistische Tempel. Der **Chandragupta Basti** (6–18 Uhr) auf dem Chandragiri-Hügel (gegenüber vom Vindhyagiri-Hügel) soll angeblich von Kaiser Ashoka errichtet worden sein. Der **Bhandari Basti** (6–18 Uhr) im Südosten der Stadt ist der größte Tempel in Sravanabelagola. Im nahen **Chandranatha Basti** (6–18 Uhr) kann man gut erhaltene Malereien sehen, die jainistische Legenden widergeben.

Schlafen & Essen

Die hiesige jainistische Organisation **SDJMI** (08176-257258) wickelt die Buchungen für ihre 15 Gästehäuser ab (DZ/3BZ 250/310 ₹). Das Büro befindet sich am Postamt vorbei hinter dem Vidyananda Nilaya Dharamsala.

Hotel Raghu HOTEL $
(08176-257238; EZ/DZ ab 400/500 ₹, DZ mit Klimaanlage 900 ₹;) Einfache, aber saubere Zimmer sowie ein beliebtes vegetarisches Restaurant im Erdgeschoss, das ein himmlisches vegetarisches Thali (80 ₹) auftischt.

An- & Weiterreise

Es gibt keine Direktbusse von Sravanabelagola nach Hassan oder Belur – man muss nach Channarayapatna (43 ₹, 20 Min.) fahren und dort einen Anschlussbus nehmen. Täglich fahren drei Busse direkt nach Bengaluru (156 ₹, 3½ Std.) und Mysuru (85 ₹, 2½ Std.).

KARNATAKAS KÜSTE

Mangaluru (Mangalore)

0824 / 484 785 EW.

Das Wechselspiel zwischen entspannter Küstenstadt und hektischem Albtraum erinnert an Jekyll und Hyde, insgesamt ist Mangaluru (besser bekannt als Mangalore) aber eine angenehme Stadt für einen Zwischenstopp. Es gibt hier zwar nicht viel zu tun, doch die Atmosphäre ist angenehm untouristisch, und die würzigen Meeresfruchtegerichte sind einfach sensationell.

Die Stadt liegt an der Mündung der malerischen Flüsse Netravathi und Gurupur in das Arabische Meer und ist seit dem 6. Jh. eine wichtige Station auf internationalen Handelrouten. Während des 16. und des 17. Jhs. wurde sie von den Portugiesen regiert, bis sie ein Jahrhundert später von den Briten übernommen wurde.

Sehenswertes

Ullal Beach STRAND
Es ist zwar kein Om Beach, doch dieser Streifen goldenen Sandes ist ein gutes Fleckchen, um der Hitze in der Stadt zu entfliehen. Die Fahrt von der Stadt nach Süden dauert ca. eine Stunde. Eine einfache Fahrt mit der Autorikscha kostet 200 ₹, oder man nimmt Bus 44A oder 44C (10 ₹) der vom City-Busbahnhof aus fährt.

St. Aloysius College Chapel KIRCHE
(Lighthouse Hill; 9–18 Uhr) Die Wurzeln des Katholizismus gehen in Mangaluru auf die Ankunft der Portugiesen Anfang des 16. Jhs. zurück, und eines der beeindruckendsten Zeugnisse dieses Erbes ist die Kapelle von St. Aloysius von 1880, die an die Sixtinische Kapelle erinnert, denn ihre Wände und Decken sind mit prächtigen Fresken bemalt.

Sultan's Battery FESTUNG
(Sultan Battery Rd; 6–18 Uhr) Das einzige, was noch von der Festung Tipu Sultans übrig ist, ist dieser kleine Aussichtspunkt mit einem Ausblick über die malerischen Backwaters. Es befindet sich 4 km vom Zentrum auf der Landspitze des alten Hafens; mit Bus 16 kommt man hin.

Kadri-Manjunatha-Tempel HINDU-TEMPEL
(Kadri; 6–13 & 16–20 Uhr) Dieser Tempel im Stil Keralas beherbergt eine 1000 Jahre alte Bronzestatue von Lokeshwara.

Schlafen

Hotel Roopa HOTEL $
(0824-2421272; www.roopahotel.com; Balmatta Rd; EZ/DZ mit Ventilator 400/1000 ₹, mit Klimaanlage 1250/1500 ₹;) Mit Abstand eines der Hotels mit dem besten Preis-Leistungs-Verhältnis der Stadt. Das zentral gelegene Roopa verbindet gute Preise mit professioneller Führung und modernen Zimmern. Das Restaurant mit Bar im Erdgeschoss ist super!

Hotel Manorama HOTEL $
(0824-2440306; KS Rao Rd; EZ/DZ ab 600/630 ₹, mit Klimaanlage 1070 ₹;) Eine ordentliche Budgetunterkunft im Zentrum mit sauberen, günstigen Zimmern und einer Lobby, die mit ihren Hindustatuen eine bleibende Erinnerung hinterlassen wird.

Adarsh Hotel HOTEL $
(0824-2440878; Market Rd; EZ/DZ 310/460 ₹) Bewährte Budgetunterkunft mit einfachen, aber gepflegten Zimmern, die allerdings oft schon ausgebucht sind.

Mangaluru (Mangalore)

Gateway Hotel HOTEL $$$
(☎ 0824-6660420; www.tajhotels.com; Old Port Rd; EZ/DZ inkl. Frühstück ab 7170/8060 ₹; ❄ @ 📶 🏊) Plasma-TVs, große Betten voller Kissen und ein von einer Rasenfläche mit Liegestühlen umgebener Swimmingpool zeugen von rundum hohen Standards.

Summer Sands Beach Resort HOTEL $$$
(☎ 8861373737; www.summersands.in; Ullal Beach; DZ inkl. Halbpension 6780 ₹; ❄ @ 🏊) Das Summer Sands liegt an einem entlegenen Streifen am Ullar Beach unter Palmen und bietet einige kitschige Bungalows auf einem im Stil eines Tropenresorts angelegten Gelände. Das Restaurant hat eine gute Auswahl an Meeresfrüchten.

Essen & Ausgehen

★ **Lalith Bar & Restaurant** SEAFOOD $$
(Balmatta Rd; Hauptgerichte 150–400 ₹; ⏰ 11.30–15.30 & 18.30–23.30 Uhr) Das etwas schmuddelige Restaurant im ersten Stock eines Gebäudes ist auf Meeresfrüchte aus der Region spezialisiert wie etwa feurigen gebratenen Masala-Fisch in rotem Kokoscurry oder fa-

Mangaluru (Mangalore)

Sehenswertes
1 Kadri-Manjunatha-Tempel D2
2 St. Aloysius College Chapel C3
3 Sultan's Battery A1

Schlafen
4 Adarsh Hotel C3
5 Gateway Hotel B4
6 Hotel Manorama C3
7 Hotel Roopa D3

Essen
8 Gajalee D1
9 Kadal C3
10 Lalith Bar & Restaurant C3

Ausgehen & Nachtleben
11 Liquid Lounge D3

WICHTIGE ZÜGE AB MANGALORE CENTRAL

ZIEL	ZUG-NR. & -NAME	PREIS (₹)	DAUER (STD.)	ABFAHRT
Bengaluru	*16524 Bangalore Express*	Sleeper/2AC 300/1150	11½	20.55 Uhr
Chennai	*12686 Chennai Express*	Sleeper/2AC 460/1715	15½	16.20 Uhr
Gokarna	*16523 Karwar Express*	Sleeper/2AC 205/770	4½	8.20 Uhr
Gokarna	*56640 Madgaon Passenger*	2. Klasse 75	4	5.50 Uhr
Thiruvananthapuram	*16630 Malabar Express*	Sleeper/2AC 345/1335	15	18.20 Uhr

belhafte in Rava panierte und frittierte Garnelen. Es ist ein Muss für alle, die authentische Gerichte aus Mangalore probieren wollen. Ein kühles Bier aus der gut bestückten Bar schmeckt dazu am besten.

Kadal SÜDINDISCH **$$**
(Nalapad Residency, Lighthouse Hill Rd; Hauptgerichte 150–220 ₹; ⏲11.30–15.30 & 18.30–23 Uhr) Dieses Hochhaus-Restaurant ist elegant eingerichtet, warm beleuchtet und bietet einen tollen Panoramablick. Empfehlenswert ist das scharfe *chicken uruval* (ein Kokoscurry von der Küste).

Gajaiee SEAFOOD **$$$**
(www.gajalee.com/rest_mangalore.html; Circuit House, Kadri Hills; Hauptgerichte 150–1200 ₹; ⏲11–15.30 & 18.30–23 Uhr) In dieser für ihre Meeresfrüchte bekannten Stadt gilt das Gajalee unter vielen Einheimischen als die beste Adresse.

★ **Liquid Lounge** PUB
(☎4255175; Balmatta Rd; ⏲11–23.30 Uhr) Der bei jungen Einheimischen sehr beliebte Pub bringt ein Stück des weltoffenen Bengaluru an die Küste.

ℹ Praktische Informationen

Die State Bank of Mysore, HDFC und die ICICI Bank haben in der Balmatta Rd und in der Lighthouse Hill Rd Geldautomaten. Preiswerte Internetcafés befinden sich an der Balmatta Rd (15 ₹/Std.).

ℹ An- & Weiterreise

BUS

Der **KSRTC-Busbahnhof** (☎0824-2211243; Bejai Main Rd) ist 3 km vom Zentrum entfernt. Alle 30 Minuten fahren Deluxe-Busse nach Bengaluru (370–720 ₹, 8–9 Std.) über Madikeri (140–300 ₹, 5 Std.) und Mysuru (260–500 ₹, 7 Std.).

Dharmasthala 72 ₹, 2½ Std., tgl. 14.20 Uhr
Ernakulam 793 ₹, 9 Std., Nachtbus
Gokarna 234 ₹, 5½ Std., tgl. 12.45 Uhr
Hassan 65–356 ₹, 5 Std., 10-mal tgl.
Panaji 352–580 ₹, 8½ Std., 2-mal tgl.

Busse nach Udupi (55 ₹, 1½ Std.) fahren vom **City-Busbahnhof** (Haltestelle an der State Bank) ab.

FLUGZEUG

Der **Flughafen** (☎0824-2254252; www.mangaloreairport.com) liegt sehr beengt auf einem Plateau in Bajpe, etwa 20 km nordöstlich der Stadt. Es gibt tägliche Flüge nach Mumbai, Bengaluru, Hyderabad und Chennai.

Air India (☎2451046; Hathill Rd)
Jet Airways (☎2441181; Ram Bhavan Complex, KS Rao Rd)
SpiceJet (☎1800-1803333)

ZUG

Der Hauptbahnhof Mangalore Central liegt südlich vom Zentrum.

An der Mangalore Junction (auch Kankanadi genannt), 5 km östlich von Mangaluru gelegen, fährt um 13.55 Uhr der *12134 Mumbai Express* ab, der in Margao in Goa hält (Sleeper/2AC 290/1035 ₹, 5 Std.) und weiter nach Mumbai (Sleeper/2AC 540/2045 ₹, 14½ Std.) fährt.

ℹ Unterwegs vor Ort

Zum Flughafen geht es mit den Bussen 47B und 47C vom City-Busbahnhof oder mit dem Taxi (500 ₹).

Eine Autorikscha zum Bahnhof Mangalore Junction (Kankanadi) kostet um die 80 ₹. Die Busse 9 und 11B fahren ebenfalls dorthin.

Dharmasthala

In der Nähe von Mangaluru befinden sich im Landesinneren mehrere Städte mit jainistischen Tempeln, z. B. Venur, Mudabidri und Karkal. Die interessanteste von ihnen ist Dharmasthala, das 75 km östlich von Mangaluru am Fluss Netravathi liegt. Jeden Tag kommen etwa 10 000 Pilger durch die Stadt. Zu Feiertagen und wichtigen Festivals wie dem fünftägigen Pilgerfestival **Lakshadeepotsava** (⏲Nov.) können es auch zehnmal so viele sein.

Die wichtigste Pilgerstätte der Stadt ist der Shiva geweihte **Manjunatha-Tempel** (⌚6.30–14 & 17–21 Uhr). Männer müssen den Tempel mit nacktem Oberkörper und bedeckten Beinen betreten. Einfache kostenlose Mahlzeiten gibt's in der **Tempelküche** (⌚11.30–14.15 & 19.30–22 Uhr) neben einem Saal, in dem bis zu 3000 Menschen Platz finden.

Andere Sehenswürdigkeiten in Dharmasthala sind die 12 m hohe **Statue von Bahubali** auf dem Ratnagiri Hill und das **Manjusha Museum** (Eintritt 5 ₹; ⌚9–13 & 16.30–21 Uhr), das von umfassenden Sammlungen von Artefakten bis zu skurrilen Zusammenstellungen alter Kameras, Telefonen und Schreibmaschinen so ziemlich alles zeigt. Das fantastische **Car Museum** (Eintritt 2 ₹; ⌚8.30–13 & 14–19 Uhr) lohnt sich unbedingt: Es beherbergt 48 Oldtimer, darunter einen Renault von 1903 und einen Studebaker President aus den 1920er-Jahren, den Mahatma Gandhi benutzt hat.

Wer hier übernachten möchte, wendet sich an das hilfsbereite **Tempelbüro** (☎0825-6277121; www.shridharmasthala.org), das Unterkünfte in Pilgerherbergen (50 ₹/ Pers.) besorgt.

Von Dharmasthala fahren regelmäßig Busse nach Mangaluru (72 ₹, 2½ Std.).

Udupi (Udipi)

☎0820

Udupi ist eine geschäftige, aber entspannte Pilgerstadt, in der sich der stimmungsvolle **Krishna-Tempel** (Car St; ⌚3.30–22 Uhr) aus dem 13. Jh. befindet, der das ganze Jahr über Tausende Hindu-Pilger anzieht. Er ist von acht *maths* (Klöster) umgeben und ein Zentrum ritueller Aktivitäten: Am Eingang spielen Musiker, Elefanten stehen für die *puja* bereit und ein ständiger Pilgerstrom schiebt sich hindurch. Nicht-Hindus sind im Tempel willkommen, Männer müssen ihn aber mit entblößter Brust betreten. Am späten Nachmittag ist die Atmosphäre am besten.

Udupi ist für sein vegetarisches Essen und in ganz Indien für seine üppigen Thalis bekannt – zudem ist es der Geburtsort des schlichten *dosa*.

ICICI (Car St) hat in der Nähe des Tempels einen Geldautomaten.

Schlafen & Essen

Shri Vidyasamuda Choultry HOTEL $
(☎2520820; Car St; Zi. 150–300 ₹) In der Nähe des Tempels gibt es mehrere Pilgerhotels, von denen diese einfache Unterkunft die beste ist und einen Blick über das Ghat bietet.

Hotel Sriram Residency HOTEL $$
(☎2530761; www.hotelsriramresidency.com; Zi. mit Ventilator/Klimaanlage ab 940/1680 ₹; ❄) Dies ist das modernste Hotel in Udupi. Es nimmt mehrere Stockwerke ein und hat einige Restaurants und Bars. Nur einen kurzen Fußmarsch vom Tempelkomplex entfernt.

Woodlands INDISCH $
(Dr. UR Rao Complex; Dosa ab 60 ₹, Thali ab 90 ₹; ⌚8–15.15 & 17.30–22.30 Uhr) In einer Stadt, die berühmt für ihre vegetarischen Speisen ist, gehört das Woodlands zu den besten Restaurants, um dies auf die Probe zu stellen. Nicht weit südlich vom Krishna-Tempel.

An- & Weiterreise

Udupi liegt 58 km nördlich von Mangaluru an der Küste. Diese Strecke wird von regulären Bussen (56 ₹, 1½ Std.) bedient. Busse fahren auch nach Gokarna (180 ₹, 6 Std.) und Bengaluru (410–870 ₹, 10 Std.). Nach Malpe (8 ₹, 30 Min.) starten ebenfalls regelmäßig Busse.

Malpe

☎0820

Malpe, ein Fischerhafen an der Westküste, 4 km von Udupi entfernt, hat schöne Strände, die sich bestens zum Baden in der Brandung eignen. Das **Paradise Isle Beach Resort** (☎0820-2538777; www.theparadiseisle.com; Zi. mit Ventilator/Klimaanlage ab 2000/4750 ₹; ❄@📶🏊) ist eine ganz anständige Unterkunft. Man sollte nach einem Zimmer mit Meerblick fragen. Es kann auch **Hausbootfahrten** (4000 ₹/Paar; ⌚Okt.–März) in den Backwaters organisieren, die landschaftlich ähnlich reizvoll wie Kerala, aber vom Tourismus noch unberührt sind.

Am Pier von Malpe kann man zwischen 9 und 17.30 Uhr eine staatlich betriebene Fähre nehmen (100 ₹ hin & zurück, 45 Min., fährt los, wenn sie voll ist) oder sich am Malpe Beach ein privates Charterboot mieten, das einen zur winzigen **St. Mary's Island** bringt. Sie ist als der Ort bekannt, an dem der portugiesische Forschungsreisende Vasco da Gama 1498 gelandet sein soll – und wegen ihrer seltsamen sechseckigen Basaltformationen. Zwischen Juni und Mitte Oktober fahren keine Boote. Busse nach Udupi kosten 8 ₹, eine Autorikscha kostet 80 ₹.

Jog-Fälle

08186

Die Jog-Fälle sind zwar die höchsten Wasserfälle Indiens, doch richtig zum Leben erwachen sie nur während des Monsuns. Der höchste der vier Fälle ist der Raja mit 293 m. Um einen guten Blick zu erhaschen, geht man an der Bushaltestelle vorbei und folgt einem Pfad mit über 1200 Stufen nach unten. In der Regenzeit auf Blutegel achten.

Das **Hotel Mayura Gerusoppa** (08186-244732; DZ mit Ventilator/Klimaanlage ab 1800/2200 ₹;) in der Nähe der Parkplatzes hat ein paar große, stickige Doppelzimmer. An den Essensständen in der Nähe der Bushaltestelle gibt's Thalis und Nudelgerichte.

Die Jog-Fälle sind ohne Auto nicht gerade leicht zu erreichen, weshalb die meisten Besucher ein Taxi nehmen. Die Fahrt hin und zurück ab Gokarna kostet etwa 2000 ₹. Alternativ nimmt man einen der wenigen Busse, die nach Kumta fahren und steigt dann in Honavar (66 ₹) um. Wer aus Bengaluru kommt, steigt in Shivamogga (Shimoga) um (468 ₹, 9 Std.).

Gokarna

08386

Gokarna, eine lockerere und weniger kommerzialisierte Version von Goa, wird von Travellern regelmäßig als einer der beliebtesten Strände Indiens genannt. Er zieht vor allem Leute an, die auf ruhigen, entspannten Strandurlaub aus sind und nicht auf riesige Partys. Die meisten Unterkünfte sind strohgedeckte Bambushütten, die an verschiedenen Abschnitten der herrlichen Küste liegen.

Eigentlich gibt es zwei Gokarnas. In unmittelbarere Nähe zum Strand befindet sich nämlich die heilige Hindu-Pilgerstadt mit vielen alten Tempeln, die während der wichtigen Feste wie **Shivaratri** (Feb./März) und **Ganesh Chaturthi** (Sept.) zum Leben erwachen. Auch ein Besuch auf dem lebhaften Basar ist überaus interessant, doch nahezu alle ausländischen Gäste verbringen hier nicht einmal eine Nacht und begeben sich auf direktem Weg zu den angrenzenden Stränden.

Hinweis: Bei der Ankunft passiert es nicht selten, dass die Polizei Taschen durchsucht und Pässe kontrolliert.

Sehenswertes & Aktivitäten

Tempel

Ausländer und Nicht-Hindus dürfen die Tempel in Gokarna nicht betreten. Farbenprächtige Rituale lassen sich aber überall im Ort beobachten. Am westlichen Ende der Car St steht der **Mahabaleshwara-Tempel** mit einem verehrten Lingam. In der Nähe

RANI ABBAKKA, DIE KRIEGERKÖNIGIN

Die legendären Heldentaten von Rani Abbakka, einer der ersten Freiheitskämpfer Indiens – der zufällig eine Frau war –, sind außerhalb der Region Mangaluru eher unbekannt. Sie war eine indische Johanna von Orleans, und ihre Geschichte wartet nur darauf, von einem Drehbuchautor in Bollywood oder Hollywood aufgegriffen zu werden.

Als die Portugiesen im 16. Jh. ihre Macht an der indischen Westküste festigten und in Goa und bis nach Mangalore hinunter Städte besetzten, hatten sie große Probleme Ullal einzunehmen. Dies war der „furchtlosen Königin" zu verdanken. Sie erwies sich als hartnäckiges Hindernis bei der Verwirklichung des großen Plans, die Kontrolle des lukrativen Gewürzhandels zu übernehmen. Ihre unermüdlichen Anstrengungen, die portugiesischen Angriffe anzuwehren, sind das Thema hiesiger Legenden.

Sie war hervorragend in den Kriegskünsten ausgebildet, sowohl in der Strategie als auch im Kampf, und konnte mit dem Schwert umgehen. Schließlich wurde sie zwar geschlagen, doch dies war ihrem heimtückischen Ex-Ehemann zu verdanken, der sich gegen sie verschworen hatte und dem Feind Informationen zukommen ließ.

Die Einheimischen haben ihre Bemühungen, ihre Leute gegen die mächtigen Portugiesen zu mobilisieren, nicht vergessen: Sie ist in einer Reiterstatue aus Bronze am Kreisverkehr an der Straße zum Ullal Beach verewigt, und ein jährliches Festival ist ihr ebenfalls gewidmet.

An der Stelle des Ufertempels, der ein paar Kilometer südlich von Ullal auf den schönen Strand Someshwara schaut, stand früher ihre Festung; heute sind nur noch Teile der Festungsmauern erhalten.

ABSTECHER

DIE SURFENDEN SWAMIS

Zwischen dem Ozean und den Surfern gab es zwar schon immer eine spirituelle Verbindung, doch im **Surfing Ashram** (Mantra Surf Club; ☎9880659130; www.surfingindia.net; 6-64 Kolachikambla, Mulki; EZ/DZ inkl. Vollpension ab 3000/4500 ₹;) in Mulki, 30 km nördlich von Mangalore, erreicht diese eine ganz neue Dimension. Der Hare-Krishna-Ashram wurde von einem amerikanischen Guru gegründet, der seit 1963 surft (und seit vier Jahrzehnten in Indien lebt). Die Anhänger folgen zwischen dem Wellenreiten einem täglichen Ritual der *puja* (Gebete), des Singens und der Meditation und ernähren sich rein vegetarisch.

Surfen ist hier das ganze Jahr über möglich, die besten Wellen gibt's aber im Mai und Juni sowie im September und Oktober. Die Swamis haben auch viele Informationen zum Surfen in ganz Indien. Surfbretter kann man für 700 ₹ pro Tag ausleihen (auch Bodyboards und Stehpaddel-Bretter), Unterricht kostet 2500 ₹ pro Tag.

Die Übernachtung ist teuer, doch die Strandhaus-Atmosphäre ist sehr gemütlich und die Mahlzeiten sind im Preis inbegriffen.

Alle Besucher sind willkommen, sollten sich aber bewusst sein, dass dies ein Ort des Gebets ist, in dem sie während des Aufenthalts gewisse Regeln einhalten müssen, etwa die Abstinenz von Fleisch, Alkohol, Tabak und Sex. Weitere Einzelheiten stehen auf der Webseite.

befindet sich der **Ganapati-Tempel**, den **Venkataraman-Tempel** findet man am anderen Ende der Straße. Ungefähr 100 m weiter südlich liegt der **Koorti Teertha**, ein großes Tempelbecken. Hier an den Ghats (Stufen oder Anlegestellen) vollziehen Einheimische, Pilger und traditionell gekleidete Brahmanen ihre Waschungen.

Strände & Surfen

Die besten Strände liegen im Süden der Stadt, am beliebtesten sind der Om Beach und der Kudle Beach. Auf den Pfaden hier sollte man nie nach Einbruch der Dunkelheit und schon gar nie alleine unterwegs sein, da man leicht ausrutschen oder sich verlaufen kann; und es gab auch schon Überfälle.

Om Beach STRAND

Gokarnas berühmtester Strand zieht sich kurvenreich über mehrere Kilometer; es heißt, dass die Strandlinie dem Om-Symbol ähneln soll. Der Om Beach ist eine tolle Mischung aus schönen langen Strandabschnitten und kleineren schattigen Sandfleckchen und eignet sich perfekt zum Sonnenbaden und Schwimmen. Vom Kudle Beach sind es 20 Minuten zu Fuß, eine Autorikscha nach Gokarna kostet etwa 150 ₹.

Kudle Beach STRAND

Der Kudle Beach, der sich zu einer beliebten Alternative zum Om Beach gemausert hat, ist von Restaurants und Pensionen gesäumt. Er ist einer der längsten Strände Gokarnas und bietet viel Platz, um sich auf dem schönen Sand auszustrecken.

Von der Stadt oder vom Om Beach sind es zu Fuß jeweils 20 Minuten auf einem Weg, der oben über kahle Hügel führt und tolle Blicke aufs Meer bietet. Die Fahrt mit der Autorikscha von der Stadt kostet 60 ₹.

Gokarna Beach STRAND

Gokarnas „Stadtstrand", der bei indischen Touristen sehr beliebt ist, ist zum Baden eher ungeeignet. Ein kurzer Spaziergang führt zu einem langen, unberührten Sandstrand, der sich bis zum Horizont zu erstrecken scheint – perfekt, wenn man etwas Einsamkeit sucht.

Cocopelli Surf School SURFEN

(☎8105764969; www.cocopelli.org; Gokarna Beach; Unterricht 2000 ₹/Pers., Surfbrettverleih 750 ₹/2 Std.; ⊙Okt.–Mai) Bietet Unterricht durch Surflehrer, die international zertifiziert sind und verleiht Surfbretter. Bietet hier auch Unterkünfte an.

Half Moon & Paradise Beach STRAND

Die kleinen Sandbuchten des Half Moon Beach und des Paradise Beach liegen gut versteckt südlich vom Om Beach. Der **Half Moon** Beach ist mit seinem schönen, geschwungenen feinen Sandstrand der schönere der beiden; hier gibt es einfache Unterkünfte in Hütten. Der **Paradise Beach** ist eine Mischung aus Sand und Steinen und das Paradies der Langzeitaussteiger, deren Motto Timothy Learys „turn on, tune in, drop out" ist. Leider hatte die Regierung alle Hütten hier zerstört und den Strand in einem ziemlich maroden Zustand hinterlassen – deshalb muss man hier alles selbst mitbringen.

Vom Om Beach sind es zu Fuß 30 Minuten bzw. eine Stunde zu diesen Stränden. Man sollte unterwegs auf Schlangen achten und dort auf keinen Fall nach Einbruch der Dunkelheit entlanggehen. Ein Fischerboot vom Om Beach, in das zehn Personen passen, kostet etwa 700 ₹. Nach Paradise Beach kann man einen Bus von Gokaran aus nach Velikom (12 ₹, 20 Min.) nehmen, von hier aus sind es noch etwa 15 Minuten zu laufen.

Schlafen & Essen

Von ein paar Ausnahmen abgesehen, sind die Unterkünfte hier einfache, aber durchaus komfortable Strandhütten. Die meisten schließen von Mai bis August.

Om Beach

Om Shree Ganesh BUNGALOWS $

(☎8386-257310; www.omshreeganesh.com; Hütte 500 ₹, ohne Bad 300 ₹) Die einnehmende Kombination aus preiswerten Bungalows, einem freundlichen Management und der Lage am Strand macht diese Unterkunft zu Recht sehr beliebt. Im stimmungsvollen zweistöckigen Restaurant geht nachts die Party ab. Es serviert leckere Gerichte, beispielsweise Tandoori-Garnelen, Pilz-Tikka und *momos*.

Sangham BUNGALOWS $

(☎9448101099; Zi. mit/ohne Bad 500/300 ₹) Im Sangham, einem herrlichen Fleckchen mit Meerblick und Sandwegen, die zu den unter Bananenbäumen liegenden Bungalows hinten führen, ist das Leben wirklich paradiesisch.

Moksha Cafe BUNGALOW $

(☎9741358997; Om Beach; Zi. mit/ohne Bad 600/300 ₹) Direkt am Om Beach stehen diese von Graffiti übersäten Bungalows, die ebenso gut wie alle anderen Optionen sind. Sie haben eigene Veranden, Hängematten und einen sandigen Garten voller Kokosnusspalmen.

Dolphin Bay Cafe BUNGALOW $

(☎9742440708; Zi. ab 200 ₹; ⏲8–22 Uhr) Das Dolphin Bay liegt unmittelbar am Strand und ist eines jener typischen lässigen Strandhütten-**Restaurants** (Hauptgerichte 80–180 ₹), wegen denen Gokarna so beliebt ist. Zur Wahl stehen Hütten mit Sandboden oder stabilere Zimmer aus Beton.

Dolphin Shanti PENSION $

(☎9740930133; Zi. ab 200 ₹) Auf dem letzten Fleckchen am Om Beach (in Richtung Half Moon Beach) liegt diese bewährte Pension oben auf den Felsen. Der Meerblick ist fantastisch, und das Dolphin Shanti macht seinem Namen alle Ehre, denn oft kann man tatsächlich Delfine beobachten. Die Zimmer sind sehr einfach, aber ansprechend.

Nirvana Café PENSION $

(☎329851; DZ 250 ₹, Cottage 400–600 ₹; @) Das Nirvana liegt am südlichen Ende des Om Beach und bietet sehr beliebte günstige Hütten und geräumige Cottages in einem schattigen, gepflegten Garten. Internet kostet 60 ₹ pro Stunde und Hängematten kann man bei Bedarf hier kaufen.

Namaste Café PENSION $

(☎08386-257141; www.namastegokarna.com; Om Beach; Zi. mit Ventilator/Klimaanlage ab 800/

DIE FORMEL 1 DER BÜFFEL

Man könnte es als eine regionale Konkurrenz zum Grand Prix sehen: Kambla, das traditionelle Büffelrennen, ist bei den Dorfbewohnern an der Südküste Karnatakas außerordentlich beliebt. Die Idee zu den Rennen, die im frühen 20. Jh. populär wurden, entstand aus der Angewohnheit der hiesigen Bauern, ihre Büffel nach einem Tag auf den Feldern eilig nach Hause zu treiben. Inzwischen sind die Rennen ein Riesenereignis mit Tausenden Zuschauern bei jeder Veranstaltung und Rennbüffeln, die wie Vollblutpferde gepflegt und trainiert werden.

Kambla-Veranstaltungen finden zwischen November und März meistens an den Wochenenden statt. In Reisfeldern werden parallele Bahnen angelegt, auf denen die Büffel zur Ziellinie rasen. In den meisten Fällen steht der Reiter auf einem Brett, das an einer Pflugschar befestigt ist und surft hinter den Büffeln regelrecht über den Weg. Die Büffel schaffen die 120 m lange Strecke in etwa 14 Sekunden!

1500 ₹; ❄ 📶) Das Flair, das diese etablierte Pension am Anfang des Om Beach versprüht, unterscheidet sich von dem der anderen Unterkünfte, denn das Namaste hat einen richtiggehenden Resort-Charakter. Es ist eine ausgezeichnete Wahl, besonders für Gäste, die Wert auf Annehmlichkeiten wie Klimaanlage, WLAN, warmes Wasser, kaltes Bier und ein romantisches Freiluft-Restaurant mit traumhaftem Meerblick legen. Heutzutage ist es vor allem bei indischen Touristen sehr beliebt.

SwaSwara HOTEL $$$
(☎ 08386-257132; www.swaswara.com; Om Beach; EZ/DZ 5 Nächte 1730/2300 €; ❄ @ 📶 🏊) Dieses Gesundheitsresort, eines der besten in Südindien, bietet Ferien auf der Grundlage von Yoga und Ayurveda. Kurzaufenthalte sind hier nicht möglich, doch wer die eleganten privaten Villen – teils mit Waldblick, teils mit Flussblick, erst mal gesehen hat, wird gern länger bleiben. Alle haben kleine Hofgärten voller Basilikum und Zitronengras, Duschen im Freien und Sitzbereiche.

Kudle Beach

Sea Rock Cafe PENSION $
(☎ 7829486382; Kudle Beach; Zi. ab 300 ₹) Hier gibt's ebenfalls coole Bungalows, aber auch komfortablere Zimmer und ein fröhliches Strandrestaurant.

Ganga View PENSION $
(☎ 9591978042; Kudle Beach; Zi. ab 250 ₹; 📶) Am Ende des Kudle Beach liegt dieser entspannte Langzeitfavorit. Es bietet auch Zimmer am Hang mit tollem Blick. WLAN kostet 50 ₹ pro Stunde.

Goutami Prasad PENSION $
(☎ 9972382302; Kudle Beach; Hütte ab 200 ₹, Zi. ab 500 ₹) Entspannte, familiengeführte Pension an einem tollen Plätzchen in der Mitte des Kudle Beach. Zur Wahl stehen einfache Hütten mit Sandboden oder komfortablere und picobello saubere Zimmern aus Beton.

Uma Garden PENSION $
(☎ 9916720728; Kudle Beach; Zi. ohne Bad 250 ₹) Hinter einer Ecke am Anfang des Kudle Beach versteckt sich diese rustikale Pension. Der Besitzer ist relaxed und das vegetarische Restaurant bietet Blick aufs Meer.

Strawberry Farmhouse PENSION $$
(☎ 7829367584; Kudle Beach; Zi. ab 700 ₹; ❄) Eine kitschige Pension am nördlichen Teil des Kudle Beach mit überdurchschnittlich hellen Cottages (einige mit Klimaanlage) und einer erstklassigen Lage mit Meerblick.

Half Moon Beach

Half Moon Garden Cafe BUNGALOW $
(☎ 9743615820; Half Moon Beach; Hütte 200 ₹) Dieses Refugium – ein Blick zurück in die Hippiezeit – hat einen herrlichen Strand und einfache Hütten ohne Strom.

Gokarna Beach

Dieser scheinbar endlose Streifen Sand ist das richtige Ziel für alle, die abgeschiedene, entspannte Strandatmosphäre suchen.

Hema Shree Garden BUNGALOW $
(☎ 9845983223; Gokarna Beach; Zi. ab 250 ₹) Eine hyperentspannte Pension am Strand, die zu Fuß nach 20 Minuten am Gokarna Beach entlang erreicht ist. Die verschiedenen Zimmer liegen in einem tropischen Garten und es gibt auch eine Reihe von Bungalows mit Blick aufs Meer.

Namaste Garden BUNGALOW $
(☎ 9448906436; Gokarna Beach; Zi. 500 ₹) Herrlich einfache Hütten mit Hängematten sowie Tischen und Sonnenschirmen am Strand. Das Namaste Garden liegt etwa 10 Minuten vom Ort entfernt mitten am Gokarna Beach.

Gokarna

Shree Shakti Hotel HOTEL $
(☎ 9036043088; Gokarna Beach Rd; EZ/DZ 300/600 ₹) An Gokarnas Hauptstraße liegt dieses freundliche Hotel mit exzellentem Preis-Leistungs-Verhältnis und makellosen, lindgrünen Zimmern über einem Restaurant, das vorzügliches Essen auftischt, darunter auch hausgemachte Eiscreme.

Greenland Guesthouse PENSION $
(☎ 9019651420; www.gokarnagreenland.in; Gokarna Town; Zi. ab 200 ₹) Am Ende eines Pfades außerhalb des Orts, der durch den dichten Wald führt, versteckt sich diese bewährte, familiengeführte Pension mit sauberen Zimmern und einem lebhaften Farbschema. Wer gern in einer Strandhütte übernachten möchte, aber auch Wert auf Charakter legt, ist hier genau richtig.

Hotel Gokarna International HOTEL $
(☎ 9739629390; Main Rd; Zi. mit Ventilator/Klimaanlage ab 450/1000 ₹; @) Ein typisches

ABSEITS DER ÜBLICHEN PFADE

MURUDESHWAR

Wer die Küste entlang von Gokarna nach Mangaluru fährt, für den lohnt sich ein Zwischenstopp in Murudeshwar. Der Pilgerort direkt am Strand ist vor allem für seine kolossale Statue von **Shiva** (Murudeshwar) bekannt, die direkt aufs Arabische Meer blickt – ein tolles Fotomotiv. Den besten Shiva-Blick kann man vom 20. Stock (ja, es gibt einen Aufzug) des wolkenkratzerähnlichen **Shri-Murudeshwar-Tempels** (Aufzug 10 ₹; ⌚Aufzug 7.45–12.30 & 15.15–18.45 Uhr) genießen.

Der Ort liegt 3 km abseits der Schnellstraße und wird von Zügen und Bussen bedient, die die Küste entlangfahren. Wer übernachten möchte, findet im **Hotel Kawari's Palm Grove** (☎08385-260178; Zi. mit Ventilator/Klimaanlage ab 500/1000 ₹; ❄), nur 500 m vom Geschehen entfernt, ganz ordentliche Zimmer.

indisches Hotel, das jedoch durchaus einen Blick wert sein kann, wenn man ein großes klimatisiertes Zimmer mit TV und Balkon sucht.

Shoppen

Shree Radhakrishna Bookstore BÜCHER
(Car St, Gokarna; ⌚10–18 Uhr) Secondhand-Romane, Postkarten und Landkarten.

Praktische Informationen

Axis Bank (Main St, Gokarna)
SBI (Main St, Gokarna)
Shama Internet Centre (Car St, Gokarna; 40 ₹/Std.; ⌚10–23 Uhr)
Postfiliale (1. Stock, Ecke Car St & Main St, Gokarna; ⌚Mo–Sa 10–16 Uhr)

An- & Weiterreise

BUS

Sowohl Regionalbusse als auch Busse von Privatanbietern fahren täglich nach Bengaluru (509 ₹, 12 Std.) und Mysuru (ab 550 ₹, 12 Std.) sowie nach Mangaluru (240 ₹, 6½ Std.) und Hubballi (190 ₹, 4 Std.) und halten meist in Kumta (34 ₹, 1 Std.) oder Honnavar (55 ₹, 2 Std.), wo man Anschluss zu den Jog-Fällen hat.

Ein beliebter Anbieter für Fahrten nach Hampi ist **Paolo Travels** (☎0832-6637777; www.phmgoa.com), das über Hosapete (Ventilator/Klimaanlage 1100/1600 ₹, 7 Std.) fährt. Es gilt zu beachten, dass Traveller, die aus Hampi kommen, in Ankola abgesetzt werden. Von dort gibt es aber kostenlosen Transfer für die letzten 26 km nach Gokarna.

Regelmäßig fahren auch Busse nach Panaji (116 ₹, 4 Std.) und Mumbai (900 ₹, 12 Std.).

ZUG

Viele Expresszüge halten am Bahnhof Gokarna Road, 9 km außerhalb der Stadt. Da einige aber im etwa 26 km entfernten Ankola stoppen, sollte man seine Fahrkarte sicherheitshalber noch einmal überprüfen. Viele der Hotels und kleinen Reisebüros in Gokarna können Fahrkarten buchen.

Der *12619 Matsyagandha Express* fährt um 3 Uhr nach Mangaluru (Sleeper 235 ₹, 4½ Std.), der Zug in die Gegenrichtung fährt gegen 18.30 Uhr vom Bahnhof Kumta nach Margao (Madgaon; Sleeper 170 ₹, 2½ Std.) und Mumbai (Sleeper/2AC, 465/1735 ₹, 12 Std.).

Autorikschas zum Bahnhof Gokarna Road verlangen 200 ₹ (oder 500 ₹ nach Ankola). Busse von Gokarna kosten 40 ₹ und fahren alle 30 Minuten.

ZENTRAL-KARNATAKA

Hampi

☎08394

Auf eine unwirkliche und magische Weise stehen die verlassenen Ruinen von Hampi in einer überirdischen Landschaft, die Besucher vom ersten Moment an in ihren Bann zieht. Haufen riesiger Felsblöcke, die scheinbar jeden Moment einstürzen könnten, erstrecken sich kilometerweit auf dem hügeligen Gelände. Jadegrüne Palmenhaine, Bananenplantagen und Reisfelder bilden einen Kontrast zu den rostigen Farbtönen der Felsen. Die alten Ruinen und Tempel der Welterbestätte können zwar auch in einem oder zwei Tagen schnell abgehakt werden, das passt aber so gar nicht in die relaxte Grundeinstellung Hampis. Man sollte sich also hier ruhig ein paar Tage treiben lassen.

Das Haupt-Travellerghetto ist Hampi Bazaar, ein Dorf, das mit Budgetunterkünften, Geschäften und Restaurants vollgestopft ist und über dem der majestätische Virupaksha-Tempel thront. Nach einigen Abrissarbeiten dort hat sich nun aber das Gebiet auf der anderen Flussseite, das ruhige Virupapur Gaddi, zu einem zweiten Hotspot entwickelt. Die Erfahrungen unterscheiden sich grundlegend, und es ist eine gute Idee, auf jeder Seite ein paar Nächte zu verbringen.

Hampi ist im Allgemeinen recht sicher, man sollte aber nicht nach Einbruch der Dunkelheit oder allein zwischen den Ruinen herumwandern. Es ist ein gefährliches Gebiet, da man sich hier – besonders nachts – sehr leicht verlaufen kann.

Geschichte

Hampi und die Gebiete ringsum werden im Hindu-Epos Ramayana als Kishkindha, das Reich der Affengötter, erwähnt. Im Jahr 1336 wählte der Telugu-Fürst Harihara I. Hampi als Platz für seine neue Hauptstadt Vijayanagara, die während der nächsten Jahrhunderte zum Zentrum eines der größten Hindu-Reiche in der Geschichte Indiens wurde. Im 16. Jh. war die Stadt eine blühende Metropole mit ca. 500 000 Einwohnern und geschäftigen Basaren, auf denen Händler und Waren aus aller Welt, vor allem Edelsteine, zu finden waren. All das endete 1565, als die vereinten Heere der Dekkan-Sultanate Vijayanagara eroberten und plünderten. Von diesem Todesstoß erholte es sich nicht mehr.

Sehenswertes

Etwa 3700 Monumente, die sich auf mehr als 36 km² verteilen, warten darauf, erkundet zu werden – und es würde Monate dauern, ihnen allen gerecht zu werden. Die Ruinen sind in zwei Hauptbereiche unterteilt: das **Sacred Centre** mit seinen Tempeln rund um Hampi Bazaar und das **Royal Centre** in Richtung Kamalapuram, wo die Vijayanagara-Herrscher lebten und regierten.

Sacred Centre

★ Virupaksha-Tempel HINDUTEMPEL

(Karte S. 236; Eintritt 2 ₹, Foto 50 ₹; ⌚ Sonnenaufgang–Sonnenuntergang) Das Herzstück von Hampi Bazaar ist der Virupaksha-Tempel, eines der ältesten Bauwerke der Stadt und der einzige Tempel Hampis, der noch genutzt wird. Der größte *gopuram* (Turm mit Durchfahrt) ist fast 50 m hoch und wurde 1442 gebaut, 1510 wurde ein kleinerer ergänzt. Der Hauptschrein ist Virupaksha gewidmet, einer Inkarnation Shivas.

Wenn die **Tempelelefantin** Lakshmi mit ihrem Wärter da ist, gibt sie für eine Münze einen Stupser als Segen. Sie wird morgens um 8 Uhr zum Baden an die Ghats am Fluss geführt.

Auf dem **Hemakuta Hill**, der im Süden über dem Virupaksha-Tempel in die Höhe ragt, stehen ein paar frühe Ruinen, darunter befinden sich auch monolithische Skulpturen von Narasimha (Vishnu in der Inkarnation als Mann-Löwe) und Ganesha. Am östlichen Ende des kürzlich verwaisten Hampi Bazaar steht eine monolithische **Nandi-Statue**, um die herum sich die Kolonnaden des antiken Marktplatzes befinden. Über dieser Stätte erhebt sich der Matanga Hill, von dessen Gipfel sich bei Sonnenaufgang dramatische Blicke auf das Gelände bieten.

Im Innern des baufälligen Bazaar befindet sich die Hampi Heritage Gallery (Karte S. 236; ⌚ Di–So 10–13 & 15–18 Uhr) GRATIS, die interessante historische Bilder der Ruine ausstellt.

★ Vittala Temple HINDUTEMPEL

(Karte S. 232; Inder/Ausländer 10/250 ₹, Kind unter 15 Jahre frei; ⌚ 8.30–17.30 Uhr) Das unbestrittene Highlight der Ruinen von Hampi, der Vittala-Tempel aus dem 16. Jh., steht 2 km von Hampi Bazaar entfernt inmitten von Felsblöcken. Die Arbeit an dem Tempel begann möglicherweise während der Herrschaft von Krishnadevaraya (reg. 1509–1529). Der Tempel wurde niemals fertiggestellt oder geweiht, doch die unglaublichen Skulpturen bilden bis heute den Höhepunkt der Vijayanagar-Kunst.

Das Glanzstück des Tempels ist der kunstvoll verzierte **steinerne Wagen**, der im Hof steht. Er repräsentiert Vishnus Fahrzeug und ist mit dem Bild eines Garudas geschmückt. Die Räder konnten einst gedreht werden. Die äußeren „musikalischen" Säulen hallen wider, wenn man draufklopft; sie sollen so entworfen worden sein, dass sie den Klang von 81 verschiedenen indischen Musikinstrumenten nachbilden können. Die Behörden haben aus Sorge vor weiteren Beschädigungen jedoch dafür gesorgt, dass sie außer Reichweite der Besucher sind, die nun nicht mehr musizieren können.

Neben dem Haupttempel, dessen Heiligtum mithilfe von reflektierendem Wasser beleuchtet wurde, befinden sich links bzw. rechts vom Eingang die Hochzeits- und die Gebetshalle.

Lakshimi Narasmiha HINDUTEMPEL

(Karte S. 232) Ein interessanter Stopp an der Straße zum Virupaksha-Tempel ist die 6,7 m hohe monolithische Statue der glubschäugigen Lakshimi Narasmiha im Yoga-Sitz und mit einer Kopfbedeckung, die aus sieben Schlangen besteht.

Hampi & Anegundi

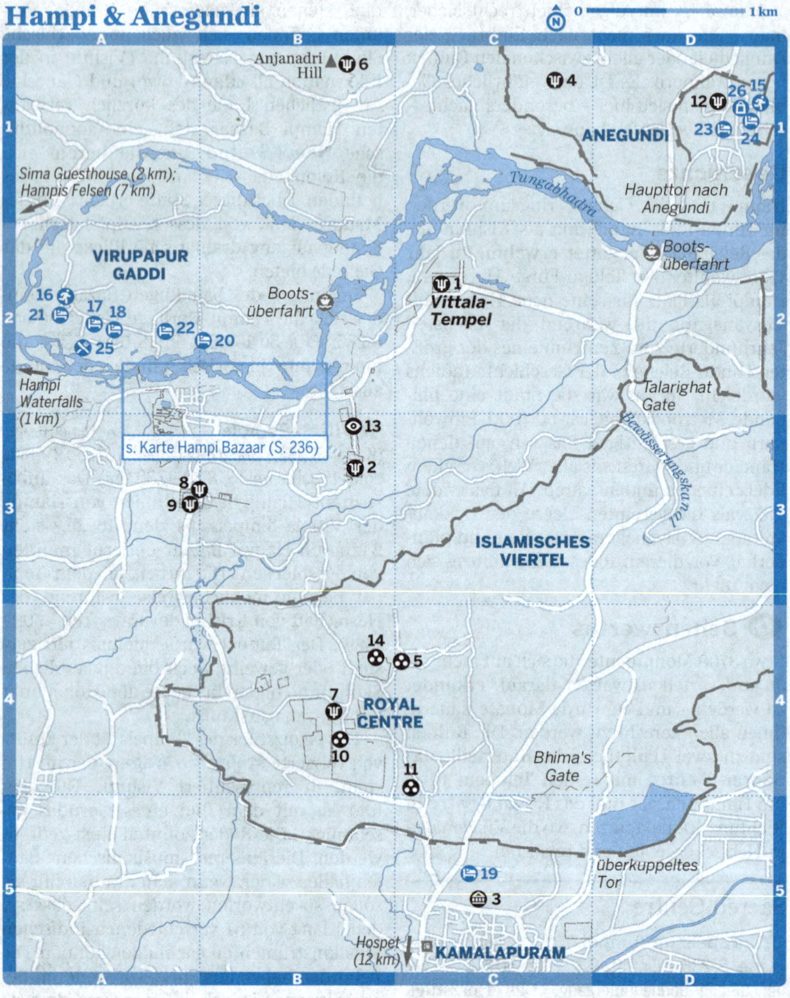

Krishna-Tempel HINDUTEMPEL
(Karte S. 232) Vor dem 1513 erbauten Krishna-Tempel stehen eine *apsara*-Figur mit Körbchengröße D und zehn Inkarnationen von Vishnu. Der Tempel liegt an der Straße zum Virupaksha-Tempel.

Sule Bazaar HISTORISCHE STÄTTE
(Karte S. 232) Auf halbem Weg von Hampi Bazaar zum Vittala-Tempel führt ein Weg nach rechts über die Felsen zum verlassenen Sule Bazaar, einem der wichtigsten Handelszentren des alten Hampi, das gleichzeitig auch das Rotlichtviertel gewesen sein soll. Am südlichen Ende dieses Gebiets steht der wunderschöne **Achyutaraya-Tempel** (Karte S. 232) aus dem 16. Jh.

Royal Centre & Umgebung

Zum Royal Centre führt zwar ein 2 km langer Fußweg vom Achyutaraya-Tempel, doch am besten erreicht man es über die Straße Hampi–Kamalapuram. Hier stehen mehrere der wichtigsten Stätten Hampis.

Mahanavami-*diiba* RUINE
(Karte S. 232) Das Mahanavami-*diiba* ist eine 12 m hohe Plattform mit drei Ebenen, die mit kunstvollen Reliefs geschmückt ist

Hampi & Anegundi

Highlights
1 Vittala-Tempel C2

Sehenswertes
2 Achyutaraya-Tempel B3
3 Archäologisches Museum C5
4 Durga-Tempel C1
5 Elefantenställe C4
6 Hanuman-Tempel B1
7 Hazarama-Tempel B4
8 Krishna-Tempel A3
9 Lakshimi Narasmiha A3
Lotus Mahal .... (siehe 14)
10 Mahanavami-diiba B4
11 Bad der Königin C4
12 Ranganatha-Tempel D1
13 Sule Bazaar B3
14 Zenana Enclosure B4

Aktivitäten, Kurse & Touren
15 Kishkinda Trust D1
16 Thimmaclimb A2

Schlafen
17 Gopi Guesthouse A2
18 Hema Guest House A2
19 Hotel Mayura Bhuvaneshwari C5
20 Manju's Place B2
Peshagar Guest House .... (siehe 26)
21 Shanthi A2
22 Sunny Guesthouse A2
23 Uramma Cottage D1
24 Uramma House D1

Essen
Hoova Craft Shop & Café .... (siehe 26)
25 Laughing Buddha A2

Shoppen
26 Banana Fibre Craft Workshop D1

und eine Panoramaaussicht auf den ummauerten Komplex mit den Tempelruinen, den von Stufen gesäumten Wasserbecken und der Audienzhalle des Königs bietet. Die Plattform war früher der königliche Aussichtsbereich bei den Dasara-Festlichkeiten, den religiösen Zeremonien und den Prozessionen.

Hazarama-Tempel HINDUTEMPEL
(Karte S. 232) Am Hazarama-Tempel mit seinen schwarzen Säulen aus poliertem Granit sind Reliefs mit Szenen aus dem Ramayana zu sehen.

Zenana Enclosure RUINE
(Karte S. 232; Inder/Ausländer 10/250 ₹; ⏲ 8.30–17.30 Uhr) Im ummauerten Frauenbezirk, nordöstlich des Royal Centre, befindet sich die Zenana Enclosure. Diese friedliche Anlage mit dem grünen Rasen wirkt in der trockenen Umgebung wie eine Oase. Der kunstvoll gestaltete Pavillon **Lotus Mahal** (Karte S. 232) war wohl einst das Lustschloss der Königin. Er blickt auf die elf prächtigen **Elefantenställe** (Karte S. 232; ⏲ 8.30–17.30 Uhr) mit gewölbten Eingängen und überkuppelten Kammern. Innerhalb des von Mauern umgebenen Areals gibt es auch noch ein kleines Museum und Armeegebäude.

Bad der Königin RUINE
(Karte S. 232; ⏲ 8.30–17.30 Uhr) Weiter südlich vom Royal Centre befinden sich verschiedene Tempel und aufwendige Wasserspiele, darunter ist auch das Queen's Bath, das von außen trügerisch schlicht wirkt, innen aber mit erstaunlicher indo-islamischer Architektur aufwartet.

Archäologisches Museum MUSEUM
(Karte S. 232; Kamalapuram; ⏲ Sa–Do 10–17 Uhr) Die hochwertige Sammlung von Skulpturen aus den hiesigen Ruinen sowie die jungsteinzeitlichen Werkzeuge, die faszinierenden Münzen, die Waffen aus dem 16. Jh. und das großformatige Bodenmodell der Vijayanagar-Ruinen lohnen einen Besuch.

Aktivitäten

Hampi-Wasserfälle WASSERFALL
Geht man vom Hampi Bazaar an Bananenplantagen vorbei 2 km in Richtung Westen, erreicht man nach einer kurzen Kraxelei über ein paar Felsen die hübschen Hampi-„Wasserfälle", eine Reihe kleiner Wasserbecken in wunderschöner Lage zwischen den Felsen.

Bouldern & Klettern

Hampi ist die unangefochtene indische Hauptstadt des Boulderns. Die Landschaft ist mit ihren Granitfelsen und -steinen, die teilweise die uralten Spuren früherer Steinmetze aufweisen, ein einziger Spielplatz für Kletterer. In *Golden Boulders* (2013) von Gerald Krug und Christiane Hupe findet man Infos zum Bouldern in Hampi.

Tom & Jerry BOULDERN
(☎ 8277792588, 9482746697; luckykoushik1@gmail.com; Virupapur Gaddi; 2½-stündiger Un-

TICKET FÜR DIE HAMPI-RUINEN

Mit dem Ticket für den Vittala-Tempel (250 ₹) hat man für den Rest des Tages auch Zugang zu den meisten Stätten in den Ruinen, für die sonst ein separater Eintritt fällig wird (darunter auch das Royal Centre und das Archäologische Museum). Ticket also nicht verlieren!

terricht 500 ₹) Zwei Jungs aus der Gegend kümmern sich hier hervorragend um die Bedürfnisse von Kletterern und stellen hochwertige Matten, Schuhe und ihr Wissen über die Gegend bereit. Sie können auch Kletterausflüge landeinwärts nach Badami organisieren.

Thimmaclimb BOULDERN
(Karte S. 232; ☎ 8762776498; www.thimmaclimb.wix.com/hampi-bouldering; Shiva Guesthouse, Virupapur Gaddi; Unterricht 350–500 ₹) Dieser kleine Laden wird vom Einheimischen Boulder-Profi Thimma betrieben. Er fungiert als Guide, gibt Unterricht und versorgt Boulderwillige mit der entsprechenden Qualitätsausrüstung (zum Leihen oder Kaufen).

Vogelbeobachtung

Der **Kishkinda Trust** (TKT; ☎ 08533-267777; www.thekishkindatrust.org) in Anegundi hält Infos zu Vogelbeobachtungen in der Umgebung bereit. Hier leben über 230 Arten, drunter auch der Rosaflamingo. *The Birds of Hampi* (2014) von Samad Kottur ist das richtige Handbuch für Vogelfans.

Feste & Events

Vijaya Utsav RELIGIÖS
(Hampi Festival; ⏲ Jan.) Hampis dreitägiges Kultur-Festival des historischen Erbes und der Künste findet im Januar statt.

Virupaksha Car Festival RELIGIÖSES FESTIVAL
(⏲ März/April) Das Virupaksha Car Festival wird im März/April veranstaltet und ist ein großes Event, bei dem während einer farbenfrohen Prozession ein gigantischer hölzerner Festwagen (der Tempelwagen des Virupaksha-Tempels) die Hauptstraße von Hampi Bazaar entlanggezogen wird.

Schlafen

Die meisten Pensionen sind gemütliche familiengeführte Bleiben, die sich bestens für Budgetreisende eignen. Ein paar Unterkünfte haben auch größere, komfortablere Zimmer mit Klimaanlage und TV.

Hampi Bazaar

★ **Padma Guest House** PENSION $
(Karte S. 236; ☎ 08394-241331; padmaguesthouse@gmail.com; DZ ab 800 ₹; ❄ 📶) In einer ruhigen Ecke von Hampi Bazaar bietet das liebenswerte Padma einfache, aber blitzsaubere Zimmer, von denen viele einen schönen Blick auf den Virupaksha-Tempel bieten. Man fühlt sich hier eher wie ein Gast der Familie.

Archana Guest House PENSION $
(Karte S. 236; ☎ 08394-241547; addihampi@yahoo.com; DZ ab 600 ₹; 📶) Das ruhige, fröhliche Archana liegt direkt am Fluss und ist eine der wenigen Pensionen rund um den Basar, die eine schöne Aussicht bieten. Es erstreckt sich über zwei sich gegenüberliegende Häuser, deren Zimmer in kräftigem Lila und Grün gestrichen sind. Es gibt auch ein Open-Air-Restaurant mit Blick über den Fluss.

Pushpa Guest House PENSION $
(Karte S. 236; ☎ 9448795120; pushpaguesthouse99@yahoo.in; DZ ab 850 ₹, mit Klimaanlage ab 1200 ₹; ❄ 📶) Das sehr empfehlenswerte Pushpa ist ein richtiggehender Allrounder und bietet komfortable, schöne und makellos saubere Zimmer. In der 1. Etage gibt's einen netten Sitzbereich und das hauseigene Reisebüro ist sehr zuverlässig.

Vicky's PENSION $
(Karte S. 236; ☎ 9480561010; vikkyhampi@yahoo.co.in; Zi. 600 ₹; 📶) Eine verlässliche und altehrwürdige Unterkunft, die mittlerweile renoviert wurde und nun in Lila- und Grüntönen erstrahlt. Die Zimmer sind ordentlich und die Besitzer freundlich.

Netra Guesthouse PENSION $
(Karte S. 236; ☎ 9480569326; Zi. mit/ohne Bad ab 400/250 ₹) Einfache, aber relaxte Option für Traveller mit kleinem Geldbeutel. Hat ein eigenes Freiluft-Restaurant.

Ganesh Guesthouse PENSION $
(Karte S. 236; vishnuhampi@gmail.com; Zi. 400–800 ₹, mit Klimaanlage 1200–2000 ₹; ❄ 📶) Das kleine, familiengeführte Ganesh gibt es schon seit 20 Jahren. Es bietet nur Zimmer im Erdgeschoss und hat somit eine angenehm persönliche Atmosphäre. Auch das Dachrestaurant ist sehr nett.

Kiran Guest House PENSION $
(Karte S. 236; ☎9448143906; kiranhampi2012@gmail.com; Zi. 400–600 ₹; 📶) Coole Pension am Fluss und am Rand von Bananenpflanzungen.

Ranjana Guest House PENSION $$
(Karte S. 236; ☎08394-241696; ranjanaguesthouse@gmail.com; Zi. ab 1000 ₹; ❄) Das Ranjana wird von einem engen Familienverbund geführt und rühmt sich gut ausgestatteter Zimmer und eines Mörderblicks von der Dachterrasse auf den Tempel.

Gopi Guest House PENSION $$
(Karte S. 236; ☎08394-241695; www.gopiguesthouse.com; Zi. mit Klimaanlage 1200 ₹; ❄@📶) Das altbewährte Gopi erstreckt sich über zwei Gebäude in derselben Straße und bietet Zimmer von hoher Qualität, die für Hampi-Standards fast zur Spitzenklasse gehören. Das Café auf der Dachterrasse eignet sich prächtig zum Verweilen.

Virupapur Gaddi

Viele Traveller bevorzugen die ruhige Atmosphäre in Virupapur Gaddi, das gegenüber von Hampi Bazaar auf der anderen Seite des Flusses liegt.

Hema Guest House PENSION $
(Karte S. 232; ☎8762395470; rockyhampi@gmail.com; Virupapur Gaddi; DZ 350 ₹; 📶) In einem schattigen Hain stehen mehrere Reihen netter, komfortabler und farbenfroher Cottages, die alle auch Hängematten haben. Hinzu kommt ein gut besuchtes Restaurant.

Sunny Guesthouse PENSION $
(Karte S. 232; ☎9448566368; www.sunnyguesthouse.com; Zi. 200–750; @📶) Nicht nur der Name, auch der Charakter dieser beliebten Pension ist sonnig. Die preiswerten Zimmer, der tropische Garten, die Hängematten und das coole Restaurant kommen bei Backpackern bestens an.

Gopi Guesthouse PENSION $
(Karte S. 232; ☎9481871816; www.hampiisland.com; Virupapura Gaddi; Zi. 300–1200 ₹; 📶) Eine typische Hampi-Unterkunft mit einfachen Hütten und Hängematten im Garten sowie einem relaxten Restaurant. Zur Wahl stehen auch vornehme Zimmer mit Fliesenböden und Warmwasser.

Shanthi PENSION $
(Karte S. 232; ☎9449260162; shanthi.hampi@gmail.com; Cottage 800–1500 ₹; @) Die strohgedeckten Cottages des höherwertigen, urigen Shanthi haben Hollywoodschaukeln auf ihren Veranden und bieten großartige Aussichten auf die Reisfelder, den Fluss und den Sonnenuntergang.

Manju's Place PENSION $
(Karte S. 232; ☎9449247712; r 300 ₹, ohne Bad ab 100 ₹) Mit seiner idyllischen Lage zwischen Reisfeldern und seinen netten Lehmhütten ist Manu's Place das Richtige für all jene, die es gern ruhig haben.

ABRISS VON HAMPI BAZAAR

Während es im Jahr 1865 die Dekkan-Sultanate waren, die Vijayanagar dem Erdboden gleichmachten, tobt heutzutage in Hampi ein Kampf der ganz anderen Art: der zwischen den Denkmalschützern, die Hampis architektonisches Erbe bewahren wollen, und den Einheimischen, die hier leben.

Mitte 2012 wurde der Plan der Regierung, an dem seit mehreren Jahren gearbeitet wurde, und der zum Ziel hat, alle Ruinen Hampis unter Denkmalschutz zu stellen, schließlich energisch und erbarmungslos in die Tat umgesetzt. Über Nacht wurden deshalb viele Geschäfte, Hotels und Wohnhäuser in Hampi Bazaar abgerissen, wodurch sich die einst stimmungsvolle Hauptstraße in einen Trümmerhaufen verwandelte, während Dorfbewohner, die aus der Stätte ein lebendes Museum gemacht hatten, zwangsgeräumt wurden.

Während die Dorfbewohner als Kompensation ein kleines Stück Land in Kaddirampur, 4 km von Hampi Bazaar erhielten (wo inzwischen von der Eröffnung neuer Pensionen die Rede ist), haben viele Einheimische noch Jahre später keine dauerhafte Unterkunft, weil sie auf ihre Entschädigungszahlung warten.

Zum Zeitpunkt der Recherche lagen noch die Trümmer der abgerissenen Gebäude herum, Lokale mit Kult-Status waren zerstört und die Haupttempelstraße sah aus wie nach einem Bombenangriff. Gleichzeitig blieben jedoch alle Hotels unmittelbar hinter dem Basar unbeeinträchtigt.

Hampi Bazaar

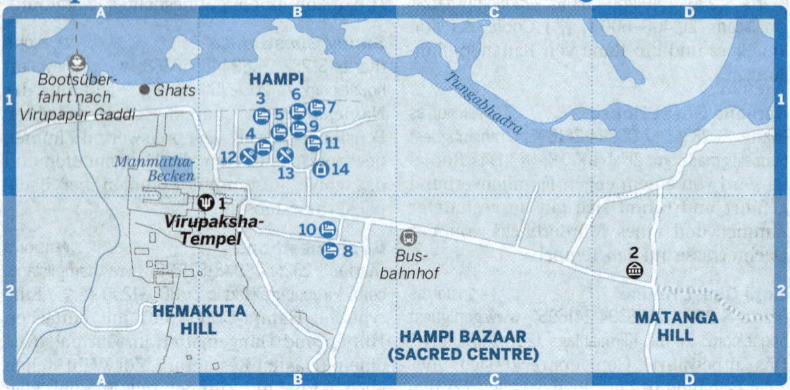

Hampi Bazaar

Highlights
1 Virupaksha-Tempel ... B2

Sehenswertes
2 Hampi Heritage Gallery ... D2

Schlafen
3 Archana Guest House ... B1
4 Ganesh Guesthouse ... B1
5 Gopi Guest House ... B1
6 Kiran Guest House ... B1
7 Netra Guesthouse ... B1
8 Padma Guest House ... B2
9 Pushpa Guest House ... B1
10 Ranjana Guest House ... B2
11 Vicky's ... B1

Essen
12 Mango Tree ... B1
Prince Restaurant ... (siehe 12)
13 Ravi's Rose ... B1

Shoppen
14 Akash Art Gallery & Bookstore ... B1

Praktisches
Touristeninformation ... (siehe 1)

Sima Guesthouse PENSION $
(☎9481664504; Zi. mit Gemeinschaftsbad 200–300 ₹) Das Sima ist eine etwas verschrobene Pension abseits der Massen mit sehr einfachen aber unvergesslichen Zimmern, die in die Felswände eingearbeitet sind. Überraschenderweise gibt's hier auch noch eine winzige Skaterampe sowie ein paar Skateboards.

Hampi's Boulders LODGE $$$
(☎9448034202; www.hampisboulders.com; Narayanpet; Zi. inkl. Vollpension ab 7000 ₹; ❄📶🏊) Dieses „Öko-Wildnis"-Resort liegt mitten in einem grünen Garten ungefähr 7 km westlich von Virupapur Gaddi und ist die einzige Luxusoption weit und breit. Im Hampi's Boulders gibt es zwar auch einige Themenzimmer, die bei Weitem beste Wahl sind aber die schicken Cottages mit ihren eleganten Ausstattungen, Flussblick und Außenduschen. Im Preis inbegriffen sind geführte Wanderungen und der Transport nach Hampi.

Kamalapuram

Hotel Mayura Bhuvaneshwari HOTEL $$
(Karte S. 232; ☎08394-241574, 8970650025; EZ/DZ ab 1620/1800 ₹; ❄📶) Das ansehnliche staatliche Hotel etwa 3 km vom Royal Centre hat gut ausgestattete aber veraltete Zimmer, einen reizenden großen Garten, eine Bar, die viel Anklang findet, und ein gutes internationales Restaurant.

Essen

Wegen der religiösen Bedeutung Hampis gilt in allen Restaurants striktes Fleischverbot, und auch Alkohol ist nicht erlaubt (einige Restaurants können ihn aber für die Gäste bestellen).

Ravi's Rose INTERNATIONAL $
(Karte S. 236; Hauptgerichte ab 100 ₹; ⏲8–22 Uhr) Das leicht zwielichtige Dachterrassenrestaurant ist der geselligste Treff in Hampi Bazaar und bietet eine gute Auswahl an *do-*

sas, doch die meisten Gäste kommen wegen der, äh, leckeren Lassis (räusper, räusper). Ganz in der Nähe liegt die dazugehörige Pension, die in den Felsen gebaut ist.

Mango Tree INTERNATIONAL $$
(Karte S. 236; Hauptgerichte 90–310 ₹; ⏲ 7.30–21.30 Uhr) Das bekannteste Restaurant Hampis liegt seit seinem Umzug in ein stimmungsvolles Zelt-Restaurant im Basar zwar nicht mehr unter seinem kultigen Mangobaum und bietet auch keinen umwerfenden Flussblick mehr, seine Seele lebt aber dennoch weiter.

Prince Restaurant INTERNATIONAL $$
(Karte S. 236; Hauptgerichte ab 80 ₹; ⏲ 7.30–21.30 Uhr) Hier dauert's ein Weilchen, bis das Essen kommt, doch dankenswerterweise ist die stimmungsvolle schattige Hütte mit ihren Sitzkissen am Boden ein guter Ort zum Chillen. Serviert werden *momos* (tibetische Teigtaschen), Pizzas etc.

★ **Laughing Buddha** INTERNATIONAL $
(Karte S. 232; Hauptgerichte ab 80 ₹; ⏲ 8–22 Uhr; WLAN) Nun, da Hampis beliebteste Restaurants am gegenüberliegenden Flussufer geschlossen haben, erhält das Laughing Buddha den Titel des stimmungsvollsten Restaurants im Ort mit einem unbeschwerten Ausblick, der Fluss, Tempel und Ruinen einschließt. Auf der Karte stehen Currys, Burger, Pizzas – nun ja, das Übliche eben.

Shoppen

Akash Art Gallery & Bookstore BÜCHER
(Karte S. 236; Hampi Bazaar; ⏲ 6–21 Uhr) Diese Galerie mit Buchladen hat eine hervorragende Auswahl an Büchern zu Hampi und Indien sowie Secondhand-Romane und einen kostenlosen Stadtplan von Hampi.

Praktische Informationen

In Hampi gibt es keinen Geldautomaten; der nächste ist 3 km entfernt in Kamalapuram. Die Hin- & Rückfahrt per Autorikscha kostet 100 ₹.

Internet (40 ₹/Std.) gibt's in Hampi Bazaar so gut wie überall, die meisten Pensionen bieten mittlerweile aber kostenloses WLAN. Eine gute Webseite mit Infos zum Ort ist www.hampi.in.

Touristeninformation (Karte S. 236; ☎ 241339; ⏲ Sa–Do 10–17.30 Uhr) Das düstere Büro im Virupaksha-Tempel hält Broschüren bereit, wirklich hilfreich ist es aber in Bezug auf die Ruinen bei der Organisation von Radtouren (400 ₹/Pers. inkl. Rad und Guide), Guides für Wanderungen (halber/ganzer Tag 600/1000 ₹) und Bustouren (350 ₹, 7 Std.).

An- & Weiterreise

Ein Semideluxe-Bus fährt um 8 Uhr von Hampi Bazaar nach Bengaluru (550 ₹, 8 Std.), abgesehen davon muss man sonst aber bis nach Hosapete fahren, um zu weiter entfernten Zielen zu gelangen. Tickets werden von Reisebüros in Hampi Bazaar verkauft.

Der erste Bus von Hosapete (22 ₹, 30 Min., halbstündl.) nach Hampi Bazaar fährt um 5.45 Uhr, der letzte von Hampi Bazaar zurück nach Hosapete startet um 19.30 Uhr. Eine Autorikscha kostet zwischen 150 und 200 ₹.

Der nächste Bahnhof ist in Hosapete.

Unterwegs vor Ort

Fahrräder werden in Hampi Bazaar für 30 ₹ pro Tag verliehen, Mopeds gibt's für etwa 150 ₹. Ein Liter Benzin kostet 100 ₹.

Ein kleines **Boot** (Karte S. 236; Person/Fahrrad/Moped 10/10/20 ₹;) fährt zwischen 7 und 18 Uhr häufig über den Fluss nach Virupapur Gaddi. Für einen großen Rucksack werden 10 ₹ zusätzlich berechnet, eine Extrafahrt nach 18 Uhr kostet je nachdem, wie spät man übersetzen möchte, zwischen 50 und 100 ₹ pro Person.

Man kann die Ruinen zu Fuß erkunden, allein um die wichtigsten Stätten zu sehen, läuft man aber schon mindestens 7 km. Es ist ebenso möglich, sich für das Sightseeing eine Autorikscha oder ein Taxi zu mieten. Eine Autorikscha für einen Tag kostet 750 ₹.

Rund um Hampi

Anegundi

Etwa 5 km nordöstlich von Hampi Bazaar auf der anderen Seite des Tungabhadra liegt Anegundi, ein altes befestigtes Dorf, das zur Welterbestätte Hampi gehört, aber schon länger als Hampi bewohnt war. Die Landschaft ähnelt der von Hampi, doch Anegundi blieb von der Verschandelung durch die Kommerzialisierung verschont und hat sich so das Lokalkolorit ohne die touristische Atmosphäre bewahrt.

Sehenswertes & Aktivitäten

In den alten Mythen wurde Anegundi als Kishkinda, das Königreich der Affengötter, bezeichnet. Viele seiner historischen Monumente sind noch erhalten, etwa Teile der Wehrmauern und -tore und der Rama geweihte **Ranganatha-Tempel** (Karte S. 232; ⏲ Sonnenaufgang–Sonnenuntergang). Der **Durga-Tempel** (Karte S. 232; ⏲ Sonnenaufgang–Sonnenuntergang), ein alter Schrein, der

DAS DAROJI SLOTH BEAR SANCTUARY

Etwa 30 km südlich von Hampi liegt in einem struppigen hügeligen Gelände das **Daroji Sloth Bear Sanctuary** (25 ₹; 9.30–18 Uhr), in dem auf über 83 km^2 etwa 150 Lippenbären in Freiheit leben. Die Chancen stehen gut, welche zu sehen, denn wenn Besucher kommen, wird Honig auf die Felsen geschmiert. Da man die Bären aber nur von fern von einer Aussichtsplattform sehen kann, lohnt ein Abstecher hierher eigentlich nur, wenn man ein Fernglas dabei hat. Die beste Zeit für einen Besuch ist in der Regel zwischen 16 und 18 Uhr.

Im Schutzgebiet leben auch Leoparden, Wildschweine, Hyänen, Schakale und andere Tiere, doch Besucher sehen wahrscheinlich nur den einen oder anderen Pfau. Für die Anfahrt muss man ein Fahrzeug mieten; eine Autorikscha kostet etwa 600 ₹, ein Auto 1000 ₹.

etwas näher am Dorf liegt, lohnt ebenfalls einen Besuch.

Hanuman-Tempel HINDUTEMPEL
(Karte S. 232; Sonnenaufgang–Sonnenuntergang) Der weiß getünchte Hanuman-Tempel auf dem Anjanadri Hill, zu dem 570 steile Stufen hinaufführen, bietet eine schöne Aussicht auf die schroffe Umgebung. Viele glauben, dass hier der hinduistische Affengott Hanuman geboren wurde, ein Anhänger Ramas, der ihm bei seiner Mission gegen Ravana behilflich war. Der Weg hinauf ist sehr angenehm, man wird aber von schelmischen Affen belagert. Im Tempel trifft man auf einen Trupp *chillum* rauchender Sadhus.

Kishkinda Trust KULTURPROGRAMME, OUTDOORAKTIVITÄTEN
(TKT; Karte S. 232; 08533-267777; www.tktkishkinda.org; Main Rd, Anegundi) Infos über Kulturveranstaltungen, kulturelle Aktivitäten und Freiwilligenarbeit gibt's beim Kishkinda Trust, einer Nichtregierungsorganisation mit Sitz in Anegundi, die mit Einheimischen vor Ort arbeitet.

Schlafen & Essen

In Anegundi gibt es wundervolle Zimmer bei Gastfamilien in restaurierten historischen Gebäuden, die eine Pause vom Hippieleben in Hampi ermöglichen. Die meisten Pensionen in Anegundi werden von **Uramma Heritage Homes** (9449972230; www.urammaheritagehomes.com; Anegundi) verwaltet.

Peshagar Guest House PENSION $
(Karte S. 232; 09449972230; www.urammaheritagehomes.com; EZ/DZ 450/850 ₹) Die sechs einfachen, nach ländlichen Themen gestalteten Zimmer öffnen sich auf einen netten Gemeinschaftsbereich. Das historische Haus hat einen Garten im Hof und eine einfache Dachterrasse.

★ **Uramma Cottage** COTTAGE $$
(Karte S. 232; 08533-267792; www.urammaheritagehomes.com; EZ/DZ ab 2000/2500 ₹;) Hinreißende Cottages mit Strohdächern und rustikalem Landhauscharme, die sowohl komfortabel als auch sehr schön sind und in einem ruhigen Garten liegen.

Uramma House PENSION $$
(Karte S. 232; 09449972230; www.urammaheritagehomes.com; EZ/DZ 2000/3500 ₹, Haus für 4 Pers. 7000 ₹;) Das historische Haus aus dem 4. Jh. ist ein echtes Juwel; die Zimmer im traditionellen Stil sind durchweg mit Boutique-Elementen versehen.

Hoova Craft Shop & Café CAFÉ $
(Karte S. 232; Hauptgerichte 60–100 ₹; 8.30–21.30 Uhr) Ein hübscher Ort für ein stressfreies regionales Essen.

Shoppen

Banana Fibre Craft Workshop KUNSTHANDWERK
(Karte S. 232; Mo–Sa 10–13 & 14–17 Uhr) Besucher können zusehen, wie Arbeiter in dieser kleinen Werkstatt aus der Rinde des Bananenbaumes und aus recycelten Materialien kunsthandwerkliche Stücke und Accessoires herstellen. Natürlich werden alle Werke auch verkauft.

An- & Weiterreise

Anegundi liegt 7 km von Hampi entfernt. Man erreicht es, indem man von der Anlegestelle östlich vom Vittala-Tempel den Fluss mit einem Coracle (10 ₹) überquert. Mit Abstand am bequemsten ist es, in Virupapur Gaddi ein Moped oder (für Fitte) ein Fahrrad auszuleihen oder eine Autorikscha für 200 ₹ zu nehmen.

Hosapete (Hospet)

08394 / 164 200 EW.

Das hektische und staubige Hosapete (bis 2014 Hospet) ist ein regionales Zentrum und nicht wirklich spektakulär. Interessant ist es lediglich als Verkehrsknotenpunkt für Hampi.

Schlafen & Essen

Hotel Malligi HOTEL $$

(☎08394-228101; www.malligihotels.com; Jabunatha Rd; Zi. 990–5000 ₹; ❄@📶🏊) Das Hotel verdankt seinen guten Ruf den sauberen Zimmern, dem aquamarinblauen Pool und dem leckeren internationalen Restaurant.

Udupi Sri Krishna Bhavan SÜDINDISCH $

(Bus Stand; Thali 45 ₹, Hauptgerichte 50–70 ₹; ⊙6.30–23.30 Uhr) Das saubere Restaurant gegenüber vom Busbahnhof serviert indische vegetarische Gerichte, darunter auch Thalis.

Praktische Informationen

An der Hauptstraße und am Shanbagh Circle gibt's Geldautomaten. Internetcafés sind weit verbreitet und kosten 40 ₹ pro Stunde.

An- & Weiterreise

BUS

Von Hosapetes Busbahnhof fahren alle 30 Minuten Busse nach Hampi (Parkbucht 10, 22 ₹, 30 Min.). Private Sleeper-Busse fahren über Nacht nach Goa (10 Std.) und Gokarna (8 Std.) für 850 bis 1150 ₹ und nach Bengaluru (340–700 ₹, 6½ Std.) und Mysuru (380–605 ₹, 8½ Std.).

ZUG

Die Fahrt mit der Autorikscha aus der Stadt zum Bahnhof von Hosapete kostet 20 ₹. Der *18047 Amaravathi Express* und der *KCG YPR Express* fahren jeden Montag, Mittwoch, Donnerstag und Samstag um 6.30 Uhr nach Margao (Magdaon) in Goa (Sleeper/2AC 225/855 ₹, 7½ Std.). Der *16591 Hampi Express* startet täglich um 21 Uhr nach Bengaluru (3AC/2AC/1AC 680/970/1635 ₹, 9 Std.) und Mysore (860/1240/2075 ₹, 12½ Std.)

Hubballi (Hubli)

☎0836 / 943 857 EW.

Das reiche Hubballi (bis 2014 Hubli) ist ein Eisenbahnknotenpunkt für Züge nach Mumbai, Bengaluru, Goa und Nord-Karnataka. Vom alten Busbahnhof sind es zu Fuß 15 Minuten bis zum Bahnhof. An dieser Strecke liegen die meisten Hotels.

Schlafen & Essen

Hotel Ajanta HOTEL $

(☎0836-2362216; Jayachamaraj Nagar; EZ/DZ ab 390/510 ₹) Das gut geführte Hotel in der Nähe des Bahnhofs hat einfache, zweckmäßige Zimmer. Sein beliebtes Restaurant im Erdgeschoss serviert leckere Thalis nach regionaler Art für 55 ₹.

Ananth Residency HOTEL $$

(☎0836-2262251; ananthresidencyhubli@yahoo.co.uk; Jayachamaraj Nagar; DZ ab 1600 ₹; ❄) Eine komfortable Unterkunft, die wie ein schickes Business-Hotel wirkt. Im munteren Restaurant gibt's kühles Bier.

Praktische Informationen

Gegenüber dem Busbahnhof gibt's einen Geldautomaten. An derselben Straße liegen auch mehrere Internetcafés, die 30 ₹ pro Stunde verlangen.

An- & Weiterreise

BUS

Morgens fahren bis etwa 9.30 Uhr zahlreiche Semideluxe-Busse nach Bengaluru (Semideluxe/AC Volvo/Sleeper 434/650/690 ₹, 8½ Std.), Vijapura (165–250 ₹, 7 Std.) und Hosapete (144–237 ₹, 4 Std.). Um 8 Uhr gibt's einen Bus nach Gokarna (161 ₹, 4 Std.) und regelmäßige Verbindungen nach Mangaluru (356–600 ₹, 9½ Std.), Mumbai (Semideluxe/Sleeper 700/1100 ₹, 11 Std.), Mysuru (450 ₹, 10 Std.) und Panaji (171–304 ₹, 7 Std.).

FLUGZEUG

Der Flughafen liegt etwa 5 km vom Zentrum entfernt. SpiceJet fliegt täglich nach Bengaluru.

ZUG

Vom Bahnhof fahren zahlreiche Expresszüge nach Hosapete (Sleeper/2AC Class 140/690 ₹, 2½ Std., 6-mal tgl.), Bengaluru (Sleeper/2AC 300/1085 ₹, 8 Std., 4-mal tgl.) und Mumbai (Sleeper/2AC 380/1480 ₹, 15½ Std.). Der *06948 Hubli-Vasco Link Express* startet um 23 Uhr nach Goa (Sleeper/3AC 160/485 ₹, 6½ Std.).

NORD-KARNATAKA

Badami

☎08357 / 26 000 EW.

Badami, die einstige Hauptstadt des mächtigen Chalukya-Reiches, ist für seine prächtigen, aus den Felsen herausgeschlagenen Tempel und die roten Sandsteinfelsen, die an den Wilden Westen erinnern, bekannt. Die staubige Hauptstraße ist zwar so hässlich, dass man am liebsten sofort wieder verschwinden würde, doch die Nebenstraßen sind mit ihren alten Häusern, geschnitzten

Holztüren und vereinzelten Chalukya-Ruinen eine nette Gegend für Streifzüge.

Geschichte

Von etwa 540 bis 757 n. Chr. war Badami die Hauptstadt eines riesigen Königreichs, das sich von Kanchipuram in Tamil Nadu bis zum Fluss Narmada in Gujarat erstreckte. Es fiel schließlich an die Rashtrakutas und wechselte danach mehrmals den Besitzer, und jede Dynastie bereicherte Badami mit Skulpturen in ihrem eigenen Stil.

Zum bildhauerischen Erbe der Chalukyan-Künstler in Badami gehören einige der frühesten und schönsten Beispiele drawidischer Tempel und aus dem Fels gehauener Höhlen.

Sehenswertes & Aktivitäten

Die Felsen und die hufeisenförmigen roten Sandsteinklippen von Badami bieten ein paar tolle Klettermöglichkeiten in geringer Höhe. Mehr Infos stehen auf www.indiaclimb.com.

Von den Höhlen aus sieht man das **Agastyatirtha-Becken** aus dem 5. Jh. und die am Wasser liegenden **Bhutanatha-Tempel**. Auf der anderen Seite des Wasserbeckens befindet sich ein **Archäologisches Museum** (Eintritt 5 ₹; Sa–Do 9–17 Uhr), das großartige Beispiele der hiesigen Skulpturenkunst zeigt, darunter eine bemerkenswert freizügige Lajja-Gauri-Darstellung eines Fruchtbarkeitskults, der in der Gegend einst weit verbreitet war. Die Treppe hinter dem Museum führt durch eine Sandsteinspalte und befestigte Tore zu den Ruinen des **North Fort**.

Höhlentempel HÖHLE

(Inder/Ausländer 5/100 ₹, Video 25 ₹, Tour-Führer 300 ₹; 6–18 Uhr) Badamis Highlights sind seine herrlichen Höhlentempel.

Höhle 1 liegt gleich über dem Eingang zum Komplex und ist Shiva geweiht. Sie ist die älteste der vier Höhlen und entstand wahrscheinlich in der zweiten Hälfte des 6. Jhs. An der Wand rechts von der Vorhalle befindet sich eine hinreißende Darstellung von Nataraja in 81 Tanzposen. Rechts von der Vorhalle ist eine riesige Ardhanarishvara-Figur zu sehen. Auf der Wand gegenüber befindet sich eine große Darstellung von Harihara – halb als Shiva und halb als Vishnu.

Die Gestaltung der Vishnu geweihten **Höhle 2** ist schlichter. Wie in den Höhlen 1 und 3 ist die Vorderseite der Plattform mit Bildern dickbäuchiger Zwerge in verschiedenen Posen geschmückt. Die Veranda wird von vier Säulen getragen, die oben in einem *yali* (mythische Löwengestalt) abschließen. Auf der linken Wand der Vorhalle ist ein stierköpfiger Varaha zu sehen und das Emblem des Chalukya-Reiches. Zu seiner Linken befindet sich Naga, eine Schlange mit menschlichem Gesicht. Auf der rechten Wand ist eine große Skulptur von Trivikrama, einer anderen Inkarnation Vishnus.

Zwischen der 2. und der 3. Höhle liegen rechterhand zwei Treppen. Die erste führt zu einer natürlichen Höhle, in der sich eine kleine Darstellung von Padmapani (eine Inkarnation Buddhas) befindet. Die zweite Treppe, die leider durch ein Tor verschlossen ist, führt zum auf einem Hügel liegenden South Fort.

In **Höhle 3**, die 578 n. Chr. entstanden ist, ist die größte und eindruckvollste. An der linken Wand ist eine Skulptur von Vishnu zu sehen, der auf einer Schlange sitzt und dem die Höhle geweiht ist. In der Nähe befindet sich eine Darstellung Varahas mit vier Händen. Die oberen Säulenenden haben die Form von *yalis*. Die Decke ist u. a. mit Darstellungen von Indra, der auf einem Elefanten reitet, von Shiva auf einem Stier und von Brahma auf einem Schwan verziert. Man sollte sich das Bild mit den betrunkenen Nachtschwärmern ansehen, und insbesondere die Frau, die sich auf ihren Mann stützt. Es gibt auch Originalfarben an der Decke; die Vertiefungen im Boden am Eingang der Höhle wurden als Mal-Paletten genutzt.

Die dem Jainismus geweihte **Höhle 4** ist die kleinste Höhle, sie wurde zwischen dem 7. und 8. Jh. geschaffen. An der rechten Wand befindet sich eine Darstellung von Suparshvanatha (dem 7. jainistischen *tirthankar*), umgeben von 24 jainistischen *tirthankars*. Das innere Heiligtum enthält eine Skulptur von Adinath, dem ersten jainistischen *tirthankar*.

Schlafen & Essen

Mookambika Deluxe HOTEL $

(08357-220067; hotelmookambika@yahoo.com; Station Rd; DZ mit Ventilator/Klimaanlage ab 850/1750 ₹;) Ein freundliches Hotel mit komfortablen Zimmern, die in gedämpftem Orange und Grün gehalten sind. Die Mitarbeiter des Mookambika sind eine gute Quelle für Reiseinformationen.

Hotel Mayura Chalukya HOTEL $$
(☎08357-220046; Ramdurg Rd; DZ mit Ventilator/Klimaanlage ab 1000/1500 ₹; ❄) Dieses staatlich betriebene 0815-Hotel liegt abseits vom Getümmel und hat große, saubere Zimmer und ein annehmbares Restaurant mit indischen Standardgerichten.

Krishna Heritage HOTEL $$$
(☎08357-221300; www.krishnaheritagebadami.com; Ramdurg Rd; Zi. inkl. Frühstück ab 3500 ₹) Ein exklusives Resort 2 km außerhalb der Stadt, das sich über ein weitläufiges Gelände erstreckt und irgendwie ein afrikanisches Flair versprüht, wozu vielleicht auch der Schwarm Perlhühner beiträgt, der sich hier frei bewegt. Die Zimmer sind riesig und verfügen über Außenduschen und Balkons.

Golden Caves Cuisine INTERNATIONAL $
(Station Rd; Hauptgerichte 60–120 ₹; ⏲8.30–23.30 Uhr) Serviert gute nord- und südindische Gerichte und hat einen schönen Bereich im Freien, der ideal ist, um an warmen Abenden ein Bierchen zu trinken.

ℹ Praktische Informationen

Entlang der Hauptstraße gibt's mehrere Geldautomaten.

Hotel Rajsangam (Station Rd; 20 ₹/Std.) Dieses Hotel im Stadtzentrum hat Internet.

KSTDC-Touristeninformation (☎220414; Ramdurg Rd; ⏲Mo–Sa 10–17.30 Uhr) In diesem Büro gleich neben dem Hotel Mayura Chalukya gibt's Broschüren über Badami, ansonsten ist es aber kaum hilfreich.

ℹ An- & Weiterreise

Busse fahren regelmäßig von Badamis Busbahnhof an der Station Rd nach Kerur (25 ₹, 45 Min.), von wo es Anschlussverbindungen nach Vijapura und Hubballi gibt. Auch die Busse nach Hosapete (180 ₹, 6 Std.) fahren hier los.

Auch mehrerer Züge fahren nach Vijapura, darunter der *11424 Solapur Express* (70 ₹, 3½ Std., 17.30 Uhr), während der *Hubli Express* nach Hubballi (2. Klasse 75 ₹, 3½ Std., 11 Uhr) fährt. Nach Bengaluru nimmt man den *16536 Gol Gumbaz Express* (2. Klasse 330 ₹, 13 Std., 19.15 Uhr).

ℹ Unterwegs vor Ort

Wenn man früh aufbricht, ist es theoretisch möglich, Aihole und Pattadakal von Badami aus an einem Tag zu besuchen. Am einfachsten und stressfreisten ist es, wenn man sich für den Tag eine Autorikscha oder ein Taxi organisiert. Ein Tagesausflug nach Pattadakal, Aihole und ins nahe gelegene Mahakuta kostet etwa 900/1500 ₹.

Als ersten Stopp wählt man am besten Aihole (40 ₹, 1 Std.), dann geht's nach Pattadakal (23 ₹, 30 Min.) und am Ende wieder zurück nach Badami (23 ₹, 1 Std.). Der letzte Bus von Pattadakal nach Badami fährt um 16 Uhr.

Rund um Badami

Weder Pattadakal noch Aihole haben Restaurants oder Unterkünfte.

Pattadakal

Pattadakal, die zweite Hauptstadt der Chalukya von Badami, ist für seine Tempel bekannt, die zusammen eine Welterbestätte bilden.

Pattadakal ist 20 km von Badami entfernt und bis etwa 17 Uhr fahren alle 30 Minuten Busse (23 ₹) dorthin. Ins 13 km entfernte Aiole (20 ₹) gibt's einen Bus morgens und einen abends.

Abgesehen von ein paar, die aus dem 3. Jh. n. Chr. stammen, wurden die meisten **Tempel** (Inder/Ausländer 10/250 ₹, Video 25 ₹; ⏲6–18 Uhr) in Pattadakal im 7. oder 8. Jh. errichtet. Die Historiker glauben, dass Pattadakal damals als eine Art Testgelände für die Entwicklung einer eigenständigen südindischen Tempelarchitektur fungierte. Ein Guide kostet etwa 250 ₹.

Der Haupttempel ist der **Virupaksha-Tempel**, ein massiver Bau, dessen Säulen mit feinen Reliefs geschmückt sind, die Szenen aus dem Ramayana und dem Mahabharata darstellen. Östlich von diesem Tempel steht eine riesige **Nandi-Skulptur** (Shivas Bulle). Der **Mallikarjuna-Tempel**, der direkt neben dem Virupaksha-Tempel steht, ist diesem vom Entwurf her sehr ähnlich. Ungefähr 500 m südlich des Hauptgebiets steht der jainistische **Papanatha-Tempel**, dessen Eingang von Elefantenskulpturen flankiert wird.

Aihole

Etwa 100 Tempel, die zwischen dem 4. und dem 6. Jh. n. Chr. gebaut wurden, gibt es in Aihole (*ai*-ho-leh), der alten regionalen Hauptstadt der Chalukya-Könige. Die meisten sind allerdings nur noch Ruinen oder wurden vom modernen Dorf vereinnahmt. Aihole dokumentiert die embryonalen Phasen der südindischen Hindu-Architektur, von den frühesten einfachen Schreinen wie dem uralten Ladkhan-Tempel bis zu späteren und komplexeren Bauwerken wie dem Meguti-Tempel.

Aihole liegt etwa 40 km von Badami und 13 km von Pattadakal entfernt.

Der beeindruckendste Tempel in Aihole ist der **Durga-Tempel** (Inder/Ausländer 5/ 100 ₹, Foto 25 ₹; ⏲8–18 Uhr) aus dem 7. Jh., an dem vor allem die halbrunde Apsis (die von der buddhistischen Architektur inspiriert wurde) und die Reste des gekrümmten *sikhara* (Tempelturm) bemerkenswert sind. Im Inneren befinden sich kunstvolle Steinmetzarbeiten. Das kleine **Museum** (Eintritt 5 ₹; ⏲Sa–Do 9–17 Uhr) hinter dem Tempel zeigt weitere Skulpturen aus der Chalukya-Zeit.

Südlich vom Durga-Tempel befinden sich mehrere andere Tempelgruppen, unter ihnen frühe Bauwerke. Etwa 600 m südöstlich steht auf einem kleinen Hügel der jainistische **Meguti-Tempel**. Beim Aufstieg auf Schlangen achten!

Vijapura (Bijapur)

☎08352 / 253 900 EW. / 593 M

Das staubige Vijapura (bis 2014 Bijapur), ein faszinierendes Freiluftmuseum, das auf die islamische Ära der Dekkan-Region zurückgeht, erzählt eine glorreiche Geschichte von vor etwa 600 Jahren. Die mit zahlreichen Moscheen, Mausoleen, Palästen und Festungsanlagen geschmückte Stadt war von 1489 bis 1686 die Hauptstadt der Adil-Shahi-Könige und einer der fünf Splitterstaaten, die sich bildeten, nachdem das islamische Bahmani-Königreich 1482 zerbrochen war. Trotz seines stark islamischen Charakters ist Vijapura zugleich ein Zentrum der Lingayat-Form des Shivaismus, der die Betonung auf einen einzigen, personalisierten Gott legt. Im Januar/Februar wird acht Tage lang das **Festival Lingayat Siddeshwara** gefeiert.

Sehenswertes

★ Golgumbaz — DENKMAL

(Inder/Ausländer 5/100 ₹, Foto 25 ₹; ⏲6–18 Uhr)
Das überwältigende Golgumbaz Mausoleum beherbergt die Gräber des Herrschers Adil Shah (reg. 1627–1656) und seiner beiden Ehefrauen, seiner Geliebten (Rambha), einer seiner Töchter und eines Enkelsohns. An jeder Ecke des Bauwerks, das von einer riesigen Kuppel überdacht ist, stehen achteckige Türme mit sieben Etagen. Die Kuppel hat einen Durchmesser von erstaunlichen 38 m und soll nach der des Petersdoms in Rom die zweitgrößte Kuppel der Welt sein.

Über die steilen, engen Treppen, die einen der Türme hinaufführen, gelangt man zur „Flüstergalerie" in der Kuppel. Sie ist ein bauliches Meisterwerk mit perfekter Akustik: Flüstert jemand an einem Ende in die Mauer, so kann man es am anderen Ende der Galerie deutlich hören. Die meisten Besucher probieren dies leider ziemlich laut aus (diese nervende Geräuschkulisse hat dieselbe grauenhafte Wirkung wie ein schlechter LSD-Trip).

Das **Archäologisches Museum** (Eintritt 5 ₹; ⏲Sa–Do 10–17 Uhr) zeigt eine tolle Sammlung aus persischen Teppichen, Waffen und Schriftrollen aus Vijapuras Blütezeit.

★ Ibrahim Rouza — DENKMAL

(Inder/Ausländer 5/100 ₹, Video 25 ₹; ⏲6–18 Uhr)
Das wunderschöne Ibrahim Rouza gehört zu den elegantesten und wohlproportioniertesten islamischen Monumenten in Indien. Die 24 m hohen Minarette sollen als Inspiration für das Taj Mahal gedient haben und seine Geschichte ist nicht weniger ergreifend: Es wurde vom Herrscher Ibrahim Adil Shah II. (reg. 1580–1627) als zukünftiges Mausoleum für seine Königin Taj Sultana gebaut. Ironischerweise starb er zuerst und war daher auch die erste Person, die hier zur Ruhe gebettet wurde. Außer ihm und der Königin liegen hier auch seine Kinder und seine Mutter.

Gegen ein Trinkgeld (150 ₹ sind o. k.), zeigen die Wärter den Besuchern das Bauwerk, einschließlich des dunklen Labyrinths rund um die Katakomben, in dem sich die eigentlichen Gräber befinden.

Zitadelle — FESTUNG

In der von verstärkten Mauern und einem breiten Burggraben umgebenen Zitadelle befanden sich früher die Paläste, Lustgärten und der *durbar* (Königshof) der Adil-Shahi-Könige. Heute sind fast nur noch Ruinen übrig. Das beeindruckendste erhaltene Fragment ist der monumentale Torbogen des **Gagan Mahal**, der gegen 1561 von Ali Adil Shah I. als königliche Residenz und als *durbar*-Saal erbaut wurde. Die Tore sind verschlossen, doch in der Regel ist jemand da, der Besucher einlässt.

In der Nähe stehen die Ruinen des **Sat Manzil**, des siebenstöckigen Palastes von Mohammed Adil Shah. Auf der anderen Straßenseite erhebt sich der anmutige **Jala Manzil**, früher ein Wasserpavillon, der von abgeschiedenen Höfen und Gärten umgeben ist. Auf der anderen Seite der Station

Vijapura (Bijapur)

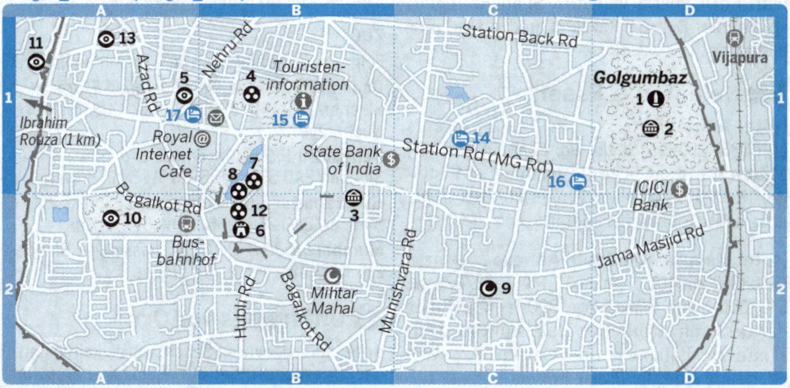

Vijapura (Bijapur)

Highlights
- 1 Golgumbaz ... D1

Sehenswertes
- 2 Archäologisches Museum ... D1
- 3 Asar Mahal ... B2
- 4 Bara Kaman ... B1
- 5 Central Market ... A1
- 6 Zitadelle ... B2
- 7 Gagan Mahal ... B1
- 8 Jala Manzil ... B1
- 9 Jama Masjid ... C2
- 10 Jod Gumbad ... A2
- 11 Malik-e-Maidan ... A1
- 12 Sat Manzil ... B2
- 13 Upli Buruj ... A1

Schlafen
- 14 Hotel Madhuvan International ... C1
- 15 Hotel Mayura Adil Shahi Annexe ... B1
- 16 Hotel Pearl ... C1
- 17 Hotel Tourist ... A1

Essen
- Hotel Madhuvan International ... (siehe 14)

Rd (MG Rd) stehen die eleganten Bögen des **Bara Kaman**, des Mausoleums von Ali Roza, das heute nur noch eine Ruine ist.

Central Market MARKT

(Station Rd; ⌚9–21 Uhr) Der lebhafte Markt, der einen erfrischenden Tempowechsel zu den Ruinen bietet, ist eine Explosion der Farben und Düfte. Hier werden Blumen, Gewürze, frisches Obst und Gemüse verkauft.

Jama Masjid MOSCHEE

(Jama Masjid Rd; ⌚9–17.30 Uhr) Die wohlproportionierte Jama Masjid, die von Ali Adil Shah I. (reg. 1557–1580) erbaut wurde, hat anmutige Bögen, eine schöne Kuppel und einen riesigen Innenhof, in dem mehr als 2200 Gläubige Platz finden. Frauen sollten ihren Kopf bedecken und keine freizügige Kleidung tragen.

Asar Mahal HISTORISCHES BAUWERK

GRATIS Mohammed Adil Shah ließ den Asar Mahal 1646 als Gerichtssaal errichten. Hier wurden einst zwei Haare vom Bart des Propheten Mohammed aufbewahrt. Frauen dürfen ihn nicht betreten.

Upli Buruj HISTORISCHE STÄTTE

Der Upli Buruj ist ein 24 m hoher Wachturm aus dem 16. Jh. nahe der westlichen Mauern der Stadt. Eine Außentreppe führt nach oben, wo zwei mächtige Kanonen stehen und sich ein schöner Blick auf anderen Monumente bietet.

Malik-e-Maidan HISTORISCHE STÄTTE

(Herrscher der Ebenen) Auf einer Plattform steht diese kolossale Kanone, die mehr als 4 m lang ist, einen Durchmesser von fast 1,5 m hat und geschätzte 55 t wiegen soll. Sie wurde 1549 gegossen und wurde vermutlich als Kriegstrophäe nach Vijapura gebracht – dank der Anstrengungen von von zehn Elefanten, 400 Ochsen und Hunderten Männern!

Jod Gumbad HISTORISCHE STÄTTE

Im Südwesten der Stadt, von der Bagalkot Rd abgehend, stehen die Doppelgräber Jod

Gumbad, die schöne gewölbte Kuppeln haben. Ein General von Adil Shahi und sein spiritueller Berater Razzaq Quadiri sind hier begraben.

Schlafen & Essen

Hotel Tourist HOTEL $
(☎08352-250655; Station Rd; EZ/DZ 180/350 ₹) Mitten im Basar liegt diese einfache Absteige, die zwar spärlich eingerichtete, dafür aber saubere Zimmer bietet.

Hotel Mayura Adil Shahi Annexe HOTEL $
(☎08352-250401; Station Rd; EZ/DZ ab 540/600 ₹, mit Klimaanlage 990 ₹; ❄) Eines der besseren staatlichen Hotels mit riesigen Zimmern, Balkonen und Garten. Am Wochenende sind die Preise höher.

Hotel Pearl HOTEL $$
(☎08352-256002; www.hotelpearlbijapur.com; Station Rd; DZ mit Ventilator/Klimaanlage ab 940/1300 ₹; ❄) Recht gutes Mittelklassehotel in praktischer Nähe zum Golgumbaz mit sauberen Zimmern im Motelstil, die um ein zentrales Atrium liegen.

Hotel Madhuvan International HOTEL $$
(☎08352-255571; Station Rd; Zi. mit Ventilator/Klimaanlage 1000/1400 ₹; ❄📶) Versteckt in einer Gasse, die von der Station Rd abzweigt, liegt dieses nette Hotel mit lindgrünen Wänden, getönten Fenstern und einem reizenden **Restaurant** (Hauptgerichte 60–80 ₹; ⏲9–11, 12–16 & 19–23 Uhr) im Garten.

Praktische Informationen

Überall in der Stadt gibt's Geldautomaten, z. B. von der **State Bank of India** (Station Rd) und der **ICICI Bank** (Station Rd).

Royal Internet Cafe (Station Rd, unter dem Hotel Pearl; 30 ₹/Std.; ⏲9.30–21.30 Uhr)

Touristeninformation (☎08352-250359; Hotel Mayura Adil Shahi Annexe, Station Rd; ⏲Mo–Sa 10–17.30 Uhr) Hat gute Broschüren über Vijapura mit einer brauchbaren Karte.

An- & Weiterreise

BUS

Folgende Verbindungen starten am **Busbahnhof** (☎08352-251344):

Bengaluru Normal/Sleeper 577/692 ₹, 12 Std.

Bidar 270 ₹, 7 Std., 3-mal abends

Gubarga (Kalaburgi) 155–240 ₹, 4 Std.

Hosapete 240–340 ₹, 5 Std.

Hubballi 163 ₹, 6 Std.

Hyderabad 367–604 ₹, 8–10 Std., 4-mal tgl.

Mumbai 610 ₹, 12 Std., 5-mal tgl., über Pune (380–430 ₹, 10 Std.)

ZUG

Folgende Züge fahren ab dem Bahnhof Vijapura:

Badami *17320 Hubli-Secunderabad Express*, Sleeper/2AC 140/690 ₹, 3½ Std., tgl. mehrere Nachtzüge

Bengaluru *16536 Golgumbaz Express*, Sleeper/2AC 375/1455 ₹, 15½ Std., 17 Uhr

Hyderabad *17319 Secunderabad Express*, Sleeper/2AC 250/955 ₹, 9½ Std., 2 Uhr

Mumbai *51030 BJP BB Fast Passenger*, Sleeper 215 ₹, 13 Std., 4-mal pro Woche

Unterwegs vor Ort

Angesichts der vielen Sehenswürdigkeiten und der Entfernungen sind 500 ₹ ein fairer Preis für einen Tag mit der Autorikscha. Für die Fahrt vom Bahnhof ins Zentrum sollte man mit 40 ₹ rechnen, für die Fahrt vom Golgumbaz zum Ibrahim Rouza mit 50 ₹.

Bidar

☎08482 / 211 944 EW. / 664 M

Bidar liegt in der nordöstlichsten Ecke Karnatakas und trotz seiner faszinierenden Ruinen und Monumente, verirren sich kaum Traveller hierher – und das macht die Sache natürlich noch attraktiver. Bidar hat eine reiche Geschichte. Seine Altstadt war die erste Hauptstadt des Bahmani-Reichs (1428–1487) und ist von alten Mauern umgeben. Später war sie Kapitale der Barid-Shahi-Dynastie.

Sehenswertes

Bidar Fort FORT
(⏲9–17 Uhr) Für einen friedlichen Spaziergang durch die Ruinen dieser großartigen Festung aus dem 15. Jh. sollte man sich ein paar Stunden Zeit nehmen. Sie ist die größte ihrer Art in Südindien und fungierte einst als Verwaltungshauptstadt für einen Großteil der Region. Sie ist von einem dreifachen Burggraben, der aus dem festen roten Gestein geschlagen wurde, und 5,5 km langen Verteidigungsmauern (die zweitlängsten Indiens) umgeben. Der Eingang der Festung, der sich in einer kunstvollen Schikane durch drei Tore windet, wirkt wie aus dem Märchen.

Die Guides der Archäologiebehörde haben die Schlüssel, um die interessantesten Ruinen im Fort aufzusperren. Dazu gehören der **Rangin Mahal** (Bemalter Palast), der mit aufwendigen Kacheln, Säulen aus Teakholz und Vertäfelungen mit Perlmutt-Intarsien dekoriert ist, die **Solah-Khamba-Moschee**

(Sechzehn-Säulen-Moschee) sowie der **Tarkash Mahal** mit kunstvollen islamischen Inschriften und wundervoller Aussicht vom Dach. In den früheren königlichen Bädern ist ein kleines **Museum** untergebracht.

Gräber der Bahmani-Sultane HISTORISCHE STÄTTE
(Sonnenaufgang–Sonnenuntergang) GRATIS Die riesigen Kuppelgräber der Bahmani-Sultane in Ashtur, 3 km östlich von Bidar, wurden als letzte Ruhestätten für die sterblichen Überreste der Sultane erbaut. Am eindrucksvollsten ist der bemalte Innenraum des Grabmals von Ahmad Shah I. Wali Bahmani.

Choukhandi HISTORISCHES GEBÄUDE
(Sonnenaufgang–Sonnenuntergang) GRATIS Ungefähr 500 m vor den Gräbern der Bahmani-Sultane findet sich das friedvolle Mausoleum des Sufi-Heiligen Syed Kirmani Baba, der während der Blütezeit des Bahmani-Sultanats aus Persien nach Bidar gekommen war. In dem Monument herrscht eine unheimliche Stille und der polygonale Hof beherbergt zahlreiche mittelalterliche Gräber.

Khwaja Mahmud Gawan Madrasa RUINE, HISTORISCHE STÄTTE
(Sonnenaufgang–Sonnenuntergang) GRATIS Das Zentrum der Altstadt ist geprägt von den Ruinen der Khwaja Mahmud Gawan Madrasa, einer höheren Bildungseinrichtung aus dem Jahr 1472. Die Reste der farbigen Fliesen am Eingangstor und an einem der Minarette, das noch intakt ist, ermöglichen eine Vorstellung von der früheren Pracht des Bauwerks.

Schlafen & Essen

Hotel Mayura HOTEL $
(08482-228142; Udgir Rd; DZ mit Ventilator/Klimaanlage ab 900/2000 ₹;) Das elegante und freundliche Hotel Mayura ist mit seinen heiteren, gut ausgestatteten Zimmern, mit seiner Bar und dem Restaurant die beste Option in Bidar. Es liegt direkt gegenüber vom Busbahnhof; auf das pfauenartige NBC-Symbol achten.

Hotel Mayura Barid Shahi HOTEL $
(08482-221740; Udgir Rd; EZ/DZ 500/600 ₹, Zi. mit Klimaanlage 1000 ₹;) Das sonst unauffällige Hotel mit den einfachen, unpersönlichen Zimmern punktet mit seiner zentralen Lage und dem Restaurant mit Bar im Garten.

★ **Jyothi Fort** INDISCH $
(Bidar Fort; Hauptgerichte 70–110 ₹; 9–17 Uhr) In ruhiger Lage am Eingang des Forts stehen die Tische des Jyothi Fort auf einer Wiese unter schattigen Tamarind-Bäumen. Die vegetarischen Gerichte sind ausgesprochen lecker.

Praktische Informationen

Geldautomaten (Udgir Rd) und **Internet** (20 ₹/Std.; 9–21 Uhr) findet man an der Hauptstraße gegenüber dem Hotel Mayura Barid Shahi.

An- & Weiterreise

Vom Busbahnhof aus gibt's regelmäßige Verbindungen nach Kaliburgi (Gulbarga, 115 ₹, 3 Std.), abends fahren zwei Busse nach Vijapura (280 ₹, 7 Std.). Busse steuern auch Hyderabad (143 ₹, 4 Std., 18.30 Uhr) und Bengaluru (Semideluxe/AC 700/900 ₹, 12 Std., 6-mal tgl.) an.

Züge fahren nach Hyderabad (Sleeper 120 ₹, 5 Std., 3-mal tgl.) und Bengaluru (Sleeper 722–1012 ₹, 13–17 Std., 2-mal tgl.).

Unterwegs vor Ort

Eine Tagestour mit einer Autorikscha kostet etwa 400 ₹.

Telangana & Andhra Pradesh

Inhalt ➡

Gut essen

- Southern Spice (S. 259)
- Hotel Shadab (S. 258)
- SO (S. 259)
- Shah Ghouse Cafe- (S. 259)
- Sea Inn (S. 271)

Abseits der Touristenpfade

- Guntupalli (S. 271)
- Sankaram (S. 272)
- Moula Ali Dargah (S. 254)
- Bhongir Fort (S. 265)

Auf nach Telangana & Andhra Pradesh!

Hyderabad, die faszinierende Hauptstadt von Telangana, ist schon Anlass genug für eine Reise in diese Region: Die Altstadt mit den farbenfrohen Märkten, Teehäusern, Biryani-Restaurants und engen Gassen ist übersät von Denkmälern und Palästen aus längst vergangenen Zeiten. Am Stadtrand liegen das legendäre Fort Golconda und die prächtigen Gräber einiger Mitglieder des Königshauses. In den neueren Bezirken zeugen Restaurants, Hotels und Boutiquen vom – besonders von der IT-Branche getragenen – Aufschwung .

Weitere Attraktionen in diesen beiden Bundesstaaten (die bis 2014 zusammengehörten) sind weniger aufdringlich, aber wer genauer hinschaut, wird einige Juwelen entdecken, z. B. die mittelalterlichen Tempelskulpturen in Palampet, die schönen buddhistischen Stätten wie Sankaram und Guntupalli im tiefsten Hinterland, die heitere Urlaubsstimmung im Badeort Visakhapatnam sowie die positive Energie, die die unzähligen Pilger am Tirumala-Tempel verbreiten.

Reisezeit

Hyderabad

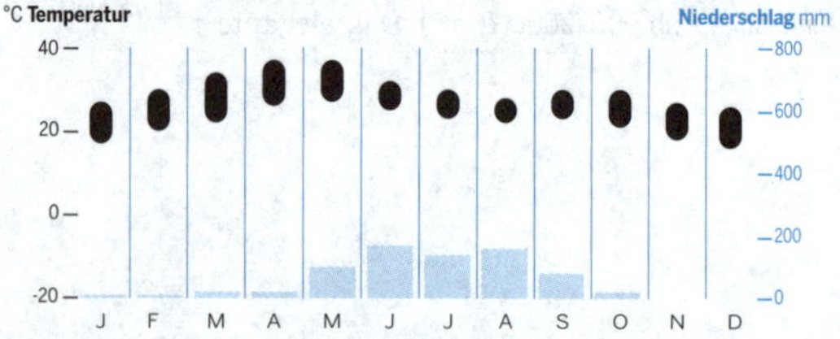

Mai–Juni Mit Einheimischen *haleem*, eine beliebte Ramadan- bzw. Ramzan-Speise genießen.

Nov.–Feb. Hyderabads Sehenswürdigkeiten bei perfekten 20–25 °C erkunden.

Dez.–April Eine tolle Zeit für einen Besuch der Küstenstadt Vizag – kaum Regen, nicht allzu heiß.

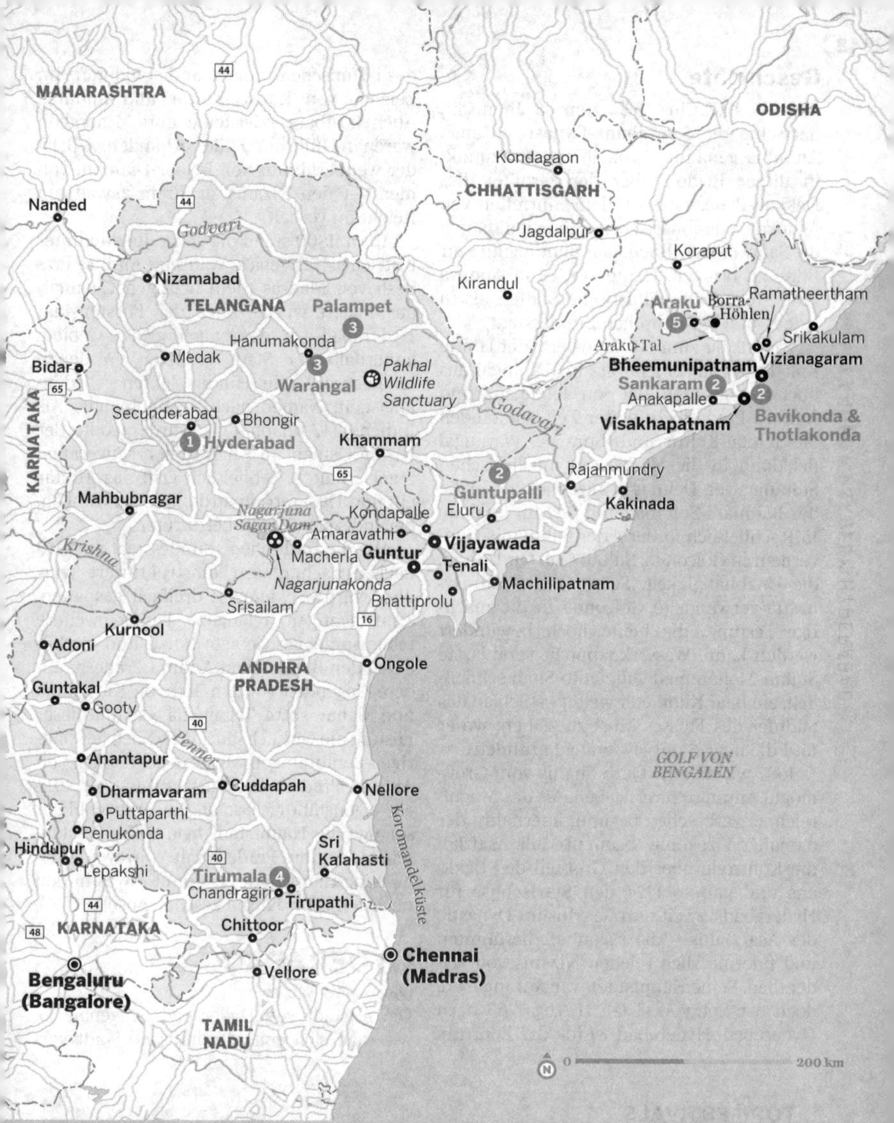

Highlights

1 Im alten und im modernen **Hyderabad** (S. 248 die Architektur bestaunen, bunte Märkte erkunden und gutes Essen genießen

2 Im schönen **Sankaram** (S. 272), **Bavikonda** (S. 272), **Thotlakonda** (S. 272) und **Guntupalli** (S. 271) die meditativen Schwingungen auf einer 2300 Jahre alten Klosterroute spüren

3 In **Palampet** (S. 266) und **Warangal** (S. 265) die Kunst der Kakatiya-Bildhauer bewundern

4 Gemeinsam mit Tausenden von Hindupilgern in **Tirumala** (S. 273) eine bislang ungekannte Hingabe erleben

5 Sich auf der Bahnfahrt durch die spektakulären Ostghats nach **Araku** (S.273) am Anblick der wunderbar grünen Wälder und der breiten, saftigen Tälern erfreuen

Geschichte

Vom 3. Jh. v. Chr. bis zum 3. Jh. n. Chr. herrschte die Satavahana-Dynastie – auch Andhras genannt – von ihrem Stützpunkt in dieser Region über den Großteil des Dekkan-Plateaus. Nach dem Eintreffen von Ashokas missionarischen Mönchen halfen die Satavahanas ihnen, den Buddhismus zur Blüte zu bringen. Heute gibt es in Andhra Pradesh mehr buddhistische Stätten als in jedem anderen indischen Bundesstaat.

Vom 12. bis zum 14. Jh. regierte der Hindu Kakatiyas von seinem Sitz in Warangal aus über den größten Teil von Telangana und Andhra Pradesh. In dieser Zeit entstanden die Telugu-Kultur und -Sprache. Warangal fiel dann in die Hände des muslimischen Sultanats von Delhi und anschließend in die des Bahmani-Sultanats mit Sitz im Dekkan. 1518 schließlich forderte der Bahmanis-Gouverneur in Golconda, Sultan Quli Qutb Shah, die Unabhängigkeit. Seine Qutb-Shahi-Dynastie verwandelte Golconda in die mächtige Festung, die heute noch bewundert werden kann. Wasserknappheit veranlasste Sultan Mohammed Quli Qutb Shah schließlich, ein paar Kilometer weiter östlich an das Südufer des Flusses Musi zu ziehen, wo er 1591 die neue Stadt Hyderabad gründete.

1687 wurden die Qutb Shahis vom Großmogul Aurangzeb vertrieben. Als das Mogulreich zu zerbrechen begann, übernahm der damalige Vizekönig Nizam ul-Mulk Asaf Jah die Kontrolle über den Großteil des Dekkans und gab so 1724 den Startschuss für Hyderabads zweite große Muslim-Dynastie der Asaf Jahis – die sagenhaft berühmten und unermesslich reichen Nizams von Hyderabad. Seine Hauptstadt war Aurangabad, doch der Sohn Asaf Jah II. zog 1763 nach Hyderabad. Hyderabad wurde das Zentrum des islamischen Indiens und stand ganz im Zeichen von Kunst, Kultur und Bildung. Auch kostbare Edelsteine und Mineralien waren in Hülle und Fülle vorhanden, z. B. ist der weltberühmte Koh-I-Noor-Diamant von hier, der den Nizams zu ihrem gewaltigen Reichtum verhalf.

Ab ca. 1800 stand die ganze Region unter britischer Herrschaft. Während Andhra Pradesh von Madras (dem heutigen Chennai) aus regiert wurde, blieb der Fürstenstaat Hyderabad, zu dem auch große Gebiete außerhalb der Stadt gehörten, in denen telugusprechende Hindus lebten, – jedenfalls dem Namen nach – unabhängig. Als Indien 1947 unabhängig wurde, wollte der Nizam Osman Ali Khan seinen souveränen Staat erhalten. Schließlich griff das Militär ein und Hyderabad wurde 1948 gezwungen, der Indischen Union beizutreten.

Als die indischen Bundesstaaten 1956 nach Sprachgrenzen umstrukturiert wurden, wurde Hyderabad dreifach gespalten. Zum heutigen Telangana kamen weitere telugusprachige Gebiete hinzu und sie bildeten den Bundesstaat Andhra Pradesh; andere Gegenden wurden Teil von Karnataka und Maharashtra. Telangana war mit dieser Lösung nie wirklich glücklich. Nach langjährigen Bemühungen wurde es schließlich von Andhra Pradesh losgelöst und ist seit 2014 ein eigenständiger Staat. Hyderabad bleibt solange die Hauptstadt beider Bundesstaaten, bis Andhra Pradesh mit Vijayawada seine neue Hauptstadt bekommt – was in den nächsten zehn Jahren geschehen soll.

HYDERABAD

☎ 040 / 6,81 MIO. EW.

Die Altstadt von Hyderabad ist genau so, wie man sich eine alte indische Stadt vor-

TOP-FESTIVALS

Sankranti (S. 255; ⌚ Jan.) Das bedeutende Telugu-Fest markiert das Ende der Erntezeit. Am Himmel fliegen haufenweise Drachen, die Türschwellen sind mit farbenfrohen *kolams* (Reismehlmustern) versehen und Männer schmücken die Rinder mit Glocken und Farbe an den Hörnern.

Brahmotsavam (Venkateshwara-Tempel, Tirumala; ⌚ Sept./Okt.) Anlässlich des neuntägigen Fests kommen unzählige Gläubige zum Venkateshwara-Tempel in Tirumala (S. 273). Es finden spezielle *pujas* und Wagenumzüge statt, außerdem ist dies die günstigste Zeit für eine *darshan* (Audienz bei einer Gottheit).

Muharram (Hyderabad; ⌚ Sept./Okt.) Das Fest erinnert an das Martyrium von Mohammeds Enkel Hussain. Eine enorme Prozession zieht durch die Straßen der Altstadt von Hyderabad (S. 248).

stellt – enge Gassen mit Märkten, Teeläden, herumstreunenden Tieren, Autorikschas, Stimmengewirr, Farbenpracht, unterschiedlichen Sprachen und Religionen sowie stattlichen alten Gebäuden in ganz unterschiedlichem baulichen Zustand. Zwei unvorstellbar wohlhabende muslimische Adelsfamilien, die Qutb Shahs und die Asaf Jahs, waren einst in die Stadt der Perlen und Diamanten gekommen und verließen sie später wieder. Zurück ließen sie prächtige Paläste, Moscheen und Grabstätten sowie eine in Armut lebende Bevölkerung.

Das andere Gesicht Hyderabads ist sehr viel jünger: „Hi-Tech City“ oder „Cyberabad“ im Westen hat die Stadt in den 1990er-Jahren in die moderne Welt katapultiert – glitzernde Einkaufszentren, Multiplex-Kinos, Clubs, Kneipen und schicke Restaurants haben neben traditionellen Biryani-Lokalen und Teehäusern einen festen Platz gefunden.

Zwischen alt und neu liegen, sowohl in materieller als auch in geografischer Hinsicht, dicht bebaute innerstädtische Bezirke wie Abids, nördlich der Altstadt, und grüne Mittelklassebezirke wie Banjara Hills und Jubilee Hills. Im Nordosten, wo sich einer der drei Hauptbahnhöfe von Hyderabad befindet, liegt Secunderabad. Die frühere britische Garnisonsstadt gilt noch immer als Hyderabads „Zwillingsstadt“, obwohl sie heute in der Tat miteinander verschmolzen sind.

Mit einer Sache muss man sich in Hyderabad aber abfinden: Der Verkehr ist schier unglaublich. Aber zum Glück wird jetzt ja die neue Schnellbahn „Metro Rail“ in Betrieb genommen, wodurch sich die Situation sicherlich etwas entspannen wird.

Hyderabads (urdusprachige) muslimische Bevölkerung lebt hauptsächlich in der Altstadt und in Bezirken nördlich des Flusses Musi. Die meisten Bewohner sind telugusprechende Hindus, aber es kommen auch immer mehr Menschen aus anderen Teilen Indiens in die Stadt – sie können dem Reiz des IT-Booms einfach nicht widerstehen.

Sehenswertes

Altstadt

★ Charminar DENKMAL

(Karte S. 256; Inder/Ausländer 5/100 ₹; ⌚ 9–17.30 Uhr) Hyderabads bedeutendstes Denkmal und Wahrzeichen ließ Mohammed Quli Qutb Shah 1591 errichten, um sowohl der Gründung von Hyderabad als auch des Endes der Epidemien, die durch den Wassermangel in Golconda ausgelöst worden waren, zu gedenken. Das schöne, 56 m hohe Gebäude mit vier Säulen hat vier Torbögen, die jeweils in eine Himmelsrichtung weisen. Auf jeder Säule befindet sich ein Minarett (daher der Name „Charminar“ – „vier Minarette“). Das Gebäude steht mitten in Hyderabads stimmungsvollstem Viertel (das ebenfalls als Charminar bekannt ist). Es ist ein Labyrinth aus Gassen mit vielen Geschäften, Ständen, Märkten und Menschen.

Das zweite Stockwerk des Charminar-Denkmals mit Hyderabads ältester Moschee sowie die oberen Bereiche der Säulen sind für Besucher nicht zugänglich. Das Gebäude wird von 19 bis 21 Uhr angestrahlt.

UNTERKUNFTSPREISE

Die Unterkunftspreise in diesem Kapitel:

$ unter 1250 ₹

$$ 1250–4000 ₹

$$$ über 4000 ₹

★ Chowmahalla Palace PALAST

(Karte S. 256; www.chowmahalla.com; Inder/Ausländer 40/150 ₹, Foto 50 ₹; ⌚ Sa–Do 10–17 Uhr) Der feudale Palast aus dem 18. und 19. Jh., in dem mehrere Nizams residierten, hat vier Gartenhöfe, die sich in Nord-Süd-Richtung aneinanderreihen. Am überwältigsten ist der Khilwat Mubarak am Ende des ersten Hofs, ein prächtiger Durbar-Saal, in dem unter 19 riesigen Kronleuchtern aus belgischem Kristall Nizam-Zeremonien stattfanden. In den Nebenräumen sind heute Fotos und historische Ausstellungsstücke zu den Großtaten der Nizams zu sehen. Auf dem Balkon saßen die Damen der königlichen Familie, die verschleiert an den Durbars teilnahmen.

Mehrere Säle beherbergen interessante persönliche Besitztümer der Nizams, u. a. Kunst- und Kunsthandwerksgegenstände sowie Gewänder. Im südlichsten Hof steht ein gelber Rolls-Royce aus dem Jahr 1911, der nur zu ganz besonderen Anlässen benutzt wurde und in mehr als 100 Jahren gerade einmal 570 km gefahren ist.

Salar Jung Museum MUSEUM

(Karte S. 256; www.salarjungmuseum.in; Salar Jung Rd; Inder/Ausländer 10/150 ₹, Foto 50 ₹; ⌚ Sa–Do 10–17 Uhr) Diese große, facettenreiche Sammlung wurde zusammengestellt von Mir Yousuf Ali Khan (Salar Jung III.),

Hyderabad

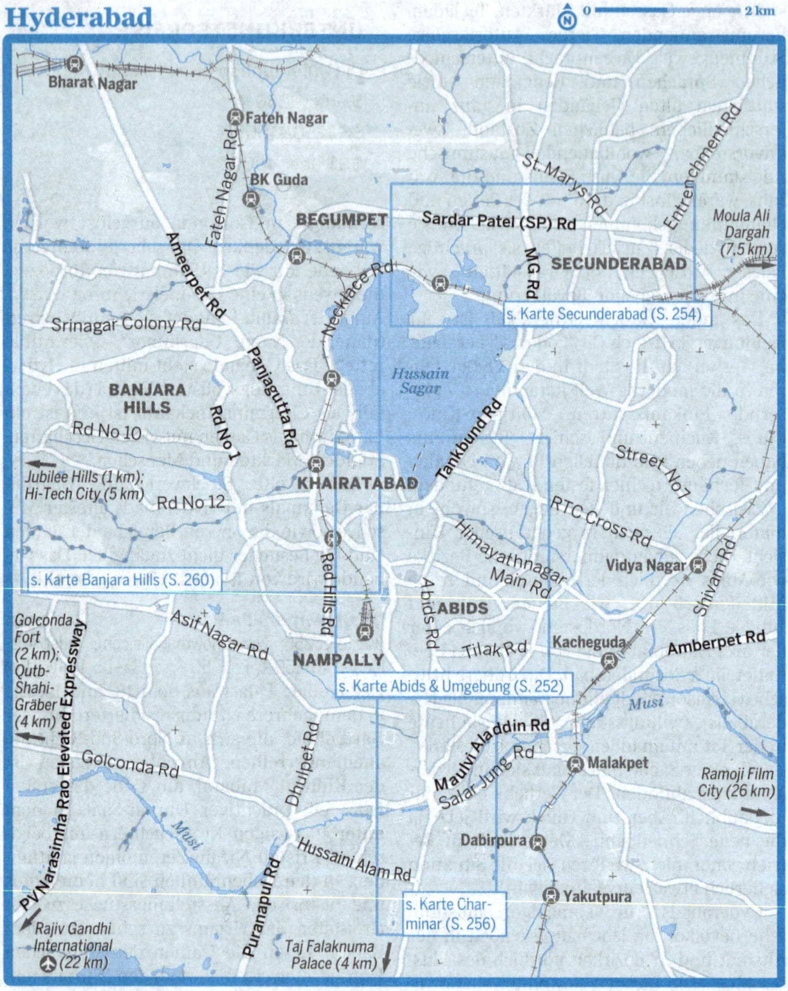

der für kurze Zeit Großwesir des siebten Nizam, Osman Ali Khan (reg. 1911–48), war, bevor er sein großes Vermögen für die Anhäufung von asiatischen und europäischen Kunstwerken und Kunsthandwerksobjekten ausgab. Die mehr als 40 Galerien beherbergen frühe südindische Bronzen sowie Holz- und Steinskulpturen, indische Miniaturmalereien, europäische Kunstwerke und historische Handschriften. Außerdem gibt es ein Jade-Zimmer und ein weiteres mit ziemlich ausgefallenen Gehstöcken.

Ein ganz besonderes Highlight ist die bemerkenswerte *Veiled Rebecca* des italienischen Bildhauers Benzoni aus dem 19. Jh. Das Museum ist extrem beliebt, sodass ein Besuch am Sonntag nicht zu empfehlen ist.

HEH The Nizam's Museum MUSEUM

(Purani Haveli; Karte S. 256; an der Dur-e-Sharwah Hospital Rd; Erw./Kind 80/15 ₹, Foto 150 ₹; ⏲ Sa–Do 10–17 Uhr) Im Purani Haveli lebte einst der sechste Nizam, Mahbub Ali Khan (reg. 1869–1911), der nie zweimal dieselbe Kleidung getragen haben soll – und daher rührt wahrscheinlich auch der 54 m lange, zweistöckige Kleiderschrank aus burmesischem Teakholz. Der Großteil des Museums, das nur einen Flügel der langen Palastanlage in Anspruch nimmt, ist persönlichen Besitztümern des siebten Nizam, Osman Ali Khan, gewidmet, darunter befinden sich seine Silberwiege, der polierte goldene Thron und edle Jubiläumsgeschenke aus Silber.

Mecca Masjid MOSCHEE

(Karte S. 256; Shah Ali Banda Rd, Charminar; ⌚4.30–21 Uhr) Diese Moschee, in der bei bedeutenden muslimischen Festen etwa 10 000 Männer beten, ist eines der weltweit größten und auch eines der ältesten Bauwerke Hyderabads. Der Stadtgründer Mohammed Quli Qutb Shah begann 1617 mit dem Bau. Frauen dürfen die Hauptgebetshalle nicht betreten, und auch männliche Touristen haben eigentlich keinen Zutritt (sie können aber durch das Gitter schauen). Touristinnen, selbst mit Kopftuch, dürfen zudem noch nicht einmal den großen Hof betreten, wenn ihre Kleidung als zu knapp oder zu eng anliegend angesehen wird.

In einige Ziegel über dem mittleren Torbogen der Gebetshalle ist Erde aus Mekka eingearbeitet – daher der Name der Moschee. Auf dem eingezäunten Gelände neben dem Hof befinden sich die Grabstätten mehrerer Nizams aus Hyderabad.

Badshahi Ashurkhana MUSLIMISCHE HEILIGE STÄTTE

(Karte S. 256; High Court Rd) Das Badshahi Ashurkhana (wörtlich „königliches Trauerhaus") von 1594 war eines der ersten Gebäude, das die Qutb Shahs in ihrer neuen Stadt Hyderabad errichteten. In dem Hof abseits der Straße scheinen die Mauern mit ihren komplexen, farbenfrohen Fliesenmosaiken geradezu zu glühen. Im Ashurkhana herrscht zu Muharram und donnerstags Hochbetrieb. Dann gedenken die hiesigen Schiiten gemeinsam des Martyriums des Hussain Ibn Ali. Besucher müssen ihre Schuhe ausziehen und dezent gekleidet sein (Frauen müssen ein Kopftuch tragen).

Abids & Umgebung

State Museum MUSEUM

(Karte S. 252; Public Gardens Rd, Nampally; Eintritt 10 ₹, Foto/Video 100/500 ₹; ⌚Sa–Do 10.30–16.30 Uhr, 2. Sa im Monat geschl.) Das weitläufige Museum befindet sich in einem fantasievollen Gebäude von 1920, das der siebte Nizam für eine seiner Töchter errichten ließ. Es beherbergt eine Sammlung bedeutender archäologischer Funde sowie eine Ausstellung über die buddhistische Geschichte der Region mit Buddha-Reliquien. Außerdem gibt's eine interessante Galerie mit ornamentaler Kunst, wo man alles über Bidriware-Metalleinlegearbeiten und *Kalamkari*-Stoffmalerei lernen kann, sowie eine Galerie mit Bronzeskulpturen und eine 4500 Jahre alte ägyptische Mumie.

British Residency HISTORISCHES GEBÄUDE

(Koti Women's College; Koti) Das prächtige palladianische Wohnhaus, das zwischen 1803 und 1806 von James Achilles Kirkpatrick, dem British Resident (offizieller Vertreter der Ostindien-Kompanie) in Hyderabad, errichtet wurde, hatte seinen großen Auftritt in William Dalrymples brillantem historischem Liebesroman *White Mughals*. Das Gebäude ist leider recht baufällig, aber die seit Langem umstrittenen Renovierungspläne könnten letztendlich nun doch in die Tat umgesetzt werden. Wenn man das Grundstück betritt, bietet der Hausmeister wahrscheinlich an, das prachtvolle Gebäude zur Besichtigung zu öffnen (man sollte dafür 50 bis 100 ₹ Trinkgeld geben).

Kirkpatrick war von der Hofkultur in Hyderabad begeistert, konvertierte zum Islam und heiratete Khair-un-Nissa, eine jugendliche Verwandte von Hyderabads Premierminister. Die Residency und die weitläufige Gartenanlage wurden 1949 zum Osmania University College for Women, das auch als Koti Women's College bekannt ist. In der prächtigen klassischen Säulenhalle kann man den Durbar Saal mit seinen islamischen, geometrischen Zeichnungen an der hohen Decke über den Kronleuchtern, die klassischen Säulen und die aufwendig gearbeitete bogenförmige Treppe dahinter bewundern. Im überwucherten Garten im Südwesten befindet sich ein britischer Friedhof. Mit etwas Glück entdeckt man den noch vorhandenen Eingang in die Zenana (Frauengemächer) der Residency und ein Modell des Residency-Gebäudes, das Kirkpatrick für Khair-un-Nissa errichtet hat. Aus Angst vor Schlangen traute sich unser Guide allerdings nur bis zum Friedhof. Detours (S. 255) veranstaltet hervorragende White-Mughals-Touren, u. a. auch zur Residency.

Birla Mandir HINDU-TEMPEL

(Karte S. 252; ⌚7–12 & 14–21 Uhr) Der himmlische Birla Mandir, der 1976 aus weißem Rajasthan-Marmor errichtet wurde, ziert den Kalabahad (Schwarzer Berg), der als einer von zwei Felshügeln über dem Hussain Sagar emporragt. Der Tempel ist Venkateshwara geweiht und ein beliebtes hinduistisches

Abids & Umgebung

Pilgerzentrum mit lockerer Atmosphäre und herrlichem Blick über die Stadt – vor allem bei Sonnenuntergang.

Birla Modern Art Gallery MUSEUM
(Karte S. 252; www.birlasciencecentre.org; Naubat Pahad Lane, Adarsh Nagar; Eintritt 50 ₹; ⏲10.30–18 Uhr) Die gekonnt kuratierte Sammlung von moderner und zeitgenössischer Kunst ist die beste ihrer Art in ganz Südindien. Zu sehen gibt's Gemälde von Berühmtheiten wie Jogen Chowdhury, Tyeb Mehta und Arpita Singh. Hier befindet sich auch das unterhaltsame **Birla Science Centre** (Karte S. 252; Museum/Planetarium 50/50 ₹; ⏲10.30–20 Uhr, Shows im Planetarium 11.30, 16 & 18 Uhr) mit einem Wissenschaftsmuseum, Puppen, archäologischen Exponaten und einem Planetarium.

Weitere Sehenswürdigkeiten

★ **Golconda Fort** FESTUNG
(Inder/Ausländer 5/100 ₹, Sound- & Lightshow Erw. 70–130 ₹; ⏲9–17 Uhr, englischsprachige Sound- & Lightshow Nov.–Feb. 18.30 Uhr, März–Okt. 19 Uhr) Die wuchtige Festung, deren Reste noch heute zu sehen sind, wurde von den Qutb-Shah-Herrschern im 16. Jh. errichtet. Die mächtige Zitadelle auf einem 120 m ho-

Abids & Umgebung

Sehenswertes
1 Birla Mandir ... A2
Birla Modern Art Gallery ... (siehe 2)
2 Birla Science Centre ... B3
3 Buddhastatue & Hussain Sagar ... B1
4 Lumbini Park ... B2
5 State Museum ... B3

Schlafen
6 Hotel Harsha ... B4
7 Hotel Rajmata ... B4
8 Hotel Suhail ... B5
9 Royalton Hotel ... B4
10 Taj Mahal Hotel ... B4

Essen
Dakshina Mandapa ... (siehe 10)
11 Gufaa ... B2
12 Kamat Andhra Meals ... B5
13 Kamat Hotel ... A2
14 Kamat Hotel ... B4
Kamat Jowar Bhakri ... (siehe 12)
Kamat Restaurant ... (siehe 12)
15 Paradise ... A1

Unterhaltung
16 Ravindra Bharathi Theatre ... A3

Shoppen
17 Fabindia ... B3
18 Lepakshi ... B4

Praktisches
19 Aloe Vera Home ... B4
20 Care Hospital ... B5
21 State Bank of India ... A3
22 Telangana Tourism ... B3
23 Telangana Tourism ... B2

Transport
24 Air India ... B3
25 GPO Abids (Bus) ... B5
26 Jet Airways ... B3
27 Koti (Bus) ... D5
28 Nampally Reservation Complex ... A4
29 Public Gardens (Bus) ... B4
30 Secretariat (Pushpak; Bus) ... B2

hen Granithügel wird von zinnenbesetzten Schutzwällen aus großen Mauerblöcken umgeben. Rundherum verläuft noch ein weiterer mit Zinnen besetzter Wall (Umfang 11 km). Morgens geht es hier recht ruhig zu.

Als die Qutb-Shah-Herrscher kamen, existierte Golconda Fort bereits mindestens 300 Jahre unter der Herrschaft der Kakatiyas und des Bahmani-Sultanats. Es war für seine Diamanten berühmt, die hauptsächlich im Krishna-Flusstal abgebaut wurden, aber hier geschnitten und gehandelt wurden. Die Qutb Shahs zogen 1591 in ihre neue Stadt Hyderabad, behielten Golconda jedoch solange als Zitadelle, bis der Großmogul Aurangzeb sie 1687 nach jahrelanger Belagerung, die mit der Herrschaft der Qutb Shahi endete, übernahm.

Die massiven Tore des Forts waren mit Eisendornen besetzt, um Kriegselefanten abzuwehren. Im Inneren sorgten glasierte, unterirdisch verlaufende Tonrohre für eine zuverlässige Wasserversorgung der Bewohner. Parallel garantierte die hervorragende Akustik, dass selbst die leisesten Geräusche am Eingang im ganzen Festungskomplex zu hören waren.

Guides verlangen mindestens 600 ₹ für eine 90-minütige Tour. Für 20 ₹ sind kleine Übersichtsbroschüren erhältlich. Hinter dem Zitadellentor führt ein Weg gegen den Uhrzeigersinn durch die Gärten, vorbei an eher unbedeutenden Gebäuden und hinauf auf den Hügel mit dem aktiven Hindu-Tempel Jagadamba Mahakali und dem dreistöckigen Durbar-Saal. Von hier hat man einen schönen Rundumblick. Dann geht es hinunter zu den alten Palastgebäuden im südöstlichen Teil des Forts und vorbei an der eleganten, dreibogigen Taramati-Moschee zurück zum Eingang.

Golconda liegt ca. 10 km westlich von Abids oder dem Charminar: Autorikschas kosten für die Hin- und Rückfahrt inkl. Wartezeit ca. 400 ₹. Die Busse 65G und 66G fahren stündlich vom Charminar über das Hauptpostamt (GPO) Abids nach Golconda. Die Fahrt dauert etwa eine Stunde. Bus 142K startet ungefähr alle 90 Minuten an der Bushaltestelle Koti und fährt ebenfalls über das Hauptpostamt Abids.

★ Qutb-Shahi-Gräber HISTORISCHE STÄTTE
(Tolichowki; Erw./Kind 10/5 ₹, Foto/Video 20/100 ₹; Sa–Do 9.30–17.30 Uhr) Die 21 prunkvollen Kuppelgräber aus Granit und etliche Moscheen stehen inmitten ruhiger Landschaftsgärten. Sie befinden sich ca. 2 km nordwestlich vom Golconda Fort, wo viele der hier Ruhenden große Teile ihres Lebens verbracht haben. Neben sieben der acht Qutb-Shahi-Herrscher wurden hier auch Familienmitglieder und ein paar Ärzte, Kurtisanen und andere Günstlinge begraben. Die Ausstellung in der Nähe des Eingangs ist sehr informativ.

Secunderabad

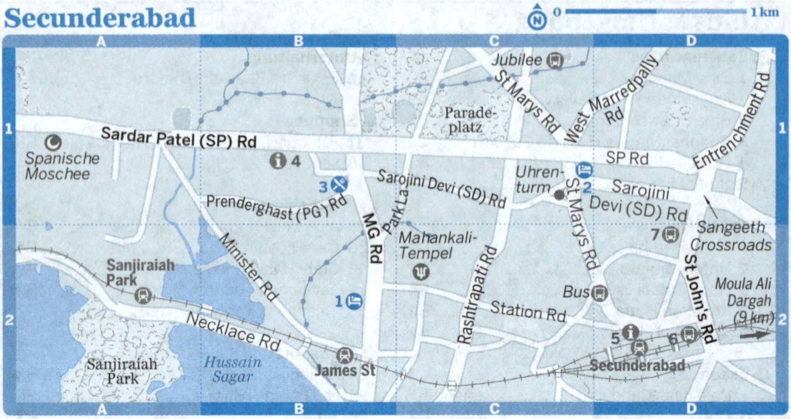

Secunderabad

Schlafen

1 Raj Classic Inn B2
2 YMCA International Guest House C1

Essen

3 Paradise B1

Praktisches

4 Telangana Tourism B1
5 Telangana Tourism D2

Transport

6 Rathifile (Bus) D2
7 Secunderabad (Bus) (Pushpak) D2
Secunderabad Junction (Bus) .... (siehe 5)
Secunderabad Reservation Complex .... (siehe 6)

Die Kuppeln der Gräber wurden auf würfelförmigen Fundamenten errichtet, von denen viele schöne Kolonnaden und filigrane Ornamente aus Kalkstein aufweisen. Mit dem Erkunden und Fotografieren kann man hier locker einen halben Tag zubringen. Besonders schön ist das 42 m hohe Grab von Mohammed Quli, dem Gründer Hyderabads, das fast am Rand der Anlage steht und einen tollen Blick auf Golconda bietet.

Von Golconda aus sind die Gräber leicht zu Fuß erreichbar. Eine Autoriksha kostet ca. 30 ₹. Die Busse 80S und 142K verkehren unregelmäßig zwischen den beiden Orten.

Paigah-Gräber HISTORISCHE STÄTTE

(Santoshnagar; ⌚9.30–17.00 Uhr) GRATIS Die aristokratischen Paigahs, angeblich Nachfahren des zweiten Kalifen, waren treue Anhänger der Nizams und dienten unter und neben ihnen als Staatsmänner, Philanthropen und Generäle. Die Nekropole der Paigah-Familie liegt in einem ruhigen Viertel 4 km südöstlich vom Charminar. Es ist eine kleine Ansammlung exquisiter Mausoleen aus Marmor und Kalksteinstuck. Die Gräber befinden sich am Ende einer kleinen Gasse gegenüber vom Owaisi Hospital in der Inner Ring Rd. Der Weg ist ausgeschildert.

Der Komplex umfasst 27 Marmorgräber, die von kunstvoll gemeißelten Wänden und Säulen sowie beeindruckend filigran gearbeiteten Paravents mit geometrischen Mustern geprägt sind. Auf ihnen thronen hohe, graziöse Türmchen. Am Westende spiegelt sich die stattliche Moschee im großen, für religiöse Waschungen vorgesehenen Wasserbecken.

Moula Ali Dargah MUSLIMISCHE HEILIGE STÄTTE

Am Nordostrand der Stadt befindet sich der eindrucksvolle Felshügel Moula Ali – ein Ort der Ruhe mit schöner Aussicht und einer kühlen Brise. Oben angekommen (500 Stufen) findet sich ein *dargah* (Schrein eines Sufi-Heiligen), der den Handabdruck Alis, des Schwiegersohns des Propheten Mohammed, enthalten soll. Die angeblich heilenden Eigenschaften des *dargah* machen aus diesem Ort eine Wallfahrtsstätte für Kranke.

Normalerweise dürfen Besucher nur anlässlich des im Muharram stattfindenden dreitägigen Moula-Ali-*urs*-Fests in den *dargah*, dessen Inneres von Tausenden von Minispiegeln bedeckt ist. Das Äußere kann man aber jederzeit bewundern.

Der Moula-Ali-Hügel erhebt sich 9 km nordöstlich von Secunderabad. Eine Autorikscha kostet ca. 100 ₹ für eine Strecke. Alternativ kann man Bus 16A oder 16C von der Rathifile-Bushaltestelle zur ECIL-Bushaltestelle nehmen und dort für die verbleibenden 2 km in eine Autorikscha umsteigen.

Buddhastatue & Hussain Sagar DENKMAL
(Karte S. 252; Bootsfahrt Erw./Kind 55/35 ₹) Der Hussain-Sagar-See wurde einst von den Qutb Shah angelegt. Mittendrin erhebt sich malerisch eine der weltgrößten freistehenden Buddha-Steinstatuen (18 m hoch) auf ihrem Sockel. Vor allem im abendlichen Flutlicht bietet sie einen grandiosen Anblick.

Regelmäßig fahren **Boote** zur Statue (hin & zurück 30 Min.); sie starten an der **Eat Street** (Karte S. 260; Abfahrt 15–20 Uhr) oder am beliebten **Lumbini Park** (Karte S. 252; Eintritt 10 ₹; 9–21 Uhr). Von der Tankbund Rd Promenade aus, die an der Ostküste von Hussain Sagar liegt, hat man einen tollen Blick auf die Statue.

Geführte Touren

★ Detours KULTUR, ESSEN
(9000850505; www.detoursindia.com; 3-stündiger Spaziergang 2500 ₹/Pers., Halb-/Ganztagestour inkl. Transport & Eintrittspreise ab 3500/5500 ₹) Die faszinierenden, unterhaltsamen Touren für Einzelpersonen und kleine Gruppen werden von der engagierten, sachkundigen Jonty Rajagopalan und ihrem kleinen Team organisiert. Sie führen in abgelegene Ecken Hyderabads, an originelle Stellen sowie auf Märkte und in Restaurants (mit Kochkurs und Essen). Auch erfährt man viel über Hochzeiten, Religion und Kunsthandwerk.

Telangana Tourism SEHENSWÜRDIGKEITEN
(1800-42546464; www.telanganatourism.gov.in) An den Wochenenden organisiert Telangana Tourism eine Nachmittags-/Abendtour zum Chowmahalla Palace, zum Falaknuma Palaca und zum Golconda Fort mit Sound- & Lightshow für 3100/2000 ₹ mit/ohne Nachmittagstee im Falaknuma-Palast. Es werden auch tägliche Bustouren zu städtischen Sehenswürdigkeiten (ab 350 ₹ plus Eintritt) und zur Ramoji Film City (mit/ohne Klimaanlage 1250/1100 ₹), abendliche Ausflüge zur Sound- & Lightshow im Golconda Fort und Fahrten in die Umgebung angeboten. Buchen kann man diese Touren in jedem Telangana-Tourism-Büro (S. 263.

Heritage Walks STADTSPAZIERGANG
(Karte S. 256; 9849728841; www.aptdc.in/heritage_walks; 50 ₹/Pers.; So 7.30–9 Uhr) Der Architekt Madhu Vottery hat sich diese Spaziergänge am Sonntagmorgen ausgedacht und leitet sie vom Charminar aus manchmal auch selbst. Als Autor des Führers *Guide to Heritage of Hyderabad* repräsentiert er eine Bewegung, die Hyderabads reiches Architekturerbe bewahren will.

Feste & Events

Sankranti HINDUISTISCH
(in der ganzen Region; Jan.) Zum Telugu-Erntefest ist Hyderabads Himmel mit Drachen übersät.

Muharram MUSLIMISCH
(Sept./Okt.) Muharram ist der erste Monat des islamischen Jahrs und erinnert mit Massentrauer und Predigten bis zum frühen Morgen an das Martyrium von Mohammeds Enkel Hussain. Unzählige schwarz gekleidete Schiiten treffen sich im Badshahi Ashurkhana. Die Riesenprozession, die am zehnten Tag durch die Altstadt zieht, lockt Besucher aus der ganzen Gegend an.

KITSCHABAD

Neben Sehenswürdigkeiten von Weltklasse hat Hyderabad auch ein paar ziemlich schräge Attraktionen zu bieten.

Ramoji Film City (www.ramojifilmcity.com; Erw./Kind ab 800/700 ₹; 8.30–22 Uhr) Telanganas und Andhra Pradeshs Filmindustrie „Tollywood“ ist gewaltig, genauso wie die 6,7 km^2 große Film City, in der Filme und TV-Shows u. a. in den Sprachen Telugu, Tamil und Hindi produziert werden. Im Preis des Tagestickets enthalten sind eine Bustour, Fahrgeschäfte und Shows. Hin kommt man mit den Bussen 206 oder 209 vom Koti Women's College (1½ Std., 30 km) oder im Rahmen einer Tour mit Telangana Tourism (S. 255.

Sudha Cars Museum (www.sudhacars.com; Bahadurpura; Inder/Ausländer 50/200 ₹, Foto 50 ₹; 9.30–18.30 Uhr) Zu den spleenigen Kreationen des Autofreaks K. Sudhakar zählen u. a. Fahrzeuge in Form eines Cricketschlägers, eines Hamburgers und eines Billardtisches – sie sind übrigens fahrtüchtig. Das Museum liegt 3 km westlich von Charminar.

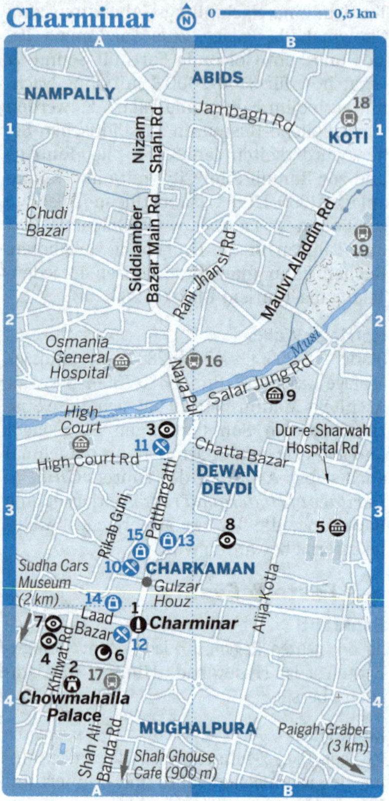

Charminar

Highlights
1 Charminar A4
2 Chowmahalla Palace A4

Sehenswertes
3 Badshahi Ashurkhana A3
4 Chiddi Bazar A4
5 HEH The Nizam's Museum B3
6 Mecca Masjid A4
7 Mehboob Chowk A4
8 Mir Alam Mandi B3
9 Salar Jung Museum B2

Aktivitäten, Kurse & Touren
Heritage Walks .... (siehe 1)

Essen
10 Govind Dosa A3
11 Hotel Shadab A3
12 Nimrah A4

Shoppen
13 Hyderabad Perfumers A3
14 Laad Bazar A3
15 Patel Market A3

Transport
16 Afzalgunj (Bus) B2
17 Charminar (Bus) A4
18 Koti (Bus) B1
19 Mahatma Gandhi (Bus) B2

Schlafen

Die Unterkünfte im innerstädtischen Viertel Abids sind perfekt, wenn man in der Nähe des Nampally-Bahnhofs und der Altstadt wohnen möchte. Wer es weitläufiger und grüner wünscht, sollte sich in Banjara Hills, ca. 4 km nordwestlich von Abids, eine Bleibe suchen. Spitzenklassehotels gewähren auf die genannten Standardpreise oft Nachlässe.

Golden Glory Guesthouse PENSION $
(Karte S. 260; ☎ 040-23554765; www.goldengloryguesthouse.com; an der Rd No 3, Banjara Hills; EZ/DZ inkl. Frühstück 900/1240 ₹, mit Klimaanlage 1240/1690 ₹; ❄ 📶) Die gut geführte Unterkunft punktet mit ihrer schönen Lage in einer ruhigen Wohnstraße in Banjara Hills. Die 22 Zimmer sind einfach, aber sauber und gemütlich, und einige haben sogar einen Balkon. WLAN ist im ganzen Haus verfügbar. In der Nachbarschaft gibt es als weiteren Pluspunkt außerdem einige relativ preisgünstige Lokale.

Hotel Rajmata HOTEL $
(Karte S. 252; ☎ 040-66665555; royalrajmata@gmail.com; Public Gardens Rd; EZ/DZ 900/1020 ₹, mit Klimaanlage 2030/2250 ₹; ❄ 📶) Das bei Familien beliebte Rajmata ist nur 250 m vom Bahnhof Nampally entfernt und dank ausreichendem Abstand zur viel befahrenen Hauptstraße auch ziemlich ruhig. Die Standardzimmer sind in die Jahre gekommen, aber geräumig, die klimatisierten Zimmer sind überteuert, aber kühl.

Hotel Suhail HOTEL $
(Karte S. 252; ☎ 040-24610299; www.hotelsuhail.in; Troop Bazar; EZ/DZ/3BZ ab 600/800/1100 ₹, mit Klimaanlage 1100/1365/1600 ₹; ❄ @ 📶) Diese Unterkunft ist besser als vergleichbare Bleiben in Abids. Das Suhail hat freundliches Personal sowie große, ruhige Zimmer mit Balkon und Warmwasser. Es befindet sich in einer Gasse unweit der Bank St.

YMCA International Guest House HOSTEL $
(Karte S. 254; ☎ 040-27801190; secunderabadymca@yahoo.co.in; St Mary's Rd, Secunderabad; B 125 ₹, EZ/DZ 500/600 ₹, ohne Bad 350/450 ₹, Zi. mit Klimaanlage 950 ₹; ❄) Freundliches Hostel

in einer ruhigen Ecke Secunderabads mit einfachen Zimmern, von denen einige einen Balkon haben. Die Bettlaken sind sauberer als die Wände. Gute Gemeinschaftsbäder.

Taj Mahal Hotel HOTEL **$$**
(Karte S. 252; 040-24758250; www.hoteltajmahalindia.com; Abids Rd; EZ 1690–3150 ₹, DZ 2420–3150 ₹ alle inkl. Frühstück;) In dem Gebäude von 1924 befinden sich die Rezeption und einige Zimmer (die „Heritage Rooms" haben Charme, die anderen sind eher schlicht). Die meisten Zimmer liegen jedoch in einem modernen Block nebenan. Sie sind ziemlich gut und in schicken Grau- und Rottönen gehalten. Gutes Preis-Leistungs-Verhältnis, hilfsbereites Personal an der Rezeption, Gratis-WLAN und Klimaanlage in allen Zimmern.

Hotel Harsha HOTEL **$$**
(Karte S. 252; 040-23201188; www.hotelharsha.net; Public Gardens Rd; EZ/DZ inkl. Frühstück ab 2020/2240 ₹;) Die Zimmer wirken nicht sonderlich stimmungsvoll und können auch recht laut sein, aber sie sind groß, sauber, komfortabel und in gutem Zustand. Der Bahnhof Nampally ist nicht allzu weit entfernt, man kann rund um die Uhr auschecken und das Personal hat stets ein Lächeln auf den Lippen. Ausgezeichnetes Preis-Leistungs-Verhältnis. WLAN kostet 110 ₹ pro Stunde.

Raj Classic Inn HOTEL **$$**
(Karte S. 254; 040-27815291; rajclassicinn@gmail.com; 50 MG Rd, Secunderabad; EZ/DZ inkl. Frühstück ab 1580/1920 ₹;) Saubere, geräumige Zimmer in nicht allzu weiter Entfernung von Secunderabad.

★ **Taj Falaknuma Palace** HISTORISCHES HOTEL **$$$**
(040-66298585; www.tajhotels.com; Engine Bowli, Falaknuma; EZ/DZ ab 41 600/43 290 ₹;) Die Taj-Gruppe brauchte über ein Jahrzehnt, um die frühere Residenz des sechsten Nizam zu restaurieren. Der neoklassizistische Palast aus 1884 steht auf einem Hügel südlich der Stadt und bietet königliche, akribisch aufgearbeitete Luxuselemente wie geprägte Ledertapeten und Deckenzierrat aus 24-karätigem Gold. Die Zimmer sind toll und dabei einzigartig opulent.

Auch Nichthotelgäste können hier mittags/abends (ab 2420/3025 ₹) essen oder den „High Tea" (2240 ₹) genießen, der zwischen 15.30 und 17 Uhr auf der Terrasse des Jade Room serviert wird. Gäste (auch diejenigen, die nur zum Essen kommen) erhalten um 17.00 Uhr eine kostenlose Führung durchs Hotel. Man muss zwei Tage im Voraus einen Tisch bestellen, sonst wird man nicht durch das Eingangstor am 1,2 km langen Zufahrtsweg gelassen.

Die Taj-Gruppe betreibt außerdem noch drei der besten Hotels in Hyderabad. Sie befinden sich alle in Banjara Hills: das luxuriöse **Taj Krishna** (Karte S. 260; 040-66662323; www.tajhotels.com; Rd No 1; EZ/DZ ab 44 970 ₹;), das stilvolle **Taj Deccan** (Karte S. 260; 040-66669999; www.tajhotels.com; Rd No 1; EZ/DZ ab 12 930/14 060 ₹;) und das am See gelegene **Taj Banjara** (Karte S. 260; 040-66669999; www.tajhotels.com; Rd No 1; EZ/DZ ab 9560/10 680 ₹;).

Fortune Park Vallabha HOTEL **$$$**
(Karte S. 260; 040-39884444; www.fortunehotels.in; Rd No 12, Banjara Hills; EZ/DZ inkl. Frühstück ab 5060/6190 ₹;) Das Fortune Park bietet große, gemütliche, moderne Zimmer mit Buntglas-Paneelen, Tee-/Kaffeemaschinen und einem großen Angebot an Körperpflegeprodukten. Außerdem gibt's ein sagenhaftes Frühstücksbuffet und morgens kostenlose Yogasitzungen. Hier zu übernachten ist ein wahres Vergnügen – mal abgesehen von dem nur schwer zu durchschauenden WLAN-Preissystem!

Royalton Hotel HOTEL **$$$**
(Karte S. 252; 040-67122000; www.royaltonhotel.in; Fateh Sultan Lane, Abids; EZ/DZ inkl. Frühstück ab 5060/5650 ₹;) Das Royalton, gelegen in einem relativ ruhigen Teil von Abids, mit seinem riesigen schwarzen Kronleuchter in der Lobby und den verspiegelten Fahrstühlen könnte auch in Manhattan stehen. Die Zimmer sind mit geschmackvollen Textilien ausgestattet, haben verglaste Duschen sowie Tee- und Kaffeemaschinen. Hier bekommt man nur Vegetarisches und keinen Alkohol.

Marigold HOTEL **$$$**
(Karte S. 260; 040-67363636; www.marigoldhotels.com; Ameerpet Rd, Greenlands; EZ/DZ inkl. Frühstück ab 6750/7870 ₹;) Das Marigold ist gleichermaßen funktional und stilvoll. Frische Blumen sowie goldene und neutrale Farbtöne lassen die Zimmer attraktiv, aber nicht überladen erscheinen. Die Lobby zieren randlose Springbrunnen und kunstvolle Kronleuchter. Der Pool auf der Dachterrasse ist ein weiteres Plus.

Das **Green Park** (Karte S. 260; 040-66515151; www.hotelgreenpark.com; Ameerpet Rd,

Greenlands; EZ/DZ inkl. Frühstück ab 5630/6750 ₹; ❄@📶) direkt nebenan gehört den gleichen Betreibern, ist aber einen Tick weniger stilvoll und komfortabel, aber dennoch eine gute Alternative.

Essen

Am frühen Abend gilt es, nach Straßenständen Ausschau zu halten, die *mirchi bhajji* (frittierte, gefüllte Chilis) mit Tee servieren. Und Hyderabad gibt diesem Gericht seine berühmte persönliche Note: Die entkernten Chilis werden hier mit Tamarinde, Sesam und Gewürzen gefüllt, in Kichererbsenteig getaucht und gebraten.

Hinweis: Da vor Ort niemand von „Thali“, sondern vielmehr von „Meal“ redet, wird der Begriff „Thali“ hier auch nicht verwendet.

Altstadt & Abids

Govind Dosa STRASSENSNACKS $
(Karte S. 256; Charkaman; Snacks 30–60 ₹; ⏲6–12 Uhr) Der fröhliche Govind ist wahrscheinlich der berühmteste Frühstückskoch der Stadt. Vor seinem Straßenimbiss tummeln sich ständig fröhliche Hyderabader, die sich die köstlichen Dosas, darunter auch ungewöhnliche mit *upma* (gewürztem Grießbrei), sowie *idlis* (locker fermentierte Reiswaffeln) und *tawa idlis* mit Chilipulver und Gewürzen auf der Zunge zergehen lassen.

Kamat Andhra Meals ANDHRA-KÜCHE $
(Karte S. 252; Troop Bazar; Gerichte 90 ₹; ⏲11–16 & 19–23 Uhr) Das kleine, einfache Restaurant serviert authentische, köstliche Andhra-Gerichte ohne Fleisch auf Bananenblättern. Die Speisen sind so scharf, dass einem fast die Zunge abfällt. Im selben Komplex befinden sich außerdem das **Kamat Jowar Bhakri** (Karte S. 252; Gerichte 130–180 ₹; ⏲12–16 & 19–23 Uhr) mit guten Maharashtra-Gerichten und das **Kamat Restaurant** (Karte S. 252; Gerichte & Hauptgerichte 75–180 ₹; ⏲7–22.30 Uhr) mit leckeren süd- und nordindischen Speisen. Letzteres hat übrigens nichts mit dem Kamat Hotel zu tun.

Nimrah CAFÉ $
(Karte S. 256; Charminar; Backwaren 2–10 ₹; ⏲5.30–23 Uhr) Iranische Cafés – altmodische, im 19. Jh. von persischen Einwanderern gegründete Teehäuser, in denen super zähflüssiger, super süßer iranischer Tee serviert wird – sind in Indien heutzutage vom Aussterben bedroht. In Hyderabad gibt's aber noch eine recht stattliche Anzahl solcher Cafés. Das Nimrah befindet sich fast direkt unter den Charminar-Bögen und bietet neben Tee auch besonders schmackhafte iranische Backwaren zum Mitnehmen an.

Der Klassiker ist osmanisches Gebäck (köstliche Kekse). Im Nimrah gibt's auch *dil khush* („glückliches Herz“) und *dil pasand*, ein Gebäck mit süßer Füllung, z. B. Kokos.

★ **Hotel Shadab** HYDERABADER KÜCHE $$
(Karte S. 256; High Court Rd, Charminar; Hauptgerichte 140–300 ₹; ⏲12–23.30 Uhr) Das gut besuchte Lokal mit der angenehmen Atmosphäre wird gern von Familien aus der Altstadt besucht. Es ist die Nummer eins für Biryani, Kebab, Lamm und während des Ramadan auch für *haleem* (dicke, scharfe Weizensuppe mit Ziegen-, Hühner- oder Rindfleisch). Der Raum im Obergeschoss ist klimatisiert.

DIE GUTE KÜCHE HYDERABADS

Hyderabad hat eine ganz eigene Esskultur, und die Einwohner sind stolz darauf und genießen sie gerne. Die Moguln brachten die schmackhaften Biryanis, Fleischspieße und *haleem* (eine dicke Ramadan-Suppe aus gewürztem und zerstoßenem Weizen mit Ziegen-, Hühner- oder Rindfleisch und Linsen) in die Stadt. Hammel (Ziege oder Lamm) ist die klassische Biryani-Basis, aber auch Huhn-, Eier- und Gemüse-Biryanis sind nicht selten. Biryanis werden in Riesenportionen aufgetischt und reichen manchmal für zwei.

Wer während des Ramadan (Ramzan) in Hyderabad ist, sollte nach *bhattis* (Lehmöfen) Ausschau halten. Wahrscheinlich hört man sie, bevor man sie sieht. Männer versammeln sich darum und mahlen einer nach dem anderen mit kräftigen Schlägen das *haleem* in speziell dafür angefertigten Behältnissen. Mit Einbruch der Dunkelheit beginnt dann das ernste Geschäft des Essens. Der Geschmack lohnt die Wartezeit unbedingt.

Die Andhra-Küche, die sowohl aus Telangana als auch aus Andhra Pradesh kommt, ist curry- und reislastiger. Die Gerichte enthalten oft Kokos- und/oder Cashew-Aromen und sind in ganz Indien für ihre würzige Schärfe berühmt. Vegetarier kommen hier voll auf ihre Kosten, aber es gibt auch viele Fisch-, Meeresfrüchte- und Fleischgerichte.

★ **Shah Ghouse Cafe** HYDERABADER KÜCHE $$
(Shah Ali Banda Rd; Hauptgerichte 100–190 ₹; ⌚12–2 Uhr) Während des Ramadan stehen Einheimische Schlange für das berühmte *haleem*, das im Shah Ghouse serviert wird. Auch das Biryani, das das ganze Jahr über aus der Küche kommt, ist nahezu perfekt. Besonderes Ambiente darf man hier allerdings nicht erwarten – wohl aber gute, sorgsam zubereitete Traditionsküche in einem einfachen Speiseraum im Obergeschoss.

Dakshina Mandapa SÜDINDISCH $$
(Karte S. 252; Taj Mahal Hotel, Abids Rd; Hauptgerichte & Gerichte 160–195 ₹; ⌚7–22.30 Uhr) In dem beliebten Lokal werden fleischlose südindische Gerichte serviert. Mittags muss man manchmal auf einen Tisch warten. Hier sollte man südindisches Thali bestellen: Unmengen Reis und ausgezeichnete, sehr scharfe vegetarische Gerichte (mit Nachschlag). Im klimatisierten Saal im Oberschoss wartet ein ausgesprochen gutes Mittagsbuffet für 300 ₹ (12–15 Uhr) auf hungrige Gäste.

Kamat Hotel SÜDINDISCH $$
(Karte S. 252; Secretariat Rd, Saifabad; Gerichte 95–170 ₹, Hauptgerichte 150–200 ₹; ⌚8–22 Uhr) Jedes Kamat ist zwar ein bisschen anders, aber alle servieren gute südindische Speisen. Es gibt eine weitere **Filiale** (Karte S. 252; Nampally Station Rd; Gerichte & Hauptgerichte 70–165 ₹; ⌚7–22 Uhr) in der Nähe vom Nampally-Bahnhof.

Gufaa NORDINDISCH $$$
(Karte S. 252; Ohri's Cuisine Court, Bashirbagh Rd; Hauptgerichte 250–600 ₹; ⌚11–15.30 & 19–23.30 Uhr) Das Gufaa („Höhle") bietet künstliche Felswände, ein Inventar mit Zebrastreifen und Bollywood-Oldies als Hintergrundmusik. Aus der Küche kommt Essen aus Peshawar (gute vegetarische und nichtvegetarische Kebabs und Currys). Irgendwie funktioniert der Mix, und selbst das *dhal* ist hier etwas Besonderes. Außerdem gibt's eine gute Getränkekarte.

Banjara Hills & Jubilee Hills

★ **Southern Spice** SÜDINDISCH $$
(Karte S. 260; Rd No 3; Hauptgerichte 170–500 ₹, Thalis 210–320 ₹; ⌚12–15.30 & 19–22.30 Uhr) Das Southern Spice serviert gute Andhra-Gerichte und Spezialitäten aus dem ganzen Süden in mehreren gemütlichen, in warmen Farbtönen gehaltenen Räumen. Es eignet sich perfekt, um typische Andhra-Speisen wie *natu kodi iguru* („Landhühnchen") oder *chapa pulusu*, ein herzhaftes, gut gewürztes Fischgericht, zu probieren.

Chutneys SÜDINDISCH $$
(Karte S. 260; Shilpa Arcade, Rd No 3; Hauptgerichte & Gerichte 240–300 ₹; ⌚7–23 Uhr) Das Chutneys ist für seine südindischen Gerichte und Dosas, *idlis* und *uttapams* berühmt. Sie enthalten allerdings vergleichsweise wenig Chili, sodass man schmerzfrei im vollen „Andhra-Genuss" schwelgen kann. In diesem etwas hektischen Lokal tragen die Kellner violette Hemden.

★ **SO** ASIATISCH, MEDITERRAN $$$
(☎040-23558004; www.notjustso.com; Aryan's, Rd No 92, beim Apollo Hospital, Jubilee Hills; Hauptgerichte 375–625 ₹; ⌚12–23 Uhr; 📶) Das SO auf einer ruhigen Dachterrasse in Jubilee Hills mit Kerzenbeleuchtung, sanfter Hintergrundmusik, Zuckerrohr- und Bananenstauden gehört zu den stimmungsvollsten Restaurants der Stadt. Die panasiatischen und mediterranen Speisen sind hervorragend. Unten befinden sich das sehr beliebte **Little Italy** (☎23558001; www.littleitaly.in; Hauptgerichte 350–600 ₹; ⌚12–15 & 19–23 Uhr) und die Bar MOB (S. 261). Es liegt in einer Seitenstraße an der Südseite des KBR National Park, 4 km westlich der Rd No 1 in Banjara Hills.

Fusion 9 WESTLICH $$$
(Karte S. 260; ☎040-65577722; www.fusion9.in; Rd No 1; Hauptgerichte 550–975 ₹; ⌚12.30–15.30 & 19–23.30 Uhr) Sanfte Beleuchtung und behagliches Dekor schaffen das passende Ambiente für den im Ofen gegarten Wolfsbarsch oder die vegetarische, marokkanische Tagine mit Zitronen-Couscous. Die internationale Speisekarte ist eine der besten in der ganzen Stadt. Unten im **Deli 9** (Karte S. 260; Snacks 40–230 ₹; ⌚9.30–22.30 Uhr; 📶) gibt's Quiches, Kuchen, Crêpes und Gratis-WLAN.

Firdaus INDISCH $$$
(Karte S. 260; ☎040-66662323; Taj Krishna, Rd No 1; Hauptgerichte 500–1100 ₹; ⌚12.30–15 & 19.30–23.45 Uhr) Wer einen gediegenen Abend verbringen und dabei erstklassige Hyderabader Küche sowie andere Speisen zu den Klängen von Live-*ghazals* (klassische Urdu-Liebeslieder mit Harmonium- und Tablabegleitung) genießen möchte, sollte sich im eleganten Firdaus einen Tisch bestellen. Hier bekommt man auch außerhalb des Ramadan *haleem*.

Banjara Hills

Banjara Hills

Schlafen

1 Fortune Park Vallabha B3
2 Golden Glory Guesthouse B2
3 GreenPark C1
4 Marigold C1
5 Taj Banjara C3
6 Taj Deccan C3
7 Taj Krishna C3

Essen

8 Barbeque Nation C3
9 Chutneys C2
10 Deli 9 .... C3
Firdaus .... (siehe 7)
Fusion 9 .... (siehe 10)
11 Southern Spice B2

Ausgehen & Nachtleben

12 10 Downing Street C1
13 Coco's A2
14 Hard Rock Cafe C2
15 Kismet D2
16 Lamakaan C2

Shopping

17 Fabindia B2
18 Himalaya Book World C2
19 Malkha C4
20 Suvasa B3

Praktisches

Citibank-Geldautomat .... (siehe 14)
21 Citibank-Geldautomat C3
22 Citibank-Geldautomat C3
Indiatourism .... (siehe 23)
23 Telangana Tourism C1

Transport

24 AC Guards (Bus; Pushpak) D4
25 Eat Street Boating D2
26 Paryatak Bhavan (Bus) (Pushpak) C1

Barbeque Nation INDISCH $$$
(Karte S. 260; ☎ 040-64566692; www.barbeque-nation.com; ANR Centre, Rd No 1; Mittagessen veg./nichtveg. 620/745 ₹, Abendessen 940/1060 ₹; ⌚12–15.30 & 18.30–22.30 Uhr) All-You-Can-Eat! Kebab, Currys, Salate und Desserts sowie viele weitere vegetarische und nichtvegetarische Gerichte werden in schlichten Räumlichkeiten serviert. Ein toller Ort mit ausgezeichnetem Preis-Leistungs-Verhältnis, vor allem wenn man wirklich Hunger hat. Das Mittagessen ist sonntags um 150 ₹ teurer, dafür wird's montags und dienstags den ganzen Abend und ansonsten jeden Abend vor 19 Uhr um 240 ₹ billiger.

Secunderabad

Paradise HYDERABADER KÜCHE $$
(Persis; Karte S. 254; www.paradisefoodcourt.com; Ecke SD Rd & MG Rd; Biryani 220–285 ₹; ⌚11.30–23 Uhr) Vor Ort gilt der Name als Synonym für Biryani. Das Hauptlokal in Secunderabad verfügt über fünf Essbereiche. Der Aufpreis von 20 % für die klimatisierten Räume lohnt sich nicht. Der „Dachgarten" im oberen Stock ist hell, luftig, ansprechend und mit summenden Ventilatoren ausgestattet.

In der Nähe von Abids und Banjara Hills gibt's eine große, moderne **Filiale** (Karte S. 252; ☎ 040-66661188; NTR Gardens; Hauptgerichte 240–500 ₹; ⌚11–23 Uhr), wo das Biryani aber nicht ganz so lecker ist.

Ausgehen & Unterhaltung

Wenn Nachtclubs Eintritt verlangen, so wird im Allgemeinen ein bestimmter Prozentsatz für Drinks oder Speisen angerechnet. *Deccan Chronicle, Times of India* und die unterhaltsame Website www.fullhyderabad.com haben „What's on"-Rubriken.

★ **Lamakaan** CAFÉ, THEATER
(Karte S. 260; ☎ 9642731329; www.lamakaan.com; beim JVR Park, Banjara Hills; ⌚Di–So 10–22.30 Uhr; 📶) Der nichtkommerzielle „Kulturraum" ist ein offenes Künstlerzentrum mit Theaterstücken, Filmen, Musik, Ausstellungen, Biomarkt und allem, was sonst noch inspiriert. Außerdem gibt's ein iranisches Café mit preiswertem Tee und Snacks, kostenlosem WLAN, Künstler, die in dem grünen Innenhof arbeiten und ein schwarzes Brett mit Hyderabads interessantesten Angeboten.

★ **MOB** BAR
(www.facebook.com/itismob; Aryan's, Rd No 92, beim Apollo Hospital, Jubilee Hills; ⌚12–23.30 Uhr; 📶) In dieser kneipenartigen Location trifft sich ein erfrischend gemischtes Völkchen ganz unterschiedlicher Altersklassen, um zu quatschen, gutes belgisches Fass- oder Flaschenbier zu trinken und leckeres Fingerfood zu genießen. Essen kann man im SO (S. 259) oder im Little Italy (S. 259) im gleichen Gebäude. Freitag- und samstagabends ist es rappelvoll. Die Bar befindet sich in einer Seitenstraße an der Südseite des KBR National Park, 4 km westlich der Rd No 1 in Banjara Hills.

Kismet CLUB
(Karte S. 260; ☎ 040-23456789; www.theparkhotels.com/hyderabad; The Park, Somajiguda; Eintritt pro Paar 500–2000 ₹; ⌚Mi–So 21–24 Uhr oder länger) *Der* In-Nachtclub mit geschwungenen, loungigen Sitznischen und großer Tanzfläche. Ohne weibliche Begleitung wird es kein Mann schaffen, an den drei Türstehern vorbeizukommen. Mittwochs und samstags ist Electronic-Nacht, freitags und sonntags ist Bollywood dran.

Coco's BAR
(Karte S. 260; ☎ 040-23540600; 217 Rd No 2, Jubilee Hills; ⌚11–23 Uhr) Die Lage auf der Dachterrasse, die rustikalen Bambussofas und die Strohdächer machen das Coco's perfekt für kühle Drinks an lauen Abenden. Allabendlich gibt's Live-Blues und Softrock. Zudem wird ordentliches Essen aus Indien und Europa serviert. Der Eingang befindet sich in einer Gasse neben dem Café Coffee Day.

Hard Rock Cafe BAR
(Karte S. 260; GVK One Mall, Rd No 1, Banjara Hills; Bier/Cocktails ab 210/370 ₹; ⌚12–23.30 Uhr) Ein typisches Hard Rock Café mit Gitarren der Stars und Kneipenessen. Ein gemütlicher, lockerer Ort, um einen Schluck zu trinken oder einen Happen zu essen. Donnerstags spielt um 21 Uhr meistens eine Liveband.

10 Downing Street BAR
(Karte S. 260; www.10downingstreetindia.com; Greenlands Rd, Hof hinter dem Kaufhaus My Home Tycoon; Eintritt nach 21 Uhr Mann/Frau 1200 ₹/frei; ⌚11.30–24 Uhr) Das viel besuchte und schon seit Ewigkeiten sehr beliebte 10 DS hat ein typisch englisches Pub-Dekor, d.h. Holzpaneele, Ledersofas und eine kleine Tanzfläche. Jeden Abend wird andere Musik geboten: freitags ist Retro-Nacht, samstags Club-Nacht, sonntags Bollywood-Nacht etc. Die Bar ist gut bestückt, auch das Kneipenessen und die europäischen Gerichte sind gar nicht schlecht.

CHARMINAR-MÄRKTE

Hyderabader und Besucher jeder Couleur strömen zum Herumstöbern, Kaufen und Bummeln in das Gassengewirr rund um den Charminar. Die breite Straße Patthargatti, die vom Fluss Musi dorthin führt, ist gesäumt von Geschäften, die Kleidung (vor allem Hochzeitskleidung), Parfüm und die berühmten Hyderabader Perlen verkaufen. Der **Laad Bazar** (Karte S. 256) erstreckt sich vom Charminar in Richtung Westen. Er ist berühmt für seine Geschäfte mit glänzenden Armreifen: Lackarmreifen aus harzartigen Insektensekreten mit farbenfroher Perlen- oder Steinschicht sind typisch für Hyderabad. Auf dem Laad Bazar findet man außerdem Parfüms, Hochzeitsartikel und Textilien.

Der Laad Bazar öffnet sich zum **Mehboob Chowk** (Karte S. 256), einem Platz mit einem Uhrturm und einer Moschee, mit Geschäften, die antiquarische Bücher und Antiquitäten verkaufen, einem Viehmarkt an der Südseite und dem **Chiddi Bazar** (Karte S. 256), einem Markt direkt südwestlich mit exotischen Vögeln.

Etwas weiter im Norden ist der **Patel-Markt** (Karte S. 256), auf dem Textilien verkauft werden. Gegen 11 Uhr ist in den schmalen Gassen zwischen Patthargatti und Rikab Gunj die Hölle los. Noch etwas weiter nördlich an der Patthargatti-Seite werden auf dem Großhandelsmarkt **Mir Alam Mandi** (Karte S. 256) täglich von 6.30 bis 18.30 Uhr frisches Obst und Gemüse angeboten.

Ravindra Bharathi Theatre THEATER
(Karte S. 252; ☎040-23233672; www.ravindrabharathi.org; Ladki-ka-pul Rd, Saifabad) Hier werden regelmäßig Konzerte, Tanz- und Theatervorstellungen veranstaltet.

Shoppen

Charminar (S. 249) ist das aufregendste Shoppingrevier. Hier findet man erlesene Perlen, Slipper, Gold und Textilien sowie Armreifen en masse.

Malkha BEKLEIDUNG
(Karte S. 260; www.malkha.in; Khadi Bhavan, Masab Tank Rd, gegenüber der NMDC-Bushaltestelle, Humayun Nagar; ⏲Mo–Sa 10–19 Uhr) Im Gegensatz zu industriell verarbeiteter Baumwolle werden die Malkha-Stoffe in Plantagennähe von Hand hergestellt und mit Naturfarben behandelt – das ist besser für Material und Umwelt. Außerdem werden die Rohstoffproduzenten kontrolliert. Das Ergebnis ist umwerfend: tolle Schals und Stoffe zu vernünftigen Preisen.

Himalaya Book World BÜCHER
(Karte S. 260; Panjagutta Circle, Banjara Hills; ⏲10.30–22 Uhr) Gute Auswahl an englischsprachigen Romanen und Sachbüchern von indischen und internationalen Autoren.

Fabindia BEKLEIDUNG
(Karte S. 260; www.fabindia.com; Rd No 9, Banjara Hills; ⏲Di–So 11–20.30 Uhr) Kleidung aus Naturstoffen mit tollen Mustern und Farben zu guten Preisen. In Bashirbagh ist eine **Filiale** (Karte S. 252; Fateh Maidan; ⏲10.30–20.30 Uhr).

Lepakshi KUNSTHANDWERK
(Karte S. 252; www.lepakshihandicrafts.gov.in; Abids Rd, Gunfoundry; ⏲Mo–Sa 10–20 Uhr) Kunsthandwerk aus Telangana und Andhra.

Suvasa BEKLEIDUNG
(Karte S. 260; www.suvasa.in; Rd No 12, Banjara Hills; ⏲11–19.30 Uhr) Die bedruckten *kurtas* (lange Hemdbluse mit kurzem bzw. ohne Kragen), *salwars* (Pluderhosen) und *dupattas* (Schals) liegen in puncto Schnitt und Druck über dem Mainstream-Angebot. Eine Suvasa-*kurta* mit *churidhars* (Leggings) könnte zum Lieblingsreiseoutfit werden.

Hyderabad Perfumers PARFÜM
(Karte S. 256; Patthargatti; ⏲Mo–Sa 10–20.30 Uhr) Wird seit vier Generation von derselben Familie betrieben und kreiert auf Wunsch ganz persönliche Düfte.

Praktische Informationen

GELD

Citibank ATM (Karte S. 260; Prashanthi Mansion, Rd No 1, Banjara Hills) An den Citibank-Automaten bekommt man bis zu 40 000 ₹ gebührenfrei. Bargeld kriegt man auch hier: City Center Mall und GVK One Mall (beide Karte S. 260; Rd No 1, Banjara Hills).

State Bank of India (Karte S. 252; HACA Bhavan, Saifabad; ⏲Mo–Fr 10.30–16 Uhr) Geldwechsel.

INTERNETZUGANG

Aloe Vera Home (Karte S. 252; Chirag Ali Lane; 20 ₹/Std.; ⏲6–22 Uhr) Kleiner Raum in einer Seitengasse.

MEDIZINISCHE VERSORGUNG

Care Hospital (☎ Notfall 105711; www.carehospitals.com) Angesehenes Privatkrankenhaus mit mehreren Nebenstellen und einer rund um die Uhr geöffneten Apotheke in Banjara Hills (Karte S. 260; ☎ 30418888; Rd No 1); Banjara Hills Outpatient (Karte S. 260; ☎ 39310444; 4th Lane, Rd No 10); Nampally (Karte S. 252; ☎ 30417777; Mukarramjahi Rd).

POST

Hauptpost (Karte S. 252; Abids Circle; ⏲ Mo–Sa 8–19.30, So 10–13 Uhr)

TOURISTENINFORMATION

Indiatourism (Karte S. 260; ☎ 040-23409199; www.incredibleindia.org; Tourism Plaza, Greenlands Rd; ⏲ Mo–Fr 9.30–18, Sa 9.30–13 Uhr) Sehr hilfreiche Infos über Hyderabad, Telangana und andere Regionen.

Telangana Tourism (☎ 1800 42546464; www.telanganatourism.gov.in) Touristeninformation und Buchungen von Touren und staatlichen Hotels in Telangana; Zweigstellen: Bashirbagh (Karte S. 252; ☎ 66745986; Shakar Bhavan; ⏲ 6.30–20.30 Uhr), Tankbund Rd (Karte S. 252; ☎ 65581555; ⏲ 6.30–20.30 Uhr), Greenlands Rd (Karte S. 260; ☎ 040-23414334; Tourism Plaza; ⏲ 7–20 Uhr), Flughafen Hyderabad (☎ 040-24253215), Secunderabad (Karte S. 254; ☎ 040-27893100; Yatri Nivas Hotel, SP Rd; ⏲ 6.30–20.30 Uhr) und Bahnhof Secunderabad (Karte S. 254; ☎ 27801614; ⏲ 10–20 Uhr). Die Andhra Pradesh Tourism Development Corporation (APTDC; ☎ 1800 42545454; www.aptdc.gov.in) hat die gleiche Funktion, jedoch für Andhra Pradesh. Bislang teilen sich beide ein Büro.

ℹ An- & Weiterreise

BUS

Der Hauptbusbahnhof **Mahatma Gandhi** (MGBS, Imlibun Bus Station; Karte S. 256; ☎ 040-24614406; ⏲ Reservierungsbüro 8–22.30 Uhr) befindet sich in der Nähe von Abids und hat 74 Bussteige. Die klimatisierten TSRTC-Busse (www.tsrtcbus.in) sind recht gut. Nach Karnataka kommt man mit KSRTC, in der Nähe von Bussteig 30. Viele Fernbusse fahren abends los. Bei der Buchung sollten Frauen um Sitze im vorderen Bereich bitten, denn die sind extra für weibliche Fahrgäste reserviert.

Secunderabads **Busbahnhof Jubilee** (Karte S. 254; ☎ 040-27802203) ist kleiner. Von der St. Mary's Rd unweit des Bahnhofs von Secunderabad fahren regelmäßig Stadtbusse ab. Nachstehend einige Beispiele für beliebte Ziele:

Bengaluru (Normal/Volvo AC/Liegesitz 610/1000/1600 ₹, 10–12 Std., 1-mal tgl.)

Vijayawada (ohne/mit Klimaanlage 310/450 ₹, 5–7 Std., 11-mal tgl.)

Mumbai („Express" 600 ₹, 14 Std., 14 Uhr)

FLUGZEUG

Hyderabads riesiger, moderner **Rajiv Gandhi International Airport** (☎ 040-66546370; www.hyderabad.aero; Shamshabad) liegt 25 km südwestlich vom Zentrum. Es gibt täglich Direktflüge in 19 indische Städte (mit Air Costa, Air India, IndiGo, Jet Airways oder SpiceJet) sowie nach Chicago, London und in Städte in Südostasien und in den Golfstaaten. Zwei Inlandsfluggesellschaften haben Büros in der Stadt:

Air India (Karte S. 252; ☎ 040-23389711; HACA Bhavan, Saifabad; ⏲ Mo–Sa 9.45–13.15 & 14–17 Uhr)

Jet Airways (Karte S. 252; ☎ 040-39893333; Summit Apts, Hill Fort Rd)

ZUG

Secunderabad, **Nampally** (offiziell Hyderabad Deccan) und **Kacheguda** sind die drei Hauptbahnhöfe der Stadt. Die meisten durchgehenden Züge halten in Kacheguda.

Die Reservierungszentren von **Nampally** (Karte S. 252; ☎ 040-27829999; ⏲ Mo–Sa 8–20,

BUSSE AB DEM BUSBAHNHOF MAHATMA GANDHI

ZIEL	PREIS (₹)	DAUER (STD.)	HÄUFIGKEIT
Bengaluru	720-1010	9-11	21 Busse 17–22.30 Uhr
Bidar	150	4½	stündl. 5–22 Uhr
Chennai	700-1200	12-14	4 Busse 18.30–21 Uhr
Hospet	355-850	8-11	9-mal tgl.
Mumbai	1100 (AC)	14	Do & So 18.30 Uhr
Mysore	1130-1210	12-14	4 Busse 17–19.45 Uhr
Tirupati	700-1000	12	halbstündl. 13.30–22 Uhr
Vijayawada	350-480	6	halbstündl.
Visakhapatnam	730-1100	13	stündl. 14–22 Uhr
Warangal	155-195	4	halbstündl.

So 8–14 Uhr) und **Secunderabad** (Rathifile; Karte S. 254; St. John's Rd; ⌚Mo–Sa 8–20, So 8–14 Uhr) sind in separaten Gebäuden außerhalb des Bahnhofs untergebracht. Sie haben Schalter für Tickets aus dem Touristenkontingent (Reisepass und Visum inkl. Fotokopien erforderlich). Anfragen und PNR-Status unter ☎139.

Es fahren täglich ca. 20 Züge nach Warangal (Sleeper/3AC/2AC 170/535/735 ₹, 2½ Std.) und Vijayawada (190/495/720 ₹, 6 Std.). Los geht's meistens in Secunderabad.

ℹ Unterwegs vor Ort

AUTO

Autos sollte man über das Hotel organisieren. Die Preise für ein kleines Auto mit Klimaanlage und Fahrer (z. B. ein Indica) liegen zwischen 1000 und 1200 ₹ pro Tag für Sightseeing in der Stadt (8 Std./max. 80 km) und zwischen 2800 und 3200 ₹ für Touren außerhalb der Stadt (max. 300 km).

AUTORIKSCHA

Die offiziellen Preise sind 20 ₹ für die ersten 1,6 km und 11 ₹ für jeden weiteren Kilometer, zwischen 23 und 5 Uhr wird ein Aufschlag von 50 % fällig. Die meisten Fahrer weigern sich aber leider, das Taxameter anzustellen. Man muss also den Preis mit ihnen aushandeln und wird letztendlich wahrscheinlich 20 bis 25 ₹ pro gefahrenen Kilometer hinblättern müssen (nach Einbruch der Dunkelheit wird's dann noch teurer).

BUS

Stadtbusse (die meisten Fahrten kosten 6–12 ₹) fahren überall, man benötigt aber die Hilfe eines Einheimischen, um die richtige Haltestelle und den richtigen Bus zu finden. Unter www.hyderabadbusroutes.com sind Strecken mit einigen Haltestellen verzeichnet, die aber unter Umständen nicht ganz richtig angegeben sind.

VOM/ZUM FLUGHAFEN

Bus

Die klimatisierten Pushpak-Busse der TSRTC fahren ungefähr zwischen 4 und 23 Uhr verschiedene Ziele im Stadtgebiet an, u. a. **AC Guards** (Karte S. 260; 200 ₹, 2- oder 3-mal stündl.) und **Secretariat** (Karte S. 252; 200 ₹, ca. stündl.), beide ca. 1,5 km von Abids entfernt, **Paryatak Bhavan** (Karte S. 260) in der Greenlands Rd (250 ₹, ca. stündl.) und **Secunderabad** (Karte S. 254; 250 ₹, 2-mal stündl.). Die Fahrt dauert etwa eine Stunde. Fahrpläne gibt's bei der **TSRTC** (Telangana State Road Transport Corporation; ☎1800 2004599; http://tsrtcbus.in) oder unter http://hyderabad.aero.

Taxi

Der Prepaid-Taxistand befindet sich auf der untersten Ebene des Terminals; die Schlepper auf dem Weg dorthin sollte man ignorieren. Die Fahrt nach Abids oder Banjara Hills kostet zwischen 600 und 700 ₹. Die „Funktaxis" von **Meru Cabs** (☎040-44224422) und **Sky Cabs** (☎040-49494949), die Schalter im Ankunftsbereich haben, nehmen 21 ₹ pro Kilometer (nachts 26 ₹).

WICHTIGE ZUGVERBINDUNGEN AB HYDERABAD & SECUNDERABAD

ZIEL	ZUG-NR. & -NAME	PREIS (₹)	DAUER (STD.)	ABFAHRTSZEIT & -ORT
Bengaluru	*22692* oder *22694 Rajdhani*	1815/1330 (B)	12	18.50 Uhr Secunderabad
	12785 Bangalore Exp	370/970/1370 (A)	11½	19.05 Uhr Kacheguda
Chennai	*12604 Hyderabad–Chennai Exp*	405/1055/1500 (A)	13	17.20 Uhr Nampally
	12760 Charminar Exp	425/1115/1590 (A)	14	18.30 Uhr Nampally
Delhi	*12723 AP Exp*	670/1745/2545 (A)	27	6.25 Uhr Nampally
	22691 oder *22693 Rajdhani*	2360/3245 (B)	22	7.50 Uhr Secunderabad
Kolkata	*12704 Falaknuma Exp*	630/1650/2395 (A)	26	16 Uhr Secunderabad
Mumbai	*12702 Hussainsagar Exp*	425/1115/1590 (A)	14½	14.45 Uhr Nampally
	17032 Mumbai Exp	395/1070/1545 (A)	16½	20.40 Uhr Nampally
Tirupati	*12734 Narayanadri Exp*	385/1005/1430 (A)	12	18.05 Uhr Secunderabad
	12797 Venkatadri Exp	375/980/1385 (A)	11½	20.05 Uhr Kacheguda
Visakhapatnam	*12728 Godavari Exp*	405/1055/1500 (A)	12½	17.15 Uhr Nampally

Preise: (A) Sleeper/3AC/2AC, (B) 3AC/2AC

AUSGEWÄHLTE BUSSTRECKEN IN HYDERABAD

65G, 66G	Charminar–Golconda Fort, via Afzalgunj, GPO Abids; beide stündl.
49M	Secunderabad Junction–Mehdipatnam via Rd No 1 (Banjara Hills); häufig
8A	Charminar–Secunderabad Junction via Afzalgunj, GPO Abids; häufig
40, 86	Secunderabad Junction–Koti Bus Stop; beide häufig
127K	Koti Bus Stop–Jubilee Hills via GPO Abids, Public Gardens, Rd Nos 1 & 12 (Banjara Hills); häufig

Meru und Sky bieten auch einen zuverlässigen Service für Fahrten innerhalb der Stadt an.

METRO RAIL

Die **Hyderabad Metro Rail** (www.hmr.gov.in) ist ein 72 km langes S-Bahn-Netz, das zwischen 2015 und 2017 stufenweise in Betrieb genommen werden soll und das Leben in der Stadt um einiges leichter machen wird. Die Züge fahren auf Hochbahngleisen über den Straßen Hyderabads. Es wird 66 Bahnhöfe und drei Linien geben.

ZUG

MMTS-Vorortzüge (www.mmtstraintimings.in; Fahrt 5–11 ₹) sind für Fahrten zwischen den drei Hauptbahnhöfen recht praktisch, obwohl sie nur etwa alle 30 oder 45 Minuten fahren. Es gibt zwei Hauptstrecken: von Hyderabad (Nampally) nach Lingampalli (nordwestlich von Banjara Hills) über die Haltestellen Necklace Rd, Begumpet und Hi-Tech City sowie von Falaknuma (südlich der Altstadt) nach Lingampalli über die Haltestellen Kacheguda und Secunderabad mit Anschluss an die Hyderabad–Lingampalli-Linie in Begumpet.

TELANGANA

Die spannendsten Orte im neu gegründeten Bundesstaat Telangana, liegen, von der Hauptstadt Hyderabad einmal abgesehen, in und um Warangal, seiner zweitgrößten Stadt.

Bhongir

Die meisten Busse und Züge an der Strecke Hyderabad–Warangal halten in Bhongir, 60 km von Hyderabad entfernt. Hier lohnt sich ein Zwischenstopp, um zur großartigen **Hügelfestung** (Eintritt 3 ₹, Foto 10 ₹; ⏲10–17 Uhr) im Chalukya-Stil des 12. Jhs. hinaufzusteigen. Der Hügel, auf dem sie steht, ähnelt einem steinernen Riesenei. Seinen Rucksack kann man solange am Ticketschalter lassen.

Warangal

☎0870 / 620 000 EW.

Warangal war die Hauptstadt des Königreichs Kakatiya, das sich vom 12. bis zum frühen 14. Jh. über den Großteil des heutigen Telangana und Andhra Pradesh erstreckte. **Telangana Tourism** (☎0870-2571339; gegenüber von Indian Oil, Nakkalgutta, Hanumakonda; ⏲Mo–Sa 10.30–17 Uhr) hat hilfsbereites Personal.

Sehenswertes

Fort FESTUNG

Warangals Fort am Südrand der Stadt war ein massiver Bau mit drei ringsherum verlaufenden Mauern (die äußerste war 7 km lang). Der größte Teil besteht jetzt allerdings entweder aus Feldern oder Gebäuden. Im Zentrum steht der gewaltige wieder aufgebaute **Shiva-Tempel Svayambhu** (Inder/Ausländer 5/100 ₹; ⏲9–18 Uhr) mit seinen schönen großen *torana*-Toren, die die vier Himmelsrichtungen kennzeichnen. Eine Autorikscha vom Bahnhof in Warangal kostet hin und zurück ca. 300 ₹.

Der Eintrittspreis beinhaltet auch den Zugang zum 400 m westlich gelegenen Kush Mahal (Shitab Khan Mahal), einer königlichen Halle aus dem 16. Jh. Fast direkt gegenüber vom Eingang in den Svayambhu-Tempel befindet sich ein **Park** (Eintritt 10 ₹; ⏲7–19 Uhr) mit dem hohen Felsen Ekashila Gutta, auf dem ein weiterer Kakatiya-Tempel mit Blick auf einen kleinen See steht.

1000-Säulen-Tempel HINDU-TEMPEL

(⏲6–18 Uhr) Der von viel Grün umgebene, 6 km nordwestlich vom Bahnhof in Warangal in der Nachbarstadt Hanumakonda (Hanamkonda) gelegene 1000-Säulen-Tempel wurde 1163 erbaut. Er ist ein schönes Beispiel für die Architektur und Bildhauerei der Kakatiya. Untypischerweise hat das kreuzförmige Gebäude Schreine, die dem Sonnengott Surya (wenn man reinkommt rechts), Vishnu (Mitte) und Shiva (links) geweiht sind. Der Name hält nicht, was er verspricht – der Tempel hat bestimmt keine 1000 Säulen. Weiter hinten erhebt sich der Hanumakonda-Hügel, auf dem sich ursprünglich die Kakatiya-Hauptstadt befand.

Weitere antike Tempel in Hanumakonda sind u. a. der Bhadrakali-Tempel (am Seeufer

2 km südöstlich des 1000-Säulen-Tempels) mit dem Götzenbild der Muttergöttin Kali, die in jeder ihrer acht Hände eine Waffe hält, und der kleine Siddeshwara-Tempel an der Südseite des Hanumakonda-Hügels.

Schlafen & Essen

Vijaya Lodge HOTEL $
(☎ 0870-2501222; Station Rd; EZ 260 ₹, DZ 450–700 ₹) Das ca. 350 m von Warangals Bahnhof entfernte Vijaya ist gut geführt und hat hilfsbereites Personal. Die grenzwertig düsteren Zimmer haben „Eimerduschen". Die Zimmer in den oberen Etagen sind besser.

Hotel Ashoka HOTEL $$
(☎ 0870-2578491; hotelashoka_wgl@yahoo.co.in; Main Rd, Hanumakonda; Zi. 1580–2250 ₹; ❄@) Das belebte, gut geführte Hotel in der Nähe des Busbahnhofs in Hanumakonda sowie des 1000-Säulen-Tempels bietet einfache, gepflegte Zimmer mit Klimaanlage. Hinzu kommen das gute vegetarische Restaurant **Kanishka** (Gerichte 110 ₹; ⏱6.30–22.30 Uhr), ein nichtvegetarisches Restaurant, eine Kneipe und eine Restaurantbar.

Hotel Landmark HOTEL $$
(☎ 0870-2546333; Nakkalagutta; Zi. 1800 ₹; ❄📶) Eine ordentliche Alternative 2 km außerhalb der Stadt an der Straße nach Hyderabad.

Sri Geetha Bhavan ANDHRA-KÜCHE $
(Market Rd, Hanumakonda; Hauptgerichte 80–95 ₹; ⏱6–23 Uhr) Echt gute südindische Gerichte (80 ₹) in schöner, klimatisierter Umgebung.

Anreise & Unterwegs vor Ort

Vom **Busbahnhof Hanumakonda** (☎ 9959226056; New Bus Stand Rd) starten stündlich drei Busse nach Hyderabad (130–195 ₹, 4 Std.), vom **Busbahnhof Warangal** (☎ 2565595; Station Rd) gegenüber vom Bahnhof einer pro Stunde.

Von Warangal fahren täglich mehrere Züge nach Hyderabad (Sleeper/3AC/2AC 170/535/735 ₹, 3 Std.), Vijayawada (190/535/735 ₹, 3 Std.) und Chennai (375/980/1385 ₹, 11½ Std.).

Sammel-Autorikschas (15 ₹) bedienen feste Strecken rund um Warangal und Hanumakonda.

Palampet

Mitten in einer schönen grünen Landschaft, 65 km nordöstlich von Warangal, steht der atemberaubende, 1213 erbaute **Ramappa-Tempel** (Foto 25 ₹; ⏱6–18 Uhr) GRATIS. Er ist ein hervorragendes Beispiel für die Kakatiya-Architektur und ist mit filigran gearbeiteten Reliefs verziert: Tiere, Liebespaare, Ringer, Musiker, Tänzer, Gottheiten und Hindu-Legenden. Die Bögen an den Außensäulen sind mit prächtigen Reliefs aus schwarzem Basalt geschmückt. Es sind Fabelwesen und von Schlangen umschlungene Frauen zu erkennen. Am großen, 1 km südlich gelegenen Tempelsee **Ramappa Cheruvu** machen Zugvögel gern Halt.

Am einfachsten kommt man mit einem Taxi her (die Fahrt von Warangal kostet hin & zurück ca. 1800 ₹). Alternativ fahren Busse alle 30 Minuten von Hanumakonda nach Mulugu (50 ₹, 1 Std.), von wo aus es dann weiter nach Palampet (20 ₹, 13 km) geht.

ANDHRA PRADESH

Der vor Kurzem verkleinerte Bundesstaat Andhra Pradesh erstreckt sich zwischen Tamil Nadu und Odisha 850 km entlang des Golfs von Bengalen und im Landesinneren bis zu den Ostghats. Andhra Pradesh kann auf eine lange Tradition zurückblicken und ist stolz auf seine Telugu-Sprache und -Kultur. Außerdem ist Andhra Pradesh einer der wohlhabenderen Bundesstaaten Indiens. Hier kann man einen der meist besuchten Tempel Indiens (in Tirumala), ein paar faszinierende, entlegene antike Stätten aus den ersten Tagen des Buddhismus in Südindien und – nördlich von Visakhapatnam – einen der schönsten Abschnitte von Indiens Ostküste entdecken. Außerdem kommt man überall in den Genuss der lecker-würzigen Andhra-Küche. Die Websites von Andhras Touristeninformationen lauten: www.aptourism.gov.in und www.aptdc.gov.in.

Vijayawada

☎ 0866 / 1,05 MIO. EW.

Die zentral im neuen Andhra Pradesh gelegene Handels- und Industriestadt Vijayawada am Nordufer des Krishna wird Andhras neue Hauptstadt. Die Regierung des Bundesstaates hat ehrgeizige Pläne und will das Paradebeispiel eines Hauptstadtkomplexes aus 17 bestehenden Dörfern an der Südseite des Flusses errichten. Das Ganze wird über eine Trillion Rupien (16 Billionen US$) kosten.

Vijayawada ist eine gute Ausgangsbasis für die Besichtigung einiger faszinierender, alter buddhistischer Stätten in üppig grüner Umgebung. Viele bezeichnen die Stadt als das kulturelle und sprachliche Herz Andhras, und der **Kanaka-Durga-Tempel** (Durga Temple Ghat Rd, Indrakeeladri Hill) aus dem 12. Jh. ist Ziel zahlreicher Pilger. Der 1,3 km lange Prakasam-Staudamm am Krishna versorgt drei Bewässerungskanäle, die durch die Stadt fließen.

Sehenswertes

★Undavalli-Höhlentempel HINDU-TEMPEL
(Inder/Ausländer 5/100 ₹; ⌚9–17 Uhr) Nur 6 km südwestlich des Zentrums von Vijayawada, an der Südseite des Krishna, befindet sich dieser herrliche vierstöckige Höhlentempel. Er wurde wahrscheinlich im 2. Jh. n. Chr. von buddhistischen Mönchen in den Fels gehauen und im 7. Jh. von Hindus umgestaltet. Mit Ausnahme des Schreins auf der dritten Ebene mit seinem riesigen liegenden Vishnu sind die Schreine jetzt leer. Drei gnomartige Vasihnavite-Steingurus oder Prediger blicken von der Terrasse über die Reisfelder. Her kommt man mit dem Bus 301 (20 ₹, 20 Min.), der alle 20 Minuten am Busbahnhof in Vijayawada abfährt. Eine Autorikscha kostet für die Hin- und Rückfahrt 250 ₹.

Schlafen & Essen

Hotel Sripada HOTEL $
(☎0866-6644222; hotelsripada@rediffmail.com; Gandhi Nagar; EZ 900–1460 ₹, DZ 1010–1690 ₹; ❄) Das Sripada in Bahnhofsnähe gehört zu den wenigen preiswerteren Hotels in Vijayawada, die ausländische Gäste aufnehmen dürfen. Die kleinen hellen Zimmer sind in ordentlichem Zustand, es gibt ein anständiges Restaurant und hilfsbereites Personal.

Hotel Southern Grand HOTEL $$
(☎0866-6677777; www.hotelsoutherngrand.com; Papaiah St, Gandhi Nagar; inkl. Frühstück EZ 1910–2360 ₹, DZ 2250–2700 ₹; ❄📶) Die Preise sind für derart gepflegte, blitzblanke, moderne Zimmer sehr angemessen. Das Hotel ist nur 600 m vom Bahnhof entfernt, verfügt über das ausgezeichnete vegetarische Restaurant **Arya Bhavan** (Hotel Southern Grand, Papaiah St, Gandhi Nagar; Hauptgerichte 120–165 ₹, Thalis 105–160 ₹; ⌚7–23 Uhr) sowie das praktische Reisebüro **Southern Travels** (☎0870-6677777; Hotel Southern Grand, Papaiah St, Gandhi Nagar) und bietet kostenlosen Transfer zum Flughafen und Bahnhof.

Gateway Hotel HOTEL $$$
(☎0866-6644444; www.thegatewayhotels.com; MG Rd; EZ/DZ ab 5060/5900 ₹; ❄📶🏊) Das klassische Hotel der Taj-Gruppe hat sechs Stockwerke mit gut ausgestatteten, modernen Zimmern rund um eine hohe Atrium-Lobby. Außerdem gibt's zwei stilvolle Restaurants, eine Bar und den einzigen Hotelpool in Vijayawada. Wer über die Website bucht, bekommt möglicherweise einen Preisnachlass. Das Hotel liegt 3 km südöstlich des Bahnhofs.

★Minerva Coffee Shop INDISCH $$
(Museum Rd; Hauptgerichte 180–220 ₹, Gerichte 140–220 ₹; ⌚7–23 Uhr) Der Ableger der exzellenten Minerva-Kette in der Nähe des großen Big-Bazaar-Ladens serviert köstliche vegetarische Speisen aus Nord- und Südindien in hellen, sauberen Räumen. Auch der Service ist gut und freundlich. Die Gerichte (Thalis) gibt's nur zwischen 11.30 und 15.30 Uhr, aber die hervorragenden *dosas*, *idlis* und *uttapams* (35–70 ₹) bekommt man den ganzen Tag über. Eine weitere **Niederlassung** (MG Rd; Gerichte 185–220 ₹; ⌚7–23 Uhr) mit ähnlich gutem Essen in luftigem Ambiente befindet sich in der MG Rd.

Praktische Informationen

Department of Tourism (☎0866-2578880; Bahnhof; ⌚10–17 Uhr)

Anreise & Unterwegs vor Ort

Am Bahnhof und am Busbahnhof gibt es Schalter für Prepaid-Autorikschas.

BUS

Vom großen **Busbahnhof Pandit Nehru** (Arjuna St) fahren Busse u. a. nach:
Chennai (ohne/mit Klimaanlage 450/750 ₹, 8–10 Std., 7-mal tgl.)
Eluru (45 ₹, 1½ Std., alle 30 Min.)
Hyderabad (ohne/mit Klimaanlage 310/450 ₹, 5–7 Std., alle 30 Min.)
Tirupati (ohne/mit Klimaanlage 420/570 ₹, 9 Std., alle 30 Min.)
Visakhapatnam (ohne/mit Klimaanlage 415/550 ₹, 8 Std., alle 30 Min.)

ZUG

Vijayawada Junction liegt an den Hauptstrecken Chennai–Kolkata und Chennai–Delhi. Der schnelle *12841/12842 Coromandel Express* zwischen Chennai und Kolkata eignet sich perfekt für Fahrten entlang der Küste. Nachstehend die Fahrzeiten und Preise in der Sleeper Class/3AC/2AC:
Chennai (290/735/1035 ₹, 7 Std., 13-mal tgl.)
Hyderabad (190/495/720 ₹, 6½ Std., 20-mal tgl.)
Tirupati (235/635/905 ₹, 7 Std., 12-mal tgl.)
Warangal (190/535/735 ₹, 3 Std., 24-mal tgl.)

Rund um Vijayawada

Amaravathi

Amaravathi, 43 km westlich von Vijayawada, war das erste buddhistische Zentrum im Süden Indiens. Mit einer Höhe von 27 m und einem Durchmesser von 49 m entstand hier im 3. Jh. v. Chr. Indiens größter **Stupa** (Inder/Ausländer 5/100 ₹; ⌚7–19 Uhr). Amaravathi florierte als Hauptstadt unter der Satavahana-Dynastie, die vier oder fünf Jahrhunderte von Andhra aus über den Dekkan herrschte und den Beginn der buddhistischen Kunst in Südindien begründete. Von dem Stupa sind heute nur noch das runde Fundament und einige Steine der umlaufenden Brüstung übrig. Die große halbrunde Kuppel ist nicht mehr vorhanden, aber in dem **Museum** (Eintritt 5 ₹; ⌚Sa–Do 9–17 Uhr) nebenan befinden sich ein Modell des Stupas und einige filigrane Marmorarbeiten mit Szenen aus dem Leben Buddhas, mit denen die Satavahanas den Stupa rundherum verzierten. Ein Teilnachbau der Steinbrüstung vermittelt einen Eindruck von seinen gewaltigen Dimensionen.

Etwa 1 km weiter, am Stadtrand, steht der 20 m hohe **Dhyana Buddha** genau dort, wo der Dalai Lama 2006 eine Ansprache hielt.

Vom Busbahnhof in Vijayawada fährt der Bus 301 alle 10 Minuten über Unduvalli nach Amaravathi (60 ₹, 2 Std.). Die Fahrt führt durch eine recht schöne Landschaft.

Eluru

Die Stadt Eluru, 60 km östlich von Vijayawada an der Straße und Bahnlinie nach Visakhapatnam, ist Ausgangspunkt für die abgelegene buddhistische Stätte Guntupalli (S. 271) und das Meditationszentrum Dhamma Vijaya in Vijayarai. Busse fahren alle 30 Minuten nach Vijayarai (15 ₹, 20 Min.).

Dhamma Vijaya MEDITATION
(☎9441449044; www.dhamma.org; Eluru-Chintalapudi Rd, Vijayarai) Auf einem üppig grünen Gelände mit Palmen und Kakaosträuchern

DER STAAT DES GUTEN KARMAS

Andhra Pradesh ist ein Knotenpunkt der bedeutendsten indischen Landwege und der Wasserwege am Golf von Bengalen und spielte bereits in der frühen Geschichte des Buddhismus eine bedeutende Rolle. In Andhra und Telangana gibt's etwa 150 bekannte buddhistische Stupas, Klöster, Höhlen und andere Stätten. Sie zeugen von einer Zeit, in der Andhra Pradesh oder „Andhradesa" noch ganz im Zeichen des Buddhismus stand, und als Mönche nach Sri Lanka und Südostasien reisten, um Buddhas Lehren zu verbreiten, und Mönche aus aller Welt kamen, um die berühmten buddhistischen Lehrer zu hören.

Andhradesas buddhistische Kultur nahm im 6. Jh. v. Chr., zu Lebzeiten Buddhas, ihren Anfang und währte ungefähr 1500 Jahre. Doch erst im 3. Jh. v. Chr. schlug das *dharma* unter Ashoka, dem Herrscher der Maurya-Dynastie, endgültig Wurzeln. Ashoka schickte Menschen in alle Winkel seines Reichs, wo sie neben ihrer Tätigkeit als Lehrer auch Stupas errichteten, in denen Buddha-Reliquien aufbewahrt wurden. (Wer sich in der Nähe eines solchen Schreins aufhielt, kam auf dem Pfad der Erleuchtung angeblich schneller voran.)

Die nach Ashokas Tod im Jahre 232 v. Chr. folgenden Satavahanas und Ikshvakus aus Zentral-Andhra-Pradesh förderten ebenfalls den Buddhismus. Die Satavahanas ließen Ashokas Stupa in ihrer Hauptstadt Amaravathi mit eleganten Elementen verzieren. Sie errichteten Klöster im Krishna-Tal und exportierten das *dharma* mittels ihres ausgedehnten Handelsnetzes übers Meer. Nagarjuna, der als Stammvater des Mahayana-Buddhismus bezeichnet wird, soll zur Zeit der Satavahana-Dynastie im 2. oder 3. Jh. n. Chr. gelebt haben. Der Mönch, der sowohl Logiker als auch Philosoph und Meditator war, hat mehrere bahnbrechende Werke verfasst, die zur Entwicklung des Buddhismus beigetragen haben.

Selbst als Ruinen vermitteln manche Stupas und Klosterkomplexe heute noch einen guten Eindruck von ihrer früheren Größe und auch davon, wie die Mönche einst lebten, in Höhlen schliefen und Regenwasser aus in den Fels geschlagenen Zisternen holten. Viele dieser Stätten bieten außerdem einen grandiosen Blick aufs Meer und über die Landschaft. Die Komplexe von Nagarjunakonda (S. 269 und Amaravathi (S. 268) haben beide eine gute Infrastruktur und jeweils ein informatives Museum. Abenteuerlustige sollten von Vijayawada nach Guntupalli (S. 271) oder Bhattiprolu bzw. von Visakhapatnam nach Thotlakonda (S. 272), Bavikonda (S. 272) und Sankaram (S. 272 fahren.

finden hier zehntägige Intensivkurse in *Vipassana*-Meditation statt. Voranmeldung erforderlich, Spenden erwünscht.

Nagarjunakonda

Zunächst fährt man im Auto von Vijayawada ca. 180 km Richtung Westen oder von Hyderabad 170 km nach Südosten, danach dann 45 Minuten im Boot über den Nagarjuna-Sagar-Stausee und schon ist man auf der einzigartigen Insel Nagarjunakonda mit ihren vielen alten buddhistischen Bauwerken. Bis 1960 der große Nagarjunasagar-Staudamm am Krishna-Fluss gebaut wurde, war die Insel die Spitze eines Bergs im Krishna-Tal. Im 3. und 4. Jh. n. Chr. hatte die Ikshvaku-Dynastie hier ihre Hauptstadt. Damals war die Gegend mit rund 30 Klöstern wahrscheinlich das bedeutendste buddhistische Zentrum Südindiens. Im Vorgriff auf den geplanten Staudamm wurden in den 1950er-Jahren im Rahmen von Ausgrabungen Stupas, *viharas* (Klöster), *chaitya-grihas* (Gebetshallen mit Stupas), *mandapas* (Säulenpavillons) und viele bemerkenswerte Skulpturen aus weißem Marmor zu Tage befördert. Auf Nagarjunakonda wurden die Funde zusammengestellt.

Sehenswertes & Aktivitäten

Nagarjunakonda Museum MUSEUM

(inkl. Denkmälern Inder/Ausländer 10/105 ₹; Sa–Do 9–16 Uhr) Das durchdacht gestaltete Nagarjunakonda Museum beherbergt Buddha-Statuen und wunderbar filigrane Reliefs, die das Leben Buddhas und den modernen Alltag zeigen. Die wieder aufgebauten Reste – Stupafundamente, Mauern des Klosterkomplexes und Gruben für Pferdeopfer – sind auf einem 1 km langen Weg aneinandergereiht. Der größte Stupa in der Chamtasri-Chaitya-Griha-Gruppe enthielt ein Knochenfragment, das von Buddha stammen soll.

Sri Parvata Arama MUSEUM

(Buddhavanam) Im Buddha-Themenpark 8 km nördlich des Staudamms steht ein Nachbau des riesigen Amaravathi-Stupa. Die staatlichen Tourismusbehörden sind seit mehreren Jahren mit dem Bau beschäftigt, die Eröffnung war für Ende 2015 geplant. Den Bus aus Hyderabad nehmen und am Buddha-Park aussteigen.

Dhamma Nagajjuna MEDITATION

(9440139329, 9348456780; www.nagajjuna.dhamma.org; Hill Colony) Das Zentrum Dhamma Nagajjuna, 8 km nördlich des Staudamms, hält Buddhas Lehren in der Region am Leben. In der schönen, mit Blumen übersäten Anlage mit Blick über den Nagarjuna Sagar finden zehntägige Kurse in *Vipassana*-Meditation statt. Voranmeldung erforderlich, Spenden erwünscht. Wenn man mit dem Bus aus Hyderabad anreist, muss man am Buddha-Park aussteigen.

Schlafen & Essen

Nagarjuna Resort HOTEL $

(08642-242471; Vijayapuri South; Zi. 800 ₹ mit Klimaanlage 1500 ₹;) Die angenehme Unterkunft gegenüber vom Bootsanleger hat geräumige, aber leicht schäbige Zimmer mit Durchlauferhitzer und Balkon mit Ausblick.

Haritha Vijaya Vihar HOTEL $$

(08680-277362/3; Zi. mit Klimaanlage inkl. Frühstück Mo–Do 1350–1690 ₹, Fr–So 2480–2810 ₹;) Das staatliche Haritha Vijaya Vihar, 6 km nördlich des Staudamms, bietet ordentliche Zimmer, einen schönen Garten und Seeblick.

Hotel Siddhartha INDISCH $$

(Buddhavanam, Hill Colony; Hauptgerichte 110–210 ₹; 6–23 Uhr) Das beste Essen der Gegend gibt's im Hotel Siddhartha. Hier werden Currys, Biryanis, Fischgerichte und viele Snacks in einem luftigen Pavillon serviert.

An- & Weiterreise

Die einfachste Art Nagarjunakonda zu besuchen, ist, abgesehen von einem Privatwagen, im Rahmen einer Bustour ab Hyderabad mit Telangana Tourism (S. 255) (550 ₹). Diese Touren werden allerdings nur unter der Woche angeboten.

Öffentliche Busse fahren vom Busbahnhof Mahatma Gandhi in Hyderabad stündlich nach Hill Colony/Nagarjuna Sagar (200 ₹, 4 Std.). Man muss in Pylon aussteigen und die letzten 8 km nach Vijayapuri South mit einer Autorikscha (15/100 ₹ Sammel-/Privatautorikscha) fahren.

Boote (100 ₹ hin & zurück) schippern von Vijayapuri South, 7 km südlich des Staudamms, zur Insel. Theoretisch legen sie um 9.30, 11.30 und 13.30 Uhr ab und bleiben dann eine oder zwei Stunden auf der Insel. Die ersten beiden Boote fahren nur, wenn genügend Passagiere zusammenkommen, das 13.30-Uhr-Boot fährt jeden Tag zur Insel, zurück geht's um 16.30 Uhr.

Visakhapatnam

0891 / 1,73 MIO. EW.

Wer Visakhapatnam alias Vizag (sprich *wie*-zeg) in der Urlaubszeit von Dezember bis Februar besucht, bekommt eine seltene Form des einheimischen Tourismus zu sehen: Luftballons, Zuckerwatte und natürlich Hochzeiten! In dieser Zeit trifft sich halb Andhra Pradesh am Meer, und die Menschenmassen verleihen dem kitschigen Ambiente nur noch mehr Reiz. Auf der Fußgängerpromenade am Ramakrishna Beach wird einiges geboten, der in der Nähe gelegene Rushikonda Beach ist der beste Strand in Andhra. Außerdem befinden sich in der Umgebung auch die bedeutendsten Hindu-Tempel von ganz Andhra, mehrere alte buddhistische Stätten und das Araku-Tal.

Obwohl Vizag Andhra Pradeshs größte Stadt und für ihre Stahlwerke und den großen Hafen bekannt ist, konnte sich der Badeort ein gewisses Flair bewahren.

Wer Mitte Januar hier ist, sollte das alljährlich stattfindende Fest **Visakha Utsav** mit Essensständen am Ramakrishna Beach, Ausstellungen und Kulturevents besuchen.

Sehenswertes & Aktivitäten

Ramakrishna Beach STRAND

Der Ramakrishna (RK) Beach erstreckt sich ab dem Hafen im Süden der Stadt 4 km an der Küste entlang. Von hier schweift der Blick über den Golf von Bengalen mit den Riesenschiffen und den bunten Fischerbooten.

Submarine Museum MUSEUM

(Beach Rd; Erw./Kind 40/20 ₹, Foto 50 ₹; ⌚ Di–Sa 14–20.30, So 10–12.30 & 14–20.30 Uhr) Am Nordende der Promenade am RK Beach befindet sich das 91 m lange, in der Sowjetunion gebaute indische Marine-U-Boot *Kursura*, das heute ein faszinierendes Museum ist.

Kailasagiri Hill PARK

(Eintritt 5 ₹, Seilbahn hin & zurück Erw./Kind 75/40 ₹; ⌚ 11–20 Uhr) Am Kailasagiri Hill, der über der Beach Rd im Norden der Stadt thront, gibt's eine Seilbahn mit tollem Panoramablick, gepflegte Gärten, einen Skulpturenpark, Spielplätze, eine Minibahn, eine Marmorstatue, die Shiva und Parvati darstellt, sowie mehrere Cafés. Hin kommt man mit Bus 10K vom RTC Complex und vom RK Beach aus.

Rushikonda STRAND

Der schöne Badestrand Rushikonda, 10 km nördlich der Stadt, ist einer der schönsten Abschnitte von Indiens Ostküste. Um keine unerwünschte Aufmerksamkeit zu erregen, sollten sich Frauen nicht in freizügiger Badekleidung zeigen (hier sind T-Shirt und Shorts angesagt). An den Wochenenden herrschen Hochbetrieb und Partystimmung. Surfer und Kajak-Fans können sich anständige Bretter und Kajaks beim einheimischen Surfpionier **Melville Smythe** (☎ 9848561052; pro Std. Surfbrett 400–600 ₹, 2-Personen-Kajak 300 ₹, Surfunterricht 200 ₹) an der Jetski-Hütte leihen.

Rushikonda erreicht man mit Bus 900K vom Bahnhof oder vom RTC Complex. Alternativ kann man auch eine Sammel-Autorikscha an der Beach Rd nehmen.

Simhachalam-Tempel HINDU-TEMPEL

(⌚ 7–11.30, 12.30–14.30, 15.30–19 Uhr) Dieser Tempel ist nach dem Tirumala Andhras meist besuchter Tempel. Er steht 16 km nordwestlich der Stadt. Der große ruhige Tempel ist Varahalakshmi Narasimha geweiht, einer Kombi aus Vishnus Eber- und Löwenmensch-Inkarnation. Mit einem Ticket für 100 ₹ kommt man schneller als mit dem 20-₹-Ticket voran (und an einen Schluck Weihwasser). Die Busse 6A und 28 fahren vom RTC Complex und vom Bahnhof hierher.

Die Tempelarchitektur ist von der Odisha-Architektur beeinflusst, so auch der Hauptschrein aus dem 13. Jh. mit seinen gemeißelten Steinpaneelen (an der hinteren Wand ist der Löwenmensch zu erkennen, wie er einem Dämon die Eingeweide rausnimmt).

Schlafen

Man sollte in der Beach Rd übernachten, obwohl es hier kaum preiswerte Hotels gibt.

SKML Beach Guest House PENSION $

(☎ 9848355131; ramkisg.1074@gmail.com; Beach Rd, Varun Beach; Zi. 1000–1200 ₹, mit Klimaanlage 1600–2000 ₹) Das SKML mit seinen zwölf sauberen, ordentlichen Zimmern befindet sich am weniger schicken südlichen Ende des RK Beach. Am besten sind die beiden „Suiten" im obersten Stock, sie haben Meerblick, eine Terrasse und ein bisschen Kunst zu bieten.

Hotel Morya HOTEL $

(☎ 0891-2731112; www.hotelmorya.com; Bowdara Rd; EZ/DZ ab 480/620 ₹, Zi. mit Klimaanlage 1570 ₹; ❄) Eine ordentliche Billigbleibe 600 m südlich des Bahnhofs. Die Standardzimmer sind klein und schlecht belüftet. Die anderen Zimmer sind hingegen recht groß. Man kann rund um die Uhr auschecken. Nachts ist das Hotel am Neonschild erkennbar.

Haritha Beach Resort HOTEL $$

(☎ 0891-2788826; www.aptdc.gov.in; Rushikonda; Zi. mit Klimaanlage inkl. Frühstück 1920–2810 ₹; ❄) Die Zimmer in diesem staatlichen Hotel

ABSEITS DER ÜBLICHEN PFADE

GUNTUPALLI

Die Anreise ist ein malerisches Abenteuer. Der einst buddhistische **Klosterkomplex** (Inder/Ausländer 5/100 ₹; ⏲10–17 Uhr) befindet sich auf einem Hügel und bietet einen schönen Blick über Wälder und Felder. Bemerkenswert ist sein runder, in den Fels geschlagener *chaitya-griha*-Schrein. Die Kuppeldecke der Höhle ist mit „Holzbalken" ausgestattet. Der *chaitya-griha* hat einen gut erhaltenen Stupa und – wie die Mönchsbehausungen am Rand des Steilhangs – eine großartige Bogenfassade, die aus Holz zu bestehen scheint. Sehenswert sind auch die steinernen „Betten" in den Mönchszellen und die über 60 Votivstupas. Das Kloster war vom 2. Jh. v. Chr. bis zum 3. Jh. n. Chr. bewohnt.

Von Eluru – an der Straßen- und Bahnstrecke Vijayawada–Visakhapatnam – fährt man mit dem Bus 35 km nach Norden bis Kamavarapukota (35 ₹, 1 Std., alle 30 Min.). Dort steigt man in einen Nahverkehrsbus oder eine Autorikscha nach Guntupalli (10 km in westlicher Richtung). Ein Taxi ab Eluru kostet hin & zurück ca. 1500 ₹.

sind schmucklos, aber sauber. Die großen Zimmer der Executive- und Luxus-Kategorie haben Balkone mit Blick vom Hügel auf den Rushikonda Beach. Das **Vihar** (Rushikonda; Hauptgerichte 100–240 ₹; ⏲11–22.30 Uhr) direkt unterhalb und mit Strandzugang ist ein toller Ort für ein Bier oder eine Mahlzeit.

★ Park HOTEL **$$$**
(☎0891-3045678; www.theparkhotels.com; Beach Rd; EZ/DZ inkl. Frühstück ab 8150/10 480 ₹; ❄@📶🏊) Vizags bestes Hotel ist elegant und durchgestylt, aber auch behaglich und einladend. Auf dem großen, schönen Gartengelände am Strand befinden sich ein toller Pool und drei der vier Hotelrestaurants. Die modernen Zimmer sind gemütlich.

Ambica Sea Green HOTEL **$$$**
(☎0891-2821818; www.ambicaseagreen.com; Beach Rd; Zi. inkl. Frühstück ab 5060 ₹; ❄📶) Die sehr komfortablen, gut ausgestatteten Zimmer bieten Meerblick und sind viel preiswerter als die der anderen Spitzenklassehotels in der Beach Rd. Das Frühstück kommt als großes Buffet auf den Tisch. Zuverlässiges WLAN.

✕ Essen

★ Sea Inn ANDHRA-KÜCHE **$$**
(Beach Rd, Rushikonda; Hauptgerichte 90–180 ₹; ⏲12–16 Uhr) Die Küchenchefin bereitet Andhra-Currys nach Rezepten ihrer Mutter zu. Die Fisch-, Meeresfrüchte-, Hühnchen- und Veggie-Gerichte werden im schlichten Speisesaal serviert. Das nur teilweise überdachte Lokal befindet sich ca. 300 m nördlich der Abzweigung zum Haritha Resort.

Dharani INDISCH **$$**
(Daspalla Hotel, Suryabagh; Thalis & Hauptgerichte 170–220 ₹; ⏲12–15.30 & 19–22.30 Uhr) Es lässt sich nicht mit Worten beschreiben, so lecker sind die Speisen in diesem vegetarischen Restaurant in Familienhand. Unbedingt den Daspalla-Filterkaffee probieren. Das tolle Daspalla Hotel hat mehrere Restaurants, in denen u.a. Andhra-Speisen und Vegetarisches aus Nordindien aus der Küche kommen.

Little Italy ITALIENISCH **$$**
(1. OG, South Wing, ATR Towers, Vutagedda Rd, Paandurangapuram; Hauptgerichte 230–400 ₹; ⏲12–15 & 19–23 Uhr) Das rein vegetarische Lokal liegt in 500 m Entfernung vom Ramakrishna Beach und serviert leckere, knusprige Pizzas und ordentliche Salate in sauberem, ruhigem Ambiente. Es gibt keinen Alkohol, dafür aber gute alkoholfreie Cocktails.

Vista MULTICUISINE **$$$**
(The Park, Beach Rd; Hauptgerichte 350–900 ₹; ⏲19.30–23 Uhr) Das Vista ist eins der vier Restaurants im Park und absolut empfehlenswert. Es hat eine lange, wahrhaft internationale Speisekarte und abends ein exzellentes All-You-Can-Eat-Buffet (900 ₹). Im **Bamboo Bay** (The Park, Beach Rd; Hauptgerichte 450–970 ₹; ⏲19.30–23 Uhr) kann man unter freiem Himmel gute Gerichte aus Andhra, Chettinad und Mughlai probieren.

ℹ Praktische Informationen

Im RTC Complex gibt's Internetcafés (20 ₹/Std.).
APTDC (☎0891-2788820; www.aptdc.gov.in; RTC Complex; ⏲6.30–21.30 Uhr) Touren, Hotelbuchungen, Touristeninformation. Im Bahnhof gibt's eine Zweigstelle.

ℹ An- & Weiterreise

AUTO

Der freundliche, englischsprechende **Srinivasa „Srinu" Rao** (☎7382468137) ist ein guter Fahrer für Ausflüge in die Umgebung. Ein Tagestrip ins Araku-Tal kostet bei ihm ca. 3000 ₹, die Fahrt nach Sankaram und zurück 1400 ₹.

Die zuverlässige Agentur **Guide Tours & Travels** (☎ 9848265559, 0891-2754477; Shop 15, Sudarshan Plaza; ⌚7–22 Uhr) gegenüber vom RTC Complex nimmt für einen Tagesausflug in einem Umkreis von 300 km ca. 3200 ₹ zzgl. Autobahngebühren.

BUS

Von Vizags gut strukturiertem **RTC Complex** (☎ 2746400) fahren Busse u. a. nach:

Vijayawada (Normal/Superluxury/klimatisiert 356/425/610 ₹, 8 Std., stündl. von 5–24 Uhr)

Hyderabad (nicht klimatisiert/klimatisiert 727/1120 ₹, 13 Std., stündl. von 14.30–21 Uhr)

Jagdalpur (227 ₹, 8 Std., 2-mal tgl.)

FLUGZEUG

Air India (☎ 0891-2746501; www.airindia.com; LIC Building Complex, Jeevan Prakash Marg), **Air Costa** (www.aircosta.in), **Indigo** (www.goindigo.in) oder **SpiceJet** (www.spicejet.com) fliegen täglich direkt nach Bengaluru, Bhubaneswar, Chennai, Delhi, Hyderabad, Kolkata und Mumbai.

SCHIFF/FÄHRE

Etwa zweimal im Monat fahren Schiffe nach Port Blair auf den Andamanen. Ungefährer Fahrplan siehe www.and.nic.in. Tickets für die 56-stündige Schiffsreise (2268–8841 ₹) werden zwei oder drei Tage vor Abfahrt bei **AV Bhanojirow, Garuda Pattabhiramayya & Co** (☎ 0891-2565597; ops@avbgpr.com; Harbour Approach Rd, unweit NMDC, Hafengebiet; ⌚9–17 Uhr) verkauft. Unbedingt Reisepass, zwei Fotokopien und zwei Fotos mitbringen.

ZUG

Der **Bahnhof von Visakhapatnam** am Weststrand der Stadt liegt an der Hauptstrecke Kolkata–Chennai. Der *12841/12842 Coromandel Express* ist der schnellste Zug in beide Richtungen – 12½ Stunden nach Chennai (Sleeper Class/3AC/2AC 425/1115/1590 ₹) und 14 Stunden nach Kolkata (460/1200/1715 ₹). Mehr als 20 Züge fahren täglich nach Vijayawada (255/645/900 ₹, 7 Std.) und ca. zehn nach Bhubaneswar (290/750/1050 ₹, 7 Std.). Der täglich verkehrende *58538 Visakhapatnam-Koraput Passenger* und der *18512 Visakhapatnam–Koraput Intercity Express* (nur Mo & Fr) fahren in die Nähe von Chatikona, Onkadelli und Chandoori Sai in Odisha. Das **Reservierungsbüro** (⌚Mo–Sa 8–22, So 8–14 Uhr) befindet sich 300 m südlich des Hauptgebäudes.

ℹ Unterwegs vor Ort

Zum Flughafen von Visakahapatnam, 12 km westlich des Stadtzentrums, kommt man mit Autorikschas (250 ₹), Taxis (400 ₹) oder Bus 38 vom RTC Complex (15 ₹, 30 Min.). In der Ankunftshalle gibt's einen Stand für Prepaid-Taxis.

Am Bahnhof befindet sich ein Stand für Prepaid-Autorikschas. Ansonsten muss man den Preis aushandeln. Fahrten zum Ramakrishna Beach sollten vom Bahnhof ca. 60 ₹ und vom RTC Complex um die 50 ₹ kosten. Sammel-Autorikschas auf der Beach Rd vom Hafen am Südende der Stadt nach Rushikonda, 10 km nördlich von Vizag, und nach Bheemunipatnam, 25 km nördlich, kosten zwischen 5 ₹ (für eine Strecke von 1 km) und 40 ₹ (von Vizag nach Bheemunipatnam). Man kann jede Autorikscha per Handzeichen anhalten.

Rund um Visakhapatnam

Sankaram

Dieser beeindruckende **buddhistische Klosterkomplex** (⌚8–17 Uhr) GRATIS, der auch unter dem Namen seiner beiden Teile Bojjannakonda und Lingalakonda bekannt ist, steht 40 km südwestlich von Vizag auf einer ca. 300 m langen Felsnase. Der Komplex wurde vom 2. bis zum 9. Jh. n. Chr. von Mönchen genutzt, und so finden sich hier in den Fels gehauene Höhlen, Stupas, Klosterruinen und Buddha-Reliefs. Bojjannakonda, der östliche Teil, hat zwei in den Fels gehauene Schreine mit mehreren großartigen Buddhaschnitzereien. Auf dem Hügel thronen die Ruinen eines riesigen Stupas und eines Klosters. Lingalakonda, an der westlichen Seite, weist mehrere, teils riesige in den Fels gehauene Stupas auf. Von beiden Teilen hat man einen tollen Blick über die Reisfelder.

Ein Auto von Vizag hierher kostet 1400 ₹. Alternativ fährt man mit dem Bus (42 ₹, 1½ Std., alle 30 Min. ab dem RTC Complex) oder dem Zug (35 ₹, 1 Std.) ins 3 km entfernte Anakapalle und steigt dort in eine Autorikscha (hin & zurück 120 ₹ inkl. Wartezeit).

Bavikonda & Thotlakonda

Bavikonda (⌚9–17 Uhr) GRATIS und **Thotlakonda** (Fußgänger/Auto 5/30₹; ⌚8–17.30 Uhr) waren buddhistische Klöster auf idyllischen Hügeln nördlich von Vizag. Hier lebten fast 150 Mönche. Die Wasserversorgung stellten Regenwassertanks sicher. Die Stätte wurde in den 1980er- und 1990er-Jahren ausgegraben.

Die Klöster erlebten ihre Blütezeit etwa vom 3. Jh. v. Chr. bis zum 3. Jh. n. Chr. Damals gehörten geweihte Stupas, Gebetshallen, *chaitya-grihas*, *viharas* und Speisesäle zum Klostergelände. Thotlakonda bietet einen schönen Blick aufs Meer. Bavikonda ist von besonderer Bedeutung, denn hier wurden im Mahachaitya-Stupa die Reste eines Behältnisses mit einem Knochen gefunden, der von Buddha persönlich stammen soll.

Die Abzweigungen nach Bavikonda und Thotlakonda sind 14 bzw. 15 km von Vizag entfernt an der Straße nach Bheemunipatnam: Bavikonda liegt 3 km abseits der Hauptstraße und Thotlakonda 1,25 km. Von Vizag aus nehmen Autorikscha-Fahrer für die Fahrt zu beiden Klöstern und zurück ca. 600 ₹. Bis zu den Abzweigungen kommt man auch mit einer Sammel-Autoriksha oder mit Bus 900K. Eine Autoriksha von der Hauptstraße nach Bavikonda und zurück kostet zwischen 100 und 150 ₹.

Bheemunipatnam

Die ehemalige niederländische Siedlung liegt 25 km nördlich von Vizag und ist die älteste Gemeinde auf dem indischen Festland. Hier gibt's bizarre Skulpturen am Strand, einen Leuchtturm von 1861, einen interessanten niederländischen Friedhof und den Bheemli Beach, an dem einheimische Kids im nicht sehr sauberen Wasser auf groben, selbstgebastelten Brettern surfen. Hierher kommt man von Vizag aus mit Bus 900K oder mit einer Sammel-Autoriksha.

Araku-Tal

☎ 08936 / 975 M

Andhras schönste Bahnstrecke führt durch die üppig grünen Ostghats ins Araku-Tal mit der Stadt Araku, 115 km nördlich von Vizag. Hier leben Stammesgemeinschaften fernab der Zivilisation. Außerdem ist die Gegend für ihren guten Bio-Kaffee und ihre wunderschöne Landschaft bekannt. Der Personenzug 58501 Visakhapatnam–Kirandul (30 ₹, 4 Std.) verlässt Vizag um 6.50 Uhr; Zug 58502 fährt von Araku um 14.50 Uhr zurück. Die stündlich in Vizag startenden Busse (70–105 ₹) brauchen für die Strecke 4½ Stunden. Ein Tagesauflug im Taxi kostet zwischen 3000 und 4000 ₹. APTDC bietet diverse Touren an, zu allen gehören eine Aufführung von Stammestänzen und der Besuch der Millionen von Jahren alten **Kalksteinhöhlen von Borra** (Erw./Kind 60/45 ₹, Foto 100 ₹; ⌚10–13 & 14–17 Uhr), die sich 38 km vor Araku befinden.

Im Ort Araku bietet das **Museum of Habitat** (Eintritt 10 ₹; ⌚8–13.30 & 14.30–20 Uhr) neben dem Busbahnhof und 2 km östlich des Bahnhofs eine kleine Ausstellung über im östlichen Andhra Pradesh lebende Stämme. Zu sehen sind u.a. Modelle von Jagdszenen und Nachstellungen von Zeremonien. Nebenan im **Araku Valley Coffee House** (Kaffee 25–95 ₹; ⌚8.30–21 Uhr) kann man vor Ort angebauten Kaffee und Kaffeebohnen mit Schoko-Überzug probieren und kaufen. Im **Araku Aadiwasi Arts & Crafts** (⌚8–20 Uhr) kann man sich Kunsthandwerk der Stämme anschauen. Freitags kommen die Dorfbewohner zum Wochenmarkt nach Araku.

Das eher unfreundliche **Hotel Rajadhani** (☎08936-249580; www.hotelrajadhani.com; Zi. ohne/mit Klimaanlage 800/1200 ₹; ❄) auf halber Strecke zwischen dem Bahnhof und dem Busbahnhof hat zumindest saubere, relativ große Zimmer. Im dazugehörigen **Vasundhara Restaurant** (⌚6–23 Uhr) kommen gute indische Gerichte aus der Küche. APTDC verwaltet zwei ordentliche Hotels, das **Hill Resort Mayuri** (Mayuri; ☎08936-249204; Hütte 893 ₹, Zi. 1349–2361 ₹ alle inkl. Frühstück; ❄) direkt hinter dem Museum und das **Valley Resort** (☎08936-249202; Zi. inkl. Frühstück 1130–2030 ₹, mit Klimaanlage 2250 ₹; ❄), 1 km östlich, das oft von Tollywood-Teams bevölkert wird.

Tirumala & Tirupati

287 000 EW. (TIRUPATI), 7700 EW. (TIRUMALA)

Auf dem heiligen Hügel von Tirumala tummeln sich Tag für Tag Zehntausende glückselige Gläubige, von denen viele lange Reisen auf sich genommen haben, um dem Lord Venkateshwara in seinem Zuhause zu begegnen. Täglich kommen um die 60 000 Pilger hierher. Ein *darshan* ist rund um die Uhr möglich. Der gut organisierte **Tirumala Tirupati Devasthanams** (TTD; ☎0877-2277777, 0877-2233333; www.tirumala.org) (TTD) und die 20 000 Angestellten wissen mit dem Ansturm von Gläubigen hervorragend umzugehen. So herrscht hier trotz der Menschenmassen meist eine gewisse Ordnung, Gelassenheit und Ruhe, sodass ein Besuch des Heiligen Bergs zur bereichernden Erfahrung werden kann, auch wenn man kein Pilger ist.

„Es heißt, dass Lord Sri Venkateshwara Festlichkeiten liebt", so der TTD. Seine Anhänger tun es ihm gleich: Die *darshan*-Schlangen während des alljährlichen neuntägigen **Brahmotsavam-Fests** (⌚Ende Sept./Anfang Okt.) sind oft kilometerlang.

In Tirupati, der Stadt am Fuß des Berges, gibt's viele Hotels und Restaurants. Es ist der Hauptausgangspunkt für Tirumala. Auch für weltliche Bedürfnisse ist hier gesorgt, und zwar rund um den Busbahnhof von Tirupati (TP Area) und den Bahnhof 700 m weiter westlich.

Sehenswertes

Venkateshwara-Tempel HINDU-TEMPEL
Pilger strömen nach Tirumala, um Venkateshwara, die Inkarnation Vishnus, zu sehen. Ein „gewöhnlicher" *darshan* erfordert zwei- bis achtstündiges Warten in klaustrophobisch engen Metallkäfigen am Tempelrand. Tickets für einen speziellen *darshan* (300 ₹) verkürzen zwar das Stehen in der Schlange, aber die Herausforderung des Käfigs muss trotzdem gemeistert werden – aber das gehört ja irgendwie auch dazu. Die Spezialtickets bekommt an den Seeghra-Darshan-Schaltern im Vaikuntam Queue Complex 1.

Für die speziellen *darshans* gibt's gesonderte Einlasszeiten (s. Website). Am Eingang ist per Unterschrift zu bestätigen, dass man Lord Venkateshwara verehrt.

Zu den zahlreichen Fähigkeiten, die Venkateshwara zugesprochen werden, gehört auch die Macht, Wünsche zu erfüllen, die vor dem Abbild der Gottheit in Tirumala geäußert werden. Legenden über den Hügel und seine Umgebung werden schon in den *Puranas* erzählt. Die Geschichte des Tempels reicht wahrscheinlich 2000 Jahre zurück. Der Haupttempel ist ein stimmungsvoller Ort, wenn man ihn erreicht, wird man sich aber zwischen den unzähligen Pilgern wie in einer Sardinendose fühlen. Im hinteren Teil des dunklen und fast magischen inneren Heiligtums spendet Venkateshwara seinen Besuchern Segen und Liebe. Hier riecht es nach Weihrauch und überall erklingen Gesänge – schon so manch einer soll bei dieser Stimmung gläubig geworden sein. Man darf kurz ein Gebet sprechen und wird dann wieder nach draußen geschoben. Nicht vergessen, am Tresen einen leckeren *ladoo* à la Tirumala mitzunehmen. Die süßen Bällchen aus Kichererbsenmehl, Kardamom und Backobst sind in ganz Indien berühmt.

Aus Dankbarkeit für einen erfüllten Wunsch bringen viele Pilger ihr Haar als Opfer dar oder schwören ihrem Ego ab. Hunderte Friseure begleiten die Gläubigen – in Tirumala und Tirupati wimmelt es nur so von kahlgeschorenen Männern, Frauen und Kindern.

Schlafen & Essen

In der Nähe des Tirumala Tempels betreibt das TTD riesige **Schlafsäle** (B gratis) und **Pensionen** (Zi. 50–3000 ₹), die Pilgern vorbehalten sind. Wer darin übernachten will, muss beim Central Reception Office einchecken. Die gigantischen **Speisesäle** (Essen gratis) auf dem Hügel verköstigen täglich Tausende Pilger. Außerdem gibt's vegetarische Restaurants mit Gerichten für 25 ₹.

Hotel Annapurna HOTEL $
(☎ 0877-2250666; 349 G Car St, Tirupati; Zi. 1240 ₹, mit Klimaanlage 1920 ₹; ❄) Das Annapurna hat saubere, einfache Zimmer in Rosatönen. Da sich das Hotel an der Ecke gegenüber vom Bahnhof befindet, kann es in den Zimmern nach vorn etwas laut werden. Im dazugehörigen vegetarischen **Restaurant** (Hauptgerichte 110–210 ₹; ⏰ 5.30–23 Uhr) gibt's frisch gepresste Säfte und ausgezeichnetes Essen.

Hotel Mamata Residency HOTEL $
(☎ 0877-2225873; 1. OG, 170 TP Area, Tirupati; EZ/DZ/3BZ/4BZ 400/600/800/1000 ₹, mit Klimaanlage 750/999/1249/1499 ₹; ❄) Blitzblankes Budgethotel zwischen Bahnhof und Busbahnhof. Die Zimmer mit Klimaanlage sind oft ausgebucht.

Hotel Regalia HOTEL $$
(☎ 0877-2238699; Ramanuja Circle, Tirupati; Zi. inkl. Frühstück 2360 ₹; ❄ 📶) Das Regalia am Ostrand der Stadt, 1,5 km vom Bahnhof (eine Autorikscha hierher kostet 30 ₹), hat ansprechende, saubere, moderne Zimmer. Im Preis enthalten ist das riesige Frühstücksbuffet.

★ **Minerva Grand** HOTEL $$
(☎ 0877-6688888; http://minervahotels.in; Renigunta Rd, Tirupati; EZ/DZ mit Klimaanlage ab 3150/3830 ₹; ⏰ Restaurants 7–23.30 Uhr; ❄ 📶) Das Minerva ist die beste Bleibe der Stadt: gemütliche Zimmer im Business-Look mit Schreibtisch, dicken Kissen und guten Matratzen. Auch die beiden eisig klimatisierten Restaurants sind hervorragend. Im rein vegetarischen **Minerva Coffee Shop** (Minerva Grand, Renigunta Rd; Thalis 185–220 ₹; ⏰ 7–23.30 Uhr) bekommt man exzellente Thalis und spitzenmäßigen Filterkaffee. Im **Blue Fox** (Minerva Grand, Renigunta Rd; Hauptgerichte 205–370 ₹; ⏰ 7–23.30 Uhr) werden vegetarische und nichtvegetarische Speisen serviert, außerdem gibt's hier Alkohol.

Maya INDISCH $$
(☎ 0877-2225521; bhimasdeluxe@rediffmail.com; Bhimas Deluxe Hotel, 34-38 G Car St, Tirupati; Ge-

richte & Hauptgerichte 130–190 ₹; ⌚6–22 Uhr) Im Untergeschoss des Bhimas Deluxe in der Nähe des Bahnhofs kommen köstliche vegetarische Gerichte auf den Tisch.

ℹ An- & Weiterreise

Tirumala kann man im Rahmen eines (sehr) langen Tagesausflugs von Chennai aus besuchen. APSRTC fährt täglich mit 51 Bussen direkt nach Tirumala (165–219 ₹, 5 Std.). Los geht's am CMBT-Busbahnhof in Chennai.

FLUGZEUG

Der **Tirupati Airport** (www.tirupatiairport.com) befindet sich in Renigunta, 14 km östlich der Stadt. **Air India** (☎0877-2283981, Flughafen 0877-2283992; www.airindia.in; Srinivasam Pilgrim Amenities Complex, Tirumala By-Pass Road,Tirumala Bypass Rd; ⌚9.30–17.30 Uhr), **SpiceJet** (☎9871803333; www.spicejet.com) und **Air Costa** (☎9949852229; www.aircosta.in) fliegen täglich nach Hyderabad.

BUS

Tirupatis **Busbahnhof** (☎0877-2289900) ist ein Logistikwunder. Die folgenden Ziele werden ein- bis zweimal stündlich angefahren:

Bengaluru (Express/Volvo/Volvo-Nachtbus 230/400/450 ₹, 4–6 Std.)

Chennai (Express/Volvo 121/222 ₹, 4 Std.)

Hyderabad (Superluxury/Volvo 610/950 ₹, 10–12 Std.)

Vijayawada (Express/Superluxury 350/460 ₹, 9 Std.)

ZUG

Es fahren täglich zahlreiche Züge in viele größere Städte. Das **Reservierungsbüro** (⌚Mo–Sa 8–20, So 8–14 Uhr) ist gegenüber vom Ostende des Bahnhofs. Die folgenden Angaben beziehen sich auf Sleeper Class/3AC/2AC:

Bengaluru (250/635/885 ₹, 7 Std.)

Chennai (140/485/690 ₹, 3–4 Std.)

Hyderabad (380/1030/1480 ₹, 13 Std.)

Vijayawada (235/635/905 ₹, 7 Std.)

ℹ Unterwegs vor Ort

Am Ostende des Bahnhofs gibt's einen Stand für Prepaid-Taxis.

BUS

Die Bushaltestelle nach Tirumala ist gegenüber vom Bahnhof. Die Busse fahren alle paar Minuten. Die einstündige Fahrt durch idyllische Landschaften kostet 45/82 ₹ einfache Fahrt/Hin- & Rückfahrt.

ZU FUSS

Für die Pilger nach Tirumala hat der TTD den vermutlich besten Fußweg Indiens angelegt. Der ca. 12 km lange Marsch vom Beginn des Wegs in Alipiri am Nordrand von Tirupati (Autorikscha 50 ₹) dauert drei bis sechs Stunden. Sein Gepäck kann man in Alipiri abgeben, es wird kostenlos zum Empfangszentrum gebracht. An der ganzen Strecke gibt es Ruhepunkte und Kantinen.

Rund um Tirumala & Tirupati

Chandragiri Fort

Dieses Fort, 15 km westlich von Tirupati, ist 1000 Jahre alt, hatte seine Blütezeit aber am Ende des 16. Jhs., als die Herrscher des untergehenden Vijayanagar-Reichs aus Hampi flohen und hier ihre Hauptstadt errichteten. Im Herzen der von einer 1,5 km langen Mauer umgebenen Anlage unterhalb eines Felshügels befindet sich der **Palastbereich** (Inder/Ausländer 10/100 ₹; ⌚Sa–Do 9–17 Uhr) mit schönen Gärten und dem Raja Mahal. Der restaurierte Vijayanagar-Palast erinnert an Hampi-Gebäude und beherbergt ein interessantes Museum mit Bronze-und Steinskulpturen. Die obere Festung am Hang darf leider nicht betreten werden. Busse nach Chandragiri (10 ₹) fahren im Stundentakt in Tirupati ab. Prepaid-Taxis kosten hin & zurück 500 ₹.

Sri Kalahasti

Sri Kalahasti, 37 km östlich von Tirupati, ist für seinen bedeutenden Sri-Kalahasteeswara-Tempel bekannt. Neben Machilipatnam in der Nähe von Vijayawada ist Sri Kalahasti auch ein Zentrum für die alte Kunst der Textilmalerei *kalamkari*. Baumwolltücher werden mit *myrabalam* (Harz) und Kuhmilch grundiert, dann werden mit einem angespitzten Bambusstock Figuren darauf gezeichnet, der immer wieder mit eingedicktem Rohrzucker und Wasser benetzt wird. Die Farben werden aus Kuhmist, gemahlenem Saatgut, Pflanzen und Blumen hergestellt. In Agraharam, 2,5 km vom Busbahnhof entfernt, kann man den Künstlern bei der Arbeit zuschauen und ihre Kunstwerke kaufen. **Sri Vijayalakshmi Fine Kalamkari Arts** (☎9441138380; Tür Nr. 15-890; ⌚tgl.) ist ein 40 Jahre altes Familienunternehmen mit über 60 angestellten Künstlern. *Dupatta*-Schals kosten ab 1500 ₹.

Busse fahren alle zehn Minuten von Tirupati nach Sri Kalahasti (35 ₹, 1 Std.); ein Prepaid-Taxi kostet hin und zurück 900 ₹.

Kerala

Kerala begeistert durch seine Gelassenheit und seine wundervollen Naturlandschaften: eine langgezogene, üppige Küste, die sich ständig verändernden Wasserläufe, üppige Palmen- und Gewürzplantagen sowie kühle Rückzugsgebiete in den Bergen. Hinzu kommt noch ein Kaleidoskop der Kulturen, am besten verkörpert in der einzigartigen darstellenden Kunst. Kerala sollte man sich auf keinen Fall entgehen lassen!

Oben Kanäle in den Backwaters bei Kumarakom (S. 314)

Teeplantage in der Nähe der Top Station (S. 323)

Hill Stations & Schutzgebiete

Das Hügelland Keralas in den Western Ghats ist ein prächtiges Naturschauspiel. Enge Straßen schlängeln sich durch dichte Dschungelvegetation, die immer wieder Blicke auf dunkelgrüne Teeplantagen freigeben. Die frische Kühle der Höhenlagen macht aus den Städten Orte der Erholung, in den Naturschutzgebieten warten unberührte Wildnis und spannende Tierbeobachtungen.

Munnar

Die bekannteste Hill Station ist Munnar, wo grüne Teefelder die Hügel bedecken. Hier ist das Kernland des südindischen Teeanbaus, aber auch ein ideales Gelände für Wanderungen zu tollen Aussichtspunkten. Einsame Unterkünfte verstecken sich in den Hügeln tief in Gewürz- und Blumengärten oder Kardamom- und Kaffeeplantagen.

Wayanad & Periyar

Im Norden rund um das Wayanad Wildlife Sanctuary finden sich schimmernd grüne Reisfelder sowie Kaffee-, Kardamom-, Ingwer- und Pfefferpflanzungen. In den sanft gewellten Hügeln duftet es nach wilden Gräsern, und immer wieder ragen riesige Bambusbäume aus der Landschaft. Wer Wildelefanten beobachten möchte, hat in dieser Gegend mit die besten Chancen in Indien. Es gibt auch zahllose Wandertouren, beispielsweise die auf den Chembra Peak, den mit 2100 m höchsten Berg in der Region.

Im Periyar Wildlife Sanctuary, seit 1978 ein Schutzgebiet für Tiger und der meistbesuchte Nationalpark Keralas, kann man den Periyar-Stausee mit dem Boot befahren, in einem Inselpalast übernachten oder sich mit einem ausgebildeten Stammesführer auf eine Dschungelwanderung begeben.

Strände

Goa mag ein Magnet für Pauschalreisende sein, aber Keralas fast 600 km lange Küstenlinie trumpft mit einer atemberaubenden Kette goldfarbener Sandstrände auf, die von Palmen gesäumt sind und vom Arabischen Meer umspült werden. An den südlichen Stränden ist sehr viel los. Noch nicht so bekannt und wilder sind dagegen die im Norden.

Die Strände im Süden

Der am besten erschlossene Urlaubsort an der Küste ist Kovalam, nur einen Katzensprung von der Hauptstadt Thiruvananthapuram (Trivandrum) entfernt. Früher war Kovalam ein ruhiges Fischerdorf, heute blickt die Stadt, die fast nur aus Hotels besteht, auf zwei halbmondförmige Strände hinab, die zum Paddeln einladen. Wer es etwas weniger bebaut möchte, findet südlich von Kovalam einige herrliche Strände und Urlaubsorte, die sich in der Gegend um Pulinkudi und Chowara drängen, beliebt vor allem dank ihrer ayurvedischen Behandlungen.

Nördlich von Trivandrum liegt Varkala, das sich um dramatische Klippen windet. Varkala ist eine bei Hindu-Pilgern beliebte heilige Stadt, hat sich aber auch zu einem Schlupfloch für Backpacker entwickelt. Entlang der Klippen ziehen sich Gästehäuser, zum Meer hin offene Restaurants sowie Bars – und alles wiegt sich im Rhythmus von Reggae-, Rock- und Trance-Klängen. Traveller, die es ruhiger mögen, ziehen weiter nach Norden zu den Stränden von Odayam und Kappil.

Noch weiter nördlich ist Alappuzha (Alleppey) am besten für seine Backwaters bekannt, hat aber auch einen annehmbaren Strand. Kochis (Cochin)

ANDERS BLOMQVIST / GETTY IMAGES ©

ANDERS BLOMQVIST / GETTY IMAGES ©

1. Papanasham Beach (S. 298), Varkala
2. Keralas Küste
3. Strand bei Sonnenuntergang, Kovalam (S. 292)

TIM MAKINS / GETTY IMAGES ©

Strand Cherai liegt auf der Insel Vypeen, ein wundervoller Streifen weißer Sand, mit kilometerlangen ruhigen Lagunen und Wasserläufen nur wenige hundert Meter vom Meer entfernt.

Nord-Kerala & die Inseln

Wenige Besucher finden den Weg in den Norden Keralas. Hier gibt's wunderbar verlassene Buchten mit traditionellerem Dorfleben. Zu den besten gehören die friedlichen weißsandigen Strände südlich von Kannur oder diejenigen weiter im Norden rund um die Valiyaparamba Backwaters zwischen Kannur und Bekal.

Noch weiter verstreut liegen die Inseln von Lakshadweep – ein Archipel 300 km westlich von Kerala. Die Inselkette bietet nicht nur unberührte Strände, sondern auch einige der besten Spots in Indien zum Gerätetauchen und Schnorcheln.

Die besten Strandorte

Varkala Die schöne von Klippen gesäumte Küste von Varkala ist ein heiliger Ort für Hindus und ein bei Backpackern beliebter Urlaubsort. Eine gute Basis für Yoga, zum Surfen oder auch nur zum Chillen.

Kovalam Einer der kommerziellsten Strandorte Keralas, der aber trotz der Menschenmassen noch Spaß und landschaftliche Schönheit verspricht. Die Orte hier und weiter im Süden sind auf ayurvedische Behandlungen spezialisiert.

Kannur Kannur ist nichts Besonderes, aber 8 km südlich bei Thottada gibt's tolle Strände und in den Dörfern Homestays direkt am Meer. Der 4 km lange Payyambalam-Strand von Kannur ist bei den Einheimischen beliebt.

1

Backwaters

900 km Wasserwege schlängeln sich durch eine saftig grüne Landschaft. Palmen säumen die Kanäle, an denen verstreut Dörfer liegen. Dort scheint die Zeit stehen geblieben zu sein, auch weil viele der Dörfer nur per Boot erreichbar sind. Ein unvergessliches südindisches Erlebnis in einer einzigartigen Umgebung!

Hausboote

In einem Kanu lautlos übers Wasser zu gleiten oder unter Sternen auf einem traditionellen Hausboot zu übernachten, ist einfach bezaubernd. Die Boote, die in den Zentren der Region Alappuzha (Alleppey) und Kollam (Quilon) dicht an dicht im Wasser liegen, ähneln den traditionellen Reiskähnen (*kettuvallam* – „Boot mit Knoten" –, so genannt, weil die Aufbauten von Kokosfasern zusammengehalten werden).

Es gibt verschiedene Optionen zur Erkundung der Backwaters. Die beliebteste ist eine ein- oder zweitägige Tour mit einem gemieteten Hausboot. Darauf finden zwei bis 14 oder mehr Personen Platz, Ausstattung und Komfort unterscheiden sich erheblich. Im Preis enthalten sind die Crew (auf jeden Fall ein Bootsführer und ein Koch, meist aber auch Küchenpersonal) und die Verpflegung mit traditionellen Gerichten (Fisch und Gemüse in Kokosmilch). Die Touren sind so beliebt, dass in der Hauptsaison die wichtigsten Wasserstraßen manchmal regelrecht verstopft sind. Man sieht nicht viel von den Backwaters, wenn man eine Hausboot-Tour nur für eine Nacht macht.

Welches Hausboot?

Die Auswahl an Hausbooten – vor allem in Alleppey – ist riesig, und die richtige

1. Hausboote kreuzen in Keralas Backwaters
2. Backwaters rund um Alappuzha (S. 306)
3. Fischer in Kollam (S. 302)

Wahl von Boot und Betreiber entscheidet, ob der Ausflug gelingt oder nicht.

➡ Keine Vorabbuchungen! Das Hausboot wird erst gemietet, wenn man einige Boote besichtigt hat.

➡ Die Zulassung des Betreibers anschauen! Die Boote von einem Eigner mit einem „Green Palm"- oder „Gold Star"-Zertifikat bieten Solarzellen, Toilettentanks und schadstoffarme Motoren. Stechkähne sind noch besser.

➡ Informieren! Man kann die Anlegestelle in Alleppey besichtigen, mit zurückkehrenden Travellern oder den Eigentümern der Gästehäuser reden und im Internet Kosten und Qualität vergleichen.

➡ Die Hauptsaison (Mitte Dez.–Mitte Jan.) meiden. Dann ist es am teuersten und die Wasserwege sind verstopft.

Fähren & Kanus

Die preiswerteste Möglichkeit, die Backwaters kennenzulernen, ist eine Fahrt mit öffentlichen Fähren. Sie schippern von Ort zu Ort, befahren aber kaum die kleineren Kanäle. Die zwei beliebtesten Touren sind die ganztägige touristische Ausflugsfahrt von Kollam nach Alleppey – eine malerische aber gemächliche Tour – und die Fähre von Alleppey nach Kottayam (2½ Std.).

Um tief ins Labyrinth der Kanäle vorzudringen, empfiehlt sich eine Paddeltour: Mit dem Kanu kann man auch die schmaleren Kanäle befahren und so das Dorfleben am Ufer in einer Weise kennenlernen, wie das mit einem Hausboot oder einer Fähre unmöglich ist. Sehr geruhsam und zudem äußerst informativ sind zudem Ausflüge zu Dörfern unter Leitung eines kundigen Führers.

Darstellende Kunst

Kerala hat eine unglaublich reiche Kultur – die darstellenden Künste werden in Schulen und Kunstzentren an die nächsten Generationen weitergegeben.

Kathakali

Das Kathakali mit seiner komplizierten, ritualisierten Gestik und dem intensiven, maskenhaften Make-up erzählt dramatische Geschichten über Liebe, Leidenschaft und Macht, die auf dem Ramayana, dem Mahabharata und den Puranas beruhen. Die Kunstform geht teils auf Tempelrituale des 2. Jhs. zurück, die heutige Form bildete sich im 16. Jh. heraus. Die Schauspieler erzählen die Geschichte mit präzisen *mudras* (Handgesten) und genau kalkuliertem Gesichtsausdruck. Traditionsgemäß beginnen die Darbietungen gegen 20 Uhr auf dem Gelände eines Tempels und dauern die ganze Nacht. Für Touristen mit weniger Ausdauer zeigt man in Touristenzentren Kurzfassungen.

Theyyam

Man glaubt, dass das *theyyam* sich in vorhinduistischer Zeit aus Volkstänzen beim Erntefest entwickelt hat. Die Aufführungen finden in *kavus* (heiligen Hainen) im Norden Keralas statt. Das Wort bezieht sich auf das Ritual wie auch auf die Gestalt des dargestellten Gottes oder der Helden, von denen es etwa 450 gibt. Die Kostüme – u.a. Gesichtsbemalung, Rüstungen und Kopfschmuck – sind prachtvoll. Die Darsteller tanzen ekstatisch zu wilden Trommelschlägen.

Kalarippayat

Die Kampfkunst *kalarippayat* ist mit den beiden Kunstformen Kathakali und

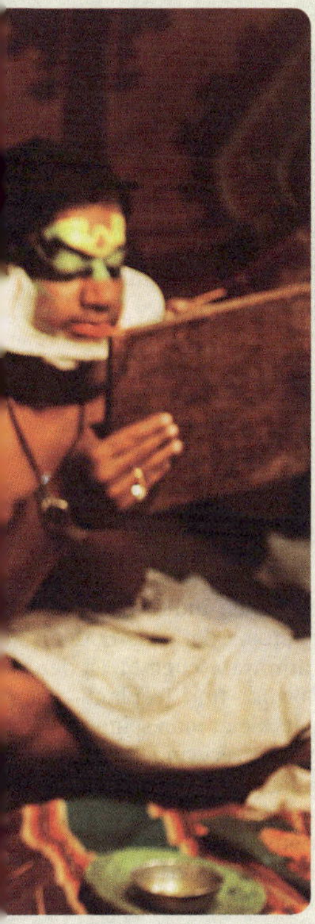

MITCHELL KANASHKEVICH / GETTY IMAGES ©

CHRISTOPHER PILLITZ / GETTY IMAGES ©

1. Künstler legen vor einer Kathakali-Aufführung Makeup auf
2. *Kalarippayat*-Kampfkünstler
3. *Theyyam*-Ritual

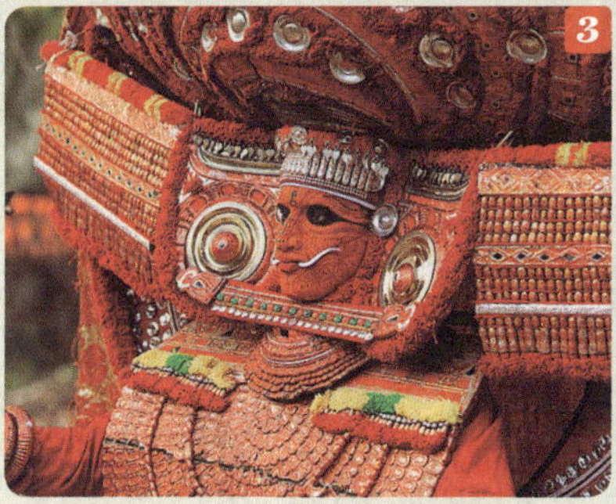

NEIL MCALLISTER / GETTY IMAGES ©

theyyam verwandt. Training und Aufführungen finden in einer *kalari* genannten Arena statt, die ein Zwischending aus Turnhalle, Schule und Tempel ist.

Veranstaltungsorte

Im Frühjahr kann man bei vielen Festen Kathakali erleben, etwa beim Thirunakkara in Kottayam (März) oder beim Pooram-Fest in Kollam (April). Am einfachsten kann man sich die Darbietungen in Kulturzentren ansehen, etwa im **Kerala Kathakali** (S. 335), in der **See India Foundation** (S. 335) oder im **Greenix Village** (S. 335) in Kochi, im **Mudra** (S. 318) in Kumily; und im **Punarjani** (S. 322) und im **Thirumeny** (S. 322) in Munnar. In der Hauptsaison gibt's in Kovalam und Varkala Kurzfassungen.

Wer mehr über die Kunst des Kathakali lernen möchte, kann an der **Kerala Kalamandalam** (S. 342) nahe Thrissur und an der **Margi Kathakali** (S. 288) in Trivandrum Kurse für ernsthaft Interessierte besuchen oder sich an diesen Schulen Aufführungen und praktische Übungen ansehen.

Die Zentren in Kochi und Kumily zeigen *kalarippayat*-Shows, oder man besucht die Kampfkunst-Trainingszentren **CVN Kalari Sangham** (S. 289) in Trivandrum und **Ens Kalari** (S. 335) in Nettoor, in der Nähe von Ernakulam.

Die besten Regionen für *theyyam*-Aufführungen sind rund um Kannur, Payyanur und Valiyaparamba im nördlichen Backwaters-Gebiet, wo es mehr als 500 *kavus* gibt. Saison ist von Oktober bis Mai. Tipps zum Finden von Aufführungsorten gibt's im **Tourist Desk** (S. 337) in Kochi oder in den Homestays am Thottada Beach.

Kerala

Inhalt ➡

Tiere beobachten

- Wayanad Wildlife Sanctuary (S. 344)
- Periyar Wildlife Sanctuary (S. 315)
- Thattekkad Bird Sanctuary (S. 323)
- Parambikulam Wildlife Sanctuary (S. 323)

Übernachten in Homestays

- Green Woods Bethlehem (S. 329)
- Varnam Homestay (S. 346)
- Tranquil (S. 347)
- Graceful Homestay (S. 290)
- Reds Residency (S. 331)

Auf nach Kerala!

Der schmale Küstenstaat im tiefen Süden Indiens lebt von seinen unterschiedlichen Landschaften: der fast 600 km langen Küste mit ihren Stränden am Arabischen Meer, den trägen Backwaters und den mit Gewürz- und Teeplantagen bedeckten Hügeln der Western Ghats. Setzt man seinen Fuß in diese grüne, beruhigende Landschaft verwandelt sich das Tempo der Indienreise zu einem angenehmen Spaziergang. Kerala ist weltenweit entfernt von der anderswo herrschenden Hektik: als sei Indien durch den Spiegel gestiegen und ganz plötzlich zu einem richtig entspannten Ort geworden.

Abgesehen von seinen berühmten Backwaters, eleganten Hausbooten, Ayurveda-Anwendungen und seiner delikaten, die Geschmacksnerven kitzelnden Küche hat Kerala noch wilde Elefanten, exotische Vögel und ein paar Tiger zu bieten. Lebendige Traditionen wie das Kathakali-Tanztheater, Tempelfeste und Schlangenbootrennen bringen buntes Treiben selbst in die kleinsten Dörfer. So ist verständlich, dass sich Kerala gern als „Gottes eigenes Land" bezeichnet.

Reisezeit

Thiruvananthapuram

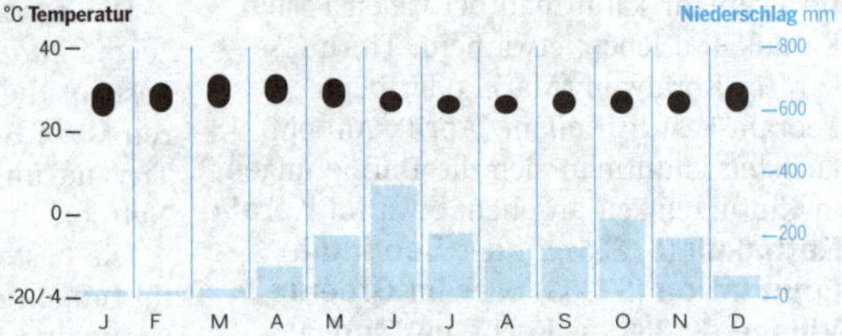

Dez.–Feb. Bestes Wetter für Strand und Backwaters. In Kochi steigt das Ernakulathappan Utsavam.

April Kathakali bei den Festen in Kottayam und Kollam und die Elefantenprozession in Thrissur.

Aug.–Okt. Ende der Monsunzeit: Das Erntefest Onam und Schlangenbootrennen finden statt.

Highlights

1 Ab Alappuzha, Kollam oder Kottayam in einem Hausboot oder Stechkahn durch die ruhigen **Backwaters** (S. 312) dümpeln

2 In der Gebirgslandschaft von **Wayanad** (S. 344) auf Waldwanderungen Elefanten erspähen

3 Im auf einer Klippe gelegenen Strandresort **Varkala** (S. 297) die Tage dahinziehen lassen oder entspannten Strandspaß in **Kovalam** (S. 292) erleben

4 In einem abgelegenen Resort um **Munnar** (S. 319) absteigen und durch smaragdgrüne Teeplantagen wandern

5 Im ruhigen **Fort Cochin** (S. 324) in einem Homestay wohnen und die Geschichte auf sich wirken lassen

6 In Kochi eine **Kathakali**-Vorstellung (S. 336) oder eine Demonstration der Kampfkunstart **Kalarippayat** (S. 336) erleben

7 Im **Ashram** (S. 305) der „Umarmenden Mutter" in Amrithapuri vorbeischauen

8 In **Kannur** (S. 347) und **Bekal** (S. 349) unberührte Strände und *theyyam*-Rituale entdecken

TOP-FESTIVALS

Abgesehen von den größeren staatlichen Festen gibt es in Kerala Hunderte von Tempelfesten, *theyyams* (Trance-Ritualen), Schlangenbootregatten und Straßenumzügen. Viele von ihnen sind in *A Hundred Festivals for You* aufgelistet, einer kostenlos erhältlichen Publikation vom Tourist Desk (S. 337) in Kochi.

Ernakulathappan Utsavam (S. 329) Die achttägigen Festivitäten gipfeln in Musik, Feuerwerk und einem Umzug von Elefanten.

Thrissur Pooram (S. 340) Die Mutter aller Elefantenprozessionen.

Nehru Trophy Boat Race (S. 306) Das populärste Bootsrennen in Kerala.

Onam (Aug./Sept.) Bei Keralas größtem Kulturfest feiert der gesamte Bundesstaat zehn Tage lang das Goldene Zeitalter des mythischen Königs Mahabali.

Geschichte

Händler werden schon seit mehr als 3000 Jahren vom Duft der Gewürze Keralas angezogen. Phönizier, Römer, Araber und Chinesen kannten die Küste, die der Umschlagplatz für Gewürze von den Molukken (östliches Indonesien) war.

Bis ins frühe Mittelalter hinein beherrschte das Königreich der Cheras einen großen Teil Keralas. Mit anderen Königreichen und kleinen Fürstentümern konkurrierte man um Territorium und Handelsanteile. Vasco da Gamas Ankunft im Jahr 1498 öffnete dem europäischen Kolonialismus die Tore. Portugiesen, Niederländer und Engländer kämpften zunächst mit arabischen Händlern und dann gegeneinander um die Kontrolle über den lukrativen Gewürzhandel.

Der heutige Bundesstaat Kerala entstand 1956, als man die früheren Staaten Travancore, Kochi und Malabar zusammenlegte. Eine Tradition, die Kunst und Bildung hoch schätzte, hat dazu beigetragen, dass Kerala heute zu den fortschrittlichsten Bundesstaaten Indiens gehört mit der höchsten Alphabetisierungsrate des Staates.

1957 hatte Kerala die erste frei gewählte kommunistische Regierung der Welt, die seither regelmäßig wiedergewählt wird – obwohl die United Democratic Front (UDF) seit 2011 die führende Partei im Kongress ist. Viele Malayalis (Sprecher der offiziellen Staatssprache Malayalam) arbeiten im Nahen Osten, und ihre Geldtransfers an die Familien nach Hause spielen eine bedeutende Rolle in Keralas Wirtschaft. Große Hoffnungen setzt der Staat in den gegenwärtigen Touristenboom, von dem Kerala als eines der beliebtesten Reiseziele Indiens im letzten Jahrzehnt besonders profitiert hat. Laut Keralas Tourismusbehörde kamen 2013 fast 12 Mio. Besucher – mehr als doppelt so viele wie noch vor zehn Jahren – allerdings waren weniger als 1 Mio. davon ausländische Reisende.

UNTERKUNFTSPREISE

Die Preiskategorien in diesem Kapitel bedeuten:

$ weniger als 1200 ₹

$$ 1200–5000 ₹

$$$ mehr als 5000 ₹

SÜDLICHES KERALA

Thiruvananthapuram (Trivandrum)

0471 / 958 000 EW.

Keralas Hauptstadt – die häufig noch mit ihrem kolonialzeitlichen Namen Trivandrum bezeichnet wird – ist eine relativ kleine, aber energiegeladene Stadt und ein lässiger Vorgeschmack auf das städtische Leben im Süden. Die meisten Traveller nutzen sie nur als Sprungbrett zu den nahegelegenen Strandresorts Kovalam und Varkala, aber Trivandrum hat selbst eine Reihe von Sehenswürdigkeiten, darunter einen Zoo und mehrere viktorianische Museen in prächtigen neo-keralesischen Gebäuden, die man sich nicht entgehen lassen sollte.

Sehenswertes & Aktivitäten

Zoologischer Garten ZOO

(0471-2115122; Erw./Kind 20/5 ₹, Foto/Video 50/100 ₹; Di–So 9–17.15 Uhr) Yann Martel stützte sich bei den Tieren in *Schiffbruch mit Tiger* auf jene, die er im Zoo von Trivandrum beobachtet hatte. Schattige Wege schlängeln sich durch waldiges Gelände und um Seen herum. Die Tiger, Makaken und Flusspferde leben in offenen Gehegen von ordentlicher Größe.

★ Napier Museum MUSEUM
(Erw./Kind 10/5 ₹; ⏲ Di & Do–So 10–17, Mi 13–17 Uhr) Das Museum residiert in einem Holzgebäude von 1880, das von Robert Chisholm entworfen wurde. Die kleinteilige Interpretation des volkstümlichen Architekturstils Keralas verrät seine Begeisterung für das Kunsthandwerk der Region. Gezeigt werden Bronzen, buddhistische Skulpturen, Tempelwagen und Elfenbeinschnitzereien. Aber die knallbunten Ausstellungsräume sind schon für sich allein einen Besuch wert.

Natural History Museum MUSEUM
(Erw./Kind 20/5 ₹; ⏲ Di & Do–So 10–16.45, Mi 13–16.45 Uhr) Das Naturkundemuseum im Zoo-Komplex zeigt Hunderte ausgestopfte Tiere und Vogelpräparate sowie eine interessante Sammlung von Tierskeletten.

Shri Chitra Art Gallery KUNSTGALERIE
(Erw./Kind 20/5 ₹; ⏲ Di–So 10–16.45 Uhr) Diec Kunstgalerie im Zoo präsentiert Gemälde der rajputischen, der Mogul- und der Tanjore-Schule sowie Porträts des berühmten Malers Raja Ravi Varma (1848–1906).

★ Museum of History & Heritage MUSEUM
(☎ 9567019037; www.museumkeralam.org; Park View; Erw./Kind Inder 20/10 ₹, Ausländer 200/50 ₹, Kamera 25 ₹; ⏲ Di–So 10–17.30 Uhr) In einem zauberhaften Baudenkmal mitten im Tourismuskomplex von Kerala liegt das schön gestaltete Museum, das sich mit Keralas Geschichte und Kultur beschäftigt und sie mit fantastischen Ausstellungsstücken und interaktiven, audiovisuellen Präsentationen darstellt. Die Palette reicht von Werkzeugen aus der Eisenzeit bis hin zu Skulpturen aus Bronze und Terrakotta, Wandgemälden, *dhulichitra* (Fußbodengemälde) und Nachbildungen traditioneller Häuser Keralas.

Shri-Padmanabhaswamy-Tempel HINDU-TEMPEL
(⏲ Inneres Heiligtum 15.30–19.30 Uhr; nur Hindus) Der 260 Jahre alte Tempel im Fort Areal ist Thiruvananthapurams spirituelles Zentrum. Den Haupteingang bildet der 30 m hohe östliche *gopuram* (Torturm). Im inneren Heiligtum (nur Hindus) lehnt die Gottheit Padmanabha auf der heiligen Schlange. Das Bildwerk besteht aus über 10 000 *salagramam* (heiligen Steinen), die angeblich per Elefant aus Nepal gebracht wurden.

Der Tempel ist nur für Hindus zugänglich, aber vom Weg rechts neben dem Tor hat man einen tollen Blick auf den *gopuram*.

Puthe Maliga Palace Museum MUSEUM
(Fort; Inder/Ausländer 15/50 ₹, Kamera/Video 30/250 ₹; ⏲ Di–So 9.30–12.45 & 15–16.45 Uhr) Der 200 Jahre alte Palast der Maharadschas von Travancore lockt mit beschnitzten Holzdecken, Marmorskulpturen und importiertem belgischen Glas. Es gibt Bilder von Kathakali-Aufführungen, eine Waffenkammer, Porträts der Maharadschas, verzierte Throne und andere Artefakte zu sehen. Im Eintritt ist eine informative 1-stündige Führung enthalten. Man kann den ganzen Innenbereich auch auslassen und stattdessen (kostenlos) das Palastgelände besichtigen. Hier befindet sich auch das **Chitrali Museum** (Eintritt 50 ₹), mit vielen historischen Erinnerungsstücken, Fotografien und Porträts der Travancore-Dynastie.

Kurse

Ayushmanbhava Ayurvedic Centre AYURVEDA, YOGA
(☎ 0471-2556060; www.ayushmanbhava.com; Pothujanam; Massage ab 800 ₹; ⏲ Yogakurse 6.30

INDIAN COFFEE HOUSE

Das Indian Coffee House wirkt, als sei hier die Zeit stehengeblieben. Die über ganz Indien verstreuten Filialen haben noch alte indische Preise, und die Kellner laufen mit gestärkten weißen Hemden und pfauenartigem Kopfschmuck herum. Die Geschichte der Kaffeehauskette beginnt Anfang der 1940er-Jahre während der britischen Kolonialzeit mit dem Coffee Board. In den 1950er-Jahren begann der Board, seine Cafés überall in Indien zu schließen, wodurch die Angestellten arbeitslos wurden. Der in Kerala geborene Kommunistenführer Ayillyath Kuttiari Gopalan Nambiar stellte sich hinter die Arbeiter und gründete mit ihnen die India Coffee Board Worker's Co-operative Society. Seitdem gibt es das Coffee House – voller Flair wie eh und je und immer mit preisgünstigen Snacks wie *idli* und Getränken wie indischem Filterkaffee mit Rosenmilch. Es wird noch immer von seinen Angestellten betrieben, die alle Mitglieder der Genossenschaft sind.

Thiruvananthapuram (Trivandrum)

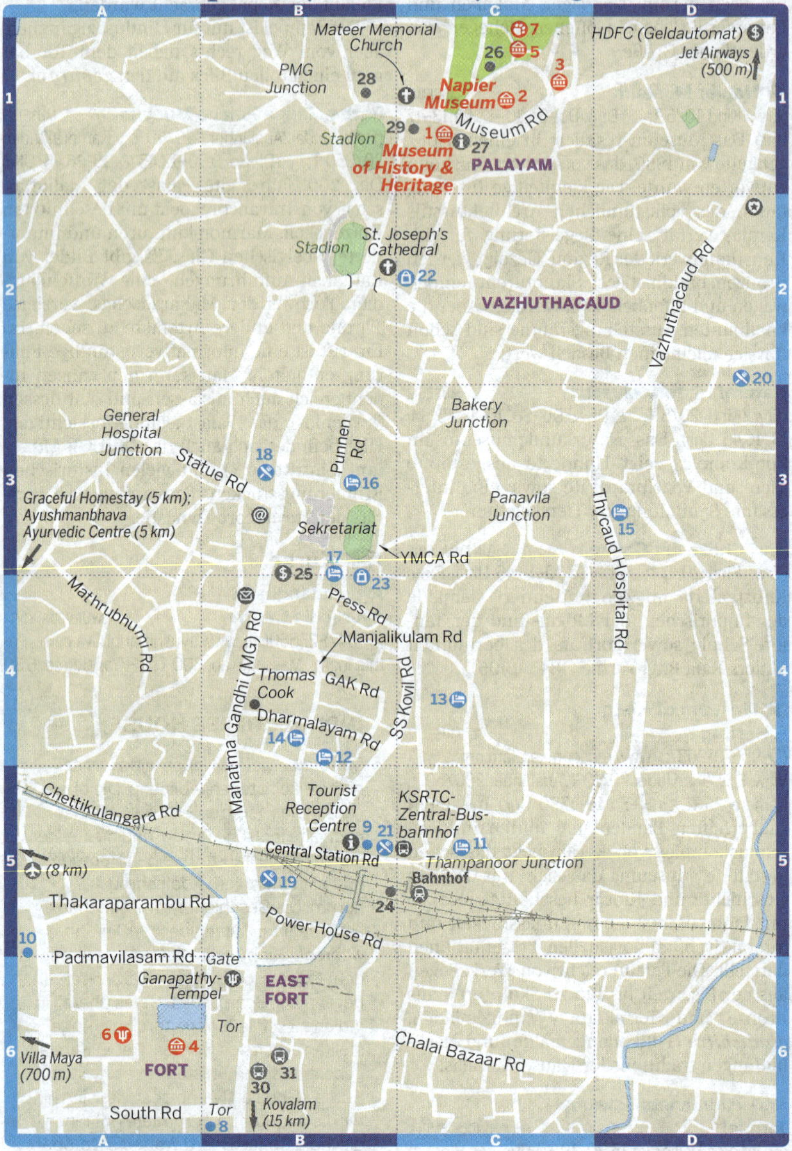

Uhr) In diesem Zentrum, ungefähr 5 km westlich der MG Rd, werden Massagen, tägliche therapeutische Yogakurse und längere ayurvedische Behandlungen angeboten. Außerdem gibt es auch noch Übernachtungsmöglichkeiten und einen Kräutergarten.

Margi Kathakali School KULTURPROGRAMM
(☎0471-2478806; www.margitheatre.org; Fort) Hier werden Kurse in Kathakali und *koottiattam* (traditionelles Sanskrit-Schauspiel) für Anfänger und Fortgeschrittene angeboten. Für einen zweistündigen Kurs zahlt man rund 300 ₹. Besucher können bei den

Thiruvananthapuram (Trivandrum)

Highlights
1 Museum of History & Heritage C1
2 Napier Museum C1

Sehenswertes
3 Natural History Museum C1
4 Puthe Maliga Palace Museum A6
5 Shri Chitra Art Gallery C1
6 Shri-Padmanabhaswamy-Tempel A6
7 Zoologischer Garten C1

Aktivitäten, Kurse & Touren
8 CVN Kalari Sangham B6
9 KTDC Tours B5
10 Margi Kathakali School A5

Schlafen
11 Greenland Lodge C5
12 Hotel Regency B4
13 Hyacinth by Sparsa C4
14 Princess Inn B4
15 Taj Vivanta D3
16 Varikatt Heritage B3
17 YMCA International Guesthouse B3

Essen
18 Ananda Bhavan B3
Ariya Nivaas .... (siehe 11)
19 Azad Restaurant B5
20 Cherries & Berries D2
21 Indian Coffee House B5

Shoppen
22 Connemara Market C2
23 SMSM Institute B4

Praktisches
24 Reservierungsbüro B5
25 State Bank of India (Geldautomat) B3
26 Ticket Counter (Zoo & Museen) C1
27 Tourist Facilitation Centre C1

Transport
28 Air India B1
29 Airtravel Enterprises C1
30 East Fort Bus Stand (Busse & Taxis nach Kovalam) B6
31 Städtischer Busbahnhof B6

Übungsstunden ohne Kostüme (Mo–Fr ab 10–12 Uhr) zuschauen. Das nicht gekennzeichnete Gebäude befindet sich 200 m westlich vom Fort hinter der Fort School.

CVN Kalari Sangham KAMPFKUNST
(0471-2474182; www.cvnkalari.in; South Rd; 15-tägiger/1-monatiger Kurs 1000/2000 ₹) Hier werden langfristige Kurse in *kalarippayat* für ernsthaft interessierte Schüler (unter 30 Jahren) angeboten, die schon ein wenig Erfahrung in der Kampfkunst mitbringen. Das Training findet von Montag bis Samstag zwischen 7 und 8.30 Uhr statt.

Geführte Touren

KTDC Tours BUS-TOUR
(0471-2330031; www.ktdc.com) Die KTDC veranstaltet Touren, die alle am Tourist Reception Centre am KTDC Hotel Chaithram oder der Central Station Rd starten. Die City Tour (300 ₹) beinhaltet den Zoo, Museen und andere Schenswürdigkeiten; die Kanyakumari Day Tour (700 ₹) besucht den Padmanabhapuram-Palast, Kanyakumari in Tamil Nadu und den nahen Suchindram-Tempel. Andere Touren fahren auch zum Neyyar-Damm (400 ₹) und nach Kovalam (200 ₹).

Schlafen

Mehrere ordentliche Budget- und Mittelklassehotels befinden sich an der Manjalikulam Rd nördlich der Central Station Rd.

Princess Inn HOTEL $
(0471-2339150; princess_inn@yahoo.com; Manjalikulam Rd; EZ/DZ ab 450/550 ₹, mit Klimaanlage ab 950/1130 ₹;) Das Princess Inn in einem Gebäude mit Glasfront liegt zentral, aber an einer Seitenstraße und verspricht so einen relativ ruhigen Schlaf. Die Zimmer sind komfortabel und haben Satelliten-TV und makellose Bäder; der kleine Aufpreis für ein geräumiges Deluxe-Zimmer lohnt sich.

YMCA International Guesthouse HOSTEL $
(0471-2330059; www.ymcatvm.org; YMCA Rd; EZ/DZ 790/1130 ₹, mit Klimaanlage 1270/1690 ₹;) Die zentral gelegene Herberge ist eine gute Budgetoption, auch wenn die Preise gestiegen sind und oft Reisegruppen das Haus bevölkern. Die Zimmer sind geräumig und sauber und haben geflieste Bäder und TVs. Sowohl Männer als auch Frauen werden aufgenommen.

Hotel Regency HOTEL $
(0471-2330377; www.hotelregency.com; Manjalikulam Cross Rd; EZ/DZ 620/1000 ₹, mit Klimaanlage 1180/1500 ₹;) Das ordentliche, einladende Hotel bietet kleine, aber makellose Zimmer mit Satelliten-TV; die Deluxe-Zimmer sind größer. WLAN gibt's im Foyer.

Greenland Lodge HOTEL $
(0471-2328114; Thampanoor Junction; EZ/DZ 430/680 ₹, mit Klimaanlage 900/1130 ₹;) Angesichts seiner Lage nahe dem Bahnhof und

Busbahnhof ist das pastellfarbene Greenland eine akzeptable Budgetunterkunft: Der Lärm von den beiden Verkehrsknoten ist nur gedämpft zu hören; die Zimmer sind ziemlich sauber, aber unterschiedlich, so dass man sich erst ein paar ansehen sollte. Die Angestellten treten wie Beamte auf und verlangen eine heftige Vorauszahlung (2 Übernachtungen).

★ **Graceful Homestay** HOMESTAY **$$**
(☎ 9847249556, 0417-2444358; www.gracefulhomestay.com; Pothujanam Rd, Philip's Hill; EG EZ/DZ 1450/1650 ₹, OG & Suite EZ/DZ 2200/2750 ₹ jeweils mit Frühstück; @ 📶) In den grünen westlichen Vororten von Trivandrum liegt dieses schöne, ruhige Haus in Gärten, die sich über mehrere Hektar erstrecken. Geführt wird das Haus von Giles, dem Bruder der Besitzerin Sylvia. Die vier individuell gestalteten Zimmer sind nett möbliert und haben Zugang zur Küche, den Wohnbereichen und Balkonen. Das schönste hat eine tolle überdachte Terrasse mit einem Ausblick auf ein Meer von Palmen. Die Unterkunft ist rund 6 km vom Bahnhof und 5 km vom Flughafen entfernt; für eine Wegbeschreibung vorher anrufen!

★ **Varikatt Heritage** HOMESTAY **$$**
(☎ 9895239055, 0417-2336057; www.varikattheritage.com; Punnen Rd; Zi./Suite inkl. Frühstück 4000/5000 ₹; 📶) Die charismatischste Unterkunft von Trivandrum befindet sich im 250 Jahre alten Haus von Oberst Roy Kuncheria, ein wunderbarer, indo-sarazenischer Bungalow mit vier Zimmern mit Verandas, die zu einem hübschen Garten hinausgehen. Zu jeder Antiquität – und dem Haus an sich – gehört eine Familiengeschichte. Mittag- und Abendessen erhältlich (500 ₹).

Vivanta by Taj HOTEL **$$$**
(☎ 0417-6612345; www.vivantabytaj.com; Thycaud Hospital Rd; EZ/DZ inkl. Frühstück ab 9000/11800 ₹; ❄ @ 📶 🏊) Das Taj hat eine größere Eingangshalle als die meisten Hotels der Stadt. Es bietet einen gewissen Wow-Faktor: Die Zimmer sind ziemlich vornehm, der Garten und der Swimmingpool werden gut in Schuss gehalten und außerdem gibt's ein Spa, ein 24 Stunden Fitnessstudio und verschiedene gute Restaurants z. B. Smoke on the Water mit Grill am Pool.

Hyacinth by Sparsa HOTEL **$$$**
(☎ 0471-2552999; Manorama Rd; DZ mit Frühstück 4800–7200 ₹, Suite 10 800 ₹; ❄ 📶) Das weiße moderne Luxushotel nahe dem Stadtzentrum bietet Boutique-Schick, aber keine Fünf-Sterne-Opulenz. Es hat funktionale, gut ausgestattete Zimmer, einen Pool auf dem Dach, einen Fitnessraum und mehrere gute Restaurants.

Essen

★ **Indian Coffee House** INDIAN **$**
(Maveli Cafe; Central Station Rd; Snacks 10–60 ₹; ⏲ 7–22.30 Uhr) Diese Filiale von Indian Coffee House serviert starken Kaffee und Snacks in einem wahnwitzigen roten Backsteinturm, der wie eine Kreuzung aus Leuchtturm und Taubenschlag aussieht und in seinem spiralförmigen Inneren mit Betonbänken und -tischen ausgestattet ist. Die emsigen Kellner muss man einfach bewundern.

Ariya Nivaas INDISCH **$**
(Manorama Rd; Hauptgerichte 30–140 ₹, Thalis 100 ₹; ⏲ 6.45–22 Uhr, Mittagessen 11.30–15 Uhr) Weil der Laden die besten vegetarischen südindischen All-You-Can-Eat-Thalis in Trivandrum hat, ist hier mittags immer viel los. Das Essen ist frisch und die Bedienung gewitzt.

Ananda Bhavan SÜDINDISCH **$**
(☎ 0417-2477646; MG Rd; Gerichte 12–40 ₹; ⏲ mittags & abends) Ein typisches preiswertes vegetarisches Restaurant mit kleinen Snacks und Dosas.

Azad Restaurant INDISCH **$**
(MG Rd; Gerichte 50–200 ₹; ⏲ 11–23.30 Uhr) Das bei Familien beliebte, geschäftige Lokal serviert authentische Fischgerichte aus Kerala, z. B. Fisch-*molee,* sowie ausgezeichnete Biryanis und Tandur-Gerichte. Eine weitere Filiale befindet sich in der Press Rd.

Cherries & Berries CAFÉ **$$**
(☎ 0471-2735433; www.cherriesandberries.in; Carmel Towers, Cotton Hill; Gerichte 100–200 ₹; ⏲ 10–22 Uhr; 📶) Gute Hausmannskost, eine eiskalte Klimaanlage und gut funktionierendes WLAN gibt's bei Cherries & Berries östlich vom Zentrum. Auf der Karte stehen Waffeln, Mini-Pizzas, Hotdogs, getoastete Sandwiches, guter Kaffee und milde Schokoriegel-Milchshakes – z. B. der Kit-Kat-Shake (150 ₹).

★ **Villa Maya** KERALESISCH **$$$**
(☎ 0471-2578901; www.villamaya.in; 120 Airport Rd, Injakkal; Vorspeisen 350–600 ₹, Hauptgerichte 450–1050 ₹; ⏲ 11–23 Uhr) Die Villa Maya ist schon ein Erlebnis für sich und nicht nur ein Restaurant. Man speist entweder in der

prächtigen holländischen Villa aus dem 18. Jh. oder in intimen, durch Vorhänge abgeschirmten Nischen im ruhigen Gartenhof, wo einen Seerosenteiche und plätschernde Springbrunnen einlullen. Die keralesischen Gerichte sind kundig zubereitet, delikat gewürzt und schön angerichtet. Mit Gerichten wie mit Hummerbutter gefüllter Krabbe sind Meeresfrüchte die Spezialität, es gibt aber auch einige verführerische vegetarische Angebote. In der Zeit zwischen Mittag- und Abendessen (15–19 Uhr) kann man Snacks wie Sandwiches, Pizzas oder Calzone bestellen. Das freundliche Personal führt Besucher gern kostenlos durch das historische Herrenhaus.

Shoppen

Connemara Market MARKT
(MG Rd; ⏲ab 7 Uhr) Auf dem geschäftigen Markt sind Obst und Gemüse, Fisch, lebende Ziegen, Stoffe, Kleidung, Gewürze und vieles mehr im Angebot.

SMSM Institute KUNSTHANDWERK
(www.keralahandicrafts.in; YMCA Rd; ⏲Mo–Sa 9–20 Uhr) Das staatlich-keralesische Warenhaus ist eine Schatzhöhle voller Kunsthandwerk zu Festpreisen.

Praktische Informationen

ABC Internet (MG Rd, Capital Centre; 20 ₹/30 Min.; ⏲9–21 Uhr) Eines von mehreren guten Internetcafés in diesem kleinen Einkaufszentrum.

Hauptpost (☎0471-2473071; MG Rd) Trivandrums Postamt in zentraler Lage.

KIMS (Kerala Institute of Medical Sciences; ☎0471-3041000, Notruf 0471-3041144; www.kimskerala.com; Kumarapuram; ⏲24 Std.) Die beste Adresse bei medizinischen Notfällen; ca. 7 km nordwestlich vom Bahnhof Trivandrum.

Tourist Facilitation Centre (☎0471-2321132; Museum Rd; ⏲24 Std.) Nahe dem Zoo. Hat Stadtpläne und Broschüren.

Tourist Reception Centre (KTDC Hotel Chaithram; ☎0471-2330031; Central Station Rd; ⏲7–21 Uhr) Organisiert von der KTDC geleitete Touren.

An- & Weiterreise

BUS

Die staatlichen und privaten Busse nutzen Trivandrums riesigen, bogenförmigen neuen **KSRTC-Central-Busbahnhof** (☎0471-2462290; www.keralatc.com; Central Station Rd, Thampanoor) gegenüber dem Bahnhof.

Die Busse zum Strand von Kovalam (15 ₹, 30 Min., 6–21 Uhr alle 20 Min.) starten vom Südende des Busbahnhofs East Fort an der MG Rd.

FLUGZEUG

Vom Flughafen Trivandrum gibt es internationale Direktflüge von/nach Colombo auf Sri Lanka, Malé auf den Malediven und zu wichtigen Zielen am arabischen Golf wie Dubai, Shardscha, Maskat, Bahrain und Kuwait.

Im Inlandsverkehr fliegen **Air India** (☎2317341; Mascot Sq), **Jet Airways** (☎2728864; Sasthamangalam Junction), **IndiGo** (www.goindigo.in) und **SpiceJet** (☎09871803333; www.spicejet.com; Flughafen Trivandrum) nach Mumbai, Kochi, Bengaluru, Chennai und Delhi.

Alle Flüge können im effizienten Büro von **Airtravel Enterprises** (☎3011300; www.ate.travel; MG Rd, New Corporation Bldg) gebucht werden.

ZUG

Die Züge sind oft schnell ausgebucht, es lohnt sich also, online zu reservieren oder das **Reser-**

BUSSE AB TRIVANDRUM (KSRTC-BUSBAHNHOF)

ZIEL	PREIS (₹)	DAUER (STD.)	HÄUFIGKEIT
Alappuzha	120, AC 211	3½	alle 15 Min.
Chennai	595	17	tgl. 10
Ernakulam (Kochi)	167, AC 281	5½	alle 20 Min.
Kanyakumari	67-81	2	tgl. 6
Kollam	60	1½	alle 15 Min.
Kumily (für Periyar)	231	8	tgl. 2
Munnar	235	8	tgl. 3
Neyyar Dam	34	1½	alle 40 Min.
Thrissur	225	7½	alle 30 Min.
Udhagamandalam (Ooty)	510	14	tgl. 1
Varkala	60	1¼	stündl.

WICHTIGE ZÜGE AB TRIVANDRUM

ZIEL	ZUG-NR. & -NAME	PREIS (₹)	DAUER (STD.)	ABFAHRT
Bengaluru	*16525 Bangalore Express*	420/1120/1630	18	12.45 Uhr
Chennai	*12696 Chennai Express*	470/1230/1760	16½	17.20 Uhr
Coimbatore	*17229 Sabari Express*	255/680/970	9¼	7.15 Uhr
Mumbai	*16346 Netravathi Express*	670/1785/2625	31	9.50 Uhr
Mangalore	*16604 Maveli Express*	340/910/1310	12½	19.30 Uhr

Fahrpreise: Sleeper Class/3AC/2AC

vierungsbüro (☎139; ⌚Mo–Sa 8–20, So bis 14 Uhr) im Hauptbahnhof aufzusuchen. Die meisten wichtigen Züge kommen am **Hauptbahnhof Trivandrum** nahe beim Zentrum an, einige Expresslinien enden aber am **Bahnhof Vikram Sarabhai** (Kochuveli) rund 7 km nördlich der Stadt – vorab nachprüfen!

Innerhalb Keralas fahren häufig Expresszüge nach Varkala (2. Klasse/Sleeper Class/3AC 45/140/485 ₹, 1 Std.), Kollam (55/170/535 ₹, 1¼ Std.) sowie nach Ernakulam (95/195/535 ₹, 4½ Std.) entweder über Alappuzha (80/170/535 ₹, 3 Std.) oder über Kottayam (80/140/485 ₹, 3½ Std.). Es gibt auch zahlreiche tägliche Verbindungen nach Kanyakumari (2. Klasse/Sleeper Class/3AC 80/140/485 ₹, 3 Std.).

ℹ Unterwegs vor Ort

Der **Flughafen** (☎2501424) ist 10 km von der Stadt und 15 km von Kovalam entfernt; hin kommt man mit dem Nahverkehrsbus 14 von den Haltestellen East Fort und City (9 ₹). Die Fahrt mit einem Prepaid-Taxi vom Flughafen in die Stadt kostet 350 ₹, nach Kovalam 500 ₹.

Das praktischste Verkehrsmittel vor Ort sind Autorikschas; eine kurze Fahrt kostet zwischen 30 und 50 ₹.

Rund um Trivandrum

Neyyar Wildlife Sanctuary

Um einen idyllischen See herum, der 1964 durch den Bau des Neyyar-Damms 35 km nördlich von Trivandrum entstanden ist, liegt die Hauptattraktion des Schutzgebiets, der **Lion Safari Park** (☎0471-2272182, 9744347582; Inder/Ausländer 200/300 ₹; ⌚Di–So 9–16 Uhr). Im Eintritt inbegriffen ist eine Bootsfahrt, eine Löwensafari und ein Besuch im **Wildpark** und im **Crocodile Production Centre** (benannt nach der australischen Legende Steve Irwin). Im Wald am Ufer leben Gaure, Sambarhirsche, Faultiere, Elefanten, Bartaffen und der ein oder andere Tiger.

Die Anfahrt erfolgt von der KSRTC-Haltestelle mit einem regelmäßig fahrenden Bus (34 ₹, 1½ Std.). Das Taxi kostet hin und zurück etwa 1000 ₹ (inkl. 2 Std. Wartezeit) ab Trivandrum oder 1400 ₹ ab Kovalam. Die KTDC-Zentrale in Trivandrum veranstaltet auch Touren zum Neyyar-Damm (400 ₹).

Sivananda Yoga Vedanta Dhanwantari Ashram

Vor dem Neyyar-Damm befindet sich in bester Lage dieser 1978 gegründete **Ashram** (☎/Fax 0471-2273093; www.sivananda.org.in/neyyardam; B & Zelt 750 ₹, 2BZ 950–1200 ₹, mit Klimaanlage 1700 ₹), der für seine Hatha-Yoga-Kurse bekannt ist. Sie beginnen immer am 1. und am 16. des Monats, dauern mindestens zwei Wochen und bieten verschiedene Übernachtungsmöglichkeiten und vegetarisches Essen an. In der Nachsaison (Mai–Sept.) bezahlt man 100 ₹ weniger. Es gibt einen genauen Stundenplan (5.30–22 Uhr), der Yoga-Übungen, Meditation, Gesang und Pausen regelt (Buchung erforderlich!). Wer will, kann sich in einem Monat zum Yogalehrer ausbilden lassen und Kurse in Ayurveda-Massage belegen.

Kovalam

☎0471

Einst war Kovalam ein verlassenes Fischerdorf an einem halbmondförmigen Strand, heute ist es das am weitesten entwickelte Resort in Kerala. Der wichtigste Küstenstreifen, **Lighthouse Beach**, lebt vom Tourismus. Zahlreiche Hotels und Restaurants wurden am Ufer gebaut, während **Hawah Beach** im Norden normalerweise nur von Tagesgästen bevölkert wird, die direkt vom Taxistand an den Strand strömen. Keiner der beiden Strände ist besonders sauber, aber nicht mal 15 km vom Zentrum entfernt gibt's ein nettes Plätzchen, an dem man sich am Meer tummeln kann, und auch anständige Wellen für Surfer. Hier kann man sich auch mit Ayurveda und Yoga beschäftigen.

Etwa 2 km Richtung Norden liegt **Samudra Beach** mit einigen exklusiven Resorts, Restaurants und einem friedlichen, aber steilen Strand.

Gefahren & Ärgernisse

An beiden Enden des Lighthouse Beach gibt es starke Strömungen, denen jedes Jahr mehrere Schwimmer zum Opfer fallen. Daher nur in dem von Flaggen markierten und von Rettungsschwimmern bewachten Bereich baden! Während des Monsuns sollte man nicht schwimmen.

Sehenswertes & Aktivitäten

Vizhinjam Lighthouse LEUCHTTURM
(Inder/Ausländer 10/25 ₹, Foto/Video 20/25 ₹; 10–17 Uhr) Kovalams auffälligstes Wahrzeichen ist der immer noch in Betrieb befindliche bunt gestreifte Leuchtturm am Ende des Strands. Wer die Wendeltreppe hinaufsteigt, genießt einen Schwindel erregenden Blick die Küste hinauf und hinunter.

Kovalam Surf Club SURFEN
(9847347367; www.kovalamsurfclub.com; Lighthouse Beach; Surfunterricht 1000 ₹/1½ Std., Surfbrettverleih halber/ganzer Tag 500/1000 ₹)

Kovalam

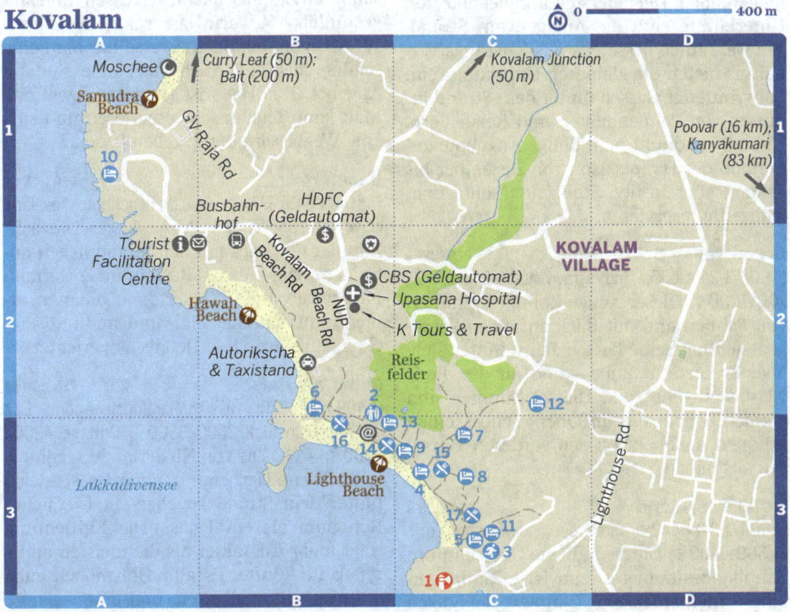

Kovalam

Highlights
1 Vizhinjam Lighthouse C3

Aktivitäten, Kurse & Touren
2 Kovalam Surf Club B2
3 Santhigiri C3

Schlafen
4 Beach Hotel C3
5 Beach Hotel II C3
6 Dwaraka Lodge B2
7 Green Valley Cottages C3
8 Hotel Greenland C3
9 Jeevan Ayurvedic Beach Resort C3
10 Leela A1
11 Maharaju Palace C3
12 Paradesh Inn C2
Sea Flower .... (siehe 5)
Treetops .... (siehe 12)
13 Wilson Ayurvedic Resort B3

Essen
Fusion .... (siehe 5)
14 Malabar Cafe B3
15 Suprabhatham C3
16 Swiss Cafe B3
17 Varsha Restaurant C3
Waves Restaurant & German Bakery .... (siehe 4)

Dieser Surfshop und -club am Lighthouse Beach bietet Unterricht (für Anfänger und Fortgeschrittene) und verleiht Surfbretter. Geselligkeit wird großgeschrieben.

Santhigiri AYURVEDA
(☎ 0471-2482800; www.santhigiriashram.org; Lighthouse Beach Rd; ab 1100 ₹; ⏲ 9–20 Uhr) Empfehlenswerte Massagen und ayurvedische Anwendungen.

Schlafen

In Kovalam gibt's zahllose Hotels und Pensionen. Trotzdem werden die richtigen Budgetunterkünfte hier in der Hauptsaison immer weniger. Die teuersten und beliebtesten Unterkünfte sind die Anlagen am Strand. Ein wesentlich besseres Preis-Leistungs-Verhältnis bieten die kleineren Unterkünfte im Labyrinth der Gassen hinter dem Strand inmitten von Palmenhainen und Reisfeldern. Überall bekommt man billige Angebote außerhalb der Hauptsaison von Dezember bis Januar, aber in den Stoßzeiten sollte man frühzeitig reservieren.

Green Valley Cottages PENSION $
(☎ 0471-2480636; indira_ravi@hotmail.com; Zi. 700–1000 ₹) Dieser ruhige Komplex inmitten von Palmen und mit Blick auf einen Seerosenteich hat seine besten Jahre hinter sich, aber es herrscht Ruhe – und für den Preis ist das Angebot o.k. Die 22 Zimmer sind einfach, wobei die im Obergeschoss einen schönen Ausblick von den vorderen Terrassen aus haben.

Hotel Greenland PENSION $
(☎ 0471-2486442; hotelgreenlandin@yahoo.com; Zi. 500–1400 ₹) Die freundliche Unterkunft in Familienbesitz bietet renovierte Zimmer in einem mehrstöckigen Komplex, der gleich am Strand liegt. Es funkelt und blitzt zwar nicht, aber die Zimmer kriegen genug natürliches Licht ab und die größeren Zimmer im Obergeschoss haben Balkone.

Dwaraka Lodge PENSION $
(☎ 0471-2480411; DZ 500 ₹) Mit regelmäßigen Anstrichen werden die Kriegsverletzungen dieses müden, alten Gebäudes, das zum Rock Café gehört, überpinselt. Dwaraka ist eine freundliche Unterkunft, außerdem die preiswerteste Option direkt am Meer.

Paradesh Inn PENSION $$
(☎ 9995362952; inn.paradesh@yahoo.com; Avaduthura; DZ mit Frühstück ab 1800 ₹; @) Abseits vom Strand und hoch über den Palmen erinnert das von Italienern geführte Paradesh Inn an ein weiß getünchtes Refugium auf den griechischen Inseln. Zu jedem der sechs Zimmer mit Ventilator gehört ein Hängestuhl. Von der Dachterrasse hat man eine schöne Aussicht, gut sind das Frühstück und das *satya*-Essen („Yoga-Essen").

Treetops PENSION $$
(☎ 9847912398, 0471-2481363; treetopsofkovalam@yahoo.in; DZ 1500 ₹; @ 📶) In den Baumwipfeln hoch über dem Strand bietet diese von freundlichen, hier lebenden Ausländern bewirtschaftete Pension friedliche Zuflucht vor dem Getümmel unten. Die drei hellen, sauberen Zimmer haben Terrassen mit Hängestühlen, TV, Warmwasser und kostenloses WLAN. Von der Dachterrasse hat man eine schöne Aussicht. Auch Yogakurse sind im Angebot. Das Haus ist ganzjährig geöffnet. Man kann telefonisch reservieren und sich eine Wegbeschreibung geben lassen.

Beach Hotel PENSION $$
(☎ 0471-2481937; www.thebeachhotel-kovalam.com; DZ 2850 ₹; 📶) Prima Lage: Die acht Zimmer mit Blick auf den Strand liegen unter dem Below Waves Restaurant & German Bakery; sie sind in Ockertönen gehalten, atmen minimalisches Flair und sind mit schicken, künstlerischen Details eingerichtet.

Maharaju Palace PENSION $$
(☎ 9946854270; www.maharajupalace.com; EZ/DZ mit Frühstück 2600/3300 ₹, Cottage 4200/5300 ₹; ❄ 📶) Die von Niederländern geführte idyllische Herberge in einer Gasse gleich hinter dem Strand ist eher ein friedliches Refugium als ein Palast. Die Einrichtung zeigt mehr Charakter als die meisten anderen Unterkünfte. Es gibt Holzmöbel, auch ein paar Himmelbetten, und eine separate Hütte im Garten. Kitschige Leuchter schmücken die nette Frühstücksterrasse.

Jeevan Ayurvedic Beach Resort RESORT $$
(☎ 9846898498, 0471-2480662; www.jeevanresort.net; DZ 1800–4200 ₹, mit Klimaanlage 2400–12 000 ₹; ❄ 🏊) Das einladende Jeevan liegt am Strand und hat als eine der wenigen Unterkünfte in diesem Abschnitt einen Pool am Meer. Die Zimmer sind recht groß und haben Badewannen. Alle Zimmer bis auf die preiswertesten im Erdgeschoss bieten Aussicht aufs Meer und einen Balkon.

Wilson Ayurvedic Resort HOTEL $$
(☎ 0471-2480051; Lighthouse Beach; DZ 750–1250 ₹, mit Klimaanlage 2000–3500 ₹; ❄ 📶 🏊)

Das Wilson bietet gleich hinter dem Lighthouse Beach saubere und recht gepflegte Zimmer rund um einen Pool. Die Anlage wirkt wie ein grünes Ferien-Resort. Es gibt auch ayurvedische Anwendungen.

Sea Flower HOTEL **$$**
(☎ 0471-2480554; www.seaflowerkovalam.com; DZ 2300 ₹; 📶) Das freundliche kleine Hotel am südlichen Ende des Lighthouse Beach liegt in praktischer Nähe zur Lighthouse Rd und hat Preise, die für die Lage am Strand durchaus günstig sind. Die Zimmer sind schlicht, aber frisch und haben Balkone und einen Ausblick aufs Meer.

★ **Beach Hotel II** HOTEL **$$$**
(☎ 9400031243, 0471-2481937; www.thebeachhotel-kovalam.com; DZ 4500 ₹, mit Klimaanlage 5600 ₹; ❄📶) Am südlichen Ende des Lighthouse Beach befindet sich diese schicke Unterkunft mit zehn Zimmern mit Meerblick, die alle Balkone und große Schiebefenster haben. Die Einrichtung ist einfach. Im Haus ist auch das exzellente Restaurant Fusion.

Leela HOTEL **$$$**
(☎ 0471-2480101; www.theleela.com; DZ ab 16 200 ₹, Suite ab 40 000 ₹; ❄@📶🏊) Das luxuriöse Leela befindet sich auf einem riesigen Grundstück auf der Landzunge nördlich vom Hawah Beach. Hier gibt's drei Swimmingpools, ein ayurvedisches Zentrum, ein Fitnessstudio, zwei private Strände, mehrere Restaurants und noch viel mehr. Die großen Zimmer haben einen modernen Einschlag, kombiniert mit bunten Stoffen und Kunstwerken aus Kerala.

Essen & Ausgehen

Am Lighthouse Beach gibt's die meisten Restaurants. Abends bieten Dutzende Lokale an der Strandpromenade den Fang des Tages an. Man sucht sich einfach einen Fisch oder Hummer aus, einigt sich auf den Preis und bestimmt die Art der Zubereitung. Die Preise variieren stark je nachdem, wie viel gefangen wurde. Zum Zeitpunkt der Recherche lagen sie etwa bei 350 ₹ für ein Fischfilet, bei 900 ₹ für ein halbes Kilo Riesengarnelen und bei 3500 ₹ für ein Kilo Hummer. In Lokalen ohne Schanklizenz bekommt man vielleicht Alkoholisches in Tassen, oder es wird eingeschenkt, ohne die Flasche dabei sehen zu lassen. Das hängt alles immer davon ab, wie die Verwaltung gerade arbeitet.

Am Samudra Beach weiter im Norden ist es ruhiger, aber auch dort finden sich einige lohnende Restaurants. Für ein romantisches Abendessen bieten sich die teuren, aber erstklassigen Restaurants im Leela oder Vivanta by Taj an.

Suprabhatham KERALESISCH **$**
(Gerichte 80–230 ₹; ⊙7–22 Uhr) Das kleine vegetarische Restaurant liegt versteckt abseits vom Strand und sieht nach nicht viel aus, serviert aber exzellente, günstige keralesische Gerichte, vegetarische Thalis und frische Obstsäfte in rustikalem Ambiente.

Varsha Restaurant SÜDINDISCH **$**
(Hauptgerichte 100–175 ₹; ⊙8–22 Uhr) Das kleine Restaurant gleich hinter dem Lighthouse Beach hat vegetarisches Essen, das zum Besten in Kovalam gehört – und das zu Budgetpreisen. Die Speisen sind frisch und sorgfältig zubereitet. Vor allem zum Frühstück oder Mittagessen eine tolle Wahl.

Waves Restaurant & German Bakery INTERNATIONAL **$$**
(Beach Hotel; Frühstück 80–450 ₹, Hauptgerichte 250–450 ₹; ⊙7.30–23 Uhr; 📶) Mit seinem großen orangefarbenen Balkon, der atmosphärischen Hintergrundmusik und einer vielfältigen Speisekarte ist das Waves meist ein Anziehungspunkt für ausländische Touristen. Dazu gehört auch die German Bakery, in der sich ein Frühstück mit frischem Brot, Croissants, Gebäck und ordentlichem Kaffee lohnt, während es zum Abendessen Thai Currys, deutsche Würste, Pizzas und Fisch gibt. Ein kleiner Buchladen gehört ebenfalls mit zum Lokal. WLAN kostet 40 ₹.

Swiss Café CAFÉ **$$**
(Hauptgerichte 110–490 ₹; ⊙7.15–22 Uhr) Das Swiss Café ist für seine leckeren europäischen Gerichte bekannt, z. B. Rösti, Schnitzel, Pasta und Pizza, ausgefallene Gerichte wie gebratener Lammrücken in Whiskysauce, aber auch für die Region typischer frischer Fisch und indische Klassiker. Der Balkon mit seinen Korbstühlen eignet sich bestens dazu, die Atmosphäre zu genießen.

Malabar Café INDISCH **$$**
(Hauptgerichte 110–450 ₹; ⊙8–23 Uhr) Die vollbesetzten Tische erzählen eine Geschichte: Bei Kerzenschein am Abend und mit Blick durch die Blumentöpfe auf die Brandung, bietet das Malabar leckeres Essen und freundlichen Service.

Fusion INTERNATIONAL **$$**
(Hauptgerichte 150–450 ₹; ⊙7.30–22.30 Uhr; 📶) Das Terrassenrestaurant des Beach

WIRD KERALA TROCKEN?

Im Bemühen, den hohen Pro-Kopf-Verbrauch an Alkohol und damit in Zusammenhang gebrachte soziale Probleme (wie die höchste Selbstmordrate unter allen indischen Bundesstaaten) zu bekämpfen, setzt die keralesische Regierung auf Verbote. 2014 verkündete sie einen Zehnjahresplan zur Einführung der vollständigen Prohibition, nach dem schrittweise alle Bars (außer jenen in Fünf-Sterne-Hotels) und die staatlichen Spirituosenläden geschlossen werden sollen. Zum Zeitpunkt der Recherche waren bereits fast 700 Bars, vor allem in Drei- und Vier-Sterne-Hotels geschlossen worden, während viele staatliche Spirituosenläden noch IMFL-Rum und Brandy an schlangestehende Kunden verkauften. Beabsichtigt ist, jedes Jahr in den nächsten zehn Jahren 10 % der Filialen zu schließen.

Es bleibt abzuwarten, inwieweit dieses Verbot den Tourismussektor beeinflussen und wie weit die Regierung tatsächlich gehen wird. Die öffentliche Meinung geht generell dahin, dass Bars, in denen Schnaps ausgeschenkt wird, geschlossen bleiben und „Bierschenken" an ihre Stelle treten sollen. Zumindest an touristischen Stellen soll man also weiterhin ein Kingfisher bekommen können. Natürlich ist auch mit der Entwicklung eines Schwarzmarkts zu rechnen.

Hotel II gehört zu den besten Lokalen am Lighthouse Beach. Die Speisekarte variiert zwischen einfallsreichen Gerichten aus Ost und West, einigen kontinentalen Klassikern, asiatischer Fusionsküche und interessanten Fischoptionen wie Hummer in Wodka gekocht. Außerdem gibt's französischen Kaffee und Kräutertees.

Curry Leaf MULTICUISINE **$$**
(Samudra Beach; Hauptgerichte 100–350 ₹; ⏲8–20.30 Uhr) Das neue, zweistöckige Restaurant auf einem Hügel über dem Samudra Beach prunkt mit einem unvergleichlichen Blick aufs Meer und in den Sonnenuntergang, mit engagiertem Personal und gutem Essen – die Palette reicht von frischen Meeresfrüchten über Tandoori-Gerichte bis zu westlichen Speisen. Man muss ein Stück über Feldwege laufen bzw. vom Strand aus den Hügel erklimmen, aber die freie Lage macht den besonderen Reiz aus.

Bait MEERESFRÜCHTE **$$$**
(Vivanta by Taj; Hauptgerichte 300–750 ₹; ⏲12.30–15 & 18–22.30 Uhr) Das Meeresfrüchterestaurant im Taj abseits vom Samudra Beach ist ein gehobener Strandschuppen im Freien. Man kann den Köchen bei der Arbeit in der offenen Küche zuschauen; die Meeresfrüchte und würzige Zubereitung sind erstklassig.

Praktische Informationen

Rund 500 m vom Lighthouse Beach den Hügel hinauf finden sich Geldautomaten von HDFC und Axis, Geldautomaten der Federal Bank und der ICICI gibt's an der Kovalam Junction. In mehreren kleinen Internetcafés zahlt man etwa 30 ₹ pro Stunde.

Global Internet (Leo Restaurant; Internet/WLAN 40/30 ₹/Std.; ⏲9–21 Uhr; WLAN) Man kann seine E-Mails an den Computern checken oder loggt sich im Restaurant ins WLAN ein.

Post (Kovalam Beach Rd; ⏲Mo–Sa 9–13 Uhr) Nahe dem Leela Hotel.

Tourist Facilitation Centre (☎0471-2480085; Kovalam Beach Rd; ⏲9.30–17 Uhr) Die hilfreiche Touristeninformation befindet sich im Eingang des Government Guesthouse nahe der Bushaltestelle.

Upasana Hospital (☎0471-2480632) Hat Englisch sprechende Ärzte, die kleinere Verletzungen versorgen können.

Anreise & Unterwegs vor Ort

BUS

Die Busse nutzen eine inoffizielle Haltestelle an der Hauptstraße vor dem Eingang zum Resort Leela; alle Busse halten aber auch an der Kovalam Junction ungefähr 1,5 km nördlich vom Lighthouse Beach. Zwischen 5.30 und 22 Uhr verkehren Busse alle 20 Minuten zwischen Kovalam und Trivandrum (15 ₹, 30 Min.). Zur Weiterreise in Richtung Norden ist es das Einfachste, einen Bus nach Trivandrum zu nehmen und dort umzusteigen, es fahren aber täglich auch zwei Busse über Kallambalam (zur Weiterfahrt nach Varkala, 75 ₹, 1½ Std.), Kollam (85 ₹, 2½ Std.) und Alappuzha (125 ₹, 4 Std.) nach Ernakulam (210 ₹, 5½ Std.). Außerdem fahren auch ein paar Busse nach Kanyakumari (80 ₹, 2 Std.).

MOTORRAD

K Tours & Travel (☎8089493376, 0471-2127003; Motorroller/Enfields ab 400/600 ₹ pro Tag) neben dem Devi Garden Restaurant gleich über dem Hawa Beach vermietet Motorroller und Enfields.

TAXI

Die Fahrt zwischen Trivandrum und dem Strand von Kovalam kostet mit dem Taxi rund 400 ₹ und mit der Autoriksha 300 ₹. Die Strecke von der Bushaltestelle zum nördlichen Ende des Lighthouse Beach kostet rund 50 ₹.

Rund um Kovalam

Poovar

Poovar liegt rund 16 km südöstlich von Kovalam fast an der Grenze zu Tamil Nadu und ist das Sprungbrett in eine Region aus Stränden, Mündungsgebieten, Dörfern und gehobenen Resorts, die die „Mini-Backwaters" in Keralas äußerstem Süden ausmachen.

Am Fluss Neyyar werden 1½- bis zweistündige Bootsausflüge (ca. 2500 ₹/2 Pers.) angeboten, bei denen man den Strand, Mangrovensümpfe voller Vögel und die bewaldete Poovar Island besucht. Auch die Reiseveranstalter in Kovalam können derartige Touren organisieren.

Poovar Island Resort RESORT $$$

(☎0471-2212068, 9895799044; www.poovarislandresorts.com; EZ/DZ Cottage ab 9600/10800 ₹, schwimmendes Cottage ab 15000/16200 ₹; ❄📶🏊) Das nur mit dem Boot erreichbare Resort ist wegen seiner romantischen „schwimmenden Hütten" beliebt, die am Ufer vertäut sind. Die meisten Zimmer befinden sich allerdings auf dem festen Land und sind im keralesischen Stil gestaltet. Die Anlage ist jedenfalls sehr entspannend friedlich und gut ausgestattet – eine gute Option, um den üblichen Resorts auf dem Land und am Strand zu entgehen.

Varkala

☎0470 / 42270 EW.

Das Resort Varkala ist beinahe gefährlich nahe entlang der Kante von 15 m hohen roten Laterit-Klippen gebaut worden und liegt in einer natürlichen, schönen Umgebung. Der Streifen oben an den Klippen hat sich langsam zu Keralas beliebtestem

AYURVEDA-RESORTS

Zwischen Kovalam und Poovar finden sich unter scheinbar endlosen wogenden Palmen, entspannten Dörfern und ein paar goldenen Sandstränden auch einige gehobene Ayurveda-Resorts, die sich lohnen, wenn man ernsthaft an ayurvedischen Anwendungen interessiert ist. Sie liegen alle zwischen 6 und 10 km südöstlich von Kovalam.

Dr. Franklin's Panchakarma Institute (☎0471-2480870; www.dr-franklin.com; Chowara; EZ/DZ Hütte 23/30 €, Zi. ab 28/37 €, mit Klimaanlage 41/60 €; @📶🏊) Wer ernsthaft an einer ayurvedischen Behandlung interessiert ist, findet hier eine renommierte und günstigere Alternative zu den schickeren Resorts. Eine Tagesbehandlung mit vollem Speiseplan kostet 70 €. Die Unterkunft ist komfortabel, aber nicht so wie in einem Resort.

Niraamaya Surya Samudra (☎0471-2480413; www.niraamaya.in; Pulinkudi; Zi. mit Frühstück 18 000–32 000 ₹; ❄📶🏊) Die neueste Inkarnation des Surya Samudra bietet erstklassige Abgeschiedenheit. 22 traditionelle keralesische Wohnhäuser bieten Himmelbetten und offene Bäder und stehen in einem Palmenhain über dem Meer. Es gibt einen Infinity Pool, der aus einem einzigen Granitblock gehauen ist, das Niraamaya Spa, ayurvedische Anwendungen, einen Fitnessraum und Freiluft-Plattformen für Yoga.

Bethsaida Hermitage (☎0471-2267554; www.bethsaidahermitage.com; Pulinkudi; EZ 90–150 €, DZ 150–165 €; ❄📶🏊) Diese Wohltätigkeitsorganisation unterstützt zwei nahegelegene Waisenhäuser und andere ehrenwerte Anliegen. Zugleich ist es ein luxuriöses und einsames Strandrefugium mit einem schön gestalteten Garten, verführerischen Hängematten, Rasen, auf dem man Golf spielen könnte, jeder Menge Palmen und professionellen ayurvedischen Anwendungen und Yogakursen.

Thapovan Heritage Home (☎0471-2480453; www.thapovan.com; EZ/DZ am Hügel ab 3200/4000 ₹, Cottages 5300/6700 ₹, am Strand EZ/DZ Cottage 5600/7000 ₹; ❄📶) Die beiden Anwesen liegen nur 100 m auseinander. Das eine besteht aus Strandhütten im keralesischen Stil, das andere aus keralesischen Teakholz-Cottages voller handgemachter Möbel in toller Lage auf einem Hügel inmitten gepflegter Anlagen mit wundervollem Blick auf das Meer und Palmenhaine. Das Ayurveda-Angebot reicht von einstündigen Massagen bis zu 28-tägigen Anwendungsmarathons, hinzu kommen Yoga- und Meditations-Sitzungen.

Varkala

Varkala

Sehenswertes
1 Janardhana-Tempel C3

Aktivitäten, Kurse & Touren
2 Eden Garden C3
3 Haridas Yoga B2
4 Laksmi's A2

Schlafen
Eden Garden .... (siehe 2)
5 Gateway Hotel Janardhanapuram C3
6 Jicky's B2
7 Kaiya House C3
8 Kerala Bamboo House A2
9 Krishnatheeram A1
10 Omsam Guesthouse C3
11 Puthooram A1
12 Sea Pearl Chalets C3

Essen
13 Café del Mar B2
14 Cafe Italiano A2
15 Coffee Temple B2
16 God's Own Country Kitchen B2
17 Juice Shack B2
18 Oottupura Vegetarian Restaurant B3
19 Sreepadman C3
20 Trattorias A1
21 Wait n Watch C3

Unterhaltung
22 Rock n Roll Cafe A1

Transport
23 Autorikscha-Stand B3
24 Autorikscha-Stand C3

Backpackertreff entwickelt. Ein kleiner Strandstreifen schmiegt sich an die Kante der Klippen. In den Restaurants wird verträgliche Trancemusik gespielt, und kleine Stände verkaufen T-Shirts, Baggyhosen und Silberschmuck. Hier herrscht viel Tourismus und die ständigen Verkaufsgespräche können ganz schön auf die Nerven gehen. Trotzdem ist Varkala immer noch ein toller Ort, um dabei zuzusehen, wie Tage langsam in Wochen übergehen. Außerdem fällt es hier leicht, den Massen zu entgehen, die sich weiter im Norden und Süden aufhalten, wo die Strände sauberer und ruhiger sind.

Trotz seiner Backpacker-Atmosphäre nennt sich Varkala eigentlich eine Tempelstadt. Der Hauptstrand Papanasham ist ein heiliger Ort, den die Hindus aufsuchen, um verstorbenen Geliebten Gaben zu bringen. Begleitet werden sie dabei von Priestern, die neben dem Hindustan Hotel ein Geschäft eröffnet haben.

Gefahren & Ärgernisse

Die Strömungen können hier ziemlich stark sein. Sogar erfahrene Schwimmer können abgetrieben werden. In der Monsunzeit verschwindet der Strand komplett und das Kliff wird langsam abgetragen. Achtung beim Spazierengehen am Kliff, besonders bei Dunkelheit! Der größte Teil ist schnell rutschig und nicht eingezäunt.

Wenn man als Frau am Strand Bikini oder auch nur einen Badeanzug trägt, ist man höchstwahrscheinlich unangenehmen Blicken ausgesetzt. Außerhalb des Wassers sollte man in einen Sarong schlüpfen, damit man die Gefühle der Einheimischen nicht verletzt. Wenn man sich in der Stadt Varkala aufhält, sollte man sich angemessen kleiden.

Sehenswertes

Janardhana-Tempel HINDU-TEMPEL

Varkala ist eine Tempelstadt, und ihre Hauptattraktion ist der 2000 Jahre alte Janardhana-Tempel, der farbenfroh über die Beach Rd aufragt. Janardana Swami ist eine Verkörperung von Vishnu. Nicht-Hindus dürfen den Tempel allerdings nicht betreten. Manchmal dürfen Besucher aber auf das Gelände, wo eine riesige Banyan-Feige und Schreine für Ayyappan, Hanuman und andere hinduistische Gottheiten stehen.

Sivagiri Mutt ASHRAM

(☎ 0470-2602807; www.sivagirimutt.org) Der Ashram ist Shri Narayana (1855–1928), dem prominentesten Guru Keralas geweiht und beherbergt gleichzeitig die Zentrale des Shri Narayana Dharma Sanghom Trust. Das Haus ist eine beliebte Pilgerstätte, und der ansässige Swami plaudert gern mit den Besuchern.

Ponnumthuruthu Island ISLAND

(Bootsfahrt 250 ₹/Pers.) Auf der Insel inmitten eines Backwater-Sees rund 10 km südlich von Varkala steht ein hinduistischer Shiva-Parvati-Tempel, der auch als der Goldene Tempel bezeichnet wird. Der Hauptgrund für einen Besuch auf der Insel ist die malerische Hin- und Rückfahrt mit einem Stechkahn.

Kappil Beach STRAND

Auf dem Straßenweg rund 9 km nördlich von Varkala findet sich der schöne und bislang noch nicht erschlossene Kappil Beach. An diesem Sandstrand beginnt auch ein kleines Netz von Backwaters-Wasserläufen. Der Kappil Lake Boat Club nahe der Brücke vermietet Boote für kurze Fahrten auf dem See.

Aktivitäten

Der sanft geschlängelte Weg setzt sich von der nördlichen Klippenspitze 7 km bis zum Kappil Beach fort. Auf dem malerischen Weg durchquert man eine sich leicht verändernde Küstenlandschaft und passiert den Odayam Beach und das Fischerdorf Edava. Diese Wanderung unternimmt man am besten frühmorgens.

Mehrere Pensionen bieten Yoga (300–400 ₹/Sitzung) an. An verschiedenen Stellen am Strand kann man Boogieboards (100 ₹) leihen – Vorsicht vor starken Strömungen! Viele Resorts und Hotels an der Nordklippe bieten ayurvedische Anwendungen und Massagen an.

Laksmi's SCHÖNHEITSPFLEGE & MASSAGE

(☎ 9895948080; Clafouti Beach Resort; Maniküre/Pediküre 600–1000 ₹, Henna 500 ₹, Massage 1200 ₹; ⏲ 9–19 Uhr) Der winzige Laden bietet nur für Frauen diverse Anwendungen wie Epilation mit Wachs oder mit einem Faden sowie Maniküre und Massagen.

Haridas Yoga YOGA

(www.pranayogavidya.com; Hotel Green Palace; 300 ₹/Sitzung; ⏲ Aug.–Mai 8 & 16.30 Uhr) Empfehlenswerte 1½-stündige Hatha-Yoga-Kurse mit erfahrenen Lehrern; Interessenten können einfach hereinschauen.

Eden Garden MASSAGE

(☎ 0470-2603910; www.edengarden.in; Massage ab 1000 ₹) Bietet ein anspruchsvolles ayurvedisches Erlebnis, darunter Einzelanwendungen und Anwendungspakete.

Soul & Surf SURFEN, YOGA

(☎ 9895580106; www.soulandsurf.com; South Cliff; Surfunterricht 2300 ₹, Surfguide 1150 ₹; ⏲ Okt.–Mai) Dieser britische Anbieter organisiert in der Saison Surftouren und Yoga-Freizeiten mit Unterkunft in seiner Herberge am South Cliff. Die gleichen Leute betreiben auch die Papanasam Surf School, die 1½-stündige Anfängerkurse veranstaltet. Wer bereits surfen kann, kann sich den regelmäßigen Surftrips anschließen (1150 ₹), wenn es noch einen freien Platz gibt. Das Ausleihen eines Surfbretts kostet 850 ₹ für den halben und 1600 ₹ für den ganzen Tag.

Schlafen

Die meisten Unterkünfte versammeln sich entlang der Nordklippen, wo sich die Backpacker aufhalten. Weiter unten, an den südlichen Klippen, befinden sich aber auch noch ein paar nette Unterkünfte. Der weniger ausgebaute Odayam Beach, etwa 1 km weiter nördlich von Varkalas schwarzem Strand, ist eine ruhige Alternative.

So gut wie alle Unterkünfte können per Taxi oder Autorikscha über die zahlreichen Gassen erreicht werden, die zu den Klippen führen. Aber Achtung, denn betrügerische Taxifahrer sind keine Seltenheit! Also immer darauf achten, dass man auch wirklich dort rausgelassen wird, wo man hinwollte.

★ Jicky's PENSION $

(☎ 9846179325, 0470-2606994; www.jickys.com; EZ 500 ₹, DZ 800–1200 ₹, Hütte mit Klimaanlage 3000 ₹; ❄📶) In den Palmenwäldern gleich hinter der Klippe in der Nähe des Taxistands befindet sich Jicky's, ein freundliches Gästehaus in Familienbesitz, das sich über mehrere Gebäude erstreckt und Gästen so eine große Auswahl an Unterkünften bietet. Die Zimmer im weißgestrichenen Hauptgebäude sind neu. Nebenan befinden sich zwei charmante achteckige Doppelhütten und ein paar größere Zimmer mit Klimaanlage.

★ Kaiya House PENSION $$

(☎ 9746126909, 9995187913; www.kaiyahouse.com; DZ inkl. Frühstück 2750 ₹, DZ mit Klimaanlage 3300 ₹; ❄📶) Dem Kaiya House fehlt zwar der Seeblick, aber das machen die charmanten und freundlichen Besitzer und die pure Entspannung wieder wett. Jedes der fünf Zimmer ist sorgfältig und nach Themen mit Himmelbetten und Kunstwerken an den Wänden eingerichtet (afrikanisch, indisch, chinesisch, japanisch und englisch). Die herrliche Dachterrasse und der Hinterhof versprühen eine beruhigende Atmosphäre. Die ausländische Besitzerin Debra heißt einen mit einer Tasse Tee willkommen, gibt Ratschläge und bietet kostenlose Wanderungen an. Bis zu den Klippen läuft man zehn Minuten.

Eden Garden RESORT $$

(☎ 0470-2603910; www.edengarden.in; Cottages 1500–2000 ₹, Deluxe 4500 ₹; 📶) Die stilvollen Zimmer mit hohen Holzdecken und hübschen Möbeln liegen um einen üppigen Seerosenteich. Es gibt außerdem noch Bambushütten und die Deluxe-Variante in organisch geformten Bauten, die beispielsweise wie weiße, seltsame Pilze aussehen und mit feiner Bemalung, runden Betten und kreisrunden Mosaikbädern aufwarten. Die Ayurveda-Anwendungen gibt's als Pauschalangebot für drei bis 30 Tage.

Kerala Bamboo House RESORT $$

(☎ 9895270993; www.keralabamboohouse.com; Hütte DZ 2500–3500 ₹, Zi. mit Klimaanlage 5000 ₹; ❄📶) Schlichtes Leben in einer Bambushütte: Die beliebte Anlage auf halber Strecke am North Cliff Walk quetscht Dutzende balinesische Hütten und einen gepflegten Garten auf ihr Grundstück. Angeboten werden Ayurveda-Anwendungen, Yoga und Kochkurse (600 ₹/Pers., mind. 2 Pers.).

Puthooram RESORT $$

(☎ 9895675805, 0470-3202007; www.puthooram.com; Zi. 400–1350 ₹, mit Klimaanlage 1650–3300 ₹; ❄@) Die mit Holz verkleideten Bungalows stehen um einen charmanten kleinen Garten voller Topfpflanzen. Die Zimmerpreise und die Ausstattung variieren; man sollte also erst ein paar anschauen. Die Zimmer mit Meerblick sind teurer.

Omsam Guesthouse PENSION $$

(☎ 0470-2604455; www.omsamguesthome.com; South Cliff; DZ 2500–3500 ₹, DZ mit Klimaanlage 4500 ₹; ❄📶) Die sieben Zimmer dieser Pension im keralesischen Stil sind mit ihren Holzverzierungen und -möbeln eine wahre Freude. Gute Lage südlich vom Hauptstrand.

Sea Pearl Chalets RESORT $$

(☎ 0470-2660105; www.seapearlchalets.com; DZ 2030 ₹) Auf Varkalas ruhigerer Südklippe liegen diese einfachen, runden Hütten mit unschlagbarem Ausblick, umgeben von einem penibel rasierten Rasen. Unbedingt noch besuchen, bevor sie irgendwann ins Meer plumpsen!

Krishnatheeram RESORT $$$

(Ayur Holy Beach Resort; ☎ 0470-2601305; www.krishnatheeram.com; Zi. 5000 ₹, mit Klimaanlage 6000 ₹; ❄📶🏊) Dieses ordentliche Ayurveda-Resort über dem Black Beach ist eine der wenigen Unterkünfte am nördlichen Strand mit einem Pool. Es ist auf Yoga-Therapie spezialisiert und bietet täglich Sitzungen und professionelle ayurvedische Anwendungen.

Villa Jacaranda PENSION $$$

(☎ 0470-2610296; www.villa-jacaranda.biz; DZ mit Frühstück 5200–7000 ₹; 📶) Das letzte Wort in Sachen subtiler Luxus: Das romantische Refugium abseits des südlichen Strands umfasst nur vier geräumige, helle Zimmer in einem großen, zweistöckigen Haus. Alle haben einen Balkon und sind in einem schicken Mix aus minimalistisch-modernen und traditionellen Elementen dekoriert. Das

Zimmer im obersten Stockwerk hat seinen eigenen Dachgarten mit Meerblick.

Blue Water Beach Resort COTTAGES $$$
(☎ 0470-2664422, 9446848534; www.bluewaterstay.com; Odayam Beach; Cottages 5000 ₹, mit Klimaanlage 7500 ₹; ❄ 📶) Am ruhigen Odayam Beach nördlich von Varkala bietet diese Anlage stabile, frei stehende Holzhütten mit gefliesten Dächern auf einer hübschen, zum Strand hinunterführenden Rasenfläche.

Gateway Hotel Janardhanapuram HOTEL $$$
(☎ 0470-6673300; www.thegatewayhotels.com; DZ mit Frühstück ab 9000 ₹, Suite 12 500 ₹; ❄ @ 📶 🏊) Varkalas schickstes Hotel, das unter neuem Logo antretende Gateway, wirkt richtig cool. Die Zimmer prunken mit glänzender Bettwäsche und mokkafarbenen Kissen und blicken auf den Garten, die teureren haben einen Balkon und Aussicht aufs Meer. Es gibt einen fantastischen Pool mit Bar (Nichtgäste 500 ₹), einen Tennisplatz und das hochgeschätzte Restaurant GAD.

Essen & Ausgehen

Die meisten Restaurants in Varkala bieten die gleichen Menüs für Reisenden aus indischer, asiatischer und internationaler Küche zu leichtem Trance und Bob Marley als Hintergrundmusik, aber die Qualität der „Buden" an den Klippen hat sich still und heimlich im Laufe der Jahre verbessert und die meisten bieten auch kostenloses WLAN an. Also auf zu einem abendlichen Bummel durch Varkala, bis das richtige Restaurant gefunden ist!

Sreepadman SÜDINDISCH $
(Thalis 75 ₹; ⏰ 5–22 Uhr) In dem kleinen Laden gegenüber dem Janardhana-Tempel mit Blick auf das große Badebecken sitzt man mit Rikschafahrern und Pilgern, nicht mit Touristen zusammen und genießt preiswerte und authentische keralesische Kost wie Dosas und Thalis.

Oottupura Vegetarian Restaurant INDISCH $
(Hauptgerichte 45–100 ₹) Das preiswerte Lokal nahe dem Taxistand hat eine respektable Auswahl vegetarischer Gerichte, darunter *puttu* (Mehlspeise mit Milch, Bananen und Honig) zum Frühstück.

Coffee Temple CAFÉ $
(Kaffee 70–100 ₹, Hauptgerichte 80–250 ₹; ⏰ 6–19 Uhr; 📶) Das von Engländern geführte Café bietet seinen Gästen morgens Kaffee aus frisch gemahlenen Bohnen, frisches Brot und die Tageszeitung. Auf der Karte stehen jetzt auch Crêpes sowie mexikanische Burritos, Fajitas und Tacos, wogegen bestimmt nichts zu sagen ist.

Juice Shack CAFÉ $
(Säfte ab 70 ₹, Snacks 80–250 ₹; ⏰ 6–20.30 Uhr; 📶) Neben den schicken Nachbarn wirkt die abgefahrene kleine Saftbar tatsächlich wie ein Schuppen, aber die Säfte, Smoothies und Snacks (z. B. mexikanische Wraps) sind toll.

Cafe Italiano ITALIENISCH $$
(Hauptgerichte 200–400 ₹; ⏰ 7–23 Uhr; 📶) Das zweistöckige Lokal lohnt einen Besuch nicht nur wegen der guten Pizzas, Pasta und Crêpes, sondern auch wegen der Bücherei, des Büchertauschs und des Baums, der spektakulär durch die obere Etage wächst.

Café del Mar MULTICUISINE $$
(Gerichte 120–450 ₹; ⏰ 9–22 Uhr; 📶) Hier gibt es zwar keinen großen Balkon wie bei vielen benachbarten Läden, aber das Café del Mar hat dank effizienter Bedienung, gutem Kaffee und verlässlich gutem Essen immer viel zu tun.

God's Own Country Kitchen MULTICUISINE $$
(North Cliff; Hauptgerichte 80–400 ₹; ⏰ 8.30–22 Uhr; 📶) Das lustige Lokal hat es eigentlich gar nicht nötig, auf Keralas touristisches Motto anzuspielen, denn sein Essen ist gut, es verfügt über eine tolle kleine Terrasse im oberen Stockwerk, und an manchen Abenden gibt's in der Saison auch Livemusik.

Trattorias INTERNATIONAL $$
(Gerichte 100–400 ₹; ⏰ 8.30–23 Uhr) Das Trattorias hat sich auf italienische Küche spezialisiert, mit einem kleinen Angebot an Pastagerichten und Pizzas, bietet aber auch japanische – Sushi – oder Thai-Gerichte an. Es war eines der ersten Lokale mit einer italienischen Kaffeemaschine, und die Korbstühle und die Terrasse mit Meerblick sind sehr gemütlich.

Wait n Watch INDISCH $$
(Hindustan Beach Retreat; Hauptgerichte 120–280 ₹; ⏰ 11–22 Uhr; 📶) Restaurant und Cocktailbar im Obergeschoss dieses hässlichen Hotelblocks am Strand servieren recht leckere indische Gerichte und Fisch. Der Hauptgrund, aus dem man den Fahrstuhl benutzt, ist aber der Blick vom Balkon (mit nur ein paar wenigen Tischen) über den

AYURVEDA

Das aus dem Sanskrit stammende Wort Ayurveda setzt sich aus *ayus* (Leben) und *veda* (Wissen) zusammen, bedeutet also: das Wissen oder die Wissenschaft vom Leben. Die Prinzipien der ayurvedischen Heilkunde wurden erstmals vor rund 2000 Jahren in den Veden dokumentiert, aber möglicherweise schon Jahrhunderte vorher angewendet.

Ayurveda geht davon aus, dass die Welt eine innere Ordnung und Ausgewogenheit besitzt. Laut dieser Lehre bestehen wir aus drei *doshas* (Säften): *vata* (Wind oder Luft), *pitta* (Feuer) und *kapha* (Wasser und Erde) – alle zusammen werden als *tridoshas* bezeichnet. Ein Mangel oder Übermaß an einem der Säfte kann zu Krankheiten führen: So kann ein Übermaß an *vata* Benommenheit und Schwäche verursachen, ein Übermaß an *pitta* Fieber, Entzündungen und Infektionen. *Kapha* wiederum ist wesentlich für den Wasserhaushalt des Körpers.

Die Ayurveda-Behandlung zielt darauf ab, das Gleichgewicht der Säfte und damit die Gesundheit wiederherzustellen. Prinzipiell nutzt sie dazu zwei Methoden: Panchakarma (innere Reinigung) und Kräutermassagen. Panchakarma wird zur Behandlung ernsthafter Erkrankungen angewandt und ist eine intensive Entgiftungskur. Dazu werden fünf Therapieformen miteinander kombiniert, um den Körper von angestauten Endotoxinen zu reinigen: *vaman* (therapeutisches Erbrechen), *virechan* (Fasten), *vasti* (Einläufe), *nasya* (Ausscheiden der Toxine über die Nase) und *raktamoksha* (Aderlass). Vor dem Einsatz von Panchakarma wird der Körper zunächst mehrere Tage lang mit einer speziellen Diät, Ölmassagen (*snehana*) und Kräuterdampfbädern (*swedana*) vorbereitet. Das alles klingt ziemlich grausam, aber bei einer Panchakarma-Entgiftung werden nur einige dieser Behandlungen gleichzeitig eingesetzt, und nur in den seltensten Fällen wird zum Aderlass oder zu Blutegeln gegriffen. Dennoch ist Ayurveda kein Wellnessurlaub! Die beim Ayurveda eingesetzten Kräuter wachsen in Keralas feuchtem Klima im Überfluss. Als beste Zeit für eine Behandlung gilt die Monsunzeit, weil dann weniger Staub in der Luft liegt, die Poren offen sind und der Körper am besten auf die Behandlung anspricht. Jedes Dorf hat seine eigene Ayurveda-Apotheke.

Strand. Am Pool gibt's noch ein weiteres Restaurant unter freiem Himmel.

☆ Unterhaltung

In der Hauptsaison werden Kathakali-Aufführungen veranstaltet. Auf Hinweise vor Ort achten!

Rock n Roll Cafe LIVEMUSIK
(☎8136858684; ⌚24 Std.) Die Musik steht in dieser ansonsten eher unscheinbaren Restaurantbar im Mittelpunkt. An einem Großteil der Abende während der Saison gibt's Livemusik, DJs oder Filmnächte – aber auch Tablakurse. Es gibt kühles Bier, eine gute Cocktailauswahl und ab 18 Uhr bekommt man auch Essen.

ℹ Praktische Informationen

Der Geldautomat an der Temple Junction akzeptiert Visakarten und ist rund um die Uhr zugänglich. Weitere Geldautomaten sind im Zentrum Varkalas zu finden. Viele der Reisebüros entlang der Klippen nehmen Barauszahlungen auf Kreditkarten vor und lösen Reiseschecks ein. Die meisten Restaurants und Cafés bieten kostenloses WLAN an.

ℹ An- & Weiterreise

Nahverkehrs- und Expresszüge fahren regelmäßig nach Trivandrum (2. Klasse/Sleeper Class/3AC 45/140/485 ₹, 1 Std.) und Kollam (2. Klasse/Sleeper Class/3AC 45/140/485 ₹, 40 Min.), außerdem gibt es siebenmal täglich einen Zug nach Alappuzha (2. Klasse/Sleeper Class/3AC 95/140/485 ₹, 2 Std.). An der Temple Junction kommen täglich drei Busse nach Trivandrum (60 ₹, 1½–2 Std.) vorbei, und einer fährt nach Kollam (40 ₹, 1 Std.).

ℹ Unterwegs vor Ort

Vom Bahnhof zum Strand von Varkala sind's ca. 2,5 km; die Fahrt mit der Autorikscha zur Temple Junction kostet 80 ₹ und zum North Cliff 100 ₹. Auch Nahverkehrsbusse sind regelmäßig zwischen dem Bahnhof und der Temple Junction unterwegs (5 ₹).

Ein paar Läden an den Klippen vermieten Motorroller/Motorräder für 350/450 ₹ pro Tag.

Kollam (Quilon)

☎0474 / 349 000 EW.

Kollam (Quilon) ist der südliche Zugang zu Keralas Backwaters und ein Ziel der bekannten Backwater-Bootstour nach Alappuzha. Als einer der ältesten Häfen am Arabischen Meer war es einst ein wichtiges Handelszentrum, das in Scharen römische, arabische und chinesische, später portugiesische, holländische und britische Händler anzog – alle gierig danach, Gewürze und die kostbaren Cashewkerne aus der Region in die Hände zu bekommen. Im Zentrum geht's recht hektisch zu, aber in der Umgebung findet man die ruhigen Wasserläufe des Ashtamudi-Sees, deren Ufer Kokospalmen, Cashewplantagen und traditionelle Dörfer säumen – ein toller Ort, um ohne große Menschenmassen ein Gefühl für die Backwaters zu bekommen.

Sehenswertes & Aktivitäten

Das Beste, was man von Kollam aus tun kann, ist per Kanu über das vom Ashtamudi Lake (ca. 15 km nördlich von Kollam) ausgehende Netz von Kanälen die Backwaters rund um **Munroe Island** zu erkunden.

Am Strand von Kollam gibt's einen rauen **Fischerhafen**, auf dem Kunden und Fischer über den Wert des Tagesfangs verhandeln. Abends findet hier ein Fischmarkt statt (17–21 Uhr). Ein recht durchschnittlicher **Strand** liegt 2 km südlich der Stadt, sein nördliches Ende wird vom **Thangassery Lighthouse** markiert.

★ Canal Cruise BOOTFAHREN
(www.dtpckollam.com; Touren 500 ₹/Pers.; ⌚ 9–13.30 & 14–18.30 Uhr) Der DTPC und einige private Anbieter organisieren tolle Bootstouren durch die Kanäle von Munroe Island. Nach einer 25 km langen Fahrt bis zum Ausgangspunkt beginnt der dreistündige Trip mit dem Stechkahn, bei dem man den Dorfalltag, den Bau eines *kettuvallam* (Reiskahns), die Gewinnung von Toddy (Palmensaft), die Verarbeitung von Kokosfasern, die Krabben- und Fischzucht und im Gewürzgarten Vögel beobachten kann.

Hausbootfahrten BOOTFAHREN
(www.dtpckollam.com; Über-Nacht-Fahrt 5000–9200 ₹, Fahrt von Kollam nach Alappuzha 14 000 ₹) In Kollam gibt's nicht so viele Hausboote wie in Alappuzha, also ist mit einem weniger touristischen Erlebnis zu rechnen. Die DTPC hat verschiedene Angebote für Hausbootfahrten, entweder vor Ort oder nach Alappuzha und Kochi.

Santhigiri Ayurveda Centre AYURVEDA
(☎ 9287242407, 0474-2763014; www.santhigiriashram.com; Asramam Rd, Kadappakada; Massage ab 1200 ₹) Das Ayurveda-Zentrum, das mehr an eine Klinik als an eine Wellnessoase erinnert, ist für seine sieben- bis 21-tägigen Anwendungen beliebt.

Feste & Events

Die Region Kollam ist Schauplatz vieler Feste und Bootsregatten – im November und Dezember gibt's praktisch jeden Tag irgendwo in der Gegend ein Tempelfest.

Kollam Pooram RELIGIÖSES FEST
(April) Bei dem jedes Jahr stattfindenden bunten Tempelfest sieht man Elefanten und nachgestellte Schwertkämpfe.

President's Trophy Boat Race BOOTSRENNEN
(⌚ 1. Nov.) Die renommierteste Regatta in der Region Kollam wird auf dem Ashtamudi Lake ausgetragen.

Kottamkulangara Chamaya Vilakku RELIGIÖSES FEST
(⌚ März/April) Bei diesem Fest verkleiden sich Männer als Frauen und tragen Lichter zu dem 15 km nördlich von Kollam gelegenen Tempel in Chavara.

Schlafen

Im DTPC-Büro gibt's eine Liste mit Homestays in und um Kollam.

Munroe Island Backwaters Homestay HOMESTAY $
(☎ 9048176186; Munroe Island; Cottage 1200 ₹) Die drei farbenfrohen Hütten im keralesischen Stil verstecken sich in den Backwaters auf Munroe Island, rund 25 km (auf dem Straßenweg) nördlich von Kollam. Hier können Traveller in das dörfliche Leben eintauchen. Die freundliche Familie tischt Gerichte auf und arrangiert Kanuausflüge.

Karuna Residency PENSION $
(☎ 0474-2760066; Main Rd; B 150 ₹, EZ/DZ 400/600 ₹) Die kleine Budgetherberge verrät langsam ihr Alter und ist sehr schlicht, dabei aber durchaus noch in ordentlichem Zustand. Der Besitzer ist auf Traveller eingestellt.

★ Ashtamudi Villas PENSION $$
(☎ 9847132449, 0474-2706090; www.ashtamudivillas.com; Nähe Kadavoor Church, Mathilil; DZ 1500–2000 ₹; 📶) Das charmante Backsteingebäude direkt am Wasser ist die beste Wahl für einen entspannten, aber erschwinglichen Aufenthalt in Kollam. Der überschwängli-

Kollam (Quilon)

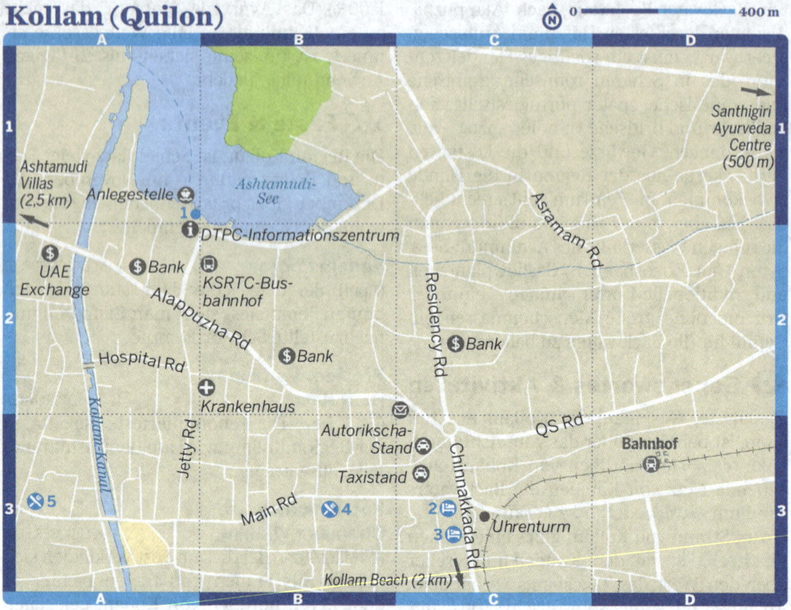

Kollam (Quilon)

Aktivitäten, Kurse & Touren

1 Canal Cruise A1

Schlafen

2 Karuna Residency C3
3 Nani Hotel C3

Essen

4 Hotel Guru Prasad B3
Prasadam .... (siehe 3)
5 Wok & Grill A3

che Gastgeber, Prabhath Joseph, strahlt eine warme Gastfreundlichkeit aus und zieht mit einer einfallsreichen architektonischen Ausstattung, bunter Einrichtung, blitzenden Badezimmern, Hängematten zwischen den Palmen am See und einer Bibliothek voller Bücher über Kerala alle Register. Die Anreise erfolgt über die Straße oder per Boot – vorher anrufen und nach dem Weg fragen!

Nani Hotel HOTEL $$

(☎ 0474-2751141; www.hotelnani.com; Chinnakada Rd; DZ inkl. Frühstück 1460 ₹, mit Klimaanlage 2250–3650 ₹; ❄@📶) Das von einem Cashewkern-Magnaten erbaute Boutique-Businesshotel in Kollams turbulentem Zentrum bietet ein überraschend gutes Preis-Leistungs-Verhältnis. Die wunderschön gestaltet Architektur, und die Mischung aus traditionellen Kerala- und modernen Elementen sorgt für einen schicken Look. Selbst die preiswerteren Zimmer haben Flachbild-TV, Federkissen und großzügige Bäder.

Essen

Hotel Guru Prasad INDISCH $

(Main Rd; Gerichte 10–45 ₹; 🕒11–15 Uhr) Das geschäftige Mittagslokal in einem ordentlichen kolonialzeitlichen Gebäude lockt mit billigen Thalis seine (überwiegend männliche) Kundschaft an.

Wok & Grill MULTICUISINE $$

(☎ 0474-2753400; Hauptgerichte 120–290 ₹; 🕒11–15 & 18–22 Uhr) Das moderne, saubere Restaurant serviert schmackhafte Fleischgerichte thailändischer, chinesischer, arabischer und nordindischer Herkunft. Hier gibt's z. B. Kung-Pao-Hühnchen, grünes Curry, Ingwer-Knoblauch-Garnelen oder Schawarma im Fladenbrot.

Prasadam INTERNATIONAL $$

(☎ 0474-2751141; Nani Hotel, Chinnakada Rd; Hauptgerichte 160–250 ₹, Lunch-Thalis 125 ₹; 🕒8–22 Uhr) Das Restaurant im Nani Hotel kommt ziemlich formell rüber: Stühle mit hoher Rückenlehne und komplexe Kupferrelief-Kunstwerke, die die Geschichte von

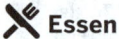

Kollam darstellen. Das Essen, darunter Gerichte aus Kerala wie das Travancore-Masala-Ei, klassisches Tandoori und chinesische Speisen, werden lecker zubereitet. Mittags gibt's köstliche Thalis.

ℹ Praktische Informationen

DTPC Information Centre (☎ 0474-2745625; www.dtpckollam.com; ⏲ 8–19 Uhr) Das hilfreiche Büro mit Filialen nahe dem KSRTC-Busbahnhof und bei der Bootsanlegestelle kann Backwater-Touren organisieren.

ℹ An- & Weiterreise

BUS

Kollam liegt an der Busroute Trivandrum–Kollam–Alappuzha–Ernakulam. Alle 10 oder 20 Minuten fahren Busse nach Trivandrum (70 ₹, 2 Std.), Alappuzha (80 ₹, 2½ Std.), Kumily (125 ₹, 5 Std., 7.50 Uhr) und Ernakulam (Kochi, 150 ₹, 3½ Std.). Die Busse starten vom **KSRTC-Busbahnhof** (☎ 0474-2752008) in bequemer Nähe zur Bootsanlegestelle.

SCHIFF/FÄHRE

Viele Besucher nehmen im Rahmen der klassischen Backwaters-Tour (S. 312) von/nach Alappuzha (400 ₹; 8 Std.; 10.30 Uhr) das Kanalboot. Von der Hauptanlegestelle fahren regelmäßig öffentliche Fähren über den Ashtamudi-See nach Guhanandapuram (1 Std.). Der Fahrpreis beträgt hin und zurück rund 10 ₹, ein kurze Strecke kostet 3 ₹.

ZUG

Häufig fahren Züge nach Ernakulam (Sleeper Class/3AC 140/485 ₹, 3½ Std., 6-mal tgl.), nach Trivandrum (140/485 ₹, 1 Std.) über Varkala (36/165 ₹, 30 Min.) sowie nach Alappuzha (170/535 ₹, 1½ Std.).

Rund um Kollam

Palastmuseum Krishnapuram MUSEUM
(☎ 0479-2441133; Eintritt 10 ₹, Foto/Video 25/250 ₹; ⏲ Di–So 9.30–16.30 Uhr) Der restaurierte Palast liegt etwa 2 km südlich von Kayamkulam zwischen Kollam und Alappuzha und ist ein außerordentlich schönes Beispiel für die meisterhafte Kerala-Architektur. Das Museum zeigt Gemälde, Antiquitäten, Skulpturen und ein berühmtes 3 m hohes Wandbild, das die Gajendra Moksha (die Befreiung des Elefantenkönigs Gajendra) zeigt, wie sie im Mahabharata beschrieben wird.

Alle paar Minuten fährt ein Bus (26 ₹, 1 Std.) von Kollam nach Kayamkulam. An der Bushaltestelle beim Tempeltor, 2 km vor dem Palast, heißt es aussteigen.

MATHA AMRITHANANDAMAYI MISSION

Das seltsam rosa angestrichene **Matha Amrithanandamayi Mission** (☎ 04762897578; www.amritapuri.org; Amrithapuri) ist der berühmte Ashram von Amrithanandamayi, einem der wenigen weiblichen Gurus in Indien. Sie ist auch als Amma (Mutter) oder als „die umarmende Mutter" bekannt, weil sie bei der *darshan* (Audienz) of Tausende von Menschen in Marathon-Sessions umarmt, die die ganze Nacht dauern.

Der Ashram veranstaltet täglich um 16 und 17 Uhr offizielle Führungen. Der riesige Komplex hat rund 3000 ständige Bewohner – Mönche, Nonnen, Studenten und Familien aus Indien und dem Ausland. Es gibt Verpflegung, ayurvedische Anwendungen, Yoga und Meditation. Amma reist den größten Teil im Jahr herum, die Umarmung ist also nicht garantiert. Besonders viel los ist im Ashram rund um Ammas Geburtstag am 27. September.

Besucher sollten sich nicht zu freizügig kleiden und den strikten Verhaltenskodex einhalten. Bei vorheriger Anmeldung – durch Online-Registrierung – kann man im Ashram übernachten (3BZ 250 ₹/Pers., EZ 500 ₹, jeweils inkl. einfacher vegetarischer Verpflegung).

Da der Ashram am Hauptkanal zwischen Kollam und Alappuzha liegt, unterbrechen hier viele Reisende die Bootsfahrt, bleiben ein oder zwei Tage und fahren dann mit einem anderen Boot weiter. Alternativ kann man auch auf die andere Seite des Kanals übersetzen und eine Rikscha zum 10 km weiter südlich gelegenen Karunagappally oder nach Kayankulam, 12 km weiter nördlich, nehmen (rund 200 ₹), wo man Anschluss an Busse und Züge hat.

Wer nicht per Boot kommen will, nimmt einen Zug nach Karunagappally oder Kayankulam und von dort eine Autorikscha (ca. 200 ₹) nach Vallickavu und überquert schließlich die Fußgängerbrücke. Wer länger bleiben will, kann online auch ein Ashram-Taxi buchen – die holen Besucher sogar aus so fernen Städten wie Kochi oder Trivandrum ab.

Alappuzha (Alleppey)

0477 / 74 200 EW.

Alappuzha – besser bekannt als Alleppey – ist der Startpunkt für Touren auf den Backwaters von Kerala, die ein riesiges Netzwerk an Kanälen mit mehr als 1000 Hausbooten bilden. Bei einem Spaziergang durch das kleine, aber chaotische Zentrum mit seinem bescheidenen Netz an Kanälen drängt sich einem der Begriff „Venedig des Ostens" auf. Die Flucht aus diesem Miniatur-Durcheinander lohnt sich: Also bloß weg Richtung Westen an den Strand, oder in so ziemlich alle anderen Richtungen zu den Backwaters, und schon wird Alappuzha zum grazilen und grünen Städtchen, das in eine Wasserwelt voller Dörfer, Kanus, Toddy-Shops und natürlich Hausboote übergeht. Hier muss man sich einfach treiben lassen und den Blick über die saftig grünen Reisfelder, die üppig beladenen Reiskähne und die Dörfer entlang der Ufer schweifen lassen. Dies ist eines von Keralas faszinierendsten Erlebnissen, zugleich beeindruckend und entspannend.

Sehenswertes & Aktivitäten

Alleppey Beach STRAND

Der Hauptstrand von Alappuzha liegt etwa 2 km westlich vom Zentrum. Am Strand direkt gibt's keine geschützten Stellen, und wegen der starken Strömung wagt sich hier auch nicht jeder ins Wasser. Dafür sind die Sonnenuntergänge toll, und an ein paar Stellen lohnt es sich, für ein Getränk oder einen Snack – sowie einen guten Kaffeeshop – anzuhalten. Der Strand erstreckt sich nach Norden und Süden die Küste entlang.

RKK Memorial Museum MUSEUM

(0477-2242923; www.rkkmuseum.com; NH47, nahe der Powerhouse Bridge; Inder/Ausländer 150/350 ₹; Di–So 9–17 Uhr) Hinter der prächtigen Säulenfront im Stil der griechisch-römischen Antike zeigt das Revi Karuna Karan (RKK) Memorial Museum die verschwenderische Kollektion aus Kristallwaren, Porzellan, Elfenbeinschnitzereien, Antiquitäten aus Kerala, Möbeln und Kunstwerken, die der wohlhabende Geschäftsmann Revi Karuna Karan zusammengetragen hat. Das Museum wurde nach seinem Tod im Jahr 2003 zu seinem Andenken geschaffen.

Kerala Kayaking KAJAKFAHREN

(0477-2245001, 9846585674; www.keralakayaking.com; 4-/7-/10-std. Tour 1500/3000/4500 ₹ pro Pers.) Die junge Crew des ersten Kajakveranstalters in Alappuzha bietet ausgezeichnete geführte Kajaktouren durch die schmalen Kanäle der Backwaters. Die Paddeltouren in Einer- und Zweierkajaks werden von einem Gepäckboot begleitet; der Transport mit einem Motorboot zum Startpunkt ist inbegriffen. Es gibt vierstündige Trips am Morgen und am Nachmittag, außerdem sieben- und zehnstündige Tagestouren. Auch mehrtägige Touren zu den Dörfern sind möglich.

Shree Krishna Ayurveda Panchkarma Centre AYURVEDA

(09847119060; www.krishnayurveda.com; 3/5/7-tägige Anwendungen ab 275/420/590 €) Das Zentrum nahe dem Ziel der Nehru Trophy bietet ayurvedische Anwendungen; einstündige „Verjüngungsmassagen" kosten 1000 ₹, die Spezialität sind aber Pauschalangebote (3, 5, 7 Tage) inklusive Unterkunft und Yogasitzungen. Billiger wird es, wenn sich zwei Personen die Unterkunft teilen.

Elephant Camp ELEFANTEN

(9249905525; 30-/60-minütiges Programm 400/1000 ₹; 8–17.30 Uhr) Das kleine Elefantencamp nahe dem Nordende des Punnamada-See bietet Erlebnisse mit Elefanten, die eine halbe bis zwei Stunden dauern. Bei den längeren Programmen schaut man zu, wie die Tiere gefüttert und gebadet werden – eine Dusche aus dem Elefantenrüssel gibt's auch.

Geführte Touren

Alle Pensionen, Hotels, Reiseveranstalter oder das DTPC können Kanu- oder Hausboottouren durch die Backwaters organisieren (s. S. 312).

shikaras (überdachte Boote) nach Kashmir-Art sammeln sich auf dem North Canal an der Straße zum Dock der Hausboote. Für eine Fahrt über die Kanäle und durch die Backwaters nehmen sie 300 bis 400 ₹ pro Stunde. Die Fahrt in Einbäumen mit Stechpaddel geht langsamer, ist aber umweltfreundlicher als mit den Motorbooten. Die meisten der Einbaum-Touren kosten ab 250 ₹ pro Stunde und dauern meist vier bis fünf Stunden. Auf dem Programm stehen Besuche in Dörfern, Wanderungen und der Besuch einer Palmwein-Bar.

Feste & Events

Nehru Trophy Boat Race BOOTSRENNEN

(www.nehrutrophy.nic.in; Tickets 50–2000 ₹; 2. Sa im Aug.) Dies ist die beliebteste und umkämpfteste Bootsregatta in Kerala. Tausende Besucher, viele auf Hausbooten, versammeln sich am Start- und Zielpunkt am Punnamada-See in Alappuzha und schauen gebannt den Schlangenbooten mit ihren bis zu 100 Ruderern zu.

Schlafen

Selbst wer sich nicht an Bord eines Hausboots begeben will, findet in Alappuzha ein paar der charmantesten und günstigsten Unterkünfte in Kerala, angefangen bei den alten denkmalgeschützten Häusern und Resorts bis hin zu Privatunterkünften mit Blick aufs Wasser.

Auch hier gibt es unter den Rikschafahrern Halsabschneider, vor allem an den Bahnhöfen und Bushaltestellen. Am besten lässt man sich an einem prägnanten Punkt in der Nähe seiner Unterkunft absetzen. Wer gebucht hat, sollte im Voraus anrufen und Bescheid geben, dass er jetzt unterwegs ist.

Matthews Residency PENSION $
(☎ 9447667888, 0477-2235938; www.palmyresidency.com; abseits der Finishing Point Rd; Zi. 450–750 ₹) Dies ist eine der besseren Budgetoptionen mit sechs blitzblanken Zimmern mit italienischen Marmorböden, von denen drei Verandas zum Garten hinaus haben. Das Gästehaus liegt nördlich vom Kanal, fünf Minuten zu Fuß von der Bushaltestelle entfernt, aber ein ganzes Stück abseits der Straße im saftigen Grün.

★ **Mandala Beach House** PENSION $
(☎ 8589868589; www.mandalabeachhouse.com; Alleppey Beach; DZ 600–900 ₹, Hütte 750 ₹, Suite 2000 ₹; WLAN) Eine bessere preiswerte Unterkunft am Strand wird man in Alappuzha kaum finden. Vor dem extrem entspannten Mandala beginnt gleich der Sandstrand und zu dem schönsten seiner einfachen Zimmer gehört das „Penthouse“ mit Glasfront, das unbezahlbare Ausblicke auf den Sonnenuntergang bietet. In der Saison finden hier oft spontane Partys statt, und es gibt ein ruhigeres Nebengebäude in der Nähe.

Johnson's PENSION $
(☎ 9846466399, 0477-2245825; www.johnsonskerala.com; DZ 500–850 ₹; @ WLAN) Diese besonders bei Backpackern beliebte Unterkunft in einem baufälligen Herrenhaus ist genauso skurril wie ihr Besitzer, der äußerst gesellige Johnson Gilbert. Die entspannte Bleibe hat nach Themen eingerichtete Zimmer mit flippigen Möbeln, eine Vielzahl an Pflanzen vor der Tür und ein kanuförmiges Aquarium als Tisch. Johnson verleiht auch sein **Öko-Hausboot** (www.ecohouseboat.com; 7000–13 000 ₹) und besitzt noch ein abgelegenes Gästehaus am Fluss in den Backwaters.

Nanni Beach Residence PENSION $
(☎ 9895039767; www.nannitours.com; Cullan Rd; DZ 250–600 ₹) Die entspannte Pension befindet sich in kurzer Gehentfernung vom Strand sowie 1,5 km nördlich vom Bahnhof und ist eine sehr gute und günstige Option. Die Zimmer sind schlicht, die oben sind geräumiger. Der junge Eigentümer Shibu hat viele Infos zur Gegend auf Lager und ist sehr bemüht, dass seine Gäste sich bei ihm heimisch fühlen.

Palmy Lake Resort HOMESTAY $
(☎ 9447667888, 0477-2235938; www.palmyresorts.com; Punnamada Rd East; Cottages DZ 1000 ₹) Diese einladende Familienunterkunft umfasst sechs einzelne Hütten. Die Anlage bietet etwas Strandcharme und Hängematten. Das Essen wird vor Ort zubereitet.

Paradise Inn PENSION $
(B 250 ₹, DZ ab 600 ₹, mit Klimaanlage 1250 ₹; ❄ WLAN) Die zweistöckige Herberge nördlich vom Hauptkanal bietet täglich Yogakurse (300 ₹) unter dem Dach, Budget-Schlafsäle und ein Restaurant. Der Inhaber Antony organisiert Touren.

Vedanta Wake Up! HOSTEL $
(☎ 0477-2231133; www.vedantawakeup.com; Punnamuda Rd; B 700 ₹, DZ mit Klimaanlage 2000 ₹; ❄ WLAN) In guter Lage gleich nördlich vom Hausboot-Dock punktet dieses neue Hostel mit ordentlichen und sauberen Schlafsälen mit Klimaanlage, gemütlichen Gemeinschaftsbereichen, einem Café und den üblichen Extras wie Schließfächern und WLAN. Hier kommt man gut mit anderen Travellern in Kontakt, was nützlich ist, wenn man versucht, eine Gruppe zum Mieten eines Hausboots zusammenzubekommen.

Cherukara Nest HOMESTAY $$
(☎ 9947059628, 0477-2251509; www.cherukaranest.com; DZ/3BZ inkl. Frühstück 900/1100 ₹, mit Klimaanlage 1500 ₹, Hütte mit Klimaanlage 1500 ₹; ❄ @ WLAN) In einem hübschen Garten mit einem Taubenverschlag in der Ecke liegt dieses herrliche alte Gebäude, das eine so einladende familiäre Atmosphäre ausströmt, dass man sich am liebsten adoptieren lassen würde. Im Haupthaus befinden sich vier große, charmante Zimmer mit hohen Decken, zahlreichen polierten Holzdetails

Alappuzha (Alleppey)

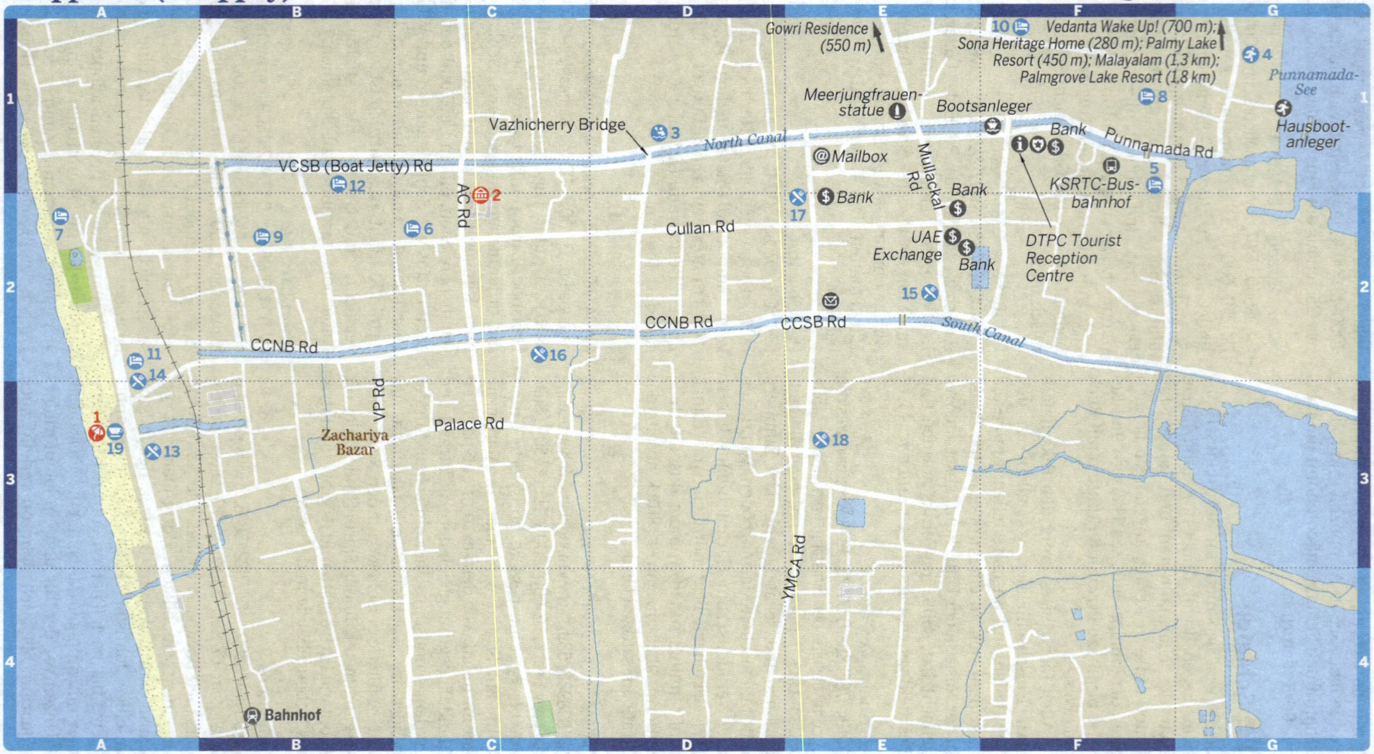

Alappuzha (Alleppey)

Sehenswertes

1 Alleppey Beach ... A3
2 RKK Memorial Museum ... C2

Aktivitäten, Kurse & Touren

3 Kerala Kayaking ... D1
4 Shree Krishna Ayurveda Panchkarma Centre ... G1

Schlafen

5 Cherukara Nest ... F1
6 Johnson's ... C2
7 Mandala Beach House ... A2
8 Matthews Residency ... F1
9 Nanni Beach Residence ... B2
10 Paradise Inn ... F1
11 Raheem Residency ... A2
12 Tharavad ... B1

Essen

Chakara Restaurant ... (siehe 11)
13 Dreamers ... A3
14 Harbour Restaurant ... A2
15 Kream Korner Art Cafe ... E2
16 Mushroom ... C2
17 Royale Park Hotel ... E2
18 Thaff ... E3

Ausgehen & Nachtleben

19 Le Coffee Time ... A3

und vorsintflutlichen Türen mit verzierten Schlössern. Nicht verpassen: das große Zimmer mit zwei Ebenen und Klimaanlage. Tony, der Besitzer, vermietet auch ein **Hausboot** relativ günstig (6000/8000 ₹ für 2/4 Pers.) – eines der wenigen, das noch als Stechkahn betrieben wird.

Gowri Residence PENSION $$

(☎ 9847055371, 0477-2236371; www.gowriresidence.com; Mullackall Rd; DZ 600–1200 ₹, Cottages mit Klimaanlage 1500–2000 ₹; ❄📶) Der weitläufige Komplex rund 800 m nördlich vom North Canal umfasst eine Menge Zimmer und Cottages in einem großen Garten: Im Haupthaus gibt's traditionelle, holzverkleidete Räume. Die Hütten sind unterschiedlich – sie bestehen aus Stein, Holz, Bambus oder Schilf. Die besten haben hohe Decken, Klimaanlage und Flachbild-TVs. Insgesamt wirkt die Anlage ein wenig verblasst.

Tharavad HOMESTAY $$

(☎ 0477-242044; www.tharavadheritageresort.com; DZ 2500–3500 ₹; ❄) In ruhiger Lage am Kanal zwischen Zentrum und Strand befindet sich dieses charmante alte Gebäude mit viel glänzendem Teak und Antiquitäten, urigen Fensterläden, fünf schönen Zimmern und gut in Schuss gehaltenen Gärten.

Sona Heritage Home PENSION $$

(☎ 0477-2235211; www.sonahome.com; Lakeside, Finishing Point; Zi. 800–900 ₹, mit Klimaanlage 1400–1500 ₹; ❄📶) Das wunderschöne alte Haus wird von einem freundlichen Kerl namens Joseph geführt und vermietet hohe Zimmer mit verblassten Blumenvorhängen, christlichen Motiven und Himmelbetten mit Aussicht auf einen schönen Garten.

Malayalam RESORT $$

(☎ 9496829424, 0477-2234591; malayalamresorts@yahoo.com; Punnamada; Zi. 1600–2500 ₹; 📶) Die kleine, familiengeführte Unterkunft besteht aus vier niedlichen Bambushütten und zwei geräumigen zweistöckigen Gebäuden mit je vier Zimmern am See nahe dem Startpunkt des Nehru-Trophy-Bootsrennens. Von den Zimmern mit Balkon im Obergeschoss hat man eine nette Aussicht. Wegbeschreibung: An der Rezeption des Keraleeyam Resort vorbeigehen und dem Kanalufer folgen!

Palmgrove Lake Resort RESORT $$

(☎ 0477-2235004; www.palmgrovelakeresort.com; Punnamada; Cottages DZ 2800–3300 ₹, Suite 4000 ₹; ❄📶) Die Anlage befindet sich ebenfalls nahe dem Startpunkt der Nehru Trophy am Punnamada-See. Die stilvollen, aber etwas ältlichen freistehenden Doppelhütten stehen in einem Garten voller Palmen mit Blick auf den See. Die Hütten verfügen alle über eine Klimaanlage. Die Eigentümer planen, einige neue Cottages zu bauen.

Punnamada Homestay HOMESTAY $$

(☎ 9847044688, 0484-2371761; DZ inkl. Gerichte 3000 ₹; 📶) Das hübsche Familienhaus im traditionellen Stil steht rund 8 km nördlich von Alappuzha in friedlicher Umgebung nahe dem Punnamada-See. Die beiden Zimmer sind ordentlich, gut möbliert und verfügen über eigene Balkone. Die Hausmannskost ist wirklich gut.

★ **Raheem Residency** HOTEL $$$

(☎ 0477-2239767; www.raheemresidency.com; Beach Rd; DZ 120–150 €; ❄📶🏊) In diesem geschmackvoll renovierten Haus aus den 1860er-Jahren wohnt man gern. Den zehn Zimmern wurde wieder ihr alter Glanz verliehen. Sie haben Badewannen und alte Möbel. Die Gemeinschaftsräume sind luftig und gemütlich, und es gibt ein paar schöne überdachte Innenhöfe, eine gut ausgestattete Bibliothek, einen tollen kleinen Pool und ein fantastisches Restaurant. Kreative Leute sollten unbedingt fragen, wohin Raheem sich zum Schreiben zurückgezogen hat.

Essen & Ausgehen

★ Mushroom ARABISCH, INDISCH **$**

(Hauptgerichte 70–140 ₹; ⊙12–24 Uhr) Ein Freiluftrestaurant mit schmiedeeisernen Stühlen, das sich auf günstige, köstliche und scharfe Halal-Gerichte spezialisiert hat, z.B. Kali-Mirch-Hühnchen, Fisch-Tandoori und Chilipilze. Die gute Mischung an Einheimischen und Travellern sorgt für eine angenehme Atmosphäre. Nahe der South Police Station.

Kream Korner Art Café INTERNATIONAL **$**

(☎0477-2252781; www.kreamkornerartcafe.com; Mullackal Rd; Gerichte 40–250 ₹; ⊙9–22 Uhr) Im buntesten Lokal der Stadt wird man unter dem Motto „Essen trifft Kunst" mit hell gestrichenen Tischen und zeitgenössischer einheimischer Kunst an den Wänden empfangen. Der entspannte und luftige Laden ist sowohl bei indischen als auch ausländischen Familien für seine günstige und leckere Auswahl an indischen und chinesischen Gerichten beliebt.

Thaff INDISCH **$**

(YMCA Rd; Gerichte 45–120 ₹; ⊙So–Do 9–21, Sa & So 9–22 Uhr) Das beliebte Restaurant serviert leckere südindische und ein paar nordindische und chinesische Gericht. Es gibt saftige Hähnchen vom Bratspieß, Biryanis und eiskalte Eiscreme-Shakes. Eine weitere gut besuchte Filiale ist an der Punnamada Rd.

Le Coffee Time CAFÉ

(Alleppey Beach; Kaffee & Snacks 70–150 ₹; ⊙8.30–17 Uhr; 📶) Das freundliche Strandlokal bietet eine echte italienische Espressomaschine, ein paar schattige Tische und kostenloses WLAN.

Dreamers MULTICUISINE **$$**

(☎8086752586; www.dreamersrestaurant.com; Alleppey Beach; Hauptgerichte 130–450 ₹; ⊙11–22.30 Uhr) Das rustikale, coole kleine Restaurant gegenüber dem Strand von Alappuzha erinnert entfernt an ein *kettuvallam* (Reisbarke). Es hat oben eine Terrasse und bietet eine große Auswahl an Gerichten von tibetischen *momos* und thailändischen Currys bis zu Meeresfrüchten und Pizzas.

Harbour Restaurant INTERNATIONAL **$$**

(☎0484-2230767; Beach Rd; Gerichte 120–300 ₹; ⊙10–22 Uhr) Dieses schöne Lokal am Strand wird von der nahe gelegenen Raheem Residency betrieben. Es ist lockerer und preisgünstiger als das Restaurant im Hotel, verspricht aber eine große Auswahl an lecker zubereiteten indischen, chinesischen und kontinentalen Gerichten und hat das kühlste Bier der ganzen Stadt.

Royale Park Hotel INDISCH **$$**

(YMCA Rd; Gerichte 120–250 ₹; ⊙7–22.30, Bar ab 10.30 Uhr; 📶) Dieses klimatisierte Hotelrestaurant besticht mit einer langen Speisekarte und immer gutem Essen, z.B. vegetarische Thalis oder Thalis mit Fisch. Die gleiche Karte gibt's auch in der überraschend schönen Bar im Obergeschoss, wo man das Essen mit einem kalten Kingfisher genießen kann.

Chakara Restaurant INTERNATIONAL **$$$**

(☎0477-2230767; Beach Rd; Mini-Kerala-Mahlzeit 500 ₹, Hauptgerichte ab 450 ₹; ⊙12.30–15 & 19–22 Uhr) Das Restaurant in der Raheem Residency ist definitiv das beste Lokal in Alappuzha. Die offene Dachterrasse, die man über eine Wendeltreppe erreicht, ist ein reines Juwel und bietet einen schönen Blick über den Strand. Die Speisekarte kombiniert geschickt traditionelle europäische Küche und Keralas kulinarische Besonderheiten, zudem ist das Restaurant auf frischen Fisch aus der Region spezialisiert.

Praktische Informationen

DTPC Tourist Reception Centre (☎0477-2253308; www.dtpcalappuzha.com; Boat Jetty Rd; ⊙9–17 Uhr) Das Büro befindet sich nahe dem Busbahnhof und dem Bootsanleger. Das hilfsbereite Personal gibt Ratschläge zu Homestays und Hausbooten.

Touristenpolizei (☎0477-2251161; ⊙24 Std.) Neben dem DTPC-Büro.

UAE Exchange (Ecke Cullan Rd & Mullackal Rd; ⊙Mo–Fr 9.30–18, Sa bis 16, So bis 13 Uhr) Tauscht Bargeld und löst Reiseschecks ein.

An- & Weiterreise

BUS

Vom KSRTC-Busbahnhof starten häufig Busse nach Trivandrum (122 ₹, 3½ Std., alle 20 Min.), Kollam (70 ₹, 2½ Std.) und Ernakulam (Kochi, 52 ₹, 1½ Std.). Die Busse nach Kottayam (43 ₹, 1¼ Std., alle 30 Min.) sind viel schneller als die Fähre. Täglich fährt ein Bus nach Kumily (120 ₹, 5½ Std., 6.40 Uhr). Busse nachVarkala (89 ₹, 3½ Std.) gibt's täglich um 9 und um 10.40 Uhr.

SCHIFF/FÄHRE

Die Fähren nach Kottayam (10 ₹) legen am Anleger an der VCSB (Boat Jetty) Rd ab.

ABSTECHER

GREEN PALM HOMES

Green Palm Homes (☎ 9495557675, 0477-2724497; www.greenpalmhomes.com; Chennamkary; Zi. ohne Bad mit VP 2250 ₹, mit Bad 3250–4000 ₹; ❄) Nur 12 km außerhalb von Alappuzha liegen die Green Palm Homes auf einer Insel in den Backwaters. Diese Reihe von Homestays in einem malerischen Dorf wirkt weltentrückt. Man übernachtet in schlichten Zimmern in dörflichen Wohnhäusern inmitten von Reisfeldern, sofern man sich nicht für ein „Premium"-Zimmer mit angeschlossenem Bad und Klimaanlage entscheidet. Es ist hier herrlich ruhig, denn Straßen gibt es nicht. Man kann geführte Wanderungen unternehmen, ein Fahrrad (50 ₹/Std.) oder ein Kanu (100 ₹/Std.) ausleihen oder an Kochkursen bei den Gastfamilien teilnehmen (150 ₹).

Um hinzukommen, vorher anrufen und eine der stündlichen Fähren von Alappuzha nach Chennamkary nehmen (10 ₹, 1¼ Std.).

ZUG

Zahlreiche Züge fahren täglich nach Ernakulam (2. Klasse/Sleeper Class/3AC 50/170/535 ₹, 1½ Std.) und über Kollam (66/140/485 ₹, 1½ Std.) nach Trivandrum (80/140/485 ₹, 3 Std.). Sechs Züge pro Tag halten in Varkala (2. Klasse/AC Chair Class 65/255 ₹, 2 Std.). Der Bahnhof liegt 4 km westlich der Stadt.

Unterwegs vor Ort

Eine Autorikscha vom Bahnhof zur Bootsanlegestelle und zum KSRTC-Busbahnhof kostet rund 60 ₹. Mehrere Pensionen vor Ort verleihen Motorroller für 300 ₹ pro Tag.

Rund um Alappuzha

Kattoor Beach & Marari Beach

Die Strände bei Kattoor und Marari, 10 bzw. 14 km nördlich von Alappuzha, sind eine beliebte Strandalternative zu den Backwaters. Der Marari Beach ist schicker; hier gibt's ein paar exklusive Fünf-Sterne-Unterkünfte am Strand, während Kattoor, der manchmal auch als der „geheime Strand" bezeichnet wird, eher ein Fischerdorf ist. Hier beschränkt sich die Erschließung auf das Mindestmaß – sandige Nebenstraßen führen hinunter zum fast einsamen Sandstrand.

Schlafen

★ **Secret Beach Inn** HOMESTAY $
(☎ 9447786931; www.secretbeach.in; Kattoor Beach; Zi. 350–1000 ₹; 📶) Es ist fast schon schade, diese spezielle kleine Familienunterkunft bekannt zu machen. Weil es aber nur zwei Zimmer gibt, besteht keine Gefahr, dass zu viele Gäste hier sind. Die Lage ist herrlich: Eine schmale Lagune trennt das Anwesen von einem nahezu einsamen Abschnitt des Kattoor Beach, den man per Floßmatte oder zu Fuß durch das Dorf erreicht. Es gibt Hausmannskost zu essen. Der talentierte und freundliche junge Eigentümer Vimal ist akkreditierter Yoga- und Kalarippayat-Lehrer.

A Beach Symphony BOUTIQUE-COTTAGES $$$
(☎ 9744297123; www.abeachsymphony.com; Cottages 13 000–16 500 ₹; ❄📶🏊) Die Anlage mit nur vier individuell gestalteten Cottages ist eines der exklusivsten Resorts am Marari Beach. Die Cottages im keralesischen Stil wirken luxuriös und anheimelnd – das Violin Cottage besitzt sogar ein Tauchbecken in einem privaten Garten.

Kottayam

☎ 0481 / 335 000 EW.

Die günstig zwischen den Western Ghats und den Backwaters gelegene Stadt Kottayam ist bekannt als Zentrum von Keralas Gewürz- und Kautschukhandel, aber nicht wegen ihres ästhetischen Reizes. Für die meisten Traveller ist sie einfach ein praktischer Verkehrsknotenpunkt zwischen den Bergen und den Backwaters; viele nehmen die öffentliche Kanalfähre von/nach Alappuzha, ehe sie ostwärts nach Kumily oder nordwärts nach Kochi weiterziehen. Kottayam Zentrum ist vom Verkehr irrwitzig verstopft, aber der Weg zu den Dörfern und den Kanälen ist nicht weit.

Das **Thirunakkara Utsavam Festival** wird im März im Thirunakkara-Shiva-Tempel gefeiert.

Schlafen

Es gibt genügend Unterkünfte in Kottayam, in denen man gut absteigen kann, wenn von der Alappuzha-Fähre kommt. Schönere,

KERALAS BACKWATERS

Das unbestrittene Highlight jeder Reise durch Kerala ist eine Fahrt durch das 900 km umfassende Netz von Wasserstraßen, die die Küste säumen und bis weit ins Landesinnere hineinreichen. Lange bevor es Straßen gab, dienten diese Wasserläufe in Kerala als Hauptverkehrswege, und viele Dorfbewohner nutzen auch heute noch überwiegend Paddelboote als Transportmittel. Bei einer Tour in den Backwaters passiert man gemächlich palmengesäumte Seen, die von ausladenden Fischernetzen überspannt sind, und schmale, schattige Kanäle, wo Kokosfasern, Kopra (getrocknetes Kernfleisch von Kokosnüssen) und Cashewkerne auf Boote verladen werden. Entlang der Ufer sieht man isolierte Dörfer, in denen die bäuerliche Lebensweise seit Ewigkeiten unverändert geblieben ist.

Bootstouren für Besucher

Die beliebte Touristenbootstour zwischen Kollam und Alappuzha (400 ₹) findet zwischen Juli und März täglich und sonst alle zwei Tage statt. Abfahrt ist um 10.30 Uhr, Ankunft um 18.30 Uhr. Prinzipiell gibt's zwei Stopps: eine Mittagspause um 13 Uhr und eine Teepause am Nachmittag. Getränke, Sonnenschutz und Hut nicht vergessen! Die Strecke zwischen beiden Orten ist malerisch (die Tour dauert 8 Std.), und das Boot gleitet gemächlich dahin – allerdings nur durch die großen Kanäle, sodass man von Bord aus kaum einen genaueren Blick auf das dörfliche Leben werfen kann, das die Backwaters so magisch macht. Man kann auch nur die halbe Tour (200 ₹) buchen und an der Matha-Amrithanandamayi-Mission (S. 305) aussteigen.

Hausboote

Wenn die Sterne günstig stehen, kann das Mieten eines wie ein *kettuvallam* (Reisbarke) gestalteten Hausboots zum Highlight der Indien-Reise werden. Das kann aber (je nach eigenem Budget) recht teuer werden, doch für ein Paar, das sich eine romantische Nacht gönnen will, oder für Reisegruppen, die sich die Kosten teilen, lohnt sich in der Regel jede Rupie. Sich durch die ruhigen, von Kokospalmen gesäumten Wasserstraßen treiben zu lassen, köstliches keralesisches Essen zu genießen, einheimische Dorfbewohner kennenzulernen und auf dem Wasser zu übernachten – das sind Erlebnisse ganz fern der in Indien üblichen Hektik.

Es gibt Hausboote für Paare (mit 1 oder 2 Doppelkabinen) und Gruppen (mit bis zu 7 Kabinen). Die Verpflegung (und ein mitreisender Koch) sind generell in dem angegebenen Preis genauso enthalten wie der Schiffsführer/Kapitän. Hausboote können bei vielen Privatanbietern in Alappuzha, Kollam und Kottayam gechartert werden. Das ist in Kerala das größte Geschäft, und die Qualität der Boote ist sehr unterschiedlich – sie reicht von wahren Schrottkähnen bis zu schwimmenden Palästen, und auch der Grad der Sauberkeit ist sehr verschieden. Man sollte versuchen, sich erst einmal das Boot anzusehen, ehe man über den Preis einig wird. Reisebüro-Schlepper versuchen, einem ein Boot aufzuschwatzen, sobald man in Kerala gelandet ist, aber besser wartet man, bis man eine Stadt in den Backwaters erreicht hat: die Auswahl ist in Alappuzha viel größer (mehr als 1000 Boote), und die Chancen stehen auch besser, den Preis herunterzuhandeln, wenn man persönlich

aber auch teurere direkt am See hat Kumarakom zu bieten.

Homestead Hotel HOTEL $

(☎0481-2560467; KK Rd; EZ/DZ ab 500/860 ₹, DZ mit Klimaanlage 1690 ₹; ❄) In einem kleinen Gebäudekomplex abseits der hektischen KK Rd vermietet das Homestead recht gepflegte Budgetzimmer – einige sind allerdings recht muffig und haben eine scheußlich grüne Einrichtung.

Ambassador Hotel HOTEL $

(☎0481-2563293; ambassadorhotelktm@yahoo.in; KK Rd; EZ/DZ ab 400/560 ₹, mit Klimaanlage ab 950 ₹; ❄) Das Budgethotel alter Schule ist eines der besseren im Zentrum. Die Zimmer mit TVs sind spartanisch, aber ziemlich sauber, geräumig und für den Preis auch ruhig. Im Haus gibt's eine Bar, ein ordentliches Restaurant, eine Gebäcktheke und ein Aquarium in Schiffsform im Foyer.

Windsor Castle & Lake Village Resort HOTEL $$$

(☎0481-2363637; www.thewindsorcastle.net; MC Rd; EZ/DZ ab 3600/5200 ₹, Lake Village Hütten 7200 ₹; ❄📶🏊) In dieser grandiosen weißen Box befinden sich einige der besten Hotel-

auftaucht und sich das Angebot anschaut. Die meisten Pensionen und Homestays können für ihre Gäste ebenfalls ein Hausboot buchen.

In der geschäftigen Hauptsaison, wenn die Preise in die Höhe schnellen, kann man in einen Backwaters-Stau geraten – einige Traveller sind enttäuscht, dass es angesichts der vielen Boote auf dem Wasser mit ungestörter Einsamkeit nichts ist. Man kann mit dem Hausboot von Alappuzha bis Kollam oder eine Teilstrecke des Wegs nach Kochi reisen – doch bei solchen Trips verbringt man mehr Zeit auf offenen Seen und großen Kanälen als in den wirklichen Backwaters, und solche Reisen dauern auch länger, als sich die meisten Traveller vorstellen. Im Budgetsektor kostet ein Boot für zwei Personen rund 6000 bis 8000 ₹ für einen Tag, ein Boot für vier Personen 10 000 bis 12 000 ₹, und für größere Boote oder Boote mit Klimaanlage muss man 15 000 bis 30 000 ₹ berappen. Man sollte sich umschauen und versuchen, einen Rabatt auszuhandeln – was allerdings in der Spitzensaison ziemlich schwierig werden dürfte. Zwischen dem 20. Dezember und dem 5. Januar verdreifachen sich die Preise.

Dorfbesuche & Kanutouren

Immer mehr Traveller entscheiden sich für Dorf- oder Kanutouren. Dorftouren werden in der Regel für kleine Gruppen von fünf bis sechs Teilnehmern angeboten; man fährt unter Leitung eines kundigen Führers in einem offenen Kanu oder einem überdachten *kettuvallam*. Die Touren (ab Kochi, Kollam oder Alappuzha) dauern 2½ bis 6 Stunden und kosten ab 400 bis 800 ₹ pro Person. Man besucht Dörfer und sieht, wie Kokosfasern verarbeitet, Boote gebaut, Palmsaft gezapft und Fische gezüchtet werden. Der Munroe-Island-Trip ab Kollam (Canal Cruise, S. 303) ist eine ausgezeichnete Tour dieser Art, und auch Tourist Desk in Ernakulam organisiert empfehlenswerte Touren.

Fähren

Wer sich wie die Einheimischen auf den Backwaters bewegen will, kann für ein paar Rupien die Fähren des State Water Transport (www.swtd.gov.in) zwischen Alappuzha und Kottayam (19 ₹, 2½ Std.) nutzen. Abfahrt in Alappuzha ist um 7.30 Uhr (5-mal tgl.). Man überquert den Vembanad-See und bekommt eine abwechslungsreichere Landschaft zu sehen als bei einer Bootsfahrt zwischen Kollma und Alappuzha.

Umweltschutz

Die Verschmutzung durch Bootsmotoren nimmt proportional zur Zahl der Hausboote zu. Deshalb haben die Behörden Keralas ein umweltfreundliches Akkreditierungssystem für Hausbootsbetreiber eingeführt. Um das „Green Palm Certificate" zu bekommen, müssen die Betreiber u. a. Solarzellen installieren und Sanitärbehälter für die Abfallentsorgung bereitstellen. Einfach den Betreiber fragen, ob er das Zertifikat hat! Darum sollte man eigentlich statt eines Motorboots lieber einen der wenigen verbliebenen Stechkähne mieten, sie können aber nur in flachen Gewässern genutzt werden.

zimmer von Kottayam. Interessanter als das Hotel ist aber das Lake Village dahinter. Hochwertige Hütten liegen rund um private Gewässer im kurzgeschnippelten Rasen und sind erstklassig. Es gibt auch ein angenehmes Restaurant mit Blick auf die landschaftlich gestalteten Wasserwege.

Essen

Thali SÜDINDISCH **$**
(1. Stock, KK Rd; Gerichte 40–140₹; ⌚8–20 Uhr) Der hübsche, tipptopp gehaltene Speiseraum im ersten Stock mit Lamellenfensterläden ist eine schickere Version eines typischen Kerala-Diners. Das Essen hier ist klasse, z. B. das Malabar-Fischcurry und die Thalis.

Meenachil INTERNATIONAL **$**
(2. Stock, KK Rd; Gerichte 60–170 ₹; ⌚12–15 & 18–21.30 Uhr) Ein beliebtes Lokal in Kottayam: Hier kann man sich mit indischem und chinesischem Essen vollstopfen. Die Atmosphäre ist freundlich-familiär, der Speiseraum modern und ordentlich und die Speisekarte sehr lang.

★**Nalekattu** SÜDINDISCH **$$$**
(Windsor Castle Hotel; MC Rd, Gerichte 190–500 ₹; ⌚12–15 & 19–22 Uhr) In dem traditionell ke-

ralesischen Restaurant im Windsor Castle blickt man hinaus auf ein paar pittoreske Wasserläufe und genießt schmackhafte Kerala-Spezialitäten wie z. B. *chemeen* (Garnelen-Curry).

Praktische Informationen

DTPC-Büro (0481-2560479; www.dtpckottayam.com; Mo–Sa 10–17 Uhr) An der Anlegestelle. Bietet tägliche Backwater-Touren nach Alappuzha und Kumarakom (350 ₹). Private Veranstalter in der Nähe organisieren ähnliche Touren.

An- & Weiterreise

BUS

Von der **KSRTC-Bushaltestelle** fahren Busse nach Thiruvananthapuram (120 ₹, 4 Std., alle 20 Min.), Alappuzha (43 ₹, 1¼ Std., stündl.) und Ernakulam (Kochi, 56 ₹, 2 Std., alle 20 Min.). Häufig fahren auch Busse zum nahe gelegenen Kumarakom (15 ₹, 30 Min., alle 15 Min.), nach Thrissur (105 ₹, 4 Std., stündl.), Kozhikode (190 ₹, 7 Std., 13-mal tgl.), Kumily (zum Periyar Wildlife Sanctuary, 93 ₹, 4 Std., alle 30 Min.) und Munnar (119 ₹, 5 Std., 5-mal tgl.). Außerdem fahren Busse nach Kollam (75 ₹,3 Std., 4-mal tgl.), hier kann man nach Varkala umsteigen.

SCHIFF/FÄHRE

Täglich fahren Fähren vom Anleger nach Alappuzha (10 ₹).

ZUG

Kottayam ist ein Haltepunkt der regelmäßig fahrenden Züge zwischen Thiruvananthapuram (2. Klasse/Sleeper/AC Chair Class 80/140/485 ₹, 3½ Std.) und Ernakulam (55/140/485 ₹, 1½ Std.).

Unterwegs vor Ort

Der KSRTC-Busbahnhof liegt 1 km südlich vom Zentrum, die Bootsanlegestelle noch 2 km weiter (bei Kodimatha). Eine Autorikscha von der Anlegestelle zum KSRTC-Busbahnhof kostet rund 50 ₹ und vom Busbahnhof zum Bahnhof etwa 40 ₹.

Rund um Kottayam

Kumarakom

0481

Kumarakom liegt 16 km westlich von Kottayam am Ufer des riesigen Vembanad-Sees – Keralas größter See – und ist ein gemütliches Backwater-Dorf mit einer Reihe prachtvoller Spitzenklasseunterkünfte und einem berühmten Vogelschutzgebiet. Man kann auf Hausbooten auf Kumarakoms wenig befahrenen Kanälen übernachten, muss aber deutlich mehr dafür zahlen als in Alappuzha.

Sehenswertes

Kumarakom Bird Sanctuary NATURSCHUTZGEBIET
(Inder/Ausländer 50/150 ₹; 6–17 Uhr) Das Schutzgebiet liegt auf dem 5 ha großen Gelände einer ehemaligen Kautschukplantage und bietet Stand- und Zugvögeln eine Heimat. Oktober bis Februar ist die Zeit der Zugvögel, darunter Garganey-Krickenten, Fischadler, Rohrweihen und Steppenadler, während von Mai bis Juli die heimischen Vogelarten wie Braunwangenscharben, Schopfreiher, andere Reiherarten und Schlangenhalsvögel hier brüten. Frühmorgens ist die beste Zeit zur Vogelbeobachtung. Eine Führung kostet 300 ₹ für eine zweistündige Tour (400 ₹ von 6–8 Uhr).

Schlafen

Cruise 'N Lake RESORT $$
(9846036375, 0481-2525804; www.kumarakom.com/cruisenlake; Puthenpura Tourist Enclave, Cheepunkal; DZ 1500 ₹, mit Klimaanlage 2000 ₹;) Hier zählt nur die Lage. Mit Kanälen auf der einen und grünen Reisfeldern auf der anderen Seite ist dies das ideale, günstige Refugium in Kumarakom. Die Zimmer in den beiden separaten Gebäuden sind schlicht,. haben aber alle Veranden mit Blick aufs Wasser. Das Resort liegt ein paar Kilometer hinter dem Schutzgebiet Richtung Cheepunkal, dann zweigt nach links eine holprige, 2 km lange Schotterpiste ab. Das Management kann die Abholung aus Kottayam arrangieren. Hausboote und alle Gerichte sind hier erhältlich.

Tharavadu Heritage Home PENSION $$
(0481-2525230; www.tharavaduheritage.com; DZ ab 1150 ₹, Bambushütte 1680 ₹, DZ mit Klimaanlage 2650–3000 ₹; @) Die Zimmer sind in dem wunderschön restaurierten Teakherrenhaus der Familie aus dem Jahr 1870 oder in den ebenso gemütlichen Bambushütten am Fluss untergebracht. Sie sind alle exzellent gebaut und mit künstlerischen Details ausgestattet. Das Grundstück liegt 4 km vor dem Vogelschutzgebiet.

Sri-Vallabha-Tempel

Hindus bringen an diesem Tempel, der 2 km von Tiruville entfernt liegt, Opfergaben in Form von traditionellen, regelmäßigen **Kathakali-Aufführungen** dar. Sie dauern meist die ganze Nacht, und jeder darf zuschauen. Etwa 10 km östlich von hier findet das **Aranmula-Bootsrennen** während des Onam Fests im August/September statt, es ist eines der wichtigsten Schlangenbootrennen von Kerala.

WESTERN GHATS

Periyar Wildlife Sanctuary

☎04869

Das **Periyar** (☎04869-224571; www.periyartigerreserve.org; Inder/Ausländer 25/450 ₹; ⏲6–18 Uhr, letzter Einlass 17 Uhr) mit einer Fläche von 777 km² ist Südindiens bekanntestes Naturschutzgebiet. 1895 legten die Briten hier einen 26 km² großen künstlichen See an. In dem riesigen Gebiet leben Gaure, Sambarhirsche, Wildschweine, Languren, 900 bis 1000 Elefanten und 35 bis 40 Tiger. Es ist ein sehr beliebtes Ziel von indischen und ausländischen Touristen und daher manchmal ziemlich überfüllt, aber die Bergkulisse und die Spazierwege durch den Urwald entschädigen.

Kumily ist die nächste Stadt und eine wachsende Ansammlung von Hotels, Pensionen, Gewürzläden, Schokoladenläden und Kaschmir-Verkaufsstellen. Der Ort Thekkady – 4 km von Kumily entfernt, mit seinen KTDC-Hotels und einer Anlegestelle ist das Zentrum innerhalb des Parks. Verwirrenderweise sprechen die Leute oft von Thekkady, Kumily oder Periyar, wenn sie das Naturschutzgebiet meinen.

Sehenswertes & Aktivitäten

Diverse Touren führen ins Periyar Wildlife Sanctuary; alle werden über das Ecotourism Centre organisiert. Die meisten Hotels und Veranstalter vor Ort arrangieren ganztägige **Dschungelsafaris** (1600–2000 ₹; ⏲5–18.30 Uhr) im Jeeps; dabei werden mehr als 40 km auf Wegen durch den Dschungel am Rand des Parks zurückgelegt – viele Traveller monieren aber, dass mindestens 30 km der Strecke auf asphaltierten Straßen gefahren wird.

Örtliche Homestays veranstalten **Kochkurse** (300–450 ₹), zu empfehlen sind die vierstündigen Kurse im **Bar-B-Que** (☎04869-320705; KK Rd; 500 ₹), das rund 1 km vom Basar entfernt an der Straße nach Kottayam zu finden ist.

Mehrere Gewürzplantagen können besichtigt werden; die meisten Hotels können Touren dorthin organisieren (450/750 ₹ mit Autorikscha/Taxi).

Periyar Lake Cruise BOOTFAHREN
(Erw./Kind 150/50 ₹; ⏲Abfahrt 7.30, 9.30, 11.15, 13.45 & 15.30 Uhr) Die anderthalb Stunden dauernden Bootstrips um den See sind die beste Möglichkeit, das Schutzgebiet zu erkunden, ohne eine geführte Tour mitmachen zu müssen. Zu den Tieren, die man vielleicht sieht, gehören Hirsche, Wildschweine und Vögel, doch das Ganze ähnelt eher einer Vergnügungsfahrt (oft sogar einer ziemlich ausgelassenen) als einer Tierbeobachtungstour. Für die Boote sind das Forest Department und die KTDC zuständig. Die Ticketschalter befinden sich alle im Hauptgebäude oberhalb vom Bootsanleger, und das Ticket muss gekauft werden, bevor man an Bord geht. In der Hauptsaison sollte man mindestens anderthalb Stunden vor Beginn am Ticketschalter sein. Bei der ersten und der letzten Fahrt hat man die besten Chancen darauf, viele Tiere zu sehen, der beste Zeitraum ist Oktober bis März.

Ecotourism Centre OUTDOOR-ABENTEUER
(☎8547603066, 04869-224571; www.periyartigerreserve.org; Thekkady Rd; ⏲9–13 & 14–17 Uhr) Der Hauptveranstalter von Erkundungstouren in den Park ist das von der Forstverwaltung geleitete Ecotourism Centre. Angeboten werden u. a. Wanderungen an der Parkgrenze (1500 ₹), 2½-stündige Naturwanderungen (300 ₹), halb- und ganztägige Touren mit Bambusflößen (1500/200 ₹) sowie „Dschungelmärsche" (1000 ₹) – letztere führen über 4 oder 5 km und sind die beste Art, den Park in Begleitung eines ausgebildeten, den Stammesvölkern angehörenden Führers aus der Nähe zu erleben. Die Preise gelten pro Person. In der Regel müssen mindestens vier Teilnehmer zusammenkommen, damit eine Tour stattfindet. Weiter im Angebot sind „Tiger Trail"-Treks (5000 ₹/Pers.) mit Übernachtung. Diese 20 bis 30 km langen Wanderungen werden von ehemaligen Wilderern geleitet, die zu Parkführern umgeschult wurden.

Gavi Ecotourism OUTDOOR-ABENTEUER
(☎04869-223270, 994792399; www.kfdcecotourism.com; Treks ab 1000 ₹/Pers.; ⏲9–20 Uhr) Dieses Unternehmen der Forstverwaltung organisiert Jeepsafaris, Wanderungen und Bootstouren nach Gavi, einer Kardamomplantage und Dschungelregion am Rand

des Schutzgebiets, etwa 45 km von Kumily entfernt. Die Hotels können bei der Organisation ähnlicher Jeeptouren helfen.

Connemara Tea Factory TEEFABRIK
(Vandiperiyar; Führung 100 ₹; ⏲ Führungen stündl. 9–16 Uhr) Die rund 13 km von Kumily entfernte, 75 Jahre alte Teefabrik und -plantage veranstaltet interessante Führungen, bei denen man etwas über die Teeverarbeitung erfährt, die Plantage besichtigt und am Ende einige Tees probiert. Die fahrplanmäßig von Kumily fahrenden Busse kommen am Eingang vorbei.

Abraham's Spice Garden GEWÜRZGARTEN
(☎ 04869-222919; www.abrahamspice.com; Spring Valley; Führung 100 ₹; ⏲ 7–18.30 Uhr) Die von einer Familie bewirtschaftete Farm existiert schon seit mehr als 50 Jahren. Sie liegt 3 km außerhalb von Kumily an der Straße nach Kottayam.

Highrange Spices GEWÜRZGARTEN
(☎ 04869-222117; Führung 100 ₹; ⏲ 7–18 Uhr) In den 4 ha einnehmenden Gewürzgärten, die 3 km von Kumily entfernt sind, sieht man Ayurveda-Kräuter und Gemüse.

Spice Walk GEWÜRZPLANTAGE
(☎ 04869-222449; www.spicewalk.com; Churakulam Coffee Estate; Führung 150 ₹; ⏲ 8.45–17.30 Uhr) Die zum Churakulam Coffee Estate gehörende 44 ha große Plantage erstreckt sich rund um einen kleinen See. Die informativen Wanderungen dauern rund eine Stunde und man erfährt dabei Einiges über die Verarbeitung von Kaffee und Kardamom. Man kann aber auch angeln oder bootfahren. Vorn gibt es ein kleines Café. Die Plantage ist nur 2 km von Kumily entfernt.

Elephant Junction ELEFANTENRITTE
(400–5000 ₹; ⏲ 8.30–18 Uhr) In einem hübschen, 16 ha großen Waldstück rund 2 km außerhalb von Kumily kann man Elefanten waschen, füttern und reiten. Das Angebot reicht von halbstündigen Ritten (400 ₹) bis zu einem ganzen Tag, an dem man die Elefanten baden und durch die Pflanzung reiten kann; Frühstück und Mittagessen sind inbegriffen. Wer Elefanten kennenlernen will, hat

Kumily & Periyar Wildlife Sanctuary

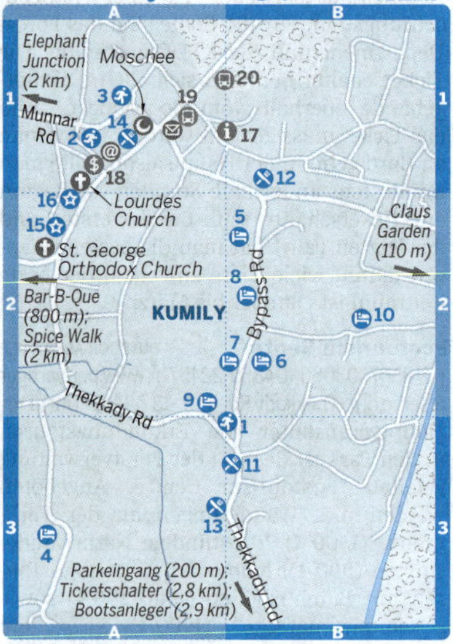

Kumily & Periyar Wildlife Sanctuary

Aktivitäten, Kurse & Touren
1 Ecotourism Centre ... B3
2 Gavi Ecotourism ... A1
3 Santhigiri Ayurveda ... A1

Schlafen
4 Bamboo Grove ... A3
5 Chrissie's Hotel ... B2
6 El-Paradiso ... B2
7 Green View Homestay ... B2
8 Mickey Homestay ... B2
9 Spice Village ... A2
10 Tranquilou ... B2

Essen
11 Ambadi Restaurant ... B3
Chrissie's Cafe ... (siehe 5)
12 Ebony's Cafe ... B1
13 French Restaurant & Bakery ... A3
14 Shri Krishna ... A1

Unterhaltung
15 Kadathanadan Kalari Centre ... A2
16 Mudra Cultural Centre ... A2

Praktisches
17 DTPC-Büro ... B1
Ecotourism Centre ... (siehe 1)
18 Federal Bank (Geldautomat) ... A1

Transport
19 Kumily-Bushaltestelle ... A1
20 Tamil-Nadu-Bushaltestelle ... A1

dazu hier bessere Gelegenheit als bei dem touristischen Betrieb im Dorf Kumily.

Santhigiri Ayurveda AYURVEDA
(☎ 8113018007, 04869-223979; www.santhigiriashram.org; Munnar Rd, Vandanmedu Junction; ⊙ 8–20 Uhr) Hier bekommt man authentische Ayurveda-Anwendungen, z. B. erstklassige Massagen (900–1800 ₹) und länger andauernde Behandlungen (7–14 Tage).

Schlafen

Im Schutzgebiet

Die KTDC betreibt drei recht teure Hotels im Park: Periyar House, Aranya Nivas und das große Lake Palace. Außerdem ist zu beachten, dass es in diesen Hotels eine Sperrstunde gibt. Den Gästen ist es nicht erlaubt, nach 18 Uhr durch das Schutzgebiet zu laufen.

Das Ecotourism Centre arrangiert Zelt-Übernachtungen im Park beim **Jungle Camp** (2000 ₹/Pers. inkl. Mahlzeiten). Die Preise beinhalten Wanderungen und Mahlzeiten, nicht aber die Eintrittsgebühr für den Park. Eine weitere Übernachtungsmöglichkeit ist das **Bamboo Grove** (DZ mit Frühstück 1500 ₹), ein paar einfache Hütten und Baumhäuser nicht weit von Kumily entfernt.

Lake Palace HOTEL $$$
(☎ 04869-223887; www.lakepalacethekkady.com; Zi. inkl. alle Mahlzeiten 24 000–30 000 ₹) Ein leichter Hauch von Adel weht durch diesen alten, restaurierten Sommerpalast, der auf einer Insel mitten im Periyar-See liegt. Die sechs charismatischen Zimmer sind geschmackvoll mit Antiquitäten eingerichtet. Da man hier mitten im Schutzgebiet wohnt, stehen die Chancen gut, auf der eigenen Terrasse wilden Tieren zu begegnen. Mahlzeiten, die Überfahrt mit dem Schiff und Wanderungen sind im Preis enthalten.

Kumily

Mickey Homestay PENSION $
(☎ 9447284160, 04869-223196; www.mickeyhomestay.com; Bypass Rd; Zi. & Hütte 700–1000 ₹; WLAN) Mickey ist eine authentische Privatunterkunft mit nur ein paar intimen Zimmern im Haus der Familie und einer Hütte. Die heimeligen Details machen das Mickey Homestay zur gemütlichsten Bleibe der ganzen Stadt. Auf den Balkonen gibt es Rattanmöbel und hängende Bambussessel, und das Haus liegt wunderbar mitten im Grünen.

★ **Green View Homestay** HOMESTAY $$
(☎ 9447432008, 04869-224617; www.sureshgreenview.com; Bypass Rd; Zi. mit Frühstück 500–1750 ₹; WLAN) Das Green View ist zwar seinen bescheidenen Anfängen als Privatunterkunft entwachsen, hat sich aber dank der Betreiber Suresh und Sulekha eine persönliche, freundlich-familiäre Atmosphäre bewahrt. In den beiden Gebäuden gibt es gepflegte Zimmer verschiedener Kategorien, alle mit eigenem Balkon. Am besten sind die Zimmer oben mit Blick auf den hübschen Gewürzgarten hinten. Es gibt ausgezeichnete vegetarische Gerichte und Kochkurse (vegetarisch/nichtvegetarisch 350/450 ₹).

El-Paradiso HOMESTAY $$
(☎ 9447431950, 04869-222350; www.goelparadiso.com; Bypass Rd; DZ 950–1850 ₹, 4BZ 2500 ₹; @ WLAN) Diese makellose Familienunterkunft hat frische Zimmer mit Balkonen und Hängesesseln oder Zimmer, die in eine Terrasse übergehen, mit Blick ins Grüne hinter dem Haus. Kochkurse (400 ₹) sind eine Spezialität des Hauses.

Tranquilou HOMESTAY $$
(☎ 04869-223269; www.tranquilouhomestay.com; abseits der Bypass Rd; Zi. inkl. Frühstück 1200–2800 ₹; @ WLAN) Eine weitere freundliche Unterkunft in familiärer Atmosphäre und ruhiger Lage in Kumily. Ordentlich eingerichtete Zimmer sind um einen netten Garten herum angeordnet. Die zwei Doppelzimmer grenzen an ein gemeinsames Wohnzimmer und eignen sich deshalb gut für Familien.

Claus Garden HOMESTAY $$
(☎ 9567862421, 04869-222320; www.homestay.in; Thekkumkadu; DZ/3BZ/FZ 600/1800/2000 ₹; WLAN) Die von Deutschen geführte Unterkunft thront abseits vom Trubel auf einem steilen Hügel mit guter Aussicht. Das Haus hat sanft geschwungene Balkone, makellose Zimmer und eine Dachterrasse mit Blick in einen üppig grünen Garten. Die Familienunterkunft besteht aus zwei Zimmern, die sich ein Bad teilen. Man bekommt auch ein Bio-Frühstück mit frischem Brot (250 ₹).

Chrissie's Hotel PENSION $$
(☎ 9447601304, 04869-224155; www.chrissies.in; Bypass Rd; Zi. 2400 ₹, FZ 3840 ₹; WLAN) Dieses vierstöckige Gebäude hinter dem beliebten, von einer Engländerin und ihrem ägyptischen Mann geführten Restaurant mit demselben Namen schafft es irgendwie, sich der waldgrünen Umgebung genau anzupassen. Die schicken Zimmer sind riesig und hell mit

freundlicher Einrichtung, Lampen und bunten Kissen. Yoga-, Shiatsu- und Reiki-Kurse können organisiert werden. WLAN gibt's nur in der Lobby.

Spice Village HOTEL $$$
(☎0484-3011711; www.cghearth.com; Thekkady Rd; Villas 18 700–24 000 ₹;) Diese CGH-Earth-Unterkunft nimmt ihre grüne Stellung recht ernst und lockt mit hinreißenden, geräumigen Hütten, die adrett, wenn auch gemütlich rustikal sind und auf einem makellos in Schuss gehaltenen Grundstück stehen. Das Restaurant bietet großzügige Buffets zum Mittag- und zum Abendessen (1400–1800 ₹), es gibt eine Bar im Kolonialstil und hier ist auch das **Wildlife Interpretation Centre** (☎04869-222028; ⏰6–18 Uhr), in dem ein einheimischer Naturforscher Diashows zeigt und Fragen zum Park beantwortet. Ein gutes Angebot außerhalb der Hauptsaison, denn dann halbieren sich die Preise!

Essen

Es gibt ein paar gute preiswerte vegetarische Restaurants in Kumilys wuseligem Basarbereich sowie ein paar ordentliche, auf Traveller ausgerichtete Restaurants an der Straße zum Schutzgebiet. Die meisten Homestays bereiten auf Anfrage Gerichte zu.

Shri Krishna INDISCH $
(KK Rd; Gerichte 70–130 ₹; ⏰mittags & abends) Das bei Einheimischen beliebte Lokal im Basar serviert würzige vegetarische Gerichte, z. B. mittags mehrere Thali-Varianten.

Chrissie's Cafe MULTICUISINE $$
(www.chrissies.in; Bypass Rd; Gerichte 150–350 ₹; ⏰8–22 Uhr) Das saubere, luftige Café nimmt den 1. Stock und die Dachterrasse ein und ist schon ewig bei Travellern beliebt. Geboten werden Kuchen und Snacks, toller Kaffee, gut zubereitete westliche Speisen wie Pizza und Pasta und sogar ein Nahost-Teller (275 ₹).

Ebony's Cafe MULTICUISINE $$
(Bypass Rd; Gerichte 90–200 ₹; ⏰8.30–21.30 Uhr) Das ältliche Restaurant auf einer Dachterrasse mit vielen Topfpflanzen, karierten Tischdecken und travellerfreundlicher Musik serviert einfaches indisches und europäisches Essen von Stampfkartoffeln bis zu schlichten Nudelgerichten.

French Restaurant & Bakery CAFÉ, BÄCKEREI $$
(Gerichte 90–200 ₹; ⏰8–21.30 Uhr) Die von der Hauptstraße zurückgesetzte, von einer Familie geführte Bude ist gut für ein Frühstück oder Mittagessen. Sehr gut sind die vor Ort gebackenen lockeren Thunfisch- oder Käsebaguettes, aber auch die Nudelgerichte sind nicht zu verachten.

Ambadi Restaurant INDISCH $$
(Gerichte 100–250 ₹; ⏰7.30–21.30 Uhr) Das Restaurant in dem an ein englisches Landhaus erinnernden gleichnamigen Hotel ist mit seinem Dekor, das fast wie aus einer Kirche wirkt, viel förmlicher als die meisten anderen Lokale. Aber es bietet eine breite Palette an nord- und südindischen Gerichten zu sehr vernünftigen Preisen, und das Essen ist wirklich gut.

Unterhaltung

Mudra Cultural Centre KULTURPROGRAMM
(☎9446072901; www.mudraculturalcentre.com; Lake Rd; Eintritt 200 ₹, Video 200 ₹; ⏰Kathakali 17 & 19 Uhr; Kalari 18 & 19.15 Uhr) Die Kathakali-Vorstellungen in diesem Kulturzentrum sind sehr unterhaltsam. Das Schminken und Kostümieren beginnt eine halbe Stunde vor jeder Vorstellung; das Fotografieren ist kostenlos und erlaubt. Man sollte früh kommen, um einen guten Platz zu ergattern. Jeden Abend gibt es außerdem zwei *kalarippayat-* (Kampfkunst-) Vorführungen.

Kadathanadan Kalari Centre KULTURPROGRAMM
(www.kalaripayattu.co.in; Thekkady Rd; Tickets 200 ₹; ⏰Shows 18–19 Uhr) Jeden Abend werden hier einstündige Vorführungen der aufregenden Kerala-Kampfkunst *kalarippayat* geboten. Der Ticketschalter ist den ganzen Tag über geöffnet.

Praktische Informationen

Ein Geldautomat der Federal Bank, der auch ausländische Karten akzeptiert, befindet sich an der Kreuzung mit der Straße nach Kottayam. Im Bereich des Basars gibt es mehrere Internetcafés.

DTPC-Büro (☎04869-222620; ⏰Mo–Sa 10–17 Uhr) Hügelauf hinter dem Busbahnhof. Man kann sich hier eine Karte holen, das war's aber auch schon.

Ecotourism Centre (☎8547603066, 04869-224571; www.periyartigerreserve.org; ⏰9–13 & 14–17 Uhr) Informationen zum Park, Touren und geführte Wanderungen.

Mt. Sinai Cyber Cafe (☎04869-222170; Thekkady Junction; 20 ₹/Std.; ⏰9–22 Uhr) Verlässliches Internetcafé in einem Obergeschoss am Hauptbasar von Kumily.

An- & Weiterreise

Die KSRTC-Bushaltestelle von Kumily befindet sich am Rande der Stadt.

Pro Tag verkehren elf Busse zwischen Ernakulam (Kochi) und Kumily (145 ₹, 5 Std.). Nach Kottayam fährt alle 30 Minuten ein Bus (84 ₹, 4 Std.) mit zwei direkten Verbindungen nach Trivandrum um 8.45 und 11 Uhr (210 ₹, 8 Std.) und einer Verbindung am Tag nach Alappuzha um 13.10 Uhr (120 ₹, 5½ Std.). Private Busse nach Munnar (80 ₹, 4 bis 5 Std.) fahren ebenfalls von der Bushaltestelle ab, um 6, 9.45 und 12 Uhr.

Busse nach Tamil Nadu starten von einer eigenen Bushaltestelle alle 30 Minuten in Richtung Madurai (90 ₹, 4 Std.).

Unterwegs vor Ort

Von der Bushaltestelle in Kumily sind es nur 1,5 km bis zum Haupteingang des Parks und weitere 3 km von dort aus zum Periyar-See. Man kann einen Bus nehmen (der ebenso selten vorbeikommt wie ein Tiger) oder eher mit der Autorikscha (70 ₹) vom Eingang aus fahren – oder zu Fuß gehen. Aber nicht vergessen, dass es keinen Fußweg gibt! Man muss also dem Verkehr auf der Straße ausweichen. Autorikschas bringen einen für 30 ₹ von Ort zu Ort innerhalb der Stadt.

Der Ort Kumily ist so klein, dass man ihn zu Fuß erkunden kann. Manche Pensionen verleihen Fahrräder (200 ₹) und die meisten können einen Rollerverleih (500 ₹) organisieren, wenn man größere Strecken zurücklegen möchte.

Munnar

☎ 04865 / 68 200 EW. / 1524 M

Die Hügellandschaft rund um Munnar, Südindiens größtem Teeanbaugebiet, sind von smaragdgrünen Teeplantagen überzogen, die wie kunstvolle Hecken gehegt und in Form gebracht werden. Die Bergkulisse ist hinreißend. Oft befindet man sich oberhalb der Wolken und kann zusehen, wie sich Nebelschleier um die Berggipfel schlängeln. Die Stadt Munnar selbst ist ein ungepflegtes Verwaltungszentrum, einer nordindischen Hill Station nicht unähnlich. Aber man muss nur ein paar Kilometer aus der Stadt hinauswandern, und schon ist man von einem Meer aus tausend Grüntönen umgeben.

Einst war es als der obere Bereich von Travancore bekannt, heute ist Munnar das Geschäftszentrum eines der höchstgelegenen Teeanbaugebiete der Welt. Die Mehrheit der Plantagen ist im Besitz des Riesenkonzerns Tata zusammen mit einigen einheimische Genossenschaften der Kannan Devan Hills Plantation Company (KDHP).

ABSEITS DER ÜBLICHEN PFADE

SABARIMALA

Tief in den Western Ghats befindet sich rund 20 km westlich von Gavi und etwa 50 km von Erumeli in einem Ort namens Sabarimala der Ayyappan-Tempel. Er gilt als eines der meistbesuchten Wallfahrtsziele weltweit – jedes Jahr wandern zwischen 40 und 60 Mio. Hindu-Pilger hierher. Sie glauben, dass an dieser Stelle einst der Gott Ayyappan meditierte. Nicht-Hindus können sich dem Pilgerzug anschließen, aber es gelten strikte Regeln, und Frauen zwischen 12 und 50 Jahren kommen nur bis zum Kontrollpunkt Pampa. Weitere Infos finden sich unter www.sabarimala.kerala.gov.in oder www.sabarimala.org.

Sehenswertes & Aktivitäten

Der Hauptgrund für einen Besuch in Munnar ist die Erkundung der üppigen, mit Tee bepflanzten Hügel in der Umgebung. Hotels, Homestays, Reiseveranstalter, Autorikschafahrer, ja praktisch jeder Passantbieten sich an, eine Sightseeing-Tour für einen zu organisieren: man kann sich umschauen, aber die Preise sind ziemlich einheitlich. Am besten lernt man die Hügel bei einer **geführten Wanderung** kennen – die reichen von halbtägigen Spaziergängen durch die Teeplantagen (ab 600 ₹/Pers.) bis zu anspruchsvolleren ganztägigen Bergwanderungen (ab 800 ₹), bei denen man eine herrliche Fernsicht hat. Wanderführer lassen sich leicht über die Hotels, die Pensionen oder das DTPC beschaffen.

Achtung: Die Teeplantagen sind Privatbesitz. Wer auf ihnen ohne lizenzierten Führer herumwandert, macht sich des unerlaubten Betretens schuldig!

Teemuseum MUSEUM

(☎ 04865-230561; Erw./Kind 80/35 ₹, Kamera 20 ₹; ⌚ Di–So 9–16 Uhr) Etwa 1,5 km nordwestlich der Stadt liegt dieses Museum, näher als jede aktive Teefabrik in der Gegend von Munnar. Es handelt sich hier um ein Modell einer wirklichen Fabrik, das den Grundprozess zeigt. Eine Auswahl an Ausstellungsstücken aus der Kolonialzeit, etwa Fotos und ein Teeblattroller von 1905, werden ebenfalls hier aufbewahrt. Ein 30-minütiges Video erzählt jede Stunde von der Geschichte Munnars, seinen Teeunternehmen und dem Programm, das für seine Arbeiter ins Leben gerufen wurde. Der Weg aus der Stadt hierher und zurück führt entlang einer belebten Straße mit Blick auf die Teeplantagen. Vom Basar kostet die Autorikschafahrt 25 ₹.

Nimi's Lip Smacking Classes KOCHEN
(☎ 9745513373, 9447330773; www.nimisrecipes.com; Kurse 1500 ₹; ⌚ Mo–Fr 17, Sa & So 14 Uhr) Nimi Sunilkumar hat sich einen guten Namen als Köchin keralesischer Gerichte gemacht. Sie gibt ein Kochbuch heraus und hat eine eigene Webseite und einen Blog dazu. Jetzt bietet sie auch tägliche Kochkurse in Munnar an. Dort erlernt man die Zubereitung traditioneller keralesischer Rezepte. Im Preis enthalten ist ein Exemplar ihres Buchs *Lip Smacking Dishes of Kerala*. Sie ist in einem unscheinbaren Gebäude neben dem DTPC zu finden.

Geführte Touren

Die DTPC (S. 322) veranstaltet drei ziemlich hektische aber preiswerte Ganztagestouren zu Orten rund um Munnar. Die **Sandal Valley Tour** (400 ₹/Pers.; ⌚ Tour 9–18 Uhr) besucht das Chinnar Wildlife Sanctuary, mehrere Aussichtspunkte, Wasserfälle, Plantagen, einen Sandelholzwald und Dörfer. Die **Tea Valley Tour** (400 ₹/Pers.; ⌚ Tour 10–18 Uhr) führt zum Echo Point, zur Top Station und nach Rajamalai (zum Nationalpark Eravikulam). Die **Village Sightseeing Tour** (400 ₹/Pers.; ⌚ 9.30–18 Uhr) deckt unter anderem Devikulam, den Anayirankal-Damm, Ponmudy und eine Farmbesichtigung ab. Die wichtigsten Sehenswürdigkeiten in der Region kann man mit dem Taxi für rund 1300 ₹ besuchen.

Schlafen

Munnar hat viele Unterkünfte, aber in der Stadt zu übernachten, ist eigentlich eine Schande, weil die Ruhe und die schöne Aussicht draußen in den Hügeln und Tälern zu finden sind. Es gibt ein paar solide Budgetunterkünfte gleich südlich vom Zentrum; wer aber wirklich die heitere Ruhe genießen und dafür auch etwas mehr bezahlen will, ist in den Hügeln besser aufgehoben.

In der Stadt

★ **JJ Cottage** HOMESTAY $
(☎ 9447228599, 04865-230104; jjcottagemunnar@gmail.com; DZ 350–800 ₹; @ 📶) Die nette Familie, der diese kleine lilafarbene Unterkunft 2 km südlich der Stadt (aber nur einen kurzen Fußweg von der Bushaltestelle entfernt) gehört, reißt sich fast ein Bein dafür aus, dass es ihren Gästen gut geht. Die unterschiedlichen und unkomplizierten Zimmer sind gnadenlos sauber, hell, ihren Preis wert und mit TVs und Warmwasser ausgestattet. Das Luxus-Zimmer im Obergeschoss hat ein separates Wohnzimmer und bietet einen gigantischen Ausblick.

Green View PENSION $
(☎ 9447825447, 04865-230940; www.greenviewmunnar.com; DZ 500–800 ₹; @ 📶) Die ordentliche Pension bietet zehn frische Budgetzimmer, eine freundliche Begrüßung und verlässliche Touren und Wanderungen. Die besten Zimmer sind im Obergeschoss, und es gibt einen herrlichen Dachgarten, wo man 15 Teesorten probieren kann. Der junge Inhaber organisiert Wandertouren (www.munnartrekking.com) und betreibt auch das **Green Woods Anachal** (☎ 04865-230189; Anachal; DZ mit Frühstück 750 ₹), eine Budgetunterkunft mit vier Zimmern 10 km außerhalb von Munnar in den Gewürzplantagen.

Zina Cottages PENSION $
(☎ 04865-230349; Zi. 700–1000 ₹) Am Rande der Stadt, aber inmitten von üppigen Teeplantagen hat dieses ältlich wirkende, 50 Jahre alte Haus eine interessante Lage (nette Wanderungen starten direkt vor der Türschwelle) und gute Aussicht, aber ein wenig abgewohnte Zimmer. Gäste werden aus der Stadt abgeholt.

Kaippallil Inn PENSION $
(☎ 9495029259; kaippallilinn@gmail.com; Zi. 350–800 ₹) Vom Basar einen steilen Weg den Hügel hinauf liegt das Kaippallil, das eine ordentliche Budgetoption ist – und zwar vor allem dank des gelassenen Benoy, der kostenlose Yoga-, Reiki- und Meditationssitzungen leitet und jede Menge Tee ausschenkt. Das Haus wirkt von außen ein bisschen schäbig, aber die Zimmer sind recht sauber und die im obersten Stockwerk haben kleine Eckbalkone mit Blick auf die Stadt.

Royal Retreat HOTEL $$
(☎ 8281611100, 04865-230240; www.royalretreat.co.in; DZ 3000–3600 ₹, Suite 4400 ₹; @ 📶) Abseits vom Gewimmel findet sich gleich südlich vom Hauptbusbahnhof dieses durchschnittliche, aber verlässliche Mittelklassehotel mit netten Zimmer im Erdgeschoss, die auf einen hübschen Garten blicken, und anderen, die Ausblicke in die Teeplantagen bieten.

Munnar Hills

★ Green Valley Vista PENSION $$
(☎9447432008, 04865-263261; www.greenvalleyvista.com; Chithirapuram; DZ mit Frühstück 1500–2000 ₹; 📶) Der Blick ins Tal ist super, die Einrichtungen sind erstklassig, und der Empfang in dieser neuen Herberge ist ausgesprochen freundlich. Die Zimmer verteilen sich auf drei Stockwerke, aber alle blicken ins Tal und haben eigene Balkone mit Aussicht in die traumhaft grüne Landschaft, außerdem Flachbild-TVs und moderne Badezimmer mit Warmwasser. Das Personal organisiert Wanderungen, Jeepsafaris und Besuche in Dörfern. Die Anlage befindet sich rund 11 km südlich von Munnar.

★ Rose Gardens HOMESTAY $$
(☎9447378524, 04864-278243; www.munnarhomestays.com; NH49 Rd, Karadipara; Zi. inkl. Frühstück 4500 ₹; @📶) Trotz seiner praktischen Lage an der Hauptstraße nach Kochi, etwa 10 km südlich von Munnar, und den guten Busverbindungen, ist dies ein friedlicher Ort geblieben, mit Blick über den idyllischen Pflanzengarten des Besitzers Tomy und den kleinen Gewürz- und Obstgärten. Die fünf Zimmer sind groß und gemütlich, Balkone blicken über das Tal. Die Familie ist sehr charmant. Kochkurse kosten nichts, frische Kokosnusspfannkuchen zum Frühstück und köstlich gewürzte Kerala-Gerichte zum Abendessen sind inklusive.

Aranyaka RESORT $$
(☎9443133722, 04865-230023; www.aranyakaresorts.com; Pallivasal Tea Estate; Cottages 4800–6000 ₹; 📶) Die ordentlichen modernen Cottages stehen in einem Landschaftsgarten und bieten einen schönen Blick auf das Pallivasal Tea Estate. Die Lage im Tal mit Sicht auf Wasserfälle und den Fluss Muthirappuzhayar lässt einen glauben, ganz auf dem Land zu sein, dabei ist das Anwesen nur 8 km von der Stadt Munnar entfernt.

Dew Drops PENSION $$
(☎04842-216455; wilsonhomes2003@yahoo.co.in; Kallar; Zi. mit Frühstück 2800–3150 ₹) Die einsam wirkende Anlage befindet sich in dichtem Wald ca. 20 km südlich von Munnar auf einem 97 ha großen Gelände aus Gewürzplantagen und Ackerland (keine Teeplantagen). Die acht hellen, schlichten Zimmer haben alle eine eigene Veranda. Die Beschaulichkeit hat was von Zen, aber manche finden die Unterkunft etwas sehr abgelegen.

Munnar

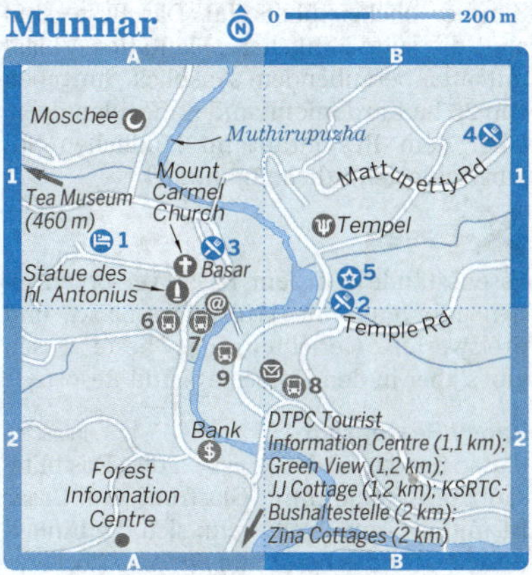

Munnar

Schlafen
1 Kaippallil Inn ... A1

Essen
2 Eastend ... B1
3 Rapsy Restaurant ... A1
4 Sree Mahaveer Bhojanalaya ... B1

Unterhaltung
5 Thirumeny Cultural Centre ... B1

Transport
Autorikschastand ... (siehe 9)
6 Busse nach Coimbatore ... A2
7 Busse nach Ernakulam, Kottayam & Trtivandrum ... A2
8 Busse nach Kumily & Madurai ... B2
9 Busse zur Top Station ... A2

Bracknell Forest PENSION $$$
(☎9446951963; www.bracknell.in; Bison Valley Rd, Ottamaram; Zi. mit Frühstück 5000–6000 ₹; @📶) Die ebenfalls abgelege wirkende Anlage 9,5 km südöstlich von Munnar bietet elf ordentliche Zimmer mit Balkonen und Blick in ein üppiges Tal und eine Kardamomplantage. Rundum liegen dichte Wälder. Von dem kleinen Restaurant blickt man in alle Himmelsrichtungen. Eine Abholung aus Munnar kostet rund 400 ₹, man sollte aber vorher anrufen und sich den Weg beschreiben lassen.

Windermere Estate RESORT $$$
(☎0484-2425237; www.windermeremunnar.com; Pothamedu; EZ/DZ inkl. Frühstück ab 8300/9600 ₹, Villa 18 300/21 600 ₹; ❄@📶) Windermere ist ein charmantes Boutique-trifft-Landhaus-Refugium, 4 km südöstlich von Munnar. Der Garten ist wunderbar groß, und die

Zimmer blicken übers Tal. Das Beste sind aber die suite-ähnlichen „Plantation Villas“ mit atemberaubendem Ausblick, umgeben von 26 ha Kardamom- und Kaffeeplantagen. Über dem Restaurant im ländlichen Stil gibt's eine gemütliche Bibliothek.

Essen

Essensstände auf dem Basar versorgen einen morgens mit Frühstückssnacks und preiswerten Gerichten, das beste Essen gibt's aber in den Homestays und Resorts.

Rapsy Restaurant INDISCH $
(Basar; Gerichte 50–140 ₹; ⌚8–21 Uhr) Das blitzsaubere Refugium mit Glasfront zum Basar ist mittags rappelvoll, wenn sich die Einheimischen für das berühmte *paratha* (lockeres Fladenbrot) oder für Biryani anstellen. Darüber hinaus gibt's auch ordentliche internationale Speisen wie spanische Omelettes, israelisches *shakshuka* (Eier mit Tomaten und Gewürzen)und mexikanische Salsa.

SN Restaurant INDISCH $
(AM Rd; Gerichte 50–110 ₹; ⌚7.30–22 Uhr) Gleich südlich vom DTPC-Büro liegt das SN, ein freundliches Lokal mit orangefarbenem Dekor, das stets viel zu tun hat. Die Leute stürzen sich auf die Thalis, *masala dosas* (dünne, mit Gemüse gefüllte Fladen) und andere indische vegetarische und nichtvegetarische Gerichte.

Sree Mahaveer Bhojanalaya NORDINDISCH $$
(Mattupetty Rd; Gerichte 100–250 ₹; ⌚8.30–22.30 Uhr) In diesem rein vegetarischen Restaurant, das zum SN Annex Hotel gehört, dominiert eine schöne, tief orangefarbene Einrichtung mit Lamellenvorhängen vor den Fenstern. Vor allem bei Familien ist es wegen seiner überwältigenden Auswahl an Thalis (aus Rahasthan, Gujarati oder dem Punjab) sehr beliebt.

Eastend INDISCH $$
(Temple Rd; Gerichte 110–250 ₹; ⌚7.30–10.30, 12–15.30pm & 18.30–22.30 Uhr) In dem recht noblen gleichnamigen Hotel verwöhnt das hell erleuchtete, schicke Restaurant die Gäste mit Spezialitäten aus China, Nord- und Südindien sowie aus Kerala; gelegentlich gibt's mittags und abends auch Büffets.

Unterhaltung

Punarjani Traditional Village KULTURPROGRAMM
(☎04865-216161; www.punarjanimunnar.org; 2nd Mile, Pallivasal; Tickets 200–300 ₹; ⌚Vorstellungen 17 & 18 Uhr) Die täglichen Kathakali- (17 Uhr) und *kalari*-Vorstellungen (18 Uhr) sind zwar touristisch, aber durchaus unterhaltsam. Wer gegen 16 Uhr kommt, kann bei der rituellen Kostümierung der Kathakali-Darsteller zuschauen. Tickets bekommt man am Aufführungstag, für die besten Plätze reserviert man aber besser einen Tag im Voraus. Der Veranstaltungsort liegt rund 8 km südlich von Munnar.

Thirumeny Cultural Centre KULTURPROGRAMM
(☎9447827696; Temple Rd; Shows 200 ₹; ⌚Kathakali-Shows 17–18 & 19–20 Uhr; Kalari 18–19 & 20–21 Uhr) Hinter dem Eastend Hotel liegt dieses kleine Theater, das zweimal am Abend einstündige Kathakali-Shows und *kalari* (Kampfkunstaufführungen) zeigt.

Praktische Informationen

An der Brücke südlich vom Basar gibt's Geldautomaten.

DTPC Tourist Information Center (☎04865-231516; keralatourismmunnardtpc@gmail.com; Alway-Munnar Rd; ⌚8.30–18.30 Uhr) Kaum hilfreich. Organisiert ein paar Touren und kann sich um Trekkingguides kümmern.

Forest Information Centre (☎04865-231587; enpmunnar@gmail.com; ⌚10–17 Uhr) Wildlife Warden's Office, für Unterkunftsbuchungen im Chinnar Wildlife Sanctuary.

Olivia Communications (35 ₹/Std.; ⌚9–21 Uhr) Eng, aber mit erstaunlich schnellem Internet am Basar.

An- & Weiterreise

Die Straßen rund um Munnar sind in schlechtem Zustand und können vom Monsunregen akut geschädigt sein. Die wichtigste **KSRTC-Bushaltestelle** (AM Rd) liegt im Süden der Stadt. Man steigt aber besser an den Haltestellen in der Stadt ein (hier fahren auch öfter private Busse ab). Die Haupthaltestelle liegt am Basar.

Etwa 13 Busse fahren am Tag nach Ernakulam (Kochi, 114 ₹, 5½ Std.), zwei Direktbusse nach Alappuzha (158 ₹, 5 Std.) um 6.20 und 13.10 Uhr, und vier nach Trivandrum (231 ₹, 9 Std.). Private Busse fahren nach Kumily (80 ₹, 4 Std.), jeweils um 11.25, 12.20 und 14.25 Uhr.

Ein Taxi nach Ernakulam kostet um die 3000 ₹, eines nach Kumily 2500 ₹.

Unterwegs vor Ort

Gokulam Bike Hire (☎9447237165; 300–350 ₹/Tag; ⌚7.30–19.30 Uhr) verleiht im ehemaligen Busbahnhof südlich der Stadt Mofas und Roller. Vorher anrufen!

Durch die Hügel um Munnar fahren mit beeindruckender Effizienz Autorikschas. Für eine eintägige Sightseeingtour zahlt man 800 ₹.

Rund um Munnar

Top Station

Die Top Station, hoch oben an der Grenze zwischen Kerala und Tamil Nadu, ist wegen des Blicks über die Western Ghats ein beliebtes Ziel. Von Munnar aus bewältigen täglich vier Busse (40 ₹, ab 7.30 Uhr, 1½ Std.) den steilen, 32 km langen Anstieg in ca. einer Stunde. Ein Taxi hin und zurück kostet 1000 ₹.

Eravikulam National Park

Eravikulam National Park NATIONALPARK
(☎04865-231587; www.eravikulam.org; Inder/Ausländer 75/250 ₹, Foto/Video 25/2000 ₹; ⌚März–Dez. 8–17 Uhr) Im Eravikulam National Park, 16 km von Munnar, lebt die größte Population der gefährdeten, übrigens sehr zahmen Nilgiri-Tahre (eine Art Bergschaf). Von Munnar fährt man mit einer Autorikscha/einem Taxi (hin & zurück ca. 300/400 ₹) bis zum Kontrollpunkt, dort steigt man für die letzten 4 km in einen staatlichen Bus (40 ₹).

Chinnar Wildlife Sanctuary

Chinnar Wildlife Sanctuary NATURSCHUTZGEBIET
(www.chinnar.org; Inder/Ausländer 100/150 ₹, Foto/Video 25/150 ₹; ⌚7–18 Uhr) Rund 60 km nordöstlich von Munnar leben in diesem Schutzgebiet Rehe, Leoparden, Elefanten und die gefährdeten Sri-Lanka-Riesenhörnchen. Man kann im Reservat wandern und in Baumhäusern oder Hütten übernachten. Es gibt auch Ökotouren, darunter Flusswanderungen, Besuche bei Stammesvölkern (von denen 2 im Reservat leben) und Wanderungen zu Wasserfällen (rund 600 ₹/Pers.). Einzelheiten erfährt man beim Forest Information Centre in Munnar. Busse aus Munnar können einen in Chinnar absetzen (40 ₹, 1½ Std.), man kann auch ein Taxi für einen ganzen Tag anheuern (ca. 1500 ₹).

Thattekkad Bird Sanctuary

Thattekkad Bird Sanctuary NATURSCHUTZGEBIET
(☎04852588302; Inder/Ausländer 25/165 ₹, Foto/Video 25/150 ₹; ⌚6.30–18 Uhr) In diesem von zwei Flüssen und zwei Bächen durchschnittenen Vogelschuzgebiet leben mehr als 320 Vogelarten (und zwar Wald-, keine Wasservögel), darunter der Malabar-Grautoko (ein Nashornvogel), die Halsband-Zwergohreule, die Dschungel-Nachtschwalbe, der Graudrongo, Schlangenhalsvögel und seltenere Arten wie das Ceylonfroschmaul (eine Eulenart). Es gibt außerdem Eisvögel, Fliegenschnäpper, Sperlingsvögel, Nektarvögel und Mistelfresser.

Thattekkad liegt an der Straße von Ernakulam nach Munnar. Von Ernakulam (35 ₹, 2 Std.) oder Munnar (60 ₹, 3 Std.) nimmt man einen Direktbus nach Kothamangalam, dort steigt man für die letzten 12 km in ei-

ABSEITS DER ÜBLICHEN PFADE

PARAMBIKULAM WILDLIFE SANCTUARY

Parambikulam Wildlife Sanctuary (☎04253-245025, 9442201690; www.parambikulam.org; Inder/Ausländer 10/150 ₹, Foto/Video 25/150 ₹; ⌚7–18 Uhr; letzter Einlass 16 Uhr) Dieses 285 km² große Schutzgebiet ist wohl das am besten abgeschirmte in ganz Südindien. Es versteckt sich hinter drei Staudämmen in einem Tal, um das herum andere, zu Kerala oder Tamil Nadu gehörende Schutzgebiete liegen. In dem Reservat mit seiner Dschungelbuchlandschaft, das viel weniger touristisch als Periyar ist, leben Elefanten, Wasserbüffel, Gaure, Faultiere, Sambarhirsche, Krokodile, Tiger, Leoparden und einige der größten Teakbäume in ganz Asien. Während der Monsunzeit (Juni–Aug.) sollte man auf einen Besuch verzichten; im März und April bleibt das Schutzgebiet manchmal geschlossen.

Das Informationszentrum in Anappady arrangiert Führungen durch den Park, Wanderungen (1/2 Tage ab 3000/6000 ₹, kürzere Wanderungen ab 600 ₹) und Unterkunft in Hütten in den Baumwipfeln (3000–5000 ₹) oder in Zelten (6000 ₹).

Zugang zum Park hat man nur von Pollachi (40 km von Coimbatore und 49 km von Palakkad entfernt) in Tamil Nadu. Täglich sind zwei Busse zwischen Pollachi und Parambikulam über Annamalai in beiden Richtungen unterwegs (19 ₹, 1½ Std.).

nen Bus nach Thattekkad um (8 ₹, 25 Min.). Die Fahrt mit einer Autorikscha kostet rund 250 ₹.

Schlafen

Jungle Bird Homestay HOMESTAY $$

(☎0485-2588143, 9947506188; www.junglebirdhomestay.blogspot.com.au; Zi. inkl. Gerichte 1300 ₹) Eine gute Option im Park ist diese Homestay, die von der engagierten Ms. Sudah mit ihrem Sohn Gireesh geführt wird, der die Gäste am Tor empfängt. Sie veranstalten auch von Experten geführte Vogelbeobachtungstouren (750 ₹/3 Std.).

Soma Birds Lagoon RESORT $$$

(☎0471-2268101; www.somabirdslagoon.com; Palamatton, Thattekkad; EZ/DZ mit Frühstück 75/85 €, mit Klimaanlage ab 97/113 €; ❄≋) Etwas stilvollere Unterkunft findet man in diesem entspannten Resort, das an einem nur zeitweise mit Wasser gefüllten See auf einem großen, gepflegten Gelände mitten zwischen den Dörfern in der Nähe von Thattekkad liegt. Die schlichten Zimmer und Hütten sind geräumig, mit Holz verkleidet und von Laternen beleuchtet. Die bei durchreisenden Ornithologen beliebte Anlage ist 16 km von Kothamangalam entfernt.

Hornbill Camp ZELTLAGER $$$

(☎0484-2092280; www.thehornbillcamp.com; DZ mit VP 100 US$) Das Camp ist auf dem Straßenweg rund 8 km vom Thattekkad Bird Sanctuary entfernt. Die Gäste wohnen in großen, fest verankerten Zelten auf einem herrlich friedlichen Gelände am Ufer des Flusses Periyar. Im Preis inbegriffen sind neben der kompletten Verpflegung Kajak-, Fahrrad- und Gewürzgartentouren. Führer für Vogelbeobachtungstouren kosten 1500 ₹.

ZENTRALES KERALA

Kochi (Cochin)

☎0484 / 601600 EW.

Das gelassene Kochi lockt schon seit mehr als 600 Jahren Händler und Entdecker an seine Ufer. Nirgendwo sonst in Indien findet man eine solch faszinierende Mischung: riesige Fischernetze aus China, eine 400 Jahre alte Synagoge, uralte Moscheen, portugiesische Herrenhäuser und zerfallende Überreste aus der Zeit Britisch-Indiens. Es ergibt sich ein unwirklich erscheinender, einzigartiger Mix aus mittelalterlichem Portugal, Holland und einem englischen Dorf, versetzt an die tropische Malabarküste. Das herrliche Kochi lädt dazu ein, ein bisschen zu verweilen und in den schönsten Privatunterkünften und historischen Unterkünften des Landes zu übernachten. Kochi ist auch das Kunstzentrum von Kerala und der beste Ort um sich Kathakali und *kalarippayat* (S. 335) anzusehen.

Ernakulam auf dem Festland ist ein Verkehrsknotenpunkt und das kosmopolitische Zentrum von Kochi. Die idyllischen historischen Stätten Fort Cochin und Mattancherry bilden einen wundervollen stimmungsvollen Ausgleich – hier kann man die Vergangenheit förmlich riechen. Andere Inseln, darunter Willingdon und Vypeen, sind durch ein Netzwerk von Fähren und Brücken miteinander verbunden.

Sehenswertes

Fort Cochin

In Fort Cochin gibt's ein paar kleine Sandstrände, die sich eigentlich nur dazu eignen, abends Leute zu beobachten und nach ankommenden Tankschiffen hinauszuspähen. Eine beliebte Promenade schlängelt sich vom Mahatma Gandhi Beach zu den Chinesischen Fischernetzen und dem Fischmarkt. Dieser Teil des Ufergeländes von Fort Cochin ist schmuddelig und mit Unrat übersät, aber die Einheimischen arbeiten daran, es zu säubern.

Am Strand sollte man nach den wenigen Überresten des Forts Manuel Ausschau halten, das die Portugiesen im 16. Jh. erbauten und nach dem das Viertel benannt ist.

Chinesische Fischernetze WAHRZEICHEN

(Karte S. 326) Die rund ein halbes Dutzend riesigen chinesischen Auslegernetze am Nordostufer von Fort Cochin sind das viel fotografierte, inoffizielle Symbol von Keralas Backwaters. Die Netze sind eine Hinterlassenschaft chinesischer Kaufleute vom Hof Kublai Khans aus dem 13. Jh. Mindestens vier Mann sind erforderlich, um bei Flut die Gegengewichte der riesigen, spinnenartigen Auslegerkonstruktionen zu bewegen. Moderne Fischereitechniken sorgen dafür, dass diese arbeitsintensiven Geräte immer weniger profitabel werden, aber noch liefern sie die frischen Meeresfrüchte, die hier angeboten werden. Kleinere Fischernetze sieht man rund um die Strände des Vembanad-Sees.

Kochi (Cochin)

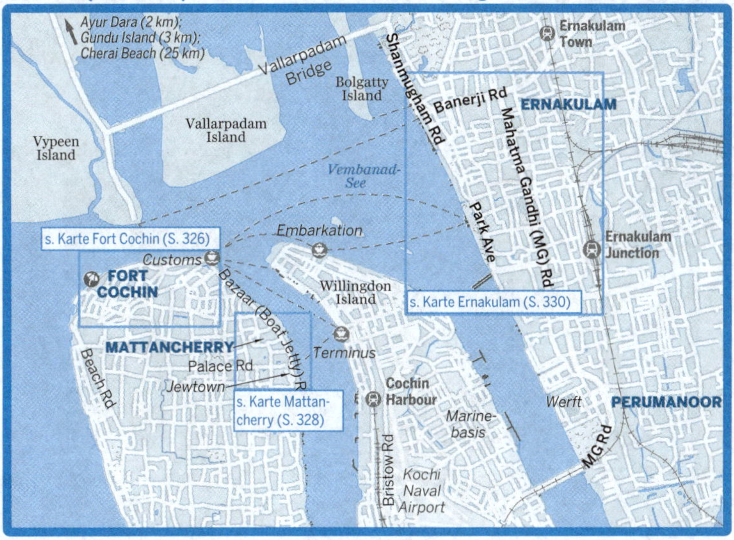

Indo-Portugiesisches Museum MUSEUM

(Karte S. 326; ☎ 0484-2215400; Inder/Ausländer 10/25 ₹; ⌚ Di–So 9–13 & 14–18 Uhr) Das Museum im Garten des Bischofshauses zeigt das Erbe einer der frühesten katholischen Gemeinden Indiens: Gewänder, silberne Prozessionskreuze und Altäre aus der Diözese Kochi. Der Keller birgt Relikte aus dem portugiesischen Fort Immanuel.

Maritime Museum MUSEUM

(Beach Rd; Erw./Kind 40/20 ₹, Kamera/Video 100/150 ₹; ⌚ Di–So 9.30–12.30 & 14.30–17.30 Uhr) In ein paar ehemaligen Luftschutzbunkern befindet sich dieses Museum, das mit einer Reihe an Mauergemälden und Informationstafeln die Geschichte der indischen Marine zurückverfolgt, ebenso wie den Seehandel, der noch auf die Portugiesen und Holländer zurückgeht. Die Besucher erwarten eine Menge Erinnerungsstücke rund um die Seefahrt, z. B. ein paar Modelle von Kampfschiffen draußen im Garten.

St. Francis KIRCHE

(Karte S. 326; Church Rd; ⌚ 8.30–17 Uhr) Die angeblich erste von Europäern in Indien erbaute Kirche wurde 1503 von portugiesischen Franziskanermönchen errichtet. Das Gebäude, das heute hier steht, wurde Mitte des 16. Jhs. als Ersatz für die ursprüngliche Holzkonstruktion gebaut. Die sterblichen Überreste des Entdeckers Vasco da Gama, der 1524 in Kochi verstorben war, lagen 14 Jahre lang hier, bevor sie nach Lissabon überführt wurden – sein Grabstein steht immer noch.

Santa Cruz Basilica KIRCHE

(Karte S. 326; Ecke Bastion St & KB Jacob Rd; ⌚ 7–20.30 Uhr) Die imposante katholische Basilika wurde an dieser Stelle ursprünglich im Jahr 1506 erbaut, das heutige Gebäude geht allerdings auf das Jahr 1902 zurück. Im Inneren findet man Artefakte aus unterschiedlichen Epochen und auffällige Pastellfarben.

Holländischer Friedhof HISTORISCHE STÄTTE

(Karte S. 326; Beach Rd) Dieser Friedhof in der Nähe vom Strand wurde 1724 geweiht. Hier befinden sich die verwitterten und verfallenen Gräber niederländischer Händler und Soldaten. Die Tore sind meist verschlossen, doch wer nett bei der Kirche St. Francis nachfragt oder einen Gärtner trifft, wird vielleicht hereingelassen.

Kashi Art Gallery KUNSTGALERIE

(Karte S. 326; ☎ 0484-2215769; www.kashiartgallery.com; Burgher St; ⌚ 8.30–19.30 Uhr) Als Pionier der wiederbelebten Kunstszene in Fort Cochin zeigt diese Galerie Wechselausstellungen örtlicher Künstler; die meisten Traveller kommen allerdings wegen des guten Cafés.

Fort Cochin

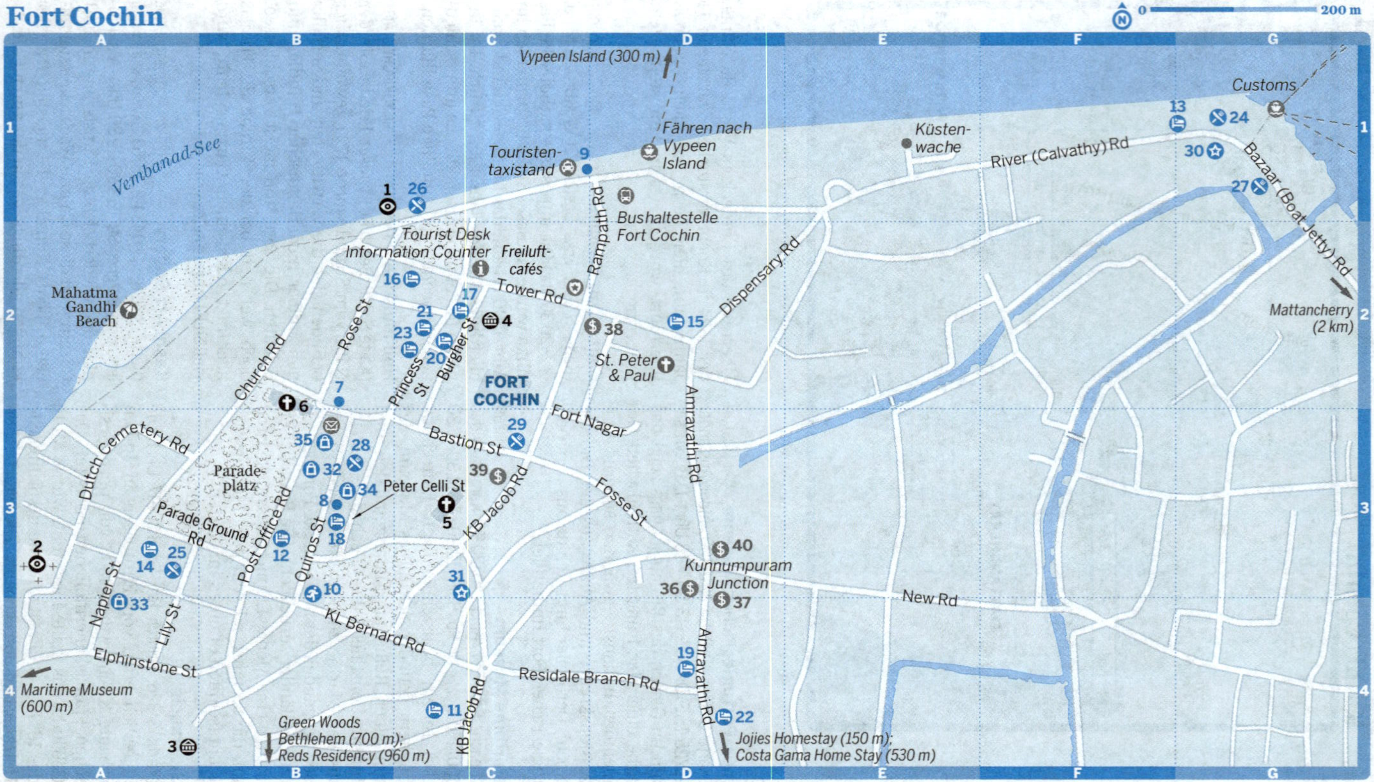
0
200 m
A
B
C
D
E
F
G
1
2
3
4
Vypeen Island (300 m)
Customs
13
24
30
27
Fähren nach Vypeen Island
Küsten-wache
Touristen-taxistand
9
River (Calvathy) Rd
Bazaar (Boat Jetty) Rd
Vembanad-See
1
26
Rampath Rd
Bushaltestelle Fort Cochin
Tourist Desk Information Counter
Freiluft-cafés
Tower Rd
Dispensary Rd
Mattancherry (2 km)
Mahatma Gandhi Beach
16
17
21
4
23
20
38
15
Rose St
Burgher St
Princess St
St. Peter & Paul
Church Rd
7
6
FORT COCHIN
Fort Nagar
Amravathi Rd
Dutch Cemetery Rd
35
28
Bastion St
29
Parade-platz
32
39
34
Peter Celli St
KB Jacob Rd
Fosse St
8
5
Parade Ground Rd
Post Office Rd
Quiros St
18
12
2
25
14
10
31
40
Kunnumpuram Junction
36
37
New Rd
Napier St
33
Lily St
KL Bernard Rd
19
Elphinstone St
Residale Branch Rd
Maritime Museum (600 m)
11
22
Green Woods Bethlehem (700 m); Reds Residency (960 m)
3
Jojies Homestay (150 m); Costa Gama Home Stay (530 m)

Fort Cochin

Sehenswertes
1 Chinesische Fischernetze B1
2 Holländischer Friedhof A3
3 Indo-Portugiesisches Museum A4
4 Kashi Art Gallery C2
5 Santa Cruz Basilica C3
6 St. Francis B2

Aktivitäten, Kurse & Touren
7 Art of Bicycle Trips B2
8 Cook & Eat B3
9 KTDC C1
10 SVM Ayurveda Centre B3

Schlafen
11 Daffodil C4
12 Delight Home Stay B3
13 Fort House Hotel G1
14 Malabar House A3
15 Noah's Ark D2
16 Old Harbour Hotel C2
17 Princess Inn C2
18 Raintree Lodge B3
19 Saj Homestay D4
20 Sonnetta Residency C2
21 Spice Fort C2
22 Tea Bungalow D4
23 Walton's Homestay C2

Essen
24 Arca Nova G1
25 Dal Roti A3
26 Fishmongers C1
Kashi Art Cafe .... (siehe 4)
Malabar Junction .... (siehe 14)
Oy's Restaurant .... (siehe 17)
27 Solar Cafe G1
28 Teapot B3
29 Upstairs Italian C3

Unterhaltung
30 Greenix Village G1
31 Kerala Kathakali Centre C3

Shoppen
32 Cinnamon B3
33 Fabindia A4
Idiom Bookshop .... (siehe 7)
34 Niraamaya B3
35 Tribes India B3

Praktisches
36 Federal Bank (Geldautomat) D3
37 ICICI (Geldautomat) D4
38 SBI (Geldautomat) D2
39 South India Bank (Geldautomat) C3
40 UAE Exchange D3

Mattancherry & Jüdisches Viertel

Rund 3 km südöstlich von Fort Cochin liegt Mattancherry, das alte Basarviertel und Zentrum des Gewürzhandels. Heutzutage ist die Gegend voll mit Gewürzläden und teuren, von Kashmiri geführten Warenhäusern – die Autorikschafahrer überschlagen sich förmlich, Traveller dorthin zu verschleppen, weil sie von den Läden deftige Provisionen kassieren. Jede Offerte einer billigen Besichtigungstour durch das Viertel wird unweigerlich zu einigen dieser Läden führen. Mitten drin liegt das Jüdische Viertel, ein geschäftiges Hafengebiet mit einer schönen Synagoge. Zahlreiche kleine Firmen hausen dicht gedrängt in verfallenen, alten Gebäuden; in der Luft liegt der beißende Duft von Ingwer, Kardamom, Kreuzkümmel, Kurkuma und Nelken. In den Gassen rund um den Holländischen Palast und die Synagoge finden sich keine Gewürzhandlungen, sondern jede Menge Antiquitäten- und Souvenirläden.

★ Mattancherry-Palast MUSEUM
(Holländischer Palast; Karte S. 328; ☎ 0484-2226085; Palace Rd; Erw./Kind 5 ₹/frei; ⏲ Sa–Do 9–17 Uhr) Der Mattancherry-Palast war einst ein großzügiges Geschenk, das dem Radscha von Kochi, Veera Kerala Varma (1537–1561) als eine Geste des Wohlwollens im Jahr 1555 von den Portugiesen gemacht wurde. Die Niederländer renovierten den Palast im Jahr 1663. Daher stammt auch sein zweiter Name: Holländischer Palast. Zu den größten Attraktionen im Palast zählen die erstaunlich gut erhaltenen hinduistischen Wandgemälde, die Szenen aus Ramayana, Mahabharata und aus puranischen Legenden in kleinsten Details wiedergeben.

★ Pardesi-Synagoge SYNAGOGE
(Karte S. 328; Eintritt 5 ₹; ⏲ So–Do 10–13 & 15–17 Uhr, an jüdischen Feiertagen geschl.) Die ursprünglich 1568 erbaute Synagoge wurde 1662 teilweise von den Portugiesen zerstört, aber zwei Jahre später wieder aufgebaut, als die Niederländer Kochi einnahmen. Das Gotteshaus enthält eine hübsche vergoldete Kanzel und aufwendig mit Weidenmustern handbemalte Bodenfliesen aus dem chinesischen Kanton, die 1762 verlegt wurden. Das Innere ist prachtvoll mit belgischen Kandelabern und Buntglaslampen beleuchtet. Der elegante Uhrenturm wurde 1760 errichtet. Oben gibt es einen Balkon für Frauen, die nach orthodoxem Ritus während der Got-

Mattancherry

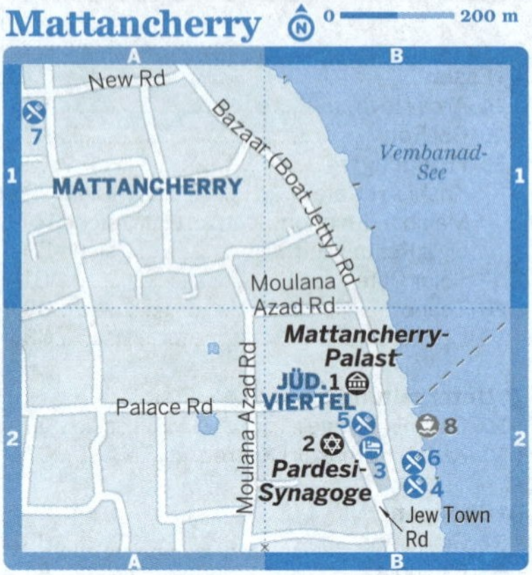

Mattancherry

Highlights

1 Mattancherry-Palast B2
2 Pardesi-Synagoge B2

Schlafen

3 Caza Maria B2

Essen

4 Cafe Crafters B2
5 Café Jew Town B2
Caza Maria .... (siehe 3)
6 Ginger House B2
7 Ramathula Hotel A1

Transport

8 Fähren nach Willingdon Island B2

tesdienste von den Männern getrennt sitzen. Achtung: Kurze Hosen, ärmellose Tops und Taschen sind drinnen nicht gestattet!

Ernakulam

Kerala Folklore Museum MUSEUM
(☎0484-2665452; www.keralafolkloremuseum.org; Folklore Junction, Thevara; Inder/Ausländer 100/200 ₹, Foto 100 ₹; ⌚9.30–18 Uhr) Das Museum wurde im keralesischen Stil aus alten Tempeln und schönen alten Häusern erbaut, die der Besitzer, ein Antiquitätenhändler, zusammengetragen hat. Ausgestellt sind mehr als 4000 Artefakte, die drei Architekturstile abdecken: Malabar im Erdgeschoss, Kochi im 1. und Travancore im 2. Stock. Oben ist ein wunderschönes, mit Holz verkleidetes Theater mit einer Holzdecke aus dem 17. Jh. eingebaut. Das Museum befindet sich etwa 6 km südlich des Bahnhofs Ernakulam Junction. Eine Rikscha ab Ernakulam sollte 90 ₹ kosten, man kann aber auch jeden Bus nach Thivara nehmen und erst dort in eine Rikscha umsteigen (25₹). Die Fahrt mit einer Autorikscha aus Fort Cochin kostet ca. 200 ₹.

Aktivitäten

Ayur Dara AYURVEDA
(☎0484-2502362, 9447721041; www.ayurdara.com; Murikkumpadam, Vypeen Island; ⌚9–17.30 Uhr) Dieses angenehme Behandlungszentrum am Wasser wird in der dritten Generation vom ayurvedischen Arzt Dr. Subhash geführt. Das Haus ist spezialisiert auf Anwendungen von einer bis zu drei Wochen (1500 ₹/Tag) – man braucht einen Termin. Es liegt 3 km vom Fährterminal nach Vypeen Island entfernt.

SVM Ayurveda Centre AYURVEDA
(Kerala Ayurveda Pharmacy Ltd; Karte S. 326; ☎9847371667; www.svmayurveda.com; Quieros St.; Massage ab 900 ₹, Verjüngungspaket ab 1200 ₹; ⌚9.30–19 Uhr) Ein kleines Zentrum in Fort Cochin. Täglich werden Massagen und Hatha-Yoga angeboten. Man kann auch längere Verjüngungspakete buchen.

Kurse

Das Kerala Kathakali Centre (S. 335) gibt Kurse in klassischem Kathakali: Tanz, Musik und Schminken (Schnupper- und lange Kurse ab 350 ₹/Std.).

Einen Crashkurs in der Kampfkunst *kalarippayat* kann man im berühmten Trainingszentrum Ens Kalari (S. 335) machen. Es werden Intensivkurse von einer Woche bis zu einem Monat abgehalten.

Cook & Eat KOCHEN
(Karte S. 326; ☎0484-2215377; www.leelahomestay.com; Quiros St; Kurs 700 ₹; ⌚11 & 18 Uhr) Mrs. Leelu Roy veranstaltet beliebte, zweistündige Kochkurse in ihrer großen Familienküche im Leelu Homestay. Dabei bringt sie fünf bis zehn Teilnehmern die Zubereitung von fünf Gerichten und ihres hausgemachten *garam masala* bei.

Geführte Touren

Tourist Desk Information Counter TOUR
(Karte S. 330; ☎9847044688, 0484-2371761; www.touristdesk.in; Ernakalum Boat Jetty & Tower Rd, Fort Cochin) Der ausgezeichnete private Veranstalter organisiert die beliebte ganztägige **Water Valley Tour** (850 ₹, Start 8 Uhr), bei der es im Hausboot über die Gewässer

und Lagunen der Region geht. Eingeschlossen sind eine Kanufahrt über kleinere Kanäle, Dorfbesuche, ein Mittagessen und die Abholung aus dem Hotel. Angeboten werden auch eine **Sunset Dinner Cruise** (750 ₹) per Kanu vom Dorf Narakkal auf Vypeen Island mit der Option einer Übernachtung in einer Strandhütte und die mit einer Übernachtung verbundene **Munnar Hill Station Tour** (3000 ₹) inklusive Transport, Unterkunft und Verpflegung. Das Personal kann einem auch Infos zu Tempelfesten in der Region geben.

KTDC BOOTSTOUR
(Karte S. 326; ☎0484-2353234; Marine Dr, Kochi; ⊙Mo–Sa 10–17 Uhr) Die KTDC veranstaltet halbtägige **Backwater-Touren** (600 ₹, 8.30 & 14 Uhr) sowie ganztägige **Hausboot-Touren durch die Backwaters** (700 ₹). Dabei besucht man örtliche Webereien, Gewürzgärten und Palmsaft-Zapfer.

Elephant Training Camp ELEFANTENRITT
(Kodanuda; ⊙7–18 Uhr) Die meisten Hotels und Touristeninformationen arrangieren Tagestouren zum Elefanten-Trainingslager im 50 km von Kochi entfernten Kodanadu. Hier kann man Ausritte unternehmen (200 ₹) oder, wenn man bis 8 Uhr zur Stelle ist, auch beim Baden der sanften Riesen helfen. Der Eintritt ist frei, allerdings erwarten die Elefantenführer ein kleines Trinkgeld. Die Fahrt hin und zurück im Taxi kostet rund 1200 ₹.

Art of Bicycle Trips RADTOUR
(Karte S. 326; ☎9656703909; www.artofbicycletrips.com; Bastion St; Tour 1450–4200 ₹; ⊙9–18 Uhr) Der Veranstalter bietet geführte Radtouren mit hochwertigen Mountainbikes. Zur Wahl stehen u. a. eine morgendliche Fahrt durch das historische Fort-Gebiet (1450 ₹), eine halbtägige Fahrt durch die Backwaters (2450 ₹) und eine ganztägige Fahrt nach Süden in Richtung Alappuzha inklusive Kanufahrt auf den Backwaters (4200 ₹). Eine tolle Möglichkeit, die Region in gemächlichem Tempo kennenzulernen.

Kerala Bike Tours MOTORRADTOUREN
(☎04842356652, 9388476817; www.keralabiketours.com; Kirushupaly Rd, Ravipuram) Veranstaltet Motorradtouren durch Kerala und die Western Ghats und verleiht Enfield Bullets mit Touring-Tauglichkeit, ohne Kilometerbegrenzung, mit kompletter Versicherung und kostenlosen Bergungs- und Wartungsoptionen (ab 155 US$/Woche).

Feste & Events

Ernakulathappan Utsavam FEST
(Shiva-Tempel, Ernakulam, Kochi; ⊙Jan./Feb.) Die achttägigen Festivitäten gipfeln in einem Umzug mit 15 prächtig geschmückten Elefanten mit Musik und Feuerwerk.

Cochin Carnival FEST
(www.cochincarnival.org; ⊙21. Dez.) Der Cochin Carnival ist die größte Veranstaltung in Fort Cochin. Das zehn Tage lange Fest endet am Silvesterabend. Straßenparaden, bunte Kostüme, geschmückte Elefanten, Musik, Volkstänze und viel Spaß gehören dazu.

Schlafen

Fort Cochin wirkt zwar in der Saison etwas touristisch, da es hier aber einige der besten Unterkünfte Keralas gibt, kann man hier prima dem Lärm und Chaos auf dem Festland entkommen. Dies ist Indiens Homestay-Hauptstadt: Dutzende Familien bieten in ihren Häusern saubere Budgetzimmer, selbst zubereitete Gerichte und einen herzlichen Empfang.

Ernakulam ist billiger und praktischer, wenn man auf der Durchreise ist, aber das Ambiente und die Unterkünfte sind weniger ansprechend. Wo auch immer man absteigt, im Dezember und Januar sollte man vorab reservieren. Zu anderen Zeiten kann man vielleicht einen Rabatt aushandeln. Infos findet man online unter www.fortcochinhomestays.com.

Fort Cochin

★ **Green Woods Bethlehem** HOMESTAY $
(☎9846014924, 0484-3247791; greenwoodsbethlehem1@vsnl.net; DZ inkl. Frühstück 1000–1200 ₹, mit Klimaanlage 1500 ₹; ❄📶) Sheeba, der gastfreundliche Besitzer, begrüßt jeden noch so müden Reisenden mit einem freundlichen Lächeln und würde einen am liebsten adoptieren, sobald man durch die Tür kommt. In einem ruhigen Gässchen und inmitten eines ummauerten Gartens voller Pflanzen und Palmen liegt eine der idyllischsten Privatunterkünfte von Kochi. Die Zimmer sind einfach, aber gemütlich. Das Frühstück wird in einem unglaublich grünen Café auf dem Dach serviert, wo auch Kochkurse und -vorführungen stattfinden.

Princess Inn PENSION $
(Karte S. 326; ☎0484-2217073; princessinnfortkochi@gmail.com; Princess St; EZ/DZ/3BZ 400/600/1000 ₹) Das freundliche Princess Inn

Ernakulam

Ernakulam

Aktivitäten, Kurse & Touren

1 Tourist Desk Information Counter B3

Schlafen

2 Boat Jetty Bungalow B3
3 Grand Hotel C4
4 John's Residency B3
5 Saas Tower B3

Essen

6 Chillies C4
7 Frys Village Restaurant C1
Grand Pavilion .... (siehe 3)

Unterhaltung

8 See India Foundation D5

Shoppen

9 Centre Square Mall C3

Praktisches

10 KTDC Tourist Reception Centre B3
Tourist Desk Information Counter .... (siehe 1)
11 Touristenpolizei (Ernakulam) B3
12 UAE Exchange C3

hält an seinen günstigen Preisen fest, hat aber die ansonsten langweiligen, winzigen Zimmer mit lustig bunten Farben aufgehübscht. Die Gemeinschaftsbereiche sind einladend, und die drei großen Zimmer nach vorn hinaus bieten für die Lage ein gutes Preis-Leistungs-Verhältnis.

Costa Gama Home Stay HOMESTAY $
(☎0484-2216122; www.stayincochin.com; Thamaraparambu Rd; Zi. 800 ₹, mit Klimaanlage 1200 ₹; ❄📶) Obwohl sie nur drei Zimmer hat, wird diese kleinen gemütliche Unterkunft immer gut bewertet. Auf der anderen Straßenseite befinden sich nochmal drei Zimmer in einem alten Gebäude mit schöner Terrasse.

★ **Reds Residency** HOMESTAY $$
(☎9388643747, 0484-3204060; www.redsresidency.in; 11/372 A, KJ Herschel Rd; DZ mit Frühstück 900–1200 ₹, mit Klimaanlage ab 1200 , Dach-Cottage mit Klimaanlage 1500 ₹; ❄@📶) Die hübsche Homestay-Unterkunft bietet Zimmer in Hotelqualität, aber auch einen freundlich-familiären Empfang durch die kenntnisreichen Gastgeber Philip und Maryann. Die sieben Zimmer – darunter ein Dreibett- und ein Vierbettzimmer für Familien – sind modern und makellos. Auf dem Dach gibt's noch ein tolles, separates „Penthouse" mit eigener Küche. Die Unterkunft hat eine friedliche Lage südlich vom Zentrum.

Walton's Homestay PENSION $$
(Karte S. 326; ☎9249721935, 0484-2215309; www.waltonshomestay.com; Princess St.; Zi. inkl. Frühstück 1600–3000 ₹; ❄📶) Der anspruchsvolle Mr. Walton bietet in seinem liebenswerten alten Haus, das in Seemannsweiß mit blauen Bordüren gestrichen ist und versteckt hinter einem Buchladen liegt, große, mit Holzmöbeln eingerichtete Zimmer an. Von den Räumen im Erdgeschoss hat man Zugang zu einem grünen Garten, die im Obergeschoss sind mit Balkonen ausgestattet. Es gibt außerdem einen netten Gemeinschaftsraum zum Frühstücken.

Jojies Homestay HOMESTAY $$
(☎9567045544; 1/1276 Chirattapallam, abseits der KB Jacob Road; DZ 1500–2500 ₹; 📶) Die saubere, freundliche und einladende Unterkunft ist bei Travellern wegen der hilfsbereiten Eigentümer und des großen Frühstücks beliebt.

Raintree Lodge PENSION $$
(Karte S. 326; ☎9847029000, 0484-3251489; www.fortcochin.com; Peter Celli St.; Zi. 2800 ₹; ❄📶) Die anheimelnden und eleganten Zimmer in dieser historischen Unterkunft kommen einem Boutiquehotel sehr nahe. Alle fünf Zimmer sind mit einer tollen Mischung aus zeitgenössischen Stilrichtungen und alten geschnitzten Holzmöbeln ausgestattet, und die vorderen Zimmer haben wunderbare, mit Wein bewachsene Romeo-und-Julia-Balkone. Ein sehr gutes Angebot.

Delight Home Stay PENSION $$
(Karte S. 326; ☎98461121421, 0484-2217658; www.delightfulhomestay.com; Post Office Rd; Zi. mit Frühstück 1600–1800 ₹, mit Klimaanlage 2500 ₹; ❄📶) Die Unterkunft ist wahrlich eine Freude: Das große Haus ist mit weißen Holzverzierungen geschmückt, und die sechs Zimmer sind geräumig und blitzblank. Es gibt einen charmanten kleinen Garten, ein elegantes Frühstückszimmer und einen eindrucksvollen, mit Teakholz getäfelten Salon. Das Essen ist gut; in der offenen Küche werden auch Kochkurse veranstaltet.

Daffodil PENSION $$
(Karte S. 326; ☎9895262296, 0484-2218686; www.daffodilhomestay.com; Njaliparambu Junction; DZ mit Frühstück 1600 ₹, mit Klimaanlage 2500 ₹; ❄@📶) Das von einem freundlichen einheimischen Ehepaar geführte Haus hat acht große, hell gestrichene Zimmer, die etwas Privatsphäre bieten. Das Highlight ist aber der mit Holzschnitzereien verzierte keralesische Balkon im Obergeschoss.

Saj Homestay HOMESTAY $$
(Karte S. 326; ☎9847002182; www.sajhome.com; Amravathi Rd, nahe Kunnumpuram Junction; DZ mit Frühstück ab 900 ₹, mit Klimaanlage 2200 ₹; ❄📶) Im einladenden Haus des hilfsbereiten Besitzers Saj gibt es sechs Zimmer im Obergeschoss. Nach vorn ist etwas Straßenlärm zu hören, aber die Zimmer sind sauber, und Traveller sind vom Frühstück begeistert.

Noah's Ark HOMESTAY $$
(Karte S. 326; ☎9745365260, 0484-2215481; www.noahsarkcochin.com; 1/508 Fort Cochin Hospital Rd; Zi. 2800–3500 ₹; ❄@📶) Das große moderne Familienheim prunkt mit einer geschwungenen Wendeltreppe im Empfangsraum und vier makellosen, noblen Zimmern, von denen zwei einen Balkon haben. Der Empfang ist freundlich, aber man hat hier viel Privatsphäre.

Sonnetta Residency PENSION $$
(Karte S. 326; ☎9895543555, 0484-2215744; www.sonnettaresidency.com; 1/387 Princess St.; DZ/FZ 1575/2250 ₹, mit Klimaanlage 2250/2800 ₹;

) Mitten im Getümmel von Fort Cochin liegt diese nette Unterkunft in einem Haus aus der portugiesischen Epoche mit seinen sechs Zimmern, die alle lupenrein gehalten und schön hergerichtet werden. Schöne, kitschige Details wie Vorhänge, bunte Laken und Pflanzen im Inneren dürfen nicht fehlen. Alle Zimmer sind mit Klimaanlage ausgestattet, wer diese aber nicht nutzen will, zahlt weniger.

★ Malabar House HOTEL **$$$**
(Karte S. 326; 0484-2216666; www.malabarhouse.com; Parade Ground Rd; Zi. 240 €, Suite inkl. Frühstück 330–380 €;) Das Malabar, wohl eines der schicksten Boutiquehotels in Kerala, protzt mit einer extrem hippen Mischung aus modernen Farben und alten Einrichtungsgegenständen. Die Suiten sind riesig und großzügig eingerichtet, aber die Standardzimmer dafür eher spießig. Das preisgekrönte Restaurant mit Weinbar entspricht Topstandards.

★ Brunton Boatyard HOTEL **$$$**
(0484-2215461; bruntonboatyard@cghearth.com; River Rd; Zi/Suite 26 000/34 000 ₹;) Dieses imposante Hotel stellt in seinem großen Komplex gewissenhaft niederländische und portugiesische Architektur aus dem 16. und 17. Jh. nach. Alle Zimmer bieten Blick auf die Bucht und sind mit Badewannen und Balkonen ausgestattet. Die frische Meeresbrise ist in jedem Fall der Klimaanlage vorzuziehen. Zum Hotel gehört auch das exzellente History Restaurant und die Armoury Bar, außerdem ein paar Cafés unter freiem Himmel.

Spice Fort BOUTIQUEHOTEL **$$$**
(Karte S. 326; 9364455440; www.duneecogroup.com; Princess St; Zi. 8500–11 000 ₹;) Die schicken, rotweiß gehaltenen und zum Thema Gewürze dekorierten Zimmer haben makellose Badezimmer und in die Kopfteile der Betten eingebaute TVs. Sie liegen rund um einen gegen die vielbefahrene Princess St abgeschirmten historischen Hof mit einem einladenden Pool in der Mitte. Die Lage ist toll, das Restaurant ausgezeichnet und das Personal freundlich.

Tea Bungalow HOTEL **$$$**
(Karte S. 326; 0484-3019200; www.teabungalow.in; 1/1901 Kunumpuram; Zi. 15 000–18 000 ₹;) Das senffarbene Gebäude im Kolonialstil wurde 1912 als Hauptsitz eines britischen Gewürzhandelsunternehmens erbaut, bevor es von Brooke Bond Tea übernommen wurde. Die zehn eleganten Boutiquezimmer – die alle nach Seehäfen benannt sind – sind teils mit kräftigen Farben und geschnitzten Kolonialholzmöbeln ausgestattet, die Badezimmer mit Basset-ta-Fliesen. Außerhalb der Saison fallen die Preise um bis zu 60 %.

Old Harbour Hotel HOTEL **$$$**
(Karte S. 326; 0484-2218006; www.oldharbourhotel.com; 1/328 Tower Rd; Zi./Suite 10 200/17 600 ₹;) Das ehrwürdige Old Harbour liegt in einem idyllischen Garten mit Lilienteichen und einem kleinen Swimmingpool. Untergebracht ist es in einem 300 Jahre alten, niederländisch-portugiesischen Gebäude. Die elegante Mischung aus alten und modernen Stilrichtungen verleiht der Unterkunft eine heimeligere Atmosphäre als den meisten anderen seiner großen Konkurrenten. Es gibt 13 Zimmer und Suiten, manche mit Blick auf den Garten und manche mit Badezimmern unter freiem Himmel.

Fort House Hotel HOTEL **$$$**
(Karte S. 326; 0484-2217103; www.hotelforthouse.com; 2/6A Calvathy Rd; Zi. inkl. Frühstück 5500 ₹;) In der Nähe der Fähre liegt eines der wenigen wahren Hotels direkt am Wasser. Die 16 pfiffigen Zimmer mit Klimaanlage gehen zwar in einen grünen Garten hinaus, aber das Restaurant hat eine tolle Lage am Wasser.

Mattancherry & Jüdisches Viertel

Caza Maria HOMESTAY **$$**
(Karte S. 328; 9846050901; cazamaria@rediffmail.com; Jew Town Rd; Zi. inkl. Frühstück 4500 ₹;) Mitten im Herzen des Jüdischen Viertels bietet diese einzigartige historische Unterkunft zwei große Zimmer mit Blick auf den Basar. Die Zimmer wären eines Maharadschas würdig: Sie sind mit Antiquitäten ausgestattet, bunt und haben hohe Decken.

Ernakulam

John's Residency HOTEL **$**
(Karte S. 330; 0484-2355395; TD Rd; EZ/DZ ab 550/650 ₹, mit Klimaanlage 1600 ₹;) Das John's ist eine echte Backpacker-Bleibe mit hilfsbereitem Personal und Infos zur Gegend. Das Haus liegt ruhig, aber doch in bequemer Gehentfernung zur Bootsanlegestelle. Abgesehen von den größeren Deluxe-Zimmern sind die Zimmer klein, aber dank kräftiger

Farbakzente wirken sie für dieses Preissegment einladend und modisch.

Boat Jetty Bungalow HOTEL $

(Karte S. 330; ☎0484-2373211; www.boatjettybungalow.com; Cannon Shed Rd; EZ/DZ 430/735 ₹, mit Klimaanlage 960/1465 ₹; ❄) Das 140 Jahre alte Haus, in dem früher der Verwalter der Bootsanlegestelle wohnte, wurde renoviert und 2014 als ein Hotel mit 22 kompakten, sauberen Zimmern mit TVs neu eröffnet. Das Hotel hat ein sehr gutes Preis-Leistungs-Verhältnis und liegt in kurzer Gehentfernung zur Bootsanlegestelle nach Fort Cochin.

Saas Tower HOTEL $$

(Karte S. 330; ☎0484-2365319; www.saastower.com; Cannon Shed Rd; EZ/DZ 1200/1800 ₹, mit Klimaanlage ab 2100/2400 ₹, Suite ab 3600 ₹; ❄@) Das schicke Foyer verspricht mehr, als die Zimmer in diesem Business-Hotel der Mittelklasse halten. Wenn man aber etwas Besseres als die Budgethotels in der Nähe der Anlegestelle sucht, ist es keine schlechte Wahl. In den sauberen Zimmern stehen Holzmöbel, es gibt ein Restaurant, ein Geschäftszentrum und ein Tages-Spa mit ayurvedischen Anwendungen.

Grand Hotel HOTEL $$

(Karte S. 330; ☎9895721014, 0484-2382061; www.grandhotelkerala.com; MG Rd; EZ/DZ mit Frühstück ab 3250/4000 ₹, Suite 6000 ₹; ❄@📶) Das Hotel aus den 1960er-Jahren verströmt mit seinen originalen, glänzenden Art-déco-Armaturen jene Retro-Coolness, von der moderne Hotels nur träumen können. Die geräumigen Zimmer haben glänzende Parkettböden und große moderne Badezimmern. Im Haus gibt's ein gutes Restaurant und Ernakulams nobelste Bar.

Rund um Kochi

Kallancherry Retreat HOMESTAY $

(☎0484-2240564, 9847446683; www.kallancheryretreat.com; Kumbalanghi; Zi. ohne/mit Klimaanlage 800/1000 ₹, Cottage ohne/mit Klimaanlage 1000/1500 ₹; ❄📶) In diesem friedlichen und preiswerten Refugium am Wasser, das sich im Dorf Kumbalanghi rund 15 km südlich von Fort Cochin in einer weitläufigen Gartenanlage befindet, entgeht man den Touristenmassen. Zimmer gibt's im Wohnhaus der Familie und in einem herrlichen Cottage am Seeufer. Vor der Tür sieht man chinesische Fischernetze. Bootsausflüge sowie Besuche in Dörfern stehen auf dem Programm und es gibt im Haus zubereitete Gerichte.

★ Olavipe HOMESTAY $$$

(☎0478-2522255; www.olavipe.com; Olavipe; EZ/DZ inkl. Mahlzeiten 5100/8500 ₹) Das wunderbare, traditionell syrisch-christliche Haus aus den 1890er-Jahren liegt auf einer 16 ha großen Farm 28 km südlich von Kochi und ist von Gewässern umgeben. Das restaurierte Herrenhaus aus Palisanderholz und glänzendem Teak bietet mehrere große und luftige Zimmer, die originell und wunderschön im antiken Stil dekoriert sind.

Essen & Ausgehen

Das wohl beste Essen in Fort Cochin gibt's in den Privatunterkünften, aber es fehlt auch nicht an guten Restaurants und Cafés.

Fort Cochin

Hinter den Chinesischen Fischernetzen bieten **Fischhändler** (Karte S. 326; Meeresfrüchte 200–1000 ₹/kg) den Fang des Tages – frischen Fisch, Garnelen, Krabben und Hummer – feil. Wenn man seine Wahl getroffen hat, geht man zu den einfachen, aber beliebten Restaurants an der nahen Tower Rd, die die Meeresfrüchte gegen Bezahlung zubereiten und servieren. Die Marktpreise variieren, aber wenn man herumschlendert und verhandelt, erkennt man schnell, was angemessen ist.

Teapot CAFÉ $

(Karte S. 326; Peter Celli St; Hauptgerichte 70–140 ₹; ⏰8.30–20.30 Uhr) Das stimmungsvolle Café ist der ideale Ort für den „High Tea". In den schicken, luftigen Räumen werden 16 Sorten Tee, Sandwiches, Kuchen und einige Gerichte serviert. Originelle Deko-Akzente zum Thema Tee sind die vielen alten Teekannen, Teekisten anstelle von Tischen und ein Tisch mit einem Teebaum als Tischbein.

Solar Cafe CAFÉ $

(Karte S. 326; Bazaar Rd; Gerichte 80–130 ₹; ⏰8–20 Uhr) In einem lindgrünen Ambiente mit Bücherwand serviert dieses künstlerisch angehauchte Café im Obergeschoss gegenüber der Anlegestelle Customs morgens und mittags Bio-Gerichte, Zimtkaffee und frische Säfte.

Oy's Restaurant MULTICUISINE $

(Karte S. 326; www.oys.co.in; Burgher St; Hauptgerichte 50–200 ₹; ⏰8.30–22 Uhr; 📶) Mit gemütlichem Dekor, entspannter Musik, typischer Cafékost und hauptsächlich asiatischen Gerichten hat sich das Oy's unter Travellern einen Namen gemacht.

★ **Dal Roti** INDISCH $$
(Karte S. 326; ☎9746459244; 1/293 Lily St; Gerichte 100–230 ₹; ⊙Mi–Mo 12–15.30 & 18.30–22.30 Uhr) Das geschäftige Dal Roti muss man einfach mögen. Der freundliche und sachkundige Besitzer Ramesh hilft einem mit der riesigen nordindischen Speisekarte, die sogar ein Wörterverzeichnis hat und vegetarische, nichtvegetarische und vegane Gerichten mit Ei enthält. Angefangen bei Kati-Rolls (gefülltes Fladenbrot) bis hin zu sieben Arten Thali, hier geht niemand hungrig wieder hinaus. Kein Alkohol!

Kashi Art Cafe CAFÉ $$
(Karte S. 326; Burgher St; Frühstück & Snacks 90–250 ₹; ⊙8.30–22 Uhr) In dem sonnigen Café, einer Institution in Fort Cochin, herrscht eine Zen-artige, aber doch zwanglose Atmosphäre. Die soliden Holztische quellen in den Vorhof hinaus. Der Kaffee ist so stark, wie er sein soll, und das tägliche kontinentale Frühstück ist so ausgezeichnet wie die Mittagsgerichte. In der kleinen Galerie stellen örtliche Künstler aus.

Arça Nova SEAFOOD $$
(Karte S. 326; 2/6A Calvathy Rd; Hauptgerichte 190–650 ₹; ⊙7.30–22.30 Uhr) Das Restaurant am Wasser beim Fort House Hotel eignet sich besonders gut für ein leichtes Mittagessen. Spezialisiert hat es sich auf Fischgerichte. Draußen sitzt man an Tischen mit Blick aufs Wasser oder in einem ruhigen und geräumigen, überdachten Gartenbereich.

Upstairs Italian ITALIENISCH $$$
(Karte S. 326; ☎9745682608; Bastion St; Hauptgerichte 250–600 ₹; ⊙10–23 Uhr) Authentisch italienische Speisen – Gorgonzola, Prosciutto, Olivenöl, Parmesankäse – hat dieses kleine Lokal im Obergeschoss, in dem man die besten Pizzas, Pastagerichte und Antipasti in Kochi bekommt. Das Restaurant ist teuer, aber es lohnt sich.

★ **Malabar Junction** INTERNATIONAL $$$
(Karte S. 326; ☎0484-2216666; Parade Ground Rd; Hauptgerichte 360–680 ₹, 5-Gang Verkostung 2000 ₹; ⊙mittags & abends) Das in einem offenen Pavillon untergebrachte Restaurant im Malabar House würde auch gut in einen Film passen: Die Tische mit blendend weißen Tischdecken stehen neben dem kleinen Pool im Hof. Die europäisch angehauchte Speisekarte bietet hauptsächlich Meeresfrüchte, die Spezialität des Hauses ist die eindrucksvolle Meeresfrüchteplatte mit gegrilltem Gemüse. Die im witzigen Stilmix gestaltete Weinbar im Obergeschoss serviert anspruchsvolle Gerichte im Tapas-Stil.

Mattancherry & Jüdisches Viertel

Ramathula Hotel INDISCH $
(Kayikka's; Karte S. 328; Kayees Junction, Mattancherry; Biryani 40–60 ₹; ⊙Mittag- & Abendessen) Dieses Lokal ist legendär und bekannt für seine Hühnchen- und Hammel-Biryanis. Man muss früh da sein, sonst geht man leer aus. Es ist besser bekannt unter dem Namen seines Kochs, Kayikka.

Caza Maria MULTICUISINE $$
(Karte S. 328; Bazaar Rd; Hauptgerichte 210–700 ₹; ⊙9–20 Uhr) Das bezaubernde Lokal residiert im 1. Stock in einem hellblauen historischen Raum voller Antiquitäten. Zu sanfter Musik gibt's täglich wechselnde nordindische, südindische und französische Gerichte.

Café Jew Town CAFÉ $$
(Karte S. 328; Bazaar Rd; Snacks 120–200 ₹; ⊙9–18 Uhr) Um dieses niedliche, von Schweizern geführte Café zu erreichen, muss man durch schicke Antiquitätengeschäfte und Galerien laufen. Auf den wenigen Tischen werden gute Kuchen, Snacks und italienischer Kaffee kredenzt.

Cafe Crafters CAFÉ $$
(Karte S. 328; Jew Town Rd; Hauptgerichte 100–280 ₹; ⊙9.30–18.30 Uhr) Im Herzen von Mattancherrys Jüdischem Viertel tischt dieses charmante kleine Restaurant im 1. Stock keralesische Meeresfrüchte und westliche Gerichte wie Sandwiches und Burger auf. Die besten Plätze befinden sich auf dem kleinen Balkon mit Blick auf die Straße.

★ **Ginger House** INDISCH $$$
(Karte S. 328; Bazaar Rd; Hauptgerichte 190–700 ₹; ⊙8.30–18 Uhr) Versteckt hinter einem großen, mit Antiquitäten gefüllten *godown* (Lagerhaus) serviert dieses fantastische Uferrestaurant indische Gerichte und Snacks – Ingwer-Garnelen, Ingwer-Eis, Ingwer-Lassi – wohl klar, was hier im Mittelpunkt steht. Zum Restaurant geht's durch den erstaunlichen Verkaufsraum von Heritage Arts, der mit bemerkenswerten Skulpturen und Antiquitäten prunkt – sehenswert ist vor allem das riesige Schlangenboot-Kanu. Wenn man den Eigentümer bittet, zeigt er einem vielleicht den Rest der Sammlung im Obergeschoss.

Ernakulam

In Ernakulams Mega-Shoppingmalls gibt's Food-Courts. Ein interessantes neues Gebiet ist die grüne Panampilly Ave in einem Wohnviertel südlich vom Hauptbahnhof. Dort haben sich viele moderne Nobelrestaurants und Fast-Food-Lokale angesiedelt.

Frys Village Restaurant KERALESISCH $
(Karte S. 330; Chittoor Rd; Hauptgerichte 80–150 ₹; ⌚12–15.30 & 19–22.30 Uhr) Das hell dekorierte und luftige Lokal mit gebogener Decke ist besonders für Familien zu empfehlen und serviert authentische Kerala-Gerichte, insbesondere Fisch wie *pollichathu* oder gebackene Krabben. Mittags gibt's auch Fisch- und vegetarische Thalis.

Chillies INDISCH $$
(Karte S. 330; Layam Rd.; Gerichte 130–280 ₹, Thali 140 ₹; ⌚11.30–15.30 & 19.30–23 Uhr) Ein dunkles, emsiges Lokal im 1. Stock, das in Kochi die besten Gerichte der würzigen Andhra-Küche auf Bananenblättern serviert. Wer auf All-you-can-eat steht, sollte die Thalis probieren.

Grand Pavilion INDISCH $$$
(Karte S. 330; MG Rd; Gerichte 250–370 ₹) Das Restaurant im Grand Hotel ist ebenso elegant und im Retrostil gehalten wie das Hotel selbst, mit cremefarbenen Möbeln und gestärkten Tischdecken. Auf der Speisekarte, ein wahrer Wälzer, stehen Gerichte aus vielen asiatischen Ländern.

Unterhaltung

Es gibt mehrere Orte in Kochi, an denen man sich eine Kathakali-Vorführung anschauen kann. Die Shows sind in erster Linie für Touristen inszeniert, aber trotzdem eine gute Einführung in diese faszinierende Kunstform. Das Standardprogramm beginnt mit dem öffentlichen aufwendigen Schminken und Einkleiden der Darsteller, gefolgt von einer Demonstration der Tänze mit Kommentar und schließlich der eigentlichen Aufführung – meist insgesamt zwei Stunden. Oft sind in den selben Theatern auch Demonstrationen der schnellen traditionellen Kampfkunst *kalarippayat* zu sehen.

Fort Cochin

Kerala Kathakali Centre KULTURPROGRAMM
(Karte S. 326; ☎0484-2217552; www.kathakalicentre.com; KB Jacob Rd; Vorstellungen 250–300 ₹; ⌚Kostümierung ab 17 Uhr, Vorstellung 18–19.30 Uhr) In dem heimeligen, holzgetäfelten Theater erhält man eine empfehlenswerte Einführung in Kathakali, mit einer praktischen Übersetzung der Geschichte, die am Abend aufgeführt wird. In dem Zentrum gibt es täglich auch *kalarippayat*-Vorführungen (16–17 Uhr), außerdem Konzerte mit traditioneller Musik (So–Fr 20–21 Uhr) und klassischen Tanz (Sa 20–21 Uhr).

Greenix Village KULTURPROGRAMM
(Karte S. 326; ☎9349372050, 0484-2217000; www.greenix.in; Calvathy Rd; Shows 300–500 ₹; ⌚10–18, Shows ab 17 Uhr) Das touristische „Kulturdorf" versucht, die ganze Bandbreite der keralesischen Musik und Kunst in einem kleinen Kulturmuseum unter einen Hut zu bringen: In einem beeindruckenden Komplex gibt es Aufführungen von Kathakali und *kalarippayat* (300 ₹) sowie Yoga-Kurse (450 ₹) und andere Kulturdarbietungen.

Ernakulam

See India Foundation KULTURPROGRAMM
(Karte S. 330; ☎0484-2376471; devankathakali@yahoo.com; Kalathiparambil Lane; Eintritt 300 ₹; ⌚Schminken 18 Uhr, Show 19–20 Uhr) Eines der ältesten Kathakali-Theater in Kerala mit Shows im kleinen Rahmen. Der Schwerpunkt liegt auf den religiösen und philosophischen Wurzeln des Kathakali.

Ens Kalari KULTURPROGRAMM
(☎0484-2700810; www.enskalari.org.in; Nettoor; Eintritt gegen Spende; ⌚Vorführungen 19.15–20.15 Uhr) Wer dabei sein möchte, wenn richtige Experten *kalarippayat* betreiben, geht am besten ins renommierte *kalarippayat*-Zentrum 8 km südöstlich von Ernakulam. Die einstündigen Vorführungen finden täglich statt (einen Tag vorher anmelden!).

Shoppen

Der Broadway in Ernakulam mit Gewürz- und Klamottenläden ist der richtige Ort, um ein authentisches Einkaufserlebnis zu bekommen. An der Jew Town Rd in Mattancherry gibt's viele Geschäfte, die von Leuten aus Gujarat geführt werden und echte Antiquitäten sowie Imitationen und Kopien verkaufen. Die meisten Läden in Fort Cochin sind fast identisch: Sie werden von Leuten aus Kaschmir geführt, die eine bunte Mischung nordindischen Kunsthandwerks verkaufen. Nicht wenige Geschäfte rund um Fort Cochin und Mattancherry arbeiten auf

TRADITIONELLE KERALESISCHE KUNST

Kathakali

Die Kunstform des Kathakali entstand etwa zur gleichen Zeit, als Shakespeare seine Stücke schrieb. Kathakali-Vorführungen stellen eine dramatisierte Handlung dar, die meistens auf den Hindu-Epen Ramayana, Mahabharata oder auf den Puranas basiert. Dabei werden alle großen Themen des Lebens behandelt: Gut und Böse, Schwäche und Mut, Armut und Reichtum, Krieg und Frieden.

Trommler und Sänger begleiten die Schauspieler, die die Geschichte durch sehr präzise Bewegungen vermitteln, durch besondere *mudras* (Gesten) und Mimik.

Die Vorbereitungen auf die Aufführung sind langwierig und verlangen Disziplin. Mithilfe von Schminke, fantastischen Kostümen, kunstvollem Kopfschmuck und Meditation verwandeln sich die Schauspieler äußerlich und mental in die Götter, Helden und Dämonen, die sie darstellen sollen. Tänzer färben sich sogar ihre Augen mit den Samen der *chundanga*-Pflanze rot, um die dramatische Wirkung zu erhöhen.

Traditionelle Vorstellungen dauern viele Stunden. Aber in den Touristenhochburgen überall im Bundesstaat kann man gekürzte Fassungen erleben. Außerdem gibt es Kathakali-Schulen in Thiruvananthapuram (Trivandrum; S. 288) und in der Nähe von Thrissur, die gern Besucher empfangen.

Kalarippayat

Kalarippayat (oder *kalari*) ist eine uralte Lehre von Kampfkunst und Disziplin, die noch heute überall in Kerala gelehrt wird. Manche Leute halten *kalarippayat* für den Vorläufer aller Kampfkünste, denn seine Wurzeln reichen zurück bis zu den Auseinandersetzungen zwischen Keralas kleinen Feudalstaaten im 12. Jh.

Die Meister des *kalarippayat* heißen Gurukkal. Sie lehren ihre Kunst in einer speziellen Arena, *kalari* genannt. Oft kann man *kalarippayat*-Vorführungen in den gleichen Theatern erleben, in denen auch Kathakali-Vorstellungen gezeigt werden.

Die drei Hauptschulen des *kalarippayat* lassen sich in die nördliche und zentrale, die beide im nördlichen Kerala und in der Malabar-Region praktiziert werden, und in die südliche *kalarippayat*-Tradition unterscheiden. Neben Griffen und Kämpfen mit offener Hand kommen häufig auch Waffen zum Einsatz, darunter Schwert und Schild *(valum parichayum)*, der kurze *(kurunthadi)* und der lange Stock *(neduvadi)*.

lukrativer Kommissionsbasis mit Autorikschafahrern zusammen, die eine saftige Provision kassieren, wenn sie Touristen vor der jeweiligen Ladentür absetzen.

Lulu Mall MALL
(☎0484-2727777; www.lulu.in; NH47, Edapally; ⌚9–23 Uhr; 📶) Indiens größte Mall ist schon alleine für sich eine Attraktion – die Leute kommen von überall her, um zu shoppen, in den Food Courts oder im Kino abzuhängen oder um Schlittschuh zu laufen oder zu bowlen. In dem 7 ha großen, technisch topaktuellen und mit Klimaanlage ausgestatteten Einkaufszentrum sind mehr als 215 Markenfilialen vertreten, von Calvin Klein bis KFC. Die Mall befindet sich in Edapally, rund 9 km von der Anlegestelle entfernt.

Niraamaya BEKLEIDUNG
(Karte S. 326; Quiros St, Fort Cochin; ⌚Mo–Sa 10–17.30 Uhr) Die in ganz Kerala populäre Kette verkauft „ayurvedische" Kleidung und Stoffe – alles besteht aus Bio-Baumwolle, die mit pflanzlichen Stoffen eingefärbt oder mit ayurvedischen Ölen getränkt wurden. Eine weitere Filiale liegt in Mattancherry.

Centre Square Mall MALL
(Karte S. 330; ☎0484-4041888; MG Rd, Ernakulam; ⌚10–23 Uhr) Die schicke neue Mall im Zentrum von Ernakulam ist kleiner als das Lulu, hat aber auch vier Ladenetagen und im obersten Stock einen Food Court, eine Bowlingbahn und ein Kino zu bieten.

Idiom Bookshop BUCHLADEN
(Karte S. 326; Bastion St; ⌚Mo–Sa 10.30–21 Uhr) Große Auswahl von guten neuen und gebrauchten Büchern in Fort Cochin.

Fabindia BEKLEIDUNG, HAUSHALTSWAREN
(Karte S. 326; ☎0484-2217077; www.fabindia.com; Napier St, Fort Cochin; ⌚10.30–20.30 Uhr) Jede Menge indische Textilien, Stoffe, Bekleidung und Haushaltsleinen bekannter Marken.

Cinnamon BEKLEIDUNG
(Karte S. 326; Post Office Rd, Fort Cochin; ⌚Mo–Sa 10–19 Uhr) Verkauft tolle, in Indien gefertigte Bekleidung, Schmuck und Haushaltswaren in einem schicken Verkaufsraum.

Tribes India KUNSTHANDWERK
(Karte S. 326; ☎0484-2215077; Post Office Rd, Head Post Office, Fort Cochin; ⌚Mo–Sa 10–18.30 Uhr) Versteckt hinter der Post, verkauft das vom TRIFED (Ministerium für Stammesangelegenheiten) betriebene Kaufhaus Artefakte, Malereien, Schals, Figuren usw. zu Festpreisen. Mit dem Erlös werden die Kunsthandwerker der Stammesvölker unterstützt.

ℹ Praktische Informationen

GELD

UAE Exchange (⌚Mo–Fr 9.30–18, Sa 9.30–14 Uhr) Ernakulam (Karte S. 330; ☎2383317; MG Rd, Perumpillil Bldg.); Ernakulam (☎3067008; Chettupuzha Towers, PT Usha Rd Junction); Fort Cochin (Karte S. 326; ☎2216231; Amravathi Rd) Umtausch internationaler Währungen und Reiseschecks.

INTERNETZUGANG

Es gibt mehrere Internetcafés rund um die Princess St in Fort Cochin (40 ₹/Std.); viele Homestays und Hotels bieten kostenloses WLAN.

MEDIZINISCHE VERSORGUNG

Lakeshore Hospital (☎0484-2701032; www.lakeshorehospital.com; NH Bypass, Marudu) Ein modernes Krankenhaus 8 km südöstlich von Ernakulam.

Medical Trust (Karte S. 330; ☎0484-2358001; www.medicaltrusthospital.com; MG Rd) Krankenhaus in zentraler Lage.

POST

College-Post (Karte S. 330; ☎0484-2369302; Convent Rd, Ernakulam; ⌚Mo–Sa 9–17 Uhr)

Ernakulam-Post (Karte S. 330; ☎0484-2355467; Hospital Rd; ⌚Mo–Sa 9–20, So 10–17 Uhr) Weitere Filialen in der MG Rd und auf dem Broadway.

Hauptpost (Karte S. 326; Post Office Rd, Fort Cochin; ⌚Mo–Fr 9–17, Sa 9–15 Uhr)

TOURISTENINFORMATION

Am Flughafen gibt's einen Schalter der Touristeninformation. An vielen Stellen ist eine kostenlose Broschüre erhältlich, die einen Stadtplan und den Spaziergang *Historical Places in Fort Cochin* enthält.

KTDC Tourist Reception Centre (Karte S. 330; ☎0484-2353234; Shanmugham Rd, Ernakulam; ⌚8–19 Uhr) Das Büro organisiert auch Touren. Eine weitere Filiale befindet sich an der Bootsanlegestelle in Fort Cochin.

Tourist Desk Information Counter (www.touristdesk.in) Ernakulam (Karte S. 330; ☎9847044688, 0484-2371761; Bootsanleger; ⌚8–18 Uhr); Fort Cochin (Karte S. 326; ☎0484-2216129; Tower Rd, Fort Cochin; ⌚8–19 Uhr) Das Personal dieses privaten Reiseveranstalters mit Büro an der Anlegestelle in Ernakulam und in Fort Cochin ist sehr

WICHTIGE BUSSE AB ERNAKULAM

Die folgenden Busverbindungen nutzen den KSRTC-Busbahnhof und den Vyttila Mobility Hub.

ZIEL	PREIS (₹)	DAUER (STD.)	HÄUFIGKEIT
Alappuzha	52	1½	alle 10 Min.
Bengaluru	4600–1100	14	tgl. 4
Chennai	590	16	tgl. 14 Uhr
Coimbatore	150	4½	stündl.
Kannur	220–250	8	tgl. 5
Kanyakumari	230	8	tgl. 2
Kollam	114	3½	alle 30 Min.
Kothamangalam	40	2	alle 10 Min.
Kottayam	57	2	alle 30 Min.
Kozhikode	170	2	stündl.
Kumily (nach Periyar)	130	5	tgl. 8
Mangaluru	335	12	18.30 & 21.30 Uhr
Munnar	100	4½	alle 30 Min.
Thrissur	55	2	alle 10 Min.
Trivandrum	170	5	alle 30 Min.

WICHTIGE ZÜGE AB ERNAKULAM

ZIEL	ZUG-NR. & -NAME	PREIS (₹)	DAUER (STD.)	ABFAHRT
Bengaluru	*16525 Bangalore Express* (A)	345/930/1335	13	17.35 Uhr
Chennai	*12624 Chennai Mail* (A)	395/1035/1470	12	19.30 Uhr
Delhi	*12625 Kerala Express* (B)	885/2275/3375	46	15.45 Uhr
Goa (Madgaon)	*16346 Netravathi Express* (B)	415/1120/1620	15	14.10 Uhr
Mumbai	*16346 Netravathi Express* (B)	615/1635/2400	27	14.10 Uhr

Fahrpreise: Sleeper Class/3AC/2AC; (A) ab Ernakulam Town (B) ab Ernakulam Junction

kenntnisreich und für Kochi und die Umgebung sehr nützlich. Das Unternehmen veranstaltet mehrere beliebte und empfehlenswerte Touren, darunter auch eine Festivaltour, und veröffentlicht Infos zu Festen und Kulturereignissen.

Touristenpolizei Ernakulam (Karte S. 330; ☎0484-2353234; Shanmugham Rd; ⏲8–18 Uhr); Fort Cochin (Karte S. 326; ☎0484-2215055; ⏲24 Std.)

An- & Weiterreise

BUS

Alle Langstreckenbusse fahren in Ernakulam ab. Der **KSRTC-Busbahnhof** (Karte S. 330; ☎2372033; ⏲Reservierungen 6–22 Uhr) bietet Fahrten an, aber die meisten staatlichen und privaten Busse fahren den riesigen neuen **Vyttila Mobility Hub** (☎2306611; www.vyttilamobilityhub.com; ⏲24 Std.) an, ein modernes Transportterminal etwa 2 km östlich vom Bahnhof Ernakulam Junction. Mehrere private Busunternehmen bieten luxuriöse (Klimaanlage und DVD-Player) Volvo-Busse an, die entferntere Ziele wie Bengaluru, Chennai, Mangaluru, Trivandrum und Coimbatore ansteuern. Die Preise hängen stark vom Standard ab. Die besten Busse kosten ca. 50 % mehr als die staatlichen Varianten. Agenturen in Ernakulam und Fort Cochin verkaufen Tickets. Private Busse halten auch an der **Haltestelle Kaloor** 1 km nördlich der Stadt.

Eine im Voraus bezahlte Autorikscha ab Vyttila kostet 73 ₹ bis zum Bootsanleger, 190 ₹ bis nach Fort Cochin und 370 ₹ bis zum Flughafen.

FLUGZEUG

Der Kochi International Airport ist ein wichtiges Drehkreuz mit internationalen Flügen von/nach den Golfstaaten, Sri Lanka, den Malediven, Malaysia und Singapur.

Im Inlandsverkehr fliegen Jet Airways, Air India, Indigo und Spicejet täglich direkt nach Chennai, Mumbai, Bengaluru, Hyderabad, Delhi und Trivandrum (aber nicht nach Goa). Air India fliegt zudem sechsmal die Woche nach Agatti (Lakshadweep).

ZUG

Ernakulam hat zwei Bahnhöfe: Ernakulam Town und Ernakulam Junction. Züge von beiden Bahnhöfen bucht man im **Reservierungsbüro** (☎132; ⏲Mo–Sa 8–20, So 8–14 Uhr) im Bahnhof Ernakulam Junction.

Nahverkehrs- und Expresszüge fahren nach Trivandrum (2. Klasse/Sleeper Class/3AC 95/195/535 ₹, 4½ Std.) und zwar entweder über Alappuzha (50/170/535 ₹, 1½ Std.) oder Kottayam (55/140/485 ₹, 1½ Std.). Züge rollen auch nach Thrissur (2. Klasse/AC Chair Class 60/255 ₹, 1½ Std.), Kozhikode (Sleeper Class/3AC/2AC 140/485/690 ₹, 4½ Std.) und Kannur (220/535/735 ₹, 6½ Std.).

Unterwegs vor Ort

In Ernakulam ist eine oberirdische **Stadtbahn (Metro)** (www.kochmetro.org) im Bau, die nach ihrer Fertigstellung den Flughafen mit der Stadt verbinden wird. Der erste Abschnitt soll 2016 fertig werden.

VOM/ZUM FLUGHAFEN

Der **Kochi International Airport** (☎2610125; www.cochinairport.com) befindet sich in Nedumbassery, 30 km nordöstlich von Ernakulam. Klimatisierte Busse verkehren zwischen dem Flughafen und Fort Cochin (80 ₹, 1 Std., tgl. 8-mal), einige fahren über Ernakulam. Taxis von/nach Ernakulam kosten rund 850 ₹ und von/nach Fort Cochin rund 1200 ₹, je nach Tages- oder Nachtzeit.

NAHVERKEHR

Eine Linienbusverbindung zwischen Fort Cochin und dem Mattancherry-Palast gibt es nicht, aber zu Fuß ist es ein netter, halbstündiger Spaziergang durch das geschäftige Speicherviertel an der Bazaar Rd. Fahrten mit einer Autorikscha kosten rund 70 ₹ und viel weniger, wenn man bereit ist, einen Laden zu besuchen. Kurze Autorikscha-Fahrten rund um Ernakulam sollten nicht mehr als 50 ₹ kosten.

Um nach dem Betriebsschluss der Fähren (und Busse) nach Fort Cochin zu kommen, muss man ein Taxi oder eine Autorikscha nehmen – die Fahrt vom Bahnhof Ernakulam Town nach Fort Cochin sollte etwa 400 ₹ kosten, tagsüber zahlt man für eine Prepaid-Autorikscha 250 ₹.

Anbieter in Fort Cochin vermieten Motorroller (300 ₹/Tag) und Enfields (400–600 ₹).

SCHIFF/FÄHRE

Fähren sind die schnellste und angenehmste Verkehrsverbindung zwischen Fort Cochin und dem Festland. Die Anlegestelle an der Ostseite von Willingdon Island heißt Embarkation, die westliche, Mattancherry gegenüber, Terminus. Die Hauptanlegestelle in Fort Cochin heißt Customs, eine weitere ist die Anlegestelle in Mattancherry in der Nähe der Synagoge. Die einfache Strecke kostet 4 ₹ (Ernakulam–Mattancherry 6 ₹).

Ernakulam

Von Ernakulams Hauptanlegestelle starten zwischen 4.40 und 21.10 Uhr alle 25 bis 50 Minuten Fähren zu den beiden Anlegestellen in Fort Cochin (Customs & Mattancherry).

Rund alle 20 Minuten legen auch Fähren nach Willingdon Island und Vypeen Island ab.

Fort Cochin

Regelmäßig fahren zwischen 5 und 21.50 Uhr Fähren von der Anlegestelle Customs nach Ernakulam. 18 Fähren pro Tag setzen von Customs nach Willingdon Island über.

Praktisch ununterbrochen sind Auto- und Personenfähren von Fort Cochin nach Vypeen Island im Einsatz.

Rund um Kochi

Cherai Beach

Der Cherai Beach auf Vypeen Island ist 25 km von Fort Cochin entfernt und bietet sich für einen netten Tagesausflug an, vor allem wenn man in Fort Cochin einen Motorroller oder ein Motorrad mietet. Am Eingang zum Hauptstrand kann es zuweilen hektisch werden, da aber schon ein paar hundert Meter vom Strand entfernt träge Backwaters beginnen, die sich kilometerweit erstrecken, hat man allemal viel zu entdecken.

Von Fort Cochin nimmt man die Fahrzeugfähre nach Vypeen Island (3 ₹) und steigt an der Anlegestelle entweder in eine Autorikscha (ca. 400 ₹) oder in einen der häufigen Busse (15 ₹, 1 Std.), die im Dorf Cherai, 1 km vom Strand entfernt, halten. Busse aus Ernakulam fahren über die Vallarpadam Bridge direkt auf die Insel.

Schlafen & Essen

Brighton Beach House PENSION $$

(☎ 9946565555; www.brightonbeachhouse.org; DZ 2000–2500 ₹) Die Unterkunft bietet fünf einfache Zimmer in einem kleinen Gebäude ganz nah dem Ufer. Der Strand ist hier zwar felsig, aber es gibt Hängematten und ein ordentliches, auf Stelzen stehendes Restaurant, wo man beim Abendessen den Sonnenuntergang genießen kann.

Cherai Beach Resort RESORT $$

(☎ 0484-2416949; www.cheraibeachresorts.com; Villen ab 3500 ₹, mit Klimaanlage ab 4500 ₹; ❄ @) Die Anlage aus auffälligen Cottages an einer sich schlängelnden Lagune wird auf der einen Seite vom Strand und auf der anderen von Backwaters begrenzt. Die Bungalows sind individuell mit natürlichen Materialien gestaltet. Sie haben entweder gekurvte Wände oder Mezzaningeschosse oder bieten Ausblick auf die Backwaters. Durch ein Zimmer wächst sogar ein Baum.

Les 3 Elephants RESORT $$$

(☎ 0484-2480005, 9349174341; www.3elephants.in; Convent St; Cottages 5000–10 000 ₹; ❄ 📶) Das von Franzosen geführte tolle Ökoresort liegt versteckt abseits vom Strand, aber dafür hat man die Backwaters direkt vor der Türschwelle. Die elf schön gestalteten Luxus-Cottages sind alle unterschiedlich, doch alle bieten private Sitzbereiche draußen, kluge Gestaltungsmerkmale und einen hübschen Blick auf die Backwaters und chinesische Fischernetze. Das Restaurant serviert im Haus zubereitet französisch-indische Gerichte. Der Abstecher lohnt sich!

Chilliout Cafe CAFÉ $$

(Hauptgerichte 160–320 ₹; ⏲ Okt.–Mai 9 Uhr–open end) Das Café ist ein cooler Treff am Strand mit Meeresbrise und entspannter Stimmung. Zu essen gibt's typische westliche Travellerkost (wie Burger, Pizza und Grillspeisen).

Tripunithura

In Tripunithura, 16 km südöstlich von Ernakulam befindet sich das **Hill Palace Museum** (☎ 0484-2781113; Eintritt 20 ₹; ⏲ Di–So 10–12.30 & 14–16.30 Uhr). Es war früher die Residenz der Herrscherfamilie von Kochi. Der eindrucksvolle Palastkomplex aus 49 Gebäuden beherbergt heute die Sammlungen der Herrscherdynastien: Ölgemälde aus dem 19. Jh., alte Münzen, Skulpturen, Malereien und Tempelmodelle. In Ernakulam nimmt man von der MG Rd oder der Shanmugham Rd hinter dem Tourist Reception Centre den Bus nach Tripunithura (5–10 ₹, 45 Min.). Eine Autorikschafahrt kostet hin und zurück rund 300 ₹ (inkl. 1 Std. Aufenthalt).

Parur & Chennamangalam

Nirgends wird deutlicher, wie eng die Religionen Indiens verwoben sind als in Parur, 35 km nördlich von Kochi. Eine der ältesten **Synagogen** (Eintritt 5 ₹; ⌚ Di–So 9–17 Uhr) Keralas steht in Chennamangalam, 8 km von Parur entfernt, und wurde anspruchsvoll renoviert. In ihrem Inneren sieht man Holzreliefs in bezaubernden Farben an den Türen und Decken, während draußen einer der ältesten Grabsteine Indiens liegt – mit hebräischer Inschrift, die auf das Jahr 1269 zurückgeht. Die Jesuiten kamen 1577 zuerst in Chennamangalam an, wo heute noch eine **Jesuitenkirche** und die Ruinen einer nahe gelegenen Jesuitenschule vorhanden sind. Hier befinden sich auch ein **Hindutempel** auf einem Hügel mit Blick auf den Periyar River, eine **Moschee** aus dem 16. Jh. sowie muslimische und jüdische **Grabstätten**.

In der Stadt Parur findet man ein **Agraharam** (Ort der Brahmanen) – eine kleine Straße, die eng mit hellen, bunten Häusern bebaut ist, die einst von den Tamil-Brahmanen bewohnt wurden.

Parur ist übersichtlich, aber Chennamangalam besucht man am besten im Rahmen einer geführten Tour. Reiseagenturen in Fort Cochin organisieren sie.

Thrissur (Trichur)

☎ 0487 / 315 600 EW.

Schon das restliche Kerala ist für seine vielen Feste bekannt, doch das weniger touristische, ziemlich chaotische Thrissur ist das kulturelle Sahnehäubchen auf dem Feierkuchen. Mit einer Liste an energiegeladenen Festen, die ebenso lang ist wie der Rüssel eines Tempelelefanten, unterstützt die Region mehrere Institutionen, die versuchen, die aussterbenden klassischen Kerala-Künste wieder zum Leben zu erwecken. Thrissur, das in einen als „Round" bekannten großen Park und einen Tempelkomplex liegt, beheimatet sogar eine nestorianisch-christliche Gemeinschaft, deren Bekenntnis auf das 5. Jh. n. Chr. zurückzuführen ist.

Sehenswertes & Aktivitäten

Thrissur ist für seinen zentralen Tempel und seine zahlreichen beeindruckenden Kirchen bekannt, darunter die riesige Kathedrale **Our Lady of Lourdes**, die gewaltige, weiß gekalkte **Puttanpalli (Neue) Kirche** und die **Chaldäische (Nestorianische) Kirche**.

Vadakkunathan-Kshetram-Tempel HINDU-TEMPEL

Der Tempel im klassischen keralesischen Architekturstil ist einer der ältesten Hindu-Tempel im Bundesstaat und krönt einen Hügel mitten in der Stadt. Nur Hindus dürfen das Innere betreten, doch hat man von dem Wallgraben, der den Tempel umgibt, einen weiten Blick, und der umliegende Park ist ein beliebter Ort zum Entspannen.

Archäologisches Museum MUSEUM

(Erw./Kind 20/5 ₹, Foto/Video 50/250 ₹; ⌚ Di–So 9.30–13 & 14–16.30 Uhr) Das neugestaltete Archäologische Museum residiert in dem wunderbaren, 200 Jahre alten Sakthan-Thampuran-Palast. Zu den Exponaten gehören keralesische Bronzeskulpturen des 12. Jhs., riesige irdene Tongefäße, Waffen, Münzen und ein schönes, geschnitztes Schachbrett. Neben dem Palast liegt ein schattiger historischer Garten.

Feste & Events

In einem Bundesstaat, in dem Feste ein fester Bestandteil des Lebens sind, sticht Thrissur durch seine ausgelassenen Tempelfeste noch einmal deutlich heraus.

Thypooya Maholsavam FEST

(⌚ Jan./Feb.) Das Highlight des Fests ist ein *kavadiyattam*-Umzug (ein ritueller Tanz), bei dem die Tänzer große, prächtig geschmückte Konstruktionen tragen, die sogenannten *kavadis*.

Uthralikavu Pooram FEST

(⌚ März/April) Zum Höhepunkt dieses Fests umrunden 20 Elefanten den Schrein.

Thrissur Pooram FEST

(⌚ April/Mai) Das Fest des Vadakkumnathan-Kshetram-Tempels ist das größte und farbenprächtigste Tempelfest Keralas. Mit Schabracken geschmückte Elefanten marschieren in Umzügen durch die Straßen.

Schlafen

Pathans Hotel HOTEL $

(☎ 0487-2425620; www.pathansresidentialhotel.in; Round South; ⌚ EZ/DZ ab 587/784 ₹, mit Klimaanlage 1045/1450 ₹; ❄) Schnörkellose Zimmer, dafür auch schnörkellose Preise. Außerdem ist die Lage gleich gegenüber vom Stadtpark unschlagbar. Die einfachen, recht sauberen und sicheren Zimmer liegen im 5. und 6. Stock (mit einem schmerzhaft langsamen Aufzug) und sind mit TVs und ab und zu auch mit Warmwasser ausgestattet.

YMCA International Guesthouse PENSION $
(☎0487-2331190; www.ymcathrissur.org; Palace Rd; DZ 700 ₹, mit Klimaanlage 1050 ₹) Sauber, komfortabel und sicher. Eine gute Budgetoption, wenn das Haus nicht von Schülergruppen belegt ist.

Hotel Luciya Palace HOTEL $$
(☎0487-2424731; www.hotelluciyapalace.com; Marar Rd; EZ/DZ mit Klimaanlage 2250/3100 ₹, Suite 5625 ₹; ❄) In einem cremefarbenem, im Kolonialstil eingerichteten Gebäude ist dieses Hotel eines der wenigen vor Ort mit etwas Charakter. Die geräumigen, modernen Zimmer mit Klimaanlage haben eine gutes Preis-Leistungs-Verhältnis. Das Haus steht an einer ruhigen Sackgasse, aber nahe dem Trubel um den Tempel und im Zentrum, und es besitzt eine schöne Rasenfläche, ein ordentliches Restaurant und eine muntere Bar.

Essen & Ausgehen

India Gate INDISCH $
(Palace Rd; Gerichte 80–130 ₹; ⏲8–22 Uhr) Helles, rein vegetarisches Restaurant mit altmodischer Atmosphäre im Kalliyath Royal Square Building. Die Auswahl an Dosas, z. B. mit Marmelade, Käse oder Cashewnüssen, ist erstaunlich groß. Im gleichen Komplex gibt's ein chinesisches (China Gate) und ein Fast-Food-Restaurant (Celebrations).

Pathans Restaurant INDISCH $
(1. OG, Round South; Gerichte 30–80 ₹; ⏲6.30–21.30 Uhr) Das zwanglose Lokal im 1. Stock des Pathans Hotel öffnet schon früh für ein preiswertes Frühstück und ist bei Familien für ein Mittagessen beliebt (Thalis 50 ₹).

Navaratna Restaurant INTERNATIONAL $$
(Round West; Gerichte 100–180 ₹; ⏲12–21.30 Uhr) Kühl, dunkel und heimelig, so kann man die stilvollste kulinarische Erfahrung der Stadt beschreiben. Hier sitzt man auf erhöhten Plattformen, im Untergeschoss wird vegetarisches, im Obergeschoss nicht-vegetarisches Essen serviert, darunter zahlreiche nordindische, chinesische und ein paar Kerala-Spezialitäten.

Praktische Informationen

In der Stadt gibt's mehrere Geldautomaten und Internetcafés.

DTPC Office (☎0487-2320800; Palace Rd; ⏲Mo–Sa 10–17 Uhr) In der Touristeninformation kann man sich ein paar Broschüren über die Stadt holen.

Thrissur (Trichur)

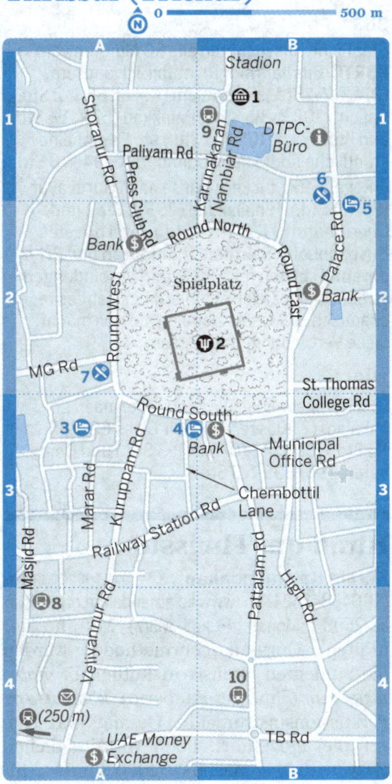

Thrissur (Trichur)

Sehenswertes
1 Archäologisches Museum B1
2 Vadakkunathan-Kshetram-Tempel.... B2

Schlafen
3 Hotel Luciya Palace A3
4 Pathans Hotel A3
5 YMCA International Guesthouse B2

Essen
6 India Gate B1
7 Navaratna Restaurant A2
Pathans Restaurant .... (siehe 4)

Transport
8 KSRTC-Busbahnhof A4
9 Priyadarshini-Busbahnhof (Nord)...... B1
10 Sakthan-Thampuran-Busbahnhof...... B4

An- & Weiterreise

BUS

Staatliche Busse fahren alle 30 Minuten vom **KSRTC-Busbahnhof** Richtung Trivandrum (214 ₹, 7½ Std.), Ernakulam (Kochi, 65 ₹, 2 Std.), Calicut (102 ₹, 3½ Std.), Palakkad (57 ₹, 1½ Std.) und Kottayam (105 ₹, 4 Std.) ab. Es gibt eine stündliche Route nach Coimbatore (94 ₹, 3 Std.).

Regelmäßig tuckern Busse nach Guruvayur (26 ₹, 1 Std.), Irinjalakuda (25 ₹, 1 Std.) und Cheruthuruthy (28 ₹, 1½ Std.). Zwei private Busbahnhöfe (**Sakthan Thampuran** und **Priyadarshini**) bieten regelmäßigere Verbindungen zu denselben Zielen an. Allerdings geht es recht chaotisch zu, was es ziemlich nutzlos macht, diese Verbindungen zu nutzen.

ZUG

Es gibt regelmäßige Verbindungen nach Ernakulam (2. Klasse/AC Chair Class 60/255 ₹, 1½ Std.), Calicut (70/255 ₹, 3 Std.) und Coimbatore (90/305 ₹, 3 Std.).

Rund um Thrissur

Kerala Kalamandalam KULTURPROGRAMM
(☎ 04884262418; www.kalamandalam.org; Kurse 2500 ₹/Monat; ⏲ Juni–März) Mithilfe der uralten Gurukula-Lehrmethode werden die Studenten intensiv in Kathakali, *mohiniyattam* (Tanz der Zauberin), *kootiattam*, Perkussionsinstrumente, Gesang und Geigenspiel eingeführt. Beim vormittäglichen „Day with the Masters" (1000 ₹ inkl. Mittagessen) können Besucher das Theater besichtigen, in Kurse hineinschnuppern und diverse Kunstpräsentationen erleben. Vorab per E-Mail reservieren. Die Einrichtung befindet sich 26 km nördlich von Thrissur.

Natana Kairali Research & Performing Centre for Traditional Arts KULTURPROGRAMM
(☎ 0480-2825559; www.natanakairali.org) Diese Schule liegt 20 km südlich von Thrissur in der Nähe von Irinjalakuda und lehrt traditionelle Kunstformen, darunter seltene Formen des Puppenspiels und des Tanzes.

Schlafen

River Retreat PENSION $$
(☎ 0488-4262244; www.riverretreat.in; Palace Rd, Cheruthuruthy; DZ ab 3480–6540 ₹, Suite 7800 ₹, Cottage 8580 ₹; ❄📶🏊) Das River Retreat, rund 30 km nördlich von Thrissur, ist ein ausgezeichnetes Hotel und Ayurveda-Resort im früheren Sommerpalast des Maharadschas von Cochin. Neben Ayurveda-Anwendungen gibt es hier auch einen Pool, einen Fitnessraum und ein Businesscenter.

NORD-KERALA

Kozhikode (Calicut)

☎ 0495 / 432 100 EW.

Nord-Keralas größte Stadt, Calicut, war schon immer eine wohlhabende Handelsstadt und einst die Hauptstadt der großartigen Zamorin-Dynastie. Vasco da Gama kam hier im Jahr 1498 auf seinem Weg vorbei, einen Teil des Subkontinents für König und Vaterland (in diesem Fall Portugal) wegzuschnappen. Heute hängt der Handel hauptsächlich vom Export indischer Arbeitskräfte in den Nahen Osten ab, während Landwirtschaft und Holzindustrie das wirtschaftliche Standbein darstellen. Für Reisende ist es hauptsächlich ein guter Ausgangspunkt in Richtung Wayanad oder für den lange Tour über die Ghats nach Mysuru (Mysore) oder Bengaluru (Bangalore).

Sehenswertes

Mananchira Square, ein großer, zentral gelegener Park, war einst Garten der Zamorins und bewahrt noch immer das originale, durch eine Quelle gespeiste Wasserbecken. Südlich vom Zentrum liegt die 650 Jahre alte **Kuttichira-Moschee**, ein hübsches, vierstöckiges Holzgebäude, das von beeindruckenden Holzsäulen getragen wird und in leuchtendem Türkis, Blau und Weiß gestrichen ist. Die zentrale **Church of South India** wurde 1842 von Schweizer Missionaren gegründet und besticht durch ihre einzigartige europäische Kerala-Architektur.

Etwa 1 km westlich vom Mananchira Square liegt der **Strand** – kein besonders guter Platz zum Schwimmen, aber gut genug für einen Spaziergang bei Sonnenuntergang.

Schlafen

Alakapuri HOTEL $
(☎ 0495-2723451; MM Ali Rd; EZ/DZ ab 700/1300 ₹, mit Klimaanlage ab 1600 ₹; ❄) Die an ein Motel erinnernde Anlage erstreckt sich um einen grünen Rasen mit einem Springbrunnen und liegt von dem geschäftigen Marktareal zurückgesetzt. Die verschiedenen Zimmer sind etwas abgenutzt und schäbig, aber für den Preis durchaus annehmbar.

Kozhikode (Calicut)

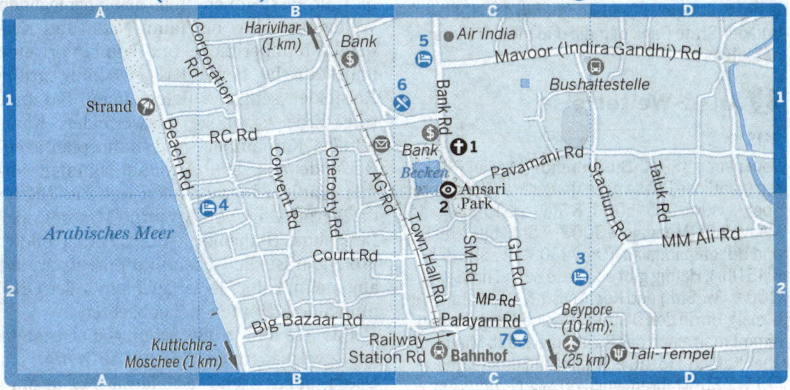

Beach Hotel
HOTEL $$

(☎9745062055, 0495-2762055; www.beachherita ge.com; Beach Rd; Zi. inkl. Frühstück mit Meerblick od. Klimaanlage 3500 ₹; ❄@) Das 1890 als Domizil des Malabar British Club erbaute Haus ist zwar etwas abgenutzt, aber dennoch wunderhübsch. Manche der zehn Zimmer haben Badewannen und lauschige Veranden mit Blick aufs Wasser, andere private Balkone und noch das Originalparkett. Alle Räume sind geschmackvoll und mit Stil eingerichtet.

Hyson Heritage
HOTEL $$

(☎0495-4081000; www.hysonheritage.com; Bank Rd; EZ/DZ mit Frühstück ab 2700/3600 ₹; ❄📶) In diesem zentral gelegenen Businesshotel gibt's etwas Schick fürs Geld. Die Zimmer sind tipptopp und von der Hauptstraße abgeschirmt. Es gibt ein gutes Restaurant und einen Fitnessraum.

★Harivihar
BOUTIQUE-HOMESTAY $$$

(☎9388676054, 0495-2765865; www.harivihar.com; Bilathikulam; EZ/DZ inkl. Gerichte 110/140 €; 📶) Der alte Familiensitz der Herrscherdynastie Kadathanadu im Norden von Kozhikode ist so idyllisch, wie man sich so etwas vorstellt – also ein traditionelles keralesisches Familienanwesen mit unberührten Rasenflächen. Die sieben Zimmer sind groß und schön mit Antiquitäten aus dunklem Holz möbliert. Vor Ort gibt's ein Ayurveda- und Yoga-Zentrum (Pauschalangebote verfügbar). Das strikt vegetarische Essen ist köstlich, und auch Kochkurse werden angeboten. Das Haus ist schwer zu finden (Taxifahrer wissen meist nicht Bescheid), darum sollte man vorher anrufen.

Kozhikode (Calicut)

Sehenswertes

Schlafen

Essen

Ausgehen & Nachtleben

Essen & Ausgehen

Paragon Restaurant
INDISCH $$

(Kannur Rd; Gerichte 125–340 ₹; ⏰8–24 Uhr, Mittagessen ab 12 Uhr) Es kann schwer sein, in diesem 1939 gegründeten und stets vollen Restaurant einen Platz zu finden. Die überwältigende Speisekarte ist für ihre Fischgerichte bekannt, z. B. Fisch in Tamarindensauce, sowie die legendären Hühnchen Biryani.

Salkaram & Hut
INDISCH $$

(Beach Rd; Hauptgerichte 110–290 ₹; ⏰7–22.30 Uhr) Hinten im Beach Hotel sind zwei Restaurants mit gleicher Karte: das klimatisierte Salkaram und die kühle offene Restaurantbar „Hut". Zu essen gibt's viele Fisch- und Hühnchengerichte sowie malabarische Spezialitäten. Ein luftiger Ort für ein kühles Bier.

Indian Coffee House
CAFÉ

(GH Rd; 10–60 ₹; ⏰8–21 Uhr) Leckere Snacks und guter Kaffee.

Praktische Informationen

In der Stadt gibt's Geldautomaten der HDFC und der State Bank of India und mehrere Internetcafés.

An- & Weiterreise

BUS

Vom neuen KSRTC-**Busbahnhof** (Mavoor Rd) fahren staatliche Busse nach Bengaluru (Bangalore, über Mysuru, 335–500 ₹, 8 Std., tgl. 10-mal), Mangaluru (Mangalore 300 ₹, 7 Std., tgl. 3-mal) und Udagamandalam (Ooty 130 ₹, 5½ Std., 5 & 6.45 Uhr). Häufig gibt es Busse nach Thrissur (100 ₹, 3½ Std.) und Kochi (180 ₹, 4 Std., tgl. 8-mal). Um in den Distrikt Wayanad zu gelangen, nimmt man einen der Busse, die alle 15 Minuten über Kalpetta (60 ₹, 2 Std.) nach Sultanbatheri (75 ₹, 3 Std.) fahren. Auch private Fernbusse zu verschiedenen Zielen nutzen diesen Busbahnhof.

FLUGZEUG

Der Calicut International Airport liegt rund 25 km südlich von Kozhikode in Karipur. Er bedient mehrere wichtige Ziele im Inland und hat internationale Flüge zu den Golfstaaten.

Spicejet hat die besten Inlandsverbindungen mit Direktflügen nach Mumbai, Bengaluru und Chennai. **Air India** (☎ 2771974; 5/2521 Bank Rd, Eroth Centre) fliegt nach Kochi und Coimbatore (Kovai). **Jet Airways** (☎ 271 2375; Calicut Airport) hat täglich einen Flug nach Mumbai. Flüge nach Goa führen über Bengaluru oder Mumbai.

ZUG

Der Bahnhof liegt 1 km südlich von Mananchira Sqare. Regelmäßig fahren Züge nach Kannur (2. Klasse/Sleeper/3AC 60/140/485 ₹, 2 Std.), Mangalore (Sleeper/3AC/2AC 195/535/735 ₹, 5 Std.), Ernakulam (165/485/690 ₹, 4½ Std.) über Thrissur (200/535/735 ₹, 3 Std.) und sogar bis nach Trivandrum (275/705/985 ₹, 11 Std.).

Richtung Südost gehen Verbindungen nach Coimbatore (Sleeper/3AC/2AC 170/535/735 ₹, 4½ Std.) über Palakkad (140/485/690 ₹, 3½ Std.).

Unterwegs vor Ort

In Kozhikode gibt's viele Autorikschas, und die meisten Fahrer nutzen Taxameter. Die Fahrt vom Bahnhof zum KSRTC-Busbahnhof oder den meisten Hotels kostet ca. 40 ₹. Eine Autorikscha zum Flughafen kostet ca. 400 ₹, ein Taxi ca. 600 ₹.

Wayanad Wildlife Sanctuary

☎ 04936 / 816 500 EW.

Viele Bewohner von Kerala sagen, dass die Region von Wayanda der schönste Teil des Bundesstaats ist. Die Landschaft von Wayanad umfasst einen Teil des abgelegenen Waldgebiets, das bis Tamil Nadu und Karnataka hinüberreicht, und kombiniert eine majestätische Bergkulisse, irrsinnig grüne Reisfelder, schlanke Betelpalmen, Bambus, rote Erde, stachlige Ingwerfelder, Kautschuk-, Kardamom- und Kaffeeplantagen. Reisende aus dem Ausland kommen immer häufiger hierher, auch weil die Region die Verbindung von Mysuru (Mysore) oder Bengaluru (Bangalore) nach Kerala bildet. Trotzdem ist die Gegend untouristisch und angenehm ruhig. Es ist auch ein toller Orte, um wilde Elefanten zu beobachten.

Das 345 km² große Schutzgebiet besteht aus zwei separaten Teilen: **Muthanga** im Osten, angrenzend an Tamil Nadu, und **Tholpetty** im Norden, an der Grenze zu Karnataka. Die drei wichtigsten Städte im Wayanad-Bezirk dienen als praktische Ausgangspunkte für Entdeckungstouren ins Schutzgebiet: **Kalpetta** im Süden, **Sultanbatheri** (Sultan Battery) im Osten und **Mananthavadi** im Nordwesten, wobei die schönsten Unterkünfte in der ganzen Region verteilt sind.

Die meisten Hotels und Privatunterkünfte arrangieren geführte Jeeptouren in verschiedene Teile Wayanads.

Sehenswertes & Aktivitäten

★ **Wayanad Wildlife Sanctuary** NATURSCHUTZGEBIET
(www.wayanadsanctuary.org; Eintritt pro Teil Inder/Ausländer 115/300 ₹, Foto/Video 40/225 ₹; ⏲ 7–10 & 15–17 Uhr) Beide Teile des Schutzgebiets können nur mit Jeepsafaris besucht werden, die sich an den Eingängen arrangieren lassen. Zum Zeitpunkt der Recherche gab es aus Sicherheitsgründen keine Wanderungen im Park. Sowohl Tholpetty als auch Muthanga sind während der Monsunzeit (Juni–Aug.) geschlossen.

In **Tholpetty** (☎ 04935-250853; Jeeptour 500 ₹; ⏲ 7–10 & 15–17 Uhr) können die zweistündigen **Jeeptouren** ziemlich holprig werden, sind aber eine prima Gelegenheit, Tiere zu sehen. Ähnliche Touren werden auch im **Muthanga** (☎ 0493-6271010; Jeeptouren 500 ₹) veranstaltet. In beiden Teilen sollte man morgens und nachmittags mindestens eine Stunde vor der Öffnung am Eingang sein, um sich zu registrieren und ein Fahrzeug zu sichern, da in den Parkteilen gleichzeitig nur eine begrenzte Zahl von Führern und Jeeps erlaubt sind.

Thirunelly-Tempel HINDU-TEMPEL
(⏲ Sonnenaufgang–Sonnenuntergang) Der 10 km von Tholpetty entfernte Tempel soll einer der ältesten in Indien sein. Nicht-Hindus dürfen ihn zwar nicht betreten, aber allein der Anblick der uralten, aufwendig hergestellten Säulen lohnt sich. Hinter dem Tempel führt ein Pfad zum Fluss **Papanasini**. Die Hindus glauben, dass man dort all seine Sünden wegwaschen kann.

Edakal-Höhlen HÖHLEN
(Erw./Kind 20/10 ₹, Foto 30 ₹; ⏲ Di–So 9–16 Uhr) Das Highlight dieser abgelegenen „Höhlen" auf einem Hügel – genauer gesagt handelt es sich um ein paar Felsspalten – sind die Petroglyphen in der obersten Höhle, die mehr als 3000 Jahre alt sein sollen. Vom Parkplatz in der Nähe von Ambalavayal führt ein steiler, 20-minütiger Marsch auf einer kurvenreichen Straße hinauf zum Ticketschalter, dann klettert man weiter steil hinauf zur lichtdurchfluteten oberen Höhle. An klaren Tagen hat man einen tollen Blick auf den Distrikt Wayanad. An Wochenenden drängen sich an den Höhlen die Massen, montags sind sie geschlossen.

Wayanad Heritage Museum MUSEUM
(Ambalavayal; Eintritt 20 ₹; ⏲ 9–17 Uhr) Im kleinen, rund 5 km von den Höhlen entfernten Dorf Ambalavayal zeigt dieses Museum Kopfschmuck, Waffen, Töpferwaren, Steinreliefs und andere Artefakte, die bis ins 15. Jh. zurückreichen und Aufschluss über die Adivasi geben, die in Wayanad einen bedeutenden Bevölkerungsanteil stellen.

Uravu KUNSTHANDWERK
(☎ 0493-6231400; www.uravu.net; Thrikkaippetta; ⏲ Mo–Sa 8.30–17 Uhr) Ungefähr 6 km südöstlich von Kalpetta stellt diese Kooperative alle möglichen Dinge aus Bambus her. Man kann die Werkstätten der Kunsthandwerker besuchen, ihnen beim Weben, Malen und Schnitzen zuschauen und ihre Arbeit durch den Kauf von Vasen, Lampenschirmen, Armreifen oder Körben unterstützen.

Kannur Ayurvedic Centre AYURVEDA
(☎ 0436203001; www.ayurvedawayanad.com; Kalpetta; Massage ab 1200 ₹, Yoga & Meditation 1200 ₹; ⏲ Yogasitzungen 6–7 Uhr) Das kleine, staatlich zertifizierte und von einer Familie geführte Zentrum in einer Seitengasse in Kalpetta führt ayurvedische Wellness- und Heilbehandlungen durch. Auch Unterkunft und Yogasitzungen sind verfügbar.

Wandern

Im Distrikt Wayanad (allerdings nicht im Schutzgebiet) gibt's tolle Möglichkeiten zum Wandern auf eigene Faust. Erstklassige Ziele sind der **Chembra Peak** (2100 m), der höchste Berg in der Gegend, **Vellarimala** mit wunderbarem Fernblick und der Chance, viele Tiere zu sehen, und **Pakshipathalam**, eine siebenstündige Bergwanderung in den nördlichen Brahmagiri-Hügeln, wo man tief im Wald auf eine Formation aus großen Felsbrocken trifft. Genehmigungen und Führer sind vorgeschrieben; beides lässt sich über die Forstämter in South oder North Wayanad oder über die eigene Unterkunft beschaffen. Der Standardpreis für eine Genehmigung und einen Führer liegt bei 2500 ₹ und gilt für eine Gruppe von bis zu fünf Teilnehmern – man sollte versuchen, vorab eine Gruppe zusammenzubekommen. Das **DTPC-Büro** in Kalpetta beschafft ebenfalls Wanderführer und Transportmittel.

Schlafen & Essen

Es gibt viele Unterkünfte in den Ortschaften des Distrikts Wayanad, aber die abgelegenen Homestays und Resort, die sich über die Region verteilen, sind die bessere Alternative.

Kalpetta

PPS Residency HOTEL $
(☎ 04936-203431; www.ppstouristhome.com; Kalpetta; EZ/DZ 400/500 ₹, DZ mit Klimaanlage 1500 ₹; ❄) Das freundliche Budgethotel im Zentrum von Kalpetta hat eine Reihe recht sauberer Zimmer in einer motelartigen Anlage und ein Restaurant mit internationaler Küche. Das hilfreiche Management kann Touren in Wayanad organisieren.

Haritagiri HOTEL $$
(☎ 04936-203145; www.hotelharitagiri.com; Kalpetta; EZ/DZ mit Frühstück ab 1450/1850 ₹, mit Klimaanlage ab 1850/2500 ₹; ❄ 📶 🏊) Das komfortable Mittelklassehotel liegt abseits von Kalpettas wimmelnden Hauptstraßen. Einige Zimmer haben einen Balkon. Es gibt auf dem Gelände zwei Restaurants, einen Fitnessraum und ein ayurvedisches „Dorf".

Sultanbatheri

Mint Flower Residency HOTEL $$
(☎ 04936-222206, 9745222206; www.mintflowerresidency.com; Sultan Batheri; EZ/DZ 830/1375 ₹, mit Klimaanlage 1075/1670 ₹) Der neue Bud-

get-Anbau des Mint Flower Hotel ist in prima Zustand. Er ist sonst nicht weiter interessant, aber die Zimmer sind makellos und haben Fernseher und Warmwasser.

Issac's Hotel Regency HOTEL $$
(☎ 04936-220512; www.issacsregency.com; Sultanbatheri; EZ/DZ/3BZ ab 1150/1600/1800 ₹, mit Klimaanlage ab 1550/2000/2250 ₹; ❄@≋) Das ruhige und einfache Hotel nahe der Nahverkehrs-Bushaltestelle hat standardmäßige, große und recht ordentliche Zimmer in einem U-förmigen Gebäude.

Rund um Wayanad

★ **Varnam Homestay** HOMESTAY $$
(☎ 9745745860, 04935-215666; www.varnamhomestay.com; Kadungamalayil House, Payyampally; EZ/DZ inkl. Gerichte 1500/2400 ₹, Villa 1800/3000 ₹; ❄☏) Diese friedliche und ruhige Oase liegt nur wenige Kilometer von Karikulum entfernt im nördlichen Wayanad. Varghese und Beena kümmern sich in der netten Unterkunft mit Geschichten über Wayanad, Infos zur Gegend und köstlicher Hausmannskost mit frischen Bio-Zutaten um ihre Gäste. Die Zimmer befinden sich in einem traditionellen Familienhaus und in einem neueren, erhöht stehenden „Baumhaus". Dschungel und Gewürzplantagen umgeben das Anwesen. Fahrten durch den Wald und Wanderungen zu Stammesdörfern lassen sich vereinbaren.

Greenex Farms RESORT $$
(☎ 9645091512; www.greenexfarms.com; Chundale Estate Rd, Moovatty; Zi. 2250–4500 ₹) Die Anlage liegt wunderbar einsam inmitten von Gewürz- und Teeplantagen rund 8 km südwestlich von Kalpetta. Alle privaten Cottages sind individuell gestaltet und verfügen über separate Wohnzimmer, Bäder, Balkone und einen herrlichen Ausblick.

Pachyderm Palace PENSION $$
(☎ 9847044688, Reservierung 0484-2371761; www.touristdesk.in/pachydermpalace.htm; Tholpetty; EZ/DZ inkl. Gerichte 2000/4000 ₹, Baumhaus 4000 ₹) Das schöne alte keralesische Haus steht gleich vor den Toren zum Tholpetty Wildlife Sanctuary – praktisch für morgendliche Wanderungen, Touren und Tierbeobachtungen. Zu den unterschiedlichen Zimmern gehören zwei lauschige, auf Stelzen stehende „Baumhäuser", in deren Nachbarschaft sich nur Wald und eine andere Hütte befinden. Venu ist ein prima Koch und sein Sohn Dilip ein toller Führer, der Dorfbesuche und Bergwanderungen organisiert.

Ente Veedu HOMESTAY $$
(☎ 9446834834, 0493-5220008; www.enteveedu.co.in; Panamaram; Zi. mit Frühstück 2500–3500 ₹,

Wayanad

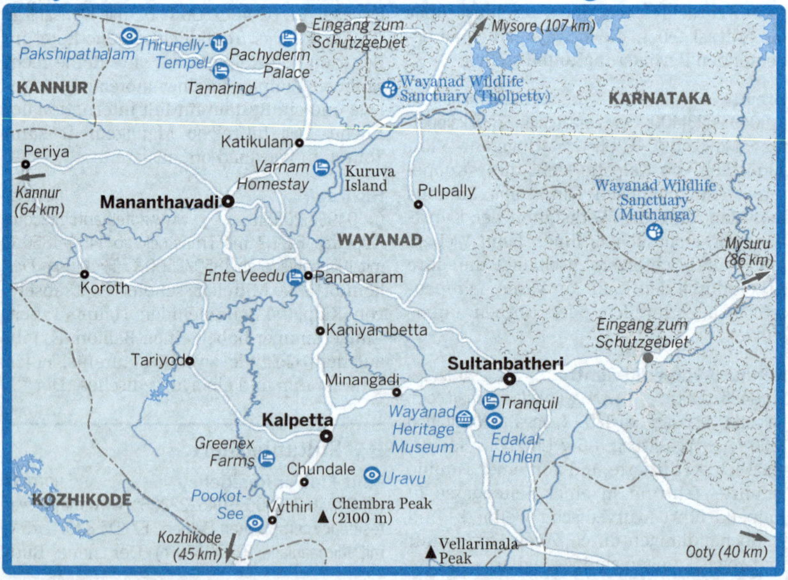

mit Klimaanlage 3500–4000 ₹; @ 📶) Einsam und in hübscher Lage über ausgedehnten Bananenplantagen und Reisfeldern ist dieses Homestay auf halber Strecke zwischen Kalpetta und Mananthavady wirklich einen Aufenthalt wert. Es gibt mehrere große Zimmer, zwei Zimmer mit Bambuswänden und eigenem Balkon, außerdem Hängematten und Korbstühle, um die fabelhafte Aussicht zu genießen. Mittag- und Abendessen für 250 ₹ (vegetarisch) bzw. 350 ₹ (nichtvegetarisch) bekommt man auch.

★ **Tranquil** HOMESTAY $$$
(☎ 04936220244; www.tranquilresort.com; Kuppamudi Estate, Kolagapara; Zi. mit VP EZ/DZ ab 14 400/13 750 ₹, Baumhaus 17 750/24 600 ₹, Baumvilla 18 300/26 400 ₹; 📶 🏊) Das wunderbar beschauliche und exklusive Homestay liegt inmitten von 160 ha unglaublich üppiger Pfeffer-, Kaffee-, Vanille- und Kardamomplantagen. Das elegante Haus besitzt große Veranden, auf denen Pflanzen und hübsche Möbel stehen. Die beiden Baumhäuser sind die vielleicht schönsten im ganzen Bundesstaat. Ein Netz aus markierten Wanderwegen zieht sich rund um die Plantage.

ℹ Praktische Informationen

Das **DTPC-Büro** (☎ 04936202134; www.dtpcwayanad.com; Kalpetta; ⏱ Mo–Sa 10–17 Uhr) in Kalpetta hilft einem beim Organisieren von Touren, Genehmigungen und Wanderungen. In Kalpetta und Sultanbatheri gibt's UAE-Exchange-Büros, und in allen drei großen Städten findet man Geldautomaten.

ℹ An- & Weiterreise

Wayanad ist zwar abgelegen, aber per Bus leicht von Kozhikode und Kannur in Kerala sowie von Mysuru (Mysore; Karnataka) und Udagamandalam (Ooty; Tamil Nadu) zu erreichen. Busse bewältigen die kurvenreichen Straßen – inklusive neun spektakulärer Haarnadelkurven – zwischen Kozhikode und Kalpetta (60–76 ₹, 2 Std.) alle 15 Minuten; einige fahren weiter nach Sultanbatheri (80 ₹, 3 Std.), andere nach Mananthavadi (87 ₹, 3 Std.). Stündlich verkehren Busse zwischen Kannur und Mananthavadi (70 ₹, 2½ Std.).

Von Sultanbatheri startet um 8 Uhr ein Bus nach Udagamandalam (100 ₹, 4 Std.), ein zweiter kommt gegen 12.45 Uhr durch die Stadt. Busse fahren von Kalpetta über Sultanbatheri nach Mysuru (130–160 ₹, 4 Std., stündl.); man muss beachten, dass zwischen 19 und 6 Uhr die Grenze geschlossen ist. Es gibt aber täglich vier Verbindungen nach Mysuru (144 ₹, 3 Std.) auf der nördlichen Route aus Mananthavadi, auf der die Grenze durchgängig geöffnet ist.

ℹ Unterwegs vor Ort

Wayanad ist ziemlich weitläufig, aber die Großstädte Mananthavadi, Kalpetta und Sultanbatheri werden tagsüber alle 10 bis 20 Minuten von unzähligen privaten Bussen miteinander verbunden (15–25 ₹, 45 Min.–1 Std.). Ab Mananthavadi, fahren regelmäßig Busse nach Tholpetty (15 ₹, 1 Std.). Jeeps oder Taxis für die Fahrt von einer Stadt zur nächsten kann man für 600 bis 800 ₹ pro Strecke anheuern. Wenn man ein Fahrzeug einen Tag lang mieten will, um die ganze Region zu bereisen, muss man mit 2000 ₹ rechnen.

Es gibt Unmengen an Autorikschas und Taxis für kurze Strecken innerhalb der Städte.

Kannur & Umgebung

☎ 0497 / 1,2 MIO. EW.

An der Nordküste von Kerala gibt es weit weniger Touristen als an der Südküste, die für viele an sich schon eine Attraktion ist. Der Hauptanziehungspunkt in dieser Küstenregion sind die schönen, unerschlossenen Strände und verzaubernden *theyyam*-Rituale.

Unter den Radschas von Kolathiri galt Kannur (Cannanore) als bedeutender Hafenort für den internationalen Handel. Der Entdecker Marco Polo nannte die Stadt „ein großes Emporium des Gewürzhandels". Seitdem haben die üblichen kolonialen Verdächtigen, darunter die Portugiesen, Niederländer und Briten, bei der Entwicklung der Region ihre Hand im Spiel gehabt. Heute ist die Stadt kaum spannend, aber ganz nett und hauptsächlich für gewebte Waren und den Handel mit Cashewnüssen bekannt.

Die Gegend ist vorwiegend muslimisch, also sollte man Rücksicht nehmen und am Strand einen Sarong über dem Bikini tragen.

👁 Sehenswertes & Aktivitäten

Kannurs städtischer Hauptstrand ist der 4 km lange **Payyambalam Beach** (Strandpark 5 ₹, Foto 25 ₹), der rund 1,5 km östlich vom Bahnhof, gleich hinter der Armeekaserne beginnt. Im Strandpark wird es abends voll, wenn Familien und Pärchen kommen, um den Sonnenuntergang zu genießen und zu picknicken.

Loknath Weavers' Co-Operative KUNSTHANDWERK
(☎ 0497-2726330; ⏱ Mo–Sa 8.30–17.30 Uhr) GRATIS Die 1955 gegründete Kooperative ist eine der ältesten in Kannur und sitzt 4 km südlich der Stadt in einem großen Gebäude, in dem die Webstühle emsig klackern. Man

kann auf eine schnelle (kostenlose) Führung reinschauen; im Laden werden die Früchte der Arbeit (mit den unvermeidlichen Verkaufsmaschen) präsentiert.

Kerala Dinesh Beedi Co-Operative KUNSTHANDWERK
(☎0497-2835280; www.keraladinesh.com; ⊙Di–Sa 8–18 Uhr) GRATIS Die Region Kannur ist bekannt für die Herstellung von *beedis,* die winzigen indischen Zigaretten, deren Tabak geschickt in grüne Blätter eingerollt wird. Diese Kooperative ist einer der größten und angeblich besten Hersteller. Die Fabrik steht in Thottada, 7 km südlich von Kannur und rund 4 km vom Thottada Beach entfernt. Ein geschulter Arbeiter kann bis zu 1000 Stück am Tag produzieren. Besucher können sich gerne umschauen; die Fahrt mit einer Autorikscha kostet aus Kannur hin und zurück rund 120 ₹.

Schlafen & Essen

Es gibt zwar viele Hotels in der Stadt Kannur, besser sind aber die Homestays nahe dem Strand in Thottada (8 km südlich) und in Richtung Thalassery.

Kannur-Stadt

Hotel Meridian Palace HOTEL $
(☎9995999547, 0497-2701676; www.hotelmeridianpalace.com; Bellard Rd; EZ/DZ ab 400/550 ₹, Deluxe 850/1000 ₹, mit Klimaanlage 1400–1700 ₹; ❄) Im Marktareal gegenüber dem Hauptbahnhof bietet dieses Hotel, das wirklich nicht als Palast bezeichnet werden kann, aber doch recht freundlich ist, viele saubere Budgetzimmer und ein Restaurant mit Punjab-Küche.

Mascot Beach Resort HOTEL $$
(☎0497-2708445; www.mascotresort.com; DZ 2400 ₹, mit Klimaanlage ab 3600 ₹, Suite 7200 ₹; ❄@📶🏊) Alle Zimmer dieses kompakten, etwas ältlichen Mittelklassehotels blicken aufs Meer, genauer den kleinen, felsigen Baby Beach. Die Einrichtungen sind gut, es gibt z. B. einen Pool mit Aussicht und am Wasser das Restaurant Mermaid.

Hotel Odhen's MALABARISCH $
(Onden Rd; Gerichte 30–60 ₹; ⊙8.30–17 Uhr) Das beliebte Lokal in Kannurs Marktviertel ist mittags in der Regel gut besucht. Die Spezialität sind Malabar-Gerichte, darunter schmackhafte Meeresfrüchte-Currys und Thalis auf Bananenblättern.

Thottada Beach & Umgebung

★**Blue Mermaid Homestay** HOMESTAY $$
(☎9497300234; www.bluemermaid.in; Thottada Beach; EZ/DZ mit Frühstück & Abendessen 2000/3000 ₹, DZ mit Klimaanlage 3600 ₹; ❄📶) Die charmante und makellose Pension hat eine erstklassige Lage unter den Palmen am Thottada Beach. Die Anlage bietet Zimmer in einem traditionellen Wohnhaus, helle Zimmer mit Klimaanlage in einem neueren Gebäude und ein witzig auf Stelzen thronendes „Flitterwöchner-Cottage". Die freundlichen jungen Inhaber bereiten feine keralesische Gerichte zu; Frühstück und Abendessen sind im Preis inbegriffen.

Waves Beach Resort HOMESTAY $$
(☎9495050850; www.wavesbeachresort.co.in; Adikadalayai, Thottada Beach; EZ/DZ inkl. Gerichte 2000/3000 ₹; 📶) Die Wellen, die sich am Strand brechen, lullen einen in diesen zwei niedlichen, sechseckigen Lateritsteinhütten über einem fast privaten, halbmondförmigen Strand in den Schlaf. In den Hütten gibt es vier Zimmer, zwei oben und zwei unten. Die freundlichen Eigentümer Seema und Arun vermieten auch Zimmer in zwei nahegelegenen Anwesen, darunter billigere in einem alten keralesischen Haus.

Costa Malabari PENSION $$
(☎09447775691, Reservierung 0484-2371761; www.touristdesk.in/costamalabari; Thottada Beach; EZ/DZ inkl. Gerichte 3000–3500 ₹; ❄📶) Das auf einem Hügel abseits des Strands inmitten üppigen Grüns stehende Costa Malabari war ein Pionier des Tourismus in dieser Gegend. Es gibt geräumige Zimmer in einer alten Weberei und zusätzliche in zwei nahegelegenen Bungalows. Die im Haus zubereiteten keralesischen Gerichte kommen in großen Portionen. Der Manager Kurien ist ein Experte für das *theyyam*-Ritual und kann dabei helfen, einen Besuch zu vereinbaren.

Kannur Beach House HOMESTAY $$
(☎0497-2708360, 9847184535; www.kannurbeachhouse.com; Thottada Beach; EZ/DZ 2400/3400 ₹) Das ursprüngliche Homestay am Strand in einem traditionellen keralesischen Haus mit schönen Fensterläden aus Holz hat etwas abgewetzte Zimmer. Von der Veranda oder dem Balkon kann man aber immer noch den herrlichen Sonnenuntergang über dem Meer genießen. Eine schmale Lagune trennt das Haus vom Strand. Frühstück und Abendessen sind im Preis inbegriffen.

THEYYAM

Keralas beliebteste rituelle Kunstform ist *theyyam*. Man nimmt an, dass es älter als der Hinduismus ist und auf volkstümliche Tänze zurückgeht, die bei Erntefesten aufgeführt wurden. Das Ritual ist stark ortsgebunden und wird in *kavus* (heiligen Hainen) in ganz Nord-Kerala praktiziert.

Theyyam bezeichnet sowohl die Gestalt der dargestellten Gottheit bzw. des dargestellten Helden als auch das eigentliche Ritual. Es gibt rund 450 verschiedene *theyyams*, jedes mit einem speziellen Kostüm. Das besteht aus Gesichtsbemalung, Armreifen, Brustplatten, Röcken, Girlanden und prächtigem, kunstvollem Kopfschmuck, der manchmal bis zu 6 oder 7 m hoch ist. Während der Aufführungen verlieren die Darsteller ihre eigene körperliche Identität und nehmen die Identität der jeweiligen Gottheit, die sie darstellen, an. Sie sprechen zu den Anhängern, tanzen und segnen diese, als wären sie selbst die Gottheiten. Durch die ekstatischen Bewegungen und das wilde Trommeln entsteht eine Atmosphäre, in der sich die Gottheit, wenn sie denn will, in menschlicher Form zeigen könnte.

Jedes Jahr von Oktober bis Mai finden in jedem der unzähligen *kavus* solche Rituale statt. Oft werden *theyyams* auch bei wichtigen Ereignissen wie Hochzeiten und Einweihungen als glücksverheißende Omen abgehalten. Die besten Orte, um ein *theyyam* zu besuchen, sind die Dorftempel in der Region Kannur im nördlichen Kerala (am häufigsten finden sie zwischen Ende Nov. und Mitte April statt). In der Spitzensaison (Dez.–Feb.) gibt es fast an jedem Abend irgendwo ein *theyyam*-Ritual.

Reisende sind zwar willkommen, dürfen aber nicht vergessen, dass es sich nicht um eine Tanzdarbietung, sondern ein religiöses Ritual handelt und dass dieselben Verhaltensregeln wie in Tempeln gelten: Man sollte sich nicht zu freizügig kleiden, die Beteiligten und die Dorfbewohner nicht stören und den Austausch von Zärtlichkeiten unterlassen. Fotografieren ist erlaubt, aber nicht mit Blitzlicht. Um zu erfahren, wo und wann ein *theyyam* stattfindet, erkundigt man sich in seiner Pension oder wendet sich an Kurien vom Costa Malabari in Thottada Beach.

Ezhara Beach House HOMESTAY **$$**
(☎0497-2835022; www.ezharabeachhouse.com; 7/347 Ezhara Kadappuram; EZ/DZ inkl. Mahlzeiten 1250/2500 ₹; 📶) Gegenüber dem unberührten Kizhunna-Ezhara-Strand und auf halbem Weg zwischen den Bahnhöfen von Kannur und Thalassery (jeweils 11 km) liegt das blaue Ezhara Beach House, das von der gradlinigen Hyacinth geführt wird. Die fünf Zimmer sind einfach, aber das Haus hat Charakter.

ℹ An- & Weiterreise

BUS

Kannur hat mehrere Busbahnhöfe. Die privaten und einige staatliche Busse nutzen den riesigen Zentralen Busbahnhof, aber die meisten Fernbusse fahren immer noch vom KSRTC-Busbahnhof neben der Caltex-Kreuzung 1 km nordöstlich vom Bahnhof.

Täglich fahren Busse nach Mysuru (200 ₹, 8 Std., tgl. 6-mal), Madikeri (80 ₹, 2½ Std., 11 Uhr) und Udagamandalam (über Wayanad, 225 ₹, 9 Std., 7.30 & 22 Uhr). In die Region Wayanad fahren Busse stündlich vom Zentralen Busbahnhof nach Mananthavadi (80 ₹, 2½ Std.).

Zum Thottada Beach steigt man an der Plaza Junction gegenüber dem Bahnhof in den Bus Nr. 29 (8 ₹) und steigt im Dorf Adikatalayi aus.

ZUG

Täglich fahren regelmäßig Züge nach Kozhikode (2. Klasse/AC Chair Class 60/255 ₹, 1½ Std.), Ernakulam (Sleeper Class/3AC/2AC 220/535/735 ₹, 6½ Std.) und Alappuzha (245/625/870 ₹). Richtung Norden gibt es Expresszüge nach Mangaluru (Sleeper Class/3AC/2AC 140/485/690 ₹, 3 Std.) und bis hinauf nach Goa (Sleeper Class/3AC/2AC 350/910/1285 ₹, 8 Std.).

Bekal & Umgebung

☎0467

Bekal und das nahe Palakunnu sowie Udma ganz im Norden Keralas haben einige lange, weiße Sandstrände, die sich für Erkundungstouren anbieten. In dem Gebiet entstehen schrittweise immer mehr glitzernde Fünf-Sterne-Resorts, die auf frisch vom Golf kommende Millionäre ausgerichtet sind. Für Abenteurer lohnt der Trip trotzdem.

Das aus Laterit-Ziegeln zwischen 1645 und 1660 erbaute **Fort Bekal** (Inder/Ausländer 5/100 ₹; ⏲8–17 Uhr) steht auf Bekals felsiger Landzunge und beherbergt einen kleinen Hindu-Tempel und jede Menge Ziegen. Der **Bekal Beach** (Zutritt 5 ₹) direkt daneben

ABSEITS DER ÜBLICHEN PFADE

VALIYAPARAMBA BACKWATERS

Keralas „nördliche Backwaters" sind eine lockende Alternative zu den bekannteren Wasserstraßen unten im Süden. Dieses große Gewässer wird von fünf Flüssen gespeist und ist von unglaublich grünen Palmhainen gesäumt. Eine der nächstgelegenen Ortschaften ist **Payyanur**, 50 km nördlich von Kannur. Von Kotti aus kann man eine Fähre nehmen, wo der KSWTD Fähren zu den umliegenden Inseln betreibt. Die 2½-stündige Fahrt (10 ₹) ab Kotti bringt einen zur 8 km von Payyanur entfernten Anlegestelle Ayitti Jetty, von der auch die Fähre zur Rückfahrt ablegt.

Übernachten kann man im friedlichen **Valiyaparamba Retreat** (☎0484-2371761; www.touristdesk.in/valiyaparambaretreat.htm; DZ inkl. Gerichte 3000 ₹), einem Refugium 15 km nördlich von Payyanur und 3 km von der Ayitti Jetty entfernt. Hier gibt es zwei schlichte Zimmer und zwei auf Stelzen stehende Bungalows an einem einsamen, goldenen Sandstrand. Tourist Desk (S. 337) in Kochi veranstaltet **Tagesausflüge** auf einem traditionellen Hausboot durch die Valiyaparamba Backwaters.

Rund 22 km südlich von Bekal bietet **Bekal Boat Stay** (☎0467-2282633, 9447469747; www.bekalboatstay.com; Kottappuram, Nileshwar) Hausboottouren mit Übernachtung (6000–8000 ₹) durch die Valiyaparamba Backwaters. Auch Tagestouren (4000 ₹/bis 6 Pers.) werden veranstaltet. Das Unternehmen hat seinen Sitz rund 2 km außerhalb von Nileshwar – einfach einen der Busse zwischen Kannur und Bekal nehmen, in Nileshwar aussteigen und von dort eine Autorikscha nehmen (30 ₹).

umfasst einen grasbewachsenen Park und einen langen, schönen Strand, der sich am Wochenende und an Feiertagen in einen Zirkus verwandelt, wenn die einheimischen Familien hier ihre Freizeit verbringen. Der isolierte **Kappil Beach**, 6 km nördlich von Bekal, ist ein wunderschöner, einsamer Strand mit feinem Sand und ruhigem Wasser. Achtung: Die Sandbänke verändern ihre Position!

Abgesehen vom Fünf-Sterne-Hotel Vivant by Taj und die Lalit Hotels in Bekal, gibt's hier viele billige Hotels von minderer Qualität zwischen Kanhangad (12 km südlich) und Kasaragod (10 km nördlich), aber auch ein paar gute Ausnahmen.

Nirvana@Bekal COTTAGES $$
(☎9446463088, 0467-2272900; www.nirvanabekal.com; Bekal Fort Rd; B mit Frühstück 1800–4700 ₹; ❄) Die Lateritbungalows in einem Garten am Strand direkt unter den Wällen von Fort Bekal sind vor Ort die Unterkünfte mit dem besten Preis-Leistungs-Verhältnis. Hier gibt's ein Restaurant, ayurvedische Anwendungen und sogar eine Cricketball-Wurfmaschine!

★ **Neeleshwar Hermitage** RESORT $$$
(☎0467-2287510; www.neeleshwarhermitage.com; Ozhinhavalappu, Neeleshwar; EZ/DZ Hütten ab 13 300/15 800 ₹, mit Meerblick 21 000/22 800 ₹; ❄📶🏊) Dieses spektakuläre Ökoresort direkt am Strand besteht aus 16 wunderschön gestalteten Hütten mit Strohdächern, die Kerala-Fischerhütten nachempfunden wurden, aber mit modernem Komfort wie iPod-Aufladestationen ausgestattet sind – natürlich hat da auch der Preis fünf Sterne. Nach den Prinzipien des keralesischen Vastu (eine Art indisches Feng Shui) erbaut, verfügt das Resort über einen Infinity Pool und beinahe 5 ha Garten, der nach Frangipani duftet. Dazu gibt's tolles Bio-Essen und Yoga-Programme.

ℹ Anreise & Unterwegs vor Ort

Ein paar Nahverkehrszüge halten am Bahnhof Fort Bekal, direkt am Bekal Beach. Größere Bahnhöfe sind Kanhangad, 12 km weiter südlich, und Kasaragod, 10 km weiter nördlich. Busse fahren häufig von Bekal sowohl nach Kanhangad wie nach Kasaragod (ca. 12 ₹, 20 Min.), wo man Anschluss an Züge nach Mangaluru und Goa bzw. südwärts nach Kochi hat. Eine Autorikscha von Bekal Junction zum Kappil Beach kostet rund 60 ₹.

LAKSHADWEEP

64 500 EW.

Lakshadweep umfasst eine Reihe von 36 mit Palmen bedeckten und von weißem Sand umrandeten Koralleninseln, 300 km von der Küste Keralas entfernt, und ist ebenso beeindruckend wie einsam. Nur zehn der Inseln sind bewohnt, meist von sunnitischen Muslimen, die als Fischer arbeiten. Fremde dürfen nur auf ein paar der Inseln übernachten. Das Leben hier ist mit seinen zwei wichtigsten Einnahmequellen, dem Fischen und der Kokosbastproduktion, sehr traditionell geblieben, und das Kastensystem unterteilt die Inselbewohner in Koya (Landbesitzer), Malmi (Segler) und Melachery (Bauern).

Die wahre Attraktion der Inseln liegen unter Wasser: die 4200 km² unberührter Archipel-Lagunen, einsame Korallenriffe und das warme, tropische Wasser.

Lakshadweep kann nur im Rahmen zuvor organisierter Packages besucht werden. Zum Zeitpunkt der Recherche waren die Resorts auf den Inseln **Kadmat**, **Minicoy**, **Kavaratti**, **Agatti** und **Bangaram** für Besucher geöffnet – bei den meisten Packages übernachtet man im Boot. Sie beinhalten die Überfahrt ab Kochi, Besuche auf den Inseln und Wassersport. Inbegriffen sind auch Genehmigungen und Mahlzeiten. Die Pakete können über SPORTS organisiert werden.

Schlafen

Kadmat Beach Resort RESORT **$$$**
(☎ 0484-4011134; www.kadmat.com; 3/4 Übernachtungen DZ ab 605/693 €; ❄) Das Resort hat 28 moderne Hütten mit Klimaanlage und Blick auf den Strand. Die Insel lässt sich mit einem Boot (inkl. Übernachtung) ab Kochi erreichen oder mit einem Boot vom Flughafen Agatti (Di & Sa).

Minicoy Island Resort RESORT **$$$**
(☎ 0484-2668387; www.lakshadweeptourism.com; EZ/DZ mit Klimaanlage ab 5000/6000 ₹; ❄) Die abgelegene Insel Minicoy ist die zweitgrößte Insel im Unionsterritorium Lakshadweep und geografisch die nächste zu den Malediven. Hier gibt es Unterkunft in modernen Cottages und in einem Gästehaus mit 20 Zimmern. Gebucht wird über SPORTS – dort gibt's die Pauschalangebote „Swaying Palms“ und „Coral Reef“.

Praktische Informationen

SPORTS (Society for the Promotion of Recreational Tourism & Sports; ☎ 9495984001, 0484-2668387; www.lakshadweeptourism.com; IG Rd, Willingdon Island; ⊙ Mo–Sa 10–17 Uhr) SPORTS ist die wichtigste Organisation, die Touristen informiert und Pauschaltouren anbietet.

TAUCHEN

Lakshadweep ist ein Traum für Taucher mit ausgezeichneter Unterwassersicht und einer unglaublichen Vielzahl von Meeresbewohnern, die in ungestörten Korallenriffen leben. Die beste Zeit zum Tauchen ist zwischen November und Mitte Mai, wenn die See ruhig ist und die Sichtweite zwischen 20 und 40 m beträgt. Tauchcenter gibt es auf Kadmat, Kavaratti, Minicoy und Agatti; SPORTS organisiert pauschale Tauchtouren und Tauchkurse.

Dive Lakshadweep (☎ 9446055972; www.divelakshadweep.com; Agatti; Tauchgang 3000 ₹, PADI-Open-Water-Kurs 24 000 ₹) auf Agatti bietet diverse PADI-Kurse und pauschale Tauchtouren, darunter für Anfänger Discover Scuba (1700 ₹).

GENEHMIGUNGEN

Zum Zeitpunkt der Recherche durften sich Ausländer in den staatlichen Resorts auf den Inseln Kadmat und Minicoy, auf Agatti (wo es ein privates Resort und den einzigen Flughafen gibt) sowie auf Kavaratti und Bangaram (Zelt-Resort) aufhalten; genaue Infos gibt's bei SPORTS. Besucher benötigen eine (einen Monat im Voraus zu beantragende) Sondergenehmigung, die sich über Reiseveranstalter oder über SPORTS in Kochi beschaffen lässt.

An- & Weiterreise

Air India fliegt täglich außer sonntags zwischen Kochi und Agatti Island (hin & zurück ab 7000 ₹). Der Schiffstransfer von Agatti nach Kadmat oder Kavaratti ist im Preis der Pauschaltouren inbegriffen.

Sechs Passagierschiffe – die MV *Kavaratti*, die MV *Arabian Sea*, die MV *Lakshadweep Sea*, die MV *Bharat Seema*, die MV *Amindivi* und die MV *Minicoy* sind zwischen Kochi und Lakshadweep im Einsatz; die Fahrten dauern 14 bis 20 Stunden.

Kreuzfahrt-Pauschalen beginnen mit dem Wochenendpaket (Erw./Kind 6185/7216 ₹) und reichen bis zur fünftägigen Drei-Insel-Kreuzfahrt (ab 17 000/24 000 ₹).

Weitere Infos finden sich auf der Webseite www.lakshadweeptourism.com unter „Packages“.

Tamil Nadu & Chennai

Inhalt ➡

Die schönsten Tempel

- Minakshi-Amman-Tempel (S. 414)
- Brihadishwara-Tempel (S. 404)
- Arunachaleshwar-Tempel (S. 387)
- Sri-Ranganathaswamy-Tempel (S. 408)
- Nataraja-Tempel (S. 399)

Schön übernachten

- Visalam (S. 413)
- Les Hibiscus (S. 394)
- Bungalow on the Beach (S. 400)
- Sinna Dorai's Bungalow (S. 433)
- 180° McIver (S. 433)

Auf nach Tamil Nadu & Chennai!

Tamil Nadu ist die Heimat einer der letzten lebendigen klassischen Zivilisationen. Sie reicht zwei Jahrtausende zurück und ist noch immer stark mit der tamilischen Sprache, dem Tanz und der Dichtung sowie dem Hinduismus verflochten.

Der Bundesstaat mit dem uralten Handelsgeschick lebt jedoch nicht nur in der Vergangenheit, sondern ist auch sehr dynamisch. Feueranbeter, die sich in einem der spektakulären tamilischen Tempel eben noch ein Tika auf die Stirn gemalt haben, verschwinden kurz darauf in einem IT-Büro, um Software zu entwickeln – und entspannen abends in protzigen Bars im immer moderneren Chennai (Madras).

Und wenn die Hitze und der Lärm einen zu überwältigen drohen, flieht man ans äußerste Ende Indiens, wo sich drei Ozeane treffen, oder in die kühlen Westghats, die mit ihrer Flora und Fauna locken. All das und mehr versteckt sich in diesem Bundesstaat, der sich voller Stolz und sehr deutlich vom Rest Indiens abhebt, der aber gleichzeitig zu den verlockendsten und freundlichsten Gegenden des Landes gehört.

Reisezeit

Chennai

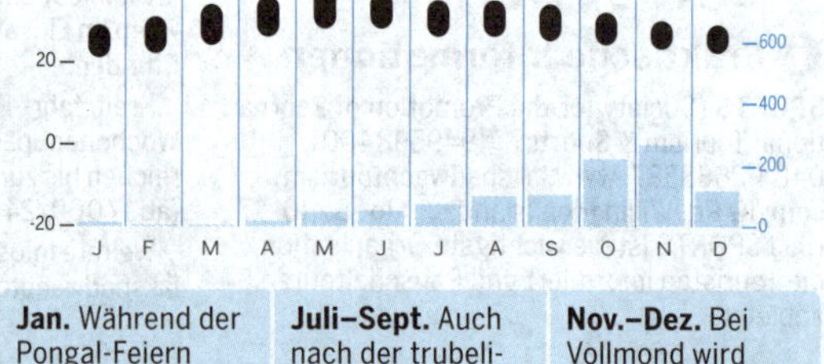

Jan. Während der Pongal-Feiern (Erntedank) füllen sich die Straßen; das Wetter ist (relativ) kühl.

Juli–Sept. Auch nach der trubeligen Hochsaison ist das Wetter noch gut, also auf in die Hill Stations!

Nov.–Dez. Bei Vollmond wird jetzt das glanzvolle Lichterfest gefeiert.

Highlights

1 Das französisch-indische Flair und die Yogaszene **Puducherrys** (Pondicherry; S. 390) erkunden

2 Von **Kodaikanal** (S. 425) oder **Ooty** (S. 435) aus in die kühlen nebeligen Wälder der Westghats hinaufklettern

3 Im **Brihadishwara-Tempel** (S. 404) in Thanjavur die prachtvolle Chola-Architektur bestaunen

4 Eine Nacht in einer opulenten Villa in **Chettinadu** (S. 412) verbringen

5 Die unzähligen Gesichter der traditionellen, aber kosmopolitischen Hauptstadt **Chennai** (Madras; S. 355) entdecken

6 Sich im Farbenspiel des **Minakshi-Amman-Tempels** (S. 414) in Madurai verlieren

7 Sich im ruhigen **Tranquebar** (S. 400), einer skurrilen dänischen Kolonie, entspannen

8 Im **Mudumalai Tiger Reserve** (S. 442) seltene exotische Tiere aufspüren

Geschichte

Die Tamilen betrachten sich selbst als die wichtigsten Stützen für den Erhalt der drawidischen – prä-arisch-indischen – Zivilisation. Als Drawiden werden alle Sprecher einer Sprache aus der drawidischen Sprachfamilie bezeichnet, wobei die vier wichtigsten ihre Wurzeln in Indien haben: Tamil, Malayalam (Kerala), Telugu (Telangana und Andhra Pradesh) und Kannada (Karnataka). Die südindischen Kulturen und ihre Geschichte weisen große Unterschiede zum arischen Nordindien auf, und die Tatsache, dass die Tamilen ihre Identität in einer ununterbrochenen Linie bis ins klassische Altertum zurückverfolgen können, macht sie außerordentlich stolz.

Obwohl sich die Drawiden schon vor langer Zeit im Süden ansiedelten, existierten einige Bestandteile der drawidischen Kultur – etwa der meditierende Gott im Lotussitz, die wahrscheinlich erste Darstellung eines Ur-Yogis – bereits vor 4000 Jahren in den frühen Indus-Zivilisationen im Nordwesten Indiens. Ob die drawidische Kultur vor dem Auftauchen der arischen Kulturen im Norden (2. Jt. v.Chr.) bereits in ganz Indien verbreitet war und ob sich die Drawiden nur deshalb im Süden ansiedelten, weil die Arier sie aus dem Norden vertrieben, ist noch immer Gegenstand der Diskussion. Es besteht jedoch kein Zweifel daran, dass es den Kulturen Südindiens durch die große Distanz möglich war, sich über 2000 Jahre hinweg ohne große Störungen durch nördliche Einflüsse oder Invasionen zu entwickeln.

Die tamilische Sprache war in Tamil Nadu bereits im 3. Jh. v.Chr., dem ungefähren Beginn der Sangam-Zeit, gut etabliert, als nämlich tamilische Dichter die klassischen Werke jener Literatur verfassten, die heute als Sangam-Literatur bezeichnet wird. Romantische Erzählungen aus dieser Ära beschreiben die Region unter dem Einfluss der Dichter-Könige, und ein Besucher behauptete gar, die Tamilen würden Rosenblätter jederzeit Gold vorziehen.

UNTERKUNFTSPREISE

In diesem Kapitel gelten folgende Kategorien für Übernachtungspreise:

$ unter 1100 ₹

$$ 1100–5000 ₹

$$$ über 5000 ₹

Die Sangam-Ära dauerte bis ins Jahr 300 an, wobei drei große tamilische Dynastien in verschiedenen Teilen von Tamil Nadu („Land der Tamilen") aufstiegen: die frühen Cholas im Zentrum, die Cheras im Westen und die Pandyas im Süden.

Im 7. Jh. hatten die Pallavas, ebenfalls Tamilen, ihr Reich mit dem Regierungssitz in Kanchipuram aufgebaut. Es erstreckte sich von Tamil Nadu im Norden bis nach Andhra Pradesh. Die Pallavas zeichnen für die grandiosen Felsreliefs von Mamallapuram (Mahabalipuram) verantwortlich und errichteten darüber hinaus auch die ersten frei stehenden Tempel der Region.

Später folgten die mittelalterlichen Cholas (deren Verbindung zu den frühen Cholas jedoch recht unklar ist). Der Sitz der Cholas befand sich im Kaveri-Tal im Zentrum von Tamil Nadu. Zu ihrer Blütezeit herrschten sie auch über Sri Lanka und die Malediven sowie über den Großteil Südindiens. Sie weiteten schließlich ihr Einflussgebiet bis nach Südostasien aus und verbreiteten die tamilischen Ideen von Reinkarnation, Karma und Yogi-Praktiken auch dort.

Die Cholas verhalfen der drawidischen Architektur zu neuen Höhen – etwa bei den wundervollen, mit Türmen versehenen Tempeln von Thanjavur und Gangaikondacholapuram. Außerdem bescherten sie der Kunst des Bronzegusses ihren Höhepunkt, vor allem mit ihren Darstellungen von Shiva als Nataraja, dem kosmischen Tänzer. *Gopurams*, die hohen Türme der Tempeltore, sind heute charakteristisch für Tamil Nadu und gehen auf die späte Chola-Zeit zurück.

Ende des 14. Jhs. stand der größte Teil Tamil Nadus unter dem Einfluss des Vijayanagar-Reichs mit Sitz in Hampi in Karnataka. Als der Staat von Vijayanagar im 16. Jh. schwächer wurde, gründeten einige der örtlichen Gouverneure, die Nayaks, starke unabhängige Königreiche; die wichtigsten waren Madurai und Thanjavur. Die Bildhauer der Vijayanagar und Nayaks schufen unglaublich detaillierte Statuen und Reliefs in zahlreichen tamilischen Tempeln.

Im 16. Jh. kamen die ersten Europäer in die tamilischen Gefilde, nämlich, als sich die Portugiesen in San Thome ansiedelten. Niederländer, Briten, Franzosen und Dänen folgten im 17. Jh. und schlossen Abkommen mit örtlichen Herrschern, um Handelskolonien an der Küste zu errichten. Schließlich kämpften die in Chennai (damals Madras genannt) angesiedelten Briten gegen die

TOP-FESTIVALS

Pongal (im ganzen Bundesstaat; Mitte Jan.) markiert das Ende der Erntesaison und zählt zu den bedeutendsten Festen in Tamil Nadu. Benannt ist es nach einem Gericht mit Reis und Linsen, das während dieser Zeit in neuen Tontöpfen gekocht wird. Tiere, vor allem Kühe, werden für ihren Beitrag geehrt.

Weitere wichtige Feste:

International Yoga Festival (S. 394; 4.–7. Jan.) Vorführungen, Workshops und Wettbewerbe in Puducherry.

Thyagaraja Aradhana (S. 406; Jan.) Karnatische Musik in Thiruvaiyaru.

Teppam-Fest (Floßfest) (S. 416; Jan./Feb.) Umzug der Gottheiten des Minakshi-Tempels durch Madurai.

Natyanjali Dance Festival (S. 401; Feb./März) Fünftägiges Festival des professionellen klassischen Tanzes in Chidambaram.

Chithirai Festival (S. 417; April/Mai) Über zwei Wochen wird in Madurai die Hochzeit von Minakshi und Sundareswarar (Shiva) gefeiert.

Karthikai Deepam Festival (S. 388; im ganzen Bundesstaat; Nov./Dez.) Lichterfest.

Chennai Festival of Music & Dance (S. 363; Mitte Dez.–Mitte Jan.) Riesiges Fest mit Musik und Tänzen aus Südindien in der Hauptstadt des Bundesstaates.

Mamallapuram Dance Festival (S. 379; Dez–Jan.) Vier Wochenenden mit klassischen und folkloristischen Tänzen aus ganz Indien auf Freiluftbühnen in Mamallapuram.

Franzosen in Puducherry (damals Pondicherry genannt) um die Vorherrschaft unter den kolonialen Rivalen. Am Ende entschieden die Briten die drei Karnatischen Kriege, die zwischen den beiden europäischen Mächten im Zeitraum zwischen 1744 und 1763 ausgetragen wurden, für sich. Gegen Ende des 18. Jhs. war die britische Herrschaft über den Löwenanteil des Landes der Tamilen schließlich gesichert.

Das Gebiet, das die Briten von Madras aus regierten – die Präsidentschaft Madras – schloss auch Teile von Andhra Pradesh, Kerala und Karnataka ein. Dieses Arrangement hatte auch nach der indischen Unabhängigkeit von 1947 noch Bestand, bis in den 1950er-Jahren die Bundesstaaten Kerala, Karnataka, Andhra Pradesh und das heutige Tamil Nadu (130,058 km²) entsprechend der sprachlichen Grenzen geschaffen wurden. Erst seit 1968 wird der derzeitige Staat (72,1 Mio. Ew.) offiziell Tamil Nadu genannt.

CHENNAI (MADRAS)

044 / 8,7 MIO. EW.

Die sengende Hitze des Südens, Verkehrslärm und ein gewisser Mangel an Topattraktionen: Die „Hauptstadt des Südens" galt schon immer als hässliches Entlein unter Indiens vier größten Städten. Wer sich jedoch die Zeit nimmt, Chennais facettenreiche Viertel und seine Bemühungen um die Bewahrung des künstlerischen und religiösen Erbes Südindiens zu entdecken, dem wird sich bald der Reiz des 400 km² großen Konglomerats aus urbanen Dörfern erschließen.

Chennais größtes Kapital sind jedoch die Bewohner, die eine ansteckende Begeisterung für ihre Heimatstadt versprühen und Besucher vor zu viel Chaos und Hektik verschonen. In den letzten Jahren hielt zudem ein gewisser kosmopolitischer Glamour in Form von Luxushotels, Edelboutiquen, gehobenen modernen Restaurants und ein paar schicken Bars und Clubs, die erst spät in der Nacht schließen, Einzug.

Auch wenn man in der Stadt nur einen Zwischenstopp einlegt, lohnt es sich, die Museen und Tempel zu erkunden oder bei Sonnenuntergang am Marina Beach entlangzuschlendern.

Das alte britische Fort St. George bildet gemeinsam mit zahlreichen schmalen Gassen und Bazaren George Town, das historische Zentrum der Stadt. Die beiden großen Bahnhöfe, Egmore und Central, liegen vom Fort aus gesehen im Landesinneren. Viele der besten Restaurants, Bars, Geschäfte und Unterkünfte befinden sich in den grünen Vororten im Süden und Südwesten, etwa in Nungambakkam, T Nagar (Thyagaraya Nagar), Alwarpet und zunehmend auch in Vela-

Chennai (Madras)

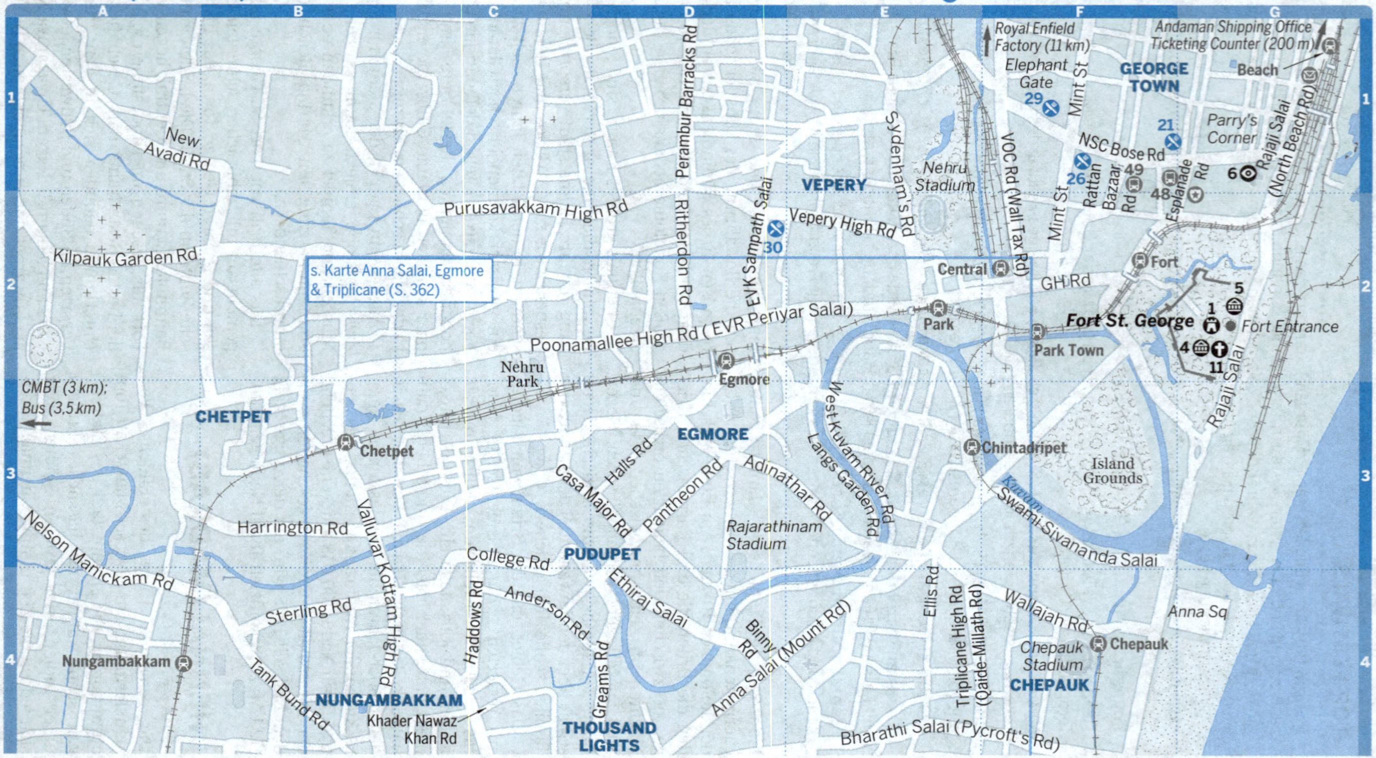

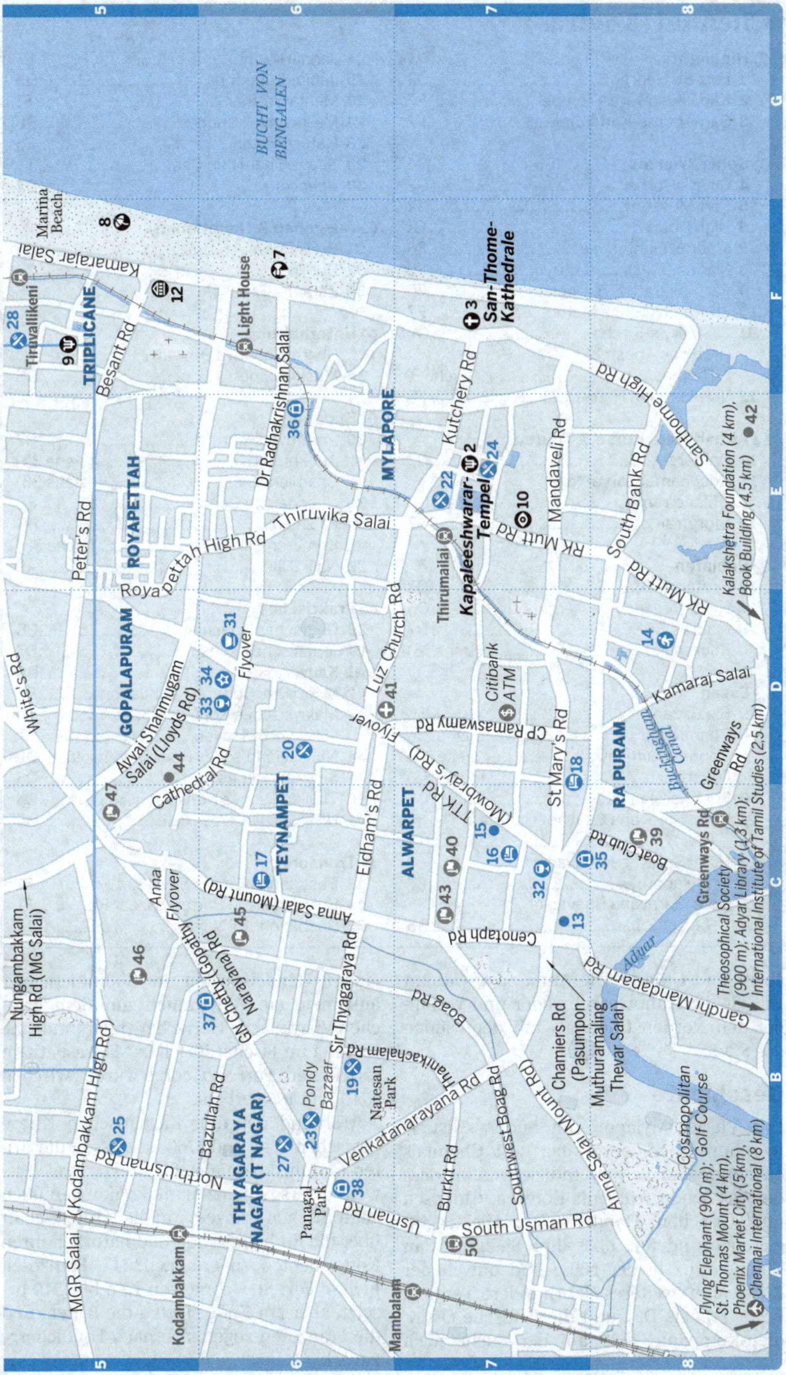
BUCHT VON BENGALEN
Marina Beach
Kamarajar Salai
TRIPLICANE
Tiruvallikeni
Besant Rd
Peter's Rd
ROYAPETTAH
Royapettah High Rd
GOPALAPURAM
White's Rd
Light House
Dr Radhakrishnan Salai
Thiruvika Salai
MYLAPORE
Kutchery Rd
San-Thome-Kathedrale
Kapaleeshwarar-Tempel
Thirumailai
Mandaveli Rd
RK Mutt Rd
South Bank Rd
Santhome High Rd
Kalakshetra Foundation (4 km), Book Building (4,5 km)
Luz Church Rd
Flyover
Citibank ATM
CP Ramaswamy Rd
St Mary's Rd
Kamaraj Salai
Buckingham Canal
RA PURAM
Greenways Rd
Boat Club Rd
Theosophical Society (900 m); Adyar Library (1,3 km); International Institute of Tamil Studies (2,5 km)
Avvai Shanmugam Salai (Lloyds Rd)
Cathedral Rd
TEYNAMPET
Eldham's Rd
ALWARPET
TTK Rd
(Mowbray's Rd)
Anna Salai (Mount Rd)
Cenotaph Rd
Chamiers Rd (Pasumpon Muthuramaling Thevar Salai)
Gandhi Mandapam Rd
Adyar
Anna Flyover
GN Chetty (Gopathy Narayana) Rd
Sir Thyagaraya Rd
Boag Rd
Thanikachalam Rd
Natesan Park
Pondy Bazaar
Venkatanarayana Rd
Southwest Boag Rd
Burkit Rd
Cosmopolitan Golf Course
Nungambakkam High Rd (MG Salai)
MGR Salai (Kodambakkam High Rd)
North Usman Rd
Bazullah Rd
THYAGARAYA NAGAR (T NAGAR)
Panagal Park
Usman Rd
South Usman Rd
Kodambakkam
Mambalam
Flying Elephant (900 m); St. Thomas Mount (4 km), Phoenix Market City (5 km), Chennai International (8 km)
A
B
C
D
E
F
G
5
6
7
8
2
3
7
8
9
10
12
13
14
15
16
17
18
19
20
22
23
24
25
27
28
31
32
33
34
35
36
37
38
39
40
41
42
43
44
45
46
47
50

Chennai (Madras)

Highlights
1 Fort St. George G2
2 Kapaleeshwarar-Tempel E7
3 San-Thome-Kathedrale F7

Sehenswertes
4 Clive's Corner G2
5 Fort Museum G2
6 High Court G1
7 Madras Lighthouse F6
8 Marina Beach F5
9 Parthasarathy-Tempel F5
10 Sri Ramakrishna Math E7
11 St.-Mary's-Kirche G2
Grab des Apostels Thomas .... (siehe 3)
12 Vivekananda House F5

Aktivitäten, Kurse & Touren
13 Detours C7
14 Krishnamacharya Yoga Mandiram D8
15 Storytrails C7

Schlafen
16 Footprint B&B C7
17 Hyatt Regency C6
18 Madras B&B D7
Raintree .... (siehe 18)

Essen
19 Big Bazaar B6
Chamiers .... (siehe 35)
Copper Chimney .... (siehe 33)
Dakshin .... (siehe 32)
20 Enté Keralam D6
21 Hotel Saravana Bhavan (George Town) F1
22 Hotel Saravana Bhavan (Mylapore) E7
23 Hotel Saravana Bhavan (T Nagar) B6
24 Jannal Kadai E7
25 Junior Kuppanna B5
26 Mehta Brothers F1
27 Murugan Idli Shop B6
28 Natural Fresh F5
29 Seena Bhai Tiffin Centre F1
30 Spencer's D2

Ausgehen & Nachtleben
31 Brew Room D6
32 Dublin C7
33 Zara the Tapas Bar D6

Unterhaltung
Bharatiya Vidya Bhavan .... (siehe 24)
34 Music Academy D6

Shoppen
35 Amethyst Room C7
Anokhi .... (siehe 35)
Chamiers .... (siehe 35)
36 Chennai Citi Centre E6
37 Fabindia B6
Kumaran Silks .... (siehe 38)
38 Nalli Silks A6

Praktisches
39 Deutsches Konsulat C8
40 Japanisches Konsulat C7
41 Kauvery Hospital D6
42 M.Rm.Rm. Cultural Foundation E8
43 Malaysisches Konsulat C7
Milesworth Travel .... (siehe 13)
44 Neuseeländisches Honorarkonsulat D5
45 Singapurisches Konsulat C6
46 Thailändisches Konsulat C5
47 US-Konsulat C5

Transport
48 Busbahnhof Broadway F1
49 Bushaltestelle Rattan Bazaar Rd F1
50 Busbahnhof T Nagar A7

chery und Guindy. Die Anna Salai (Mount Rd) ist die Hauptverkehrsader und verbindet den Norden Chennais mit dem Süden der Stadt.

Geschichte

Das Viertel Mylapore im Süden existierte schon lange, bevor der Rest Chennais entstand, und es gibt Indizien dafür, dass der Ort schon früh mit Römern, Chinesen und Griechen Handel trieb. Die Portugiesen gründeten 1523 ihre Siedlung San Thome ganz in der Nähe und unweit der Küste. Ein weiteres Jahrhundert verging, bevor Francis Day und die Britische Ostindien-Kompanie 1639 auf der Suche nach einem Handelsposten in Südindien hier ankamen, ein Abkommen mit dem örtlichen Vijayanagar-Herrscher trafen und eine Festung im Fischerdörfchen Madraspatnam errichteten: Fort St. George wurde zwischen 1640 und 1653 erbaut.

Während der drei Karnatischen Kriege (zwischen 1744 und 1763) schlossen die Briten und ihr kolonialer Rivale Frankreich jeweils diverse Allianzen mit konkurrierenden südindischen Prinzen, um die Vorherrschaft über die Einheimischen und natürlich ihren Kontrahenten zu erlangen. Die Franzosen hielten Fort St. George von 1746 bis 1749 besetzt, aber am Ende siegten die Briten, und die Franzosen zogen sich nach Pondicherry zurück.

Als Hauptstadt der Präsidentschaft Madras, eine der vier Hauptdivisionen Britisch-Indiens, wuchs Madras zum Marine- und Handelszentrum heran. Nach der Unabhängigkeit wurde es zur Hauptstadt des Bundesstaates Madras und seines Nachfolgers Tamil Nadu. Die Stadt selbst wurde 1996 in Chennai umbenannt. Heute wird es wegen seiner boomenden Autoindustrie und seinem bedeutendem IT-Standort oft das „Detroit von Indien" genannt.

Sehenswertes

Chennai-Zentrum

★Government Museum MUSEUM

(Karte S. 362; www.chennaimuseum.org; Pantheon Rd, Egmore; Inder/Ausländer 15/250 ₹, Kamera/Video 200/500 ₹; ⌚Sa–Do 9.30–17 Uhr) Das exzellente Museum ist im von den Briten erbauten Pantheon-Komplex untergebracht und ist das beste Chennais. Hauptattraktion ist das Gebäude Nr. 3, die **Bronze-Galerie** mit einer großartigen Sammlung südindischer Bronzen, die von der Pallava-Ära des 7. Jhs. bis in die moderne Zeit reicht, ergänzt mit englischem Infomaterial.

Vom 9. bis zum 11. Jh., während der Chola-Zeit, hatten Bronze-Skulpturen ihre Hochphase. Unter den beeindruckenden Werken in der Bronze-Galerie finden sich auch zahlreiche Darstellungen von Shiva als Nataraja, dem kosmischen Tänzer, sowie eine grandiose Chola-Bronze von Ardhanarishvara, der androgynen Inkarnation von Shiva und Parvati.

Das Hauptgebäude (Nr. 1) beherbergt eine gute archäologische Abteilung, die sich mit allen wichtigen Perioden der südindischen Geschichte beschäftigt – von buddhistischen Skulpturen aus dem 2. Jh. v. Chr. bis hin zu Vijayanagar-Arbeiten aus dem 16. Jh. Zudem gibt es spezielle Ausstellungsräume mit hinduistischen, buddhistischen und jainistischen Skulpturen. Gebäude Nr. 2, die **Anthropologischen Galerien**, widmet sich der Menschheitsgeschichte Südindiens ab der prähistorischen Zeit und zeigt Stammesartefakte aus der Region.

Dasselbe Ticket berechtigt auch zum Eintritt in die **National Art Gallery**, die **Contemporary Art Gallery** und das **Children's Museum**. Manche Abschnitte sind wegen Renovierungsarbeiten eventuell zeitweise geschlossen.

High Court HISTORISCHES GEBÄUDE

(Karte S. 357; Parry's Corner) Der imposante rote indosarazenische Bau wurde im Jahr 1892 fertiggestellt und ist nach den Courts of London angeblich das größte Gerichtsgebäude der Welt. Je nach den aktuellen Regelungen dürfen Besucher das Gelände sonntags bis 13 Uhr besichtigen. Wer es versuchen möchte, benötigt seinen Reisepass.

★Fort St. George FESTUNG

(Karte S. 357; Rajaji Salai; ⌚9–17 Uhr) Das Fort wurde 1653 von der Britischen Ostindien-Kompanie fertiggestellt und hat im Laufe der Jahre viele Renovierungen erlebt. Innerhalb der weitläufigen Mauern der Anlage sind heute die gesetzgebende Landes-

DER STOLZ DER DRAWIDEN

Schon vor der Unabhängigkeit Indiens im Jahr 1947 wetterten tamilische Politiker gegen das Kastenwesen (das in ihren Augen hellhäutige Brahmanen bevorzugte) und gegen die Sprache Hindi (sie betrachteten sie als nordindischen Kulturimperialismus). Die „Selbstachtungsbewegung" und die „Gerechtigkeitspartei", die vom Marxismus beeinflusst wurden, vermischten allgemeine südindische Werte mit der Rhetorik des Klassenkampfes und brachten tamilische Parteien hervor, die auch heute noch die stärksten politischen Kräfte in Tamil Nadu bilden. In den ersten Jahrzehnten nach der Unabhängigkeit bildete sich sogar eine Bewegung für eine unabhängige drawidische Nation, die die vier größten südindischen Völker vereinen sollte, zwischen den verschiedenen Gruppen bestand jedoch nur wenig Solidarität. Heute beschränkt sich die drawidische Politik größtenteils auf Tamil Nadu, und die Parteien werden oft von ehemaligen Filmstars geführt.

Während des Konflikts im nahen Sri Lanka verteidigten viele tamilische Politiker in Indien lautstark die Tamil Tigers, jene Organisation, die Rajiv Gandhi in einem Dorf nahe Chennai (Madras) 1991 getötet hatte. Auch heute noch hegen die ansonsten recht toleranten Tamilen starke Vorurteile gehen alles Singhalesische. Das offensichtlichste Zeichen für den tamilischen Nationalstolz sind das weiße Hemd und der weiße *mundu* (Sarong), die von jedem tamilischen Politiker, der etwas auf sich hält, getragen werden.

versammlung, das Sekretariat von Tamil Nadu sowie ein paar ältere Gebäude untergebracht. Eines davon, das **Fort Museum** (Karte S. 357; Inder/Ausländer 5/100 ₹; ⌚Sa–Do 9–17 Uhr), zeigt Ausstellungen zu Chennais Ursprüngen und zum Fort selbst sowie militärische Exponate und Kunst aus Kolonialzeiten. Die Porträtgalerie im ersten Stock präsentiert wichtige Persönlichkeiten der Kolonialzeit, unter ihnen ein sehr selbstsicher wirkender Robert Clive (Clive of India).

Auf dem Festungsgelände befindet sich außerdem die **St.-Mary's-Kirche** (Karte S. 357; ⌚10–17 Uhr) von 1680, die älteste noch erhaltene britische Kirche Indiens. Rechts davon steht das ehemalige Admiralty House (Clive's House). **Clive's Corner** (Karte S. 357; ⌚9–18 Uhr) GRATIS am Ende des Gebäudes beherbergt ein skurriles Museum, das Robert Clive gewidmet ist.

Marina Beach STRAND
(Karte S. 357) Wer am frühen Morgen oder abends am 3 km langen Hauptabschnitt des Marina Beach flaniert – zu anderen Zeiten wird man hier regelrecht gegrillt – bekommt Kricketpartien, fliegende Drachen, Wahrsager, Fischmärkte, Maisverkäufer und Familien zu Gesicht, die die Meeresbrise genießen. Nicht baden – die starken Strömungen sind zu gefährlich! Am Südende des Strandes steht das kürzlich eröffnete, irrsinnig beliebte **Madras Lighthouse** (Karte S. 357; Marina Beach; Inder/Ausländer 20/50 ₹, Kamera 25 ₹; ⌚Di–So 10–13 & 15–17 Uhr), der einzige Leuchtturms Indiens mit Aufzug; die Panoramablicke auf die Stadt und den Strand sind großartig.

Parthasarathy-Tempel HINDU-TEMPEL
(Karte S. 357; Singarachari St, Triplicane; ⌚6–12 & 16–21 Uhr) Dieser Tempel wurde im 8. Jh. unter den Pallavas erbaut und ist ungewöhnlicherweise Krishna (einer Form von Vishnu) als Wagenlenker Parthasarathy gewidmet. Er zählt zu den ältesten Chennais. Der Großteil der aufwendigen Schnitzarbeiten stammt allerdings aus der Zeit des Vijayanagar-Königreichs im 16. Jh., darunter der hübsche Säulengang gegenüber dem Haupteingang. Das Besondere an dem Tempel sind die Schreine, die fünf Inkarnationen Vishnus gewidmet sind.

Vivekananda House MUSEUM
(Vivekanandar Illam, Eishaus; Karte S. 357; www.vivekanandahouse.org; Kamarajar Salai; Erw./Kind 10/5 ₹; ⌚Do–Di 10–12.15 & 15–19.15 Uhr) Das marshmallow-pinke Vivekananda House ist nicht nur dank seiner Ausstellungen über den berühmten „wandernden Mönch" Swami Vivekananda interessant, sondern auch wegen seiner halbrunden Form: Es wurde 1842 erbaut, um dort Eis zu lagern. Vivekananda hielt sich hier 1897 für kurze Zeit auf und predigte der begeisterten Menge seine asketische Hindu-Philosophie. Die Ausstellungen zeigt eine Fotosammlung zum Leben des Swamis sowie jenes Zimmer, in dem Vivekananda wohnte und das heute zum Meditieren genutzt wird. Kostenlose einstündige Meditationskurse werden wöchentlich angeboten.

Süd-Chennai

★ Kapaleeshwarar-Tempel HINDU-TEMPEL
(Karte S. 357; Ponnambala Vathiar St, Mylapore; ⌚5.30–12.15 & 16–21.30 Uhr) Das Viertel Mylapore zählt zu den charaktervollsten und traditionellsten in Chennai und ist mehrere Jahrhunderte älter als das koloniale Madras. Der Kapaleeshwarar-Tempel ist der bedeutendste und eindrucksvollste der Stadt und soll errichtet worden sein, nachdem die Portugiesen das Original am Meer 1566 zerstört hatten. Er weist die grundlegenden architektonischen Elemente vieler Tempel in Tamil Nadu auf – einen regenbogenfarbenen *gopuram* (Torturm), *mandapas* (Pavillons mit Säulen) und ein großes Becken – und ist der beliebtesten Gottheit des Bundesstaates gewidmet: Shiva.

Die Legende besagt, Shiva habe seine Gemahlin Parvati einst während eines Zornesausbruchs in einen Pfau verwandelt und von ihr verlangt, ihm hier zu huldigen, um ihre normale Gestalt zurückzuerlangen. Angeblich tat Parvati, wie ihr befohlen wurde – an einer Stelle direkt außerhalb der Nordostecke des zentralen Teils des Tempels, an der heute ein Schrein an das Ereignis erinnert. Darauf ist auch der Name Mylapore, „Pfauenstadt", zurückzuführen.

Beim farbenfrohen Brahmotsavam-Fest (März/April) des Tempels gibt es auf den Straßen Mylapores einen Umzug zu Ehren der Gottheiten.

★ St.-Thome-Kathedrale KIRCHE
(Karte S. 357; www.santhomechurch.com; Santhome High Rd; ⌚6–19.30 Uhr) Diese riesige römisch-katholische Kathedrale liegt nur einen Steinwurf vom Strand entfernt. Sie wurde im 16. Jh. von den Portugiesen erbaut und in den 1890er-Jahren im neugotischen Stil umgestaltet. Hier soll der Apostel

Thomas seine letzte Ruhestätte gefunden haben. Es heißt, der „ungläubige Thomas" habe das Christentum 52 n. Chr. auf den Subkontinent gebracht und sei 72 n. Chr. am St. Thomas Mount in Chennai getötet worden. Hinter der Kathedrale befindet sich der Eingang zum **Grab des Apostels Thomas** (Karte S. 357; Eintritt frei; ⏲ 6–20 Uhr).

Der Großteil der sterblichen Überreste des Apostels ruht inzwischen zwar angeblich in Italien, aber ein kleines Kreuz an der Mauer der Kapelle enthält einen winzigen Knochensplitter und ist mit „Reliquie des Heiligen Thomas" beschriftet. Im Museum darüber sind mehrere Thomas-Artefakte zu sehen, darunter auch die Lanzenspitze, die ihn getötet haben soll.

Der St. Thomas' Pole am Strandende der Straße auf der Südseite der Kathedrale soll den Bau im Jahr 2004 wundersamerweise vor dem Tsunami beschützt haben.

Sri Ramakrishna Math RELIGIÖSE ANLAGE

(Karte S. 357; www.chennaimath.org; 31 RK Mutt Rd; ⏲ Universeller Tempel 4.30–11.45 & 15–21 Uhr, Abendgebete 18.30–19.30 Uhr) Die friedliche, grüne Anlage des Ramakrishna Math scheint Welten vom Chaos draußen entfernt zu sein. Orange gekleidete Mönche schweben förmlich vorüber, und die Stimmung ist sehr ehrfurchtsgeladen. Der Math ist ein Mönchsorden, der den Lehren des Weisen Sri Ramakrishna aus dem 19. Jh. folgt, welcher die Einheit aller Religionen predigte. Der Universelle Tempel ist ein hübsches modernes Gebäude, das architektonische Elemente verschiedener Religionen vereint. Er ist für alle offen, und man kann am Gottesdienst teilnehmen, beten oder meditieren.

Theosophical Society GARTEN

(www.ts-adyar.org; südliches Ende der Thiru-Vi-Ka-Brücke, Adyar; ⏲ Gelände Mo–Sa 8.30–10 & 14–16 Uhr) GRATIS Zwischen dem Fluss Adyar und der Küste erstreckt sich die 100 ha große Anlage der Theosophical Society und bietet einen idyllisch grünen, ruhigen Rückzugsort von der Hektik der Stadt. Das Gelände lädt zu Spaziergängen ein und beherbergt eine Kirche, eine Moschee, einen buddhistischen Schrein, einen zoroastristischen und einen buddhistischen Tempel sowie eine riesige Vielfalt an heimischer und importierter Flora, darunter Ableger eines 400 Jahre alten Banyanbaumes, der von einem Sturm in den 1980er-Jahren umgerissen wurde.

Die **Adyar Library** (Leseausweis für 1 Jahr 50 ₹, Pfand 250 ₹; ⏲ Di–So 9–17 Uhr) verfügt über eine riesige Sammlung an Büchern über Religion und Philosophie, von denen einige ausgestellt sind. Die Bandbreite reicht von 1000 Jahre alten buddhistischen Schriftrollen bis hin zu handgefertigten Bibeln aus dem 19. Jh.

Kalakshetra Foundation KUNSTSCHULE

(☎ 044-24521169; www.kalakshetra.in; Muthulakshmi St, Thiruvanmiyur; Inder/Ausländer inkl. Kunsthandwerkszentrum 100/500 ₹; ⏲ Campus Juli–Feb. Mo–Fr 9–11.30 Uhr, Kunsthandwerkszentrum Mo–Sa 9–13 & 14–17 Uhr, 2. & 4. Sa im Monat beides geschl.) Die Kalakshetra wurde 1936 gegründet und ist eine der führenden professionellen Schulen für klassischen tamilischen Tanz und Musik. Viele Studenten stammen aus prekären Verhältnissen und werden von der Stiftung gefördert. Während der Kurse am Morgen können Besucher das wunderschöne grüne Gelände ganz im Süden der Stadt (aber bitte ohne den Unterricht zu stören!) besichtigen und sich das **Rukmini Devi Museum** ansehen. Auf der anderen Straßenseite, im **Kalakshetra Craft Centre**, gibt es Handweberei, textile Modeldrucke und die ebenso faszinierende wie seltene Kunst des *Kalamkari* (textile Handmalerei mit Gemüsefarbstoffen) zu bewundern, alles im Kanchipuram-Stil.

Die Bushaltestelle Thiruvanmiyur, an der etliche Busrouten der Stadt enden, liegt 500 m westlich des Eingangs zur Kalakshetra.

Wenn man vor Ort ist, lohnt sich ein Besuch des **Book Buildings** (☎ 044-24426696; www.tarabooks.com; Plot 9, CGE Colony, Kuppam Beach Rd, Thiruvanmiyur; ⏲ Mo–Sa 10–19.30 Uhr),

TRADITIONELLE HÄNDLER

Auch wenn sich Chennai unermüdlich weiter nach Süden, Westen und Norden ausbreitet, ist und bleibt George Town – die Siedlung, die sich nahe dem britischen Fort St. George entwickelte – das Handelszentrum der Stadt. In vielen der engen Straßen wird bis heute wie schon vor Hunderten von Jahren ausschließlich ein einziges Handelsgut verkauft: Blumen in der Badrian Street, Papierwaren in der Anderson Street und Schmuck in der NSC Bose Road. Auch wenn man nichts Bestimmtes sucht, lohnt sich ein Bummel durch die labyrinthartigen Straßen, in denen Vergangenheit und Gegenwart des indischen Alltags mühelos ineinanderfließen.

Anna Salai, Egmore & Triplicane

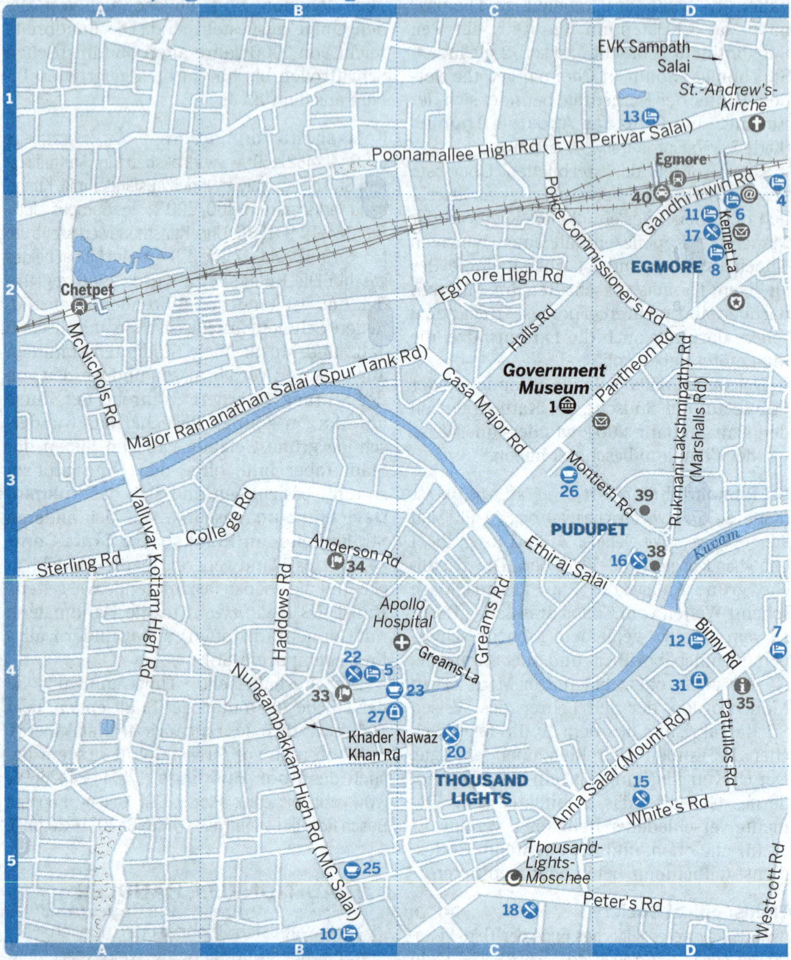

700 m südlich der Kalakshetra, in dem Tara Books kostenlose Ausstellungen, Gesprächsrunden und Workshops organisiert sowie eigene sehr originelle und handgemachte Bücher zeigt. Wer sich vorher anmeldet, kann auch die Werkstatt besuchen, in der die Bücher hergestellt werden (zehn Autominuten entfernt).

St. Thomas Mount HEILIGE STÄTTE
(Parangi Malai; abseits der Lawrence Rd; Kamera 10 ₹; ⏲6–20 Uhr) Die mutmaßliche Stätte des Martyriums des heiligen Thomas im Jahr 72 n. Chr. erhebt sich südwestlich der Stadt, 2,5 km nördlich der Bahnstation St. Thomas Mount. Die Church of Our Lady of Expectation, die 1523 auf dem Mount errichtet wurde, enthält angeblich einen Knochensplitter von des Finger des hl. Thomas sowie ein von ihm geschnitztes Kreuz. Der Ausblick über die Stadt ist traumhaft.

Aktivitäten

Krishnamacharya Yoga Mandiram YOGA, MEDITATION
(Karte S. 357; ☎044-24952900; www.kym.org; 31 4th Cross St, RK Nagar; Kurs 30 US$; ⏲8–19 Uhr) Sehr angesehenes Institut, das professionelle zweiwöchige und einmonatige Yoga-

und Yogatherapiekurse sowie Trainerausbildungen anbietet.

Kurse

International Institute of Tamil Studies SPRACHE
(044-22542781; www.ulakaththamizh.org; CIT Campus, 2nd Main Rd, Tharamani) Bietet drei- und sechsmonatige Intensivkurse in Tamil.

Kalakshetra Foundation TEXTILMALEREI
(044-24521169; www.kalakshetra.in; Muthulakshmi St, Thiruvanmiyur; 2500 ₹/Woche) Kalakshetras Kunsthandwerkszentrum bietet Kurse in der alten Kalamkari-Kunst (textile Handmalerei mit Tinte auf Gemüsebasis) an, die nur noch an ganz wenigen Orten praktiziert wird. Die Kurse dauern zwischen einer Woche und einem Monat und finden montags bis freitags von 10 bis 13 Uhr statt.

Touren

Die Tamil Nadu Tourism Development Corporation (S. 372) organisiert halbtägige Stadttouren (ohne/mit Klimaanlage 300/370 ₹) und Tagesausflüge nach Mamallapuram (450/550 ₹). Am Wochenende und an Feiertagen sollte man vorab buchen; an weniger betriebsamen Werktagen muss man allerdings mit einer Absage rechnen. Immer bei Vollmond findet eine Pilgerfahrt nach Tiruvannamalai (600/780 ₹) statt.

★**Detours** STADTFÜHRUNG
(Karte S. 357; 9000850505, 9840060393; www.detoursindia.com; RM Towers, 108 Chamiers Rd, Alwarpet) Die geschichtlichen, religiösen und kulinarischen Touren von Detours unter Leitung einheimischer Experten gehen in die Tiefe, verlaufen abseits üblicher Touristenpfade und sind eine fantastische Art, Chennai kennenzulernen. Vierstündige kulinarische Stadtspaziergänge am frühen Morgen kosten zwischen 5000 und 6000 ₹ pro Person.

Storytrails STADTFÜHRUNG
(Karte S. 357; 9962201244, 044-45010202; www.storytrails.in; 21/2 1st Cross St, TTK Rd, Alwarpet; 3-stündige Tour für bis zu 4 Pers. 3500 ₹) Unterhaltsame Spaziergänge durch verschiedene Viertel zu Themen wie Tanz, Tempeln, Schmuck und Basaren.

Royal Enfield Factory FABRIKFÜHRUNG
(044-42230400; www.royalenfield.com; Tiruvottiyur High Rd, Tiruvottiyur; 600 ₹/Pers.) Das klassische Enfield-Bullet-Motorrad wird seit 1955 ganz im Norden von Chennai produziert. Jeden zweiten und vierten Samstag im Monat finden um 10.30 Uhr zweistündige Führungen statt. Reservierung erforderlich.

Feste & Events

Festival of Music & Dance MUSIK, TANZ
(Musik- & Tanzsaison Madras; Mitte Dez.–Mitte Jan.) Eines der größten seiner Art weltweit: Bei diesem Festival werden Musik und Tanz Südindiens gefeiert.

Schlafen

Die Hotels in Chennai sind teurer als im Rest von Tamil Nadu, und in der Regel be-

Anna Salai, Egmore & Triplicane

Highlights
1 Government Museum C3

Schlafen
2 Broad Lands Lodge F4
3 Cristal Guest House F4
4 Fortel D1
5 Hanu Reddy Residences B4
6 Hotel Chandra Park D2
7 La Woods D4
8 New Lakshmi Lodge D2
9 Paradise Guest House F4
10 Park Hotel B5
11 Raj Residency D2
12 Vivanta by Taj – Connemara D4
13 YWCA International Guest House D1

Essen
14 A2B F5
15 Amethyst D5
16 Annalakshmi D3
17 Hotel Saravana Bhavan D2
18 Hotel Saravana Bhavan (Thousand Lights) C5
19 Hotel Saravana Bhavan (Triplicane) E3
Madras Masala .... (siehe 4)
20 Nilgiri's C4
Raintree .... (siehe 12)
21 Ratna Café F5
22 Tuscana Pizzeria B4

Ausgehen & Nachtleben
23 Café Coffee Day B4
24 Café Coffee Day E5
25 Café Coffee Day B5
26 Café Coffee Day (Egmore) C3
Leather Bar .... (siehe 10)
Pasha .... (siehe 10)

Shoppen
27 Evoluzione B4
Fabindia .... (siehe 24)
28 Fabindia E4
29 Higginbothams E3
Naturally Auroville .... (siehe 23)
30 Poompuhar E3
31 Spencer Plaza D4

Praktisches
32 Australisches Konsulat E4
33 Belgisches Konsulat B4
34 British Deputy High Commission B3
35 Indiatourism D4
Studio .... (siehe 21)
36 Tamil Nadu Tourism Development Corporation F3
Thomas Cook .... (siehe 31)

Transport
37 Advanced Computerised Reservation Office F1
Air Asia .... (siehe 25)
38 Air India D3
Air India Express .... (siehe 38)
39 Jet Airways D3
Parveen Travels .... (siehe 11)
Passenger Reservation Office .... (siehe 40)
40 Pre-Paid-Taxistand D1

kommt man nicht sonderlich viel für sein Geld. Die Gegend um die Triplicane High Rd ist die beste Anlaufstelle für Budgetunterkünfte. In Egmore gibt's ein paar sehr günstige Alternativen, aber auch einige gute Mittelklasseoptionen. In den letzten Jahren ist die Zahl von Luxushotels stark gewachsen, wobei sich der Großteil im von der Mittelklasse geprägten Süden befindet.

Es kann nie schaden, vorher anzurufen: Viele Hotels in Chennai sind schon zur Mittagszeit ausgebucht. Die teuersten Hotels bieten online tolle Angebote.

Egmore & Umgebung

New Lakshmi Lodge HOTEL $

(Karte S. 362; ☎044-42148725, 044-28194576; www.nll.co.in; 16 Kennet Lane; EZ/DZ 500/880 ₹, Zi. mit Klimaanlage 1400–1500 ₹; ❄) Kleine, einfache, aber saubere Zimmer mit pastellfarbenen Wänden, die sich über vier Stockwerke um einen zentralen Hof mit Parkplätzen verteilen, machen diesen riesigen Block zu einer ordentlichen Budgetoption. Das Hotel ist oft ausgebucht, deswegen empfiehlt es sich, im Voraus zu buchen. In den oberen Etagen gibt's mehr Privatsphäre.

Raj Residency HOTEL $

(Karte S. 362; ☎044-28192219; www.rajresidencyhotel.com; 2/22 Kennet Lane; EZ 840–1020 ₹, DZ 1020–1180 ₹, mit Klimaanlage EZ 1180–1310 ₹, DZ 1310–1550 ₹; ❄📶) Die nicht klimatisierten, in Brauntönen gehaltenen Zimmer sind ein wenig schäbig und verwohnt, dafür jedoch relativ sauber und günstig.

★ **Hanu Reddy Residences** B&B $$

(Karte S. 362; ☎044-45038413; www.hanureddyresidences.com; 6A/24 3rd St, Wallace Garden,

Nungambakkam; Zi. inkl. Frühstück 3600–4200 ₹; ❄📶) Das Hanu Reddy verteilt sich auf zwei Wohngebäude im Grünen im vornehmen Wallace Garden und ist genau jene Art von idyllisch-gemütlicher Unterkunft, die der Innenstadt fehlte. Die acht wohnlichen, unprätentiösen Zimmer verfügen über Klimaanlage, kostenloses WLAN, Tee-/Kaffeekocher und farbenfrohe Kunst, die winzigen Terrassen außerdem über Bambusstühle zum Entspannen. Den Mitarbeitern gelingt die perfekte Balance zwischen persönlichem Service und Professionalität.

YWCA International Guest House PENSION $$
(Karte S. 362; ☎ 044-25324234; igh@ywcamadras.org; 1086 Poonamallee High Rd; EZ 1500–1980 ₹, DZ 1800–2400 ₹, EZ/DZ ohne Klimaanlage 900/1350 ₹, alle inkl. Frühstück; ❄@📶) Die YWCA-Pension inmitten einer Grünanlage bietet ein sehr gutes Preis-Leistungs-Verhältnis und ein ruhiges Ambiente. Zum Programm gehören professionelles, hilfsbereites Personal, geräumige, sehr saubere Zimmer, weitläufige Gemeinschaftsbereiche und solide Mahlzeiten (175/275 ₹ für vegetarisches/nicht-vegetarisches Mittag- oder Abendessen). WLAN in der Lobby kostet 100 ₹ am Tag. Während der Recherche waren Renovierungsarbeiten im Gange.

Hotel Chandra Park HOTEL $$
(Karte S. 362; ☎ 044-40506060; www.hotelchandrapark.com; 9 Gandhi Irwin Rd; EZ 1320–2280 ₹, DZ 1500–2580 ₹, alle inkl. Frühstück; ❄📶) Das Chandra Park schafft es auch weiterhin, die Preise der meisten vergleichbaren Hotels zu unterbieten. Die Standardzimmer sind klein, haben jedoch Klimaanlage, saubere Handtücher und weiße Bettwäsche. Darüber hinaus sorgen eine Bar (mit vorwiegend männlicher Klientel), ein herzhaftes Frühstücksbuffet und kostenloses WLAN für ein exzellentes Preis-Leistungs-Verhältnis (jedenfalls für Chennai-Verhältnisse).

Fortel HOTEL $$$
(Karte S. 362; ☎ 044-30242424; www.fortelhotels.com; 3 Gandhi Irwin Rd; EZ 4200–6600 ₹, DZ 4800–7200 ₹, alle inkl. Frühstück; ❄📶) In praktischer Nähe zum Bahnhof von Egmore liegt das schicke, stilvolle Fortel mit Holz, Spiegeln, Betten voller Kissen, kostenlosem WLAN und dem guten Restaurant Madras Masala. Die meisten Zimmer an der Bahnhofsseite bieten Blicke auf die St.-Andrew's- die sich zwischen den Bäumen erhebt. Es lohnt sich, nach Rabatten zu fragen.

Triplicane & Umgebung

Paradise Guest House HOTEL $
(Karte S. 362; ☎ 044-28594252; paradisegh@hotmail.com; 17 Vallabha Agraharam St; Zi. 500 ₹, mit Klimaanlage 800–1000 ₹; ❄📶) Eine der Budgetoptionen mit dem besten Preis-Leistungs-Verhältnis in Triplicane. Geboten werden einfache Zimmer mit sauberen Fliesen, ein luftiges Dach, freundliches Personal und heißes Wasser aus dampfenden Eimern. WLAN kostet 50 ₹ pro Stunde.

Broad Lands Lodge PENSION $
(Karte S. 362; ☎ 044-28545573; broadlandshotel@yahoo.com; 18 Vallabha Agraharam St; EZ 400–450 ₹, DZ 500–1000 ₹; ❄📶) Das Broad Lands ist seit 1951 im Geschäft, war einst eine Hippie-Institution und hat seitdem wohl keine frische (hellblaue) Farbe mehr zu sehen bekommen. Dennoch hat die entspannte Kolonialvilla mit grünen Hofbereichen und Zimmern, zu denen gewundene Treppen führen, noch immer seine Fans, die die spartanische, eigenwillige Einrichtung, die feuchtkalten Bäder und die lautstarken Muezzins der Wallajah-Moschee nicht zu stören scheinen. Das WLAN an der Rezeption (ein Zugeständnis ans 21. Jh.) ist kostenlos.

Cristal Guest House HOTEL $
(Karte S. 362; ☎ 044-28513011; 34 CNK Rd; Zi. 400 ₹, mit Klimaanlage 750 ₹; ❄) Die sauberen, rosafarbenen Zimmer in diesem modernen Haus sind zwar nicht die billigsten in Chennai, kosten aber nur rund 10 ₹ mehr als viele andere in der Nähe. Deswegen sind hier auch mal eher Zimmer frei.

La Woods HOTEL $$
(Karte S. 362; ☎ 044-28608040; www.lawoodshotel.com; 1 Woods Rd; Zi. inkl. Frühstück 3500 ₹; ❄📶) Das freundliche, moderne, 2013 eröffnete Hotel überzeugt mit einem wunderbaren Farbenmix aus frischem Weiß, Limettengrün und Türkis. Die schicken, gepflegten, modernen Zimmer sind wunderbar gemütlich und haben kostenloses WLAN, Kissenberge, Wasserkocher, Föhne und internationale Steckdosen.

Vivanta by Taj – Connemara HISTORISCHES HOTEL $$$
(Karte S. 362; ☎ 044-66000000; www.vivantabytaj.com; Binny Rd; Zi. inkl. Frühstück 11990–14390 ₹; ❄@📶🏊) Die Luxuskette Taj Group verfügt über vier Hotels in und um Chennai; dieses hier ist jedoch das einzige mit historischem Ambiente. Das Gebäude entstand

in den 1850er-Jahren als Residenz des britischen Gouverneurs. Es gibt tropische Gärten mit einem hübschen Pool und selbst die kleinsten der beigefarbenen Zimmer sind sehr gemütlich, luftig und mit allen Extras ausgestattet. Das Restaurant Chettinadu Raintree zählt zu den besten der Stadt.

Süd-Chennai

★ Footprint B&B B&B $$
(Karte S. 357; ☎ 9840037483; www.chennaibedandbreakfast.com; Gayatri Apts, 16 South St, Alwarpet (hinter dem Sheraton Park Hotel); Zi. inkl. Frühstück 4500 ₹; ❄@☜) Die Unterkunft ist eine wunderbar gemütliche, entspannte Ausgangsbasis für Erkundungstouren durch Chennai und verteilt sich auf vier Wohnungen an einer ruhigen Straße in einem grünen Viertel. Schalen mit Wildrosen und Fotos des alten Madras dienen als Kulisse für zwölf gemütliche, makellos saubere Zimmer mit King-Size-Betten oder breiten Doppelbetten. Das Frühstück (westlich oder indisch) ist großzügig, das WLAN kostenlos und die herzlichen Gastgeber geben gerne Tipps zu Tamil Nadu. Im Voraus buchen.

Madras B&B B&B $$
(Karte S. 357; ☎ 9677135753; madrasbnb@gmail.com; Flat 1/3, Nandini Apts., 72/45 1st Main Rd, RA Puram; Zi. inkl. Frühstück 3000 ₹; ❄☜) Die freundliche kleine Unterkunft erinnert an eine gemütliche Lodge für Selbstversorger. Zur Auswahl stehen drei (bald sieben) geräumige, unprätentiöse, wohnliche, stilvolle Zimmer in einem ruhigen Privatapartment, die bei Yogaschülern beliebt sind. Gäste kommen in den Genuss einer voll ausgestatteten Küche sowie von kostenlosem WLAN und einer Gemeinschaftslounge mit Blumendeko. Reservierung zu empfehlen.

★ Park Hotel BOUTIQUE-HOTEL $$$
(Karte S. 362; ☎ 044-42676000; www.theparkhotels.com; 601 Anna Salai; EZ 12590–14990 ₹, DZ 13790–16190 ₹, Suite ab 19190 ₹; ❄@☜≋) Wir lieben dieses superschicke Boutique-Hotel, das größten Wert auf Design legt. Davon zeugen Bambus, Stahl und goldene Kissen in der Lobby und Poster südindischer Filmklassiker, die in den Gemini Studios gedreht wurden, der vorigen Inkarnation des Hotelgrundstücks. Die Zimmer bieten weiche Bettdecken und stilsichere Details wie mit Federn besetzte Lampen und verglaste Bäder. Darüber hinaus gibt es drei Restaurants, einen Dachpool, ein Luxusspa und drei Nachtlokale.

Hyatt Regency HOTEL $$$
(Karte S. 357; ☎ 044-61001234; www.chennai.regency.hyatt.com; 365 Anna Salai; EZ 10190–11990 ₹, DZ 11390–13190 ₹, alle inkl. Frühstück; ❄@☜≋) Edel, schick und topmodern: Der wunderschöne, dreieckige Hotelriese ist der zentralste von Chennais Neuzugängen der Luxuskategorie. Zeitgenössische Kunst ziert die sonnendurchflutete Vorhalle, in den drei guten Restaurants und einer beliebten Bar haben einheimische Köche das Sagen und die eleganten, durch und durch modernen Zimmer verfügen über Durchgangsbäder und großartige Blicke durch massive Panoramafenster auf das Meer und die Stadt. Der Pool wird von Blumengärten gesäumt.

Raintree HOTEL $$$
(Karte S. 357; ☎ 044-42252525; www.raintreehotels.com; 120 St Mary's Rd, Alwarpet; EZ/DZ 9590/10790 ₹; ❄@☜≋) 🍃 Die Böden dieses „ökosensiblen" Hotels sind aus Bambus oder Gummi. Wasser- und Stromsparen wird hier groß geschrieben, und mit der Wärme der Klimaanlage wird das Wasser in den Bädern beheizt. Die schicken, minimalistischen Zimmer sind gemütlich und stilvoll und haben kostenloses WLAN, bis 2015 sollen zudem einige frisch renoviert sein. Auf der Dachterrasse gibt es einen Infinity-Pool mit Meerblick (der Pool dient auch als Isolierung) und ein Restaurant.

Essen

In Chennai gibt es jede Menge günstige Lokale (*messes*), die mittags und abends Thalis sowie *tiffin* (Snacks), beispielsweise *idlis* (luftige, runde Kuchen aus fermentiertem Reis), *vadas* (Krapfen aus Linsenmehl) und Dosas, servieren. Man kann aber auch sämtliche Mahlzeiten in einem der 24 Restaurants der Saravana-Bhavan-Kette einnehmen, die gute vegetarische Küche bietet. In der muslimischen Gegend rund um die Triplicane High Rd findet man ein tolles Biryani-Lokal nach dem anderen.

Die Zahl gehobener indischer Restaurants wächst, und mittlerweile boomt in Chennai auch die internationale Küche, so gibt es eine gute Auswahl an schicken Lokalen, vor allem in Luxushotels.

Zu praktischen, gut sortierten Supermärkten zählen **Spencer's** (Karte S. 357; 15 EVK Sampath Salai, Vepery; ⏲ 7.30–21.30 Uhr) in der Nähe des Egmore- und Central-Bahnhofs, Big Bazaar in **T Nagar** (Karte S. 357; 34 Sir Thyagaraya Rd; ⏲ 10.30–21.30 Uhr), die **Express Avenue Mall** (Express Avenue, White's

Rd; ⌚10–21 Uhr) und **Nilgiri's** (Karte S. 362; 25 Shafee Mohammed Rd, Thousand Lights West; ⌚8.30–21.30 Uhr) abseits der Khader Nawaz Khan Rd in Nungambakkam.

Egmore

★ **Hotel Saravana Bhavan** INDISCH $
(Karte S. 362; www.saravanabhavan.com; 21 Kennet Lane; Hauptgerichte 75–140 ₹; ⌚6–22 Uhr) Die stets leckeren südindischen Thali-Menüs der bekannten vegetarischen Kette kosten zwischen 80 und 100 ₹. Daneben ist sie eine exzellente Adresse für südindisches Frühstück (*idlis* und *vadas* ab 33 ₹), Filterkaffee und andere fleischlose Kost. Es gibt auch Filialen in **George Town** (Karte S. 357; 209 NSC Bose Rd; ⌚6–22 Uhr), **Triplicane** (Karte S. 362; Shanthi Theatre Complex, 44 Anna Salai; ⌚7–23 Uhr), **Thousand Lights** (Karte S. 362; 293 Peter's Rd; Hauptgerichte 115–175 ₹; ⌚7.30–23 Uhr), **Mylapore** (Karte S. 357; 70 North Mada St; ⌚6–22 Uhr) und **T Nagar** (Karte S. 357; 102 Sir Thyagaraya Rd; ⌚7–22.30 Uhr), außerdem in London, Paris und New York.

Das etwas schickere Lokal in Thousand Lights bietet ein Mittags- und Abendbuffet für 300 ₹.

Annalakshmi INDISCH $$
(Karte S. 362; ☎044-28525109; www.annalakshmichennai.co.in; 1. OG, Sigapi Achi Bldg, 18/3 Ruk-mani Lakshmipathy Rd; Hauptgerichte 180–280 ₹, Mittagsmenü/-buffet 750/400 ₹; ⌚Di–So 12–14.30 & 19–21 Uhr) Die feine süd- und nordindische vegetarische Küche wird in einem wunderschönen Speiseraum mit Schnitzereien und Gemälden in einem Hochhaus hinter dem Air-India-Gebäude serviert. Das Mittagsbuffet gibt's in einem anderen Teil des Hauses. Das Annalakshmi wird von Anhängern des Swami Shanthanand Saraswathi geführt und unterstützt medizinische Hilfsprogramme für Arme.

Madras Masala INTERNATIONAL $$
(Karte S. 362; Fortel, 3 Gandhi Irwin Rd; Hauptgerichte 188–375 ₹; ⌚7–23 Uhr) Das Restaurant im Hotel Fortel legte früher den Fokus auf kontinentale Küche, kredenzt heute jedoch eine recht eindrucksvolle Auswahl an indischen vegetarischen und nicht-vegetarischen Gerichten, darunter leckere Biryanis. Das Ambiente ist ruhig, geschmackvoll und freundlich, dafür sorgen schon die Sitzecken aus rotem Knautschsamt und die Gemälde mit Motiven aus dem Alltag der Einheimischen.

TYPISCH TAMILISCH TAFELN

Die beliebtesten Gerichte Tamil Nadus sind größtenteils vegetarisch und werden mit viel Kokos und Chili zubereitet. Typisch sind Dosas, *idlis* (weiche runde fermentierte Reiskuchen) und *vadas* (frittierte Linsenbratlinge), die allesamt mit Kokos-Chutney und *sambar* (Linsenbrühe) serviert werden. Fast ebenso weit verbreitet ist *uttapam*, ein dicker herzhafter Reispfannkuchen mit fein geschnittenen Zwiebeln, grünen Chilis und Koriander. Ebenfalls lecker sind südindische „Menüs" – Thalis auf Reisbasis, Linsengerichte, *rasam* (scharf-saure Tamarindensuppe) und Chutneys, oft auf Bananenblättern serviert. Der größte Exot der typisch fleischlosen Kost des Bundesstaates ist die Küche aus der Region Chettinadu südlich von Trichy. Auch wenn in Tamil Nadu viel Tee angebaut wird, erfreut sich Filterkaffee mit Milch, Zucker und einem Hauch Zichorie großer Beliebtheit.

Triplicane & Umgebung

Ratna Café SÜDINDISCH $
(Karte S. 362; 255 Triplicane High Rd; Gerichte 50–110 ₹; ⌚6–22.45 Uhr) Das Ratna ist oft überfüllt und für seine leckeren *idlis* und die herzhafte *sambar* (Linsenbrühe) berühmt, mit der sie serviert werden. Seit 1948 lassen sich Kunden hier dieses Gericht schmecken. Es kostet 30 ₹ und kann den ganzen Tag über geordert werden. Hinten gibt es einen neuen klimatisierten Raum.

A2B SÜDINDISCH $
(Karte S. 362; 47/23 Bharathi Salai; Hauptgerichte 90–130 ₹; ⌚7–23 Uhr) Hier können Gäste im klimatisierten Speiseraum (oben) südindische Klassiker und vegetarische Biryanis genießen, unten kommen hingegen Naschkatzen auf ihre Kosten. Das **Natural Fresh** (Karte S. 357; 35 Bharathi Salai; Kugel 53 ₹; ⌚11–23 Uhr) in der Nähe verkauft exzellentes Eis.

★ **Amethyst** INTERNATIONAL, CAFÉ $$$
(Karte S. 362; ☎044-45991633; www.amethystchennai.com; White's Rd, Royapettah; Hauptgerichte 240–450 ₹; ⌚10–23 Uhr; 📶) Die nostalgische Oase in einem geschmackvoll umgebauten Lagerhaus mit Tischen auf der Rundumveranda und im grünen Garten erfreut sich bei Zugezogenen und gut betuch-

STRASSENESSEN IN CHENNAI

Das Straßenessen Chennais ist zwar nicht so legendär wie in Delhi oder Mumbai (Bombay), dennoch findet man vor Ort einige sensationelle Leckereien, insbesondere in Mylapore, George Town, Egmore und T Nagar (Thyagaraya Nagar).

Jannal Kadai (Karte S. 357; Ponnambala Vathiar St, Mylapore; bajjis 20 ₹; ⏲ Mo–Sa 7.30–10 & 17.30–20.45, So 7.30–10 Uhr) Bei diesem winzigen, unheimlich hektischen Imbiss werden die Speisen durch ein Fenster gereicht. Bekannt ist er für seine heißen knusprigen *bajjis* (frittiertes Gemüse), *bondas* (Kartoffelbreiplätzchen) und *vadas* (frittierte Linsenbratlinge). Einfach nach den marineblauen Fenstern gegenüber dem Pixel Service Ausschau halten.

Seena Bhai Tiffin Centre (Karte S. 357; 11/1 NSC Bose Rd; idlis & uttapams 40 ₹; ⏲ 18–24 Uhr) In dem 35 Jahre alten Imbiss im Getümmel von George Town gibt es köstlich gebackene, vor Ghee triefende *idlis* und *uttapams* (dicke herzhafte Reispfannkuchen mit Zwiebeln, Chilis und Koriander).

Mehta Brothers (Karte S. 357; 310 Mint St; Gerichte 15–25 ₹; ⏲ Mo–Sa 16–21 Uhr) Der winzige Stand lockt seine Kunden mit den frittierten Freuden der Maharashtra-Spezialität *vada pavs* (würzige Kartoffelbratlinge in Brötchen mit Knoblauch-Chutney) an.

ten Einheimischen großer Beliebtheit. Auf den Tisch kommen erstklassige europäische Köstlichkeiten wie Quiches, Pasta, Crêpes, kreative Salate (Wassermelone und Feta) und sogar Nachmittagstee. Nachdem man einen Tisch ergattert hat, kann man sich in der eindrucksvollen indischen Edelboutique umsehen.

Nungambakkam & Umgebung

Tuscana Pizzeria ITALIENISCH $$$
(Karte S. 362; ☎ 044-45038008; www.tuscanakryptos.in; 19, 3rd St, Wallace Garden; Pizza & Pasta 480–780 ₹; ⏲ 12–23 Uhr) Pizzaliebhaber aufgepasst: Diese beliebte Pizzeria zaubert authentische, knusprig dünne Pizza mit Zutaten wie Prosciutto und Mozzarella sowie kreative Varianten wie würziges Paneer Masala und leckere Pasta auf den Tisch. Es gibt auch vollkornhaltige und glutenfreie Optionen. Hier sollte man am besten im Voraus einen Tisch reservieren.

Raintree CHETTINAD-KÜCHE $$$
(Karte S. 362; www.vivantabytaj.com; Vivanta by Taj – Connemara, Binny Rd; Hauptgerichte 500–1000 ₹; ⏲ 12.30–14.45 & 19.30–23.45 Uhr) Das 25 Jahre alte Restaurant mit Holzdecke ist die wohl beste Adresse in Chennai, um Köstlichkeiten aus der Chettinad-Region Tamil Nadus zu probieren. Die Gerichte sind traditionell fleischlastig und wunderbar würzig, aber nicht zu sehr mit Chili überladen, zudem gibt es vegetarische Optionen. Bei gutem Wetter kann man draußen im grünen Garten umgeben von Wasserlilien essen.

Süd-Chennai

Murugan Idli Shop SÜDINDISCH $
(Karte S. 357; 77 GN Chetty Rd, T Nagar; Gerichte 50–85 ₹; ⏲ 7–23.30 Uhr) Eingeweihte wissen, dass diese Filiale der kleinen Kette aus Madurai mit die besten *idlis* und südindischen Gerichte der Stadt serviert. Wir können da nur zustimmen!

Chamiers INTERNATIONAL, CAFÉ $$
(Karte S. 357; 106 Chamiers Rd, RA Puram; Hauptgerichte 295–380 ₹, Frühstück 195–335 ₹; ⏲ 8–23.30 Uhr; 📶) Das Café im ersten Stock wirkt einen Kontinent von Chennai entfernt und wird von den Einheimischen dennoch geliebt. Zum Programm gehören u. a. Blumentapete, Bäume vor den Fenstern, Korbstühle, WLAN (100 ₹/Std.), wunderbarer Karottenkuchen und Cappuccino, englisches Frühstück, amerikanische Pancakes, Pasta, Quiches, Quesadillas und Salate.

Junior Kuppanna SÜDINDISCH $$
(Karte S. 357; 4 Kannaiya St, North Usman Rd, T Nagar; Hauptgerichte 130–190 ₹, vegetarische/nicht-vegetarische Thalis 160/190 ₹; ⏲ 12–16 & 19–23 Uhr) In der makellos sauberen Küche (die Gäste besichtigen dürfen) werden zur Mittagszeit Unmengen an aromatischen Thalis zubereitet, die nach traditioneller Art auf Bananenblättern serviert werden. Im typisch chaotisch-hektischen Ambiente gibt's hier außerdem eine umfangreiche Speisekarte, wobei sich Fleischliebhaber, die Abwechslung von vegetarischer Kost suchen, Spezialitäten wie Hammelhirn und gebrate-

ne Makrele schmecken lassen können. Wegen der großen Beliebtheit sollte man früh kommen.

Enté Keralam KERALA-KÜCHE $$
(Karte S. 357; ☎044-32216591; http://entekeralam.in; 1 Kasturi Estate 1st St, Poes Garden; Hauptgerichte 215–450 ₹; ⏲12–15 & 19–23 Uhr) Die vier in Orangetönen gehaltenen Räume dieses Kerala-Restaurants strahlen wunderbare Ruhe aus, und in jedem stehen nur drei bis vier Tische. Am besten beginnt man mit dem leicht scharfen *pachakkari*-Gemüseeintopf mit luftig-leichten *appam* (Reispfannkuchen) oder *kozhi porichatu* (frittiertem mariniertem Hühnchen) und schließt mit cremigem Kokoseis oder *paal ada payasam*, einer Art süßem Reispudding, ab.

★ **Dakshin** SÜDINDISCH $$$
(Karte S. 357; ☎044-24994101; Sheraton Park Hotel, 132 TTK Rd, Alwarpet; Hauptgerichte 690–1670 ₹; ⏲12.30–14.45 & 19–23.15 Uhr) Das Dakshin gilt weithin als das beste südindische Restaurant Chennais und hat sich auf die Küche von Kerala, Tamil Nadu, Andhra Pradesh und Karnataka spezialisiert. Traditionelle Skulpturen und Spiegelsäulen schaffen eine tempelähnliche Kulisse, zudem spielen jeden Abend (außer montags) Flötisten und Tabla-Musiker. Unsere Empfehlung: das Fischcurry aus Andhra Pradesh und vielleicht der eine oder andere Tropfen von der Whiskey- und Weinkarte.

★ **Copper Chimney** NORDINDISCH $$$
(Karte S. 357; ☎044-28115770; 74 Cathedral Rd, Gopalapuram; Hauptgerichte 290–700 ₹; ⏲12–15 & 19–23 Uhr) Fleischliebhaber werden die leckeren nordindischen Tandoori-Gerichte, serviert in stilvoll minimalistischem Ambiente, begeistern, doch auch die vegetarische Auswahl (mit ein paar Jain-Spezialitäten) ist fantastisch. Die *machchi*-Tikka – Spieße mit gebackenem Tandoori-Fisch – sind köstlich, ebenso der würzige Paneer-Kebab.

Ausgehen & Nachtleben

Chennais Nachtleben kann sich mittlerweile sehen lassen, wer ausgehen möchte, darf jedoch nicht knausrig sein. Die Ausschankgesetze sind die wohl liberalsten des Landes, das gilt allerdings nur für Fünf-Sterne-Hotels. Dort servieren Bars und Clubs die ganze Woche über rund um die Uhr Alkohol, dementsprechend konzentriert sich auf diese auch das Nachtleben. Männer ohne Begleitung (sogenannte „stags") werden teils abgewiesen und die Kleidungsordnung ist eindeutig: Keine Shorts und keine Sandalen.

Andere Hotelbars (mit größtenteils männlicher Klientel) schließen in der Regel um Mitternacht. Wer selbst Alkohol kaufen möchte, steuert die staatlichen „Premium"-TASMAC-Spirituosenläden in den Einkaufszentren an. Infos gibt's unter www.timescity.com/chennai.

Zara the Tapas Bar BAR
(Karte S. 357; ☎044-28111462; zaratapasbar.in; 71 Cathedral Rd; Cocktails 430–550 ₹, Tapas 230–380 ₹; ⏲12.30–24 Uhr) Wo sonst findet man DJs, die unter Stierkampfpostern und direkt neben Fernsehern, auf denen gerade Kricket gezeigt wird, Clubmusik auflegen? Das Zara zieht an den meisten Abenden jede Menge junger, modebewusster Gäste an, deswegen reserviert man am besten einen Tisch. Und die Tapas? Der *jamón serrano* wird frevelhafterweise zu Pastete zerhackt, aber die *tortilla española* ist authentisch und lecker. Dienstags spielen Livebands.

Pasha NACHTCLUB
(Karte S. 362; Park Hotel, 601 Anna Salai; 2000 ₹/Paar inkl. 1500 ₹ Getränkegutschein, Frauen frei; ⏲20.30–2.30 Uhr) Der elegante zweistöckige Club mit persischem Flair lockt stilvolle Mitzwanziger an und veranstaltet mittwochs und samstags beliebte Bollywood-Abende. An den DJ-Pulten legen internationale Größen auf und die Kleiderordnung ist lässig-schick.

Flying Elephant BAR, RESTAURANT
(☎044-71771234; Park Hyatt, 39 Velachery Rd, Guindy; 3000 ₹/Paar inkl. 2000 ₹ Getränkegutschein, Frauen frei; ⏲Sa 23–3 Uhr, Restaurant tgl. 19–23 Uhr) Das schicke, moderne und energiegeladene Restaurant des Park Hyatt ist bei der Elite beliebt und verwandelt sich samstags ab 23 Uhr in Chennais angesagteste neue Partyadresse. Die Getränke sind (egal nach welchem Standard) teuer und alles ist sehr glamourös, etwa die tief liegende Bar. Auch die internationalen Fusiongerich-

GELDAUTOMATEN

Die Geldautomaten von Citibank eignen sich am besten, um in Tamil Nadu größere Geldmengen mit einer ausländischen Karte abzuheben. Alternativen sind die Axis Bank, Canara Bank, HDFC Bank, ICICI Bank und die State Bank of India.

UNTERWEGS AN FEIERTAGEN

Alle Transportmittel in, nach und aus Tamil Nadu sind rund um große Fest- und Feiertage schon Wochen im Voraus ausgebucht, etwa für Pongal, Karthikai Deepam, Gandhi Jayanti und Diwali. Unbedingt vorab planen!

te (Hauptgerichte 650–1670 ₹), die in fünf offenen Küchen zubereitet werden, können sich sehen lassen. In der Guindy-Gegend in Flughafennähe.

Brew Room CAFÉ
(Karte S. 357; Savera Hotel, Dr Radhakrishnan Salai; Kaffee 100–175 ₹, Gerichte 250–350 ₹; ⌚8–22 Uhr; 📶) Das trendige Brew-Café hat es nach Chennai geschafft und wird sehr geschätzt. Im neurustikalen Stil kommt hier einzigartiger Kaffee auf den Tisch, vom doppelten Espresso und italienischem Cappuccino bis hin zu Cafetière-Varianten und Americano. Die moderne kontinentale Speisenauswahl umfasst leckere vegetarische und vegane Optionen, auch mit Tofu.

Leather Bar BAR
(Karte S. 362; Park Hotel, 601 Anna Salai; ⌚24 Std.) Das „Leder" im Namen bezieht sich hier auf Möbel, Boden und Wände und keineswegs auf irgendwelche sexuellen Vorlieben. In der winzigen, modischen Bar mixen fachmännische Barkeeper kreative Drinks, während ab 21 Uhr DJs für Tanzmusik sorgen.

Dublin KNEIPE, NACHTCLUB
(Karte S. 357; Sheraton Park Hotel, 132 TTK Rd, Alwarpet; 2000 ₹/Paar inkl. 1000 ₹ Getränkegutschein; ⌚Mi–Sa ab 20 Uhr) Bis 22 Uhr fungiert das alteingesessene dreistöckige Dublin als Irish Pub, danach verwandelt es sich in einen gut gefüllten Club, der freitags und samstags bis 3 Uhr geöffnet ist. Die musikalische Bandbreite reicht von Hiphop bis hin zu Bollywood. Keine Männer ohne Begleitung (sogenannte „stags", also Junggesellen).

Café Coffee Day CAFÉ
(Karte S. 362; www.cafecoffeeday.com; Ispahani Centre, 123 Nungambakkam High Rd; ⌚10–22.30 Uhr; 📶) Hier gibt's gute heiße und kalte Kaffee- und Teegetränke für 60 bis 120 ₹. Weitere Filialen findet man in **Egmore** (Karte S. 362; Alsa Mall, Montieth Rd; ⌚11–21 Uhr), **Nungambakkam** (Karte S. 362; Khader Nawaz Khan Rd, Nungambakkam; ⌚9–23 Uhr) und der **Express Avenue Mall** (Karte S. 362; 3. OG, Express Avenue Mall, White's Rd; ⌚9.30–22 Uhr).

☆ Unterhaltung

Fast jeden Abend findet irgendwo in Chennai ein Konzert mit *bharatanatyam* (klassischem tamilischen Tanz) und/oder karnatischer Musik statt. In der *Hindu*, der *Times of India* oder auf www.timescity.com/chennai gibt's eine Übersicht dazu. Die **Music Academy** (Karte S. 357; ☎044-28112231; www.musicacademymadras.in; 168 (alt 306) TTK Rd, Royapettah) ist der beliebteste Veranstaltungsort, aber in der Kalakshetra Foundation (S. 361) oder dem **Bharatiya Vidya Bhavan** (Karte S. 357; ☎044-24643420; www.bhavanchennai.org; East Mada St, Mylapore) gibt's viele Darbietungen, die kostenlos sind.

Shoppen

In T Nagar gibt es tolle Einkaufsmöglichkeiten, vor allem auf dem Pondy Bazaar und rund um den Panagal Park. In Chennai kann man feinste Kanchipuram-Seide erstehen, so findet man in den Straßen beim Panagal Park jede Menge Fachgeschäfte. Wer das Glück hat, eine indische Hochzeit besuchen zu dürfen, kann hier seinen Sari dafür kaufen.

Die Khader Nawaz Khan Rd in Nungambakkam ist eine hübsche Straße voller edler Designer-Boutiquen, Cafés und Galerien.

In den Einkaufszentren der Stadt gibt es jede Menge großer internationaler und indischer Modemarken. Zu den besten Zentren gehören **Express Avenue** (White's Rd, Royapettah; ⌚10–21 Uhr), **Chennai Citi Centre** (Karte S. 357; 10 Dr Radhakrishnan Salai, Mylapore; ⌚10–23.30 Uhr), **Spencer Plaza** (Karte S. 362; Anna Salai; ⌚10.30–21 Uhr) und die neue **Phoenix Market City** (142 Velachery Main Rd, Velachery; ⌚11–22 Uhr). Spencer Plaza ist ein wenig günstiger als die anderen und bietet kleinere Kunsthandwerks- und Souvenirläden.

Chennai Zentrum

★ **Higginbothams** BÜCHER
(Karte S. 362; higginbothams@vsnl.com; 116 Anna Salai; ⌚9–20 Uhr) Der Buchladen in einem imposanten weißen Gebäude eröffnete im Jahre 1844 und gilt als der älteste Indiens. Neben einer exzellenten Abteilung für englischsprachige Literatur – auch Lonely Planets sind dort erhältlich – gibt es eine gute Auswahl an Karten.

Naturally Auroville KUNSTHANDWERK (Karte S. 362; 8 Khader Nawaz Khan Rd, Nungambakkam; ⌚10.30–21 Uhr) Farbenfrohes Kunsthandwerk und Wohndekor wie Bettwäsche, Räucherkerzen und Duftkerzen sowie Notizbücher aus handgemachtem Papier aus Auroville nahe Puducherry.

Starmark BÜCHER (www.starmark.in; 2.OG, Express Avenue, White's Rd; ⌚10.30–21.30 Uhr) Schicker, neuer Buchladen mit einer exzellenten Auswahl an englischen, indischen und tamilischen Romanen und Sachbüchern, Indien-Reiseführern und Lonely Planets.

Evoluzione KLEIDUNG (Karte S. 362; www.evoluzionestyle.com; 3 Khader Nawaz Khan Rd, Nungambakkam; ⌚Mo–Sa 10.30–19.30, So 12–18 Uhr) Die Edelboutique verkauft neotraditionelle Kreationen von aufstrebenden indischen Designern. Hier kann man wunderbar stöbern, auch wenn man sich die wunderbar glamourösen Hochzeitskleider nicht leisten kann.

Poompuhar KUNSTHANDWERK (Karte S. 362; 108 Anna Salai; ⌚Mo–Sa 10–20, So 11–19 Uhr) Die große Filiale der staatlichen Kunsthandwerkskette mit festen Preisen ist die richtige Anlaufstelle – egal ob für billige, bunte Gottheiten aus Gips oder 200 000 ₹ teure, meterhohe Bronze-Nataraja-Figuren.

Süd-Chennai

★ **Nalli Silks** TEXTILIEN (Karte S. 357; www.nallisilks.com; 9 Nageswaran Rd, T Nagar; ⌚9–21 Uhr) Der riesige, farbenfrohe Pionier unter den Seidenläden der Stadt öffnete 1928 und verkauft leuchtende Hochzeitssaris, die verschiedensten Kanchipuram-Seidenwaren sowie Seiden-Dhotis (lange Beinkleider) für Jungs. Nebenan gibt es ein Schmuckgeschäft.

Fabindia KLEIDUNG, KUNSTHANDWERK (www.fabindia.com; 35 TTK Rd, Mylapore; ⌚10.30–20.30 Uhr) Die landesweit vertretene Fair-Trade-Kette verkauft stilvoll moderne Kleidung und Kunsthandwerksgegenstände aus Dörfern. Wer möchte, kann hier Kurtas (langes Hemd ohne oder mit kurzem Kragen) erstehen, die man über Leggings trägt. In dieser Filiale gehören außerdem Räucherkerzen, Keramik, Tischdecken, Bettwäsche und natürliche Kosmetikprodukte zum Sortiment. Fabindia gibt's auch in der **Woods Rd** (Karte S. 362; 3 Woods Rd; ⌚10.30–20.30 Uhr), der **Express Avenue** (Karte S. 362; 1. OG, Express Avenue Mall, White's Rd; ⌚11–21 Uhr) und in **T Nagar** (Karte S. 357; 44 GN Chetty Rd, T Nagar; ⌚10.30–20.30 Uhr).

Chamiers KLEIDUNG, KUNSTHANDWERK (Karte S. 357; 106 Chamiers Rd, RA Puram; ⌚10–20 Uhr) Im Erdgeschoss dieses beliebten Café-Boutique-Komplexes verkauft **Anokhi** zu fairen Preisen wunderschöne Kleidung, Bettwäsche und Accessoires aus leichten Stoffen mit Stempeldrucken, die östliche mit westlichen Elementen verbinden. Der elegante **Amethyst Room** nebenan hat wunderschöne indische Designermode des oberen Preissegments im Angebot.

Kumaran Silks TEXTILIEN (Karte S. 357; www.kumaransilksonline.com; 12 Nageswaran Rd, T Nagar; ⌚9–21 Uhr) Saris, noch mehr Saris (auch „Billig-Saris") und jede Menge Kanchipuram-Seide.

ℹ Praktische Informationen

GELD

Geldautomaten findet man überall, auch am Bahnhof Central, am Flughafen und am Hauptbusbahnhof.

Thomas Cook (Karte S. 362; Phase I, Spencer Plaza, Anna Salai; ⌚9.30–18.30 Uhr) Wechselt ausländische Währungen und löst außerdem auch Reiseschecks von American Express ein.

GEPÄCKAUFBEWAHRUNG

An den Bahnhöfen Egmore und Central gibt es Gepäckaufbewahrungen (als „Cloakroom" ausgeschildert) für Inhaber einer Fahrkarte. Auch am Flughafen kann man sein Gepäck abgeben.

INTERNETZUGANG

Internetzentren verteilen sich auf die ganze Stadt. Viele Cafés verfügen über WLAN.

Internet (Karte S. 362; 6 Gandhi Irwin Rd, Egmore; 30 ₹/Std.; ⌚8–22 Uhr) Im Hof des Hotel Imperial.

Studio (Karte S. 362; Theetharappan St, Triplicane; 15 ₹/Std.; ⌚9.30–22.30 Uhr) Reisepass erforderlich.

MEDIZINISCHE VERSORGUNG

Apollo Hospital (Karte S. 362; ☎044-28296569, Notfälle 044-28293333; www.apollohospitals.com; 21 Greams Lane) Hochmodernes, teures Krankenhaus, das bei „Medizintouristen" beliebt ist.

Kauvery Hospital (Karte S. 357; ☎044-40006000; www.kauveryhospital.com; 199 Luz Church Rd, Mylapore) Gutes, privates Krankenhaus für Allgemeinmedizin.

POST

DHL (Karte S. 362; ☎044-42148886; www.dhl.co.in; 85 VVV Sq, Pantheon Rd, Egmore; ⏲Mo–Sa 9–22 Uhr) Sichere internationale Paketzustellung. Es gibt mehrere Filialen in der Stadt.

Hauptpost (Karte S. 357; Rajaji Salai, George Town; ⏲Mo–Sa 8–20.30, So 10–18 Uhr)

REISEBÜROS

Milesworth Travel (Karte S. 357; ☎044-24320522; http://milesworth.com; RM Towers, 108 Chamiers Rd, Alwarpet; ⏲Mo–Sa 9.30–18 Uhr) Sehr professionelles, freundliches Reisebüro, das bei allen Reiseplänen weiterhelfen kann.

TOURISTENINFORMATION

Indiatourism (Karte S. 362; ☎044-28460285; www.incredibleindia.org; 154 Anna Salai; ⏲Mo–Fr 9–18 Uhr) Nützliche Informationen zu ganz Indien und Chennai.

Tamil Nadu Tourism Development Corporation (TTDC; Karte S. 362; ☎044-25383333; www.tamilnadutourism.org; Tamil Nadu Tourism Complex, 2 Wallajah Rd, Triplicane; ⏲10–18 Uhr) Das Hauptbüro der bundesstaatlichen Tourismusbehörde übernimmt Buchungen für eigene Bustouren, beantwortet Fragen und gibt Broschüren heraus. Im selben Gebäude befinden sich auch Büros der Tourismusbehörden anderer Bundesstaaten, die größtenteils zwischen 10 und 18 Uhr geöffnet sind. Das TTDC unterhält zudem Schalter an den Bahnhöfen Central und Egmore.

ℹ An- & Weiterreise

AUTO

Sich ein Auto mit Fahrer zu mieten, ist die einfachste Möglichkeit, von A nach B zu kommen. Die meisten Reisebüros, Mittel- und Spitzenklassehotels oder die Prepaid-Taxistände am Flughafen helfen bei der Buchung. Beispielpreise: Ein Auto ohne/mit Klimaanlage kostet 700/800 ₹ für bis zu fünf Stunden und 50 km bzw. 1400/1600 ₹ für bis zu zehn Stunden und 100 km.

BUS

Die meisten staatlichen Busse verkehren ab dem großen, aber überraschend gut organisierten **CMBT** (Chennai Mofussil Bus Terminus; Jawaharlal Nehru Rd, Koyambedu), 6 km westlich des Zentrums. Die komfortabelsten und teuersten Busse sind die klimatisierten AC-Busse (dabei sind die Volvo-AC-Modelle am besten), gefolgt von UD-Bussen („Ultra Deluxe"), die man in der Regel auch vorab reservieren kann. Am Ende der Haupthalle befindet sich linker Hand ein computergesteuertes Reservierungszentrum, an dem man bis zu 60 Tage im Voraus buchen kann.

Der **T Nagar Bus Terminus** (Karte S. 357; South Usman Rd) ist am praktischsten, wenn man den Bus 599 nach Mamallapuram (27 ₹, 1½ Std., alle 30 Min.) nehmen möchte.

Zu vielen Zielen bieten private Busse im Regelfall mehr Komfort als die staatlichen, unklimatisierten Busse, sie können aber das Doppelte kosten. Informationen zu den Verbindungen gibt es unter www.redbus.in und Tickets sind bei vie-

STAATLICHE BUSSE AB DEM CMBT

ZIEL	PREIS (₹)	DAUER (STD.)	HÄUFIGKEIT
Bengaluru	360–700	8	60-mal tgl.
Coimbatore	405	11	16-mal tgl.
Ernakulam (Kochi)	590	16	15 Uhr
Hyderabad	730–1200	12	5-mal tgl., 18.30 Uhr
Kodaikanal	390	13	17 Uhr
Kumbakonom	190–275	7	4–24 Uhr alle 30 Min.
Madurai	355–430	10	4–24 Uhr alle 15 Min.
Mamallapuram	80	2	4–24 Uhr alle 30 Min.
Mysuru	630–1050	10	6-mal tgl.
Ooty	415	13	16.30, 17.45 & 19.15 Uhr
Puducherry	95–200	4	4–24 Uhr alle 30 Min.
Rameswaram	420–445	13	17, 17.30 & 17.45 Uhr
Thanjavur	220–325	8½	5–23 Uhr alle 30 Min.
Tirupathi	162–232	4	21-mal tgl.
Trichy	190–285	7	2–24 Uhr alle 15 Min.
Trivandrum	565	15	12-mal tgl.

DIREKTE INLANDSFLÜGE AB CHENNAI

ZIEL	AIRLINES	PREISE AB (₹, EINFACH)	DAUER (STD.)	HÄUFIGKEIT (TÄGLICH)
Bengaluru	AI, I8, SG, S2, 6E, 9W	990	1	17
Delhi	AI, SG, 6E, 9W	3776	2¾	24
Goa	AI, SG, 6E	1577	1¼–2	3–4
Hyderabad	AI, SG, 6E, 9W	1576	1–1½	13
Kochi	AI, SG, 6E, 9W	1576	1–1½	7
Kolkata	AI, SG, 6E	2777	2–2¾	9
Mumbai	AI, G8, SG, 6E, 9W	2775	2	22
Port Blair	AI, G8, SG, 9W	6684	2–2¼	4
Trivandrum	AI, SG, 6E	2172	1½	4

Airline-Codes: AI – Air India, G8 – Go Air, I8 – AirAsia India, SG – SpiceJet, 6E – IndiGo, 9W – Jet Airways

len Reisebüros erhältlich. Ihre Haupthaltestelle ist der **Omnibus Stand** (abseits der Kaliamman Koil St, Koyambedu), 500 m westlich des CMBT, doch manche Unternehmen sammeln ihre Passagiere auch an anderen Stellen in der Stadt ein und setzen sie dort ab. Parveen Travels bietet beispielsweise Verbindungen nach Bengaluru, Ernakulam (Kochi), Kodaikanal, Madurai, Ooty, Puducherry, Trichy und Thiruvananthapuram (Trivandrum) ab dem **Egmore Office** (Karte S. 362; ☎ 044-28192577; www.parveentravels.com; 11/5 Kennet Lane, Egmore).

FLUGZEUG

Der Chennai International Airport liegt in Tirusulam im äußersten Südwesten der Stadt. Das internationale Terminal befindet sich rund 500 m westlich des Inlandsterminals; beide verbindet ein erhöhter Fußweg.

Es gibt Direktflüge zu Städten in ganz Indien, darunter Trichy (Tiruchirappalli), Madurai, Coimbatore und Thoothikudi (Tuticorin) in Tamil Nadu. International werden von Chennai aus e Direktflüge nach/aus Colombo, Singapur, Kuala Lumpur sowie in die Golfstaaten angeboten. Die besten Tarife ab Europa findet man meist bei Jet Airways (über Mumbai oder Delhi), Qatar Airways (über Doha) oder Emirates (über Dubai). Cathay Pacific fliegt Hongkong an, Maldivian Male.

Fluglinien

Air Asia (Karte S. 362; ☎ 044-33008000; www.airasia.com; Ispahani Centre, 123 Nungambakkam High Rd; ⏲ Mo–Sa 9.30–18 Uhr)

Air India (Karte S. 362; ☎ 044-23453375; www.airindia.com; 19 Rukmani Lakshmipathy Rd, Egmore; ⏲ Mo–Sa 9.45–13 & 13.45–17.15 Uhr)

Air India Express (Karte S. 362; ☎ 044-23453375; www.airindiaexpress.in; 19 Rukmani Lakshmipathy Rd, Egmore; ⏲ Mo–Sa 9.45–13 & 13.45–17.15 Uhr)

Jet Airways (Karte S. 362; ☎ 044-39893333; www.jetairways.com; 43/44 Montieth Rd, Egmore; ⏲ Mo–Fr 10–18 Uhr)

SCHIFF

Passagierschiffe starten einmal pro Woche vom Hafen in George Town nach Port Blair auf den Andamen. Der **Andaman Shipping Office Ticketing Counter** (☎ 044-25226873; www.and.nic.in; 2.OG, Shipping Corporation of India, Jawahar Bldg, 17 Rajaji Salai, George Town; ⏲ Mo–Fr 10–13 & 14–16, Sa 10–12.30 Uhr) verkauft Tickets (2270–8850 ₹) für die 60-stündige Überfahrt. Man sollte mehrere Tage im Voraus buchen und je drei Kopien von der Datenseite des Reisepasses und des Indien-Visums samt der Originale mitbringen. Manchmal dauert die Prozedur ziemlich lange.

ZUG

Verbindungen in andere Bundesstaaten und Züge nach Westen fahren generell vom Central-Bahnhof ab, die meisten Züge nach Süden an der Egmore Station. Das **Advance Reservation Office** (Karte S. 362; 1. OG, Nahverkehrsbahnhof Chennai Central; ⏲ Mo–Sa 8–20, So 8–14 Uhr) mit dem sehr hilfsbereiten Foreign Tourist Cell befindet sich im ersten Stock eines separaten Gebäudes unmittelbar westlich des Hauptgebäudes des Bahnhofs Central. Der Bahnhof Egmore hat ein eigenes **Passenger Reservation Office** (Karte S. 362; Bahnhof Chennai Egmore; ⏲ Mo–Sa 8–20, So 8–14 Uhr).

ℹ Unterwegs vor Ort

AUTORIKSCHA

Für Autorikschas gelten Festpreise von 25 ₹ für die ersten 1,8 km (Mindeststrecke), danach werden 12 ₹ pro Kilometer fällig. Manche Fahrer weigern sich noch immer, das Taxameter zu benutzen und nennen astronomische Tarife, während andere unnötig lange Umwege nehmen oder Extragebühren verlangen. Die meisten richten sich jedoch nach dem Zähler, wenn der Kunde darauf besteht. Man sollte niemals im Voraus zahlen und immer sicherstellen, dass das Taxameter vor der Abfahrt eingeschaltet ist. Zwischen 23 und 5 Uhr steigen die Preise um bis zu 50 %.

Vor dem CMBT (125 ₹ nach Egmore) und an der Central Station gibt es Prepaid-Schalter für Autorikschas. Die vor den Nord- und Südausgängen des Egmore-Bahnhofs sind rund um die Uhr geöffnet.

Verlockende Angebote von Autorikscha-Fahrern für „Stadttouren" zum Preis von 50 ₹ klingen zu gut, um wahr zu sein: Tatsächlich wird man den ganzen Tag von einem Laden oder Kaufhaus zum nächsten gebracht.

BUS

Es lohnt sich, sich mit Chennais Bussystem vertraut zu machen, auch wenn die Busse zu den Stoßzeiten beinahe aus allen Nähten platzen. Die Preise bewegen sich zwischen 3 und 14 ₹ (bzw. dem Doppelten für Express- und Deluxe-Busse, Volvo AC-Verbindungen kosten sogar das Fünffache). Streckeninformationen gibt's online unter http://busroutes.in/chennai.

ZUM/VOM FLUGHAFEN

Chennai Metro Rail soll Ende 2015 an den Start gehen und eine günstige, einfache Verbindung zwischen Flughafen und Stadt ermöglichen. Bis dahin ist die billigste Option ein Nahverkehrszug zur bzw. von der Station Tirusulam gegenüber den Parkplätzen des Inlandsterminals, die über eine Fußgängerunterführung unter der Schnellstraße zugänglich ist. Züge verkehren von 4 Uhr bis Mitternacht alle 10 bis 20 Minuten zum/vom Bahnhof Chennai Beach (5 ₹, 42 Min.) und halten u. a. in Kodambakkam, Egmore, Chennai Park und Chennai Fort.

Die Prepaid-Taxi-Schalter vor dem internationalen Terminal des Flughafens verlangen 480/580 ₹ für ein Taxi ohne/mit Klimaanlage nach Egmore sowie 400/500 ₹ nach T Nagar. Die Prepaid-Schalter vor dem Inlandsterminal sind etwas billiger.

Die Stadtbusse 70 und 170, die vom CMBT nach Tambaram fahren, stoppen an der Schnellstraße gegenüber dem Flughafen.

METRO RAIL

Chennai Metro Rail, ein neues, teilweise unterirdisches und schnelles Transportnetz, soll Ende 2015 an den Start gehen und es leichter machen, sich in der Stadt fortzubewegen. Die Linie 1 fährt dann vom Flughafen nach Teynampet, Thousand Lights, zum Bahnhof Central, zum High Court und nach Washermanpet im Norden von Chennai und verläuft über mehrere Kilometer unter Anna Salai. Linie 2 fährt vom Bahnhof Central nach Egmore und zum CMBT im Westen und dann weiter zum St. Thomas Mount im Süden.

TAXI

Prepaid-Taxistände gibt es an beiden Flughafenterminals. Einen weiteren **Prepaid-Stand** (Karte

CHENNAIS BUSROUTEN

BUS-NR.	ROUTE
A1	Central–Anna Salai–RK Mutt Rd (Mylapore)–Theosophical Society–Thiruvanmiyur
1B	Parry's–Central–Anna Salai–Airport
10A	Parry's–Central–Egmore (S)–Pantheon Rd–T Nagar
11	Rattan–Central–Anna Salai–T Nagar
12	T Nagar–Pondy Bazaar–Eldham's Rd–Dr Radhakrishnan Salai–Vivekananda House
15B & 15F	Broadway–Central–CMBT
21H	Broadway–Fort St. George–Kamarajar Salai–San-Thome-Kathedrale–Theosophical Society
M27	CMBT–T Nagar
27B	CMBT–Egmore (S)–Bharathi Salai (Triplicane)
27D	Egmore (S)–Anna Salai–Cathedral Rd–Dr. Radhakrishnan Salai–San-Thome-Kathedrale
32 & 32A	Central–Vivekananda House

Die Routen gelten in beide Richtungen.

Broadway – Broadway Bus Terminus, George Town

Central – Central Station

Egmore (S) – Egmore Station (Südseite)

Parry's – Parry's Corner

WICHTIGE ZÜGE AB CHENNAI

ZIEL	ZUG-NR. & -NAME	PRIES (₹)	DAUER (STD.)	ABFAHRT
Bengaluru	*12007 Shatabdi Express**	529/1155 (A)	5	6 Uhr CC
	12609 Chennai-Bangalore Express	110/535 (B)	6½	13.35 Uhr CC
Coimbatore	*12675 Kovai Express*	180/655 (B)	7½	6.15 Uhr CC
	12671 Nilgiri Express	315/805/1135 (C)	7¾	21.15 Uhr CC
Delhi	*12621 Tamil Nadu Express*	780/2020/2970 (C)	33	22 Uhr CC
Goa	*17311 Vasco Express* (nur Fr)	475/1275/1850 (C)	22	13.50 Uhr CC
Hyderabad	*12759 Charminar Express*	425/1115/1590 (C)	13½	18.10 Uhr CC
Kochi	*16041 Alleppey Express*	395/1035/1470 (C)	11½	20.45 Uhr CC
Kolkata	*12842 Coromandel Express*	665/1730/2520 (C)	27	8.45 Uhr CC
Madurai	*12635 Vaigai Express*	180/655 (B)	8	13.20 Uhr CE
	12637 Pandyan Express	315/805/1135 (C)	9	21.20 Uhr CE
Mumbai	*11042 Mumbai Express*	540/1440/2100 (C)	26	11.55 Uhr CC
Mysuru	*12007 Shatabdi Express**	915/1805 (A)	7	6 Uhr CC
	16021 Kaveri Express	285/755/1085 (C)	10	21 Uhr CC
Tirupathi	*16053 Tirupathi Express*	80/285 (B)	3½	14.10 Uhr CC
Trichy	*12635 Vaigai Express*	145/510 (B)	5	13.20 Uhr CE
Trivandrum	*12695 Trivandrum Mail*	470/1230/1760 (C)	16	15.25 Uhr CC

Abfahrtscodes: CC – Chennai Central, CE – Chennai Egmore

*täglich außer Mittwoch

Preise: (A) Chair/Executive; (B) 2. Klasse/Chair Class; (C) Sleeper/3AC/2AC

S. 362; Egmore Station; ⏲4–13 Uhr) findet man vor der Südseite des Bahnhofs Egmore; eine 7 km lange Fahrt, z. B. nach Alwarpet, kostet rund 240 ₹.

Die recht verlässlichen Taxis von **Fast Track** (☎60006000) kosten 100 ₹ für bis zu 4 km, danach werden 18 ₹ pro Kilometer fällig (zwischen 23 und 5 Uhr steigen die Tarife um 25 %); Reservierungen sind telefonisch möglich.

ZUG

Effiziente, billige Nahverkehrszüge verkehren von der Beach Station zu den Stationen Fort, Park (in der Nähe vom Bahnhof Central), Egmore, Chetpet, Nungambakkam, Kodambakkam, Mambalam, Saidapet, Guindy, St. Thomas Mount, Tirusulam (Anschluss zum Flughafen) und bis nach Tambaram. In Egmore befinden sich die Gleise für die Nahverkehrszüge (10 und 11) sowie das Ticket Office an der Nordseite des Bahnhofs. Eine zweite Linie zweigt nach dem Fort nach Süden zu den Stationen Park Town, Chepauk, Tiruvallikeni (für Marina Beach), Light House und Thirumailai (nahe dem Kapaleeshwarar-Tempel) ab. Züge verkehren zwischen 4 Uhr und Mitternacht mehrmals stündlich, und die Fahrt kostet 5 bis 10 ₹.

NÖRDLICHES TAMIL NADU

Von Chennai nach Mamallapuram

Wenn man auf der East Coast Road (ECR) nach Süden fährt, wird Chennais weitläufiges Stadtgebiet nach etwa einer Stunde lichter. Tamil Nadu zeigt sich nun als Land mit roter Erde, blauem Himmel, Palmen und grünen Feldern, gespickt mit Städten und Dörfern (oder, wenn man auf dem „IT Expressway" ins Landesinnere fährt, mit riesigen, modernen Gebäuden).

Wegen der starken Strömung ist das Baden an der Küste gefährlich.

Sehenswertes & Aktivitäten

Cholamandal Artists' Village KÜNSTLERKOLONIE, MUSEUM
(044-24490092; www.cholamandalartistsvillage.in; Injambakkam; Museum 20 ₹; Museum 9.30–18.30 Uhr) Rund um das Dorf Injambakkam, 10 km südlich des Flusses Adyar, herrscht eine Art tropisches Boheme-Flair. Die 3 ha große Künstlerkooperative – 1966 von Künstlern der Madras-Bewegung, Pionieren auf dem Gebiet der modernen Kunst in Südindien, gegründet – ist ein entspannter Rückzugsort von der Hektik des Alltags, und die Kunst, die in dem Museum ausgestellt wird, ist sehr sehenswert. Besonders bemerkenswert sind Werke von K. C. S. Paniker, S. G. Vasudev, M. Senathipathi und S. Nandagopal.

DakshinaChitra Museum KUNST- & KUNSTHANDWERKSZENTRUM
(044-27472603; www.dakshinachitra.net; East Coast Rd, Muttukadu; Inder Erw./Student 100/50 ₹, Ausländer 250/70 ₹; Mi–Mo 10–18 Uhr) DakshinaChitra, 22 km südlich des Flusses Adyar, bietet fantastische Einblicke in die Kunst und das Kunsthandwerk Südindiens. Die Schatztruhe für hiesige Kunst und Architektur ist eine Mischung aus Freiluftmuseum, historischem Dorf, Kunsthandwerksateliers (Töpfer, Seidenweber, Korbflechter) und einer neuen Galerie für Stammeskunst, und befindet sich in einem herausragenden Ensemble traditioneller südindischer Häuser.

Covelong Point SURFEN
(9840975916; www.covelongpoint.com) Das Fischerdorf Kovalam, 20 km nördlich von Mamallapuram, ist erst seit Kurzem für die wohl besten Surfwellen an der Küste Tamil Nadus bekannt. Kurse und Surfbegleiter gibt's bei der „sozialen Surfschule" Covelong Point unter Leitung von Murthy, Kovalams erstem Surfpionier. Kovalam richtet auch das sehr beliebte **Covelong Point Surf & Music Festival** (www.covelongpoint.com; Sept.) aus, das inzwischen zwei Jahre alt ist.

Madras Crocodile Bank ZOO
(044-27472447; www.madrascrocodilebank.org; Vadanemmeli; Erw./Kind 35/10 ₹, Kamera/Video 20/100 ₹; Di–So 8.30–17.30 Uhr) Die Madras Crocodile Bank, 6 km südlich entlang der ECR ab Kovalam, bietet faszinierende Einblicke in die Welt der Reptilien und unternimmt unglaubliche Anstrengungen zur Erhaltung und Erforschung der Tiere. In der vom Krokodil- und Schlangenexperten Romulus Whitaker gegründeten Organisation bekommen tausende Reptilien, darunter 18 der 23 weltweiten Krokodilarten (Echte Krokodile und ähnliche Tiere) eine Heimat. Zudem leistet sie einen wichtigen Beitrag zum Erhalt der genetischen Ressourcen der bedrohten Tiere.

Tiger Cave HEILIGE HINDU-STÄTTE
(Saluvankuppam; Eintritt frei; 6–18 Uhr) Nur 5km nördlich von Mamallapuram liegt die Tiger Cave. Der unvollendete, aber eindrucksvolle Felsenschrein geht wahrscheinlich auf das 7. Jh. zurück und ist Durga gewidmet, einer Form von Devi, Shivas Frau. Das Besondere ist die „Halskette" aus elf riesigen tigerähnlichen Köpfen, die die zentrale Öffnung des Schreins säumen. Am Nordende der parkartigen Anlage befindet sich ein in den Felsen gehauener Shiva-Schrein aus derselben Zeit. Außerhalb des Zauns erstreckt sich der kürzlich ausgegrabene **Subrahmanya-Tempel**. Er beherbergt einen Granitschrein aus dem 8. Jh., der wiederum über einem Ziegeltempel aus der Sangam-Ära erbaut wurde. Dieser ist Murugan gewidmet und ist einer der beiden ältesten bekannten Tempel Tamil Nadus.

An- & Weiterreise

Wer einen dieser Orte besuchen möchte, kann von Chennai aus mit dem Bus Richtung Süden nach Mamallapuram fahren und den Fahrer bitten, in der Nähe der Sehenswürdigkeiten aussteigen zu dürfen. Die TTDC-Busrundfahrt Chennai–Mamallapuram (450–550 ₹, 10 Std.) beinhaltet den Besuch mehrerer dieser Stätten und einen Abstecher nach Mamallapuram selbst. Eine ganztägige Tour mit dem Taxi von Chennai aus kostet rund 3000 ₹.

Mamallapuram (Mahabalipuram)

044 / 15172 EW.

Mamallapuram war der wichtigste Seehafen des antiken Pallava-Königreichs, das seinen Sitz in Kanchipuram hatte. Ein Stadtspaziergang vorbei an den grandiosen Tempeln und den Schnitzereien, die zum Weltkulturerbe gehören, ist äußerst inspirierend, besonders bei Sonnenuntergang.

Von den architektonischen Wundern und der wunderschönen Küste einmal abgesehen, bilden die Othavadai Street und die Othavadai Cross Street ein beliebtes Traveller-Viertel. Die Restaurants servieren Pasta, Pizza und Pfannkuchen, und in den Läden werden Desinfektionsmittel und Waren aus Tibet verkauft – man erkennt sofort, dass man einmal mehr im großartigen Königreich „Backpackistan" gelandet ist.

„Mahabs", wie die meisten es nennen, liegt weniger als zwei Busstunden von Chennai entfernt, und eine ganze Menge Reisender strömt hierher. Die Stadt ist klein und entspannt, ihre Sehenswürdigkeiten kann man prima zu Fuß oder per Rad erkunden.

Sehenswertes

Man kann leicht einen ganzen Tag mit der Erkundung von Mamallapurams wunderschönen Tempeln und Felsreliefs verbringen. Das Gros wurde im 7. Jh. in den Stein gemeißelt, während der Herrschaft des Pallava-Königs Narasimhavarman I., dessen Spitzname Mamalla (Großer Ringer) der Stadt ihren Namen gab. Abgesehen vom Strandtempel und den Fünf Rathas ist der Eintritt frei. An den Stätten kann man für rund 100 ₹ einen der offiziellen Führer von Archaeological Survey of India anheuern.

★ Strandtempel HINDU-TEMPEL

(Kombi-Tagesticket mit Fünf Rathas Inder/Ausländer 10/250 ₹, Video 25 ₹; 6–18 Uhr) Der Strandtempel erhebt sich mit seinen zwei Türmen wie eine große Faust aus Stein über dem Meer und symbolisiert die Hochphase der Pallava-Architektur und der Seefahrerambitionen der Pallava-Könige. Er ist zwar klein, aber sein Stil ist einmalig, und seine Reliefs sind von erstklassiger Qualität – viele haben sich durch die Erosion in beinahe impressionistische Verzierungen verwandelt. Der Tempel wurde im 8. Jh. unter Narasimhavarman II. erbaut und ist der älteste der bedeutenden freistehenden Steintempel in Tamil Nadu.

Die beiden Türme erheben sich über Shiva-Schreinen, und ihre original Lingams (Phallussymbole Shivas) fangen den Sonnenaufgang und -untergang wunderbar ein. Zwischen den Shiva-Schreinen steht ein weiterer, Vishnu gewidmeter Schrein, der hier schlafend dargestellt ist. Eine Reihe von Nandi-Statuen (Shivas Reittier) stehen im Hof des Tempels.

★ Fünf Rathas HINDU-TEMPEL

(Pancha Ratha; Five Rathas Rd; Kombi-Tagesticket mit Strandtempel Inder/Ausländer 10/250 ₹, Video 25 ₹; 6–18 Uhr) Am Südrand von Mamallapuram sind die Fünf Rathas versammelt. Sie sehen aus wie einzelne Gebäude, wurden jedoch, erstaunlicherweise, alle aus einem einzigen riesigen Felsen gehauen. Jeder dieser Tempel aus dem 7. Jh. wurde einer Hindu-Gottheit gewidmet und ist heute nach einem oder mehreren der Pandavas, den fünf Heldenbrüdern aus dem Epos Mahabharata, oder nach deren gemeinsamer Frau Draupadi benannt. Die *rathas* lagen unter dem Sand verborgen, bis sie vor etwa 200 Jahren von den Briten ausgegraben wurden.

Ratha ist Sanskrit für „Streitwagen" und könnte sich entweder auf die Form der Tempel oder auf ihre Funktion als „Transportmittel" der Götter beziehen. Man nimmt an, dass sie ursprünglich nicht als Stätten der Anbetung dienten, sondern als architektonische Modelle.

Der erste *ratha*, auf der linken Seite hinter dem Eingangstor, ist der **Draupadi Ratha** in Form einer stilisierten südindischen Hütte. Er ist der dämonenbekämpfenden Göttin Durga gewidmet, die von innen herausschaut und auf einem Lotus steht. Die riesige Skulptur eines Löwen, Durgas Tierform, steht draußen Wache.

Der nächste auf dem selben Sockel ist der **Arjuna Ratha**, der „Streitwagen" des wichtigsten Pandava, der Shiva gewidmet ist. Mit seinen Pilastern, Miniaturdachschreinen und der kleinen, achteckigen Kuppel stand er Pate für viele der späteren Tempel Südindiens. Ein mächtiger Nandi, Shivas Reittier, steht dahinter. Shiva und andere Götter sind an den Außenwänden des Tempels abgebildet.

Der **Bhima Ratha** mit seinem Tonnendach wurde nie fertiggestellt, was auch der fehlende Säulengang an der Nordseite bezeugt. Im Inneren befindet sich ein Schrein für Vishnu. Der **Dharmaraja Ratha**, der größte unter den Tempeln, hat eine ähnliche Form wie der Arjuna Ratha, ist aber um eine Etage höher. Die Reliefs auf seinen Außenmauern zeigen meist Gottheiten, u.a. den androgynen Ardhanarishvara (halb Shiva, halb Parvati) auf der Ostseite. König Narasimhavarman I. taucht am Westende der Südseite auf.

Der **Nakula-Sahadeva Ratha** (nach einem Pandava-Zwillingspaar benannt) steht ein wenig abseits der anderen vier und ist Indra gewidmet. Der lebensgroße Steinelefant daneben zählt zu den besten Elefantenskulpturen Indiens. Wenn man vom nördlichen Tor her kommt, sieht man zuerst die Rückseite, daher auch sein Spitzname Gajaprishthakara (Elefantenhintern).

Mamallapuram (Mahabalipuram)

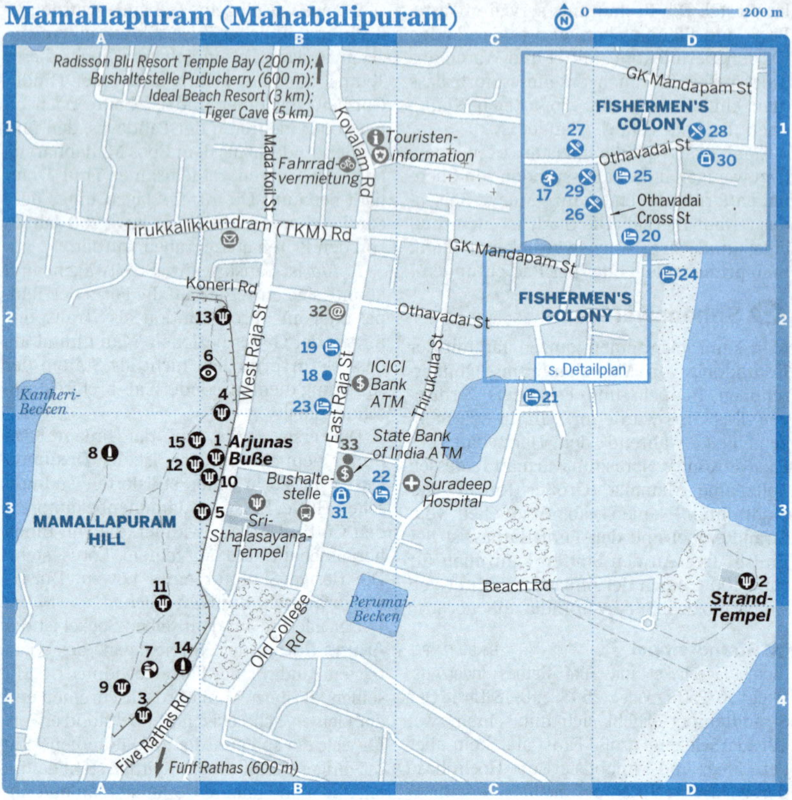

★ Arjunas Buße

HINDU-DENKMAL

(West Raja St) Dieses gigantische Relief ist das Meisterstück unter Mamallapurams Steinarbeiten und eines der großartigsten Beispiele für antike Kunst in Indien. Das in zwei riesige Felsen gehauene Denkmal quillt vor Szenen aus hinduistischen Mythen und Bildern des südindischen Lebensalltags geradezu über. Im Zentrum steigen *nagas* (Schlangenwesen) eine Spalte hinab, die einst mit Wasser gefüllt war und die den Ganges darstellen soll. Zur Linken übt sich Arjuna (Held der Mahabharata) in Selbstkasteiung (er fastet und steht auf einem Bein), damit der vierarmige Shiva ihm seine mächtige Waffe überlässt, die göttervernichtende Pasupata.

Einige Experten glauben, das Relief zeige gar nicht Arjuna, sondern den Weisen Bagiratha, der Buße tat, um mit Shivas Hilfe den Ganges auf die Erde zu bringen. Shiva ist von Zwergen umgeben, im oberen Bereich des Reliefs fliegen himmlische Wesen. Unter Arjuna/Bagiratha ist ein Tempel für Vishnu zu sehen, dem mystischen Vorfahren der Pallava-Könige. Zu den wunderschön gearbeiteten Tieren gehören auch eine kleine Elefantenherde und – etwas Humor inmitten des Heiligen – eine Katze, die vor einer anerkennenden Mäusemenge Buße tut.

Südlich von Arjunas Buße, entlang der Straße, stehen der **Panch Pandava Mandapa** (⏲ 6.30–18 Uhr), ein unvollendeter Höhlentempel, der **Krishna Mandapa** (⏲ 6.30–18 Uhr) mit seinen berühmten Reliefs von Krishna (dieser hebt den Govardhana Hill an, um Bewohner und Kühe vor einem Sturm zu schützen, der vom Gott Indra geschickt wurde), ein **unvollendetes Steinrelief** von ähnlicher Größe wie Arjunas Buße, und der **Dharmaraja-Höhlentempel** (⏲ 6.30–18 Uhr).

Aktivitäten

Behandlungen

In der Stadt werden Massagen, Reiki, Yoga und Ayurveda zu ungefähr den gleichen

Mamallapuram (Mahabalipuram)

Highlights
1 Arjunas Buße B3
2 Strand-Tempel D3

Sehenswertes
3 Dharmaraja-Tempel A4
4 Ganesh Ratha B2
5 Krishna Mandapa B3
6 Krishna's Butterball B2
7 Lighthouse A4
8 Lion Throne A3
9 Mahishamardini Mandapa A4
10 Panch Pandava Mandapa B3
11 Ramanuja Mandapa A3
12 Raya Gopura A3
13 Trimurti-Tempel B2
14 Unvollendetes Relief A4
15 Varaha Mandapa A3

Aktivitäten, Kurse & Touren
16 Mumu Surf School D2
17 Sri Durga C1
18 Travel XS B2

Schlafen
19 Butterball Bed 'n Breakfast B2
20 Greenwoods Beach Resort D2
21 Hotel Daphne C2
22 Hotel Mahabs B3
23 Hotel Mamalla Heritage B2
24 Sri Harul Guest House D2
25 Tina Blue View Lodge & Restaurant D1

Essen
Burger Shack ..... (siehe 19)
26 Freshly 'n Hot D1
27 Gecko Restaurant C1
28 Le Yogi D1
29 Moonrakers C1

Shoppen
30 Apollo Books D1
31 Southern Arts & Crafts B3

Praktisches
32 A. M Communications B2
Ruby Forex ..... (siehe 32)

Transport
33 Southern Railway Reservation Centre B3

Preisen angeboten. Am besten fragt man Mitreisende, nimmt den Anbieter genau unter die Lupe und macht bei eventuellen Zweifeln einfach direkt einen Rückzieher.

Sri Durga AYURVEDA, YOGA
(☎ 9840288280; www.sridurgaayurveda.com; 35 Othavadai St; 45-minütige Massage 750 ₹, 1 Std. Yoga 200 ₹) Empfehlenswerte Massagen und ayurvedische Behandlungen (mit männlichen Therapeuten für Männer und weiblichen für Frauen) sowie Yoga um 7 und 18 Uhr.

Strände

Der Strand am Ort wirkt nicht gerade unberührt, doch südlich des Strandtempels lockt feinerer Sand. Außerdem ist man hier ein bisschen weiter von glotzenden Männern weg, die ihren Tag damit verbringen, Touristen anzugaffen. Wie der Großteil von Tamil Nadus Küste eignen sich auch diese Strände nicht zum Schwimmen, da die Strömungen gefährlich sind.

Surfen

Mumu Surf School SURFEN
(☎ 9789844191; http://mumusurfer.wix.com; 42 Fishermen's Colony; 90-minütiger Gruppen-/Privatunterricht 750/1000 ₹; ⌚ 7.30–18 Uhr) Beliebte, gut organisierte Surfschule für jedes Niveau. Mit Surfbrettverleih (150–300 ₹/Std.).

Geführte Touren

Travel XS RADFAHREN, VOGELBEOBACHTUNG
(☎ 044-27443360; www.travel-xs.com; 123 East Raja St; Radtouren 450–500 ₹; ⌚ Mo–Fr 9.30–18, Sa 9.30–14 Uhr) Veranstaltet halbtägige Radtouren in umliegende Dörfer mit Besuchen hiesiger Töpfer und Einblicken in Aktivitäten wie die *kolam*-Malerei („Willkommensmuster" an Eingängen, auch *rangoli* genannt). Darüber hinaus gehören Tagesausflüge zu Zielen wie Kanchipuram und dem Vedanthangal Bird Sanctuary zum Angebot.

Feste & Events

Mamallapuram Dance Festival TANZ
(⌚ Ende Dez.–Ende Jan.) Bei diesem vierwöchigen Tanzfest werden am Wochenende klassische und folkloristische Tänze aus ganz Indien aufgeführt. Viele Darbietungen finden auf einer Freiluftbühne vor der eindrucksvollen Kulisse von Arjunas Buße statt. Zu den Tänzen gehören der *bharatanatyam* (aus Tamil Nadu), der Stammestanz Kuchipudi (Andhra Pradesh) und der Kathakali (Kerala).

Schlafen

Hotel Daphne HOTEL $
(☎ 9894282876; www.moonrakersrestaurants.com; 24 Othavadai Cross St; Zi. 500–1500 ₹; ❄ 📶) Die

meisten Zimmer im Daphne sind absolut ausreichend, wenn auch nichts Besonderes. Die im oberen Stock (Nr. 13 und 14) mit Klimaanlage, Himmelbett, Balkon und geflochtenen Schaukelstühlen bieten ein tolles Preis-Leistungs-Verhältnis. Weitere Pluspunkte sind der Hof und das kostenlose WLAN.

Tina Blue View Lodge & Restaurant PENSION $
(☎9840727270, 044-27442319; 48 Othavadai St; EZ/DZ/3BZ 500/600/900 ₹) Das verwohnte, verblichene Tina zählt zu Mamallapurams Urgesteinen und sieht auch ein bisschen so aus. Dennoch ist es mit seinen weiß getünchten Wänden, den blauen Akzenten, dem tropischen Garten und natürlich dem unermüdlichen Besitzer Xavier, einem echten Original, noch immer zu Recht beliebt.

Sri Harul Guest House PENSION $
(Sea View Guest House; ☎9384620173; sriharul@gmail.com; 181 Bajanai Koil St, Fishermen's Colony; Zi. 800–900 ₹) Die Brandung bricht sich direkt unter dem eigenen Balkon an den Felsen – jedenfalls, wenn man eines der sechs Zimmer mit Meerblick im Sri Harul ergattert, einer der besseren Budgetoptionen am Wasser. Die Zimmer sind schlicht, mittelgroß und recht sauber, und das Café auf dem Dach lädt zum Entspannen ein.

Greenwoods Beach Resort PENSION $
(☎044-27442212; greenwoods_resort@yahoo.com; 7 Othavadai Cross St; Zi. 500–800 ₹, mit Klimaanlage 1200 ₹; ❄📶) Die vielleicht stimmungsvollste Budgetunterkunft an der Othavadai Cross St liegt – anders als der Name es sagt – nicht am Strand. Die enthusiastische Betreiberfamilie bringt ihre Backpacker-Gäste jedoch in einfachen, recht sauberen Zimmern um einen hübschen, grünen Hof unter.

Butterball Bed 'n Breakfast B&B $$
(☎9094792525; 9/26 East Raja St; EZ/DZ inkl. Frühstück 1700/2000 ₹; ❄📶) Von der Dachterrasse genießt man tolle Ausblicke auf den gleichnamigen Riesenfelsen und es gibt eine hübsche Rasenfläche. Die kleinen, aber sauberen und angenehmen Zimmer haben alte englische Drucke, Schreibtische und blau geflieste Bäder. Frühstück wird im zugehörigen Restaurant **Burger Shack** (9/26 East Raja St; Hauptgerichte 120–300 ₹; ⏰10–22 Uhr) vor dem Haus serviert.

Hotel Mahabs HOTEL $$
(☎044-27442645; www.hotelmahabs.com; 68 East Raja St; Zi. 2140–2930 ₹; ❄@📶🏊) Das freundliche Mahabs erstreckt sich rund um einen hübschen Pool (300 ₹ für Nicht-Gäste), der von Wandmalereien und tropischen Pflanzen umgeben ist. Die Zimmer sind in langweiligem Braun gehalten, dafür jedoch sehr sauber und gemütlich. Es gibt ein anständiges Restaurant im Haus.

Hotel Mamalla Heritage HOTEL $$
(☎044-27442060; www.hotelmamallaheritage.com; 104 East Raja St; EZ 2400–2640 ₹, DZ 2640–2880 ₹, alle inkl. Frühstück; ❄📶🏊) Das Mamalla ist bei Reisegruppen sehr beliebt. Zum Angebot gehören große, komfortable, wenig originelle Zimmer rund um einen hübschen Pool und ein gutes vegetarisches Restaurant auf dem Dach.

★ **Radisson Blu Resort Temple Bay** RESORT $$$
(☎044-27443636; www.radissonblu.com/hotel-mamallapuram; 57 Kovalam Rd; Zi. inkl. Frühstück ab 9880 ₹; ❄@📶🏊) Die 144 luxuriösen Chalets, Villen und Bungalows des Radisson liegen weit verstreut auf einer gepflegten Gartenanlage, die sich über 500 m am Strand entlang erstreckt. Auf dem Gelände lockt mit seinen 220 m Indiens längstes Schwimmbecken. Die Zimmer sind groß bis riesig, wobei die teuersten über Privatpools verfügen. Das Resort bietet außerdem das edelste (und teuerste) Restaurant in Mamallapuram und ein erstklassiges ayurvedisches Spa. Online gibt's die besten Preise.

Ideal Beach Resort RESORT $$$
(☎044-27442240; www.idealresort.com; East Coast Rd; EZ/DZ ab 6000/6600 ₹; ❄@📶🏊) Das entspannte Resort liegt 3 km nördlich der Stadt inmitten eines Landschaftsgartens, verfügt über einen eigenen (hübschen) Strand und ist besonders am Wochenende bei Familien und Paaren beliebt. Es ist ruhig und abgeschieden, es gibt ein charmantes Restaurant am Pool und einige Zimmer verfügen sogar über Duschen unter freiem Himmel. Nicht-Gäste können eine Tageskarte für den Pool/Strand für 400 ₹ kaufen.

Essen

Die Lokale auf der Othavadai Street und der Othavadai Cross Street haben Sitzbereiche unter freiem Himmel, anständige westliche Hauptgerichte und fade indische Currys. Die meisten schenken auch Bier aus. Wer indische Küche möchte, hält sich besser an die günstigen vegetarischen Imbisse in der Nähe der Bushaltestelle.

MAMALLAPURAM HILL

Viele interessante Denkmäler liegen auf dem felsigen Hügel auf der Westseite der Stadt. Es dauert etwa eine Stunde, die wichtigsten von ihnen zu Fuß zu erkunden. Das Gelände ist von 6 bis 18 Uhr geöffnet, und es gibt zwei Eingänge: einen im Norden in der West Raja St und einen im Süden ganz in der Nähe der Five Rathas Rd.

Gleich hinter dem Nordeingang thront unübersehbar ein riesiger Felsen mit dem originellen Namen **Krishna's Butterball** (Butterkugel). Er ist unbeweglich, sieht aber so aus, als würde er jede Sekunde wegrollen. Weiter nördlich, hinter ein paar Felsen, liegt der **Trimurti-Tempel**, ein Höhlentempel, der die hinduistische „Dreieinigkeit" ehrt: Brahma (links), Shiva (Mitte) und Vishnu (rechts). Hinter demselben Felsen kann man eine wunderschöne Gruppe aus Stein geschnitzter Elefanten bewundern.

Weiter südlich von Krishnas Butterkugel erreicht man den **Ganesh Ratha**, der aus einem einzigen Felsen gehauen wurde und mit Säulenfüßen in Löwenform versehen ist. Er war einst ein Shiva-Tempel und wurde erst zu einem Schrein für Ganesh (Shivas elefantenköpfigem Sohn), nachdem der ursprüngliche Lingam entfernt worden war. Südwestlich von hier beherbergt der **Varaha Mandapa** einige der schönsten Reliefs in Mamallapuram. Die linke Tafel zeigt Vishnus Inkarantion als Varaha, einem Eber, der die Erde aus den Ozeanen hebt. Auf den nach außen zeigenden Tafeln ist Vishnus Gefährtin Lakshmi (die von Elefanten gewaschen wird) bzw. Durga zu sehen, während auf der rechten Seite Vishnu in seiner achtarmigen Riesenform Trivikrama abgebildet ist, wie er den Dämonenkönig Bali besiegt.

Ein Stück weiter südlich befindet sich links der **Raya Gopura** (Olakkanatha-Tempel) aus dem 16. Jh., bei dem es sich wahrscheinlich um einen unvollendeten *gopuram* (Turm am Tempeleingang) handelt. Den Hügel hinauf Richtung Westen steht der kunstvoll geschnitzte **Lion Throne** (Löwenthron). Der Hauptpfad führt weiter nach Süden zum **Ramanuja Mandapa** und hinauf zum **Lighthouse** (Inder/Ausländer 10/25 ₹, Kamera 20 ₹; ⏲10–13 & 14–17.30 Uhr) von Mamallapuram. Gleich südwestlich davon steht der **Mahishamardini Mandapa**, der aus dem Felsen gehauen wurde und großartige Szenen aus den Puranas (Geschichten in Sanskrit aus dem 5. Jh. v. Chr.) zeigt. Die linke Tafel zeigt Vishnu, der auf einer eingerollten Schlange schläft. Rechts sitzt Durga auf ihrem Löwen, während sie den Dämonenbüffel Mahisha tötet. Im Inneren des zentralen Schreins ist Murugan dargestellt, der zwischen seinen Eltern Shiva und Parvati sitzt.

Le Yogi INTERNATIONAL $$
(19 Othavadai St; Hauptgerichte 100–200 ₹; ⏲7.30–23 Uhr) Hier bekommt man mit das beste westliche Essen der Stadt: Pasta, Pizza, Fleischgerichte und Crêpes sind authentisch und gut (die Portionen aber recht klein), der Service stimmt und die entspannte Kulisse mit Bambuspfosten, hübschen Lampen und Schilfdecke versprüht romantisches Flair.

Gecko Restaurant INTERNATIONAL $$
(www.gecko-web.com; 37 Othavadai St; Hauptgerichte 150–270 ₹; ⏲9–22 Uhr; 📶) Zwei freundliche Brüder betreiben dieses süße Lokal mit blau-gelben Wänden, farbenfroher Kunst und Holzschnitzereien. Angebot und Preise unterscheiden sich nicht groß von anderen Touristenrestaurants, die Gerichte werden jedoch mit mehr Liebe zubereitet und sind leckerer.

Freshly 'n Hot CAFÉ $$
(Othavadai Cross St; Hauptgerichte 70–200 ₹; ⏲7–21 Uhr) Nun gut, der Name gibt nicht viel her, dafür ist das winzige Café gelassen, frisch und freundlich. Neben einer vergleichsweise überschaubaren Auswahl an anständiger Pizza, Pasta, Sandwichs und Crêpes gibt es viele verschiedene Kaffeegetränke. Der Eiskaffee schmeckt ausgezeichnet.

Moonrakers INTERNATIONAL $$
(34 Othavadai St; Hauptgerichte 100–180 ₹; ⏲10–22 Uhr; 📶) Die meisten landen irgendwann hier: Läden wie dieser dominieren die Backpacker-Szene. Das Essen wird sicherlich keine Preise gewinnen, kann sich aber dennoch sehen lassen, und auf den drei Etagen herrscht immer Betriebsamkeit (teils wohl auch wegen des kostenlosen WLAN).

Water's Edge Cafe INTERNATIONAL $$$
(Radisson Blu Resort Temple Bay, 57 Kovalam Rd; Hauptgerichte 480–900 ₹; ⏲24 Std.) Das „Café" des Radisson am Pool bietet eine große Bandbreite, von Pancakes über gegrilltes Tofu und indische vegetarische Gerichte bis

hin zu einem fantastischen Frühstücksbuffet (970 ₹). Vor Ort stößt man zudem auf das **The Wharf** (Hauptgerichte 550–1600 ₹; ⌚12–15 & 19–23 Uhr), das einer Strandhütte ähnelt, allerdings ein Gourmetrestaurant am Meer ist.

Shoppen

Das Dröhnen der elektrischen Steinschleifer hat in den Ateliers der Steinmetze von Mamallapuram längst das Klappern der Meißel abgelöst. Heute sind die Kunsthandwerker in der Lage, Granitfiguren von unterschiedlichster Art und Qualität praktisch am Fließband zu produzieren, von Anhängern für 100 ₹ bis hin zu 400 000 ₹ teuren Ganesh-Statuen, die mit einem Kran transportiert werden müssen. Außerdem gibt's ein paar ordentliche Kunstgalerien, Schneidereien und Antiquitätenläden.

Southern Arts & Crafts ANTIQUITÄTEN, KUNSTHANDWERK
(☎044-27443675; www.southernarts.in; 72 East Raja St; ⌚9–19.30 Uhr) Teure, aber wunderschöne Kuriositäten aus hiesigen Häusern sowie hochwertige neue Skulpturen.

Apollo Books BÜCHER
(150 Fishermen's Colony; ⌚9–21.30 Uhr) Gute Auswahl an Büchern in verschiedenen Sprachen zum Kaufen und Tauschen.

Praktische Informationen

Geldautomaten findet man auf der East Raja Street.

AM Communications (East Raja St; 30 ₹/Std.; ⌚11–21 Uhr)

Ruby Forex (East Raja St; ⌚Mo–Sa 9.30–19 Uhr) Wechselt Geld.

Suradeep Hospital (☎044-27442448; 15 Thirukula St; ⌚24 Std.) Von Lesern empfohlen.

Touristeninformation (☎044-27442232; Kovalam Rd; ⌚Mo–Fr 10–17.45 Uhr)

An- & Weiterreise

Bus 599 fährt von 7 bis 20.30 Uhr alle 30 Minuten ab der **Bushaltestelle** (East Raja St) zur Bushaltestelle T Nagar in Chennai (27 ₹, 1½ Std.), während der AC-Bus 568C (am Wochenende 588C) zwischen 6 und 20 Uhr alle zwei Stunden zum CMBT in Chennai (85 ₹, 2 Std.) verkehrt. Wer zum Flughafen von Chennai möchte, steigt in den Bus 515 nach Tambaram (40 ₹, 1½ Std., alle 30 Min.) und nimmt dann ein Taxi, eine Autorikscha oder einen Nahverkehrszug. Außerdem verkehren neunmal täglich Busse nach Kanchipuram (40 ₹, 2 Std.). Busse nach Puducherry (60 ₹, 2 Std.) halten alle 30 Minuten an der Kreuzung der Kovalam Rd und der Umgehungsstraße Mamallapuram, 1 km nördlich des Stadtzentrums.

Taxis warten am Busbahnhof, an Reisebüros und vor Hotels. Die Fahrt nach Chennai oder zum Flughafen kostet rund 1500 ₹, nach Puducherry werden 2000 ₹ fällig.

Zugreservierungen nimmt das **Southern Railway Reservation Centre** (1. OG, 32 East Raja St; Mo–Sa 10–13 & 14.30–17, So 8–13 Uhr) vor.

Unterwegs vor Ort

Am einfachsten ist es, sich zu Fuß fortzubewegen, an heißen Tagen kann das jedoch ziemlich anstrengend werden, wenn man alle Sehenswürdigkeiten sehen möchte. Einige Pensionen und spezielle Stände verleihen Fahrräder für rund 80 ₹ pro Tag.

Kanchipuram

☎044 / 164 384 EW.

Kanchipuram, 80 km südwestlich von Chennai, war vom 6. bis zum 8. Jh. die Hauptstadt der Pallava-Dynastie – bis die Pallavas die grandiosen Steinbauten von Mamallapuram schufen. Heute ist es eine hektische, moderne, typisch indische Stadt, die für ihre vielen bedeutenden und gut besuchten Tempel berühmt ist. Einige stammen aus der Pallava-, andere aus der Chola- oder Vijayanagar-Ära. Aber auch die hochwertigen Seidensaris, die von Tausenden Familien auf Handwebrahmen in der Stadt und den umliegenden Dörfern gefertigt werden, sind überall bekannt. Seiden- und Sari-Läden reihen sich in der Gandhi Road südöstlich des Zentrums aneinander, aber ihre Waren sind für gewöhnlich nicht billiger als in den Seidengeschäften in Chennai. Kanchi kann man gut im Rahmen eines Tagesausflugs von Mamallapuram oder Chennai aus besuchen.

Sehenswertes

Der Eintritt ist für alle Tempel frei, doch manchmal muss man eine kleine Gebühr bezahlen, dass jemand auf die Schuhe aufpasst und/oder dafür, dass man seine Kamera benutzen darf. Wenn Eintritt für Nicht-Hindus verlangt wird, sollte man die Forderung einfach ignorieren.

Kailasanatha-Tempel HINDU-TEMPEL
(⌚6–12 & 16–20 Uhr) Kanchis ältester Tempel ist auch der eindrucksvollste, das liegt jedoch nicht an der Größe, sondern an seiner historischen Bedeutung und an den feinen Steinarbeiten. Der Kailasanatha ist Denkmal

ABSTECHER

VEDANTHANGAL BIRD SANCTUARY

Das spektakuläre, 30 ha große **Vedanthangal Bird Sanctuary** (Eintritt 10 ₹, Kamera/Video 100/250 ₹; ⏲6–18 Uhr) liegt 55 km südwestlich von Mamallapuram und dient als Brutstätte zahlreicher Wasservogelarten, die von November bis Februar hier leben. In manchen Jahren tummeln sich 100 000 Vögel am Vedanthangal-See und im Sumpfland rundherum. Die besten Beobachtungszeiten sind frühmorgens und spätnachmittags.

Die üppig grüne 4,5 ha große Lodge des **Karadi Malai Camp** (☎8012033087; www.draco-india.com; Pambukudivanam, Chengalpattu; Zi. inkl. Frühstück 5000 ₹; ❄) grenzt an den Vallam Reserve Forest, 30 km nordöstlich von Vedanthangal an der Straße zwischen Chengalpattu und Tirupporur. Sie ist eine perfekte Ausgangsbasis für Ausflüge in das Schutzgebiet und gehört dem Schlangenmann Rom Whitaker und der Schriftstellerin Janaki Lenin. Auf dem Gelände gibt es jede Menge wilde Tiere (wer möchte, kann bei der Suche nach dem hiesigen Leoparden helfen) sowie drei einfache, gemütliche Bambushütten auf Stelzen.

Manche Besucher machen mit dem Taxi für rund 2200 ₹ von Mamallapuram aus einen Tagesausflug nach Vedanthangal. Wer mit öffentlichen Verkehrsmitteln anreist, fährt zuerst nach Chengalpattu (eine Busstunde von Mamallapuram entfernt auf dem Weg nach Kanchipuram) und nimmt dann den Bus über Padalam nach Vedanthangal, wo man oft erneut umsteigen muss. Die meisten Busse nach Vedanthangal fahren zum Eingang des Schutzgebiets, einige halten jedoch auch an der Haltestelle im Dorf, 1 km entfernt.

und Tempel zugleich. Er ist ruhiger als andere Tempel in der Stadt und wurde schon oft restauriert. Er ist Shiva gewidmet und wurde im 8. Jh. vom Pallava-König Narasimhavarman II. erbaut, der auch den Strandtempel in Mamallapuram in Auftrag gab.

Die niedrige Sandsteinanlage umfasst faszinierende Reliefs, darunter viele der halbtierischen Gottheiten, die in der frühen drawidischen Architektur in Mode waren. Die Außenwände zieren sich aufbäumende Löwen. Den Mittelpunkt des inneren Heiligtums bildet ein großer, 16-seitiger Lingam, den Nicht-Hindus nur aus einer Entfernung von 8 m bestaunen dürfen. Der Turm, der sich darüber erhebt, ist ein Vorbild für die großen *vimanas* der späteren Chola-Tempel. Eine Autorikscha aus dem Zentrum hierher kostet 40 ₹, aber der Spaziergang zum Tempel ist wirklich nett.

Ekambareshwara-Tempel — HINDU-TEMPEL

(Ekambaranathar-Tempel; Handykamera/Kamera/Video 10/20/100 ₹; ⏲6–12.30 & 16–20.30 Uhr) In Südindien stehen fünf Shiva-Tempel, die fünf Elementen zugeordnet sind, und diese 12 ha große Anlage ist der Schrein des Elements Erde. Man betritt sie durch einen 59 m hohen, unbemalten *gopuram* auf der Südseite, dessen lebendige Reliefs im Jahr 1509 unter der Vijayanagar-Herrschaft in den Stein gemeißelt wurden. Im Inneren führt links eine Säulenhalle zum Zentrum der Anlage, das rechter Hand von Nandi flankiert wird. Das innere Heiligtum darf nur von Hindus betreten werden und enthält einen Lingam aus Erde und eine Spiegelkammer, in der das Abbild des zentralen Shivas endlos reflektiert wird.

Der Legende nach huldigte die Göttin Kamakshi („sie, deren Augen Begehren erwecken", eine Erscheinungsform von Parvati, Shivas Gattin) Shiva hier unter einem Mangobaum. In einem Hof hinter dem innersten Heiligtum steht ein angeblich 2500 Jahre alter Mangobaum mit vier Ästen, die die vier Veden (heilige Hindu-Texte) repräsentieren.

In Tamil Nadu stehen drei weitere von Südindiens fünf Elemententempeln Shivas: der Arunachaleshwar-Tempel in Tiruvannamalai (Feuer), der Nataraja-Tempel in Chidambaram (Raum/Äther) und der Sri-Jambukeshwara-Tempel in Trichy (Wasser). Der fünfte, der Sri-Kalahasteeswara-Tempel (Luft), befindet sich in Andhra Pradesh.

Kamakshi-Amman-Tempel — HINDU-TEMPEL

(⏲5.30–12 & 16–20 Uhr) Der imposante Tempel ist Kamakshi/Parvati gewidmet und einer von Indiens wichtigsten Orten zur Anbetung der *shakti*, der weiblichen Energie/Gottheiten. Hier soll Parvatis Zwerchfell zur Erde gefallen sein, und man nimmt an, dass der Tempel von den Pallavas gegründet wurde. Das gesamte Hauptgebäude im Inneren ist nur für Hindus zugänglich, aber die kleine, quadratische Hochzeitshalle rechts neben dem Südosteingang des Tempels ist

Kanchipuram

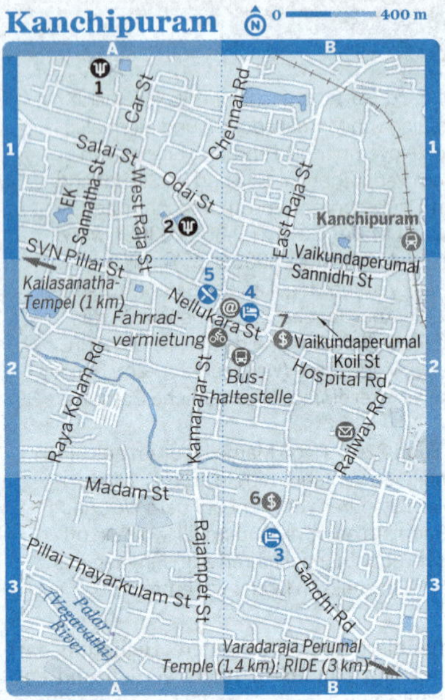

Kanchipuram

Sehenswertes
- 1 Ekambareshwara-Tempel A1
- 2 Kamakshi-Amman-Tempel A1

Schlafen
- 3 GRT Regency B3
- 4 Sree Sakthi Residency B2

Essen
- Dakshin .... (siehe 3)
- Sangeetha Restaurant .... (siehe 4)
- 5 Saravana Bhavan A2

Praktisches
- 6 Axis-Bank-Geldautomat B3
- 7 Geldautomat d. State Bank of India ... B2

dank ihrer wunderschönen, aufwendig verzierten Säulen einen Blick wert. Manchmal kann man direkt hinter dem Eingang dem Tempelelefanten bei Segnungen zusehen.

Im Februar/März werden Wagen mit den Tempelgöttern durch Kanchipuram gezogen.

Varadaraja-Perumal-Tempel HINDU-TEMPEL
(Devarajaswami-Tempel; 100-Säulen-Halle 1 ₹, Kamera/Video 5/100 ₹; ⏲7.30–12 & 15.30–20 Uhr) Der riesige Varadaraja-Perumal-Tempel im Südosten der Stadt ist Vishnu gewidmet und wurde im 11. Jh. von den Cholas erbaut. Den Hauptbereich dürfen nur Hindus betreten, das künstlerische Highlight ist jedoch auch hier die „100-säulige" Hochzeitshalle, die im 16. Jh. hinter dem Westeingang hinzugefügt wurde. Die Säulen (tatsächlich sind es nur 96) sind fantastisch verziert und zeigen viele Tiere und Ungeheuer, während an den Ecken vier steinerne Ketten hängen, die je aus einem einzigen Felsen gemeißelt wurden.

Alle 40 Jahre wird das Wasser des Tempelbeckens abgelassen und so eine riesige Vishnu-Holzstatue freigelegt, die 48 Tage lang angebetet wird. Der nächste Termin ist 2019.

Freiwilligenarbeit

RIDE FREIWILLIGENARBEIT
(Rural Institute for Development Education; ☎044-27268223; www.rideindia.org; 48 Periyar Nagar, Little Kanchipuram) Kanchipurams bekannte Seidenindustrie stützt sich seit jeher auf Kinderarbeit. Die Organisation RIDE kämpft an führender Stelle gegen Kinderarbeit, und der Organisation ist es laut eigenen Schätzungen gelungen, die Zahl von 40 000 arbeitenden Kindern im Jahr 1997 auf weniger als 1000 im Jahr 2010 zu verringern. Zudem setzt sie sich gegen Armut in ländlichen Gebieten ein. Freiwillige Helfer sind willkommen; sie müssen sich für mindestens eine Woche verpflichten und zahlen zwischen 3500 und 7000 ₹ pro Woche für Verpflegung und Unterkunft.

Geführte Touren

RIDE bietet faszinierende, originelle **Touren** (pro Pers. inkl. Mittagessen halber/ganzer Tag 600/900 ₹) an, die sich mit Themen wie Seidenweberei, Tempeln oder indischen Kochkursen mit Marktbesuch befassen.

Schlafen & Essen

RIDE PENSION $
(Rural Institute for Development Education; ☎044-27268223; www.rideindia.org; 48 Periyar Nagar, Little Kanchipuram; 750 ₹/Pers.; ❄) An ihrem Standort in einem Wohngebiet, 5 km südöstlich des Stadtzentrums (von der Hauptstraße 1 km hinter dem Varadaraja-Perumal-Tempel ausgeschildert), bietet RIDE einfache, saubere Zimmer. Wenn nicht viel los ist, beherbergen die freundlichen Betreiber Gäste in ihrem farbenfrohen Haus nebenan. Es gibt hausgemachtes Mittag- und Abendessen (250 ₹). Einen Tag im Voraus buchen.

GRT Regency HOTEL $$
(☎044-27225250; www.grthotels.com; 487 Gandhi Rd; EZ/DZ inkl. Frühstück 3420/4200 ₹; ❄📶)

Das GRT hat die saubersten und gemütlichsten Zimmer von Kanchi, mit Marmorböden sowie Tee- und Kaffeekochern. Das hoteleigene Restaurant **Dakshin** (Hauptgerichte 190–400 ₹; ⌚7–23 Uhr) ist etwas überteuert, hat aber eine große internationale Karte mit Omeletts, Meeresfrüchten und Tandoori.

Sree Sakthi Residency HOTEL **$$**
(☎044-27233799; www.sreesakthiresidency.com; 71 Nellukara St; EZ 1560–1800 ₹, DZ 1920–2160 ₹; ❄📶) Schlichte, helle Holzmöbel und bunte Wände lassen die sauberen Zimmer recht modern erscheinen; seit 2014 stehen zusätzlich neue „Premium"-Quartiere zur Wahl. Das **Sangeetha Restaurant** (71 Nellukara St; Hauptgerichte 85–135 ₹; ⌚6–22.30 Uhr) im Erdgeschoss serviert gute vegetarische Küche.

Saravana Bhavan SÜDINDISCH **$$**
(66 Nellukara St; Hauptgerichte 80–200 ₹, Gerichte 80–110 ₹; ⌚6–22.30 Uhr) Gutes vegetarisches Restaurant mit einladendem klimatisiertem Speiseraum und Thalis im ersten Stock.

ℹ Praktische Informationen

Web Space (Ulagalandhar Mada Veedhi; 30 ₹/Std.; ⌚10–22 Uhr)

TAMIL NADUS TEMPEL

Tamil Nadu ist eine Goldmine für alle, die die indische Tempelkultur entdecken möchten. Der Bundesstaat verfügt nicht nur über die wohl spektakulärste Tempelarchitektur und die besten Skulpturen des Landes, seine Bewohner gehören auch zu den hingebungsvollsten Anhängern des hinduistischen Glaubens. In den rund 5000 Tempeln herrscht immer ein reges Treiben von Gläubigen, die zur *puja* (Opfergabe oder Gebet) strömen, und farbenfrohe Tempelfeste werden zuhauf gefeiert. Auch wenn es eine Fülle von Hindugöttern gibt, sind wohl die meisten tamilischen Tempel Shiva gewidmet. Er erscheint dabei in vielen Formen, darunter als Nataraja, der kosmische Tänzer, der in einem Ring aus Feuer tanzt, während zwei seiner vier Hände die Flamme der Zerstörung und die Trommel der Schöpfung tragen, die dritte die Geste *abhaya mudra* (Fürchte dich nicht!) vollführt und die vierte auf den Zwerg der Ignoranz zeigt, der von Shivas Fuß zertrampelt wird. Tamilen haben auch eine Schwäche für Shivas Sohn Murugan, der auf einem Pfau reitet, auch Kartikeya oder Skanda genannt wird und tief mit ihrer kulturellen Identität verbunden ist.

Die große Bedeutung vieler tamilischer Tempel macht sie zu einem beliebten Ziel unzähliger Pilger aus ganz Indien. Die Pancha Sabhai Sthalangal sind jene fünf Tempel, in denen Shiva seinen kosmischen Tanz aufgeführt haben soll (der wichtigste ist Chidambaram). In den fünf Tempeln Pancha Bootha Sthalangal wird Shiva jeweils als Manifestation eines der fünf Elemente verehrt: Land, Wasser, Raum/Äther, Feuer und Luft (letzteres in Andhra Pradesh). Jeder der neun Navagraha-Tempel im Kumbakonam-Gebiet wiederum ist das Zuhause einer der himmlischen Verkörperungen der Hindu-Astrologie – wichtige Stätten, wenn man die Rolle der Sterndeutung im Hinduismus bedenkt.

Typisch für tamilische Tempel sind *gopurams*, abgestufte Eingangstürme, die oft mit bunten Skulpturen von Göttern und Dämonen geschmückt sind, *mandapas* (Vorhallen mit verzierten Säulen), heilige Wasserbecken und eine Reihe von ineinander liegenden Bereichen *(prakarams)*, in deren Innerstem das zentrale Heiligtum liegt, in dem die Hauptgottheit des Tempels residiert. Die frühesten tamilischen Tempel waren nicht mehr als kleine Schreine, die in den Felsen gehauen wurden. Die ersten freistehenden Tempel wurden im 8. Jh. v. Chr. erbaut, und *gopurams* tauchten etwa im 12. Jh. erstmals auf.

Der Eintritt zu den meisten Tempeln ist frei, aber der Zutritt zum inneren Heiligtum ist oftmals nur Hindus erlaubt, worüber viele Besucher enttäuscht sind. Bei einigen Tempeln wird man aber auch von den Priestern ins Innere eingeladen, und ehe man sich versieht, nimmt man an der *puja* teil, bekommt ein glückverheißendes *tilak* auf die Stirn gemalt und wird um eine Spende gebeten.

Man wird an den Tempeln oft von aufdringlichen Touristenjägern belästigt, aber es gibt auch viele ausgezeichnete Führer, die sowohl die Aufmerksamkeit der Besucher als auch ein paar Rupien wert sind. Am besten urteilt man mit gesundem Menschenverstand, spricht mit anderen Touristen und hält nach offiziellen Führern mit Abzeichen Ausschau.

A South Indian Journey von Michael Wood ist ein tolles Buch, wenn man mehr über die tamilische Kultur erfahren will. **TempleNet** (www.templenet.com) wiederum ist eine der besten Internetquellen.

An- & Weiterreise

Nahverkehrszüge nach Kanchipuram (25 ₹, 2½ Std.) fahren sechs- bis achtmal täglich am Bahnhof Egmore in Chennai (Gleis 10) ab. Ein Taxi ab Mamallapuram kostet für den Tag ca. 1800 ₹.

Die geschäftige Bushaltestelle befindet sich im Stadtzentrum. Abfahrten:

Chennai (47 ₹, 2 Std., 4–22 Uhr alle 5 Min.)
Mamallapuram (41 ₹, 2 Std., 8-mal tgl.)
Puducherry (75 ₹, 3 Std., 15-mal tgl.)
Tiruvannamalai (65 ₹, 3 Std., 5–20.30 Uhr stündl.)
Vellore (41 ₹, 2 Std., 4–22.30 Uhr alle 5 Min.)

Unterwegs vor Ort

An Ständen bei der Bushaltestelle kann man ein **Fahrrad leihen** (5 ₹/Std.). Eine Autorikschafahrt im Rahmen einer Halbtagestour zu den fünf Haupttempeln (400–500 ₹) beinhaltet einen unvermeidlichen Stopp in einem Seidenladen.

Vellore

0416 / 185 803 EW.

Für eine staubige Basar-Stadt versprüht Vellore fast schon kosmopolitisches Flair, dafür sorgen eine Handvoll Hochschulen und das von einer Amerikanerin gegründete Christian Medical College (CMC), eines der besten Krankenhäuser Indiens, das Medizinstudenten und Patienten aus dem ganzen Land anzieht. Vellore liegt an der Hauptverbindungsstraße zwischen Chennai und Bengaluru und ist vor allem wegen seiner mächtigen Vijayanagar-Festung einen Abstecher wert. Viele Inder kommen zudem hierher, um den goldenen Sripuram-Tempel, 10 km südlich der Stadt, zu besuchen.

Das Zentrum von Vellore wird im Norden von der Ida Scudder Rd (Arcot Rd) begrenzt, an der sich das Krankenhaus und mehrere günstige Unterkünfte und Lokale befinden, und im Westen von der Officer's Line (Anna Salai), wobei das Vellore Fort auf der Westseite liegt.

Sehenswertes

Vellore Fort FESTUNG

Ein Rundgang (knapp 2 km) entlang der von einem Burggraben umgebenen Festungsmauern dieses großartigsten Forts gehört zu den entspanntesten Aktivitäten in Vellore. Die Festung wurde im 16. Jh. erbaut und ging durch Marathen- und Mogul-Hände, bevor die Briten sie 1760 besetzten. Heute beherbergt sie u.a. den wunderschönen Jalakantesvara-Tempel aus der Vijayanagar-Zeit, zwei Museen, zwei Paradeplätze, eine Kirche, Regierungsbüros und eine Schule für Polizeianwärter.

Der **Jalakantesvara-Tempel** (6.30–13 & 15–20.30 Uhr), ein Meisterwerk der späten Vijayanagar-Architektur, entstand um das Jahr 1566 und war einst als Garnison besetzt. Bemerkenswert sind die kleinen, detaillierten Skulpturen an den Wänden und Säulen der Hochzeitshalle in der südwestlichen Ecke, insbesondere die *yali* (mythische Löwenwesen). Die angestaubten Exponate im **Government Museum** (Inder/Ausländer 5/100 ₹; Sa–Do 9.30–17 Uhr) haben schon bessere Tage gesehen, dafür zeigt das **Archaeological Survey Museum** (Sa–Do 9–17 Uhr) GRATIS eine gute Sammlung von Pallava-, Chola- und Nayak-Steinskulpturen sowie eine Ausstellung zur Vellore-Meuterei von 1806, dem ersten Aufstand indischer Truppen gegen die Briten. Die hübsche **St.-John's-Kirche** (1846) nebenan ist nur während des Gottesdienstes am Sonntag geöffnet.

Schlafen & Essen

Günstige Hotels konzentrieren sich entlang der Ida Scudder Road und in den geschäftigen, schmalen Straßen weiter südlich. Die billigsten sind ziemlich trist und die besseren schnell ausgebucht.

Hotel Solai HOTEL $

(0416-2222996; hotelsolai@gmail.com; 26 Babu Rao St; EZ/DZ 380/660 ₹, mit Klimaanlage 715/1056 ₹;) Wenn man hier ein Zimmer ergattert, bietet einem dieses recht neue Hotel in Krankenhausnähe das wohl beste Preis-Leistungs-Verhältnis der Stadt. Zu erwarten sind saubere Zimmer, luftige Korridore, herzliches Personal und ein Notfallgenerator.

GRT Regency Sameera HOTEL $$

(0416-2206466; www.grthotels.com; 145 Green Circle, New Bypass Rd; EZ 3600–5700 ₹, DZ 4440–5700 ₹, alle inkl. Frühstück;) Spiegelschränke, Tee- und Kaffeekocher auf dem Zimmer und diverse Farbtupfer verleihen den schicken, modernen Zimmern des GRT für hiesige Verhältnisse recht viel Flair. Als Extras gibt's kostenloses WLAN, zwei Restaurants und ein rund um die Uhr geöffnetes Café. Das Hotel liegt 1,5 km nördlich des Zentrums in der Nähe der (gar nicht so lauten) Straße von Chennai nach Bengaluru.

Darling Residency HOTEL $$

(0416-2213001; www.darlingresidency.com; 11/8 Officer's Line; EZ 2400–2640 ₹, DZ 2760–3000 ₹, alle inkl. Frühstück; ❄@📶) Es hat zwar keine fünf Sterne, dafür bietet dieses Hotel saubere und gemütliche, wenn auch wenig originelle Zimmer (die auf der Rückseite sind ruhiger), eine freundliche Rezeption und vier hauseigene Restaurants, darunter das schicke, kühle **Aaranya Roof Garden Restaurant** (Hauptgerichte 150–250 ₹; ⏲11.30–23 Uhr). Das Darling liegt 1,5 km südlich des Eingangs zum Vellore Fort.

Hotel Arthy INDISCH $
(Ida Scudder Rd; Gerichte 50–70 ₹, Gerichte 70–85 ₹; ⏲6–22.30 Uhr) Die Ida Scudder Road säumen günstige vegetarische Restaurants. Dieses hier zählt zu den saubersten und beliebtesten und serviert leckere nord- und südindische Klassiker, z. B. gute Thalis, billiges, leckeres Biryani und jede Menge Dosas.

Praktische Informationen

Canara Bank ATM (Officer's Line) Gegenüber dem Eingang zum Vellore Fort.
Sri Apollo (Ida Scudder Rd; Internet 30 ₹/Std.; ⏲8.30–21 Uhr)
State Bank of India ATM (Officer's Line) 700 m südlich vom Eingang zum Vellore Fort.

An- & Weiterreise

BUS

Busse fahren die neue Bushaltestelle, 1,5 km nördlich der Innenstadt, an. Zu den Zielen gehören:
Bengaluru (138 ₹, 5 Std., alle 30 Min.)
Chennai (AC-Volvo-Busse 160 ₹, 2½ Std., stündlich; andere Busse 81 ₹, 3 Std., alle 10 Min.)
Kanchipuram (47 ₹, 2 Std., alle 10 Min.)
Tiruvannamalai (50 ₹, 2 Std., alle 10 Min.)

ZUG

Der Hauptbahnhof von Vellore liegt 5 km nördlich in Katpadi. Täglich verkehren mindestens 20 sehr schnelle Züge oder Expresszüge zum/ab dem Bahnhof Central in Chennai (2. Klasse/AC Chair 90/305 ₹, 1½–2¼ Std.) sowie zehn zum/vom Bangalore-City-Bahnhof in Bengaluru (115/415 ₹, 3–5 Std.). Die Busse 1 und 2 pendeln zwischen Bahnhof und Stadt.

Tiruvannamalai

☎04175 / 145 278 EW.

Es gibt Tempelstädte, es gibt Bergstädte und es gibt eine Tempel-Bergstadt, in der das Göttliche in einem Phallus aus Feuer erscheint – willkommen in Tiruvannamalai, einem der heiligsten Orte in Tamil Nadu. Die Stadt liegt unterhalb des felsigen Mt. Arunachala und zählt zu den fünf „elementaren" Shiva-Städten Südindiens: Hier wird dem Gott in seiner Feuerinkarnation als Arunachaleshwar gehuldigt. Immer bei Vollmond strömen Tausende Pilger nach „Tiru" und umkreisen bei einem Reinigungsritual, das Girivalam genannt wird, den Fuß des Arunachala. Aber auch zu anderen Zeiten sieht man Shiva-Priester, Sadhus (spirituelle Männer) und Gläubige, die sich rund um den großen Arunachaleshwar-Tempel versammeln. Da vor Ort besonders starke spirituelle Energien fließen sollen, sind hier zahlreiche Ashrams entstanden, zudem verzeichnet die Stadt eine stetig wachsende Zahl spiritueller Reisender. Rund um die vielen Ashrams an und nahe der Chengam Road rund 2 km südwestlich des Zentrums gibt es ein paar gemütliche Cafés und bessere Unterkünfte.

Sehenswertes & Aktivitäten

★ **Arunachaleshwar-Tempel** HINDU-TEMPEL
(Annamalaiyar-Tempel; www.arunachaleswarar.com; ⏲5.30–12.30 & 16–21 Uhr) Die 10 ha große Tempelanlage zählt zu den größten Indiens. Der älteste Teil stammt aus dem 9. Jh., aber die Stätte war schon lange vorher ein Ort der Anbetung. Vier große, unbemalte, weiße *gopurams* markieren den Eingang, wobei sich der Hauptturm im Osten über 13 Etagen und unglaubliche 66 m erhebt. Bei Festen scheint der Arunachaleshwar in goldene Flammen getaucht zu sein, während der Geruch von brennendem Ghee in der Luft liegt – passend zur Feuerinkarnation des Weltenzerstörers.

Im Inneren der Anlage befinden sich fünf weitere *gopurams,* eine Halle mit 1000 Säulen und eindrucksvollen Schnitzarbeiten, zwei Becken und eine Fülle von Nebentempeln und Schreinen. Im zweiten *gopuram* von Osten aus, wo der Tempelelefant die Gläubigen segnet, gibt es ein hilfreiches Modell des Tempels. Um das innerste Heiligtum mit dem riesigen Lingam zu erreichen, müssen die Gläubigen fünf umliegende *prakarams* (Anlagen) passieren.

Mt. Arunachala BERG
Dieser 800 m hohe erloschene Vulkan dominiert nicht nur Tiruvannamalai, sondern auch die Vorstellung, die sich die Einheimischen vom Element Feuer machen, dessen heiliges Domizil sich angeblich im Herzen von Arunachala befindet. Ergebene, barfüßige Pilger nehmen besonders bei Vollmond

und an Festtagen die 14 km lange Umrundung des Berges auf sich und halten unterwegs an acht berühmten Lingams an. Der innere Weg war während der Recherchearbeiten gesperrt, Besucher können jedoch noch immer die Hauptstraße entlanglaufen oder die Route den Berg hinauf an zwei Höhlen vorbei nehmen, wo Sri Ramana Maharshi von 1899 bis 1922 lebte und meditierte.

Wer den Anstieg in der Hitze bewältigt hat, wird oben mit großartigen Ausblicken auf Tiruvannamalai belohnt. Für Hin- und Rückweg benötigt man fünf bis sechs Stunden; man sollte früh aufbrechen und Wasser mitnehmen. Ein unbeschilderter Weg gegenüber der Straße von der nordwestlichen Ecke des Arunachaleshwar-Tempels führt bergauf, vorbei an Wohnhäusern und den Höhlen **Virupaksha** (ca. 20 Min. bergauf) und **Skandasramam** (30 Min.). Frauen sollten die Wanderung nicht alleine unternehmen.

Wer nicht ganz so fromm ist, kann sich im Buchladen im Sri Ramana Ashram (S. 388) eine Karte von Giripradakshina (15 ₹) kaufen, sich am Straßenrand ganz in der Nähe ein Fahrrad ausleihen (40 ₹/Tag) und um den Berg radeln. Oder man heuert für die Tour eine Autorikscha für rund 250 ₹ an (zu Stoßzeiten kann sie das Doppelte kosten).

Sri Ramana Ashram ASHRAM
(Sri Ramanasramam; ☎ 9244937292; www.sriramanamaharshi.org; Chengam Rd; ⌚ Büro 7.30–12.30 & 14–18.30 Uhr) Dieser friedliche Ashram auf einer grünen Anlage mit Pfauen liegt 2 km südwestlich des Zentrums und zieht Anhänger von Sri Ramana Maharshi an, einem der ersten Hindu-Gurus, der eine internationale Anhängerschaft gewinnen konnte. Er starb hier 1950, nachdem er ein halbes Jahrhundert in Kontemplation verbracht hatte. Besucher können meditieren oder an den täglichen *pujas* (Gebeten) und Gesängen teilnehmen, die meist in der Samadhi-Halle stattfinden, in der die sterblichen Überreste des Gurus in einem Schrein aufbewahrt werden.

Kostenlose Unterkünfte in begrenzter Zahl stehen ausschließlich Gläubigen zur Verfügung (Spenden werden angenommen; maximal drei bis vier Wochen Aufenthalt) und müssen einen Monat im Voraus per Brief oder E-Mail reserviert werden.

Sri Seshadri Swamigal Ashram ASHRAM
(☎ 04175-236999; www.tiruvarunaimahan.org; Chengam Rd; ⌚ Büro 9–13 & 16–20.30 Uhr) Der Ashram ist einem Zeitgenossen und Helfer von Sri Ramana gewidmet und verfügt über Meditationsbereiche und ein paar Unterkünfte. Er liegt im Südwesten der Stadt neben dem Sri Ramana Ashram.

Sri Anantha Niketan ASHRAM
(☎ 09003480013; www.srianant haniketan.com; Periya Paliyapattu Village; auf Spendenbasis) Bei diesem Komplex stehen organisierte Ashram-Aufenthalte und keine konstante Gläubigengemeinde im Mittelpunkt. Neben schattigen Anlagen gibt es wunderbare Ausblicke auf Arunachala, gemütliche Zimmer und am Wochenende Gesänge in einer hübschen Meditationshalle. Der Ashram liegt abseits der Straße nach Krishnagiri, 7 km westlich der Stadt. Für Aufenthalte von November bis Februar muss man weit im Voraus buchen.

Schlafen & Essen

Die meisten Besucher übernachten in der weniger hektischen Chengam Road, in der Nähe des Arunachaleshwar-Tempels gibt es jedoch auch ein paar typische Tempelstadt-Unterkünfte. Während des Karthikai Deepam (November/Dezember) steigen die

DER FEUER-LINGAM

Der Legende zufolge erschien Shiva als Feuer-Lingam auf dem Mt. Arunachala, um das Licht wieder in die Welt zu bringen, nachdem seine Gattin Parvati seine Augen geschlossen und damit im Scherz alles in Dunkelheit getaucht hatte. Mit dem **Karthikai Deepam Festival** (im ganzen Staat; ⌚ Nov./Dez.) wird diese Legende in ganz Indien gefeiert, aber in Tiruvannamalai hat es eine ganz besondere Bedeutung. Auf dem Gipfel des Mt. Arunachala wird in der Vollmondnacht mit einem 30 m hohen Docht, der von drei Tonnen Ghee umhüllt ist, ein Feuer entfacht – der Startschuss für das zehntägige Festival, zu dem hunderttausend Menschen in Tiruvannamalai einfallen. Die riesigen Menschenmengen erklimmen den Gipfel oder umrunden den Fuß des Bergs, während sie Shivas Namen singen. Die Sonne ist gnadenlos, die Felsen zerklüftet und die Reise muss barfuß unternommen werden – aber nichts von alledem schreckt die begeisterten Pilger ab, die fröhlich zum Gipfel und zum Domizil der Göttlichkeit hinaufsteigen.

Preise teils um ein Vielfaches. An Vollmond sind die Hotelzimmer meist ausgebucht.

Hill View Residency HOTEL $

(☎9442712441; hillviewresidency@gmail.com; 120 Seshatri Mada St; Zi. ab 400 ₹, mit Klimaanlage ab 800 ₹) Neben einem tollen Preis-Leistungs-Verhältnis verfügt das Hill View über große, saubere, kühle, marmorgeflieste Zimmer, die sich um zwei kleine grüne Höfe verteilen. Es liegt eine Nebenstraße oberhalb der Chengam Road und das Personal spricht kaum Englisch, deswegen ist es nicht einfach, einen Tisch zu reservieren. Im oberen Stock serviert das **Tasty Café** (Gerichte 70–170 ₹; ⏲8–22 Uhr) unter einem großen Palmendach gute indische und westliche Küche.

Arunachala Ramana Home HOTEL $

(☎9486722892; www.arunachalaramanahome.co.in; 70 Ramana Nagar; EZ/DZ 500/600 ₹, mit Klimaanlage DZ 1200 ₹; ❄) Einfach, sauber und freundlich – dieses beliebte Haus liegt in einer Gasse abseits der Chengam Road.

Sunshine Guest House PENSION $$

(☎04175-235335; http://sunshineguesthouseindia.com; 5 Annamalai Nagar, Perumbakkam Rd; EZ/DZ 500/700 ₹, mit Klimaanlage 1400/1970 ₹; ❄📶) Die farbenfrohe, neu erbaute Pension an einem idyllischen Fleckchen 1 km südwestlich des Ashram-Viertels gegenüber von hübschen Gärten bietet ein exzellentes Preis-Leistungs-Verhältnis. Die einfachen, aber geschmackvollen, sehr sauberen Zimmer sind im Stile verschiedener Hindu-Götter gestaltet, wirken wie indische Souvenirläden und sind mit Bettwäsche mit Designerdruck, paillettenbesetzten Stoffen, Hängesesseln aus Bambus und Wasserfiltern ausgestattet. Das Frühstück kostet 150 ₹.

Hotel Arunachala HOTEL $$

(Arunachala Inn; ☎04175-228300; www.hotelarunachala.in; 5 Vada Sannathi St; EZ/DZ 500/990 ₹, mit Klimaanlage 1125/1690 ₹, Deluxe-DZ 2250 ₹; ❄) Das gute, saubere Hotel mit luxuriösen Details direkt neben dem Osteingang des Arunachaleshwar-Tempels hat Marmorböden, hässliche Möbel und eine engagierte Leitung. Am besten sind die kürzlich renovierten „Deluxe"-Zimmer. Das vegetarische **Hotel Sri Arul Jothi** (Gerichte 40–80 ₹; ⏲5.30–22.30 Uhr) im unteren Stock serviert leckere südindische Küche, darunter Thalis (80–100 ₹).

★**Dreaming Tree** CAFÉ, BIOLOGISCH $$

(☎8870057753; www.dreamingtree.in; Ramana Nagar; Hauptgerichte 150–250 ₹; ⏲Mo–Sa 9–21.30 Uhr) 🌿 Im tiefenentspannten Dreaming Tree werden riesige Portionen exquisiter, gesunder vegetarischer Küche aus größtenteils biologischen Zutaten unter einem luftigen hüttenähnlichen Dach, bestückt mit Hängematten, serviert. Zur Auswahl gehören tolle „Hippie-Salate" und Baguettes mit gegrilltem Paneer und Gemüse, gutes Frühstück und alle möglichen Kuchen, Säfte, Lassis und Bio-Kaffeegetränke. Schilder weisen gegenüber dem Sri Ramana Ashram den rund 500 m weiten Weg zum Restaurant.

Shanti Café CAFÉ $$

(www.shanticafe.com; 115A Chengam Rd; Gerichte 60–200 ₹, Getränke 30–70 ₹; ⏲8.30–20.30 Uhr) Das beliebte, relaxte Café mit Sitzkissen in einer Gasse oberhalb der Chengam Road serviert wunderbare Croissants, Kuchen, Baguettes, Pfannkuchen, Säfte, Kaffee und Frühstück. Im unteren Stock befindet sich ein **Internetcafé** (25 ₹/Std.; ⏲Mo–Sa 8.30–13.30 & 15–19 Uhr).

Shoppen

Shantimalai Handicrafts Development Society KUNSTHANDWERK

(www.smhds.org; 83/1 Chengam Rd; ⏲Mo–Sa 9–19 Uhr) Hübsche Bettwäsche, Düfte, Öle, Armreifen, Schals und vieles mehr – alles von Frauen aus den umliegenden Dörfern gefertigt.

Anreise & Unterwegs vor Ort

Ein Taxi nach Puducherry mit zwei- bis dreistündigem Zwischenstopp in Gingee kostet rund 2800 ₹.

Die Bushaltestelle liegt 800 m nördlich des Arunachaleshwar-Tempels. Eine Fahrt mit der Autorikscha aus dem Ashramgebiet kostet 50 bis 60 ₹.

Chennai (110 ₹, 4 Std., alle 15 Min.)
Puducherry (63 ₹, 3 Std., etwa stündl.)
Trichy (125 ₹, 6 Std., etwa stündl.)
Vellore (50 ₹, 2 Std., alle 15 Min.)

Gingee (Senji)

Die Ruinen des riesigen **Gingee Fort** (☎04145-222072; Inder/Ausländer 5/100 ₹; ⏲8–17 Uhr) ragen 37 km östlich von Tiruvannamalai aus der tamilischen Ebene empor und wirken dabei wie Burgen, die auch aus *Der Herr der Ringe* entsprungen sein könnten. Sie bestehen aus drei Zitadellen auf separaten Hügeln und sind von Felswänden und dicken Mauern umgeben, die einen Umfang von 6 km haben. Das Fort wurde größtenteils im 16. Jh. von den Vijayanagars erbaut und später von den Marathen, Moguln, Franzosen und den Briten besetzt, bevor es im 19. Jh. schließlich verlassen wurde.

Heute verirren sich nur wenige Ausländer hierher, dafür ist Gingee bei einheimischen Touristen beliebt, da es verschiedenen Filmen als Kulisse diente. Die Hauptstraße von Tiruvannamalai in Richtung Puducherry verläuft kurz vor Gingee durch das Festungsgelände. **Krishnagiri** nördlich der Straße ist die Zitadelle, die am leichtesten zu erreichen ist. Im Süden liegen die höchste, **Rajagiri**, und **Chakklidurg**, die am weitesten entfernte und am wenigsten interessante der drei. Ticketbüros findet man am Fuß von Krishnagiri und Rajagiri.

Im unteren Teil der Stätte stehen noch immer die Überreste zahlreicher Gebäude, besonders am Fuß von Rajagiri. Das charakteristischste Merkmal des alten Palastgeländes ist die weiße restaurierte **Kalyana Mahal** (Hochzeitshalle) mit sieben Etagen. Gleich östlich der Anlage steht eine **Moschee** aus dem 18. Jh., und südöstlich davon liegt der verlassene **Venkataramana-Tempel** aus dem 16. Jh.

Der Aufstieg zum Krishnagiri ist eine ganz ordentliche Wanderung, aber der Weg zum Gipfel des beliebteren Rajagiri (mehr als 150 m über der Ebene) ist noch anstrengender. Man braucht mindestens einen halben Tag, um beide Hügel zu bewältigen, und sollte früh aufbrechen und Wasser mitnehmen. Der Aufstieg ist bis 14.30 Uhr möglich.

Gingee liegt an der Busroute von Tiruvannamalai nach Puducherry, und Busse aus Tiruvannamalai (23 ₹, 1 Std.) verkehren etwa alle 15 Minuten. Am besten steigt man am Fort aus, um sich den Weg von der Stadt zurück zu sparen.

Puducherry (Pondicherry)

☎0413 / 244 377 EW.

Puducherry, das früher Pondicherry hieß und bis heute gerne „Pondi" genannt wird, stand bis 1954 unter französischer Herrschaft, deswegen sprechen einige Bewohner noch immer Französisch (und Englisch mit französischem Akzent). Hotels, Restaurants und Lifestyle-Läden verströmen ein verführerisches subkontinental-französisches Flair, das durch die recht zahlreichen gallischen Kreativen noch unterstützt wird, die wiederum indische Kunsthandwerker und Designer anlocken. Pondis Atmosphäre gleicht jedoch weniger der einer verblassten *ville* aus der Kolonialzeit als der einer Stadt mit Boheme-Schick, in der New Age auf die Alte Welt trifft, und die ein beliebtes Ziel auf internationalen Reiserouten darstellt.

Wer aus Chennai oder aus einer von Tamil Nadus Städten im Landesinneren anreist, auf den wirkt Pondy meist wie eine friedliche Idylle. Den älteren Teil der ehemaligen französischen Kolonie prägen ruhige, saubere, schattige Kopfsteinpflasterstraßen mit Bougainvilleen, gesäumt von Stadthäusern aus der Kolonialzeit, die ziemlich logisch nummeriert sind. Hier verbringen Besucher den Großteil ihrer Zeit. Die neueren hektischen Viertel sind dagegen typisch südindisch.

Ein Teil des Flairs geht auf das Konto des international bekannten Sri Aurobindo Ashram und seines Ablegers Auroville, gleich außerhalb der Stadt. Sie ziehen scharenweise spirituell interessierte Besucher an.

Hier kann man einen Einkaufsbummel, französisches Essen (salut, Steak!), ein Bier (au revoir, Alkoholsteuer von Tamil Nadu – Pondi liegt auf Unionsterritorium), die Meeresluft sowie Yoga und Meditation genießen.

Puducherry wird von Nord nach Süd durch einen z.T. gedeckelten Kanal geteilt. Der eher „französische" Teil der Stadt liegt auf der Ostseite (Richtung Meer). Die Nehru (JN) St und die Lal Bahadur Shastri St (besser bekannt als Rue Bussy) sind die wichtigsten West-Ost-Verbindungen. Die Mahatma Gandhi (MG) Road und die Mission Street (Cathedral Street) bilden die Hauptverkehrsadern von Nord nach Süd. Viele Straßen ändern unterwegs ihren Namen und haben gleichzeitig englische, französische und tamilische Namen.

Sehenswertes

★ Französisches Viertel STADTVIERTEL

Die als Französisches Viertel bekannte Gegend liegt nahe am Meer und setzt sich aus einer Reihe von Kopfsteinpflasterstraßen zusammen, die von weißen und senfgelben Gebäuden in verschiedenen Stadien des romantisch anmutenden Verfalls gesäumt sind. Es versprüht bis heute ein gewisses Flair der einstigen gallischen Pracht. Einen historischen Spaziergang in Eigenregie kann man z.B. am **französischen Konsulat** (☎0413-2231000; 2 Marine St) in der Nähe des Nordendes der Strandpromenade Goubert Ave beginnen und sich dann allmählich Richtung Süden vorarbeiten.

Südlich des französischen Konsulats geht's Richtung Landesinneres zum schattigen **Bharathi Park**, in dem die neoklassizistische Gouverneursresidenz **Raj Nivas** nach Norden ausgerichtet ist. Wieder gen Meer steht das **Gandhi Memorial**. Von hier aus passiert man das **Hôtel de Ville** (Rathaus) und läuft immer Richtung Süden durch jenes Gebiet, das als die „weiße Stadt" bekannt ist. Es liegt rund um die Dumas Street, Romain Rolland Street, Suffren Street und Labourdonnais Street. Am südlichen Ende der Dumas Street steht die wunderschöne **École Française D'Extrême-Orient**. In der Gegend ist einiges renoviert worden: Wer sich genauer für Pondis architektonisches Erbe interessiert, sollte **Intach Pondicherry** (www.intachpondicherry.org) besuchen.

Meeresufer PROMENADE

(Goubert Ave) Pondi ist zwar eine Stadt am Meer, aber das macht es noch lange nicht zu einer Strandstadt. Der örtliche Strand ist ein dünner, dreckig brauner Sandstreifen, der im Meer auf eine Mauer aus zerklüfteten Felsen trifft. Aber die Goubert Avenue (Beach Road) bietet sich für einen wirklich tollen Spaziergang an, besonders in der Dämmerung, wenn die halbe Stadt romantisch hier entlangflaniert. Dank eines wahren Geniestreichs des Stadtrats ist die Straße zwischen 18 Uhr und 7.30 Uhr für den Verkehr gesperrt.

Nördlich und südlich der Stadt gibt's ein paar Sandstrände, aber wegen der Horden stieläugiger männlicher Wesen eignen sie sich eher nicht zum Sonnenbaden. Wegen des möglicherweise gefährlichen Sogs und starker Strömungen sollte man hier lieber auch nicht schwimmen gehen.

Sri Aurobindo Ashram ASHRAM

(www.sriaurobindoashram.org; Marine St; ⏲ Besuche 8–12 & 14–18 Uhr) Diese spirituelle Gemeinschaft wurde 1926 von Sri Aurobindo und einer in Frankreich geborenen Frau gegründet, die als „die Mutter" bekannt ist. Die Gruppe hat heute rund 1200 Mitglieder, die in verschiedenen Bereichen des Ashrams arbeiten. Aurobindos Lehren konzentrieren sich auf „integrales Yoga" als Weg zu einem supramentalen Bewusstsein, das die menschliche Natur vergöttlichen wird: Die Anhänger arbeiten lieber in der Welt, als sich von ihr zurückzuziehen. Besuche des Hauptgebäudes des Ashrams geben nur einen oberflächlichen Eindruck – man sieht nur das mit Blumen geschmückte Samadhi von Aurobindo und der Mutter, dann den Buchladen und schon muss man wieder gehen.

Wer in einer der Ashram-Unterkünfte übernachtet, erhält auch Zugang zu anderen Bereichen und Aktivitäten. Die abendlichen Meditationen rund um das Samadhi sind für Besucher mit „Pässen" zugänglich. Diese erhalten Übernachtungsgäste der Ashram-Pensionen, zudem werden welche vom **Bureau Central** (☎ 0413-2233604; bureaucentral@sriaurobindoashram.org; Ambour Salai; ⏲ 6–7.30, 9–12 & 15–19 Uhr) ausgestellt, das auch interessante Ausstellungen zu Sri Aurobindo und der Mutter zeigt.

Sri-Manakula-Vinayagar-Tempel HINDU-TEMPEL

(Manakula Vinayagar Koil St; ⏲ 5.45–12.30 & 16–21 Uhr) In Pondi mag es zwar mehr Kirchen geben als in den meisten anderen Städten, aber das hier ist immer noch Indien, und der hinduistische Glaube regiert nach wie vor. Man sollte die Gelegenheit nutzen und beobachten, wie sich Touristen, Pilger und Neugierige an diesem Ganesh gewidmeten Tempel, der außerdem über 40 kunstvoll gestaltete Friese beherbergt, vom Tempelelefanten den Kopf tätscheln lassen.

Puducherry Museum MUSEUM

(St Louis St; Inder/Ausländer 10/50 ₹; ⏲ Di–So 10–13 & 14–17 Uhr) Gott allein weiß, wie es dieses süße kleine Museum schafft, dass ihm seine

PUDUCHERRYS KATHEDRALEN

Pondi hat die größte Ansammlung überbordender Kathedralen in ganz Indien – merci, französische Missionare! Die **Kathedrale Unserer Jungfrau der Unbefleckten Empfängnis** (Mission St; ⏲ 7–11 & 16–20.30 Uhr) wurde 1791 fertiggestellt. Sie ist ein typisches Jesuiten-Bauwerk in Weiß und leuchtendem Blau und im goaartigen portugiesischen Stil gehalten. Die prachtvolle braunweiße **Herz-Jesu-Basilika** (Subbaiah Salai; ⏲ 7–11 & 16–20.30 Uhr) hingegen besticht durch Buntglas und einen fast gotischen Sinn für Proportionen. Die Zwillingstürme und die Kuppel der rosa- und cremefarbenen **Notre Dame des Anges** (Dumas St; ⏲ 6–10 & 16–19 Uhr), die in den 1850er-Jahren erbaut wurde, sehen im Nachmittagslicht sehr erhaben aus. Das Innere aus Kalkstein ist mit Eierschalen im Putz gestaltet.

Puducherry (Pondicherry)

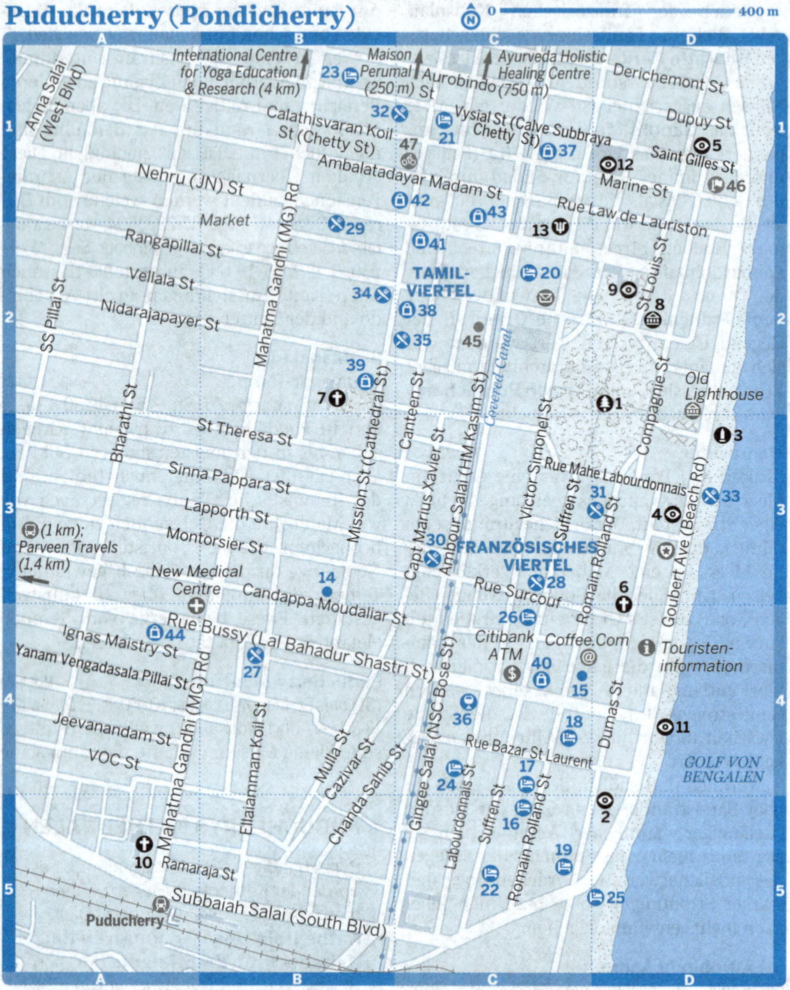

Ausstellungsstücke nicht wegschimmeln, schließlich ist ein gesamtes Stockwerk mit Möbeln aus der französischen Kolonialzeit der südindischen Feuchtigkeit ausgesetzt. Highlights im Erdgeschoss sind die Chola-, Vijayanagar- und Nayak-Bronzen sowie antike griechische und spanische Tonwaren und Amphoren (Lagergefäße), die in Arikamedu, einst ein wichtiger Handelshafen südlich Puducherrys, ausgegraben wurden. Oben steht das Bett von Gouverneur Dupleix.

Institut Français de Pondichéry BIBLIOTHEK
(☎ 0413-2231609; www.ifpindia.org; 11 St Louis St; ⏲ Mo–Fr 9–13 & 14–17.30 Uhr) Das neoklassizistische Gebäude aus der Kolonialzeit beherbergt ein florierendes Forschungsinstitut, das sich mit Kultur, Geschichte und Ökologie beschäftigt. Besucher können in der Bibliothek auf der Strandseite schmökern.

Aktivitäten

Sita KUNST, KOCHEN
(☎ 0413-4200718; www.pondicherry-arts.com; 22 Candappa Moudaliar St; Kurse 300–1000 ₹) Dieses energiegeladene französisch-indische Kulturzentrum bietet eine Fülle von Aktivitäten, an denen Besucher teilnehmen können (auch nur für eine Sitzung). Zum

Puducherry (Pondicherry)

Sehenswertes
- 1 Bharathi Park ... D2
- 2 École Française D'Extrême-Orient ... D5
- 3 Gandhi Memorial ... D3
- 4 Hôtel de Ville ... D3
- 5 Institut Français de Pondichéry ... D1
- 6 Notre Dame des Anges ... D3
- 7 Kathedrale Unserer Jungfrau der Unbefleckten Empfängnis ... B2
- 8 Puducherry Museum ... D2
- 9 Raj Nivas ... D2
- 10 Herz-Jesu-Basilika ... A5
- 11 Meeresufer ... D4
- 12 Sri Aurobindo Ashram ... D1
- 13 Sri-Manakula-Vinayagar-Tempel ... C2

Aktivitäten, Kurse & Touren
- 14 Radtoren ... B3
- Sita ... (siehe 14)
- 15 Stadttouren ... C4

Schlafen
- 16 Coloniale Heritage Guest House ... C5
- 17 Gratitude ... C4
- 18 Hotel De L'Orient ... C4
- 19 Hotel de Pondichéry ... C5
- 20 International Guest House ... C2
- 21 Kailash Guest House ... C1
- 22 Les Hibiscus ... C5
- 23 Maison Tamoule ... B1
- 24 Nilla Guesthouse ... C4
- 25 Park Guest House ... D5
- 26 Villa Shanti ... C4

Essen
- 27 Baker Street ... B4
- 28 Café des Arts ... C3
- Carte Blanche Restaurant ... (siehe 18)
- 29 Indian Coffee House ... B2
- 30 Kasha Ki Aasha ... C3
- 31 La Maison Rose ... D3
- 32 La Pasta ... C1
- 33 Le Café ... D3
- Le Club ... (siehe 19)
- Le Hidesign ... (siehe 41)
- 34 Nilgiri's ... B2
- 35 Surguru ... C2
- Villa Shanti ... (siehe 26)

Ausgehen & Nachtleben
- 36 L'e-Space ... C4

Shoppen
- 37 Auroshikha ... C1
- 38 Fabindia ... C2
- 39 Focus ... B2
- 40 Geethanjali ... C4
- 41 Hidesign ... C2
- 42 Kalki ... C1
- 43 La Boutique d'Auroville ... C1
- La Maison Rose ... (siehe 31)
- 44 Librairie Kailash ... A4

Praktisches
- 45 Bureau Central ... C2
- 46 French Consulate ... D1
- Shanti Travel ... (siehe 15)

Transport
- 47 Bicycle & Motorbike Hire ... C1

Angebot gehören Kurse zu indischer oder französischer Küche, zu *bharatanatyam* oder Bollywood-Tanz, zur tamilischen Sprache, zur *kolam*-Herstellung, zu *mehndi* (Henna-„Tattoos"), Yoga, Pilates, Ayurveda und vielem mehr.

Kallialay Surf School SURFEN
(☎9442992874; www.surfschoolindia.com; Serenity Beach, Tandriankuppam; Privatunterricht 1400 ₹/Std., Surfbrettverleih 400–600 ₹/90 Min.) Das Surfen erfreut sich an der Küste Tamil Nadus ständig wachsender Beliebtheit. Diese alteingesessene, gut ausgestattete Surfschule unter spanischer Leitung liegt 5 km nördlich von Puducherry und hat ein breites Angebot, das von Anfängerkursen bis hin zu intensiven „Surfcamps" reicht.

Yoga & Ayurveda

Im Sri Aurobindo Ashram (S. 391) und in Auroville kann man Yoga praktizieren (und studieren). Sita bietet Yoga, ayurvedische Massagen und Ayurveda-Kurse.

International Centre for Yoga Education & Research YOGA
(Ananda Ashram; ☎0413-2241561; www.icyer.com; 16A Mettu St, Chinnamudaliarchavady, Kottukuppam) Veranstaltet jedes Jahr sechsmonatige Kurse für Yoga-Trainer und Einzelunterricht für Anfänger mit zehn Sitzungen (8000 ₹).

Geführte Touren

Eine wunderbare Art, Pondi zu erkunden, sind die beliebten geführten frühmorgendlichen **Radtouren** (ab 1200 ₹/Pers.) von Sita mit Frühstück.

Shanti Travel (S. 397) veranstaltet sehr empfehlenswerte zweistündige **Stadtspaziergänge** (500 ₹/Pers.) durch Puducherry, geleitet von englisch- oder französischsprachigen Führern.

Feste & Events

International Yoga Festival YOGA
(4.–7. Jan.) Puducherrys Ashrams und seine Yoga-Kultur werden bei diesem Festival mit Workshops, Vorführungen und Wettbewerben präsentiert. Das Ereignis zieht Experten aus ganz Indien und dem Ausland an.

Erstürmung der Bastille PARADE
(14. Juli) Straßenumzüge und ein wenig französische Pracht und Herrlichkeit sind Teil des Vergnügens dieses Festtags.

Schlafen

Wer ein bisschen Geld für eine besondere Gelegenheit gespart hat – hier ist sie! Die Unterkünfte in Puducherry sind mit die besten Südindiens. Den historischen Häusern der Stadt gelingt es, die Romantik der Kolonialzeit mit Komfort und, wenn wir den Vergleich wagen dürfen, französischer Verspieltheit zu vereinen. Viele der Zimmer würden in Europa das Fünffache kosten. Wenn man am Wochenende anreist, ist es ratsam, im Voraus zu reservieren.

Der Sri Aurobindo Ashram (S. 391) unterhält mehrere einfache, aber saubere Pensionen. Sie richten sich vorwiegend an Ashram-Besucher, aber viele akzeptieren auch andere Gäste, sofern sie bereit sind, sich an ihre Regeln zu halten: Zapfenstreich ist um 22.30 Uhr, man darf nicht rauchen, und Alkohol und Drogen sind auch verboten. Das Bureau Central (S. 391) des Ashrams hält eine Liste bereit.

Kailash Guest House PENSION $
(0413-2224485; http://kailashguesthouse.in; 43 Vysial St; EZ/DZ 800/1000 ₹, DZ mit Klimaanlage 1250 ₹;) Das beste Preis-Leistungs-Verhältnis in dieser Kategorie; dafür sorgen einfache, sehr saubere Zimmer mit moskitosicheren Fenstern, ein freundliches Management und großartige Blicke auf die Stadt von den oberen Etagen aus. Angesichts der gemütlichen Gemeinschaftsbereiche, der Trockenräume für Kleidung und der Bar bleiben kaum Wünsche offen.

Park Guest House ASHRAM-PENSION $
(0413-2233644; parkgh@sriaurobindoashram.org; 1 Goubert Ave; Zi. 800 ₹, mit Klimaanlage 900 ₹;) Dank der wunderschönen Lage am Meer ist die Ashram-Pension die beliebteste der Stadt. Alle vorderen Zimmer überblicken das Meer und haben eine Terrasse oder einen Balkon, zudem gibt es einen Garten für Yoga und Meditation. Hier gibt's die preiswertesten klimatisierten Zimmer vor Ort, aber man kann sie leider nicht reservieren.

International Guest House ASHRAM-PENSION $
(0413-2336699; ingh@aurosociety.org; 47 NSC Bose St; EZ/DZ 500/650 ₹, mit Klimaanlage 700/1050 ₹;) Die kargen, sauberen Zimmer – der einzige Schmuck ist ein Foto „der Mutter" – bieten ein gutes Preis-Leistungs-Verhältnis im Ashram-Segment, dementsprechend beliebt sind sie. Es ist ratsam, drei Wochen im Voraus zu buchen.

★ **Les Hibiscus** PENSION $$
(9442066763, 0413-2227480; www.leshibiscus.in; 49 Suffren St; EZ/DZ inkl. Frühstück 2400/2700 ₹;) Das Hibiscus ist ein starker Anwärter für unsere Lieblingsunterkunft in Tamil Nadu und bietet vier tadellose Zimmer mit hohen Decken, wunderschönen antiken Betten, Kaffeemaschinen und einem Mix aus origineller indischer Kunst und Fotos des alten Pondi zu unglaublich fairen Preisen. Das ganze Haus ist durch und durch geschmackvoll gestaltet, zudem ist das Frühstück großartig, das Internet umsonst und die Geschäftsleitung freundlich und hilfsbereit. Im Voraus buchen!

Gratitude PENSION $$
(0413-2225029; www.gratitudeheritage.in; 52 Romain Rolland St; EZ 3375–5510 ₹, DZ 4240–6470 ₹, alle inkl. Frühstück;) Ein wunderbar friedliches Haus (kein Fernseher, keine Kinder) aus dem 19. Jh. mit freundlichem Personal. Das sonnengelbe Gratitude wurde aufwendig renoviert und ist heute wahrscheinlich noch charmanter als im Originalzustand. Die neun makellosen, individuell gestalteten Zimmer verteilen sich auf zwei Stockwerke um einen schattigen, tropisch anmutenden Innenhof. Die hübsche Dachterrasse lädt zu Yoga und Massagen ein.

Maison Tamoule HISTORISCHES HOTEL $$
(0413-2223738; www.neemranahotels.com; 44 Vysial St; Zi. inkl. Frühstück 3220–5370 ₹;) Das alte Tamil-Viertel beherbergt fast so viele Villen wie das Französische Viertel, zieht jedoch kaum Touristen an. Ein neues effizientes Management brachte neuen Schwung in diesen Laden, und so ist das Haus an einer ruhigen, baumbestandenen Straße eine exzellente historische Unterkunft. Gäste erwarten hohe Wände, eine tiefliegende Vorhalle mit Teaksäulen, Böden mit wunderschönen Chettinad-Fliesen und zehn elegant gestaltete Zimmer mit großen Badewannen.

Kleiner Nachteil: Die Einzelbetten sind etwas schmal.

Hotel de Pondichéry HISTORISCHES HOTEL $$
(☎ 0413-2227409; www.hoteldepondicherry.com; 38 Dumas St; EZ 2000 ₹, DZ 3000–5000 ₹, alle inkl. Frühstück; ❄📶) Farbenfrohes historisches Hotel mit 14 gemütlichen, ruhigen Zimmern im Kolonialstil mit hohen Decken und einer Prise origineller moderner Kunst. Das exzellente hauseigene Restaurant Le Club befindet sich im hübschen Hofbereich auf der Vorderseite. Das Personal ist freundlich und in der Lobby gibt's kostenloses WLAN.

Coloniale Heritage Guest House PENSION $$
(☎ 0413-2224720; www.colonialeheritage.com; 54 Romain Rolland St; Zi. inkl. Frühstück 2000–3300 ₹; ❄📶) Das Haus aus der Kolonialzeit mit sechs gemütlichen Zimmern (teils über steile Treppen zu erreichen) versprüht dank seiner unglaublichen Sammlung von edelsteinbesetzten Tanjore-Gemälden, Ravi-Varma-Lithografien und anderer südindischer Kunst des 19. und 20. Jhs. jede Menge Charme. Auf einem Zimmer gibt es sogar eine Schaukel. Frühstück wird auf einer tiefliegenden Terrasse neben dem grünen Garten serviert.

Nilla Guesthouse PENSION $$
(☎ 9994653006; www.nillaguesthouse.com; 18 Labourdonnais St; Zi. 1500–2100 ₹; ❄📶) Einfache, aber wunderbar atmosphärische und gepflegte Pension unter herzlicher Leitung mit nur fünf frischen, farbenfrohen Zimmern im historischen Stil, praktischen Gemeinschaftsküchen und kostenlosem WLAN im gemütlichen Terrassenbereich.

★ **Villa Shanti** HISTORISCHES HOTEL $$$
(☎ 0413-4200028; www.lavillashanti.com; 14 Suffren St; Zi. inkl. Frühstück 7870–10 117 ₹; ❄📶) Die Villa Shanti ist in einem etwa 100 Jahre alten Gebäude untergebracht, das von zwei französischen Architekten umgebaut wurde, und präsentiert sich heute als exquisite modernisierte Fassung eines traditionellen historischen Hotels in Pondi. Die wunderschönen, frischen Zimmer kombinieren sehr schickes Design mit typischen tamilischen Materialien und kolonialer Eleganz (man denke an Himmelbetten, Chettinadu-Fliesen und tamilische Wandgemälde). Im Innenhof gibt es ein beliebtes Restaurant und eine Cocktailbar – wer früh schlafen möchte, sollte sich also ein Quartier in den oberen Stockwerken suchen.

Maison Perumal HISTORISCHES HOTEL $$$
(☎ 0413-2227519; www.cghearth.com; 44 Perumal Koil St; Zi. inkl. Frühstück 8360–10 450 ₹; ❄📶) Die schicken ruhigen Zimmer mit farbenfrohem Dekor befinden sich oberhalb zweier Innenhöfe mit Säulen in einem renovierten, ca. 130 Jahre alten Haus mit Fotos alter Chettiar-Familien. Es liegt etwas versteckt im weniger touristischen Tamil-Viertel. Das exzellente tamilisch-französische **Restaurant** (Abendessen 990 ₹, Mittagessen 275–400 ₹; ⌚12.30–14 & 7.30–22.30 Uhr) bereitet seine Speisen aus marktfrischen Zutaten zu und das Personal ist sehr freundlich. Von März bis Oktober sinken die Preise um 30 %.

Hotel De L'Orient HISTORISCHES HOTEL $$$
(☎ 0413-2343067; www.neemranahotels.com; 17 Romain Rolland St; Zi. inkl. Frühstück 3760–8060 ₹; ❄📶) Die prachtvoll restaurierte Villa aus dem 18. Jh. hat luftige Veranden, aufmerksames Personal und charmante Quartiere in allen Formen und Größen, ausgestattet mit antiken Möbeln – von gemütlichen Dachzimmern bis hin zu palastähnlichen Unterkünften. Im **Carte Blanche Restaurant** (Hauptgerichte 300–580 ₹; ⌚7.30–10.30, 12–15 & 19–21.30 Uhr) im Innenhof warten historisches Pondi-Flair, erstklassiger Service und französische, italienische oder kreolische (französisch-indische) Küche.

Essen

Puducherry ist in kulinarischer Hinsicht das Highlight Tamil Nadus: Neben fabelhafter südindischer Küche wird hier auch gute französisch-italienische Cuisine angeboten. Wer Käse oder Pasteten schmerzlich vermisst, kommt hier auf seine Kosten und praktisch überall im Französischen Viertel bekommt man guten Kaffee und Crêpes.

Baker Street CAFÉ $
(123 Rue Bussy; Gebäck 40–130 ₹; ⌚7–21 Uhr; 📶) Diese etwas teurere französische Bäckerei ist dank ihrer köstlichen Kuchen, Croissants und Biscuits beliebt. Die Baguettes, Brownies und Quiches sind aber auch nicht zu verachten. Man kann sie vor Ort genießen oder mitnehmen.

Indian Coffee House SÜDINDISCH $
(125 Nehru St; Gerichte 30–60 ₹; ⌚6.30–22 Uhr) Eine Institution in der Stadt – hier gibt's jede Menge günstige südindische Klassiker wie Dosas, *vadas und uttapams* sowie Filterkaffee für 15 ₹. Übrigens beginnt hier auch Yann Martels Roman *Life of Pi*.

Surguru SÜDINDISCH $

(235 (früher 99) Mission St; Hauptgerichte 70–120 ₹; ⊙7–22.30 Uhr) Einfache südindische Küche wird hier in schickem Ambiente serviert. Dies ist die richtige Adresse für alle Liebhaber von Thali (nur mittags) und Dosa, die ihre vegetarische Mahlzeit gerne in stark klimatisierter Umgebung genießen.

★ **La Pasta** ITALIENISCH $$

(☎9994670282; http://lapastapondy.blogspot.com; 55 Vysial St; Hauptgerichte 230–350 ₹; ⊙Di–Sa 12–14 & 17–21 Uhr) Für Pastafans lohnt sich die Pilgerreise zu diesem kleinen Lokal. Es gibt lediglich vier Tische mit karierten Tischdecken und die italienische Köchin zaubert ihre eigenen authentisch leckeren Soßen sowie hausgemachte, perfekte Pasta in einer offenen Küche, die so groß wie der Speisebereich ist. Alkohol wird nicht serviert: Hier steht das Essen im Mittelpunkt.

Café des Arts CAFÉ $$

(10 Suffren St; Gerichte 130–230 ₹; ⊙Mi–Mo 8.30–19 Uhr; 📶) Das Boheme-Café im Vintage-Stil wirkt durch und durch europäisch, wobei die Fahrradrikscha im Garten wieder an den Standort in Pondi erinnert. Die angenehm leichte Speisenauswahl reicht von knackigen Salaten über Baguettes und Toasts bis hin zu Crêpes, zudem gibt es guten Kaffee und frische Säfte. Für charmantes Flair sorgt die Kulisse eines alten Stadthauses mit niedrigen Tischen und Polstersesseln, die vor einer skurrilen Boutique platziert sind.

Kasha Ki Aasha CAFÉ $$

(23 Rue Surcouf; Hauptgerichte 150–250 ₹; ⊙Mo–Sa 10–20 Uhr) Auf der lässigen Dachterrasse dieses Kolonialhauses mit Kunsthandwerksladen und Café unter rein weiblicher Leitung gibt's leckere Frühstückspfannkuchen, gutes Mittagsessen und köstlichen Kuchen. Die Fusionküche umfasst u.a. Pommes mit Chutney, Thalis nach europäischer Art und indische Enchiladas. Die hübschen Stoffe und Ledersandalen, die unten verkauft werden, stammen direkt von den Herstellern.

Le Café CAFÉ $$

(Goubert Ave; Gerichte 50–225 ₹; ⊙24 Std.) Das Café am Meer ist eine gute Adresse für Baguettes, Croissants, Salate, Kuchen und südindischen Biokaffee (heiß oder geeist). Dazu gibt's eine angenehme frische Brise vom Golf von Bengalen. Wegen der großen Beliebtheit müssen Gäste oft auf einen Tisch warten oder sich einen teilen, doch für diese Lage muss man eben gewisse Opfer bringen.

Le Club WESTLICH, INDISCH $$$

(☎0413-2339745; 38 Dumas St; Hauptgerichte 300–500 ₹; ⊙Di–So 12–15.30 & 19–23 Uhr) Die Steaks (u.a. mit Blauschimmelkäse- oder Béarnaise-Sauce), Pizzas und Crêpes in diesem romantisch beleuchteten Gartenlokal sind erstklassig. Zu den verführerischen Alternativen gehören kreolisches Garnelencurry, Kebabs mit Gemüse und Paneer sowie Fisch nach Malabar-Art, zudem gibt's jede Menge Wein, Mojitos und Margaritas.

Villa Shanti WESTLICH, INDISCH $$$

(☎0413-4200028; 14 Suffren St; Hauptgerichte 225–495 ₹; ⊙12.30–14.30 & 19–22.30 Uhr) Schicke Tische mit Kerzenbeleuchtung in einem Innenhof mit Palmen und Säulen neben einer farbenfrohen Bar sorgen in diesem stilvollen, immer gut gefüllten Hotelrestaurant für leger-edles Ambiente. Das moderne französisch-indische Flair des Gebäudes spiegelt sich in der nordindischen/europäischen Speisekarte wider. Die Portionen sind zwar klein, die Aromen jedoch herrlich, und es gibt ein paar köstliche und kreative vegetarische Gerichte sowie gute Cocktails. Am Wochenende reservieren.

Selbstversorger

Nilgiri's SUPERMARKT

(23 Rangapillai St; ⊙9.30–21 Uhr) Gut sortierter, klimatisierter Laden für Lebensmittel und Toilettenartikel.

Ausgehen & Nachtleben

Um sich ein Bierchen zu genehmigen, ist Pondi zwar einer der geeigneteren Orte in Tamil Nadu, trotzdem herrscht ab 23 Uhr strikte Sperrstunde. Trotz der niedrigen Alkoholsteuer gibt's billiges Bier nur in „liquor shops" (Spirituosenläden) oder den düsteren, daran angeschlossenen Bars. Restaurants und Bars von Hotels sind dagegen gute Adressen, um etwas trinken zu gehen.

L'e-Space BAR, CAFÉ

(2 Labourdonnais St; Cocktails 200 ₹; ⊙17–23 Uhr) Die schrullige kleine Bar und Cafélounge im Obergeschoss liegt teils unter freiem Himmel, ist freundlich und gesellig und serviert gute Cocktails (wenn der Barkeeper nicht gerade verschwunden ist).

Shoppen

Wegen all der Yoga-Yuppies, die in die Stadt strömen, hat sich Pondi auf Mode und Souvenirs aus der Sparte „Boutique-Schick trifft indischen Basar" spezialisiert. Tatsächlich gibt es einige schöne, originelle Stücke, die größtenteils im Sri Aurobindo Ashram oder in Auroville hergestellt wurden. Nehru St und MG Rd sind die besten Shoppingzonen.

★ Kalki KLEIDUNG, ACCESSOIRES
(134 Mission St; 9.30–20.30 Uhr) Wunderschöne, edelsteinfarbene Kleidung aus Seide und Baumwolle sowie Accessoires, Räucherkerzen, ätherische Öle, Produkte aus handgeschöpftem Papier und vieles mehr. Fast alles wurde in Auroville hergestellt, wo es eine weitere **Filiale** (Besucherzentrum; 9.30–18 Uhr) gibt.

Fabindia KLEIDUNG, TEXTILIEN
(www.fabindia.com; 223 Mission St; 10.30–20.30 Uhr) Die Fabindia-Kette ist seit 1960 gut im Geschäft und führt tolle handgemachte Produkte. Diese stammen vorwiegend von Dorfbewohnern, die traditionelle Kunsthandwerkstechniken anwenden, zudem setzt sich das Unternehmen für Arbeitsmöglichkeiten auf dem Land ein. Diese Filiale verkauft eine wunderschöne Kollektion von Kleidung aus Baumwolle und Seide im modernen indischen Stil sowie hochwertige Stoffe, Tischtücher, Öle, Kosmetikartikel und sogar Möbel.

La Maison Rose KLEIDUNG, HAUSHALTSWAREN
(www.lamaisonrosepondicherry.com; 8 Romain Rolland St; 10–19.30 Uhr) Die renovierte rosafarbene Villa beherbergt drei Luxusboutiquen, die Mode, Stoffe, Schmuck, Haushaltswaren und Möbel verkaufen. Alles ist exquisit, wobei stiltechnisch Ost auf West trifft. Im **Café-Restaurant** (8 Romain Rolland St; Hauptgerichte 300–470 ₹; 12–15 & 19–22 Uhr) im atmosphärisch beleuchteten Innenhof werden unter einem Mangobaum frische Säfte und französisch inspirierte Küche serviert.

Auroshikha RÄUCHERMITTEL
(www.auroshikha.com; 28 Marine St; Di–So 9–13 & 15–19 Uhr) Eine schier endlose Auswahl an Räucherkerzen, Duftkerzen und ätherischen Ölen, hergestellt im Sri Aurobindo Ashram.

La Boutique d'Auroville KUNSTHANDWERK
(38 Nehru St; 9.30–20 Uhr) Es macht einfach Spaß, sich dieses Kunsthandwerk anzuschauen, z.B. Schmuck, Kleider, Schals, handgemachte Karten und Holztabletts.

Hidesign LEDERWAREN
(www.hidesign.com; 69 Nehru St; 9–22 Uhr) Hidedesign wurde in den 1970er-Jahren in Pondi gegründet und verkauft wunderschöne Designertaschen, Aktentaschen, Geldbörsen und Gürtel aus Leder in allen möglichen Farben zu fairen Preisen. Inzwischen gibt es Filialen auf der ganzen Welt. Das Café im oberen Stock, **Le Hidesign** (69 Nehru St; Hauptgerichte 120–180 ₹; 9–21.30 Uhr; WLAN), serviert leckere Tapas und prima Kaffee.

Geethanjali ANTIQUITÄTEN
(www.geethanjaliartifacts.com; 20 Rue Bussy; 10.30–20.30 Uhr) Dieser Laden würde Indiana Jones begeistern: In dem Antiquitäten- und Kuriositätenladen gibt es Skulpturen, geschnitzte Türen, Holztruhen, Gemälde und Möbel, die aus Puducherrys kolonialer und sogar vorkolonialer Geschichte gerettet wurden. Der Versand nach Europa kostet 20 000 ₹ pro Kubikmeter, allerdings sollte man sich vorher erkundigen, ob der jeweilige Artikel Exportrestriktionen unterliegt.

Focus BÜCHER
(204 Mission St; Mo–Sa 9.30–13.30 & 15.30–21 Uhr) Ein tolles Sortiment an Büchern über Indien und andere Werke in englischer Sprache (auch Lonely Planet Bände).

Librairie Kailash BÜCHER
(169 Rue Bussy; Mo–Sa 9–13 & 15–19.30 Uhr) Gute Abteilung mit französischen Büchern über Indien und Asien.

Praktische Informationen

Geldautomaten gibt's überall, und entlang der Mission Street, nahe der Ecke Nehru Street, reihen sich zahlreiche Wechselstuben aneinander.

Die Rue Bussy zwischen Bharathi Street und MG Road ist voll von Kliniken und Apotheken.

Coffee.Com (11A Romain Rolland St; 80 ₹/Std.; 10.30–22 Uhr) Ein echtes Internetcafé mit gutem Kaffee und leichten Gerichten (60–300 ₹).

New Medical Centre (0413-2225287; www.nmcpondy.com; 470 MG Rd; 24 Std.) Empfehlenswerte Privatklinik und Krankenhaus.

Shanti Travel (0413-4210401; www.shantitravel.com; 13 Romain Rolland St; 10–13.30 & 14.30–19 Uhr) Reisebüro, das Fahrkarten bucht, Stadtrundgänge und Ausflüge anbietet und Kunden vom Flughafen in Chennai abholt.

Tourist Office (0413-2339497; http://tourism.puducherry.gov.in; 40 Goubert Ave; 9–13 & 14–19 Uhr)

An- & Weiterreise

BUS

Die **Bushaltestelle** (Maraimalai Adigal Salai) befindet sich im Westen der Stadt, 2 km vom Französischen Viertel entfernt. Wer nach Kumbakonam fahren möchte, muss in Chidambaram umsteigen. In Villupuram, 38 km westlich von

BUSSE AB DER BUSHALTESTELLE PUDUCHERRY (PONDICHERRY)

ZIEL	PREIS (₹)	DAUER (STD.)	HÄUFIGKEIT (TÄGLICH)
Bengaluru	310	7	20 & 22 Uhr
Chennai	97 (Volvo AC 190)	4	alle 30 Min. (6 Volvo AC 6.30–18 Uhr)
Chidambaram	60	2	48
Mamallapuram	80	2	36
Tiruvannamalai	47–62	3	11
Trichy	112	5	4.40, 10, 20 & 22 Uhr

Puducherry, starten weitere Busse (18 ₹, 1 Std., alle 10 Min.). Private Busunternehmen bieten hauptsächlich Übernachtverbindungen zu verschiedenen Zielen an und haben Büros entlang der Maraimalai Adigal Salai westlich der Bushaltestelle. Um 23 Uhr verkehrt ein Bus mit Liegesitzen von **Parveen Travels** (0413-2201919; www.parveentravels.com; 288 Maraimalai Adigal Salai) nach Kodaikanal (610 ₹, 8 Std.).

ZUG

Am Bahnhof von Puducherry gibt es nur wenige Verbindungen. Zweimal täglich verkehren Züge nach Chennai-Egmore, wobei man keine Sitzplätze reservieren kann (45–75 ₹, 4–5 Std.). In Villupuram gibt es Anschluss zu vielen anderen Zielen im Norden und Süden. Der Bahnhof verfügt über ein computerbasiertes Buchungsbüro für Züge in ganz Indien.

Unterwegs vor Ort

Pondis flache Straßen lassen sich bestens zu Fuß erkunden. Vor Ort gibt es jede Menge Autorikschas; die offiziellen Taxameter-Tarife liegen bei 40 ₹ für bis zu 2 km sowie 15 ₹ für jeden weiteren Kilometer, allerdings weigern sich die meisten Fahrer, ihr Taxameter zu benutzen. Die Fahrt von der Bushaltestelle zum Französischen Viertel kostet rund 60 ₹.

Eine gute Möglichkeit, Pondi und Umgebung kennenzulernen, ist ein geliehenes Fahrrad oder Motorrad. Es gibt verschiedene Anbieter (pro Tag Fahrrad/Motorroller/Motorrad 50/200/250 ₹) an der nördlichen Mission Street zwischen Nehru Street und Chetty Street.

Auroville

0413 / 2345 EW.

Auroville, die „Stadt der Morgendämmerung", steht für eine jener Ideen, die jeden Idealisten begeistern werden: Eine internationale Gemeinschaft, die sich Frieden, Harmonie, einer nachhaltigen Lebensweise und einem „göttlichen Bewusstsein" verschrieben hat und in der Menschen aus allen Ecken des Erdballs die verschiedenen Glaubensrichtungen, Hautfarben und Nationalitäten ohne Vorbehalte akzeptieren und zusammen daran arbeiten, eine universelle, bargeldlose, religionsfreie Gemeinde zu schaffen, um damit die Einheit der Menschheit Realität werden zu lassen.

Externe Meinungen zu den Einwohnern von Auroville reichen von Bewunderung bis zum Vorwurf der selbstbezogenen Weltflucht. Man stelle sich über 100 kleine Siedlungen vor, die weit über die tamilische Landschaft verstreut liegen, mit etwa 2300 Einwohnern aus 43 Ländern. Fast 60 % der Bewohner sind Ausländer, und die neuen Mitglieder brauchen für den Eintritt mehr finanzielle Mittel, als die meisten Inder wohl jemals haben werden. Aber der Vibe, den man bei einem Besuch hier spürt, ist mit ziemlicher Sicherheit positiv, und die Energie an diesem Ort beinahe greifbar.

Auroville liegt rund 12 km nordwestlich von Puducherry. Die Gründung im Jahr 1968 war von „der „Mutter" inspiriert, der Mitbegründerin des Sri Aurobindo Ashram in Puducherry, und ihre Philosophie leitet die Gemeinde noch heute. Die Auroviller haben eine Vielzahl von Aktionen ins Leben gerufen, die von Schulen und IT-Projekten über Biofarmen, erneuerbare Energien und bis hin zum Kunsthandwerk reichen. Damit werden 4000 bis 5000 Menschen aus den umliegenden Dörfern beschäftigt.

Die Auroville-Website (www.auroville.org) ist eine beinahe enzyklopädische Informationsquelle.

Sehenswertes & Aktivitäten

Auroville orientiert sich im Allgemeinen nicht am Tourismus – die meisten Einwohner leben einfach ihr Leben – aber es gibt dennoch ein gutes **Visitors Center** (0413-2622239; 9–13 & 13.30–17 Uhr) mit Informationen, Ausstellungen und hiesigen Produkten. Hier kann man sich ein Handbuch und eine Karte besorgen (20 ₹) und sich ein zehnminütiges Video ansehen, zudem gibt das Zentrum kostenlose Pässe aus, mit denen man das ausgelagerte **Matrimandir** (⏲Passausgabe Mo–Sa 9.30–16.45, So 9.30–12.45 Uhr) besichtigen kann, Aurovilles „Seele", 1 km Fußweg entfernt im Wald.

Das große goldene, beinahe kugelförmige Matrimandir wird oft mit einem Golfball in einem Bett von Lotusblättern verglichen. Aber es ist schon möglich, dass die grandiose Schlichtheit seiner Form, umgeben von grünem Parkgelände, bei dem einen oder anderen Besucher tatsächlich ein Gefühl jenes göttlichen Bewusstseins auslöst, das es symbolisieren soll. Die Hauptkammer im Inneren der Kugel, die mit weißem Marmor ausgekleidet ist, beherbergt einen großen Glaskristall, der den Raum mit Sonnenlicht flutet. Es ist als Ort der individuellen, stillen Einkehr gedacht, und wer ein wenig Zeit im Matrimandir verbringen möchte, nachdem er es vom Park aus bewundert hat, muss mindestens einen Tag im Voraus im **Matrimandir Access Office** (☎0413-2622204; Besucherzentrum; ⏲Mi–Mo 10–11 & 14–15 Uhr) eine Zeit reservieren.

Besucher sind dazu eingeladen, das 10 km² umfasende Netz aus Straßen und Wegen Aurovilles zu erkunden. Dank der zwei Millionen Bäume, die seit der Gründung der Stadt gepflanzt wurden, liegt sie in einer wunderbar grünen Landschaft.

Wer mehr über Auroville erfahren möchte, dem empfiehlt die Gemeinde, mindestens zehn Tage lang zu bleiben und an einem der Einführungsprogramme oder den Klausuren teilzunehmen. Wer wirklich in dieses Leben eintauchen will, sollte zwei bis zwölf Monate Freiwilligenarbeit leisten. Der **Auroville Guest Service** (☎0413-2622675; www.aurovilleguestservice.org; Solar Kitchen Bldg, 2 km östlich des Besucherzentrums; ⏲Mo–Sa 9.30–13 Uhr) gibt Tipps zu aktivem Engament.

Schlafen & Essen

In Auroville gibt es über 50 **Guesthouses** (250–4500 ₹/Pers.) mit unterschiedlichem Komfort und mit zwei bis 50 Betten. Der **Guest Accommodation Service** (☎0413-2622704; www.aurovilleguesthouses.org; Besucherzentrum; ⏲9.30–12.30 & 14–17 Uhr) gibt Tipps, Buchungen müssen jedoch direkt über die jeweiligen Unterkünfte vorgenommen werden. Für die Hochsaison von Dezember bis März bzw. August und September sollte man drei bis vier Monate im Voraus reservieren.

Das **Right Path Cafe** (Besucherzentrum; Hauptgerichte 175–295 ₹; ⏲Di–So 8–20.30, Mo 8–16.45 Uhr) heißt jeden herzlich willkommen und bringt anständige indische und westliche Küche auf den Tisch.

An- & Weiterreise

Die Hauptabzweigung von der East Coast Rd nach Auroville befindet sich im Dorf Periyar Mudaliarchavadi, 6 km nördlich von Puducherry. Von hier aus sind es in westlicher Richtung weitere 6 km zum Visitors Center. Eine Autorikscha kostet für die einfache Strecke aus Puducherry rund 250 ₹, aber man kann auch den Kottukuppam-Bus Richtung Norden entlang der Ambour Salai zur Abzweigung Auroville nehmen (6–20 ₹, alle 10 Min.) und dort in eine Autorikscha für 150 ₹ umsteigen. Alternativ leiht man sich bei einem der Anbieter an der nördlichen Mission Street in Puducherry ein Rad oder ein Motorrad.

ZENTRALES TAMIL NADU

Chidambaram

☎04144 / 62153 EW.

Im Grunde gibt es nur einen wirklich guten Grund für den Besuch hier: die grandiose Tempelanlage für Nataraja (Shiva als Tänzer des Universums). Dabei handelt es sich um eine der heiligsten Shiva-Stätten überhaupt und darüber hinaus um ein Highlight der drawidischen Architektur.

Die meisten Unterkünfte befinden sich in Tempelnähe oder rund um die Bushaltestelle, 500 m südöstlich des Tempels. Der Bahnhof liegt rund 1 km weiter südöstlich.

Sehenswertes

★ **Nataraja-Tempel** HINDU-TEMPEL

(⏲Innenbereich 6–12 & 16.30–22 Uhr) Die Legende besagt, dass Shiva und Kali eines Tages in einen Tanzwettstreit traten, mit Vishnu als Wertungsrichter. Als Shiva einen Ohrring verlor und ihn mit dem Fuß wieder vom Boden aufhob, konnte Kali die Bewegungen nicht nachmachen, und Shiva errang den Titel Nataraja (Herr des Tanzes). In dieser Form wird er auch in diesem großartigen Tempel verehrt, der einen schier endlosen Strom an Gläubigen anzieht. Der Tempel wurde während der Chola-Zeit erbaut (Chidambaram war die Chola-Hauptstadt), aber die Schreine in seinem Innersten stammen mindestens aus dem 6. Jh.

Die 22 ha große Anlage ist von hohen Mauern umgeben und verfügt über vier mächtige *gopurams*, die mit drawidischen Stein- und Stuckarbeiten verziert sind. Der Haupteingang durch den östlichsten und zu-

ABSEITS DER ÜBLICHEN PFADE

DAS FRIEDLICHE THARANGAMBADI (TRANQUEBAR)

Südlich von Chidambaram erstreckt sich das vielarmige Kaveri-Delta über 180 km entlang der Küste und bis tief ins Landesinnere. Die Kaveri ist der Herzschlag der tamilischen Landwirtschaft, und ihr Tal war das Kerngebiet des Chola-Reiches. Heute ist das Delta gleichzeitig einer der schönsten, ärmsten und traditionellsten Teile von Tamil Nadu.

Die kleine Küstenstadt Tharangambadi, den meisten noch immer unter ihrem früheren Namen Tranquebar bekannt, ist der mit Abstand attraktivste Ort für eine Übernachtung. Die frühere dänische Kolonie eignet sich bestens, um sich von den heißen, überfüllten Städten im Landesinneren zu erholen, ist außerdem ruhig, gepflegt und an einem langen Sandstrand mit ein paar Fischerbooten und angenehmer Meerbrise gelegen. Die Luft soll hier besonders ozonhaltig sein. Die Altstadt hinter dem Landporten-Tor aus dem Jahr 1791 lädt zu einem idyllischen Spaziergang ein und wurde nach dem Tsunami von 2004, der hier 800 Menschen das Leben kostete, aufwendig renoviert. Bei Intach Pondicherry (www.intachpondicherry.org) gibt es eine gute Karte zum Downloaden. Die alte dänische Festung **Dansborg** (Inder/Ausländer 5/50 ₹, Kamera/Video 30/100 ₹; ⌚ Sa–Do 10–13 & 14–17.30 Uhr) stammt aus dem Jahr 1624 und beherbergt ein interessantes kleines Museum. Weitere beachtenswerte Gebäude sind die **Neu-Jerusalem-Kirche** (Evangelisch-Lutherische Kirche von Tamil Nadu; King's St), die 1718 in einem faszinierenden indisch-europäischen Stilmix erbaut wurde, und der **Masilamani-Nathar-Tempel** am Strand aus dem 14. Jh., der heute in bunten Farben erstrahlt.

Alle Unterkünfte hier werden von **Bungalow on the Beach** (☎ 04364-288065; www.neemranahotels.com; 24 King's St; Zi. inkl. Frühstück 5400–8990 ₹, Budget-Zi. 990 ₹; ❄ 📶 🏊) betrieben, das sich in der ehemaligen Residenz des britischen Verwalters befindet (Dänemark verkaufte Tranquebar 1845 an die britische Ostindien-Kompanie). Insgesamt stehen im Hauptgebäude und in zwei weiteren historischen Häusern in der Stadt 17 wunderschöne Zimmer im Kolonialstil zur Verfügung sowie fünf einfache, saubere Budgetzimmer im Hotel Tamil Nadu (gegenüber dem Hauptgebäude), wobei Nr. 5 wunderschöne Tempelblicke bietet. Alle Unterkünfte sind klimatisiert. Im Hauptgebäude gibt es einen fantastischen Pool und ein gutes **Restaurant** (Hauptgerichte 150–300 ₹; ⌚ 7.30–9.30, 12.30–14.30 & 19–21.30 Uhr) mit internationaler Küche. MAn sollte im Voraus buchen.

Die Busse in dieser Region sind oftmals extrem überfüllt. Aus Tranquebar gibt's regelmäßige Verbindungen nach Chidambaram (30 ₹, 2 Std., stündl.) und Karaikal (11 ₹, 30 Min., halbstündl.). Von Karaikal fahren Busse nach Kumbakonam (36 ₹, 2¼ Std., 4.15–22.15 Uhr halbstündl.), Thanjavur (64 ₹, 3½ Std., 4.15–22.15 Uhr stündl.) und Puducherry (85 ₹, 4 Std., 4.15–24 Uhr halbstündl.).

gleich ältesten *gopuram* befindet sich abseits der East Car Street. In diesen Durchgang sind die 108 heiligen Figuren des klassischen tamilischen Tanzes eingemeißelt. Rechts hinter dem *gopuram* befinden sich die tausendsäulige **Raja Sabha** (Königshalle; ⌚ an Festtagen) und das große Becken **Sivaganga**.

Die zentrale Anlage (keine Kameras!) betritt man von Osten aus. In ihrem Südteil (vom Eingang aus links) steht die **Nritta Sabha** (Tanzhalle) in Form eines Wagens mit 56 aufwendigen Säulen. Es heißt, dies sei die Stelle, an der Shiva Kali im Tanz besiegte.

Durch eine Tür nördlich der Nritta Sabha betritt man den Innenhof. Nun sieht man den **Kanaka Sabha** vor sich, einen Pavillon, in dem zahlreiche Tempelrituale vollzogen werden. Zu *puja*-Zeiten drängeln sich die Gläubigen im und um den Pavillon, um die Rituale mitzuerleben, die von Brahmanen-Priestern, den Dikshithars, durchgeführt werden. Die Priester geben ihre Stellung durch Erbfolge weiter, rasieren sich einen Teil ihrer Haare ab und lassen den Rest wachsen (so repräsentieren sie sowohl Shiva als auch Parvati), um es zu einem Knoten zusammenzubinden.

Hinter bzw. nördlich der Kanaka Sabha befindet sich das innerste Heiligtum, die **Chit Sabha** (Weisheitshalle) mit ihrem goldenen Dach, die das zentrale Bronze-Abbild des Nataraja beherbergt: Es zeigt Shiva, den kosmischen Tänzer, der einen Schöpfungszyklus vollendet, einen weiteren beginnt und alles Gegensätzliche vereint.

Manchmal bieten die Priester an, Besucher durch die Tempelanlage zu führen. Sie arbeiten in einer Art Kooperative, die den

Tempel finanziell unterstützt. Man kann also etwas zum Erhalt des großartigen Bauwerks beisteuern, indem man einen von ihnen für eine Führung anheuert (der Preis liegt zwischen 30 und 300 ₹, je nach ihren sprachlichen Fähigkeiten und ihrem Wissen). Der Tempel wird privat finanziert und verwaltet, was für Tamil Nadu ungewöhnlich ist.

Feste & Events

Von den vielen Festen der Stadt sind die zehntägigen **Chariot Festivals** (Wagenfeste; ⏲ Juni–Juli & Dez.–Jan.) die zwei größten.

Natyanjali Dance Festival TANZ
(⏲ Feb.–März) Chidambarams fünftägiges Tanzfestival lockt 300 bis 400 klassische Tänzer aus ganz Indien zum Nataraja-Tempel.

Schlafen & Essen

Rund um den Tempel sammeln sich viele günstige Pilgerunterkünfte, einige sind aber ziemlich trostlos. Falls man in Chidambaram irgendwo richtig schön übernachten kann, haben wir die betreffende Unterkunft noch nicht entdeckt. In Tempelnähe gibt's jede Menge billige vegetarische Lokale, in den Hotels isst man jedoch am besten.

Hotel Saradharam HOTEL **$$**
(☎ 04144-221336; www.hotelsaradharam.co.in; 19 VGP St; Zi. inkl. Frühstück 1100 ₹, mit Klimaanlage 2160 ₹; ❄@📶) Das geschäftige, freundliche Saradharam ist die beste Unterkunft, die die Stadt zu bieten hat, und liegt praktischerweise auf der anderen Seite der Bushaltestelle. Es ist ein bisschen verwohnt, jedoch recht gemütlich und eine willkommene Erholung vom Trubel der Innenstadt. In der Lobby gibt es kostenloses WLAN, außerdem verfügt das Hotel über drei Restaurants, zwei vegetarische und das gute klimatisierte **Anupallavi** (Hauptgerichte 130–250 ₹; ⏲ 7–10, 12–15 & 18–22.45 Uhr) mit internationaler Küche.

Praktische Informationen

ICICI Bank ATM (Hotel Saradharam, VGP St)

An- & Weiterreise

Täglich fahren mindestens drei Züge nach Trichy (2. Klasse/3AC/2AC 80/485/690 ₹, 3½ Std.) über Kumbakonam und Thanjavur sowie sechs nach Chennai (105/485/690 ₹, 5½ Std.). **Universal Travels** (⏲ 10–24 Uhr) gegenüber der Bushaltestelle schickt täglich drei Volvo-AC-Busse nach Chennai (500 ₹, 5 Std.).

Staatliche Busse steuern ab der Bushaltestelle u.a. folgende Ziele an:

Chennai (180 ₹, 6 Std., alle 30 Min.)
Kumbakonam (40 ₹, 3 Std., alle 30 Min.)
Puducherry (40–50 ₹, 2 Std., alle 30 Min.)
Thanjavur (60 ₹, 4 Std., alle 30 Min.)
Tranquebar (Tharangambadi; 30 ₹, 2 Std., alle 30 Min.)

Kumbakonam

☎ 0435 / 140156 EW.

Auf den ersten Blick ist Kumbakonam nur eine weitere indische Stadt an einem Verkehrsknotenpunkt. Aber dann entdeckt man die zahlreichen bunten *gopurams*, die vor den 18 Tempeln der Stadt in den Himmel ragen und daran erinnern, dass sie im Mittelalter der Sitz einer wichtigen südindischen Macht war. Ganz in der Nähe befinden sich außerdem zwei Chola-Tempel, die zum Weltkulturerbe gehören (S. 403) – ein Aufenthalt mit Übernachtung lohnt sich also auf alle Fälle.

Sehenswertes

Die meisten Tempel sind Shiva oder Vishnu gewidmet.

Nageshwara-Tempel HINDU-TEMPEL
(⏲ 6.30–12 & 16.30–20.30 Uhr) Der Tempel wurde im Jahre 886 von den Cholas erbaut. Er ist der älteste in Kumbakonam und Shiva in Gestalt von Nagaraja, dem Schlangenkönig, gewidmet. An drei Tagen des Jahres (im April oder Mai) fallen die Sonnenstrahlen auf den Lingam. Der Nataraja-Schrein unmittelbar rechts vor dem inneren Heiligtum ist wie ein Pferdewagen geformt.

Sarangapani-Tempel HINDU-TEMPEL
(⏲ 6.30–12 & 16.30–20.30 Uhr) Der Sarangapani ist der größte Vishnu-Tempel vor Ort. Der 45 m hohe östliche *gopuram* dient als Haupteingang, wobei das Fotografieren im Inneren nicht erlaubt ist. Passiert man den Kuhstall des Tempels (Krishna, der Kuhhirte, ist eine von Vishnus Inkarnationen), einen weiteren *gopuram* und eine Säulenhalle, erreicht man das innere Heiligtum, eine Chola-Schöpfung aus dem 12. Jh. Mit den großen gemeißelten Elefanten, Pferden und Rädern ähnelt sie einem Wagen.

Kumbeshwara-Tempel HINDU-TEMPEL
(⏲ 6.30–12 & 16.30–20.30 Uhr) Den Kumbeshwara-Tempel mit seiner langen, mit Säulen versehenen *mandapa* betritt man über einen neunstöckigen *gopuram*. Er ist der größte Shiva-Tempel der Stadt, stammt aus

Kumbakonam

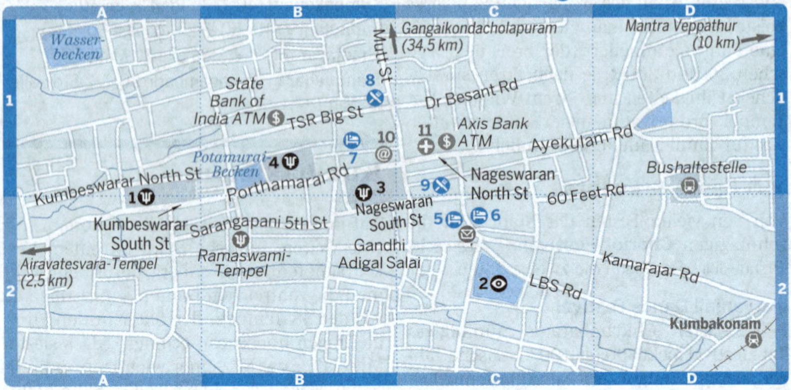

Kumbakonam

Sehenswertes
1 Kumbeshwara-Tempel A2
2 Mahamaham-Becken C2
3 Nageshwara-Tempel B1
4 Sarangapani-Tempel B1

Schlafen
5 Hotel Raya's C2
6 Hotel Raya's Annexe C2
7 Pandian Hotel B1

Essen
8 Hotel Sri Venkkatramana B1
Sathars Restaurant .... (siehe 5)
9 Taj Samudra C1

Praktisches
10 Speed Systems B1
11 STH Hospital C1

dem 17. und 18. Jh. und beherbergt einen Lingam, der angeblich von Shiva selbst angefertigt wurde, indem er den Nektar der Unsterblichkeit mit Sand vermischte.

Mahamaham-Becken WASSERBECKEN
(6.30–12 & 16.30–20.30 Uhr) Das riesige Mahamaham-Becken ist von 17 Pavillons umgeben und eine der heiligsten Stätten von Kumbakonam. Man glaubt, das Wasser der heiligsten Flüsse Indiens, darunter auch des Ganges, fließe alle zwölf Jahre in das Becken hinein, was mit einem Fest begangen wird – beispielsweise im Jahr 2016.

Schlafen & Essen

Pandian Hotel HOTEL $
(0435-2430397; 52 Sarangapani Koil Sannadhi St; EZ/DZ 350/660 ₹, DZ mit Klimaanlage 990 ₹; ❄) Die recht saubere Budgetoption ist wenig originell, das Preis-Leistungs-Verhältnis ist im Großen und Ganzen jedoch fair.

Hotel Raya's HOTEL $$
(0435-2423170; www.hotelrayas.com; 18 Head Post Office Rd; Zi. 1200 ₹, mit Klimaanlage 1440–1560 ₹; ❄) Freundlicher Service und geräumige, saubere Zimmer machen das Raya's zur besten Bleibe der Stadt, wobei die hellen Quartiere im **Anbau** (Zi. 1800 ₹; ❄) die beste Wahl sind. Zum Angebot gehören ein Fahrservice für Ausflüge außerhalb der Stadt und das **Sathars Restaurant** (Hauptgerichte 110–195 ₹; 11.30–23.30 Uhr) mit guter Küche und sauberer Umgebung.

Mantra Veppathur RESORT $$$
(0435-2462261; www.mantraveppathur.com; 536/537A, 1 Bagavathapuram Main Rd Extension, Srisailapathipuram Village; Zi. inkl. Frühstück 8400–10 790 ₹; ❄) Das Resort versteckt sich im Dschungel am Fluss, 10 km nordöstlich von Kumbakonam, und bietet wohltuende Erholung von der hektischen Tempelstadt. Die gemütlich-rustikalen Zimmer haben Veranden mit Schaukelstühlen und Freiluft-Duschen. Zum Angebot gehören Yoga, Meditation und Ayurveda, zudem verwendet das Restaurant mit der türkisfarben gefliesten Veranda Zutaten von der Biofarm.

Hotel Sri Venkkatramana INDISCH $
(TSR Big St; Thalis 60–100 ₹; Mo–Sa 5.30–22.30 Uhr) Die gute, frische vegetarische Küche ist bei Einheimischen sehr beliebt.

Taj Samudra INDISCH $$
(80 Nageswaran South St; Hauptgerichte 115–185 ₹; 12–15 & 19–23 Uhr) Hier servieren freund-

liche Kellner vor recht stylisher Kulisse leckere vegetarische und nicht-vegetarische Gerichte aus ganz Indien.

Praktische Informationen

Speed Systems (Sarangapani Koil Sannadhi St; Internet 20 ₹/Std.; ⏲9.30–21.30 Uhr) Reisepass nicht vergessen.

An- & Weiterreise

Täglich fahren 13 Züge nach Thanjavur (2. Klasse/3AC/2AC 45/485/690 ₹, 30 Min.–1 Std.) sowie acht nach Trichy (60/485/690 ₹, 2–2½ Std.). Zu den fünf täglichen Verbindungen nach/ab Chennai-Egmore zählen der Nachtzug Mannai-Express (Sleeper/3AC/2AC/1AC 210/555/790/1315 ₹, 6½ Std.) sowie der Chennai-Express/Trichy-Express (210/555/790/1315 ₹, 6–7 Std.), die tagsüber fahren.

Staatliche Busse fahren von der Bushaltestelle u. a. folgende Ziele an:

Chennai (185–230 ₹, 6½–8 Std., alle 15 Min.)
Chidambaram (44 ₹, 2½–3 Std., alle 20 Min.)
Karaikal (34 ₹, 2¼ Std., alle 30 Min.)
Thanjavur (30 ₹, 1½ Std., alle 10 Min.)

NICHT VERSÄUMEN

CHOLA-TEMPEL BEI KUMBAKONAM

Zwei der drei großartigen Baudenkmäler der Chola-Zivilisation befinden sich in Dörfern nahe Kumbakonam: der Airavatesvara-Tempel in Darasuram und der Gangaikondacholapuram-Tempel. Im Gegensatz zum Brihadishwara-Tempel in Thanjavur, der ebenfalls zum Weltkulturerbe gehört, werden diese Tempel heute aber nur noch relativ wenig von Gläubigen (und Touristen) besucht. Doch beide verfügen nicht nur über eine wunderschöne Grundform (mit Pyramidentürmen, die aus der Mitte einer rechteckigen, von Mauern umgebenen Anlage aufragen), sondern auch über sehr detaillierte Steinarbeiten.

Die Busse, die regelmäßig von Kumbakonam zu Dörfern in der Nähe verkehren, lassen Fahrgäste in Darasuram aussteigen. Busse nach Gangaikondacholapuram (21 ₹, 1½ Std.) fahren alle halbe Stunde. Eine Fahrt mit der Autorikscha nach Darasuram und zurück kostet rund 150 ₹. Das Hotel Raya organisiert halbtägige Fahrten mit dem Auto zu beiden Tempeln für 1100 ₹ (1250 ₹ mit Klimaanlage).

Airavatesvara-Tempel (⏲6–20 Uhr) Der Tempel liegt nur 3 km westlich von Kumbakonam in Darasuram, ist Shiva gewidmet und wurde von Rajaraja II. (1146–63) erbaut. In die Stufen der Rajagambhira-Halle sind plastische Elefanten und Pferde mit Wagen geschnitzt. Die 108 völlig unterschiedlichen Säulen des Pavillons zieren detailreiche Schnitzarbeiten, darunter Tänzer, Akrobaten und Yali, der vier Tiere in sich trägt (mit einem Elefantenkopf, einem Löwenkörper, Ziegenhörnern, Schweineohren und einem Kuhhintern). Im Inneren des Schreins (⏲6–12 & 16–20 Uhr) kann man dem Lingam Ehre erweisen und sich für 10 ₹ ein *tilak* auf die Stirn malen lassen.

Außerhalb des Schreins gibt es mehrere hübsch geschnitzte Figuren Shivas zu bewundern. Vier *mandapas* umrahmen die Ecken des Hofkomplexes.

Gangaikondacholapuram-Tempel (⏲6–12 & 16–20 Uhr) Der Tempel in Gangaikondacholapuram („Stadt der Chola, die den Ganges eroberten"), 35 km nördlich von Kumbakonam, ist Shiva gewidmet. Er wurde im 11. Jh. von Rajendra I. erbaut, als er die Chola-Hauptstadt von Thanjavur hierher verlegte, und weist viele Ähnlichkeiten mit dem früheren Brihadishwara in Thanjavur auf. Sein wunderschöner, 49 m hoher Turm hat im Gegensatz zum leicht konvexen in Thanjavur jedoch eine leicht konkave Krümmung und gilt deswegen als dessen „weibliches" Gegenstück. Die künstlerischen Highlights der Anlage sind die wunderbar anmutigen Skulpturen rund um den Turm.

Ein massiver Nandi-Bulle (Shivas Reittier) steht gegenüber dem Tempel im Garten. Der Hauptschrein unter dem Turm beherbergt einen riesigen Lingam und wird durch eine lange düstere Halle aus dem 17. Jh. betreten. Zu den kunstvollen Schnitzereien auf der Außenseite des Turms gehören Shiva als Bettler Bhikshatana (gleich links der Südtreppe), als Ardhanarishvara (halb Mann, halb Frau) und als Nataraja auf der Südseite. Zudem ist Shiva mit Ganga abgebildet, Shiva, der aus dem Lingam erscheint, sowie Vishnu mit Lakshmi und Bhudevi (die ersten drei Abbildungen auf der Westseite). Am berühmtesten ist jedoch die eindrucksvolle Tafel neben der Nordtreppe, auf der Shiva einen Kranz auf den Kopf seines Anhängers Chandesvara legt.

Thanjavur (Tanjore)

☎ 04362 / 222943 EW.

Hier stehen die ockerfarbenen Fundamente der vielleicht eindrucksvollsten Zivilisation der drawidischen Geschichte. Dies war eines der wenigen Königreiche, das den Hinduismus auch über die Grenzen von Indien hinaus verbreitete. Die Bauten sind Stellvertreter verschiedener ästhetischer Stile, die sich von Madurai bis zum Mekong ausbreiteten. In Thanjavur, einst Hauptstadt des großen Chola-Reichs, wurde während seiner Blütezeit ein schwindelerregendes, bedeutsames Vermächtnis geschaffen. Doch heute ist Thanjavur nur noch eine überfüllte, hektische, moderne indische Stadt unter vielen. Aber die Vergangenheit ist noch immer sehr präsent. Jeden Tag beten Tausende am grandiosen Brihadishwara-Tempel der Cholas, und der labyrinthartige Königspalast von Thanjavur bewahrt die Erinnerungen an die mächtigen Dynastien der späteren Jahrhunderte.

Sehenswertes

★ Brihadishwara-Tempel HINDU-TEMPEL

(⏲ 6–20.30 Uhr) Man sollte zweimal herkommen – einmal ganz früh, wenn der gelbbraune Granit im weißen Sonnenlicht der Morgendämmerung erstrahlt, und noch einmal am Abend, wenn diese Krönung der Chola-Tempelarchitektur in eine glühende Palette aus Rot-, Orange-, Gelb- und Rosatönen getaucht wird. Der Brihadishwara-Tempel gehört zum Weltkulturerbe und wurde zwischen 1003 und 1010 unter Rajaraja I., dem König der Könige, errichtet. Die äußere Befestigungsanlage wurde von den Nayak bzw. von den britischen Regimen errichtet, die später in Thanjavur herrschten.

Man betritt den Tempel durch ein Nayak-Tor, dem zwei originale *gopurams* mit aufwendigen Stuckskulpturen folgen. Den Tempel-Elefanten findet man oft unter einem der *gopurams*, wo er mit einem Stupser seines Rüssels Glück an alle verteilt, die eine

Thanjavur (Tanjore)

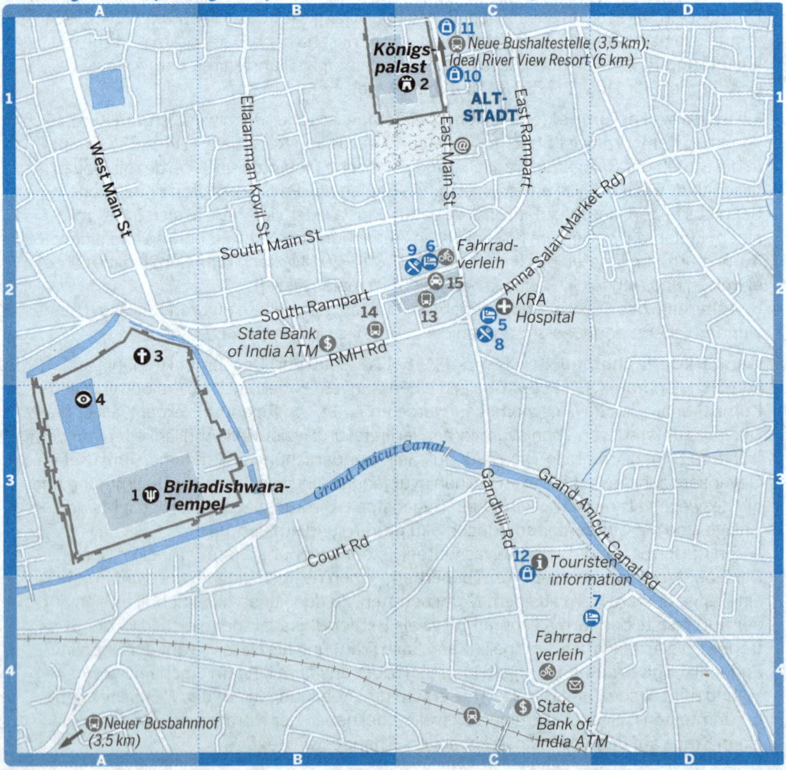

Rupie spenden. Über das große Grasgelände der von Mauern umgebenen Tempelanlage sind mehrere Schreine verteilt. Einer von ihnen umfasst die größte Statue von Nandi (Shivas heiligem Bullen) in ganz Indien. Das Nayak-Monument steht gegenüber dem Hauptgebäude des Tempels, ist aus einem einzigen Felsen gehauen und 6 m lang.

Eine lange Versammlungshalle mit Säulen führt zum **zentralen Schrein** (⏲8.30–12.30 & 16–20.30 Uhr) mit seinem 4 m hohen Shiva-Lingam, der sich unter einem großartigen, 61 m hohen *vimana* (Turm) befindet. Die Südtreppe der Halle flankieren zwei riesige *dvarapalas* (Tempelwächter). In den Nischen rund um die unteren Ebenen des *vimana* sind viele hübsche, anmutige Götterdarstellungen zu sehen: Shiva, der aus dem Lingam erscheint (neben der Südtreppe), Shiva als Bettler Bhikshatana (erstes Abbild, Südseite), Harihara (halb Shiva, halb Vishnu) auf der Westwand sowie Ardhanarishvara (halb Mann, halb Frau), der sich an Nandi lehnt, an der Nordseite. Zwischen den Götterabbildungen sind weitere Bilder zu sehen, die verschiedene Tanzfiguren zeigen.

Die Anlage umfasst auch ein interessantes Informationszentrum entlang der Südmauer sowie hunderte weiterer Lingams im Säulengang entlang der West- und Nordmauer. Letztere säumen kunstvolle Chola-Fresken aus Kalkputz, die sich über Jahre unter Wandmalereien aus der späteren Nayak-Zeit versteckten. Nördlich der Tempelanlage, aber noch innerhalb der äußeren Befestigung, liegt ein **Park** (Eintritt 5 ₹), in dem sich das **Sivaganga-Becken** und die **Schwartz-Kirche** aus dem 18. Jh. befinden.

Thanjavur (Tanjore)

Highlights
1 Brihadishwara-Tempel A3
2 Königspalast C1

Sehenswertes
3 Schwartz-Kirche A2
4 Sivaganga-Becken A3

Schlafen
5 Hotel Gnanam C2
6 Hotel Ramnath C2
7 Hotel Valli D4

Essen
Diana .... (siehe 5)
Sahana .... (siehe 5)
8 Sri Venkata Lodge C2
9 Vasanta Bhavan C2

Shoppen
10 Chola Art Galerie C1
11 Kandiya Heritage C1
12 Poompuhar C3

Transport
13 Haltestelle Lokalbusse C2
14 SETC-Bushaltestelle B2
15 Taxistand C2

★ Königspalast — PALAST

(Inder/Ausländer 30/150 ₹, Kamera 50/100 ₹; ⏲9–18 Uhr) Thanjavurs Königspalast ist eine Mischung aus verfallenen und renovierten Bestandteilen, aus überragender Kunst und wahllosen royalen Erinnerungsstücken. Die labyrinthartige Anlage wurde teils von den Nayaks erbaut, die Thanjavur 1535 übernahmen, teils von einer örtlichen Marathen-Dynastie, die von 1676 bis 1855 regierte. Die zwei Highlights sind das Saraswati Mahal Library Museum und die Kunstgalerie.

Man kann sieben verschiedene Bereiche des Palastes besuchen, braucht jedoch drei unterschiedliche Eintrittskarten, um sie alle zu sehen. Die Kunstgalerie und das Saraswati Mahal Library Museum sind im „Komplettticket" inbegriffen, ebenso die Mahratta Dharbar Hall, der Glockenturm und der Saarjah Madi. Der Haupteingang im Norden ist über eine Gasse abseits der East Main Street zugänglich. Auf dem Weg hinein passiert man das Hauptticketbüro und die Maratha-Palastanlage.

Vorbei am Ticketbüro führt ein Durchgang nach links zum **Royal Palace Museum**, das eine kleine, bunt zusammengewürfelte Sammlung von Skulpturen, Waffen, Elefantenglocken und Radscha-Kopfbedeckungen zeigt. Dahinter befindet sich die **Maharaja Serfoji Memorial Hall**, die an den erleuchteten Marathen-Gelehrten und -König Serfoji II. (1798–1832) erinnert. Sie bietet eine etwas bessere Sammlung und ist zu einem einst prächtigen, aber heute überwucherten Innenhof hin ausgerichtet. Als Drittes folgt die **Mahratta Dharbar Hall**, innerhalb derer die Marathen-Herrscher Audienzen in einem prachtvollen, aber verblichenen, mit bunten Wandgemälden geschmückten Pavillon abhielten. Die Bilder hinter dem Podium zeigen u. a. deren Porträts.

Beim Verlassen des Durchgangs liegt linker Hand das wunderbare kleine **Sarawasti Mahal Library Museum**. Es beherbergt das vielleicht größte Vermächtnis von Serfoji II. an die Nachwelt und zeugt sowohl von der Besessenheit des 19. Jhs., Wissen anzuhäufen, als auch von einem vielseitig interessierten Geist, der Drucke chinesischer Foltermethoden, Darstellungen der indischen Flora und Fauna im Audubon-Stil, Weltatlanten und seltene mittelalterliche Bücher sammelte. Serfoji häufte außerdem über 65 000 Bücher und 50 000 Palmblatt- und Papiermanuskripte in indischen und europäischen Sprachen an, von denen jedoch nur wenige zu sehen sind.

Beim Verlassen der Bibliothek gelangt man linker Hand zur **Kunstgalerie**, die sich über den Innenhof des Nayak-Palastes erstreckt. Sie beherbergt eine Sammlung wunderschöner Bronzen und Steinreliefs, hauptsächlich aus der Chola-Zeit. In einem der Räume, der Nayak Durbar Hall von 1600, steht eine Statue von Serfoji II. Vom Innenhof aus führen Stufen auf die halbe Höhe eines großen, *gopuram*-artigen Turms und zu einem Walskelett, das in Tranquebar an Land gespült worden sein soll. Der renovierte **Saarjah Madi** mit seinen kunstvollen Balkonen ist von der East Main Street aus betrachtet besonders hübsch.

Feste & Events

Thyagaraja Aradhana MUSIK
(Jan.) Das bedeutende, achttägige Festival für karnatische Musik steigt in Thiruvaiyaru, 13 km nördlich von Thanjavur, zu Ehren des Heiligen und Komponisten Thyagaraja.

Schlafen

Hotel Ramnath HOTEL $
(04362-272567; hotel_ramnath@yahoo.com; 1335 South Rampart; Zi. 1000 ₹, mit Klimaanlage 1300 ₹;) Das Ramnath ist die beste günstige Unterkunft und liegt gegenüber dem Busbahnhof in der Innenstadt (der Lärm ist nicht so schlimm, wie man befürchtet). Die anständige, etwas „schickere" Budgetoption verfügt über saubere, recht kleine Zimmer mit Kiefernholzmöbeln.

Hotel Valli HOTEL $
(04362-231584; www.hotelvalli.com; 2948 MKM Rd; EZ/DZ 605/825 ₹, Zi. mit Klimaanlage 1460 ₹;) Das grün gestrichene Valli in Bahnhofsnähe bietet blitzeblanke, preiswerte Zimmer, freundliches Personal und ein einfaches Restaurant. Es liegt in einer recht ruhigen, grünen Gegend hinter einer Reihe schmutziger Hinterhofwerkstätten.

Hotel Gnanam HOTEL $$
(04362-278501; www.hotelgnanam.com; Anna Salai; EZ/DZ inkl. Frühstück 2640/3000 ₹;) Das Gnanam punktet mit dem besten Preis-Leistungs-Verhältnis der Stadt. Es warten stilvolle, gemütliche Zimmer (teils mit Balkon oder hübschen, sauberen Badewannen), eine professionelle Rezeption, gutes Essen, kostenloses WLAN, andere moderne Annehmlichkeiten und eine zentrale Lage.

Ideal River View Resort RESORT $$$
(04362-250533; www.idealresort.com; Vennar Bank, Palliagraharam; EZ/DZ 6000/6600 ₹; 7–10, 12.30–15 & 19.30–22 Uhr;) Hell eingerichtete Cottages mit geräumigen Balkonen inmitten tropischer Gärten am Ufer des Vennar, 7 km nordwestlich des Zentrums von Thanjavur, machen dieses ruhige Resort zur stimmungsvollsten Unterkunft der Gegend. Gäste können Fahrräder ausleihen, Yoga machen oder einfach den Pool genießen. Das **Restaurant** (Hauptgerichte 175–450 ₹) mit Bereichen unter freiem Himmel und Blick auf den Fluss serviert indische, sri-lankische und westliche Küche.

Essen

Sri Venkata Lodge SÜDINDISCH $
(Gandhiji Rd; Thalis 50 ₹; 5.15–22.15 Uhr) Das freundliche, beliebte, rein vegetarische Lokal mitten im Trubel serviert leckere Thalis.

Vasanta Bhavan INDISCH $
(1338 South Rampart; Hauptgerichte 65–85 ₹; 6–23 Uhr) Das Vasanta Bhavan ist das beliebteste der vielen vegetarischen Restaurants gegenüber dem Busbahnhof in der Innenstadt. In einem klimatisierten Raum kommen hier Biryani, nordindische Currys und südindische Klassiker auf den Tisch.

Sahana INDISCH $$
(Hotel Gnanam; Anna Salai; Hauptgerichte 95–160 ₹; 7–22.30 Uhr) Das schicke Hotelrestaurant kredenzt eine leckere Auswahl an frischen, hauptsächlich indischen, vegetarischen Gerichten sowie ein anständiges internationales Frühstücksbuffet.

Diana INTERNATIONAL $$
(Hotel Gnanam; Anna Salai; Hauptgerichte 160–400 ₹; 11–15 & 18.30–22.30 Uhr) Das recht schicke, nicht-vegetarische Hotelrestaurant des Gnanam ist sehr gut und serviert eine große Auswahl an nordindischen Gerichten, hiesige Chettinadu-Küche und sogar Bier.

Shoppen

Thanjavur ist eine gute Adresse, um Kunsthandwerk einzukaufen. Das gilt besonders für die Gegend rund um den Palast, wo Läden wie **Kandiya Heritage** (634 East Main St; ⌚ Mo–Sa 7–19 Uhr) und die **Chola Art Galerie** (78/799 East Main St; ⌚ 9–19 Uhr) Antiquitäten, Bronze-Nachbildungen, bunt bemalte Holzpferde, alte europäische Keramik, Schmuck und vieles mehr verkaufen. Feste Preise gibt's im staatlich betriebenen **Poompuhar** (Gandhiji Rd; ⌚ Mo–Sa 10–20 Uhr).

Praktische Informationen

Sify iWay (927 East Main St; Internet 25 ₹/ Std.; ⌚ 10–21 Uhr)

Touristeninformation (☎ 04362-230984; Gandhiji Rd; ⌚ Mo–Fr 10–17.45 Uhr) Eine der besseren Touristeninformationen Tamil Nadus.

An- & Weiterreise

BUS

Von der **SETC-Bushaltestelle** (⌚ Reservierungsbüro 7.30–20.30 Uhr) in der Innenstadt verkehren zwischen 5.30 und 12.30 Uhr stündlich sowie zwischen 20 und 22.45 Uhr fünfmal Expressbusse nach Chennai (260 ₹, 8 Std.). Busse in andere Städte fahren am Neuen Busbahnhof, 5 km südwestlich des Zentrums, ab. Viele ankommenden Busse lassen ihre Fahrgäste auf dem Weg dorthin in der Innenstadt aussteigen. Zu den Verbindungen ab dem Neuen Busbahnhof zählen:

Chidambaram (90 ₹, 4 Std., alle 30 Min.)

Kumbakonam (22–29 ₹, 1½ Std., alle 5 Min.)

Madurai (90 ₹, 4 Std., alle 20 Min.)

Trichy (24–31 ₹, 1½ Std., alle 10 Min.)

ZUG

Der Bahnhof liegt relativ zentral am Ende der Gandhiji Road. Täglich verkehren fünf Züge nach Chennai Egmore (7–8 Std.), darunter der Mannai-Express um 22.45 Uhr (Sleeper/3AC/2AC/1AC 225/600/855/1430 ₹). Zudem fahren 17 Züge nach Trichy (2. Klasse/ 3AC/2AC 45/485/690 ₹, 1½ Std.) sowie zwölf nach Kumbakonam (45/485/690 ₹, 30 Min.– 1¼ Std.).

Unterwegs vor Ort

Fahrräder werden gegenüber dem Busbahnhof und dem Bahnhof verliehen (6 ₹/Std.). Der Bus 74 (6 ₹) pendelt zwischen dem Neuen Busbahnhof und dem Busbahnhof in der Innenstadt; Autorikschas kosten 100 ₹.

Trichy (Tiruchirappalli)

☎ 0431 / 847 387 EW.

Willkommen in der geografischen Mitte von Tamil Nadu. Tiruchirappalli, allgemein als Trichy oder Tiruchi bekannt, ist jedoch viel mehr als ein Knotenpunkt für Reisende: Es ist wie ein lebendiger Basar und hat einige Tempel, die man unbedingt besuchen sollte. Die Stadt ist riesig, überfüllt und geschäftig, und die Tatsache, dass sich die meisten Hotels am großen Busbahnhof befinden, gilt nicht gerade als Pluspunkt. Aber Trichy hat Charakter, eine lange Geschichte und das Talent, erste Eindrücke zu revidieren.

Trichy könnte im 3. Jh. v. Chr. eine Hauptstadt der frühen Cholas gewesen sein. Die Stadt ging später durch die Hände der Pallavas, der mittelalterlichen Cholas, der Pandyas, des Sultanats von Delhi und der Vijayanagars, bevor die Madurai-Nayaks ihr dann zu Ruhm verhalfen, sie im 17. Jh. zur Hauptstadt machten und den berühmten Rock-Fort-Tempel erbauten.

Trichy erstreckt sich recht weitläufig von Nord nach Süd, und der Großteil der Attraktionen verteilt sich auf drei Gegenden. Im Gebiet Junction/Cantonment im Süden liegen die meisten Hotels und Restaurants. Hier befinden sich auch der Hauptbusbahnhof und der Bahnhof. Der Rock-Fort-Tempel und der Main Bazaar liegen 4 km nördlich von hier, und die anderen wichtigen Tempel befinden sich in Srirangam, weitere 4 km nördlich hinter der Kaveri. Glücklicherweise sind alle Gebiete durch ein gutes Busnetz verbunden.

Sehenswertes

★ **Rock-Fort-Tempel** HINDU-TEMPEL

(Karte S. 408; Eintritt 3 ₹, Kamera/Video 20/ 100 ₹; ⌚ 6–20 Uhr) Der Rock-Fort-Tempel thront auf einem mächtigen Felsvorsprung in 83 m Höhe und scheint mit steinerner Arroganz über Trichy zu blicken. Der uralte Felsen wurde zuerst von den Pallavas und den Pandyas vereinnahmt, die kleine Höhlentempel in seine Südseite schlugen. Doch erst die kriegslistigen Nayaks machten sich seine natürliche Festungsposition strategisch zunutze. Wer ganz nach oben möchte, muss mehr als 400 in den Stein gemeißelte Stufen erklimmen.

Von der NSB Rd auf der Südseite geht man an kleinen Läden vorbei und überquert eine Straße, bevor man die eigentliche Tempelanlage betritt. Dann sind es noch 180 Stufen bis zum Thayumanaswamy-Tempel auf der linken Seite. Er ist der größte Tempel auf dem Felsen und nur für Hindus zugänglich. Über seinem Heiligtum erhebt sich ein Turm mit goldener Spitze, der einen 2 m hohen Shiva-Lingam beherbergt. Steigt man weiter hinauf, passiert man links einen

Trichy (Tiruchirappalli)

Trichy (Tiruchirappalli)

Highlights
1 Rock-Fort-Tempel B4
2 Sri-Ranganathaswamy-Tempel A1

Sehenswertes
3 Lourdes-Kirche A5
4 Rajagopuram A1
5 St. Joseph's College Museum A4

Schlafen
6 Hotel Royal Sathyam B5

Essen
7 DiMora A5
8 Vasanta Bhavan B5

Shoppen
9 Saratha's B5

Praktisches
10 Canara-Bank-Geldautomat B5
11 ICICI-Bank-Geldautomat A5

Pallava-Höhlentempel aus dem 6. Jh. Er ist oft zugesperrt, aber falls man doch hinein darf, sollte man sich die berühmte Gangadhara-Tafel auf der linken Seite ansehen: Sie zeigt Shiva, der das Wasser des Ganges mit einer einzigen Haarsträhne in Schach hält. Von hier sind es noch weitere 183 Stufen zum kleinen Uchipillaiyar-Tempel auf dem Gipfel, der Ganesh gewidmet ist. Der Ausblick ist einfach großartig: Unten kreisen die Adler und man überblickt ganz Trichy. Nach dem Abstieg lohnt sich ein Besuch des niedriger gelegenen, aus dem Fels gehauenen Höhlentempels mit besonders schönen Säulen (einfach nach dem Verlassen der Tempelanlage fünf oder sechs Häuser passieren und dann einer kleinen Gasse rechter Hand folgen).

In der Mittagssonne heizen sich die Steinstufen sehr stark auf. Da der Aufstieg barfuß zu bewältigen ist, sollte man das bei der Planung eines Besuchs unbedingt bedenken.

★ Sri-Ranganathaswamy-Tempel HINDU-TEMPEL
(Karte S. 408; Kamera/Video 50/100 ₹; ⏲6–21 Uhr) Dies ist wahrscheinlich jener Tempel, auf den alle echten Tempel-Fans gewartet haben. Er ist der wohl größte Indiens – nämlich so groß, dass er als eigene Stadt durchgehen könnte. Die Anlage umfasst 49 Schreine, die allesamt Vishnu gewidmet sind, und wer das innere Heiligtum von Süden aus betritt, wie die meisten Gläubigen es tun, muss sieben *gopurams* passieren. Der erste, der **Rajagopuram** (Karte S. 408), kam 1987 dazu, und zählt mit 73 m Höhe zu den höchsten Tempeltürmen Asiens.

Man passiert mehrere Straßen mit Geschäften, Restaurants, Motorrädern und Autos, bevor man den vierten *gopuram* und damit das eigentliche Tempelgelände erreicht. Im Inneren befindet sich der Ticketschalter für den nahen **Aussichtspunkt auf dem Dach** (Ticket 10 ₹, ⏲6–17 Uhr), der tolle Blicke über die Anlage bietet. Möchtegern-Guides, die mit allen möglichen Geschichten Kunden anlocken möchten, ignoriert man am besten. Nicht-Hindus dürfen den sechsten *gopuram* nicht passieren und können daher auch das innerste Heiligtum nicht besichtigen, das ein Bild von Vishnu als Lord Ranganatha zeigt, der auf einer fünfköpfigen Schlange liegt.

Direkt vor dem fünften *gopuram* geht es rechts zu dem kleinen, aber faszinierenden **Kunstmuseum** (Eintritt 5 ₹; ⌚9–13 & 14–18 Uhr), das Bronzen, Stoßzähne früherer Tempel-Elefanten und eine Sammlung mit großartigen Elfenbein-Nayak-Figuren aus dem 17. Jh. beherbergt, die Götter, Dämonen sowie Könige und Königinnen (teils beim Liebesspiel) zeigen. Von hier aus gesehen links am Museum vorbei, wartet der **Sesha Mandapa**, eine Säulenhalle aus dem 16. Jh mit wunderbar detailreichen Vijayanagar-Reliefs von Pferden, die sich in der Schlacht aufbäumen. Im fünften *gopuram* befindet sich der **Garuda Mandapa** mit einem Schrein, der Vishnus Mensch-Adler-Gefährt gewidmet ist.

Das wichtigste Fest des Tempels ist das 21-tägige Vaikunta Ekadasi (Paradiesfest) im Dezember/Januar. Dann wird der berühmte Vaishnavaite-Text, Tiruvaimozhi, vor einem Abbild Vishnus rezitiert.

Bus 1 ab der Busstation im Zentrum oder dem Rock-Fort-Tempel hält südlich des Rajagopuram.

Sri-Jambukeshwara-Tempel HINDU-TEMPEL

(Tiruvanakoil; Kamera/Video 30/200 ₹; ⌚5–21 Uhr) Wer alle fünf elementaren Shiva-Tempel in Tamil Nadu sehen möchte, muss auch dem Shiva, Parvati und dem Element Wasser gewidmeten Sri Jambukeshwara einen Besuch abstatten. Das Thema wird im zentralen Schrein umgesetzt (für Nicht-Hindus unzugänglich), aus dessen Shiva-Lingam angeblich ununterbrochen ein Wasserrinnsal plätschert. Wer mit Bus 1 hierherfährt, muss nach „Tiruvanakoil" fragen; der Tempel liegt 350 m östlich der Hauptstraße.

Lourdes-Kirche KIRCHE

(Karte S. 408; College Rd; ⌚8–20.30 Uhr) Die Stille in dieser neogotischen Kirche aus dem 19. Jh. bildet einen interessanten Kontrast zu dem frenetischen Treiben vor Trichys Hindu-Tempeln. Auf dem kühlen, grünen Campus des jesuitischen St. Joseph's College nebenan zeigt das verstaubte **St. Joseph's College Museum** (Karte S. 408; ⌚Mo–Sa 9–12 & 14–16 Uhr) GRATIS die gruseligen naturgeschichtlichen Sammlungen, die Jesuitenpriester in den 1870er-Jahren von ihren Exkursionen in die Westghats mitbrachten. Einfach beim Empfang vor dem Museum nachfragen, dann wird man höchstwahrscheinlich von irgendjemandem hineingelassen.

Schlafen & Essen

Die meisten Hotels befinden sich in der Nähe des Hauptbusbahnhofs, einen kurzen Spaziergang nördlich vom Bahnhof Trichy Junction.

Die besten Lokale findet man in den schickeren Hotels, aber es gibt auch ein paar anständige günstigere Optionen.

Hotel Abbirami HOTEL $

(Karte S. 410; ☎0431-2415001; 10 McDonald's Rd; Zi. 770–990 ₹, mit Klimaanlage 1439–1919 ₹; ❄) Die beste Wahl hier sind die renovierten Zimmer mit hellem Holz und bunten Glasscheiben im ersten und im vierten Stock. Die älteren Unterkünfte mit dunklerem Holz sind etwas verwohnt, aber gepflegt. Ein geschäftiges Hotel mit freundlichem Personal.

Hotel Mathura HOTEL $

(Karte S. 410; ☎0431-2414737; www.hotelmathura.com; 1 Rockins Rd; Zi. 700 ₹, mit Klimaanlage 1100 ₹; ❄) Die Zimmer sind sehr einfach, jedoch einigermaßen sauber. Viele der nicht klimatisierten Unterkünfte sind in besserem Zustand als die mit Klimaanlage. Der zweite Stock kann sich nach einem neuen Anstrich ganz gut sehen lassen.

Hotel Ramyas HOTEL $$

(Karte S. 410; ☎0431-2414646; www.ramyas.com; 13-D/2 Williams Rd; EZ/DZ 990/1680 ₹, mit Klimaanlage EZ 2100–2700 ₹, DZ 2400–3300 ₹, alle inkl. Frühstück; ❄@📶) Exzellente Zimmer, Mitarbeiter und Anlagen sorgen in dem auf Geschäftsleute ausgerichteten Hotel für ein gutes Preis-Leistungs-Verhältnis. Die Business-Einzelzimmer sind klein, wobei der Aufpreis für die Executive-Variante lediglich 200 ₹ beträgt. Das türkisfarbene **Meridian** (Karte S. 410; Hauptgerichte 100–215 ₹; ⌚11.30–15 & 18.30–23 Uhr) serviert leckere internationale Küche, das Frühstücksbuffet ist gut und die **Chola Bar** (Karte S. 410; ⌚11–15.30 & 18.30–23 Uhr) ist weniger anrüchig als viele andere Hotelbars (die Klientel ist allerdings überwiegend männlich). Highlight ist das hübsche Dachgarten-Restaurant **Thendral** (Karte S. 410; Hauptgerichte 100–230 ₹; ⌚7–9.30 & 18.30–23 Uhr).

Grand Gardenia HOTEL $$

(☎0431-4045000; www.grandgardenia.com; 22–25 Mannarpuram Junction; EZ 3000 ₹, DZ 3600–4800 ₹, alle inkl. Frühstück; ❄📶) Die ele-

Trichy Junction

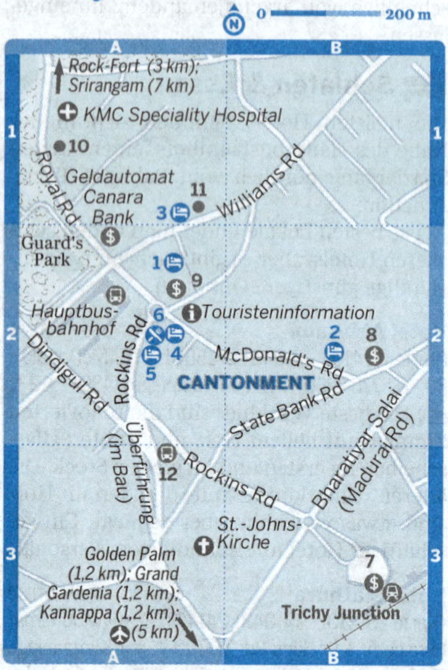

Trichy Junction

Schlafen
1 Hotel Ramyas A2
2 Breeze Residency B2
3 Femina Hotel A1
4 Hotel Abbirami A2
5 Hotel Mathura A2

Essen
Meridian .... (siehe 1)
Madras Restaurant .... (siehe 2)
Round the Clock .... (siehe 3)
Thendral .... (siehe 1)
6 Vasanta Bhavan A2

Ausgehen & Nachtleben
Chola Bar .... (siehe 1)

Praktisches
7 Geldautomat d. State Bank of India ... B3
8 Geldautomat d. State Bank of India ... B2
9 Geldautomat d. State Bank of India ... A2

Transport
10 Air Asia A1
Femina Travels .... (siehe 3)
11 Mihin Lanka A1
12 Parveen Travels A3
SriLankan Airlines .... (siehe 3)

ganten, modernen Zimmer dieses schicken, glattgebügelt wirkenden Hotels, des derzeit edelsten in Trichy, verfügen über kostenloses WLAN, gemütliche Betten und verglaste Duschen. Im **Kannappa** (Hauptgerichte 95–180 ₹; 11.30–23.30 Uhr) kommt exzellente Chettinadu-Küche auf den Tisch und auf der Dachterrasse gibt es ein gutes **Restaurant** (Hauptgerichte 115–220 ₹; 7.30–10, 12–15 & 19–22.45 Uhr) mit internationalen Gerichten sowie ein Fitnessstudio. Komfort und Serviceangebot machen die wenig attraktive Lage nahe der Schnellstraße, 1 km südlich des Bahnhofs Trichy Junction, wieder wett.

Femina Hotel HOTEL $$

(Karte S. 410; 0431-2414501; www.feminahotel.net; 109 Williams Rd; EZ 1600–3600 ₹, DZ 2040–4200 ₹, alle inkl. Frühstück;) Es ist schwer zu sagen, wo das riesige Femina beginnt und wo es endet. Die Fassade erinnert an die 1950er-Jahre, die Innenausstattung ist nach Renovierungsarbeiten recht modern. Darüber hinaus gehören gute Anlagen, hilfsbereites Personal, renovierte, gemütlich-moderne Deluxe-Zimmer sowie etwas verwohnte, aber geräumige Standard-Zimmer zum Programm. Es gibt einen hübschen Außenpool und zu den Hotelrestaurants zählt das vegetarische **Round the Clock** (Karte S. 410; Hauptgerichte 80–120 ₹; 24 Std.) mit Café.

Breeze Residency HOTEL $$

(Karte S. 410; 0431-2414414; www.breezeresidency.com; 3/14 McDonald's Rd; EZ/DZ 3000/3480 ₹, Suite 4200–6000 ₹, alle inkl. Frühstück;) Das riesige, luxuriös angehauchte Breeze liegt in einer ruhigen, grünen Gegend. Die besten Zimmer sind die in den oberen Etagen, wobei alle gut ausgestattet sind. Zum Serviceangebot gehören ein Fitnessbereich, das **Madras Restaurant** (Karte S. 410; Mittags-/Abendbuffet 400/450 ₹; 12–15.30 & 19–23 Uhr), ein rund um die geöffnetes Café und eine bizarre Bar im Wild-West-Stil.

Hotel Royal Sathyam HOTEL $$

(Karte S. 408; 0431-4011414; http://sathyamgrouphotels.in; 42A Singarathope; EZ 1440–1920 ₹, DZ 1680–3000 ₹, alle inkl. Frühstück;) Die schickste Unterkunft in Tempel- und Marktnähe. Die Zimmer sind klein, aber stilvoll, mit sehr gemütlichen Matratzen und frischer, weiß getünchter Holzeinrichtung, und das Ambiente ist einladend.

Vasanta Bhavan INDISCH $

(Karte S. 408; 3 NSB Rd; Hauptgerichte 60–85 ₹, Thalis 60–120 ₹; 7–22.30 Uhr) Hier, in der Nähe des Rock-Fort-Tempels, genießt man beim Essen eine hübsche Aussicht und erhascht mit ein bisschen Glück außerdem eine frische Brise. Die Tische auf der äußeren Galerie überblicken das Teppakulam-Becken. Das nordindische vegetarische Essen (Paneer und Naan) ist gut, ebenso die südindische Küche. Die Thalis zur Mittagszeit sind besonders beliebt. In Cantonment gibt es noch eine weitere **Filiale** (Karte S. 410; Rockins Rd; Hauptgerichte 40–85 ₹, Thalis 80 ₹; ⏲6–23 Uhr).

DiMora INTERNATIONAL **$$**
(Karte S. 408; ☎0431-2762656; 4. OG, Ambigai City Center, Shastri Rd; Hauptgerichte 150–440 ₹; ⏲12–16 & 19–23.30 Uhr) In diesem schicken, beliebten Restaurant im Obergeschoss nehmen schwarz gekleidete Kellner Bestellungen auf Mobiltelefonen entgegen, während im Hintergrund Loungemusik läuft. Das Flair erinnert eher an Chennai als an Trichy und die Speisekarte ist international. Besonders lecker sind Pasta, Holzofenpizza, frische Säfte, Tandooris und andere indische Gerichte.

Shoppen

Der Main Bazaar unmittelbar südlich des Rock-Fort ist erwartungsgemäß chaotisch und überfüllt.

Saratha's KLEIDUNG
(Karte S. 408; 45 NSB Rd; ⏲9–21.30 Uhr) Das Saratha's bezeichnet sich selbst als den größten Verkaufsraum für Textilien in ganz Indien, was angesichts der Unmengen an Kleidern in allen erdenklichen Stilen und Farben durchaus stimmen könnte.

Praktische Informationen

Indian Panorama (☎0431-4226122; www.indianpanorama.in; 5 Annai Ave, Srirangam) Dieses professionelle, zuverlässige Reisebüro mit Touranbieter in Trichy deckt ganz Indien ab und wird von einem indisch-neuseeländischen Paar geführt.

KMC Speciality Hospital (Kauvery Hospital; Karte S. 410; ☎0431-4077777; www.kmcspecialityhospital.in; 6 Royal Rd) Großes, gut ausgestattetes Privatkrankenhaus.

Touristeninformation (Karte S. 410; ☎0431-2460136; McDonald's Rd; ⏲Mo–Fr 10–17.45 Uhr)

An- & Weiterreise

BUS

Staatliche Busse nutzen den geschäftigen, aber gut organisierten **Hauptbusbahnhof** (Karte S. 410; Rockins Rd). Die besten Verbindungen für längere Strecken sind die UD-Busse („Ultra Deluxe"), die die bequemsten Sitze haben; ein entsprechendes Buchungsbüro gibt es in der südwestlichen Ecke des Busbahnhofs. Wer nach Kodaikanal möchte, nimmt am besten einen der häufigen Busse nach Dindigul (48 ₹, 2 Std.) und steigt dort um.

Die Büros privater Busunternehmen befinden sich in der Nähe des Hauptbusbahnhofs, darunter **Parveen Travels** (Karte S. 410; ☎0431-2419811; www.parveentravels.com; 12 Ashby Complex; ⏲24 Std.) mit AC-Verbindungen nach Chennai (560–680 ₹, 6 Std., 7-mal tgl.) und Trivandrum (Thiruvananthapuram; 1100–1200 ₹, 7 Std., 0.30 & 1 Uhr) sowie nicht klimatisierten Bussen mit Liegesitzen nach Puducherry (500 ₹, 4 Std., 24 Uhr) und Kodaikanal (500 ₹, 4½ Std., 2.30 Uhr).

FLUGZEUG

Von Trichys Flughafen gibt es vier tägliche Verbindungen nach Chennai mit **Jet Airways** (www.jetairways.com) und **Air India Express** (☎0431-2341744; www.airindiaexpress.in).

SriLankan Airlines (Karte S. 410; ☎0431-2460844; 14C Williams Rd; ⏲Mo–Sa 9–17.30

STAATLICHE BUSSE AB TRICHY (TIRUCHIRAPPALLI)

ZIEL	PREIS (₹)	DAUER (STD.)	HÄUFIGKEIT
Bengaluru	350 Ultra Deluxe (UD)	9	6 UD tgl.
Chennai	211 Standard, 260 UD, 325 AC	6–7	15 UD, 4 AC tgl.
Coimbatore	116 Standard, 126 Deluxe (D)	5–6	alle 10 Min., 3 D tgl.y
Kodaikanal	126	5	6.40, 8.40, 11, 11.40 & 12.40 Uhr
Madurai	80	2½	alle 15 Min.
Ooty	260 UD	8	22.15 Uhr UD
Rameswaram	170	6½	stündl.
Thanjavur	31	1½	alle 10 Min.
Trivandrum	365	9	4-mal tgl.

Uhr) und **Mihin Lanka** (Karte S. 410; ☎ 0431-4200070; www.mihinlanka.com; 14C Williams Rd; ⏲ Mo–Fr 9–17.30 Uhr) fliegen jeweils zweimal täglich nach Colombo.

Air Asia (Karte S. 410; ☎ 0431-4540394; www.airasia.com; 18/3-5 Ivory Plaza, Royal Rd; ⏲ Mo–Fr 9.30–17, Sa 9.30–13 Uhr) fliegt dreimal täglich nach Kuala Lumpur, **Tiger Air** (www.tigerair.com) täglich nach Singapur und Air India Express täglich nach Singapur und Dubai.

TAXI

Reisebüros und Hotels stellen Autos mit Fahrern zur Verfügung. Der effiziente, preisgünstige Veranstalter **Femina Travels** (Karte S. 410; ☎ 0431-2418532; 109 Williams Rd; ⏲ 6–22 Uhr) verlangt 1900 ₹ für einen klimatisierten Wagen (bis 10 Std. und 100 km).

ZUG

Der Bahnhof Trichy Junction liegt an der Hauptroute von Chennai nach Madurai. Täglich gibt es 16 Expressverbindungen nach Chennai; tagsüber ist dabei der Vaigai-Express (2. Klasse/Chair Class 145/510 ₹, 5¾ Std.), der um 9 Uhr abfährt, die beste Option. Der Pandyan-Express (Sleeper/3AC/2AC/1AC 245/625/870/1450 ₹, 6½ Std.) verkehrt über Nacht und macht sich um 23.10 Uhr auf den Weg. Zu den 13 Zügen, die täglich nach Madurai fahren, gehören der Tirunelveli-Express um 7.15 Uhr (2. Klasse/Chair Class 95/340 ₹, 2¼ Std.) und der Guruvaya-Express um 13.15 Uhr (2. Klasse/Sleeper/3AC/2AC 80/140/485/690 ₹, 3 Std.). Darüber hinaus gibt es 18 Verbindungen nach Thanjavur (2. Klasse/Sleeper/3AC 45/140/485 ₹, 40 Min.–1½ Std.).

ℹ Unterwegs vor Ort

Die 5 km lange Fahrt zwischen dem Flughafen und der Central Bus Station kostet rund 300 ₹ mit dem Taxi und 150 ₹ mit der Autorikscha. Am Flughafen gibt's einen Prepaid-Taxistand. Alternativ kann man mit Bus K1 fahren.

Bus 1 fährt von der Rockins Road vor dem Hauptbusbahnhof alle paar Minuten zum Sri-Ranganathaswamy-Tempel (6 ₹) und zurück. Er hält unterwegs in der Nähe des Rock-Fort-Tempels und des Sri-Jambukeshwara-Tempels.

SÜDLICHES TAMIL NADU

Chettinadu

Die Chettiars waren eine Gemeinschaft von Händlern, die in und um Karaikkudi, 95 km südlich von Trichy, ihre Basis hatten und die im 19. Jh. als Finanziers und Unternehmer im kolonialen Sri Lanka und in Südostasien erfolgreich agierten. Sie gaben ihr Vermögen für den Bau von mindestens 10000, wenn nicht sogar 30000 opulenten Herrenhäusern in den 75 Städten und Dörfern ihrer trockenen, ländlichen Heimat Chettinadu aus. Bei der Suche nach den besten Materialien für die palastartigen Villen wurden keine Kosten und Mühen gescheut, so kamen burmesisches Teakholz, italienischer Marmor, indisches Palisanderholz, englischer Stahl sowie Kunst und Skulpturen aus der ganzen Welt zum Einsatz. Nach dem Zweiten Weltkrieg brach das Handelsnetz der Chettiars jedoch zusammen und viele Familien verließen Chettinadu. Die verlassenen Villen waren dem Verfall preisgegeben und viele wurden abgerissen oder verkauft. Das Bewusstsein für ihren Wert erwachte erst wieder mit der Wende zum 21. Jh., und seit 2014 ist Chettinadu Teil des UNESCO-Weltkulturerbes. Mittlerweile wurden viele der Häuser in wunderschöne historische Hotels verwandelt, in denen Gäste in den Genuss authentischer Chettinad-Küche kommen, die in ganz Indien für ihren brillanten Einsatz von Gewürzen bekannt ist.

Sehenswertes & Aktivitäten

Hotels veranstalten Kochvorführungen oder -kurse und verleihen Fahrräder oder Ochsenwagen für Ausflüge aufs Land. Auf Wunsch organisieren sie außerdem Exkursionen zu Sari-Webern, Tempeln, privaten Herrenhäusern, Handwerkern, die wunderschöne Athangudi-Fliesen, wie man sie auch in den meisten Chettiar-Häusern sieht, von Hand herstellen, und Schreinen der beliebten prähinduistischen Gottheit Ayyanar, zu erkennen an ihren großen Terrakotta-Reitpferden. Die Antiquitätengeschäfte in der Muneeswaran Koil Street in Karaikkudi geben einen Eindruck davon, wie viel des Chettiar-Erbes noch immer feilgeboten wird.

Das nichtssagende Pudukkottai, 51 km südlich von Trichy bzw. 44 km nördlich von Karaikkudi, ist eine geschichtsträchtige Stadt, was man angesichts ihrer heutigen Bedeutungslosigkeit kaum vermuten würde: Sie war Hauptstadt des einzigen Prinzenstaates in Tamil Nadu, der offiziell unabhängig blieb und nicht unter britische Herrschaft fiel.

Vijayalaya Cholisvaram HINDU-TEMPEL
(Narthamalai) Der kleine, aber eindrucksvolle Tempel aus dem 8. Jh. thront in dramatischer Position auf einem verlassenen Felsen, 1 km südwestlich des Dorfes Narthamalai und rund 16 km nördlich von Pudukkottai. Er erinnert an den Strandtempel in Mamal-

lapuram, jedoch ohne die Besuchermassen, und wurde wahrscheinlich in der späten Pallava-Zeit erbaut. Falls er da ist, öffnet der Tempelwärter zwei Shiva-Schreine, die in die Felswand nebenan geschlagen wurden. Einer der Schreine zeigt zwölf beeindruckend große Vishnu-Reliefs.

Die Abzweigung nach Narthamalai liegt 7 km südlich von Keeranur an der Straße von Trichy nach Pudukkottai, 2 km westlich des Dorfes.

Pudukkottai Museum MUSEUM
(Thirukokarnam, Pudukkottai; Inder/Ausländer 5/100 ₹, Kamera/Video 20/100 ₹; ⏲ Sa–Do 9.30–17 Uhr) In diesem wunderbaren Museum, 4 km nördlich des Bahnhofs von Pudukkottai, sind Relikte vergangener Zeiten ausgestellt. Die vielfältige Sammlung umfasst Musikinstrumente, Artefakte aus Hünengräbern sowie einige bemerkenswerte Gemälde, Skulpturen und Miniaturen.

Thirumayam Fort FORT
(Thirumayam; Inder/Ausländer 5/100 ₹; ⏲ 10–17.30 Uhr) Das schlichte, aber imposante renovierte Thirumayam Fort liegt rund 20 km südlich von Pudukkottai und lohnt den Aufstieg wegen des Panoramas von den Festungsmauern über die umliegende Landschaft. Über eine Metalltreppe auf der Westseite des kleinen Hügels erreicht man einen Shiva gewidmeten Felsenschrein.

Herrenhäuser

Lakshmi-Haus HISTORISCHES GEBÄUDE
(Athangudi Periya Veedu; Athangudi Rd, Athangudi; Eintritt 100 ₹; ⏲ 9–17 Uhr) Aufgrund der wohl am schönsten bemalten Holzschnitzdecke von Chettinadu ist das Lakshmi-Haus eine beliebte Filmkulisse. Über dem Vordereingang sind besonders edle Materialien (belgischer Marmor, englisches Metall), Chettiar-Geschichtstafeln und kuriose Statuen britischer Herrscher und hinduistischer Gottheiten zu bewundern. Athangudi liegt 15 km nordwestlich von Karaikkudi.

CVCT-Haus HISTORISCHES GEBÄUDE
(CVCT St, Kanadukathan; Eintritt 100 ₹, Kamera 50 ₹; ⏲ 9–17 Uhr) Vor der Kulisse der typischen, mit Säulen geschmückten Innenhöfe erhebt sich die eindrucksvolle Empfangshalle dieses Doppelhauses, das sich zwei Zweige einer Familie teilen. Besonders bemerkenswert ist die fabelhafte Aussicht über die benachbarten Villen von der Dachterrasse aus. An derselben Straße steht das **VVRM-Haus** (CVCT St, Kanadukathan) von 1870. Es zählt zu den ältesten Herrenhäusern Chettinadus und zeichnet sich durch speziell verputzte Wände, Teakholzsäulen und aufwendige Holzschnitzereien aus. Pro Gruppe wird eine Spende von 100 ₹ erwartet. Kanadukathan liegt 9 km südlich von Thirumayam.

PKACT-Haus HISTORISCHES GEBÄUDE
(Trichy Main Rd, Kottaiyur, gegenüber ICICI Bank ATM; Eintritt 50 ₹; ⏲ 10–17 Uhr) Das besonders gut erhaltene Herrenhaus aus dem frühen 20. Jh. wird von der **M.Rm.Rm. Cultural Foundation** (Karte S. 357; mrmrmculturalfoundation.moonfruit.com) mit Sitz in Chennai verwaltet und verbindet moderne und traditionelle Elemente miteinander. Besucher dürfen das gesamte Haus besichtigen, was ungewöhnlich ist. Oben ist eine großartige Sammlung von Ravi-Varma-Drucken untergebracht. Kottaiyur liegt 6 km nördlich von Karaikkudi.

Schlafen & Essen

Wer Einblicke ins Palastleben bekommen will, übernachtet in einem der Luxushotels von Chettinadu. Die sind zwar teuer, aber super für eine unvergessliche Erfahrung.

★ **Visalam** HISTORISCHES HOTEL $$$
(☎ 04565-273301; www.cghearth.com; Local FundRd, Kanadukathan; Zi. inkl. Frühstück 6500–13 000 ₹; ❄@📶🏊) Das Visalam wurde eindrucksvoll renoviert und steht unter der professionellen Leitung der Malayali-Hotelkette. Die recht junge Chettiar-Villa ist im schicken Art-déco-Stil der 1930er-Jahre gehalten und wird noch immer von Fotos, Möbeln und Gemälden des Originalbesitzers geschmückt. Die Zimmer sind groß und atmosphärisch, der Garten ist zauberhaft und der Poolbereich voller Bougainvilleen und mit einem einfachen Café geradezu magisch. Kanadukathan liegt 9 km südlich von Thirumayam.

★ **Saratha Vilas** BOUTIQUE-HOTEL $$$
(☎ 9884203175, 9884936158; www.sarathavilas.com; 832 Main Rd, Kothamangalam; Zi. inkl. Frühstück 8000–11 000 ₹; ❄@📶) Die stilvoll renovierte Villa von 1910 unter französischer Leitung, 6 km östlich von Kanadukathan, versprüht ihren eigenen Chettiar-Charme. Die Zimmer vereinen Tradition, Moderne und charakteristisch Französisches miteinander, und das Essen präsentiert sich als exquisiter Mix aus Chettiar- und französischer Küche. Die Möbel wurden größtenteils von den Besitzern (Architekten) entworfen, die sich aktiv für den Erhalt und die Förderung

des Chettinad-Erbes einsetzen. Deshalb gründeten sie auch die hiesige NGO ArcHeS.

Bangala BOUTIQUE-HOTEL $$$
(☎04565-220221; www.thebangala.com; Devakottai Rd, Karaikkudi; Zi. 6500–7000 ₹; ❄📶🏊) Dieser wunderschön restaurierte, weiß getünchte „Bungalow" ist keine typische Villa, versprüht mit seinen farbenfrohen Zimmern, dem originellen Dekor, den antiken Möbeln, den alten Familienfotos und dem wunderschönen Pool jedoch jede Menge Charme. Das Haus ist für sein Essen bekannt: Beim Menü für 1000 ₹ handelt es sich um ein Chettiar-Hochzeitsmahl, das jede einzelne Rupie wert ist (von 12.30 bis 14.30 Uhr sowie von 20 bis 22 Uhr kommen auch Nicht-Gäste in den Genuss – zwei Stunden vorher anrufen).

Chettinadu Mansion HISTORISCHES HOTEL $$$
(☎04565-273080; www.chettinadmansion.com; 11 AR St, SARM House, Kanadukathan; EZ/DZ inkl. Frühstück 5000/6400 ₹, HP 5700/7800 ₹; ❄📶🏊) Das farbenfrohe 100 Jahre alte Haus ist abgenutzter als andere Chettiar-Unterkünfte, dafür punktet es mit Freundlichkeit und guter Führung und wird noch von der Besitzerfamilie bewohnt. Von den 126 Zimmern werden zwölf vermietet; diese haben kostenloses WLAN, exzentrische Farben und Privatbalkone mit Blick auf die anderen Villen.

Die Besitzer betreiben auch das **Chettinadu Court** (☎9443495598; www.deshadan.com; Raja's St, Kanadukathan; EZ/DZ inkl. Frühstück 3400/4500 ₹; ❄📶🏊) einige Blocks entfernt mit acht hübschen Zimmern und historischen Elementen. Beide Unterkünfte teilen sich einen Pool außerhalb der Grundstücke.

ℹ An- & Weiterreise

Das Auto ist das beste Verkehrsmittel, um Chettinadu und dessen Umgebung zu erkunden. Von Trichy, Thanjavur oder Madurai aus kostet ein Mietwagen mit Fahrer rund 5000 ₹. Alternativ verkehren alle fünf Minuten Busse von Trichy nach Pudukkottai (25 ₹, 1½ Std.) und Karaikkudi (85 ₹, 2½ Std.); Fahrgäste können unterwegs zu- und aussteigen. Von Madurai fahren alle zehn Minuten Busse nach Karaikkudi (37 ₹, 2 Std.) und Pudukkottai (57 ₹, 2½ Std.). Zudem gibt es Verbindungen ab Thanjavur und Rameswaram.

Madurai

☎0452 / 1,02 MIO. EW.

Chennai mag die Hauptstadt von Tamil Nadu sein, aber Madurai ist seine Seele. Madurai ist durch und durch tamilisch und eine der ältesten Städte Indiens – eine Metropole, die schon mit dem antiken Rom Handel trieb und bereits eine große Hauptstadt war, lange bevor Chennai davon auch nur hätte träumen können.

Touristen, indische und ausländische, kommen für gewöhnlich hierher, um den Minakshi-Amman-Tempel zu besichtigen, einen labyrinthartigen Bau, der zu den großartigsten Tempeln Indiens zählt. Ansonsten verkörpert Madurai viele der typischen Gegensätze Indiens – und das ist auch kein Wunder, wenn man das Alter der Stadt bedenkt. Das Zentrum wird von einem mittelalterlichen Tempel und einer zunehmend von der IT-Branche angetriebenen Wirtschaft dominiert, und überall sind die Energie und Hektik einer indischen Großstadt zu spüren, wenn auch in kompakterer Form als im weitläufigen Chennai.

Geschichte

Der Legende nach ließ Shiva Tropfen von Nektar (*madhuram*) von seinen Locken auf die Stadt regnen. So erklärt sich der Name Madurai, „Stadt des Nektars".

Antike Dokumente belegen, dass Madurai bereits im 3. Jh. v. Chr. existierte. Gewürze spielten für die Handelsstadt eine besonders große Rolle. Der Legende nach fand hier außerdem das dritte *sangam* statt (Versammlung tamilischer Gelehrter und Dichter). Im Laufe der Jahrhunderte stand Madurai unter der Herrschaft der Cholas, Pandyas, örtlicher muslimischer Sultane, hinduistischer Vijayanagar-Könige und der Nayaks, die bis 1736 regierten und die Altstadt in Lotusform anlegten. Unter Tirumalai Nayak (1623–59) entstand auch der größte Teil des Minakshi-Amman-Tempels. Madurai entwickelte sich zum Zentrum der tamilischen Kultur und spielte eine wichtige Rolle bei der Entstehung der tamilischen Sprache.

Im Jahr 1840 zerstörte die britische Ostindien-Kompanie das Fort von Madurai und füllte den Festungsgraben auf. Auf dieser Aufschüttung wurden die vier breiten Veli-Straßen gebaut, die bis heute die Grenzen der Altstadt bilden.

◉ Sehenswertes

★ **Minakshi-Amman-Tempel** HINDU-TEMPEL
(Inder/Ausländer 5/50 ₹, Handykamera 50 ₹; ⏲4–12.30 & 16–21.30 Uhr) Das Haus der dreibrüstigen Kriegergöttin Minakshi („Die Fischäugige" – in der klassischen tamilischen

Dichtung der Ausdruck für perfekte Augen) gilt als der Gipfel der südindischen Tempelarchitektur und ist für das ästhetische Erbe dieser Region ebenso bedeutend wie der Taj Mahal für Nordindien. Es ist eigentlich weniger ein Tempel aus dem 17. Jh. als eine 6 ha große Anlage mit zwölf hohen *gopurams*, die mit einer verblüffenden Sammlung von Göttern, Göttinnen, Dämonen und Helden geschmückt sind (mindestens 1511 sind auf dem südlichen *gopuram* zu finden).

Der Legende nach kam die wunderschöne Minakshi (eine Version Parvatis) mit drei Brüsten und der Aussicht darauf zur Welt, dass ihre dritte Brust schmelzen würde, sobald sie ihren Ehemann finde. Dies trat ein, als sie Shiva begegnete und seine Gattin wurde. Der Tempel wurde im 17. Jh. während der Regentschaft von Tirumalai Nayak erbaut, aber seine Ursprünge reichen bis in jene Zeit zurück, als Madurai Pandya-Hauptstadt war, also 2000 Jahre zuvor.

Die vier Straßen, die den Tempel umgeben, sind Fußgängerzonen. Im Tempel selbst gelten strikte Kleider- und Sicherheitsvorschriften: keine nackten Frauenschultern oder nackten Beine beider Geschlechter, zudem sind im Inneren keine Kameras erlaubt (Handykameras hingegen schon). Trotzdem herrscht hier eine fröhlichere Atmosphäre als in einigen der feierlicheren Schreine in Tamil Nadu, zudem ist dieser Tempel mit besonders farbenfrohen Wand- und Deckengemälden geschmückt. Jeden Abend um 21 Uhr tragen frenetische Gläubige in einer Wolke aus Weihrauch eine Ikone von Sundareswarar (Shiva) zu Minakshis Schrein, wo sie die Nacht verbringt; Besucher können sich gerne der Prozession anschließen.

Vor Betreten des Tempels lohnt sich ein Blick in den Pudhu Mandapa. Der Haupteingang zum Tempel befindet sich am östlichen (ältesten) *gopuram*. Zuerst gelangt man zur 1000-Säulen-Halle auf der rechten Seite, die heute ein Kunstmuseum beherbergt. Auf dem Weg in den Tempel stößt man dann auf einen Nandi-Schrein, der von weiteren wunderschön geschnitzten Säulen umgeben ist. Nun folgt der Shiva-Hauptschrein, der von beiden Seiten von massiven *dvarapalas* flankiert wird. Ein Stück dahinter, auf der linken Seite, liegt in einer separaten Anlage der Minakshi-Hauptschrein. Beide sind nur für Hindus zugänglich. Dafür kann jeder Besucher um das goldene Lotusbecken spazieren und den Tempel über eine Halle mit Blumenhändlern und den Ashta Shakti Mandapa mit seiner gewölbten Decke verlassen. Er wird von den meisten Gläubigen als Tempeleingang benutzt und ist von Reliefs gesäumt, die die acht Attribute der Göttin zeigen. Er bietet die vielleicht schönsten farbenfrohen Deckengemälde des Tempels.

➡ Pudhu Mandapa

(East Chitrai St) Die Säulenhalle aus dem 16. Jh. befindet sich außerhalb des Tempels gegenüber dem östlichen *gopuram*. Sie ist voller farbenfroher Stände, an denen Textilien und Kunsthandwerk verkauft werden, zudem sitzen Schneider an ihren Nähmaschinen. Dadurch werden zum Teil die wunderschönen Säulenskulpturen verdeckt, dennoch ist die dreibrüstige Minakshi nahe der südöstlichen Ecke leicht zu entdecken. Gegenüber sieht man Sundareswarar und innerhalb des Westeingangs ihre Hochzeit, begleitet von Vishnu. Ein besonders hübscher hellblauer Nandi-Bulle (Shivas Reittier) sitzt vor dem Osteingang des *mandapa*.

➡ Kunstmuseum

(Inder/Ausländer 5/50 ₹, Handykamera 50 ₹; ⏲ 6.30–13 & 16–21 Uhr) Hinter dem östlichen *gopuram* des Tempels liegt auf der rechten Seite die 1000-Säulen-Halle (mit 985 Säulen) aus der Nayak-Zeit. Heute beherbergt sie ein Kunstmuseum. Zu sehen sind ein Shiva-Schrein mit einer großen Nataraja-Bronze am Ende eines Ganges mit wunderschön geschnitzten Säulen sowie viele weitere hübsche Bronzearbeiten und farbenfroh bemalte Tafeln. Einige der besten Reliefs – darunter Krishna mit Flöte und Ganesh, der mit einer Frau auf dem Knie tanzt – befinden sich direkt hinter dem Museumseingang.

Gandhi Memorial Museum MUSEUM

(Gandhi Museum Rd; Kamera 50 ₹; ⏲ Sa–Do 10–13 & 14–17.45 Uhr) GRATIS Dieses ausgezeichnete Museum ist in einem Nayak-Königinnenpalast aus dem 17. Jh. untergebracht und zeigt eine beeindruckende, bewegende und detaillierte Ausstellung zu Indiens Unabhängigkeitskampf zwischen 1757 und 1947, wobei sich der englische Informationstext nicht zurückhält, was die britischen Herrscher angeht. Zu sehen ist auch das *dhoti*, das Gandhi trug, als er 1948 in Delhi ermordet wurde und das noch immer blutbefleckt ist. Es befindet sich hier, weil Gandhi in Madurai im Jahr 1921 zum ersten Mal ein *dhoti* als Zeichen des Stolzes auf seine Herkunft trug.

Das kleine **Madurai Government Museum** (Inder/Ausländer 5/100 ₹, Kamera 20 ₹; ⏲ Sa–Do 9.30–17 Uhr) befindet sich nebenan

Madurai

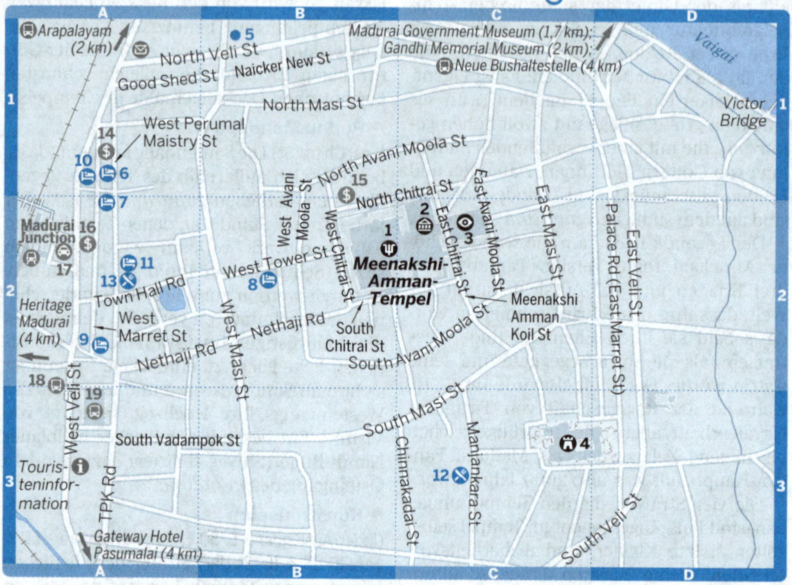

und der **Gandhian Literary Society Bookshop** (⌚ Mo–Sa 10–13 & 14.30–18.30 Uhr) dahinter. Auf dem Museumsgelände wird **Yoga** (1-monatige Vollmitgliedschaft 100 ₹; ⌚ Mo–Fr 6, 10.30 & 17 Uhr) angeboten; eine Anmeldung ist nicht nötig.

Bus 75 fährt von der **Bushaltestelle Periyar** (West Veli St) zur Haltestelle Tamukkam an der Alagarkoil Rd (600 m vom Museum).

Tirumalai-Nayak-Palast PALAST
(Palace Rd; Inder/Ausländer 10/50 ₹, Kamera/Video 30/100 ₹; ⌚ 9–13.30 & 14–17 Uhr) Was der Minakshi-Amman-Tempel für die religiöse Architektur der Nayaks ist, ist der baufällige Tirumalai-Nayak-Palast für ihre weltliche. Obwohl angeblich nur noch ein Viertel des Ursprungsbaus erhalten ist, zeugen seine immense Größe und sein drawidisch-islamischer Stilmix noch immer von den Ambitionen seiner Schöpfer. Man betritt ihn von Osten her. Ein Innenhof, der von massiven Säulen mit aufwendigen Stuckarbeiten umgeben ist, führt zum grandiosen Thronsaal mit seiner 25 m hohen Kuppel. Den Treppenaufgang flankieren zwei Pferdefstatuen.

Geführte Touren

Foodies Day Out KULINARISCHE TOUREN
(☎ 9840992340; www.foodiesdayout.com; 2.OG, 393 Anna Nagar Main Rd; 2000 ₹/Pers.) Wer Lust auf eine fantastische abendliche Erkundungstour durch Madurais kulinarische Welt unter Führung eines hiesigen Feinschmeckers hat, ist bei Foodies Day Out richtig. Die Mindestanzahl sind zwei Personen und es gibt auch vegetarische Touren.

Storytrails STADTFÜHRUNGEN
(☎ 7373675756; www.storytrails.in; 35 Krishnarayar Tank Rd; 2-stündige Tour für bis zu 4 Pers. 2500 ₹) Die Organisation mit Sitz in Chennai veranstaltet sehr empfehlenswerte Stadtspaziergänge, jede Menge Geschichten inklusive.

Feste & Events

Teppam-(Floß-)Fest RELIGIÖSES FEST
(⌚ Jan./Feb.) Dieses beliebte Fest wird bei Vollmond im tamilischen Monat Thai gefeiert. Die Götter aus dem Minakshi-Tempel werden in einer eindrucksvollen Prozession durch die Stadt getragen und schwimmen in einem hell erleuchteten „Mini-Tempel" auf dem riesigen Mariamman-Teppakkulam-Becken, 3 km östlich der Altstadt.

Der Abend gipfelt darin, dass Shiva seine Frau verführt – dann werden die Götterdarstellungen zurück in den Tempel gebracht, um sich zu lieben und so das Universum zu erneuern. Minakshis Diamantstecker wird übrigens aus ihrer Nase entfernt, damit er ihren Mann nicht stört. Wegen des geringen

Madurai

Highlights

Sehenswertes

Aktivitäten, Kurse & Touren

Schlafen

Essen

Praktisches

Transport

Niederschlags waren die Feiern in den Jahren 2013 und 2014 eine trockene Angelegenheit.

Chithirai-Fest RELIGIÖSES FEST
(April/Mai) Das Highlight von Madurais gut gefülltem Festkalender bildet diese zweiwöchige Veranstaltung, die die Hochzeit von Minakshi und Sundareswarar (Shiva) feiert. Die Gottheiten werden in riesigen Festwagen als Teil einer langen, farbenfrohen Prozession über das Gelände des Minakshi-Amman-Tempels gefahren.

Schlafen

Die Budgethotels im Zentrum sind meist eine eher trost- und lieblose Angelegenheit, aber entlang der West Perumal Maistry St, nicht unweit vom Bahnhof, gibt's eine große Auswahl an guten Mittelklassehotels, die sich allerdings kaum voneinander unterscheiden. Die meisten haben Dachrestaurants mit Blick auf den Tempel und den Sonnenuntergang.

Hotel West Tower HOTEL $
(0452-2349600; 42/60 West Tower St; EZ/DZ 500/800 ₹, mit Klimaanlage 1200/1800 ₹;) Das West Tower punktet vor allem mit seiner Nähe zum Tempel, darüber hinaus ist es auch verhältnismäßig sauber und freundlich.

TM Lodge HOTEL $
(0452-2341651; www.tmlodge.in; 50 West Perumal Maistry St; EZ/DZ 440/660 ₹, Zi. mit Klimaanlage 1300 ₹;) Die Wände sind ein wenig dreckig, die Bettwäsche jedoch sauber. Das TM wird effizient geführt und es gibt sogar einen Liftboy.

Madurai Residency HOTEL $$
(0452-4380000; www.madurairesidency.com; 15 West Marret St; EZ 2380–2860 ₹, DZ 2760–3220 ₹, alle inkl. Frühstück;) Das Hotel punktet mit erstklassigem Service, gemütlichen, frischen Zimmern und einem der höchstgelegenen Dachrestaurants der Stadt. Wegen der großen Beliebtheit ist es ratsam, mindestens einen Tag im Voraus zu buchen.

Royal Court HOTEL $$
(0452-4356666; www.royalcourtindia.com; 4 West Veli St; EZ 3960–4910 ₹, DZ 4800–5640 ₹, alle inkl. Frühstück; @) Das Royal Court vereint die koloniale Eleganz von weißen Laken und Hartholzböden mit Komfort, gutem Essen, kostenlosem WLAN und freundlichem, professionellem Service. Auf den Zimmern gibt es Tee- und Kaffeekocher. Ein exzellentes Hotel in zentraler Lage für alle, die sich etwas gönnen möchten.

Hotel Park Plaza HOTEL $$
(0452-3011111; www.hotelparkplaza.net; 114 West Perumal Maistry St; EZ/DZ inkl. HP 2880/3480 ₹;) Die Zimmer des Plaza sind gemütlich, einfach, hübsch gestaltet und mit kostenlosem WLAN ausgestattet. Vier davon haben Tempelblicke. Darüber hinaus serviert das Restaurant **Temple View** (17–24 Uhr) auf dem Dach gute internationale Küche und im ersten Stock befindet sich die **Sky High Bar** (der Name passt also eher nicht).

Hotel Supreme HOTEL $$
(0452-2343151; www.hotelsupreme.in; 110 West Perumal Maistry St; EZ 2390–3270 ₹, DZ 2710–3470 ₹, alle inkl. Frühstück;) Das Supreme ist ein vorzeigbares, aber etwas abgewohntes Hotel mit freundlichem Service, das sich bei einheimischen Touristen großer Beliebtheit erfreut. Das Dachrestaurant Surya serviert leckeres Essen und das WLAN auf den Zimmern ist im Preis inbegriffen. Ein

Besuch der Kellerbar, die aussieht wie ein Raumschiff, lässt einen vielleicht daran zweifeln, ob der Lassi letzte Nacht wirklich alkoholfrei war ...

Gateway Hotel Pasumalai HOTEL $$$
(☎0452-6633000; www.thegatewayhotels.com; 40 TPK Rd, Pasumalai; EZ 6000–8390 ₹, DZ 7200–9600 ₹; @ ≋ ≋) Das Gateway bietet wunderbare Erholung vom Trubel der Stadt und erstreckt sich über eine Gartenanlage auf einem Berg, 5 km südwestlich des Zentrums. Die Ausblicke, der Außenpool und die 45 hauseigenen Pfauen sind großartig, zudem verfügen die luxuriösen, komfortablen Zimmer über verglaste Duschen und Yoga-Kits. Das Restaurant Garden All Day ist exzellent.

Heritage Madurai HISTORISCHES HOTEL $$$
(☎0452-3244187; www.heritagemadurai.com; 11 Melakkal Main Rd, Kochadai; EZ 5880–8820 ₹, DZ 6470–9410 ₹; ❄ ≋ ≋) Das schattige Paradies, 4 km westlich der Innenstadt, beherbergte ursprünglich den alten Madurai Club. Nach einer sehr gelungenen Umgestaltung verfügt es über kunstvolle Holzarbeiten, einen hübschen, in den Boden eingelassenen Pool und Deluxe-Zimmer mit Terrakottaboden. Die beste Wahl sind die gemütlichen Villen mit kleinen Privatpools. Zur Anlage gehören ein gutes Chettinad-Restaurant, ein Spa, eine Bar und ein rund um die Uhr geöffnetes Café.

Essen

Die Dachrestaurants der Hotels entlang der West Perumal Maistry Street bieten luftiges Ambiente am Abend und Tempelpanorama (Insektenspray nicht vergessen!). Die meisten Hotels verfügen zudem über klimatisierte Speisesäle für Frühstück und Mittagessen. Madurai ist bekannt für den Sommer-Drink *jigarthanda* (abgekochte Milch, Mandelessenz, Rosensirup und Vanilleeis).

Murugan Idli Shop SÜDINDISCH $
(196 West Masi St; Gerichte 11–40 ₹; ⏲7–24 Uhr) Die Murugan-Kette verfügt mittlerweile auch über Filialen in Chennai, stammt jedoch aus Madurai. Hier kann man die bekannten fluffigen *idlis* testen und sich südindische Klassiker wie Dosas und *uttapams* schmecken lassen.

Sri Sabareesh INDISCH $
(49A West Perumal Maistry St; Hauptgerichte 57–85 ₹; ⏲6.30–23.30 Uhr) Das mit Fotos vom alten Madurai geschmückte Sri Sabareesh ist ein beliebtes vegetarisches Lokal, das anständige südindische Thalis für 80 ₹ serviert. Angesichts der günstigen Preise und der Lage ist es recht stimmungsvoll und modern.

Surya INTERNATIONAL $$
(110 West Perumal Maistry St; Hauptgerichte 80–190 ₹; ⏲16–23.30 Uhr) Das Dachrestaurant des Hotel Supreme bietet exzellenten Service, gute rein vegetarische Küche und großartige Blicke auf Stadt und Tempel. Absolutes Highlight ist jedoch der geeiste Kaffee, der an einem heißen, staubigen Tag aus göttlicher Hand zu stammen scheint.

Garden All Day INTERNATIONAL $$$
(Gateway Hotel, 40 TPK Rd, Pasumalai; Hauptgerichte 300–525 ₹; ⏲7–22.30 Uhr) Wer sich mal etwas gönnen möchte, ist mit dem fantastischen internationalen Abendbuffet (800–1000 ₹) im ganztägig geöffneten Panoramarestaurant des Gateway Hotel, 5 km südwestlich des Zentrums, bestens bedient. Genießen lässt sich das Mahl draußen im Garten oder im klimatisierten Innenraum.

Shoppen

In Madurai wimmelt es vor Klamotten-Ständen und Schneidereien, was man schon daran merkt, dass man ständig von entsprechenden Werbern belästigt wird. Am besten lässt man sich seine Sachen aber im Pudhu Mandapa anfertigen. Hier warten reihenweise geschäftige Schneider, die in einer oder zwei Stunden praktisch alles nachschneidern können, was man sich wünscht. Ein Baumwoll-Top oder -Hemd kostet 350 ₹. Sämtliche Fahrer, Führer und Werber der Stadt drängen Besucher außerdem, die kaschmirischen Kunsthandwerksläden in der North Chitrai St zu besuchen und wollen sie mit dem tollen Tempelblick locken, den man vom Dach aus hat. Die Aussicht überzeugt tatsächlich, aber die anschließende Verkaufsveranstaltung ist unvermeidlich.

Praktische Informationen

State Bank of India (West Veli St) Schalter für Fremdwährungen und Geldautomaten.

Supreme Web (110 West Perumal Maistry St; pro Std. 30 ₹; ⏲7.30–21.20 Uhr) Reisepass mitnehmen.

Touristeninformation (☎0452-2334757; 1 West Veli St; ⏲Mo–Fr 10–17.45 Uhr)

An- & Weiterreise

BUS

Die meisten staatlichen Busse fahren ab der/zur **Neuen Bushaltestelle** (Melur Rd), 4 km

STAATLICHE BUSSE AB MADURAI

ZIEL	PREIS (₹)	DAUER (STD.)	HÄUFIGKEIT
Bengaluru	440–750	9	21, 21.15, 21.30 & 21.45 Uhr
Chennai	325	9–10	4–23.30 Uhr alle 30 Min.
Coimbatore	125	6	alle 15 Min.
Ernakulam (Kochi)	325	9	9 & 21 Uhr
Kanyakumari	180	6	6–22 Uhr alle 2 Std., 22–6 Uhr stündl.
Kodaikanal	62	4	1.30–14.50 & 17.50 14-mal
Mysuru	300–440	10	16.30–21 Uhr 4-mal
Ooty	180	9	7.30 & 21 Uhr
Puducherry	250	8	21 Uhr
Rameswaram	85–110	5	6–24 Uhr alle 30 Min.
Trichy	75–90	3	alle 15 Min.

nordöstlich der Altstadt. Busse nach Coimbatore, Kodaikanal und Ooty starten an der **Bushaltestelle Arapalayam** (Puttuthoppu Main Rd), 2 km nordwestlich der Altstadt. Tickets für die teureren, komfortableren privaten Busse werden von Agenturen auf der Südseite der **Haltestelle am Shopping Center** (zw. West Veli St & TPK Rd) verkauft. Die meisten fahren über Nacht.

FLUGZEUG

SpiceJet (www.spicejet.com) fliegt zumindest einmal täglich nach Bengaluru, Chennai, Colombo, Delhi, Dubai, Hyderabad und Mumbai. **Jet Airways** (www.jetairways.com) bedient drei- bis viermal täglich Chennai, **Air India** (☎ 0452-2690333; www.airindia.com) einmal.

ZUG

Von der Station Madurai Junction fahren täglich 13 Züge nach Trichy im Norden sowie zehn nach Chennai. Die schnellste Verbindung ist dabei der Vaigai-Express um 7 Uhr (Trichy 2. Klasse/Chair Class 93/340 ₹, 2 Std.; Chennai 180/655 ₹, 7¾ Std.). Eine gute Übernachtverbindung nach Chennai ist der Pandyan-Express um 20.35 Uhr (Sleeper/3AC/2AC/1AC 315/805/1135/1915 ₹, 9 Std.). Der einzige tägliche Zug nach Kanyakumari fährt um 1.55 Uhr ab (Sleeper/3AC/2AC/1AC 210/535/735/1230 ₹, 5 Std.), an manchen Tagen gibt's jedoch auch eine spätere Verbindung (Abfahrtszeiten variieren). Darüber hinaus verkehren Züge nach Trivandrum (Thiruvananthapuram; 3 Züge tgl.), Coimbatore (3-mal tgl.), Bengaluru (2-mal tgl.) und Mumbai (Bombay; 1-mal tgl.).

ℹ Unterwegs vor Ort

Der Flughafen liegt 12 km südlich der Stadt. Eine Taxifahrt ins Zentrum kostet 300 ₹. Alternativ verkehrt der Bus 10A zur/ab der Bushaltestelle am Shopping Complex. Von der Neuen Bushaltestelle pendelt Bus 75 (11 ₹) in die Stadt, eine Autoriksha kostet 100 ₹.

Taxis mit festen Tarifen und Bahnlizenz warten vor dem Bahnhof. Vor Ort gibt es außerdem einen **Taxi-Buchungsschalter** (☎ 0452-2888999; Madurai Junction; ⏲ 24 Std.) von Fast Track; die Preise starten bei 75 ₹ für die ersten 3 km, dann werden 15 ₹ pro Kilometer fällig.

Rameswaram

☎ 04573 / 44 856 EW.

Rameswaram war einst der südlichste Punkt des heiligen Indiens – und die Überschreitung der Grenze dorthin bedeutete, seine Kaste aufzugeben und unter die niedrigste Stufe zu sinken, noch unter die Abdecker der heiligen Kühe. Doch dann führte Rama, eine Inkarnation von Vishnu und der Held aus dem Ramayana, eine Armee aus Affen und Bären über eine von Affen erbaute Brücke auf die Insel (Sri) Lanka, wo er den Dämon Ravana besiegte und seine Frau Sita rettete. Anschließend kamen Prinz und Prinzessin her, um Shiva ihre Dankbarkeit zu erweisen.

Auch wenn dies für viele nur eine Sage sein mag – für Millionen von Hindus ist es die reine Wahrheit, und sie pilgern zuhauf zum Ramanathaswamy-Tempel, um an jener Stelle zu beten, an der einst ein Gott einen Gott anbetete.

Von den Pilgern einmal abgesehen, ist Rameswaram eine kleine Fischerstadt auf der muschelförmigen Insel Pamban, die durch eine 2 km lange Straße und Eisenbahnbrü-

ABSTECHER

DHANUSHKODI

Das Vorgebirge, das sich 22 km südwestlich von Rameswaram erstreckt, verengt sich etwa auf halber Strecke zu einem dünnen Streifen aus Sanddünen, und an dessen Ende erhebt sich die Geisterstadt Dhanushkodi. Der einst blühende Hafen wurde 1964 von den Wellen eines mächtigen Zyklons zerstört. Die Außenwände des Bahnhofs, der Kirche, des Postamts und anderer Ruinen stehen noch immer zwischen den verstreuten Fischerhütten, während sich im Osten die Adamsbrücke (oder Ramas Brücke) erstreckt, eine Kette von Riffen, Sandbänken und Inseln, die Indien beinahe mit Sri Lanka verbindet. Für viele ist dies die letzte Station einer langen Pilgerreise. Am magischsten ist die Atmosphäre bei Sonnenaufgang, wenn Pilger *pujas* (Gebete) abhalten.

Autorikschas kosten rund 400 ₹ für die Fahrt nach Moonram Chattram und zurück (inklusive Wartezeit), einer Ansammlung von Fischerhütten 14 km außerhalb des Ortes. Von dort führt ein heißer, 4 km langer Strandspaziergang nach Dhanushkodi. Alternativ werden außerdem zweistündige Touren in einem Truck oder Minibus für 100 ₹ angeboten. Los geht's, wenn sich zwölf bis 20 Teilnehmer eingefunden haben (6–18 Uhr). Viele Hotels organisieren Touren in schnellen Privatjeeps nach Danushkodi (hin & zurück ca. 1500 ₹). Auch Schwimmen ist verlockend – aber Vorsicht vor den starken Strömungen!

cken mit dem Festland verbunden ist. In dem Ort riecht es nach getrocknetem Fisch und wenn man nicht gerade selbst Pilger ist, lohnt sich die Reise hierher kaum. Allerdings bietet der östlichste Punkt der Insel, Dhanushkodi, nur 30 km von Sri Lanka entfernt, eine magische Natur, die einen Besuch in Rameswaram erheblich verlockender macht.

Die meisten Hotels und Restaurants findet man rund um den Ramanathaswamy-Tempel, der von der North, East, South und West Car St umgeben ist. Die Middle St führt nach Westen zur Bushaltestelle (ca. 2 km). Der Bahnhof liegt 1,5 km südwestlich des Tempels.

Sehenswertes

Ramanathaswamy-Tempel HINDU-TEMPEL
(5–13 & 15–20 Uhr) Der Tempel beherbergt den heiligsten Sandhaufen der Welt (es handelt sich um einen Lingam, den Ramas Frau Sita erschaffen haben soll) und ist einer der heiligsten Schreine Indiens. Er stammt größtenteils aus dem 16. bis 18. Jh. und zeichnet sich durch lange kunstvolle 1000-Säulen-Hallen und 22 *theerthams* (Tempelbecken) aus, in denen Pilger baden, bevor sie die Gottheit besuchen. Helfer schütten Wassereimer über den (oft vollständig bekleideten) Gläubigen aus, die dann zum nächsten *theertham* weitereilen.

Der Legende nach war Rama der Ansicht, er benötige einen Lingam, um Shiva angemessen huldigen zu können. So entsandte er Hanuman, um nach dem größten Lingam der Gegend zu suchen – einem Berg im Himalaja. Doch der Affe brauchte zu lange und so fertigte Sita den einfachen Lingam aus Sand an, der heute im innersten Heiligtum des Tempels aufbewahrt wird.

Kameras und Handys sind innerhalb des Tempels verboten. Nur Hindus dürfen den inneren Schrein betreten.

Schlafen & Essen

Die meisten Hotels sind auf Pilger ausgerichtet und einige Billigunterkünfte (die meist ziemlich trostlos sind) nehmen keine Alleinreisenden auf. Es gibt jedoch eine Reihe anständiger Mittelklasseunterkünfte. Während der Festtage sollte man im Voraus buchen. Budgetreisende können sich an das **Rooms Booking Office** (East Car St; 24 Std.) gegenüber dem Haupteingang zum Tempel im Osten wenden, das oft Doppelzimmer für nur 300 ₹ pro Nacht vermittelt.

Günstige vegetarische Restaurants wie das **Vasantha Bhavan** (East Car St; Gerichte 30–50 ₹; 7–22 Uhr) und das **Ananda Bhavan** (West Car St; 6.30–22.30 Uhr) servieren mittags Thalis für 50 bis 70 ₹ sowie abends Dosas und *uttapams* für rund 40 ₹. Mancherorts gibt's Fisch, Fleisch ist schwer zu finden.

Hotel Venkatesh HOTEL $
(04573-221296; SV Koil St; Zi. 495–660 ₹, mit Klimaanlage 880 ₹;) Das Hotel akzeptiert Alleinreisende und die zitronengelben Zimmer sind recht sauber und können sich für diesen Preis durchaus sehen lassen. An der Westverlängerung der South Car St.

Daiwik Hotels HOTEL $$
(04573-223222; www.daiwikhotels.com; Madurai-Rameswaram Hwy; Zi. 4330–5570 ₹;

(❄ @ 📶) Frisch, gemütlich und schick: „Indiens erstes Vier-Sterne-Pilgerhotel" liegt 200 m westlich des Busbahnhofs und ist die edelste Unterkunft in Rameswaram. Die hellen, luftigen Zimmer sind elegant mit riesigen Spiegeln und Fotos aus dem Alltag der Einheimischen eingerichtet und das vegetarische Restaurant **Ahaan** (Hauptgerichte 140–270 ₹; ⏲7–22 Uhr) ist sehr gut.

Hotel Sri Saravana HOTEL **$$**
(☎04573-223367; www.srisaravanahotel.com; 1/9A South Car St; Zi. 1400–2810 ₹; ❄) Das freundliche, saubere Sri Saravana ist das beste Hotel im Zentrum und bietet neben anständigem Service geräumige, farbenfrohe Zimmer. Die in den oberen Etagen haben Meerblick, sind jedoch teurer.

Praktische Informationen

Micro Net Browsing (West Car St; 30 ₹/Std.; ⏲8.30–20 Uhr)

State Bank of India ATM (South Car St)

Anreise & Unterwegs vor Ort

Busse fahren alle zehn Minuten nach Madurai (110 ₹, 4 Std.) sowie stündlich nach Trichy (180 ₹, 6½ Std.). Ultra-Deluxe-Busse (UD) verkehren offiziell dreimal täglich nach Chennai (450 ₹, 13 Std.) und einmal täglich nach Kanyakumari (250 ₹, 8 Std.), doch sie fahren nicht immer.

Für die drei täglich nach/ab Madurai verkehrenden Züge (35 ₹, 4 Std.) kann man keine Sitzplatzreservierung vornehmen. Der Rameswaram-Chennai-Express fährt täglich um 20 Uhr ab (Sleeper/3AC/2AC 330/890/1280 ₹, 12½ Std.) und verkehrt über Trichy. Der Rameswaram-Kanyakumari-Express macht sich montags, donnerstags und samstags um 20.45 Uhr auf den Weg und erreicht Kanyakumari (Sleeper/3AC 275/705 ₹) um 4.05 Uhr.

Bus 1 (4 ₹) pendelt zwischen der Bushaltestelle und der East Car Street. Autorikschas von der Bushaltestelle oder dem Bahnhof ins Zentrum kosten 40 ₹.

Kanyakumari (Kap Komorin)

☎ 04652 / 22 453 EW.

Ja, das ist es: Das Ende Indiens. Wenn man durch den äußersten Süden Indiens fährt, über die Spitze des „Vs" des Subkontinents, erreicht man die dramatischen Felsformationen der Westghats, die grünen Wiesen, die glitzernden Reisfelder und die sich langsam drehenden Windturbinen, und es stellt sich ein Gefühl der Erfüllung ein. Wie an anderen „Enden der Welt" herrscht hier eine leicht surreale Atmosphäre. Zu bestimmten Zeiten des Jahres kann man sehen, wie über drei Meeren gleichzeitig die Sonne unter- und der Mond aufgeht. Der „Tempel der jungfräulichen Meeresgöttin", Swami Vivekanandas Erbe und die Symbolkraft des „Endes der Welt" ziehen Pilger und Touristen in Scharen nach Kanyakumari, aber die Stadt ist und bleibt ein kleiner, erfrischender Zufluchtsort abseits aller Hektik.

Sehenswertes & Aktivitäten

Kumari-Amman-Tempel HINDU-TEMPEL
(⏲4.30–12.15 & 16–20.15 Uhr) Der Legende nach besiegte die *kanya* (jungfräuliche) Göttin Kumari, eine Erscheinungsform der großen Göttin Devi, im Alleingang Dämonen und sicherte die Freiheit der Welt. Pilger danken ihr in diesem intimen, wunderschön geschmückten Tempel an der Spitze des Subkontinents, wo man im Dämmerschein der Ölfeuer und der vulvaförmigen Votivkerzen (eine Anspielung auf die sakrale Weiblichkeit der Göttin) hören kann, wie die Wellen von drei Meeren am Strand brechen.

Es heißt, dass die Tempeltür zum Meer hin verschlossen bleibt, um zu verhindern, dass Schiffe wegen des glitzernden Nasenrings der Göttin auf den falschen Weg gelenkt werden. Beim Betreten der inneren Anlage werden Besucher oft um eine Spende von 10 ₹ gebeten, zudem müssen Männer ihre Hemden ablegen. Fotografieren ist verboten.

An der Küste rund um den Tempel gibt es ein paar winzige Strände und **Ghats** zum Baden, wo sich einige Gläubige erfrischen, bevor sie den Tempel besuchen. Der *mandapa* südlich des Tempels ist ein beliebtes Plätzchen, um den Sonnenuntergang zu betrachten und sich tagsüber in den Schatten zu flüchten. Ein kleiner Markt mit Souvenirläden führt zurück zur Hauptstraße.

Vivekananda Memorial DENKMAL
(Eintritt 10 ₹; ⏲8–16 Uhr) 400 m vor der Küste erhebt sich jener Felsen, auf dem der berühmte Hindu-Apostel Swami Vivekananda vom 25. bis 27. Dezember 1892 meditierte und beschloss, seine moralische Botschaft über die Küsten Indiens hinauszutragen. Ein Denkmal mit zwei *mandapas* wurde 1970 zu Vivekanandas Gedenken erbaut und spiegelt architektonisch Stile aus ganz Indien wider. Angesichts der Touristenmassen, die es anzieht, würde sich Vivekananda heute garantiert einen anderen Platz zum Meditieren suchen. Zwischen 7.45 und 16 Uhr

Kanyakumari (Kap Komorin)

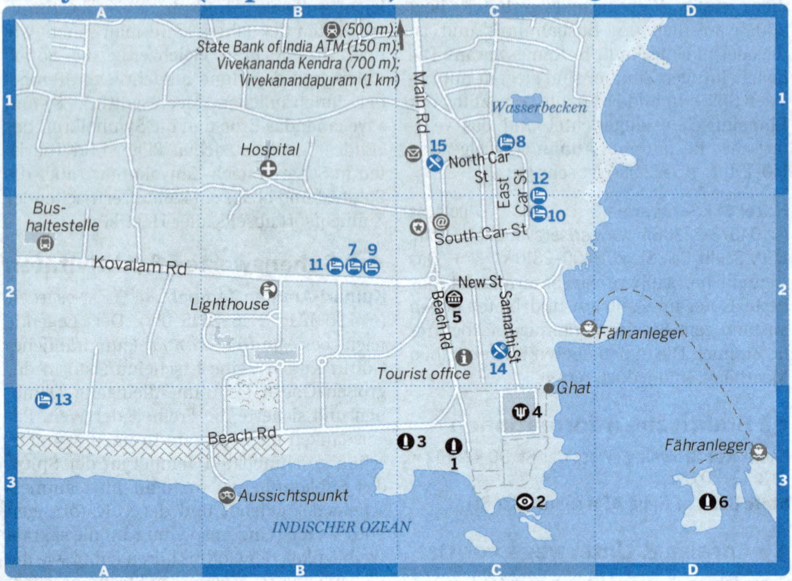

Kanyakumari (Kap Komorin)

Sehenswertes
1 Gandhi Memorial C3
2 Ghat C3
3 Kamaraj Memorial C3
4 Kumari-Amman-Tempel C3
5 Ausstellung des Wandernden Mönchs Swami Vivekananda C2
6 Thiruvalluvar-Statue D3

Schlafen
7 Hotel Narmadha B2
8 Hotel Sivamurugan C1
9 Hotel Tri Sea B2
10 Lakshmi Tourist Home C2
11 Santhi Residency B2
12 Seashore Hotel C2
13 Sparsa Resort A3

Essen
Auroma .... (siehe 13)
14 Hotel Saravana C2
15 Sangam Restaurant C1
Seashore Hotel .... (siehe 12)

verkehren Fähren zur Vivekananda-Insel (hin & zurück 34 ₹).

Thiruvalluvar-Statue DENKMAL
(⏲7.45–16 Uhr) GRATIS Die riesige Statue auf der Insel neben dem Vivekananda Memorial sieht aus wie ein indischer Koloss von Rhodos, zeigt aber den antiken tamilischen Dichter Thiruvalluvar. Sie ist das Werk von über 5000 Bildhauern, wurde im Jahr 2000 errichtet und ehrt das 133 Kapitel umfassende Epos Thirukural des Dichters – daher auch seine Größe von exakt 133 Fuß (40,5 m). Die Fähren zum Vivekananda-Felsen (hin & zurück 34 ₹) verkehren in der Regel zwischen 14 und 16 Uhr weiter nach Thiruvalluvar.

Ausstellung des Wandernden Mönchs Swami Vivekananda MUSEUM
(Main Rd; Eintritt 10 ₹; ⏲9–12.30 Uhr & 16–20.30 Uhr) Die exzellente Ausstellung beschäftigt sich mit der Weisheit, den Sprüchen und den Begegnungen von Swami Vivekananda mit den Mächtigen und dem gemeinen Volk während seiner fünfjährigen Wanderschaft durch Indien von 1888 bis 1893.

Die Eintrittskarte gilt auch für die von Vivekananda inspirierte Ausstellung **Awake! Awake!** (Vivekanandapuram; ⏲Mi–Mo 9–13 & 16–20, Di 9–13 Uhr) in Vivekanandapuram, einem friedlichen Ashram 1 km nördlich der Stadt mit verschiedenen Yogaunterkünften. Die spirituelle Organisation **Vivekananda Kendra** (www.vivekanandakendra.org), die sich der Umsetzung von Vivekanandas Lehren verschrieben hat, hat hier ihren Hauptsitz.

Gandhi Memorial DENKMAL
(⏲7–19 Uhr) GRATIS Dieses zitronengelb-rosafarbene Denkmal hat man an bedeutungsvoller Stelle am Rande jenes Landes errichtet, als dessen Vater Ghandi gilt. Es wurde in der Form eines Tempels aus Odisha entworfen und von hinduistischen, christlichen und muslimischen Architekten gestaltet. Im zentralen Sockel wurde ein Teil von Mahatmas Asche aufbewahrt, bevor man sie im Meer verteilte. Jedes Jahr an Gandhis Geburtstag (2. Okt.) fallen Sonnenstrahlen auf den Stein. Die Ausstellung beschränkt sich auf ein paar Fotos. Der Turm ist ein beliebter Ort, um sich den Sonnenuntergang anzuschauen.

Kamaraj Memorial DENKMAL
(⏲7–18.45 Uhr) GRATIS Dieses Denkmal in Küstennähe erinnert an K. Kamaraj, auch bekannt als „Gandhi des Südens". Kamaraj, einer der mächtigsten und beliebtesten Politiker des unabhängigen Indiens, war sowohl Ministerpräsident des Bundesstaates Madras als auch seines Nachfolgestaates Tamil Nadu. Zu den angestaubten Fotos gibt es Erläuterungen.

Schlafen

Dem Stil eines typischen Ferienorts entsprechend haben sich viele Hoteliers in Kanyakumari für eine helle, verspielte Einrichtung entschieden. Und nach der langweiligen Eintönigkeit vieler Mittelklassehotels des Bundesstaates wird man es vielleicht sogar zu schätzen wissen, wenn z. B. ein neonfarbener Tiger aufs Kopfende des Bettes gemalt wurde.

Hotel Narmadha HOTEL $
(☎04652-246365; Kovalam Rd; Zi. 400–600 ₹) Der lange farbenfrohe Betonklotz bietet freundliches Personal, einen Notstromgenerator und verschiedene günstige Zimmer – einige sind sauberer als andere und haben nicht so triste Bäder. Die Doppelzimmer mit Meerblick und grün gestreifter Bettwäsche für 600 ₹ sind ihren Preis wert.

Lakshmi Tourist Home HOTEL $
(☎04652-246333; East Car St; Zi. 750–1000 ₹, mit Klimaanlage 1350 ₹) Das einfache, aber gepflegte Familienhotel mit recht hilfsbereitem Personal ist eine anständige Option in zentraler Lage. Die besseren (und teureren) Zimmer haben Meerblick und heißes Wasser und fast alle sind gepflegt und sauber.

Hotel Tri Sea HOTEL $$
(☎04652-246586; www.hoteltrisea.in; Kovalam Rd; DZ 1180–2590 ₹; ❄📶🏊) Das hoch emporragende Tri Sea ist nicht zu übersehen. Die Zimmer mit Meerblick sind riesig, sehr sauber und luftig, das Farbkonzept ist allerdings gewöhnungsbedürftig. Noch imposanter sind die Drei-Bett-Zimmer im oberen Stock. An der Rezeption wird sehr effizient gearbeitet, zudem gehören ein Pool auf dem Dach, Aussichtsplattformen für den Sonnenauf- und Sonnenuntergang sowie kostenloses WLAN auf den Zimmern zu den Extras. Das Restaurant kann man aber getrost vergessen.

Hotel Sivamurugan HOTEL $$
(☎04652-246862; www.hotelsivamurugan.com; 2/93 North Car St; Zi. 1375 ₹, mit Klimaanlage 2250–2700 ₹; ❄📶) Einladendes, gepflegtes Hotel mit geräumigen, sehr sauberen, marmorgefliesten Zimmern und kostenlosem WLAN in der Lobby. Die Super-Deluxe-Zimmer geben – an ein paar Häusern vorbei – den Blick aufs Meer frei. Die Preise sind das ganze Jahr über gleich (was für Kanyakumari ungewöhnlich ist) und es gibt rund um die Uhr warmes Wasser, was nicht alle Konkurrenten von sich behaupten können.

Santhi Residency HOTEL $$
(Kovalam Rd; Zi. 1000 ₹, mit Klimaanlage 1500 ₹; ❄) Das kleinere, ältere, restaurierte Haus mit grünem Innenhof hat einen für hiesige Verhältnisse dezenten Stil – die einzige Dekoration in den Zimmern ist ein Bild von Jesus. Das Hotel ist ruhig und sauber, die Zimmer und Bäder sind jedoch recht klein.

Sparsa Resort HOTEL $$$
(☎04652-247041; www.sparsaresorts.com; 6/112B Beach Rd; Zi. inkl. Frühstück 5400–7200 ₹; ❄📶🏊) Abseits des Tempeltrubels sticht das elegante Sparsa die durchschnittlichen Hotels der Stadt locker aus. Die frischen, orangefarbenen Zimmer mit niedrigen Betten aus dunklem Holz, Polstersesseln und stimmungsvoller Beleuchtung sorgen für modern-orientalisches Flair, zudem gibt es einen hübschen, von Palmen umgebenen Pool sowie gute indische Küche im **Auroma** (Hauptgerichte 150–380 ₹; ⏲7–10, 12–15, 19–22.30 Uhr).

Seashore Hotel HOTEL $$$
(☎04652-246704; http://theseashorehotel.com; East Car St; Zi. 4140–7800 ₹; ❄📶) Das edelste Hotel der Stadt verfügt über schicke, geräumige Zimmer mit goldenen Vorhängen und Kissen, verglaste Duschen, kostenloses

ABSEITS DER ÜBLICHEN PFADE

PADMANABHAPURAM-PALAST

Der **Padmanabhapuram-Palast** (☎04651-250255; Padmanabhapuram; Inder/Ausländer 35/300 ₹, Kamera/Video 50/2000 ₹; ⏲Di–So 9–13 & 14–16.30 Uhr), 35 km nordwestlich von Kanyakumari in der Nähe der Grenze zu Kerala, mit kunstvoll geschnitzten Palisanderholzdecken und lackierten Teakholzbalken gilt heute als bestes Beispiel traditioneller Kerala-Architektur. Asiens größte aus Holz gefertigte Palastanlage war einst Sitz der Herrscher von Travancore, eines instabilen Fürstenstaates, der Teile von Tamil Nadu und Kerala umfasste. Diverse eitle Hausherren hinterließen ihre Duftmarken, und so entstand der großartige Komplex aus 14 Palästen. Der älteste Teil geht auf das Jahr 1550 zurück.

Direkte Busse fahren um 7.15, 11, 13, 13.30 und 16.45 Uhr vom Busbahnhof Kanyakumari ab (21 ₹, 2 Std.). Zudem verkehren Busse zwischen 4.30 und 22 Uhr alle zehn Minuten nach Thuckalay, von wo aus eine kurze Autorikscha-Fahrt oder ein 15-minütiger Spaziergang zum Ziel führen. Taxis zwischen Kanyakumari und Kovalam (Kerala) stoppen in Padmanabhapuram und kosten 3000 ₹.

In Trivandrum (Thiruvananthapuram) kann man jeden beliebigen Bus Richtung Kanyakumari nehmen und in Thuckalay (50 ₹, 1½ Std., 8-mal tgl.) aussteigen. Die Kerala Tourist Development Corporation (KTDC; S. 337) veranstaltet ganztägige Touren nach Kanyakumari ab Trivandrum (700 ₹) mit Stopp in Padmanabhapuram.

WLAN und nützliche Extras wie Wasserkocher und Haartrockner. Der einstige Glanz ist zwar etwas verblasst, dafür bieten fast alle Zimmer (bis auf die günstigsten) Panoramablicke aufs Meer und das Restaurant im siebten Stock zählt zu den besten Kanyakumaris.

Essen

Hotel Saravana INDISCH $

(Sannathi St; Hauptgerichte 89–120 ₹; ⏲6.30–22 Uhr) Sauberes, beliebtes Lokal mit nord- und südindischen vegetarischen Gerichten, z. B. Thalis zur Mittagszeit und knusprige Dosas.

Seashore Hotel INTERNATIONAL $$

(East Car St; Hauptgerichte 190–380 ₹; ⏲7–22.30 Uhr) Erstaunlicherweise ist dieses schicke Restaurant im siebten Stock des Seashore Hotel das einzige in der Stadt mit richtigem Meerblick. Auf den Tisch kommen gegrillter Fisch, jede Menge vegetarische und nicht-vegetarische indische Gerichte sowie westliche Klassiker. Besonders gut sind die heißen Platten mit Gemüse oder Meeresfrüchten. Der Service ist erstklassig, ebenso das Frühstück (Buffet oder à la carte).

Sangam Restaurant INDISCH $$

(Main Rd; Hauptgerichte 90–280 ₹; ⏲7–23 Uhr) Man könnte meinen, das Sangam sei in Kaschmir losgelaufen, durch ganz Indien gewandert und habe sich dann hier niedergelassen, um hervorragende Gerichte aus allen Provinzen anzubieten, die es unterwegs durchquert hat. Das Essen ist gut, die Stühle sind weich und der Laden ist immer voll.

Praktische Informationen

Touristeninformation (☎04652-246276; Beach Rd; ⏲Mo–Fr 10–17.45 Uhr)

Xerox, Internet, Fax (Main Rd; Internet 30 ₹/Std.; ⏲Mo–Sa 9.30–22 Uhr) Hier arbeiten nur Frauen.

An- & Weiterreise

BUS

Der **Busbahnhof** (Kovalam Rd) liegt einen zehnminütigen Fußweg westlich des Zentrums. Standardbusse fahren elfmal täglich nach Madurai (165 ₹, 6 Std.) und zumindest siebenmal täglich nach Trivandrum (71 ₹, 2½ Std.). Um 6 und 14 Uhr Uhr verkehren Busse nach Kovalam (80 ₹, 3 Std.). Am komfortabelsten sind Ultra-Deluxe-Busse (UD), die u. a. folgende Ziele ansteuern:

Chennai (540 ₹, 12–14 Std., 8-mal tgl.)

Kodaikanal (310 ₹, 10 Std., 20.15 Uhr)

Madurai (220 ₹, 4 Std., 8-mal tgl.)

TAXI

Fahrer verlangen 2000 ₹ für die Fahrt nach Kovalam.

ZUG

Der Bahnhof liegt nördlich des Zentrums und ist zu Fuß zu erreichen. Die einzige tägliche Verbindung nach Norden ist der Kanyakumari-Express, der um 17.20 Uhr über Madurai (210/535/735/1230 ₹, 4½ Std.) und Trichy (275/705/985/1655 ₹, 7¼ Std.) nach Chennai (Sleeper/3AC/2AC/1AC 415/1085/1545/2610 ₹, 13½ Std.) verkehrt. Täglich um 6.50 und 10.30 Uhr starten zwei Expresszüge nach Trivandrum (Thiruvananthapuram; 2. Klasse/Sleeper/3AC/2AC

60/140/485/690 ₹, 2¼ Std.); beide fahren weiter nach Kollam (Quilon) und Ernakulam (Kochi). An der Nagercoil Junction, 15 km nordwestlich von Kanyakumari, gibt es weitere Zugverbindungen.

Für Eisenbahnfans ist der Vivek-Express genau das Richtige: Er legt die gesamte 4236 km lange Strecke bis nach Dibrugarh in Assam innerhalb von 80 Stunden zurück und ist damit auch die längste direkte Zugverbindung Indiens. Die Abfahrt erfolgt immer donnerstags um 23 Uhr in Kanyakumari (Sleeper/3AC/2AC 1085/2810/4235 ₹).

WESTERN GHATS

Willkommen in den grünen Westghats, einem der beliebtesten Zufluchtsorte vor der indischen Hitze. Die Ghats gehören zum Weltnaturerbe und ragen mit einer Durchschnittshöhe von 915 m wie ein undurchdringliches immergrünes Bollwerk nördlich von Mumbai bis zur Spitze von Tamil Nadu in den Himmel. Sie dienen 27 % der blühenden Pflanzen Indiens und einer unglaublichen Vielfalt von endemischen Tierarten als Heimat. In Tamil Nadu in den Palani-Hügeln rund um Kodaikanal und in den Nilgiris rund um Ooty erheben sie sich auf über 2000 m. In den Bergen ist der britische Einfluss noch etwas stärker, schließlich legten die Kolonialherren ihre „Hill Stations" einst an, um den heißen Ebenen zu entfliehen, und bepflanzten die Hänge fein säuberlich mit Teesträuchern. Es sind jedoch nicht nur die Luft und die relativ geringe Verschmutzung, die erfrischend wirken – hier oben ist eine gewisse Toleranz gegenüber Skurrilem und Exzentrischem spürbar, die im Tiefland selten ist. Ausdruck findet dieses z. B. in Biobauernhöfen, bärtigen Wanderführern und Ohrenschützern mit Leopardenmuster.

Kodaikanal (Kodai)

☎04542 / 36 500 EW. / 2100 M

Es gibt wohl kaum ein erfrischenderes Erlebnis in Tamil Nadu, als in den heißen Ebenen in einen Bus zu klettern und in der kühlen Morgen- oder Nachtluft Kodaikanals wieder auszusteigen. Die neblige Hill Station, 120 km nordwestlich von Madurai in den Palani-Hügeln ist entspannter und persönlicher als ihre große Schwester Ooty (in Broschüren wird Kodai als Prinzessin der Hill Stations bezeichnet, Ooty als die Königin). Hier ist es übrigens nicht immer kalt: Tagsüber erinnert das Wetter oft eher an den Frühling als an den Winteranfang. Die renommierte Kodaikanal International School sorgt mit Studenten aus der ganzen Welt für etwas kosmopolitisches Flair.

Kodai liegt an einem hübschen See und erstreckt sich über *shola*-Haine bergauf- und bergabwärts. Diese wachsen nur in den Westghats Südindiens, darüber hinaus sind hier immergrüne Laubbäume wie die Magnolie, Mahagoni, Myrte und der Rhododendron heimisch. Eine weitere typische Pflanze ist der *kurinji*-Strauch, dessen lilablaue Blüten nur alle zwölf Jahre erscheinen. Das nächste Mal ist das 2018 der Fall.

Kodai ist bei Pärchen auf Hochzeitsreise und Gruppen beliebt, die scharenweise die spektakulären Aussichtspunkte und Wasserfälle in und um die Stadt besuchen.

Sehenswertes & Aktivitäten

Sacred Heart Natural Science Museum MUSEUM

(Sacred Heart College, Law's Ghat Rd; Erw./Kind 15/10 ₹, Kamera 20 ₹; ⌚9–18 Uhr) Östlich der Stadt, 4 km bergab, befindet sich dieses Museum auf dem Gelände eines ehemaligen Jesuiten-Seminars und zeigt eine faszinierende Sammlung über die hiesige Flora und Fauna, die in einem Zeitraum von über 100 Jahren von Priestern und Novizen zusammengetragen wurde. Die Ausstellung reicht von in Flaschen aufbewahrten Schlangen über menschliche Embryos (!) zu Riesenfaltern und ausgestopften Tierleichen. Außerdem kann man gepresste *kurinji*-Blüten (*Strobilanthes kunthiana*) bewundern – falls man zur Blütezeit nicht in der Gegend ist.

Parks & Wasserfälle

Der hübsche **Bryant Park** (Erw./Kind 30/15 ₹, Kamera/Video 50/100 ₹; ⌚9–18 Uhr) wurde von jenem britischen Offizier angelegt, nach dem er benannt ist. Meist tummeln sich hier Touristen und verliebte Pärchen.

Rund um Kodai gibt es viele hübsche Fleckchen, die bei indischen Touristen sehr beliebt sind und mit jeder Menge Souvenir- und Snackständen gespickt sind. Am besten besucht man sie mit dem Taxi – es sei denn, man wandert gerne an viel befahrenen Straßen entlang. Taxifahrer bieten dreistündige Touren mit zwölf Stopps für rund 1200 ₹ an. Bei klarem Himmel bieten sich vom **Green Valley View** (6 km vom Zentrum entfernt), von den **Pillar Rocks** (7 km) und vom weniger besuchten **Moir's Point** (13 km), die alle an derselben Straße westlich der Stadt lie-

Kodaikanal (Kodai)

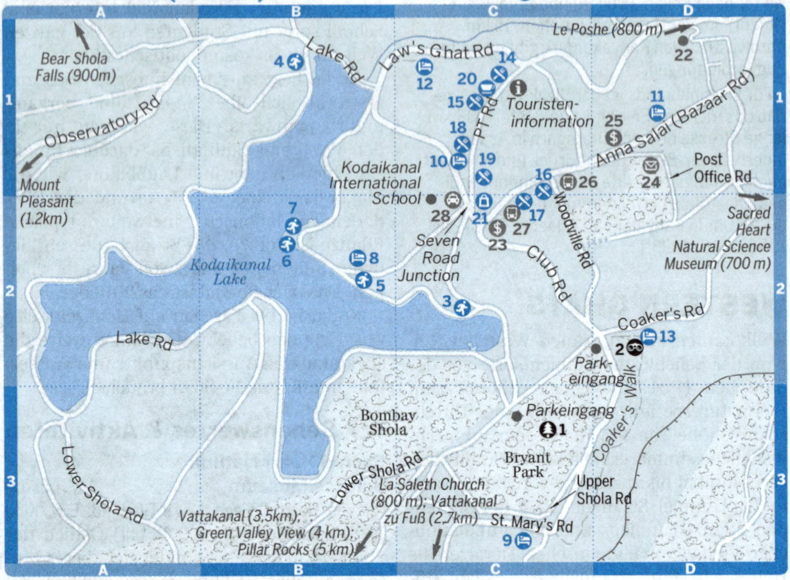

gen, spektakuläre Ausblicke auf die Ebenen weit unten.

Wer zum von Wald umgebenen **Berijam-See** (Di geschl.) hinter Moir's Point fahren möchte, benötigt eine Genehmigung der Forstbehörde (150 ₹). Taxifahrer können sie organisieren, oftmals noch am selben Tag, und bieten vierstündige Waldtouren nach Berijam für 1800 ₹ an.

Der Fluss, der in den Kodaikanal-See mündet, stürzt 7 km außerhalb der Stadt an der Straße nach Madurai an der **Silver Cascade** dramatisch in die Tiefe. Die kompakten **Bear-Shola-Fälle** liegen in einem Wäldchen am Nordwestrand der Stadt.

Wandern

Sofern er nicht gerade in dichten Nebel gehüllt ist, ist die Aussicht vom asphaltierten **Coaker's Walk** (Eintritt 10 ₹; 7.30–19 Uhr) wunderschön – man sieht bis auf die Ebenen 2000 m tiefer hinab. Für den Weg benötigt man fünf Minuten.

Der 5 km lange **Rundweg um den Kodaikanal-See** ist am frühen Morgen, bevor die Massen eintreffen, besonders schön. Ein Spaziergang entlang der Lower Shola Road führt durch den Bombay Shola, den *shola*-Hain, der dem Zentrum Kodais am nächsten liegt.

Für die meisten anspruchsvolleren Wanderrouten rund um Kodai braucht man eine Genehmigung der Forstbehörde, die man nur mit viel Zeit, Geduld und Glück bekommt. Zuständig ist das **District Forest Office** (04542-240287; Muthaliarpuram; Mo–Fr 8–17.45 Uhr, Ausstellungen von Genehmigungen Mo, Mi, Do & Fr 8–10 Uhr) in Kodai. Die Touristeninformation und Pensionen wie das Greenlands Youth Hostel vermitteln hiesige Guides, darunter den sehr erfahrenen **Vijay Kumar** (9965524279; thenaturetrails@gmail.com), der bei Genehmigungen hilft und interessante Touren ins Gelände (halber Tag 500–800 ₹) anbietet.

Eine schöne Wandertour (wenn auch nicht ganz einfach zu organisieren) ist die zweitägige Kodai-Munnar-Route nach Kerala über Bodi und Top Station. Teile der Strecke müssen mit dem Bus oder der Rikscha bewältigt werden. Guides verlangen 4000 bis 5000 ₹ pro Person.

Bootsfahrten, Radfahren & Reiten

Wer bollywoodmäßig verliebt ist, muss in Kodai unbedingt ein Tretboot (60 ₹/30 Min. für 2 Pers.), ein Ruderboot (90 ₹ inkl. Bootsführer) oder ein kaschmirisches *shikara* („Flitterwochenboot"; 350 ₹ inkl. Bootsführer) beim **Kodaikanal Boat & Rowing Club** (9–17.30 Uhr) oder bei der **Tamil Nadu Tourist Development Corporation** (9–17.30 Uhr) mieten.

Kodaikanal (Kodai)

Sehenswertes

1	Bryant Park	C3
2	Coaker's Walk	D2

Aktivitäten, Kurse & Touren

3	Fahrradverleih	C2
4	Fahrradverleih & Reiten	B1
5	Fahrradverleih & Reiten	B2
6	Kodaikanal Boat & Rowing Club	B2
7	Tamil Nadu Tourist Development Corporation	B2

Schlafen

8	Carlton Hotel	B2
9	Greenlands Youth Hostel	C3
10	Hilltop Towers	C1
11	Snooze Inn	D1
12	Sri Vignesh Guest House	C1
13	Villa Retreat	D2

Essen

	Carlton Hotel	(siehe 8)
14	Cloud Street	C1
15	Eco Nut	C1
16	Hotel Astoria	C1
17	Pastry Corner	C2
18	Pot Luck	C1
19	Tava	C1

Ausgehen & Nachtleben

20	Cafe Cariappa	C1

Shoppen

	Cottage Craft Shop	(siehe 15)
21	Re Shop	C2

Praktisches

22	District Forest Office	D1
23	HDFC-Bank-Geldautomat	C2
	Hi-Tech Internet	(siehe 21)
24	Post	D1
25	Geldautomat d. State Bank of India	D1

Transport

26	Bushaltestelle	C1
27	Raja's Tours & Travels	C2
	Taxistand	(siehe 26)
28	Taxistand	C2
	Zugbuchungen	(siehe 24)

Rund um den See verleihen verschiedene Stände Fahrräder (20/300 ₹ pro Std./Tag) und Pferde (50/1000 ₹ pro 500 m/2 Std.).

Schlafen

Manche Hotels erhöhen ihre Preise in der Hochsaison (April–Juni) um bis zu 100 %. Es gibt ein paar zauberhafte historische Häuser sowie preiswerte Mittelklasseunterkünfte, wenn man auch ohne koloniales Flair auskommt. In den meisten Hotels müssen Gäste von April bis Juni zwischen 9 und 10 Uhr auschecken.

Sri Vignesh Guest House PENSION $

(☎9094972524; umaarkrishnan@gmail.com; Lake Rd; Zi. 700–800 ₹) Eine steile Straße führt zu diesem einfachen, aber stimmungsvollen Haus aus der Kolonialzeit. Es liegt inmitten farbenfroher, gepflegter Gärten und wird von einem freundlichen einheimischen Pärchen betrieben, die ruhige Gäste willkommen heißen (Männergruppen sind nicht gern gesehen). Die Zimmer sind sauber und spartanisch, bis 12 Uhr gibt es warmes Wasser.

Snooze Inn HOTEL $

(☎04542-240837; www.jayarajgroup.com; Anna Salai; Zi. 770–970 ₹; WLAN) Die Zimmer haben nicht so viel Charakter, wie es die Fassade vermuten lässt, dafür gibt es ein anständiges Preis-Leistungs-Verhältnis, saubere Bäder, kostenloses WLAN und jede Menge Decken.

Greenlands Youth Hostel HOSTEL $

(☎04542-240899; www.greenlandskodaikanal.com; St Mary's Rd; B 300 ₹, DZ 600–2025 ₹; WLAN) Der alteingesessene, gesellige Budgetklassiker hat einen hübschen Garten und wunderschöne Ausblicke, die Unterkünfte sind hingegen sehr karg und einfach, warmes Wasser gibt es nur von 8 bis 10 Uhr und in den Schlafsälen (mindestens 10 Pers. pro Reservierung) wäscht man sich mit Eimern.

Villa Retreat HOTEL $$

(☎04542-240940; www.villaretreat.com; Club Rd; Zi. inkl. Frühstück 3480–5280 ₹; WLAN) In diesem hübschen, alten Familienhotel aus Stein können Gäste beim Frühstück im Garten den tollen Blick auf den Coaker's Walk genießen – es liegt direkt am Nordende des Spazierwegs. Das freundliche Haus bietet gemütliche, geräumige Zimmer und kostenloses WLAN im Speiseraum, wo an kalten Abenden oft ein knisterndes Feuer brennt. Die Preise wirken etwas hoch, dafür ist der Service unheimlich aufmerksam.

Hilltop Towers HOTEL $$

(☎04542-240413; www.hilltopgroup.in; Club Rd; Zi. inkl. Frühstück 2220–2760 ₹; WLAN) Von außen wirkt das Hilltop etwas trist, polierte Teakholzböden, aufmerksames Personal, Tee-/Kaffeekocher auf den Zimmern und kostenloses WLAN machen das Hotel jedoch zu einer guten Mittelklasseoption.

Mount Pleasant BOUTIQUE-HOTEL $$

(☎04542-242023, 9655126023; www.kodaikanalheritage.com; 19/12–20 Observatory Rd; Zi. inkl.

Frühstück 1900–3100 ₹;) Das Mount Pleasant liegt in den äußeren Gefilden des spaghettiartigen Straßennetzes von Kodai, 2 km westlich des Zentrums, ist die Anfahrt jedoch wert. Dafür sorgen die ruhige Lage, leckere Abendbuffets, gemütliche Zimmer und der originelle Geschmack des freundlichen Besitzers aus Kerala (bunt gewebte Wandteppiche, Betten aus Kokosnussholz, Bastmatten). Im Voraus reservieren.

★ Carlton Hotel HOTEL **$$$**

(04542-240056; www.krahejahospitality.com; Lake Rd; EZ/DZ/Hütte inkl. HP 9560/10 570/16 290 ₹;) Diese wunderschöne Fünf-Sterne-Villa aus der Kolonialzeit mit Seeblick ist das beste Haus am Platz. Die geräumigen Zimmer sind mit sehr komfortablen Betten und teils mit riesigen Privatbalkonen ausgestattet. Die Anlage und die Gemeinschaftsbereiche versprühen klassische Hill-Station-Atmosphäre mit offenen Steinwänden, Billard, Bingoabenden am Kamin und einer Bar, die dazu einlädt, sich bei dem engagierten Personal einen Scotch zu bestellen.

Le Poshe HOTEL **$$$**

(www.leposhehotel.com; 25 Sivanadi Rd; EZ 5040–7440 ₹, DZ 5400–7790 ₹, alle inkl. Frühstück;) Der stilvolle Neuzugang in Kodais Hotelszene wirkt wie ein schicker Verkaufsraum für Möbel. Warme Holz- und Weißtöne sorgen in den gemütlichen, minimalistischen Zimmern mit verglasten Duschen und Tee-/Kaffeekochern für frisches Hütten-Ambiente. Die Mitarbeiter sind charmant, die Ausblicke herrlich und zum Service gehören ein gutes Restaurant, ein Spa und ein Fitnessbereich. Das Hotel liegt 2 km nördlich der Stadt.

Vattakanal

Das kleine Dorf Vattakanal („Vatta") liegt rund 4,5 km südwestlich von Kodais Innenstadt und ist ein schöner ländlicher Erholungsort für Budgetreisende. Es ist sehr beliebt, vor allem bei israelischen Touristen, und zur Hochsaison herrscht hier entspannte Partystimmung. Das Altaf's Cafe verfügt über ein paar große Drei-Bett-Zimmer für sechs Personen (teils auch für mehr) mit Privatbad für 1200 ₹.

Kodai Heaven PENSION **$**

(9865207207; www.kodaiheaven.com; Dolphin's Nose Rd, Vattakanal; Zi. 1000–2500 ₹) Einfache Gemeinschaftszimmer am Hang für zwei bis sechs Personen.

Essen & Ausgehen

Die PT Rd ist die beste Adresse für günstige Restaurants. Hier tummeln sich Touristen und Schüler der internationalen Schule.

Tava INDISCH **$**

(PT Rd; Hauptgerichte 75–110 ₹; Do–Di 11–20.45 Uhr) Das saubere, schnelle, günstige und rein vegetarische Tava hat eine umfangreiche Speisekarte. Wie wär's mit scharfem, mit Blumenkohl gefülltem *gobi paratha* oder *sev puri* (knusprig frittiertem Brot mit Kartoffeln und Chutney)?

Altaf's Cafe INTERNATIONAL **$$**

(9487120846; Vattakanal; Gerichte 60–220 ₹; 8.30–21.30 Uhr) Das Café mit Freiluftbereich serviert hungrigen Reisenden italienische, indische und nahöstliche Küche, darunter Frühstück und *sabich* (israelische Pita-Sandwichs mit Aubergine und Ei).

Pot Luck CAFÉ **$**

(PT Rd; Snacks & leichte Gerichte 50–160 ₹; Mi–Mo 11–19.30 Uhr) Pfannkuchen, Toast, Kaffee, Omeletts und Quesadillas werden auf einer winzigen, hübschen Terrasse serviert, die an einen Keramikladen anschließt.

Hotel Astoria INDISCH **$$**

(Anna Salai; Hauptgerichte 100–130 ₹; 7–22 Uhr) Dieses vegetarische Restaurant platzt eigentlich immer aus allen Nähten, besonders aber mittags, wenn die ausgezeichneten All-You-Can-Eat-Thalis serviert werden.

★ Carlton Hotel INTERNATIONAL **$$$**

(Lake Rd; Buffet mittags/abends 750/850 ₹; 7–10, 13–15 & 19.30–23 Uhr) Wer sich ein extraordinäres Buffet gönnen möchte, findet hier eine riesige Auswahl an exzellenten indischen und westlichen Gerichten in schier endloser Menge.

Cloud Street INTERNATIONAL **$$$**

(PT Rd; Hauptgerichte 250–500 ₹; 9–21 Uhr) Hier gibt es tatsächlich einen echten Holzofen für Pizza nach italienischem Vorbild. Und hier stehen neben Pasta aus dem Ofen sowie Nachos auch Hummus und Falafel auf der Speisekarte. Man bekommt hier leckeres Essen in einfacher, entspannter Atmosphäre – wobei die Preise aber recht hoch sind.

Cafe Cariappa CAFÉ

(PT Rd; Kaffee 70–110 ₹; Mo–Sa 6–23 Uhr) Das niedliche, holzgetäfelte Café ist der Traum eines jeden Koffeinjunkies. Cappuccino, Espresso, Mokka und Latte Macchiato sind allesamt köstlich und werden mit regional

ABSTECHER

VATTAKANAL-WANDERUNG

Auf dieser netten, 9 km langen Runde von Kodai aus kann man Gaure (Bisons) oder Rieseneichhörnchen im Wald sehen. Zunächst folgt man der St. Mary's Rd westwärts und geht dann vom Südende des Coaker's Walk nach Südwesten, bis man nach 1,2 km die Kirche La Saleth passiert. An einer Gabelung hinter der Kirche geht's links einen Weg bergauf, der bald nicht mehr befestigt ist und durch den Pambar-Shola-Wald führt. Nach 450 m kommt man auf der Straße an der Brücke in der Nähe des Wasserfalls heraus. Auf der anderen Seite der Brücke gibt es ein paar Stände, die Obst, Tee, Kaffee, Brot-Omelett und gegrillten Mais mit Limette und Masala verkaufen. Von hier aus folgt man der Straße über 1 km lang bergab, während sich allmählich das Panorama des Dorfes Vattakanal entfaltet. Wenn man von hier aus den steilen Pfad bergab geht, vorbei am Altaf's Cafe, erreicht man nach ca. 15 Minuten die Dolphin's Nose, einen schmalen Aussichtspunkt auf einem Felsvorsprung in schwindelerregender Höhe, sowie weitere Imbissbuden.

angebauten Biobohnen von den Palani-Hügeln zubereitet.

Selbstversorger

Pastry Corner BÄCKEREI $
(Anna Salai; 10–14 & 15–18 Uhr) Die sehr beliebte Bäckerei verkauft leckere Muffins, Croissants und Sandwichs zum Mitnehmen. Wer möchte, kann sich auch auf eine der Bänke quetschen und einen Kaffee trinken.

Eco Nut BIOLOGISCH $
(PT Rd; Mo–Sa 10.30–18 Uhr) Der winzige Laden verkauft biologische Produkte, darunter Vollkornbrot, Muffins, Müsli, Gewürze, Öle, Kräuter und pflanzliche Heilmittel.

Shoppen

In der ganzen Stadt werden hausgemachte Schokolade, Gewürze, naturbelassene Öle und Kunsthandwerk in Läden und an Ständen verkauft. Einige Händler setzen sich in unaufgeregter, nachhaltiger Weise für mehr soziale Gerechtigkeit ein.

Re Shop KUNSTHANDWERK
(www.bluemangoindia.com; Seven Rd Junction; Mo–Sa 10–19 Uhr) Stilvoller Schmuck, Stoffe, Karten und mehr zu fairen Preisen von und für benachteiligte Frauen in Tamil Nadu.

Cottage Craft Shop KUNSTHANDWERK
(PT Rd; Mo–Sa 10–19, So 13.30–19 Uhr) Verkauft Räucherstäbchen, Stickereien, Hüte, Taschen und andere Produkte, die von benachteiligten Handwerkern in ganz Indien gefertigt wurden. An diese fließen rund 80 % des Kaufpreises.

Praktische Informationen

Hi-Tech Internet (Seven Rd Junction; 60 ₹/Std.; Mo–Sa 9–20 Uhr)

Touristeninformation (04542-241675; PT Rd; Mo–Sa 10–17.45 Uhr) Wirkt wenig vielversprechend, die Mitarbeiter sind jedoch überraschend hilfsbereit.

An- & Weiterreise

Der nächste Bahnhof, Kodai Road, befindet sich unten in den Ebenen, rund 80 km östlich von Kodaikanal. Täglich verkehren acht Züge zum/ab dem Bahnhof Egmore in Chennai-Egmore, darunter die Übernachtverbindung mit dem Pandyan-Express (Sleeper/3AC/2AC/1AC 295/760/1065/1800 ₹, 8 Std.), der um 21.20 Uhr in Chennai bzw. um 21.10 Uhr ab Kodai Road nordwärts fährt. Die meisten näher gelegenen Ziele erreicht man schneller und einfacher mit dem Bus. Taxis zum/vom Bahnhof kosten 1200 ₹. Von Kodaikanal nach Kodai Road verkehren täglich um 15 und 16 Uhr Direktbusse (55 ₹, 3 Std.). Darüber hinaus fahren viele Busse zwischen dem Bahnhof und Batlagundu auf der Busroute von Kodai nach Madurai. Im Postamt von Kodai gibt es ein **Zugbuchungsbüro** (Train Booking Desk/Head Post Office, Post Office Rd; Mo–Sa 9–14 & 15–16 Uhr).

Staatliche Busse fahren von der **Bushaltestelle** (Anna Salai) in Kodai u. a. folgende Ziele an:

Bengaluru (600–750 ₹, 12 Std., 17.30 & 18 Uhr)
Chennai (480 ₹, 12 Std., 18.30 Uhr)
Coimbatore (120 ₹, 6 Std., 8.30 & 16.30 Uhr)
Madurai (62 ₹, 4 Std., 15-mal tgl.)
Trichy (111 ₹, 6 Std., 4-mal tgl.)

Raja's Tours & Travels (04542-242422; Anna Salai) schickt Minibusse mit 20 Klappsitzen nach Ooty (400 ₹, 8 Std., 19 Uhr) und Kochi (Cochin; 800 ₹, 11 Std., 18 Uhr) sowie klimatisierte Schlafbusse um 18 Uhr nach Chennai (1100 ₹, 12 Std.) und Bengaluru (950 ₹, 12 Std.).

Unterwegs vor Ort

Das Zentrum von Kodaikanal ist kompakt und leicht zu Fuß zu erkunden. Es gibt keine Autorikschas (unglaublich, aber wahr!), dafür jedoch jede Menge Taxis. Eine Fahrt in der Stadt kostet in der Regel 150 ₹.

Rund um Kodaikanal

In den Palani-Hügeln unterhalb von Kodaikanal gibt es ein paar großartige ländliche Unterkünfte.

Elephant Valley FARMAUFENTHALT $$
(☎ 9244103418; www.duneecogroup.com; Ganesh Puram; Zi. inkl. Frühstück 3300–7200 ₹;) Tief im Tal, 22 km von Kodaikanal entfernt und abseits der Straße von Kodai nach Palani, erstreckt sich diese umweltfreundliche Anlage unter französischer Leitung über ein 49 ha großes Land aus Bergwald und Biofarm. Elefanten, Pfauen und Bisons lassen sich hier regelmäßig blicken, und es gibt gemütliche Cottages aus hiesigen Materialien an beiden Seiten des Flusses, aber auch ein Baumhaus. Das französisch-indische Restaurant bereitet wunderbare Gerichte mit gartenfrischem Gemüse sowie Kaffee aus eigenem Anbau zu. Die besten Bedingungen, um Wildtiere zu beobachten, herrschen von April bis Juli.

Coimbatore

☎ 0422 / 1,05 MIO. EW.

Tamil Nadus zweitgrößte Stadt ist Geschäftsmetropole und wichtiger Verkehrsknotenpunkt zugleich und wird aufgrund ihrer Textilindustrie oft als das Manchester Indiens bezeichnet. Sie wirkt recht freundlich und ist zunehmend kosmopolitisch, doch wegen des Mangels an interessanten Sehenswürdigkeiten passieren die meisten Besucher sie lediglich als Durchgangsstation auf dem Weg nach Ooty oder Kerala. Wer über Nacht bleiben möchte, kann zwischen vielen Unterkünften und Restaurants wählen.

Coimbatore

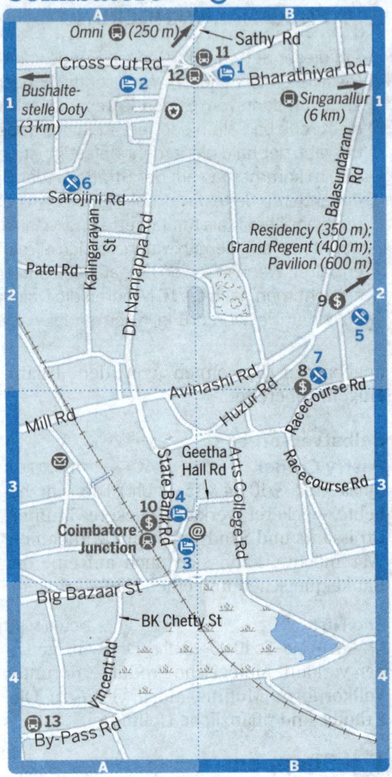

Schlafen

Sree Subbu HOTEL $
(☎ 0422-2300006; Geetha Hall Rd; EZ 370–480 ₹, DZ 660 ₹) Wer keine Klimaanlage braucht und sehr aufs Geld schaut, für den ist das Sree Subbu eine akzeptable Budgetoption.

Legend's Inn HOTEL $$
(☎ 0422-4350000; www.legendsinn.com; Geetha Hall Rd; Zi. 1440 ₹, EZ/DZ mit Klimaanlage 1800/2040 ₹; ❄) Das Mittelklassehotel, eine von rund zehn Unterkünften an dieser Straße, liegt gegenüber dem Bahnhof und bietet mit den großen, sauberen, komfortablen Zimmern und dem 24-Stunden-Checkout ein gutes Preis-Leistungs-Verhältnis. Es ist schnell ausgebucht, deswegen sollte man reservieren.

Hotel ESS Grande HOTEL $$
(☎ 0422-2230271; www.hotelessgrande.co.in; 358–360 Nehru St; EZ 2160–2520 ₹, DZ 2520–2880 ₹, alle inkl. Frühstück; ❄@) Das freundliche ESS liegt in praktischer Nähe zu einigen Bushaltestellen und hat kleine, aber sehr saubere, frische Zimmer mit Internet per Kabel. In derselben Straße gibt es noch weitere Mittelklasse- und Budgethotels.

CAG Pride HOTEL $$
(☎ 0422-4317777; www.cagpride.com; 312 Bharathiyar Rd; EZ 4080–4560 ₹, DZ 4800–5280 ₹, alle inkl. Frühstück & Abendessen; ❄) Etwas moderne Kunst verleiht den schicken, gemütlichen Zimmern Farbe. Die besten haben renovierte Bäder (während der Recherche liefen die Arbeiten noch). Pfiffig, freundlich und in der Nähe der Bushaltestellen im Zentrum.

Coimbatore

Schlafen
1 CAG Pride B1
2 Hotel ESS Grande A1
3 Legend's Inn A3
4 Sree Subbu A3

Essen
5 Hot Chocolate B2
6 Junior Kuppanna A1
7 That's Y On The Go B2

Praktisches
8 HSBC-Geldautomat B2
9 Geldautomat d. State Bank of India ... B2
10 Geldautomat d. State Bank of India ... A3

Transport
11 SETC-Bushaltestelle B1
12 Stadtbushaltestelle A1
13 Ukkadam-Bushaltestelle A4

Residency HOTEL $$$
(☎ 0422-2241414; www.theresidency.com; 1076 Avinashi Rd; EZ/DZ inkl. Frühstück ab 6600/7080 ₹; ❄@📶🏊) Eine gewaltige Lobby begrüßt Gäste des Residency. Freundliche Mitarbeiter, elegante, gut ausgestattete Zimmer, ein Pool, kostenloses WLAN sowie exzellente Bars und Restaurants wie das **Pavilion** (Buffet morgens/mittags/abends 470/950/950 ₹; ⊙ 7–10, 12.30–15 & 19–24 Uhr) mit preiswerten Buffetgerichten zur Mittagszeit machen es zu einer tollen Wahl. Online gibt's Rabatte.

Essen

Junior Kuppanna SÜDINDISCH $$
(177 Sarojini Rd; Gerichte 120–180 ₹) Hier gibt's leckere südindische Thalis auf Bananenblättern mit traditioneller Garnitur. Hungrige Fleischliebhaber können sich außerdem über eine große Auswahl an nicht-vegetarischen südindischen Spezialitäten freuen. Zubereitet werden die Leckereien in einer makellos sauberen Küche.

Hot Chocolate WESTLICH $$
(734 Avinashi Rd; Hauptgerichte 120–330 ₹; ⊙ 10.30–22.30 Uhr) Eine recht gute Wahl, wenn man Lust auf Pasta, Wraps, Sandwichs oder Kuchen hat.

That's Y On The Go INTERNATIONAL $$
(167 Racecourse Rd; Hauptgerichte 220–480 ₹; ⊙ 12.30–15 & 19–22.30 Uhr) Das farbenfrohe, moderne Lokal voller Cartoons und türkisfarbener Sofas serviert leckere internationale Küche aus Italien, dem Nahen Osten, Südostasien und Nordindien.

Praktische Informationen

State Bank of India ATM (Coimbatore Junction) Einer von mehreren Bankautomaten vor dem Bahnhof.

Travel Gate (Geetha Hall Rd; 30 ₹/Std.; ⊙ 8.30–21.30 Uhr) Kleines Internetcafé.

An- & Weiterreise

BUS

An der **SETC-Bushaltestelle** (Thiruvalluvar Bus Stand; Bharathiyar Rd) starten staatliche Expressbusse sowie sehr schnelle Busse nach Bengaluru (375–750 ₹, 9 Std., 7-mal tgl.), Chennai (400 ₹, 11 Std., 10-mal zwischen 17.30 und 22 Uhr), Ernakulam (Kochi; 152–174 ₹, 5½ Std., 6-mal tgl.), Mysore (160–381 ₹, 6 Std., 21-mal tgl.) und Trivandrum (312–344 ₹, 10½ Std., 6-mal tgl.).

Von der **Bushaltestelle Ooty** (Neue Bushaltestelle; Mettupalayam (MTP) Rd) nordwestlich des Zentrums gibt es alle 20 Minuten Verbindungen nach Ooty (53 ₹, 4 Std.) über Mettupalayam (17 ₹, 1 Std.) und Coonoor (40 ₹, 3 Std.) sowie stündliche Busse nach Kotagiri (32 ₹, 3 Std., 5.20–19.20 Uhr), täglich 16 Busse nach Mysuru (160–381 ₹, 6 Std.) und sechs nach Bengaluru (375–750 ₹, 9 Std.).

Ab der **Bushaltestelle Singanallur** (Kamaraj Rd) 6 km östlich des Zentrums starten Busse alle zehn Minuten nach Trichy (130 ₹, 6 Std.) und Madurai (130 ₹, 6 Std.). Zwischen dieser und der **Stadtbushaltestelle** (Town; Ecke Dr Nanjappa Rd & Bharathiyar Rd) pendelt Stadtbus 140 (11 ₹).

Von der **Bushaltestelle Ukkadam** (NH Rd) südwestlich des Zentrums verkehren Busse zu Zielen im Süden, darunter Pollachi (23 ₹, 1¼ Std., alle 5 Min.), Kodaikanal (120 ₹, 6 Std., 10 Uhr) und Munnar (140 ₹, 6½ Std., 8.15 Uhr), zudem gibt es einige Verbindungen nach Madurai.

Privatbusse nach Bengaluru, Chennai, Ernakulam, Puducherry, Trichy und Trivandrum starten an der **Bushaltestelle Omni** (Sathy Rd), 500 m nördlich der Bushaltestelle Town. Tickets verkaufen Agenturen an der Sathy Road.

FLUGZEUG

Der Flughafen liegt 10 km östlich der Stadt. Es gibt tägliche Direktflüge zu inländischen Zielen, darunter Bengaluru, Chennai, Delhi, Hyderabad und Mumbai mit **Air India** (☎ 0422-2303933; www.airindia.com), **IndiGo** (www.goindigo.in), **Jet Airways** (www.jetairways.com) und **SpiceJet** (www.spicejet.com).

SilkAir (☎ 0422-4370271; www.silkair.com) fliegt viermal wöchentlich nach/ab Singapur.

TAXI

Ein Taxi bergauf nach Ooty (3 Std.) kostet rund 2100 ₹. Die Busse nach Ooty sind oft so überfüllt, dass dies eine echte Option ist.

WICHTIGE ZÜGE AB COIMBATORE

ZIEL	ZUG-NR. & -NAME	PREIS (₹)	DAUER (STD.)	ABFAHRT
Bengaluru	*16525 Bangalore Express*	260/690/990 (B)	8½	22.55 Uhr
Chennai Central	*12676 Kovai Express*	180/655 (A)	7½	14.55 Uhr
	22640 Chennai Express	315/805/1135 (B)	7½	22.15 Uhr
Ernakulam (Kochi)	*12677 Ernakulam Express*	105/385 (A)	3¾	13.10 Uhr
Madurai	*16610 Nagercoil Express*	205/540 (C)	5½	20.30 Uhr

Preise: (A) 2. Klasse/AC Chair; (B) Sleeper/3AC/2AC; (C) Sleeper/3AC

ZUG

Coimbatore Junction liegt an der Hauptlinie zwischen Chennai und Ernakulam (Kochi, Kerala), und täglich fahren mindestens dreizehn Züge in jede Richtung. Der *Nilgiri Express* um 5.15 Uhr nach Mettupalayam bietet dort Anschluss zur Schmalspurbahn nach Ooty, die um 7.10 Uhr abfährt. Die komplette Reise nach Ooty dauert etwa sieben Stunden.

Rund um Coimbatore

Das **Isha Yoga Center** (☎0422-2515345; www.ishafoundation.org), ein Ashram in **Poondi**, 30 km westlich von Coimbatore, ist Yoga- und Erholungsrefugium sowie Pilgerziel zugleich. Herzstück der Anlage ist ein multireligiöser Tempel mit dem Dhyanalinga, dessen Einzigartigkeit darin bestehen soll, dass er alle sieben Chakras spiritueller Energie in sich vereint. Besucher können meditieren oder an Yogasitzungen teilnehmen, in letzterem Fall sollten man sich anmelden.

40 km nördlich von Coimbatore liegt die Handelsstadt **Mettupalayam**. Hier startet auch die Schmalspurbahn nach Ooty. Wer die Nacht hier verbringen will, weil der Zug morgens um 7.10 Uhr abfährt, hat viel Auswahl. Das **Hotel EMS Mayura** (☎04254-227936; hotelemsmayura@gmail.com; 212 Coimbatore Rd; Zi. 1200 ₹, mit Klimaanlage 1800 ₹; ❄) ist eine gute, aber wenig originelle Mittelklasseoption mit anständigem Restaurant, 300 m vom Busbahnhof bzw. 1 km vom Bahnhof entfernt.

Coonoor

☎ 0423 / 45 494 EW. / 1720 M

Coonoor ist eine der drei Hill Stations der Nilgiris (die anderen beiden sind Ooty und Kotagiri), die hoch über den Ebenen im Süden liegen. Der Ort ist kleiner und ruhiger als Ooty und verfügt über einige sehr schöne, historische Hotels und Pensionen. Man kann hier aber trotzdem genau dieselben Sachen machen wie im größeren, überfüllteren Ooty. Von Upper Coonoor, 1–2 km oberhalb des Zentrums, bietet sich ein toller Blick über das Meer aus roten Ziegeldächern, das bis zu den Hängen und noch weiter reicht. Hier kann man Ruhe und Frieden, das kühle Klima und die sagenhafte Landschaft genießen. All das bekommt man im Zentrum der Stadt jedoch nicht: Das Herz Coonoors ist ein wuseliges, hupendes Durcheinander.

Sehenswertes & Aktivitäten

Sim's Park PARK

(Erw./Kind 30/15 ₹, Kamera/Video 50/100 ₹; ⌚8–18.30 Uhr) Der 12 ha große Park in Upper Coonoor wurde 1874 eröffnet und ist eine idyllische Oase aus gepflegtem Rasen und über 1000 Pflanzenarten von mehreren Kontinenten, darunter Magnolien, Baumfarne, Rosen und Kamelien. Hier halten Busse nach Kotagiri.

Highfield Tea Estate TEEPLANTAGE

(Walker's Hill Rd; ⌚8–21 Uhr) GRATIS Die 50 Jahre alte Anlage 2 km nordöstlich in Upper Coonoor zählt zu den wenigen noch produzierenden Teefabriken in den Nilgiris, die besichtigt werden dürfen. Selbsternannte Guides lassen sich gerne anheuern, Besucher dürfen sich den Prozess der Teeherstellung jedoch auch in Eigenregie ansehen.

Dolphin's Nose AUSSICHTSPUNKT

Rund 10 km außerhalb der Stadt bietet dieser Aussichtspunkt weite Panoramablicke über das Tal hinweg bis zu den Catherine-

Fällen. An derselben Straße liegt der **Lamb's Rock**, ein beliebter Picknickplatz in einem hübschen Wäldchen mit großartiger Aussicht über Tee- und Kaffeeplantagen bis zu den diesigen Ebenen. Wer diese Attraktionen besuchen möchte, bucht am besten eine Rikschatour für rund 600 ₹ oder läuft die rund 6 km vom Lamb's Rock in die Stadt zu Fuß (es geht größtenteils bergab).

Schlafen & Essen

Folgende Adressen erreicht man mit der Rikscha, dem Auto oder gut trainierten Beinen.

YWCA Wyoming Guesthouse HOSTEL $
(☎ 0423-2234426; www.ywcaagooty.com; Bedford; B/EZ/DZ 165/414/972 ₹) In diesem maroden, zugigen, 150 Jahre alten Schmuckstück knarren die Dielen, dafür versprüht es mit seinen Holzterrassen und dem wunderschönen Blick auf die Stadt durch die Bäume hindurch jede Menge Kolonialcharme. Die attraktiven, sauberen Zimmer haben Durchlauferhitzer für heißes Wasser und Gäste werden herzlich willkommen geheißen. Wer zwei Stunden vorher Bescheid sagt, bekommt auch etwas zu essen.

★**180° McIver** BOUTIQUE-HOTEL $$
(☎ 0423-2233323; www.serendipityo.com; Orange Grove Rd; Zi. inkl. Frühstück 4200–6540 ₹; 📶) Dieser klassische britische Bungalow aus den 1890er-Jahren am oberen Stadtrand wurde in ein besonderes Haus mit französi-

ABSEITS DER ÜBLICHEN PFADE

ANAMALAI TIGER RESERVE

Das **Anamalai Tiger Reserve** (Indira Gandhi Wildlife Sanctuary & National Park; Eintritt 20 ₹, Kamera/Video 50/200 ₹; ⌚ Juni–Feb.) umfasst ein unberührtes, 850 km² großes Schutzgebiet aus tropischem Dschungel, *shola*-Wald und Grassavannen, das eine Höhe von bis zu 2400 m erreicht und sich bis nach Kerala in die Westghats zwischen Kodaikanal und Coimbatore erstreckt. Das von Touristen kaum beachtete Gebiet wurde 2007 zum Tigerreservat erklärt und dient allen möglichen endemischen Tierarten als Lebensraum, darunter vielen seltenen und bedrohten Spezies. Dazu gehören Leoparden und einige scheue Tiger, allerdings stehen die Chancen besser, Bartaffen, Pfauen, Languren, Axishirsche, Elefanten oder Krokodile (auf der Amaravathi Crocodile Farm) zu entdecken.

Das **Empfangs- und Informationszentrum** (☎ 04253-245002; Topslip; ⌚ 6.30–15.30 Uhr) des Reservats befindet sich in Topslip, 35 km südwestlich von Pollachi. Hier werden **Elefantenritte** (800–1500 ₹/Std.), offizielle einstündige **Minibus-Dschungel-„Safaris“** (ab 120 ₹/Pers.) und **geführte Wanderungen** (2000 ₹/2 Std.) in das Schutzgebiet angeboten. Bei den meisten Besuchern handelt es sich um Tagesausflügler, wer jedoch über Nacht bleiben möchte, findet in Topslip **Unterkünfte des Forstamtes** (Zi. 500–2500 ₹) in verschiedenen Kategorien. Man sollte mehrere Tage im Voraus persönlich oder telefonisch über das **District Forest Office** (☎ 04259-225356, 04259-238360; 365/1 Meenkarai Rd, Pollachi; ⌚ Mo–Fr 10–17.45 Uhr) in Pollachi reservieren.

Die winzige Teeplantagenstadt **Valparai**, am Rand des Reservats und etwa 65 km südlich von Pollachi, ist über eine spektakuläre Straße mit 40 Haarnadelkurven zu erreichen. Sie bietet sich als wunderbar friedvolle Ausgangsbasis für Ausflüge ins Anamalai-Reservat an, zudem ist auch hier die Wahrscheinlichkeit groß, Wildtiere zu entdecken. Unsere Lieblingsunterkunft vor Ort ist der **Sinna Dorai's Bungalow** (☎ 9443077516; www.sinnadorai.com; Valparai; Zi. mit Vollpension 7500 ₹; 📶). Er bietet eine großartige Lage inmitten einer weitläufigen Teeplantage sowie sechs riesige Zimmer, die jede Menge Lokalgeschichte des frühen 20. Jhs. atmen. Dank einer gemütlichen Bibliothek, wunderbarer hausgemachter Mahlzeiten und charmantem Service fühlt man sich hier wie zu Hause. Regelmäßig werden Wildtierbeobachtungsfahrten nach Einbruch der Dunkelheit veranstaltet, bei denen man eventuell Elefanten, Bisons, Bartaffen und Leoparden zu sehen bekommt, zudem gibt es Wandertouren unter der Leitung erfahrener Guides. Die Anlage ist ab dem Zentrum von Valparai gut sichtbar ausgeschildert.

Mehrmals täglich verbinden Busse Pollachi mit Topslip (40 ₹, 1½ Std.) und Valparai (42 ₹, 3 Std.). Busse nach Pollachi verkehren von der Bushaltestelle Ukkadam in Coimbatore (S. 430), zudem gibt es dort vier tägliche Verbindungen nach Valparai (65 ₹, 4 Std.). In Kodaikanal starten Busse um 8.30 und 16.30 Uhr nach Pollachi (100 ₹, 6 Std.).

schem Flair verwandelt. Die sechs hübschen, luftigen Zimmer haben antike Möbel, funktionstüchtige Kamine und große, frische Bäder. Das hauseigene Restaurant **La Belle Vie** (Hauptgerichte 200–450 ₹; ⏲12.30–15.30 & 19.30–22.30 Uhr) lockt mit europäisch-indischer Küche und einer „Tee-Boutique". Die Panoramablicke von den Grünflächen rundum sind fantastisch.

Acres Wild FARMAUFENTHALT $$
(☎9443232621; www.acres-wild.com; Upper Meanjee Estate, Kanni Mariamman Kovil St; Zi. inkl. Frühstück 3600–5400 ₹; 📶) 🍃 Die wunderschön am südöstlichen Stadtrand gelegene Farm wird nachhaltig geführt – mit Solarheizung, Regenwassernutzung und Käse von eigenen Kühen, der in Indien seinesgleichen sucht. Gäste können Käsereikurse belegen. Die fünf großen, stilvollen Zimmer verteilen sich auf drei Cottages und verfügen über Küchen und Kamine.

Die freundlichen Gastgeber stammen aus Mumbai und geben gern Tipps zu Aktivitäten abseits der Touristenströme. Im Voraus buchen.

Gateway Hotel HISTORISCHES HOTEL $$$
(☎0423-2225400; www.thegatewayhotels.com; Church Rd, Upper Coonoor; EZ 5710–9910 ₹, DZ 6310–10 520 ₹, alle inkl. Frühstück; 📶) Hier wurde ein Kloster aus der Kolonialzeit in ein wunderschönes historisches Hotel unter Leitung der Taj Group umgewandelt. Die gemütlichen, cremefarbenen Zimmer sind umgeben von viel Grün und diejenigen auf der Rückseite bieten eine großartige Aussicht auf die Berge. Das gute internationale **Restaurant** (Hauptgerichte 400–600 ₹; ⏲7.30–10.30, 12.30–15 & 19.30–22.30 Uhr) überblickt den Garten, abends gibt's Lagerfeuer auf der Rasenfläche und im ayurvedischen Spa werden täglich Gratis-Yogakurse angeboten.

Selbstversorger

Tulsi Mall SUPERMARKT
(31 Mount Pleasant Rd; ⏲Mi–Mo 10–20.30 Uhr) Gut sortierter Supermarkt mit einer guten Auswahl an westlichen Produkten.

Shoppen

Green Shop KUNSTHANDWERK, ESSEN
(www.lastforest.in; Jograj Bldg, Bedford Circle; ⏲Mo–Sa 9.30–19 Uhr) 🍃 In dem Fair-Trade-Laden gibt es wunderschönes Kunsthandwerk, Kleider und Stoffe von hiesigen Stämmen sowie diverse biologische Leckereien, etwa Wildhonig, Nüsse, Schokolade und Tee.

An- & Weiterreise

Coonoor liegt an der Schmalspurbahnstrecke zwischen Mettupalayam (27 km) und Ooty (19 km). Täglich gibt's drei Züge nach/ab Ooty und außerdem die Verbindung Mettupalayam–Ooty–Mettupalayam. Busse nach und ab Ooty (10 ₹, 1 Std.) verkehren alle zehn Minuten, Busse nach Kotagiri (11 ₹, 1 Std.) und Coimbatore (45 ₹, 2½ Std.) alle 20 Minuten.

Kotagiri

☎ 04266 / 28 200 EW. / 1800 M

Kotagiri ist die älteste und kleinste der drei Hill Stations der Nilgiris: Ein ruhiges, unaufgeregtes Plätzchen mit unspektakulärem Stadtkern – die Anziehungskraft geht vielmehr von den Wanderwegen aus roter Erde aus, die sich durch die Kiefernwälder schlängeln, sowie vom stahlblauen Himmel und der Kulisse der grünen Bergwände.

Sehenswertes & Aktivitäten

Man kann von hier aus die **Catherine-Fälle** besuchen, die 8 km südlich abseits der Straße nach Mettupalayam liegen (die letzten 3 km muss man zu Fuß gehen; die Wasserfälle strömen nur, wenn es geregnet hat). Auch die **Elk-Fälle** (6 km) und der **Aussichtspunkt Kodanad** (19 km nördlich), von dem aus sich ein Blick über die Coimbatore-Ebenen und das Mysore-Plateau bietet, lohnen einen Ausflug. Eine halbtägige Tour mit dem Taxi zu allen drei Sehenswürdigkeiten kostet rund 1000 ₹.

Sullivan Memorial MUSEUM
(☎9488771571; www.sullivanmemorial.org; Kannerimukku; Erw./Kind 20/10 ₹; ⏲10–17 Uhr) Wer sich für die Geschichte der Nilgiris interessiert, sollte diesem wunderbaren kleinen Museum, 2 km nördlich des Zentrums von Kotagiri, einen Besuch abstatten. Das 1819 von John Sullivan, dem Gründer von Ooty, erbaute Haus wurde renoviert und steckt voller faszinierender Fotos, Zeitungsausschnitte und Artefakte zu hiesigen Stämmen, europäischen Siedlungen und legendären Attraktionen wie der „Spielzeugeisenbahn". Darüber hinaus ist hier das **Nilgiri Documentation Centre** (www.nilgiridocumentation.org) untergebracht, das sich der Bewahrung des Erbes der Region verschrieben hat.

Keystone Foundation FREIWILLIGENARBEIT
(☎04266-272277; www.keystone-foundation.org; Groves Hill Rd) 🍃 Die Nichtregierungsorganisation mit Sitz in Kotagiri setzt sich für den

Nilgiris

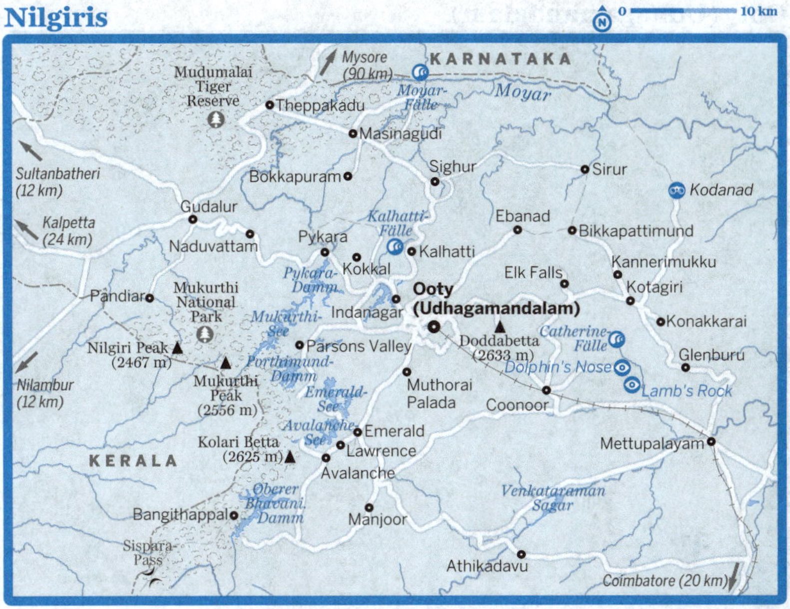

Umweltschutz in den Nilgiris und für die Verbesserung der Lebensbedingungen indigener Gemeinschaften ein.

Schlafen & Essen

Der **Green Shop** (Johnstone Sq; Mo–Sa 9.30–19 Uhr) wird von der Keystone Foundation aus Kotagiri betrieben und verkauft u.a. Picknickzutaten (Bio-Schokolade, Wildhonig ...).

La Maison HISTORISCHE PENSION $$$
(9585857732; www.lamaison.in; Hadatharai; EZ/DZ 7760/8890 ₹;) Das mit Blumen geschmückte La Maison unter französischer Leitung ist ein wunderschön renovierter schottischer Bungalow aus den 1890er-Jahren in traumhafter Lage auf einem Hügel inmitten von Teeplantagen, 5 km südwestlich von Kotagiri. Das originelle Design im französischen Schick zeigt sich in den antiken Möbeln, Stammeskunst und Gemälden vom alten Ooty. Hier können Gäste zu Wasserfällen wandern, Dörfer besuchen, exzellente hausgemachte Mahlzeiten genießen (750 ₹) oder sich im Jacuzzi mit Talblick entspannen.

An- & Weiterreise

Busse verkehren alle halbe Stunde nach/ab Ooty (15 ₹, 1½ Std.) und passieren dabei einen der höchsten Pässe Tamil Nadus. Nach Mettupalayam gibt es halbstündlich Verbindungen (16–22 ₹, 1½ Std.), nach Coimbatore stündlich (30 ₹, 2½ Std.).

Ooty (Udhagamandalam)

0423 / 88 430 EW. / 2240 M

Ooty mag manchem zu hektisch sein – und tatsächlich ist die Innenstadt ein ziemlich unansehnliches Chaos. Dafür ist man in kurzer Zeit in ruhigeren, grünen Gefilden mit hoch aufragenden Kiefern und Landstraßen, die fast schon englisch anmuten. Ooty, die „Königin der Hill Stations", vereint indische Betriebsamkeit und Hindu-Tempel mit hübschen Parks, Gärten und charmanten Bungalows aus der Zeit Britisch-Indiens. Letztere beherbergen die atmosphärischsten (und teuersten) Unterkünfte vor Ort.

Die Stadt wurde Anfang des 19. Jhs. von den Briten als Sommersitz der Madras-Regierung gegründet und bekam den einprägsamen Spitznamen „Snooty Ooty" („Hochnäsiges Ooty"). Vor einigen Jahrzehnten wollten Stadtentwickler den Ort umkrempeln, aber irgendwie hat das alte Ooty trotzdem überlebt – man muss nur etwas weiter an den Rand der Stadt gehen, um es zu finden.

Die Fahrt mit der berühmten Schmalspurbahn hierher ist sehr romantisch und die Szenerie atemberaubend. Selbst die

Ooty (Udhagamandalam)

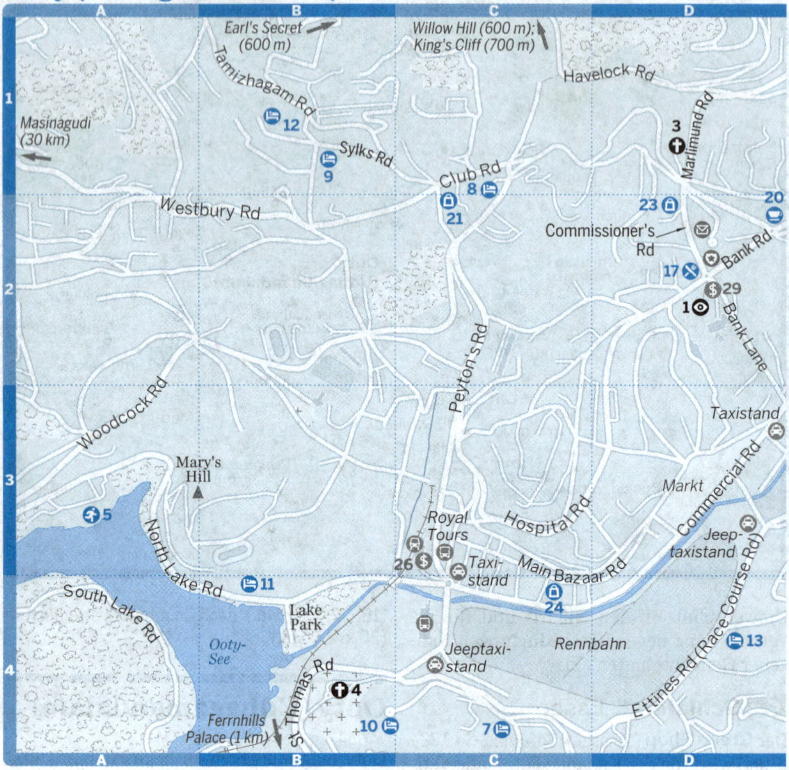

Straße, die von den Ebenen heraufführt, ist ziemlich beeindruckend. Von April bis Juni (der geschäftigen Hochsaison) ist Ooty ein beliebter Rückzugsort vor der Hitze im Tiefland, und in den kälteren Monaten (Okt.–März), wenn die Nachttemperaturen auf 0° C sinken können, braucht man warme Kleidung, die man hier billig kaufen kann.

Der Bahnhof und die Bushaltestelle befinden sich am Westende der Rennbahn von Ooty im tiefer gelegenen Teil der Stadt. Westlich davon liegt der See, und rundum schlängeln sich die Straßen in die Stadt hinauf. Ab der Bushaltestelle sind es zu Fuß 20 Minuten nach Charing Cross, Ootys Geschäftszentrum. Wie in Kodaikanal gibt's auch in Ooty eine internationale Schule, deren Schüler die Stadt bevölkern.

Sehenswertes

Botanischer Garten GARTEN
(Erw./Kind 30/15 ₹, Foto/Video 50/100 ₹; 7–18.30 Uhr) Der 1848 angelegte, hübsche Park bildet ein lebendiges Museum der Flora der Nilgiris. Sehenswert ist ein versteinerter Baumstamm, der 20 Mio. Jahre alt sein soll. Oft ist der Park von indischen Touristen überfüllt.

St. Stephen's KIRCHE
(10–17 Uhr, Gottesdienst So 8 & 11 Uhr) Hoch über dem Stadtzentrum thront die makellose Kirche St. Stephen's. Sie wurde 1829 errichtet und ist die älteste Kirche der Nilgiris. Es gibt hübsche Buntglasfenster und gewaltige Holzbalken, die Elefanten aus dem 120 km entfernten Palast Tipu Sultans hierher schleppten, und ferner die teils kitschigen, teils rührenden Tafeln und Plaketten, die in der Kolonialzeit von Kirchgängern gespendet wurden. Auf dem ruhigen, überwucherten Friedhof erinnern Grabsteine an manchen einst in Ooty ansässigen Briten.

Nilgiri Library BIBLIOTHEK
(0423-2441699; Hospital Rd; 10–13 & 14.30–18 Uhr) Die altmodische kleine Bibliothek in

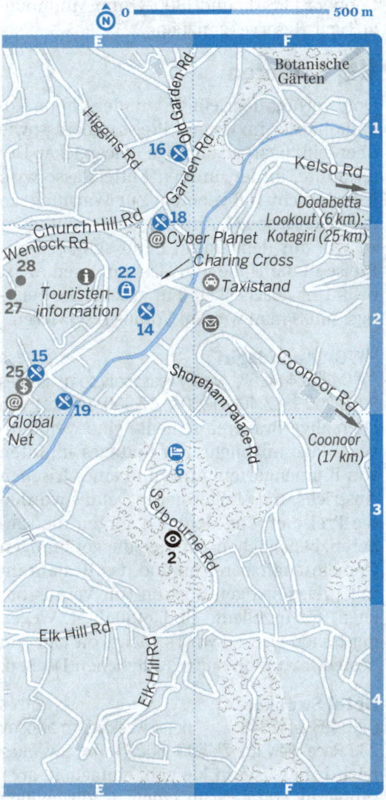

einem baufälligen Gebäude von 1867 umfasst über 30 000 Bücher, auch seltene Titel zu den Nilgiris und den Bergstämmen sowie britische Magazine aus dem 19. Jh. Besucher können mit einer einmonatigen Mitgliedschaft (500 ₹) in den Büchern schmökern. Oben hängt ein Porträt von Königin Victoria, das Ooty anlässlich ihres 50-jährigen Thronjubiläums 1887 übergeben wurde.

Rose Garden GARTEN

(Selbourne Rd; Erw./Kind 30/15 ₹, Kamera/Video 50/100 ₹; ⏲7.30–18.30 Uhr) Terrassenartig angelegte Rasenflächen und über 20 000 Rosen von über 2000 Arten, die sich zwischen Mai und Juli von ihrer schönsten Seite zeigen, machen den Rosengarten zu einem hübschen Ort für einen Spaziergang. Er liegt auf einem Hügel und bietet tolle Blicke auf Ooty.

Doddabetta Lookout AUSSICHTSPUNKT

(Eintritt 5 ₹, Kamera/Video 10/50 ₹; ⏲8–17.30 Uhr) Der Aussichtspunkt markiert mit 2633 m die höchste Stelle der Nilgiris und ist an klaren Tagen einer der schönsten der Gegend. Frühmorgens sind die Chancen auf nebelfreie Sicht am besten. Der Aussichtspunkt liegt 7 km vom Stadtzentrum entfernt. Busse nach Kotagiri setzen Fahrgäste an der Abzweigung zum Doddabetta ab, dann folgt eine steile, 3 km lange Wanderung oder eine kurze Jeepfahrt. Taxis kosten für die Hin- und Rückfahrt ab Charing Cross 500 ₹.

Ooty (Udhagamandalam)

Sehenswertes
1 Nilgiri Library D2
2 Rose Garden E3
3 St.-Stephen's-Kirche D1
4 St.-Thomas-Kirche B4

Aktivitäten, Kurse & Touren
5 Bootshaus A3

Schlafen
6 Fortune Sullivan Court E3
7 Hotel Sweekar C4
8 Hotel Welbeck Residency C1
9 Lymond House B1
10 Mount View Hotel B4
11 Reflections Guest House B4
12 Savoy Hotel B1
13 YWCA Anandagiri D4

Essen
14 Garden Restaurant E2
15 Kabab Corner E2
Kabab Corner .... (siehe 8)
16 Modern Stores E1
Savoy .... (siehe 12)
17 Shinkow's Chinese Restaurant D2
18 Virtue Bakes E1
19 Willy's Coffee Pub E2

Ausgehen & Nachtleben
Café Coffee Day .... (siehe 16)
20 Café Coffee Day D2

Shoppen
21 Green Shop C2
22 Higginbothams E2
23 Higginbothams D2
24 K Mahaveer Chand C4

Praktisches
25 Axis-Bank-Geldautomat E2
26 Canara-Bank-Geldautomat C3
27 District Forest Office Nilgiris North Division E2
District Forest Office Nilgiris South Division .... (siehe 27)
28 Nilgiri Wildlife & Environment Association E2
Büro des Field Directors .... (siehe 28)
29 Geldautomat d. State Bank of India D2

Aktivitäten

Wandern

Das Highlight von Ooty sind die wunderschönen Nilgiris. Die Touristeninformation in der Stadt und viele Unterkünfte vermitteln einheimische Guides, die für 400 bis 600 ₹ pro Person Tageswanderungen anbieten. Normalerweise fährt man aus der Stadt hinaus und wandert dann durch Hügel, Stammesdörfer und Teeplantagen.

Für ausgiebigere Wandertouren in den schönsten Waldgebieten mit ihrer vielfältigen Tierwelt – etwa hinter Avalanche im Süden, im Parsons Valley im Westen, im Mukurthi National Park oder nach Walakkad und Sairandhri im Silent Valley National Park in Kerala– ist eine Genehmigung der Forstbehörde von Tamil Nadu erforderlich. Während der Recherche stellte das **Büro des Field Directors** (☎0423-2444098, Buchung von Unterkünften in Mudumalai 0423-2445971; fdmtr@tn.nic.in; Mount Stuart Hill; ⏲Mo–Fr 10–17.45 Uhr) aufgrund der steigenden Sorge wegen Konflikten zwischen Mensch und Tier in der Region allerdings keine Genehmigungen aus. Im Januar 2014 tötete ein Tiger drei Menschen in der Doddabetta-Gegend, zudem sind in den letzten Jahren mehrere Ausländer bei Unfällen mit Elefanten gestorben.

Die **Nilgiri Wildlife & Environment Association** (☎0423-2447167; www.nwea.in; Mount Stuart Hill; ⏲Mo–Fr 10–13 & 14–17, Sa 10–13 Uhr), die **District Forest Office Nilgiris South Division** (☎0423-2444083; dfosouth@sancharnet.in; Mount Stuart Hill; ⏲Mo–Fr 10–17.45 Uhr) und die **District Forest Office Nilgiris North Division** (☎0423-2443968; dfonorth_ooty@yahoo.co.in; Mount Stuart Hill; ⏲Mo–Fr 10–17.45 Uhr) geben aktuelle Infos und Tipps.

Bootsfahrten

Am **Bootshaus** (Eintritt 10 ₹, Kamera/Video 20/125 ₹; ⏲9–18 Uhr) am See kann man Ruderboote leihen. Ein Boot kostet für 30 Minuten 120 ₹ aufwärts (plus 120 ₹ Pfand).

Reiten

Ootys Rennbahn prägt das Tal zwischen Charing Cross und dem See. Die Rennsaison dauert von Mitte April bis Mitte Juni, und an den zwei bis drei Renntagen pro Woche (10 ₹/Pers.) herrscht reges Treiben. Die Rennen finden zwischen 10.30 und 14.30 Uhr statt.

Touren

Die Taxipreise liegen bei 800 ₹ für eine vierstündige Tour durch Ooty, bei 120 ₹ nach Coonoor (4 Std.) und 1800 ₹ zum Mudumalai Tiger Reserve (ganztägig).

Schlafen

Ooty verfügt über einige wunderschöne Kolonialhäuser im oberen Preissegment sowie über ein paar anständige Backpacker-Unterkünfte, in der unteren Mittelklasse wird jedoch nicht viel geboten. Zur Warnung: In der Hochsaison (1. April–15. Juni) geht's hier zu wie auf dem Basar, dann schießen die Preise in die Höhe und Gäste müssen meist bis 9 Uhr auschecken. Für gesetzliche Feiertage muss man weit im Voraus reservieren.

YWCA Anandagiri HOSTEL $
(☎0423-2444262; www.ywcaagooty.com; Ettines Rd; B 200 ₹, EZ 400–1300 ₹, DZ 800–1400 ₹) Die ehemalige Brauerei ist heute eine weitläufige Anlage mit mehreren Cottages inmitten von Blumengärten. Aufgrund eines frischen Anstrichs und einiger neuer Details wurden die Preise erhöht, dennoch sorgen die sauberen, behaglichen Zimmer, die geräumigen Gemeinschaftsbereiche und das Restaurant mit preisgünstigen Speisen (im Voraus buchen) für exzellente Budgetqualität. Wegen der hohen Decken wird's nachts oft kalt, am besten fragt man nach zusätzlichen Decken.

Hotel Sweekar HOTEL $
(☎0423-2442348; hotelsweekar@gmail.com; 236 Race View Rd; Zi. 500–600 ₹) Im Sweekar nächtigen Gäste in kleinen, einfachen, aber sauberen Zimmern in einem traditionellen Ooty-Cottage am Ende eines von Blumen gesäumten Weges. Warmes Wasser gibt es bestenfalls bis 12 Uhr, dennoch bietet das Sweekar ein gutes Preis-Leistungs-Verhältnis und ist äußerst beliebt. Geschäftsführer ist ein sehr hilfsbereiter und professioneller Bahai.

Reflections Guest House PENSION $
(☎0423-2443834; www.reflectionsguesthouseooty.com; 1B North Lake Rd; Zi. 770–990 ₹; 📶) Die Budgetunterkunft auf der anderen Seite des Sees in Ooty ist schon lange im Geschäft. Der Großteil der zwölf sauberen, anständigen Zimmer überblickt den See, zudem wird indische und westliche Küche zu fairen Preisen (60–180 ₹) serviert und Gäste können geführte Tageswanderungen buchen. Zwei Stunden täglich kann man heiß duschen – Handtücher gibt's auf Anfrage.

★ **Lymond House** HISTORISCHES HOTEL $$
(☎0423-2223377; http://serendipityo.com; 77 Sylks Rd; Zi. inkl. Frühstück 4800–5400 ₹; 📶) Was hat dieser britische Bungalow aus den

1850er-Jahren nur an sich, dass er seiner Konkurrenz eine Nasenspitze voraus ist? Liegt es am gemütlichen Cottageflair mit frischen Blumen, Himmelbetten, Kaminen und heimeligen Loungebereichen? Oder an dem Mix aus moderner Ausstattung und elegantem Kolonialstil in den großen Zimmern und Bädern? Oder doch an der guten Küche und den hübschen Gärten? Zweifellos ist es das Gesamtpaket – und die lockere, aber wunderbar professionelle Geschäftsführung.

Hotel Welbeck Residency HOTEL $$
(☎ 0423-2223300; www.welbeck.in; Welbeck Circle, Club Rd; Zi. 3240–4620 ₹; @) Das attraktive ältere Gebäude wurde gründlich renoviert und verfügt über komfortable Zimmer, eine gewisse koloniale Eleganz (neben dem Vordereingang gibt's einen Austin Saloon von 1920), ein anständiges Restaurant und sehr engagiertes Personal.

Mount View Hotel HOTEL $$
(☎ 0423-2443307; www.hotelmountviewooty.com; Ettines Rd; Zi. 1970–3940 ₹;) An einer ruhigen (und recht holprigen) Straße in praktischer Nähe zu Bahnhof und Busbahnhof bietet dieser elegante alte Bungalow neun riesige Zimmer mit hohen Decken, Holztäfelung und ausreichendem Komfort. Aber es ist wirklich ein Jammer, dass sie die Kamine noch immer nicht benutzen!

★ **Savoy Hotel** HISTORISCHES HOTEL $$$
(☎ 0423-2225500; www.tajhotels.com; 77 Sylks Rd; EZ 5950–11 900 ₹, DZ 6550–12 500 ₹, alle inkl. Frühstück; @) Das Savoy zählt zu den ältesten Hotels Ootys – manche Teile stammen noch aus dem Jahr 1829. Die großen Cottages verteilen sich auf eine wunderschöne Rasenanlage und die hübschen Zimmer haben geräumige Bäder, Kamine und Erkerfenster. Das Personal ist aufmerksam und zum modernen Serviceangebot gehören eine Bar (mit Cocktails), ein Ayurveda-Zentrum, WLAN und ein Speiseraum mit exzellenter internationaler Küche (S. 440). Von April bis Juni muss man Halbpension buchen.

Fernhills Palace HISTORISCHES HOTEL $$$
(☎ 0423-2443911; www.fernhillspalace.co.in; Fern Hill; Zi. inkl. Frühstück 13 190–32 380 ₹; @) Der exquisite englisch-indische Sommerpalast des Maharadschas von Mysoreas wurde wunderschön im traumhaftem, luxuriös-imposanten Kolonialstil renoviert. Wenn man es sich leisten kann, lohnt sich ein Aufenthalt durchaus. Bei allen 19 Zimmern handelt es sich um großen Suiten mit antiken Möbeln, Teakholzelementen, Kaminen und Whirlpools. Zudem können Gäste Billard spielen, über die riesige, von Wald gesäumte Anlage spazieren und sich königliche Speisen unter von der Kolonialzeit inspirierten Wandmalereien schmecken lassen.

King's Cliff HISTORISCHES HOTEL $$$
(☎ 0423-2452888; www.littlearth.in; Havelock Rd; Zi. inkl. Frühstück 2600–6930 ₹;) Hoch über Ooty, auf dem Strawberry Hill, thront dieses klassische Haus aus der Kolonialzeit mit Holztäfelung, antiken Möbeln, gemütlicher Lounge und guter indischer bzw. westlicher Küche im **Earl's Secret** (Hauptgerichte 340–600 ₹; ⏲ 8–10, 12–15 & 19–22 Uhr). Die günstigeren Zimmer können nicht mit dem historischen Charme der teureren konkurrieren.

Fortune Sullivan Court HOTEL $$$
(☎ 0423-2441415; www.fortunehotels.in; 123 Selbourne Rd; EZ 6000–7200 ₹, DZ 6600–7800 ₹, alle inkl. Frühstück;) Das Fortune in ruhiger Lage am Stadtrand ist zwar keine Kolonialvilla, dafür führen Wendeltreppen von der prächtigen Lobby zu komfortablen, farbenfrohen Zimmern mit großen Betten, hellem Holz und Schreibtischen. Zur Anlage gehören eine Bar, ein Spa, ein Fitnessbereich und ein Restaurant mit guter internationaler Küche. Der Service ist exzellent. Online gibt's Rabatte.

Essen & Ausgehen

Wer Lust auf eine gehobene Mahlzeit hat, ist in den Luxushotels richtig.

Garden Restaurant SÜDINDISCH $
(Commercial Rd; Hauptgerichte 70–150 ₹; ⏲ 7–21.30 Uhr) Das saubere Lokal hinter dem Nahar Nilgiris Hotel serviert sehr gute südindische Küche, Säfte, Milchshakes, Snacks und akzeptable Pizza.

Kabab Corner NORDINDISCH $$
(Commercial Rd; Hauptgerichte 140–360 ₹; ⏲ 13–22 Uhr) Fleischliebhaber, die vegetarische Gerichte allmählich leid sind, sind hier richtig. Von außen wirkt das Lokal wenig verheißungsvoll, drinnen kommen jedoch perfekt gegrilltes und gewürztes Lamm und Hühnchen sowie Paneer auf den Tisch. Dazu wird herrlich weiches Naan serviert, mit dem man die Sauce aufsaugen kann. Eine weitere Filiale befindet sich an der **Club Rd** (Club Rd; Hauptgerichte 140–360 ₹; ⏲ 12.30–22 Uhr).

Shinkow's Chinese Restaurant CHINESISCH $$
(38/83 Commissioner's Rd; Hauptgerichte 120–250 ₹; ⏲ 12–15.45 & 18.30–21.45 Uhr) Eine Insti-

DIE NILGIRIS & IHRE BERGSTÄMME

Die bewaldeten, von Wasserfällen durchzogenen Felswände der Nilgiris (Blauen Berge) ragen ganz unvermittelt aus den umliegenden Ebenen zwischen den Ortschaften Mettupalayam (im Südosten) und Gudalur (im Nordwesten) empor und werden von gewundenen Ghat-Straßen und der berühmten Nilgiri Mountain Railway erklommen. Das Gebiet im Hochland, eine Ansammlung aus Tälern und Hügeln mit mehr als 20 Gipfeln über 2000 m Höhe, ist der Traum eines jeden Botanikers: Hier wachsen 2300 blühende Pflanzenarten, auch wenn der Großteil des heimischen *shola*-Waldes und des Graslands durch Tee, Eukalyptus und Viehweiden ersetzt wurde.

Das von der UNESCO verzeichnete Nilgiri Biosphere Reserve ist ein 5520 km² umfassendes Gebiet, zu dem auch Teile von Kerala und Karnataka gehören. Es beherbergt mehrere wichtige Tigerreservate, Nationalparks und Schutzgebiete und hat eine der größten Artenvielfalten weltweit.

Die Stammesvölker in den Nilgiris wurden in ihrer isolierten Heimat weitgehend in Frieden gelassen – bis vor 200 Jahren die Briten auftauchten. Heute haben die Auswirkungen des Kolonialismus und der Migration viele Stammeskulturen an den Rand des Untergangs gebracht, und einige haben sich so sehr angepasst, dass sie praktisch nicht mehr als solche zu bezeichnen sind. Andere führen hingegen bis heute ein halbwegs traditionelles Leben. Organisationen wie die Keystone Foundation (S. 434) setzen sich für traditionelle Kunsthandwerkstechniken und Aktivitäten ein.

Die Toda, deren Zahl sich heute nur noch auf etwa 1000 beläuft, sind – dank des Interesses von Anthropologen und ihrer Nähe zu Ooty – das bekannteste unter den Bergvölkern. Manche leben noch immer in winzigen Dörfern (*munds*) mit traditionellen tonnenförmigen Hütten, die aus Bambus, Rohr und Gras gebaut werden. Toda-Frauen tragen ihr Haar in schulterlangen Locken und verstehen sich auf die Kunst der Stickerei. Beide Geschlechter tragen den charakteristischen schwarz-rot bestickten Schal. Der Wasserbüffel ist das zentrale Element des Lebens der Toda: Er liefert Milch und Ghee zum Verzehr und zum Tauschen. Traditionell töten die streng vegetarischen Toda nur bei Beerdigungen einen Büffel, damit dieser dem Verstorbenen Gesellschaft leistet.

Man nimmt an, das die 350 000 Stammesangehörigen der Badaga etwa im Jahr 1600 von Karnataka in die Nilgiris zogen, daher werden sie hier für gewöhnlich auch nicht zu den echten indigenen Völkern gezählt. Ihre traditionelle Kleidung besteht aus einem weißen Tuch mit einer Borte aus schmalen bunten Streifen. Sie beten die Muttergottheit Hetti Amman an, der auch das Hettai-Habba-Fest gewidmet ist, das im Dezember oder Januar gefeiert wird.

Die Kota widmen sich traditionell der Landwirtschaft und leben in sieben Siedlungen in der Gegend um Kotagiri. Sie haben sich ziemlich stark an das moderne Leben angepasst, so arbeiten beispielsweise einige Stammesmitglieder für die Regierung.

Die Kurumba leben in dichten Wäldern im Süden und sammeln traditionell, was der Wald ihnen bietet, z. B. Bambus und Wildhonig. Viele arbeiten heute in der Landwirtschaft.

tution in Ooty. Auf der einfachen Karte stehen gute Gerichte mit Hühnchen, Schwein, Rind, Fisch, Nudeln und Reis, die fix an die Tische mit karierten Decken gebracht werden.

Savoy INTERNATIONAL $$$

(☎0423-2225500; 77 Sylks Rd; Hauptgerichte 325–675 ₹; ⏰12.30–15 & 19.30–22 Uhr) Holzwände, stimmungsvolle Beleuchtung und schicker roter Samt dienen als Kulisse für die exzellente, moderne westliche, indische und asiatische Küche des Savoy. Zur Auswahl gehören auch Frühstücksgerichte, die den ganzen Tag über serviert werden, und außerdem diverse leckere Salate, Pasta, Kebabs und natürlich die wunderbar schokoladigen Desserts.

Willy's Coffee Pub CAFÉ

(KCR Arcade, Walsham Rd; Gerichte 40–90 ₹; ⏰10–21.30 Uhr; 📶) Ein paar Stufen führen zu diesem Café, das mit Brettspielen, WLAN, einer Leihbibliothek sowie Pizza, Pommes, Toasts, Kuchen und Keksen zu fairen Preisen die internationale Studentengemeinde anzieht.

Café Coffee Day CAFÉ

(Church Hill Rd; Kaffee 60–110 ₹; ⏰9–23 Uhr) Hier gibt es guten Kaffee, Tee und Kuchen.

Es existiert noch eine weitere **Filiale** (Garden Rd; ⌚9–22.45 Uhr) in der Garden Rd.

Selbstversorger

Modern Stores SUPERMARKT
(144 Garden Rd; ⌚9.30–20.30 Uhr) Der kleine Supermarkt verkauft alle möglichen westlichen Lebensmittel, darunter Müsli und Marmelade, sowie Brot und Käse aus den Nilgiris.

Virtue Bakes BÄCKEREI
(Garden Rd; ⌚10.30–20.30 Uhr) Guter Kuchen, Gebäck, Croissants und Brot zum Mitnehmen.

Shoppen

An der Haupteinkaufsstraße, der Commercial Rd, gibt es mehrere Kaschmirgeschäfte sowie Läden mit Kunsthandwerk und *khadi* (handgesponnenem Stoff) aus Kerala. In der Nähe des Eingangs zum botanischen Garten verkaufen außerdem tibetanische Flüchtlinge Pullover und Schals, die man an einem kalten Abend in Ooty ganz bestimmt zu schätzen weiß.

K Mahaveer Chand SCHMUCK
(291 Main Bazaar Rd; ⌚10–20 Uhr) Das K Mahaveer Chand verkauft seit rund 40 Jahren besonders schönen Stammes- und Silberschmuck der Toda.

Green Shop KUNSTHANDWERK, ESSEN
(www.lastforest.in; Sargan Villa, abseits der Club Rd; ⌚Mo–Sa 10–19 Uhr) Dieser biologisch orientierte Fair-Trade-Laden wird von der Keystone Foundation aus Kotagiri (S. 434) betrieben und verkauft beispielsweise wunderschönes Kunsthandwerk und hübsche Kleidung aus indigenen Gemeinden sowie Wildhonig und andere Produkte von hiesigen Bauern.

Higginbothams BÜCHER
(☎0423-2443736; Commercial Rd; ⌚9–13 & 15.30–19.30 Uhr) Eine gute Auswahl an englischsprachiger Literatur, darunter auch Reiseführer von Lonely Planet. Den Berg hinauf gibt es eine weitere **Filiale** (☎0423-2442546; Commissioner's Rd; ⌚Mo–Sa 9.30–13 & 14–18 Uhr).

Praktische Informationen

Cyber Planet (Garden Rd;; ⌚10–18 Uhr)
Global Net (Commercial Rd; 30 ₹/Std.; ⌚10–22 Uhr)
Touristeninformation Ooty (☎0423-2443977; Wenlock Rd; ⌚Mo–Fr 10–17.45 Uhr)

An- & Weiterreise

Am unterhaltsamsten ist die Anreise nach Ooty mit der Schmalspurbahn ab Mettupalayam. Busse aus anderen Teilen von Tamil Nadu, aus Kerala sowie Mysuru und Bengaluru in Karnataka, fahren regelmäßig den Berg hinauf und hinunter. Taxis sammeln sich an mehreren Ständen in der Stadt. Zu vielen Zielen gelten feste Preise, darunter Coonoor (750 ₹), Kotagiri (850 ₹), Coimbatore (1700 ₹) und das Mudumalai Tiger Reserve (1250 ₹).

BUS

Nach Kochi (Cochin, Kerala) nimmt man am besten um 7 oder 8 Uhr den Bus nach Palakkad (95 ₹, 6 Std.) und steigt dort um. **Royal Tours** (☎0423-2446150), gegenüber dem Bahnhof, schickt um 9 Uhr einen Minibus nach Kodaikanal (600 ₹, 8 Std.).

Die staatlichen Busunternehmen von Tamil Nadu und Karnataka haben Reservierungsbüros am geschäftigen Busbahnhof. Zu den Zielen gehören:

Bengaluru (391–650 ₹, 8 Std., 9-mal tgl.)
Chennai (462 ₹, 14 Std., 16.30 & 17.45 Uhr)
Coimbatore (56 ₹, 4 Std., alle 30 Min., 5.30 & 20.40 Uhr)
Mysuru (136 ₹, 5 Std., ca. alle 45 Min., 6.30 & 17.45 Uhr)

ZUG

Die Schmalspurbahn (auch „Spielzeugeisenbahn") von Mettupalayam nach Ooty – eine jener Bergbahnen Indiens, die auf der UNESCO-Weltkulturerbeliste stehen – ist die beste Art der Anreise. Ihr offizieller Name ist Nilgiri Mountain Railway. Sie hat spezielle Kammräder an der Lokomotive, die in eine dritte „verzahnte" Schiene auf dem Boden greifen, um die unglaublich steilen Steigungen zu bewältigen. Während der Fahrt bieten sich tolle Blicke auf Wälder, Wasserfälle, Bergpanoramen und Teeplantagen. Auf dem Abschnitt zwischen Mettupalayam und Coonoor kommen Dampfloks zum Einsatz, die den Zug mehr den Berg hinaufschieben als ziehen.

In der Hochsaison (April–Juni) sollte man die Bahn mehrere Wochen im Voraus buchen. Ansonsten ist es ein paar Tage früher ratsam, auch wenn das nicht immer nötig ist. Die Bahn verlässt Mettupalayam täglich um 7.10 Uhr Richtung Ooty (1./2. Klasse 205/30 ₹, 5 Std.). In Ooty fährt sie um 14 Uhr nach Mettupalayam; die Fahrt dauert 3½ Stunden. Wer mit dem Nilgiri-Express aus Chennai (Central Station) in Mettupalayam ankommt, hat Anschluss zur Schmalspurbahn nach Ooty und umgekehrt. Außerdem verkehren zwischen Ooty und Coonoor täglich drei Passagierzüge in jede Richtung (25 ₹, 1¼ Std.).

Ooty ist auf den meisten Zugfahrplänen als Udhagamandalam verzeichnet.

Unterwegs vor Ort

Es gibt hier überall Autorikschas und Taxis. Die Preistafeln für die Autorikschas hängen beispielsweise vor dem Busbahnhof und am botanischen Garten aus. Eine Autoriksha vom Bahnhof oder Busbahnhof nach Charing Cross kostet rund 60 ₹.

In der Nähe des Busbahnhofs und am Markt befinden sich Stände mit Jeeptaxis, die etwa anderthalbmal so teuer sind wie normale Taxis.

Mudumalai Tiger Reserve

☎ 0423

Im Hügelland der Nilgiris liegt dieses 321 km² große Reservat, das aussieht, als hätte man ein klassisches indisches Landschaftsgemälde zum Leben erweckt. Hinter spindeldürren Bäumen und einem Blätterdickicht, das nur hier und da Licht durchlässt, verbergen sich Axishirsche und grunzende Wildschweine. Hier leben außerdem rund 50 Tiger: Dank dieser Population kann sich Mudumalai der höchsten Tigerdichte in ganz Indien rühmen. Man braucht jedoch trotzdem eine Menge Glück, wenn man einen von ihnen sehen möchte. Im Großen und Ganzen ist das Schutzgebiet aber der beste Ort für Tierbeobachtungen in Tamil Nadu. Am ehesten erspäht man hier Hirsche, Pfauen, Wildschweine, Languren und Malabar-Rieseneichhörnchen. Außerdem stehen die Chancen gut, einen wilden Elefant (im Park leben mehrere Hundert davon) oder Gaur (indischen Bison) zu entdecken.

Zusammen mit Bandipur und Nagarhole in Karnataka, Wayanad in Kerala und dem neu angelegten Sathyamangalam Tiger Reserve in Tamil Nadu bildet Mudumalai eine zusammenhängende Fläche von Schutzgebieten, die als wichtigster Rückzugsraum für Wildtiere dient.

Von April bis Juni schließt das Mudumalai-Reservat manchmal wegen Waldbrandgefahr. Die regenreichen Monate Juli und August eignen sich am wenigsten für Besuche.

Das **Empfangszentrum** (☎ 0423-2526235; ⊙ 6–10 & 14–17.30 Uhr) des Schutzgebiets und ein paar vom Reservat verwaltete Unterkünfte befinden sich in Theppakadu, an der Hauptstraße von Ooty nach Mysuru. Das Dorf Masinagudi liegt 7 km östlich und damit Theppakadu am nächsten.

Sehenswertes & Aktivitäten

Wandern ist im Schutzgebiet nicht erlaubt, und Privatfahrzeuge dürfen nur die Hauptstraße Ooty-Gudalur-Theppakadu-Mysururoad und die Strecken Theppakadu-Masinagudi sowie Masinagudi-Moyar befahren. Auch von den Straßen aus kann man einige Tiere zu sehen bekommen, doch die besten Einblicke in das Reservat bieten die offiziellen 45-minütigen **Minibustouren** (135 ₹/Pers.; ⊙ stündlich 7–10 & 14–18 Uhr), auf denen Besucher eine 15 km lange Runde in mit Tarnstreifen bemalten, 15- bis 26-sitzigen Bussen unternehmen. Reservieren kann man diese ein paar Stunden im Voraus am Empfangszentrum.

Am Empfangszentrum kann man außerdem halbstündige **Elefantenritte** (bis zu 4 Pers. 860 ₹; ⊙ Sept.–Juni 7–8 & 16–17 Uhr) buchen; es ist ratsam, 30 Minuten vorher da zu sein, um sich einen Platz zu sichern. Von 8.30 bis 9 Uhr und von 17.30 bis 18 Uhr können Besucher dabei zusehen, wie die Arbeitselefanten des Reservats im nahe gelegenen **Elefantencamp** (Minibustour-Teilnehmer frei, sonst 15 ₹) gefüttert werden.

Einige Veranstalter bieten Wanderungen in der Pufferzone rund um das Schutzgebiet an, aber diese sind potenziell gefährlich, und die Schutzbehörden raten strikt davon ab. In der Vergangenheit kamen bereits Touristen auf illegalen Touren ums Leben, weil sie Wildelefanten zu nahe kamen. Die Jeepsafaris mit ausgebildeten Führern, die von den besseren Resorts angeboten werden, sind eine sichere Alternative.

Schlafen & Essen

Das Reservat betreibt ein paar einfache Unterkünfte an einem Fußweg oberhalb des Moyar in Theppakadu. Bessere Qualität bieten jedoch die vielen Lodges und Waldresorts außerhalb des Parkgeländes. Viele davon sind herzliche Familienbetriebe mit höherem Standard und eindrucksvollen Ausblicken. Den Großteil der besten Unterkünfte findet man im Dorf Bokkapuram, 5 km von Masinagudi entfernt am Fuß der Berge.

Theppakadu

Folgende Unterkünfte werden vom Reservat verwaltet und sollten (telefonisch oder persönlich) beim Büro des Field Directors (S. 435) in Ooty gebucht werden. Das Empfangszentrum nimmt auch Spontanreservierungen an, wenn es freie Zimmer gibt.

Sylvan Lodge LODGE $
(DZ 780 ₹) Einfache, saubere Zimmer und Mahlzeiten für 70 ₹.

Theppakadu Log House LODGE $$
(Zi. 1360–2200 ₹) Die beste der vom Reservat betriebenen Unterkünfte. Die gemütlichen, gepflegten Zimmer haben Privatbäder und Mahlzeiten kosten rund 70 ₹.

Bokkapuram & Umgebung

Die Resorts dürfen nachts nicht verlassen werden, da draußen wilde Tiere wie Leoparden umherstreifen.

Wilds at Northernhay LODGE $$
(☎ 9843149490; www.serendipityo.com; Singara; Zi. inkl. Frühstück 4800–5400 ₹) Die wunderschöne Lodge, 8 km südwestlich von Masinagudi, ist in einem umgebauten Kaffeelagerhaus auf einer Kaffeeplantage mit vielen hohen Bäumen untergebracht, die einem das Gefühl geben, man übernachte ganz tief im Wald. Die gemütlichen Zimmer (einige befinden sie sich oben in den Bäumen) und das exzellente Essen runden das positive Bild ab. Zudem gibt es morgendliche und abendliche Jeepsafaris (3000 ₹/Std.), bei denen die Chancen gut stehen, eine Menge Wildtiere zu sehen.

Jungle Retreat RESORT $$
(☎ 0423-2526469; www.jungleretreat.com; Bokkapuram; B 1000 ₹, Zi. 4000–5400 ₹; 📶 🏊) Das Resort zählt zu den stilvollsten der Gegend und bringt seine Gäste in hübschen Stein-Cottages oder einem hohen Baumhaus unter – und das in maximaler Abgeschiedenheit. In der Bar, im Restaurant und im Gemeinschaftsbereich kommt man schnell mit anderen Reisenden ins Gespräch, und das Personal ist sachkundig und freundlich. Der Pool wartet mit einer eindrucksvollen Kulisse auf – ab und an kommen Leoparden und Elefanten auf einen Drink vorbei. Wer möchte, kann drei tägliche Mahlzeiten für 1700 ₹ dazubuchen.

Bamboo Banks Farm LODGE $$
(☎ 0423-2526211; www.bamboobanks.com; Masinagudi; DZ mit Vollpension 6140 ₹; 📶 🏊) Die freundliche familienbetriebene Lodge verfügt über sieben einfache, gemütliche Häuschen in einem privaten, verwilderten Dschungelabschnitt, 2 km südlich von Masinagudi. Gänse watscheln umher, es gibt einen grasbewachsenen Poolbereich mit Hängematten, gegen den Hunger helfen leckere südindische Buffets und die gut organisierten Besitzer veranstalten Ausritte und Privatsafaris.

Jungle Hut RESORT $$$
(☎ 0423-2526463; www.junglehut.in; Bokkapuram; Vollpension EZ 4400–6900 ₹, DZ 6600–9000 ₹; ❄ 📶 🏊) Neben seiner umweltfreundlichen Philosophie und einer geselligen Lounge bietet das einladende, knapp 30 Jahre alte Resort das wohl beste Essen in Bokkapuram (wer in einem anderen Resort wohnt und das Restaurant nach Einbruch der Dunkelheit besucht, sollte nicht allein nach Hause gehen!). Die Cottages mit geräumigen Zimmern verteilen sich auf eine große Anlage, auf der morgens und abends eine Herde von rund 200 Axishirschen grast. Auf Wunsch werden Jeepsafaris, Wanderungen und Vogelbeobachtungstouren organisiert.

ℹ Anreise & Unterwegs vor Ort

Eine Taxifahrt von Ooty nach Mudumalai kostet rund 1800 ₹. Man sollte zumindest eine Strecke auf der Alternativroute über die spektakuläre Bergstraße von Sighur Ghat mit 36 Haarnadelkurven fahren. Ein Taxi von Ooty nach Theppakadu kostet in der Regel 1250 ₹.

Busse zwischen Ooty und Mysuru fahren über Gudalur und halten in Theppakadu (37 ₹, 3 Std. ab Ooty). Kleinere Busse, die die Straße von Sighur Ghat passieren können, fahren von Ooty nach Masinagudi (17 ₹, 1½ Std., 10-mal tgl.). Örtliche Busse verkehren mehrmals täglich zwischen Masinagudi und Theppakadu (5 ₹). Sammeljeeps bedienen die Route ebenfalls, wenn genug Passagiere zusammenkommen (10 ₹/Pers.). Für rund 120 ₹ kann man außerdem einen Jeep für sich allein mieten. Ähnliche Preise gelten für eine Jeepfahrt zwischen Masinagudi und Bokkapuram.

Andamanen

Inhalt ➡

Beste Strände

- Radhanagar (S. 454)
- Merk Bay (S. 462)
- Ross & Smith Island (S. 463)
- Butler Bay (S. 464)
- Lalaji Bay (S. 462

Schön übernachten

- Emerald Gecko (S. 456)
- Aashiaanaa Rest Home (S. 450)
- Pristine Beach Resort (S. 464)
- Blue View (S. 465)
- Blue Planet (S. 463)

Auf zu den Andamanen!

Dank legendärer Strände, erstklassiger Tauchmöglichkeiten und abgeschiedener Lage mitten im Nirgendwo haben die Andamanen unter Travellern schon lange einen sagenhaften Ruf. Bis heute eignen sie sich ideal, um mal abzuschalten.

Smaragdgrüne Traumgewässer umgeben hier urzeitlichen Dschungel, Mangrovenwälder und weiße Strände, die unter violetten Sonnenuntergängen zu schmelzen scheinen. Die Bevölkerung ist ein Mix aus süd- bzw. südostasiatischen Siedlern und dunkelhäutigen Ethnien, deren Weg zu den Inseln die Anthropologen bis heute verblüfft. Den Reiz erhöht die einsame Lage – ca. 1370 km vom Festland, 150 km von Indonesien und 190 km von Myanmar entfernt. Somit gehören die Andamanen geografisch eher zu Südostasien.

Nur etwa ein Dutzend der insgesamt ca. 300 Inseln ist für Besucher zugänglich. Seine Strände und Tauchspots machen Havelock Island am beliebtesten. Die Nikobaren und die Stammesgebiete sind für Touristen jedoch komplett tabu.

Reisezeit

Port Blair

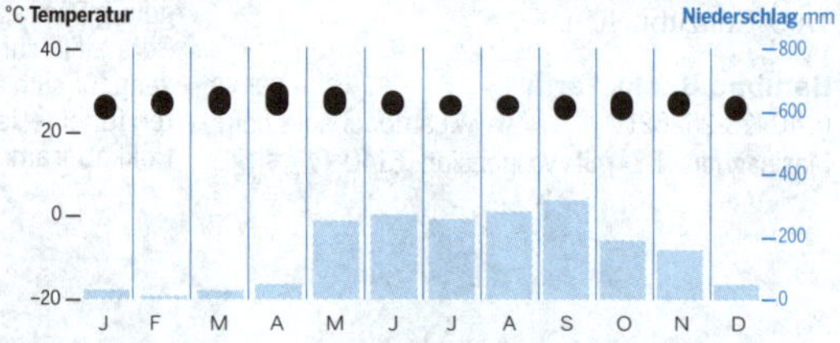

Dez.–März Sonniges Wetter und beste Tauchbedingungen, Brutzeit der Meeresschildkröten.

Okt.–Dez. & März–Mitte Mai Wechselhaftes Wetter, weniger Touristen und günstigere Preise.

Feb.–Aug. Auf Little Andaman stellen sich erfahrene Surfer mächtigen Wellen.

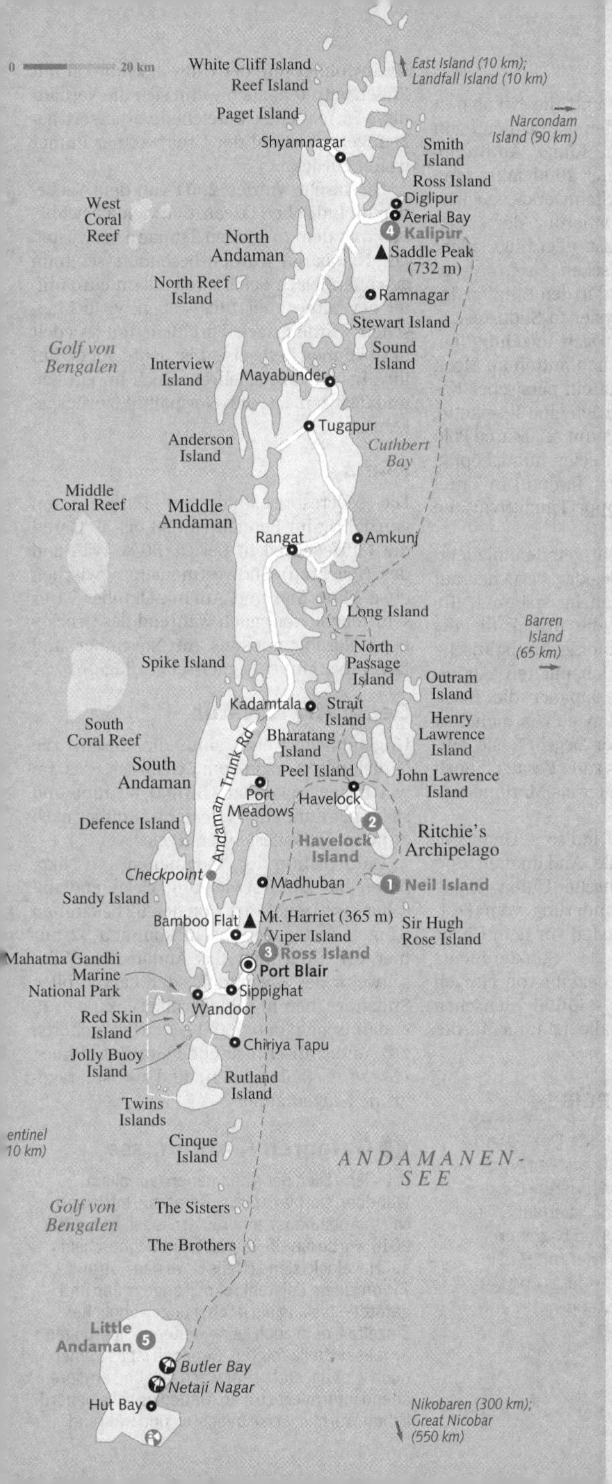

Highlights

1. Sich vom Festland lösen und das geruhsame Tempo des Lebens auf **Neil Island** (S. 458) genießen
2. Auf **Havelock Island** (S. 454) tauchen, schnorcheln und Kontakte knüpfen
3. Auf **Ross Island** (S. 451) einen Einblick in die Kolonialgeschichte von Port Blair erhalten
4. In **Kalipur** (S. 463) die Wildnis von North Andaman erleben und Inseln mit unberührten Stränden und Korallenriffen besuchen
5. Auf **Little Andaman** (S. 464) das Paradies der Butler Bay entdecken

Geschichte

Wann die Andamanen und die Nikobaren erstmals besiedelt wurden, ist bis heute ein ungelüftetes Geheimnis. Einige Anthropologen vermuten, dass hier 2000 Jahre lang Menschen lebten, die Steinwerkzeuge herstellten. Eine genaue Datierung der ersten menschlichen Siedler ist allerdings nicht möglich. Die einheimischen Ureinwohner haben ihre Wurzeln wohl in den Ethnien der Negritos und der Malaysier in Südostasien. Darüber hinaus ranken sich unzählige Legenden um diese Fleckchen mitten im Meer.

Buzurg Ibn Shahriyar, ein persischer Kapitän des 10. Jhs., beschrieb eine Inselkette, die von Kannibalen bewohnt sei, Marco Polo fügte an, die Einwohner seien hundsköpfig. Auf Tafeln in Thanjavur (Tanjore) in Tamil Nadu heißt die Inselgruppe Timaittivu: „die unreinen Inseln".

Obwohl das alles nicht gerade einladend klingt, kamen immer wieder Besucher auf die Inseln: die Marathen im späten 17. Jh. und 200 Jahre später die Briten, die die Andamanen als Strafkolonie für politische Strafgefangene aus Indien nutzten. Als im Zweiten Weltkrieg die Japaner die Inselgruppe besetzten, wurden sie von manchen Einwohnern als Befreier begrüßt; sie entpuppten sich jedoch als rüde Besatzer, auch wenn sie indische Politiker als Marionettenregierung einsetzten.

Im Anschluss an die indische Unabhängigkeit 1947 wurden die Andamanen und Nikobaren in die Indische Union eingegliedert. Mit der Zuwanderung vom Festland – u.a. flohen Bengalen vor dem Chaos während der Teilung des Subkontinents – schnellte die Einwohnerzahl von einigen Tausend auf mehr als 350 000 Menschen hoch. Damals wurden die Landrechte der Ureinwohner und der Umweltschutz oft mit Füßen getreten; auch wenn sich die Verhältnisse in manchen Bereichen verbessert haben, geht die Zahl der Ureinwohner immer weiter zurück.

Die Inseln wurden 2004 von dem Seebeben im Indischen Ozean, den vielen Nachbeben und dem folgenden Tsunami verwüstet. Die Nikobaren wurden besonders schlimm getroffen: Nach Schätzungen kam ein Fünftel der Einwohner ums Leben, viele Menschen wurden nach Port Blair umgesiedelt und können teilweise bis heute nicht auf ihre Inseln zurückkehren. Doch im Großen und Ganzen ist die Normalität zurückgekehrt.

UNTERKUNFTSPREISE

In der Spitzensaison (Mitte Dez.–Jan.) ziehen die Preise kräftig an – es empfiehlt sich, vorab zu reservieren. Campen ist auf den Inseln nicht erlaubt. Die folgenden Preiskategorien beziehen sich auf ein Doppelzimmer mit Bad in der Hauptsaison (Dez.–März) und verstehen sich inklusive Steuern:

$ weniger als 800 ₹

$$ 800–2500 ₹

$$$ mehr als 2500 ₹

Klima

Die Meeresbrise hält die Temperaturen ganzjährig im Bereich von 23 bis 31 °C und die Luftfeuchtigkeit bei ca. 80 %. Während des (feuchten) Südwestmonsuns zwischen etwa Mitte Mai und Anfang Oktober ist es sehr feucht, aber auch während des (trockenen) Nordostmonsuns im November und Dezember gibt es regnerischere Tage.

Geografie & Natur

Unglaublicherweise sind die Inseln die Gipfel des Arakan-Joma-Gebirges, das im westlichen Myanmar (Birma) beginnt und sich quer durch den Ozean bis hinüber nach Sumatra (Indonesien) erstreckt.

Die Isolation der Andamanen und Nikobaren hat zur Entwicklung vieler endemischer Spezies geführt. Von den 62 bekannten Säugetierarten der Inseln kommen 32 nur hier vor – darunter das Andamanen-Wildschwein, der Javaneraffe, der Larvenroller, Spitzhörnchen und Fledermäuse. Zu den 18 endemischen der 250 Vogelarten gehören z.B. unterirdisch brütende Großfußhühner, *hawabills* (Salanganen) und die smaragdgrüne Kragentaube.

Gefahren & Ärgernisse

In vielen Teilen der Andamanen (vor allem Wandoor, Corbyn's Cove, Baratang, Little und North Andamans) gehören Krokodile zum Alltag. 2010 wurde ein US-Tourist beim Schnorcheln auf Havelock Island (Neils Cove nahe Strand 7) von einem Leistenkrokodil angegriffen und getötet – bislang ein höchst ungewöhnlicher Einzelfall, dem auch keine weiteren Sichtungen an dieser Stelle folgten. Dennoch ist es immer noch wichtig, stets sehr wachsam und entsprechend informiert zu sein. Unbedingt alle behördlichen Warnhinweise beachten und während der Morgen- oder Abenddämmerung nicht ins Wasser steigen!

Ein weiteres Problem sind Sandfliegen: Am Strand werden die unglaublich juckenden Bisse der Kleininsekten mitunter zur echten Plage. Zwecks Infektionsvermeidung sollte man sich nicht an der Bissstelle kratzen, sondern diese mit Kortisonsalbe oder Galmeilotion behandeln und bei einer Entzündung ärztliche Hilfe suchen. Die beste Vorbeugung ist ein DEET-haltiges Insektenabwehrmittel. Am besten den Strand morgens und abends meiden.

Praktische Informationen

Obwohl die Andamanen über 1000 km östlich vom Festland liegen, gilt hier die indische Zeit. So kann es schon um 17 Uhr dunkel und um 4 Uhr wieder hell werden – die meisten Einheimischen sind daher absolute Frühaufsteher.

Selbst bei Ortsgesprächen ist grundsätzlich die Regionalvorwahl ☎ 03192 mitzuwählen.

Genehmigungen

Alle ausländischen Andamanen-Besucher brauchen eine entsprechende Genehmigung, die gratis bei der Ankunft in Port Blair oder der Haddo Jetty erteilt wird. Diese Aufenthaltserlaubnis mit 30 Tagen Gültigkeit gilt für Port Blair, South und Middle Andaman (ausgenommen Stammesgebiete), North Andaman (Diglipur), Long Island, North Passage, Little Andaman (ausgen. Stammesgebiete), Havelock und Neil Island. Beim **Einwanderungsbüro** (Immigration Office; ☎ 03192-239247; ⏲ Mo–Fr 8.30–13 & 14–17.30, Sa 8.30–13 Uhr) in Port Blair sowie bei allen regionalen Polizeiwachen lässt sie sich um 15 Tage verlängern.

Seine Genehmigung muss man stets mit sich führen – ohne sie kommt man nicht weit. Die Polizei fordert einen häufig auf, sie vorzuzeigen, insbesondere wenn man auf einer der anderen Inseln an Land geht, und die Hotels benötigen die darauf vermerkten Angaben. Auch bei der Ausreise von den Andamanen muss man die Genehmigung vorlegen.

Die Genehmigung erlaubt auch Tagesausflüge zu den Inseln Jolly Buoy, South Cinque, Red Skin, Ross, Narkondam, Interview und Rutland sowie zu den Brothers- und Sisters-Inseln. Die meisten Tagesgenehmigungen kosten nicht viel Zeit, aber Geld. Für Gebiete wie den Mahatma Gandhi Marine National Park oder Ross und Smith Island bei Diglipur zahlen Ausländer 500 ₹ und Inder 50 ₹. Für Studierende mit gültigem Studentenausweis ist die Genehmigung wesentlich günstiger, man sollte diesen daher unbedingt mitbringen.

Die Nikobaren sind nur für Inder zugänglich, die im Regierungsauftrag, zu Forschungszwecken oder aus geschäftlichen Gründen dorthin reisen.

GENEHMIGUNGSKOPIEN

Zum Zeitpunkt der Recherche erforderte das Buchen von Fährtickets offiziell eine Fotokopie der Aufenthaltsgenehmigung (in der Praxis nicht immer vorzuzeigen). Um das Trauma des erneuten Anstehens zu umgehen, sollte man Port Blairs Fährbüro gleich mit etwa fünf Kopien aufsuchen: Diese werden später wohl ohnehin noch benötigt.

An- & Weiterreise

FLUGZEUG

Von Delhi, Kolkata und Chennai gehen täglich Flüge nach Port Blair (bei Start in Delhi oder Kolkata oft über Chennai). Je nach Buchungszeitpunkt kosten Hin- und Rückflug zusammen 250 bis 600 US$. Wer Monate im Voraus reserviert, bekommt die einfache Strecke bei manchen Gesellschaften schon für 80 US$.

Air India (☎ 03192-233108; www.airindia.com)

GoAir (☎ 03192-231540, Reservierungen 092-23222111; www.goair.in)

Jet Airways (☎ 1800-225522, 03192-230545; www.jetairways.com)

SpiceJet (☎ 0987-1803333; www.spicejet.com)

SCHIFF/FÄHRE

Die berühmt-berüchtigten Fähren nach Port Blair sind entweder „die einzig wahre Art, zu den Andamanen zu gelangen" oder eine echte Tortur – je nachdem, wen man gerade fragt. Die Wahrheit liegt irgendwo in der Mitte. Normalerweise fahren pro Monat drei bis vier Schiffe zwischen Port Blair und Chennai (3 Tage) oder Kolkata (4–5 Tage), hinzu kommt noch eine monatliche Verbindung nach Visakhapatnam (4 Tage). Alle Fähren vom Festland legen am Haddo Jetty an.

Die angegebenen Fahrtzeiten sind mit Vorsicht zu genießen: Traveller haben im Hafen von Kolkata schon bis zu 12 Stunden festgesessen, manchmal verzögerte sich das Anlegen bei Port Blair um mehrere Stunden. Durch solche Verzögerungen, schlechtes Wetter und raue See, kann die Überfahrt auch einmal ein oder zwei Tage länger dauern.

Assistant Director of Shipping Services (☎ 044-25226873; 17 Rajaji Salai, Jawahar Bldg, Hafen Chennai; ⏲ Mo–Fr 10–13 & 14–16, Sa bis 12.30 Uhr) betreiben die Fähren ab Chennai, die **Shipping Corporation of India** (☎ 033-22543505/7, in Kolkata 033-22543400; www.shipindia.com; 13 Strand Rd, Kolkata; ⏲ Mo–Fr 9–13 & 14–17, Sa bis 12 Uhr) die Fähren ab Kolkata und **Pattabhiramayya & Co** (☎ 0891-2565597; ops@avbgpr.com; Harbour Approach

AUSFALLENDE FÄHREN

Schlechtes Wetter kann den Reiseplan mächtig durcheinanderwirbeln, denn bei rauer See wird der Fährbetrieb oft eingestellt. Man sollte ein paar Puffertage einplanen, damit man nicht festsitzt.

Rd, neben NMDC, Hafengebiet; ⏲9–17 Uhr) die Fähren ab Visakhapatnam.

Fährtickets für die Rückfahrt sind beim Buchungsbüro (S. 452) in Phoenix Bay erhältlich. Erforderlich sind zwei Passfotos und eine Kopie der Aufenthaltsgenehmigung. Die Fahrpläne und Preise findet man unter www.andamans.gov.in oder unter www.shipindia.com. Ansonsten kann man sich auch im Informationsbüro in Phoenix Bay erkundigen.

Je nach Boot variieren die Klassen ein wenig, am billigsten sind Kojen (Stockbetten, 2270 ₹), gefolgt von der 2. Klasse (6 Betten, 5817 ₹), der 1. Klasse (4 Betten, 7319 ₹) und den Deluxe-Kabinen (2 Betten, 8841 ₹). Tickets höherer Preiskategorien kosten so viel oder sogar noch mehr als ein Flug. Kojenpassagiere müssen mit schnarchenden und spuckenden Mitreisenden, wenig Privatsphäre und Toiletten rechnen, die nach drei Tagen auf See ziemlich unappetitlich werden. Dafür kommt man mit Einheimischen in Kontakt und erlebt ein echtes Reiseabenteuer, langsam wie in alten Zeiten.

Das Essen (Gabelfrühstück, mittags & abends Thalis) kostet für Kojen-/Kabinenpassagiere rund 150/200 ₹ pro Tag, doch sollte man zur Ergänzung selber etwas Verpflegung mitbringen, vor allem Obst. Etwas Bettzeug wird gestellt, Kojenpassagiere sollten jedoch ein Laken dabeihaben. Viele Passagiere spannen auch eine Hängematte an Deck auf.

Eine Fährverbindung zwischen Port Blair und Thailand gibt es nicht, aber private Jachten können eine Anlegeerlaubnis bekommen. Eine legale Schiffsüberfahrt von den Andamanen nach Myanmar ist nicht möglich. Wer das versucht und dabei von der indischen oder birmanischen Marine aufgebracht wird, riskiert Gefängnis oder Schlimmeres.

Unterwegs vor Ort

AUTO & MOTORRAD

Mietwagen mit Fahrer kosten 550 ₹ pro 35 km; die Fahrt von Port Blair nach Diglipur schlägt hin und zurück (mit Zwischenstops unterwegs) mit rund 10 000 ₹ zu Buche. Motorräder und Mopeds kann man in Port Blair und auf allen Inseln ab ca. 300 bis 400 ₹ pro Tag mieten. Wegen der Reisebeschränkungen in Stammesgebieten dürfen Ausländer keine Autos nach North oder Middle Andaman einführen.

BUS

Alle Straßen- und Schiffsverbindungen führen nach Port Blair. Um die Weiterreise zu organisieren verbringt man dort zwangsläufig ein bis zwei Tage. Straßen, Fähren und Brücken verbinden die drei Hauptinseln (South, Middle und North Andaman). Busse fahren ab Port Blair südwärts nach Wandoor; die Nordroute verläuft über Baratang, Rangat, Mayabunder und schließlich Diglipur, das 325 km von der Hauptstadt entfernt liegt.

FLUGZEUG

Zwei Typen von Luftfahrzeugen verbinden Port Blair mit den anderen Inseln. Die Flüge lohnen sich wegen der Aussicht – falls das Reisebudget das zulässt.

Interisland Helicopter Der Hubschrauberservice ist eigentlich nicht für Reisende gedacht, aber man kann sein Glück versuchen, indem man einen Tag im Voraus im Büro des Directorate of Civil Aviation (☎03192-233601; VIP Rd, Port Blair Helipad) am Hubschrauberlandeplatz nahe dem Flughafen nachfragt. Der Hubschrauber fliegt von Port Blair nach Little Andaman (2625 ₹, 35 Min.), Havelock (1500 ₹, 20 Min.), Diglipur (4125 ₹, 1 Std.) und Mayabunder (3375 ₹, 45 Min.). Für die meisten Reisenden ist dieser Service aber schon wegen des Gepäcklimits von 5 kg uninteressant.

Sea Plane (☎09531828222; andamanseaplane@gmail.com; ⏲Mo–Sa) Das amphibische Wasserflugzeug verbindet Port Blair mit Havelock (4100 ₹), Little Andaman (7170 ₹) und Diglipur (10 500 ₹). Gestartet und gelandet wird auf dem Wasser sowie auf dem Rollfeld in Port Blair. Das Flugzeug ist nur zwischen Januar und April im Einsatz. Auch hier gilt ein Gepäcklimit von 5 kg.

SCHIFF/FÄHRE

Die meisten Inseln sind nur auf dem Wasserweg erreichbar. So romantisch das auch klingen mag: Warten in der Hitze, lahmes Personal, Drängler und Rangeleien um einen Platz am Ausgabeschalter können den Kauf von Fährtickets zur Qual machen. Um sich einen gewissen Vorteil zu sichern und seinen Platz in der Schlange zu behaupten, muss man schon etwas robust auftreten (dabei ber bitte nicht übertreiben) – oder eine Frau sein: Gesonderte Schlangen für Frauen sind ein wahrer Segen, aber faktisch nur in Port Blair vorhanden. Wer spätestens eine Stunde vor Abfahrt den entsprechenden Pier aufsucht, kann sein Ticket theoretisch auch direkt am Reisetag kaufen. Da dies aber sehr oft nicht klappt, ist eine Reservierung (1–2 Tage vorab) ratsam. Achtung: Ohne die Aufenthaltsgenehmigung (S. 447) für die Andamanen sind Fährtickets nicht im Voraus buchbar!

Boote schippern regelmäßig nach Rangat, Mayabunder, Diglipur, Little Andaman, Havelock

Island und Neil Island (3–4 Boote/Tag). Einen Online-Fahrplan mit Verbindungen zwischen den Inseln findet man unter www.andamans.gov.in.

Boote schippern regelmäßig nach Havelock und Neil Island (3- bis 4-mal tgl.) sowie nach Rangat, Mayabunder, Diglipur and Little Andaman. Den Fahrplan der Schiffsverbindungen zwischen den Inseln findet man online unter www.andamans.gov.in.

Zwei private Fährunternehmen fahren ebenfalls von Port Blair nach Havelock und Neil Island:

Makruzz Ferry (✆ 03192-212355; www.makruzz.com)

Coastal Cruise (✆ 03192-241333; www.coastalcruise.in; 13 RP Rd, Aberdeen Bazaar)

Port Blair

100 600 EW.

Die mehr oder weniger typische indische Provinzhauptstadt der Andamanen ist von hübschen, dichten Wäldern und schroffen Küstenlinien umgeben. Der lebhafte Einwohnermix (Bengalen, Tamilen, Telugus, Nikobaresen und Birmanen) stammt aus Ländern am Indischen Ozean. Die meisten Traveller verbringen hier nicht mehr Zeit als nötig – in der Regel ein bis zwei Tage. Aber „PB" erlaubt dank faszinierender Geschichte tolles und auch längeres Sightseeing.

Sehenswertes

★ Cellular Jail National Memorial HISTORISCHES GEBÄUDE

(GB Pant Rd; Eintritt 10 ₹, Foto/Video 25/100 ₹, Sound-and-Light-Show Erw./Kind 50/25 ₹; ⌚ 8.45–12.30 & 13.30–17 Uhr) Das ehemalige britische Gefängnis ist heute ein Nationaldenkmal für die einst hier eingekerkerten Gegner der Kolonialherrschaft. Mit dem Bau des Gefängnisses wurde 1896 begonnen, fertiggestellt war es 1906. Die ursprünglich sieben Flügel (mehrere wurden von den Japanern während des Zweiten Weltkriegs zerstört) rund um einen Wachtturm umfassten 698 Zellen. Wie viele derartige Einrichtungen wurde auch das „Zellengefängnis" zu einer Art „Universität" der in ihr inhaftierten politischen Gefangenen, die trotz Mauern und Wärtern miteinander diskutierten und Bücher und Ideen austauschten. Führer (200 ₹) zeigen Besuchern die Anlage.

Die recht kitschige **Sound-and-Light-Show** (Mo, Mi & Fr 19.15 Uhr) informiert auf Englisch über die Geschichte des Gefängnisses.

Anthropologisches Museum MUSEUM

(MG Rd; Eintritt/Foto 10/20 ₹; ⌚ Di–So 9–13 & 13.30–16.30 Uhr) Das **Museum** porträtiert umfassend und wohlwollend die Ureinwohner der Inseln. Die Schaukästen mögen altmodisch daher kommen, wirken aber im Vergleich zu ihrem Inhalt geradezu hypermodern: Sie präsentieren beispielsweise einen Brustschutz der Jarawa mit eingravierten geometrischen Mustern, einen Totenschädel, der in einer Sentinelesen-Hütte gefunden wurde, und Schamanenskulpturen von den Nikobaren, die totemistische Geister verkörpern.

Samudrika Marine Museum MUSEUM

(Haddo Rd; Erw./Kind 20/10 ₹, Fotos/Video 20/50 ₹; ⌚ Di–So 9–13 & 14–17 Uhr) Das von der indischen Marine betriebene Museum bietet eine beeindruckende Zahl an interessanten Exponaten über das Ökosystem der Inseln, die indigenen Völker und die Tiere und Pflanzen zu Lande und im Wasser. Vor dem Museum ist das eindrucksvolle Skelett eines jungen Blauwals aufgestellt, der vor einiger Zeit auf der Nikobareninsel an den Strand gespült wurde.

Chatham Saw Mill HISTORISCHE STÄTTE

(Eintritt 10 ₹; ⌚ 8.30–14.30 Uhr) Das auf der (über eine Straßenbrücke erreichbaren) Chatham Island gelegene Sägewerk wurde im Jahr 1883 von den Briten erbaut und war einst einer der größten holzverarbeitenden Betriebe Asiens. Die Sägemühle ist immer noch im betriebsfähigen Zustand und sicher – vor allem für Naturfreunde – kein erfreulicher Anblick, vermittelt aber einen interessanten Einblick in die Geschichte und die Wirtschaft der Insel. Sehenswert ist auch ein von der japanischen Artillerie verursachter Bombenkrater aus dem Zweiten Weltkrieg.

Corbyn's Cove STRAND

Zwar kommt niemand des Strandes wegen nach Port Blair, wer jedoch etwas Erholung von der Stadt braucht, findet an der Corbyn's Cove einen kleinen, sichelförmigen Sandstrand mit Palmen. Die hierher führende Küstenstraße ist malerisch; unterwegs passiert man auch mehrere **japanische Bunker** aus dem Zweiten Weltkrieg. Der Strand befindet sich 7 km südlich der Stadt, zu erreichen per Motorroller oder mit einer Autorikscha (200 ₹). Gelegentlich lassen sich hier auch Krokodile blicken.

Port Blair

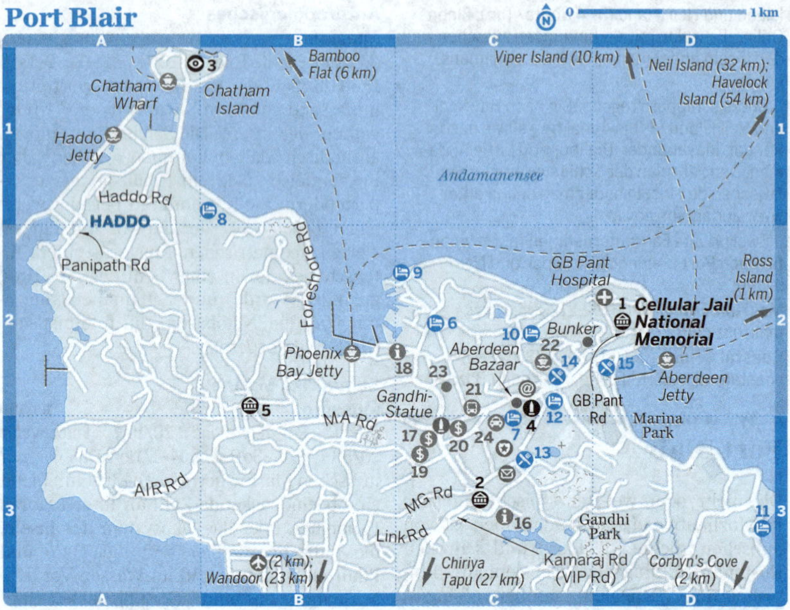

Port Blair

Highlights
1 Cellular Jail National Memorial D2

Sehenswertes
2 Anthropologisches Museum.................C3
3 Chatham Saw Mill...............................A1
4 Uhrenturm..C2
5 Samudrika Marine Museum B2

Schlafen
6 Aashiaanaa Rest Home.......................C2
Amina Lodge ....(siehe 7)
7 Azad Lodge C2
8 Da Bay Inn B1
9 Fortune Resort – Bay Island................C2
10 Hotel Lalaji Bay View C2
11 Hotel Sinclairs Bayview.......................D3
12 J Hotel C2

Essen
13 Annapurna C3
Bayview ....(siehe 11)
Excel Restaurant.........................(siehe 10)
Gagan Restaurant.........................(siehe 4)
14 Lighthouse Residency C2
15 New Lighthouse Restaurant.................D2

Ausgehen & Nachtleben
Nico Bar ....(siehe 9)

Praktisches
16 Andaman & Nicobar Tourism C3
17 Axis Bank (Geldautomat) C3
Axis Bank (Geldautomat) ....(siehe 12)
18 Directorate of Shipping
(Informationsbüro)..............................C2
E-Cafe ....(siehe 4)
19 ICICI (Geldautomat).............................C3
Einreisebehörde..............................(siehe 16)
Island Travels.................................(siehe 14)
20 State Bank of India C3

Transport
21 Busbahnhof C2
22 Coastal Cruise C2
Fähr-Buchungsbüro.......................(siehe 18)
23 Saro Tours..C2
24 Taxi- & Autorikschastand.....................C3

Schlafen

Die Touristeninformation (S. 452) führt eine Liste der Homestay-Unterkünfte in Port Blair.

★ Aashiaanaa Rest Home PENSION $
(☎ 09474217008; shads_maria@hotmail.com; Marine Hill; Zi. ohne Bad 300 ₹, mit Klimaanlage ab 900 ₹; ❄ 📶) Die anheimelnden Zimmer von

Port Blairs komfortabelster Budget-Bleibe sind aquamarinblau und blassviolett gestrichen und liegen bequem auf dem Hügel über dem Phoenix Bay Jetty. Die meisten Zimmer verfügen über Kabelfernsehen und verlässliches Warmwasser, die teureren auch über einen Balkon und eine Klimaanlage. Das Personal hilft bei der Buchung von Fährtickets. WLAN-Zugang gibt's für 60 ₹ pro Stunde.

Hotel Lalaji Bay View PENSION $

(☎9476005820, 03192-236333; www.lalajibay-view.com; RP Rd; EZ/DZ 300/400 ₹, Zi. mit Klimaanlage ab 1200 ₹; ❄📶) Das beliebte Budgethotel, die Backpackerzentrale von Port Blair, wird von dem freundlichen Jungunternehmer Nirman (einem Enkel des Betreibers des Lalaji auf Long Island) geführt, der genau weiß, was seine Gäste wollen. Die Zimmer sind gemütlich, makellos und haben bequeme Betten. Der Hauptanziehungspunkt ist das gesellige Barrestaurant auf der Dachterrasse mit (kostenpflichtigem) WLAN-Zugang. Das Hotel befindet sich gleich oberhalb der Moschee.

Amina Lodge PENSION $

(☎9933258703; aminalodge@ymail.com; MA Rd., Aberdeen Bazaar; EZ/DZ 450/6 ₹) Zu festen Tarifen vermietet ein fröhliches Ehepaar hier saubere Zimmer mit TV. Die Lage im Herzen des Basars ist praktisch, aber sehr laut.

Azad Lodge PENSION $

(☎03192-242646; MA Rd, Aberdeen Bazaar; EZ/DZ ohne Bad 200/300 ₹, DZ 500 ₹, Zi. mit Klimaanlage 850 ₹) Eine schon seit langem beliebte Budget-Bleibe mit schlichten, sauberen Zimmern.

Da Bay Inn HOTEL $$

(☎9647200473; Foreshore Rd; Zi. mit Meerblick & Frühstück 3000 ₹) Das Hotel über der Bucht ist nur zu empfehlen, wenn man ein Zimmer mit Meerblick bekommt. Die Zimmer sind komfortabel, aber das Dekor ist aufdringlich.

★ **Hotel Sinclairs Bayview** HOTEL $$$

(☎03192-227824; www.sinclairshotels.com/portblair; South Point; EZ/DZ mit Frühstück ab 8100/8600 ₹; ❄📶🏊) Die großen modernen Zimmer dieses Hotels 2 km außerhalb der Stadt an der Straße zur Corbyn's Cove öffnen sich direkt zum Wasser. Das Hotel besitzt eine hübsche Gartenanlage am Meer mit Hängematten, in denen man es sich gemütlich machen kann. Auf dem Gelände befindet sich auch ein japanischer Bunker aus dem Zweiten Weltkrieg. Kostenloser Transport vom/zum Flughafen.

Fortune Resort – Bay Island HOTEL $$$

(☎03192-234101; www.fortunehotels.in; Marine Hill; EZ/DZ mit Frühstück ab 7090/7630 ₹; ❄📶🏊) Das Hotel mit hübschem Blick auf die Bucht, einem tropischen Garten und modernen Zimmern mit Parkettboden gehört zu den schönsten in Port Blair. Man sollte ein Zimmer mit Meerblick verlangen.

J Hotel HOTEL $$$

(☎03192-246000; www.jhotel.in; Aberdeen Bazaar; Zi. mit Frühstück ab 4300 ₹; ❄📶) Das

NICHT VERSÄUMEN

ROSS ISLAND

Ein Besuch auf der nur eine 20-minütige Bootsfahrt von Port Blair entfernten Ross Island (nicht zu verwechseln mit der gleichnamigen Inseln im Norden der Andamanen) wirkt wie die Entdeckung einer im Dschungel verlorenen Stadt à la Angkor Wat, nur dass die Ruinen hier nicht von den antiken Khmer, sondern von den Briten des Viktorianischen Zeitalters stammen. Die ehemalige britische Verwaltungszentrale auf den Andamanen galt seinerzeit als „Paris des Ostens" (nicht anders als Pondicherry, Saigon und viele andere Städte), aber diesem kühnen Anspruch, der munteren Geselligkeit und den tropischen Gärten setzten 1941 ein Erdbeben und die anschließende Invasion der Japaner ein Ende.

Die alten britischen Bauten stehen noch immer, obwohl die schnell wachsende Dschungelvegetation ihnen zu Leibe rückt. Landschaftsgärtnerisch gestaltete Wege führen quer über die Insel, und die meisten Gebäude sind beschildert. Auf der Insel leben Axishirsche und es gibt ein kleines **Museum** mit historischen Relikten. Zum Zeitpunkt der Recherche wurde gerade eine Sound-and-Light-Show geplant.

Fähren zur Ross Island (100 ₹, 20 Min.) legen stündlich vom Aberdeen Jetty hinter dem Aquarium in Port Blair ab. Sie fahren täglich (außer Mi) zwischen 8.30 und 14 Uhr.

smarte Designhotel inmitten des Basars bietet moderne Zimmer und ein schickes Dachterrassenrestaurant. Das fehlende Sonnenlicht mag man als Nachteil empfinden – da die Sonne morgens um 5 Uhr aufgeht, vielleicht aber auch nicht.

Essen & Ausgehen

★ Excel Restaurant INTERNATIONAL, INDISCH $
(Hotel Lalaji Bay View, RP Rd; Hauptgerichte ab 100 ₹; ⌚7–23 Uhr; 📶) Das verführerische, mit Bambus eingerichtete Restaurant auf der Dachterrasse über dem Hotel Lalaji Bay View (nicht zu verwechseln mit der schmuddeligen Bar im Erdgeschoss), bringt mit gegrilltem Fisch, Burgern, israelischen Gerichten usw. eine Speisekarte à la Havelock in die Stadt. WLAN-Zugang (60 ₹/Std.) und die gut bestückte Bar machen das Lokal zum idealen Treff.

Gagan Restaurant INDISCH $
(Uhrenturm, Aberdeen Bazaar; Hauptgerichte ab 90–200 ₹; ⌚7–22 Uhr) Das bei Einheimischen beliebte bengalische Ladenlokal serviert großartiges Essen zu günstigen Preisen, darunter Fisch von den Nikobaren, Krabbencurry, Kokoshühnchen und zum Frühstück Dosas.

Annapurna INDISCH $
(MG Rd; Hauptgerichte 100–150 ₹; ⌚ 6.30–22.30 Uhr) Dieses tolle vegetarische Lokal erinnert an die Cafeteria einer High School. Seine Dosas und reichhaltigen Currys im nordindischen Stil sind von hervorragender Qualität.

Lighthouse Residency SEAFOOD $$
(MA Rd; Hauptgerichte 80–800 ₹; ⌚11–23 Uhr) Man wählt aus der Auslage roten Schnapper, Krabben oder Riesengarnelen und genießt sie gegrillt (mit Reis und Chips als Beilage). Auf der Dachterrasse kann man sich ein kaltes Kingfisher-Bier gönnen. Eine preiswertere **Filiale** (Marina Park; Hauptgerichte 80–400 ₹) befindet sich in einer Freiluftbude in Ufernähe.

Bayview MULTICUISINE $$$
(Hotel Sinclairs Bayview; Hauptgerichte 110–500 ₹; ⌚11–23 Uhr) Das Lokal direkt am Wasser bekommt immer eine kühle Meeresbrise ab: eine prima Adresse für ein Mittagessen außerhalb der Stadt.

Nico Bar BAR
(Marine Hill; ⌚11–23 Uhr) Näher kann man den Nikobaren nicht kommen: Meeresbrise und tolle Aussicht (dieser Ort liegt dem Bild auf dem 20-₹-Schein zugrunde) sind in der Bar des Fortune Bay Hotel garantiert. Hier lässt sich prima ein Nachmittag oder ein lauer Abend bei einem Drink verbringen.

ℹ Praktische Informationen

In der Stadt gibt's mehrere Geldautomaten. Internetcafés mit WLAN und Computern (40 ₹/Std.) finden sich am Aberdeen Bazaar nahe dem Uhrenturm.

Andaman & Nicobar Tourism (☎03192-232694; www.andamans.gov.in; Kamaraj Rd; ⌚8.30–13 & 14–17 Uhr) Die Haupttouristeninformation der Insel bietet Broschüren und bucht Genehmigungen für Gebiete rund um Port Blair. Auf der Website stehen nützliche Infos, z. B. die Fahrpläne der Fähren.

GB Pant Hospital (☎Notruf 03192-232102, 03192-233473; GB Pant Rd)

Hauptpost (MG Rd; ⌚Mo–Sa 9–19 Uhr)

Island Travels (☎03192-233358; islandtravels@yahoo.com; Aberdeen Bazaar; ⌚Mo–Sa 9–13 & 14–18 Uhr) Verlässliche Reiseagentur für die Buchung von Flügen. Bietet auch eine Wechselstube.

Polizeiwache Aberdeen (☎03192-232400; MG Rd)

State Bank of India (MA Rd; ⌚Mo–Fr 9–12 & 13–15, Sa 10–12 Uhr) Wechselt ausländische Währungen.

ℹ An- & Weiterreise

BUS

Von der **Bushaltestelle** am Aberdeen Bazaar fahren ganztägig staatliche Busse nach Wandoor (20 ₹, 1 Std.) und Chiriya Tapu (20 ₹, 1 Std.). Busse nach Diglipur starten um 4 (nach Aerial Bay) und 7 Uhr (265 ₹, 12 Std.), um 9.45 Uhr gibt's einen Bus nach Mayabunder (200 ₹, 10 Std.). Die drei Busse fahren alle über Rangat (160 ₹, 6 Std.) und Baratang (190 ₹, 3 Std.). Die „Büros" (nicht mehr als ein Verkäufer mit einem Ticketblock) der komfortablen, aber auch teureren Busbetreiber befinden sich gegenüber der Hauptbushaltestelle.

SCHIFF/FÄHRE

Die meisten Fähren zwischen den Inseln legen am **Phoenix Bay Jetty** ab. Tickets verkauft das dortige **Buchungsbüro** (⌚Mo–Fr 9–13 & 14–16, Sa bis 12 Uhr). Reservierungen sind bis zu drei Tage im Voraus möglich. Sind bereits alle Plätze vergeben, kann man eine Stunde vor Abfahrt am Hintereingang des Büros versuchen, ein Last-Minute-Ticket zu ergattern. Fragen beantwortet das **Fährinformationsbüro** (☎03192-245555; Phoenix Bay Jetty; ⌚5.30–18.30 Uhr) vor dem Buchungsbüro.

Fähren nach Havelock (195 ₹, 2½ Std.) legen täglich um 6.20, 11, 13 und 14 Uhr ab; mehrere machen einen Zwischenstopp in Neil Island, und alle sind schnell ausgebucht.

Daneben gibt es auch teurere Fähren privater Anbieter. Makruzz (S. 449) startet täglich um 8.15 und 14 Uhr nach Havelock (975–1700 ₹, 1½ Std.) mit Weiterfahrt nach Neil Island (1315–2224 ₹, 2½ Std.). Tickets erhält man am Flughafen oder bei Reisebüros in der Stadt. Coastal Cruise (S. 449) fährt um 7.30 Uhr über Havelock (875–1200 ₹) nach Neil Island (875–1200 ₹).

Darüber hinaus fahren täglich Fähren nach Little Andaman, die ebenfalls regelmäßig ausgebucht sind, sowohl mehrmals wöchentlich Fähren nach Diglipur und Long Island.

Man sollte nach der Ankunft unmittelbar zum Pier gehen, um seine Tickets zu buchen.

Unterwegs vor Ort

AUTORIKSCHA

Die Fahrt vom Aberdeen Bazaar zum Phoenix Bay Jetty kostet rund 30 ₹ und zum Haddo Jetty rund 50 ₹.

VOM/ZUM FLUGHAFEN

Die Fahrt vom Flughafen zum Aberdeen Bazaar (4 km) kostet mit Taxi oder Autorikscha rund 100 ₹. Stündlich pendeln Busse (10 ₹) zwischen dem Flughafen und der Hauptbushaltestelle.

MOTORRAD

Diverse Anbieter in Port Blair vermieten Motorroller für rund 400 ₹ pro Tag. Zu empfehlen ist **Saro Tours** (☎ 9933291466; www.rentabikeandaman.com; Marine Rd).

Rund um Port Blair

Rund um Port Blair gibt's Gelegenheit zu Freiwilligenarbeit im Umweltschutz . Informationen dazu findet man im Kapitel „Freiwilligenarbeit" (S. 33).

Wandoor

Wandoor, ein winziges Dorf 29 km südwestlich von Port Blair, ist ein guter Ort, um das Inselinnere kennenzulernen. Am bekanntesten ist das Dorf als Sprungbrett für das Schnorcheln im Mahatma Gandhi Marine National Park. Busse fahren von Port Blair nach Wandoor (20 ₹, 1 Std.).

Aktivitäten

Wandoor besitzt einen schönen Strand, das Baden war allerdings zum Zeitpunkt der Recherche wegen Krokodilen verboten.

Mahatma Gandhi Marine National Park SCHNORCHELN

(Genehmigung Inder/Ausländer 50/500 ₹; ⌚ Di–So) Die bei indischen Touristen beliebten halbtägigen Schnorchelausflüge in den Mahatma Gandhi Marine National Park sind eine gute Möglichkeit, schon in Port Blair die Unterwasserwelt kennenzulernen. Der Park umfasst 15 Inseln mit Mangrovenbächen, tropischem Regenwald und Riffen, in denen 50 Korallenarten und viele bunte Fische leben. Die Boote starten um 9 Uhr vom Wandoor Jetty; die Fahrt kostet 750 ₹ zuzüglich zur Genehmigung (500 ₹), die man sich in der Touristeninformation (S. 452) in Port Blair beschaffen muss.

Je nach Jahreszeit wird entweder bei Jolly Buoy oder bei Red Skin geschnorchelt, so dass sich die Stellen zwischenzeitlich regenerieren können.

Schlafen

Anugama Resort RESORT $$$

(☎ 03192-280068; www.anugamaresort.com; Wandoor; Zi. mit Ventilator/Klimaanlage & Frühstück 3000/3500 ₹; ❄ 📶) Das von einem begeisterten Taucher aus Singapur geführte Anugama bietet schlichte, aber komfortable Cottages in beschaulicher Lage zwischen Wäldern und Sümpfen. Outdoor-Fans kommen mit Aktivitäten wie Schnorcheln, Fahrradfahren und Wanderungen zu den Mangroven und Gezeitenzonen voll auf ihre Kosten.

Chiriya Tapu

Das winzige, von Stränden und Mangroven gesäumte Dorf Chiriya Tapu liegt 30 km südlich von Port Blair und ist für seine herrlichen Sonnenuntergänge bekannt. Hier findet sich auch der bei indischen Tagesausflüglern beliebte Munda Pahar Beach. Von Port Blair (20 ₹, 1 Std.) fahren stündlich Busse hierher, der letzte Bus zurück startet um 18 Uhr.

Sehenswertes & Aktivitäten

Chiriya Tapu Biological Park ZOO

(Inder/Ausländer 20/50 ₹; ⌚ Di–So 9–16 Uhr) Der örtliche Zoo ist eine bewaldete Anlage mit schön gestalteten Gehegen für indigene Arten wie Javaneraffen, Bindenschweine und Leistenkrokodile.

Tauchen

Die in Chiriya Tapu ansässigen Tauchveranstalter können Touren nach Cinque und

Rutland Island organisieren; beide Tauchstellen sind für ihren Fischreichtum, bunte Korallen und ausgezeichnete Sichtbedingungen bekannt. In Cinque gibt es auch eine blendend weiße Sandbank. Man kann auch zum Wrack eines Minensuchboots aus dem Zweiten Weltkrieg tauchen.

Lacadives TAUCHEN
(☎03192-281013; www.lacadives.com; pro Tauchgang Rutland Island 2000 ₹, Cinque Island 8000 ₹; ⏲Okt.–Mai) Das alteingesessene indische Tauchunternehmen kann auch Budgetunterkünfte für Taucher besorgen. Die Boote nehmen bis zu 10 Passagiere auf.

Infinity Scuba TAUCHEN
(☎03192-281183; www.infinityscubandamans.com; 2 Tauchgänge & Mittagessen Rutland Island 3500 ₹, Cinque Island 4000 ₹) Das von Baath, einem früheren Angehörigen einer Marine-Kommandotruppe, gegründete Unternehmen organisiert auch Angelausflüge und Touren, bei denen man an Bord übernachtet.

Schlafen & Essen

★ Wildgrass Resort RESORT $$$
(☎9474204508; www.wildgrassresorts.com; Zi. mit Frühstück 4000 ₹; ❄) Das von dem Team von Infinity Scuba geführte Resort bietet romantische Cottages mit Inselambiente vor einer üppigen Dschungelkulisse. Dazu gehört auch ein stimmungsvoll in Bambus gestaltetes Restaurant für Tagesausflügler.

Havelock Island

5500 EW.

Schneeweiße Strände, blaugrüne Untiefen, eine Küste voller Strandhütten und ein paar von Süd-Asiens besten Tauchspots: Havelock verdient seinen Ruf als Backpacker-Paradies wirklich. Es gilt oft als Inbegriff der Andamanen und lockt so die meisten Touristen über den Golf von Bengalen herüber. Viele Besucher begnügen sich damit, ihren ganzen Aufenthalt an nur hier zu verbringen.

Sehenswertes & Aktivitäten

Strände

Radhanagar STRAND
(Strand 7) Einer der schönsten und berühmtesten Strände Indiens ist der von Reisekritikern gerühmte Radhanagar Beach. Vor unberührtem Urwald brechen sich hier wunderbar gleichmäßige Wellen an einem herrlichen Bogen aus Puderzuckersand. Der Strand befindet sich am Nordwestufer der Insel, rund 12 km von der Fähranlegestelle entfernt. Am besten kommt man am späten Nachmittag: Man vermeidet die Hitze und die Massen und genießt den Sonnenuntergang.

Neils Cove STRAND
Nordwestlich von Radhanagar erstreckt sich die prächtige „Lagune" von Neils Cove, ein weiterer wunderschöner, geschützter Sandstrand mit kristallklarem Wasser. In der Morgen- und Abenddämmerung ist das Baden verboten; Warnungen vor Krokodilen unbedingt beachten!

Strand 5 STRAND
Der palmengesäumte Strand 5 an der Nordostküste der Insel bietet typischere Tropenatmosphäre und den Vorteil von schattigen Stellen und vergleichsweise weniger Sandmücken. Bei Ebbe ist das Schwimmen schwierig, weil das Wasser sehr flach wird. In dieser Gegend befinden sich die meisten Unterkünfte.

Kalapathar STRAND
5 km südlich von Strand 5 liegt versteckt der entspannte und unberührte Strand von Kalapathar. Man muss ein Stück laufen, um den Pauschaltouristen zu entkommen.

Tauchen & Schnorcheln

Havelock ist das beste Tauchrevier auf den Andamanen und weltberühmt für kristallklares Wasser, Korallen, Fischschwärme, Meeresschildkröten und ein farbenfrohes Kaleidoskop an Meereslebewesen. Der Ort eignet sich für Taucher aller Leistungsklassen.

Die Haupttauchsaison dauert ungefähr von November bis April, aber Touren finden das ganze Jahr über statt.

Alle Veranstalter bieten Tauchtouren vom Boot mit voller Ausrüstung an; die Preise richten sich nach dem Spot, der Zahl der Teilnehmer und der Dauer des Kurses. Zweiflaschentauchen gibt's ab etwa 5000 ₹, daneben finden Schnupperkurse im Gerätetauchen (4500 ₹/1 Std.), PADI-Freiwasserkurse (4 Tauchgänge 21700 ₹) und Kurse für Fortgeschrittene (3 Tauchgänge 13500 ₹) statt.

Obwohl die Korallenbleiche seit 2010 (hauptsächlich durch El Niño verursacht) größere Probleme macht, sind die Tauchmöglichkeiten immer noch Weltklasse. In den Flachwasserzonen gibt es vielleicht keine leuchtenden Korallen mehr, aber die bunten Fische sind noch da. Und unter 16 m Tiefe sind die Korallen so lebendig wie eh und je. Die Andamanen erholten sich schon 1998 von einer ähnliche Korallenbleiche, und auch heute scheinen sich die Korallen langsam zu regenerieren.

Beliebte Tauchspots sind **Dixon's Pinnacle** und das **Pilot Reef** mit bunten Weichkorallen, **South Button** für Makrotauchen (zur Beobachtung von Kleinlebewesen) und Erkundung von Felsformationen, **Jackson Bar** oder **Johnny's Gorge** für tiefer führende Tauchgänge mit Schulen von Schnappern, Haien, Rochen und Meeresschildkröten sowie **Minerva's Delight**, wo es von allem etwas gibt. Man kann auch zum **Wrack der** SS *Incheket* tauchen, einem Frachtschiff aus den 1950er-Jahren. Ausschau halten sollte man auch nach Ausflügen zu weiter entfernten Zielen wie **Barren Island** – dort erzeugt die Asche von Indiens einzigem aktiven Vulkan ein gespenstisches Unterwasserspektakel.

Die Tauchveranstalter können auch **Schnorcheltouren** organisieren, doch billiger wird's, wenn man sich ein Boot über seine Pension besorgt. Schnorchelausrüstung ist auf Havelock leicht zu bekommen, aber meist von schlechter Qualität.

Die meisten Schnorchelausflüge per Boot führen zum **Elephant Beach**, der auch zu Fuß in 40 Minuten über einen schlammigen Elefantenpfad zu erreichen ist. Der Weg zweigt von der Inselhauptstraße ab und ist gut markiert, verwandelt sich bei Regen aber in Morast. Auch bei Flut kommt man nicht bis zum Strand – vor Ort nachfragen. Der Elephant Beach wird zudem von vielen Schnorchel-Charterbooten und sogar Jetskis angesteuert, sodass man einigen Trubel in Kauf nehmen muss. Wer morgens gegen 6 Uhr kommt, hat den Strand für sich allein.

Die Preise sind normiert, man sollte sich an einen Tauchveranstalter halten, der einem gefällt.

Andaman Bubbles TAUCHEN
(☎03192-282140; www.andamanbubbles.com; No 5 Village) Guter Veranstalter mit kundigem Personal.

Barefoot Scuba TAUCHEN
(☎9566088560; www.diveandamans.com; No 3 Village) Beliebtes alteingesessenes Unternehmen mit günstigen Kombiangeboten aus Unterkunft und Tauchen.

Dive India TAUCHEN
(☎9932082205; www.diveindia.com; zw. No 3 & 5 Village) Der erste PADI-Anbieter auf Havelock ist immer noch einer der besten.

Ocean Tribe TAUCHEN
(☎03192-210004; www.ocean-tribe.com; No 3 Village) Wird von legendären örtlichen Karen-Tauchern geführt. Zu diesen gehören Dixon, Johnny und Jackson, nach denen Tauchspots benannt sind.

Noch mehr Aktivitäten

Die meisten Besucher kommen nach Havelock, um am Strand zu faulenzen, zu tauchen oder zu schnorcheln.

Manche Resorts organisieren geführte **Dschungeltreks** für eifrige Wanderer oder Vogelbeobachter – aber Vorsicht: nach einem Regen verwandelt sich der Waldboden in einen schmatzenden Sumpf. Der Regenwald im Inselinnern präsentiert sich als eine spektakuläre, smaragdgrüne Höhle, und auch **Vogelbeobachtungen** sind – vor allem am Waldrand – lohnend. Man erblickt beispielsweise blauschwarze Flaggendrongos oder Pirole.

In der Saison werden im Flying Elephant (S. 457) Yogasitzungen (500 ₹/1½ Std.) angeboten.

Captain Hook's ANGELN
(☎9434280543; www.andamansportsfishing.com; Beach 3; halber/ganzer Tag für 2 Pers. inkl. Mittagessen ab 6000/20 000 ₹) Sportfischen wird dank Captain Hook's Angeltouren, bei denen man u. a. Dickkopf-Stachelmakrelen fängt und anschließend wieder frei lässt, immer beliebter. Auch Kajaktouren sind im Angebot.

Andaman Kayak Tours KAJAKFAHREN
(☎9933269653; www.andamankayaktours.com; Bootstour 2500 ₹/2½ Std.) Mit einem Seekajak werden Havelocks Mangroven erkundet. Bei den faszinierenden nächtlichen Touren sieht man auch luminiszierende Lebensformen. Mindestens zwei Personen.

Schlafen

Orient Legend Resort PENSION $
(☎03192-282389; Strand 5; Hütte ohne Bad 300–500 ₹, Zi. mit Bad 800–2000 ₹, mit Klimaanlage 3000 ₹) Die beliebte Anlage an Strand 5 deckt die meisten Budgets ab: von winzigen Finnhütten und Zimmer mit Betonwänden bis zu zweistöckigen Cottages.

Coconut Grove PENSION $
(☎9474269977 Hütte mit/ohne Bad 400/300 ₹; ⓦ) Diese Pension mit reizvollem Gemeinschaftsvibe ist vor allem bei israelischen Travellern sehr beliebt, die gern die kreisförmig angeordneten psychedelisch gestrichenen Hütten besuchen.

Havelock Island

Sea View Beach Resort BUNGALOWS $
(☎ 943429877; Strand 2; Zi. 600–1000 ₹) Die entspannten Strandbungalows beim Tauchshop Ocean Tribe bieten das typische Havelock-Erlebnis fern den Massen.

Dreamland Resort PENSION $
(☎ 9474224164; Strand 7; Hütte ohne Bad 400 ₹) Der alte Backpacker-Favorit in erstklassiger Lage (nur 50 m bis zum Strand 7) ist heute bei indischen Familien beliebt.

Pellicon Beach Resort BUNGALOWS $
(☎ 9932081673; www.pelliconbeachresort.com; Strand 5; Hütte ab 500 ₹) Attraktive Strandbungalows und Nicobari-Hütten mit Privatveranden auf einem ruhigen, ufernahen Gelände.

Sunrise Beach Resort BUNGALOWS $
(☎ 9474206183; Strand 6; Zi. 600–1000 ₹, mit Klimaanlage 4000 ₹) Das Resort bietet die gleichen strohgedeckten Unterkünfte wie alle anderen auf Havelock – der Unterschied sind die günstigen Finnhütten mit Meerblick. Es gibt auch eine Bar.

★ **Emerald Gecko** BUNGALOWS $$
(☎ 9474250821; www.emerald-gecko.com; Strand 5; Hütte 1600–3200 ₹) Auf einer Insel, auf der Design so gut wie keine Rolle spielt, sticht das Emerald Gecko mächtig heraus. Die zweistöckigen Bungalows blicken aufs Wasser, die teureren Zimmer haben eine Raumausleuchtung und Außenbäder, die liebevoll aus Bambusflößen aus Myanmar gebaut sind, die das Meer hier an den Strand gespült hat. Zur Anlage gehört eines der besten Restaurants auf Havelock (alkoholische Getränke selber mitbringen). Das Personal ist freundlich, und es gibt kostenlos gefiltertes Trinkwasser.

Wild Orchid RESORT $$$
(☎ 03192-282472; www.wildorchidandaman.com; Beach 5; Zi. inkl. Frühstück ab 5600 ₹; ❄ 📶) Eines der besten Resorts auf den Andamanen: Ein

toller Tropengarten in direkter Strandnähe umgibt hier u.a. moderne und geschmackvoll eingerichtete Hütten im regionaltypischen Stil, die um einen tropischen Garten herum angeordnet sind.

Barefoot at Havelock RESORT $$$
(☎044-24341001; www.barefootindia.com; Strand 7; Zelthütte inkl. Frühstück 5050 ₹, Nicobari-Cottage ohne/mit Klimaanlage 8920/11 820 ₹; ❄) Direkt hinter dem berühmten Radhanagar Beach wartet das luxuriöse Resort mit wunderschön gestalteten, bambusgedeckten Holzcottages auf.

Flying Elephant BUNGALOWS, REFUGIUM $$$
(☎9474250821; www.flying-elephant.in; Kalapathar; Zi. 4000 ₹) Versteckt in beschaulicher Lage inmitten von Reisfeldern und Betelpalmen am Strand von Kalapathar bietet dieses Yoga- und Meditationsrefugium elegante Bambus-Doppelbungalows mit Außenbädern in einem Steingarten.

Symphony Palms Beach Resort RESORT $$$
(☎03192-214315; www.symphonypalmshavelock.com; Strand 5; Zi. mit Frühstück ab 10 000 ₹; ❄) Zu empfehlen in dieser Anlage, die wie eine gehobene Version der Bungalow-Resorts von Havelock wirkt, sind nur die Luxuszimmer direkt am Meer (nicht das Resort jenseits der Straße). Die Anlage hat einen Privatstrand mit Sonnenlounges.

Essen & Ausgehen

Nahe dem Pier findet man *dhabas* (Imbisse) und einheimische Gerichte gibt's auf dem Hauptbasar (No 3 Village). Alkohol bekommt man in einem **Laden** (Strand 3; ⏲8–12 & 15–20 Uhr) neben dem Geldautomaten im No 3 Village.

Welcome Restaurant INDISCH, SEAFOOD $
(No 3 Village; Hauptgerichte ab 150 ₹; ⏲7.30–21 Uhr) Das Lokal auf dem Markt liefert köstliche Meeresfrüchte-Currys und mit Garnelen gefüllte *paratha*.

Rony's INDISCH $
(Beach 5; Hauptgerichte 110–250 ₹; ⏲7–23 Uhr) Das beliebte, von einer Familie geführte Lokal serviert Meeresfrüchte-Currys, Pizzas und andere beliebte Backpacker-Gerichte.

Fat Martin's SÜDINDISCH $
(Beach 5; Hauptgerichte 60–120 ₹; ⏲7.30–22 Uhr) Das blitzsaubere Freiluftcafé bietet eine gute Auswahl an gefüllten *chapatis* und *dosas*, darunter mit Paneer Tikka und Nutella.

★ **Red Snapper** SEAFOOD, MULTICUISINE $$
(Wild Orchid; Hauptgerichte 250–900 ₹; ⏲7.30-10, 12–14.30 & 18–21.30 Uhr) Das bei weitem beste Restaurant auf Havelock hat eine Bar, stimmungsvolles Bambusdekor und ein strohgedecktes Dach, sodass für romantisches Inselambiente gesorgt ist. Man wählt von üppigen Meeresfrüchteplatten, Grillfisch und hausgemachter Pasta, dazu gibt's köstliches *naan* mit Käse und Oliven. Die luftige offene Terrasse ist ein gutes Plätzchen für ein Bier.

Anju-coco Resto INDISCH, EUROPÄISCH $$
(Strand 5; Hauptgerichte 200–900 ₹; ⏲8–22.30 Uhr) Das Restaurant, eines der besten auf Havelock, hat eine vielseitige Karte. Beson-

dere Markenzeichen sind die großen Frühstücksgerichte und der gegrillte Fisch.

Full Moon Cafe MULTICUISINE $$
(Dive India, Strand 5; Hauptgerichte 200–450 ₹) Das von einem indisch-irischen Paar geführte geschäftige Restaurant mit Strohdach teilt sich an Strand 5 sein Gelände mit Dive India. Hier gibt's ausgezeichnete Meeresfrüchte, gesunde Salate und erfrischenden Kardamom-Zitronensprudel. Wasserflaschen werden kostenlos aufgefüllt.

B3 – Barefoot Bar & Restaurant PIZZERIA $$
(Village No 1; Hauptgerichte 200–900 ₹; ⌚11–15.30 & 18–21 Uhr) Das Restaurant hat ein modernes Dekor mit kultigen Filmplakaten an den Wänden. Die Speisekarte ist stark westlich ausgerichtet. Hier gibt es die besten Pizzas auf Havelock. Die Außenterrasse eignet sich prima, um auf seine Fähre zu warten. Alkoholausschank gibt es nicht. Das elegante **Dakshin** (Village No 1; Hauptgerichte 80–150 ₹; ⌚6–10 & 11.30–15 Uhr) unten ist auf südindische Küche spezialisiert.

Cicada LIVEMUSIK
(Strand 5) Der Livemusiktreff, der von dem Team des Emerald Gecko geführt wird, hat eine ansprechende Dschungellage an einem Weg abseits der Hauptstraße gegenüber vom Strand 5.

Praktische Informationen

Zwei Geldautomaten finden sich nebeneinander im No 3 Village. Das Satelliten-Internet ist schrecklich langsam und mit rund 300 ₹ pro Stunde auch noch sehr kostspielig.

Havelock Tourist Service (Strand 3; ⌚9.30–20 Uhr) Das private Unternehmen besorgt Flugtickets und hat allerlei Infos für Touristen, darunter auch über die staatlichen und privaten Fähren.

An- & Weiterreise

Staatliche Fähren fahren dreimal täglich von Havelock nach Port Blair (378 ₹, 2½ Std., 9, 14 & 16 Uhr). Tickets reserviert man am besten mindestens zwei Tage im Voraus (die meisten Hotels kümmern sich gegen eine Gebühr darum) am **Anleger** (⌚Mo–Fr 9.15–12 & 14–16, Sa bis 12 Uhr). Ein, zwei Fähren täglich verbinden Havelock mit Neil Island (378 ₹, 70 Min.), vier Boote pro Woche legen auf dem Weg nach Rangat in Long Island (378 ₹, 2 Std.) an.

Makruzz (S. 449) und Coastal Cruise (S. 449) fahren täglich über Neil Island nach Port Blair.

Unterwegs vor Ort

Ein Nahverkehrsbus (10 ₹, 40 Min.) pendelt auf seinem rund einstündigen Rundkurs bis gegen 18 Uhr zwischen dem Pier, den Villages und Radhanagar. Man kann auch Motorroller (ab 250 ₹/24 Std.) und Fahrräder (60 ₹/Tag) mieten.

Eine Autorikscha vom Pier zum No 3 Village kostet 50 ₹, zum No 5 80 ₹ und zum No 7 500 ₹.

Neil Island

Das ruhige Neil Island döst zufrieden im Schatten seiner berühmteren Nachbarinsel und bietet daher immer noch ein Quäntchen mehr Entspannung. Die Strände sind vielleicht nicht so spektakulär wie auf Havelock, haben aber viel Charakter und liegen genau so weit auseinander, dass man sie prima per Fahrrad erkunden kann – bei der Fahrt durch die malerischen Dörfer wird man freundlich begrüßt. Der Hauptbasar hat eine geruhsame Atmosphäre und ist am frühen Abend ein beliebter Treffpunkt. Neil Island ist ungefähr 40 km von Port Blair, eine kurze Fährfahrt von Havelock und mehrere Welten vom Leben zuhause entfernt.

Sehenswertes & Aktivitäten

Die (durchnummerierten) Strände auf Neil Island haben jeweils ihren eigenen Reiz, sind aber nicht unbedingt großartig zum Baden.

Strand 1 STRAND
(Laxmanpur) Der lange, von Mangroven gesäumte Sandstrand liegt rund 40 Gehminuten westlich von der Anlagestelle und dem Dorf. Hier gibt es auch eine schöne Stelle zur Beobachtung des Sonnenuntergangs, erreichbar über das Pearl Park Beach Resort (S. 459). Manchmal kann man hier auch Dugongs erspähen.

Strand 2 STRAND
Am nördlichen Inselrand befindet sich eine Felsformation namens Natural Bridge, die nur bei Ebbe zu Fuß um die Bucht zugänglich ist. Um hierher zu radeln, nimmt man die Nebenstraße durch den Basar und biegt an der Weggabelung links ab.

Strand 3 STRAND
(RamNagar) Strand 3 ist eine einsame, pulverige und steinige Bucht, hat gute Schnorchelmöglichkeiten und ist am einfachsten über das Blue Sea Restaurant (S. 460) erreichbar.

Strand 4 STRAND

(Bharatpur) Der beste Badestrand. Minuspunkte sind die Nähe zur Anlegestelle und rüpelhafte Tagesausflügler, die in Motorbooten einfallen.

Strand 5 STRAND

(Sitapur) Dieser rauere Strand am Ostufer der Insel 5 km vom Dorf entfernt, bietet sich für Strandwanderungen an. Bei Ebbe sind dabei auch kleine Kalksteinhöhlen zugänglich.

Tauchen & Schnorcheln

Neil Island bietet ein paar ausgezeichnete Tauchstellen mit bunten Fischen, großen Schulen von Stachelmakrelen, Meeresschildkröten, Haien, Rochen sowie Hart- und Weichkorallen.

Die besten Schnorchelgründe der Insel finden sich rund um das Korallenriff am westlichen Ende von Strand 1 bei Flut: Wer großes Glück hat, kann sogar einen Dugong erspähen, der dann dort im flachen Wasser weidet. Gute Schnorchelmöglichkeiten findet man auch an Strand 3. Ausrüstung kann man in vielen Pensionen mieten (ca. 150 ₹).

Auf Neil Island gibt es zwei Tauchveranstalter. Wer sich für Freitauchen interessiert, wendet sich an Sanjay im Gayan Garden (s. rechte Spalte).

India Scuba Explorers TAUCHEN

(☎9474238646; www.indiascubaexplorers.com; Strand 1; 3000/5000 ₹ pro 1/2 Tauchgänge) Der erste Tauchshop auf Neil Island wird von einem jungen Ehepaar geführt und zeichnet sich durch individuell zugeschnittenen Service aus.

Dive India TAUCHEN

(☎8001222206; www.diveindia.com/neil.html; 3000/5000 ₹ pro 1/2 Tauchgänge) Das professionelle Unternehmen aus Havelock hat seit kurzem hier eine Filiale.

Schlafen

Derzeit sind die Strände 3 und 5 bei Backpackern am beliebtesten. Strand 1 ist das Ziel von Pauschaltouristen, bietet aber immer noch ausgezeichnete Übernachtungsmöglichkeiten.

Strand 1

Sunset Garden Guesthouse BUNGALOWS $

(☎9933294573; Strand 1; Hütte 250–400 ₹) Die Bambushütten auf einem abgeschiedenen Gelände, das man über einen 15-minütigen Fußmarsch durch Reisfelder erreicht, sind ideal für Besucher, die einmal allem fern sein wollen.

Gayan Garden BUNGALOWS $

(Strand 1; Zi. 300 ₹) Die Anlage auf halber Strecke zwischen dem Basar und Strand 1 bietet Bambusbungalows, einen entspannenden Garten, ein Meeresfrüchterestaurant und Filterkaffee. Auch Kochkurse werden hier veranstaltet.

Tango Beach Resort HOTEL $

(☎9474212842; www.tangobeachandaman.com; Strand 1; Hütte 500 ₹, Cottage mit Ventilator/Klimaanlage ab 1200/4000 ₹; ❄) Das klassische Resort an Strand 1 ist bekannt für seine Meeresbrise. Die Zimmer sind teurer als die meisten anderswo, aber jene mit Meerblick sind immer noch eine sehr gute Wahl.

Pearl Park Beach Resort BUNGALOWS $$

(☎9434260132; www.andamanpearlpark.com; Strand 1; EZ/DZ mit Frühstück & Ventilator ab 1500/1800 ₹, mit Klimaanlage ab 2500/3200 ₹; ❄📶) Das erste Bambusbungalow-„Resort" auf Neil Island ist heute mehr auf inländische Gäste eingestellt und krass überteuert, hat aber immer noch schöne Hütten rund um einen Blumengarten.

Seashell RESORT $$$

(☎9933239625; www.seashellneil.com; Strand 1; Cottage mit Frühstück 8590 ₹) Gehobene Zelt-Cottages bis hinunter zum Strand.

Strand 3

★ **Kalapani** BUNGALOWS $

(☎9474274991; Strand 3; Hütte 400 ₹, ohne Bad 200 ₹) Die von dem netten Inhaberpaar Prakash und Bina geführte, entspannte Anlage hat angenehm schlichte und saubere Bungalows mit hochwertigen Matratzen. Motorräder, Fahrräder und Schnorchelausrüstung werden vermietet.

Breakwater Beach Resort BUNGALOWS $

(☎9933292654; www.neilislandaccommodation.in; Strand 3; Hütte 500–1000 ₹, ohne Bad 300 ₹) Erntet Begeisterung für das entspannte Ambiente und köstliches Essen.

Strand 5

Sunrise Beach Resort BUNGALOWS $

(☎9933266900; Strand 5; Zi. ohne Bad 200–400 ₹) Strohgedeckte und Betonbungalows eine Gehminute vom Strand entfernt.

Emerald Gecko BUNGALOWS $$
(Strand 5; Zi. 1000–3000 ₹) Die Anlage war zum Zeitpunkt der Recherche noch im Bau, wenn aber etwas Ähnliches entsteht wie die Pension der gleichen Betreiber auf Havelock (S. 456), wäre das ein hochwillkommener Neuzugang auf Neil.

Essen

Moonshine INTERNATIONAL, INDISCH $
(Strand 1; Hauptgerichte 90–250 ₹) An der Straße zum Strand 1 bietet das bei Backpackern beliebte Lokal ausgezeichnete hausgemachte Pasta, Fisch-Thalis und kaltes Bier.

Blue Sea SEAFOOD, INDISCH $
(Strand 3; Hauptgerichte ab 100 ₹; ⌚6–23 Uhr) Die Strandbude alter Schule mit Sandboden, baumelndem Strandkram und einem Blauwalskelett serviert alle üblichen Gerichte. Der hier vorbeikommende Weg führt angeblich zum schönsten Strand auf Neil Island.

Chand Restaurant INDISCH, WESTLICH $
(Basar; Hauptgerichte 70–200 ₹; ⌚6–22.30 Uhr) Dank einem prima Mix aus internationalen Gerichten, indischem Essen, starkem Filterkaffee und leckerem Seafood das beste Lokal vor Ort.

Praktische Informationen

Auf Neil existiert kein Geldautomaten und es gibt auch keine andere Wechselmöglichkeit, daher muss man viel Bargeld mitbringen. WLAN-Zugang hat man im Pearl Park Beach Resort (S. 459) an Strand 1 (200 ₹/24 Std.).

Anreise & Unterwegs vor Ort

Eine Fähre fährt zwei- oder dreimal täglich nach Port Blair (378 ₹, 2 Std.). Darüber hinaus gibt es eine oder zwei Fähren täglich nach Havelock (378 ₹, 1 Std.) sowie drei Fähren pro Woche nach Long Island (378 ₹, 5 Std.). Makruzz (S. 449) und Coastal Cruise (S. 449) betreiben ebenfalls Fähren von/nach Port Blair (ab 875 ₹, 1 Std.) und Havelock (ab 710 ₹)

Um auf der Insel herumzukommen, mietet man am besten auf dem Basar oder in einer Pension ein Fahrrad (ab 80 ₹/Tag); die Straßen sind eben und die Entfernungen kurz. Die Fahrt mit der Autorikscha vom Anleger zu Strand 1 oder 3 kostet 70 bis 100 ₹.

Middle & North Andaman

Die Andamanen bestehen nicht nur aus Sonne und Sand. Es gibt hier auch einen Dschungel wie aus dem Jurazeitalter, ein grünes Urwaldgewirr, das wirkt, als ob es direkt den Träumen von Mutter Natur entsprungen wäre. Diese wilde, vorzeitliche Seite der Inseln erlebt man bei einer langen Busfahrt auf der Andaman Trunk Rd (ATR), bei der man auf RoRo-Fähren rötlich gefärbte Flüsse überquert, in denen Leistenkrokodile lauern.

Die ATR hat aber auch eine Schattenseite: Sie führt mitten durch die Heimat der Jarawa (S. 461), sodass dieses Volk nun einem ständigen Kontakt mit der Außenwelt ausgesetzt ist. Eine Koexistenz zwischen dem modernen Indien und dem Stammesleben scheint unmöglich: Jeder Kontakt zwischen den Jarawa und Siedlern führte bisher zu Missverständnissen, aus denen Spannungen, Verwirrung und schlimmstenfalls Gewalttaten und Morde resultierten. Indische Anthropologen und Gruppen wie Survival International, die sich für die Rechte indigener Bevölkerungen einsetzen, fordern deshalb eine Schließung der ATR – und daher wird geprüft, wie es mit der Straße weitergehen soll. Derzeit dürfen Fahrzeuge die Straße nur in Konvois zwischen 6 und 15 Uhr benutzen. Das Fotografieren ist strikt untersagt, ebenso das Anhalten und jede Kontaktaufnahme zu den Jarawa, die zunehmend von „Geschenken" der Vorbeifahrenden abhängig werden.

Die erste interessante Stelle nördlich von Port Blair sind die **Kalksteinhöhlen** (⌚Di–So) bei Baratang. Man erreicht sie vom Anleger in einer 45-minütigen, malerischen Bootsfahrt (450 ₹) durch den Mangrovenwald. Die erforderliche Genehmigung gibt's an der Anlegestelle.

Rangat & Umgebung

Rangat ist die nächste größere Ortschaft, ein Verkehrsknoten, der sonst nicht viel zu bieten hat. Wenn man hier hängen bleibt, bietet das UK Nest saubere Budgetzimmer. Das Priya International ist eine gehobene Alternative mit einer praktischen Touristeninformation, die Auskunft gibt, was man in der Gegend unternehmen kann. In der Nähe gibt es einen Geldautomaten. Der Eiablageplatz der Schildkröten bei **Dhaninallah Mangrove** ist die populärste Attraktion. Von einem 1 km langen Plankenweg, 45 Fahrtminuten von Rangat entfernt, kann man das Geschehen am frühen Abend beobachten (Mitte Dez.–April).

Vom 8 km von Rangat entfernten Yeratta Jetty legen Fähren nach Long Island (11 ₹,

DIE INDIGENEN VÖLKER DER INSELN

Die indigenen Völker der Andamanen und Nikobaren machen 12 % der Gesamtbevölkerung aus, und die Zahl der Mitglieder der meisten Ethnien nimmt stetig ab. Die Onge, Sentinelesen, Andamanesen und Jarawa werden als Negritos bezeichnet und erinnern stark an kleinwüchsige afrikanische Völker. Tragischerweise sind im letzten Jahrhundert zahlreiche Ethnien erloschen. Als im Februar 2010 Boa Senior starb, die letzte, die noch die angestammte Sprache der Bo sprach, starben mit ihr eine Kultur und eine Sprache, die vor 65 000 Jahren ihre Ursprünge hatte.

Land of the Naked People (2003) von Madhusree Mukerjee ist ein packender anthropologischer Bericht. Achtung: Die Gebiete, in denen diese Völker leben, sind für Ausländer gesperrt. Wer dieses Verbot missachtet und diese Gebiete aufsucht, nimmt eine Gefängnisstrafe in Kauf.

Jarawa

Die 250 verbliebenen Jarawa bewohnen ein 639 km² großes Reservat auf South und Middle Andaman Island (S. 460). 1953 ließ der militärische Befehlshaber Jarawa-Siedlungen von einem Wasserflugzeug bombardieren. Das Siedlungsgebiet wird von der Andaman Trunk Rd durchtrennt und ist durch Abholzung und das Eindringen von Siedlern und Touristen bedroht. 2012 verbreitete sich ein Video, das einen Austausch zwischen den Jarawa und Touristen zeigte, wie ein Virus, wobei ein Polizist die Jarawa aufforderte, für Essen zu tanzen. Das Ereignis führte zu einer staatlichen Untersuchung und bedeutete das Ende der sogenannten *human safari*-Tour.

Nikobaresen

Die 30 000 Nikobaresen sind das einzige indigene Volk, dessen Zahl nicht abnimmt. Mehrheitlich sind sie Christen und haben sich teilweise an die moderne indische Gesellschaft angepasst. Sie leben in Dorfgemeinschaften unter der Leitung eines Dorfvorstehers, züchten Schweine und bauen Kokosnüsse, Yams und Bananen an. Die Vorfahren der Nikobaresen kamen wahrscheinlich aus Malaysia und Myanmar. Heute bewohnen sie eine Reihe von Inseln der Nikobarengruppe rund um die Insel Car Nicobar, die von dem Tsunami im Jahr 2004 besonders schlimm verwüstet wurde .

Onge

Zwei Drittel von Little Andaman Island, auf der die Onge leben, wurden 1977 von der Forstverwaltung übernommen und zur Besiedlung freigegeben. Die rund 100 verbliebenen Angehörigen des Volkes der Onge leben in einem 25 km² großen Reservat, das Dugong Creek und South Bay umfasst. Anthropologen führen den starken Rückgang der Zahl der Onge auf die Demoralisierung durch den Verlust ihres angestammten Territoriums zurück.

Sentinelesen

Im Gegensatz zu anderen Völker auf den Inseln verweigern die Sentinelesen jeden Kontakt zur Außenwelt. Über Jahre landeten immer wieder Kontaktsucher an den Stränden von North Sentinel Island. Sie brachten Geschenke – Kokosnüsse, Bananen, Schweine und rote Plastikeimer –, wurden aber meist mit einem Pfeilhagel empfangen. Nur selten verliefen Begegnungen etwas weniger feindselig. Heute leben noch ca. 150 Sentinelesen.

Andamanesen

Die Andamanesen zählen heute nur mehr rund 50 Personen, sodass ihr Untergang besiegelt scheint. Mitte des 19. Jhs. gab es noch rund 7000 Andamanesen, doch ihr freundlicher Umgang mit den Siedlern wurde ihnen zum Verhängnis. 1971 war ihre Zahl auf 19 gesunken, der größte Teil des Volkes war von den Masern, der Syphilis und Grippeepidemien dahingerafft worden. Sie wurden auf Strait Island umgesiedelt.

Shompen

Nur noch rund 250 Shompen leben in den Wäldern von Great Nicobar. Die halbnomadischen Jäger und Sammler halten sich vor allem an den Flussufern auf. Sie trotzen Integrationsversuchen.

9 & 15.30 Uhr) ab. Von der Rangat Bay, 5 km außerhalb der Stadt, fahren Fähren nach Port Blair (378 ₹, 6 Std.) und Havelock (378 ₹, 2 Std.). Busse starten einmal täglich nach Port Blair (145 ₹, 7 Std.) und Diglipur (65 ₹, 4 Std.).

Long Island

Mit freundlichen Insulanern und angenehm geruhsamem Lebensstil ist Long Island ideal für all jene Traveller, die noch etwas intensiver entspannen wollen. Bis auf ein paar wenige Motorräder gibt es hier nämlich keine Kraftfahrzeuge; mitunter ist man an manchen Tagen sogar der einzige Besucher vor Ort.

Sehenswertes & Aktivitäten

Strände

Einen hübschen Strand nahe dem Blue Planet (S. 463) erreicht man, wenn man den gelben Pfeilen folgt.

Lalaji Bay STRAND

Eine 1½-stündige Wanderung durch den Dschungel führt zur einsamen Lalaji Bay, einem wunderschönen weißen Sandstrand mit guten Bade- und Schnorchelmöglichkeiten – die roten Pfeile weisen einem den Weg. Man kann zum Strand aber auch ein *dunghi* (Motorboot; hin & zurück 2500 ₹/2 Pers.) nehmen. Unpraktischerweise braucht man zum Besuch des Strands eine Genehmigung, die man aber kostenlos beim Forstamt in der Nähe des Anlegers erherhält.

Tauchen & Schnorcheln

Das Blue Planet (S. 463) betreibt einen Tauchshop (Dez.–März, 4000 ₹/2 Tauchgänge), mit dem man das Campbell Shoal mit seinen Stachelmakrelen- und Barrakudaschwärmen besuchen kann.

Mit einem *dunghi* gelangt man zur North Passage Island, wo man am hinreißenden, blendend weißen Sandstrand der **Merk Bay** (3500 ₹/2 Pers.) in kristallklarem Wasser schnorcheln kann.

Ausgezeichnete **Schnorchelbedingungen** gibt's an der Lalaji Bay mit farbenprächtigen Korallen praktisch direkt vor den Rasthütten. Auch am Strand des Blue Planet, direkt vor dem blauen Hindu-Tempel lässt sich gut schnorcheln – gleich jenseits des Meergrases beginnen die Korallen. Das Blue Planet verleiht Schnorchelausrüstung (100 ₹).

ABSEITS DER ÜBLICHEN PFADE

MAYABUNDER & UMGEBUNG

Mayabunder im „oberen" Teil von Middle Andaman ist vor allem für die Dörfer bekannt, in denen Karen, Angehörige eines birmanischen Bergvolks leben, deren Vorväter in der britischen Kolonialzeit hierher umgesiedelt wurden. Mayabunder ist ein entspanntes Ziel für Traveller, die den Massen aus dem Wege gehen wollen.

Angeboten werden eine Reihe von Tagesausflügen. Das Highlight ist die Dschungelwanderung auf der unheimlichen **Interview Island** (Boot 3000 ₹, bis zu 6 Pers.), auf der 36 verwilderte Elefanten leben, Nachfahren von Arbeitselefanten, die nach der Schließung eines Forstunternehmens in den 1950er-Jahren auf der Insel zurückgelassen wurden. Hier fühlt man sich sehr einsam. Bewaffnete Wächter begleiten den Trek, um für eine Begegnung mit Elefanten gewappnet zu sein. Für den Besuch der Insel braucht man eine Genehmigung (500 ₹), die man am bequemsten erhält, wenn man per E-Mail eine Kopie seiner Einreisegenehmigung auf die Andamanen an die Pension Sea'n'Sand schickt. Weitere Ausflugsziele sind der **Schildkrötenbrutplatz** beim Dhaninallah Mangrove Walkway; die **Forty One Caves**, wo *hawabills* (Salanganen) ihre teuer bezahlten essbaren Nester produzieren, und **Avis Island** (Boot 1500 ₹), vor der es gute Schnorchelstellen gibt.

Das **Sea'n'Sand** (☎03192-273454; titusinseansand@yahoo.com; Zi. ab 750 ₹; ❄) ist zweifellos die beste Unterkunft mit komfortablen Zimmern. Die Inhaber Titus und Elizabeth (und ihre weitläufige Karen-Familie) wissen alles über Mayabunder. Um den Blick aufs Wasser genießen zu können, sollte man ein Zimmer im obersten Stock nehmen. Das Essen ist sagenhaft.

Mayabunder liegt 71 km nördlich von Rangat (70 ₹, 2 Std.). Hierher fahren täglich Busse aus Port Blair (200 ₹, 10 Std.) und Diglipur (55 ₹, 2 Std.) und dreimal wöchentlich Fähren. In Mayabunder gibt's einen Geldautomaten.

Schlafen

★Blue Planet PENSION $

(☎9474212180; www.blueplanetandamans.com; Zi. ab 1500 ₹, ohne Bad 500 ₹; @) Die einzige Unterkunft auf der Insel ist glücklicherweise ein Schmuckstück mit strohgedeckten Bambushütten und Hängematten rund um einen hübschen Narrabaum. Das Essen ist köstlich, gefiltertes Wasser gibt's gratis. Die Anlage ist 15 Gehminuten vom Anleger entfernt – den blauen Pfeilen folgen. Ganz in der Nähe gibt's auch noch wunderbare, zweistöckige Bambus-Cottages (ab 3000 ₹).

An- & Weiterreise

Vier Mal pro Woche fährt die Fähre nach Havelock, Neil Island und Port Blair (195 ₹). Vom Yeratta Jetty legen zweimal täglich Boote nach Long Island ab (11 ₹, 1 Std., 9 & 15.30 Uhr, Rückfahrt 7 & 14 Uhr). Ein Bus erwartet die Fähre am Yeratta Jetty. Wenn man von Port Blair aus keine direkte Fähre bekommt, kann man auch mit dem Bus nach Rangat fahren und eine Fähre ab dem Yeratta Jetty nehmen.

Diglipur & Umgebung

Wer es so weit nach Norden schafft, wird mit einigen eindrucksvollen Attraktionen belohnt. Die Gegend ist ein Outdoor-Tummelplatz für Naturfreunde. Hier gibt es einen weltberühmten Schildkrötenbrutplatz, den höchsten Gipfel der Andamanen, ein System von Höhlen, weiße Sandstrände und Schnorchelstellen, die zu den besten auf den Andamanen gehören.

Allerdings sollte man von Diglipur, der zweitgrößten Stadt der Andamanen (70 000 Ew.), nicht viel erwarten: Es ist nur eine zersiedelte, schmuddelige Marktstadt mit einem Geldautomaten und Internetzugang (40 ₹). Am besten fährt man gleich ins ruhige Küstendorf **Kalipur** weiter.

Fähren und einige Busse kommen an der **Aerial Bay** an; von dort sind es 11 km bis nach Diglipur und in der anderen Richtung 8 km bis nach Kalipur.

Aktivitäten

Diglipur hat ein gewaltiges touristisches Potenzial und bietet vieles, was sich zu entdecken lohnt. Die meisten Besucher kommen während der Brutsaison, um sich die Schildkröten anzuschauen (S. 463). Am besten wendet man sich an das Pristine Beach Resort (S. 464), das mit dem Graswurzel-Tourismusprojekt DARTED daran arbeitet, die Alfred Caves, die Schlammvulkane und die Krokodilhabitate touristisch zu vermarkten.

> NICHT VERSÄUMEN
>
> **BRÜTENDE SCHILDKRÖTEN IN KALIPUR**
>
> Kalipur gilt als der einzige Ort weltweit, an dem Lederschildkröten, Echte Karettschildkröten, Oliv-Bastardschildkröten und Suppenschildkröten ihre Eier am gleichen Strand ablegen und ist daher ein ausgezeichneter Platz, um zwischen Mitte Dezember und April dieses abendliche Schauspiel zu erleben. Schildkröten sieht man in den meisten Nächten, und man kann beim Einsammeln der Eier oder beim Freisetzen der Jungschildkröten helfen. Dazu wendet man sich an das Pristine Beach Resort (S. 464).
>
> Der Dhaninallah Mangrove Walkway nördlich von Rangat ist eine weitere gute Stelle, um Meeresschildkröten zu beobachten.

Ross & Smith Island STRAND, SCHNORCHELN

(⏲Di geschl.) Wie zwei hübsche tropische Gegengewichte sind die beiden Schwesterinseln Smith und Ross miteinander über eine schmale, blendend weiße Sandbank verbunden und bieten mit die besten Bade- und Schnorchelstellen auf den Andamanen. Für Smith Island – zu erreichen per Boot (2500 ₹/5 Pers.) von der Aerial Bay aus – braucht man keine Genehmigung, für Ross Island theoretisch schon (500 ₹). Da man aber von Smith Island zu Fuß hinüberkommt, wird in der Regel nicht nach der Genehmigung gefragt. Weitere Infos erhält man im Pristine Resort.

Dienstags sind beide Inseln gesperrt. Dann wird der Strand gesäubert, wobei freiwillige Helfer willkommen sind (250 ₹ für Genehmigung, Anreise & Verpflegung).

Saddle Peak TREKKING

(Inder/Ausländer 25/250 ₹) Mit 732 m ist der Saddle Peak der höchste Gipfel auf den Andamanen. Von Kalipur aus kann man in sechs bis sieben Stunden durch subtropischen Wald bis auf den Gipfel und zurück wandern – von oben bietet sich ein atemberaubender Blick auf den Archipel. Die Wanderung ist anstrengend – man sollte unbedingt viel Trinkwasser (ca. 4 l) mitnehmen. Man braucht eine Genehmigung (250 ₹)

vom Forstamt (6–14 Uhr) am Startpunkt des Trails. Ein örtlicher Führer (300 ₹) sorgt dafür, dass man sich nicht verläuft, man kann sich aber auch einfach an den roten Pfeilmarkierungen an den Bäumen orientieren.

Craggy Island SCHNORCHELN
Die kleine Insel vor Kalipur ist ein guter Ort zum Schnorcheln. Gute Schwimmer kommen mit Muskelkraft hinüber (Schwimmflossen sind zu empfehlen), ansonsten nimmt man ein *dunghi* (hin & zurück 2500 ₹).

Excelsior Island SCHNORCHELN
Die kürzlich für den Tourismus geöffnete Excelsior Island hat schöne Strände, gute Schnorchelmöglichkeiten und eine Herde Axishirsche. Man braucht zum Besuch eine Genehmigung (500 ₹); die Überfahrt mit dem Boot, in dem sieben Personen Platz finden, kostet 4500₹.

Schlafen & Essen

★ **Pristine Beach Resort** PENSION $
(☎ 9474286787; www.andamanpristineresorts.com; Hütte 600–1000 ₹, Zi. 3000–4500 ₹; ❄ @) Versteckt unter Palmen zwischen Reisfeldern und dem Strand bietet dieses entspannende Resort schlichte Bambushütten, romantischere Bambus-„Baumhäuser“ und Zimmer für gehobene Ansprüche. Das hübsche Barrestaurant serviert köstliche Fischgerichte von den Nikobaren und kaltes Bier. Alex, der superfreundliche Inhaber, hat jede Menge Infos auf Lager. Das Pristine Beach Resort vermietet auch Fahrräder/Motorräder (100/250 ₹ pro Tag) sowie Schnorchelausrüstung (100 ₹).

Sion INDISCH $
(Diglipur; Hauptgerichte 60–150 ₹; ⊙10–22 Uhr) Wer in Diglipur Zeit totzuschlagen hat, kann in diesem Dachterrassenrestaurant ausgezeichnete Meeresfrüchte genießen.

Anreise & Unterwegs vor Ort

Diglipur liegt rund 80 km nördlich von Mayabunder. Busse nach Port Blair (255 ₹, 12 Std.) fahren täglich um 5, 7 und 22.40 Uhr. Es gibt auch Busse nach Mayabunder (55 ₹, 2½ Std.) und Rangat (100 ₹, 4½ Std.).

Fähren nach Port Blair (Sitzplatz/Koje 110/350 ₹, 9 Std.) legen dreimal pro Woche ab.

Alle 45 Minuten fahren Busse die 18 km lange Strecke von Diglipur nach Kalipur (15 ₹, 30 Min.); die Fahrt mit einer Autoriksha kostet 200 ₹.

Little Andaman

Little Andaman ist die südlichste der Inseln – hier fühlt man sich wie am Ende der Welt. Prächtige Mangroven, blaugrüner Dschungel und Strände so frisch wie Brot aus dem Ofen lassen verstehen, warum viele Traveller sie für den schönsten Flecken auf den Andamanen halten.

Von den schweren Schäden durch den Tsunami im Jahr 2004 erholt sich Little Andaman langsam wieder. Die Hauptsiedlung **Hut Bay** liegt rund 120 km südlich von Port Blair und ist ein netter kleiner Ort voller freundlicher Bengalen und Tamilen.

Sehenswertes & Aktivitäten

Little Andaman Lighthouse LEUCHTTURM
Der rund 14 km östlich von Hut Bay stehende Leuchtturm ist ein lohnendes Ausflugsziel. Genau 200 Stufen winden sich hier hinauf zu einer herrlichen Aussicht auf Küste und Wald. Am leichtesten erreicht man den Leuchtturm mit dem Motorrad – per Fahrrad wird die Fahrt zu einer schweißtreibenden Anstrengung. Alternativ kann man auch eine Autoriksha bis zum Ende der befahrbaren Straße nehmen und von dort aus den wunderbar einsamen Strand entlangwandern (1 Std.).

Strände

Hier muss man auf Sandmücken (S. 446) vorbereitet sein und auch Krokodile lauern auf Beute.

Butler Bay STRAND
(Eintritt 20 ₹) Der schönste Strand von Little Andaman befindet sich in der Butler Bay, einer spektakuläre Sandsichel mit Rettungsschwimmern und guten Wellen bei Kilometer 14.

Netaji Nagar STRAND
Im zersiedelten und rauen Netaji Nagar 8 bis 12 km nördlich von Hut Bay liegen die meisten Unterkünfte. Ein Nachteil ist der Abfall aus Thailand und Myanmar, der hier gelegentlich an den Strand gespült wird.

Kalapathar STRAND
Vor Butler Bay liegt die beliebte Lagune von Kalapathar, ein umschlossener Badebereich mit schattigen Plätzchen auf dem Sand. Man kann durch eine Höhle in der Klippenwand klettern und genießt dann einen traumhaften Blick aufs Meer. Man erreicht die Lagune über eine Nebenstraße, die an modernen,

nach dem Tsunami von 2004 errichteten Wohnhäusern vorbeiführt.

Surfen

Unter unermüdlichen Surfern ist Little Andaman ein Geheimtipp, seit die Insel vor mehreren Jahren für Ausländer geöffnet wurde. Die Reefbrakes sind legendär, aber nur für erfahrene Surfer geeignet. Am besten zugänglich ist der **Jarawa Point**, eine links brechende Welle in der Butler Bay. Anfänger sollten sich an die Beachbreaks zwischen Kilometer 8 und Kilometer 11 halten. Die besten Wellen gibt's von Februar bis April.

Surfing Little Andaman SURFEN
(☎9933269762; www.surfinglittleandaman.com; Hut Bay; Leihbrett halber/ganzer Tag 500/900 ₹, 2-stündiger Kurs 1000 ₹) In dem Unternehmen des baskischen Surfers Varuna kann man Surfbretter entleihen, Kurse belegen und alles über das Surfen auf Little Andaman erfahren.

Wasserfälle

Wenn das Faulenzen am Strand anfängt, langweilig zu werden, versprechen die Wasserfälle **White Surf** und **Whisper Wave** ein Dschungelerlebnis im Binnenland. Zu letzteren muss man 4 km durch den Wald wandern, wofür ein Führer dringend anzuraten ist. Die Wasserfälle sind schön, die Felsbecken reizen zu einem Bad, doch muss man sich dabei vor Krokodilen hüten.

Schlafen & Essen

Vor Ort gibt's billige Thali-Lokale. Alkohol ist in keiner der Pensionen erhältlich, wohl aber in einem „Weinladen" in Hut Bay. Die Unterkünfte liegen gegenüber vom Strand.

★ **Blue View** BUNGALOWS $
(☎9734480840; www.blueviewresort.net; Km 11,5, Netaji Nagar; Zi. ohne Bad 200–500 ₹; ⏱Okt.–Mai) Die schlichten strohgedeckten Bungalows sind immer noch die beste Wahl, hauptsächlich wegen der legendären Gastfreundlichkeit von Azad und seiner netten Frau Papia. Das Essen ist wunderbar; Surfbretter sowie Fahrräder/Motorräder (50/300 ₹ pro Tag) werden verliehen.

Aastha Eco Resort BUNGALOWS $
(Km 10, Netaji Nagar; Zi. 200–400 ₹) Die Anlage inmitten von Betel- und Kokospalmen hat die schönsten Zimmer auf der Insel: stimmungsvolle nikobaresische Hütten und komfortable strohgedeckte Cottages, jeweils mit sauberem Badezimmer.

Hawva Beach Resort BUNGALOWS $
(☎9775181290; Km 8, Netaji Nagar; EZ/DZ 300/400 ₹) Die entspannte, von einer Familie geführte Anlage umfasst fünf rosafarbene Cottages mit hochwertigen Matratzen und blitzsauberen abgeschlossenen Bädern.

Hotel Sea Land HOTEL $
(☎9679534673; Hut Bay; EZ/DZ 300/500 ₹, mit Klimaanlage 800 ₹) Das Sea Land bietet komfortable Zimmer aus Beton, die eine Klimaanlage besitzen, sonst aber reizlos sind.

Palm Groove INDISCH $
(Hut Bay; Hauptgerichte 60–135 ₹; ⏱7–21 Uhr) In der Gartenlaube des attraktiven, historisch aufgemachten Bungalows werden gute Biriyanis und Thalis serviert.

ℹ Praktische Informationen

Es gibt einen Geldautomaten in Hut Bay und im Dorf bei Kilometer 16, aber kein Internet.

ℹ Anreise & Unterwegs vor Ort

Die Fähren legen am Hut Bay Jetty an. Die Busse (10 ₹, stündl.) nach Netaji Nagar warten in der Regel auf die Ankunft der Fähre, sind aber oft abgefahren, ehe die Einreiseformalitäten erledigt sind, sodass als Alternative nur teure Jeeps (100 ₹/Pers.) bleiben. Eine Autorikscha von der Anlagestelle nach Netaji Nagar kostet 250 ₹ in die Stadt Hut Bay 70 ₹. Als Fortbewegungsmittel vor Ort sind Motorräder und Fahrräder beliebt, die man in den meisten Unterkünften mieten kann. Ansonsten sind Sammeljeeps (20 ₹) und Busse die praktische Alternative.

Bei der täglichen Schiffsverbindung nach Port Blair (mal nachmittags, mal abends) reicht das Spektrum von großen Fähren (Kabine mit 4/2 Betten 230/320 ₹, 6–8½ Std.) bis zu schnelleren staatlichen Booten (35 ₹, 5½ Std.); alle Fähren haben Klimaanlagen. Das Fährbüro ist sonntags geschlossen. Die Insel ist auch per Hubschrauber oder Wasserflugzeug erreichbar (S. 448).

Indiens Süden & Kerala verstehen

Indiens Süden & Kerala aktuell

Indiens bunte Mischung aus Kulturen, Menschen, Religionen, Landschaften und Sprachen macht den Reiz beim Besuch dieses Landes aus. Südindien ist da keine Ausnahme. Natürlich ist der Süden ein Teil der indischen Nation, Entscheidungen der Regierung in Delhi gelten genauso wie überall im Land, aber es existiert auch das Gefühl, dass der Süden irgendwie anders ist – manche würden sagen, er ist fortschrittlicher und extrovertierter als der Norden, aber auch traditionsverbundener, in engerem Kontakt mit der indischen Seele.

Top-Filme

Fire – Wenn die Liebe Feuer fängt (1996), **Earth** (1998) und **Water** (2005) Trilogie von Deepa Mehta über die sozialen Probleme Indiens; war hier umstritten, kam aber im Ausland an.

Lunchbox (2013) Berührende Erzählung aus Mumbai von Ritesh Batra.

Dhobi Ghat (2011) Unterschätztes mitreißendes Filmdebüt von Kiran Rao, das viele Facetten des Lebens in Mumbai und Indien streift.

Gandhi (1982) Klassiker von Richard Attenborough mit Ben Kingsley.

Top-Bücher

Mitternachtskinder Salman Rushdies Allegorie auf die Unabhängigkeit und die Teilung des Subkontinents.

Der weiße Tiger Roman von Aravind Adiga über das Kastensystem, der teilweise in Bengaluru spielt.

Shantaram Gregory David Roberts' Erkenntnisse über sein Leben in Indien. *Das* Buch für Traveller!

Das Gleichgewicht der Welt Rohinton Mistrys tragische Erzählung über den Überlebenskampf in Mumbai.

Der Gott der kleinen Dinge Magischer Roman von Arundhati Roy über Leidenschaft und das Kastensystem.

White Mughals Faszinierende historische Ermittlungen im Hyderabad des 18. Jhs. von William Dalrymple.

Alles strebt südwärts

In den ersten Jahrzehnten nach der Unabhängigkeit 1947 zog es viele Südinder auf Jobsuche in den Norden. Heute hat sich der Trend umgekehrt. Einige Experten begründen den Aufschwung des Südens u. a. mit einer stabileren Regierungsarbeit im Süden (trotz Korruption) und einem weniger rigiden Kastensystem (was eine größere gesellschaftliche Mobilität erlaubt). Heute liegen fast alle Bundesstaaten Südindiens über dem Durchschnitt, was Bildung, Beschäftigung, Lebenserwartung, Pro-Kopf-Einkommen und das Zahlenverhältnis von Frauen und Männern betrifft. Kerala hat die größte Alphabetisierungsrate und die höchste Lebenserwartung Indiens, und nur hier leben mehr Frauen als Männer.

Mumbai (Bombay) ist seit Langem Indiens Finanz-, Handels- und Industriezentrum und die Film- und Modehauptstadt des Landes. In Chennai (Madras) wird ein Drittel aller indischen Autos gefertigt. Goa und zunehmend Kerala sind große Tourismus-Erfolgsstorys. Den größten Sprung nach vorn machte aber die Technologiesparte, befeuert von der wirtschaftlichen Liberalisierung in Indien 1991 und der Globalisierung. Bengaluru gilt als Indiens Silicon Valley und bildet mit Hyderabad und Pune das „Dekkan-Dreieck" im Zentrum der indischen IT-Branche, das riesige Exportüberschüsse einfährt. Diese drei Städte beherbergen wegen ihrer vielen gut ausgebildeten, Englisch sprechenden jungen Fachkräfte auch die Entwicklungsabteilungen von etwa 150 großen internationalen Firmen. Delhi, Chennai und Mumbai ergänzen das Trio zu den großen Sechs der indischen IT-Branche.

Der Fortschritt brachte aber auch Probleme mit sich, u.a. die wachsenden Slums in den großen Städten (ca. 60 % der Bevölkerung Mumbais leben dort), den Verkehr und die Umweltverschmutzung – auch wenn endlich neue Metro-Systeme in Mumbai, Bengaluru, Chennai und Hyderabad geschaffen werden. Kerala leidet trotz seiner Erfolge im Bildungs- und Gesundheitssektor unter hoher Arbeitslosigkeit und den höchsten Selbstmord- und Alkoholkonsumraten Indiens. 2014 wurden etwa 700 Bars die Ausschanklizenzen entzogen, um den Alkoholkonsum einzuschränken.

Die politische Landschaft

Regionale Parteien konzentrieren sich auf regionale Themen, und lokale Berühmtheiten beherrschen die südindische Politik. Bundesparteien müssen mit ihnen Allianzen eingehen, um Unterstützung in Delhi zu erhalten oder in den Regionen Fuß zu fassen. In Maharashtra gibt es zwar mehr Unterstützung für eine Bundespartei – die an den hinduistischen Nationalisten orientierte Bharatiya Janata Party (BJP) – als in jedem anderen südlich gelegenen Bundesstaat, aber die BJP musste lange eine Allianz mit der Shiv Sena eingehen, einer reaktionären Partei, die die Zuwanderung von Menschen aus anderen Bundesstaaten nach Maharashtra verhindern will. In Tamil Nadu waren mehrere Ex-Filmstars und -Drehbuchautoren als Ministerpräsidenten im Amt. Die letzte Ministerpräsidentin, Jayalalithaa Jayaram, wurde 2014 zu vier Jahren Gefängnis verurteilt, weil sie über 8 Mio. US$ nicht erklärtes Vermögen angehäuft hatte, doch wurde das Urteil 2015 aufgehoben und der frühere Filmstar erneut vereidigt.

Seit 2014 hat sich der Süden mehr der nationalen Politik geöffnet, als beim größten politischen Umbruch seit Jahrzehnten Narendra Modi aus Gujarat die BJP bei den landesweiten Wahlen zu einem überwältigenden Sieg führte – zum ersten Mal seit 1984 hat eine Partei eine absolute Mehrheit im Parlament. Es war eine Demütigung für die Kongresspartei – die Partei des ersten indischen Premierministers nach der Unabhängigkeit, Jawaharlal Nehru, seiner Tochter Indira Gandhi und ihrer Nachkommen –, die in Indien seit der Unabhängigkeit vor 67 Jahren nur zwölf Jahre lang nicht an der Macht war.

Der Sieg der BJP ist vor allem Modis Charisma zu verdanken, gespeist von seiner wirtschaftlichen Reputation als früherer Ministerpräsident des Bundesstaates Gujarat sowie der Tatsache, dass er wegen seiner Herkunft aus der Arbeiterklasse für den „normalen" Inder sehr anziehend wirkt. Diese Faktoren spielten eine größere Rolle als Anschuldigungen (die Modi immer zurückgewiesen hat), er habe wenig getan, um die religiösen Unruhen von 2002 in Gujarat zu beenden, bei denen mindestens 1000 Menschen starben, die meisten davon Muslime. Er ist ein meisterhafter Wahlkämpfer, der klug Gebrauch von den digitalen Technologien, vor allem den sozialen Medien macht. Seit er im Amt ist, hat Modi nicht nur begonnen, Indiens stotternden Wirtschaftsmotor wieder in Schwung zu bringen, sondern auch drängende soziale Fragen wie Abwasser- und Abfallentsorgung, Gleichstellung der Geschlechter, Armut und Gesundheit anzugehen. Er hat nicht nur versprochen, Millionen Toiletten zu bauen, sondern 2014 auch die Swachh Bharat Abhi-

BEVÖLKERUNG: **367 MIO.**

BIP/KOPF: **1480 US$/JAHR**

ALPHABETISIERUNGSRATE: **78%**

GESCHLECHTERVERHÄLTNIS: **964/1000 (FRAUEN/MÄNNER)**

FLÄCHE: **956000 KM²**

GEBURTENRATE: **1,8**

Gäbe es nur 100 Inder, sprächen ...

55 eine von 21 anderen offiziellen Sprachen
41 Hindi
4 eine von 400 weiteren offiziellen Sprachen

Religion

(% der Bevölkerung)

Einwohner pro km²

≈ 30 Einwohner

Etikette

Angemessen kleiden Eng anliegende Kleidung vermeiden. Schultern und Knie müssen bedeckt sein, besonders an religiösen Stätten.
Schuhe Es ist höflich und oft obligatorisch, vor dem Betreten von Wohnhäusern oder heiligen Stätten die Schuhe auszuziehen.
Fotos Man sollte immer fragen, bevor man Fotos von Personen, Zeremonien oder heiligen Stätten knipst.
Schlechtes Karma Die Fußsohlen dürfen nicht in Richtung von Menschen oder Gottheiten zeigen, und man berührt auch niemanden mit den Füßen.

Feinheiten

Namaste mit zusammengelegten Handflächen (wie beim Gebet) *namaste* zu sagen, ist eine traditionelle respektvolle Begrüßung der Hindus und die universell akzeptierte Form hallo zu sagen.
Umarmungen Händeschütteln ist okay, aber Umarmungen zwischen Fremden sind nicht üblich.
Reine Hände Nur die rechte Hand wird zum Essen und Händeschütteln benutzt. Die linke Hand ist die „Toilettenhand".
Mit dem Kopf wackeln Kann „ja", „vielleicht" oder „keine Ahnung" bedeuten. Einfach schauen, was die Einheimischen tun!

yan (Mission Sauberes Indien) ins Leben gerufen, bei der der Premierminister selbst und verehrte Bollywood- und Kricketstars öffentlich Müll beseitigten.

Sowohl die Weltbank als auch der Internationale Währungsfonds sagen voraus, dass Indiens Wirtschaft auf dem Weg ist, die weltweit am schnellsten wachsende zu werden (und damit wahrscheinlich 2016/17 China überholen wird). Als einen Grund dafür nennen die Institutionen das durch die Wahl des unternehmerfreundlichen Modi erneuerte Vertrauen der Investoren. Es galt als weitere ökonomische Errungenschaft, als Indien einen Guinness-Buch-Rekord für die meisten eröffneten Bankkonten innerhalb einer Woche aufstellen konnte – 18 096 130 –, ein Projekt, das darauf zielte, den Armen sozioökonomische Optionen zu bieten, denen in der Vergangenheit häufig ein Bankzugang verwehrt blieb.

Gewalt gegen Frauen

Im Dezember 2012 stiegen in Delhi eine 23-jährige Krankengymnastin und ihr Freund auf dem Heimweg von einem Kinobesuch in einen Bus, der sich als Fake-Stadtbus mit verdunkelten Fenstern entpuppte. Im Bus waren sechs Männer, die die Frau so brutal vergewaltigten, dass sie zwölf Tage später starb. Diese Frau wurde landesweit als Nirbhaya, die „Furchtlose", bekannt. Das Verbrechen löste Proteste und Diskussionen aus.

Innerhalb weniger Wochen verabschiedete Indien eine Reihe neuer, aber umstrittener Gesetze, um die Gewalt gegen Frauen zu unterbinden: Auf Vergewaltigung steht jetzt Gefängnis nicht unter sieben Jahren, stirbt das Opfer, droht die Todesstrafe. Aber in den Jahren seit dem Mord machen neue Fälle von Gewalt gegen Frauen immer noch zu häufig Schlagzeilen. Auch andere Misshandlungen von Frauen werden in Indien jetzt häufiger angesprochen (Zehntausende sterben jedes Jahr wegen Mitgiftstreits), ebenso die verbreitete Inkompetenz von Polizei und Justizsystem und die schwerer wiegenden Probleme durch die Ungleichbehandlung der Geschlechter. Viele hoffen, dass Veränderungen in Gang kommen, wenn das Thema nun öffentlich diskutiert wird. Seit seiner Amtsübernahme ist Premierminister Narendra Modi aktiv für eine Veränderung der indischen Gesellschaft in Fragen der Gleichberechtigung eingetreten. In seiner Ansprache zum Unabhängigkeitstag 2014 sagte Modi über Vergewaltigung: „Wenn eure Töchter zehn oder zwölf Jahre alt sind, fragt ihr sie: ‚Wo gehst du hin? Wann kommst du zurück?' Doch wagen es Eltern auch, ihre Söhne zu fragen: ‚Wohin gehst du? Warum gehst du weg? Wer sind deine Freunde?' Denn auch ein Vergewaltiger ist der Sohn von jemandem." 2015 startete Modi die Kampagne Beti Bachao Beti Padhao (Rette die Tochter, lehre die Tochter), die auf Gleichberechtigung hinarbeitet, indem sie u. a. darauf abzielt, keine weiblichen Kinder mehr zu töten und auch Mädchen eine (Aus-)Bildung zu ermöglichen. Mit solchen und ähnlichen Programmen verbindet sich die Hoffnung, die Gesellschaft stärker für Gender-Themen zu sensibilisieren. Ob das gelingt, muss die Zukunft zeigen.

Geschichte

Südindien hat immer Wert darauf gelegt, eine eigene, einzigartige Geschichte zu besitzen, vor allem weil der Süden durch die große Entfernung von den politischen Entwicklungen im Norden weitgehend abgeschnitten war. Die drawidische Kultur hat eine lange, verworrene Entstehungsgeschichte, in der es von miteinander streitenden Dynastien und Reichen nur so wimmelt. Händler und Eroberer, die über das Meer ins Land kamen, taten ihr Übriges. All dies hat reichlich dazu beigetragen, dass eine außergewöhnliche Mischung aus südindischen Traditionen entstand, die bis heute bestehen.

Die Indus-Kultur

Die erste bedeutende Zivilisation Indiens blühte zwischen etwa 3000 und 1700 v. Chr. im Indus-Tal. Große Teile dieses Gebiets gehören heute zu Pakistan. Diese als Harappa-Kultur bekannte Zivilisation scheint der Höhepunkt einer Besiedlung gewesen zu sein, die sich über Jahrtausende erstreckte. Einige Historiker machen für das Ende dieses Reiches Überschwemmungen oder ausbleibende Niederschläge verantwortlich, was die landwirtschaftliche Grundlage der Harappa gefährdete. Beständig hält sich auch die Theorie, eine vom Nordwesten ausgehende Invasion der Arier (Völker, die Sprachen des indo-iranischen Zweigs der indogermanischen Sprachfamilie sprechen) habe die Harappa vernichtet. Dafür gibt es aber keine überzeugenden archäologischen Belege oder schriftliche Berichte in den alten indischen Quellen. Andere vermuten, die Ankunft der Arier sei eher in Form einer sukzessiven Einwanderung erfolgt, die die Harappa-Kultur schrittweise – und nicht in Form einer Eroberung – verdrängt habe. Deshalb argumentieren einige nationalistische Historiker, dass die Arier – die Bezeichnung leitet sich von dem Sanskrit-Wort für „adelig“ ab – in Wahrheit die ursprünglichen Einwohner Indiens gewesen seien und die Invasionstheorie von ausländischen Eroberern erfunden wurde, die sich damit schmücken wollten. Glaubt man jedoch den Vertretern der Invasionstheorie, so sind ab etwa 1500 v. Chr. arische Stämme von Afghanistan und Zentralasien kommend nach Nordwestindien eingedrungen. Am Ende kontrollierten diese Stämme das nördliche Indien bis zum Vindhya-Gebirge (nördlich des

India: A History von John Keay ist eine scharfsinnige und lesenswerte Zusammenfassung der Geschichte des Subkontinents, von der Harappa-Kultur bis zur Zeit nach der Unabhängigkeit Indiens.

ZEITLEISTE

2600–1700 v. Chr.

Hochphase der Zivilisation im Indus-Tal, die sich auf Teile von Rajasthan, Gujarat und der Sindh-Provinz des heutigen Pakistan erstreckt. Es entstehen Städte wie Harappa und Moenjodaro.

1500 v. Chr.

Die indo-arische Zivilisation fasst in den fruchtbaren Ebenen des Indus- und Gangesbeckens Fuß. Die Siedler sprechen eine Frühform des Sanskrit, aus dem sich später u. a. das Hindi entwickelt.

1500–1200 v. Chr.

Der Rigveda, der älteste und längste der kanonischen Texte des Hinduismus, wird verfasst; drei weitere Schriften folgen. Die frühesten Formen des priesterlichen Brahmanen-Hinduismus entstehen.

Mehr über die Indus-Kultur erfährt man unter www.harappa.com. Hier erhält man einen leicht verständlichen, aber wissenschaftlich fundierten multimedialen Überblick über Harappa.

Flusses Narmada). Die ursprünglichen Bewohner, die Drawiden, könnten demnach nach Süden vertrieben worden sein.

Einflüsse aus dem Norden

Die arische Kultur hat wie der Norden eine allmählich fortschreitende, aber starke Auswirkung auf die gesellschaftliche Ordnung und die Gesinnung Südindiens gehabt – unter anderem in der Literatur (die vier Veden, eine Sammlung heiliger Hindu-Hymnen), in der Religion (Götter wie Agni, Varuna, Shiva, Vishnu), in der Sprache (Sanksrit) und der Sozialstruktur, denn sie organisierten das Volk in Kasten mit den Brahmanen an der Spitze.

Über die Jahrhunderte hinweg folgten noch weitere Einflüsse aus dem Norden, u.a. durch den Buddhismus und den Jainismus. Sravanabelagola in Karnataka ist bis heute eine glückverheißende Pilgerstätte. Laut Überlieferung soll der Herrscher Chandragupta Maurya auf dem Weg aus dem Norden zusammen mit seinem Guru um 300 v.Chr. hier angekommen sein, nachdem er sich dem Jainismus zugewandt und sein Königreich aufgegeben hatte. Daraufhin nahmen die Händler den Jainismus an; dessen Dogma des *ahimsa*, der Gewaltlosigkeit, verbietet die Tötung und das Verletzen von Lebewesen – also auch von Tieren – und förderte folglich die Ausbreitung einer vegetarischen Kultur in Südindien.

Ashoka, ein Nachfolger Chandraguptas, regierte ab etwa 272 v.Chr. ganze 40 Jahre lang. Beim Übergreifen des Buddhismus auf den Süden war er die treibende Kraft. Zunächst als kriegsfreudiger Herrscher unterwegs, sollte er um 260 v.Chr. einen radikalen Wandel durchleben: Schockiert durch das schreckliche Massaker und das Leid, das sein Feldzug gegen das mächtige Königreich Kalinga in Odisha verursacht hatte, verzichtete er von nun auf Gewalt und widmete sich dem Buddhismus. Er sandte buddhistische Missionare in die entlegensten Regionen. Seine Edikte – in Felsen oder extra aufgestellte Stelen gemeißelt – wurden in Andhra Pradesh und Karnataka gefunden. Auf sein Betreiben hin wurden auch Stupas errichtet, die meisten in Andhra Pradesh. Mindestens einer dieser kuppelförmigen Sakralbauten wurde jedoch weit im Süden in Kanchipuram (Tamil Nadu) errichtet.

Jainismus und Buddhismus verdankten ihre Attraktivität dem Umstand, dass sie die Veden ablehnten und das Kastensystem verurteilten. Dennoch verlor der Buddhismus allmählich die Unterstützung seiner Anhänger und wurde durch eine neue Form des Hinduismus ersetzt, welche die Hingabe an einen persönlichen Gott betonte. Diese Bhakti-Bewegung (vom Sanskrit-Wort für „Hingabe") entwickelte sich um 500 n.Chr. in Südindien. Ihre Anhänger lehnten Jainismus und Buddhismus ab und beschleunigten so den Niedergang dieser beiden Glaubensrichtungen in Südindien.

Sehenswerte Stätten des Buddhismus

Ajanta (S. 103)

Ellora (S. 100)

Amaravathi (S. 268)

Nagarjunakonda (S. 269)

Guntupalli (S. 271)

Höhlen von Karla & Bhaja (S. 117)

Höhlen von Aurangabad (S. 95)

599–528 v. Chr.

Mahavir, der 24. und letzte *tirthankara* (erleuchteter Lehrer), begründet den Jainismus. Wie Buddha predigt er Barmherzigkeit und den Weg zur Erleuchtung für alle Kasten.

563–483 v. Chr.

Der Prinz Siddhartha Gautama wird im heutigen Nepal geboren, erlangt die Erleuchtung unter einem Bodhi-Baum in Bodhagaya (Bihar) und wird dadurch zu Buddha (der Erleuchtete).

326 v. Chr.

Alexander der Große dringt nach Indien vor. Er besiegt König Porus im Punjab und betritt den Subkontinent, aber eine Rebellion seiner Armee hindert ihn daran, über den Beas in Himachal Pradesh einzumarschieren.

321–185 v. Chr.

Die Herrschaft der Mauryan-Könige: Das gesamtindische Reich wird von Chandragupta Maurya begründet. Unter der Herrschaft des Kaisers Ashoka wird der Buddhismus für kurze Zeit zur Staatsreligion.

ASHOKA: EIN ERLEUCHTETER KAISER

Abgesehen von den Moguln und Jahrhunderte später den Briten kontrollierte keine andere Macht einen so großen Teil Indiens wie die Maurya. Daher verwundert es nicht, dass Indien dem Herrschergeschlecht eine der historisch bedeutendsten Persönlichkeiten verdankt.

Kaiser Ashokas Regierungszeit war eine Periode florierender Kunst und Bildhauerei. Sein Ruf als Philosophenkönig wurde durch in Stein gemeißelte Edikte noch unterstrichen, die der Belehrung seiner Untertanen und der Demonstration der Größe seines Reiches (es reichte von Afghanistan über Nepal bis nach Andhra Pradesh) dienten.

Ashokas Herrschaft war aber auch unbestrittener Höhepunkt des Buddhismus in Indien. Bereitwillig konvertierte Ashoka 260 v. Chr. zum Buddhismus und erklärte seinen neuen Glauben zur Staatsreligion; gleichzeitig versetzte er damit dem spirituellen und gesellschaftlichen Wesen des Hinduismus einen schweren Schlag. In der Region ließ der Herrscher Tausende von Stupas und Klöstern errichten, ins Ausland entsandte er Missionare. Bis heute wird er auf Sri Lanka verehrt, weil er seinen Sohn und seine Tochter dorthin schickte, um die Lehren Buddhas einzuführen.

Der lange Schatten, den dieser Kaiser des 3. Jhs. v. Chr. immer noch über Indien wirft, ist z. B. in der indischen Nationalflagge das zentrale Motiv. Sie zeigt das Chakra Ashokas, ein Rad mit 24 Speichen als Symbol für die Herrschaft des Gesetzes. Das Kapitell, das die vielen Säulen Ashokas krönte, bildet zudem das heutige Nationalsymbol und Wappen von Indien: Vier Löwen sitzen Rücken an Rücken auf einer Säulenplatte, die mit einem Fries und der Inschrift „Allein die Wahrheit siegt" verziert ist. Es wurde ausgewählt, um die alte Verpflichtung zu Frieden und Wohlwollen zu bekräftigen.

Maurya-Reich & Königreiche im Süden

Chandragupta war der früheste in einer Reihe von Maurya-Königen, die das erste wirkliche Großreich in Indien regierten. Die Hauptstadt des Imperiums war das heutige Patna in Bihar. Chandraguptas Sohn Bindusara gelangte um 300 v. Chr. auf den Thron. Er dehnte das Reich bis nach Karnataka aus. Dort scheint er jedoch seinen Vormarsch beendet zu haben, möglicherweise weil das Maurya-Reich mit den damaligen Stammeshäuptlingen im Süden freundschaftliche Beziehungen pflegte.

Die Identität und die Bräuche der Stammesfürstentümer im Süden konnte man aus verschiedenen Quellen rekonstruieren, z. B. aus archäologischen Funden und aus der alten Literatur der Tamilen. Diese schriftlichen Quellen beschreiben ein Land, das als „Heimstätte der Tamilen" bezeichnet wird und in dem drei herausragende Herrscherfamilien residierten: die Pandya (im Zentrum von Madurai), die Chera (im heutigen Kerala und dem westlichen Tamil Nadu) und die Chola (Tanjavur und Kavari-Tal). Die Region, die in der zwischen 300 v. Chr. und 300 n. Chr.

Die Konzepte von Null und Unendlichkeit wurden wahrscheinlich von bedeutenden indischen Mathematikern während der Herrschaft der Guptas entwickelt.

300 v. Chr.–300 n. Chr.

In der Sangam-Ära schaffen tamilische Dichter einen großen Teil der klassischen Tamil-Literatur und das Gebiet der Tamilen wird von drei Dynastien – den Pandyas, Cheras und frühen Cholas – dominiert.

200 v. Chr.–200 n. Chr.

Das Satavahana-Reich hat seinen Ursprung in Andhra und herrscht über nahezu die gesamte Dekkan-Ebene. Der Buddhismus gedeiht und Literatur, Bildhauerei und Philosophie blühen auf.

1. Jh. n. Chr.

Die Netzwerke des Überlandhandels haben Anschluss an die Häfen der Überseerouten. Der Handel mit Afrika, der Golfregion, Sokotra, Südostasien, China und sogar Rom floriert.

52 n. Chr.

Mögliche Ankunft des Apostels Thomas an der Küste von Kerala. Man geht davon aus, dass mit seiner Tätigkeit als Missionar in Kerala und Tamil Nadu das Christentum Einzug in Indien hielt.

entstandenen Sangamliteratur beschrieben wird, war von der Sanskritkultur noch immer relativ abgeschnitten. Aber aus der Literatur lässt sich schließen, dass die Sanskrittraditionen in Südindien um 200 v. Chr. begannen sich zu etablieren.

Eine gewisse Rivalität kennzeichnete die Beziehungen zwischen den großen und den vielen kleineren Stammesfürstentümern. Außerdem gab es gelegentlich Zusammenstöße mit den Herrschern von Sri Lanka. Schließlich hatten die Mächte im Süden alle unter den Kalabhra zu leiden. Über sie ist kaum mehr bekannt als ihre Herkunft aus einer Region irgendwo nördlich des Tamilengebiets.

Das Maurya-Reich begann bereits kurz nach dem Tod Ashokas (232 v. Chr.) zu zerfallen. Um 180 v. Chr. wurde es von einer Reihe rivalisierender Königreiche erobert, die ihrerseits von wiederholten Invasionen aus dem Norden, z. B. durch baktrische Griechen, betroffen waren. Trotzdem brachte die Ära nach Ashoka mindestens ein Herrschergeschlecht hervor, dessen Förderung der Künste und dessen Fähigkeit, einen relativ hohen Grad an sozialem Zusammenhalt zu stiften, ein nachhaltiges Erbe schufen. Gemeint sind die Satavahana, die schließlich das ganz Gebiet des heutigen Maharashtra, Madhya Pradesh, Chhatitsgarh, Karnataka, Telangana und Andhra Pradesh kontrollierten. Während ihrer Herrschaft zwischen etwa 200 v. Chr. und 200 n. Chr. blühten die Künste, vor allem die Literatur, Bildhauerei und Philosophie. Unter den Satavahana erreichte der Buddhismus in Maharashtra seinen Höhepunkt. Die größten der buddhistischen Höhlentempel bei Ajanta und Ellora wurden aber erst später von den Dynastien der Chalukya und Rashtrakuta gebaut.

Vor allem aber erlebte der Subkontinent eine Phase enormen Wohlstands. Südindien hatte zwar nicht so riesige und fruchtbare Agrarflächen wie jene in Nordindien, doch wurde dieser Nachteil ausgeglichen, indem man strategisch günstige Handelsrouten über den Indischen Ozean erschloss.

Sehenswerte Stätten der Chalukya

- *Ellora (S. 100)*
- *Badami (S. 239)*
- *Pattadakal (S. 241)*
- *Aihole (S. 241)*
- *Bhongir (S. 265)*

Pallava-Architektur Tamil Nadus

- *Strandtempel, Mamallapuram (Mahabalipuram) (S. 377)*
- *Arjunas Buße, Mamallapuram (S. 378)*
- *Fünf Rathas, Mamallapuram (S. 377)*
- *Tempel, Kanchipuram (S. 382)*

Die Chalukya & Pallava

Nach der Unterdrückung der Stammesfürstentümer der Tamilen durch die Kalabhra zerfiel Südindien in viele gegeneinander Krieg führende Königreiche. Die Chola verschwanden buchstäblich von der Bühne, während allem Anschein nach an der Westküste die Chera durch Handel zu Wohlstand kamen – allerdings ist über sie nicht allzu viel bekannt. Erst nachdem im späten 6. Jh. n. Chr. die Kalabhra besiegt worden waren, beruhigte sich die politische Lage in der Region allmählich. Über die nächsten 300 Jahre hinweg wurden die Geschicke Südindiens von den Chalukya aus Badami, den Pallava aus Kanchi (Kanchipuram) und den Pandya aus Madurai geprägt.

319–467
Goldene Ära der nordindischen Gupta-Dynastie; nach den Maurya das zweite Großreich Indiens. Die Zeit ist durch eine kreative Schaffensperiode in Kunst und Literatur gekennzeichnet.

6.–8. Jh.
Blütezeit der Pallava-Dynastie, die von ihrer Hauptstadt Kanchipuram aus über Andhra Pradesh und Tamil Nadu herrscht.

10.–12. Jh.
Das Chola-Reich, mit Zentrum in und um Thanjavur, weitet seinen Einfluss auf weite Teile Südindiens und Südostasiens aus, und hinterlässt ein grandioses Erbe in Sachen Kunst, Plastiken und Architektur.

1001–1025
Unter Anführung von Mahmud aus Ghazni (im heutigen Afghanistan) kommt es zu 17 Überfällen in Nordindien – die erste von mehreren muslimischen Invasionen.

Im 7. Jh. erreichte die Macht der Badami-Chalukya unter König Pulakesi II. ihren Höhepunkt: Sie kontrollierten den größten Teil der Dekkan-Ebene. Ein anderer Zweig der Familie, die östlichen Chalukya, herrschten von Vengi in der Nähe von Eluru aus über Andhra Pradesh. Woher die Pallava ursprünglich kamen, ist unklar. Man nimmt aber an, dass sie von Kanchi aus nach Andhra Pradesh eingewandert sind. Nachdem sie die Kalabhra erfolgreich in die Flucht geschlagen hatten, dehnten die Pallava ihr Gebiet bis zum Kaveri im Süden aus. Im 7. und 8. Jh. hatten sie schließlich den Zenit ihrer Macht erlangt und errichteten Gebäude wie den Strandtempel und das Reliefbild „Arjunas Buße" in Mamallapuram (Mahabalipuram). Sie verzettelten sich jedoch in langwierigen Konflikten mit den Pandya, die sich wiederum im 8. Jh. mit den Gangas aus Mysore verbündeten. Im 9. Jh. hatten die Pallava einen wesentlichen Teil ihrer Macht eingebüßt – zurückgedrängt von den Pandyas und den Rashtrakutas – einer Dynastie aus Gulbarga in Karnatakader, die die vom 8. bis 10. Jh. währende Dominanz der Chalukya über die Dekkan-Ebene beendete.

Chola-Bronzen

Government Museum, Chennai (S. 359)

Königspalast, Thanjavur (S. 404)

Puducherry Museum (S. 391)

Das Chola-Reich

Als die Dynastie der Pallava endete, gelangte eine neue Chola-Dynastie an die Macht. Sie schuf die Grundlagen für eines der wichtigsten Reiche, das der Subkontinent je hervorbringen sollte. Von ihrer Hauptstadt in Tanjavur breiteten sich die Chola nach Norden aus; sie übernahmen das, was vom Gebiet der Pallava noch übrig war, und preschten Richtung Süden vor. Unter Rajaraja Chola I. (reg. 985–1014) begann sich das Königreich der Chola dann zu einem großen Imperium zu mausern. Rajaraja Chola I. führte erfolgreich Krieg gegen die Pandya im Süden, die Gangas aus Mysore und die östlichen Chalukya. Außerdem startete er einige Flottenunternehmungen, die mit der Einnahme der Malediven, der Malabarküste (die Küsten von Kerala und Karnataka) und des Nordens von Sri Lanka endeten. Sri Lanka wurde zu einer Provinz des Chola-Imperiums. Dank der Eroberungen kontrollierten die Chola wichtige Häfen und Handelsverbindungen zwischen Indien, Südostasien, Arabien und Ostafrika. Damit strichen sie einen Teil der riesigen Profite ein, die durch den Verkauf von Gewürzen nach Europa erzielt wurden.

The Story of India von Michael Wood ist eine ausgezeichnete BBC-Fernsehserie mit sechs 50-minütigen Episoden. Als DVD und als Buch erhältlich.

Rajaraja Cholas Sohn Rajendra Chola I. (reg. 1014–1044) führte die Vergrößerung des Chola-Territoriums fort, eroberte das restliche Sri Lanka und zog die Ostküste Indiens bis nach Bengalen und zum Ganges hinauf. Rajendra startete auch einen Feldzug in Südostasien gegen das Srivijaya-Königreich (Sumatra) und sandte Handelsmissionen bis ins ferne China. Doch das Chola-Reich war nicht nur in politischer und wirtschaftlicher Hinsicht äußerst erfolgreich, es hinterließ auch ein sagenhaftes Kunsterbe. Zu seinem Vermächtnis gehören drei herrliche Shiva-

12.–19. Jh.

Als Teil des Handels mit dem Persischen Golf werden Afrikaner an die Küste von Konkan verschifft; aus Sklaven werden Diener, Dockarbeiter und Soldaten. Sie sind als Siddis oder Habshis bekannt.

13. Jh.

Die Pandya, eine Tamilen-Dynastie, die bis ins 6. Jh. v. Chr. zurückreicht, ergreift die Kontrolle über das Gebiet der Chola und erweitert es von seiner Hauptstadt Madurai bis nach Andhra Pradesh, Kalinga und Sri Lanka.

1290er-Jahre

Das Sultanat von Delhi beginnt seine Expansion nach Süden und bringt Teile des Dekkan das erste Mal unter die Herrschaft von Musilimen aus dem Norden.

1336

Gründung des mächtigen (hinduistischen) Vijayanagar-Reichs. Es wurde nach seiner Hauptstadt benannt, deren Ruinen man heute in der Nähe von Hampi (im heutigen Karnataka) besichtigen kann.

Tempel in Thanjavur und in der Nähe von Kumbakonam. Skulpturen, besonders jene aus Bronze, erreichten neue Sphären ästhetischer und technischer Raffinesse. Musik, Tanz und Literatur erlebten eine Blütezeit und es entstand eine einzigartige tamilische Kunstrichtung, die in Südindien noch präsent war, als die Chola schon lange verschwunden waren. Handel war nicht das einzige, was die Chola an die Küsten Südostasiens brachten. Sie führten dort auch ihre Kultur ein. Dieses Erbe lebt bis heute in den Tänzen, der Religion und der Mythologie von Myanmar (Birma), Thailand, Bali (Indonesien) und Kambodscha fort.

Doch die ständigen Kriege überstiegen die Kräfte der Chola, die schließlich unter dem Expansionsdruck der Hoysala aus Halebid (Karnataka) und der Pandya aus Madurai niedergingen. Im 13. Jh. wurden sie endgültig von den Pandya abgelöst. Die Hoysala ihrerseits wurden vom Vijayanagar-Reich verdrängt, das sich im 14. Jh. entwickelte. Die Pandya kamen zu Wohlstand, und ihre Errungenschaften wurden von Marco Polo, der sie 1288 oder 1293 besuchte, außerordentlich bewundert. Ihr Ruhm aber war nur von kurzer Dauer. Der muslimischen Invasion aus dem Norden hatten sie nichts entgegenzusetzen.

Muslimische Invasion & das Vijayanagar-Reich

A History of South India from Prehistoric Times to the Fall of Vijayanagar von K. A. Nilakanta Sastri ist wohl die umfassendste Geschichtsdarstellung über diese Gegend und besonders für diejenigen zu empfehlen, die nach Hampi reisen.

Im 11. Jh. drangen muslimische Plünderer aus dem Nordwesten immer wieder nach Nordindien ein. 1206 wurde das mächtige Sultanat von Delhi errichtet. In den 1290er-Jahren begann das Sultanat damit, seinen Einfluss auf Südindien auszudehnen, 1323 wurde schließlich Madurai erreicht.

Mohammed Tughlaq, der Sultan von Delhi, träumte davon, über ganz Indien zu herrschen. Zu diesem Zweck ließ er 1328 sogar seine Hauptstadt 1100 km nach Süden verlegen, nach Daulatabad in Maharashtra – und zwang die gesamte Bevölkerung Dehlis ebenfalls zum Umzug. Doch schon zwei Jahre später musste er aufgrund von Wasserknappheit das ganze Unternehmen wieder rückgängig machen. 1330 kontrollierte Mohammed Tughlaq einen sehr großen Teil des Subkontinents – und hatte damit seine Macht überdehnt, denn schon ab 1327 kam es zunehmend zu Revolten. Von 1335 an begann sein Reich zu schrumpfen. Nicht nur nutzten muslimische Herrscher in Madurai und Daulatabad die Gunst der Stunde und erklärten sich für unabhängig. Zur gleichen Zeit wurden von hinduistischen Stammesfürsten in Hampi auch die Grundlagen für ein Reich geschaffen, das zu den größten Südindiens werden sollte: das Vijayanagar-Reich.

Allgemein wird davon ausgegangen, dass das Vijayanagar-Reich von zwei Brüdern gegründet wurde, die gefangen genommen und nach Delhi

1345

Im Dekkan wird nach einer Revolte gegen die Tughluqs von Dehli das Bahmani-Sultanat (muslimisch) errichtet. Die Hauptstadt wird in Gulbarga gegründet, im heutigen Norden von Karnataka, und später nach Bidar verlegt.

1480er

Das Bahmani-Sultanat beginnt zu zerfallen. 1528 gibt es fünf Sultanate im Dekkan: Berar, Ahmadnagar, Bidar, Bijapur und Golconda.

1498

Vasco da Gama, ein portugiesischer Seefahrer, entdeckt über Ostafrika die Route von Europa nach Indien. Im heutigen Kerala geht er an Land und engagiert sich im Handel mit dem dortigen Adel.

1510

Unter der Führung von Alfonso de Albuquerque erobern die Portugiesen Goa. Sein erster Versuch war von Sultan Adil Shah von Bijapur vereitelt worden – erst nach dessen Tod gelingt das Vorhaben.

gebracht worden waren. Dort konvertierten sie zum Islam und wurden als Gouverneure des Sultans wieder in ihre Heimat geschickt. Die Brüder hatten jedoch andere Pläne. Sie kehrten zum Hinduismus zurück und begannen 1336 damit, ein Reich zu errichten, das am Ende den größten Teil Karnatakas und Andra Pradeshs sowie Tamil Nadu und Kerala umfasste. Sieben Jahrhunderte später ist das Zentrum dieses Königreichs mit den Ruinen und Tempeln von Hampi eine der großartigsten Sehenswürdigkeiten Südindiens.

Das muslimische Sultanat Bahmani, ursprünglich in Daulatabad gelegen, machte unterdessen Kalburgi in Karnataka zu seiner Hauptstadt und zog im 15. Jh. nach Bidar um. Zu seinem Königreich gehörten zuletzt Maharashtra, Telangana und der Norden Karnatakas. Und man gab sich reichlich Mühe, dieses Reich vor äußeren Angriffen zu schützen.

Es überrascht kaum, dass die Beziehungen zwischen dem Vijayanagar- und dem Bahmani-Reich von ständiger Rivalität gekennzeichnet waren. In den Konflikten ging es hauptsächlich um die Nutzung des fruchtbaren Ackerlands und die Kontrolle über die Handelshäfen. Für kurze Zeit war es den Bahmani gelungen, über den wichtigen Hafen Goa zu herrschen, doch schon 1378 gehörte die Stadt wieder zum Vijayanagar-Reich. Das Bahmani-Reich fiel schließlich internen Machtkämpfen zum Opfer, und zwischen 1490 und 1528 wurde es in fünf Dekkan-Sultanate unterteilt – Bidar, Bijapur, Berar, Ahmadnagar und Golconda. 1565 gelang es den vereinten Kräften dieser fünf Sultanate, Hampi, die pulsierende Hauptstadt des Vijayanagar-Reiches, zu verwüsten und somit die Macht des Königreichs zu beenden.

Das Reich der Vijayanagar erlangte einen bemerkenswerten Wohlstand. Er war das Ergebnis einer zielgerichteten Politik, die Händler von weit her in jeder Form begünstigte und dies mit der Entwicklung eines effektiven Verwaltungssystems verband. Außerdem sorgte man für einen Zugang zu den wichtigen Handelsverbindungen, etwa den Häfen an der Westküste. Hampi mauserte sich zu einer Weltstadt: In den Basaren der Stadt tummelten sich Besucher sowohl aus den unterschiedlichsten Regionen Indiens als auch aus dem Ausland.

Der portugiesische Chronist Domingo Paez besuchte das Reich während der Herrschaft von Krishnadevaraya (reg. 1509–1529), der einer der berühmtesten Könige der Vijayanagar war. Zu dieser Zeit verfügte Vijayanagar über Reichtümer und Machtmittel wie nie zuvor. Paez zeichnete die Errungenschaften der Vijayanagar auf und beschrieb, wie sie große Wasserbecken konstruierten und ihre Felder bewässerten. Er berichtete darüber, wie menschliche und tierische Opfer zur Besänftigung der Götter dargebracht wurden, nachdem eines der Becken wiederholt geborsten war. Paez lieferte außerdem Details über die schönen Häuser der reichen Händler und über die Basare mit all den wertvollen Rubinen,

1526

Nachdem er Delhi erobert hat, wird Babur der erste Großmogul Zentralasiens. Innerhalb eines Jahrhunderts reicht das Moghul-Reich von Afghanistan bis Bengalen und in den nördlichen Dekkan.

1542–1545

Erste Missionsreise des hl. Francisco de Xavier nach Indien. Er predigt in Goa, Tamil Nadu und Sri Lanka den Katholizismus und kehrt 1548/49 und 1552 zwischen Reisen in den Fernen Osten zurück.

1560–1812

Portugiesische Inquisition in Goa: Hindus und Muslime, die sich dem neuen Glauben widersetzen, werden angeklagt und hingerichtet.

1600

Die britische Königin Elisabeth I. verleiht der Ostindischen Kompanie den ersten Handelsfreibrief. Die Jungfernfahrt findet 1601 unter dem Kommando von Sir James Lancaster statt.

AUFTRITT: PORTUGAL

Am 20. Mai 1498 ließ Vasco da Gama vor der südindischen Küste in der Nähe der Stadt Calicut (Kozhikode) den Anker auswerfen. Für die Strecke von der Ostküste Afrikas bis hierher hatte er 23 Tage gebraucht. Geführt worden war da Gama vom Steuermann Ibn Masjid, den der Herrscher Malindis aus Gujarat gesandt hatte– als erste Europäer überhaupt hatten sie den Indischen Ozean per Schiff von der Ostküste Afrikas bis zu den Küsten Indiens überquert. Die Portugiesen suchten nach einem Seeweg von Europa nach Osten, um den Gewürzhandel ohne Zwischenhändler abwickeln zu können. Sie hofften wohl auch, alte christliche Gemeinden zu finden, die durch die muslimische Dominanz im Nahen Osten von Europa abgeschnitten worden waren – darunter auch das legendäre Königreich des christlichen Priesterkönigs Johannes, mit dem sie sich gegen die muslimischen Herrscher im Nahen Osten zu verbünden planten. Tatsächlich fanden sie in Indien Gewürze sowie die syrisch-orthodoxe Kirche vor, aber keinen Johannes.

Vasco da Gama bat beim Herrscher von Calicut um eine Audienz, um sich zu erklären. Er scheint gut empfangen worden zu sein. Die Portugiesen engagierten sich in begrenztem Rahmen im Handel, wurden aber immer misstrauischer, weil sie glaubten, dass die muslimischen Händler den Herrscher von Calicut gegen sie einnehmen könnten. Sie entschieden sich dafür, Calicut zu verlassen, was sie im August 1498 auch taten. Innerhalb weniger Jahre erreichten weitere portugiesische Expeditionen die Westküste Indiens – aber nicht nur, um Handel zu treiben, sondern auch mit dem Ziel der Eroberung, was zu portugiesischen Besitzungen führte, die verstreut entlang Indiens Küsten lagen. Diese „Beziehung" endete 1961 mit dem Einmarsch indischer Truppen in Goa, Daman und Diu.

The Career and Legend of Vasco da Gama von Sanjay Subrahmanyam ist eine der besseren Untersuchungen in jüngerer Zeit über jene Person, die als Entdecker des Seewegs nach Indien gilt.

Diamanten, Smaragden und Perlen, Stoffen und „allem anderen, was es auf der Erde gibt und man möglicherweise kaufen möchte".

Wie die Bahmani widmeten sich die Könige der Vijayanagar intensiv dem Schutz ihres Territoriums und ihrer Handelsverbindungen. Krishnadevaraya beschäftigte portugiesische und muslimische Söldner, um seine Festungen zu bewachen und sein Herrschaftsgebiet zu sichern. Er unterhielt zudem gute Kontakte zu den Portugiesen, war er doch beim Zugriff auf Handelswaren von ihnen abhängig. Das galt vor allem für die arabischen Pferde, die er für seine Reiterei benötigte.

Ankunft der Europäer & das Christentum

Vasco da Gamas Ankunft in Kerala (1498) war der Auftakt für portugiesische Expeditionen, z. B. jene des Francisco de Almeida und des Alfonso de Albuquerque. Letzterer baute ein portugiesisches Imperium im Osten auf, zu dem auch Goa gehörte (erstmals 1510 eingenommen). Albuquerque führte einen ständigen Kampf gegen die einheimischen Muslime in Goa, in dem er schließlich den Sieg davontrug. Sein größter Erfolg war aber vielleicht, zwei der gefährlichsten Bedrohungen gegeneinander

1661

Die Briten erwerben Bombay (Mumbai) über den Ehevertrag zwischen König Karl II. und Katharina von Braganza von Portugal. Die Britische Ostindien-Kompanie verlegt 1687 ihren Sitz nach Bombay.

1673

Die Compagnie française des Indes orientales (Französische Ostindische Kompanie) errichtet in Pondicherry (heute Puducherry) einen Außenposten, um den sich die Franzosen, Holländer und Briten streiten.

1674

Shivaji gründet im heutigen Maharashtra das Marathen-Königreich. Er nimmt den Titel Chhatrapati an. Innerhalb eines halben Jahrhunderts dominieren die Marathen den Großteil Nord- und Zentralindiens.

1707

Der Tod Aurangzebs, des letzten Großmoguls, läutet den schleichenden Untergang des Mogul-Reichs ein, in dem zunehmend Anarchie und Aufstände auf der Tagesordnung stehen.

auszuspielen: das Vijayanagar-Reich, für das der Zugang zu den Häfen von Goa äußerst wichtig war, und das Sultanat Bijapur, das inzwischen Teile Goas kontrollierte.

Bijapur und Vijayanagar waren erbitterte Feinde. Albuquerque nutzte dies raffiniert aus, indem er die Versorgung mit arabischen Pferden für deren jeweilige Kavallarie übernahm. Da diese in alarmierend hoher Zahl starben, sobald sie sich auf indischem Boden befanden, mussten ständig weitere importiert werden, was dafür sorgte, dass die portugiesischen Häfen in Goa beschäftigt waren und profitabel blieben.

Die Portugiesen hatten auch den Katholizismus mit im Gepäck. Die Ankunft der Inquisition 1560 markiert den Anfang einer 200 Jahre dauernden religiösen Unterdrückung in den von den Portugiesen kontrollierten Gebieten an der Westküste Indiens.

Heute ist der portugiesische Einfluss in Goa noch immer am deutlichsten (obwohl die Portugiesen auch in Kerala, z.B. in Städten wie Kochi, Spuren hinterließen): Kirchen tupfen kreideweiße Punkte in die Landschaft, und auch christliche Feste und eine einzigartige Küche bewahren das portugiesische Erbe. Mitte des 16. Jhs. war das alte Goa zu einer florierenden Stadt geworden, die es in ihrer Pracht mit Lissabon aufnehmen konnte. Auch wenn es sich heute nur noch als ein zerbröckelnder Schatten dieser Zeit präsentiert, erinnern seine Kirchen und Gebäude doch immer noch an die Herrschaft der Portugiesen.

1580 annektierte Spanien Portugal. Bis es 1640 seine Unabhängigkeit wiedergewann, waren die Interessen Portugals denen von Spanien untergeordnet. Nach der Niederlage der spanischen Armada 1588 stand Engländern und Niederländern nun der Seeweg gen Osten offen.

Die Niederländer waren im Gegensatz zu den Portugiesen mehr am Handel als an religiöser Überzeugungsarbeit und dem Errichten eines eigenen Imperiums interessiert. Indonesien war ihre Hauptquelle für Gewürze, während es beim Handel mit Südindien vor allem um Pfeffer und Kardamom ging. Darum errichtete die Niederländische Ostindische Kompanie eine Kette von Handelsstützpunkten (Manufakturen), was ihr ermöglichte, ein komplexes Handelsgeflecht vom Persischen Golf bis nach Japan zu unterhalten. Sie baute Stützpunkte in Surat (Gujarat) und an der Koromandelküste in Südindien und schloss außerdem einen Vertrag mit dem Herrscher von Kalikut (dem heutigen Kozhikode). 1660 eroberte sie die portugiesischen Festungen in Cochin und Kodungallor.

Die Briten starteten ihr eigenes Handelsprojekt: die Britische Ostindien-Kompanie, der Elizabeth I. 1600 ein königliches Monopol gewährte. Wie die Niederländer waren die Engländer zu diesem Zeitpunkt am Handel interessiert (vor allem am Gewürzhandel), weshalb auch sie vor allem Indonesien im Blick hatten. Dort aber erwiesen sich die Niederländer als zu stark – so wandten sich die Engländer stattdessen Indien

Tausende starben während der Inquisition in Goa, die länger als 200 Jahre andauerte, auf dem Scheiterhaufen. Die Urteile wurden außerhalb der Sé-Kathedrale in Old Goa vollstreckt.

1757

Die Ostindische Kompanie verzeichnet ihren ersten militärischen Erfolg auf indischem Boden. In der Schlacht von Plassey schlägt Robert Clive den Nawab von Bengalen, Siraj-du-Daulah.

1775–1818

Drei Anglo-Marathenkriege (1775–1782, 1803–1805 und 1817–1818) zwischen der Ostindien-Kompanie und den Marathen. Der dritte führt zum Ende des Marathen-Reichs; die Briten kontrollieren den Großteil von Indien.

1857

Indischer Aufstand: Da ein nationaler Anführer fehlt, überreden die Freiheitskämpfer den Mogul Bahadur Shah Zafar dazu, sich zum Kaiser von Indien ausrufen zu lassen.

1858

Die britische Regierung ergreift die Kontrolle über Indien – wobei die Macht offiziell von der Ostinidischen Kompanie auf die Krone übertragen wird. Damit beginnt die Zeit Britisch-Indiens (British Raj).

zu und errichteten u.a. in Madras (Chennai) erste Handelsstützpunkte. Ab und zu trieben von 1616 an auch die Dänen Handel in Traquebar (an der Koromandelküste), während die Franzosen 1673 Pondicherry (heute Puducherry) erwarben.

Das Mogulreich & dessen Folgen

Im späten 17. Jh. begannen die aus Delhi kommenden Moguln, Südindien anzugreifen, und eroberten vor allem unter Großmogul Aurangzeb (reg. 1658–1707) die Sultanate von Ahmednagar, Bijapur und Golconda (einschließlich Hyderabad), bevor sie in Tamil Nadu einzogen.

Unter denen, die sich den Moguln entgegen stellten, waren die Marathen, Hindu-Krieger aus der Nähe von Pune in Maharashtra, die 1680 – dem Jahr, in dem ihr erster Shivaji starb – den größten Teil der Dekkan-Ebene kontrollierten. Die Marathen wandten sich nach Süden und nahmen in einer Reihe von Überfällen nach Guerilla-Art Tanjavur ein und errichteten in den 1690er-Jahren ihre Hauptstadt in Gingee unweit von Madras. Die Moguln-Marathen-Kriege (1680-1707) endeten mit den Marathen als Gewinner. Von der Mitte des 18. Jhs. an kontrollierten sie riesige Gebiete vom Punjab und von Gujarat im Nordwesten bis Odisha im Osten und Karnataka im Süden, während die Macht der Moguln kaum über die Stadtgrenzen von Delhi hinausging.

Auf der Dekkan-Ebene und weiter im Süden machten viele Rivalen den Marathen die Vorherrschaft streitig. Einer dieser Rivalen war die Asaf-Jahi-Dynastie (später als die Nizams von Hyderabad bekannt), die sich 1724 vom Mogulreich losgelöst hatten und weite Gebiete der Dekkan-Region kontrollierten, zunächst von ihrer Hauptstadt bei Aurangabad (Maharashtra), später dann, ab 1763, von Hyderabad aus. Mysore begann als vom Meer abgeschnittenes Königreich ins Rampenlicht zu rücken. Denn 1761 ergriff der Kavallerieoffizier Hyder Ali die Macht und begann damit, Gebiete an der Küste einzunehmen. Hyder Ali und sein Sohn Tipu Sultan regierten am Ende über ein Königreich, das den Süden Karnatakas und den Norden Keralas umfasste. Tipu trieb über die von ihm kontrollierten Häfen an der Westküste direkten Handel mit dem Nahen Osten. Weitere wichtige Akteure waren die Britische Ostindien-Kompanie, mit einer Niederlassung bei Madras, und die Franzosen bei Pondicherry. Das 18 Jh. war bestimmt von einer ständig wechselnden Abfolge von Allianzen und Konflikten zwischen diesen fünf Rivalen. Die Briten setzten sich gegen die Franzosen in den drei Karnatischen Kriegen (zwischen 1744 und 1763) durch und ihre Kontrolle über die Ostküste versagte Hyderabad und Mysore nun den Zugang zu den dortigen Handelshäfen.

Im Süden meldete Travancore (Kerala) ebenfalls einen Führungsanspruch an, als es die Kontrolle über strategisch wichtige Küstenregio-

Architektur der Dekkan-Sultanate

Hyderabad *(S. 248) Golconda Fort, Qutb-Shahi-Gräber, Charminar, Mecca Masjid*

Bijapur *(S. 242) Zitadelle, Golgumbaz, Ibrahim Rouza, Jama Masjid*

Bidar *(S. 244) Fort, Bahmani-Gräber*

1869

Geburt von Mohandas Karamchand Gandhi in Porbandar (Gujarat) – die vielleicht bedeutendste Persönlichkeit Indiens wird bis heute als Mahatma („große Seele") und „Vater der Nation" geehrt.

1869

Die Eröffnung des Sueskanals fördert den Handel aus Europa und macht Bombay zu Indiens wichtigstem Hafen. Die wirtschaftliche Bedeutung von Bombay nimmt drastisch zu.

1885

Der Indische Nationalkongress, die erste politische Organisation Indiens, wird gegründet. Sie ist eine Plattform gebildeter Inder und wird beim langen Kampf um Indiens Freiheit eine Schlüsselrolle einnehmen.

1891

Bhimrao Ramji Ambedkar, Aktivist, Ökonom, Anwalt und Autor, wird in eine arme, kastenlose Familie geboren. Er erringt mehrere höhere akademische Grade, wird Buddhist und verteidigt engagiert die Rechte der Dalits.

nen gewann und damit Zugang zu den Handelsverbindungen erhielt. Martanda Varma (reg. 1729–1758) aus Travancore baute eine eigene Armee auf und versuchte, die einheimischen syrisch-orthodoxen Händler auf seiner Seite zu halten, indem er die Aktivitäten der europäischen Händler einschränkte. Der Handel mit vielen Gütern – außer Pfeffer – wurde zum königlichen Monopol, vor allem in der Regierungszeit von Marthandas Sohn Rama Varma (reg. 1758–1798).

Die Briten übernehmen die Macht

Die Britische Ostindien-Kompanie war anfänglich angeblich nur am Handel, nicht aber an Eroberungen interessiert. Aber die Herrscher von Mysore wuchsen sich allmählich zu einem echten Ärgernis für die Briten aus. 1780 vereinigten der Nizam von Hyderabad, Hyder Ali, und die Marathen ihre Kräfte, um alle drei Niederlassungen der Kompanie in Indien anzugreifen (Bombay, Madras and Bengal). Daraus wurde zwar nichts, aber es bestärkte die Briten in ihrem Vorhaben, die Bedrohung durch Mysore zu beenden. Dieses Mal verbündeten sich die Marathen und Hyderabad mit den Briten gegen Mysore, das nun unter der Führung von Tipu Sultan stand. Dessen auf einer Flussinsel gelegene Zitadelle Seringapatam (das heutige Srirangapatnam) fiel 1793 nach einer einjährigen Belagerung.

Inzwischen wuchs innerhalb der Kompanie die Überzeugung, dass nur die Kontrolle über ganz Indien den Handelsinteressen der Briten wirklich entsprechen würde. Dies wurde noch durch die Sorge verstärkt, dass die Franzosen nach der ägyptischen Expedition Napoleons 1798/99 womöglich wieder Interessen in Indien verfolgen könnten. Der Generalgouverneur der Kompanie, Lord Richard Wellesley, startete schließlich einen weiteren Angriff gegen Mysore. Sein Verbündeter war der Nizam von Hyderabad, der seine von den Franzosen geschulten Truppen entlassen musste und dafür britischen Schutz erhielt. Tipu, der möglicherweise auf die Unterstützung der Franzosen gebaut hatte, wurde getötet, als die Briten 1799 Seringapatam erstürmten.

Wellesley setzte in einem Teilgebiet von Tipus Königreich die alte Herrschaftsfamilie der Wodeyar wieder ein. Der Rest ging an den Nizam von Hyderabad und die Britische Ostindien-Kompanie. Tanjavur und Karnataka wurden ebenfalls von den Briten einverleibt. Als die aktuellen Herrscher starben, schickten sie ihre Nachfolger in Pension. 1818 brach das Reich der Marathen, von inneren Kämpfen zermürbt, zusammen. Inzwischen stand fast ganz Indien unter britischem Einfluss. Im Süden kontrollierten sie die Madras Presidency, die sich vom heutigen Andhra Pradesh bis zur südlichsten Spitze des Subkontinents und von der Ostküste bis zur westlichen Malabarküste erstreckte. Ein beträchtlicher Teil des Landesinnern bestand damals aus einem Flickenteppich vieler klei-

Hyderabad zu Zeiten des Fürstentums ist Gegenstand zweier faszinierender Bücher: John Zubrzyckis *The Last Nizam* verfolgt die seltsame und wunderbare Geschichte der Asaf-Jahi-Dynastie von den Anfängen des 18. Jhs. bis in die Gegenwart. William Dalrymples *White Mughals* erzählt von der Liebesbeziehung und Ehe zwischen dem Briten James Kirkpatrick Achilles und der einheimischen Frau Khairun-Nissa vor zwei Jahrhunderten.

1839 bot die britische Regierung den Portugiesen 0,5 Mio. £, um ihnen Goa abzukaufen.

1919

Massaker am 13. April an unbewaffneten indischen Demonstranten in Jallianwala Bagh in Amritsar (Punjab): Gandhi reagiert mit seinem Programm des zivilen (gewaltfreien) Ungehorsams gegen die britische Herrschaft.

1940

Die Muslimliga nimmt die Lahore-Resolution an. Sie tritt für eine umfassendere Autonomie der Muslime in Indien ein. Es folgen Kampagnen für die Errichtung eines eigenen islamischen Staates.

1942

Mahatma Gandhi beginnt seine Quit-India-Kampagne und fordert die Briten dazu auf, Indien zu räumen und das Land in die politische Unabhängigkeit zu entlassen.

1947

Indien erlangt am 15. August seine Unabhängigkeit, Pakistan die seine am 14. Wegen der Teilung kommt es zu Massenmigrationen, da Hindus und Muslime in ihre religiöse Heimat umsiedeln – dabei gibt es auch Massaker.

DER MÄCHTIGE SHIVAJI

Chhatrapati Shivaji wird in vielen Städten Maharashtras mit Statuen verehrt, die den großen Kämpfer auf seinem Pferd zeigen. Aber auch Straßen und Monumente wurden nach ihm benannt – so auch Mumbais (Bombays) ehemaliger Victoria Terminus (Bahnhof).

Shivaji gründete das mächtige Marathen-Reich, einen Hindu-Staat, der vom Ende des 17. bis Anfang des 19. Jhs. weite Bereiche des Dekkan und Gebiete darüber hinaus kontrollierte. Die Marathen spielten beim Niedergang des mächtigen Mogulreich Anfang des 18. Jhs. eine große Rolle. Der mutige Kämpfer und charismatische Führer Shivaji wurde 1627 in eine prominente Marathen-Familie in Shivneri geboren. Als Kind wurde er mit seiner Mutter nach Pune geschickt. Dort erhielt er Land und Festungen, um als zukünftiger Herrscher ausgebildet zu werden. Mit einer sehr kleinen Armee eroberte Shivaji im Alter von 20 Jahren erstmals eine Festung. Die nächsten drei Jahrzehnte verbrachte er damit, die Macht der Marathen rund um seine Basis in Pune auszubauen und sich gegen die muslimischen Angreifer aus dem Norden (dem Mogulreich) und dem Süden (die Streitmächte von Bijapur) zu behaupten. Am Ende kontrollierte er den ganzen Dekkan. Raffiniert spielte er seine Feinde, darunter der Großmogul Aurangzeb, gegeneinander aus. Berühmt wurde ein Vorfall im Jahr 1659, bei dem er Afzal Khan, General Bijapurs, im Kampf Mann gegen Mann beim Fort Pratapgad tötete.

1674 wurde Shivaji bei der Festung Raigad zum Chhatrapati (König) der Marathen gekrönt. Sechs Jahre später starb er. Seinem Sohn und Nachfolger, Sambhaji, wurden von den Moguln schwere Rückschläge zugefügt, aber die unverwüstlichen Marathen erholten sich, oft dank Taktiken im Guerilla-Stil, und beherrschten von der Mitte des 18. Jhs. an den Großteil des Subkontinents. Shivaji ist eine Ikone der Marathi- und Hindunationalistischen Partei Shiv Sena (Shivaji-Armee), die sich gegen die Einwanderung von Nicht-Maharashtriern nach Maharashtra stellt. Deshalb ist dieser Name nicht überall gern gehört.

Bei Amar Chitra Katha, einem populären Verlag für Comics über indische Folklore, Mythologie und Geschichte, findet man einiges über Shivaji, darunter *Shivaji: The Great Maratha*, *Tales of Shivaji* und *Tanaji, the Maratha Lion*, über Shivajis engen Freund und Kriegsgefährten.

ner Fürstenstaaten. So gehörte zwar der Großteil von Maharashtra zur Bombay Presidency, doch gab es außerdem etwa ein Dutzend weit verteilter kleiner Fürstenstaaten wie Kolhapur, Sawantwadi, Aundh und Janjira. Travancore, Hyderabad und Mysore waren die wichtigsten Fürstenstaaten, was allerdings nichts daran änderte, dass auch sie streng vom „Residenten" überwacht wurden – de facto der Gouverneur der Briten, der offiziell nur die Gebiete kontrollieren sollte, die auch wirklich unter britischer Kontrolle standen.

Der Indische Aufstand von 1857

Bereits ein halbes Jahrhundert lang hatten die Briten Indien fest unter ihrer Kontrolle, als sie einen schweren Rückschlag erlitten. Bis heute sind die Gründe für den Aufstand – nationalistische Historiker deklarieren ihn heute als Unabhängigkeitskrieg – Gegenstand von Diskussionen. Eine wichtige Rollte spielte wohl die Einfuhr von Billiggütern wie Tex-

1947/48

Zum ersten Krieg zwischen Indien und Pakistan kommt es, als der Maharadscha von Kaschmir die Beitrittsurkunde unterzeichnet, durch die sein Fürstentum indisch wird.

1948

Mahatma Gandhi wird am 30. Januar in New Delhi von Nathuram Godse ermordet. Godse und sein Mittäter Narayan Apte werden später angeklagt, verurteilt und am Galgen hingerichtet.

17. September 1948

Asaf Jah VII., der letzte Nizam von Hyderabad, unterwirft sich der indischen Regierung. Die muslimische Dynastie war von Pakistan unterstützt worden, hatte sich aber geweigert, einem der neuen Staaten beizutreten.

November 1949

Die Verfassung von Indien, die eine verfassungsgebende Versammlung mit 308 Mitgliedern erarbeitet hat, wird verabschiedet. Zur Versammlung gehören Dutzende Mitglieder der Kasten (Dalits).

tilien aus England, wodurch die Lebensgrundlage vieler Inder zerstört wurde; aber auch die Enteignung der Territorien zahlreicher Herrscher und die Steuern, die Landbesitzer erhoben, schufen Konfliktpotenzial.

Jenes Ereignis, das heute allgemein als Auslöser der Rebellion gilt, fand jedoch am 10. Mai 1857 in einer Kaserne in Meerut in Uttar Pradesh statt. Es verbreitete sich das Gerücht, eine neue Art von Gewehrpatronen werde mit Fett geschmiert, von dem die Hindus behaupteten, es sei Kuhfett; Muslime hingegen waren davon überzeugt, dass es sich um Schweinefett handelt (Schweine werden von den Muslimen als unrein angesehen, Kühe sind den Hindus heilig). Zum Laden eines Gewehres musste aber das Ende der eingefetteten Patrone abgebissen werden. Kein Wunder also, dass es durch die Gerüchte zu erheblichen Unruhen kam.

In Meerut ging man das Problem mit einem einzigartigen Mangel an Urteilsvermögen an. Der kommandierende Offizier ließ seine Soldaten antreten und befahl ihnen, das Ende der ausgegebenen Patronen abzubeißen. Wer sich weigerte, wurde sofort ins Gefängnis gesteckt. Am nächsten Morgen rebellierten die Soldaten der Garnison. Sie erschossen ihre Offiziere und marschierten nach Delhi. Von den 74 indischen Bataillonen der Bengalen-Armee blieben sieben (eines davon bestehend aus Gurkhas, also nepalesischen Soldaten) loyal, 20 wurden entwaffnet, die übrigen 47 schlossen sich der Meuterei an. Die Soldaten und Bauern sammelten sich um den alternden Großmogul in Delhi, das die Aufständischen einige Monate halten konnten. Die britische Residenz in Lakhnau (Lucknow) wurde ganze fünf Monate lang belagert, bevor der Aufstand schließlich niedergeworfen wurde. Der Vorfall hinterließ auf beiden Seiten tiefe Wunden.

Nachdem die Ostindische Kompanie nahezu umgehend aufgelöst worden war, übernahm die britische Regierung selbst die direkte Kontrolle über zwei Drittel des Landes. Die restlichen Gebiete gehörten zu Fürstentümern, den sogenannten *Princely States,* deren Herrscher unterstützt wurden und die ihre Angelegenheiten größtenteils selbst regeln konnten, solange sie den Briten gegenüber loyal blieben.

Der Weg in die Unabhängigkeit

Den Wunsch nach Unabhängigkeit indes hegten viele Inder weiterhin. Zu Beginn des 20. Jhs. nahm der Widerstand gegen die Briten allmählich zu. Speerspitze der sich formierenden Unabhängigkeitsbewegung war der Indische Nationalkongress (Kongresspartei), die älteste politische Partei des Landes. Der Kampf um Unabhängigkeit kam in Schwung, nachdem die britische Armee als Reaktion auf Aufstände in Amritsar (Punjab) im April 1919 Truppen entsandte, um die Unruhen zu beenden. Auf direkten Befehl des diensthabenden Offiziers feuerte die Armee schonungslos in eine Menge unbewaffneter Demonstranten. Dabei

David Davidars Roman *Das Haus der blauen Mangos* erzählt die Geschichte von drei Generationen einer Familie an der Südspitze Indiens in den Jahrzehnten bis zur Unabhängigkeit.

26. Januar 1950
Indien wird eine Republik. Das Datum erinnert an die Purna Swaraj Declaration (Unabhängigkeitserklärung), die vom Indischen Nationalkongress 1930 verkündet wurde.

1956–60
Die indischen Bundesstaaten werden entlang sprachlicher Grenzen neu geordnet, was zur Entstehung von Maharashtra, Andhra Pradesh, Kerala, Mysore (Karnataka) und dem Bundesstaat Madras (Tamil Nadu) führt.

1961
Militäraktion „Operation Vijay": Die indische Regierung sendet Truppen nach Goa und beendet – nach überraschend wenig Widerstand – die über 400 Jahre andauernde Kolonialherrschaft der Portugiesen.

1962
Indisch-chinesischer Krieg: Streitigkeiten um den Grenzverlauf eskalieren im Oktober zu einem Krieg, bei dem 2000 Menschen sterben. Er endet mit einem Sieg Chinas.

Indian Summer – The Secret History of the British Empire von Alex von Tunzelmann ist eine großartige und detaillierte Darstellung von Indiens Weg in die Unabhängigkeit, mit deutlichem Augenmerk auch auf das Privatleben der wesentlichen Protagonisten – einschließlich der Liebesbeziehung zwischen Jawaharlal Nehru, dem ersten Premierminister des unabhängigen Indiens, und Edwina Mountbatten, der Frau des letzten britischen Vizekönigs.

wurden schätzungsweise 1500 Menschen getötet. Die Nachricht von dem Massaker verbreitete sich in Windeseile und machte aus eigentlich unpolitischen Indern Anhänger der Kongresspartei, die zu diesem Zeitpunkt in Mohandas Gandhi, besser bekannt unter dem Namen Mahatma Gandhi, einen neuen Anführer fand.

Nach drei Jahrzehnten erbitterten Kampfes für ein unabhängiges Indien wurde der Traum Gandhis endlich Wirklichkeit. Doch sein Appell für ein vereinigtes Indien blieb ungehört. Denn letztlich setzte sich Mohammed Ali Jinnah, der Führer der Muslimliga, mit seiner Forderung nach einem eigenen Staat für den recht großen muslimischen Bevölkerungsanteil durch. Das Land wurde so in die Indische Union und Pakistan geteilt.

Die Teilung Indiens 1947 hatte alle Zutaten, die zum Auslösen einer Katastrophe nötig waren – aber das folgende Blutvergießen übertraf alle Befürchtungen noch. Ein massiver Bevölkerungsaustausch fand statt. Muslime flohen in völlig überfüllten Zügen Richtung Westen nach Pakistan, viele wurden jedoch von aufgebrachten Hindus und Sikhs gestoppt und ermordet. Hindus und Sikhs, die ihr Heil im Osten suchten, erlitten das gleiche Schicksal durch Muslime. Als das Chaos endlich beendet war, hatten 17 Mio. Menschen eine neue Heimat gefunden – mindestens 750 000 aber waren auf der Suche nach dieser ums Leben gekommen.

Indien und Pakistan wurden im August souveräne Staaten des britischen Commonwealth. Aber Gewalt, Vertreibung und die Ungewissheit in einigen Bundesstaaten, vor allem in der Region Kaschmir, hielten an. Im November 1949 wurde die Verfassung Indiens schließlich verabschiedet und trat am 26. Januar 1950 in Kraft. Nach nicht enden wollenden Kämpfen war das unabhängige Indien offiziell eine Republik.

Mahatma Gandhi

Einer der bedeutendsten Menschen des 20. Jhs. wurde als Mohandas Karamchand Gandhi am 2. Oktober 1869 in Porbandar, Gujarat, geboren. Nachdem er in London studiert hatte (1888–1891), arbeitete er als Anwalt in Südafrika. Durch die ethnische Diskriminierung, die er dort erlebte, wurde der junge Gandhi politisiert. Er wurde schnell zum Sprecher der indischen Gesellschaft in Südafrika und verlangte Gleichheit für alle.

Gandhi kehrte 1915 mit der Doktrin der *ahimsa* (Gewaltlosigkeit) als zentraler politischer Idee nach Indien zurück und pflegte einen einfachen Lebensstil. Er errichtete in Ahmedabad den Sabarmati Ashram, der als Erster „Unberührbare" (heute bekannt als Dalits), die niedrigste Kaste in der traditionellen hinduistischen Gesellschaft, aufnahm.

Innerhalb eines Jahres hatte Gandhi seinen ersten Sieg errungen, als er Bauern in Bihar verteidigte, die ausgebeutet wurden. Angeblich schon damals verlieh ihm ein Bewunderer den Titel „Mahatma" (Große Seele).

1965

Geplänkel in Kaschmir und der Streit um den Rann von Kakchchh in Gujarat weiten sich zum zweiten Krieg zwischen Pakistan und Indien aus. Er endet mit einem Waffenstillstand unter UN-Mandat.

1966

Indira Gandhi, die Tochter Jawaharlal Nehrus, des ersten Ministerpräsidenten des unabhängigen Indiens, wird Ministerpräsidentin von Indien. Sie ist die erste Frau, die dieses Amt in Indien innehat.

1971

Ostpakistan strebt die Unabhängigkeit an. Es entzündet sich der dritte Krieg zwischen Pakistan und Indien. Westpakistan verliert den Krieg und die Herrschaft über Ostpakistan, das heutige Bangladesch.

Mai 1974

„Operation Smiling Buddha": Indien führt den ersten unterirdischen Atomwaffentest durch. In den folgenden knapp 25 Jahren wird kein weiterer Test folgen.

Die Verabschiedung der diskriminierenden Rowlatt Acts, die erlaubten, dass bestimmte politische Fälle ohne Geschworene verhandelt werden durften, spornte ihn 1919 zu weiteren Aktionen an und er organisierte einen nationalen Protest. In den Tagen, die auf diesen *hartal* (Streik) folgten, schlugen die Wogen der Erregung im Land hoch. Nach einem Massaker an unbewaffneten Demonstraten in Amritsa (Punjab) stoppte der zutiefst schockierte Gandhi die Proteste.

1920 stieg Gandhi zur Schlüsselfigur im indischen Nationalkongress auf. Er koordinierte eine landesweite Kampagne der *satyagraha* (passiver Widerstand). Die Folge war ein wachsendes Nationalgefühl, was ihm die Feindschaft der Briten eintrug. Anfang 1930 erregte er die Aufmerksamkeit des Landes, als er den sogenannten Salzmarsch von mehreren Tausend Anhängern von Ahmedabad nach Dandi an der Küste von Gujarat anführte: Bei der Ankunft stellte er feierlich durch Verdampfen von Meerwasser Salz her und trotzte damit öffentlich der verhassten Salzsteuer. Nicht zum ersten Mal wurde er verhaftet. 1931 wurde er wieder freigelassen, um den indischen Nationalkongress bei der zweiten Round Table Conference in London zu vertreten. Er gewann zwar die Herzen der britischen Bevölkerung, konnte aber keine wirklichen Zugeständnisse der imperialistischen Regierung erreichen.

Desillusioniert von der Politik trat er 1934 von der Kongresspartei zurück. 1942 kehrte er mit der Kampagne *Quit India* („Raus aus Indien") auf spektakuläre Weise in den Kampf zurück. Er forderte die Briten auf, Indien sofort zu verlassen. Man erachtete seine Aktionen als subversiv und sperrte ihn und viele Führer der Kongresspartei ins Gefängnis.

Von den Verhandlungen, die dem Ende des Zweiten Weltkrieges folgten, war Gandhi weitgehend ausgeschlossen. Er musste hilflos zusehen, wie Pläne für die Aufteilung seines Landes geschmiedet wurden – in seinen Augen eine Tragödie. Gandhi stand mit seinem Drängen zu Toleranz und zur Erhaltung eines geeinten Indiens auf verlorenem Posten. Sein Einsatz für alle Mitglieder der Gesellschaft brachte ihn in Konflikt mit einigen Hindu-Hardlinern. Am 30. Januar 1948 wurde Mahatma Gandhi auf seinem Weg zu einem Gebetstreffen von einem hinduistischen Extremisten ermordet.

Über 60 Jahre danach gilt Mahatma Gandhi in Indien immer noch als Ikone. Überall wird er als „Vater der Nation" verehrt.

Die Aufteilung des Südens

Während das Chaos der indisch-pakistanischen Teilung besonders im Norden – und hier vor allem im Punjab, in Kaschmir und in Bengalen – präsent war, hatte der Süden seine eigenen Probleme. Die meisten Fürstenstaaten traten Indien auf friedliche Weise bei, doch der Nizam von Hyderabad bildete eine Ausnahme. Obwohl nur er und rund 10 % seiner

Gandhi in Südindien

Sevagram (S. 108)

Mani Bhavan, Mumbai (S. 58)

Gandhi National Memorial, Pune (S. 118)

Gandhi Memorial Museum, Madurai (S. 415)

Gandhi Memorial, Kanyakumari (S. 391)

Der Klassiker *Gandhi* von Regisseur Richard Attenborough ist einer der wenigen Filme, die einen tieferen Einblick in das Gesamtkonstrukt Indien gewähren. Er zeichnet den steinigen Weg des Landes zur Unabhängigkeit nach.

Die Nehrus und die Gandhis ist Tariq Alis scharfsinniges Porträt dieser beiden Familien und jenes Landes, auf das sie ihre langen Schatten werfen.

1984
Premierministerin Indira Gandhi wird von zwei ihrer Sikh-Leibwächter ermordet, nachdem sie indische Truppen den Goldenen Tempel von Amritsar, den heiligsten Schrein der Sikhs, hatte stürmen lassen.

1991
Der ehemalige Premierminister Rajiv Gandhi, Sohn von Indira Gandhi, wird in Sriperumbudur bei Chennai (ehemals Madras) von einem Selbstmordattentäter (wohl einem Mitglied der Tamil Tigers aus Sri Lanka) ermordet.

2004
Ein Tsunami trifft auf Teile der Küste Ost- und Südindiens sowie der Andamanen und Nikobaren. Über 10 000 Menschen sterben, Hunderttausende werden obdachlos.

Oktober 2008
Am 22. Oktober startet die Raumsonde Chadrayaan-1 zu Indiens erster unbemannter Mondmission. Zwei Jahre lang soll die Sonde die Mondoberfläche untersuchen.

DER KASCHMIR-KONFLIKT

Kaschmir ist das älteste Symbol der turbulenten Teilung Indiens. Auf dem Weg in die Unabhängigkeit wurde die heikle Aufgabe, eine indisch-pakistanische Grenze zu ziehen, dadurch erschwert, dass die Fürstenstaaten Britisch-Indiens nominell unabhängig waren. Deren Herrscher wurden daher gefragt, zu welchem Land sie gerne gehören wollten. Kaschmir war ein vorwiegend muslimischer Staat, hatte jedoch einen hinduistischen Mahardscha namens Hari Singh, der eine Entscheidung hinauszuschieben versuchte. Eine wild durchmischte Paschtunen-Armee überquerte die Grenze, um nach Srinagar vorzudringen und Kaschmir für Pakistan zu annektieren. Von deren Vormarsch in Angst und Schrecken versetzt, bat der Maharadscha Indien um bewaffnete Unterstützung. Die indischen Truppen trafen gerade noch rechtzeitig ein, um den Fall Srinagars zu verhindern – und der Maharadscha entschied sich für Indien und unterzeichnete im Oktober 1947 die Beitrittsurkunde. Das Dokument wurde von Pakistan unverzüglich angefochten. Und schon zwei Monate, nachdem sie ihre Unabhängigkeit erlangt hatten, führten die beiden jungen Nationen gegeneinander Krieg.

1948 forderte der neu gegründete UN-Sicherheitsrat ein Referendum (bis heute ein Grundelement pakistanischer Politik), das über den Status Kaschmirs entscheiden sollte. 1949 erreichte eine von den UN vermittelte Waffenruhe zwar, dass die Bewohner beider Länder auf ihrer Seite der Demarkationslinie, der sogenannten Waffenstillstandslinie, blieben (später wurde daraus die Line of Control, LOC), darüber hinaus konnte die UN jedoch nichts bewirken. Zwei Drittel von Kaschmir befinden sich auf der indischen Seite der LOC, die bis heute die Grenze darstellt, auch wenn sie von keiner der Konfliktparteien offiziell als solche anerkannt wird. Seit der Bestimmung jener Demarkationslinie ist es mit gefährlicher Regelmäßigkeit zu feindlichen Einfällen gekommen und mindestens 40 000 Menschen sind im indischen Teil von Kaschmir durch Gewalttaten ums Leben gekommen. Viele der Terroranschläge, die touristischen Zielen in Indien galten, haben ihren Ursprung in Kaschmir.

Untertanen Muslime waren, unterhielt der Nizam mit dem islamischen Pakistan freundlichere Beziehungen als mit Indien, und er wollte, dass Hyderabad ein unabhängiger Staat bleibt. Nach einer kommunistisch geführten Rebellion gegen den Nizam und Angriffen durch eine muslimische Miliz schritt die indische Armee 1948 ein und übernahm mit Gewalt die Kontrolle über den Prinzenstaat Hyderabad. Während und nach dieser sogenannten „Polizeiaktion" wurden viele tausend Muslime von Hindus massakriert.

In den 1950er-Jahren wurden die Grenzen der Prinzenstaaten und der von den Briten einst eingerichteten Provinzen nach sprachlichen Gesichtspunkten noch einmal neu gezogen. Daraus entstand der ausgedehnte Bundesstaat Greater Mysore der Kannada-Sprecher, aus dem im Jahr 1972 Karnataka wurde.

2008
Terroranschläge auf wichtige Stätten in Mumbai: Die Angriffe dauern drei Tage, mindestens 174 Menschen verlieren dabei ihr Leben.

April/Mai 2009
Die Kongresspartei erringt bei Indiens Parlamentswahl einen deutlichen Sieg. Mammohan Singh wird erneut Ministerpräsident der weltweit größten Demokratie.

Juli 2011
In den Kellergewölben des Sri-Padmanabhaswamy-Tempel in Thiruvananthapuram (Kerala) wird ein sagenhafter Schatz gefunden. Experten schätzen dessen Wert auf mindestens 15 Mrd. €.

2013
Die wiederholten Berichte über brutale Vergewaltigungen führen zur Verabschiedung eines neuen Gesetzespakets. Eine Vergewaltigung kann nun mit Gefängnis oder dem Tod bestraft werden.

Das heutige, Malabraisch sprechende Kerala entstand 1956 aus Travancore (abgesehen von dem ganz im Süden liegenden Gebieten der Tamilen), Cochin (heute Kochi) und Malabar (früher ein Teil der Madras Presidency). Die Maharadschas von Travancore und Cochin hatten sich besonders um die Grundversorgung und die Bildung ihrer Untertanen gekümmert. Ihr Vermächtnis ist das höchste Bildungsniveau unter den Staaten Indiens. Kerala machte zudem auf sich aufmerksam, als es 1957 zum ersten Bundesstaat der Welt wurde, der freiwillig eine kommunistische Regierung wählte

1997 wurde K. R. Narayanan als erster Angehöriger der niedrigsten Hindu-Kaste (der Dalits, früher „Unberührbare" genannt) indischer Präsident.

Andhra Pradesh wurde 1956 zum Bundesstaat erklärt – entstanden aus der Verbindung des Telegu sprechenden Andhra (dem früheren nördlichen Teil der ehemaligen Madras Presidency) und Teilen des ehemaligen Territoriums des Nizam von Hyderabad, in denen Telugu gesprochen wird. Dieses Gebiet wurde jedoch nach jahrelangen Beschwerden, vernachlässigt und von Andhra Pradesh ausgebeutet zu werden, im Jahr 2014 abgetrennt und zum neuen Staat Telangana gemacht.

Tamil Nadu war der Name, dem man 1969 dem ehemaligen Fürstentum von Madras gab, das seit 1956 die Tamil sprechenden Gebiete der alten Madras Presidency sowie die südlichsten Gebiete des ehemaligen Königreichs Travancore (ebenfalls tamilsprachig) umfasst hatte.

Maharashtra war eines der schwierigsten Themen bei der auf den unterschiedlichen Sprachen basierenden Grenzziehung. Nach der Unabhängigkeit wurden Maharashtra und Gujarat zum Bundesstaat Bombay zusammengefasst. Die Marathi-sprechenden Teile von Hyderabad und Madhya Pradesh wurden 1956 hinzugefügt. Nach Unruhen durch Marathis und Gujaratis wurde Bombay jedoch 1960 in die heutigen Bundesstaaten Maharashtra und Gujarat geteilt.

Die fürstliche Herrscherfamilie von Mysore, die Wodeyars, war so beliebt bei ihren Untertanen, dass der Maharadscha der erste Gouverneur des Bundesstaats Mysore nach der Unabhängigkeit wurde.

Die Franzosen gaben Puducherry 1954 auf – 140 Jahre nachdem sie das Gebiet von den Briten eingefordert hatten. Es ist Unionsterritorium (d. h. es steht unter der Kontrolle der Regierung in Delhi), obwohl es sich größtenteils selbst verwaltet. Lakshadweep erhielt 1956 den Status eines Unionsterritoriums, ebenso die Andamanen und die Nikobaren.

Während in Südindien die Grenzen neu gezogen wurden, stand Goa noch unter der Herrschaft der Portugiesen. Obwohl in Goa seit dem frühen 20. Jh. eine Unabhängigkeitsbewegung existierte, zögerte die indische Regierung, einzugreifen und Goa mit Gewalt zu befreien. Die Hoffnung, die Portugiesen würden aus freien Stücken abziehen, wurde jedoch ein ums andere Mal enttäuscht. Im Dezember 1961 schließlich überschritten indische Truppen die Grenze und annektierten das Gebiet – gegen überraschend geringen Widerstand. Goa wurde zunächst ein Unionsterritorium von Indien. Nachdem sich Daman und Diu (Gujarat) 1987 abgespaltet hatten, wurde Goa offiziell als 25. Bundesstaat der indischen Union anerkannt.

Mai 2014

Narendra Modi, Sohn eines Lebensmittelhändlers aus Gujarat, wird nach einem Erdrutschsieg für die hindu-nationalistische Bharatiya Janata Party (BJP) Ministerpräsident; die Kongresspartei verliert deutlich.

Juni 2014

Der nördliche Teil von Andhra Pradesh spaltet sich nach Jahren der Unruhe und Vorwürfen von Vernachlässigung und unfairer Behandlung ab und wird zu Indiens 29. Staat: Telangana.

2015

Indien macht nach einer Mondmission und seiner Marssonde weitere Fortschritte in der Raumfahrt: Das erste indische Weltraumobservatorium soll im All fünf Jahre lang Daten sammeln .

2015

Indien und Bangladesch gelingt die Lösung ihres jahrzehntealten Grenzkonflikts: Im Rahmen eines Landtauschs wechseln 111 indische und 51 bengalische Enklaven die Staatszugehörigkeit.

Lebensart

Die Spiritualität ist der Kettfaden in dem bunt gemusterten indischen Gobelin. Zusammen mit der Familie bildet sie die Basis der Gesellschaft, und beide treffen in den Zeremonien aufeinander, die die prägenden Wendepunkte des Lebens kennzeichnen. Trotz der wachsenden Zahl von Kleinfamilien vor allem in eher kosmopolitischen Metropolen wie Mumbai, Bengaluru uand Delhi bleibt die Großfamilie ein Eckpfeiler des städtischen und ländlichen Indiens. Dabei gelten die Männer – die in der Regel das Geld verdienen – als die Oberhäupter.

The Wonder That Was India (A.L. Basham; 1954) beschreibt die Zivilisationen, großen Religionen und sozialen Bräuche Indiens – ein guter thematischer Ansatz, um die verschiedenen Aspekte zu verstehen.

Heirat, Geburt & Tod

Zu verschiedenen Religionen gehören unterschiedliche Bräuche, aber in allen Gemeinschaften sind Heirat, Geburt und Tod wichtige Ereignisse, die mit Zeremonien verbunden sind, welche der jeweiligen religiösen Tradition entsprechen. Hindus stellen in Indien die Bevölkerungsmehrheit. 15 % der Bevölkerung sind Muslime (obwohl mit 180 Mio. in Indien praktisch genauso viele Muslime leben wie im islamischen Pakistan).

Heiraten ist für die Inder ein besonders glücksverheißendes Ereignis, denn die meisten finden es unerträglich, als Mittdreißiger unverheiratet zu sein. Obwohl die Zahl der Liebesheiraten in jüngerer Zeit (vor allem in den Städten) zugenommen hat, werden die meisten indischen Ehen immer noch arrangiert, egal ob es sich um eine hinduistische, muslimische, buddhistische oder Sikh-Familie handelt. Man holt diskrete Erkundigungen innerhalb seiner Gemeinde ein. Falls kein geeigneter Kandidat bzw. keine geeignete Kandidatin zu finden ist, wird vielleicht ein professioneller Heiratsvermittler hinzugezogen, oder in Zeitungen und/oder im Internet werden Anzeigen geschaltet. Bei hinduistischen Familien werden die Horoskope der beiden potenziellen Ehepartner geprüft, und wenn die Sterne günstig stehen, wird ein Treffen der beiden Familien vereinbart.

Die Mitgift ist zwar illegal, spielt aber bei vielen arrangierten Ehen immer noch die Schlüsselrolle (vor allem in konservativen Gemeinden). Manch eine Familie stürzt sich in Schulden, um die erforderlichen Geldsummen und Gegenstände (von Autos und Computern bis zu Kühlschränken und Fernsehern) zusammenzubringen. Gesundheitsexperten behaupten, dass die hohe Abtreibungsrate bei weiblichen Föten (medizinische Tests zur Geschlechtsbestimmung des Kindes sind in Indien zwar verboten, werden aber in einigen Kliniken immer noch unter der Hand vorgenommen) vor allem der finanziellen Belastung durch die später aufzubringende Mitgift geschuldet ist. Bei den Muslimen muss wiederum der Bräutigam der Braut eine sogenannte *mehr* leisten.

Die hinduistische Trauungszeremonie wird von einem Priester geleitet. Die Ehe gilt als geschlossen, wenn Braut und Bräutigam sieben Mal ein heiliges Feuer umschritten haben. Bei muslimischen Trauungen wird aus dem Koran gelesen, und Braut und Bräutigam beäugen sich einem Brauch gemäß mittels Spiegeln. Obwohl es mittlerweile Kleinfamilien gibt, ist es immer noch die Regel, dass die Frau, sobald sie verheiratet ist, bei der Familie ihres Mannes lebt und die Haushaltspflichten übernimmt, die ihre Schwiegermutter ihr vorschreibt. Das Verhältnis zwischen Müttern und Schwiegermüttern kann sich sehr schwierig gestalten – ein Stoff für zahllose indische Seifenopern.

Scheidungen und Wiederverheiratungen werden zwar häufiger (vor allem in größeren Städten), aber Scheidungen sind vor Gericht immer noch keine Formsache und werden auch von der Gesellschaft nicht gern gesehen. Bei den höheren Kasten wird in traditionelleren Gebieten von Witwen immer noch erwartet, dass sie nicht wieder heiraten, sondern weiße Kleidung anlegen und ein zurückhaltendes, zölibatäres Leben führen. Muslimische Männer haben in Indien immer noch das Recht, sich gemäß der Scharia von ihren Frauen zu scheiden (indem sie einfach das Wort *talaq*, „Scheidung", dreimal hintereinander aussprechen).

Die Geburt eines Kindes ist ein weiteres bedeutsames Ereignis; ihm folgen zu bestimmten, glücksverheißenden Terminen im Kleinkindalter besondere Zeremonien. Für Hindus gehören dazu das Stellen des ersten Horoskops, die Namensgebung, die erste Aufnahme fester Nahrung und der erste Haarschnitt.

Hindus verbrennen ihre Toten, und die Begräbniszeremonien sollen dazu dienen, die Lebenden und die Toten zu reinigen und zu trösten. Ein wichtiger Bestandteil der Feierlichkeiten ist die *sharadda*, die Opferung von Wasser und Reiskuchen, mit der man den Vorfahren Respekt erweist. Dieser Brauch wird alljährlich am Todestag des Verstorbenen wiederholt. Nach der Verbrennung wird die Asche des Toten eingesammelt und 13 Tage nach seinem Tod (wenn die Blutsverwandten wieder als rituell rein gelten) von einem Familienmitglied in einen heiligen Fluss wie den Ganges oder ins Meer gestreut. Ähnlich waschen die Sikhs ihre Toten und verbrennen sie anschließend. Auch die Muslime machen ihre Toten sorgfältig zurecht, begraben sie aber anschließend. Die kleine Minderheit der zoroastrischen Parsen platziert ihre Toten auf „Türmen des Schweigens" (Steintürmen), wo die Leichen von Aas fressenden Vögeln zerrissen werden.

Das Heiratsvermittlungsgewerbe ist auch ins Internet eingezogen mit Seiten wie www.shaadi.com, www.bharatmatrimony.com oder – auch ein Zeichen der Zeit – mit www.secondshaadi.com (für Geschiedene).

Das Kastensystem

Obwohl die indische Verfassung das Kastensystem nicht berücksichtigt, hat es noch immer einen gewaltigen Einfluss. Besonders im ländlichen Indien bestimmt die Kaste, in die man hineingeboren wird, immer noch

INDISCHE KLEIDUNG

Der bei indischen Frauen verbreitete elegante Sari besteht aus einem einzigen Stück Stoff von 5 bis 9 m Länge und 1 m Breite. Es wird so raffiniert geschlungen und gesteckt, dass es ohne Nadeln oder Knöpfe hält. Mit dem Sari werden ein Choli (enge Bluse) und ein Unterrock mit Zugband getragen. *Palloo* heißt der Teil des Saris, der über die Schulter drapiert wird. Viel getragen wird auch der *salwar kameez*, eine traditionelle kleidartige Kombination aus Tunika und Hose, die von einer *dupatta* (langer Schal) ergänzt wird. Saris und *salwar kameez* gibt es in einer reichen Auswahl von Stoffen, Farben und Mustern.

Zu der traditionellen Kleidung der Männer gehören der *dhoti* und in Südindien der *lungi* und der *mundu*. Der *dhoti* ist ein weites, langes Lendentuch, das hosenartig um die Beine geschlungen wird. Der *lungi* ähnelt eher einem Sarong und ist am Ende meist röhrenförmig zusammengenäht. Der *mundu* gleicht einem *lungi*, ist aber stets weiß. Die *kurta* ist ein meist von Männern getragenes knielanges und in der Regel kragenloses Hemd. Ein *kurta*-Pyjama besteht aus einem Baumwollhemd und einer Baumwollhose, die als Hauskleidung oder als Schlafanzug getragen werden. *Churidar* heißt eine enge Hose, die oft unter der *kurta* getragen wird. Ein *sherwani* ist ein langer, von Männern getragener Mantel, entstanden als Zwischending aus *salwar kameez* und britischem Gehrock.

Bei der Kleidung gibt es in Indien regionale und religiöse Unterschiede – so sieht man auch muslimische Frauen in der den ganzen Körper verhüllenden Burka.

RANGOLIS

Als auffällige, atemberaubend kunstvolle Muster aus Kreide, Reismehlpaste oder Farbpulver (dann auch *kolams genannt)* zieren *rangolis* vor allem südindische Türschwellen. Sie haben sowohl glückbringende als auch symbolische Bedeutung und werden traditionell zu Sonnenaufgang angefertigt – teilweise aus Reismehlpaste, die manchmal von Kleintieren gefressen wird. Dies steht für die Ehrfurcht auch noch vor dem kleinsten Lebewesen. Schöne *rangolis* sollen Gottheiten anziehen und können Sadhus (Asketen) außerdem signalisieren, dass in einem bestimmten Haus etwas zu essen wartet. Manchen Gläubigen zufolge schützen *rangolis* zudem vor dem bösen Blick.

über den sozialen Rang des Einzelnen in der Gesellschaft. Sie kann auch die Berufs- und Heiratschancen beeinflussen. Das Kastensystem ist weiter unterteilt in Tausende *jati* („Familiengruppen"; soziale Gemeinschaften), die oft, wenn auch nicht immer, mit einer bestimmten beruflichen Laufbahn verbunden sind. Konservative Hindus heiraten ausschließlich jemanden aus derselben *jati*, und oft ist die Kaste das ausschlaggebende Kriterium für die Eheschließung, „Mahar sucht Mahar", usw. In einigen traditionsreichen Gegenden wurden schon junge Männer und Frauen ermordet, weil sie sich in jemanden außerhalb ihrer Kaste verliebt haben.

Wer mehr über das indische Kastenwesen erfahren will, findet gute Informationen in den Büchern: *Interrogating Caste* von Dipankar Gupta und *Translating Caste*, hg. von Tapan Basu.

Traditionell ist die Kaste die grundlegende soziale Struktur der hinduistischen Gesellschaft. Wer ein rechtschaffenes Leben führt und seine *dharma* (moralische Pflicht) erfüllt, hat größere Chancen, in einer höheren Kaste und damit in besseren Lebensumständen wiedergeboren zu werden. Hindus werden in eine von vier *varnas* (Kasten) hineingeboren: Sie sind Brahmanen (Priester und Gelehrte), Kshatriyas (Soldaten und Verwalter), Vaishyas (Kaufleute) oder Shudras (Arbeiter). Die Brahmanen sollen im Augenblick der Schöpfung aus dem Mund des Gottes Brahma geschaffen worden sein, die Kshatriyas aus seinen Armen, die Vaishyas aus seinen Oberschenkeln und die Shudras aus seinen Füßen.

Unterhalb der vier Kasten stehen die Dalits (früher „die Unberührbaren" genannt), die niedere Tätigkeiten verrichten und z. B. als Straßenkehrer oder Latrinenputzer arbeiten. Viele von Indiens komplexen Regel für die Reinheitsrituale sind aufgestellt worden, um den Körperkontakt zwischen Personen aus einer höheren Kaste und den Dalits zu verhindern. Ein etwas gemäßigteres System findet man bei den islamischen Gemeinden in Indien, hier ist die Gesellschaft aufgeteilt in *ashraf* (hoher Stand), *ajlaf* (niederer Stand) und *arzal* (ähnlich wie die Dalits).

Man nennt Letztere auch „Paria", abgeleitet vom Namen einer tamilischen Dalit-Gruppe, den Paraiyars. Einige Dalit-Führer, etwa der berühmte Dr. B. R. Ambedkar (1891–1956), versuchten durch den Übertritt zu anderen Religionen – in Ambedkars Fall zum Buddhismus – ihren Status als Kastenlose zu verbessern. Ganz unten in der Gesellschaft sind schließlich die Denotified Tribes. Sie waren bis 1952 unter der Bezeichnung Criminal Tribes bekannt, dann gab es eine Gesetzesreform, und 198 Stämme und Kasten wurden offiziell anerkannt. Viele leben als Nomaden oder Halbnomaden, an den Rand der Gesellschaft gedrängt.

Um die Lage der Dalits zu verbessern, reserviert ihnen die Regierung ein beträchtliches Kontingent an Arbeitsplätzen im öffentlichen Bereich, Parlamentssitze und Universitätsplätze. Unter die Quotenregelung fallen heute fast 25 % der Jobs im Staatsdienst und der Studienplätze. Die Situation variiert allerdings von Region zu Region, da verschiedene Politiker auf Stimmenfang gehen, indem sie Quoten versprechen. Das Reservierungssystem wird im Allgemeinen gelobt. Aber auch Kritik wird laut, da auf diese Art manche Menschen mit guten Leistungen keinen Studien- oder Arbeitsplatz bekommen. Noch immer findet man regelmäßig Beispiele für die Diskriminierung der Dalis im täglichen Leben, z. B. verweigern Mitglieder von höheren Kasten ihnen den Zutritt zu bestimmten Tempeln.

Pilgerfahrten

Von frommen Hindus wird erwartet, dass sie mindestens einmal im Jahr eine *yatra* (Pilgerfahrt) unternehmen. Pilgerfahrten werden durchgeführt, um von Göttern oder Göttinnen die Gewährung eines Wunschs zu erbitten, um die Asche eines verstorbenen Verwandten zu einem heiligen Fluss zu bringen oder um spirituelle Verdienste zu erlangen. Indien besitzt Tausende heiliger Stätten, die Pilgerziele sind – die Alten machen oft Varanasi zum Endpunkt ihrer letzten Pilgerreise, weil man glaubt, dass der Tod in der heiligen Stadt Gläubige vom Kreislauf der Wiedergeburten befreit. Tausende Muslime pilgern zu Sufischreinen anlässlich bestimmter heiliger Tage, z. B. dem Geburtstag des Sufiheiligen, und viele Muslime treten auch die Hadsch nach Mekka in Saudi-Arabien an.

Die meisten indischen Feste haben religiöse Wurzeln und ziehen daher ganze Pilgerschwärme an. Man darf nicht vergessen, dass die meisten Feste spirituelle Ereignisse sind, auch wenn sie karnevalesk erscheinen. Jedes Jahr kommen in Indien bei Festen auch Menschen durch Massenpaniken zu Tode – Vorsicht und Umsicht sind also bei einem Besuch solcher Veranstaltungen geboten!

Sati: A Study of Widow Burning in India von Sakuntala Narasimhan erkundet die Geschichte der (heute verbotenen) *sati* (freiwillig-unfreiwilligen Selbstverbrennung von Witwen auf dem Scheiterhaufen des verstorbenen Mannes) auf dem indischen Subkontinent.

Frauen in Indien

Dem letzten Zensus (2011) nach leben 586 Mio. Frauen in Indien, wovon schätzungsweise 68 % (meistens als Arbeiterinnen) im landwirtschaftlichen Sektor beschäftigt sind. Frauen dürfen in Indien wählen und Eigentum besitzen. Obwohl der Prozentsatz der Frauen in der Politik in den letzten Jahren gestiegen ist, sind sie im Nationalparlament mit einem Anteil von 11 % noch immer deutlich unterrepräsentiert.

Auch wenn die Berufswelt von Männern dominiert wird, so stoßen Frauen insbesondere in den Städten immer weiter in Männerdomänen vor. Kerala war der erste Bundesstaat Indiens, der die gesellschaftlichen Normen brach und im Jahr 1938 weibliche Polizeibeamte einstellte. Auch wurde dort die erste rein weibliche Polizeiwache gegründet (1973). Die Frauen in den Dörfern haben es da schon weitaus schwerer, sich durchzusetzen. Aber Gruppen wie die Self-Employed Women's Association (SEWA) in Gujarat haben gezeigt, was alles möglich ist. Sie haben Verbände für gesellschaftlich benachteiligte Frauen organisiert und bieten Mikrokredite an.

In einkommensschwachen Familien werden vor allem Mädchen als finanzielle Last empfunden, weil für sie bei der Heirat häufig eine Mitgift aufgebracht werden muss.

Stadtbewohnerinnen der Mittelschicht haben materiell ein deutlich komfortableres Leben, doch auch sie müssen sich bestimmten Zwängen unterwerfen. Im Großen und Ganzen ist es zwar wahrscheinlicher, dass eine Frau in der Stadt in den Genuss einer Hochschulausbildung kommt, aber sobald sie verheiratet ist, wird auch von ihr erwartet, dass sie sich an das Leben ihrer Schwiegereltern „anpasst" und in erster Linie Hausfrau ist. Wenn sie den Erwartungen nicht entspricht – sei es auch nur, weil sie keinen Enkel auf die Welt bringt – kann das für sie genau wie für die Frauen in den Dörfern katastrophale Folgen haben, z. B. die „Brautverbrennung", bei der Frauen mit einer brennbaren Flüssigkeit übergossen und angezündet werden. 2013 nannte das National Crime Records Bureau (NCRB) in ihren Berichten eine Zahl von über 8083 Vorfällen, was bedeutet, dass es fast jede Stunde einen Vorfall gab.

Der ergreifende Film *Chokher Bali* (Regie: Rituparno Ghosh; 2003) nach dem gleichnamigen Roman von Rabindranath Tagore handelt von einer jungen bengalischen Witwe, die Anfang des 20. Jhs. die „Regeln der Witwenschaft" infrage stellt – damals undenkbar.

Indiens Verfassung erlaubt geschiedenen (und verwitweten) Frauen eine neue Heirat. Berichten zufolge wird diese Möglichkeit aber nur recht selten genutzt. Und zwar einfach deshalb, weil Geschiedene, vor allem außerhalb von Großstädten, traditionell als gesellschaftliche Parias gelten. Indiens Scheidungsquote zählt zu den niedrigsten der Welt, auch wenn sie stetig steigt. Scheidungen finden zumeist in Großstädten statt und sind in höheren Gesellschaftsschichten generell weniger stark geächtet.

Unter www.tribal.nic.in liefert das indische Ministerium für Stammesangelegenheiten weitere Details zu den Stammesgruppen des Landes.

Nach mehreren Frauenrechtskampagnen erließ das indische Parlament im Oktober 2006 ein bahnbrechendes Ergänzungsgesetz, das Opfern von häuslicher Gewalt mehr Schutz und Rechte verleiht. Zuvor konnten Frauen zwar ihre gewalttätigen Männer anzeigen, hatten aber nicht automatisch Anspruch auf einen Anteil des gemeinsamen Eigentums oder weitere finanzielle Unterstützung. Kritiker weisen jedoch darauf hin, dass viele Frauen den rechtlichen Schutz aus Angst vor sozialer Diskriminierung nicht in Anspruch nehmen (vor allem außerhalb der Großstädte). Und trotz der Gesetzesreformen ist die Verurteilungsquote bei Straftaten gegen Frauen weiterhin relativ niedrig, sodass die Täter das Gefühl haben, straffrei zu bleiben.

Die indische Gesellschaft ist nach wie vor sehr prüde und konservativ, ganz anders als es das stark sexualisierte Frauenbild der Bollywood-Streifen (bei denen allerdings Kussszenen selten sind) vermuten lässt. Bei vielen traditionell eingestellten Leuten gilt eine Frau schon als leichtlebig, wenn sie nach Einbruch der Dunkelheit aus dem Haus geht.

Indien hat die zweitgrößte Diasporagemeinde der Welt – mehr als 25 Mio. Menschen. Über 70 Mrd. US$ liegen bei indischen Banken auf Konten von im Ausland lebenden Indern.

Laut Angaben des indischen Amts für Kriminalitätsstatistik (National Crime Records Bureau, NCRB) ist die Zahl der angezeigten Vergewaltigungen in den letzten zehn Jahren um mehr als 50 % gestiegen, man glaubt aber, dass ein großer Teil der sexuellen Übergriffe gar nicht gemeldet wird, und zwar hauptsächlich aufgrund von Druck seitens der Familie und/oder aus Scham des Opfers. Das gilt insbesondere dann, wenn der Vergewaltiger der Familie bekannt ist (was in vielen Fällen zutrifft).

Nach der von den Medien stark thematisierten Gruppenvergewaltigung und Ermordung einer 23-jährigen indischen Physiotherapiestudentin in Delhi im Dezember 2012 demonstrierten Zehntausende in der Hauptstadt und auch anderswo und verlangten von der Regierung ein schnelles Eingreifen, um die ausufernde frauenfeindliche Gewalt einzudämmen. Es dauerte ein Jahr, bis die bestehenden Gesetze gegen sexuelle

ADIVASI

Indiens Adivasi (Stammesvölker; Adivasi bedeutet auf Sanskrit „Ureinwohner") leben vermutlich schon länger in Indien als die vedischen Indo-Arier und die Draviden Südindiens. Die Adivasi-Völker reichen von den Gond in Zentralindien bis hin zu animistischen Stämmen in den nordöstlichen Bundesstaaten. Heute machen sie weniger als 10 % der Gesamtbevölkerung aus und umfassen mehr als 400 verschiedene Stammesgruppen. Die Alphabetisierungsrate der Adivasi liegt beträchtlich unter dem landesweiten Durchschnitt.

Geschichtlich gesehen führte der Kontakt zwischen Adivasi und hinduistischen Dorfbewohnern in den Ebenen kaum zu Spannungen, da es zwischen ihnen praktisch keine Konkurrenz um Ressourcen oder Land gab. In den letzten Jahrzehnten wurden aber immer mehr Adivasi von ihrem angestammten Land vertrieben und zu verarmten Landarbeitern. Obwohl sie dank des parlamentarischen Quotensystems immer noch politisch repräsentiert sind, geschah die Enteignung und Ausbeutung der Adivasi offenbar manchmal mit stillschweigender Billigung der Behörden, was die Regierung aber abstreitet. Wie dem auch sei – wenn nicht mehr zum Schutz der Adivasi unternommen wird, sehen sie einer ungewissen Zukunft entgegen.

Lesenswerte Bücher über die Adivasi sind *Archaeology and History: Early Settlements in the Andaman Islands* von Zarine Cooper, *The Tribals of India* von Sunil Janah und *Tribes of India: The Struggle for Survival* von Christoph von Fürer-Haimendorf.

HIJRAS

Indiens auffälligste nichtheterosexuelle Gruppe sind die *hijras*, eine Kaste von Transvestiten und Eunuchen, die Frauenkleidung tragen. Einige von ihnen sind schwul, andere Hermaphroditen, und wieder andere traf das Geschick, entführt und kastriert zu werden. *Hijras* haben seit Langem einen Platz in der indischen Kultur, und 2014 erkannte Indiens Oberster Gerichtshof die *hijras* als ein drittes Geschlecht und als eine Klasse an, der bei Ausbildung und Arbeitsplätzen eine bestimmte Quote zuzuerkennen sei. Andererseits wurden homosexuelle Handlungen 2013 für ungesetzlich erklärt (die 2009 legalisiert worden waren).

Hijras arbeiten hauptsächlich als uneingeladene Unterhalter bei Hochzeiten und Geburtsfeiern männlicher Kinder sowie als Prostitutierte. 2014 wurde Padmini Prakash zu Indiens erster dieser Gruppe angehörender Nachrichtenmoderatorin im Fernsehen, was ein Hinweis auf ein neues Ausmaß an Akzeptanz ist.

Infos zu den *hijras* finden sich in den Büchern *The Invisibles* von Zia Jaffrey und *Ardhanarishvara the Androgyne* von Dr. Alka Pande.

Gewalt verändert wurden, jetzt sehen sie härtere Strafen wie lebenslängliche Gefängnisaufenthalte und sogar die Todesstrafe vor. Andererseits gilt Vergewaltigung in der Ehe noch nicht allgemein als Straftat, und für Ermittlungen gegen Sicherheitskräfte wegen einer Straftat bedarf es einer amtlichen Erlaubnis. Trotz der eingeleiteten Maßnahmen gibt es mit schrecklicher Regelmäßigkeit immer wieder neue schockierende Sexualverbrechen. Das NCRB meldet für das Jahr 2013 ganze 309 546 Straftaten gegen Frauen, darunter 33 707 Vergewaltigungen und 70 739 Fälle sexueller Belästigung. Die Verurteilungsrate bei Anklagen wegen Vergewaltigung lag 2013 bei lediglich 27,1 %. Es gibt keinen Zweifel, dass die sexuelle Gewalt in Indien ein die ganze Gesellschaft durchdringendes Problem darstellt. Sicherheitsinformationen für weibliche Traveller finden sich auf S. 539.

Sport

Cricket begeistert die Nation seit Langem: Das erste Spiel, von dem wir wissen, fand 1721 statt, und 1952 errang Indien bei einem Testspiel in Chennai den ersten Sieg gegen England. Beim Cricket geht es nicht nur um Sportbegeisterung, sondern auch um Nationalstolz, was besonders bei Länderspielen gegen Pakistan deutlich wird. Wenn die beiden südasiatischen Staaten – die seit ihrer Gründung eine gespannte Beziehung zueinander haben – im Cricket aufeinander treffen, kochen die Emotionen besonders hoch, und die Spieler beider Seiten stehen unter besonderem Druck, ihrer Heimat Ehre zu machen. Der gefeiertste indische Cricketspieler der letzten Jahre ist Sachin Tendulkar – Spitzname „Little Master" –, der 2012 als weltweit erster Spieler 100 Centurys bei internationalen Begegnungen erzielte und nach diesem Erfolg im folgenden Jahr seinen Rückzug verkündete. Cricket – insbesondere Twenty20-Cricket (www.cricket20.com) – ist in Indien ein großes Geschäft, in dem lukrative Sponsorenverträge winken und Spieler zu Berühmtheiten werden. Der Sport hat jedoch auch seine schmutzige Seite – in den letzten Jahren waren einige indische Spieler in Wettskandale verwickelt. Länderspiele werden in verschiedenen Zentren ausgetragen – aus indischen Zeitungen oder im Internet erfährt man, welche Spiele während des eigenen Aufenthalts in Indien stattfinden. Wer im Cricket auf dem Laufenden sein will, sollte bei www.espncricinfo.com (von vielen Cricketfans besonders geschätzt) oder bei www.cricbuzz.com hineinschauen.

Cricketfans sind von der *The Illustrated History of Indian Cricket* von Boria Majumdar und von *The States of Indian Cricket* von Ramachandra Guha bestimmt begeistert.

Der Start der Indian Super League (ISL; www.indiansuperleague.com) im Jahr 2013 hat sein Ziel erreicht, Fußball als großen, einnahmeträchtigen Massensport zu etablieren. Mit Spielen, die große Zuschauermassen und Spieler aus dem Ausland anlocken – etwa den legendären Juventus-Star Alessandro del Piero (der 2014 für Delhi Dynamos verpflichtet wurde) oder Marco Materazzi (bekannt wegen Zidanes Kopfstoß in der Weltmeisterschaft von 2006), der als Trainer von Chennai arbeitet –, wurde die ISL zum internationalen Gesprächsstoff. In der ersten Spielwoche 2014 hatte die ISL 170 Mio. Zuschauer – die Indian Premier League im Cricket brachte es auf 184 Mio., was verdeutlicht, wie sehr der Fußball an Popularität gewonnen hat. Die I-League ist die schon länger bestehende indische Fußballliga, konnte aber nie so viel Medienaufmerksamkeit und Finanzmittel binden.

Mehrere Teams der Indian Super League haben jetzt Bollywood-Superstars als Mitbesitzer: So sind Hrithik Roshan an der Mannschaft von Pune und Abhishek Bachchan an der von Chennai beteiligt.

Das Land ist auch für seine historische Verbindung zum Polo bekannt. Bis zur Unabhängigkeit florierte dieser Sport auf dem Subkontinent immer wieder (vor allem in Adelskreisen), danach ging die Gönnerschaft wegen schwindender Geldmittel aber stark zurück. Dank verstärkten Sponsorings ist Polo inzwischen wieder interessant geworden. Obwohl immer noch elitär, erfährt es heute zunehmend Aufmerksamkeit von Indiens aufstrebender oberer Mittelschicht. Die Wurzeln des Polospiels liegen etwas im Dunkeln – angeblich wurde der Sport vor ca. 2000 Jahren in Persien und China erfunden. Auf dem Subkontinent soll er erstmals in Baltistan (gehört heute zu Pakistan) ausgeübt worden sein. Mutmaßlich gab der indische Großmogul Akbar (reg. 1556–1605) dem Spiel erstmals Regeln. Die heutige Spielvariante wurde aber möglicherweise stark von einem britischen Kavallerieregiment beeinflusst, das während der 1870er-Jahre in Indien stationiert war. Nach dem Ersten Weltkrieg führte man dann eine Reihe internationaler Regeln ein. Der Calcutta Polo Club (gegr. 1862; www.calcuttapolo.com) in Kolkata ist der älteste aktive Poloclub des Planeten. Während der kühleren Wintermonate wird Polo in Großstädten wie Delhi, Jaipur, Mumbai oder Kolkata gespielt (mitunter auch in Ladakh und Manipur).

Offiziell ist Feldhockey zwar der Nationalsport, erregt aber nicht mehr die gleiche Begeisterung wie früher, obwohl aktuell die indischen Nationalmannschaften der Männer und Frauen den 9. bzw. 13. Platz der Weltrangliste bekleiden. In der goldenen Ära des Sports gewann Indien von 1928 bis 1956 sechsmal in Folge olympisches Gold im Hockey; später kamen noch zwei weitere olympische Goldmedaillen hinzu (1964 & 1980). Jüngere Versuche, neues Interesse für diesen Sport zu entfachen, fanden ein gemischtes Echo. Infos zur indischen Hockeyszene findet man unter Indian Hockey (www.indianhockey.com) sowie unter Indian Field Hockey (www.bharatiyahockey.org).

Kabaddi ist ein weiterer beliebter Mannschaftssport in der Region. Zwei Mannschaften besetzen die beiden Seiten eines Spielfelds. Ein Raider (Räuber) dringt in die gegnerische Hälfte ein, holt tief Luft und versucht, möglichst viele Gegenspieler abzuschlagen. Dabei hat er den Atem anzuhalten, was er durch den unausgesetzten Ruf *„kabaddi"* beweisen muss. Erst in der eigenen Hälfte darf er wieder Atem schöpfen.

Weitere Sportarten, die in Indien an Boden gewinnen, sind u. a. Tennis (die Stars heißen Sania Mirza, Leander Paes und Mahesh Bhupathi – weitere Infos zum indischen Tennis sind unter www.aitatennis.com zu finden) und Pferderennen, die in Metropolen wie Mumbai, Delhi, Kolkata und Bengaluru sehr beliebt sind.

Wer während seines Indien-Aufenthalts Zeuge eines Sportereignisses werden will, kann sich in örtlichen Lokalzeitungen (oder in den Touristeninformationen) nach den Terminen und Austragungsorten anstehender Sport-Events erkundigen.

Spirituelles Südindien

Von kunstvollen Stadtschreinen bis hin zu schlichten Dorftempeln – Spiritualität durchdringt fast jeden Aspekt des indischen Lebens. Dem Hinduismus, der Hauptglaubensrichtung in Indien, gehören etwa 80 % der Bevölkerung an. Er ist eine der ältesten Religionen der Welt; seine Wurzeln reichen bis um 1000 v. Chr. Ebenfalls zu den ältesten bestehenden Religionen der Welt gehören der Buddhismus, Jainismus und Zoroastrianismus. Sie reichen bis ins 6. Jh. v. Chr. zurück. Der ergreifende Anblick der sakralen Architektur und der berührende Klang der *bhajans* (Andachtslieder) und *qawwali* (islamischer Andachtsgesang) bleiben noch lange nach der Abreise aus Indien in der Erinnerung haften.

Hinduismus

Der Hinduismus hat keinen Begründer, keine zentrale Figur und ist auch keine bekehrende Religion. Im Wesentlichen glauben Hindus an Brahman, das ewig, unerschaffen und unendlich ist; alles, was existiert, geht von Brahman aus und kehrt schließlich auch dorthin zurück. Bei der Vielzahl der Götter und Göttinnen handelt es sich lediglich um Erscheinungsformen, also um erfassbare Aspekte dieses unbestimmten Phänomens.

Dem hinduistischen Pantheon werden unglaubliche 330 Mio. Gottheiten zugerechnet. Welche man anbetet, ist eine Frage der persönlichen Vorliebe oder Tradition.

Hindus glauben, dass das irdische Leben ein Kreislauf ist; man wird immer wiedergeboren (ein Prozess, der als *samsara* bezeichnet wird). In welche Lebensumstände man wiedergeboren wird, hängt ab vom Karma (Verhalten oder Handeln) in früheren Leben. Wer rechtschaffen lebt und seine *dharma* (Moralkodex; gesellschaftliche Pflicht) erfüllt, verbessert die Chancen, in eine höhere Kaste und damit in ein besseres Leben hineingeboren zu werden. Wer zu viel schlechtes Karma angesammelt hat, kann auch als Tier wiedergeboren werden. Doch nur Menschen sind in der Lage, genügend Selbsterkenntnis zu erwerben, um sich dem Kreislauf der Wiedergeburt zu entziehen und *moksha* (Erlösung) zu erlangen.

Götter & Göttinnen

Alle hinduistischen Gottheiten werden als Erscheinungsformen Brahmans angesehen, der sich in Gestalt der Trimurti, der drei Hauptgottheiten Brahma, Vishnu und Shiva, zu erkennen gibt.

Brahman

Das Eine; die endgültige Wirklichkeit. Brahman ist formlos, ewig und die Quelle allen Lebens. Brahman ist *nirguna* (eigenschaftslos) im Gegensatz zu allen anderen Göttern und Göttinnen, die Erscheinungsformen von Brahman sind und deshalb als *saguna* (mit Eigenschaften versehen) gelten.

Brahma

Brahma spielt nur während der Erschaffung des Universums eine aktive Rolle. Ansonsten meditiert er. Seine Gemahlin ist Saraswati, die Göttin der Gelehrsamkeit, und sein Reittier ist ein Schwan. Manche Darstellungen zeigen ihn auf einer Lotusblume sitzend, die aus Vishnus Nabel emporsteigt – ein Symbol für die wechselseitige Abhängigkeit der Götter.

Brahma wird im Allgemeinen mit vier Köpfen dargestellt (bekrönt und bärtig), von denen jeder in eine andere Himmelsrichtung blickt.

Vishnu

Shiva wird manchmal als Gott des Yoga beschrieben, ein im Himalaja hausender Asket mit verfilztem Haar, ascheverschmiertem Körper sowie einem dritten Auge, das Weisheit symbolisiert.

Vishnu, der Bewahrer oder Erhalter, ist mit „rechtem Handeln" verbunden. Er beschützt und bewahrt alles Gute in der Welt. Er ist meist vierarmig dargestellt, in den Händen hält er eine Lotusblüte, eine Muschel (sie kann wie eine Trompete geblasen werden; dabei symbolisiert sie die kosmische Schwingung, aus der das Dasein entspringt), einen Diskus und eine Keule. Seine Gemahlin ist Lakshmi, die Göttin des Reichtums, und sein Reittier Garuda, eine Kreatur halb Vogel, halb Mensch. Aus seinen Füßen, so heißt es, entströmt der Ganges.

Shiva

Shiva ist der Zerstörer um der Erlösung willen, ohne den die Schöpfung nicht möglich wäre. Shivas Schöpferkraft wird versinnbildlicht durch ein Phallussymbol, den Lingam. Shiva hat 1008 Namen und tritt in vielen Gestalten auf, etwa als Nataraja, König des *tandava* (des kosmischen Siegestanzes), der Schöpfung und Zerstörung des Kosmos abschreitet.

Manchmal ist Shiva mit Schlangen um den Hals und einem Dreizack (Symbol für die Trimurti) als Waffe abgebildet, während er auf seinem Bullen Nandi reitet. Nandi symbolisiert Macht und Stärke, Gerechtigkeit und die moralische Ordnung. Auch Shivas Gefährtin Parvati kann verschiedene Gestalten annehmen.

Weitere wichtige Gottheiten

Ganesha mit dem Elefantenkopf ist der Gott des Glücks, der Hindernisse aus dem Weg räumt, und der Schutzherr der Schriftgelehrten (der abgebrochene Stoßzahn, den er in der Hand hält, wurde für die Niederschrift einiger Teile des Mahabharata verwendet). Sein Tiergefährte ist Mooshak (eine rattenähnliche Kreatur). Wie Ganesha zu seinem Elefantenkopf kam, darum ranken sich viele Geschichten. Eine Legende besagt, dass Ganesha in der Abwesenheit seines Vaters Shiva von Parvati geboren wurde und ohne Vater aufwuchs. Eines Tages hielt Ganesha Wache, während seine Mutter badete. Shiva kam und forderte ihn auf, ihn einzulassen. Doch Ganesha, der seinen Vater ja nicht erkannte, verweigerte dies. Darüber geriet Shiva so in Rage, dass er Ganesha den Kopf abschlug. Kurze Zeit später musste er erschüttert feststellen, dass er seinen eigenen Sohn gemeuchelt hatte. Er schwor, Ganeshas Kopf durch den des ersten Geschöpfs zu ersetzen, das ihm über den Weg laufen würde. Und das war ein Elefant.

Eine andere berühmte Gottheit, Krishna, ist eine Reinkarnation Vishnus, und wurde auf die Erde gesandt, um sich für das Gute einzusetzen und gegen das Böse zu kämpfen. Seine Verhältnisse zu den *gopis* (Hirtenmädchen) und seine Liebe zu Radha waren Inspirationsquelle für unzählige Gemälde und Lieder. Auf Bildern wird Krishna mit blauer Haut dargestellt und ist oft Flöte spielend zu sehen.

Einen Einblick in die Tiefe, Breite und die Eigenarten der hinduistischen Glaubenslehren in Tamil sowie fesselnde Reisebeschreibungen liefert Michael Woods *A South Indian Journey*.

Hanuman ist der Held des Ramayana und getreuer Gefolgsmann Ramas; er verkörpert das Prinzip der *bhakti* (Hingabe). Er ist der Gott der Affen, kann aber auch andere Gestalten annehmen.

Unter den Shaiviten (Anhänger der Shiva-Bewegung) wird Shakti, die göttliche, schöpferische Kraft der Frauen verehrt. Die Vorstellung von Shakti ist in der Göttin Devi (Göttermutter) verkörpert, die sich als Durga und Amman manifestiert, und in Kali, einer kämpferischeren, das Böse vernichtenden Inkarnation. Andere weithin verehrte Göttinnen sind Lakshmi, die Göttin des Wohlstands, und Saraswati, die Göttin der Gelehrsamkeit.

OM

Eines der am meisten verehrten Symbole des Hinduismus ist das „Om". Es wird wie „aum" ausgesprochen und ist ein äußerst Glück verheißendes Mantra (heiliges Wort oder Silbe). Die „Dreier"-Form symbolisiert die Schöpfung, Erhaltung und Zerstörung des Universums (und damit die heilige Trimurti). Das umgedrehte *chandra* (Halbmond) steht für den weitschweifigen Geist, das *bindu* (Punkt) darin für Brahman.

Buddhisten glauben, dass es zu einem Zustand glückseliger Leere führen kann, wenn es nur oft genug mit absoluter Konzentration wiederholt wird.

Murugan, einer der Söhne Shivas, ist eine beliebte Gottheit in Südindien, insondere in Tamil Nadu. Er wird manchmal mit Skanda, einem anderen Sohn Shivas gleichgesetzt, der in Nordindien eine starke Anhängerschaft hat. Murugans Hauptfunktion ist die eines Beschützers, auf Abbildungen wird er jung und siegreich dargestellt.

Ein weiterer Sohn Shivas ist Ayyappan, der ebenfalls die Funktion eines Beschützers hat. Seinen Tempel in Sabarimala in Kerala besuchen jedes Jahr 40–60 Mio. Pilger. Es heißt, dass er aus der Vereinigung der beiden männlichen Gottheiten Shiva und Vishnu hervorging. Vishnu soll eine weibliche Form (Mohini) angenommen haben, um ihn zu gebären. Ayyappan wird häufig auf einem Tiger reitend und von Leoparden begleitet dargestellt, die Symbole seines Siegs über finstere Mächte sind. Heute ist die Gemeinde der Ayyappan-Verehrer zu einer Männerbewegung geworden, deren Anhänger Alkohol, Drogen, Zigaretten und schlechtem Benehmen abschwören müssen, bevor sie die Pilgerfahrt antreten dürfen.

Heilige Schriften

Die heiligen Schriften der Hindus werden in zwei Kategorien unterteilt: diejenigen, die als Wort Gottes gelten (*shruti* = Gehörtes), und diejenigen, die von Menschen geschaffen wurden (*smirti* = Erinnertes). Die Veden gelten als *shruti*-Wissen und werden als Basis des Hinduismus betrachtet. Die älteste der vedischen Schriften, der Rigveda, wurde vor mehr als 3000 Jahren verfasst. Die 1028 Verse beinhalten Gebete für Wohlstand und Langlebigkeit sowie eine Erläuterung der Ursprünge des Universums. Die Upanishaden, die letzten Teile der Veden, befassen sich mit dem Mysterium des Todes und unterstreichen die Einzigartigkeit des Universums. Die ältesten vedischen Texte sind im vedischen Sanskrit (verwandt mit dem Altpersischen) geschrieben. Spätere Texte wurden im klassischen Sanskrit verfasst; viele sind in die Volkssprachen übersetzt worden.

Die *smirti*-Schriften sind eine Literatursammlung, die mehrere Jahrhunderte umfasst. Darin wird erläutert, wie Zeremonien zu Hause richtig ausgeführt werden, und auch, wie man gut regiert, wirtschaftet und religiöse Gesetze durchsetzt. Zu den bekannten Werken zählen das Ramayana und das Mahabharata, ebenso die Puranas. Diese erzählen die Göttergeschichten ausführlicher und preisen die Idee der Trimurti. Anders als es bei den Veden der Fall ist, ist das Lesen der Puranas nicht auf eingeweihte Männer der höheren Kasten beschränkt.

Wer hätte gedacht, dass die blutdürstige Kali eine andere Form der milchgebenden Gauri ist? *Myth = Mithya: A Handbook of Hindu Mythology* von Devdutt Pattanaik wirft ein Licht auf diesen und andere Aspekte des faszinierenden hinduistischen Brauchtums.

Das Mahabharata

Das Mahabharata ist wohl um 1000 v.Chr. verfasst worden. Die Schrift konzentriert sich auf die Heldentaten Krishnas. Bis 500 v.Chr. hatte es sich zu einem weitaus komplexeren Werk mit wichtigen Ergänzungen entwickelt, z.B. mit der Bhagavad Gita (in der Krishna Arjuna vor der Schlacht seinen Rat anbietet).

Die Geschichte dreht sich hauptsächlich um Kämpfe zwischen den heldenhaften Göttern (Pandavas) und den Dämonen (Kauravas). Krishna, der menschliche Gestalt angenommen hat, verfolgt die Ereignisse und fungiert als Wagenlenker für den Pandavahelden Arjuna, der schließlich in einer großen Schlacht gegen die Kauravas triumphiert.

Das Ramayana

Das im 3. oder 2. Jh. v. Chr. verfasste Ramayana gilt größtenteils als Werk einer einzelnen Person: des Dichters Valmiki. Wie auch das Mahabharata konzentriert es sich auf den Konflikt zwischen den Göttern und den Dämonen.

Die Geschichte ist folgende: Dasharatha, der kinderlose König von Ayodhya, bat die Götter, ihm einen Sohn zu schenken. Sein sehnlicher Wunsch wurde erhört, und seine Frau gebar bald darauf tatsächlich einen Sohn. Aber dieses Kind, Rama genannt, war in Wirklichkeit eine Inkarnation Vishnus. Der Gott hatte diese menschliche Gestalt angenommen, um den Dämonenkönig von Lanka (heute Sri Lanka), Ravana, zu besiegen.

Als Rama erwachsen war, er seine Nebenbuhler übertrumpft und um die Hand der Prinzessin Sita angehalten hatte, wurde er von seinem Vater als Erbe seines Königreichs auserkoren. In letzter Minute schritt jedoch Ramas Stiefmutter dagegen ein und forderte, dass ihr eigener Sohn, Barathan, an Ramas Stelle trete. Rama, Sita und Ramas Bruder, Lakshmana, wurden daraufhin des Landes verwiesen und zogen in die Wälder, wo Rama und Lakshmana gegen Dämonen und dunkle Mächte kämpften. Ravanas Schwester versuchte nun, Rama zu verführen, aber sie wurde von ihm zurückgewiesen. Aus Rache nahm Ravana Sita gefangen und verbannte sie durch Zauberkraft in sein Schloss in Lanka.

Unterstützt von einer Armee von Affen unter der Führung des loyalen Affenkönigs Hanuman fand Rama das Schloss schließlich, tötete Ravana und befreite Sita. Siegreich kehrten alle zurück nach Ayodhya, wo Rama von Barathan empfangen und nun auch endlich zum König gekrönt wurde.

Heilige Natur

Tiere, vor allem Schlangen und Kühe, werden in Indien schon seit sehr langer Zeit verehrt. Für Hindus symbolisiert die Kuh Fruchtbarkeit und Nahrung, während die Schlange (vor allem die Kobra) mit Fruchtbarkeit und Wohlstand in Verbindung gebracht wird. Naga-Steine (Schlangensteine) sollen die Menschen vor Schlangen schützen und gleichzeitig die Schlangengötter besänftigen.

Aber auch mit Pflanzen wird Heiliges assoziiert. Die Banyan-Feige symbolisiert die Trimurti, Mangobäume stehen für die Liebe – Shiva soll einst mit Parvati unter einem solchen die Ehe geschlossen haben. Außerdem sagt man von der Lotusblüte, sie sei aus den Urgewässern herausgewachsen und über ihren Stiel mit dem mythischen Zentrum der Erde verbunden. Die Lotusblume ist in den schmutzigsten Gewässern zu finden und hat die bemerkenswerte Fähigkeit, dennoch wunderbare, reine Blüten zu treiben. Das Innere der Lotusblüte steht für das Zentrum des Universums, den Nabel der Welt, und alles wird zusammengehalten durch den Stiel und die ewigen Gewässer. Die zarte, aber doch widerstandsfähige Lotusblüte ist ein Inbegriff von Schönheit und Stärke und soll die Hindus daran erinnern, wie ihr eigenes Leben auszusehen hat. Der Lotus wird so sehr verehrt, dass er heute Indiens Nationalblume ist.

Die Grundsätze der hinduistischen Lehre werden in zwei Publikationen entschlüsselt: *Hinduism: An Introduction* von Shakunthala Jagannathan und *Hinduism: An Introduction* von Dharam Vir Singh.

Empfehlenswerte Bücher, die deutsche Übersetzungen von heiligen Hindutexten beinhalten, sind *Die Bhagavadgita* von S. Radhakrishnan und *Valmiki Ramayana* in der Übersetzung von Dirk E. Büchner.

Anbetung

Andachten und Rituale spielen eine große Rolle im Hinduismus. In den Wohnungen von Hindus gibt es oft einen gesonderten Bereich für die Andacht, wo die Menschen zu den Göttern ihrer Wahl beten. Wenn sie es nicht im eigenen Haus tun, gehen Hindus zum Beten in einen Tempel.

Die wichtigste Form der Verehrung ist die *puja*, die in Form von stillen Gebeten, aber auch in aufwendigen Zeremonien durchgeführt werden kann. Die Gläubigen verlassen den Tempel mit einer Handvoll *prasad* (gesegnete Speisen, die während einer Zeremonie verwendet werden), die dann mit anderen geteilt werden. Weitere Formen der Verehrung sind *aarti* (das Anzünden von Lampen oder Kerzen, das Glück bringt) und das Singen von *bhajans* (spirituellen Liedern).

Islam

Der Islam ist Indiens größte Minderheitenreligion; etwa 13,4% der Bevölkerung gehören ihr an. Man glaubt, dass der Islam von muslimischen Eroberern nach Nordindien eingeführt (Teile von Nordindien fielen im 12. Jh. unter muslimische Herrschaft) und von arabischen Händlern weiter nach Süden getragen wurde.

Der Islam wurde im 7. Jh. n.Chr. in Arabien vom Propheten Mohammed begründet. Der arabische Begriff *islam* bedeutet „sich hingeben"; die Gläubigen (Muslime) verpflichten sich, dem Willen Allahs (Gottes) ergeben zu sein. Dieser Wille ist in den Schriften, dem Koran, offenbart. Der Islam ist eine monotheistische Religion. Gottes Wort wird über Propheten (Gesandte) vermittelt, von denen Mohammed der letzte war.

Nach Mohammeds Tod erschütterte der Streit um die Nachfolge die Bewegung – die Folge war die Aufteilung der Gläubigen in Sunniten und Schiiten. Die meisten indischen Muslime sind Sunniten. Die Sunniten vertreten die althergebrachten Traditionen oder die orthodoxe Richtung. Die Schiiten hingegen glauben, dass nur die Imams (vorbildliche Führer) in der Lage sind, die wahre Bedeutung des Korans zu entschlüsseln und offenzulegen.

Allen Muslimen gemein ist der Glaube an die fünf Säulen des Islam: die *shahada* (Glaubensbekenntnis: „Es gibt keinen Gott außer Allah; und Mohammed ist sein Prophet"), das Gebet (idealerweise fünfmal täglich), die *zakat* (Almosensteuer) in Form von Spenden für wohltätige Zwecke, das Fasten (während des Ramadan) für alle außer Kranke, Kleinkinder, Schwangere, ältere Menschen und jene, die anstrengende Reisen unternehmen, sowie die Haddsch (Pilgerfahrt) nach Mekka, die jeder Muslim mindestens einmal im Leben unternehmen sollte.

Ein Viertel der Bevölkerung Keralas sind Muslime und in Maharashtra und Karnataka über 10%.

Sikhismus

Der Sikhismus wurde von Guru Nanak im 15. Jh. im Punjab als Reaktion auf das Kastensystem und gegen die brahmanische Betonung des Rituals begründet. Die Sikhs glauben an einen einzigen Gott, und obwohl sie die Verehrung von Götzenbildern ablehnen, sind ihnen Bilder ihrer zehn Gurus sehr wichtig. Die heilige Schrift der Sikhs, der Guru Granth Sahib, enthält u.a. die Lehren der zehn Sikh-Gurus. Wie die Hindus und die

Um die Komplexität des Sikhismus zu verstehen, empfiehlt sich die Lektüre von Khushwant Singhs *A History of the Sikhs*, Band 1 (1469–1839) bzw. Band 2 (1839–2004).

DIE HEILIGE SIEBEN

Der Zahl Sieben kommt im Hinduismus eine ganz besondere Bedeutung zu. Es gibt sieben heilige Städte in Indien, und jede von ihnen ist ein wichtiges Pilgerzentrum: Varanasi, das mit Shiva assoziiert wird, Haridwar, wo der Ganges vom Himalaja in die Ebenen eintritt, Ayodhya, Geburtsstätte von Rama, Dwarka mit der legendären Hauptstadt Krishnas, die vor der Küste von Gujarat vermutet wird, Mathura, Geburtsstätte von Krishna, Kanchipuram, Stätte historischer Shiva-Tempel, und schließlich Ujjain, wo alle zwölf Jahre die Kumbh Mela stattfindet.

Außerdem fließen in Indien sieben heilige Flüsse: Ganges (Ganga), Saraswati (der unter der Erde vermutet wird), Yamuna, Indus, Narmada, Godavari und Kaveri.

RELIGIÖSE ETIKETTE

Wenn man eine religiöse Stätte besucht, sollte man sich respektvoll kleiden und verhalten – Shorts oder ärmellose Tops sind unangebracht (dies gilt für Männer und Frauen), Gleiches gilt für das Rauchen. Lautes, aufdringliches Benehmen ist unerwünscht, ebenso öffentliche Zuneigungsbekundungen oder Herumalbern.

Bevor man einen heiligen Ort betritt, sind die Schuhe auszuziehen (der Schuh-Aufpasser sollte ein paar Rupien erhalten). Außerdem muss man sich vergewissern, dass Fotografieren erlaubt ist. An den meisten Orten der Anbetung ist das Tragen von Socken gestattet – und während der wärmeren Monate wegen der heißen Böden oft notwendig.

Die religiöse Etikette verbietet es, Einheimische am Kopf zu berühren bzw. einer Person, einem Schrein oder dem Bild einer Gottheit die Fußsohlen zuzuwenden. Außerdem sollte man Menschen nicht mit den Füßen oder das Relief einer Gottheit überhaupt in irgendeiner Form berühren.

An manchen Orten der Anbetung sind Kopfbedeckungen (für Frauen und manchmal auch Männer) erforderlich – besonders in *gurdwaras* (Sikh-Tempeln) und Moscheen – also empfiehlt es sich, ein Tuch dabei zu haben, um auf der sicheren Seite zu sein. An einigen Stätten sind keine Frauen zugelassen, andere verbieten Personen, die keine Anhänger ihres Glaubens sind, den Zutritt – am besten vorab erkundigen! Frauen müssen teilweise getrennt von den Männern sitzen. Jainistische Tempel verlangen das Ablegen sämtlicher Lederkleidung und -accessoires, und möglicherweise richten sie an Frauen, die gerade menstruieren, die Bitte, von einem Besuch abzusehen. Wenn man um irgendeine heilige buddhistische Stätte läuft (Chorten, Stupa, Tempel, Gompa) immer rechtsherum gehen und sie niemals mit der linken Hand berühren! Gebetsräder werden mit der rechten Hand im Uhrzeigersinn gedreht.

Das Fotografieren in einem Schrein, bei einem Begräbnis, während einer religiösen Zeremonie oder von Personen, die ein heiliges Bad nehmen, kann als Beleidigung empfunden werden – immer vorher fragen! Fotografieren mit Blitz kann in bestimmten Bereichen, manchmal auch im gesamten Schrein, verboten sein.

Buddhisten glauben auch die Sikhs an die Wiedergeburt und das Karma. Im Sikhismus gibt es aber keine asketische oder klösterliche Tradition, die den Kreislauf der Wiedergeburt beenden kann. Fast 2% der indischen Bevölkerung sind Sikhs, die meisten leben im Punjab.

Guru Nanak (1469–1539) wurde im heutigen Pakistan geboren und empfand die religiösen Praktiken von Muslimen wie von Hindus als recht unbefriedigend. Er glaubte an das Familienleben und den Wert von harter Arbeit – er war verheiratet, hatte zwei Söhne und arbeitete als Bauer, wenn er nicht gerade durch die Lande reiste, predigte und selbst komponierte *kirtan* (andächtige Lieder der Sikh) mit seinem muslimischen Musiker Mardana sang. Er vollbrachte angeblich Wunder und vertrat die Ansicht, über den Namen Gottes zu meditieren sei der beste Weg zur Erleuchtung.

Ein Sadhu ist eine Person, die alle materiellen Besitztümer aufgegeben hat, um sich durch Meditation, das Studium heiliger Schriften, Selbstkasteiung und Pilgerreisen der Suche nach Spiritualität zu widmen. Mehr dazu findet sich im Band *Sadhus: India's Mystic Holy Men* von Dolf Hartsuiker.

Nanak glaubte an die Gleichheit aller Menschen schon Jahrhunderte, bevor das in Mode kam, und setzte sich für die Abschaffung des Kastensystems ein. Er war ein pragmatischer Guru – „ein Mensch, der seinen Lebensunterhalt ehrlich verdient und sein Einkommen mit anderen teilt, die den Weg zu Gott erkennen". Er ernannte seinen talentiertesten Schüler zu seinem Nachfolger und nicht etwa einen seiner Söhne.

Seine *kirtan* werden heute immer noch in den *gurdwaras* (Sikh-Tempel) gesungen und sein Bild hängt bei Millionen von Menschen – nicht nur auf dem Subkontinent – zu Hause an der Wand. Mitglieder der Khalsa (der Bruderschaft der initiierten Sikhs) tragen die als Fünf Kakars bekannten Symbole, anhand derer man sie identifizieren kann:

- *Kes* – ungeschnittenes (aber gepflegtes) Haar, das mit dem *keski* (Turban) bedeckt ist, den manche anstelle des Haars als das Kakar betrachten

- *Kangha* – Holzkamm
- *Kachera* – Baumwollunterhose, die bis zu den Knien reicht
- *Kara* – eiserner Armreif
- *Kirpan* – Dolch oder kleines Schwert

Buddhismus

Etwa 0,8 % der Bevölkerung Indiens sind Buddhisten. Bodhgaya im Bundesstaat Bihar ist eine der heiligsten Stätten des Buddhismus, die Pilger aus allen Teilen der Welt anzieht.

Der Buddhismus entwickelte sich im 6. Jh. v.Chr. als Reaktion auf die Einschränkungen des brahmanischen Hinduismus. Buddha (Der Erwachte) soll von 563 bis 483 v.Chr. gelebt haben. Einst ein Prinz (Siddhartha Gautama), begab sich Buddha im Alter von 29 Jahren auf die Suche nach der Befreiung aus der Welt des Leidens. Er erreichte das Nirwana (den Zustand vollkommenen Bewusstseins) im Alter von 35 Jahren in Bodhgaya. Buddha kritisierte das Kastensystem und die gedankenlose Verehrung der Götter und drängte seine Schüler, innerhalb ihrer eigenen Erfahrungen nach der Wahrheit zu suchen.

Buddha lehrte, dass sich alle Existenz auf Vier Edle Wahrheiten gründet: Leben wurzelt im Leiden. Leiden wird durch Verlangen verursacht. Wer das Verlangen auslöscht, befreit sich vom Leiden. Man löscht das Verlangen aus, in dem man dem Edlen Achtfachen Pfad folgt. Dieser Pfad besteht aus der rechten Erkenntnis, der rechten Gesinnung, der rechten Rede, dem rechten Handeln, dem rechten Lebenserwerb, dem rechten Streben, der rechten Achtsamkeit und der rechten Sammlung. Wer diesen Pfad erfolgreich beschreitet, kann das Nirwana erlangen.

Der Buddhismus verbreitete sich unter dem Maurya-Kaiser Ashoka im 3. Jh. v.Chr. in weiten Teilen Indiens, und buddhistische Gemeinden waren in Andhra Pradesh zwischen dem 3. Jh. v.Chr. und dem 5. Jh. n.Chr. sehr einflussreich. Missionare aus Andhra halfen dabei, in Ländern wie Thailand Klöster und Tempel zu errichten. Aber schon im 12. Jh. n.Chr. spielte der Buddhismus in Indien keine große Rolle mehr. In den 1950er-Jahren erlebte er unter Intellektuellen und Dalits, die vom Kastensystem enttäuscht waren, eine neue Blüte. Etwa drei Viertel der indischen Buddhisten leben heute in Maharashtra. Durch die nach Indien geflohenen Tibeter stieg die Zahl der Gläubigen weiter an. Sowohl der gegenwärtige Dalai Lama als auch der Lama (Mönch), der mit breiter Zustimmung als 17. Karmapa akzeptiert ist, haben ihren Wohnsitz im nördlichen Bundesstaat Himachal Pradesh. Es existieren einige tibetische Flüchtlingsgemeinden in Südindien, die größte ist Bylakuppe in Karnataka.

Vor dem Hintergrund der Kastenkonflikte und Indiens Unabhängigkeitskampf überspannt *Das Haus der blauen Mangos* von David Davidar das Leben von drei Generationen einer christlichen Familie in Kerala.

Jainismus

Der Jainismus entstand im 6. Jh. v.Chr. als Reaktion auf die Kastenbeschränkungen und auf die Rituale des Hinduismus. Er wurde von Mahavira, einem Zeitgenossen Buddhas, begründet.

Die Jainas glauben daran, dass Erlösung durch die völlige Reinheit des Geistes erreicht werden kann. Reinheit bedeutet das Abschütteln allen *karmans,* einer Materie, die durch die eigenen Handlungen entsteht und sich an die Seele heftet. Indem man verschiedene asketische Übungen durchführt (z.B. Fasten und Meditation), befreit man sich vom *karman* und reinigt den Geist. Rechtschaffenheit ist im Jainismus von großer Bedeutung, und grundlegend dafür ist *ahimsa* (Gewaltlosigkeit) gegenüber allem Lebenden im Denken und Handeln.

Die religiösen Pflichten eines Anhängers sind weniger streng als die der Mönche (einige jainistische Mönche laufen sogar nackt herum). Etwas weniger asketische Gläubige behalten nur ein Minimum an Besitztümern, darunter einen Besen, mit dem sie den Weg vor sich kehren, um nicht auf ein Lebewesen zu treten, und ein Stück Tuch, das über den Mund gebunden wird, um ja nicht versehentlich ein Insekt einzuatmen.

Heute sind rund 0,4% der Einwohner Indiens Jainas; die Mehrheit lebt in Gujarat, Rajasthan und Mumbai. Eine bekannte heilige Stätte der Jainas in Südindien ist Sravanabelagola in Karnataka.

Christentum

Es gibt verschiedene Theorien darüber, wie das Christentum auf den indischen Subkontinent gelangt ist. Einige glauben beispielsweise, dass Jesus seine „verlorenen Jahre" in Indien verbracht hat. Andere wiederum sagen, dass der Apostel Thomas das Christentum in Südindien 52 n.Chr. einführte. Viele Wissenschaftler halten es aber für wahrscheinlicher, dass das Christentum um das 4. Jh. herum vom syrischen Kaufmann Thomas Cana ins Land gebracht wurde, der damals mit rund 400 Familien nach Kerala aufbrach. Heute sind etwa 2,3% der Gesamtbevölkerung Indiens Christen; die meisten leben in Südindien.

Nach Vasco da Gamas Besuch im Jahre 1498 erstarkte der Katholizismus in Südindien. In der Region waren einige Orden aktiv, die nicht immer willkommen waren, u.a. Dominikaner, Franziskaner und Jesuiten. Evangelische Missionare sollen ab dem 18. Jh. eingetroffen sein, mit der Absicht, die Bevölkerung zu bekehren.

Zum zoroastrischen Bestattungsritual gehören die „Türme des Schweigens", auf denen der Verstorbene aufgebahrt und den Aasgeiern vorgesetzt wird, welche die Knochen abnagen.

Zoroastrianismus

Der Zoroastrismus, im 6. Jh. v.Chr. von Zoroaster (Zarathustra) in Persien gegründet, basiert auf dem Konzept des Dualismus, bei dem Gut und Böse in einem andauernden Kampf miteinander verbunden sind. Der Zoroastrismus ist nicht völlig monotheistisch: gute und böse Mächte existieren nebeneinander, auch wenn die Anhänger angehalten sind, nur die guten zu ehren. Am Tag des Jüngsten Gerichts wird die Seele nicht zur Rechenschaft gezogen, aber ein angenehmes Leben nach dem Tod hängt von den Taten, Worten und Gedanken jedes Einzelnen während seines irdischen Daseins ab.

Der Zoroastrismus wurde in Persien durch die Ausbreitung des Islams im 7. Jh. in den Hintergrund gedrängt. Im Laufe der folgenden Jahrhunderte wanderten einige Gläubige nach Indien aus, wo sie Parsen genannt wurden. Ursprünglich siedelten sie sich in Gujarat an und wurden Bauern, doch während der britischen Herrschaft wandten sie sich dem Handel zu und brachten es zu einer wohlhabenden Gemeinde in Mumbai.

Man schätzt, dass nur noch zwischen 40000 und 45000 von ihnen in Indien leben, die meisten davon in Mumbai.

Stammesreligionen

Stammesreligionen sind inzwischen mit dem Hinduismus und anderen wichtigen Religionen so sehr verschmolzen, dass sich nur sehr wenige von ihnen überhaupt noch klar abgrenzen lassen. Man nimmt jedoch an, dass einige grundlegende Glaubenssätze des Hinduismus in der alten Stammeskultur wurzeln.

Dorfbewohner und Stämme in Südindien haben ihre eigenen Glaubenssysteme, die viel weniger zugänglich oder offensichtlich sind als die Tempel, Rituale und andere nach außen getragene Manifestationen der Hauptreligionen. Da wird die Dorfgottheit vielleicht von einer Steinsäule in einem Feld repräsentiert, von einer Plattform unter einem Baum oder von einem im Boden steckenden Eisenspeer. Dorfgottheiten – sie sind meist weiblich – gelten allgemein als weniger entrückt und als besorgter um das aktuelle Glück und den Wohlstand der Gemeinschaft. Auch der Glaube an die Geister der Ahnen ist weit verbreitet, vor allem wenn sie eines gewaltsamen Todes gestorben sind.

Köstliches Südindien

Auf kulinarischem Gebiet feiert Indien – auch mit seiner besonders beeindruckenden vegetarischen Küche – ein Fest für alle Sinne. Die Köche stützen sich dabei auf heimische Zutaten, seien es duftende Gewürze oder im Wüstenklima gedeihende Gemüsesorten. Man kann geradezu in Angeboten schwelgen: vom sensationellen Essen der Straßenstände bis hin zu wahren Thali-Kunstwerken, von kreativen zeitgenössischen Meisterwerken zu familiengeführten Verkaufshütten, die seit 50 Jahren eine einzige Spezialität servieren. Und es ist allein schon diese unglaubliche Vielfalt, die eine Reise durch Indien so köstlich macht.

Ein kulinarischer Karneval

Die kulinarische Geschichte Indiens ist eine ausgesprochen alte, und die heutige Küche bildet jede Menge regionaler und globaler Einflüsse ab.

Sabina Sehgal Saikia stellt in *Finest Rice Recipes* den Reis ins Rampenlicht und zeigt, wie vielseitig diese unscheinbaren Körner sind, z. B. in klassischen Kreationen wie Krabbenküchlein in Reiskruste.

Land der Gewürze

Christoph Kolumbus war eigentlich gerade auf der Suche nach dem berühmten schwarzen Pfeffer von Keralas Malabarküste, als er über Amerika stolperte. In besagter Gegend Indiens wächst noch immer die beste Qualität des in aller Welt beliebten Gewürzes, das wesentlicher Bestandteil der meisten herzhaften indischen Gerichte ist.

Kurkuma gilt als Essenz nahezu aller indischen Currygerichte, während Koriandersamen das am häufigsten gebrauchte Gewürz sind und eigentlich allen pikanten Gerichten Aroma und Gehalt verleihen. Die meisten indischen Saucen – die im Westen allgemein als Curry bekannt sind – beginnen mit brutzelndem Kreuzkümmel in Öl. Tamarinde – manchmal auch als indische Dattel bezeichnet – ist im Süden ein besonders beliebter, saurer Aromageber. Und der grüne Kardamom aus den Westghats Keralas gilt vielen als der beste der Welt. Er passt zu herzhaften Gerichten, Nachtisch und wärmendem Chai (Tee). Safran, der aus den getrockneten Stempelfäden der Krokusblüte besteht, wird in Kaschmir angebaut. Für 1g Safran müssen über 1500 Blüten von Hand gepflückt werden!

Reisparadies

Reis ist das Hauptnahrungsmittel in ganz Indien, aber vor allem im Süden. Weißer Langkornreis wird am häufigsten verwendet und gekocht zu nahezu jedem Saucengericht serviert. Doch zwischen dem Klebreis in Assam im äußersten Nordosten und dem roten Reis im tiefen Süden Keralas gibt es zahllose regionale Varianten, die von den Einheimischen jeweils als die beste Indiens angesehen wird. Diese Ehre allerdings gebührt wohl dem duftenden, langkörnigen Basmatireis, der in alle Welt exportiert wird. Normalerweise wird Reis nach dem *roti* (Brot) serviert, meist zusammen mit Quark, der die Mischung bereichern soll.

Pongal ist das wichtigste Erntefest des Südens und eng mit dem gleichnamigen Gericht verbunden, das aus dem ersten Reis der Saison, Palmzucker, Nüssen, Rosinen und Gewürzen zubereitet wird.

Tolles Brot

Zwar ist Reis das Hauptnahrungsmittel im Süden, doch auch traditionelle Brotsorten sind weit verbreitet. *Roti* und *Chapati* sind die allgemein

SCHÖNHEITEN DES SÜDENS

Herzhafte Dosas (auch Dosai), große, knusprige, papierdünne Reismehlpfannkuchen, die gewöhnlich mit einer Schüssel heißem *sambar* (einer dünnen Linsensuppe) und einer weiteren Schüssel mit kühlendem Kokosnuss-*chatni* (Chutney) serviert werden, sind eine südindische Frühstücks-Spezialität, die aber zu jeder Tageszeit gern gegessen wird. Die beliebteste Variante ist der Masala-Dosa (mit gewürzten Kartoffelscheiben gefüllt), aber es gibt noch viele andere fantastische Dosas – den *rava*-Dosa (aus Grieß), den Mysore-Dosa (wie Masala-Dosa, aber mit mehr Gemüse und Chili) und den Pessarettu-Dosa (aus Mungobohnen-Dhal) aus Andhra Pradesh.

Der einfache *idli*, ein traditioneller südindischer Snack, ist kalorienarm und dennoch nahrhaft und bietet eine willkommene Alternative zu Öl, Gewürz und Chili. *Idlis* sind luftige, runde, weiße fermentierte Reiskuchen, die in *sambar* und Kokosnuss-*chatni* getunkt werden. *Dahi* Idli ist ein *idli*, der in einen sehr leicht gewürzten Joghurt getaucht wird – ausgezeichnet für empfindliche Bäuchlein. Weitere tolle Snacks des Südens sind *vadas* (frittiertes Linsengebäck in Donutform) und *appams* oder *uttappams* (dicke, würzige Reispfannkuchen mit fein gehackten Zwiebeln, grünen Chilis, Koriander und Kokosnuss).

geläufigen Namen für Brot nach indischer Machart, und beide beschreiben das Gleiche: ein unwiderstehliches, ungesäuertes rundes Brot aus Weizenvollkornmehl, das in einer *tawa* (flache heiße Pfanne) gebacken wird. Manchmal wird es in Ghee (geklärter Butter) oder Öl getränkt. Oft sind Rotis größer und dicker als Chapatis und werden im Tonofen (*tandoor*) gebacken. *Paratha* ist ein in der Pfanne gebratenes Fladenbrot aus dünnen Schichten, das auch gefüllt werden kann und dann ein herzhaftes Frühstück abgibt. Das Naan ist größer und dicker, in einem Tandoori-Ofen gebacken und wird gewöhnlich zu fleischhaltigen Saucen und Kebabs gereicht. Das *Puri* ist ein ungesäuertes Brot, das sich beim Frittieren aufbläht, und mit Beilagen wie *bhajia* (Gemüsebratlinge) serviert wird.

Dhal-ikat!

Alle Inder lieben Dhal (enthülste Linsen oder andere Hülsenfrüchte). Es gibt ca. 60 verschiedene Hülsenfrüchte, darunter *channa* (Kichererbsen), die ovalen, kleinen gelben oder grünen *moong* (Mungobohnen), lachsfarbene *masoor* (rote Linsen), die im Süden beliebten ockerfarbenen *tuvar* (gelbe Linsen, auch *arhar* genannt), *rajma* (Kidneybohnen), *urad* (Urd- oder Linsenbohnen) und *lobhia* (Schwarzaugenbohnen).

Fleischgenuss

In Indien leben zwar wahrscheinlich mehr Vegetarier als im Rest der Welt zusammen, doch auch hier gibt es ein beträchtliches Repertoire an Fleischmahlzeiten – hauptsächlich mit Huhn, Lamm oder Hammel (manchmal sogar Ziege). Aus religiösen Gründen ist Rindfleisch für Hindus aber genauso tabu wie Schweinefleisch für Muslime.

Fisch ist ein Nahrungsmittel der nichtvegetarischen Marathi-Küche. Das charakteristische Fischgericht in Maharashtra ist *bombil* (Bombay-Ente – eine Fehlbezeichnung für diesen glibberigen, hechtähnlichen Fisch), der frisch oder getrocknet gegessen wird.

Die fleischlastige Chettinadu-Küche in Tamil Nadu ist wundervoll würzig, aber nicht zu feurig. In manchen Restaurants im Süden begegnet man der von Fleisch dominierten Mogul-Küche mit ihren reichhaltigen Currys, Kebabs, Koftas und Biryanis – letztere sind eine besondere Spezialität von Hyderabad. Die Wurzeln dieser herzhaften Speisen reichen zurück ins (islamische) Mogulreich, das einst Indien beherrschte. Auch die im Norden beliebten Tandoori-Fleischgerichte haben den Weg nach Südindien gefunden. Der Name leitet sich von dem Tonofen, dem Tandoor ab, in dem das marinierte Fleisch gegart wird.

Köstlichkeiten aus dem Meer

Bei etwa 7500 km Küstenlinie dürfte es niemanden überraschen, dass Meeresfrüchte ein wichtiges Nahrungsmittel auf dem Subkontinent sind, vor allem an der Westküste von Mumbai (Bombay) und bis hinunter nach Kerala. Während Kerala am meisten Fisch aus dem Wasser holt, ist Goa bekannt für seine üppigen Garnelengerichte und die feurigen Fischcurrys. Eingezwängt zwischen diesen beiden Bundesstaaten liegt die Konkanküste mit ihren vielen kleinen vom Fischfang lebenden Dörfern, die berühmt sind für ihre Meeresfrüchte-Kreationen. Auch auf der langgezogenen Kette der Andamanen werden Fischliebhaber vom Fang des Tages nicht enttäuscht sein, der sich auf den meisten Speisekarten zeigt.

Mangalore an der Küste Karnatakas ist berühmt für seine überaus leckeren Meeresfrüchtegerichte. Die feurige Küche ist vielseitig, eigenständig und geprägt von der großzügigen Verwendung von Chili und frischer Kokosnuss.

Gemüse & Obst von Mutter Natur

Jeder südindische Markt verwöhnt seine Besucher mit einem riesigen und bunt gemischten Sortiment von frischen Früchten und Gemüsesorten, die über den Rand großer Körbe quellen oder zu hübschen Pyramiden aufgebaut sind. Der Süden ist ganz besonders bekannt für seine Unmengen an tropischen Früchten wie Ananas und Papaya. Mangos sind in den Sommermonaten (besonders April und Mai) im Überfluss vorhanden; Indien kann mehr als 500 Varietäten vorweisen, und das Highlight dieser Köstlichkeiten ist die süße Alphonso. Obst wird auch sehr kreativ in einem *chatni* (Chutney) oder in Pickles verarbeitet und verfeinert mit seinem Aroma so manchen Lassi, *kulfi* und andere Süßigkeiten.

Bei so vielen Vegetariern in der Region nimmt *sabzi* (Gemüse) natürlich einen großen Teil des Speiseplans ein. Gemüse kann entweder *sukhi* (trocken) oder *tari* (in einer Sauce) verwendet und in beiden Kategorien gebraten, geröstet, in Currys verarbeitet, gebacken, zerstampft und in Dosas gefüllt oder in Kichererbsenteig gewickelt als *pakoras* frittiert werden. Kartoffeln sind überall erhältlich und werden gern mit verschiedenen Masalas gekocht, mit anderem Gemüse gemischt oder zerstampft und gebraten als Straßensnack *aloo tikki* (Kartoffelküchlein) verkauft.

In Küstengebieten, vor allem in Goa und Kerala, gibt es nichts Besseres als eine frische, günstige Meeresfrüchte-Mahlzeit von einer der Strandhütten – von gebratenen Muscheln, Garnelen und Calamari bis hin zu Fisch, Krabben und Hummer.

Zwiebeln werden mit anderem Gemüse gebraten, zu einer Paste für Fleischgerichte verarbeitet und roh als Relish serviert. Blumenkohl wird oft allein gegart, mit Kartoffeln zu *aloo gobi* (Kartoffel-Blumenkohl-Curry) verarbeitet oder mit anderem Gemüse wie Karotten und Bohnen gekocht. Frische grüne Erbsen findet man gebraten mit anderen Gemüsesorten in Pilaus und Biryanis. *Baigan* (Aubergine) wird Currys zugegeben oder sie wird in Scheiben geschnitten und frittiert. Ebenfalls beliebt ist *saag* (ein allgemeiner Ausdruck für Grünzeug), wozu auch Senfblätter, Spinat und Bockshornklee zählen. Etwas ungewöhnlicher ist die *karela* (Bittermelone) mit der zerfurchten Schale, die ebenso wie die köstliche *bhindi* (Okra) normalerweise mit Gewürzen zubereitet wird.

Pickles, Chutneys & Relishes

Pickles, Chutneys und Relishes sind Beilagen, die allen Mahlzeiten Pfiff verleihen. Ein Relish kann alles sein, von einer kleinen eingelegten Zwie-

PAAN

Mahlzeiten werden häufig mit *paan* abgerundet, einer duftenden Mischung aus Betelnüssen (auch Arekanüsse genannt), Limettenpaste, Gewürzen und Aromen, die in ein essbares seidiges *paan*-Blatt gewickelt wird. Angepriesen von *paan*-Händlern, die strategisch günstig vor gut besuchten Restaurants stehen, gelten *paans* als verdauungsfördernd und sorgen für frischen Atem. Die Betelnuss ist ein schwaches Narkotikum, und manche konsumieren *paan* ähnlich wie schwere Raucher Zigaretten – über die Jahre verfärben sich die Zähne dieser Leute dadurch allerdings rot und schwarz. Üblicherweise wird der klebrige rote Saft ausgespuckt, was nicht immer ein angenehmer Anblick ist.

Paan gibt es in zwei Ausführungen: *mitha* (süß) und *saadha* (mit Tabak). Ein Päckchen *mitha paan* ist bestens geeignet, eine Mahlzeit abzuschließen. Man schiebt sich das ganze Päckchen in den Mund und kaut langsam, damit sich die Wirkung entfalten kann.

INDISCHE TISCHMANIEREN

Zum Essen benutzen die meisten Inder ihre rechte Hand – im Süden verwenden sie soviel Hand wie nötig, andernorts nur die Fingerspitzen. Die linke Hand wird nur für „unreine" Handlungen wie Schuhe ausziehen verwendet. Man kann in der linken Hand auch sein Getränk halten und sich damit aus der Gemeinschaftsschüssel bedienen, aber man sollte mit links kein Essen zum Mund führen. Es zeugt von guten Manieren, sich vor und nach einer Mahlzeit die Hände zu waschen.

Wenn die Mahlzeit serviert wird, vermischt man das Essen mit den Fingern. Bei Dhal und *sabzi* (Gemüse) wird nur das Dhal in den Reis gemischt, das *sabzi* aber wird in kleinen Portionen zu jedem Bissen extra genommen. Bei Fisch- oder Fleischcurrys mischt man die Sauce in den Reis. Dann nimmt man die Mischung portionsweise in die Hand, dabei zeigen die Fingerknöchel zur Schüssel, und man schiebt sich das Essen mit dem Daumen in den Mund.

bel bis hin zu einer feinen Zusammenstellung aus Früchten, Nüssen und Gewürzen. Eine der beliebtesten Beilagen ist *raita* aus gekühltem Joghurt als Ausgleich zum würzigen Essen. *Chatnis* gibt es in unzähligen Varianten (süß oder pikant) und sie können aus vielen verschiedenen Gemüsearten, Früchten, Kräutern und Gewürzen zubereitet werden. Man sollte allerdings Vorsicht walten lassen, bevor man dieses eingelegte Stückchen oben auf dem Thali verdrückt; es könnte das Schärfste sein, was man jemals gekostet hat.

Ghee ist das Hindi-Wort für „Fett". Wenn man Butter schmilzt und Wasser und die festen Milchbestandteile entfernt, erhält man geklärte Butter – Ghee. Es lässt sich besser als Butter stark erhitzen und hält länger.

Ausgesprochen süß

Indien ist berühmt für seine bunte Vielfalt von oft klebrigen und matschigen *mithai* (indische Süßigkeiten), und die meisten davon sind sündhaft zuckrig. Die bekanntesten sind *barfis* (eine Art Toffee auf Milchbasis), weiche *halwa* (aus Gemüse, Getreide, Linsen, Nüssen oder Früchten), *ladoos* (süße Kugeln aus Erbsenmehl und Grieß) und süße Bällchen aus *chhana* (nicht gepresstem Panir) sowie *rasgullas*. Es gibt auch einfachere – aber genauso leckere – Angebote wie knusprige *jalebis*, die man im ganzen Land bekommt.

Payasam (im Norden *kheer* genannt) ist eine der beliebtesten Nachspeisen – ein cremiger Reispudding mit leichtem, köstlichem Aroma, hergestellt mit Reis, Sago, Fadennudeln oder *moong*-Dhal und angereichert mit Palmzucker (oder Sirup), Ghee, Kokosnuss, Gewürzen, Milch, Cashewnüssen oder Mandeln und Trockenfrüchten. Ebenfalls beliebt sind heiße *gulab jamuns* und erfrischende *kulfi*.

Jedes Jahr werden ca. 14 t reines Silber in jene essbare Folie verwandelt, die viele indische Süßigkeiten dekoriert, vor allem für das Diwali-Fest.

Technisch gesehen gibt es so etwas wie ein indisches „Curry" nicht – das Wort ist ein anglisierter Abkömmling des tamilischen Worts *kari* (Sauce), das die Briten für jedes Gericht verwendeten, das Gewürze enthielt.

Vegetarier & Veganer

Südindiens vegetarische Küche ist unübertroffen. Es gibt aber nur wenig Verständnis für Veganismus (der Begriff *pure vegetarian*, „rein vegetarisch", bedeutet ohne Eier), und tierische Produkte wie Milch, Butter, Ghee und Quark sind in den meisten indischen Gerichten enthalten. Für Veganer besteht das größte Problem wahrscheinlich darin, dem Koch die genauen Bedürfnisse verständlich zu machen, in großen Hotels und in Großstädten finden Veganer eher etwas.

Weitere Informationen gibt es im Internet – etwa bei Indian Vegan (www.indianvegan.com) und Vegan World Network (www.veganswould network.org).

101 Kerala Delicacies von G. Padma Vijay beschreibt ausführlich vegetarische und nichtvegetarische Gerichte aus dem tropischen Küstenstaat.

Wohin zum Essen?

In Südindien kann man überall gut essen, von wackligen *dhabas* (einfachen Straßenverkaufsständen) bis hin zu Fünfsternehotels. Die meisten

Mittelklasse-Restaurants servieren Mahlzeiten aus einer der zwei grundlegenden Kochrichtungen: entweder aus der südindischen Küche (in der Regel vegetarisches Essen aus Tamil Nadu und Karnataka) oder aus der nordindischen (hauptsächlich Essen aus dem Punjab oder der Mogulküche). Doch auch Gerichte der benachbarten Regionen und Bundesstaaten sind vertreten. Inder verschlägt es auf der Suche nach Arbeit vielfach in alle Himmelsrichtungen, und Restaurants versorgen jene großen Gemeinden mit den gewohnten Aromen der Heimat.

Nicht zu verwechseln mit Burger- und Pizzabuden sind jene Restaurants im Süden, die zwar mit „Fast Food" werben, tatsächlich jedoch zu Indiens besten Adressen gehören. Sie bieten sämtliche *tiffin*-Köstlichkeiten (Snacks) an und haben häufig Extratheken für Süßes. Zu vielen Luxushotels gehören hervorragende Restaurants, die Gerichte aus ganz Indien kredenzen – eine gute Gelegenheit, regionale Spezialitäten zu probieren. In größeren Städten serviert eine aufblühende unabhängige Gastroszene jede Art von Kochkunst: z.B. mexikanische, mediterrane, japanische und italienische Speisen.

Dhabas sind Oasen für Millionen Trucker, Buspassagiere und Traveller, die sich durch Indien treiben lassen. Die ursprünglichen *dhabas* gibt es in ganz Nordindien, aber auch im restlichen Land wird man fündig werden. Das herzhafte Essen aus einfachen Zutaten, das die gastfreundlichen Buden servieren, hat inzwischen einen eigenen Namen erhalten: *dhaba food*.

Southern Flavours: The Best of South Indian Cuisine von Chandra Padmanabhan (2012), ist ein leicht lesbares und wunderschön illustriertes Buch mit südindischen Rezepten.

The Anger of Aubergines: Stories of Women and Food von Bulbul Sharm ist eine amüsante kulinarische Analyse sozialer Beziehungen mit eingestreuten verführerischen Rezepten.

Street Food

Egal zu welcher Tageszeit: Die Straßenverkäufer braten, kochen, rösten, schälen, sieden, mischen, machen Saft oder backen, um Passanten anzulocken. Kleine Stände bieten meist den ganzen Tag nur eine Spezialität an, andere haben unterschiedliche Gerichte für Frühstück, Mittag- und

STRASSENSNACKS: TIPPS

Am Straßenverkaufsständen zu essen, ist ein Highlight auf einer Reise durch Indien, aber man muss einige Tipps beachten, um Magenprobleme zu vermeiden:

- Man sollte sich ein paar Tage Zeit gönnen, um sich an die lokale Küche anzupassen, besonders wenn man kein scharfes Essen gewohnt ist.
- Wenn die Einheimischen um einen Stand einen großen Bogen machen, sollte man es ihnen gleichtun. Stets ein wachsames Auge auf die Kundschaft werfen – Orte, an denen man viele Familien antrifft, sind am sichersten!
- Checken, wie und wo der Verkäufer sein Kochgeschirr reinigt und seine Speisen lagert. Werden die Speisen in Öl gebrutzelt, genügt oft ein kritischer Blick, um sicherzugehen, dass es einigermaßen frisch ist. Sind Geschirr und Arbeitsflächen schmutzig, kleben Essensreste daran oder kreisen zu viele Fliegen um die Speisen, sollte man sich nicht scheuen, zügig den Rückzug anzutreten.
- Keine Panik, wenn der Koch einen bestellten frittierten Imbiss zurück in den Wok wirft. Es ist gängige Praxis, die Snacks vorzugaren und sie erst kurz bevor sie aufgetischt werden zu Ende zu garen. Durch das erneute Aufbacken werden etwaige Keime abgetötet.
- Fleisch nicht unterwegs essen, außer vielleicht an stark frequentierten Ständen.
- Der Hygienestandard an Saftständen ist sehr unterschiedlich, also Vorsicht! Man sollte sich den Saft vor den eigenen Augen pressen lassen und auf saubere Krüge und Gläser achten (außer man hat sich schon davon überzeugt, dass die Gläser hygienisch gereinigt werden).
- Nicht auf besonders glänzende vorgeschnittene Melonenstücke und andere Früchte hereinfallen – oft sind sie mit (unsauberem!) Wasser bespritzt.

Heißhunger? *Street Foods of India* von Vimla und Deb Kumar Mukerji liefert Rezepte für einige der beliebtesten indischen Snacks, von samosas und *bhelpuri* bis hin zu *jalebis* und *kulfi*.

Kritiken und Empfehlungen für Restaurants in ganz Indien liefert die ausgezeichnete Seite Zomato (zomato.com)

Abendessen. Die Mahlzeiten unterscheiden sich je nach Stadtteilen, Städten und Regionen. Manches ist so einfach wie gepuffter Reis oder in heißem Sand geröstete Erdnüsse, manches so komplex wie die Mischung verschiedener Geschmacksrichtungen, die man *chaat* (würzige Snacks) nennt. *Idli sambar* (Reisküchlein mit leckerer Sauce und Chutney) sind in Chennai beliebt, Mumbai ist berühmt für seine *bhelpuri* (gebratene Teigküchlein mit Puffreis, Linsen, Zitronensaft, Zwiebeln, Kräutern und Chutney). *Mirchi bhajji* (frittierte Chilischoten gefüllt mit Tamarinde, Sesam und Gewürzen) sind eine Delikatesse in Hyderabad, während Samosas (frittierte Teig-Dreiecke, gefüllt mit gewürztem Gemüse) und *golgappa/panipuri/gup chup* (gepuffte Brotstücke mit würziger Füllung) in ganz Indien erhältlich sind.

Großer Bahnhof für Snacks

Für einen besonderen Reiz sorgt eine Zugfahrt in Indien allein schon deshalb: An nahezu jedem Bahnhof wartet ein kulinarischer Zirkus auf die Reisenden. Fliegende Händler erwarten die ankommenden Züge, schreien und jagen in und aus den Wagen. Früchte, *namkin* (würzige Häppchen), Omeletts, Nüsse und Süßigkeiten werden durch die Fenstergitter gereicht. Auf dem Bahnsteig versuchen Köche, die Reisenden mit brutzelnden Köstlichkeiten wie Samosas aus dem Zug zu locken. Versierte Zugfahrer wissen, welcher Bahnhof berühmt für welches Essen ist: Der Bahnhof Lonavla in Maharashtra ist bekannt für *chikki* (Karamellkonfekt), der Bahnhof von Hyderabad für seine Biryanis und Tirupati für sein *ladoos* (kugelförmige Süßigkeit, die aus Kichererbsenmehl, Grieß und anderen Zutaten hergestellt wird).

Esskultur

Drei Hauptmahlzeiten am Tag sind die Regel. Das Frühstück ist leicht: Es besteht im Süden oft aus *idlis* und *sambar*. Das Mittagessen kann recht gehaltvoll sein (etwa ein Thali) oder aber eher leicht, gerade bei Büromenschen mit wenig Zeit. Das Abendessen ist normalerweise die Hauptmahlzeit des Tages. Meistens handelt es sich dabei um mehrere Gerichte – einige Gemüsecurrys (eventuell auch Fleisch) und Dhal mit Reis und/oder Chapatis. Alle Gerichte werden auf einmal serviert, nicht nach Gängen getrennt. Nachspeisen gibt es auf Wunsch, sie sind aber eher bei Festen oder anderen besonderen Gelegenheiten üblich. Früchte

DAS GROSSARTIGE SÜDINDISCHE THALI

In Südindien ist Thali eine beliebte Mittagsmahlzeit. Billig, sättigend, gesund und unglaublich lecker steht es für die genial einfache indische Küche. Der Name „Thali" bezieht sich auf die Edelstahlplatte, auf der die Mahlzeit serviert wird: im Norden weist sie Vertiefungen für die diversen Beilagen auf, im Süden kommt das Thali traditionell auf einer flachen Platte auf den Tisch, die mit einem Bananenblatt ausgelegt ist, oder sogar nur auf einem Bananenblatt.

Im Restaurant kann man dem heimischen Brauch folgen und etwas Wasser auf das Blatt gießen und dann mit der rechten Hand verteilen. Schon bald wird der Kellner mit einer großen Schüssel Reis kommen und Berge davon auf die Teller häufen, gefolgt von Dhal, *sambar* (Sauce auf Linsenbasis), *rasam* (mit Tamarinde aromatisierte Dhal-Brühe), Gemüsegerichten, Chutneys, Pickles und *dahi* (Quark/Joghurt). Mit den Fingern der rechten Hand werden die verschiedenen Beilagen mit dem Reis vermischt und zu mundgerechten Bällchen geformt, die dann mit Hilfe des Daumens in den Mund befördert werden. Es gilt als schlechter Stil, die Hand in den Mund zu stecken oder die Finger abzulecken. Die richtige Thali-Technik lernt man am besten durch Beobachten anderer Gäste. Zum Reinigen steht meist ein Wasserschälchen für die Finger auf dem Tisch. Die Kellner bringen Nachschub, bis man mit einer Abwehrgeste anzeigt, dass man genug hat.

schließen die Mahlzeit ab. In vielen indischen Familien wird spät gegessen (nach 21 Uhr), je nach persönlichen Vorlieben und Jahreszeiten (während der wärmeren Monate wird später gegessen). Restaurants in den Städten füllen sich erst ab 21 Uhr, aber in kleineren Städten öffnen sie schon früher.

Essen & Religion

Viele Menschen in Indien betrachten Essen als ebenso ausschlaggebend für den Feinschliff der Seele wie für die Versorgung des Körpers. Grob gesagt, vermeiden Hindus traditionell Nahrungsmittel, die als hinderlich für die physische und geistige Entwicklung gelten, obgleich es nur wenige Patentrezepte gibt. Das Rindfleisch-Tabu (die Kuh ist für Hindus heilig) ist die strengste Einschränkung. Jainas meiden Speisen wie Knoblauch und Zwiebeln, weil sie glauben, dass sie (abgesehen davon, dass sie Insekten verletzen könnten, wenn man sie bei der Ernte aus der Erde zieht) das Blut erhitzen und sexuelles Begehren entfachen. Es gibt vegetarische Restaurants, die aus diesem Grund auf das Fehlen von Knoblauch und Zwiebeln in ihren Gerichten hinweisen. Strenggläubige Hindus meiden Knoblauch und Zwiebeln ebenfalls, und auch aus vielen Ashrams sind sie verbannt.

Einige Lebensmittel, etwa Milchprodukte, gelten als von Natur aus rein und werden gegessen, um Körper, Geist und Seele zu reinigen. Auch Ayurveda, die alte Wissenschaft von Leben, Gesundheit und Langlebigkeit, beeinflusst Essensbräuche.

Schweinefleisch ist für Muslime tabu und Stimulanzien wie Alkohol werden von den meisten Strenggläubigen gemieden. *Halal* ist der Begriff für alle zulässigen Nahrungsmittel, *haram* heißen die verbotenen. Fasten wird als Gelegenheit gesehen, Allahs Zustimmung zu erlangen, das Sündenregister zu löschen und das Leid der Armen zu verstehen.

Buddhisten und Jainas haben sich der Philosophie der *ahimsa* (Gewaltlosigkeit) verschrieben und sind überwiegend Vegetarier. Das zentrale Dogma des Jainismus ist ein Ultra-Vegetarismus und es gibt strenge Beschränkungen, um die Verletzung eines lebenden Wesens zu vermeiden. So verzichten Jainisten sogar darauf, Gemüse zu essen, das unter der Erdoberfläche wächst, da bei Anbau oder Ernte Insekten zu Schaden kommen könnten.

In den indischen Sikh-, Christen- und Parsigemeinden gibt es wenige oder keine Einschränkungen des Essverhaltens.

Kochkurse

Wer sich von der indischen Küche so inspiriert fühlt, dass er ein wenig Know-how mit nach Hause nehmen möchte, sollte einen Kochkurs in Erwägung ziehen. Sie werden in Goa und Kerala angeboten, die besten gibt es in Palolem, Anjuna und Siolim in Goa sowie bei Privatunterkünften in Kumily (Periyar) und Kochi in Kerala. Einige Kurse sind professionell geführt, andere eher locker und ungezwungen. Bei den meisten ist zumindest einige Tage zuvor eine Anmeldung nötig.

Was trinkt man?

Gujarat, Nagaland und Mizoram (alle im Norden) sind die einzigen Bundesstaaten Indiens, in denen Alkohol verboten ist, doch im ganzen Land gibt es Alkoholgesetze, und in jedem Bundesstaat kann es regelmäßig „trockene“ Tage geben, an denen der Verkauf von Alkohol in Spirituosenläden verboten ist. Kerala, wo der Alkoholkonsum doppelt so hoch war wie im nationalen Durchschnitt, zog 2014 die Ausschanklizenzen von etwa 700 Bars ein und erlaubt ihnen nur noch den Verkauf von Bier und Wein (Vier- und Fünfsternehotels dürfen weiterhin Spirituosen verkaufen). An Gandhis Geburtstag (2. Oktober) bekommt man nahezu

Dakshin Bhog von Santhi Balaraman bietet einen leckeren Reigen kulinarischer Sternstunden, von kultigen Dosas und *idlis* bis hin zu *kootan choru* (Gemüsereis).

Essen, das zuerst den Göttern im Tempel dargeboten und dann unter den Gläubigen geteilt wird, heißt *prasad*.

Complete Indian Cooking von Mridula Baljekar, Rafi Fernandez, Shehzad Husain und Manisha Kanani enthält auch eine ganze Reihe Lieblingsgerichte der südindischen Küche, darunter Hähnchen mit grüner Mango und Garnelencurry aus Goa.

nirgendwo ein alkoholisches Getränk. Wer vermeiden will, hohe Steuern zu zahlen, sollte nach Goa gehen, wo das Zechen viel billiger und die Trinkkultur weniger eingeschränkt ist.

In den meisten größeren Städten, besonders in Mumbai und Bengaluru (Craft-Bier Hauptstadt von Indien) gibt es ausgezeichnete Kneipen, die Alkohol ausschenken und die an den Wochenenden sehr belebt sind. Die nobleren Bars bieten eine beeindruckende Auswahl an heimischen und importierten Getränken sowie Bier vom Fass. Viele Bars verwandeln sich nach 20 Uhr in dröhnende Musikkneipen, doch mancherorts findet man auch in den größeren Städten ruhige Lounges. In den kleineren Städten kann die Barszene eine ziemlich zwielichtige, männerdominierte Angelegenheit sein – durstige Frauen sollten diese Orte besser nicht allein erforschen.

Die Weinindustrie des Subkontinents entwickelt sich immer weiter – auf www.indianwine.com kann man sich einen Cyberschluck genehmigen.

Wein wird zunehmend beliebter, auch wenn die einheimische Weinproduktion noch relativ jung ist. Die guten Klima- und Bodenbedingungen in bestimmten Gebieten – etwa Teilen von Maharashtra und Karnataka – haben einige empfehlenswerte Weingüter hervorgebracht, darunter Grover und Sula Vineyards.

Strenge Lizenzrechte verhindern den Alkoholausschank in einigen Restaurants, doch wer auf die Rupien der Touristen angewiesen ist, serviert vielleicht unter der Hand Bier in Teekannen und getarnten Gläsern – aber wer keinen Ärger riskieren will, sollte sich auf nichts einlassen.

Nur sehr wenige vegetarische Restaurants schenken Alkohol aus.

Alkoholfreie Getränke

Chai (Tee), das vielgeliebte Nationalgetränk Indiens, wird mit sehr viel Milch und Zucker gereicht. Ein Glas dampfender, schaumiger Chai ist auch der beste Trost gegen die Unbilden des Lebens auf Indiens Straßen. Und die scheinbar körperlose, dröhnende Stimme, die *garam chai, garam chai* (heißen Tee, heißen Tee) anpreist, klingt schon bald sehr vertraut und angenehm in den Ohren eines jeden Indienreisenden. Ein Masala-Chai enthält außerdem noch Kardamom, Ingwer und andere Gewürze.

Viele nützliche Tipps, etwa dazu, wie Gewürze am besten gelagert werden, enthält Monisha Bharadwajs *Die indische Küche. Symphonie der Gewürze, Düfte und Aromen.* Ein cleveres Kochbuch mit über 200 traditionellen Rezepten.

Obwohl Chai das Lieblingsgetränk aller Inder ist, ist Kaffee unten im Süden schon lange ein beliebtes Getränk. Südindischer Filterkaffee ist eine Mischung aus gekochter Milch, Zucker und einem starken Sud aus frisch gemahlenen Kaffeebohnen, auch ein wenig Kaffeekraut wird oft hinzugefügt. In den Städten breiten sich schicke Kaffeehausketten wie Café Coffee Day und Barista immer mehr aus und servieren den internationalen Standard an Cappuccinos, Lattes, Americanos und ähnlichem.

Masala soda ist die indische Limo schlechthin. Frisch geöffnet wird das sprudelnde Getränk mit Limette, Gewürzen, Salz und Zucker aufgepeppt. Oder man entscheidet sich für eine schlichtere Variante der Zitronenlimo mit frischer Limette und je nach Wunsch (mit Zucker) gesüßt oder gesalzen. Auch sehr belebend ist *jal jeera* (aus Limettensaft, Kreuzkümmel, Minze und Steinsalz). Süße und salzige Lassis, Getränke auf Joghurtbasis, sind im ganzen Land populär und ungemein erfrischend. *Falooda* ist ein mit Rosenaroma verfeinertes Getränk aus Milch, Sahne, Nüssen und Fadennudeln. Heiße oder kalte *badam*-Milch wird mit Mandeln und Safran aromatisiert.

Vor Ort Gebranntes & Gebrautes

Der *Penguin Food Guide to India* von Charmaine O'Brien ist fesselnd und appetitanregend.

Ungefähr drei Viertel von Indiens Alkohol trinkender Bevölkerung stürzen Schnäpse wie den berüchtigten Arrak des Südens hinunter (die Spirituose wird aus Kokospalmsaft, Kartoffeln oder Reis destilliert). Er ist weithin als Drink des armen Mannes bekannt und Millionen sind nach dem Zeug süchtig. Jedes Jahr werden viele Menschen vom Methanol in illegal gebranntem Arrak blind oder sterben sogar.

Ein interessantes regionales Getränk ist die klare Spirituose *mahua*. Sie wird aus der Blüte des *mahua*-Baums (indischer Butterbrotbaum) destilliert und hat einen vollmundigen, scharfen Geschmack. Während der Baumblüte im März und April entsteht er überall in Zentralindien in provisorischen Hütten. *Mahua* kann bedenkenlos getrunken werden, wenn er aus vertrauenswürdiger Herstellung stammt. Es sind jedoch auch schon Menschen erblindet, nachdem sie mit Methanol gepanschten *mahua* getrunken hatten.

Toddy (Palmwein), aus dem Saft der Palme gewonnen, wird in den Küstenregionen, und besonders in Kerala getrunken. Feni ist der bekannteste indische Schnaps und seine Domäne das entspannte Goa. Kokos-Feni ist leicht und eher unspektakulär. Der beliebtere Cashew-Feni – aus den Früchten des Cashew-Baums – ist allemal einen Versuch wert.

Küchenglossar

achar	eingelegtes Gemüse
aloo	Kartoffel; auch *alu*
aloo tikki	Kartoffelpuffer
appam	südindischer Reispfannkuchen
arak	aus Kokosmilch, Kartoffel oder Reis destillierter Schnaps
baigan	Aubergine; auch *brinjal* genannt
barfi	Toffee auf Milchbasis
bebinca	16-schichtiger Kuchen aus Goa
besan	Kichererbsenmehl
betel	Nuss des Betelbaums, auch Arekanuss genannt
bhajia	frittiertes Gemüse
bhang lassi	Mischung aus Lassi und Bhang (ein Marihuana-Derivat)
bhelpuri	dünne, runde Teigküchlein mit Reis, Linsen, Zitronensaft, Zwiebeln, Kräutern und Chutney
bhindi	Okra
biryani	duftender, gewürzter, gedämpfter Reis mit Fleisch oder Gemüse
bonda	Kartoffelpuffer
chaat	pikanter Snack, manchmal gewürzt mit *chaat masala*
chach	Buttermilch-Getränk
chai	Tee
channa	gewürzte Kichererbsen
chapati	rundes, ungesäuertes indisches Brot, auch Roti genannt
chawal	Reis
cheiku	kleine, süße, braune Frucht
dahi	Quark/Joghurt
dhal	gewürztes Linsengericht
dhal makhani	schwarze Linsen und rote Kidneybohnen mit Sahne und Butter
dhansak	Gericht der Parsen; Fleisch (normalerweise Huhn oder Lamm) mit Linsencurry, Kürbis oder Flaschenkürbis und Reis
dosa	großer pikanter Pfannkuchen aus Südindien
falooda	mit Rosenaroma verfeinertes Getränk aus Milch, Sahne, Nüssen und Vermicelli
faluda	lange Nudeln aus Kichererbsenmehl
feni	Schnaps aus Goa, destilliert aus Kokosmilch oder Cashewnüssen
ghee	geklärte Butter

gobi	Blumenkohl
gulab jamun	frittierte Teigbällchen in mit Rosenaroma angereichertem Sirup
halwa	weiche Süßigkeit aus Gemüse, Linsen, Nüssen oder Früchten
idli	südindische flach-runde Reiskuchen
imli	Tamarinde
jaggery	hartes, braunes, zuckerähnliches Süßungsmittel aus Palmsaft
jalebi	orangefarbener frittierter Teig in Spiralenform, in Zuckersirup getaucht und heiß serviert
karela	bitter schmeckender Flaschenkürbis
keema	gewürztes Hackfleisch
kheer	cremiger Reispudding
khichdi	Mischung aus leicht gewürztem Reis und Linsen, auch *khichri* genannt
kofta	meist kugelförmige Hackfleisch- oder Gemüsebällchen
korma	geschmortes Currygericht
kulcha	leicht gesäuertes indisches Brot
kulfi	(oft mit Pistazien) aromatisiertes Eis von harter Konsistenz
ladoo	süße Bällchen aus Erbsenmehl und Grieß, auch *ladu* genannt
lassi	eisgekühltes Joghurtgetränk
malai kofta	*paneer* (Käse) gekocht in einer cremigen Sauce mit Cashewnüssen und Tomaten
masala dosa	großer, pikanter südindischer Pfannkuchen (Dosa), gefüllt mit gewürzten Kartoffeln
mattar paneer	ungesalzenes Käse- und Erbsencurry
methi	Bockshornklee
mishti doi	bengalische Süßigkeit, mit *jaggery* gesüßter Quark
mithai	indische Süßigkeiten
momo	pikante tibetische Klößchen
naan	im *tandoor* gebackenes, flaches Brot
namak	Salz
namkin	pikante Häppchen
noon chai	Kashmir Tee
pakora	mundgerechte Gemüsestückchen im Teigmantel
palak paneer	ungesalzene Käsestücke in pürierter Spinatsauce
paneer	weicher, trockener, ungesalzener Frischkäse
pani	Wasser
pappadam	dünne, knusprige runde Waffel aus Linsen- oder Kichererbsenmehl, auch *pappad* genannt
paratha	geschichtetes Fladenbrot (dicker als ein Chapati), meist gefüllt
phulka	ein Chapati, das über offener Flamme aufgeht
pilau	in gewürzter Brühe gekochter Reis, auch *pilau* oder *pilaf*
pudina	Minze
puri	flacher pikanter Teigfladen, der beim Frittieren aufgeht, auch *poori*
raita	mild gewürzter Joghurt, oft mit zerkleinerter Gurke oder Ananas
rasam	Brühe auf Dhal-Basis mit Tamarinde
rasgulla	süße Käsebällchen mit Rosenwasser aromatisiert
rogan josh	reichhaltiges gewürztes Lammcurry
saag	Blattsalat

sabzi	Gemüse
sambar	südindische Linsensuppe mit gewürfeltem Gemüse
samosa	frittierte Teigdreiecke, gefüllt mit gewürztem Gemüse
sonf	Anissamen; sollen die Verdauung anregen und den Atem erfrischen, auch *saunf*
tandoor	Tonofen
tawa	flache, heiße Platte oder Eisenpfanne
thali	All-you-can-eat-Mahlzeit; unterteilte Platte aus Edelstahl (manchmal auch aus Silber)
thukpa	tibetische Nudelsuppe
tiffin	Snack; bezieht sich auch auf einen Essensbehälter, oft aus Edelstahl
tikka	gewürzte, oft marinierte Stücke aus Huhn, Panir etc.
toddy	alkoholisches Getränk aus Palmsaft
tsampa	tibetisches Grundnahrungsmittel aus geröstetem Gerstenmehl
upma	*rava* (Grieß) mit Zwiebeln, Gewürzen, Chilis und Kokosnuss gekocht
uttapam	dicker, pikanter Reispfannkuchen mit Zwiebeln, grünen Chilis, Koriander und Kokosnuss
vada	südindischer ringförmiger frittierter Appetithappen aus Linsen
vindaloo	Gericht aus Goa, feuriges Curry in Essig-Knoblauch-Marinade

Der großartige indische Basar

Auf den Basaren und in den Geschäften Indiens werden alle möglichen Kostbarkeiten verkauft: von Holzarbeiten bis hin zu Seide, von schwerem Stammesschmuck bis hin zu fein bestickten Schals, von funkelnden Edelsteinen bis hin zu rustikalem Dorfhandwerk. Die Bandbreite von Kunst und Handwerk ist groß, und jede Region – manchmal sogar jedes Dorf – hat eigene, oft uralte Traditionen. Jeder Reisende sollte sich darauf gefasst machen, auf einige spektakuläre Dinge zu stoßen und sie mit nach Hause nehmen zu wollen. Die Einkaufsmöglichkeiten in Indien sind so faszinierend und facettenreich wie das Land selbst.

Staatliche Kaufhäuser für Kunsthandwerk haben meist ein sehr breit gefächertes Angebot, auch von einzelnen einheimischen Künstlern, und vernünftige Festpreise. Einen Besuch lohnen etwa das Poompuhar in Tamil Nadu (http://tnpoompuhar.org), das Lepakshi (www.lepakshihandicrafts.gov.in) in Andhra Pradesh und Telangana, das Kairali und das SMSM Institute in Kerala und das Cauvery Handicrafts Emporium in Karnataka (www.cauveryhandicrafts.net).

Bronzefiguren, Steinmetzarbeiten & Terrakotta

In Südindien und Teilen des Himalajas werden kleine Götterbildnisse in der uralten Feingusstechnik hergestellt. Eine Wachsfigur wird geformt, dann mit einer Gussform umgeben; das Wachs wird geschmolzen, ausgegossen und durch geschmolzenes Metall ersetzt. Dann wird die Gussform aufgebrochen und die Figur aus dem Inneren entnommen. Sehr beliebt sind Figuren von Shiva als Nataraja, dem kosmischen Tänzer (diese Bronzebildwerke stammen aus der mittelalterlichen Chola-Ära in Tamil Nadu), aber man findet auch Figuren zahlloser anderer Gottheiten des Hindu-Pantheons sowie Buddha-Figuren und tantrische Gottheiten mit fein polierten und bemalten Gesichtern. Vorsicht: Bronze (eine Kupfer-Zinn-Legierung) nicht mit Messing (einer billigeren Kupfer-Zink-Legierung) verwechseln!

In Mamallapuram (Mahabalipuram) in Tamil Nadu verwenden Künstler heimischen Granit und Speckstein und lassen damit die alte Kunst der Pallava-Bildhauer wieder aufleben. Die Souvenirs reichen von winzigen Elefanten bis zu Götterstatuen, die eine halbe Tonne wiegen. Tamil Nadu ist auch bekannt für seine Bronzen aus Thanjavur und Trichy (Tiruchirappalli).

An vielen Orten werden hübsche Terrakottaformen hergestellt, von Vasen und dekorativen Blumentöpfen bis zu Götterbildern und Kinderspielzeug.

In ganz Indien kann man vor den Tempeln kleine Ton- oder Plastikbildnisse der Hindu-Gottheiten kaufen.

Teppiche, Teppiche, Teppiche!

Teppichknüpfen ist in Indien ein sehr lebendiges Kunsthandwerk. Werkstätten im ganzen Land stellen wunderschöne Woll- und Seidenteppiche her. Die schönsten Stücke kommen aus dem Norden, vor allem aus Kaschmir, Ladakh, Himachal Pradesh, Sikkim und Westbengalen. Auch sehr viele tibetische Flüchtlingsdörfer haben Kooperativen mit Werkstätten. Sogenannte „antike" Teppiche sind gewöhnlich keine, außer man bezieht sie von einem international angesehenen Händler – sonst hält man sich besser an „neue" Ware.

DIE KUNST DES FEILSCHENS

Staatliche Warenhäuser, Fair-Trade-Kooperativen, Kaufhäuser und moderne Einkaufszentren verlangen meist Festpreise. Fast überall sonst kann man handeln. Ladenbesitzer in Touristenzentren sind an Reisende mit viel Geld und wenig Zeit gewöhnt und verlangen deshalb oft das Doppelte oder Dreifache des Werts. Souvenirläden sind dafür besonders berüchtigt.

Regel Nummer eins beim Feilschen: niemals zu großes Interesse an dem Artikel zeigen, den man unbedingt haben möchte! Zweitens: Man sollte nicht gleich das Erstbeste kaufen, sondern in Ruhe stöbern und die Preise vergleichen, aber nicht zu offensichtlich – wer zu einem bereits besuchten Laden zurückkehrt, zeigt dem Händler, dass er der billigste ist (was den Verhandlungsspielraum deutlich reduziert).

Man sollte für sich ein Preislimit festlegen und dann eher nebenbei eine gewisse Kaufbereitschaft signalisieren. Wenn man den Realwert des gewünschten Artikels nicht einschätzen kann, halbiert man einfach pauschal den ausgeschriebenen Preis. Der Verkäufer wird höchstwahrscheinlich höchste Entrüstung zum Ausdruck bringen, aber jetzt kann die schrittweise wechselseitige Annäherung an einen Preis beginnen, mit dem beide zufrieden sind. Viele Ladenbesitzer senken ihr „allerletztes Angebot" noch einmal, wenn man Anstalten macht, den Laden zu verlassen um „nochmal drüber nachzudenken".

Feilschen gehört in Indien zum Alltag und wird normalerweise gut gelaunt absolviert. Ein aggressiver Ton ist verpönt. Der Wechselkurs zwischen Rupie und der eigenen Währung sollte einem stets bewusst sein, um die Verhältnisse richtig einzuschätzen. Außerdem sollte man wissen, wie viel man dafür daheim ausgeben würde. Wenn man den Preis eines Artikels nicht einschätzen kann, sollte man danach gehen, was einem der Artikel wert ist. Wenn ein Händler einen anscheinend völlig überzogenen Preis verlangt, schaut man sich einfach woanders um.

Man findet gewebte *numdas* (oder *namdas*) aus grober Wolle aus Kaschmir und Rajasthan, die viel günstiger sind als Knüpfteppiche. In unterschiedlichen Regionen werden auch *dhurries* (kilimartige Baumwollvorleger) angefertigt – Warangal in Telangana ist eines der bedeutenden Zentren im Süden.

Kinder werden auf dem Subkontinent seit Jahrhunderten als Teppichweber beschäftigt. Die Teppiche der tibetischen Flüchtlingskooperativen werden fast ausschließlich von Erwachsenen hergestellt. Wer sicher gehen will, kauft in staatlichen Warenhäusern und bei Wohltätigkeitskooperativen.

Vorsicht ist geboten, wenn der Kauf die Zustellung ins Heimatland beinhaltet. Man sollte sich auch nicht von schmeichlerischen Händlern zu bestimmten Läden führen lassen. Aber ansonsten muss man sich nicht allzu viele Gedanken machen – außer um den Platz im Koffer!

Kosten & Versand

Der Preis eines Teppichs richtet sich nach der Zahl und der Größe der handgeknüpften Knoten, der Farbvielfalt, der Komplexität des Designs und dem Material. Seidenteppiche sind teurer und sehen luxuriöser aus, aber Wollteppiche halten meist länger. Für einen Wollteppich in guter Qualität und einer Größe von 90x150 cm zahlt man mindestens 225 € aufwärts und etwa 1800 € für einen Seidenteppich gleicher Größe.

Viele Läden verschicken Teppiche gegen Gebühr in die Heimat des Käufers, doch wenn man den Versand selbst organisiert, ist man auf der sicheren Seite und fällt nicht auf Abzocke herein. Die Verschiffung nach Europa für einen 90x150 cm großen Teppich kostet um die 4000 ₹. Teppiche können beim Heimflug auch im Frachtraum transportiert werden (ein Teppich von 90x150 cm wiegt 5 bis 10 kg – Gepäckbestimmungen beachten!).

Schmuck

Nahezu jede indische Stadt hat zumindest einen Laden, der Armreifen verkauft. Das riesige Angebot reicht von farbenfrohen Plastik- und Glasvarianten bis zu edleren Exemplaren aus Messing und Silber. Hyderabad ist ganz groß in Sachen Armreifen aus Gummilack (einem harzigen Insektensekret), die mit bunten Glasperlen oder Schmucksteinchen überzogen sind.

Schweren Folkloreschmuck kann man in mehreren Teilen des Landes kaufen, z. B. Silberschmuk oder Weißmetallstücke aus Tibet sowie Halbedelsteine. Touristenhochburgen verkaufen Schmuck mit buddhistischen Bildern und tibetischen Texten, darunter auch das berühmte Mantra *Om Mani Padme Hum*. Man muss sich darüber im Klaren sein, dass in Indien, Nepal und China eine ganze Industrie von künstlich auf alt getrimmten tibetischen Reproduktionen lebt. Wer selbst kreativ sein möchte, kann sich vielerorts Achate, Türkise, Karneole und Silberstücke zulegen.

In ganz Südindien werden fein gearbeitete Ringe, Fußkettchen, Ohr- und Zehenringe, Halsketten und Armreifen aus Gold und Silber angeboten und oft auch auf Bestellung angefertigt.

Perlen werden in den meisten Küsten-Bundesstaaten gezüchtet, sind jedoch eine besondere Spezialität Hyderabads. Sie werden in den meisten staatlichen Warenhäusern verkauft. Die Preise hängen von Form und Farbe ab – reinweiße Perlen oder solche in seltenen Farben wie Schwarz sind teurer. Ebenso zahlt man für vollkommen runde Perlen in der Regel mehr als für unregelmäßige oder längliche. Einreihige Zuchtperlenketten kosten oft nur 500 ₹, für höherwertige zahlt man mindestens 1000 ₹.

Achtung: Man darf sich nicht von Gaunern zum Kauf von Schmuck verleiten lassen, den man in Übersee wieder verkaufen soll!

Lederwaren

Da Kühe in Indien als heilig gelten, wird nur die Haut von Büffeln, Kamelen, Ziegen oder anderen Tieren zu Leder verarbeitet. Die meisten Großstädte bieten eine tolle Auswahl äußerst günstiger, moderner Lederschuhe an. Manche davon sind mit zahllosen glitzernden Pailletten bestickt – perfekt für Partys! *Jootis* (traditionelle, oft spitz zulaufende Schlüpfschuhe) aus den nördlichen Bundesstaaten Punjab und Rajasthan lassen sich inzwischen auch in einigen südindischen Geschäften finden.

Landesweit werden *chappals* verkauft. Besonders schöne Varianten dieser Ledersandalen mit Zehenriemen kommen aus Kolhapur, Pune und Matheran in Maharashta.

Metallarbeiten

Gegenstände aus Kupfer und Messing sind in Indien überall zu finden. Besonders gern gekauft werden Kerzenständer, Tabletts, Schüsseln, Krüge und Aschenbecher.

Überall in Indien bekommt man *kadhai* (oder *balti*, indische Woks) und andere Küchengeräte für unglaublich wenig Geld. Handgehämmerte Messingtöpfe sind besonders reizvoll, aber auch Gefäße und Thali-Tabletts aus Stahl und Bratpfannen mit Kupferböden sind beliebte Mitbringsel. Man kann sich den Namen eingravieren lassen – kostenlos.

Bidri ist eine Form der Damaszierung, bei der mehrere Schichten Silber und Gusszinnbronze miteinander verbunden und anschließend mit einer dunklen Paste eingerieben werden, die Erde aus Bidar, Karnataka, enthält. In Bidar selbst, aber auch in Hyderabad werden daraus Schmuck, Schachteln und Ornamente hergestellt.

Viele tibetische religiöse Objekte werden aus Kupfer gefertigt und mit Silberintarsien verziert. Die Gebetsräder, Zeremonienhörner und traditionellen Dokumentenschachteln sind günstig zu erwerben.

Die Einwohner von Bastar (Chhattisgarh) entdeckten bereits vor rund 35 000 Jahren eine spezielle Methode zum Schmelzen von Eisen. Ähnliche Techniken kommen noch heute bei der Produktion abstrakter, pointillistischer Tier- und Menschenfiguren zum Einsatz, die oft als Lampen- oder Garderobenständer Verwendung finden. Man bekommt sie überall in Indien in Läden, die folkloristisches Kunsthandwerk verkaufen.

Edle Musikinstrumente

Hochwertige indische Musikinstrumente bekommt man vor allem in größeren Städten. Die Preise hängen von Qualität und Klang ab.

Anständige Tabla-Trommeln kosten mindestens 5000 ₹. Sie bestehen aus einer hölzernen *tabla* (stimmbar, höherer Klang) und einer metallenen *dugi* oder *bayan* (Basstrommel). Preiswertere Sets sind meist schwerer und klingen oft grausig.

Für Sitars muss man 5000 bis 20 000 ₹ oder mehr hinblättern. Da der Klang einer Sitar vom verwendeten Holz und der Form des Klangkörpers abhängt, steht vor dem Kauf der Test. Achtung: Günstigere Sitars können sich bei starken Temperaturschwankungen verziehen. Alle Saiten sollten frei schwingen, der Klangkörper darf nicht beschädigt sein. Ersatzsaiten, Sitarplektren und einen aufschraubbaren Zweitklangkörper als Verstärker packt man am besten gleich mit ein.

Auch *shehnai* (indische Flöte), *sarod* (indische Laute), Harmonium und *esraj* (eine Art senkrechte Violine) sind beliebt. Herkömmliche Violinen sind preiswert, man bekommt sie schon ab 3500 ₹.

Top-Läden für Musikinstrumente

BX Furtado & Sons, Mumbai (Bombay; S. 83)

Sri Sharada Grand Musical Works, Mysore (Mysuru; S. 212)

Malerei

Reproduktionen von indischen Miniaturgemälden sind zwar überall erhältlich, aber von unterschiedlicher Qualität. Günstigere Varianten zeigen weniger Details und bestehen oft aus minderwertigen Materialien. Im Norden ist die Auswahl hochwertiger Miniaturen generell größer als im Süden, doch auch hier wird man in den staatlichen Warenhäusern und Antiquitätenläden meist fündig.

In Gegenden wie Kerala und Tamil Nadu findet man getrocknete Blätter mit Miniaturmalereien, die häusliche und ländliche Szenen und Gottheiten zeigen. Tamil Nadus Tanjore- (oder Thanjavur-)Malereien zeigen auf Baumwolle, Holz oder Glas überwiegend hinduistische Gottheiten in leuchtenden Farben, dekoriert mit Goldfolie und Glasperlen, gelegentlich auch mit Edelsteinen. Die meisten zeitgenössischen Werke sind die verkitschte Version einer altehrwürdigen Tradition, die bis ins 17. Jh. zurückreicht, aber in Antiquitätenläden findet man manchmal noch authentische alte Arbeiten.

In Andhra Pradesh waren die in hellen Primärfarben gemalten *cheriyal*-Malereien ursprünglich Schriftrollen von reisenden Geschichtenerzählern. Ebenfalls in Andhra Pradesh und in der Kalakshetra Foundation in Chennai gibt es exquisite *kalamkari* zu kaufen. In Sri Kalahasti kann man den Künstlern bei der Arbeit zusehen und ihre Werke kaufen.

VERANTWORTUNGSBEWUSST SHOPPEN

Der Tourismus bringt zwar Geld nach Indien, aber die Landbevölkerung bekommt davon meist nur wenig ab. Traveller können daher etwas Positives bewirken, wenn sie bei kommunalen Kooperativen einkaufen. Diese bewahren und fördern die traditionelle Heimarbeit und sorgen damit für Bildung, Ausbildung und eine nachhaltige Lebensgrundlage an der Basis. Viele dieser Projekte widmen sich Frauen unterer Kasten, Stammesangehörigen, Flüchtlingen und anderen sozialen Außenseitern.

Kooperativen bieten ihre hochwertigen Produkte in der Regel zu Festpreisen an, Feilschen ist deshalb unnötig. Ein Teil der Profite fließt direkt in Sozialprojekte wie Schulen, Gesundheits- und Ausbildungsmaßnahmen bzw. andere Hilfsprogramme für benachteiligte Gruppen. Wer in einer Filiale des landesweiten Warenhausnetzes Khadi & Village Industries Commission einkauft oder in den Shops von Tribes India (www.tribesindia.com) – sie helfen mit ihren Einnahmen einheimischen Künstlern –, unterstützt ebenfalls Gemeinden im ländlichen Raum.

Generell sollte man also nach Fair-Trade-Kooperativen Ausschau halten.

Basare sind das Herz und die Seele des indischen Geschäftslebens, aber sie sind nicht immer Märkte im herkömmlichen Sinn: Der Begriff Basar bezieht sich oft auf eine mit Läden und/ oder Ständen gesäumte Straße und nicht auf ein abgegrenztes Gebiet, das für den Handel freigegeben ist.

Bei der *kalamkari*-Technik werden Baumwollstoffe mit Harz und Kuhmilch grundiert. Dann werden Porträts von Gottheiten oder Szenen historischer Ereignisse mit einem angespitzten Bambusstock *(kalam)* aufgetragen, der in fermentierten Palmzucker und Wasser getunkt wurde; die Farben werden aus Dung, gemahlenen Samenkörnern, Pflanzen und Blüten hergestellt. *Kalamkari* aus Machilipatnam in Andhra Pradesh sind Blockdrucke in Kombination mit freihändigen Zeichnungen.

Tibetische Kunsthandwerksläden verkaufen häufig *thangkas* (rechteckige tibetische Stoffmalereien) mit Gottheiten des Tantra-Buddhismus und zeremoniellen Mandalas. Einige sind perfekte Reproduktionen der Wandbilder in Indiens mittelalterlichen Gompas (tibetisch-buddhistischen Klöstern), andere einfacher. Anständige *thangkas* im DIN-A-3-Format kosten mindestens 4000 ₹, größere und komplexere Varianten sind deutlich teurer (bis etwa 30 000 ₹).

Indien hat eine bemerkenswerte zeitgenössische Kunstszene, und in größeren Städten wie Chennai (Madras), Bengaluru (Bangalore) und Hyderabad bietet eine ganze Reihe unabhängiger Läden und Galerien die Werke einheimischer Künstler an.

Textilien

Die Textilindustrie ist Indiens größter Wirtschaftszweig. 40 % der Stoffe werden in Heimarbeit auf dem Land hergestellt (und deshalb *khadi* genannt) – daher die staatlich geförderten *khadi*-Kaufhäuser im ganzen Land. Das vielfältige Sortiment dieser günstigen Kaufhäuser umfasst auch die beliebten Nehru-Jacken und *kurta*-Schlafanzüge (langärmlige Hemden und weite Hosen). Die Gewinne kommen ländlichen Gemeinden zugute. *Khadi* gelten zunehmend als schick, und selbst Indiens Modedesigner beziehen sich in ihren Kollektionen auf die Stoffe.

Die Vielfalt der verwendeten Web- und Sticktechniken ist wirklich unglaublich. Speziell in Touristenzentren wie Goa, Rajasthan und Himachal Pradesh werden Stoffe etwa zu den beliebten Handtaschen, zu Wandbehängen, Kissen- und Bettbezügen und Bekleidung verarbeitet. Die Adivasi (Stammesangehörige) in Telangana, Gujarat und Rajasthan besticken diese Gegenstände auch gelegentlich mit auffälligen kleinen Spiegelstücken.

Schals

Indische Schals sind federleicht und oft wärmer als die besten Daunenjacken. Am besten kauft man einen als Decke für Fahrten in kühlen Nächten. Die Schals werden aus allen möglichen Wollarten gefertigt

GANDHIS STOFF

Vor über 80 Jahren drängte Mahatma Gandhi seine Landsleute, mit dem Verzicht auf im Ausland hergestellte Kleidung und der Hinwendung zum *khadi* – dem zu Hause selbst gesponnenen Stoff – die Freiheitsbewegung zu unterstützen. *Khadi* wurde zu einem Symbol für die indische Unabhängigkeit, und der Stoff wird immer noch stark mit Politik assoziiert. Die von der Regierung geführte gemeinnützige Unternehmung Khadi & Village Industries Commission (www.kvic.org.in) dient dazu, *khadi* zu fördern, der gewöhnlich aus Baumwolle besteht, jedoch auch aus Seide oder Wolle sein kann.

Khadi-Verkaufsstellen sind einfache, sachlich gehaltene Orte, an denen man authentische indische Kleidung erstehen kann, etwa *kurtas* (lange Hemden ohne Kragen), Schlafanzüge, Kopftücher, Saris und in manchen Filialen auch verschiedene kunsthandwerkliche Gegenstände. In verschiedenen Kapiteln dieses Buches wird beim Thema Shoppen jeweils auf diese Verkaufsstellen hingewiesen, aber man findet sie im ganzen Land. Die Preise sind sehr günstig, und in der Zeit um Gandhis Geburtstag herum (2. Okt.) gibt es oft Rabattaktionen. Tipp: Einige Filialen bieten auch einen Schneiderei-Service an!

und oft mit aufwendigen Mustern bestickt. Die bekanntesten Varianten kommen alle aus den nördlichen Landesteilen, aber einige sind auch auf den Märkten im Süden zu finden, darunter die Pashmina-Wollschals aus Kaschmir und die mit raffinierten Mustern und Pailletten bedeckten Lammwollschals aus der Kachchh- (Kutch-)Region in Gujarat. Echte Pashmina-Schals kosten einige Tausend Rupien. Viele vermeintliche Pashminas bestehen in Wirklichkeit aus einem Pashmina-Seiden-Gemisch, sind mit ca. 1200 ₹ um einiges günstiger und oft auch sehr schön.

Saris

Saris sind äußerst beliebte Souvenirs – vor allem weil sie sich beliebig zweckentfremden lassen (z. B. als Kissenbezüge oder Röcke). Echte Seidensaris sind am teuersten und müssen erst einmal gewaschen werden, damit sie weich werden. Kanchipuram in Tamil Nadu (Seide aus Kanchipuram kann man auch in weiten Teilen von Chennai bekommen) ist Indiens „Seidenhauptstadt", aber schöne Seidensaris (und günstige Schals) kommen auch aus anderen Zentren wie Mysore. Hochwertige bestickte Seidensaris kosten mindestens 3000 ₹.

Aurangabad (Maharashtra) ist ein traditionelles Produktionszentrum von *himroo*-Schals, -Tüchern und -Saris, die aus Baumwoll-, Seiden- und Silberfäden zusammengesetzt sind. Wegen der Seiden- und Goldfäden zählen Saris aus Paithan bei Aurangabad zu den edelsten Indiens – sie kosten denn auch zwischen 7000 und schwindelerregenden 300 000 ₹. Weitere für die Sari-Herstellung berühmte Regionen sind zudem Maheshwar (Madhya Pradesh; für Saris aus Baumwolle) und Chanderi (für Saris aus Seide).

Patan (Gujarat) ist das Zentrum des uralten *patola*-Handwerks: Dabei werden einzelne Seidenfäden aufwendig von Hand gefärbt und danach zu wunderschönen Saris mit Echtgoldbordüren verwoben.

Viele Schneidereien liefern neue Kleidung noch am gleichen Tag. Sie fertigen auch Duplikate eines Kleidungsstücks, das man schon besitzt. Das **Pudhu Mandapa** (S. 415) in Madurai ist ein Tempelpavillon aus dem 16. Jh. mit fein gemeißelten Steinsäulen und Dutzenden Schneidern, die genau zu diesem Zweck emsig ihre Nähmaschinen rattern lassen.

Applikationen & Blockdruck

Applikationen, also dekorative Muster, die auf Stoffe genäht werden, haben in Indien eine lange Tradition. Je nach Region gibt es ganz unterschiedliche, oft mit abstrakten oder menschenähnlichen Mustern. Die traditionellen Lampenschirme und *pandals* (Zelte) für Hochzeiten und Feste werden im selben Verfahren hergestellt.

Im ganzen Land verkaufen Stoffgeschäfte handbedruckte Webtextilien. Jede Region hat ihre eigene Spezialität. Eine dieser Techniken besteht darin, das Muster mit geschnitzten Holzblöcken auf den Stoff zu stempeln – ein mühseliger und überaus kunstfertiger Prozess mit wunderschönen Ergebnissen. Die Kaufhausketten Fabindia (www.fabindia.com) und Anokhi (www.anokhi.com) sorgen in ganz Indien dafür, dass traditionelle Muster und Stoffe nicht in Vergessenheit geraten. Sie verkaufen Deko-Artikel und Kleidung im indischen und westlichen Stil.

Holzschnitzereien

Holzschnitzereien werden in Indien schon seit Urzeiten hergestellt. In Karnataka versteht man sich auf Schnitzereien von Hindu-Göttern aus Sandelholz, aber für echte Stücke blättert man ein Vermögen hin – eine 10 cm hohe Ganesha-Statue aus Sandelholz kostet etwa 3000 ₹, die Ausführung in Kadamb-Holz nur ein Zehntel davon. Dafür behält Sandelholz seinen Duft jahrelang. In Andhra Pradesh, Karnataka und Kerala schnitzen Künstler wundervolle Götterfiguren und dekorative Kästchen aus Palisander mit Einlegearbeiten.

Buddhistische Holzschnitzereien sind eine Spezialität in allen Regionen, wo es tibetische Flüchtlinge gibt. Dort findet man Wandtafeln mit den „acht glücklichen Zeichen", Drachen und Reproduktionen von *chaam*-Masken für rituelle Tänze.

Noch mehr schöne Sachen

Es ist keine große Überraschung, dass Traveller gern indische Gewürze kaufen. In praktisch allen Städten bieten Läden und Basare heimische Gewürze für wenig Geld an. Aus Karnataka, Kerala, Uttar Pradesh, Rajasthan und Tamil Nadu stammt der Großteil der Zutaten für *garam masala*-Mischungen, die indischen Currys ihre Schärfe verleihen. Die Nordoststaaten und Sikkim sind dagegen für schwarzen Kardamom und Zimtrinde bekannt.

Läden im ganzen Land verkaufen *attar* (ätherische Öle, die hauptsächlich aus Blumen gewonnen werden). Mysore (Karnataka) ist vor allem für Sandelholzöl bekannt, während Mumbai ein wichtiges Handelszentrum für traditionelle Duftessenzen wie das kostbare *oud* ist. Diese Substanz basiert auf einem seltenen Schimmelpilz, der die Rinde des Agarbaums besiedelt. Ooty (Udhagamandalam) und Kodaikanal in Tamil Nadu produzieren Aroma- und Heilöle aus Blumen, Kräutern oder Eukalyptus.

John Gillow und Nicholas Barnard erforschen in *Traditionelle indische Textilien* den kulturellen Hintergrund der vielen wunderbaren Textiltechniken Indiens, darunter Weben, Blockdrucken, Malen, Batiken und Sticken. Sie gehen auch detailliert auf die Produkte der verschiedenen Regionen ein.

Indischer Weihrauch wird in alle Welt exportiert. Er stammt vor allem aus Bengaluru und Mysore (Karnataka). Weihrauch und andere Dinge wie Kleidung, ätherische Öle und Duftkerzen aus Auroville in Tamil Nadu und dem Sri Aurobindo Ashram in Puducherry sind ebenfalls berühmt und vor Ort leicht erhältlich.

Eine Spezialität aus Goa ist der Feni. Dieser kräftige Cashew- oder Kokosschnaps wird oft in dekorativen Flaschen verkauft.

Guter indischer Tee kommt aus Zentren wie Munnar in Kerala und der Gegend um Ooty in den Western Ghats von Tamil Nadu. Empfehlenswerte Teehändler gibt's auch in den großen Städten Südindiens.

In Puducherry (Pondicherry) und Mumbai lohnt es sich, nach handgeschöpften Papierwaren von hoher Qualität (z. B. Karten, Schachteln oder Notizbücher) Ausschau zu halten.

Indiens phänomenales Bücherangebot bekommt man konkurrenzlos günstig, darunter auch Titel im Ledereinband. Higginbothams in Chennai ist seit 1844 im Geschäft und damit Indiens ältester Buchladen – und läuft immer noch gut. Asian Educational Services publiziert alte (aus dem 17. bis zum frühen 20. Jh.) und nicht mehr lieferbare Titel in Originaltypografie.

Kunst & Kultur

Im Lauf der Jahrhunderte haben die vielen ethnischen Gruppen Indiens ein lebendiges künstlerisches Erbe hervorgebracht. Heute ist hier überall Kunst in einfachen wie in imposanten Formen zu entdecken: bemalte Lastwagen auf staubigen Straßen ebenso wie Gesänge in einem antiken Tempel. Heutige indische Künstler verbinden historische und moderne Einflüsse und schaffen so Kunst, Tanzstile, Literatur und Musik von aufrüttelnder Schönheit.

Tanz

Der Tanz ist eine uralte indische Kunstform, die traditionell mit der hiesigen Mythologie und klassischer Literatur zusammenhängt. Die Tanzkunst lässt sich in zwei große Hauptkategorien aufteilen: Klassik und Folklore.

Indian Classical Dance von Leela Venkataraman und Avinash Pasricha ist ein reich illustriertes Buch über verschiedene indische Tanzformen (z.B. *bharatanatyam*, Kuchipudi und Kathakali).

Klassischer Tanz

Der klassische Tanz basiert auf genau vorgeschriebenen traditionellen Bewegungen. Einige beliebte Stilrichtungen sind:

- Der *bharatanatyam* kommt ursprünglich aus Tamil Nadu und ist inzwischen in ganz Indien verbreitet. Er ist bekannt für seine graziösen Bewegungen, weshalb er auch traditionell von Solotänzerinnen vorgeführt wurde. Inzwischen treten aber auch Tänzer und Gruppen damit auf. Lieder, Gedichte, Gebete und karnatische Musik sind ebenfalls Teil der Darbietung.
- Der *kathak* mit seinen hinduistischen und islamischen Einflüssen wird überwiegend in Nordindien getanzt.
- Die Heimat des Kathakali ist Kerala. Er gehört zum Typus des klassischen Tanzdramas und wartet mit Trommeln und Gesangsbegleitung auf, die auf hinduistischen Heldenliedern basieren.
- Der Kuchipudi ist ein Tanzdrama aus dem 17. Jh. Er stammt aus dem gleichnamigen Dorf in Andhra Pradesh. In seiner Handlung dreht sich alles um die eifersüchtige Ehefrau Krishnas.
- Der *Mohiniyattam*, der „Tanz der Zauberin", ist eine elegante Form aus Kerala für Solotänzerinnen.

In den meisten großen Städten gibt es regelmäßige Aufführungen von klassischem Tanz oder Musikdarbietungen, in Chennai (Madras) und Mumbai (Bombay) sogar fast jeden Abend. Kochi ist der beste Ort für Kathakali-Darbietungen.

Volkstanz

Indischer Volkstanz ist weit verbreitet und vielgestaltig. Von den theatralischen Dummy Horse-Tänzen in Karnataka und Tamil Nadu bis zum temperamentvollen *bhangra*-Tanz aus dem Punjab ist alles Mögliche dabei. Die *theyyam*-Rituale im Norden von Kerala sind geprägt von wilden Trommel- und Tanzrhythmen. Die Teilnehmer verkörpern Gottheiten oder Helden und tragen manchmal mehrere Meter hohe Kopfbedeckungen.

Ein Pionier des modernen indischen Tanzes ist Uday Shankar (der ältere Bruder des inzwischen verstorbenen Sitarvirtuosen Ravi), der seinerzeit mit der russischen Ballerina Anna Pavlova aufgetreten ist. Inzwischen begegnet man dem Tanz am häufigsten in Filmen. Schon seit Beginn des Tonfilmzeitalters gehört der Tanz zu indischen Kinofilmen und verbindet dort häufig traditionelle, folkloristische, moderne und zeitgenössische Choreografie.

Musik

Mit *Indian Art* von Roy C. Craven, *Contemporary Indian Art: Other Realities* herausgegeben von Yashodhara Dalmia und *Indian Miniature Painting* von Dr. Daljeet und Professor P.C. Jain wird man zum Kunstexperten.

Die Wurzeln der klassischen indischen Musik lassen sich bis in vedische Zeiten zurückverfolgen, als von Priestern gesungene religiöse Gedichte zum ersten Mal in der Rigveda zusammengefasst wurden. Im Lauf der Jahrtausende hat sich die Musik durch zahlreiche Einflüsse verändert, und ihr Erbe ist heute sowohl in der karnatischen (charakteristisch für Südindien) als auch in der hindustanischen (klassischer Stil Nordindiens) Form erhalten geblieben. Da sie denselben Ursprung haben, teilen diese Musikstile diverse Eigenschaften. Die Komposition und die Improvisation bedienen sich beide des *ragas* (melodische Form der Musik) und des *talas* (Rhythmus, in die Anzahl der Schläge unterteilt); der *tintal* hat beispielsweise 16 Schläge. Das Publikum folgt dem *tala*, indem es bei den richtigen Schlägen klatscht, im Falle des *tintals* beim ersten, fünften und dreizehnten Schlag. Der neunte Schlag ist die *khali* (leere Stelle), die durch ein Winken mit der Hand ausgedrückt wird.

Karnatische wie hindustanische Musik wird von kleinen Ensembles aufgeführt, die in der Regel aus drei bis sechs Musikern bestehen. Beide Stile haben viele Instrumente gemeinsam. Der deutlichste Unterschiede ist, dass sich die karnatische Form häufiger des Gesangs bedient. Die hindustanische Form ist stärker von den musikalischen Konventionen Persiens beeinflusst (eine Folge der Mogulherrschaft), während die karnatische Musik, die in Südindien entstand, enger mit der Theorie verbunden ist.

Eines der bekanntesten indischen Instrumente ist die *sitar* (ein großes Saiteninstrument), mit der der Solist den Raga spielt. Weitere Saiteninstrumente sind die *sarod* (sie wird gezupft) und die *sarangi* (wird mit einem Bogen gespielt). Ebenfalls beliebt ist die *tabla* (Doppeltrommel), die den *tala* bestimmt. Das Summen, das aus zwei Grundtönen besteht, wird von der oboeähnlichen *shehnai* oder dem Saiteninstrument *tampura* (auch „*tamboura*") gespielt. Das handbetriebene Harmonium spielt nur eine untergeordnete Rolle für die Melodie und für den Gesang.

Die regionale Volksmusik Indiens ist weithin verbreitet und äußerst vielfältig. Umherziehende Musikanten, Magier, Schlangenbeschwörer und Geschichtenerzähler unterhalten ihr Publikum häufig auch mit Gesang – Geschichtenerzähler tragen die großen Epen in der Regel singend vor.

Der *qawwali* (andächtiger Sufi-Gesang) ist auch in Moscheen oder bei Konzerten zu hören.

Die Filmmusik *(filmi music)* ist ein völlig anderes Genre, das auch moderne (langsamere) Liebeslieder und meist hyperschnelle Dancesongs benutzt.

KLASSISCHER TANZ- & MUSIKFESTIVALS

- **Mumbai Sanskruti** (S. 47) Januar
- **Thyagaraja Aradhana** (S. 406) Thiruvaiyuru (Tamil Nadu), Januar
- **Natyanjali Dance Festival** (S. 401) Chidambaram, Februar/März
- **Elephanta Festival** (S. 47) Mumbai, März
- **Ellora Ajanta Aurangabad Festival** (S. 91) Aurangabad, November
- **Chennai Festival of Music & Dance** (S. 363) Dezember/Januar
- **Mamallapuram Dance Festival** (S. 379) Dezember/Januar

MEHNDI

Mehndi ist die traditionelle Kunst des Bemalens von Frauenhänden (und manchmal auch -füßen) mit filigranen Hennamustern anlässlich glücksverheißender Zeremonien wie z. B. Hochzeiten. Wenn hochwertiges Henna verwendet wird, können die orange-braunen Muster bis zu einen Monat erhalten bleiben.

In Touristengegenden sind *mehndi*-Wallahs besonders versiert darin, Tattoo-Bänder aus Henna auf Arme, Beine und den unteren Rücken zu malen. Wer sich ein *mehndi* malen lassen will, sollte einige Stunden für das Design und die anschließende Trockenzeit (während der man die Hände nicht benutzen kann) einplanen.

Es ist eine gute Idee, den Künstler zu bitten, erst eine Stelle am Arm zu „testen", bevor man das Tattoo machen lässt, da einige Färbemittel chemische Substanzen enthalten und Allergien auslösen können (Finger weg von „schwarzem Henna", das mit Chemikalien gemixt ist, die gesundheitsschädlich sein können!).

Malerei

Die frühesten Kunstwerke Südindiens wurden auf Höhlenwände gemalt und erreichten vor etwa 1500 Jahren ihre größte Ausdruckskraft, als Künstler Wände und Decken der Ajanta-Höhlen (S. 104) in Maharashtra mit Szenen aus Buddhas bisherigen Leben gestalteten. Die Figuren strahlen eine ganz ungewöhnliche Freiheit und Anmut aus. Später dekorierten Maler auch die Wände von Tempeln und Palästen, allerdings ist von dieser Wandkunst kaum etwas aus der Zeit vor dem Vijayanagar-Reich (14.-16. Jh.) erhalten geblieben. Aus dieser Epoche stammen die schönen Fresken am Virupaksha-Tempel in Hampi (S. 241).

Einen Einblick in die zeitgenössische Kunstszene gibt das in Mumbai ansässige Online-Auktionshaus Saffronart (www.saffronart.com).

Der indo-persische Stil, für den geometrische Muster gepaart mit fließenden Formen charakteristisch sind, entwickelte sich – mit einigen indigenen Einflüssen – an den islamischen Königshöfen. Der persische Einfluss erblühte, als Kunsthandwerker nach dem Angriff der Usbeken auf Herat (im heutigen Afghanistan) im Jahr 1507 nach Indien flohen und der Handel und Austausch von Geschenken zwischen der persischen Stadt Shiraz, einem etablierten Zentrum der Miniaturenherstellung, und den Sultanen in der indischen Provinz immer reger wurde. Ein gefeierter indo-persischer Kunststil entwickelte sich ab Mitte des 16. Jhs. in der Ära der Moguln in Nordindien, vor allem unter Kaiser Akbar, der von 1556–1605 regierte und Künstler aus nah und fern rekrutierte. Der Mogulstil, der sich oft in bunten Miniaturen präsentierte, bildet vor allem das Landleben, Architektur, Schlachten und Jagdszenen ab und zeigt detaillierte Porträts.

Die Miniaturmalerei florierte auch in den Dekkan-Sultanaten des 16. und 17. Jh. Die Landschaften und Blumenhintergründe reflektieren trotz dekkanischer Thematik den persischen Einfluss, während sich die langgezogenen Figuren auf Traditionen Vijayanagars beziehen. Farben werden fleißig verwendet, vor allem Gold und Weiß.

Der höchst produktive Schriftsteller und Künstler Rabindranath Tagore erhielt 1913 den Literaturnobelpreis für *Gitanjali (Sangesopfer)*. Einen guten Eindruck von Tagores Werk vermittelt *Die goldene Gazelle: Kurzgeschichten (1987)*.

Als ausgesprochen produktiv erwies sich die Tempel-Wandmalerei mit ihren vielfältigen historischen und mythologischen Themen in ganz Südindien. Da gibt es etwa die fein gezeichneten Fresken der Nayak-Ära in Thanjavur, Kumbakonam und Chidambaram, und Kochis Mattancherry-Palast (S. 327) wurde im 16. Jh. mit wundervollen Wandmalereien zu Hindu-Mythen verschönert.

Ein einzigartiger örtlicher Stil, der als Tanjore-Malerei bekannt ist, schlug in Thanjavur ab dem 17. Jh. Wurzeln. Als typisch hierfür gilt die Darstellung von Krishna und anderen Hindu-Gottheiten in leuchtenden Farben mit gerundeten Körpern und großen Augen, im Hintergrund Throne, Vorhänge und Bögen, die ebenso wie die Bekleidung der Götter in Blattgold ausgeführt waren, gespickt mit Edelsteinen oder Glasperlen.

Diese Tradition findet man auch heute noch, wenn auch in minderwertiger und verkitschter Form.

Ravi Varma (1848–1906) aus Kerala machte die Ölmalerei populär, mit farbenfrohen Szenen indischer Mythologie und Literatur im europäischen Stil, darunter auch Darstellungen von Hindu-Göttinnen nach Modellen südindischer Frauen. Er hatte einen sehr großen Einfluss auf die nachfolgende religiöse Kunst und auf Filmplakate.

Die Madras-Bewegung, deren Basiskooperative man im Cholamandal Artists' Village (S. 376) in der Nähe von Chennai besuchen kann, machte in den 1960er-Jahren die Moderne Kunst in Südindien bekannt. Im 21. Jh. werden weltweit Rekordmengen von zeitgenössischen indischen Gemälden zu Spitzenpreisen verkauft. Delhi und Mumbai sind die Zentren zeitgenössischer Kunst in Indien, aber auch in den meisten größeren Städten gibt es sehenswerte Galerien (in den Lokalzeitungen findet man Ausstellungstermine).

Film-festivals

Mumbai Film Festival (S. 47), Oktober

International Film Festival of India (S. 133), Panaji, Goa, November

Kino

Die indische Filmindustrie wurde Ende des 19. Jh. geboren – der erste bemerkenswerte, in Indien gedrehte Film *Panorama of Calcutta* wurde 1899 gezeigt. Der erste echte indische Spielfilm, *Raja Harishchandra,* entstand 1913 in der Stummfilmzeit, und auf ihn geht letzten Endes die lebendige indische Kinolandschaft zurück.

Heute ist Indiens Filmindustrie die größte der Welt. Mumbai, die Hauptstadt des Hindi-Films, liebevoll auch „Bollywood" genannt, ist das größte Filmzentrum, aber auch Chennai (Kollywood), Hyderabad (Tollywood) und Bengaluru (Sandalwood) produzieren Unmengen an Filmen. Big-Budget-Filme werden oft teilweise oder komplett im Ausland gedreht, wobei einige Länder ziemlich aggressiv um indische Produktionsfirmen werben, da sie sich durch die Filme eine Zunahme des Tourismus erhoffen.

Jährlich werden durchschnittlich 2000 Spielfilme in Indien gedreht. Neben den Hunderten Millionen einheimischer Bolly-, Tolly- und Kollywood-Fans gibt's auch Millionen im Ausland lebende Inder, sogenannte „Non-Resident Indians" (NRI), die ganz entscheidend dazu beigetragen haben, das indische Kino auf die internationale Bühne zu katapultieren.

Der indische Film lässt sich grob in zwei Kategorien unterteilen. Am bekanntesten sind die Mainstream-„Masala"-Filme – so bezeichnet wegen der „würzigen Mischung" ihrer Handlungselemente. Mit dieser Mischung aus Romantik, Action, Slapstick und moralischen Themen bietet sie jedem Familienmitglied etwas. Die Hauptdarsteller singen und tanzen sich in diesen Blockbustern drei Stunden und länger durch die dramatische, tränenreiche Handlung. Sex- und selbst Kussszenen sind tabu in Filmen, die für den heimischen Markt produziert werden. Stattdessen gibt es jede Menge intensive Flirts und entsprechende Anspielungen, und die Heldinnen sind nur knapp oder mit einem hautengen Gewand bekleidet.

Das zweite indische Filmgenre sind Arthouse-Filme, in denen die indische „Realität" die Hauptrolle spielt. Die Produktionen sind von einer gewissen sozialen und politischen Relevanz. Diese Filme, die mit einem wesentlich kleineren Budget als ihre kommerziellen Cousins auskommen müssen, sind es, die auf internationalen Filmfestivals weltweit Anerkennung finden. Der verstorbene bengalische Regisseur Satyajit Ray ist vor allem durch seine Arbeiten in den 1950er-Jahren berühmt geworden und gilt als Vater dieser Filmkategorie in Indien.

Literatur

Die Sanskritliteratur hat in Indien eine lange Tradition, aber auch Werke in den Sprachen der verschiedenen Regionen haben viel zum großen literarischen Erbe des Landes beigetragen. Es wird behauptet, es gäbe genauso viele literarische Traditionen wie geschriebene Sprachen. Die als Sangams bekannt gewordenen tamilischen Gedichte wurden zwischen dem 3. Jh. v. Chr. und dem 3. Jh. n. Chr. geschrieben und gelten als früheste Zeugnisse südindischer Literatur.

Einige der erfolgreichsten literarischen Werke haben wohl die Bengalen hervorgebracht. Rabindranath Tagore (1861–1941) war der erste indische Autor, der mit seinen auf bengalisch geschriebenen Romanen, Theaterstücken und Gedichten den kulturellen Reichtum des Landes weltweit bekannt gemacht hat.

R.K. Narayan war in den 1930er-Jahren einer der ersten indischen Schriftsteller, der auf Englisch schrieb, um ein internationales Publikum zu finden. Seine täuschend einfachen Geschichten über das Leben in der Kleinstadt Malgudi sind von einem köstlich subtilen Humor. Keralan Kamala Das (auch bekannt als Kamala Suraiyya) schrieb Gedichte und Memoiren auf Englisch; ihr offener Umgang mit Liebe und Sexualität vor allem in den 1960er- und 1970er-Jahren war für weibliche Autoren bahnbrechend.

Indien verfügt über eine noch wachsende Anzahl international angesehener Schriftsteller. Zu den Gewinnern des prestigeträchtigen Man Booker Prize gehören der in Chennai aufgewachsene Aravind Adiga (2008) für sein zwischen Bengaluru und Nordindien angesiedeltes Erstlingswerk *Der weiße Tiger* und Kiran Desai (2006) für *Erbin des verlorenen Landes*. Desais Mutter Anita Desai schaffte es dreimal auf die Shortlist des Booker Preises, ebenso wie Rohinton Mistry, ein in Mumbai aufgewachsener Parse, mit drei Romanen, die alle in Mumbai spielen. 1997 gewann Keralan Arundhati Roy den Booker Prize für *Der Gott der kleinen Dinge,* angesiedelt in einer kleinen Stadt in Kerala, und der in Mumbai geborene Salman Rushdie nahm den begehrten Preis 1981 für *Mitternachtskinder* entgegen.

Die Großverdiener unter den Bollywood-Stars sind Shahrukh Khan, Salman Khan, Amitabh Bachchan und Akshay Kumar. Laut www.filmibeat.com verdienen sie alle mehr als 15 Mio. US$ mit Filmen und Werbung.

Architektonische Pracht

Südindien hat ein besonders bemerkenswertes architektonisches Erbe, von hoch aufragenden Tempeltoren, die mit unzähligen fein gearbeiteten Götterfiguren geschmückt sind, bis zu geweißelten eckigen Dorfhäusern. An traditionellen Bauwerken wie Tempeln lässt sich oft ein sicheres Gespür für eine gute Platzierung ablesen – sie stehen auf felsigen Hügeln oder an einem Seeufer. Englische Bungalows mit Wellblechdächern und weit ausladenden Veranden sind eine Art Markenzeichen in den Hill Stations. Aber noch bemerkenswerter als die Kolonialbauten sind die Versuche, europäische und indische Architekturelemente miteinander zu verbinden, z.B. beim spektakulären Mysore Palace (Maharadscha-Palast) in Mysuru.

Heilige Bauten

Mehr zu Indiens facettenreicher Tempelarchitektur sowie Infos zu Tempeln im Allgemeinen liefert Temple Net (www.templenet.com).

Überall in Indien wurden die frühesten großen Bauten nicht erbaut, sondern „ergraben". Zwischen dem 3. Jh. v. Chr. und dem 10. Jh. n. Chr. wurden buddhistische, hinduistische und jainistische Tempel aus den Felsen geschnitten oder in bestehende Höhlen integriert. Zu dieser herausragenden Felsenarchitektur im Süden gehören die ehrfurchtgebietenden Höhlen von Ajanta (S. 104) und Ellora (S. 100) in Maharashtra, Mamallapuram (S. 376) in Tamil Nadu, Mumbais Elephanta-Höhlen (S. 60), die Badami-Höhlentempel in Karnataka (S. 240) und der buddhistische Guntupalli-Komplex in Andhra Pradesh (S. 271).

Erst während der Gupta-Periode in Nordindien (4.–6. Jh. n. Chr.) entstanden die ersten freistehenden Tempel zu Ehren der hinduistischen Götter. Die Chalukyas von Badami in Karnataka griffen diese Idee zwischen dem 4. und 8. Jh. n. Chr. in Aihole (S. 241) und Pattadakal (S. 241) auf, ebenso die Pallavas von Tamil Nadu in Kanchipuram (S. 382) und Mamallapuram (S. 376) im 8. Jh. Die *vimanas* genannten Türme auf manchen Tempeln glichen denen der *sikhara*-Türme der nordindischen Tempel. Die großartigen Chola-Tempel aus dem 11. und 12. Jh. in Thanjavur und in der Nähe von Kumbakonam repräsentieren mit ihren riesigen *vimanas*, die sich über ihren Zentralschreinen erheben, den Höhepunkt der frühen südindischen Sakralarchitektur. In vielen späteren Tempelbauten des Südens ersetzten monumentale, reich verzierte Eingangstürme, *gopurams* genannt, die *vimana* als prägendes architektonisches Merkmal. Der Sri-Minakshi-Tempel in Madurai (S. 414) gilt vielen mit seinen zwölf riesigen *gopurams* als Höhepunkt südindischer Tempelarchitektur. Ebenfalls typisch für diesen dravidisch genannten Tempelstil ist die *mandapa,* ein Pavillon mit oft reich verzierten Säulen, der als Vorhalle für das eigentliche Heiligtum dient.

Masterpieces of Traditional Indian Architecture von Satish Grover und *Introduction to Indian Architecture* von Bindia Thapar, Surat Kumar Manto und Suparna Bhalla bieten interessante Einblicke in die Tempel- und andere Architektur.

Das Hoysala-Reich im südlichen Karnataka entwickelte im 12. und 13. Jh. einen charakteristischen Stil, bei dem die Tempel mit relativ niedrigen *vimanas* ausgestattet und mit ausgeklügelten, detailreichen Schnitzereien bedeckt sind. Dazu gehören etwa die Tempel in Belur, Halebid und Somnathpur. Das Vijayanagar-Reich des 14. bis 16. Jhs. brachte *gopuram* und *mandapa* in einigen ihrer schönsten Ausprägungen zur

Geltung, und das nicht nur in der Hauptstadt Hampi in Karnataka, sondern auch in Vellore und im Sri-Ranganathaswamy-Tempel in Trichy (S. 408).

Die muslimische Herrschaft über einen Großteil Nordindiens ab dem 12. Jh., die sich später bis in den Dekkan ausdehnte, brachte typisch islamische Formen wie Kuppeln, Bögen und Minarette als dominierende Merkmale der Monumentalarchitektur. Die Bahmani-Gräber (S. 245) von Bidar aus dem 15. Jh. sind einige der frühesten großen islamischen Monumente im Dekkan. Ihnen folgten im 16. und 17. Jh. die großartigen Qutb Shahi-Monumente (Tolichowki; S. 253) von Hyderabad und Golconda (wundervolle Königsgräber mit großer Kuppel, eine riesige Moschee und ein einzigartiges Wahrzeichen, der Charminar) und Bijapurs wundervolles Mausoleum aus dem 17. Jh., das Golgumbaz (S. 242) – letzteres wurde nur wenige Jahre, nachdem die Mogul-Architektur in Nordindien mit dem Taj Mahal den Höhepunkt ihrer Perfektion erreichte, fertiggestellt.

Die grundsätzlichen architektonischen Elemente einer Moschee sind auf der ganzen Welt ähnlich. Gemeinschaftliche Gebete finden in einer großen Halle statt, in der der Mihrab (die Gebetsnische) die Richtung nach Mekka anzeigt. Außerhalb der Halle liegt oft ein Hof mit einem Wasserbecken oder einem Brunnen für die rituellen Waschungen vor dem Gebet. Die Gläubigen werden von Minaretten aus zum Gebet gerufen.

Heilige Quadrate & reinigendes Wasser

Im Hinduismus gilt das Quadrat als perfekte Form, und die Tempel im Süden bestehen oft aus quadratischen (oder rechteckigen) Bauten, die, immer kleiner werdend, ineinander verschachtelt sind. Komplexe Regeln bestimmen Lage, Design und Bauweise jedes Tempels, die auf den Prinzipien der Numerologie, Astrologie, Astronomie und natürlich der Religion basieren. Im Wesentlichen repräsentiert ein Tempel eine Karte des Universums. Das Zentrum besteht aus dem *garbhagriha* (inneres Heiligtum), das die „Mutterschoßkammer" symbolisiert, aus der das Universum hervorgegangen sein soll. Dieses Heiligtum ist der Gottheit vorbehalten, der der Tempel gewidmet ist.

Ein weiterer Kern des religiösen Geschehens im Tempel sind seine Tempelbecken. Sie sind für rituelle Bäder, Zeremonien sowie ästhetische Zwecke angelegt. Die oft riesigen Wasserspeicher werden zum Teil von Regenwasser, zum Teil über ein komplexes Drainagesystem von Flüssen gespeist. Sie haben sowohl religiösen als auch weltlichen Nutzen. Manchen Tempelbecken wird eine heilende Wirkung zugeschrieben (körperlich und/oder spirituell). Gläubige (und auch Besucher) müssen manchmal die Füße darin waschen, bevor sie den Tempel betreten.

Forts & Paläste

Die häufigen Kriege zwischen den alten indischen Königshäusern und Reichen ebenso wie die späteren Auseinandersetzungen der Kolonialmächte führten natürlich auch zum Bau einiger höchst imposanter Festungen. Das typische südindische Fort steht auf einem Hügel oder einem Felsvorsprung und ist von Befestigungsgräben umgeben. Zu Füßen des Forts befindet sich normalerweise eine Stadt, die entstanden ist, nachdem die Befestigungsanlage erbaut wurde. Gingee (Senji; S. 389) in Tamil Nadu ist ein besonders gutes Beispiel. Vellore Fort, ebenfalls in Tamil Nadu, ist eines der bekanntesten indischen Forts mit Befestigungsgräben; großartige Stadtfestungen besitzen Bidar (S. 244) und Bijapur in Karnataka sowie Golconda (Hyderabad).

Eine gute Vorstellung vom fast unglaublichen Reichtum der früheren Herrscher Hyderabads, der Nizams, liefern ihre Paläste **Chowmahalla** (S. 249) und **Falaknuma** (S. 257), letzterer inzwischen ein Luxushotel.

Daulatabad (S. 99) in Maharashtra ist eine weitere wunderschöne Festung: eine fünf Kilometer lange Mauer umgibt die Anlage hoch oben auf dem Hügel. Man erreicht sie über Wege, die mit raffinierten Abwehranlagen versehen sind, z.B. mit stachelgespickten Türen und in die Irre führende Tunneln, die Angreifer in Kriegszeiten entweder zu einer Grube mit brennendem Öl oder zu einem Wassergraben voller Krokodile leiteten! In Maharashtra findet man noch viele andere beeindruckende Forts; einige wurden von dem marathischen Helden Shivaji im 17. Jh. erbaut oder benutzt, darunter die Forts von Raigad (S. 111) und Pratapgad

In Tamil Nadus Region Chettinadu finden sich mindestens 10 000 Herrschaftshäuser (einige davon ausgesprochen palastartig), erbaut von einer Händlergemeinschaft, die im 19. Jh. zu großem Reichtum kam. Viele sind heute verlassen, aber manche wurden erhalten oder restauriert und sind für Besucher geöffnet. Ein paar wenige wurden zu faszinierenden Hotels umgebaut.

(S. 126). Die Inselfestung Janjira (S. 110) vor der Küste von Maharashtra stammt aus dem 16. Jh. und wurde von den Nachkommen afrikanischer Sklaven erbaut. Ihre 12 m hohen Wälle, die direkt aus dem Meer aufragen, das Eingangstor und die mächtigen Bollwerke sind atemberaubend. Ebenso wie das fast so beeindruckend gelegene Fort Aguada in Goa aus dem 17. Jh. wurde es niemals eingenommen.

In Südindien sind nur wenige alte Paläste erhalten, da Eroberer gerade diese mit Vorliebe zerstörten. Die Überreste des Palastkomplexes in Vijayanagar in der Nähe von Hampi verraten, dass die hiesigen Bauingenieure durchaus nicht abgeneigt waren, die soliden Konstruktionstechniken und -formen (z. B. Kuppeln und Bögen) ihrer muslimischen Widersacher, der Bahmani, zu übernehmen. Der bemerkenswerte Palast der Maharadschas von Travancore in Padmanabhapuram (Tamil Nadu; S. 424) stammt aus dem 16. Jh. und ist der größte aus Holz erbaute Palastkomplex Asiens.

Die indo-sarazenische Architektur, eine Verschmelzung verschiedener europäischer, islamischer und hinduistischer Stile, die Ende des 19. Jhs. in ganz Indien eine Blütezeit erlebte, erschuf nicht nur grandiose funktionale Gebäude wie den Bahnhof Victoria (Chhatrapati Shivaji) Terminus (S. 50) in Mumbai, sondern auch zahlreiche der farbenprächtigen Königspaläste Indiens. Der üppige Diamant des Südens ist der prachtvolle Mysore Palace (S. 203), dessen Inneres kaleidoskopartig mit Buntglas, Spiegeln und Mosaikböden verziert ist.

Natur & Umwelt

Südindiens Fauna ist ein faszinierender Schmelztiegel von Arten aus Europa, Asien und dem Urkontinent Gondwanaland. Diese Spezies bevölkern einen beeindruckend vielfältigen Lebensraum, der von feuchtwarmen Mangroven- und Urwäldern bis hin zu weiten Ebenen und Bergwiesen voller Blumen reicht. Der südasiatische Subkontinent ist ein uraltes Stück Erdkruste, das vor etwa 40 Mio. Jahren auf die Eurasische Platte prallte. Rund 100 Mio. Jahre nach Gondwanaland lebten nun viele einzigartige Tiere und Pflanzen hier.

Typische Arten

Indien ist für eindrucksvolle Großsäuger berühmt: Tiger, Elefanten, Nashörner, Leoparden, Bären und Affen. Doch die hiesige Fauna ist noch weitaus facettenreicher und umfasst z. B. eine faszinierende Vielfalt von kunterbunten Vogelarten.

Indien zählt zu den artenreichsten Ländern der Erde: Vor Ort leben etwa 400 Säugetier-, 1250 Vogel-, 500 Reptilien-, 340 Amphibien- und 3000 Fischarten. So verteilen sich hier fast 7 % aller weltweit vorkommenden Spezies auf nur 2,5% der globalen Landfläche – zusammen mit 18 % der gesamten Weltbevölkerung.

Die tierischen Stars

Der Asiatische Elefant unterscheidet sich stark von seinem größeren Verwandten aus Afrika und gilt bei den Hindus glücklicherweise als heilig. So wurde er domestiziert und als Arbeitstier eingesetzt – andernfalls wären diese Dickhäuter wohl wie im benachbarten China schon lange ausgerottet. 2007 bevölkerten schätzungsweise 27700 wilde Indische Elefanten das Land. Seit damals soll ihre Zahl trotz Wilderei und Landschaftszerstörung noch zugenommen haben. Da sie bei der Futtersuche weite Strecken zurücklegen, benötigen die bis zu 3 t schweren Tiere riesige Parks. Entlang ihrer traditionellen Futterrouten stoßen die Herden heute mitunter auf Dörfer oder Farmen – Konflikte sind da vorprogrammiert. Bitte beachten: Der Kauf von Artikeln aus Elfenbein unterstützt die illegale Jagd auf diese herrlichen Geschöpfe. Zudem haben viele Länder sehr strenge Einfuhrverbote für Elfenbein.

In der indischen Mythologie gilt der Tiger als sagenhaftes Reittier der mächtigen Göttin und Dämonentöterin Durga, während er im Westen als Erzfeind Mowglis durch den imaginären Dschungel pirscht. Obwohl die herrlichen gestreiften Nationalikonen immer noch gefährdet sind, scheint ihr Bestand inzwischen zu wachsen: Mit etwas Glück lassen sich Tiger landesweit in speziellen Schutzgebieten erspähen.

Indien beheimatet außerdem noch 15 weitere Arten von Raubkatzen. Beispielsweise kommen Leoparden recht häufig in den verschiedenartigen Wäldern vor, die mehrere Parks und Schutzgebiete im Süden bedecken. Nichtsdestotrotz lassen sich die scheuen Gefleckten nur schwer beobachten. In den letzten Jahrzehnten haben sie sich allerdings zunehmend an Indiens ständig wachsende Groß- und Kleinstädte herangetraut. In deren Nähe machen sie Jagd auf Hunde, Katzen und Nagetiere, wobei es gelegentlich auch zu tödlichen Angriffen auf Menschen kommt.

Indiens Nationalsymbole sind Tiger, Pfau und Lotusblume.

Huftiere & Primaten

Die zahlenmäßig größten Bestände bilden Hirsche (neun Arten), Antilopen (sechs Arten), Ziegen bzw. Schafe (zehn Arten) und Primaten (15

Arten). In den Parks und Naturschutzgebieten des Südens sieht man wahrscheinlich am häufigsten Chitals (Axishirsche; spotted deer), Sambars (Indische Pferdehirsche) und Nilgais bzw. Bluebulls (Nilgauantilopen) – ebenso elegante graue Hanuman-Languren mit ihren typischen schwarzen Gesichtern und Ohren. Rund um Tempel und Touristenstätten lungern oft Indische Hutaffen herum. Recht häufig blicken lassen sich außerdem Gaurs (indische Bisons) und Wildschweine. Mitunter gibt's auch Königsriesenhörnchen oder Lippenbären mit langen weißen Schnauzen zu sehen.

Bücher

Mammals of India (Vivek Menon)

Birds of Southern India (Richard Grimmett & Tim Inskipp)

Treasures of Indian Wildlife (Ashok Kothari & B. S. Chhapgar)

Bedrohte Arten

Trotz der eindrucksvollen Artenvielfalt leidet Indien zunehmend unter seinem explodierenden Bevölkerungswachstum: Die hiesige Natur ist akut durch Wilderer und den Verlust von natürlichem Lebensraum bedroht. 2013 standen in Indien insgesamt 973 gefährdete Spezies auf der Roten Liste der International Union for Conservation of Nature – darunter 325 Pflanzen-, 95 Säugetier-, 80 Vogel-, 52 Reptilien-, 74 Amphibien-, 213 Fisch- und 134 wirbellose Arten. 132 davon fallen in die oberste Risikokategorie „vom Aussterben bedroht", 310 direkt darunter in die Klasse „bedroht".

Rund 50 von Indiens 238 Schlangenarten sind giftig. Zu den Kobraspezies zählt auch die Königskobra, die mit bis zu 5 m Länge die größte Giftschlange der Welt ist.

Selbst die massiv subventionierte National Tiger Conservation Authority hat fortwährend mit großen Problemen zu kämpfen: Obwohl die Anzahl der Tigerreservate steigt, wird die Gesamtfläche der Großkatzenreviere immer kleiner. Und auf jede positive Nachricht scheint eine negative Geschichte über Wildererbanden oder Tiger- bzw. Leopardenangriffe auf Dorfbewohner zu folgen. Zwischen 1994 und 2014 registrierte die Wildlife Protection Society of India fast 1000 Tiger und 4000 Leoparden, die von Wilderern getötet wurden. Die tatsächlichen Gesamtzahlen liegen aber möglicherweise viel höher.

Vor Ort vom Aussterben bedroht ist z. B. die große und schwere Hindutrappe, von der heute vielleicht nur noch 250 Exemplare in entlegenen Ecken Süd- und Nordindiens leben. Dasselbe gilt für den Anamalai-Flugfrosch (nur im Anamalai Tiger Reserve zu finden), die Malabar-Zibet-

DAS PROJECT TIGER

Als der Naturforscher Jim Corbett in den 1930er-Jahren Alarm schlug, glaubte niemand daran, dass der Tiger jemals bedroht sein könnte. Damals ging man von 40 000 Tigern in Indien aus; eine Zählung war jedoch nie durchgeführt worden. Mit dem Unabhängigkeitskampf kamen Schusswaffen in die Hände von Dorfbewohnern, die auf der Suche nach höchst einträglichen Tigerfellen in vormals gesperrte Jagdreservate vordrangen. Eine offizielle Zählung im Jahr 1972 registrierte dann nur etwa 1800 Großkatzen. Internationale Proteste veranlassten Indira Gandhi daraufhin, des Project Tiger ins Leben zu rufen. Seitdem wurden 47 Tigerreservate auf insgesamt mehr als 67 676 km² Fläche (inkl. Pufferzonen) geschaffen. Diese schützen nicht nur die Gestreiften an sich, sondern alle dort heimischen Tierarten. Doch nach ersten Erfolgen hielten Vernachlässigung, Korruption und gnadenlose Wilderei Einzug – motiviert durch den internationalen Pelzhandel und den „Tigerbedarf" der traditionellen chinesischen Medizin. Als 2006 erstmals ein relativ verlässliches Zählsystem mit Kamerafallen zum Einsatz kam, registrierte man nur noch 1411 Tiere. Im selben Jahr wurde das Project Tiger in die National Tiger Conservation Authority (http://projecttiger.nic.in, www.tigernet.nic.in) verwandelt. Diese Körperschaft des öffentlichen Rechts verfügt über größere Geldmittel, mehr Einsatzpersonal und effektivere Vollzugsmittel, um gegen Wilderer und den Handel mit Tigerteilen vorzugehen. Infolgedessen stiegen die offiziell erfassten Bestandszahlen (2010: 1706; 2014: 2226 Exemplare). Doch trotz dieser erfreulichen Entwicklung werden die Tiger weiterhin von Wilderern gejagt und verlieren außerhalb der Schutzgebiete immer mehr natürlichen Lebensraum. Insgesamt leben in Indien rund 70 % des globalen Tigerbestands.

katze (weniger als 250 in den Westghats) und insgesamt vier Geierarten. Letztere haben wohl am allerstärksten gelitten – vor allem der Bengalgeier, der mit ca. 80 Mio. Exemplaren in den 1980er-Jahren noch der weltweit häufigste seiner Art war. Heute sind davon lediglich ein paar Tausend übrig – eine Folge des Arzneimittels Diclofenac, das zur Behandlung von Rindern eingesetzt wird und nach deren Ableben tödliches Nierenversagen bei aasfressenden Vögeln auslöst. Durch das Verschwinden der Geier hat sich wiederum die Zahl von verwilderten Hunden erhöht, die Krankheiten verbreiten und sich an vormals von den Federträgern gefressenen Kadavern laben.

Zu den offiziell bedrohten Arten Südindiens zählen der Indische Elefant, der Tiger, der Dhole (Wildhund; aktueller Bestand ca. 2500), der Bartaffe mit seiner tollen silbrig-weißen Mähne (ca. 3000 bis 3500 übrig) und der Nilgiri-Tahr, eine wilde Schafart in den Nilgiri-Bergen.

Vögel

Mit über 1250 unterschiedlichen Vogelarten (925 davon brüten hier) ist Indien ein wahres Paradies für Vogelbeobachter. In vor dem Zugriff des Menschen geschützten Lebensräumen sind eindrucksvolle Vogelschwärme auf kleinstem Gebiet zu bestaunen. Der Winter eignet sich besonders gut, denn dann machen sich Wandervögel aus dem Norden auf in die warmen, subtropischen Gefilde der indischen Halbinsel. Vogelschutzgebiete sind normalerweise die besten Orte, um Vögel zu beobachten. Es gibt aber auch viele andere geschützte Gebiete, die eine große Vogelvielfalt aufweisen.

Pflanzen

Einst war Indien fast vollständig bewaldet. Der heutige Waldflächenanteil wird auf etwa 20% geschätzt. Trotzdem wachsen hier noch über 45 000 erfasste Pflanzenarten (mehr als 4000 davon endemisch).

Indiens Tieflandwälder sind fast immer verschiedener tropischer Natur. Einheimische Salbäume bilden dabei die Rohstoffbasis für die hiesige Holzindustrie. Einige dieser Tropenwälder sind echte immergrüne Regenwälder (z. B. in den Westghats und den Nordoststaaten). Der Großteil ist jedoch laubabwerfend und verliert seine Blätter während der heißen, trockenen Monate (April–Mai).

Kostbare Baumarten wie das Schwarze Rosenholz, der Malabarkino und der Teakbaum sind aus den Westghats mittlerweile fast vollständig verschwunden. Sandelholz ist im ganzen Land von illegaler Abholzung bedroht, denn es wird für die Herstellung von Räucherstäbchen und Schnitzarbeiten verwendet. Viele landlose Bauern holzen staatliche Wälder ab, um Brennholz zu gewinnen – eine starke Bedrohung für die Waldgebiete.

Etliche indische Baumarten haben eine religiöse Bedeutung, so der große Seidenwollbaum mit stacheliger Rinde und großen roten Blüten, unter dem sich Pitamaha (Brahma), der Erschaffer der Welt, nach getaner Arbeit niederließ. Zwei bekannte Feigenbaumarten, der Banyan- und der Pepulbaum, erreichen gewaltige Höhen. Die Bäume bilden Luftwurzeln und es entstehen bizarre, verschlungene Gebilde von Stämmen und Wurzeln. Buddha soll erleuchtet worden sein, während er unter einem Pepulbaum (Bodhibaum) saß.

Nationalparks & Naturschutzgebiete

Bis zur Verabschiedung des Wildlife Protection Act (1972) hatte Indien nur fünf Nationalparks. Mit dem neuen Gesetz sollten neue Parks geschaffen und die Ausbeutung der Natur eingedämmt werden. Es folgten diverse Erlasse ähnlicher Art, denen zwar gute Absichten, aber oft zu wenige effektive Mittel zur Durchsetzung zugrunde lagen.

Infos im Internet

Details zu Flora, Fauna, Naturschutz und Förderung des Umweltbewusstseins unter www.sanctuary-asia.com

Aktuelle Meldungen des Wildlife Trust of India unter www.wti.org.in

Top-Infos für Vogelbeobachter unter www.birding.in

Die Texte des Ayurveda (traditionelle indische Kräutermedizin) beschreiben rund 2000 Pflanzenarten.

TOP-PARKS FÜR ...

Tiger

Das **Tadoba-Andhari Tiger Reserve** (S. 109) in Maharashtra zählt zu Indiens besten Revieren für Tigerbeobachtungen. Dasselbe gilt für das **Pench Tiger Reserve** (www.penchnationalpark.com; Inder/Ausländer 1250/2450 ₹, Jeep/Guide 200/300 ₹; ⏲16. Okt.–30. Juni, Mi abends geschl.) in Madhya Pradesh, das von Nagpur aus leicht erreichbar ist. Etwas geringere (aber dennoch reale) Sichtungschancen bestehen in den Nationalparks **Nagarhole** (S. 215) und **Bandipur** (S. 214) in Karnataka sowie im **Periyar Wildlife Sanctuary** (S. 315) in Kerala.

Elefanten

Unter Südindiens besten Parks zum Bewundern von Elefanten sind z. B. das **Mudumalai Tiger Reserve** (S. 442) in Tamil Nadu oder der **Nagarhole National Park** (S. 215) und das **Wayanad Wildlife Sanctuary** (S. 344) in Kerala.

Vögel

Das **Kumarakom Bird Sanctuary** (S. 314) in Kerala und das **Vedanthangal Bird Sanctuary** (S. 383) in Tamil Nadu eignen sich super, um Wasserzugvögel zu beobachten (Saison jeweils Nov.–Feb.). Die 320 Arten des **Thattekkad Bird Sanctuary** (S. 323) in Kerala sind hauptsächlich Waldvögel.

Noch mehr Tierarten

- **Parambikulam Wildlife Sanctuary** (S. 323)
- **Neyyar Wildlife Sanctuary** (S. 292)
- **Mudumalai Tiger Reserve** (S. 442)
- **Daroji Sloth Bear Sanctuary** (S. 238)

Die über 100 Nationalparks und 500 Schutzgebiete machen heute etwa 5 % der indischen Landesfläche aus. Hinzu kommen 47 Tigerreservate und 18 Biosphärenreservate. Letztere überschneiden sich oft mit anderen Schutzzonen und gestatten menschliche Aktivitäten, während Ökosystem und Artenreichtum erhalten werden. Viele zusammenhängende Parks, Reservate und Schutzgebiete in den höchst artenreichen Westghats bilden wichtige Wanderungsschneisen für Tiere.

Wegen der Einrichtung neuer Naturschutzgebiete mussten rund 1,6 Mio. indigener Adivasi und andere Waldbewohner ihr traditionelles Stammesland verlassen. Viele davon wurden in Dörfer umgesiedelt und gezwungen, ihre uralte Lebensart aufzugeben. Seit 2006 untersagt der Forest Rights Act die Umsiedlung von Waldbewohnern aus Nationalparks (Ausnahme: „akut bedrohte Habitate") und schützt zumindest theoretisch die etwa 4 Mio. Menschen, die dort noch leben.

Die aneinander angrenzenden Schutzgebiete Bandipur, Nagarhole, Wayanad und Mudumalai in den Westghats beheimaten nach der Zählung von 2014 insgesamt 570 Tiger – und damit den größten Einzelbestand Indiens.

Besuch von Schutzgebieten

Viele Nationalparks und Naturschutzgebiete animieren zu Besuchen: Diese unterstützen Bemühungen zum Schutz der natürlichen Ressourcen Indiens. Zudem ist es eine Erfahrung fürs Leben, einen Elefanten, Lippenbären oder (mit etwas Glück) sogar Tiger oder Leoparden in freier Wildbahn zu beobachten. Die besten Parks und Schutzgebiete liegen etwas ab vom Schuss. Normalerweise gibt's dort (bzw. gleich außerhalb) aber diverse Unterkünfte, deren Palette von komfortablen Lodges bis hin zu Baumhäusern reicht. Einige Parks bieten auch geführte Wanderungen und Jeepsafaris an, während man sich anderswo eventuell mit recht oberflächlichen Minibustouren begnügen muss. Mancherorts veranstalten eigenständige Firmen geführte Jeep- und Wandertouren an den Parkrändern, die z. T. ebenso artenreich wie das jeweilige Schutzgebiet selbst sind. Aus Sicherheitsgründen sind Parkerkundungen auf eigene Faust allgemein nicht erlaubt.

Die Monsun-Monate (meist Juni–Aug.) eignet sich generell am schlechtesten für Besuche. Während Urlaubsperioden sind die Parks und deren Unterkünfte oft völlig überlaufen. Manche Schutzgebiete haben während der ultratrockenen und heißen Monate direkt vor dem Monsun geschlossen. Allerdings können diese auch die beste Beobachtungszeit sein, da die Vegetation dann spärlicher ist und sich die Tiere an den wenigen verbliebenen Wasserlöchern einfinden.

Das Online-Magazin Down to Earth (www.downtoearth.org.in) liefert Insider-Infos zu Indiens Umweltproblemen und vertieft Themen, die von den Massenmedien ignoriert werden.

Geografie

Der Himalaja mit Indiens höchstem Gipfel (dem Kangchendzönga; 8598 m) bildet eine schier unüberwindliche Barriere zwischen Indien und dessen nördlichen Nachbarn. Das höchste Gebirge der Welt entstand einst durch die Aufwölbung des uralten Meeresbodens, als der indische Subkontinent langsam auf die Eurasische Platte stieß. Zuvor war er nach seiner Loslösung von Gondwanaland etwa 100 Mio. Jahre lang in Richtung Norden gedriftet.

Südlich des Himalajas bilden die Schwemmlandebenen des Indus und des Ganges das fruchtbare Herz Nordindiens. Wiederum südlich davon erstreckt sich das Hochland des Dekkan-Plateaus im Zentrum von Indiens dreiecksförmigem Südzipfel. Begrenzt wird es von den West- und Ostghats: Erstere beginnen nördlich von Mumbai und reichen fast bis in den äußersten Süden hinunter. Üppig mit Regenwäldern bewachsen fallen sie dabei steil zu einer schmalen Küstenebene hin ab. Ihr höchster Berg ist der Anamudi (2695 m) in Kerala. Mit ihren vielen endemischen Spezies zählen die Westghats außerdem zu den artenreichsten Regionen der Welt. So wurden hier 2012 insgesamt 39 Areale zu Weltnaturerbestätten erklärt. Die unteren Ostghats verlaufen zwischen Westbengalen und dem Süden des zentralen Tamil Nadu. Durchquert werden sie von den vier großen Strömen der indischen Südhälfte (Mahanadi, Godavari, Krishna, Cauvery), die von Westen nach Osten über das Dekkan-Plateau fließen.

Vor der Küste liegen mehrere Inselgruppen. Diese gehören zwar offiziell zu Indien, in geografischer Hinsicht aber zur Landmasse von Südostasien und zu den Eilanden des Indischen Ozeans. Die insgesamt 572 Inselchen der Andamanen und Nikobaren weit draußen in der der Andamanensee sind eigentlich die Gipfel einer unterseeischen Bergkette, die sich über fast 1000 km zwischen Myanmar (Burma) und Sumatra erstreckt. Bei den Korallenatollen von Lakshadweep (300 km westlich von Kerala) handelt es sich um eine nördliche Fortsetzung der Malediven.

Messungen zufolge überschreitet die Luftverschmutzung in vielen indischen Großstädten den Unbedenklichkeitswert der Weltgesundheitsorganisation (World Health Organization, WHO) um mehr als das Doppelte.

Umweltprobleme

Mit einer Bevölkerung, die 2016 voraussichtlich auf 1,3 Mrd. Einwohner ansgestiegen sein wird, der rasant fortschreitenden Industrialisierung und Verstädterung sowie dem flächendeckenden Einsatz von Chemie in der Landwirtschaft bestehen ernsthafte Bedrohungen für Indiens Umwelt. Schätzungsweise sind etwa 65 % des Landes in irgendeiner Form nachhaltig geschädigt. Viele der heutigen Probleme sind das direkte Erbe der sogenannten Grünen Revolution in den 1960er-Jahren. Damals wurden die landwirtschaftlichen Erträge durch den Einsatz von chemischen Düngemitteln und Pestiziden massiv gesteigert. Der Preis dafür waren enorme Umweltschäden.

Trotz zahlreicher Umweltgesetze hat die Korruption die Umweltzerstörung weiter vorangetrieben. Dabei sind u. a. Wasserkraft- und Bergbaukonzerne zu nennen, die sich schamlos über Umweltschutzgesetze hinwegsetzen. Am meisten von der fortschreitenden Umweltzerstörung betroffen sind Bauern aus niedrigen Kasten und Adivasi (Stammesangehörige).

Die landwirtschaftlichen Erträge Indiens sind inzwischen gesunken, da sich die Bodenqualität durch Überwirtschaftung, Versalzung, Abholzung und mangelhafte Bewässerung verschlechtert hat – mit herzzerreißenden Konsequenzen. Parallel kämpft Indien fortwährend mit dem Dilemma, sich wirtschaftlich weiterentwickeln zu wollen, ohne seine verbliebene Natur auch noch zu zerstören. Premierminister Narendra Modi (seit 2014 im Amt) hat seine diesbezüglichen Prioritäten offenbar geteilt: Einerseits betrachtet er es als seine persönliche Mission, die extreme Verschmutzung des Ganges bis 2019 sehr stark zu senken. Zudem steckt er hinter der stark beworbenen Swachh-Bharat-Kampagne zur landesweiten Müllreduktion und fördert die Erzeugung von Solarstrom im großen Stil. Andererseits beabsichtigt seine Regierung aber auch die Intensivierung des Kohlebergbaus und eine Verdopplung des Kohleverbrauchs, was Indiens Ausstoß an Treibhausgasen deutlich erhöhen wird.

Wie überall balanciert der Tourismus auch hier zwischen Anreizen für Veränderungen und Problemverschlimmerung. Viele Umweltsorgen, z. B. in Goa, resultieren aus verantwortungsloser Tourismusentwicklung.

Seit 1947 haben schätzungsweise 35 Mio. Inder ihre Heimat aufgrund von großen Staudammprojekten (meist zur Stromerzeugung) verloren. Landesweit werden weiterhin Täler für neue Wasserkraftwerke geopfert. Parallel erhalten Umgesiedelte keine angemessene Entschädigung.

Klimawandel

Veränderte Klimaverhältnisse aufgrund weltweiter CO_2-Emissionen haben in Indien zu gefährlichen und extremen Wetterphänomenen geführt. Obwohl das Land in puncto CO_2-Ausstoß pro Kopf immer noch weit hinter China und dem Westen liegt, macht es die schiere Zahl seiner Einwohner zum drittgrößten CO_2-Sünder der Welt.

Bis 2030 wird die Intensität von Überschwemmungen und Dürren in Indien um schätzungsweise 30 % zunehmen. Inseln der Lakshadweep-Gruppe und das tief gelegene Gangesdelta werden bei steigendem Meeresspiegel wahrscheinlich überflutet.

Abholzung

Seit dem Beginn der Unabhängigkeit wurden über 50 000 km² der indischen Wälder durch Abholzung oder Landwirtschaft vernichtet oder durch das Wachsen von Städten, den Bergbau, die Industrialisierung und die Errichtung von Dämmen beschädigt. Seit den 1990er-Jahren hat sich der Bestand an Mangrovenwäldern halbiert, wodurch die Laichplätze der Fische im Indischen Ozean und dem Golf von Bengalen reduziert wurden.

Der erste Fünfjahresplan Indiens von 1951 erkannte die Bedeutung des Waldes für den Schutz des Bodens an und es wurden verschiedene politische Maßnahmen zur Aufforstung der Wälder ergriffen. Fast alle Bestimmungen wurden jedoch von Beamten, Kriminellen und auch einfachen Leuten untergraben, die mit den Wäldern ihren Brennholzbedarf decken und sie als Weideland nutzen.

Wasserressourcen

Das wohl größte Gesundheitsproblem Indiens besteht im unzureichenden Zugang zu sauberem Trinkwasser und hygienischen Sanitäreinrichtungen. Angesichts des Bevölkerungswachstums wird der Wasserverbrauch durch Landwirtschaft, Industrie und Privathaushalte wohl sehr stark ansteigen. Zudem bewältigen Indiens Klärwerke aktuell nur etwa ein Viertel der landesweiten Abwassermenge. Vielerorts landen ungeklärte Abwässer und eingeäscherte Verstorbene direkt in den Flüssen. Obendrein ist es eine Tatsache, dass das „große Geschäft" landesweit oft öffentlich verrichtet wird – einem UN-Bericht von 2010 zufolge von über 600 Mio. Menschen.

Gleichzeitig leiden Indiens Flüsse unter landwirtschaftlichen Einspülungen, Industrieabfällen und anderen Verschmutzungsfaktoren. So sind mindestens 70 % der nationalen Süßwasserressourcen heute in irgendeiner Form verunreinigt.

Praktische Informationen

Gefahren & Ärgernisse

Indien verdient seinen Ruf für Abzocke. Aber man kann sich mit ein bisschen gesundem Menschenverstand und einer Portion Vorsicht vor den meisten Varianten schützen. Abzocke ist eher ein Problem in den großen Flughafenstädten (z. B. Delhi oder Mumbai) und in vielen touristischen Gegenden (z. B. Rajasthan), wenn auch nicht in allen – in Goa und Kerala ist sie eher selten. Bei Gesprächen mit anderen Travellern kann man sich über die neuesten Gaunereien auf dem Laufenden halten. Nützlich ist auch ein Blick in das englischsprachige Lonely Planet Forum Thorn Tree Travel (www.lonelyplanet.com/thorntree) wo Traveller unter „India" oft sehr zeitnah von den Problemen berichten, auf die sie unterwegs gestoßen sind.

Abzocke in Verkehrsmitteln

➡ Wer im Vorfeld keine Abholung organisiert hat, sollte bei der Ankunft an Bahnhöfen und Flughäfen die Weiterfahrt immer an staatlich lizensierten Schaltern buchen. An allen großen Flughäfen gibt es inzwischen in der Ankunftshalle Schalter für Funktaxis, Prepaid-Taxis und Flughafen-Shuttles. Auf keinen Fall und vor allem nicht nachts in eines der herumstehenden Taxis steigen, die eine billige Fahrt in die Stadt versprechen!

➡ Wer eine mehrtägige Sightseeingtour buchen möchte, sollte sich bei der Wahl der Reiseroute an die Empfehlungen der Tourismusbehörde, dieses Reiseführers oder von Freunden, die die Tour persönlich gemacht haben, halten. Große Vorsicht ist geboten, wenn jemand in Delhi eine Hausboottour nach Kaschmir verkaufen will,– im Laufe der Jahre haben wir viele Beschwerden über krumme Geschäfte erhalten.

➡ Beim Kauf eines Bus-, Zug- oder Flugtickets in einem Büro, das nicht zu einem registrierten Transportunternehmen gehört, immer darauf achten, dass auf dem Ticket auch wirklich die Klasse steht, für die man bezahlt hat! Wenn möglich, am besten über offizielle Websites buchen.

➡ Einige Betrüger geben sich am Bahnsteig als Angestellte der Indian Railway aus und behaupten, dass man für die Bestätigung seines e-Tickets eine Gebühr bezahlen muss – einfach ignorieren.

➡ Einige Betrüger an Bahnhöfen (selbst die, die mit Uniform oder „offiziellem" Ausweis ausgestattet sind) behaupten vielleicht, dass der gebuchte Zug storniert wurde, unter Wasser steht oder kaputt ist oder dass die Fahrkarte ungültig ist. Annäherungsversuche von solchen „offiziellen" Mitarbeitern sollte man ignorieren.

Betäubungsmittel

Hin und wieder werden Touristen (insbesondere

HAUPTSACHE SICHER

➡ Eine gute Reiseversicherung ist ein absolutes Muss.

➡ Man sollte sich Kopien des Reisepasses, des Visums und der Flugtickets an die eigene Adresse mailen und außerdem Kopien dabei haben.

➡ Geld und Reisepass sind in einem Geldgürtel oder Brustbeutel unter der Kleidung am sichersten.

➡ Es ist ratsam, mindestens 100 US$ getrennt vom Rest der Reisekasse aufzubewahren.

➡ In der Öffentlichkeit nicht mit dicken Geldbündeln rumwedeln, z. B. wenn man eine Dienstleistung bezahlt oder in einem Hotel eincheckt.

➡ Sollte sich ein Zimmer von innen nicht sicher abschließen lassen, sollte man sich eine andere Bleibe suchen.

Alleinreisende) in Zügen oder Bussen unter Drogen gesetzt und ausgeraubt. Am meisten verbreitet ist die Methode, dem Reisenden ein mit Betäubungsmitteln versetztes Getränk anzubieten, damit dieser einschläft. Auch Schokolade, Tee von einem beteiligten Verkäufer oder „hausgemachtes" indisches Essen kommen oft zum Einsatz. Am besten vertraut man seinem Bauchgefühl und lehnt, wenn man sich unsicher ist, das von Fremden angebotene Essen oder Getränk freundlich ab.

Diebstahl

Wie überall besteht auch in Indien immer das Risiko, bestohlen zu werden. In Bussen und Zügen das Gepäck immer abschließen und anketten! Achtung vor allem bei Abfahrt des Zuges, damit einem nicht noch in letzter Minute etwas geklaut wird und man die Verfolgung quer über den Bahnhof nicht mehr aufnehmen kann!

Edelsteinabzocke

Bei dieser klassischen Abzocke wird einem versprochen, verdammt schnell und sicher an ein kleines Vermögen zu kommen. Die Traveller werden gebeten, Edelsteine mit nach Hause zu nehmen oder nach Hause zu schicken und sie dort an die (nicht vorhandenen) Abnehmer des Auftraggebers mit Gewinn zu verkaufen. Diese Waren sind – wenn sie überhaupt ankommen – ausnahmslos nur einen Bruchteil des Einkaufspreises wert. Und der sogenannte „Abnehmer" tritt natürlich nie in Erscheinung.

Auf keinen Fall sollte man die rührseligen Geschichten glauben, dass es nahezu unmöglich sei, eine Exportlizenz zu erhalten. Auch die Empfehlungsschreiben von anderen Reisenden sollte man nicht ernst nehmen – sie sind gefälscht. Die Gauner versuchen ihr Glück u. a. in Agra, Delhi und Jaisalmer, aber hauptsächlich in Jaipur. Es geht dabei allerdings nicht immer nur um Edelsteine – Teppiche, Kuriositäten und Pashmina-Waren sind ebenfalls recht beliebt.

ANDERE FORMEN DER ABZOCKE

- Plötzlich hat man Dreck (Schmutz, Farbe, Fäkalien) an den Schuhen, und wie von Zauberhand erscheint ein Schuhputzer, der einem – gegen Bezahlung natürlich – die Schuhe putzen will.
- Einige Läden verkaufen überteuerte SIM-Karten und aktivieren sie nicht. SIM-Karten am besten in einem offiziellen Geschäft (Airtel, Vodafone usw.) kaufen und vor der Weiterreise prüfen (die Aktivierung kann bis zu 24 Stunden dauern).
- Geschäfte und Restaurants tragen den gleichen oder einen ähnlichen Namen wie ihre erfolgreichere und beliebtere Konkurrenz.
- Schlepper behaupten, „staatlich geprüfte" Guides oder Tourveranstalter zu sein und leiern einem viel Geld aus den Rippen. Am besten erkundigt man sich in der örtlichen Touristeninformation nach lizenzierten Guides und lässt sich von ihnen ihre Lizenzen zeigen.
- Fragwürdige Tourveranstalter posieren als offizielle Touristeninformationen und verkaufen überteuerte Touren, Tickets und Touristendienste.

Fotografieren

Wer Menschen fotografieren will, sollte seinem Gefühl vertrauen (oder noch besser: um Erlaubnis bitten). Ansonsten bekommt man manchmal – unmittelbar nachdem man die Fotos geknipst hat – zu hören, dass man die Bilder an eine ausländische Hochglanzzeitschrift verkaufen würde und es daher nur fair sei, dem Fotografierten eine kleine Gebühr zu geben.

Kreditkartenabzocke

Vorsicht bei der Bezahlung von Souvenirs mit Kreditkarte! Staatliche Geschäfte sind im Allgemeinen seriös. Private Souvenirshops haben in der Vergangenheit Kreditkartenbelege heimlich mehrmals ausgedruckt und später für faule Transaktionen benutzt. Besucher sollten immer darauf bestehen, dass sie dabei zusehen können, wie die Karte durch das Gerät gezogen wird. Eine gute Idee, um Kreditkartenmissbrauch zu verhindern, ist, die CVV-/CVC2-Nummer auswendig zu lernen und sie von der Karte zu kratzen. In einigen Restaurants fragen Kellner nach dem PIN, um dann die Kreditkarte zur Maschine mitzunehmen. Man sollte nie den PIN preisgeben und immer darauf bestehen, beim Bedienen der Geräte dabei zu sein.

Schlepper & Provisionshaie

- Schlepper haben viele Gesichter und arbeiten auf undurchsichtige Weise. Taxi- und Autorikschafahrer wollen einen oft partout zu einem bestimmten Budgethotel bringen, damit sie danach von den Leuten an der Hotelrezeption eine Provision erhalten (die allerdings auf den Zimmerpreis aufgeschlagen wird).

➡ Wann immer möglich, sollte man im Vorfeld ein Hotel buchen (sei es auch nur für die erste Nacht) und sich vom Hotel abholen lassen. Oft bekommt man auch zu hören, dass das Hotel, das man sich ausgesucht hat, „ausgebucht" oder „geschlossen" ist – selbst nachprüfen und die Buchung einen Tag vor Anreise prüfen und bestätigen lassen!

➡ Skepsis ist angesagt bei Aussagen wie „mein Bruder hat einen Laden" oder „bei einem Freund erhalten Sie Sonderpreise". Es gibt viele Betrüger, die mit Souvenirläden zusammenarbeiten, deshalb ist besondere Vorsicht geboten, wenn man in Privatläden teure Einkäufe macht.

➡ Vorsicht auch vor vermeintlich freundlichen Menschen und „Beamten", die einem an Busbahnhöfen oder Bahnhöfen unaufgefordert Hilfe anbieten und dann zu einem Tourveranstalter mitnehmen, von dem sie Provision kassieren. Am besten selbstbewusst auftreten, und falls jemand fragt, ob man das erste Mal in Indien ist, antworten, dass man schon mehrfach da gewesen sei, auch wenn das nicht so ist. Manche Schlepper geben auf, wenn man ihnen sagt, dass man bereits im Vorfeld einen Transfer, eine Tour oder eine Weiterfahrt organisiert und bezahlt hat.

Verunreinigte Speisen & Getränke

➡ Ende der 1990er-Jahre sind in Nordindien einige Traveller nach dem Konsum von mit gefährlichen Bakterien verseuchtem Essen in Restaurants mit Verbindung zu zwielichtigen Kliniken gestorben. Uns liegen keine neuen Berichte vor, aber die Betrügerei kann jederzeit wieder aufleben. In anderen Fällen wurden in einigen Kliniken die Behandlungskosten unnötig in die Höhe getrieben, um mehr Geld einzuheimsen.

➡ Wasser in abgefüllten Flaschen ist in der Regel unbedenklich. Unbedingt darauf achten, dass die Versiegelung der Flasche nicht beschädigt ist und auch der Boden der Flasche nicht manipuliert wurde! Wer unterwegs ist, sollte möglichst abgepacktes Essen dabei haben. Sollte man an einem Busbahnhof oder Bahnhof etwas essen müssen, ist es am besten, gekochtes Essen in stark frequentierten Lokalen zu kaufen.

Wucherpreise

Immer zuerst den Preis aushandeln, bevor man einen Dienst ohne feste Preisregelung in Anspruch nimmt! Dabei kann es sich um einen freundlichen Guide aus der Nachbarschaft handeln, eine Snackbar an touristischen Orten, eine Autorikscha oder ein Taxi ohne Taxameter.

Frauen & Alleinreisende

Frauen und Alleinreisende müssen in Indien ein paar besondere Dinge berücksichtigen, von den Kosten bis hin zur Sicherheit. Wie überall auf der Welt zahlt es sich aus, gut vorbereitet zu sein.

Frauen unterwegs

Obwohl Bollywood anderes vermuten lässt, ist Indien eine konservative Gesellschaft. Weibliche Reisende sollten bedenken, dass ihre Verhaltensweisen und Bekleidungswahl voraussichtlich ständig kritisch beäugt werden.

Unerwünschte Aufmerksamkeit

Unerwünschte Aufmerksamkeit von Männern ist ein häufiges Problem.

- Frauen müssen damit rechnen, angestarrt zu werden. Damit muss frau leben und sollte es sich nicht zu Herzen nehmen.
- Frauen sollten Blicke von Männern nicht erwidern. Das könnte als Aufforderung verstanden werden.
- Dunkle Sonnenbrillen, Handys, Bücher oder Tablet-PCs helfen dabei, unerwünschte Gespräche zu verhindern.

Kleidung

Wer auf kulturell unangemessene Kleidung verzichtet, erregt keine unerwünschte Aufmerksamkeit.

- Ärmellose Tops, Shorts, kurze Röcke meiden (knöchellange Röcke sind empfehlenswert) sowie alles, was knapp, durchsichtig oder enganliegend ist.
- Kleidung im indischen Stil zu tragen, wird auch bei Gästen gern gesehen.
- Einen *dupatta* (langer Schal) über dem T-Shirt zu tragen, ist eine weitere Möglichkeit, neugierige Blicke zu vermeiden – es ist einfach ein Zeichen für Anstand und auch sehr praktisch, wenn frau einen Schrein besucht und eventuell den Kopf verhüllen muss.
- Wer einen *salwar kameez* (traditionelle kleidartige Tunika und Hose) trägt, macht sich unauffälliger; eine schicke Alternative ist eine *kurta* (langes Hemd), die über Jeans oder Hosen getragen wird.
- Frau sollte sich nicht mit einem *choli* (Sari-Bluse) oder einem Sari-Unterrock (den manche Ausländerinnen fälschlich für einen Rock halten) in der Öffentlichkeit sehen lassen. Das würde nämlich wirken, als würde sie nur halb bekleidet herumstolzieren.
- Die meisten indischen Frauen tragen lange Shorts und ein T-Shirt, wenn sie in der Öffentlichkeit schwimmen gehen, außer an Pools. Es ist angebracht, auf dem Weg vom Strand zum Hotel einen Sarong zu tragen.

Gesundheit & Hygiene

- Binden sind überall erhältlich, Tampons gewöhnlich nur in Apotheken der Großstädte und der bekannten Touristenorte (und auch hier nur in beschränkter Auswahl). An Vorrat für Reisen jenseits der üblichen Pfade sollte im Vorfeld gedacht werden!

Sexuelle Belästigung

Viele Frauen haben nach ihrer Indienreise von einer Form der sexuellen Belästigung berichtet, z. B. anzüglichen Bemerkungen, Verletzungen der Privatsphäre und sogar Grapschen. Ernsthafte sexuelle Übergriffe sind eher selten. Frauen sollten ähnliche Sicherheitsmaßnahmen treffen wie zu Hause.

- Andere Frauen haben uns von provokativen Gesten und Gejohle, „versehentlichem" Anrempeln auf offener Straße und Verfolgungen berichtet.
- Zwischenfälle passieren besonders häufig bei ausgelassenen (und überfüllten) öffentlichen Veranstaltungen, z. B. beim Holi-Fest. Frauen sollten Menschenansammlungen meiden oder einen sicheren Zuschauerplatz ergattern, um wandernden Händen zu entgehen.
- Frauen, die in männlicher Begleitung reisen, werden in der Regel nicht so häufig belästigt.

Sicher reisen

Folgende Tipps haben sich auf Reisen als hilfreich erwiesen, um unbehagliche oder gefährliche Situationen zu vermeiden:

➡ Frauen sollten sich ihrer Umgebung immer bewusst sein. Fühlt sich etwas ungut an, sollte frau auf ihre Instinkte vertrauen. Es empfiehlt sich, Vorsicht walten zu lassen, aber weder ängstlich noch waghalsig zu sein.

➡ Frauen, die nach 21 Uhr unterwegs sind, sollten ein registriertes Taxiunternehmen in Anspruch nehmen.

➡ Die Reise sollte so geplant sein, dass lange Aufenthalte an Busbahnhöfen oder Bahnhöfen oder späte Ankunftszeiten vermieden werden. Es ist besser, vor Einbruch der Dunkelheit anzukommen.

➡ Gespräche mit unbekannten Männern auf das Nötigste beschränken – Smalltalk mit nahezu Unbekannten kann als Zeichen sexuellen Interesses missinterpretiert werden!

➡ Manche Frauen tragen einen falschen Ehering oder erwähnen in Gesprächen frühzeitig, dass sie verheiratet oder verlobt sind (unabhängig vom Wahrheitsgehalt).

➡ Wenn frau das Gefühl hat, dass ein Typ ihr zu nahe kommt, ist das meistens auch so. Die deutliche Aufforderung, auf Abstand zu bleiben, schafft meist Abhilfe, vor allem bei einem lauten und barschen Tonfall, der die Aufmerksamkeit Umstehender erregt.

➡ Auch völlige Nichtbeachtung kann sehr effektiv sein.

➡ Ebenfalls empfehlenswert: Wie die Inderinnen aufs Händeschütteln verzichten und stattdessen den traditionellen, respektvollen Hindugruß entbieten – *namaste!*

➡ Keinen teuer aussehenden Schmuck anlegen und keine auffälligen Accessoires tragen!

➡ Wie vertrauenswürdig ist ein Lehrer oder Therapeut? Vor Einzelsitzungen Empfehlungen von Mitreisenden einholen! Manche Frauen berichten von sexuellen Belästigungen durch Masseure oder andere Therapeuten. Wenn frau sich unwohl fühlt, sollte sie gehen.

➡ Weibliche Kinogänger ziehen in Begleitung weniger Aufmerksamkeit auf sich (und reduzieren das Risiko, belästigt zu werden).

➡ Alleinreisende Frauen sollten ein bisschen mehr ausgeben und in einem guten Hotel in einer besseren Gegend übernachten.

➡ Die Zimmertür im Hotel sollte immer abgeschlossen sein, da das Personal (besonders in preisgünstigen und mittelteuren Unterkünften) gern klopft und eintritt, ohne auf Erlaubnis zu warten.

➡ Frauen sollten auch tagsüber nicht alleine in einsamen Gegenden unterwegs sein, und enge Gassen und verlassene Straßen möglichst meiden.

➡ Wer alleine mit einer Rikscha unterwegs ist, sollte jemanden anrufen oder simsen oder so tun, als wüsste jemand, wo man sich aufhält.

➡ In der Öffentlichkeit sollten Frauen sich selbstsicher bewegen. Es ist besser, schon im Hotel (oder Restaurant) die Route zu planen als auf der Straße in die Karte zu starren und dadurch verloren (und damit verletzlich) zu wirken.

Taxis & Öffentlicher Nahverkehr

Eine Frau zu sein, hat manche Vorteile: Sie darf sich beim Einsteigen in Busse und Züge ungestraft vordrängeln, und in Zügen gibt es ausgewiesene Frauenabteile. An einigen Bahnhöfen existieren außerdem getrennte Warteräume für Frauen.

➡ Alleinreisende Frauen sollten insbesondere bei nächtlicher Ankunft den Transfer vom Flughafen ins Hotel im Voraus arrangieren.

➡ In Delhi und einigen anderen Städten gibt es zugelassene Prepaid-Funktaxi-Services wie Easycabs – die Taxis sind teurer als die regulären, werben aber mit ihrer Sicherheit und mit Fahrern, die vor ihrer Einstellung überprüft wurden.

➡ Wer ein reguläres Prepaid-Taxi erwischt, sollte Wert darauf legen, vor den Augen des Fahrers seinen Namen und das Nummernschild zu notieren und den Zettel einem Flughafenpolizisten zu geben.

➡ Spät in der Nacht sollte frau nicht allein in ein Taxi steigen und niemals zu mehr als einem Mann (dem Fahrer) – und dabei Behauptungen ignorieren wie „das ist nur mein Bruder" etc.

➡ Belästigungen lassen sich reduzieren, wenn frau sich für die teurere Zugklasse entscheidet, besonders bei Nachtfahrten.

➡ Für Nachtfahrten in einem Liegewagen mit drei Betten sollte frau möglichst die oberste Koje belegen, das verschafft mehr Privatsphäre und größere Distanz zu möglichen Grapschern.

➡ In öffentlichen Verkehrsmitteln sollte frau ruhig jegliche umherirrende Gliedmaßen wegschieben, Gepäckstücke zwischen sich und andere Mitfahrer stellen, laut werden (in der Öffentlichkeit Aufmerksamkeit erregen und damit den Kerl beschämen) oder sich einfach einen neuen Platz suchen.

Alleinreisende

Eine der Freuden bei Solotrips durch Indien besteht darin, dass man eher von Familien „adoptiert" wird. Vor allem während gemeinsam erlebter Langstrecken-Zugreisen ist dies eine tolle Möglichkeit, neue Freunde kennenzulernen und tiefer in die Lokalkultur einzutauchen.

Touristenhochburgen wie Goa, Rajasthan, Kerala, Manali, McLeod Ganj, Leh, Agra und Varanasi sind hervorragende Reviere für alle, die sich gern anderen Travellern anschließen möchten. Reisegefährten lassen sich eventuell auch über das englischsprachige Thorn-Tree-Forum von Lonely Planet (www.lonelyplanet.com/thorntree) auftreiben.

Kosten

Das größte Problem für Alleinreisende sind die Kosten.

- Einzelzimmer sind manchmal nicht viel billiger als Doppelzimmer.
- Manche Mittelklasse- und Luxusunterkünfte bieten gar keine Einzelzimmertarife an.
- Es ist immer einen Versuch wert, über einen niedrigeren Preis für die Einzelbelegung zu verhandeln.

Sicher reisen

Alleinreisende berichten nicht über nennenswerte Probleme in Indien, aber es ist wie überall klug, in unbekannten Umgebungen auf der Hut zu sein.

- Einige wenig ehrenhafte Gesellen (Einheimische wie Traveller) betrachten Habseligkeiten alleinreisender Touristen als leichte Beute oder belästigen Alleinreisende sexuell.
- Männer, die allein in einsamen Gegenden unterwegs waren, wurden schon ausgeraubt, selbst tagsüber.

Transport

- Man spart Geld, wenn man sich Taxis oder Autorikschas mit anderen teilt oder auch gemeinsam ein Auto für längere Fahrten mietet.
- Alleinreisende können im Bus vielleicht den Sitz des „Co-Piloten" (neben dem Fahrer) ergattern. Sie haben dann nicht nur eine gute Aussicht, sondern auch mehr Platz für Gepäck.

Allgemeine Informationen

Botschaften & Konsulate

Die meisten ausländischen Botschaften befinden sich in Delhi. Einige Länder unterhalten zudem Konsulate in anderen indischen Städten.

Deutschland Delhi (☎011-44199199; www.new-delhi.diplo.de; 6/50G Shantipath, Chanakyapuri); Chennai (☎044-24301600; 9 Boat Club Rd, RA Puram); Mumbai (☎022-22832422; 10. Stock, Hoechst House, Nariman Point)

Malaysia (☎011-26111291/97; www.kln.gov.my/web/ind_new-delhi/home; 50M Satya Marg, Chanakyapuri, Delhi)

Myanmar (☎011-24678822; www.myanmedelhi.com; 3/50F Nyaya Marg, Delhi)

Nepal (☎011-23476200; www.nepalembassy.in; Mandi House, Barakhamba Rd, Delhi)

Österreich Delhi (☎011-24192700; EP-13, Chandragupta Marg, Chanakyapuri; www.bmeia.gv.at/botschaft/new-delhi.html); Mumbai (☎022-22851734; 2. Stock, 26 Maker Chambers VI, Nariman Point)

Schweiz Delhi (☎011-49959520; Nyaya Marg, Chanakyapuri; www.eda.admin.ch); Mumbai (☎022-22884563/64/65; 10. Stock, 102 Maker Chambers IV, 222 Jamnalal Bajaj Marg, Nariman Point)

Singapur Delhi (☎011-46000915; www.mfa.gov.sg/newdelhi; E6 Chandragupta Marg, Chanakyapuri); Chennai (☎044-28158207; 17A North Boag Rd, T Nagar); Mumbai (☎022-22043205; Maker Chambers IV, 10. Stock, 222 Jamnalal Bajaj Rd, Nariman Point)

Sri Lanka Delhi (☎011-23010202; www.slhcindia.org; 27 Kautilya Marg, Chanakyapuri); Chennai (☎044-28241896; www.sldhcchennai.org; 56 Sterling Rd, Nungambakkam); Mumbai (☎022-22045861; Mulla House, 34 Homi Modi St, Fort)

Essen

Infos zur indischen Küche gibt's im Kapitel „Köstliches Südindien" (S. 503).

Feiertage & Ferien

Mit dem Tag der Republik, dem Unabhängigkeitstag und Gandhis Geburtstag (Gandhi Jayanti) hat Indien drei offizielle Nationalfeiertage. Zudem werden landesweit und regional noch zahlreiche weitere Feiertage begangen. Viele ehren bedeutende Anlässe verschiedener Glaubensrichtungen und finden jedes Jahr zu anderen Terminen statt. Allgemein am wichtigsten sie die 18 *gazetted holidays* (öffentliche Feiertage; s. unten), die von Behörden der Bundesregierung in ganz Indien wahrgenommen werden. An diesen Tagen haben die meisten Geschäfte bzw. Einrichtungen (z. B. Banken, Büros, Läden) und Sehenswürdigkeiten geschlossen. Öffentliche Verkehrsmittel fahren aber normalerweise trotzdem. Wichtig: Wer eine Stadt während religiöser Großveranstaltungen besuchen will, sollte sich unbedingt rechtzeitig um Anreise und Hotelreservierung kümmern!

Tag der Republik 26. Januar

Holi Februar/März

Ramnavami März/April

Mahavir Jayanti März/April

Karfreitag März/April

Geburtstag des Dr. B. R. Ambedkar 14. April

Buddha Jayanti Mai

RESTAURANTPREISE

Die folgenden Preisangaben gelten jeweils für ein normales Hauptgericht.

$ unter 100 ₹

$$ 100–300 ₹

$$$ über 300 ₹

Eid al-Fitr Juni/Juli
Unabhängigkeitstag 15. August
Janmastami August/September
Eid al-Adha September
Dussehra September/Oktober
Gandhi Jayanti 2. Oktober
Muharram Oktober
Diwali Oktober/November
Guru Nanak Jayanti November
Eid-Milad-un-Nabi Dezember
Weihnachten 25. Dezember

Fotos & Video

Nützliche Tipps und Kniffe für Reisefotografen liefert der englischsprachige Lonely Planet Band *Travel Photography*.

- Speicherkarten für Digitalkameras gibt's bei Fotogeschäften in den meisten größeren Städten und Ortschaften. Die Qualität ist aber teilweise mangelhaft: Manche Modelle haben nicht die angegebene Kapazität.
- Karten mit einer Speichergröße von 4 GB sind ab 200 ₹ zu haben.
- Zur Sicherheit sollte man regelmäßig Back-ups von seinen Reisefotos anfertigen. Falls die eigene Kamera keine drahtlose Verbindungsfunktion hat, empfiehlt sich ein Kartenleser. Alternativ lassen sich Fotos in manchen Internetcafés auf CD brennen.
- Einige Fotoläden entwickeln außerdem Abzüge aus Digitalaufnahmen.

Einschränkungen

- Indiens Behörden reagieren sehr empfindlich auf das Fotografieren bzw. Filmen von Objekten mit militärischer Bedeutung (z. B. Bahnhöfe, Brücken, Flughäfen, Armeegelände, heikle Grenzregionen).
- Luftbilder gehen meist in Ordnung – es sei denn, Start oder Landung erfolgen auf einem Flughafen, der auch aktiv von den Streitkräften genutzt wird.

PRAKTISCH & KONKRET

- **Fernsehen** Der staatliche Fernsehsender heißt *Doordarshan*. Beliebter sind aber Satelliten- oder Kabelfernsehen mit englischsprachigen Kanälen wie *BBC, CNN, Star World, HBO, National Geographic* und *Discovery*.
- **Maße & Gewichte** Offiziell benutzt Indien das metrische System. Zusätzlich wird oft von *lakhs* (1 lakh = 100 000) und *crores* (1 crore = 10 Mio.) gesprochen.
- **Radio** Als Staatssender mit über 220 Stationen bringt das *All India Radio* (AIR) landesweit lokale und internationale Nachrichten. Es gibt private Radioprogramme mit Musik, Reportagen, Talkshows und mehr.
- **Zeitungen & Zeitschriften** Zu den größten englischsprachigen Tageszeitungen zählen *Hindustan Times, Times of India, Indian Express, Hindu, Deccan Chronicle, Deccan Herald* und *Economic Times*. Indienweit erscheinen zudem englisch- und landessprachige Regionalblätter. Übers aktuelle Geschehen berichten Magazine wie *Frontline, India Today, Week, Open, Tehelka* und *Outlook*.

- An religiösen Stätten (z. B. Tempel, Klöster, Moscheen) sind Aufnahmen oft nicht gestattet. Wer Begräbnisse, religiöse Zeremonien, öffentlich badende Menschen (auch in Flüssen) oder das Innere von Schreinen ablichtet, riskiert ebenfalls großen Ärger. Daher immer vorher höflich um Erlaubnis bitten!
- Dies gilt grundsätzlich auch bei allen Personenaufnahmen (vor allem von Frauen).
- Das Verwenden von Blitzlicht ist in bestimmten Bereichen von Schreinen oder historischen Denkmälern mitunter verboten.
- In Touristengebieten kommt es recht häufig vor, dass Einheimische Geld verlangen, wenn sie für Fotos posieren. Solche Situationen erfordern Urteilsvermögen – im Zweifelsfall auch dann zuerst höflich nachfragen, um Missverständnisse zu vermeiden!

Gefahren & Ärgernisse

In Südindiens Großstädten kann man durchaus zum Opfer von Abzockern, Klein- und Gelegenheitskriminellen werden. Mit etwas gesundem Menschenverstand und entsprechender Vorsicht lassen sich die meisten Probleme jedoch vermeiden. Im Thorn-Tree-Forum (www.lonelyplanet.com/thorntree) auf der englischsprachigen Website von Lonely Planet berichten Traveller oft zeitnah über selbst erlebte Schwierigkeiten vor Ort. Weitere nützliche Hinweise liefern die separaten Kapitel „Frauen & Alleinreisende" (S. 539) und „Gefahren & Ärgernisse" (S. 536). Zudem sollten unbedingt alle aktuellen Reisewarnungen des eigenen Außenministeriums beachtet werden!

Terrorismus

In Indien kämpfen diverse Separatistengruppen (teils auch bewaffnet) für verschiedene Ziele. Hierbei bedienen sie sich aller bekannten Standardmethoden des internationalen Terrorismus: Morde plus Bombenanschläge auf Regierungseinrichtungen, öffentliche Verkehrsmittel, religiöse Zentren, Märkte und Touristenziele. In bestimmten Regionen (vor allem im Norden des Landes) kommt es immer wieder zu Aufständen.

Es ist daher sehr wichtig, alle aktuellen Reisewarnungen des eigenen Außenministeriums zu beachten und zusätzlich die örtliche Sicherheitslage stets sorgfältig zu checken (vor allem vor dem Aufbruch in potenzielle Risikogebiete).

Streiks, Ausgangssperren und politisch motivierte Proteste können den Straßenverkehr in allen indischen Regionen mitunter tagelang lahmlegen (auch Banken, Geschäfte usw.).

Allgemein gilt jedoch: Auch in Europa und den USA kann man zum Terroropfer werden. Somit gibt es keinen Grund, um Indien generell einen großen Bogen zu machen.

Geld

Eine indische Rupie (₹) besteht aus 100 Paise; nur die 50-Paise-Münzen sind ein gesetzliches Zahlungsmittel, das aber auch immer seltener wird. Geldstücke gibt's im Wert von 1, 2, 5 und 10 ₹ (die Einer und Zweier sehen fast gleich aus). Parallel sind Scheine zu 5, 10, 20, 50, 100, 500 und 1000 ₹ im Umlauf (letztere sind praktisch bei großen Rechnungen, verursachen beim Begleichen kleinerer Rechnungen aber oft Wechselgeldprobleme). Der Rupienkurs ist an den Kurs anderer Währungen gekoppelt und schwankte in den letzten Jahren mehrmals.

Für Wechselkurse und Preisinfos s. „Gut zu wissen" (S. 14).

Bargeld

➡ Wichtige Währungen wie US-Dollar, Britische Pfund und Euro lassen sich eigentlich überall in Indien einwechseln, manche Banken nehmen allerdings nur Reiseschecks an.

➡ Einige Banken akzeptieren darüber hinaus auch andere Währungen – etwa den Schweizer Franken.

➡ Private Geldwechsler tauschen oft in mehr verschiedene Währungen als Banken, aber fernab der Grenzen lässt sich z. B. Geld aus Pakistan, Nepal oder Bangladesch nur noch schwer umtauschen.

➡ Wer abseits der Standardrouten unterwegs ist, sollte immer ausreichend Bargeld in kleiner Stückelung dabeihaben.

➡ Bei jedem Geldwechsel muss jeder einzelne Schein kontrolliert werden. Verschmutzte, beschriebene, eingerissene oder auseinanderfallende Scheine sollten abgelehnt werden, weil sie später oft nicht akzeptiert werden.

➡ Wechselgeld ist ein ziemlich großes Problem im Land. Deshalb ist es sinnvoll, stets für einen Vorrat an kleinen Scheinen Sorge zu tragen: 10 ₹-, 20 ₹- und 50 ₹-Scheine sind immer besonders gefragt.

➡ Offiziell darf man keine Rupien außer Landes bringen, kontrolliert wird das aber eher lax. Übrig gebliebene Rupien können am Ende der Reise in eine beliebige ausländische Währung umgetauscht werden, am einfachsten am Flughafen (einige Banken verlangen als Minimum 1000 ₹). Manchmal braucht man aber Wechselbescheinigungen oder Kreditkarten-/Geldautomatenquittungen, und man muss seinen Reisepass und eventuell sogar das Ticket für den Rückflug vorzeigen.

Geldautomaten

➡ In den meisten Stadtzentren gibt's Geldautomaten, die Visa, MasterCard, Cirrus, Maestro und Plus allgemein am häufigsten akzeptieren.

➡ Die Geräte von Axis Bank, Citibank, HDFC, HSBC, ICICI und State Bank of India funktionieren mit ausländischen Karten. Automaten anderer Banken nehmen z. T. auch bekannte Kreditkarten an (z. B. Visa, MasterCard).

➡ Pro Abhebung liegt das Limit bei 10 000 bis 15 000 ₹. Bei der Citibank kann man im Allgemeinen bis zu 40 000 ₹ auf einmal herauslassen, was die Transaktionsgebühren reduziert.

➡ Vor dem Start sollte man sich bei der eigenen Bank nach anfallenden Gebühren und den Möglichkeiten zur verlässlichen Kartenbenutzung vor Ort erkundigen.

➡ Zudem ist es sinnvoll, der eigenen Bank den genauen Zeitraum des Indientrips mitzuteilen. Andernfalls wird die Karte eventuell wegen Missbrauchsverdachts gesperrt. Daher für alle Fälle unbedingt die Telefonnummer der eigenen Bank mitnehmen!

➡ Außerhalb größerer Städte sind stets genügend Bargeld und möglichst auch noch Reiseschecks als Reserve ratsam.

Geldwechsel

➡ Private Geldwechsler sind in der Regel länger verfügbar als Banken und überall im Land zu finden (meist unter einem Dach mit einem Internetcafé oder einem Reisebüro).

➡ Gehobene Hotels tauschen ebenfalls Geld, allerdings zu ungleich schlechteren Kursen.

Internationale Überweisungen

➡ Wem unterwegs das Geld ausgeht, der kann sich über ein an **Moneygram** (www.moneygram.com) oder **Western Union** (www.westernunion.com) angeschlossenes Geldinstitut Geld aus dem Heimatland nach Indien schicken lassen.

➡ Um das Geld dann ausgezahlt zu bekommen, werden der Reisepass und der Name sowie die Referenznummer der Person, die zu Hause die Anweisung getätigt hat, verlangt.

Kreditkarten

➡ Kreditkarten werden in vielen Geschäften, guten Restaurants und Mittel- sowie Spitzenklassehotels genommen. Gewöhnlich kann man auch Flug- oder Zugtickets per Karte bezahlen.

➡ Bargeld lässt sich auch mit der Kreditkarte in einigen Banken auszahlen.

➡ MasterCard und Visa sind die gängigsten Karten.

➡ Wichtig: Notrufnummern für verlorene und gestohlene Bank- bzw. Kreditkarten immer sicher an einem separaten Ort verwahren! Den Verlust oder Diebstahl sofort melden!

Reiseschecks

➡ Reiseschecks von American Express (Amex) und Thomas Cook werden in Indien am häufigsten akzeptiert.

➡ Mit Schecks in Euro, US-Dollar oder britischen Pfund Sterling geht vor allem in kleineren Ortschaften am wenigsten schief.

➡ Die Seriennummern sollten aufgeschrieben und zusammen mit den Kaufquittungen, Wechselbelegen und Passkopien (inkl. Visumseite) getrennt von den Schecks aufbewahrt werden. Bei Scheckverlust bzw. -diebstahl am besten sofort Amex oder Thomas Cook in Delhi kontaktieren!

➡ Um sich Reiseschecks ersetzen zu lassen, benötigt man den originalen Kaufbeleg und die Seriennummern der fehlenden Exemplare. Eventuell sind auch ein Passfoto und eine Fotokopie des polizeilichen Verlustberichts vorzulegen.

Schwarzmarkt

➡ Auch in Indien gibt's illegale Geldwechsler. Angesichts der vielen offiziellen Wechselstuben besteht aber kein Grund, auf einen illegalen Service zurückzugreifen.

➡ Wenn Passanten ungefragt ihre Dienste als Geldwechsler anbieten, steckt dahinter meist irgendeine miese Masche.

Trinkgeld, Bakschisch & Feilschen

➡ In touristischen Restaurants oder Hotels ist die Servicepauschale oft schon in der Rechnung enthalten und das Trinkgeld deshalb eine freiwillige Angelegenheit. Andernfalls wird es aber erwartet.

➡ Hotelpagen und Gepäckträger an Bahnhöfen erwarten um die 50 ₹, die Hotelangestellten für ihren Service – egal ob im Rahmen der Pflicht oder darüber hinaus – etwa gleich viel.

➡ Trinkgeld für Taxi- und Rikschafahrer ist kein Muss, sollte aber gegeben werden, wenn man zufrieden war.

➡ Wer ein Auto mit Chauffeur mietet, sollte 10 % Trinkgeld für einen guten Service geben.

➡ Bakschisch wird zwar gemeinhin mit „Trinkgeld" übersetzt, meint aber in der Regel alles von Almosen für Bettler bis zur Bestechung.

➡ Viele Inder beschwören Traveller, Kindern keine Süßigkeiten, Stifte oder Geld zu geben, um sie nicht im Betteln zu bestärken. Sinnvoller ist eine Spende an eine Schule oder eine renommierte karitative Organisation.

➡ Handeln und Feilschen ist außerhalb der Läden mit Festpreisen (dazu zählen die staatlichen und die Fair-Trade-Läden) üblich.

Wechselbescheinigungen

➡ Per Gesetz sind ausländische Währungen in Indien stets bei offiziellen Wechselstuben oder Banken umzutauschen.

➡ Nach jeder (legalen) Transaktion bekommt man eine Wechselbescheinigung (Beleg), mit der sich Rupien bei der Abreise wieder in Euro oder Schweizer Franken verwandeln lassen.

➡ Die Summe der vorgelegten Belege muss den Betrag abdecken, den man zurücktauschen will.

➡ Alternativ akzeptieren viele Banken auch Automatenquittungen als Nachweise für internationale Transaktionen.

Internetzugang

➡ Internetcafés sind in Indien weit verbreitet und haben normalerweise recht schnelle Verbindungen (gilt jedoch nicht in entlegeneren Ecken).

➡ WLAN gibt's in vielen Unterkünften und einigen Großstadtcafés. Der Zugang ist oft gratis – aber nicht immer: Seltsamerweise werden WLAN-Gebühren meist von teuren Hotels mit bereits ohnehin hohen Zimmerpreisen verlangt.

➡ Aufgrund von Strom- und Serverausfällen kann der WLAN-Empfang überall vorübergehend einbrechen.

Praktisch & Konkret

➡ Die Preise in den Internetcafés liegen zwischen ca. 15 und 100 ₹ pro Stunde. Oft muss man mindestens für 15 oder 30 Minuten bezahlen.

➡ Am frühen Morgen und am Nachmittag ist die Übertragungsrate meist am höchsten.

➡ In manchen Internetcafés muss man den Reisepass vorzeigen.

Sicherheit

➡ Sensible persönliche Daten (vor allem jeglicher finanzieller Art) sollten niemals von öffentlichen bzw. ungesicherten Rechnern aus verschickt werden. Falls dies dennoch unbedingt nötig werden sollte, ist es höchst ratsam, alle persönlichen Passwörter bzw. Codes (z. B. für E-Mail, Online-Banking, Kreditkartensicherheit) möglichst bald zu ändern.

Laptops

➡ Abseits von WLAN-Hotspots geht's am einfachsten über das eigene Smartphone ins Internet. Hierfür empfiehlt sich eine indische SIM-Karte, um Roaming-Gebühren zu vermeiden.

- Alternativ verkaufen Unternehmen wie Reliance, Airtel, Tata Docomo und Vodafone drahtlose Prepaid-Modem-Sticks (Dongles; Standard 2G/3G), die einfach in den USB-Anschluss des Laptops gesteckt werden. Zur Freischaltung (kann bis zu 24 Std. dauern) muss man seine Identität bestätigen und eine indische Wohnadresse nachweisen. Die nicht erstattbare Aktivierungsgebühr (ca. 2000 ₹) beinhaltet den eigentlichen Dongle und etwa 10 GB Datenvolumen. Nachladen mit 20 GB kostet ca. 1000 ₹.
- Wichtig: Unbedingt rechtzeitig prüfen, ob der gewählte Provider das geplante Reisegebiet abdeckt!
- Universelle Steckdosenadapter mit Überspannungsschutz bewahren Rechnerplatinen vor Spannungsspitzen und sind vor Ort überall erhältlich.

Karten & Stadtpläne

Vor Ort erhältliche Karten sind von unterschiedlicher Qualität. Die meisten staatlichen Touristeninformationen verteilen einfache Umgebungspläne. Beispiele für bessere Anbieter (Produkte bei guten Buchläden erhältlich):

Eicher (http://maps.eicherworld.com)

Nelles (www.nelles-verlag.de)

Survey of India (www.surveyofindia.gov.in) Auf der Website sind viele Karten gratis herunterladbar.

TTK (www.ttkmaps.com)

Öffnungszeiten

- Offizielle Geschäftszeit ist montags bis freitags zwischen 10 und 17 Uhr. Büros öffnen aber oft später und schließen früher; zudem legen sie meist eine Mittagspause (ca. 13–14 Uhr) ein.
- Mittelteure und teure Restaurants machen z. T. erst mittags auf.
- Wechselstuben empfangen Kunden oft täglich und länger als Banken.
- Im Vergleich zu größeren Filialen haben kleine Postämter von Montag bis Samstag kürzer und sonntags gar nicht geöffnet.
- Wo eine Sechstagewoche herrscht, ist eventuell am zweiten und vierten Samstag des Monats geschlossen.

Allgemeine Öffnungszeiten

Branche	Öffnungszeiten
Banken	Mo–Fr 10–16, Sa 10–13 Uhr
Behörden	Mo–Fr 9.30–13 & 14–17.30 Uhr, z. T. am 2. & 4. Sa des Monats geschl.
Fluglinien	Mo–Sa 9.30–17.30 Uhr
Geschäfte	10–20 Uhr, z. T. So geschl.
Museen	Di–So 10–17 Uhr
Postämter	Mo–Sa 9–20, So 10–16 Uhr
Restaurants	8 od. 9–22 od. 23 Uhr
Sehenswürdigkeiten	10–17 Uhr od. Sonnenaufgang–Sonnenuntergang

Post

Indien hat mit über 155 000 Postämtern das weltweit größte Postnetzwerk. Generell sind der Briefzustellungs- und der postlagernde Service gut, auch wenn es manchmal etwas dauert, bis eine Sendung ankommt – je nachdem, wo man den Brief aufgibt.

Die Beförderung per Luftpost geht schneller als per Schiff, aber bei Wertsachen sollte man lieber einen Kurierdienst (etwa DHL oder TNT) beauftragen – nach Europa kostet das etwa 3000 ₹ pro Kilogramm.

Kleinere, private Kurierdienste sind oft billiger, aber Waren werden zur Kostensenkung manchmal in andere Pakete umgepackt, und es verschwindet auch mal was.

Post empfangen

- Bis heute kann man sich postlagernde Sendungen nach Indien schicken lassen und dort bei Postämtern abholen.
- Damit das funktioniert, sollte der Nachname des Adressaten auf Briefen in Großbuchstaben vermerkt und zusätzlich unterstrichen werden. Darunter folgen „Poste Restante" (postlagernde Sendung), „GPO" (General Post Office; Hauptpost) und der jeweilige Ort. Zum Abholen ist der Reisepass erforderlich.
- Da viele „verschwundene" Briefe nur versehentlich unter dem Vornamen des Empfängers einsortiert wurden, sollte man immer beide Möglichkeiten prüfen lassen.
- Der Absender gibt idealerweise immer auch seine eigene Adresse an, damit nicht abgeholte Post zurückgeschickt werden kann. Dies geschieht im Allgemeinen nach vier bis acht Wochen.
- Pakete lässt man sich am besten per Einschreiben schicken.

Post versenden

BRIEFE

- Luftpostbriefe nach Übersee kosten 25 ₹ (Luftpostleichtbriefe 15 ₹).
- Postkarten gehen für ca. 12 ₹ in alle Welt.
- Postkarten sollten erst *nach* dem Frankieren beschrieben werden: Manche

Postfilialen geben einem bis zu vier Briefmarken für eine einzige Karte.

➡ Internationale Einschreiben kosten 50 ₹ Aufpreis.

PÄCKCHEN & PAKETE

➡ Die Paketaufgabe geht mancherorts recht fix vonstatten; anderswo stehen lange Warteschlangen vor mehreren Schaltern. Morgens ist meist am wenigsten los.

➡ Alle Pakete, die man mit der staatlichen Post verschicken möchte, müssen in weißes Leinen eingenäht werden (inkl. Nahtversiegelung mit Wachs). Normalerweise erledigen dies externe Dienstleister in Postnähe gegen geringe Gebühr.

➡ Unversicherte Luftpostpäckchen bis 250 g kosten zwischen 400 und 850 ₹ in beliebige Länder. Bis zu einem Maximalgewicht von 2 kg werden pro weitere 250 g jeweils 50 bis 150 ₹ extra fällig. Bei noch schwereren Päckchen gelten andere Tarife.

➡ Je nach Zielland dürfen Paketsendungen höchstens 20 bis 30 kg wiegen.

➡ Zur Auswahl stehen Luftfracht (1–3 Wochen), Seefracht (2–4 Monate) oder Surface Air-Lifted (SAL; ca. 1 Monat), ein seltsamer Mix aus Luft- und Seefracht.

➡ Expresspost (Express Mail Service; EMS) ist etwa 30 % teurer als normale Luftpost und wird innerhalb von drei Tagen zugestellt.

➡ Postfilialen führen auch alle nötigen Zollformulare, die man an Sendungen festnähen bzw. -kleben muss. Geschenke im Maximalwert von 1000 ₹ können zollfrei verschickt werden.

➡ Für den Gang zum Schalter empfiehlt sich ein wasserfester Stift, falls das Personal zusätzliche Angaben auf dem Paket verlangt.

➡ Bücher und andere Drucksachen lassen sich als internationale Büchersendung in einem „Bulk Bag" aufgeben (350 ₹, max. 5 kg; zzgl. 100 ₹/weiteres kg). Der Inhalt muss dabei so verpackt sein, dass ihn der Zoll durch eine Öffnung begutachten kann. Kompetente Schneider erledigen dies aber so gut, dass unterwegs nichts rausfällt.

➡ Die Website der **India Post** (www.indiapost.gov.in) verfügt über einen Tarifrechner für nationale und internationale Sendungen.

Rechtsfragen

Wer mit dem indischen Gesetz in Konflikt gerät, sollte schnellstmöglich die eigene Botschaft kontaktieren. Diese kann jedoch oft nur die Haftbedingungen überwachen und einen Rechtsbeistand vermitteln. In der indischen Rechtsprechung liegt die Beweislast oft beim Beschuldigten, zudem muss dieser eventuell schon vor Prozessbeginn ins Gefängnis.

Drogen

➡ Das indische Gesetz unterscheidet nicht zwischen „weichen" und „harten" Drogen: Der Besitz sämtlicher illegaler Betäubungsmittel gilt als Straftat und wird mit einer Haftstrafe geahndet.

➡ Bei Kleinmengen für den Eigenkonsum gibt's bis zu einem Jahr hinter Gittern. Eine Einstufung als Dealer oder Schmuggler bedeutet jedoch mindestens zehn Jahre Gefängnis. Obendrein wird meist noch eine saftige Geldstrafe fällig.

➡ Bis zur Gerichtsverhandlung können Monate oder sogar Jahre vergehen. Unterdessen bleibt der Angeklagte eventuell in Haft.

➡ Achtung: In Goa und anderen Backpacker-Zentren wird regelmäßig verdeckt gegen Traveller ermittelt.

➡ Obwohl Marihuana im ganzen Land wild wächst, ist der Konsum überall strengstens verboten. Einen Sonderstatus haben nur Städte, in denen *bhang* legal für religiöse Rituale verkauft wird.

➡ Die Polizei geht ganz besonders rigoros gegen ausländische Drogenkonsumenten vor – dieses Risiko darf man also auf keinen Fall unterschätzen!

➡ Manche Medikamente, die in einigen Ländern nicht bzw. nur sehr eingeschränkt erhältlich sind, bekommt man in Indien eventuell verschreibungsfrei oder auf Rezept. Doch Vorsicht: Die eigenmächtige Einnahme ohne professionelle medizinische Betreuung kann sehr gefährlich sein!

Polizei

➡ Der Reisepass sollte stets griffbereit gehalten werden: Polizeiliche Personenkontrol-

FINGER WEG VON BHANG-LASSIS!

Das Getränk steht selten auf der Karte, aber manche Restaurants mixen in Touristenhochburgen heimlich so genannte *bhang*-Lassis oder *special lassis* zusammen. Sie enthalten oft Joghurt, Eiswasser sowie ein Marihuanaderivat (manchmal auch andere Drogen) und haben es oft wirklich in sich: Zu den Folgen können z. B. lange anhaltende Rauschzustände und verschiedene Grade von Verzückung, Übelkeit, Halluzinationen oder Paranoia gehören. Nach dem Genuss des fiesen Gebräus lagen schon einige Traveller tagelang flach und wurden teils auch ausgeraubt oder bei Unfällen verletzt. Ganz wenige Städte haben legale bzw. staatlich kontrollierte *bhang*-Verkaufsstellen.

AUSFUHRVERBOTE

Um Indiens Kulturerbe zu bewahren, ist die Ausfuhr bestimmter Antiquitäten verboten. Dies gilt insbesondere für Stücke, die nachweislich über 100 Jahre alt sind. Renommierte Antiquitätenhändler kennen die Bestimmungen und kümmern sich bei der legalen Ausfuhr von Objekten um die Exportfreigabe. Ausführliche Informationen zu Antiquitäten, die nicht ausgeführt werden dürfen, liefert die staatliche Website www.asi.nic.in/pdf_data/8.pdf. Die Vorschriften mögen streng erscheinen, doch die Zahl verlorener altertümlicher Kunstwerke und Skulpturen durch den internationalen Antiquitätenhandel ist alarmierend. Besucher sollten angesichts dessen besser auf hochwertige Repliken zurückgreifen.

Der Indian Wildlife Protection Act verbietet jegliche Form des Wildtierhandels. Bitte niemals Produkte kaufen, die den Bestand bedrohter Arten oder deren Lebensräume gefährden! Wer sich nicht daran hält, dem droht eine empfindliche Geld- oder sogar Haftstrafe. Probleme gibt's z. B. bei Elfenbein, *shahtoosh*-Schals (aus dem extrem feinen Unterfell des Tschiru, der seltenen Tibetantilope) sowie jeglichen Produkten aus Fell, Haut, Hörnern oder Panzern bedrohter Spezies. Auch der Kauf von aus seltenen Pflanzen hergestellten Artikeln ist verboten.

len sind jederzeit und überall möglich.

➡ Wer wegen eines angeblichen Vergehens verhaftet und zur Schmiergeldzahlung aufgefordert wird, sollte wissen: Schmiergelder sind in Indien illegal. Viele Traveller bezahlen Bußgelder aber lieber sofort und kommentarlos, um eine willkürlich Erhöhung der Beträge zu verhindern.

➡ Wegen der wild wuchernden Korruption hat man mit Indiens Polizei am besten so wenig wie möglich zu tun und vermeidet potenziell riskante Situationen daher idealerweise von vornherein.

Verhalten in der Öffentlichkeit

➡ Das gesetzliche Rauchverbot in öffentlich zugänglichen Einrichtungen (z. B. Restaurants, Bars, Hotels, Flughäfen, Bahnhöfe) wird von den indischen Behörden kaum durchgesetzt. Falls doch, beträgt das Bußgeld 200 ₹ (soll eventuell zukünftig auf 20 000 ₹ erhöht werden).

➡ In Privaträumen und auf den meisten Freiflächen (z. B. Straßen) darf gequalmt werden – vorausgesetzt, dort befinden sich keine Verbotsschilder.

➡ Einige indische Städte bitten auch (und ebenso unterschiedlich streng) zur Kasse, wenn Speichel oder Müll auf dem Boden landen.

Reisen mit Behinderung

Indiens überfüllte Nahverkehrsmittel, erdrückende Menschenmassen und eine mangelhafte Infrastruktur können Traveller schon mal an ihre Grenzen bringen. Körper- und Sehbehinderte müssen sich in Indien daher einer umso größeren Herausforderung stellen. Bei stark eingeschränkter Mobilität empfehlen sich Reisen mit Begleitperson.

Bürgersteige & Fußwege Wenn sie überhaupt existieren, wimmeln Bürgersteige oftmals von Schlaglöchern, Schuttbrocken und Passanten. Wer Krücken braucht, sollte unbedingt genügend Endkappen aus Gummi mitnehmen.

Unterkunft Rollstuhlgerechte Hotels sind fast immer Spitzenklassehäuser. Somit ist es ratsam, rechtzeitig zu recherchieren und gegebenenfalls Erdgeschosszimmer zu buchen.

Verkehrsmittel & -wege Ein Mietwagen mit Fahrer kann das Erkunden des Landes sehr erleichtern. Rollstuhlfahrer sollten allerdings sichergehen, dass die Verleihfirma ein Fahrzeug mit ausreichend Stauraum bereitstellt.

Zugänglichkeit Manche Restaurants und Büros haben Rollstuhlrampen, doch fast immer muss mindestens eine Stufe gemeistert werden. Indische Treppenhäuser sind nicht selten recht steil. Aufzüge halten regelmäßig an Zwischengeschossen zwischen den eigentlichen Stockwerken.

Vor dem Start nach Südindien klärt man persönliche Gesundheits- und Mobilitätsfragen am besten mit einem qualifizierten Arzt.

Nützliche Anlaufstellen bezüglich allgemeiner Informationen in Sachen Reisen mit Behinderung sind die folgenden:

Mobility International Schweiz (☎062-212-6740; www.mis-ch.ch; Amthausquai 21, 4600 Olten)

MyHandicap Deutschland (☎089-7677-6970; www.myhandicap.de; Steinheilstr. 6, 85737 München-Ismaning)

MyHandicap Schweiz (☎043-211-4949; www.myhandicap.ch; Weinbergstr. 29, 8006 Zürich)

Nationale Koordinierungsstelle Tourismus für Alle e.V. (Natko; ☎0211-3368-001; www.natko.de; Fleher Str. 317a, 40223 Düsseldorf)

Access-Able Travel Source (www.access-able.com)

Accessible Journeys (www.disabilitytravel.com)

Global Access News (www.globalaccessnews.com)

Schwule & Lesben

➡ Nach kurzzeitiger Legalisierung (2009–2013) steht Homosexualität im konservativen Indien heute erneut unter Strafe. Schwule und lesbische Besucher sollten sich entsprechend diskret verhalten – auch, weil hier öffentliche Zuneigungsbekundungen von homo- wie heterosexuellen Paaren allgemein verpönt sind.

➡ Trotz der aktuellen Gesetzeslage gibt's Schwulenszenen und Gay-Pride-Paraden in einigen Großstädten. Hierzu zählen z. B. Mumbai (Bombay; S. 77), Chennai (Madras), Bengaluru (Bangalore) und Hyderabad. Zudem existiert eine schwul-lesbische Urlauberszene in Goa.

Infos im Internet & Medien

Gay Bombay (www.gaybombay.org) Hilfe, Tipps und ein schwuler Eventkalender.

Gaylaxy (www.gaylaxymag.com) Indiens wohl bestes Online-Magazin mit News, Blogs, Artikeln (u. a. über Mode) und Kritiken.

Gaysi Zine (www.gaysifamily.com) Tiefgreifendes Monatsmagazin mit einer Website, die sich u. a. Literatur und Themen aus der Szene widmet.

Indian Dost (www.indiandost.com/gay.php) News und Infos (u. a. Adressen von indischen Kontaktgruppen).

Indja Pink (www.indjapink.co.in) Erste „schwule Reiseboutique" des Landes, gegründet von einem indischen Modedesigner.

Orinam (www.orinam.net) Wird von Chennai aus betrieben und liefert u. a. Tipps plus Hilfe. Hinzu kommen ein Veranstaltungsverzeichnis und ein nützlicher Twitter-Feed (@chennaipride).

Queer Azaadi Mumbai (www.queerazaadi.wordpress.com) (News-)Blog der Mumbaier Schwulenszene.

Queer Ink (www.queer-ink.com) Online-Buchladen mit Schwerpunkt auf schwulen- und lesbenspezifischer Lektüre aus Indien.

Unterstützergruppen

Chennai Dost (www.chennai-dost.blogspot.com) Forum für den Austausch von Erfahrungen und Infos; organisiert Events wie Partys, Ausstellungen, Kampagnen, Filmfestivals und den Chennai Rainbow Pride March (Juni).

Humsafar Trust (☎022-26673800; www.humsafar.org; Old BMC Bldg, 1. Stock, Nehru Rd, Vakola, Santa Cruz East) Steht Schwulen und Transsexuellen u. a. mit Rechtsbeihilfe zur Seite. Das Stiftungszentrum veranstaltet verschiedene Workshops und verfügt über eine Bibliothek, in der das LGBT-Magazin *Bombay Dost* ausgelegt wird.

Queer Campus Hyderabad (www.facebook.com/qcampushyd) Studentische Gruppe mit wöchentlichen Zusammenkünften und monatlichen Events (beispielsweise Kostümpartys, Filmfestivals).

Wajood Society (www.wajoodsociety.com) Hyderabads Szeneunterstützungsgruppe, die sich beispielsweise an der Organisation von Veranstaltungen wie dem Queer Pride March (Feb.) beteiligt.

Strom

230 V/50 Hz

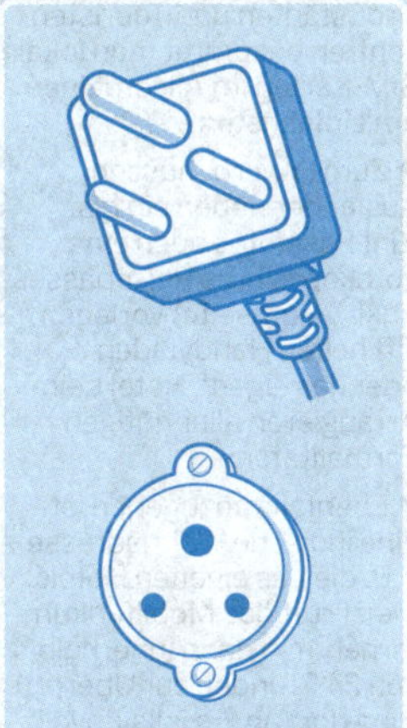

230 V/50 Hz

Telefon

Handys

➡ Indische Handynummern sind meist zehnstellig und beginnen oft mit ☎9 (manchmal ☎7 oder ☎8).

➡ In den meisten größeren und großen Städten ist Roaming mit weltweit funktionierenden GSM-Handys möglich.

➡ Bei eingehenden Anrufen sind die Roaming-Kosten oft am höchsten. Eine günstigere Alternative ist der Einstieg in Indiens Mobilfunknetz mit einer eigenen SIM-Karte.

➡ Handys aus westlichen Ländern sind mitunter an bestimmte Netze (Netlock) oder SIM-Karten (SIM-Lock) gebunden. Zum Benutzen indischer SIM-Karten muss daher entweder die Sperre aufgehoben oder ein indisches Gerät (ab 2000 ₹) gekauft werden.

INDISCHE HANDYS VERWENDEN

➡ Das Benutzen indischer Handys ist günstig und in vielen Regionen recht stressfrei zu bewerkstelligen (in Tamil Nadu, Telangana und Andhra Pradesh gilt Letzteres allerdings nicht). In

Großstädten und Touristenzentren bekommt man lokale SIM-Karten im Allgemeinen am einfachsten.

➡ Zum Erwerb müssen Ausländer neben ein bis fünf Passfotos auch eine Fotokopie ihres Reisepasses (inkl. Visumseite) vorlegen. Oft helfen Handyläden oder das eigene Hotel beim Arrangieren aller nötigen Formalitäten.

➡ Ebenfalls anzugeben ist eine indische Wohnadresse – z. B. die des eigenen Hotels. Meist ruft das Mobilfunkunternehmen dann innerhalb von 24 Stunden zur Überprüfung dort an. Es ist sinnvoll, das Hotelmanagement zeitnah über den zu erwartenden Anruf zu informieren.

➡ Idealerweise kauft man seine SIM-Karte während eines mehrtägigen Aufenthalts an einem Ort, um sich bei Problemen gleich an den jeweiligen Händler wenden zu können. Wichtig: Um Abzocke zu vermeiden, ausschließlich auf offizielle Filialen von Mobilfunkunternehmen zurückgreifen!

➡ Indische SIM-Karten haben eine normale Größe. Falls nötig, schneiden die meisten Handyshops das Format aber mittels einer speziellen Maschine zurecht.

➡ Eine Alternative sind freundliche Einheimische, die das Handy mit ihrem indischen Ausweis registrieren.

➡ In den meisten indischen Städten gibt's Prepaid-Handypakete (inkl. SIM-Karte, Telefonnummer und Startguthaben) ab ca. 200 ₹ in Telefonläden bzw. -buden (STD/ISD/PCO) und Gemischtwarengeschäften.

➡ Guthaben gibt's direkt beim Händler. Nach Zahlung wird der Betrag dem Konto gutgeschrieben, abzüglich Steuern und Gebühren.

GESPRÄCHSGEBÜHREN & NETZABDECKUNG

➡ Gespräche innerhalb des Bundesstaats oder der Stadt, in der die SIM-Karte erworben wurde, sind günstig (unter 1 ₹/Min.). Eine Auslandstelefonatminute kostet teils unter 10 ₹.

➡ Das Verschicken von SMS ist noch billiger: Eine Textnachricht ins Ausland beläuft sich auf 5 ₹. Eingehende Anrufe und SMS sind gratis.

➡ Unzuverlässige Sendesignale und Probleme beim internationalen SMS-Verkehr sind nicht unüblich. So werden Nachrichten mitunter erst verspätet oder gar nicht verschickt bzw. empfangen.

➡ Die führenden Mobilfunkanbieter sind Airtel, Vodafone, Reliance, Idea und BSNL. Die Netzabdeckung variiert je nach Region (bei Airtel ist sie allgemein am besten).

➡ Aufgrund der ständigen Bewegung im Mobilfunksektor kann sich bei Tarifen, Anbietern und Netzabdeckung jederzeit etwas ändern.

Telefonnummern & Vorwahlen

➡ Um aus dem Ausland nach Indien zu telefonieren, wählt man zuerst den internationalen Zugangscode des jeweiligen Ausgangslands. Dann folgen Indiens Ländercode (☎91), Ortsvorwahl (ohne erste Null) und die eigentliche Anschlussnummer. Wer auf einem Handy anruft, kann die Ortsvorwahl inklusive Null am Anfang weglassen.

➡ Auslandsgespräche aus Indien beginnen mit dem internationalen Zugangscode (☎00); danach kommt die Landesvorwahl (z. B. Deutschland ☎0049, Österreich ☎0043, Schweiz ☎0041). Dann sind die Ortsvorwahl ohne erste Null und die Anschlussnummer zu wählen.

➡ Indische Festnetznummern bestehen aus einer Ortsvorwahl und bis zu acht weiteren Ziffern.

➡ Gebührenfreie Nummern beginnen mit ☎1800.

➡ Für Anrufe ins Mobilnetz eines anderen Bundesstaats muss vor der zehnstelligen Nummer eine ☎0 gewählt werden.

➡ Bei Gesprächen vom Mobil- ins Festnetz muss immer die Ortsvorwahl mit der ersten Null gewählt werden.

➡ Bei manchen Callcenter-Nummern muss die erste Null gewählt werden, z. B. wenn man ein Flugticketbüro in Delhi von Karnataka aus anruft.

➡ Unter ☎000127 erreicht man einen internationalen Telefondienst, der Anrufe in die ganze Welt durchstellt und R-Gespräche anbietet.

Telefonstuben

➡ Außer an Flughäfen gibt's in Südindien nur wenige öffentliche Telefone. Dafür findet man überall private Telefonbuden (STD/ISD/PCO), von wo aus Ortsgespräche, landesweite und internationale Telefonate günstiger sind als vom Hotelzimmer aus.

➡ Digitale Gebührenzähler sorgen dabei für Kostenkontrolle und drucken nach dem Auflegen meist auch eine Quittung aus.

➡ Die Tarife variieren je nach Anbieter und Entfernung. Pro Minute werden zwischen 1 (Ortsgespräche) und 5 bis 10 ₹ (Auslandsgespräche) fällig.

➡ Manche Telefonbuden offerieren auch einen Rückrufservice: Man klingelt zu Hause an, gibt die Nummer der Bude durch und wartet auf den Rückruf. Das kostet dann den ersten Anruf plus 20 ₹.

Telefonverzeichnisse

➡ Die **Yellow Pages** (www.yellowpages.co.in) und **Justdial** (www.justdial.com) liefern nützliche Infos.

Toiletten

➡ Öffentliche Toiletten gibt's am ehesten in Großstädten

und Touristenhochburgen. Die saubersten Toiletten haben in der Regel moderne Restaurants, Einkaufszentren und Kinos.

➡ Abseits städtischer Zentren findet man oft nur Hocktoiletten. Viele Einheimische pflegen eine recht spezielle Form der Toilettenhygiene: Dabei wird das Hinterteil mittels eines kleinen Wasserbehälters und der linken Hand gereinigt. Eigenes Toilettenpapier und Desinfektionsmittel für den Notfall ist daher stets empfehlenswert.

Touristeninformation

Die Vertretungen des indischen Tourismusministeriums („India Tourism") werden in jedem Bundesstaat durch dessen eigenes Netz von Infobüros ergänzt. Diese unterscheiden sich stark in Sachen Effizienz und Nutzen: Manche werden von sehr hilfsbereiten Enthusiasten betrieben, während andere fast nur als Verkaufsstellen für geführte Touren der jeweiligen State Tourism Development Corporation fungieren.

Der allererste Blick sollte stets dem Online-Portal des indischen Tourismusministeriums gelten: Der „Help Desk" im oberen Websitebereich von **Incredible India** (www.incredibleindia.org) liefert Einzelheiten zu Regionalvertretungen im ganzen Land. Offizielle Touristenwebsites des Landes können oft auch hilfreiche Informationen liefern.

Unterkunft

Südindiens Quartiere reichen von Backpacker-Hostels mit Betonböden und kalten Eimerduschen bis hin zu opulenten historischen Hotels.

Kategorien

Allgemein reicht der Budgetbereich ($) von einfachen Hostels, Hotels und Pensionen in Städten bis hin zu traditionellen Privatunterkünften in Dörfern. Mittelklassehotels ($$) haben meist größere, sauberere Zimmer (normalerweise klimatisiert) und öfter auch Restaurants. Im Spitzenklassesegment ($$$) findet man z. B. luxuriöse Kettenhotels, Resorts und tolle historische Paläste.

Preise

Die Preise variieren erheblich: Am höchsten sind sie in großen Städten, vor allem in Mumbai (Bombay), und am niedrigsten sind sie in kleinen Städten und in ländlichen Gebieten. Zudem orientieren sich die Kosten stark an der Saison – außerhalb der Hauptsaison fallen die Zimmerpreise mitunter um 20 bis 50 %. Die meisten Unterkünfte erhöhen ihre Preise jedes Jahr, deswegen sind viele Angaben schnell überholt.

Reservierungen

➡ Vor allem bei Trips zu beliebteren Zielen ist Reservierung über Telefon oder Internet ratsam. Manche Hotels verlangen beim Buchen eine Anzahlung per Kreditkarte.

➡ Einige Budgetoptionen nehmen gar keine Reservierungen vor, da sie nicht wissen, wann ihre Gäste auschecken werden – daher am besten einfach vorher

WAS MAN ÜBER BAD UND TOILETTE WISSEN SOLLTE

➡ Die meisten indischen Mittelklasse- und alle Spitzenklassehotels haben Sitztoiletten mit Toilettenpapier plus Seife. In Billigabsteigen oder entlegenen Unterkünften gibt's aber meist nur Hocktoiletten und fast nie Toilettenpapier. Hocktoiletten werden oft als *Indian-style*, *Indian* oder *floor* bezeichnet. Sitztoiletten heißen *Western* oder *commode toilets*. Mancherorts findet man auch die seltsame *hybrid toilet*, also eine Sitztoilette mit Fußstützen am Schüsselrand.

➡ Für die Badezimmer in den Hotels gelten ebenfalls verschiedene Bezeichnungen: *Attached bath*, *private bath* oder *with bath* stehen für Zimmer mit eigenem Bad, *common bath*, *shared bath* oder *no bathroom* für Gemeinschaftsbäder.

➡ Fließendes Warmwasser ist nicht in allen Zimmern vorhanden. Trotz Angaben wie *running*, *24-hour* oder *constant* läuft's auch nicht unbedingt rund um die Uhr warm aus dem Hahn. Bei *bucket* kommt das warme Nass nur in Eimern aufs Zimmer (gratis oder gegen eine geringe Gebühr).

➡ An den Wänden vieler Hotelbäder hängen elektrische *geysers* (Boiler), die oftmals eine Stunde vor Gebrauch eingeschaltet werden müssen. Achtung: Manchmal befindet sich der Boiler-Hauptschalter außerhalb des Zimmers!

➡ *Room with shower* ist mit Vorsicht zu genießen: Gelegentlich ragt nur ein Wasserrohr als „Dusche" aus der Wand. Aus Kostengründen klemmen einige Hotels ihre Duschen auch heimlich ab. Anderswo rieseln eventuell nur ein paar mickrige Tropfen herab.

➡ Sofern nicht anderweitig vermerkt, haben alle aufgeführten Hotelzimmer ein eigenes Bad.

REGIONALE UNTERKUNFTSPREISE

Sofern nicht anderweitig vermerkt, gelten die folgenden regionalen Preisbeispiele jeweils für ein Doppelzimmer mit eigenem Bad in der Hauptsaison.

Kategorie	Kerala	Karnataka	Goa
$	unter 1200 ₹	unter 800 ₹	unter 1200 ₹
$$	1200–3500 ₹	800–2500 ₹	1200–5000 ₹
$$$	über 3500 ₹	über 2500 ₹	über 5000 ₹

anrufen oder zur Checkout-Zeit vorbeischauen!

- Mancherorts wird beim Einchecken eine Anzahlung fällig, die man aber grundsätzlich nur gegen Quittung entrichten sollte. Achtung: Niemals Blanko-Kreditkartenbelege unterschreiben! Falls das Hotel dennoch darauf besteht, ist Barzahlung ratsam.
- Beim Einchecken unbedingt immer die Zeit für den Checkout ermitteln: Mitunter muss man das Zimmer zu einer bestimmten Uhrzeit (meist 10 od. 12 Uhr) verlassen haben. Anderswo können Gäste dagegen rund um die Uhr gehen (Zimmermiete tagesweise bzw. jeweils 24 Std. ab dem Einchecken). Wenn das gewünschte Quartier gerade frei ist, ermöglichen manche Hotels auf Wunsch auch Einchecken zu früher Stunde.

Saisonale Unterschiede

- Die Hauptsaison fällt normalerweise auf die Periode mit dem besten Wetter für die örtlichen Attraktionen und Aktivitäten – in Bergregionen zumeist auf den Frühling (April–Juni), im Tiefland auf die kühleren Monate (grob Nov.–Feb.).
- In Touristenhochburgen gibt's an Weihnachten und Neujahr eine zusätzliche Hauptsaison; dann sollte man weit im Voraus reservieren.
- Außerhalb der Saison sind enorme Rabatte drin. Wirkt ein Hotel ruhig, empfiehlt es sich, nach Ermäßigungen zu fragen.
- In bestimmten Regionen (z. B. Goa) schließen manche Hotels während der Monsunzeit.
- In vielen Tempelstädten ist rund um große Feste und Wallfahrten ebenfalls Saison.

Steuern & Servicegebühren

- Der indische Staat erhebt diverse Übernachtungssteuern, die zum eigentlichen Zimmerpreis hinzukommen. Hiervon ausgenommen sind oft nur günstigere Bleiben.
- Die Steuern variieren je nach Bundesstaat und z. T. auch je nach Zimmertarif – bei teureren Quartieren können sie entsprechend höher liegen.
- Einige noblere Hotels und Restaurants verlangen obendrein noch eine „Servicegebühr" (meist rund 10 %).
- Sofern nicht anderweitig vermerkt, verstehen sich alle Preisangaben in diesem Buch inklusive Steuern.

Unterkunftsarten

BUDGETUNTERKÜNFTE & MITTELKLASSEHOTELS

- Mit etwas Glück findet man Budgetunterkünfte und Mittelklassehotels gelegentlich in stimmungsvollen alten Häusern oder historischen Gebäuden. Zumeist handelt es sich dabei jedoch um moderne Betonblocks mit variierendem Komfort. Manche davon sind charmant, sauber und ihr Geld wert, andere wiederum weniger.
- Da die Zimmerqualität auch innerhalb desselben Hotels stark schwanken kann, sollten die Quartiere möglichst vorab besichtigt werden. Oft werden verschiedene Preise für verschiedene Standards verlangt. Wer nicht gerade auf muffigen Sockengeruch steht, wählt bei günstigeren Optionen besser kein Zimmer mit Teppichboden.
- Gemeinschaftsbäder (oft mit Hocktoiletten) haben normalerweise nur die billigsten Bleiben.
- Die meisten Zimmer besitzen Deckenventilatoren. Bessere Varianten verfügen über Fenster mit Moskitonetzen. Günstigere Optionen sind jedoch mitunter fensterlos.
- Wer hauptsächlich in Budgetunterkünften übernachten möchte, hat am besten eigene Laken bzw. einen Schlafsacküberzug dabei: In billigen Hotels ist die Bettwäsche mitunter fleckig, stark abgenutzt und dringend waschbedürftig. Auch Handtücher, Toilettenpapier und Seife müssen eventuell selbst mitgebracht werden.
- Insektenspray und eine Taschenlampe sind bei Billighotels unverzichtbar.
- Vor allem in Stadtzentren kann der Lärmpegel gewaltig nerven. Somit heißt's gute Ohrstöpsel mitbringen und Zimmer an belebten Straßen meiden!
- Besonders in Budgetunterkünften schließen Gäste ihre Tür besser ab – nach kurzem Anklopfen marschieren manche Hotelangestellten ins Zimmer, ohne auf ein „Herein" zu warten.
- Insbesondere während der Monsunzeit gibt's häufig Stromausfälle. So sollte das Hotel unbedingt ein Notstromaggregat haben, wenn man für elektrische „Extras" wie TV, Klimaanlage und WLAN bezahlt.
- Sobald es dunkel wird, verriegeln manche Unterkünfte ihre Eingangstüren.

Jemand vom Personal übernachtet dann zwar in der Lobby, lässt sich aber eventuell nur schwer wecken. Wer spätabends eintrifft oder von einem Ausflug zurückkehrt, sollte daher rechtzeitig Bescheid geben.

➡ Abseits von Touristenzentren verfügen günstigere Hotels vielleicht nicht über die erforderlichen Registrierungsformulare für Ausländer und lehnen einen daher ab.

CAMPING

➡ Südindien hat nur wenige öffentliche Campingplätze. Gezeltet werden kann zumeist nur auf ein paar Resort- bzw. Hotelgeländen an der Küste und in Naturreservaten oder deren Umkreis. Dort findet man aber normalerweise fest aufgebaute Zelte mit eigenen Bädern, die so groß und komfortabel wie Hotelzimmer sind.

HOSTELS

➡ In Goa und Kerala findet man immer mehr echte Backpacker-Hostels, die Gäste mit sauberen Schlafsälen, Gratis-WLAN, Schließfächern, Gemeinschaftsküchen und Aufenthaltsbereichen empfangen. In Goa gibt's ein halbes Dutzend eigenständige Optionen. **Vedanta Wake Up!** (www.vedantawakeup.com) hat inzwischen mehrere Hostels in Kerala eröffnet.

➡ Ein paar weitere Herbergen werden von der YWCA, YMCA oder Heilsarmee betrieben. Diese Häuser werden manchmal *guesthouses* genannt und besitzen normalerweise saubere, komfortable Zimmer (z. T. mit Klimaanlage) anstelle von bzw. zusätzlich zu Schlafsälen. Sie bieten einen anständigen Standard im oberen Budget- oder unteren Mittelklassebereich.

➡ Ansonsten gibt's noch ein paar privat betriebene Jugendherbergen mit einfachen und günstigen Schlafsälen, die vor allem bei indischen Studenten beliebt sind. Solche Gemeinschaftsquartiere sind auch in manchen Billighotels vorhanden – dann allerdings eventuell nicht nach Geschlechtern getrennt und voller alkoholisierter Männer.

PRIVATUNTERKÜNFTE & PAYING-GUEST-PROGRAMME

➡ Solche familiengeführten Gästehäuser (alias Homestays) eignen sich für alle, die weniger kommerzielle kleine Unterkünfte mit selbst zubereiteten Mahlzeiten suchen. Allerdings sind sie nur in bestimmten Regionen vorhanden.

➡ Das Spektrum reicht dabei von lehmverputzten Dorfhütten mit Steinwänden und Hocktoiletten bis hin zu komfortablen Stadthäusern der indischen Mittelschicht.

➡ Besonders beliebt sind diese Optionen in Kerala bzw. dessen Homestay-Hochburg Fort Cochin. Gleich dahinter rangieren Alappuzha (Alleppey) und Kumily.

➡ Lokale Touristeninformationen führen Verzeichnisse über Familien, die an Homestay-Programmen teilnehmen.

RUHERÄUME IN BAHNHÖFEN

➡ Die meisten großen Bahnhöfe (aufgeführt unter www.irctctourism.com) bieten einfache Unterkünfte für Reisende an, die mit gültigem Zugticket zur Weiterfahrt oder dem Indrail-Pass unterwegs sind. Die Zimmer sind teils schäbig, teils erstaunlich nett gestaltet, jedoch wegen der Mitreisenden und Züge ziemlich lärmig.

➡ Die Unterkünfte bieten sich an, wenn der Zug am frühen Morgen abfährt. Je nach Klasse stehen Schlafsäle und Privatzimmer mit 24-Stunden-Check-out zur Auswahl.

➡ An manchen kleineren Bahnhöfen gibt es vielleicht nur Wartehallen mit unterschiedlichen Räumen für Passagiere verschiedener Zugklassen.

STAATLICHE UNTERKÜNFTE

➡ Der indische Staat unterhält für reisende Beamte und Angestellte im öffentlichen Dienst ein Netzwerk von Gästehäusern, die unter verschiedenen Namen betrieben werden: Rest Houses, Dak Bungalows, Circuit Houses, PWD (Public Works Department) Bungalows oder Forest Rest Houses. Wenn diese Bleiben nicht gerade von indischen Staatsdienern belegt sind, kommen dort manchmal auch ausländische Traveller unter. Allerdings ist dafür eventuell eine Genehmigung der örtlichen Behörden notwendig.

➡ Die meisten Bundesstaaten betreiben außerdem Kettenhotels im Budget- und Mittelklassebereich, die vor allem auf indische Touristen abzielen. Obwohl darunter auch ein paar schöne historische Anwesen sind, handelt es sich hierbei meist um langweilige und zweckmäßige Optionen. Details liefern die Touristeninformationen der einzelnen Bundesstaaten.

SPITZENKLASSE- & HISTORISCHE HOTELS

➡ Südindiens großes Angebot an Spitzenklassehotels reicht von modernen Luxus-

UNTERKÜNFTE ONLINE BUCHEN

Weitere Unterkunftsbewertungen und -empfehlungen von Lonely Planet Autoren gibt's unter www.lonelyplanet.com/india/hotels. Dort findet man unabhängig recherchierte Infos und Tipps zu den besten Adressen. Zudem kann online gebucht werden.

ketten bis hin zu herrlichen Palästen und mondänen Strandresorts. Hinzu kommen noble Lodges im Bereich von Nationalparks und Naturreservaten.

➡ Historische Hotels bieten Gästen die Chance, in z. T. heute noch dynastisch bewohnten Residenzen des indischen Adels zu übernachten.

TEMPEL & PILGERUNTERKÜNFTE

➡ Gegen eine Spende oder geringe Gebühr bieten einige Ashrams (spirituelle Zufluchtsorte), Gurdwaras (Sikh-Tempel) und *dharamsalas* (Pilgerherbergen) Unterkünfte. In den Speiseräumen werden häufig vegetarische Gerichte serviert.

➡ Die Unterkünfte richten sich an echte Pilger, deswegen sollte man sich gut überlegen, ob ein Aufenthalt angemessen ist.

➡ Man sollte sich unbedingt an alle Vorschriften halten. Zigaretten und Alkohol sind auf den Anlagen ein absolutes Tabu!

Versicherung

➡ Dringend empfohlen wird eine umfassende Reiseversicherung, die Diebstahl, Verlust, medizinische Behandlungen und Notfallflüge in die Heimat abdeckt.

➡ Manche Verträge schließen Folgekosten bei potenziell gefährlichen Aktivitäten (z. B. Sporttauchen, Skifahren, Motorradfahren, Gleitschirmfliegen oder sogar Trekking) von vornherein aus – daher sollte man vor Abschluss unbedingt das Kleingedruckte äußerst sorgfältig lesen!

➡ Manche Trekkingveranstalter akzeptieren nur Kunden, deren Versicherung für Rettungsflüge per Hubschrauber aufkommt.

➡ Wer in Indien ein Motorrad ausleihen möchte, sollte sich vergewissern, dass der Mietvertrag zumindest einen Haftpflichtschutz umfasst.

➡ Reisende sollten auch vorab feststellen, ob ihr Versicherer direkt mit medizinischen Behandlungsstellen abrechnet. Andernfalls muss bei späterer Rückerstattung in Vorleistung gegangen werden. Bei dieser Variante muss man alle erforderlichen Dokumente unbedingt sorgfältig aufbewahren.

➡ Bei Diebstählen in Indien sind polizeiliche Protokolle ein absolutes Muss. Ansonsten verweigert der Versicherer eventuell den Schadenersatz.

➡ Auch wenn man schon unterwegs ist, kann die weltweit gültige Reiseversicherung unter www.lonelyplanet.com/travel-insurance jederzeit online abgeschlossen, erweitert und in Anspruch genommen werden.

Visa

Elektronisches Touristenvisum (e-TV)

Momentan können deutsche Staatsbürger online ein Touristenvisum mit 30 Tagen Gültigkeit beantragen (s. rechte Spalte). Dieses e-Tourist Visa (e-TV) berechtigt zur einmaligen Einreise und wird direkt bei Ankunft an den Flughäfen von Bengaluru (Bangalore), Chennai (Madras), Kochi (Cochin), Delhi, Goa, Hyderabad, Kolkata (Calcutta), Mumbai (Bombay) oder Thiruvananthapuram (Trivandrum) erteilt.

Entsprechende Anträge können spätestens vier Tage und frühestens 30 Tage vor der geplanten Abreise unter https://indianvisaonline.gov.in gestellt werden. Antragssteller müssen sich dort bei der ETA (Electronic Travel Authority) anmelden sowie ein Passfoto und eine eingescannte Kopie ihres Reisepasses hochladen. Die ebenfalls online zu entrichtende Gebühr beträgt 60 US$.

Die Gültigkeit des Visums beginnt mit dem Tag der Einreise. Der Reisepass hat ab dem Einreisetag noch mindestens sechs Monate lang gültig zu sein. Hinweis: Einige Touristen mussten am Flughafen offenbar eine Hotelbuchung nachweisen, obwohl darauf auf der Registrierungswebsite nicht offiziell hingewiesen wird.

Staatsbürger Österreichs und der Schweiz fallen aktuell noch nicht unter das elektronische Visumprogramm und müssen nach wie vor ein herkömmliches Touristenvisum in der Heimat beantragen. Da das Programm aber zukünftig auf insgesamt 180 Länder ausgedehnt werden soll, kann sich dies jederzeit ändern (für aktuellen Stand s. Website).

Andere Visa

Wer länger als 30 Tage in Indien bleiben will oder nicht unter das e-TV-Programm fällt (z. B. Österreicher und Schweizer), muss vorab ein normales Touristenvisum bei einer diplomatischen Vertretung Indiens in der Heimat beantragen (Details unter https://indianvisaonline.gov.in/).

➡ Hierzu muss der Reisepass noch über mindestens zwei freie Seiten verfügen und

STAATLICHE REISEINFORMATIONEN

Die Länderinformationswebsite der eigenen Regierung enthält Tipps und aktuelle Sicherheitshinweise:

➡ **Deutschland** (www.auswaertiges-amt.de)

➡ **Österreich** (www.bmeia.gv.at)

➡ **Schweiz** (www.eda.admin.ch)

ab Antragsstellung noch mindestens sechs Monate lang gültig sein. Eventuell zählt dieses erforderliche Minimum von sechs Monaten aber auch ab dem Ausstellungs- bzw. Ablaufdatum des Visums – je nachdem, welche Behörde innerhalb der indischen Bürokratie den Antrag bearbeitet.

➡ Die meisten Antragssteller erhalten dann ein normales Touristenvisum, das ab dem Ausstellungstag (nicht dem Einreisedatum!) sechs Monate lang gilt und eine mehrfache Einreise ermöglicht.

➡ Während der Gültigkeitsdauer kann man sich insgesamt 180 Tage am Stück in Indien aufhalten.

➡ Aktuell sind Visumanträgen zwei farbige Passfotos (Format: 5,08x5,08 cm) beizulegen.

➡ Offiziell ist zumeist zusätzlich ein Rückflug- bzw. Anschlussticket erforderlich. Dies wird jedoch nicht immer kontrolliert – daher vorher erkundigen! Entsprechende Infos liefern diplomatische Vertretungen Indiens in der Heimat. Diese informieren auch über alle anfallenden Gebühren, die in der jeweiligen Landeswährung zu bezahlen sind.

➡ Dort bekommt man außerdem Details zu den strengen separaten Bestimmungen für Studenten- und Geschäftsvisa.

➡ Visumverlängerungen sind möglich für Menschen indischer Abstammung, die als Staatsbürger anderer Nationen (außer Pakistan und Bangladesch) im Ausland leben.

➡ Wenn das Visum länger als ein halbes Jahr lang gültig ist, muss sich der Inhaber spätestens 14 Tage nach der Ankunft beim **Foreigners' Regional Registration Office** (FRRO; ☎011-26711443; frrodil@nic.in; Level 2, East Block 8, Sector 1, Rama Krishna (RK) Puram, Delhi; ⏲Mo–Fr 9.30–15 Uhr) in Delhi anmelden. Auch in diesem Fall informieren indische Auslandsvertretungen über alle Einzelheiten.

Verlängerung eines Visums

Traditionell gelten in Indien strenge Regelungen, was Verlängerungen von Visa angeht. Zu Redaktionsschluss wurden Verlängerungen nur bewilligt, wenn ein medizinischer Notfall vorlag oder dem Antragsteller kurz vor dem Ablauf des Visums der Reisepass gestohlen wurde.

In diesem Fall sollte man sich an das **Foreigners' Regional Registration Office** in Delhi wenden. Hier werden Ersatzvisa und provisorische Reisepässe (falls der Originalpass gestohlen wurde oder verloren ging) ausgestellt, die für eine Ausreise obligatorisch sind. Die regionalen FRRO-Stellen sind bei der Ausstellung von Verlängerungen oft noch strenger.

Wer die strengen Kriterien erfüllt, dem gewährt das FRRO eine vierzehntägige Verlängerung, die für EU-Bürger und Schweizer kostenlos ist. Notwendig sind dafür ein bestätigtes Flugticket, ein Passfoto (zur Sicherheit lieber zwei) und eine Kopie des Passes (persönliche Daten und Visumseite). Das Ziel der Prozedur ist es, den Betreffenden schnell mit den korrekten offiziellen Stempeln außer Landes zu bringen und nicht, ihm zwei zusätzliche Reisewochen zu schenken!

Wiedereinreise

Die Wiedereinreisesperre für Ausländer (vormals zwei Monate ab der letzten Ausreise) wurde Ende 2012 größtenteils abgeschafft. So können nun auch Deutsche, Österreicher und Schweizer frei zwischen Indien und dessen Nachbarländern pendeln (Achtung: Mit einem e-TV-Touristenvisum nicht möglich, da dieses nur eine einmalige Einreise nach Indien gestattet!).

Zeit

Indien verwendet die Zwölf-Stunden-Skala. Die Indische Standardzeit (Indian Standard Time; IST) ist der MEZ fünfeinhalb Stunden voraus. Die seltsame halbe Stunde wurde hinzugefügt, um das Tageslicht in dem riesigen Land überall voll ausnutzen zu können.

Zoll

Man muss Summen von über 5000 US$ (Bargeld) oder einen Gesamtbetrag von über 10 000 US$ in verschiedenen Währungen bei Ankunft angeben.

➡ Rupien darf man zwar nicht ausführen, doch wird dies kaum kontrolliert.

➡ Selten müssen Touristen teure Gegenstände wie Videokameras oder Laptops auf einem speziellen Zollformular (Tourist Baggage Re-export) eintragen. So wollen die Behörden sicherstellen, dass die Geräte bei Abreise wieder mitgenommen werden.

Verkehrsmittel & -wege

AN- & WEITER-REISE

Südindien ist am einfachsten über die internationalen Großflughäfen von Mumbai (Bombay), Chennai (Madras), Bengaluru (Bangalore) und Hyderabad zu erreichen. Saisonal gehen von manchen europäischen Ländern aus auch Charterflüge nach Goa. Zudem gelangt man innerhalb Indiens von überall auf dem Landweg in den Süden. Flüge, geführte Touren und andere Tickets können u.a. online unter www.lonelyplanet.com/bookings gebucht werden.

Einreise

Dank standardisierter Einreise- und Zollformalitäten ist die Einreise auf dem Land- oder Luftweg relativ unkompliziert. Abgeschafft wurde inzwischen das lästige Gesetz, das vormals die Wiedereinreise nach Indien erst zwei Monate nach der letzten Ausreise erlaubte (gilt nun nur noch für Bürger einiger asiatischer Länder). So kann man seinen Indientrip mittlerweile problemlos mit Abstechern in Nachbarstaaten kombinieren.

Reisepass

➡ Die Einreise nach Indien erfordert einen gültigen Reisepass und ein Anschluss- bzw. Rückflugticket. Ebenfalls nötig ist ein Visum, das Bürger bestimmter Länder (u.a. Deutschland) nun direkt bei Ankunft erhalten. Wer nicht aus diesen Nationen stammt oder länger als 30 Tage bleiben möchte, hat sein Visum im Voraus zu beantragen (für Details s. „Visa", S. 554).

REISEN & KLIMAWANDEL

Der Klimawandel stellt eine ernste Bedrohung für unsere Ökosysteme dar. Zu diesem Problem tragen Flugreisen immer stärker bei. Lonely Planet sieht im Reisen grundsätzlich einen Gewinn, ist sich aber der Tatsache bewusst, dass jeder seinen Teil dazu beitragen muss, die globale Erwärmung zu verringern.

Fast jede Art der motorisierten Fortbewegung erzeugt CO_2 (die Hauptursache für die globale Erwärmung), doch Flugzeuge sind mit Abstand die schlimmsten Klimakiller – nicht nur wegen der großen Entfernungen und der entsprechend großen CO_2-Mengen, sondern auch, weil sie diese Treibhausgase direkt in hohen Schichten der Atmosphäre freisetzen. Die Zahlen sind erschreckend: Zwei Personen, die von Europa in die USA und wieder zurück fliegen, erhöhen den Treibhauseffekt in demselben Maße wie ein durchschnittlicher Haushalt in einem ganzen Jahr.

Die englische Website www.climatecare.org und die deutsche Internetseite www.atmosfair.de bieten sogenannte CO_2-Rechner. Damit kann jeder ermitteln, wie viele Treibhausgase seine Reise produziert. Das Programm errechnet den zum Ausgleich erforderlichen Betrag, mit dem der Reisende nachhaltige Projekte zur Reduzierung der globalen Erwärmung unterstützen kann, beispielsweise Projekte in Indien, Honduras, Kasachstan und Uganda.

Lonely Planet unterstützt gemeinsam mit Rough Guides und anderen Partnern aus der Reisebranche das CO_2-Ausgleichs-Programm von climatecare.org. Alle Reisen von Mitarbeitern und Autoren von Lonely Planet werden ausgeglichen. Weitere Informationen gibt's auf www.lonelyplanet.com.

➡ Offiziell muss der Pass nach dem geplanten Abreisedatum noch mindestens sechs Monate lang gültig sein. Doch es kann auch durchaus passieren, dass dieser Zeitraum ab dem Ausstellungs- oder Ablaufdatum des Visums verlangt wird – je nachdem, mit welcher Behörde der indischen Bürokratie man es gerade zu tun hat. Um auf Nummer sicher zu gehen, sollte der Reisepass daher noch deutlich länger als sechs Monate nach geplanter Abreise gelten.

➡ Falls er gestohlen werden oder verloren gehen sollte, ist es sehr wichtig, sofort die eigene Botschaft zu kontaktieren.

➡ Für den Notfall empfehlen sich Kopien von Reisepass (inkl. Personalien, Visumseite) und Flugticket. Extra-Sicherheit geben eingescannte Kopien, die man an sich selbst per E-Mail schickt.

➡ Auf jeden Fall sollten alle aktuellen Einreise- und Visumsbestimmungen rechtzeitig bei einer diplomatischen Vertretung Indiens im eigenen Heimatland erfragt werden. Zudem lohnt sich stets ein Blick auf die Reise-Website des eigenen Außenministeriums.

Flugzeug

Flughäfen & Fluglinien

In einem so großen Land ist es sinnvoll, einen Flughafen zu wählen, der möglichst nah am geplanten Reiseziel liegt. Südindien hat vier Hauptdrehscheiben für internationale Flüge (s. mittlere Spalte). Inzwischen besteht direkte Auslandsverbindung aber auch in einigen anderen Großstädten wie Goa, Kochi (Cochin), Thiruvananthapuram (Trivandrum), Trichy (Tiruchirappalli) und Madurai.

Air India (☎1800 1801407; www.airindia.com) ist Indiens nationale Fluglinie. Die Sicherheitsstatistik indischer Inlandsflüge erscheint in den letzten Jahren relativ gut.

Bengaluru (Bangalore; IATA-Code BLR; ☎1800 4254425; www.bengaluruairport.com; Kempegowda International Airport)

Chennai (Madras; IATA-Code MAA; ☎044-22560551; www.aai.aero/chennai; Chennai International Airport)

Hyderabad (IATA-Code HYD; ☎040-66546370; http://hyderabad.aero; Rajiv Gandhi International Airport)

Mumbai (Bombay; IATA-Code BOM; ☎022-66851010; www.csia.in; Chhatrapati Shivaji International Airport)

Geführte Touren

Viele internationale Firmen bieten geführte Südindientouren an. Gute Ausgangspunkte:

Comtour (www.comtour.de) Spezialist für maßgeschneiderte Indientrips.

Dragoman (www.dragoman.com) Eines von mehreren renommierten Unternehmen mit Überlandtouren in speziell umgebauten Fahrzeugen.

India Wildlife Tours (www.india-wildlife-tours.com) Alle möglichen Tierbeobachtungen (z. B. Vögel) plus Jeep-, Pferde- und Kamelsafaris.

Indian Encounter (www.indianencounters.com) Bedient spezielle Interessen z. B. mit Tierbeobachtungen, Rafting oder Ayurveda-Behandlungen.

Intrepid Travel (www.intrepidtravel.com) Riesiges Tourangebot von Tierbeobachtungen bis hin zu Tempelbesuchen.

Shanti Travel (http://www.shantitravel.com/en) Französisch-indisches Team, das u. a. Familien- oder Abenteuertouren veranstaltet.

Auf dem Landweg

Einreise

➡ Man gelangt auch auf dem Landweg über Bangladesch, Bhutan, Nepal, Pakistan und Myanmar (die Grenze ist nur gelegentlich geöffnet, und diese Tour ist nicht zu empfehlen) nach Indien. Am beliebtesten ist die Route über Nepal. Englischsprachige Infos zur Einreise aus Nachbarländern liefert der Abschnitt „Europe to India overland" auf www.seat61.com/India.htm.

➡ Da an der Grenze keine Visa ausgestellt werden, *muss* man bereits ein gültiges Visum für Indien haben.

➡ Autofahrer brauchen die Zulassungspapiere, eine Haftpflichtversicherung, ihre nationale sowie eine internationale Fahrerlaubnis. Ebenfalls erforderlich ist eine zeitlich begrenzte Einfuhrgenehmigung *(carnet de passage en douane)*.

➡ Automobilclubs zu Hause liefern Infos zum Papierkram und wichtige Hinweise rund ums Fahren in Indien.

Übers Meer

Nach einem 28 Jahre währenden Hickhack wurde der Fährverkehr zwischen Thoothikudi (Tuticorin) im südindischen Tamil Nadu und Colombo in Sri Lanka wieder aufgenommen. Nach fünf Monaten wurde der Betrieb jedoch erneut eingestellt. Eine neue Verbindung zwischen denselben Häfen oder die Inbetriebnahme der alten Route zwischen Rameswaram und Talaimannar ist geplant; Informationen über den aktuellen Stand bekommt man direkt vor Ort oder online.

UNTERWEGS VOR ORT

Auto

Nur wenige Indienbesucher entscheiden sich für einen Mietwagen. Das liegt nicht nur an der haarsträubenden Verkehrssituation, sondern auch an den niedrigen Kosten für einen Mietwagen mit Chauffeur, vor allem wenn sich mehrere Personen den Betrag teilen. Sicherheitsgurte sind entweder nicht vorhanden oder von unterschiedlicher Qualität. **Hertz** (www.hertz.com) zählt zu den wenigen in Indien vertretenen internationalen Vermietern.

Auto mit Fahrer mieten

➡ In den meisten Städten lassen sich kürzere und längere Touren an Taxiständen oder bei Autovermietungen arrangieren. Man kann aber auch in vielen Hotels Arrangements treffen.

➡ Nicht alle Mietwagen dürfen außerhalb des Bundesstaats, in dem sie geliehen wurden, genutzt werden. Ist dies möglich, werden auf den Mietpreis zusätzlich Steuern aufgeschlagen.

➡ Am besten nach einem Fahrer fragen, der Englisch spricht und die Gegend kennt, die man besuchen will. Man sollte man sich das Auto und den Fahrer zeigen lassen, bevor man zahlt.

➡ Mittlerweile werden verschiedene Fahrzeuge als Taxis eingesetzt. Vom einfachen Tata Indica bis zum komfortablen Toyota Innova Jeep ist für fast jedes Budget was dabei.

➡ Um Missverständnisse zu vermeiden, sollten von Anfang an gewisse Grundregeln gelten. So macht man dem Chauffeur am besten gleich klar, wer das Sagen hat – höflich, aber unmissverständlich.

Preise

➡ Die Mietwagenkosten hängen von Kilometerzahl, Fahrzeugtyp und Region ab (der höhere Spritverbrauch auf Bergstraßen verteuert das Ganze entsprechend).

➡ Im Preis für mehrtägige Trips sind Verpflegung und Unterkunft des Fahrers (von diesem aber jeweils selbst zu organisieren) enthalten.

➡ Einfache Tourstrecken kosten oft genauso viel wie Optionen mit Hin- und Rückfahrt, da der Rücktransport des Autos samt Chauffeur ohnehin fällig wird.

➡ Einige Taxigewerkschaften definieren pro Tag einen Mindesttarif oder ein Zeit- bzw. Kilometerlimit (bei Überschreitung fallen jeweils Nachzahlungen an).

➡ Um eventuelle Missverständnisse zu umgehen, ist es ratsam, alle zugesagten Leistungen schriftlich festzuhalten. Idealerweise sind Benzin, Sightseeing-Stopps, alle gewünschten Ziele sowie Verpflegung und Unterkunft des Fahrers inbegriffen.

➡ Falls der Fahrer unterwegs um Benzingeld bittet, sollte man sich zwecks späterer Rückerstattung eine Quittung geben lassen. Bei Preisberechnung nach Kilometern heißt's vor dem Start immer den Stand des Kilometerzählers überprüfen, um potenzielle Probleme beim Bezahlen zu vermeiden.

➡ Eintägige Sightseeing-Trips durch eine Stadt kosten mindestens 1000/1200 ₹ in einem Auto ohne/mit Klimaanlage (max. 8 Std. bzw. 80 km, Aufpreis bei Überschreitung).

➡ Bei mehrtägigen Touren gelten meist ein Streckenlimit von 250 bis 300 km pro Tag und ein Kilometerpreis von 8/10 ₹ für ein Auto ohne/mit Klimaanlage. Auch in diesem Fall wird bei Überschreitung ein Aufpreis fällig.

➡ Am Ende eines Trips ist ein angemessenes Trinkgeld üblich (7–10 % des Gesamtpreises).

Bus

➡ Vor Ort sind Busse meist das günstigste Verkehrsmittel. Generell schnell und regelmäßig verkehrend decken sie fast das ganze Land ab.

➡ Indische Busfahrer sind mitunter ziemlich wagemutig. Daher besteht vor allem auf Bergstrecken immer ein gewisses Unfallrisiko.

➡ Nachtbusse sollte man möglichst meiden: Bei Dunkelheit sind die Straßenverhältnisse noch prekärer, und die Fahrer könnten durch Alkoholkonsum oder Schlafmangel beeinträchtigt sein.

➡ Alle Busse legen Snack- und Toilettenpausen ein.

Gepäck

➡ Das Gepäck wird in den Gepäckfächern im Bauch des Busses (manchmal wird dafür etwas verlangt) oder auf dem Dach verstaut.

➡ Wer auf den Dachtransport spekuliert, sollte früher da sein, da alles auf dem Dach zum Schluss mit einer Plane abgedeckt wird und ein Verstauen in letzter Minute unmöglich ist.

➡ Wichtig ist, darauf zu achten, dass alle Teile ordnungsgemäß gesichert sind und mit Seilen am Gepäckträger befestigt werden – ungesicherte Gepäckstücke können auf einer Schlaglochstrecke vom Dach fliegen!

➡ Das Risiko, bestohlen zu werden, ist (relativ) gering; bei den Pausen zwischendurch sollte man jedoch aufpassen und niemals etwas Wertvolles in der Ablage im Bus liegen lassen.

Klassen

➡ Die Bustypen staatlicher wie privater Gesellschaften fallen grob in die Kategorien Normal *(ordinary)*, Semi Deluxe, Deluxe und Super Deluxe. Weil dabei meist keine einheitlichen Standards gelten, kann der konkret gebotene Komfort einer Klasse individuell variieren.

➡ Allgemein sind *ordinary*-Busse häufig betagte Klapperkisten. Im Deluxe-Bereich reicht die Palette von weniger klapprigen Normalvarianten bis hin zu schicken, klimatisierten Volvo-Bussen mit Liegesitzen (vor Ort werden sie *push-back* genannt) in Zweierreihen.

- Staatliche Gesellschaften sind in der Regel zuverlässiger: Bei Pannen werden Ersatzfahrzeuge geschickt. Viele indische Bundesstaaten betreiben mittlerweile auch Super-Deluxe-Busse auf bestimmten Routen.
- Privatunternehmen sind vergleichsweise teurer und komfortabler. Oder aber günstiger – dann allerdings in Verbindung mit extrem wagemutigen Fahrern und starker Überfüllung.
- In vielen Touristenzentren vermitteln Reisebüros relativ teure Privatbusse mit Zweiersitzreihen, die meist Haltestellen in praktischer Zentrumslage ansteuern.
- Wegen oft überlauter Bordmusik oder -videos sind Ohrenstöpsel für Fernverbindungen dringend zu empfehlen.
- Schlaglochstöße sind im vorderen Busbereich immer am schwächsten und direkt über den Achsen am stärksten spürbar.

Preise

- Fahrten mit staatlichen Normal-Bussen sind am günstigsten, wobei die Preise je nach Bundesstaat variieren.
- Im Vergleich kosten Deluxe-Tickets ca. 50% mehr, eine Klimaanlage (AC) verdoppelt grob den Normaltarif. Fahrten mit Super-Deluxe-Bussen mit Zweiersitzreihen sind drei- bis viermal so teuer.

Reservierungen

- Die meisten Deluxe-Busfahrten können am Busbahnhof und in Reisebüros im Voraus gebucht werden, bei staatlichen Anbietern meist bis zu einem Monat, manchmal auch zwei Monate vor Fahrtantritt.
- Online-Buchungen sind mittlerweile in einzelnen Bundesstaaten wie Karnataka und über die exzellenten Portale **Cleartrip** (www.cleartrip.com), **Make My Trip** (www.makemytrip.com) und **Redbus** (☎1800 30010101; www.redbus.in) möglich.
- Für normale Busse sind Reservierungen nur selten möglich. Um einen Sitzplatz zu bekommen, wenn eine größere Menschenmenge versucht, in den Bus zu drängen, sollte man einen Mitreisenden zum Platzfreihalten vorschicken oder durch ein offenes Fenster ein Buch oder ein Kleidungsstück auf einen freien Sitz werfen. Diese „Reservierungsmethode" klappt fast immer.
- Wer auf der Strecke zusteigt, muss damit rechnen, lange auf einen freien Sitzplatz warten zu müssen.
- Viele Busse fahren erst los, wenn alle Plätze belegt sind. Manchmal leert sich der Bus plötzlich, weil die Passagiere einen anderen bevorzugen, der früher startet.
- An vielen Bushaltestellen gibt es separate Schlangen für Frauen, die allerdings nicht unbedingt als solche zu erkennen sind, da die Schilder oft auf Hindi beschriftet sind und Männer sich an derselben Schlange anstellen.
- Frauen haben in Indien das inoffizielle Recht, sich in Busschlangen per Ellbogen nach vorne zu drängeln – also nur nicht schüchtern sein!

Fahrrad

Da das eigene Bike beim Transport auf dem Seeweg eventuell erst nach ein paar Wochen vom Zoll freigegeben wird, ist es besser, es per Flugzeug nach Indien zu schicken. Wohl am günstigsten und stressärmsten ist es aber, ein Fahrrad direkt vor Ort zu kaufen oder auszuleihen. Vor dem Start empfiehlt sich die Lektüre themenspezifischer Bücher. Einen guten Einstieg gibt z. B. das *Adventure Cycle-Touring Handbook* (Trailblazer Publications, 2006) von Stephen Lords. Die **Cycling Federation of India** (☎011-23753528; www.cyclingfederationofindia.org) erteilt Lokal- und Regionalinfos.

Kaufen

- Mountainbikes von renommierten Herstellern wie Hero oder Atlas bekommt man durchschnittlich ab ca. 7000 ₹.
- Über örtliche Fahrradläden bzw. -verleiher und Schwarze Bretter für Traveller ist der Widerverkauf meist recht einfach.
- Neu erworbene Drahtesel in gutem Zustand sollten noch ca. 50% des Originalpreises einbringen.

Mieten

- In Touristenzentren und an beliebten Travellerzielen lassen sich Leihfahrräder am leichtesten auftreiben.
- Der Tagemietpreis für verkehrstaugliche indische Modelle liegt zwischen etwa 40 und 100 ₹. Mountainbikes (falls vorhanden) sind ab 400 ₹ pro Tag zu haben.
- Manche Verleiher verlangen Bargeld als Sicherheit.

Praktisch & Konkret

- Für Indiens Holperstrecken eignen sich am besten Mountainbikes mit Stollenreifen.
- Trotz zahlreicher Fahrradwerkstätten am Straßenrand sollte man unbedingt genügend Ersatzreifen, Bremszüge, Schmiermittel, Flickzeug und ein Kettenreparaturset dabeihaben.
- Busse nehmen Bikes oft gratis oder gegen geringe Gebühr auf dem Dach mit – praktisch, wenn es mal bergauf geht!
- Die gewählte Fluglinie informiert über den Fahrradtransport. Zollformalitäten erklärt das Zollamt in der Heimat.

Unterwegs

- Abgesehen vom Linksfahrgebot gibt's in Indien quasi keine Verkehrsregeln.
- Da Stadt- und Schnellstraßen potenziell gefährlich sind, sollten Radler mög-

lichst die Nebenstrecken benutzen.

➡ In puncto Distanzen ist Realismus gefragt: Erfahrene Biker schaffen pro Tag ca. 60 bis 100 km im Flachland, 40 bis 60 km auf Allwetter-Bergstraßen und maximal 40 km auf unbefestigten Pisten.

Flugzeug

Fluglinien in Südindien

➡ Indiens Inlandsflugmarkt ist heiß umkämpft. Durch die heftige Konkurrenz haben viele Großgesellschaften gewaltige Verluste eingefahren und Finanzprobleme bekommen (z. B. sah Spice Jet zum Recherchezeitpunkt einer ungewissen Zukunft entgegen). Zu den größten Unternehmen gehören Air India, IndiGo und Jet Airways.

➡ Günstige Flugtickets sind übers Internet oder bei Reisebüros buchbar. Eine Alternative zu den Websites der Fluglinien sind verlässliche Buchungsportale wie **Cleartrip** (www.cleartrip.com), **Make My Trip** (www.makemytrip.com) und **Yatra** (www.yatra.com).

➡ Abhängig von der aktuellen Nachfrage schwanken die Ticketpreise sehr stark. Somit empfiehlt es sich stets, so früh wie möglich zu reservieren.

➡ Aufgrund aktueller Sicherheitsbestimmungen sind Ticket und Reisepass beim Betreten eines Flughafens vorzuzeigen. Wer keine Fotokopie seines Tickets hat, kann sich eine solche gegen geringe Gebühr bei einem Schalter der jeweiligen Fluglinie anfertigen lassen.

➡ Die Sicherheitsmaßnahmen an indischen Flughäfen sind allgemein recht streng. An kleineren Airports wird sämtliches Gepäck vor dem Einchecken von Hand durchleuchtet, während dies an größeren heute automatisch per Fließband geschieht. Jedes Stück Handgepäck muss mit einem Aufkleber versehen werden, der bei der Sicherheitskontrolle abgestempelt wird. Daher beim Einchecken am Schalter unbedingt genügend von diesen Aufklebern mitnehmen!

➡ Wegen des starken Betriebs zu Stoßzeiten wird empfohlen, bei Inlandsflügen zwei Stunden vor Abflug einzuchecken (offiziell spätestens noch 45 Min. vorher möglich). In der Economy Class gilt meist eine Gepäckbeschränkung von 20 kg. Diese kann je nach Route und Maschinengröße aber auch auf 15 oder 10 kg sinken.

Zum Recherchezeitpunkt waren folgende Inlandsfluglinien in Indien unterwegs:

Air Costa (☎1800-42500666; www.aircosta.in) Bedient mehrere Flughäfen im Südosten (u. a. Bengaluru, Chennai, Hyderabad).

Air India (☎1800 1801407; www.airindia.com) Indiens nationale Fluglinie mit vielen In- und Auslandsverbindungen.

AirAsia (☎1860-5008000; www.airasia.com) Fliegt Chennai, Kochi, Bengaluru, Hyderabad und Kuala Lumpur an.

GoAir (☎020-25662111; www.goair.in) Verlässlicher Billiganbieter, der z. B. Goa, Cochin, Jaipur, Delhi und Bagdogra bedient.

IndiGo (☎099-10383838; www.goindigo.in) Verlässliche und beliebte Gesellschaft, die neben zahllosen Inlandsflughäfen auch ausgewählte Ziele im Ausland ansteuert.

Jet Airways (☎1800-225522; www.jetairways.com) Bedient ganz Indien und ausgewählte Ziele in Übersee.

SpiceJet (☎0987-1803333; www.spicejet.com) Startet u. a. gen Bengaluru, Varanasi, Srinagar, Colombo (Sri Lanka) und Kathmandu (Nepal).

Geführte Touren

In ganz Südindien werden geführte Touren angeboten, z. B. von örtlichen Veranstaltern und staatlichen Touristeninformationen. Hervorragende Stadtspaziergänge (z. T. auch unter Zuhilfenahme motorisierter Verkehrsmittel) für Kleingruppen ermöglichen es Besuchern, einige Großstädte richtig intensiv zu erleben. Feinschmeckertouren sind super, um die lokale Küche kennenzulernen.

Achtung: In Touristenzentren geben sich oft unqualifizierte Schlepper als Führer aus! Gute Guides können einen bestimmten Ort dagegen definitiv interessanter machen. Wer sich herumführen lassen möchte, sollte immer vorab nach der offiziellen Lizenz und dem Tarif fragen.

Motorrad

Trotz des chaotischen Verkehrs ist Indien ein tolles Pflaster für lange Motorradtrips. Allerdings können diese zur echten Herausforderung werden – wer das nicht allein bewältigen möchte, bucht am besten eine der beliebten Touren.

Das Wetter ist ein entscheidender Faktor, und man sollte sich über die beste Reisezeit in den jeweiligen Regionen informieren.

Benzin, Ersatzteile & Zubehör

➡ Während man in den Ebenen überall Benzin und Motoröl bekommt, gibt's in den Bergen weniger Tankstellen. Wer in einsame Ecken fahren will, sollte sich immer vorab nach Tankmöglichkeiten erkundigen und genügend Treibstoff mitführen.

➡ In entlegene Regionen sollten Motorradfahrer auch unbedingt die wichtigsten Ersatzteile mitnehmen (z. B. Ventile, Benzinschläuche, Kolbenringe). In größeren bzw. großen Städten sind überall Ersatzteile für indische und japanische Maschinen erhältlich.

➡ Vor allem ältere Feuerstühle sollten regelmäßig zwecks Wartung gecheckt werden: Durch Indiens Straßen und durch die Motorvibrationen kann sich schnell etwas lockern.

➡ Auch Motor- und Getriebeölstand sollte man spätestens alle 500 km überprüfen. Der Ölfilter verdient alle paar Tausend Kilometer eine Reinigung.

➡ Unterwegs wird ein Besuch beim Reifenpannen-*wallah* wahrscheinlich mehrmals nötig. Allgemein starten Biker am besten mit neuen Reifen und Werkzeug für eigenhändige Radwechsel.

➡ Eigene Schutzbekleidung bzw. -ausrüstung (Motorradjacke, Handschuhe usw.) ist ebenfalls sehr sinnvoll.

Führerschein

Um sich in Indien ein Motorrad auszuleihen, benötigt man offiziell den eigenen nationalen Führerschein und ein gültige internationale Fahrerlaubnis. In Touristenzentren verzichten manche Verleiher auf die Vorlage dieser Dokumente. Doch Vorsicht: Man ist dann bei Unfällen nicht versichert und muss zudem mit einem Bußgeld rechnen.

Geführte Motorradtouren

Dutzende Firmen organisieren landesweit Motorradtouren mit Guides, Mechanikern und Begleitfahrzeugen. Beispiele für seriöse Anbieter in Südindien:

Blazing Trails (www.blazingtrailstours.com)

Classic Bike Adventure (www.classic-bike-india.com; Assagao) Renommierte Firma aus Goa, die Trips mit Enfields organisiert. Erkundet werden Goa, Südindien, Nepal oder der Himalaja).

H-C Travel (www.hctravel.com)

Kerala Bike Tours (www.keralabiketours.com; Stadtviertel Ravipuram, Kochi)

Lalli Singh Tours (www.lallisingh.com)

Moto Discovery (www.motodiscovery.com)

Wheel of India (www.wheelofindia.com)

Kaufen

➡ Der Kauf eines neuen Motorrads für längere Touren scheint zunächst eine gute Idee zu sein. Allerdings geht der Kraftfahrzeugsverkauf an Ausländer mit jeder Menge kompliziertem Papierkram einher. Zudem ist es oft komplett unmöglich und auch unnötig, sich eine neue Maschine zuzulegen:

➡ Überall finden sich Angebote über gebrauchte Motorräder, deren Kauf obendrein mit vergleichsweise weniger Formalitäten verbunden ist. Für die Suche nach dem passenden Bike greift man am besten auf lokale Werkstätten, Informationen von anderen Bikern und Schwarze Bretter für Traveller zurück.

➡ Gepflegte Secondhand-Enfields mit 350 cm³ kosten 50 000 bis 105 000 ₹. Die Version mit 500 cm³ liegt zwischen 85 000 und 135 000 ₹. Hinzu kommt jeweils noch die obligatorische Versicherung.

PAPIERE

➡ Angehende Motorradbesitzer müssen sich auf Papierkram einstellen. Der ist kompliziert und langwierig, deswegen lässt man sich am besten vom jeweiligen Motorradhändler beraten.

➡ Beim Erstverkauf müssen die Papiere von der jeweiligen Zulassungsstelle ausgestellt werden. Käufer gebrauchter Bikes müssen sich diese Dokumente beschaffen.

➡ Ausländer können den eingetragenen Namen auf der Zulassung nicht selbst ändern, sondern müssen Formulare für Eigentümer- und Versicherungswechsel ausfüllen.

➡ Die Zulassung eines indischen Motorrads ist alle 15 Jahre zu erneuern (ca. 5000 ₹). Man sollte sich unbedingt vergewissern, dass diese den einwandfreien Zustand der Maschine garantiert und dass das Bike weder mit Schulden noch durch Gerichtsverfahren belastet ist.

Mieten

➡ Der Klassiker für Motorradtouren durch Indien ist die Royal Enfield, von der es sowohl altmodische als auch moderne Modelle gibt. Diese Motorräder haben nicht nur einen wunderbar blubbernden Sound, sondern sind auch komplett mechanisch aufgebaut und daher reparaturfreundlich. Ersatzteile gibt's in Indien überall.

➡ Allerdings sind Enfields oft weniger verlässlich als viele neuere Maschinen aus Japan.

➡ Viele Läden verleihen Motorräder für Kurztrips in die Umgebung und längere Touren. Die örtlichen Motorradverleiher sind besonders

MOTORRADTRANSPORT PER ZUG

Bei langen Strecken kann sich der Bike- oder Motorradtransport per Zug lohnen. Dazu kauft man ein Bahnticket für die Strecke und bringt das Zweirad samt Reisepass, Führerschein, Zulassungs- und Versicherungspapieren zum Paketschalter des Bahnhofs. Dort hüllen Angestellte das gute Stück in schützendes Sackleinen (200–500 ₹). Zudem hat man verschiedene Formulare auszufüllen und den Beförderungspreis plus einen Versicherungsbetrag in Höhe von 1 % des aktuellen Zeitwerts des Motorrads entrichten. Dieselben Dokumente sind dem Ausgabeschalter am Zielort vorzulegen.

beliebt in Goa. Normalerweise kostet ein Motorrad 300 bis 500 ₹ und ein Roller 200 bis 300 ₹ pro Tag. Japanische und indische Maschinen mit 100 bis 150 cm³ sind günstiger als große Enfields mit 350 bis 500 cm³.

➡ Als Sicherheit wird normalerweise die Hinterlegung einer hohen Kaution (unbedingt einen schriftlichen Beleg verlangen, der die Rückerstattung garantiert!) sowie des Reisepasses oder Flugtickets verlangt. Vom Aushändigen der Dokumente ist jedoch sehr abzuraten; das gilt vor allem für den Pass, der fürs Einchecken in Hotels vonnöten ist und jederzeit von der Polizei kontrolliert werden kann.

➡ Eine dreiwöchige Tour mit einer Enfield mit 500/350 cm³ kostet ab 22 000/15 000 ₹. Im Preis sind normalerweise erstklassige Tipps inbegriffen sowie ein unschätzbar wertvoller Crashkurs zu den Maschinen und deren Reparatur.

➡ Helme gibt's für 500 bis 2000 ₹; weitere Extras (Motorradtaschen, Gepäckträger, Sturzbügel, Rückspiegel, verschließbare Tankdeckel, Benzinfilter, Ersatzwerkzeug) sind problemlos zu organisieren.

➡ Nützliche Infos zu Enfield-Modellen bietet die Website **www.royalenfield.com**. In Mumbai verkauft **Allibhai Premji Tyrewalla** (☎022-23099313; www.premjis.com; 205 Dr. D Bhadkamkar (Lamington Rd) neue und gebrauchte Motorräder mit einer Rückkaufoption.

Straßenzustand & Gefahren

➡ Die unterschiedlichen Straßenverhältnisse Indiens können für Unerfahrene eine echte Herausforderung sein.

➡ Die Gefahrenquellen reichen von Hühnern, Kühen und Fußgängern auf der Straße bis hin zu liegen gebliebenen Lkws, unbeschilderten Fahrbahnschwellen und den allgegenwärtigen Schlaglöchern. Damit es die drüberrollenden Fahrzeuge „dreschen", wird manchmal Getreide auf die Landstraßen gelegt, was die Rutschgefahr für Motorradfahrer beträchtlich erhöht.

➡ Fahrer sollten sich nicht zu viel für einen Tag vornehmen und nie in der Dunkelheit fahren: Viele indische Fahrzeuge sind ohne Licht unterwegs. Zudem ist der dynamobetriebene Scheinwerfer des Motorrads wirkungslos, wenn Schlaglöcher langsam umfahren werden müssen.

➡ Ohne Pausen schafft man auf verkehrsreichen Bundesstraßen durchschnittlich 40 bis 50 km/h, auf kurvigen Nebenstrecken und unbefestigten Pisten manchmal nur 10 km/h.

Versicherung

➡ Biker sollten nur haftpflichtversicherte Maschinen mieten, um ernste finanzielle Folgen bei Sach- oder Personenschäden zu vermeiden. Die Verträge seriöser Firmen beinhalten eine Haftpflichtversicherung.

➡ Motorradkäufer benötigen ebenfalls eine Versicherung, die sich normalerweise über den jeweiligen Verkäufer organisieren lässt.

➡ Minimum ist eine Haftpflichtpolice (ca. 800–1500 ₹/Jahr). Sie deckt alle Sach- und Personenschäden beim Unfallgegner ab, zahlt aber keine Eigenschäden. Eine Vollkaskoversicherung kostet 1200 bis 3500 ₹ pro Jahr und ist wärmstens zu empfehlen!

Nahverkehr

➡ In südindischen Städten sind Busse, Taxis, Boote, Pendlerzüge, Fahrrad- und Autorikschas unterwegs (mancherorts auch Stadt- bzw. U-Bahnen).

➡ Bei allen Nahverkehrsmitteln ohne Gebührenzähler oder Festpreise sollte man grundsätzlich vor Fahrtantritt den Tarif aushandeln und sicherstellen, dass der Gepäcktransport und alle Passagiere inklusive sind.

➡ Selbst bei vorhandenen Gebührenzählern verweigern manche Fahrer deren Benutzung und verlangen einen überzogenen Preis. In diesem Fall sollte man auf das Taxameter bestehen – und wenn das nichts hilft, einfach das Fahrzeug wechseln oder hart verhandeln.

➡ Bei Nacht sind Taxis und Autorikschas normalerweise teurer (bis zu 100 %). Manche Fahrer verlangen außerdem einen kleinen Gepäckzuschlag.

➡ Für Taxis und Autorikschas sollte man genügend kleine Scheine dabeihaben, da die Fahrer nur selten wechseln können.

➡ Achtung: Mancherorts stecken Autorikscha- und Taxifahrer unter einer Decke mit Läden bzw. Hotels, von denen sie Provisionen kassieren!

Autorickscha, Tempo & Vikram

➡ Indische Autorikschas ähneln den Tuk-Tuks Südostasiens: Die motorisierten Dreiradvehikel haben Dächer und Seitenverkleidungen aus Blech oder Zeltplane. Sie bieten Platz für zwei oder drei Passagiere (oft werden jedoch weitaus mehr Personen hineingequetscht) und etwas Gepäck.

➡ Autorikschas (alias Autos, Scooters oder Riks) sind günstiger als Taxis.

➡ An manchen Bahn- und Busbahnhöfen gibt's dafür Wartestände mit Prepaid-Festpreisen, die von der Entfernung zum jeweiligen Ziel abhängen.

➡ Trips mit Autorikschas machen Spaß, bedeuten wegen der offenen Konstruktion aber oft auch Lärm und Hitze bzw. (heftige!) Kälte.

➡ Bei Tempos und *vikrams* (großen Tempos) handelt es

sich um überdimensionierte Autorikschas für mehrere Passagiere, die feste Routen zu Fixpreisen bedienen.

Bus

Bei indischen Stadtbussen reicht die Palette von überfüllten, Abgaswolken ausstoßenden Monstern bis hin zu sauberen, klimatisierten Varianten mit bequemen Sitzen und vergleichsweise mehr Fahrkomfort. Nahverkehrsbusse sind zwar günstig, aber normalerweise langsamer als Taxis oder Autorikschas.

Fahrradrikscha

➡ Eine Fahrradrikscha ist ein Fahrrad mit zwei Hinterrädern, über denen eine Sitzbank für Fahrgäste angebracht ist. Die meisten haben ein Verdeck, das bei schlechtem Wetter aufgeklappt und für Übergepäck zugeklappt werden kann.

➡ Der Preis sollte vor der Abfahrt vereinbart werden; um sich eine Vorstellung von den jeweils gültigen Tarifen zu machen, fragt man am besten Einheimische.

Metro & Zug

Neue Metro-Netze (Stadt- und U-Bahnen) verändern mittlerweile den Lokalverkehr in Indiens größten Städten. In Bengaluru (Bangalore) und Mumbai (Bombay) hat der Betrieb bereits begonnen; in Chennai (Madras), Hyderabad und Kochi (Cochin) soll's Ende 2015 oder 2016 losgehen. Analog zum jeweils geplanten Ausbau in den Folgejahren wird der Nutzen für Besucher stetig zunehmen.

Beispielsweise in Mumbai, Hyderabad oder Chennai gibt's außerdem praktische Pendlerzüge, die an normalen Bahnhöfen abfahren.

Schiff/Fähre

Auf den Flüssen Südindiens verkehren ganz unterschiedliche Arten von Booten (große Fähren genauso wie Holzkanus und Weidenboote). Viele größere Boote nehmen gegen Aufpreis auch ein Fahrrad oder Motorrad mit.

Taxi

In den meisten Städten gibt es Taxis – normalerweise mit Gebührenzählern, die von manchen Fahrern aber nur sehr widerwillig benutzt werden. Per Prepaid-Variante umgeht man Abzocke stets am besten.

➡ Die meisten Großflughäfen und -bahnhöfe Indiens (z.T. auch Busbahnhöfe) haben Stände für Prepaid- und/oder Funktaxis. Wer dort eine Fahrt zum Fixpreis (inkl. Gepäckbeförderung) bucht, vermeidet Provisionsabzocke und andere Betrugsversuche. Dennoch ist es stets ratsam, die Quittung zwecks Zahlungsnachweis sorgfältig bis zum Ziel aufzubewahren.

➡ Funktaxis lassen sich in Großstädten normalerweise überall telefonisch bestellen. Sie sind nur geringfügig teurer als die Prepaid-Variante, aber klimatisiert und mit Fahrern der jeweiligen Firma besetzt. Zudem verfügen sie über elektronische Taxameter und meist über GPS-Sender, mit denen die Firma die Bewegungen ihrer Fahrzeuge überwachen kann.

Schiff/Fähre

➡ Linienfähren verbinden Chennai, Visakhapatnam und Kolkata mit Port Blair auf den Andamanen.

➡ Per Pauschalkreuzfahrt geht's von Kochi (Kerala) zu den Lakshadweep-Inseln (Okt.–Mai).

➡ Vergleichsweise kürzere Strecken bedienen zahllose Flussfähren von Weidenbooten bis hin zu richtigen Passagierschiffen. Zudem werden diverse Bootsausflüge angeboten – besonders bemerkenswert sind dabei die vielen Optionen auf den wunderschönen Backwaters von Kerala (S. 312).

Trampen

In abgelegenen Gebieten transportieren neben Bussen teils auch Lkw-Fahrer Passagiere gegen eine verhandelbare Gebühr. Diese sprechen allerdings selten Englisch, was es schwierig macht, ihnen das Ziel klarzumachen und einen fairen Preis auszuhandeln. Zudem haben Lkw-Fahrer den Ruf, unter Alkoholeinfluss zu fahren. Wie überall sollten Frauen auch in Indien niemals allein trampen, am besten nicht einmal zu zweit. Immer aufs Bauchgefühl hören!

Trampen ist nie ganz ungefährlich, und wir empfehlen es nicht. Traveller, die trampen, sollten sich stets bewusst sein, dass sie damit immer ein kleines, aber möglicherweise ernstes Risiko eingehen.

Zug

Eine Bahnreise ist ein typisch indisches Erlebnis. Zugfahrten sind weniger holperig als Bustrips und empfehlen sich vor allem für Fernstrecken mit Übernachtung an Bord. Mit ca. 6900 Bahnhöfen im ganzen Land zählt Indiens

TAXAMETER

Auch bei Fahrten mit Taxameter ist der Kampf noch nicht gewonnen: Da die Geräte oft veraltet sind, basiert der endgültige Fahrpreis auf einer Kombination aus dem Zählerstand und Angaben aus einer komplizierten Umrechnungstabelle („Fare Adjustment Card"). Dies lädt natürlich zu Missbrauch ein. Um sich einen ungefähren Überblick über die Tarife zu verschaffen, lohnt ein Blick in das Portal www.taxiautofare.com.

Gleisnetz zu den längsten und betriebsamsten der Welt. Rund 1,5 Mio. Angestellte machen Indian Railways zum größten öffentlichen Arbeitgeber des Planeten.

Die einfachsten Quellen für aktuelle Infos sind entsprechende Websites wie die von **Indian Railways** (www.indianrail.gov.in) oder die sehr gute von **Inda Rail Info** (www.indiarailinfo.com) mit gutem Offline-Infos oder die nutzerfreundliche Seite eRail.in. Viele Bahnhofsbuchhändler und bessere Buch- oder Zeitschriftenläden verkaufen zudem das umfangreiche *Trains at a Glance* (35 ₹). Dieser Gesamtfahrplan erscheint jedoch nur einmal im Jahr.

Fahrkartenkauf in Indien

➡ Zugtickets lassen sich über Reisebüros und Hotels buchen (jeweils gegen Gebühr) oder persönlich an Bahnhöfen kaufen, wo man oft Fahrkarten für beliebige Bahnverbindungen in ganz Indien bekommt.

➡ Eine Alternative sind Online-Buchungsportale wie **Cleartrip** (www.cleartrip.com), **Make My Trip** (www.makemytrip.com) oder **Yatra** (www.yatra.com). Eine weitere Möglichkeit ist die **IRCTC** (Indian Railways Catering & Tourism Corporation; www.irctc.co.in), der E-Ticket-Service von Indian Railways.

➡ Buchungen übers Internet können allerdings ihre Tücken haben: Bei einigen Portalen hatten manche Traveller offenbar Probleme mit der Registrierung und mit dem Benutzen bestimmter ausländischer Kreditkarten.

➡ An Großbahnhöfen hilft normalerweise englischsprachiges Personal beim Ticketkauf. An kleineren Bahnhöfen sind meist der Stationsvorsteher und dessen Stellvertreter des Englischen mächtig.

➡ Weitere Infos liefert das Kapitel „Zugtickets buchen" (S. 27).

AM BAHNHOF

Am Infoschalter werden Reservierungsformulare ausgegeben, in die Start- und Zielbahnhof sowie Zugklasse, -name und -nummer einzutragen sind. Dann steht man am Fahrkartenschalter an, wo das Ticket ausgedruckt wird. Wenn es keine separate Warteschlange für Damen gibt, können Frauen einfach direkt nach vorn marschieren.

BUCHUNGSBÜROS FÜR TOURISTEN

In größeren Städten und Touristenzentren sorgen spezielle Buchungsbüros für Traveller (International Tourist Bureaus) für einen relativ entspannten Zugticketkauf. Ein Verzeichnis mit deren Standorten gibt's unter www.indianrail.gov.in.

Preise

➡ Die Ticketpreise hängen von Streckenlänge, Klasse und Zugtyp ab. Je nach Klasse (für Details s. S. 27) kommt noch eine Reservierungsgebühr von 15 bis 60 ₹ hinzu.

➡ Zwischen Großstädten verkehren hauptsächlich Expresszüge. Die Optionen *Superfast* bzw. *Sampark Kranti* sind vergleichsweise etwas schneller und teurer.

➡ Am schnellsten zum Ziel geht's mit dem *Rajdhani*, *Duronto* und *Shatabdi Express* (Bordverpflegung ist jeweils im Preis enthalten). Die *Rajdhani*- und *Duronto*-Tarife sind etwa ein Drittel höher als normale Expresszugpreise. *Shatabdi*-Züge fahren ausschließlich tagsüber und haben nur Sitzplätze. Die normale Chair Class entspricht dabei preislich der Klasse 3AC in herkömmlichen Expresszügen.

➡ In den meisten klimatisierten Waggons serviert ein Catering-Service die Verpflegung direkt am Platz. Passagiere ohne Platzreservierung sollten am besten selbst ein paar Snacks dabeihaben.

➡ Senioren erhalten Ermäßigungen in allen Klassen und sämtlichen Zügen (männlich ab 60/weiblich ab 58 Jahren 40/50 %). Kinder unter sechs Jahren fahren gratis mit, Kids zwischen sechs und zwölf Jahren zum halben Preis (max. 300 km).

Reservierungen

➡ Zugtickets können bis zu 60 Tage vor der Abfahrt gebucht werden. Bei den Klassen Chair Class, Sleeper Class, 1AC, 2AC und 3AC besteht Reservierungspflicht. Diese entfällt in den ohnehin stets reservierungsfreien Großraumabteilen der 2. Klasse – hier gilt es, sich nach der Einfahrt des Zuges so schnell wie möglich einen Platz zu sichern.

➡ Da indische Züge immer stark ausgelastet sind, sollte man sich so früh wie möglich um sein Ticket kümmern (vor allem für Nachtfahrten).

PREISE FÜR EXPRESSZÜGE (₹)

Strecke (km)	1AC	2AC	3AC	Chair Class (CC)	Sleeper Class	2. Klasse
100	1047	613	428	205	120	47
200	1047	613	428	278	120	72
300	1047	613	428	370	177	101
500	1711	996	688	545	261	150
1000	2895	1683	1156	916	439	253
2000	4592	2644	1788	1433	692	410

- Falls die gewünschte Verbindung ausgebucht sein sollte, heißt's nach Alternativen fragen.
- Da Fahrtverzögerungen jederzeit vorkommen können, sollte der eigene Reiseplan zwecks Stressvermeidung nicht zu eng gestrickt sein.
- Auf Fahrkarten mit Reservierung sind Sitzplatz- bzw. Liegen- und Wagennummer vermerkt. Letztere steht jeweils seitlich am Waggon – ergänzt durch eine Reservierungsliste mit Namen und Platznummern.
- Sogar nach der Abfahrt können fast alle Tickets noch gebührenpflichtig zurückgegeben werden. Die komplizierten Regelungen dafür sollte man jedoch besser schon beim Buchen ermitteln.
- Achtung: An Bord besteht die Gefahr, betäubt und ausgeraubt zu werden!

LAST-MINUTE-TICKETS (TATKAL)

Für wichtige Zugverbindungen hält Indian Railways eine sehr kleine Menge von Last-Minute-Tickets *(tatkal)* zurück, die einen Tag vor Abfahrt um 10 Uhr freigegeben werden (Aufpreis 10–400 ₹/Ticket). Die Klasse 1AC ist hiervon ausgeschlossen.

ZUGVERBINDUNGEN ONLINE ERMITTELN

Wer auf www.indiarailinfo.com oder eRail.in seinen Start- und Zielort eingibt, bekommt eine Liste mit allen Zügen auf der jeweiligen Strecke angezeigt (inkl. Name, Nummer, Abfahrts- und Ankunftszeit). Parallel dargestellt werden Routendetails sowie aktuelle Tarif- und Verfügbarkeitsinfos für jede Klasse.

RESERVATION AGAINST CANCELLATION (RAC)

Selbst bei komplett ausgebuchten Zügen greift in allen Klassen die limitierte Option „Reservation Against Cancellation" (RAC): Inhaber von RAC-Tickets erhalten die Plätze bzw. Liegen von Passagieren, die vor dem Abfahrtstag stornieren. Am Reisetag heißt es daher die Reservierungsliste am Bahnhof checken, um den potenziellen Platz zu ermitteln. Doch auch wenn dieser nicht storniert wurde, darf man als RAC-Ticketinhaber an Bord gehen und (ohne Sitzplatz) mitfahren.

TOURISTENKONTINGENT

Auf vielen Strecken gibt's ein kleines Kontingent für ausländische Traveller und im Ausland lebende Inder. Diese speziellen Plätze *(tourist quota)* sind nur über bestimmte Reservierungsbüros in Großstädten buchbar. Voraussetzung ist die Vorlage von Reisepass und Visum. Die Tickets können in Rupien bezahlt werden. Mancherorts wird dann allerdings ein Wechselbeleg verlangt (zumeist reicht eine Geldautomatenquittung).

WARTELISTE

Sind auch keine RAC-Plätze mehr verfügbar, kann man ein Wartelistenticket (*waiting list*; WT) bekommen. Gibt es genug Stornierungen, erhält man dann den Vorzug gegenüber anderen auf einen Liegeplatz oder zumindest ein RAC-Ticket. Unter http://www.indianrail.gov.in/pnr_Enq.html kann durch Eingabe der PNR-Nummer der Buchungsstatus abgefragt werden. Achtung: Ein Wartelistenticket allein berechtigt nicht zur Mitfahrt; das Geld bekommt man jedoch zurückerstattet – die Verkaufsstelle hilft beim Einschätzen der Chancen!

Gesundheit

Der Hygienestandard ist in den meisten Regionen sehr niedrig, sodass Krankheiten durch infizierte Lebensmittel oder Wasser recht oft auftreten. Viele Insekten übertragen verschiedene Krankheiten, besonders in den tropischen Gebieten. Die medizinische Ausstattung ist in mehreren Gegenden unzureichend (besonders außerhalb der Großstädte), man sollte sich also gut vorbereiten.

Für die meisten lebensbedrohlichen Probleme während einer Indienreise sind ein von vornherein schlechter Gesundheitszustand oder Verletzungen durch Unfälle (besonders Verkehrsunfälle) verantwortlich. Einmal während der Reise krank zu werden, ist dagegen ziemlich üblich. Die meisten Krankheiten kann man aber durch den Einsatz des gesunden Menschenverstandes vermeiden oder mithilfe einer gut ausgestatteten Reiseapotheke behandeln. Allerdings sollte man auch nicht zögern, im Ernstfall einen Arzt aufzusuchen – sonst könnte es gefährlich werden.

Die folgenden Informationen sind allgemeine Ratschläge und ersetzen keineswegs den Rat eines Arztes, der auf Reisemedizin spezialisiert ist.

BEVOR ES LOSGEHT

In Indien kann man viele Medikamente rezeptfrei kaufen, aber manchmal ist es schwer, neuere Arzneimittel aufzutreiben, besonders Antidepressiva, Blutdruckmedikamente und Antibabypillen. Folgendes sollte man mitnehmen:

- Medikamente in ihrer beschrifteten Originalverpackung
- ein unterzeichnetes, datiertes Schreiben des Hausarztes, in dem der Gesundheitszustand und die einzunehmenden Medikamente inklusive ihrer generischen Namen beschrieben werden
- einen Brief des Arztes, der die Notwendigkeit von Spritzen bestätigt, die eventuell mitgenommen werden
- wer ein Herzleiden hat, nimmt die Kopie eines EKGs mit, das vor der Abreise gemacht wurde
- alle Arzneimittel, die man regelmäßig einnehmen muss (am besten in doppelter Menge)

Versicherung

Nie ohne Reisekrankenversicherung reisen! Ein Rücktransport im Notfall ist teuer. Beim Abschluss einer Versicherung Folgendes berücksichtigen:

- Möglicherweise muss man eine Zusatzversicherung für Abenteueraktivitäten wie Felsenklettern abschließen.
- In Indien müssen Ärzte normalerweise direkt in bar bezahlt werden. Die Versicherung bezahlt die jeweiligen Stellen entweder direkt oder erstattet das Geld anschließend zurück. Wenn man seine Ansprüche später geltend machen muss, ist immer sicherzustellen, dass alle relevanten Unterlagen aufbewahrt werden.
- Einige Versicherung verlangen, dass man eine Zentrale im Heimatland anruft (R-Gespräch), die sich dann direkt um das Problem kümmert.

Impfungen

Auf Reisemedizin spezialisierte Kliniken sind die beste Quelle für aktuelle Informationen. Sie haben alle verfügbaren Impfstoffe vorrätig und können spezifische Empfehlungen für eine Reise aussprechen. Die meisten Impfstoffe verleihen erst mindestens zwei Wochen nach Verabreichung Immunität, deshalb sollte man vier bis acht Wochen vor der Abreise einen Arzt aufsuchen. Am besten bittet man seinen Arzt um ein internationales Impfzertifikat (manchmal als „gelbes Heft" bekannt), in dem alle Impfungen aufgelistet sind, die man erhalten hat.

Reiseapotheke

Für die persönliche Reiseapotheke empfehlen wir:

- Antibakterielle Salbe, z. B. Mupirocin
- Antibiotika gegen Hautinfektionen, z. B. Amoxicillin/Clavulanat oder Cephalexin
- Antihistamine – es gibt zahlreiche Optionen, z. B. Cetrizin für tagsüber und Promethazin für nachts
- Antiseptikum, z. B. Betadine
- Antispasmikum gegen Magenkrämpfe, z. B. Buscopan
- Dekongestivum, z. B. Pseudoephedrin
- DEET-haltiges Insektenschutzmittel
- Erste-Hilfe-Bedarf wie Pflaster, Bandagen, Mullbinden, Fieberthermometer

ERFORDERLICHE & EMPFOHLENE IMPFUNGEN

Die einzige Impfung, die nach internationalen Vorschriften erforderlich ist, ist die gegen **Gelbfieber**. Ein Nachweis der Impfung wird nur verlangt, wenn man sechs Tage vor der Einreise nach Indien ein Land im Gelbfiebergebiet besucht hat. Wenn man aus Afrika oder Südamerika nach Indien einreist, sollte man sich vorab informieren, ob ein Impfnachweis erforderlich ist.

Die Weltgesundheitsorganisation (WHO) empfiehlt für Reisen nach Indien folgende Impfungen (genauso wie einen Impfschutz vor Masern, Mumps und Röteln):

Diphterie & Tetanus Die Auffrischungsimpfung wird empfohlen, wenn die letzte Impfung zehn Jahre oder länger zurückliegt. Nebenwirkungen sind Entzündungen an der Impfstelle und Fieber.

Hepatitis A Bietet nahezu 100 %-igen Schutz für ein Jahr, eine Auffrischungsimpfung nach zwölf Monaten bewirkt einen mindestens 20 Jahre anhaltenden Schutz. Harmlose Nebenwirkungen wie Kopfschmerzen und Entzündungen der Impfstelle treten bei 5 bis 10 % der Behandelten auf.

Hepatitis B Gilt inzwischen als Routineimpfung für die meisten Traveller. Wird als dreimalige Impfung über sechs Monate gegeben. Es gibt auch eine Schnellversion, die in Kombination mit der Hepatitis-A-Impfung durchgeführt wird. Nebenwirkungen sind harmlos und eher selten, etwa Kopfschmerzen und Entzündungen der Impfstelle. 95 % der Behandelten haben danach lebenslangen Impfschutz.

Polio Eine Impfung reicht aus für den lebenslangen Schutz eines Erwachsenen. Der inaktive Polioimpfstoff gilt auch bei Schwangerschaften als unbedenklich.

Typhus Die Impfung gegen Typhus wird prinzipiell für alle Indien-Traveller empfohlen, auch wenn nur der Besuch städtischer Gebiete geplant ist. Die einmalige Impfung bietet 70 %-igen Schutz und hält zwei bis drei Jahre an. Sie kann auch mit Tabletten durchgeführt werden, doch wegen der geringeren Nebenwirkungen wird die Injektion empfohlen. Entzündungen der Impfstelle und Fieber können auftreten.

Windpocken Wer keinen Impfschutz gegen Windpocken hat, sollte eine mögliche Impfung mit seinem Arzt besprechen.

Folgende Impfungen werden für Traveller empfohlen, die länger als einen Monat im Land bleiben wollen und für alle, die ein erhöhtes Risiko haben (am besten beim Arzt danach fragen):

Japanische Enzephalitis Wird in drei Teilimpfungen gegeben. Eine Auffrischung nach zwei Jahren wird empfohlen. Selten tritt eine allergische Reaktion mit Nesselausschlag und Schwellungen auf, ungefähr zehn Tage nach jeder der drei Impfungen.

Meningitis Eine Injektion. Es gibt zwei Arten der Impfung: Der vierfache Impfstoff gibt zwei- bis dreijährigen Schutz; der Meningitis-Gruppe-C-Impfstoff hält zehn Jahre lang. Wird empfohlen für Backpacker unter 25 Jahren.

Tollwut Insgesamt drei Impfungen. Eine Auffrischung nach einem Jahr gibt zehnjährigen Schutz. Nebenwirkungen sind selten – gelegentlich Kopfschmerzen und Entzündungen der Impfstelle.

Tuberkulose (TBC) Erwachsenen Travellern, die länger in Indien waren, wird normalerweise eher ein TBC-Hauttest vor und nach der Reise als eine Impfung empfohlen. Eine Impfung hält ein Leben lang.

(keines mit Quecksilber) und Pinzette

- Fungizidsalbe, z. B. Clotrimazol
- Halstabletten
- Ibuprofen oder andere entzündungshemmenden Mittel
- Jodtabletten zur Trinkwasserreinigung (nicht für Schwangere oder Menschen mit Schilddrüsenproblemen!)
- Medikamente gegen Blasenentzündung, falls man dafür anfällig ist
- Medikamente gegen Durchfallerkrankungen – etwa Rehydrationslösungen, Durchfall-„Bremsen" (z. B. Loperamid), Mittel gegen Übelkeit (z. B. Prochlorperazin) und Antibiotika gegen Durchfall (z. B. Ciprofloxacin), bakterielle Diarrhöe (z. B. Azithromycin) und Giardiasis oder Amöbendisenterie (z. B. Tinidazol).
- Medikamente gegen Soor (vaginaler Pilzbefall), z. B. Clotrimazolpessare oder Diflucantabletten
- Migränemittel, falls man an Migräne leidet
- Paracetamol
- Pyrethrin zur Imprägnierung von Kleidung und Moskitonetzen
- Sonnencreme mit hohem Lichtschutzfaktor
- Steroidsalbe gegen allergische oder juckende Ausschläge, z. B. 1- bis 2-%-iges Hydrocortison
- Verhütungsmittel

Infos im Internet

Im Internet findet man viele Reisetipps rund um das Thema Gesundheit. Unsere Website www.lonelyplanet.com bietet für viele Fragen in diesem Bereich einen praktisch orientierten Einstieg. Andere Optionen:

fit for travel – Reisemedizinischer Gesundheitsservice (www.fit-for-travel.de) Reisetipp rund um das Thema Gesundheit.

MD Travel Health (www.mdtravelhealth.com) Reise-Gesundheitstipps zu sämtlichen Ländern; die Seite wird täglich aktualisiert.

World Health Organization (WHO; www.who.int/ith) Das hilfreiche Buch *International Travel & Health* wird alljährlich neu aufgelegt und ist online erhältlich.

Weiterführende Lektüre

Lonely Planets englischsprachiges *Healthy Travel – Asia & India* ist ein Taschenbuch mit nützlichen Informationen zu Reiseplanung, Erster Hilfe und Immunisierung, und mit Ratschlägen, was zu tun ist, wenn jemand unterwegs krank wird. Weitere gute Bücher sind *Praktische Tropen- und Reisemedizin* von Hans Jochen Diesfeld und Gerhard Krause und das *Handbuch für Tropenreisen* von Ronald Hanewald. Man sollte sich auch die Webseite (www.travellingwell.com.au) ansehen.

IN INDIEN

Medizinische Versorgung & Kosten

Die medizinische Versorgung in Indien ist ziemlich unbeständig. In einigen Städten gibt's inzwischen Kliniken, die sich speziell an Reisende und Auswanderer richten. Diese Kliniken sind in der Regel teurer als andere medizinische Einrichtungen vor Ort und bieten höhere Behandlungsstandards. Darüber hinaus kennen sie das örtliche System und damit auch seriöse lokale Krankenhäuser und Spezialisten. Außerdem können sie sich mit der Versicherung in Verbindung setzen, sollte man einen Rücktransport benötigen. In ländlichen Gebieten ist es in der Regel schwierig, zuverlässige medizinische Versorgung zu finden.

Eine Selbstbehandlung ist sinnvoll bei kleineren Problemen (z. B. bei Reisedurchfall), wenn man die benötigten Medikamente dabei hat oder es nicht möglich ist, eine gute Klinik aufzusuchen. Wer allerdings eine ernsthaftere Erkrankung vermutet, vor allem bei Malariaverdacht, sollte sich so schnell wie möglich in ärztliche Behandlung begeben.

Bevor man Medikamente kauft, immer auf das Haltbarkeitsdatum schauen und sich vergewissern, dass die Packung versiegelt ist und vernünftig gelagert wurde (also beispielsweise nicht der direkten Sonne ausgesetzt war).

Infektionskrankheiten

Malaria

Malaria ist eine potenziell tödliche Krankheit. Vor der Abreise sollte man den Rat eines Fachmannes zur geplanten Reiseroute (ländliche Gebiete sind besonders riskant) sowie zu Medikamenten und deren Nebenwirkungen einholen.

Malaria wird von einem Parasiten ausgelöst, der durch den Biss einer infizierten Moskito übertragen wird. Das deutlichste Symptom ist Fieber, es gibt aber auch noch andere allgemein verbreitete Anzeichen wie Kopfschmerzen, Durchfall, Husten oder Kältegefühl. Eine sichere Diagnose kann nur durch eine Blutprobe gestellt werden.

Zwei Strategien sollten kombiniert werden, um eine Malariainfektion zu vermeiden: nicht von Moskitos gestochen werden und Malariamedikamente einnehmen. Die meisten Menschen, die sich mit Malaria infiziert haben, nahmen unwirksame oder keine Malariamedikamente.

Moskitostiche lassen sich durch folgende Vorsichtsmaßnahmen vermeiden:

- Auf unbedeckte Hautstellen DEET-haltige Moskitoschutzmittel auftragen. Wer in einem garantiert moskitofreien Raum schläft, etwa unter einem Moskitonetz, kann das DEET nachts abwaschen. Natürliche Moskitoschutzmittel mit Zitronengras können effektiv sein, müssen aber öfter aufgetragen werden als DEET-haltige Mittel.
- Unter einem mit Pyrethrin imprägnierten Moskitonetz schlafen.
- Unterkunft mit Fensterscheiben und ordentlichen Ventilatoren wählen (wenn keine Klimaanlage vorhanden ist).
- In Gebieten mit hohem Risiko Kleidung mit Pyrethrin imprägnieren.
- Helle Kleidung mit langen Ärmeln und Hosenbeinen bevorzugen.
- Mückenspiralen benutzen.
- Insektenspray einsetzen, bevor man das Zimmer zum Abendessen verlässt.

Es gibt eine Vielzahl von Medikamenten:

Chloroquin- & Paludrine-Kombination Eingeschränkte Wirkung in vielen Teilen Südasiens. Häufige Nebenwirkungen schließen Übelkeit (40 % der Betroffenen) oder Mundgeschwüre ein.

Doxycyclin (täglich eine Tablette) Ein Breitbandantibiotikum, das der Prävention einer Vielzahl von Tropenkrankheiten dient, darunter Leptospirose, durch Zecken übertragene Krankheiten und Typhus. Mögliche Nebenwirkungen sind Photosensibilität (erhöhtes Sonnenbrandrisiko), Soor (bei Frauen), Verdauungsstörungen, Sodbrennen, Übelkeit und eine Wirkungshemmung von Antibabypillen. Zu den schwereren Nebenwirkungen gehören auch Geschwürbildungen in der Speiseröhre – die Tablette sollte zu einer Mahlzeit mit einem großen Glas Wasser eingenommen werden. Eine halbe Stunde nach Einnahme sollte man sich keinesfalls hinlegen. Das Medikament muss nach Verlassen des Risikogebiets vier Wochen lang eingenommen werden.

Lariam (Mefloquin) Diese wöchentlich einzunehmende Tablette ist für viele Menschen am besten verträglich. Schwere Nebenwirkungen sind selten, schließen aber Depressionen, Angstzustände, Psychosen und Anfälle ein. Personen, die von Depressionen, Angstzuständen, anderen psychischen Störungen oder Epilepsie betroffen waren oder sind, sollten Lariam nicht einnehmen. Es gilt im zweiten und dritten Trimester einer Schwangerschaft als sicher. Die Tabletten müssen nach Verlassen des Risikogebiets vier Wochen lang eingenommen werden.

Malarone Kombinationspräparat aus Atovaquone und Proguanil. Nebenwirkungen sind selten und leicht und treten meist in Form von Übelkeit und Kopfschmerzen auf. Dies ist das beste Medikament für Taucher und alle, die Ausflüge in Hochrisikogebiete machen. Die Tabletten müssen nach Verlassen des Risikogebietes eine Woche lang eingenommen werden.

Andere Krankheiten

Denguefieber Diese durch Moskitos übertragene Krankheit entwickelt sich zu einem immer größeren Problem, besonders in den Städten. Da kein Impfstoff vorhanden ist, kann ihr nur vorgebeugt werden, indem man Moskitostiche so gut wie möglich vermeidet. Zu den Symptomen gehören hohes Fieber, starke Kopf- und Körperschmerzen und manchmal Ausschlag oder Durchfall. Die Behandlung besteht aus Ruhe und Paracetamol – kein Aspirin oder Ibuprofen einnehmen, da es die Wahrscheinlichkeit von Blutungen erhöht! Zur Diagnose und Beobachtung sollte man auf jeden Fall einen Arzt aufsuchen.

Hepatitis A Dieses Virus wird durch Lebensmittel oder Wasser übertragen, befällt die Leber und verursacht Gelbsucht (gelbe Haut und Augen), Übelkeit und Lethargie. Für Hepatitis A gibt's keine spezifische Behandlung, man muss der Leber einfach Zeit geben, wieder zu heilen. Alle Reisenden nach Indien sollten sich gegen Hepatitis A impfen lassen.

Hepatitis B Diese Krankheit wird durch sexuellen Kontakt und den Austausch von Körperflüssigkeiten übertragen und kann durch Impfung vermieden werden. Die Langzeitfolgen der Erkrankung können Leberkrebs oder auch eine Leberzirrhose einschließen.

Hepatitis E Durch Lebensmittel und Wasser übertragen, ähneln die Symptome der Hepatitis E denen der Hepatitis A, aber sie ist entschieden seltener. Für Schwangere ist sie sehr problematisch und kann zum Tod der Mutter und des Kindes führen. Es gibt keinen kommerziell verfügbaren Impfstoff, aber eine Ansteckung kann vermieden werden, wenn die üblichen Sicherheitsmaßnahmen beim Essen und Trinken beachtet werden.

Grippe In den Tropen ist die Grippe (Influenza) das ganze Jahr über präsent. Zu ihren Symptomen gehören Fieber, Muskelschmerzen, eine laufende Nase, Husten und Halsschmerzen. Bei Menschen über 65 oder mit Vorerkrankungen wie Herzleiden oder Diabetes kann sie einen schweren Verlauf neh-

REISEHINWEISE

Vor der Abreise lohnt sich immer ein Blick auf die medizinischen Hinweise von offizieller Seite:

- **Deutschland** (www.auswaertiges-amt.de)
- **Schweiz** (www.eda.admin.ch)
- **Österreich** (http://www.bmeia.gv.at)

men, daher wird diesen Personen eine Impfung empfohlen. Eine spezielle Behandlung gibt es nicht – Ruhe und Paracetamol sind angesagt.

HIV Wird durch den Austausch von Körperflüssigkeiten übertragen. Die Vermeidung von ungeschütztem Sex, nicht sterilen Nadeln (auch in medizinischen Einrichtungen) und Tätowierungen oder ähnlichen Unternehmungen schützen. Die Anstiegsrate von HIV in Indien ist eine der höchsten weltweit.

Japanische Enzephalitis Diese Viruserkrankung wird durch Moskitos übertragen und ist bei Reisenden selten. Die meisten Fälle treten in ländlichen Gegenden auf, und Impfungen werden für alle empfohlen, die mehr als einen Monat außerhalb der größeren Städte verbringen. Es gibt keine Therapie, und die Erkrankung kann zu dauerhaften Hirnschäden oder zum Tod führen. Den eigenen Arzt nach näheren Einzelheiten fragen!

Tollwut Diese meistens tödlich verlaufende Krankheit wird übertragen, wenn man von einem infizierten Tier (in erster Linie Hunde oder Affen) gebissen oder auch nur abgeschleckt wird. Sofort nach einem Biss einen Arzt aufsuchen, der mit der Nachbehandlung beginnt – eine Impfung vor der Reise macht die Nachbehandlung sehr viel einfacher. Wird ein Traveller von einem wilden Tier gebissen, sollte die Wunde vorsichtig mit Wasser und Seife ausgespült und ein jodbasiertes Antiseptikum aufgetragen werden. Wer nicht gegen Tollwut geimpft ist, muss schnellstens Tollwutantikörper bekommen – in großen Teilen Indiens wird das aber sehr schwierig sein.

Tuberkulose Während TBC unter Travellern selten ist, sollten Personen mit engem Kontakt zur einheimischen Bevölkerung (wie medizinisches Personal, Entwicklungshelfer und Langzeittraveller) entsprechende Vorsichtsmaßnahmen treffen. Geimpft werden normalerweise nur Kinder unter fünf Jahren, aber bei gefährdeten Erwachsenen wird ein TBC-Test vor und nach der Reise empfohlen. Die häufigsten Symptome sind Fieber, Husten, Gewichtsverlust, Nachtschweiß und Müdigkeit.

Typhus Diese bakterielle Infektion verbreitet sich über Essen und Wasser. Symptome sind ansteigendes und hohes Fieber und Kopfschmerzen, eventuell begleitet von trockenem Husten und Magenschmerzen. Typhus wird durch Bluttests nachgewiesen und mit Antibiotika behandelt. Die Impfung wird allen Travellern empfohlen, die länger als eine Woche in Indien bleiben wollen. Achtung: Die Impfung gewährt keinen 100-%-igen Schutz, also auf jeden Fall vorsichtig sein beim Essen und Trinken!

Vogelgrippe Die Vogelgrippe, auch Influenza A (H5N1), ist ein Subtyp des Influenza-A-Virus. Kontakt mit toten oder erkrankten Vögeln ist die Hauptansteckungsquelle, aber eine Übertragung von Vogel zu Mensch ist recht selten. Zu den Symptomen gehören hohes Fieber und grippeähnliche Symptome mit rapider Verschlechterung des Zustands, die in vielen Fällen zum Versagen der Atmung und zum Tod führen. Wenn Verdacht auf Vogelgrippe besteht, sollte sofort medizinische Versorgung erfolgen. Details: www.who.int/en oder www.vogelgrippe.de.ms.

Reisedurchfall

Reisedurchfall ist mit Abstand das häufigste Problem, von dem Reisende in Indien betroffen sind – zwischen 30 und 70 % aller Personen leiden in den ersten zwei Wochen nach Antritt der Reise darunter. Normalerweise wird der Durchfall durch Bakterien ausgelöst – Antibiotika helfen sehr schnell.

Als Reisedurchfall werden mehr als drei wässrige Entleerungen innerhalb von 24 Stunden bezeichnet, zu denen mindestens ein weiteres Symptom wie Fieber, Krämpfe, Übelkeit, Übergeben oder allgemeines Unwohlsein kommen.

Die Behandlung besteht darin, eine Dehydration zu vermeiden – Rehydrationslösungen sind dazu am besten geeignet. Antibiotika wie Ciprofloxacin oder Azithromycin sollten die Bakterien schnell abtöten. Umgehend medizinische Hilfe suchen, wenn die Reaktion auf das entsprechende Antibiotikum ausbleibt!

Loperamid wirkt nur wie eine „Bremse" und packt das Problem nicht bei der Wurzel, kann aber trotzdem hilfreich sein (z. B. wenn man eine lange Busfahrt vor sich hat). Loperamid sollte man nicht einnehmen, wenn man Fieber oder Blut im Stuhl hat.

Amöbenruhr Die Amöbenruhr kommt bei Travellern nur sehr selten vor, wird aber von weniger guten Labors häufig fälschlicherweise diagnostiziert. Die Symptome (Fieber, blutiger Stuhl und allgemeines Unwohlsein) ähneln dem bakteriell verursachten Durchfall. Bei Blut im Stuhl sollte sofort ein Arzt aufgesucht werden. Behandelt wird mit zwei Medikamenten: Tinidazol oder Metronidazol töten die Parasiten im Darm und ein zweites Medikament tötet die Zysten. Bleibt die Krankheit unbehandelt, können Leber- oder Darmabzesse die Folge sein.

Giardiasis *Giardia lamblia* ist ein Parasit, der bei Travellern relativ häufig vorkommt. Symptome sind Übelkeit, Aufgedunsenheit, schlimme Blähungen, Müdigkeit und zeitweilig auftretender Durchfall. Der Parasit verlässt den Körper möglicherweise ohne Behandlung, aber das kann Monate dauern. Übliches Behandlungsmittel ist Tinidazol, Metronidazol ist eine weitere Möglichkeit.

Gesundheitsrisiken

Essen

Wenn man außer Haus isst besteht die Möglichkeit sich mit einer Durchfallerkankung anzustecken. Wege, um durch Lebensmittel verursachte Krankheiten zu vermeiden:

- nur frisch zubereitete Lebensmittel essen
- Krustentiere und Buffets meiden
- Obst schälen
- Gemüse kochen
- Salat mindestens 20 Minuten lang in Jodwasser tauchen
- in belebten Restaurants mit hoher Gästefluktuation essen

Hautprobleme

Ausschläge durch Pilzbefall
Reisende können von zweierlei Ausschlägen durch Pilzbefall betroffen sein. Der eine tritt an feuchten Körperstellen auf, z. B. im Schritt, unter den Achseln und zwischen den Zehen. Er beginnt mit roten Flecken, die sich langsam ausbreiten und normalerweise auch jucken. Zur Behandlung sollte man die Haut trocken halten, Reibung vermeiden und eine Salbe gegen Pilzinfektionen wie Clotrimazol oder Lamisil auftragen. Der andere Pilz, *Pityriasis versicolor*, verursacht helle Flecken, hauptsächlich auf dem Rücken, der Brust und den Schultern. Einen Arzt aufsuchen!

Schnitte und Kratzer entzünden sich in feuchtem Klima leicht. Alle Wunden müssen umgehend mit sauberem Wasser ausgewaschen werden. Anschließend ein Antiseptikum auftragen. Wenn Anzeichen einer Infektion beobachtet werden (zunehmende Schmerzen und Rötungen), einen Arzt aufsuchen!

Hitze

In vielen Teilen Südindiens ist es das ganze Jahr über heiß und feucht. Die meisten Reisenden brauchen etwa zwei Wochen, um sich an das Klima zu gewöhnen. Füße und Knöchel können anschwellen, und es kann wegen des vielen Schwitzens zu Muskelkrämpfen kommen. Ratsam ist es, einer Dehydrierung vorzubeugen und sich nicht zu viel in der Hitze zu bewegen. Salztabletten einzunehmen ist nicht empfehlenswert, weil sie den Darm angreifen. Rehydrationsflüssigkeiten trinken oder salzig essen ist besser. Krämpfe lösen sich meistens schnell, wenn man eine Ruhepause einlegt, doppelt konzentrierte Rehydrationslösung trinkt und der Muskel vorsichtig gedehnt wird.

Dehydrierung ist der häufigste Auslöser für Hitzeschäden. Man erholt sich normalerweise schnell wieder, aber es ist nicht ungewöhnlich, wenn man sich im Anschluss für einige Tage schlapp fühlt. Zu den Symptomen gehören:

- Schwächegefühl
- Kopfschmerzen
- Reizbarkeit
- Übelkeit oder Erbrechen
- schweißnasse Haut
- schneller, schwacher Puls
- normale oder leicht erhöhte Körpertemperatur.

Behandlung:

- aus der Hitze gehen
- Luft zufächeln
- kühle, nasse Kleidungsstücke auf die Haut legen
- mit erhöhten Beinen flach hinlegen
- Flüssigkeit zuführen: Wasser mit einem Viertelteelöffel Salz pro Liter.

Ein Hitzschlag ist ein ernstzunehmender medizinischer Notfall. Zu den Symptomen zählen:

- Schwäche
- Übelkeit
- heißer, ausgetrockneter Körper
- Körpertemperatur über 41 °C
- Schwindelgefühl
- Verwirrung
- Koordinationsverlust
- Anfälle
- eventuell Kollaps.

Behandlung:

- aus der Hitze gehen
- Luft zufächeln
- nasse Kleidungsstücke auf die Haut oder Eis auf den Körper legen, vor allem in die Leistenbeuge und unter die Achseln.

Hitzebläschen sind in den Tropen ein häufig auftretender Hautausschlag, der entsteht, wenn sich Schweiß unter der Haut ansammelt.

TRINKWASSER

- Nie Leitungswasser trinken.
- Wasser in Flaschen ist in der Regel sicher – unbedingt beim Kauf sicherstellen, dass das Siegel intakt ist.
- Eis vermeiden, wenn man nicht genau weiß, ob es hygienisch einwandfrei hergestellt wurde.
- Vorsichtig sein mit frischen Säften, die vor allem an Straßenständen verkauft werden – möglicherweise werden sie mit Wasser verdünnt oder in unhygienischen Bechern/Gläsern serviert.
- Wasser abzukochen, ist die wirkungsvollste Reinigungsmethode.
- Das beste chemische Reinigungsmittel ist Jod. Es sollte nicht von Schwangeren oder Menschen mit Schilddrüsenproblemen eingenommen werden.
- Wasserfilter sollten auch die meisten Viren herausfiltern. Man sollte sich vergewissern, dass der Filter eine chemische Barriere, z. B. Jod, und eine kleine Porengröße (weniger als 4 Mikron) hat.

KOHLENMONOXIDVERGIFTUNG

In manchen Bergregionen wird bis heute mit Holzkohleöfen geheizt. Diese sollten jedoch nicht benutzt werden, da die Gefahr einer tödlichen Kohlenmonoxidvergiftung besteht. Alternativ gibt's oben im Gebirge oft dicke, matratzenartige Decken, die herrlich warm geben. Wer immer noch friert, füllt einfach eine Trinkflasche mit kochendem Wasser, zieht einen Strumpf darüber und verwendet das Ganze als Wärmflasche.

Er kann behandelt werden, indem man die Hitze für ein paar Stunden meidet oder kalt duscht. Salben und Lotionen verschließen die Haut und sollten nicht benutzt werden. Vor Ort erhältliches Hitzebläschen-Pulver kann auch helfen.

Höhenkrankheit

Für alle, die sich in Höhen über 3000 m begeben, könnte die Höhenkrankheit zum Problem werden. Der größte Risikofaktor ist es, zu schnell auf zu große Höhen zu steigen – man sollte dem schonenderen Akklimatisierungsplan folgen, der in allen guten Wanderführern zu finden ist, und sich nie in noch größere Höhen begeben, wenn sich bereits Symptome zeigen, die mit der Höhenkrankheit in Zusammenhang stehen könnten. Es ist unmöglich vorauszusagen, wen die Höhenkrankheit erwischt, und oft sind es die jüngeren, fitteren Mitglieder einer Gruppe, die darunter leiden.

Die Symptome entwickeln sich in der Regel in den ersten 24 Stunden in der Höhe, können aber auch bis zu drei Tage auf sich warten lassen. Mildere Symptome sind u. a.:

- Kopfschmerzen
- Lethargie
- Schwindelgefühl
- Schlafstörungen
- Appetitverlust.

Die Höhenkrankheit kann sich ohne Vorwarnung auch verschlechtern und sogar tödlich verlaufen. Schwerere Symptome sind u. a.:

- Kurzatmigkeit
- trockener Reizhusten (der zu rosafarbenem, schaumigem Auswurf führen kann)
- starke Kopfschmerzen
- Koordinations- und Gleichgewichtsverlust
- Verwirrung
- gereiztes Verhalten
- Erbrechen
- Benommenheit
- Bewusstlosigkeit.

Leichte Symptome kann man behandeln, indem man auf derselben Höhe bleibt und sich ausruht, was normalerweise ein bis zwei Tage dauert. Gegen die Kopfschmerzen können Paracetamol oder Aspirin eingenommen werden. Wenn die Symptome andauern oder schlimmer werden, muss man sich sofort auf eine niedrigere Höhe begeben, auch 500 m tiefer können schon ausreichen. Man sollte nie Medikamente einnehmen, nur weil man einen Abstieg vermeiden oder sogar noch höher aufsteigen möchte.

Einige Ärzte empfehlen Acetazolamid und Dexamethason zur Vorbeugung der Höhenkrankheit, ihre Anwendung ist jedoch umstritten. Die Medikamente können die Symptome zwar mildern, Warnzeichen jedoch auch verschleiern. Es sind schon schwere und tödliche Fälle der Höhenkrankheit bei Menschen aufgetreten, die diese Medikamente eingenommen haben.

Um akute Höhenkrankheit zu vermeiden:

- langsam höher steigen – am besten gönnt man sich regelmäßige Ruhetage und pausiert zwei oder drei Nächte nach jedem Aufstieg um 1000 m
- wenn möglich auf geringerer Höhe schlafen als der des höchsten Punktes, den man am jeweiligen Tag erreicht hat. Über 3000 m sollte die Schlafhöhe täglich um nicht mehr als 300 m erhöht werden
- mehr trinken als gewöhnlich
- auf eine leichte und kohlenhydratreiche Ernährung achten
- Alkohol und Beruhigungsmittel vermeiden

Insektenbisse & -stiche

Bienen- und Wespenstiche

Jeder, der unter einer schweren Bienen- oder Wespenallergie leidet, sollte eine Adrenalinspritze (z. B. einen EpiPen) mitführen. Für alle anderen sind die Schmerzen und der Juckreiz das größte Problem – den Stich mit Eis kühlen oder Schmerzmittel einnehmen!

Blutegel sind in feuchten Regenwaldregionen zu finden. Sie übertragen keine Krankheiten, aber ihre Bisse jucken wahnsinnig und das oft wochenlang – und noch dazu können sie sich leicht entzünden. Ein Antiseptikum auf Jodbasis auf Blutegelbisse auftragen, um Infektionen vorzubeugen!

Läuse treten meist auf dem Kopf oder im Schambereich auf. Vermutlich muss man ein Läuseshampoo (z. B. Pyrethrin) zur vollständigen Bekämpfung mehrmals anwenden. Läuse im Schambereich bekommt man für gewöhnlich durch Sexualkontakt.

Wanzen übertragen zwar keine Krankheiten, aber ihre Bisse können ziemlich fies jucken. Sie leben normalerweise in Möbeln und Wänden und siedeln nachts in Betten um. Gegen den Juckreiz kann man Antihistamine einnehmen.

Zecken holt man sich beim Wandern in ländlichen Gegenden, und oft findet man sie hinter den Ohren, am Bauch und unter den Achseln. Wer von einer Zecke gebissen wurde und an der Biss- oder einer anderen Stelle einen Ausschlag, Fieber oder Muskelschmerzen bekommt, sollte einen Arzt aufsuchen. Doxycyclin beugt von Zecken übertragenen Krankheiten vor.

Luftverschmutzung

Luftverschmutzung, vor allem durch Fahrzeuge, ist in den meisten Großstädten Indiens ein wachsendes Problem. Wer unter ernsten Atembeschwerden leidet, sollte vor der Reise mit dem behandelnden Arzt sprechen.

Tauchen & Surfen

Taucher und Surfer sollten vor der Reise den Rat eines Spezialisten einholen, um sicherzustellen, dass ihre Reiseapotheke mit allem Nötigen für Korallenschnitte und tropische Ohreninfektionen ausgestattet ist. Taucher sollten sich vergewissern, dass ihre Versicherung auch die Dekompressionskrankheit abdeckt – bei Organisationen wie Divers Alert Network (www.danasiapacific.org) gibt's spezielle Taucherversicherungen. Bestimmte Erkrankungen sind nicht mit dem Tauchen vereinbar; Details kennt der Arzt.

Frauen & Gesundheit

Bei gynäkologischen Beschwerden sollte man eine Ärztin aufsuchen.

Harnwegsinfektionen können durch Dehydrierung oder lange Busreisen ohne Pinkelpausen ausgelöst werden. Man sollte ein entsprechendes Antibiotikum mitnehmen.

Hygieneartikel Binden, selten auch Tampons, sind überall im Land in vielen Geschäften erhältlich.

Soor Hitze, Feuchtigkeit und Antibiotika können eine Soor-Erkrankung begünstigen. Die Behandlung erfolgt durch eine Salbe gegen Pilzinfektionen und Pessare, z. B. Clotrimazol. Eine praktische Alternative ist eine einzige Tablette Fluconazol (Diflucan).

Verhütung Ein ausreichender Vorrat des persönlichen Verhütungsmittels gehört ins Reisegepäck.

Sprache

Die riesige Zahl der in Indien gesprochenen Sprachen erklärt, warum Englisch noch immer in weiten Teilen des Landes als Verkehrssprache dient und nach wie vor bei offiziellen Anlässen genutzt wird. Weitere 22 Sprachen sind in der indischen Verfassung anerkannt, aber im ganzen Land hört man über 1600 Sprachen.

Hindi wird hauptsächlich im Norden gesprochen. Es hat nur wenig mit den drawidischen Sprachen Südindiens gemein und ist dort kaum verbreitet. Die Muttersprachen der in diesem Band (und in diesem Kapitel) behandelten südlichen Regionen sind Tamil, Kannada, Konkani, Malayalam, Marathi und Telugu. Die meisten von ihnen gehören zur Familie der drawidischen Sprachen, wurden allerdings in ihrer Entwicklung unterschiedlich stark von Hindi und Sanskrit beeinflusst. Als vorherrschende Sprachen in bestimmten geografischen Gegenden wurden sie benutzt, um die regionalen Grenzen in den südlichen Bundesstaaten festzulegen.

Viele gebildete Inder sprechen Englisch praktisch wie ihre Muttersprache. Für den Großteil der Inder ist es die zweitwichtigste Sprache, deswegen kommt man in Südindien gut mit Englisch zurecht.

Aussprache

Zu den Aussprachesystemen aller Sprachen, die in diesem Kapitel behandelt werden, gehört auch eine Reihe von retroflexen Konsonanten (mit nach hinten geklappter Zunge ausgesprochen), und alle Sprachen außer dem Tamil haben außerdem aspirierte Konsonanten (mit einem Luftausstoß ausgesprochen). Unsere vereinfachte Aussprachehilfe unterscheidet die retroflexen Konsonanten nicht von ihren nicht-retroflexen Gegenstücken. Die aspirierten Töne sind mit einem Apostroph (') nach dem Konsonanten gekennzeichnet. Wenn man die Begriffe aus der Aussprachehilfe so liest, als sei es Deutsch, wird man wahrscheinlich verstanden werden. Bei Sprachen, die über eine erkennbare Betonung der Wörter verfügen, sind die betonten Silben kursiv abgedruckt. Bei allen anderen sollten hingegen alle Silben gleich stark betont werden.

NOCH MEHR GEFÄLLIG?

Noch besser kommt man mit dem *Sprachführer Hindi, Urdu & Bengali* und dem *India Phrasebook*, beide von Lonely Planet, durch Südindien. Man findet die Titel unter **http://shop.lonelyplanet.de** und im Buchhandel.

TAMIL

Tamil ist die offizielle Sprache im südindischen Bundesstaat Tamil Nadu (und Nationalsprache in Sri Lanka, Malaysia und Singapur). Es ist eine der wichtigsten drawidischen Sprachen Südindiens, und Aufzeichnungen über seine Existenz reichen über 2000 Jahre zurück. In Indien sprechen etwa 62 Mio. Menschen Tamil.

Ein Tipp: aw wird wie im englischen „law“ ausgesprochen.

Konversation & Nützliches

Hallo	வணக்கம்.	wa·*nak*·kam
Auf Wiedersehen	போய் வருகிறேன்.	*po*·i wa·*ru*·ki·rejn
Ja/Nein	ஆமாம்./ இல்லை.	*aa*·maam/ *il*·lai
Entschuldigung	தயவு செய்து.	ta·ja·*wu* sej·*du*
Es tut mir leid.	மன்னிக்கவும.	*men*·nik·ka·wam
Bitte	தயவு செய்து.	ta·ja·*wu* tschi·*tu*
Danke	நன்றி.	*nan*·dri

Wie geht's?
நிங்கள் நலமா? *nieng*·kal na·*la*·maa

Gut, danke. Und selbst?
நலம், நன்றி. நீங்கள்? na·*lam nen*·dri *nieng*·kel

Wie heißen Sie?
உங்கள் பெயர் என்ன? *ang*·kel pe·*jar en*·na

Ich heiße …
என் பெயர் … en pe·*jar* …

Sprechen Sie Englisch?
நீங்கள் ஆங்கிலம் பேசுவீர்களா? *nieng*·kel *aang*·ki·lem *pej*·tschu·*wier*·ka·la

Ich verstehe nicht.
எனக்கு விளங்கவில்லை. e·*nek*·ku wi·*leng*·ka·wil·*lai*

Essen & Trinken

Können Sie mir eine(e) … empfehlen?	நீங்கள் ஒரு … பரிந்துரைக்க முடியுமா?	*nieng*·kel o·*ru* … pa·rin·tu·*reik*·ka mu·ti·*ju*·maa
Bar	பார்	paar
Gericht	உணவு வகை	ju·na·*wu* wa·*kai*
Restaurant	உணவகம்	ju·na·wa·*hem*
Ich möchte (ein(e)/die) …, bitte.	எனக்கு தயவு செய்து … கொடுங்கள்.	e·*nek*·ku ta·ja·*wu* tschej·*tu* … ko·*tung*·kal
Rechnung	விலைச்சீட்டு	wi·*laitsch*·tschiet·tu
Speisekarte	உணவுப்–பட்டியல்	u·na·*wap*·pet·ti·jal
dieses Gericht	அந்த உணவு வகை	*an*·ta ju·na·*wu* wa·*hai*
(Tasse) Kaffee/Tee …	(கப்) காப்பி/ தேனீர் …	(kep) *kaap*·pi/ *tej*·nier …
mit Milch	பாலுடன்	paa·lu·*ten*
ohne Zucker	சர்க்கரை–இல்லாமல	*tschark*·ka·rai·*il*·laa·mel
eine Flasche/ ein Glas … Wein	ஒரு பாட்டில்/ கிளாஸ … வைன்	o·*ru paat*·til/ ki·*laas* … wein
roten	சிவப்பு	tschi·*wap*·pu
weißen	வெள்ளை	*wel*·lai

Haben Sie auch vegetarisches Essen?
உங்களிடம சைவ உணவு உள்ளதா? *ang*·ka·li·tem *tschai*·wa u·na·*wu al*·la·taa

Ich bin allergisch gegen (Nüsse).
எனக்கு (பருப்பு வகை) உணவு சேராது. i·*nek*·ku (pa·*rap*·pu wa·*kai*) ju·na·*wu* *tschej*·raa·tu

Abendessen	இரவு உணவு	ai·ra·*wu* ju·na·*wu*
Bier	பீர்	pier
Essen	உணவு	ju·na·*vu*
Fisch	மீன்	mien
Fleisch	இறைச்சி	ai·*raitsch*·tschi
Frühstück	காலை உணவு	kaa·*lai* ju·na·*wu*
Gemüse	காய்கறி	*kai*·ka·ri
Getränk	பானம்	paa·*nem*
Limonade	குளிர் பானம்	ku·*lir* paa·*nem*
Milch	பால்	paal
Mittagessen	மதிய உணவு	ma·*ti*·ja ju·na·*wu*
Obst	பழம்	pa·*sam*
Saft	சாறு	tschaa·*ru*
Wasser	தண்ணீர்	*ten*·nir

Notfall

Hilfe!	உதவ!	ju·ta·*wi*
Gehen Sie weg!	போய் விடு!	*pau*·ai *wi*·tu

Rufen Sie einen Arzt!
ஐ அழைக்கவும் ஒரு மருத்துவர்! ai ei·*sai*·ka·vam o·*ru* ma·*rat*·tu·war

Rufen Sie die Polizei!
ஐ அழைக்கவும் போலிஸ! ai ei·*sai*·ka·vam pau·*lies*

Ich hab mich verirrt.
நான் வழி தவறி போய்விட்டேன். naan wa·*si* ta·wa·*ri* pau·ai·*wit*·tin

Ich muss das Telefon benutzen.
நான் தொலைபேசியை பயன்படுத்த வேண்டும. naan *tu*·lai·pi·tschi·jai pa·*jan*·pa·*tat*·ta vin·*tam*

Wo sind die Toiletten?
கழிவறைகள் எங்கே? ka·*si*·wa·rai·kal *eng*·ki

Shoppen & Service

Wo ist der Markt?
எங்கே சந்தை இருக்கிறது? *eng*·ki *tschan*·tai ai·*rak*·ki·ra·tu

Darf ich mir das mal anschauen?
நான் இதைப் பார்க்கலாமா? naan ai·*taip* *paark*·ka·laa·maa

Wie viel kostet das?
இது என்ன விலை? ai·*tu en*·na wi·*lai*

Das ist zu teuer.
அது அதிக விலையாக இருக்கிறது. ei·*tu* ei·*ti*·ka wi·*lai*·jaa·ka ai·*rak*·ki·ra·tu

Da ist ein Fehler auf der Rechnung.
இந்த விலைச்சீட்டில் ஒரு தவறு இருக்கிறது. *in*·ta wi·*laitsch*·tschiet·til o·*ru ta*·wa·ru ai·*rak*·ki·ra·tu

Bank	வங்கி	wang·*ki*
Internet	இணையம்	ai·nai·*jam*
Postamt	தபால் நிலையம்	ta·*paal* ni·*lai*·yam
Touristeninformation	சுற்றுப்பயண அலுவலகம்	tschat·*rap*·pa·ja·na ei·lu·wa·la·*kem*

Uhrzeit & Datum

Wie spät ist es?
மணி என்ன? ma·*ni* en·na

Es ist (zwei) Uhr.
மணி (இரண்டு). ma·*ni* (ai·*ren*·tu)

Halb (zwei).
(இரண்டு) முப்பது. (ai·*ren*·tu) map·pa·*tu*

Morgen	காலை	kaa·*lai*
Abend	மாலை	maa·*lai*
gestern	நேற்று	*nit*·tru
heute	இன்று	in·*dru*
morgen	நாளை	*naa*·lai

Montag	திங்கள்	*ting*·kal
Dienstag	செவ்வாய்	tschef·*wai*
Mittwoch	புதன்	pu·*ten*
Donnerstag	வியாழன்	wi·*jaa*·san
Freitag	வெள்ளி	wel·*li*
Samstag	சனி	tscha·*ni*
Sonntag	ஞாயிறு	*nijaa*·ji·ru

Unterkunft

Wo ist ein(e) ... in der Nähe?	அருகே ஒரு ... எங்கே உள்ளது?	ej·ru·*ke* o·*ru* ... eng·*ke* *al*·la·tu
Pension	விருந்தினர் இல்லம்	wi·*ran*·ti·nar *il*·lem
Hotel	ஹோட்டல	*hot*·tel
Haben Sie ein ... Zimmer?	உங்களிடம் ஓர் ... அறை உள்ளதா?	*ang*·ka·li·tem awr ... ej·*rai* *al*·la·taa
Einzel-	தன	ta·*ni*
Doppel-	இரட்டை	ai·rat·*tai*
Wie viel kostet es pro ...?	ஓர் ... என்னவிலை?	awr ... *en*·na·wi·lai
Nacht	இரவுக்கு	ai·ra·*wuk*·ku
Person	ஒருவருக்கு	o·ru·wa·*ruk*·ku

Bad	குளியலறை	ku·li·*ja*·la·rai
Bett	படுக்கை	pa·*tuk*·kai
Fenster	சன்னல	*tschan*·nal

Verkehrsmittel & -wege

Ist das der/das ... nach (Neu Delhi)?	இது தானா (புது– டில்லிக்குப்) புறப்படும் ...?	ai·*tu* taa·*naa* (pu·*tu* til·lik·*kap*) pu·*rep*·pa·tum ...
Bus	பஸ்	pas
Flugzeug	விமானம்	wi·*maa*·nam
Zug	இரயில்	ai·ra·*jil*
Ein ... Ticket (nach Madurai), bitte.	(மதுரைக்கு) தயவு செய்து ... டிக்கட் கொடுங்கள்.	(ma·tu·raik·*ku*) ta·ja·*wu* tschej·*tu* ... tik·*ket* ko·tung·*kel*
einfach	ஒரு வழிப்பயண	o·*ru* wa·*sip*·pa·ja·na
mit Rückfahrt	இரு வழிப்பயண	ai·*ru* wa·*sip*·pa·ja·na

Wann fährt der erste/letzte Bus?
எத்தனை மணிக்கு முதல்/இறுதி பஸ் வரும்?
et·ta·nai ma·*nik*·ku mu·*tel*/*ai*·ru·*ti* pas wa·ram

Wie lange dauert die Fahrt?
பயணம் எவ்வளவு நேரம் எடுக்கும்?
pa·ja·*nam* ef·*wa*·la·wu nej·*rem* i·*tuk*·kam

Wie groß ist die Verspätung?
எவ்வளவு நேரம் அது தாமதப்படும்?
ef·*wa*·la·wu *nej*·rem ei·*tu* taa·ma·*tep*·pa·tam

Können Sie mir bitte sagen, wann wir nach (Ooty) kommen?
(ஊட்டிக்குப்) போனவுடன் தயவு செய்து எனக்குக கூறுங்கள்.
(uut·tik·*kap*) paw·na·wu·*ten* ta·ja·*wu* tschej·*tu* i·*nak*·kuk *kuu*·rung·kal

Bitte bringen Sie mich zu (dieser Adresse).
தயவு செய்து என்னை இந்த (விலாசத்துக்குக்) கொண்டு செல்லுங்கள
ta·ja·*wu* tschej·*tu* *en*·nai *in*·ta (wi·*laa*·tschet·tuk·kuk) *kon*·tu *tschel*·lang·kal

Bitte halten/warten Sie hier.
தயவு செய்து இங்கே நிறுத்துங்கள்/ காத்திருங்கள்.
ta·ja·*wu* tschej·*tu* *ing*·ki ni·*rat*·tang·kel/ *kaat*·ti·rang·kel

Ich möchte ein Auto mieten (mit Fahrer).
நான் ஒரு மோட்டார் வண்டி (ஓர் ஓட்டுநருடன்) வாடகைக்கு எடுக்க விரும்புகிறேன்.
naan o·*ru* *maut*·taar *wan*·ti (awr aw·*tu*·na·ru·ten) waa·ta·*haik*·ku i·*tuk*·ka wi·*ram*·pu·ki·rejn

Ist das die Straße nach (Mamallapuram)?
இது தான் (மாமல்லபுரத்துக்கு) செல்லும் சாலையா?
ai·*tu* taan (maa·mel·*la*·pu·ret·*tuk*·ku) *tschel*·lam tschaa·lai·*jaa*

Bahnhof	நிலையம்	ni·*lai*·jam
Boot	படகு	pa·ta·*ku*
Bushaltestelle	பஸ் நிறுத்தும்	pas ni·*rat*·tam
Erste Klasse	முதல் வகுப்பு	mu·*tal* wa·*kap*·pu
Fahrrad	சைக்கிள்	*tschaik*·kil
Flughafen	வீமான நிலையம்	*wi*·maa·na *ni*·lai·jam
Motorrad	மோட்டார் சைக்கிள்	*maut*·taar *tschaik*·kil
Zweite Klasse	சிக்கன வகுப்பு	*tschik*·ka·na wa·*kap*·pu

Wegbeschreibungen

Wo ist der/die/das ...?
... எங்கே இருக்கிறது? ...*eng*·ki ai·*ruk*·ki·ra·tu

Wie ist die Adresse?
விலாசம் என்ன? wi·*laa*·tschem *en*·na

Können Sie es mir zeigen (auf der Karte)?
எனக்கு (வரைபடத்தில்) காட்ட முடியுமா? e·*nak*·ku (wa·*rai*·pa·*tet*·til) *kaat*·ta mu·ti·ju·*maa*

Wie weit ist das?
எவ்வளவு தூரத்தில் இருக்கிறது? *ev*·va·la·vu tuu·*ret*·til ai·*ruk*·ki·ra·tu

Es ist ...	அது இருப்பது ...	ei·*tu* ai·*rap*·pa·tu ...
hinter ...	... க்குப் பீன்னால	... kap *pin*·naal
vor ...	... க்கு முன்னால	... ku *man*·naal
in der Nähe (von ...)	(... க்கு) அருகே	(... ku) ei·ru·*ki*
an der Ecke	ஓரத்தில	aw·*ret*·til
geradeaus	நேரடியாக முன்புறம்	*nej*·ra·di·*yaa*·ha *man*·pu·rem

Biegen Sie ab nach ...
... புறத்தில் திரும்புக pu·*ret*·til *ti*·ram·pu·ka

links	இடது	ai·ta·*tu*
rechts	வலது	wa·la·*tu*

Zahlen

1	ஒன்று	on·*dru*
2	இரண்டு	ai·*ren*·tu
3	மூன்று	*muun*·dru
4	நான்கு	naan·*ku*
5	ஐந்து	ain·*tu*
6	ஆறு	*aa*·ru
7	ஏழு	*ej*·su
8	எட்டு	et·*tu*
9	ஒன்பது	on·pa·*tu*
10	பத்து	pet·*tu*
20	இருபது	ai·ru·pa·*tu*
30	முப்பது	map·pa·*tu*
40	நாற்பது	naar·pa·*tu*
50	ஐம்பது	eim·pa·*tu*
60	அறுபது	ei·ru·pa·*tu*
70	எழுபது	i·su·pa·*tu*
80	எண்பது	en·pa·*tu*
90	தொன்னூறு	ton·nuu·*ru*
100	நூறு	nuu·*ru*
1000	ஓராயிரம்	*aw*·raa·ji·rem

KANNADA

Kannada ist die offizielle Sprache im Bundesstaat Karnataka. Sie wird von 38 Mio. Menschen gesprochen.

Das oh wird übrigens wie das „o“ im englischen „note“.

Konversation & Nützliches

Hallo	ನಮಸ್ಕಾರ	na·mas·kaa·ra
Auf Wiedersehen	ಸಿಗೋಣ	si·goh·na
Ja/Nein	ಹೌದು/ಇಲ್ಲ	hau·du/il·la
Bitte	ದಯವಿಟ್ಟು	da·ja·wit·tu
Danke	ಥ್ಯಾಂಕ್ಯೂ	t'enk·yuu
Entschuldigung	ಸ್ವಲ್ಪ ದಾರಿ ಬಿಡಿ	swal·pa daa·ri bi·di
Es tut mir leid.	ಕ್ಷಮಿಸಿ.	kscha·mi·si

Wie heißen Sie?
ನಿಮ್ಮ ಹೆಸರೇನು? nim·ma he·sa·rej·nu

Ich heiße ...
ನನ್ನ ಹೆಸರು ... nen·na he·sa·ru ...

Sprechen Sie Englisch?
ನೀವು ಇಂಗ್ಲೀಷ್ ಮಾತಾಡುತ್ತೀರಿ? nie·wu ing·lie·schu maa·taa·dat·tie·ra

Ich verstehe nicht.
ನನಗೆ ಅರ್ಥವಾಗುವುದಿಲ್ಲ. na·na·dsche ar·t'a·aa·gu·wu·dil·la

Wie viel kostet das?
ಎಷ್ಟು ಇದು? esch·tu ai·du

Wo sind die Toiletten?
ಟಾಯ್ಲೆಟ್ಟುಗಳು ಎಲ್ಲಿ? taaj·let·tu·ga·lu el·li

Notfall

Hilfe!	ಸಹಾಯ ಮಾಡಿ!	sa·haa·ja maa·di
Gehen Sie weg!	ದೂರ ಹೋಗಿ!	duu·ra hoh·dschi
Rufen Sie …!	… ಕಾಲ್ ಮಾಡಿ!	… kaal maa·di
einen Arzt	ಡಾಕ್ಟರಿಗೆ	daak·ta·ri·dsche
die Polizei	ಪೋಲೀಸಿಗೆ	poh·lie·si·dsche

Ich muss das Telefon benutzen.
ನಾನು ಫೋನ್ ಬಳಸಬೇಕು. naa·nu foh·nu ba·la·sa·bej·ku

Ich hab mich verirrt.
ನಾನು ಕಳೆದುಹೋಗಿರುವೆ. naa·nu ka·le·du·hoh·dschi·ru·we

Zahlen

1	ಒಂದು	on·du
2	ಎರಡು	i·ra·du
3	ಮೂರು	muu·ru
4	ನಾಲ್ಕು	naa·ku
5	ಐದು	ai·du
6	ಆರು	aa·ru
7	ಏಳು	ej·lu
8	ಎಂಟು	en·tu
9	ಒಂಬತ್ತು	om·bet·tu
10	ಹತ್ತು	het·tu
20	ಇಪ್ಪತ್ತು	ip·pet·tu
30	ಮೂವತ್ತು	muu·wet·tu
40	ನಲವತ್ತು	na·la·wet·tu
50	ಐವತ್ತು	ai·wet·tu
60	ಅರವತ್ತು	ei·ra·wet·tu
70	ಎಪ್ಪತ್ತು	ep·pet·tu
80	ಎಂಬತ್ತು	em·bet·tu
90	ತೊಂಬತ್ತು	tom·bet·tu
100	ನೂರು	noo·ru
1000	ಸಾವಿರ	saa·wi·ra

KONKANI

Konkani ist die offizielle Sprache im Bundesstaat Goa. Sie wird von 2,5 Mio. Menschen gesprochen. Die Devanagari-Schrift (die, die auch zum Schreiben von Hindi und Marathi benutzt wird) ist das offizielle Schriftsystem in Goa. Viele Konkani-Sprecher in Karnataka benutzen jedoch mitunter die Kannada-Schrift, die auch in diesem Kapitel verwendet wird.

Ein Tipp zur Aussprache: Das oh wird wie das „o" in „note" ausgesprochen.

Konversation & Nützliches

Hallo	ಹಲ್ಲೋ	*hel*·lo
Auf Wiedersehen	ಮೆಳ್ಯಾಂ	*mel*·jaang
Wie geht's?	ಕಸೊ/ಕಶಿ ಆಸಾಯ್?	*keu*·so/*kö*·schi *aa*·saaj (m./f.)
Gut, danke.	ಹಾಂವ್ಂ ಬರೊಂ ಆಸಾಂ.	*haang*·ang *bö*·rong *aa*·saang
Ja/Nein	ವ್ಹಯ್/ ನಾಂ	*wö*·ai/naang
Bitte	ಉಪ್ಕಾರ್ ಕರ್ನ್	*ap*·kaar körn
Danke	ದೇವ್ ಬರೆಂ ಕರುಂ	*day*·ju *bo*·reng *ko*·ruung
Entschuldigung	ಉಪ್ಕಾರ್ ಕರ್ನ್.	*ap*·kaar körn
Es tut mir leid.	ಚೂಕ್ ಜ಼ಾಲಿ, ಮಾಫ಼್ ಕರ್.	ts'uuk *saa*·li maaf kör

Wie heißen Sie?
ತುಜೆಂ ನಾಂವ್ಂ ಕಿತೆಂ? *tu*·dscheng *naang*·ang *ki*·teng

Ich heiße …
ಮ್ಹಜೆಂ ನಾಂವ್ಂ … *m'eu*·dscheng *naang*·ang …

Sprechen Sie Englisch?
ಇಂಗ್ಲಿಶ್ ಉಲ್ಲೈತಾಯ್ಗೀ? *ing*·liesch *ju*·löy·taaj·dschie

Verstehen Sie?
ಸಮ್ಜಾಲೆಂಗೀ? *som*·saa·leng·dschie

Ich verstehe.
ಸಮ್ಜಾಲೆಂ. *som*·saa·leng

Ich verstehe nicht.
ನಾಂ, ಸಮ್ಜೊಂಕ್–ನಾಂ. naang *som*·sonk·naang

Wie viel kostet das?
ತಾಕಾ ಕಿತ್ಲೆ ಪೈಶೆ? *taa*·kaa *kit*·le *pöj*·schi

Wo sind die Toiletten?
ಟೊಯ್ಲೆಟ್ ಖೈಂಚರ್ ಆಸಾತ್? *toy*·let *k'ö*·ing·ts'eur *aa*·saat

Notfall

Hilfe!	ಮ್ಹಾಕಾ ಕುಮಕ್ ಕರ್!	*m'aa*·kaa *ku*·mök kör
Gehen sie weg!	ವಸ್!	wöts'
Rufen Sie …!	… ಆಪೈ!	… *aa*·pai
einen Arzt	ದಾಕ್ತೆರಾಕ್	*daak*·te·raak
die Polizei	ಪೊಲಿಸಾಂಕ್	*po*·li·saank

Ich muss das Telefon benutzen.
ಮ್ಹಾಕಾ ಫೊನಾಚಿ ಘರ್ಜ಼್ ಆಸಾ. *m'aa*·kaa *fo*·na·tschi g'örz *aa*·saa

Ich hab mich verirrt.
ಮ್ಹಜೀ ವಾಟ್ ಚುಕ್ಲ್ಯಾ. *m'ö*·dschi waat *ts'uk*·lijaa

Können Sie mir bitte helfen?
ಮ್ಹಾಕಾ ಇಲ್ಲೊಚೊ ಉಪ್ಕಾರ್ ಕರ್ಶಿಗೀ? *m'aa*·kaa *il*·lo·ts'o *ap*·kaar *kör*·schi·dschie

Zahlen

1	ಏಕ್	eik
2	ದೋನ್	dohn
3	ತೀನ್	tien
4	ಚಾರ್	tschaar
5	ಪಾಂಚ್	paants'
6	ಸೊ	so
7	ಸಾತ್	saat
8	ಆಟ್	aat'
9	ನೋವ್	nohw
10	ಧಾ	d'aa
20	ವೀಸ್	wies
30	ತೀಸ್	ties
40	ಚಾಳೀಸ್	*ts'aa*·lies
50	ಪನ್ನಾಸ್	*pon*·naas
60	ಸಾಟ್	saat'
70	ಸತ್ತರ್	*söt*·teur
80	ಐಂಶಿಂ	*öyng*·sching
90	ನೊವ್ವೋದ್	*no*·wod
100	ಶೆಂಭರ್	*shem*·bor
1000	ಹಜ಼ಾರ್	*ha*·saar

MALAYALAM

Malayalam ist die offizielle Sprache im Bundesstaat Kerala. Sie wird von rund 33 Mio. Menschen gesprochen.

Konversation & Nützliches

Hallo	ഹലോ.	hei·*lo*
Auf Wiedersehen	ഗുഡ് ബൈ	guud bai
Ja	അതെ	ei *t'e*
Nein	അല്ല	al·*la*
Bitte	ദയവായി	da·ja·wa·*ji*
Danke	നന്ദി	nan·*n'i*
Entschuldigung	ക്ഷമിക്കണം.	kscha·mi·ka·*nam*
Es tut mir leid.	ക്ഷമിക്കുക.	kscha·mi·ku·*ka*

Sprechen Sie Englisch?
നിങ്ങൾ ഇംഗ്ലീഷ് സംസാരിക്കുമോ? ning·*el* in·*glish* sem·*saa*·ri·ku·*mo*

Ich verstehe nicht.
എനിക്ക് മനസ്സിലാകില്ല. i·ni·*ku* ma·na·*si*·la·ki·la

Wie heißen Sie?
താങ്കളുടെ പേര് എന്താണ്? t'ang·ei·lu·*te* pej·*ru* en·t'aa·*nu*

Ich heiße ...
എന്റെ പേര് ... en·*te* pej·*ru* ...

Wie viel kostet das?
എത്രയാണ് ഇതിന്? et'·ra·jaa·*nu* ai·t'i·*nu*

Wo sind die Toiletten?
എവിടെയാണ് കക്കൂസ്? i·wi·de·jaa·*nu* ka·kuu·*su*

Notfall

Hilfe!	സഹായിക്കൂ!	sa·ha·ji·*kuu*
Gehen Sie weg!	ഇവിടുന്ന് പോകൂ!	ai wi·du·*nu* po·*kuu*
Rufen Sie ...!	... വിളിക്കൂ!	... wi·li·*kuu*
einen Arzt	ഒരു ഡോക്ടറെ	o·*ru* dok·ta·*re*
die Polizei	പൊലീസിനെ	po·li·si·*ne*

Ich muss das Telefon benutzen.
എനിക്ക് ഈ ഫോൺ ഒന്നു വേണമായിരുന്നു. i·ni·*ku* ie fon o·*nu* *wej*·na·maa·ji·ru·*nu*

Ich hab mich verirrt.
എനിക്ക് വഴി അറിഞ്ഞുകൂട. i·ni·*ku* wa·*si* ei·ri·*nju*·kuu·*da*

Zahlen

1	ഒന്ന്	*on*·na
2	രണ്ട്	*ren*·d'a
3	മൂന്ന്	*muu*·na
4	നാല്	*naa*·la
5	അഞ്ച്	*en*·dscha
6	ആറ്	*aa*·ra
7	ഏഴ്	*i*·sa
8	എട്ട്	*i*·t'a
9	ഒമ്പത്	*on*·pa·t'a
10	പത്ത്	*pa*·t'a
20	ഇരുപത്	ai·*ru*·pa·t'a
30	മുപ്പത്	*mu*·p'a·t'a
40	നാൽപത്	*naal*·pa·t'a
50	അമ്പത്	*en*·ba·t'a
60	അറുപത്	ei·*ru*·pa·t'a
70	എഴുപത്	i·*su*·pa·t'a
80	എൺപത്	*en*·pa·t'a
90	തൊണ്ണൂറ്	t'on·*nuu*·ra
100	നൂറ്	*n'oo*·ra
1000	ആയിരം	*aa*·je·rem

MARATHI

Marathi ist die offizielle Sprache im Bundesstaat Maharashtra. Es wird geschätzt, dass sie von ungefähr 71 Mio. Menschen gesprochen wird. Marathi wird in der Devanagari-Schrift geschrieben, welche auch für das Hindi benutzt wird.

Konversation & Nützliches

Hallo	नमस्कार	na·mas·*kaar*
Auf Wiedersehen	बाय	bai
Ja	होय	hoi
Nein	नाही	naa·*hie*
Bitte	कृपया	kri·pa·*jaa*
Danke	धन्यवाद	d'an·ja·*vaad*
Entschuldigung	क्षमस्व.	kscha·mas·*wa*
Es tut mir leid.	खेद आहे.	k'ed aa·*he* aa·*b*

Wie heißen Sie?
आपले नांव ? — aa·pa·*le* naa·*naf*

Ich heiße ...
माझे नांव ... — maa·*dsch'e* naa·*naf* ...

Sprechen Sie Englisch?
आपण इंग्रजी बोलता का ? — aa·*pen* ing·re·*dschie* bol·*taa* kaa

Ich verstehe nicht.
मला समजत नाही. — ma·*laa* sem·*dschet* naa·*hie*

Wie viel kostet das?
याची काय किंमत आहे ? — jaa·*tschie* kaay ki·*met* aa·*he*

Wo sind die Toiletten?
शौचालय कुठे आहे ? — schoh·tschaa·*lai* ku·*t'e* aa·*he*

Notfall

Hilfe!	मदत !	ma·*det*
Gehen Sie weg!	दूर जा !	dor dschaa
Rufen Sie ...!	कॉल करा ... !	kaal ka·*raa* ...
einen Arzt	डॉक्टरांना	dok·ta·raen·*naa*
die Polizei	पोलिसांना	po·li·saa·*naa*

Ich muss das Telefon benutzen.
मला फोन वापरायचा आहे. — ma·*laa* fon waa·pa·raa·ja·*tschaa* aa·*he*

Ich hab mich verirrt.
मी हरवले आहे. — mie ha·ra·wa·*le* aa·*he*

Zahlen

1	एक	ek
2	दोन	don
3	तीन	tien
4	चार	tschaar
5	पाच	paatsch
6	सहा	sa·*haa*
7	सात	saat
8	आठ	aat'
9	नऊ	na·*uu*
10	दहा	da·*haa*
20	वीस	wies
30	तीस	ties
40	चाळीस	tschaa·*lies*
50	पन्नास	pen·*naas*
60	साठ	saat'
70	सत्तर	set·*tar*
80	ऐंशी	ejn·*schie*
90	नव्वद	nev·*wed*
100	शंभर	schem·*b'ar*
1000	एक हजार	ek ha·*dschaar*

TELUGU

Telugu ist die offizielle Sprache im Bundesstaat Andhra Pradesh. Sie wird von ungefähr 70 Mio. Menschen gesprochen.

Tipp zur Aussprache: Der transkribierte Laut oh wird wie im englischen „note" ausgesprochen.

Konversation & Nützliches

Hallo	నమస్కారం	na·mas·kaa·ram
Auf Wiedersehen	ఎళ్లొస్తాను	wel·loh·staa·nu
Ja/Nein	అవును/కాదు	a·wu·nu/kaa·du
Bitte	దయచేసి	da·ja·tschaj·si
Danke	ధన్యవాదాలు	d'an·ja·waa·daa·lu
Entschuldigung	ఏమండి	aj·en·di
Es tut mir leid.	క్షమించండి.	kscha·min·tschen·di
Wie geht's?	ఎట్లా ఉన్నారు?	et·laa an·naa·ru
Gut, danke.	బాగున్నాను.	baa·gan·naa·nu

Wie heißen Sie?
మీ పేరేంటి? — mie pei·rejn·ti

Ich heiße ...
నా పేరు ... — naa pej·ru ...

Sprechen Sie Englisch?
మీరు ఇంగ్లీషు మాట్లాడుతారా? — mie·ru ing·lie·schu maat·laa·du·taa·raa

Ich verstehe nicht.
అర్థం కాదు. — ar·t'am kaa·du

Wie viel kostet das?
అది ఎంత? — ei·di en·ta

Wo sind die Toiletten?
బాత్రూములు ఎక్కడ ఉన్నాయి? — baat·ruum·lu ek·ka·da an·naa·ji

Notfall

Hilfe!	సహాయం కావాలి!	sa·haa·jam kaa·waa·li
Gehen Sie weg!	ఎళ్ళిపో!	wel·li·poh
Rufen Sie ...!	... పిలవండి!	... pai·la·wenn·di
einen Arzt	డాక్టర్ని	daak·tar·ni
die Polizei	పోలీసుల్ని	poh·lie·sal·ni

Ich muss das Telefon benutzen.
నేను ఫోను వాడుకోవాలి. — nei·nu p'oh·nu waa·du·koh·waa·li

Ich hab mich verirrt.
నేను దారి తప్పి పోయాను. — nei·nu daa·ri tep·pai poh·jaa·nu

Zahlen

1	ఒకటి	oh·ka·ti
2	రెండు	ren·du
3	మూడు	muu·du
4	నాలుగు	naa·lu·gu
5	ఐదు	ai·du
6	ఆరు	aa·ru
7	ఏడు	ej·du
8	ఎనిమిది	i·ni·mi·di
9	తొమ్మిది	tohm·mi·di
10	పది	pa·di
20	ఇరవై	ai·ra·wai
30	ముప్పై	map·p'ai
40	నలభై	na·la·b'ai
50	యాభై	jaa·b'ai
60	అరవై	ei·ra·vai
70	డెబ్భై	deb·b'ai
80	ఎనభై	i·na·b'ai
90	తొంభై	tohm·b'ai
100	వంద	wenn·da
1000	వెయ్యి	wej·ji

GLOSSAR

Adivasi – indigene Völker

Agni – wichtige Gottheit in den *Veden*, Vermittler zwischen Menschen und Göttern; auch Feuer

ahimsa – Gewaltlosigkeit

air-cooler –lärmender, wassergefüllter Luftkühler

Ananta – die Schlange, auf der *Vishnu* ruht

apsara – himmlische Nymphe

Aryan – Sanskrit für „edel"; Menschen, die aus Persien ausgewandert sind und sich in Nordindien niederließen

Ashoka – Herrscher im 3. Jh. v. Chr.; verbreitete den Buddhismus in Südindien

Ashram – spirituelle Gemeinschaft oder Rückzugsort

Autorikscha – lärmendes motorisiertes Dreirad, das zum Transport von Personen, Vieh usw. über kurze Strecken benutzt wird; überall im Land zu finden und billiger als ein Taxi

Avatar – Inkarnation, normalerweise die einer Gottheit

Ayurveda – alte, komplexe Wissenschaft der indischen Kräutermedizin und ganzheitlichen Heilung

azad – Urdu für „frei", wie in „Azad Jammu & Kaschmir"

Baba – religiöser Meister oder Vater; Ausdruck des Respekts

bagh – Garten

Bakschisch – Trinkgeld, Spende (Almosen) oder auch Bestechungsgeld

Banyan – indischer Feigenbaum; er ist für viele Inder von immenser spiritueller Bedeutung

Bhagavad Gita – göttliches Lied der Hindus; Krishnas Lehren an *Arjuna*, wichtigstes Ziel war, die Philosophie der *bhakti* zu betonen; Teil des *Mahabharata*

bhajan – Andachtslied

bhakti – vertrauensvolle Hingabe an die Götter; Glaube

bhang – getrocknete Blätter und Blütenknospen der Marihuanapflanze

bhavan – Haus, Gebäude; auch *bhawan* geschrieben

BJP – Bharatiya Janata Party; eine politische Partei

Bodhisattva – wörtlich: „einer dessen Lebensziel perfekte Weisheit ist". Im frühen Buddhismus bezog sich *bodhisattva* nur auf Buddha, als er danach strebte, Buddha zu werden, und auf den Moment der Erleuchtung; im *Mahayana*-Buddhismus ist es jemand, der auf das Nirvana verzichtet, um anderen zu helfen, es zu erreichen

Bollywood – Indiens Antwort auf Hollywood; die Filmindustrie von Mumbai (Bombay)

Brahma – Hindu-Gott; er wird als Schöpfer in der *Trimurti* verehrt

Brahmane – Angehöriger der Priester-/Gelehrtenkaste, der höchsten hinduistischen Kaste

Buddha – der Erleuchtete; Gründer des Buddhismus; wird von Hindus außerdem als neunte Inkarnation *Vishnus* betrachtet

Cantonment – städtischer Verwaltungs- und Militärbereich zur Kolonialzeit

chaitya – Sanskrit für „cetiya", benennt einen Schrein oder ein Objekt der Verehrung. Heute versteht man darunter einen Tempel oder eine spezielle Halle, unterteilt in ein Hauptschiff und zwei Seitenschiffe, die durch Säulenreihen getrennt sind; am Ende der Halle ist ein Votiv-Stupa

chappals – Sandalen oder Flip-Flops aus Leder

charas – Harz der Marihuanapflanze, auch Haschisch genannt

chital – Axishirsch

choli – Sari-Bluse

chowk – Marktplatz oder Kreuzung

dagoba – s. *Stupa*

Dalit – bevorzugter Ausdruck für Indiens Kaste der *Unberührbaren*

dargah – Schrein oder Begräbnisstätte eines muslimischen Heiligen

darshan – Opfergabe oder Audienz bei einer Gottheit

Deccan – bedeutet „Süden", bezieht sich auf die Hochebene im Zentrum Südindiens

Devi – *Shivas* Frau; Göttin

dhaba – schlichtes Restaurant oder Imbiss; besonders beliebt bei Lastwagenfahrern

dharamsala – Unterkunft für Pilger

dharma – für Hindus: moralischer Verhaltenskodex oder soziale Pflichten; für Buddhisten: den Naturgesetzen oder dem Pfad folgen, den Buddha lehrt

dhobi – Kleiderwäscher; meist *dhobi-wallah* genannt

dhobi ghat – Ein Ort, an dem der *dhobi* Kleider wäscht

dhoti – langes, von Männern getragenes Leinengewand; wie ein *lungi*, aber das knöchellange Tuch wird zwischen den Beinen hochgezogen

dhurrie – Teppich

Drawidisch – allgemeine Bezeichnung für die Kulturen und Sprachen im tiefen Süden Indiens, u. a. Tamil, Malayalam, Telugu und Kannada

dupatta – langer Schal für Frauen, der oft mit dem *salwar kameez* getragen wird

durbar – Königshof; auch Regierung

Durga – die Unnahbare; Inkarnation von *Shivas* Frau *Devi*; schöne, zornige Frau, die auf einem Tiger/Löwen reitet

filmi – Slangbezeichnung für alles, was mit indischen Filmen zu tun hat

Ganesh – Hindu-Gott des Glücks; elefantenköpfiger Sohn von *Shiva* und *Parvati*, der auch als Ganpati bekannt ist; sein Reittier ist ein rattenartiges Wesen

Ganga – Hindu-Göttin, die den heiligen Fluss Ganges verkörpert; er soll aus *Vishnus* Zeh fließen

Garuda – Mensch-Vogel-Reittier *Vishnus*

Gaur – indischer Büffel

Ghat – Stufen zu einem Fluss, einer Hügelreihe oder die Straße bergauf
giri – Hügel
gopuram – hoch aufragender Pyramidenturm am Tor *drawidischer* Tempel
Gurdwara – Sikh-Tempel
Guru – spiritueller Lehrer; abgeleitet von Sanskrit *goe* (Dunkelheit) und *roe* (vertreiben)

Hanuman – hinduistischer Affengott; wichtig im Ramayana; Anhänger Ramas

indo-sarazenisch – Stil der Kolonialarchitektur, die westliche Muster mit islamischen, hinduistischen und jainistischen Einflüssen vereint
Indra – bedeutender, angesehener vedischer Gott; Gott des Regens, des Donners, des Blitzes und des Krieges

Jagannath – Herrscher des Universums; Inkarnation von Krishna
ji – Endung, die als Zeichen des Respekts an fast alles angehängt werden kann, z. B. bei „Babaji" oder „Gandhiji"

Kailasa – heiliger Berg im Himalaja; Zuhause von *Shiva*
kalamkari – mit Pflanzenfarben gefärbtes Stoffmuster
Kali – bedrohlich aussehende Inkarnation von *Devi*, die das Böse zerstört; normalerweise mit dunkler Haut, von der Blut tropft, und einer Kette aus Schädeln dargestellt
kameez – hemdartige Tunika für Frauen
Kannada – offizielle Sprache in Karnataka
Karma – hinduistisches, buddhistisches und sikhistisches Prinzip der ausgleichenden Gerechtigkeit für begangene Taten
karnatische Musik – klassische Musik Südindiens
Kaste – die ererbte Lebensstation (soziale Stellung) eines Hindus; es gibt vier Hauptkasten: Brahmanen, Kshatriya, Vaishya und Shudra
khadi – handgesponnener Stoff; Mahatma Gandhi ermutigte die Menschen, ihre Kleidung selbst zu weben, statt englische zu kaufen
Khan – muslimischer Ehrentitel
kolam – kunstvolle Muster aus Reispaste oder farbigem Pulver, auch bekannt als *rangoli*
Konkani – offizielle Sprache Goas
Krishna – Vishnus achte Inkarnation, oft mit blauer Haut dargestellt; er enthüllte *Arjuna* die *Bhagavad-Gita*
Kshatriya – Krieger- und Herrscherkaste der Hindus; die zweithöchste Kaste
kurta – langes Hemd, mit kurzem oder ganz ohne Kragen

lakh – 100 000
Lakshmana – Halbbruder und Gehilfe von Rama im Ramayana
Lakshmi – *Vishnus* Gefährtin; Hindu-Göttin des Wohlstands; sie entsprang mit einer Lotusblüte in der Hand dem Ozean
lama – tibetischer buddhistischer Priester oder Mönch
Lingam – Phallussymbol; Glück verheißendes Symbol für *Shiva*; Plural: Linga
lungi – von Männern getragenes, weites, buntes Gewand (ähnlich dem Sari); wird in der Taille gefaltet, damit es passt

maha – Vorsilbe: „groß"
Mahabharata – großes, vedisches Hindu-Gedichtepos der Bharata-Dynastie; umfasst etwa 10 000 Verse, die die Schlacht zwischen den Pandavas und den Kauravas beschreiben
mahal – Haus oder Palast
Maharadscha – wörtlich „großer König", fürstlicher Herrscher
mahatma – wörtlich „große Seele"
Mahavir – letzter *tirthankar*
mahout – Elefantenreiter oder -führer
maidan – offene (oft mit Gras bewachsene) Fläche; Paradeplatz
Malayalam – offizielle Sprache in Kerala
mandapa – Säulenpavillon, Tempelvorkammer
Mandir – Tempel
Marathen – Volk in Zentralindien, das zu verschiedenen Zeiten über große Teile Indiens herrschte und gegen die *Moguln* und *Rajputen* kämpfte
marg – Straße
masjid – Moschee
mehndi – Henna; aufwendige Muster an den Händen (oft auch Füßen) von Frauen, traditionell bei bestimmten Festen oder Zeremonien (z. B. Hochzeiten)
mela – Fest oder Festival
Mitgift – Geld und/oder Güter werden von den Brauteltern an die Familie des Schwiegersohns gegeben; illegal, aber noch verbreitet bei arrangierten Hochzeiten
moksha –Befreiung von der *samsara*
mudra – rituelle Handbewegung, während religiöser Hindu-Tänze, Gesten der Buddhafiguren
Moguln – muslimische Dynastie auf dem Subkontinent; von Babur bis Aurangzeb

Naga – mythische, schlangenähnliche Lebewesen, die menschliche Gestalt annehmen können
namaste – Hindu-Gruß („Hallo" oder „Auf Wiedersehen"), oft von einer kleinen, respektvollen Verbeugung begleitet, bei der die Hände über der Brust oder auf Kopfhöhe gefaltet sind
Nandi – Bulle, der *Shiva* als Reittier dient
Narasimha – Inkarnation *Vishnus*, teils Mensch, teils Löwe
Narayan – Inkarnation von *Vishnu*, dem Schöpfer
Nataraja – *Shiva* als kosmischer Tänzer
nizam – erbbarer Titel der Herrscher von Hyderabad
NRI – Non-Resident Indian; von ökonomischer Bedeutung für das heutige Indien

Om – heilige Anrufung, die das Wesentliche des göttlichen Prinzips repräsentiert; für Buddhisten führt es, wenn es oft genug und mit voller Konzentration wiederholt wird, zu einem Zustand der Leere

Parsen – Anhänger des zoroastrischen Glaubens

Partition – Teilung Britisch Indiens im Jahre 1947 in zwei unabhängige Länder, Indien und Pakistan

Parvati – *Devi* in anderer Gestalt

PCO – Public Call Office; von hier kann man Orts-, nationale und internationale Telefongespräche führen

Pongal – tamilisches Erntefest

pradesh – Staat

prasad – Opferspeisen im Tempel

puja – wörtlich „Respekt"; Opfergabe oder Gebete

Puranas – Enzyklopädie von 18 Sanskrit-Geschichten, in Versen verfasst, die von den drei Göttern handeln und aus dem 5. Jh. stammen

Radha – bevorzugte Geliebte *Krishnas*, als er als Kuhhirte lebte

raga – konventionelle Melodien und Rhythmen, die die Grundlage für die freie Interpretation von Kompositionen bilden

Raj – Herrschaft oder Staatsgewalt; „British Raj" (manchmal auch nur „Raj") bezieht sich auf die britische Herrschaft

Raja – Radscha; König; manchmal auch *rana*

Rajputen – hinduistische Kriegerkaste; ehemalige Herrscher von Nordwestindien

Rama – siebente Inkarnation *Vishnus*

Ramadan – heiliger Monat im Islam, in dem von Sonnenaufgang bis Sonnenuntergang gefastet wird (es darf nicht gegessen, getrunken oder geraucht werden); auch „Ramazan"

Ramayana – Geschichte von *Rama* und *Sita*, in der es um ihren Streit mit Ravana geht; eines der bekanntesten indischen Epen

Rana – König; auch *raja*

rangoli – s. *kolam*

Rani – weiblicher Herrscher oder Ehefrau eines Königs

rathas – aus Stein gehauene *drawidische* Tempel

Rikscha – kleines Passagierfahrzeug mit zwei oder drei Rädern

sadhu – asketische, heilige Person, die versucht, Erleuchtung zu erlangen; oft mit *swamiji* oder *babaji* angesprochen

sagar – See, Wasserreservoir

sahib – respektvolle Anrede für einen Herrn

salwar – Hosen, die normalerweise mit einem *kameez* getragen werden

salwar kameez – traditionelle, kleidähnliche Tunika-Hosen-Kombination für Frauen

sambar – Hirsch

Sangam – alte Lehranstalt für tamilische Literatur; bedeutet „das Zusammentreffen zweier Herzen"

sangha – Gemeinschaft von Mönchen und Nonnen

Saraswati – Ehefrau von *Brahma*; Göttin des Lernens; sitzt auf einem weißen Schwan

Sati – Ehefrau von *Shiva*; wurde eine *sati* („ehrbare Frau"), indem sie sich selbst opferte; obwohl er bereits vor über einem Jahrhundert verboten wurde, wird der „ehrenvolle" Akt der rituellen Selbstverbrennung auch heute noch gelegentlich vollzogen

satyagraha – gewaltloser Protest mit Hungerstreik, durch Mahatma Gandhi berühmt geworden; aus dem Sanskrit, wörtlich: „Beharren auf Wahrheit"

Scheduled Castes – offizielle englische Bezeichnung für die Kaste der *Unberührbaren* oder *Dalit*-Kaste

shahandah – muslimisches Glaubensbekenntnis („Es gibt keinen anderen Gott außer Allah; Mohammed ist sein Prophet")

Shaiviten – Anhänger *Shivas*

shakti – kreative Energien, die als weibliche Gottheiten wahrgenommen werden; Anhänger folgen dem Shaktismus

Shiv Sena – nationalistische Hindu-Partei

Shiva – Zerstörer; auch der Schöpfer, als der er im Lingam verehrt wird

Shivaji – der große Marathen-Führer des 17. Jhs.

shola – Urwald

Shudra – Arbeiterkaste

Sikhara – Hindu-Tempel oder -Turm

Sita – Hindu-Göttin der Landwirtschaft; häufiger mit dem *Ramayana* assoziiert

sitar – Saiteninstrument

Sivaganga – *Shiva* gewidmetes Wasserbecken im Tempel

Stupa – buddhistisches religiöses Denkmal, das aus einer soliden Halbkugel besteht, die von einem Turm gekrönt wird und Reliquien Buddhas enthält; auch als *dagoba* oder *Pagode* bekannt

Sufi – muslimischer Mystiker

Surya – die Sonne; eine Hauptgöttin der *Veden*

swami – respektvoller Titel, der „Herr seiner selbst" bedeutet und der initiierten hinduistischen Mönchen verliehen wird

tabla – Doppeltrommel

Tamil – Sprache in Tamil Nadu; Menschen *drawidischen* Ursprungs

Tandava – *Shivas* kosmischer Siegestanz

Tank – Wasserreservoir, Becken oder Behältnis mit heiligem Wasser aus verschiedenen Tempeln

Tempo – lautes, dreirädriges öffentliches Transportmittel, größer als eine *Autorikscha*

tilak – ein glückverheißendes Stirnzeichen frommer Hindus

Tirthankars – die 24 großen jainistischen Lehrer

tonga – Pferde- oder Ponykutsche mit zwei Rädern

Trimurti – Dreier-Form oder Dreigesichtigkeit; die hinduistische Trias von *Brahma*, *Shiva* und *Vishnu*

Unberührbare – niederste Kaste oder „Kastenlose", welche die niedersten Dienste verrichten; der Name geht auf den Glauben zurück, dass die Angehörigen höherer Kasten sich beschmutzen könnten, wenn sie einen Kastenlosen berühren sollten; auch bekannt als *Dalit*

Vaishya – Mitglied der Hindukaste der Händler

Veden – heiliges Buch der Hindus; Sammlung von Hymnen, die im 2. Jt. v. Chr. in vorklassischem Sanskrit gedichtet wurden und in vier Bücher unterteilt sind: Rigveda, Yajurveda, Samaveda und Atharvaveda

vihara – buddhistisches Kloster, normalerweise mit zentralem Innenhof oder Halle, von der Wohnzellen abgehen, üblicherweise mit einem buddhistischen Schrein an einem Ende

Vikram – *Tempo* oder größere Version des Standard-*Tempo*

vimana – Hauptteil eines Hindu-Tempels; Turm über dem Heiligtum

vipassana – in sich gekehrte Meditationstechnik des *Theravada*-Buddhismus, bei der Körper und Geist als veränderliche Phänomene genau betrachtet werden

Vishnu – Teil der *Trimurti*; Vishnu ist der Erhalter und Erneuerer, der bis jetzt neun *Avatare* hat: den Fisch Matsya, die Schildkröte Kurma, das Wildschwein Naraha, *Narasimha*, Vamana, Parasurama, Rama, *Krishna* und Buddha

Wallah – Mann; lässt sich an so gut wie alles anhängen: *dhobi-wallah*, *chai-wallah*, Taxi-*wallah*

yali – mythisches Löwenwesen

yatra – Pilgerreise

zenana – Bereich eines Hauses der Oberschicht, in dem die Frauen sich aufhalten; Frauenunterkunft

Hinter den Kulissen

WIR FREUEN UNS ÜBER EIN FEEDBACK

Post von Travellern zu bekommen, ist für uns ungemein hilfreich – Kritik und Anregungen halten uns auf dem Laufenden und helfen, unsere Bücher zu verbessern. Unser reiseerfahrenes Team liest alle Zuschriften ganz genau, um zu erfahren, was an unseren Reiseführern gut und was schlecht ist. Wir können solche Post zwar nicht individuell beantworten, aber jedes Feedback wird garantiert schnurstracks an die jeweiligen Autoren weitergeleitet, rechtzeitig vor der nächsten Nachauflage.

Wer uns schreiben will, erreicht uns über **www.lonelyplanet.de/kontakt**.

Hinweis: Da wir Beiträge möglicherweise in Lonely Planet Produkten (Reiseführer, Websites, digitale Medien) veröffentlichen, ggf. auch in gekürzter Form, bitten wir um Mitteilung, falls ein Kommentar nicht veröffentlicht oder ein Name nicht genannt werden soll. Wer Näheres über unsere Datenschutzpolitik wissen will, erfährt das unter www.lonelyplanet.com/privacy.

DANK VON LONELY PLANET

Vielen Dank an alle die Reisenden, die mit der letzten Auflage unterwegs waren und uns hilfreiche Hinweise, nützliche Ratschläge und interessante Anekdoten haben zukommen lassen:
Anna Goetzke, Beatriz Castier, Bill Jenkins, Charlot Morgan, Coen van Hasselt, Gregory Buie, James Bayne, Joel Travelstead, Jérôme Leveque, Petra O'Neill, Rosanne Onrust

DANK DER AUTOREN

John Noble

Danke an all die Menschen in Südindien, die meine Fragen beantwortet haben, mir die richtige Richtung wiesen und mir bei der Logistik einer fabelhaften Reise behilflich waren, vor allem an Jonty Rajagopalan und Ashish und Rucha Gupta. Mein Dank gilt auch Abigail Blasi, auf deren Arbeit ich mich für die Anfangs- und Schlusskapitel sehr stützen konnte, D.E. Joe Bindloss und dem gesamten fantastischen *Indien*-Team, vor allem Isabella Noble – es war wundervoll, so viel von diesem Projekt mit ihr zu teilen.

Abigail Blasi

Ich danke Joe Bindloss und Sarina Singh, den tollsten Chefs der Welt, sowie meinen wunderbaren Mitautoren. In Delhi gilt mein Dank vor allem Sarah Fotheringham, Nicolas Thompson und Danish Abbas, Dilliwala Mayank Austen Soofi, Rajinder und Surinder Budhraja, Nirinjan und Jyoti Desai, meiner Familie in Delhi. Ich möchte mich außerdem bei Luca bedanken, der die Stellung hielt.

Paul Harding

Ich möchte mich herzlich bei Hannah und Layla bedanken, die mich in Goa begleitet und sich an meiner Abwesenheit in Kerala nicht weiter gestört haben. Ein Dankeschön geht an auch Joe, der mir einen so großartigen Teil dieses Reiseführers anvertraut hat. In Indien gilt all denen mein Dank, die mir mit Rat und Gesellschaft zur Seite standen. Das dickste Danke geht an alle Freunde in Goa und Kerala, die ich wiedersehen durfte – sie wissen, wer gemeint ist!

Trent Holden

Zuerst einmal danke an Joe Bindloss, der mir die Möglichkeit gab, wieder an *Indien* mitzuarbeiten – das war ein echter Traum. Ein Dankeschön geht auch an meine Mitautoren, vor allem Sarina, für ihre Hilfe und Tipps entlang des Weges. Vielen Dank an alle, die ich unterwegs getroffen habe und mit denen ich ein Bier trinken durfte. Wie immer geht mein größter Dank an meine wunderbare Freundin Kate und meine Familienmitglieder und Freunde, die ich in Melbourne vermisse.

Isabella Noble

Danke an alle, die mir in Tamil Nadu geholfen haben, an Ashish und Rucha Gupta für ihre grenzenlose Gastfreundschaft, Bernard Dragon und Rom Whitaker und an Junaid Sait, der mich gerettet hat, als ich vergessen hatte, in Ooty eine Unterkunft zu buchen. Besonderer Dank gilt meinen Mitautoren Abi und Sarina für ihre weibliche Unterstützung sowie Andrew, der in Pondy für Spaß und in Trichy für Nervenstärke sorgte. Zu Hause danke ich Jacky und Paps für Spaß und Rat. Am meisten danke ich Susan Forsyth, die immer da ist.

Iain Stewart

Es war klasse, mit Laksh in Bandra abzuhängen und mit Paul Harding ein virtuelles Bier am Meer zu trinken. Vielen Dank aber auch an die Belegschaft von Maharashtra Tourism im ganzen Bundesstaat, vor allem an Mr. Shaker und Mrs. Singh in Mumbai. Ich danke außerdem Aditya in Nagpur und Tadoba, Maria in Matheran und den lustigen Musikern in Kolhapur.

QUELLENNACHWEIS

Die Klimakarten stammen von Peel MC, Finlayson BL & McMahon TA (2007), *Updated World Map of the Köppen-Geiger Climate Classification*, erschienen in der Zeitschrift *Hydrology and Earth System Sciences*, Ausgabe 11, 1633–1644, und wurden angepasst.

Illustration: S. 206 von Michael Weldon.

Titelfoto: Ringelblumen, Andhra Pradesh/ Tim Gainey/Alamy.

ÜBER DIESES BUCH

Dies ist die 5. deutsche Auflage des Reiseführers *Indien Süden & Kerala*, basierend auf der mittlerweile 8. englischsprachigen Auflage von *South India & Kerala* – recherchiert sowie verfasst von John Noble, Abigail Blasi, Paul Harding, Trent Holden, Isabella Noble und Iain Stewart. Dieser Reiseführer wurde von den folgenden Personen betreut:

Projektredakteur Joe Bindloss
Redaktion Kate Mathews, Alison Ridgway
Layoutdesign Jessica Rose
Redaktionsassistenz Nigel Chin, Samantha Forge, Paul Harding, Gabrielle Innes, Kate James, Elizabeth Jones, Katie O'Connell, Lauren O'Connell, Charlotte Orr, Kathryn Rowan, Tracy Whitmey
Umschlagrecherche Naomi Parker
Dank an die Lonely Planet Kartografie, Ellie Simpson, Tony Wheeler

Register

Verweise auf Karten **000**
Verweise auf Fotos **000**

Kartenlegende

Sehenswertes

- Strand
- Vogelschutzgebiet
- buddhistisch
- Schloss/Palast
- christlich
- konfuzianisch
- hinduistisch
- islamisch
- jainistisch
- jüdisch
- Denkmal
- Museum/Galerie/historisches Gebäude
- Ruine
- Sento-Bad/Onsen
- schintoistisch
- sikhistisch
- taoistisch
- Weingut/Weinberg
- Zoo/Tierschutzgebiet
- andere Sehenswürdigkeit

Aktivitäten, Kurse & Touren

- bodysurfen
- tauchen
- Kanu/Kajak fahren
- Kurs/Tour
- Ski fahren
- schnorcheln
- surfen
- Schwimmbecken
- wandern
- windsurfen
- andere Aktivität

Schlafen

- Unterkunft
- Camping

Essen

- Lokal

Ausgehen & Nachtleben

- Bar/Kneipe
- Café

Unterhaltung

- Unterhaltung

Shoppen

- Shoppen

Praktisches

- Bank
- Botschaft/Konsulat
- Krankenhaus/Arzt
- Internetzugang
- Polizei
- Post
- Telefon
- Toilette
- Touristeninformation
- andere Einrichtung

Geografisches

- Strand
- Hütte/Unterstand
- Leuchtturm
- Aussichtspunkt
- Berg/Vulkan
- Oase
- Park
- Pass
- Picknickplatz
- Wasserfall

Städte

- Hauptstadt (Staat)
- Hauptstadt (Bundesland/Provinz)
- Großstadt
- Kleinstadt/Ort

Verkehrsmittel

- Flughafen
- BART-Station
- Grenzübergang
- T-Station (Boston)
- Bus
- Seilbahn/Gondelbahn
- Fahrrad
- Fähre
- Metro/Muni-Station
- Einschienenbahn
- Parkplatz
- Tankstelle
- U-Bahn/SkyTrain-Station
- Taxi
- Bahnhof/Zug
- Straßenbahn
- U-Bahnhof
- anderes Verkehrsmittel

Achtung: Nicht alle der abgebildeten Symbole werden auf den Karten im Buch verwendet

Verkehrswege

- Mautstraße
- Autobahn
- Hauptstraße
- Landstraße
- Verbindungsstraße
- sonstige Straße
- unbefestigte Straße
- Straße im Bau
- Platz/Promenade
- Treppe
- Tunnel
- Fußgänger-Überführung
- Stadtspaziergang
- Abstecher (Stadtspaziergang)
- Pfad/Wanderweg

Grenzen

- Internationale Grenze
- Bundesstaat/Provinz
- umstrittene Grenze
- Region/Vorort
- Meerespark
- Klippen
- Mauer

Gewässer

- Fluss/Bach
- periodischer Fluss
- Kanal
- Wasser
- Trocken-/Salz-/periodischer See
- Riff

Gebietsformen

- Flughafen/Startbahn
- Strand/Wüste
- Friedhof (christlich)
- Friedhof
- Gletscher
- Watt
- Park/Wald
- Sehenswürdigkeit (Gebäude)
- Sportgelände
- Sumpf/Mangrove

DIE AUTOREN

John Noble
Hauptautor, Telangana & Andhra Pradesh Der Engländer John hat inzwischen über sechs verschiedene indische Bundesstaaten und über mehr als 20 andere Länder für Lonely Planet geschrieben. Seine ersten Erfahrungen mit Südindien machte er in den 1980er-Jahren, als Chennais Triplicane High Rd. noch mit Ochsenkarren verstopft war und Familien am Straßenrand ihre Büffel molken. Die Karren wurden von Autorikschas ersetzt, aber John kehrt trotzdem immer wieder gern nach Südindien zurück, weil es hier, kurz gesagt, nie langweilig wird! Als Fan von William Dalrymples *White Mughals* war es für John diesmal besonders aufregend, das faszinierende Hyderabad in aller Ausführlichkeit zu erforschen. Er schrieb die Kapitel „Reiseplanung", „Südindien verstehen", „Allgemeine Informationen" und „Verkehrsmittel & -Wege". Er twittert als @john_a_noble und ist bei Instagram als johnnoble11 zu finden.

Mehr über John gibt's hier:
http://auth.lonelyplanet.com/profiles/ewoodrover

Abigail Blasi
Abigail verliebte sich bei ihrem ersten Besuch 1994 in Indien und hat seitdem das Land von Nord nach Süd und wieder zurück erkundet und beschrieben. Sie war für Lonely Planet auch an vielen anderen Orten von Mauretanien und Mali bis Rom und Lissabon. Abigail schrieb die Kapitel „Zugtickets buchen", „Gefahren & Ärgernisse", „Frauen & Alleinreisende" und „Gesundheit".

Paul Harding
Goa, Kerala Paul landete Mitte der 1990er-Jahre erstmals in Indien und kehrt seitdem regelmäßig zurück, meist um über das Land zu schreiben. Er hat immer noch eine Schwäche für den Süden, weil das Leben hier langsamer verläuft, das Essen schmackhafter ist und das Bier (normalerweise) kälter. Er war glücklich, für diese Ausgabe nach Goa und Kerala zurückzukehren, um Strände und Gewässer, Privatunterkünfte und Bambushütten, Meeresfrüchte-Currys und Xacuti-Hähnchen zu erforschen.

Trent Holden
Karnataka & Bengaluru, Andamanen Bei seiner dritten Mitarbeit an einem Indien-Band hatte Trent den gar nicht so üblen Auftrag, die Kleinbrauereien in Bengaluru zu testen, im Bandipur National Park nach Tigern zu suchen und sich die Ruinen von Hampi anzuschauen, bevor er sich zu den Stränden Gokarnas aufmachte. Dann schaute er für noch mehr Sonne, Surfen und Sand auf den Andamanen vorbei. Als freiberuflicher Reiseautor aus London kümmert sich Trent auch um Ziele wie Nepal, Simbabwe und Japan. Zwischendurch schreibt er über Essen und Musik. Man findet ihn auch auf Twitter @hombreholden.

Isabella Noble
Tamil Nadu & Chennai Isabellas erstes Erlebnis in Südindien war ein Masala Dosa im Indian Coffee House in Shimla. Sie bereist Indien seit über fünf Jahren und liebt den – wenn auch nur ganz leicht merkbar – langsameren Rhythmus des freundlichen Südens. Diesmal verlor sie sich in den Teeplantagen Valparais, testete Chennais zahllose Bars und blieb dank eines Erdrutschs in den Nilgiris hängen. Zwischen ihren Reisen lebt Isabella in London, mit einem ganzen Schrank voller indischer Schals. Sie twittert unter @isabellamnoble.

Mehr über Isabella gibt's hier:
http://auth.lonelyplanet.com/profiles/isabellanoble

Iain Stewart
Mumbai (Bombay), Maharashtra Iain wuchs in Leicester auf, einer sehr indischen Stadt, die in die britischen Midlands versetzt wurde (komplett mit eigener Curry-Meile). Er war 1991 das erste Mal in Indien und besuchte alle Sehenswürdigkeiten zur falschen Jahreszeit – es war zeitweilig 50 °C heiß. Dieses Mal war er schlauer und reiste nach dem Monsun: durch die Bars von Mumbai, gemütlich die Konkan-Küste hinunter und zu einigen Fast-Begegnungen mit Tigern in Tadoba.

DIE LONELY PLANET STORY

Ein ziemlich mitgenommenes, altes Auto, ein paar Dollar in der Tasche und eine Vorliebe für Abenteuer – 1972 war das alles, was Tony und Maureen Wheeler für die Reise ihres Lebens brauchten, die sie durch Europa und Asien bis nach Australien führte. Die Tour dauerte einige Monate, und am Ende saßen die beiden – pleite, aber voller Inspiration – an ihrem Küchentisch und schrieben ihren ersten Reiseführer *Across Asia on the Cheap*. Innerhalb einer Woche hatten sie 1500 Exemplare verkauft. Lonely Planet war geboren.

Heute hat der Verlag Büros in Melbourne, London und Oakland und mehr als 600 Mitarbeiter und Autoren. Und alle teilen Tonys Überzeugung: „Ein guter Reiseführer sollte drei Dinge tun: informieren, bilden und unterhalten."

Lonely Planet Publications,

Locked Bag 1, Footscray,
Melbourne, Victoria 3011,
Australia

Verlag der deutschen Ausgabe:
MAIRDUMONT, Marco-Polo-Str. 1, 73760 Ostfildern,
www.lonelyplanet.de, www.mairdumont.com
info@lonelyplanet.de

Chefredakteurin deutsche Ausgabe: Birgit Borowski

Übersetzung: Julie Bacher, Tobias Ewert, Derek Frey, Christina Kagerer, Laura Leibold, Marion Matthäus, Ute Perchtold, Dr. Christian Rochow

An früheren Auflagen haben außerdem mitgewirkt: Rosemarie Altmann, Petra Dubilski, Berna Ercan, Beatrix Gehlhoff, Karen Gerwig, Mayela Gerhardt, Marion Gieseke, Marion Gref-Timm, Christiane Gsänger, Sabine Hübner, Christina Jacobs, Anna Kranz, Britt Maaß, Raphaela Moczynski, Dr. Thomas Pago, Christiane Radünz, Jutta Ressel, Andrea Schleipen, Frauke Sonnabend, Dr. Heinz Vestner, Katja Weber, Renate Weinberger

Redaktion: Annegret Gellweiler, Frank J. Müller, Olaf Rappold, Julia Wilhelm (red.sign, Stuttgart)

Redaktionsassistenz: Adriana Popescu, Sylvia Scheider-Schopf

Satz: Sylvia Scheider-Schopf (red.sign, Stuttgart)

Indien Süden & Kerala

5. deutsche Auflage Februar 2016, übersetzt von *South India & Kerala, 8th edition*, Oktober 2015, Lonely Planet Publications Pty

Printed in Poland

FSC
www.fsc.org

MIX
Papier aus verantwortungsvollen Quellen
FSC® C018236